Lel

Deutscher

Dr. Fr
weiland ord. Pr

Ers
Einleitung ur

Sechsundzwanzigste,
(49.-

Dr. Ebe
ord. Profes

Berlin
Walter c
vormals G. J. Göschen'sche V
handlung — Georg Reim

Lehrbuch
des
Deutschen Strafrechts

Von

Dr. Franz v. Liszt
weiland ord. Professor der Rechte in Berlin

Erster Band
Einleitung und Allgemeiner Teil

Sechsundzwanzigste, völlig neubearbeitete Auflage
(49.–51. Tausend)

von

Dr. Eberhard Schmidt
ord. Professor der Rechte in Hamburg

Berlin und Leipzig 1932
Walter de Gruyter & Co.
vormals G. J. Göschen'sche Verlagshandlung — J. Guttentag, Verlagsbuchhandlung — Georg Reimer — Karl J. Trübner — Veit & Comp.

Archiv. Nr. 23 15 32.

Aus dem Vorwort zur 21. und 22. Auflage.

Die neue Auflage geht in einem Zeitpunkt hinaus in die Öffentlichkeit, in dem wieder einmal die Umgestaltung unseres Strafgesetzbuchs in greifbare Nähe gerückt scheint. Daß es mir, wenn die seit Jahren gehegte Hoffnung sich erfüllt, noch vergönnt sein wird, das seit 1881 eingeführte, jetzt in 40000 Exemplaren verbreitete Buch dem Strafrecht der Zukunft anzupassen, wage ich nicht zu hoffen. Darum wollte ich diesem Vorwort, das vielleicht zugleich ein Schlußwort ist, das Verzeichnis der mir bekannt gewordenen Übersetzungen beifügen. Sind sie doch auch zugleich ein Beweis des Ansehens, dessen sich bis zum Kriegsausbruch die deutsche Strafrechtswissenschaft im Ausland erfreute. Daß sie dieses heute verlorene Ansehen wiedergewinnen wird, ist mir keinen Augenblick zweifelhaft. Glücklich das Geschlecht, das die Wiederaufrichtung der internationalen Arbeitsgemeinschaft auch auf dem Gebiet der Wissenschaft erlebt!

Seeheim a. d. Bergstraße, den 1. April 1919.

Dr. Franz v. Liszt.

Aus dem Vorwort zur 25. Auflage.

— —

— —

Angesichts dieser Fortschritte auf dem Gebiete der Gesetzgebung und Wissenschaft entstand aber für mich die Frage, ob und inwieweit ich die Methode der Lehrbuchbearbeitung zu ändern hätte. Wenn das Buch mit der Entwicklung des Strafrechts und der Strafrechtswissenschaft Schritt halten sollte, so war es nicht möglich, den aus der Feder *Franz v. Liszts* stammenden Text weiter unverändert beizubehalten und nur das stofflich Neue der Nachkriegsgesetzgebung zu berücksichtigen. Vielmehr mußte der Entschluß gefaßt werden, den Text des Lehrbuchs in allen Teilen eingehend durchzuprüfen und zum Teil tiefeinschneidende Änderungen vorzunehmen. Auf dem Gebiete der Kriminalpolitik war letzteres am wenigsten nötig; denn hier war es die Gesetzgebung, die den im Lehrbuche *Liszt*s seit langem vorgetragenen Lehren folgte, indem sie den Gedanken der Spezialprävention immer stärker unterstrich. Dagegen mußte in rechtsdogmatischer Beziehung, ganz besonders auf dem Gebiete der Schuldlehre, das Lehrbuch der Gesetzgebung, vor allem aber auch der Weiterentwicklung der Wissenschaft angepaßt werden, sollte es hier nicht überaltert zurückbleiben.

— —

— —

So mußte in allen grundlegenden Abschnitten die alte Textfassung weitgehend durch eine neue ersetzt werden; damit aber entstand für mich die Frage, ob in der Entwicklung des Lehrbuchs nicht überhaupt der Zeitpunkt gekommen sei, wo, wie *Franz v. Liszt* selbst in seinem letzten Briefe an mich schrieb, der Herausgeber sich zur grundsätzlichen Selbständigkeit gegenüber dem Verfasser zu entschließen hätte. Ich habe diese Frage nach langem Schwanken schließlich bejaht und habe demgemäß das Lehrbuch in allen Einzelfragen, bei denen mir seine Lehrmeinung nicht haltbar erschien, im Sinne meiner eigenen wissenschaftlichen Überzeugung umgestaltet, so daß ich mithin nunmehr die Verantwortung für die wissenschaftlichen Lehren des Buches in allen seinen Teilen selbst trage. Selbstverständlich habe ich die Abweichungen von der Meinung *v. Liszt*s regelmäßig gekennzeichnet und bei einigermaßen wichtigen Fragen zu begründen versucht. Dagegen habe ich es unterlassen, die textlichen Neuerungen durch den Druck oder durch Einklammerungen hervortreten zu lassen. Das Satzbild wäre dadurch fortgesetzt gestört und die Lektüre des Buches nicht erleichtet worden. Wer den alten Lisztschen Text lesen will, muß also zu einer der früheren Auflagen zurückgreifen.

Gegenüber den Umgestaltungen und Neuerungen dieser Auflage möchte ich nun aber auch betonen, daß das Lehrbuch in seiner Grundeinstellung zu Verbrechen und Strafe unverändert geblieben ist. Die eigenartige kriminalpolitische Färbung blieb dem Buche durchaus erhalten; nach wie vor erstrebt es die Orientierung strafrechtlichen und kriminalpolitischen Denkens am Gedanken der Spezialprävention, soweit es sich um die Reaktion des Staates gegen die einzelne konkrete verbrecherische Tat handelt und soweit die Stellungnahme des Staates zum einzelnen Verbrecher in Rede steht. In dieser Hinsicht habe ich ebenso aus meiner eigenen wissenschaftlichen Überzeugung an den Lisztschen Lehren festgehalten, wie ich in anderer, rechtsdogmatischer Beziehung vielfach von ihnen abgewichen bin. Hätte ich nicht aus Überzeugung diesen spezifischen Charakter des Lisztschen Werkes beibehalten können, so hätte ich die Herausgabe des Buches zu übernehmen nicht wagen dürfen.

Kiel, den 31. Juli 1927.
Reventlou-Allee 28.

Dr. Eberhard Schmidt.

Vorwort zur 26. Auflage.

An den Bearbeitungsgrundsätzen, die im Vorwort zur 25. Auflage dargelegt sind, habe ich auch bei der nunmehr vorliegenden Neubearbeitung festgehalten. Die bedeutungsvollen Neuerscheinungen, die gerade die strafrechtliche Literatur der letzten Jahre bereichert haben — ich denke vor allem an *R. v. Hippel*s Deutsches Strafrecht Bd. II, an *Mezger*s Lehrbuch des Allgemeinen Teils, an die Neuauflage des *Frank*schen Kommentars und an die die gesamte Strafrechtsdogmatik umfassende und fördernde Festgabe für *R. v. Frank* —, gaben mir reiche Anregung zur, wie ich hoffe, verbessernden Neugestaltung zahlreicher Paragraphen des Buches. Die schon bei der 25. Auflage eingehaltene methodische Richtung ist beibehalten, vielleicht noch konsequenter durchgeführt worden.

Von manchen Seiten ist mit nahegelegt worden, den wissenschaftlichen Apparat stark zu verkleinern und auf die wichtigsten Literaturhinweise zu beschränken. Ich behalte mir eine Befolgung dieses Rates, mit der eine erhebliche Formveränderung des Buches verbunden sein würde, für eine spätere Auflage vor. Bei dieser Auflage habe ich mich dazu nicht entschließen können. Die Strafrechtsdogmatik ist zur Zeit in starker Entwicklung begriffen; die literarischen Neuerscheinungen und die Rechtsprechung des Reichsgerichts haben so vieles unter neuartigen Gesichtspunkten erscheinen lassen und fordern fortgesetzt in so starkem Maß zu kritischer Besinnung und Stellungnahme auch der eigenen Ansicht gegenüber heraus, daß ich nicht darauf verzichten konnte, wenigstens in den Anmerkungen auf diese wissenschaftliche Bewegung einzugehen und an allen wichtigeren Stellen den Standort des Lehrbuchs möglichst deutlich anzugeben. Ich habe das gerade auch meiner studentischen

Leser wegen getan. Diejenigen, die sich nicht mit einem nur die Forschungsergebnisse vortragenden Grundriß oder Einführungswerk begnügen — an solchen Büchern ist in unserem Fach kein Mangel —, legen Wert auf die Möglichkeit, von dem Lehrbuch durch genauere Hinweise auf Rechtsprechung und Literatur in die geistige Bewegung der Strafrechtswissenschaft eingeführt zu werden und sich mit seiner Hilfe in ihr zurechtfinden zu lernen. Der Student, der hieran keinen Geschmack findet, mag von der Lektüre der Anmerkungen Abstand nehmen.

Die Zerlegung des Buches in zwei selbständig erscheinende Bände entspricht vielfach an mich herangetretenen Anregungen. Besonders maßgebend war für mich dabei die Rücksicht auf das Ausland. Daß auch dort noch Interesse an dem Lehrbuch besteht, beweist die im Jahre 1929 erfolgte, von *Arvo Haveri* besorgte Übersetzung des Allgemeinen Teils der 25. Auflage in die finnische Sprache. An dem Besonderen Teil hat die ausländische Wissenschaft begreiflicherweise geringeres Interesse. Wenn aber durch Verselbständigung des Allgemeinen Teils die in der deutschen Wissenschaft geleistete Arbeit an den kriminalpolitischen und strafrechtsdogmatischen Grundfragen der ausländischen Wissenschaft leichter zugänglich gemacht werden kann, so ist damit, wie ich glauben möchte, einem Gedanken Rechnung getragen, der auch bei *Franz v. Liszt* Zustimmung gefunden haben würde.

Der zweite Band mit der Darstellung des Besonderen Teils wird voraussichtlich in einigen Monaten erscheinen können.

Hamburg, den 1. Dezember 1931.
Feldbrunnenstraße 40.

Dr. Eberhard Schmidt.

Übersetzungen.

1. Ins Portugiesische von José Hygino Duarte Pereira. 2 Bände. Rio de Janeiro 1899 (bei F. Briguiet).
2. Ins Neugriechische von Konstantin A. Kypriades. 2 Bde. 1. Bd. 1900, 2. Bd. 1914.
3. Ins Serbische von Mil. R. Wesnitsch. Belgrad 1902.
4. Ins Russische von F. Eliaschewitz. Moskau 1903.
5. Ins Japanische von Okada, Abico, Suni. 2 Bände. Tokio 1903.
6. Ins Französische von René Lobstein mit einem Vorwort von E. Garçon. 2 Bände. 1. Bd. 1911, 2. Bd. 1913 (Paris bei V. Giard et E. Brière).
7. Ins Spanische von Quintiliano Saldaña und Luis Jiménez de Asúa (1. Bd., 2. Aufl. 1926; 2. Bd. 2. Aufl. 1927; 3. Bd. 1917; alle drei Bände umfassen nur den allgemeinen Teil und enthalten Zusätze über die Geschichte und die Dogmatik des Spanischen Strafrechts). Madrid, Editorial Reus (S. A.).
8. Ins Finnische von Arvo Haveri 1929.

Inhaltsverzeichnis.

Einleitung.

I. Die antisoziale Bedeutung des Verbrechens und die soziale Funktion der Strafe.

II. Die Geschichte des Strafrechts.

III. Die Quellen des Reichsstrafrechts.

Allgemeiner Teil.

Erstes Buch.

Das Verbrechen.

I. Abschnitt.

Die Verbrechensmerkmale.

I. Das Verbrechen als Handlung.

II. Das Verbrechen als rechtswidrige Handlung.

III. Das Verbrechen als schuldhafte Handlung.

Seite

Zweites Buch.

Die Strafe mit Einschluſs der sichernden Maſsnahmen.

I.

II. Die Strafarten (Das Strafensystem).

III. Die Arten der sichernden Maßnahmen.

Anhang.

IV. Das Strafmaß in Gesetz und Urteil.

V. Der Wegfall des staatlichen Strafanspruchs.

VI. Die Rehabilitation.

Register:

Abkürzungen.

AE 1925: Amtlicher Entwurf eines Allgemeinen Deutschen Strafgesetzbuchs nebst Begründung 1925.
Allfeld: *Allfeld* Lehrbuch des deutschen Strafrechts. Achte, vielfach veränderte Auflage des von *Hugo Meyer* begründeten Lehrbuchs 1922.
ALR: Allgemeines preußisches Landrecht; die beigefügten Ziffern bezeichnen den Paragraphen des 20 Titels des II. Teils.
Aschaffenburg: Monatsschrift für Kriminalpsychologie und Strafrechtsreform, herausgegeben von *Aschaffenburg* und *v. Hentig.*
v. Bar: *v. Bar* Handbuch des deutschen Strafrechts I. Bd. 1882.
v. Bar Ges.: *v. Bar* Gesetz und Schuld im Strafrecht 1. Bd. 1905, 2. Bd. 1907, 3. Bd. 1909.
Baumgarten Aufbau: *Baumgarten* Aufbau der Verbrechenslehre 1913.
Bgr.: Begründung zum Vorentwurf zu einem Deutschen Strafgesetzbuch. Bearbeitet von der hierzu bestellten Sachverständigenkommission. Veröffentlicht auf Anordnung des Reichs-Justizamts. Berlin 1909.
Begründung 1925: Begründung zum AE 1925.
Begründung 1927: Begründung zur Reichstagsvorlage, E 1927.
Beitr. z. Gesch.: Beiträge zur Geschichte der deutschen Strafrechtspflege. Herausgegeben von *M. Grünhut* und *Eb. Schmidt* (seit 1929).
Beling Grundz.: *Beling* Grundzüge des Strafrechts 11. Aufl. 1930.
Beling Verbrechen: *Beling* Die Lehre vom Verbrechen 1906.
Berliner Jahrbuch: Jahrbuch der internationalen Vereinigung für vergleichende Rechtswissenschaft und Volkswirtschaftslehre.
Berliner Seminarabh.: Abhandlungen des kriminalistischen Seminars, seit 1889 von *v. Liszt* herausgegeben; Neue Folge seit 1901; dritte Folge seit 1914 (als Abhandlungen des kriminalistischen Instituts der Universität Berlin), herausgegeben von *v. Liszt* und *Delaquis*; vierte Folge seit 1925, herausgegeben von *Goldschmidt* und *Kohlrausch.*
Berner: *Berner* Lehrbuch 18. Aufl. 1898.
BGB: Bürgerliches Gesetzbuch.
Binding: *Binding* Handbuch I. Bd. 1885.
Binding Normen: *Binding* Die Normen und ihre Übertretung I. Bd. 1872 (1890), II. Bd. 1877 (1914, 1916), III. Bd. 1918, IV. Bd. 1919/20.
Binding Grundriß: Allgemeiner Teil 7. Aufl. 1907.
Binding Lehrbuch: *Binding* Lehrbuch des gemeinen deutschen Strafrechts. Besonderer Teil I. Bd. 2. Aufl. 1902. II. Bd. 1. Abteilung. 2. Aufl. 1904. 2. Abteilung 1905.
Birkmeyer: *v. Birkmeyers* Darstellung des Strafrechts in der von ihm herausgegebenen Enzyklopädie der Rechtswissenschaften 2. Aufl. 1904.

Birkmeyer Teilnahme: *v. Birkmeyer* Die Lehre von der Teilnahme und die Rechtsprechung des Deutschen Reichsgerichts 1890.
Brunner: *Brunner* Deutsche Rechtsgeschichte 1. Band 2. Aufl. 1906, 2. Band 2. Aufl., bearb. von *v. Schwerin* 1928.
v. Buri Beiträge: *v. Buri* Beiträge zur Theorie des Strafrechts und zum Strafgesetzbuch. Gesammelte Abhandlungen 1894.
van Calker: *van Calker* Grundriß des Strafrechts 3. Aufl. 1927.
CCC: Constitutio criminalis Carolina (peinliche Gerichtsordnung Karls V.).
DJT: Deutscher Juristentag.
DJZ: Deutsche Juristenzeitung.
DStrafrZ (DStZ): Deutsche Strafrechtszeitung.
EG: Einführungsgesetz zum Reichsstrafgesetzbuch.
E 1919: Entwurf zu einem Deutschen Strafgesetzbuch von 1919.
E 1927: Entwurf zu einem Allgem. Deutschen Strafgesetzbuch (Reichstagsvorlage) 1927.
E 1930: Entwurf eines Allgemeinen Deutschen Strafgesetzbuchs. Antrag D. Dr. *Kahl* und Genossen. Nr. 395 der Drucksachen des Reichstags V. Wahlperiode 1930.
EEinfG: Entwurf eines Einführungsgesetzes zum Allgem. Deutschen Strafgesetzbuch und zum Strafvollzugsgesetz. Reichstagsvorlage 1930.
EStrafvollzG: Entwurf eines Strafvollzugsgesetzes. Reichstagsvorlage. 9. September 1927.
Festg. f. Frank: Festgabe für *Reinhard von Frank* zum 70. Geburtstag 16. August 1930. 2 Bde. Herausgegeben von *Hegler* 1930.
Finger: *Finger* Lehrbuch des deutschen Strafrechts I. Bd. 1904.
Frank: *Frank* Das StGB für das Deutsche Reich nebst dem EG herausgegeben und erläutert. 18. Aufl. 1931.
GA: (*Goltdammer*) Archiv für Strafrecht.
GE: Gegenentwurf zum Vorentwurf eines deutschen Strafgesetzbuchs. Aufgestellt von *Kahl, v. Lilienthal, v. Liszt* und *Goldschmidt* 1911.
Gerland: *Gerland* Deutsches Reichsstrafrecht 1922.
Glaser: *Glaser* Handbuch des Strafprozesses I 1883, II 1885.
Glaser Abhandlungen: *Glaser* Abhandlungen aus dem österreichischen Strafrecht I 1888.
Grenzfragen: *Finger, Hoche* und *Breßler* Juristisch-psychiatrische Grenzfragen 1903ff.
Groß: Archiv für Kriminalanthropologie und Kriminalistik, herausgegeben von *Groß*; seit 1916 als Archiv für Kriminologie weitergeführt von *Heindl* u. a.
Grünhut: Zeitschrift für das Privat- und öffentliche Recht der Gegenwart, herausgegeben von *Grünhut*.
GS: Der Gerichtssaal; 1849 von *Jagemann* begründet, seit 1904 von *Oetker* und *Finger* herausgegeben.
Günther: *Günther* Die Idee der Wiedervergeltung in der Geschichte und Philosophie des Strafrechts I. Bd. 1889. II. Bd. 1891. III. Bd. 1. Hälfte 1895.
GVG: Gerichtsverfassungsgesetz.
Hafter: *Hafter* Lehrbuch des Schweizerischen Strafrechts. Allgemeiner Teil 1926.
Hälschner: *Hälschner* Das gemeine deutsche Strafrecht I 1881, II 1884 bis 1887.
Hamb. Schr.: Hamburgische Schriften zur gesamten Strafrechtswissenschaft, herausgeg. von *M. Liepmann* seit 1921.
van Hamel: *van Hamel* Inleiding tot de studie van het nederlandsche Strafrecht 1889, 2. Aufl. 1907.

HdR: Handwörterbuch der Rechtswissenschaft, herausgegeben von *Stier-Somlo* und *Elster* 1925ff.
HG: *v. Holtzendorff* und *v. Jagemann* Handbuch des Gefängniswesens in Einzelbeiträgen I, II 1888.
HH: *v. Holtzendorff* Handbuch des deutschen Strafrechts in Einzelbeiträgen I bis III 1871/74, IV 1877.
v. Hippel I, II: *v. Hippel* Deutsches Strafrecht I 1925, II 1930.
HSt: Handwörterbuch der Staatswissenschaften 3. Aufl. 1909ff.
HV: Handbuch des Völkerrechts, herausgegeben von *v. Holtzendorff.* I bis IV 1885—1889.
IKV: Internationale kriminalistische Vereinigung.
JugGG: Jugendgerichtsgesetz vom 16. Februar 1923.
JW Juristische Wochenschrift.
KE: Kommissionsentwurf eines StGB für das Deutsche Reich von 1913.
Kitzinger: *Kitzinger* Die IKV. Betrachtungen über ihr Wesen und ihre bisherige Wirksamkeit 1905.
Knapp: *Knapp* Das altnürnberger Kriminalrecht 1896.
Kohler Studien: *Kohler* Studien aus dem Strafrecht I. bis VI. Bd. 1890ff.
Köhler: *Köhler* Deutsches Strafrecht. Allgemeiner Teil 1917.
Köstlin Abhandlungen: *Köstlin* Abhandlungen aus dem Strafrecht. Herausgegeben von *Geßler* 1888.
v. Kries: *v. Kries* Lehrbuch des deutschen Strafprozeßrechts 1892.
Krim. Abhdlg.: Kriminalistische Abhandlungen, herausgegeben von *Exner*, seit 1926.
Krohne: *Krohne* Lehrbuch der Gefängniskunde 1889.
KVS: Kritische Vierteljahrsschrift.
LA: Archiv für öffentliches Recht, herausgegeben von *Laband* usw.
LGO: Landgerichtsordnung.
Liepmann: *Liepmann* Einleitung in das Strafrecht 1900.
v. Lilienthal: *v. Lilienthal* Grundriß 4. Aufl. 1916.
v. Liszt Deliktsobligationen: *v. Liszt* Die Deliktsobligationen im System des Bürgerlichen Gesetzbuchs 1898.
v. Liszt Preßrecht: *v. Liszt* Das deutsche Reichspreßrecht 1880.
v. Liszt Aufsätze: *v. Liszt* Strafrechtliche Aufsätze und Vorträge I. und II. Bd. 1905.
v. Liszt-Fleischmann Völkerrecht: *v. Liszt* Das Völkerrecht systematisch dargestellt, 12. Aufl., bearb. von *Fleischmann* 1925.
LO: Landesordnung.
Lpz. Komm.: Reichsstrafgesetzbuch mit besonderer Berücksichtigung der Rechtsprechung des Reichsgerichts erläutert von *Ebermayer, Lobe* und *Rosenberg* 4. Aufl. 1929.
Mayer: *ME. Mayer* Der allgemeine Teil des deutschen Strafrechts 1915.
Merkel: *Merkel* Lehrbuch des Strafrechts 1889.
Merkel-Liepmann: *Merkel-Liepmann* Die Lehre von Verbrechen und Strafe 1912.
Mezger: *Mezger* Strafrecht. Ein Lehrbuch 1931.
MilStGB: Militärstrafgesetzbuch für das Deutsche Reich.
Mitteilungen oder MittIKV: Mitteilungen der Internationalen kriminalistischen Vereinigung seit 1889.
Mitt. krim.-biol. Ges.: Mitteilungen der Kriminalbiologischen Gesellschaft (seit 1928).
Mommsen: *Mommsen* Römisches Strafrecht 1899.
ÖRE: Österreichischer Regierungsentwurf.
ÖVE: Österreichischer Vorentwurf.
Olshausen: *Olshausen* Kommentar 11. Aufl. 2 Bde 1927, bearb. von *Lorenz, Freiesleben, Niethammer, Kirchner* und *Gutjahr.*
Oppenhoff: *Oppenhoff* Kommentar 14. Aufl. 1901 herausgegeben von *Delius.*

Österreich. Z.: Österreichische Zeitschrift für Strafrecht, herausgegeben von *Löffler*.
OT: Entscheidungen des Berliner Obertribunals.
Pernice Labeo: *Pernice* M. Antistius Labeo II. Bd. 2. Aufl. 1895.
PGO: Peinliche Gerichtsordnung Karls V.
R: Entscheidungen des Reichsgerichts; zitiert nach Band und Seitenzahl der von den Mitgliedern des Gerichtshofes herausgegebenen Sammlung.
RAbgO: Reichsabgabenordnung vom 13. Dezember 1919/22. Mai 1931.
Reform: *Aschrott* und *v. Liszt* Die Reform des Reichsstrafgesetzbuchs. Kritische Besprechung des Vorentwurfs zu einem Strafgesetzbuch für das Deutsche Reich unter vergleichender Berücksichtigung des österreichischen und schweizerischen Vorentwurfs, Berlin 1910.
Reform 1926: Reform des Strafrechts. Kritische Besprechung des Amtlichen Entwurfs eines Allgemeinen Deutschen Strafgesetzbuchs, auf Veranlassung der Deutschen Landesgruppe der Internationalen Kriminalistischen Vereinigung herausgegeben von *Aschrott* und *Kohlrausch*. Berlin 1926.
RGBl: Reichsgesetzblatt.
RJugWohlfG: Reichsgesetz für Jugendwohlfahrt vom 9. Juli 1922.
RMilG: Entscheidungen des Reichsmilitärgerichts.
RStGB: Reichsstrafgesetzbuch.
Sammlung: Sammlung außerdeutscher Strafgesetzbücher in deutscher Übersetzung (J. Guttentag).
Sauer: *Sauer* Grundlagen des Strafrechts 1921.
Schsp: Schwabenspiegel. Ausgabe von *Laßberg*.
Schwartz: *Schwartz* Das StGB für das Deutsche Reich. Mit Kommentar 1914.
Schweizer. Z: Schweizerische Zeitschrift für Strafrecht.
Soergel-Krause: Jahrbuch des Strafrechts und Strafprozesses, herausgegeben seit 1906 von *Soergel* und *Krause*.
Ssp: Sachsenspiegel. Ausgabe von *Homeyer*.
Stenglein Nebengesetze: 5. Aufl., 1. Bd. 1928, 2. Bd. 1931, bearb. von *Ebermayer, Conrad, Feisenberger, Floegel, Schneidewin, Schwarz*.
StG: Die Strafgesetzgebung der Gegenwart in rechtsvergleichender Darstellung I. Bd. 1894 (herausgegeben von *v. Liszt*); II. Bd. 1898 (herausgegeben von *v. Liszt* und *Crusen*).
StGB: Strafgesetzbuch.
Stooß Lehrbuch: *Stooß* Lehrbuch des österreichischen Strafrechts. 2. Aufl. 1913.
StPO: Strafprozeßordnung für das Deutsche Reich.
Strafr. Abh.: Strafrechtliche Abhandlungen (Breslau, Schlettersche Buchhandl.), herausgegeben von *Schoetensack*.
SRE: Schweizer Regierungsentwurf (1918).
VD: Vergleichende Darstellung des deutschen und außerdeutschen Strafrechts. Vorarbeiten zur deutschen Strafrechtsreform 1905ff. (Allg. T.: Allgemeiner Teil. Bes. T.: Besonderer Teil).
VE: Vorentwurf zu einem deutschen Strafgesetzbuch. Bearbeitet von der hierzu bestellten Sachverständigenkommission. Veröffentlicht auf Anordnung des Reichsjustizamts. Berlin 1909.
Wach: *Wach* Handbuch des Zivilprozesses I 1885.
Wachenfeld: *Wachenfeld* Lehrbuch des deutschen Strafrechts 1914.

WV: Wörterbuch des Verwaltungsrechts. Herausgegeben von *v. Stengel* 1889/90; 1. Bd. 2. Aufl. herausgegeben von *Fleischmann* 1911ff.
Z (ohne Zusatz): Zeitschrift für die gesamte Strafrechtswissenschaft, seit 1881.
Zevenbergen: *Zevenbergen*, Leerboek van het Neederlandsche Strafrecht. Eerste Deel: Allgemeene Leerstukken 1924.
Zorn Staatsrecht: 2. Aufl. I. Bd. 1895; II. Bd. 1897.
ZPO: Zivilprozeßordnung für das Deutsche Reich.

Allgemeine Bemerkung. Um einerseits wiederholte Anführung von längeren, in dem vorstehenden Verzeichnisse nicht angeführten Büchertiteln zu vermeiden, andererseits die Auffindung des vollständigen Büchertitels zu erleichtern, habe ich dem Namen des Verfassers in der Klammer den Paragraphen des Lehrbuchs angefügt, zu dem das Werk vollständig genannt ist. „Heimberger (Lit. zu § 49)" bedeutet also, daß der vollständige Titel der gemeinten Heimbergerschen Schrift sich in den Literaturangaben zu § 49 findet.

An alle Leser richte ich die dringende Bitte, mich auf Irrtümer und Druckfehler gütigst aufmerksam machen zu wollen. Meines Dankes dafür mögen sie versichert sein.

Der Herausgeber.

Einleitung.

§ 1. Der Begriff des Strafrechts und die Aufgabe des Lehrbuchs.

I. **Strafrecht**[1]) ist der Inbegriff derjenigen staatlichen Rechtsregeln, durch die an das Verbrechen als Tatbestand die Strafe als Rechtsfolge geknüpft wird[2]). Als der dem Strafrecht eigenartige Tatbestand bildet das Verbrechen eine besondere Unterart des Unrechts (des Deliktes), d. h. der rechtswidrigen, schuldhaften Handlung. Und als die dem Strafrecht eigenartige Rechtsfolge unterscheidet sich die Strafe von anderen Rechtsfolgen des Unrechts dadurch, daß sie einen vom Staate gegen den Schuldigen verhängten eigenartigen Eingriff in dessen Rechtsgüter darstellt. Verbrechen und Strafe sind demnach die beiden Grundbegriffe des Strafrechts[3]). Damit ergibt sich als

---

[1]) Strafrecht im objektiven Sinn, auch peinliches Recht, Kriminalrecht genannt. Im subjektiven Sinne bedeutet Strafrecht das Recht zu strafen (jus puniendi), also das Recht, Strafe anzudrohen, sowie im Einzelfall sie zu verhängen und zu vollstrecken. Als Strafanspruch wird hier dieses Recht in seiner Anwendung auf den Einzelfall bezeichnet, um zugleich die rechtsstaatliche Gebundenheit des Staates nach der Seite des Strafen-dürfens hin anzudeuten; denn von einem staatlichen Strafrecht im subjektiven Sinne kann nur unter der Voraussetzung gesprochen werden, daß die an sich schrankenlose Strafgewalt des Staates in kluger Selbstbeschränkung Voraussetzung und Inhalt ihrer Betätigung (Verbrechen und Strafe) bestimmt hat. Vgl. *Mommsen* 56 (daß das Strafrecht entstanden sei durch gesetzliche Beschränkung der an sich unbeschränkten magistratischen Koerzitionsgewalt, bildet den Grundgedanken seines Buchs). Wie überhaupt „das Recht die Politik der Gewalt" ist (*v. Ihering*), so ist das staatliche Recht zu strafen die rechtlich begrenzte Strafgewalt des Staates (unten § 6 III). Die Begrenzung wird durch das Strafrecht im objektiven Sinne gebildet.

[2]) In den die einzelnen Tatbestände (Deliktsbeschreibungen) enthaltenden Strafrechtssätzen wird diese Verknüpfung stets vorgenommen. Der Strafrechtssatz enthält also immer eine Strafandrohung. Das Gesetz läßt aber die Strafandrohung nicht immer vollziehen, sondern gestattet oder fordert gegebenenfalls in concreto an Stelle der Strafe eine andere oder auch gar keine Unrechtsfolge. Das Nähere wird in der Lehre von den „sichernden Maßnahmen" gezeigt werden. Vgl. *Mezger* 3, 4.

[3]) Für die formaljuristische Systematik sind Verbrechen und Strafe koordinierte Grundbegriffe, die in der Reihenfolge: 1. Verbrechen — 2. Strafe zu behandeln sind. Das sachliche Wesen des Strafrechts und seiner Grund-

die nächste Aufgabe der **Strafrechtswissenschaft**: in rein juristisch-technischer Betrachtung, gestützt auf die Strafgesetzgebung, Verbrechen und Strafe als begriffliche Verallgemeinerungen ins Auge zu fassen; die einzelnen Vorschriften des Gesetzes, bis zu den letzten Grundbegriffen und Grundsätzen aufsteigend, zum geschlossenen System zu entwickeln; im besonderen Teile des Systems die einzelnen Verbrechen und die auf diese gesetzten Strafen, im allgemeinen Teile den Begriff des Verbrechens, der Strafe überhaupt darzustellen. Als hervorragend praktische Wissenschaft, stets für die Bedürfnisse der Rechtspflege arbeitend und aus dieser immer neue Befruchtung schöpfend, muß die Rechtswissenschaft die eigentlich systematische Wissenschaft sein und bleiben; denn nur die Ordnung der Kenntnisse im System verbürgt jene sichere, immer bereite Herrschaft über alle Einzelheiten, ohne welche die Rechtsanwendung stets Dilettantismus bleibt, jedem Zufall, jeder Willkür preisgegeben.

Das Lehrbuch beschränkt sich auf die Darstellung des im Deutschen Reiche geltenden Strafrechts. Und zwar in erster Linie des bürgerlichen Strafrechts, während das Militärstrafrecht nur in seinen äußersten Umrissen dargestellt werden kann. Das außerdeutsche Strafrecht und das Strafrecht der deutschen Einzelstaaten bleibt für das System außer Betracht.

II. Über das geltende Strafrecht hinaus führt uns die Erkenntnis der Strafe als eines in die Hand des Staates gelegten Mittels zur Bekämpfung des Verbrechens. Diese Erkenntnis legt uns die Frage nach dem Rechtsgrund und den Zielen der staatlichen Strafgewalt, aber auch nach dem Ursprung und der Eigenart des Verbrechens nahe. Die wissenschaftliche Lösung dieser Frage ist Aufgabe der auf Kriminologie und Pönologie gestützten **Kriminalpolitik.** Sie gibt uns den Maßstab für die Wertschätzung des Rechts, welches gilt, und sie deckt uns das Recht auf, welches gelten sollte; aber sie lehrt uns auch, das geltende Recht aus seinem Zweck heraus zu verstehen und seinem Zweck gemäß im Einzelfalle anzuwenden. Die leitenden Grundsätze der Kriminalpolitik durften daher, ebenso wie die Geschichte des Strafrechts, in diesem Lehrbuche nicht übergangen, sie mußten aber, wie diese, in die Einleitung verwiesen werden, deren erster Abschnitt der Kriminalpolitik gewidmet ist.

---

begriffe aber ist von Begriff und sozialer Funktion der Strafe her allein zu erfassen. Vgl. dazu näher unten §§ 2, 26. In diesem Sinne richtig *Kohlrausch* HdR V 756, *Baumgarten* Aufbau 7ff., Festg. f. *Frank* II 192. Vgl. auch *Sauer* Grundlagen 6, 69ff. Gegen *Sauer Mittermaier* Z **44** 3, 4, dem aber nur für die formale Systematik, nicht für die materiale Wesensbestimmung zuzustimmen ist. Gegen *Kohlrausch Gallas* (Lit. zu § 26) 6 Note 16.

III. Die Geschichte des Strafrechts wird nur so weit herangezogen, als es notwendig ist, um das geltende Recht als ein geschichtlich gewordenes und weiter sich entwickelndes zu begreifen. Ihr Platz ist im zweiten Abschnitte der Einleitung.

IV. Nicht in das System des Strafrechts, sondern ebenfalls in die Einleitung, gehört die Lehre von den Quellen des Strafrechts und dem Herrschaftsgebiete der Strafrechtssätze, die im wesentlichen nicht auf strafrechtlichen, sondern auf staats- und völkerrechtlichen Grundsätzen beruht. Von dem Herrschaftsgebiete der Quellen handelt der dritte Abschnitt der Einleitung.

I. Die antisoziale Bedeutung des Verbrechens und die soziale Funktion der Strafe.

§ 2. Das Strafrecht als Rechtsgüterschutz.

Literatur. Von der rechtsphilosophischen Literatur seien hier nur einige Lehrwerke genannt, so die von *Stammler* (2. Aufl. 1923), *ME. Mayer* (1923), *Radbruch* (2. Aufl. 1922), *Binder* (1925), *Baumgarten* (Handbuch der Philosophie Abt. IV C, 1929), ferner: *Somlo*, Juristische Grundlehre 1917; *Sauer*, Grundlagen des Strafrechts 1921, Philosophie der Zukunft 1923, Grundlagen der Gesellschaft 1924, Grundlagen der Wissenschaft und der Wissenschaften 1926; *Kelsen* Hauptprobleme der Staatsrechtslehre 1911, Allgemeine Staatslehre 1925; *Stammler* Theorie der Rechtswissenschaft 1911; *Binder* Rechtsnorm und Rechtspflicht 1912; *Tesar* Freiheitsidee und Strafrecht (Festg. f. *Frank* I 62) 1930. — Literaturberichte von *Sauer* in der Z. — Zur Normentheorie: *Binding* Die Normen (insbes. 1 2. Aufl. 1890 S. 328, 338). *Thon* Rechtsnorm und subjektives Recht 1878. *v. Liszt* Z **3** 1, **6** 663 (Aufsätze **1** 126, 212), **8** 134. *Höpfner* Z **23** 623. *Mayer* 175. *Kohlrausch* (Lit. zu § 31) 45. *v. Bar* Gesetz **1** 22. *Affolter* LA **23** 361. *Hölder* GS **77** 273. *Kelsen* 270. *Binder* 25. *Baumgarten* Aufbau 210. *v. Hippel* I 16, *Mezger* 185. Vgl. auch die Zusammenstellung bei *Kitzinger* GS **55** 1 (23 Note 2). — *Oppenheim* Die Objekte des Verbrechens 1894. *Oetker* Z **17** 493. *ME. Mayer* (Lit. zu § 31) 66. *Hegler* (Lit. zu § 21) 36. *Hold von Ferneck* (Lit. zu § 31) **1** 182. *Hirschberg* Die Schutzobjekte der Verbrechen (Strafr. Abh. Heft 113) 1910. *Jacobs* Schutzobjekt und Tatobjekt Straßburger Diss. 1914. *v. Hippel* I §§ 1—6. *Kruglewski* Das Strafrecht als Kulturfaktor 1927. — *Kantorowicz* Rechtswissenschaft und Soziologie 1911. *Sternberg* Das Verbrechen in Kultur und Seelenleben der Menschheit 1912.

I. Die Rechtsordnung.

Das Recht ist die Ordnung der im Staate organisierten Gesellschaft; mit der Entwicklung des Staates ändert es im Lauf der Jahrhunderte Wesen und Gestalt. Im neuzeitlichen Staat, der, mit dem Ausgang des 15. Jahrhunderts einsetzend, durch die Herausbildung einer über den einzelnen stehenden herrschaftlichen Staatsgewalt (als Befehls- und Zwangsgewalt) sich kennzeichnet, ist das Recht ein System von Zwangsnormen geworden, die nicht nur den einzelnen, sondern (im modernen Verfassungsstaat) auch die Staatsgewalt selbst binden (oben § 1 Note 1) und so die Erreichung der gemeinsamen Ziele gewährleisten. Als Privatrecht regelt es die Beziehungen der einzelnen zueinander; als öffentliches Recht die Beziehungen zwischen diesen und der Staatsgewalt, deren Befugnisse es zugleich umgrenzt, indem es dem Staatsbürger die Mitwirkung bei der Bildung des Staatswillens sichert. Hier wie dort regelt es menschliche Lebensbeziehungen.

1. Der Staat ist, wie jede Gesellschaft, ein Zweckverband von Menschen, der gemeinsamen Verfolgung gemeinsamer Zwecke dienend; seine Rechtsordnung soll die Erreichung der Verbandszwecke gewährleisten. Hinter dem Staate steht, als sein Träger, das Staatsvolk, die in vielfachen, neben- und durcheinander liegenden Schichten gelagerte Gesamtheit der zur Gesellschaft verbundenen einzelnen Menschen.

Alles Recht ist mithin um der Menschen willen da. Es bezweckt den Schutz menschlicher Lebensinteressen. Interessenschutz ist das Wesen des Rechts; der Zweckgedanke die das Recht erzeugende Kraft.

Die durch das Recht geschützten Interessen nennen wir **Rechtsgüter**[1]). Rechtsgut ist das rechtlich geschützte Interesse. Alle Rechtsgüter sind Lebensinteressen, Interessen des einzelnen oder der Gemeinschaft. Nicht die Rechtsordnung erzeugt das Interesse, sondern das Leben; aber der Rechtsschutz erhebt das Lebensinteresse zum Rechtsgut. Persönliche Freiheit, Haus-

---

[1]) Rechtsgut ist nicht ein Gut des Rechts (wie *Binding* u. a. annehmen), sondern ein durch das Recht anerkanntes und geschütztes Gut der Menschen. Es kann, braucht aber nicht durch die Gewährung eines subjektiven Rechts geschützt zu sein. Vgl. *Merkel-Liepm.* 16. Mit dem Text stimmen im wesentlichen überein: *Mayer* 21 (sehr beachtlich dort Note 7), *v. Hippel* I 10, *Engelhard* (Lit. zu § 95) 73—78. Vgl. auch *Hafter* 7, 9, *Manigk* HdR III 297 („Interesse"), *Schwinge* Teleolog. Begriffsbildung im Strafrecht, 1930 21ff. Gegen die Identifizierung von Rechtsgütern und rechtlich geschützten Lebensinteressen *Oetker* Z **17** 495 (Rechtsgüter seien die vom Recht angestrebten Zustände), *Gerland* VD Allg. T. **1** 203, *Hirschberg, Nathan* (Lit. zu § 32) 16/7, *Frank* Einl. Best. IV und *Mezger* 200. *Mezger* 198, 199 stimmt dem Text zwar darin bei, daß durch das Verbrechen Lebensinteressen verletzt oder gefährdet werden; aber den Begriff des Rechtsguts faßt er, wie *Frank*, gegenständlich, indem er in ihm den „Zustand" sieht, „an welchem das vom Recht berücksichtigte Durchschnittsinteresse besteht". Aber das Eigentum, das er als Rechtsgut des § 242 bezeichnet, der „öffentl. Anstand auf geschlechtl. Gebiet", der das Rechtsgut des § 183 abgeben soll, sind keine „Zustände". Während *Mezger* diese „Zustände" als Schutzobjekte des Strafgesetzes bezeichnet, stellt *Frank* richtiger als solche Schutzobjekte „staatl. Interessen" hin. Damit kommt er dem Text in der Sache sehr nahe. Vgl. *Eb. Schmidt* Z **49** 386. Gegen jegliche Verwendung des Rechtsgutsbegriffs *Trops* Begriff und Wert eines Verwaltungsstrafrechts (Strafr. Abh. Heft 208) 1926, 52ff.; vgl. gegen ihn die vor. Aufl. dieses Buches § 2 Note 1.

recht, Briefgeheimnis, Urheber- und Erfinderrechte waren Lebensinteressen, lang, ehe sie durch die Verfassungsurkunden gegen willkürliche Eingriffe der Staatsgewalt oder durch die Strafgesetze gegen Verletzung von seiten einzelner sichergestellt wurden. Das Bedürfnis erzeugt den Schutz, und mit den wechselnden Interessen wechselt Zahl und Art der Rechtsgüter. Darum wurzeln die Rechtsnormen letzten Grundes in dem Wissen wie in den religiösen, sittlichen und ästhetischen Anschauungen des Staatsvolkes; sie finden hier ihren festen, bodenständigen Halt und empfangen hier den Antrieb zur Entwicklung. Das Recht ist eine Kulturerscheinung und unlöslich mit der Gesamtkultur verbunden[2]).

2. Die Abgrenzung der Machtkreise, den Schutz dieser und die Zurückweisung jener Interessen übernimmt der über den einzelnen stehende allgemeine Wille: er löst sie in der Rechtsordnung: in der Scheidung der berechtigten von den unberechtigten Interessen.

Die Rechtsordnung grenzt die Machtgebiete voneinander ab; sie bestimmt, wieweit der Wille sich frei betätigen, wieweit er insbesondere fordernd oder versagend in die Willenskreise anderer Rechtssubjekte übergreifen darf; sie gewährleistet die Freiheit, das Wollen-Dürfen, und verbietet die Willkür; sie erhebt die Lebensbeziehungen zu Rechtsbeziehungen, die Lebensinteressen zu Rechtsgütern; sie schafft, Rechte und Pflichten an bestimmte Voraussetzungen knüpfend, aus dem Lebensverhältnis das Rechtsverhältnis. Gebietend und verbietend, ein bestimmtes Handeln oder Nichthandeln unter bestimmten Voraussetzungen vorzeichnend, sind die Normen der Rechtsordnung der Schutzwall der Rechtsgüter. Der Rechtsschutz, den die Rechtsordnung den Lebensinteressen gewährt, ist Normenschutz. „Rechtsgut" und „Norm" sind die beiden Grundbegriffe des Rechts[3]).

---

[2]) Das ist der Grundgedanke von *ME. Mayer* Rechtsnormen und Kulturnormen (Strafr. Abh. Heft 50) 1903.

[3]) Der Ausgangspunkt des Textes in Beziehung auf die allgemeine Rechtslehre ist mithin derselbe wie derjenige *Bindings*. Aber sofort trennen sich die Wege. *Binding* hat sowohl in seinen „Normen" als auch in seinem Handbuche **1** 155, ohne dem Rechtsgute, dessen Schutz zu dienen die Norm berufen ist, weitere Beachtung zu schenken, in durchaus einseitiger und willkürlicher Weise den Begriff der Norm zum Angelpunkte des ganzen strafrechtlichen Systems gemacht. Vgl. darüber *v. Liszt* Z **6** 672 (Aufsätze **1** 222), **8** 134. — Der Grundfehler der Normentheorie liegt in der rein formalistischen Auffassung des Delikts als einer Verletzung der Gehorsamspflicht (Normen **1** § 45), wobei die Richtung des Verbrechens gegen die Lebensbedingungen der rechtlich geordneten Menschengemeinschaft völlig in den Hintergrund tritt. Von den Anhängern der Normentheorie (*Finger, Nagler, Oetker* u. a.) hat *Beling* Verbrechen S. 115, indem er an Stelle der einzelnen Normen die „Normalität der Handlung" zum Ausgangspunkt nimmt, die *Binding*sche Normentheorie völlig preisgegeben. Vgl. dazu *v. Hippel* I 19 Anm. 3.

II. Das Verbrechen.

1. Trotz der zunehmenden Erstarkung der Staatsgewalt steht die staatliche Friedensordnung mit ihren rechtlichen Geboten und Verboten im täglichen Kampf mit den Schwächen und Leidenschaften der Menschen. Dem Recht tritt das **Unrecht** gegenüber; bald als trotzige Auflehnung des einzelnen gegen die Rechtsordnung oder als hinterlistige Umgehung ihrer Normen, bald als sorglose Nichtachtung der an den Verkehr gestellten Anforderungen. Stets ist das Unrecht seiner Erscheinung nach Rechtswidrigkeit, Übertretung eines staatlichen Gebots oder Verbots. Aber damit ist sein wesentlicher Inhalt nicht bezeichnet. Dieser liegt in dem Angriff auf die rechtlich geschützten Interessen anderer, sei es einzelner, sei es der Gesamtheit selbst; das Unrecht ist Verletzung oder doch Gefährdung von Rechtsgütern. So wie das Recht nicht nur den Staat, sondern in letzter Linie die im Staate geordnete Gesellschaft schützt, so richtet sich das Unrecht nicht nur gegen jenen, sondern in seinem Endziel gegen diese. Darin liegt die antisoziale Bedeutung des Unrechts.

2. Das Gesagte gilt in verstärktem Maße von dem **Verbrechen**. Auch dieses ist Unrecht; eine durch besondere Artmerkmale (darüber unten § 26) ausgezeichnete Untergruppe der Gattung. Auch das Verbrechen ist seiner Erscheinung nach Rechtswidrigkeit, seinem Wesen nach aber ein für besonders gefährlich erachteter Angriff auf die Rechtsgüterwelt. Wer in dem Verbrechen nur die Verletzung der dem Staate geschuldeten Gehorsamspflicht erblickt (*Binding*), der wird dem Wesensgehalt des Mordes oder des Landesverrates nicht gerecht. Das Verbrechen ist antisoziale Handlung wie jedes Unrecht; ein Angriff auf die Gesellschaft selbst, auch wenn es unmittelbar gegen Rechtsgüter des einzelnen sich wendet. Darum mündet die wissenschaftliche Erforschung des Verbrechens zwar einerseits in die allgemeine Rechtslehre und die Rechtsphilosophie, andererseits aber auch in die Gesellschaftswissenschaft (Soziologie).

III. Die Strafe.

Hinter den Normen der Rechtsordnung steht die Zwangsgewalt des Staates. Die Rechtsnormen sind Zwangsnormen; die Rechtsordnung ist nicht nur Friedensordnung, sondern auch Kampfordnung[4]). Wo dem staatlichen Befehl der Gehorsam ver-

---

[4]) Damit soll nicht behauptet sein, daß die äußere Erzwingbarkeit ein begriffskonstitutives Merkmal des Rechts sei, das Recht sich also gerade durch sie von den sonstigen ethischen Normen abhebe. Vgl. *J. Goldschmidt* Der Prozeß als Rechtslage 1925, 227ff., insbes. 233, 234 und Note 1280 daselbst.

weigert wird, greift die Staatsgewalt (man denke an die Sicherheitspolizei in allen ihren Zweigen) zwingend ein. Dem geschehenen Unrecht gegenüber verwendet sie den Erfüllungszwang (Zwangsvollstreckung) und den Zwang zur Wiederherstellung der gestörten Ordnung oder zur Entschädigung in Geld.

Dem begangenen Verbrechen gegenüber versagen aber diese Formen des staatlichen Zwangs. Der Mord läßt eine Wiederherstellung ebensowenig zu, wie, nach unserer heutigen Anschauung, eine Entschädigung in Geld. Hier greift die Staatsgewalt zu einem neuen, im Laufe der Jahrhunderte herausgebildeten Mittel: zur Androhung und zum Vollzug der **öffentlichen Strafe** als eines den Verbrecher von Staats wegen treffenden Übels an Leben oder Freiheit, an Ehre oder Vermögen.

Den Rechtstitel für diese Maßnahme nimmt der Staat einerseits aus der Notwendigkeit der Strafe für die Aufrechterhaltung der Rechtsordnung und damit für die Sicherheit der Gesellschaft; andererseits aus der, wenn auch beschränkten, Eignung der Strafe für die Erreichung dieses Ziels. Die Eignung der Strafe erhellt gerade aus der Vielseitigkeit der Wirkungen, die sie, bei zweckmäßiger Ausgestaltung, zu erzielen vermag[5]).

1. Warnend und abschreckend tritt die **Strafdrohung** zu den Geboten und Verboten der Rechtsordnung hinzu. Dem rechtlich gesinnten Bürger zeigt sie in eindringlicher Form, welchen Wert der Staat seinem Befehle beilegt (die Strafdrohung als „Mißbilligung" der Zuwiderhandlung, als Ausdruck des rechtlichen und sozialen „Unwerturteils"); weniger feinfühligen Naturen stellt sie als Folge ihres rechtswidrigen Verhaltens ein Übel in Aussicht, dessen Vorstellung als Gegengewicht den verbrecherischen Hang niederhalten soll. In der einen wie in der anderen Richtung aber wendet sich die Strafdrohung an die Gesamtheit der Rechtsgenossen (**Generalprävention**).

2. Aber die ganze ihr eigentümliche Kraft entfaltet die Strafe im **Strafvollzug**, in der Bewährung des Willens der Rechtsordnung durch den Strafzwang. Er wirkt:

a) auf die Gesamtheit der Rechtsgenossen, indem er einerseits durch seine abschreckende Kraft die verbrecherischen Neigungen im Zaume hält und andererseits durch die wiederholte und verstärkte Mißbilligung die rechtliche Gesinnung der Staatsbürger stärkt und sichert (**Generalprävention**);

---

[5]) Hier soll die in diesem Lehrbuch vertretene Ansicht im Zusammenhange vorgetragen werden. Den Streit der Strafrechtstheorien behandelt § 5.

b) ebenso auf den Verletzten, dem er überdies die Genugtuung gewährt, daß der gegen ihn gerichtete rechtswidrige Übergriff nicht ungeahndet bleibt;

c) ganz besonders auf den Verbrecher selbst (**Spezialprävention**)[6]. Je nach Inhalt und Umfang des Strafübels kann das Schwergewicht der Wirkung, die durch den Strafvollzug auf den Verbrecher ausgeübt wird, verschieden sein.

α) Die Aufgabe der Strafe kann dahin gehen, den Verbrecher wieder zu einem brauchbaren Gliede der Gesellschaft zu machen (künstliche Anpassung, Adaption). Es kann sich dabei in erster Linie um die Kräftigung der erschütterten Hemmungsvorstellungen oder um die umgestaltende Einwirkung auf den Charakter des Täters handeln; dementsprechend kann man **Abschreckung** oder **Besserung** als die angestrebte Wirkung der Strafe unterscheiden.

β) Die Aufgabe der Strafe kann aber auch dahin gehen, dem für die Gesellschaft unbrauchbar gewordenen Verbrecher die physische Möglichkeit zur Begehung weiterer Verbrechen auf immer oder auf Zeit zu entziehen, ihn aus der Gesellschaft auszuscheiden (künstliche Selektion). Man spricht hier von der **Unschädlichmachung** des Verbrechers.

Je nachdem im gegebenen Falle die eine oder die andere Wirkung der Strafe zum Zweck gesetzt wird, gestaltet sich demnach der Vollzug der Strafe in verschiedener Weise. Insbesondere wird es die beabsichtigte Wirkung auf den Verbrecher (die Spezialprävention) sein, die Inhalt und Umfang der im einzelnen Fall festzusetzenden Strafe bestimmt. **Die Forderung der Kriminalpolitik geht dahin, die Eignung der Strafe als Mittel zum Zweck möglichst auszunutzen und sie nach den Bedürfnissen des Einzelfalles zu gestalten.** Aber die allgemeine Anlage der Strafgesetzgebung wird bei der Aufstellung der verbrecherischen Tatbestände wie bei der inhaltlichen Bestimmung der Strafe auch die über den Verbrecher hinausgreifenden Wirkungen der Strafdrohung wie des Strafvollzuges (die Generalprävention) nicht aus den Augen verlieren dürfen. Vgl. unten § 4 IV.

IV. In allen seinen Formen aber, trotz seiner Eigenart, ist das Strafrecht Recht, das heißt Interessenschutz. Nicht die Art der geschützten Interessen, die den verschiedensten Rechtsgebieten angehören können, sondern die Eigenart des Schutzes macht das Wesen des Strafrechts aus. Vermögens- und Familienrechte, Leben und Staatsgebiet, die Stellung des Staatsoberhauptes wie die politischen

---

[6]) *Drost* Das Problem einer Individualisierung des Strafrechts 1930, 11 spricht von „Individualprävention“.

Rechte des Bürgers, die Interessen der Staatsverwaltung und die der Handelsgesellschaften, die Geschlechtsehre des Weibes und die Sicherheit des Verkehrs — alle Interessen ohne Ausnahme können des verstärkten Schutzes teilhaftig werden, den die Strafe verleiht. In allen Rechtsgebieten tritt das Strafrecht ergänzend und sichernd hinzu („sekundäre“, „komplementäre“, „sanktionierende“, „garantierende“ [7]) Natur der Strafrechtssätze).

§ 3. Die Ursachen und die Arten der Kriminalität.

Literatur. Eine zusammenfassende Darstellung des Gesamtgebietes der Kriminalpolitik fehlt. Eine lehrbuchartige Einführung bietet *Aschaffenburg* Das Verbrechen und seine Bekämpfung 3. Aufl. 1923. Vgl. dazu *Stooß* Schweizer. Z **37** 23. Kurze Zusammenfassung des Wesentlichsten (mit reichen Literaturangaben) bei *v. Hippel* I § 23; ferner *Grünhut* HdR III 786, *Hafter* § 50. — Über die grundlegenden methodischen und sachlichen Probleme: *v. Liszt* Strafrechtliche Aufsätze und Vorträge 2 Bde. 1905. *Derselbe* Der Zweckgedanke im Strafrecht 1882 (Z **3** 1; Aufsätze **1** 126). *Derselbe* Kriminalpolitische Aufgaben 1889 bis 1892 (Z **9** 452, 737; **10** 51; **12** 171; Aufsätze **1** 290). *Derselbe* Handbuch der Politik 2. Aufl. 1914 **3** 195; 3. Aufl. **3** 202 (bearb. von *Freudenthal*). Neuestens *Grünhut* a. a. O. — Mitteilungen der IKV 1889ff. Dazu *Kitzinger* Die IKV. Betrachtungen über ihr Wesen und ihre bisherige Wirksamkeit 1905. *Derselbe*, Die Stellung der Gesellschaft zum Verbrechen und zur Strafe 1925. *Yamaoka*, Grundzüge der Strafpolitik 1909. *v. Hentig* Strafrecht und Auslese 1914. Mitteilungen der Kriminalbiologischen Gesellschaft 1928ff. *Lenz* Grundriß der Kriminalbiologie 1927 (dazu *Grünhut* bei *Aschaffenburg* **18** 654). Weitere Literatur zu den Einzelproblemen vgl. unten in den Anmerkungen.

I. Die zielbewußte Verwertung der Strafe als einer Waffe der Rechtsordnung in ihrem Kampfe gegen das Verbrechen ist unmöglich ohne die wissenschaftliche Erforschung des Verbrechens in seiner tatsächlichen, äußeren Erscheinung und in seinen inneren, aus den Tatsachen zu erschließenden Ursachen. Diese kausal erklärende „Lehre vom Verbrechen“ kann als **Kriminologie** (Ätiologie der Kriminalität) bezeichnet werden[1]).

---

[7]) Im Text zu IV ist von der „garantierenden Funktion“ der Strafrechtssätze insoweit die Rede, als es sich um den Schutz des Einzelnen und der Gesamtheit gegen das Verbrechen handelt; die „garantierende Funktion“ der Strafrechtssätze, die durch scharfe Umreißung des strafbaren Verhaltens den Einzelnen gegen Willkür der staatlichen Strafgewalt schützt, ist oben § 1 Note 1 und unten § 18 dargestellt. Vgl. zur „garantierenden Funktion der Strafrechtssätze“ *Mayer* 20ff., *Foltin* (Lit. zu § 18), zur „sekundären“ Natur des Strafrechts *v. Hippel* I 31/2, *Mezger* 174.

[1]) Es ist der Fehler der älteren, dem 18. Jahrhundert angehörenden Richtung der Kriminalpolitik (vgl. unten § 11), daß ihrem stolzen Gebäude der feste Unterbau mangelt. Dieser wurde erst möglich mit der naturwissenschaftlichen Erkenntnis des Menschen (Anthropologie im weitesten Sinne) einerseits, einer sicheren Methode (Statistik) für die Gesellschaftswissenschaft andererseits. Jene ältere, rationalistische Richtung der Kriminalpolitik findet ihren Abschluß in den Arbeiten von *J. Bentham* († 1832). Gesamtausgabe von *Bowring* 11 Bde. 1843. Seine Lehre ist von *Dumont* in ein System gebracht,

Innerhalb der Kriminologie kann man weiter unterscheiden die Kriminal-Biologie (oder -Anthropologie) und die Kriminal-Soziologie. Die erstere hat das Verbrechen als Ereignis im Leben des Einzelmenschen zu schildern, den Hang zum Verbrechen (penchant au crime) in seiner individuellen Gestaltung und seinen individuellen Bedingungen zu untersuchen; sie zerfällt in die Kriminal-Somatologie (Anatomie und Physiologie) und die Kriminal-Psychologie. Aufgabe der Kriminal-Soziologie dagegen ist es, das Verbrechen zu schildern als Ereignis des gesellschaftlichen Lebens, es zu untersuchen in seiner sozialen Gestaltung, sowie in seiner sozialen Bedingtheit.

Man muß sich aber darüber klar bleiben, daß der Gegenstand der Untersuchung ein und derselbe, und nur die Methode eine verschiedene ist: dort die systematische Einzelbeobachtung, hier die systematische Massenbeobachtung. Denn das Verbrechen als Erscheinung des gesellschaftlichen Lebens setzt sich zusammen aus einer Anzahl von einzelnen Verbrechen; und jedes von diesen ist nur ein Teil eines sozialen Phänomens. Und man darf nicht vergessen, daß nur die Verbindung beider Methoden, so daß die Ergebnisse der einen durch die der anderen gegenseitig geprüft und ergänzt werden, zu richtiger Erkenntnis des Verbrechens führen kann[2]).

---

und dieses ist von *Beneke* ins Deutsche übersetzt worden: Grundsätze der Zivil- und Kriminalgesetzgebung aus den Handschriften *J. B.s* 2 Bde. 1830. Später ist die Kriminalpolitik, wenn auch stets von einzelnen weitergepflegt (so von *Bérenger* und *Bonneville de Marsangy* in Frankreich, von *Örsted* in Dänemark, von *Mittermaier* und *v. Holtzendorff* in Deutschland, von *Wahlberg* in Österreich), ebensosehr durch die Träumereien der philosophischen wie durch die Selbstgenügsamkeit der geschichtlichen und die Unfruchtbarkeit der reinjuristischen Rechtsschule in den Hintergrund gedrängt worden, um erst im letzten Viertel des 19. Jahrhunderts zu neuer Blüte zu gelangen.

[2]) Aus der Nichtberücksichtigung der im Text gemachten Erwägungen erklärt sich die heute im wesentlichen überwundene Spaltung der Kriminologie in zwei Richtungen, die anthropologische einerseits, die soziologische andererseits. — Gegen den Text hat *Gleispach* Z **48** 99 Einwendungen erhoben, die *Gruhle* bei *Aschaffenburg* **19** 257 als „formale" charakterisiert hat. Vgl. dazu auch *Mezger* bei *Aschaffenburg* **19** 141 und 385. — Aus der reichen Literatur können hier nur einzelne wichtigere Schriften hervorgehoben werden. 1. Die **systematische Einzelbeobachtung** beginnt mit der psychologischen Schilderung einzelner merkwürdiger Verbrechen. Hierher gehört der sog. alte Pitaval, 1735/43 in Paris von *Gayot de Pitaval* († 1743) herausgegeben, vielfach nachgeahmt; so: Der neue Pitaval von *Hitzig* und *Häring* 60 Bde. 2. Aufl. 1857ff. Geschichten aus dem alten Pitaval usw. herausgegeben von *Paul Ernst* 3 Bde. 1910. Vgl. auch unten § 15 VII (Der Pitaval der Gegenwart). Unter den zahlreichen Arbeiten aus den ersten Jahrzehnten des 19. Jahrhunderts ist *Feuerbachs* Aktenmäßige Darstellung merkwürdiger Kriminalrechtsfälle 1828f. auch heute noch wertvoll. In Auswahl herausgegeben von *v. Scholz* 2 Bde. 1913. Vgl. dazu *Grünhut* (§ 12 Note 1) 227ff. Auch die Arbeiten über Gefängniswesen (siehe unten § 59) enthalten viel Einschlagendes. — Mit der Geschichte

II. **Die Betrachtung lehrt, daß jedes einzelne Verbrechen durch das Zusammenwirken zweier Gruppen von Bedingungen entsteht, der individuellen Eigenart des Verbrechers einerseits, der diesen um-**

---

des berufsmäßigen Verbrechertums beschäftigt sich das große Werk von *Avé-Lallemant* Das deutsche Gaunertum in seiner sozialpolitischen, literarischen und linguistischen Ausbildung zu seinem heutigen Bestande 1858/62. Seine Gestalt in neuerer Zeit schildern u. a. *Valentini* Das Verbrechertum im preußischen Staate 1869. *Schrader* Das Verbrechertum in Hamburg 1879. *Starke* Verbrechen und Verbrecher in Preußen 1854 bis 1878, 1884. *ΩΣ* Die Verbrecherwelt von Berlin 1886 (SA aus Z **4**, **5**, **6**). *Heindl* Der Berufsverbrecher 1926. *Schmitz* Das internat. Verbrechertum und seine Bekämpfung. Kölner Diss. 1927. *Luz* Das Verbrechen in der Darstellung des Verbrechers (Beiheft 2 zu *Aschaffenburg*) 1927. *Derselbe* Ursachen und Bekämpfung des Verbrechens im Urteil des Verbrechers 1928. *Schurich* Lebensläufe vielfach rückfälliger Verbrecher (Krim. Abhdlg. X) 1930. Wertvoll die Verwaltungsberichte des Berliner Polizeipräsidiums (1871 bis 1900) 1882, 1892, 1902. Vgl. *Lindenau* Z **22** 287, **24** 381. Über Kriminalistik vgl. unten § 4 Note 15. — Die Anatomie und Physiologie des Verbrechers wurde insbesondere von medizinisch-naturwissenschaftlicher Seite eifrig gepflegt. Vgl. die Lit.-Angaben über Psychiatrie unten § 15 VIII 2. Aus Untersuchungen über Verbrechergehirne und Mörderschädel (*Schwekendiek, M. Benedikt* u. a.) entwickelte sich in Italien die von dem Mediziner *C. Lombroso* (1836—1909; vgl. *Sommer* Z **31** 125) begründete, von den Juristen *E. Ferri* und *R. Garofalo* geführte „kriminal-anthropologische Schule". Hauptwerke dieser durch das Festhalten des anthropologischen Verbrechertypus gekennzeichneten Richtung: *Lombroso* L'uomo delinquente 1. Aufl. 1878, 5. Aufl. 1896; deutsch von *Fränkel* 1887. *Ferri* I nuovi orizzonti del diritto e della procedura penale 1881, von der 3. Aufl. ab unter dem Titel Sociologia criminale; deutsche Übersetzung von *Kurella* (nach der 4. Aufl.) unter dem Titel: Das Verbrechen als soziale Erscheinung 1896. *Garofalo* Criminologia 2. Aufl. 1890; französische Bearbeitung in 4. Aufl. 1895. Zusammenfassend: *Wulffen* Psychologie des Verbrechers 2 Bde. s. a. (in *Langenscheidts* Enzyklopädie). *Kauffmann* Die Psychologie des Verbrechens 1912. *Kurella* Anthropologie und Strafrecht 1912. *Mittermaier* Kriminalpsychologie in HdR III 806. Die Kriminalpsychopathologie hat eine vorzügliche systematische, die übliche Kasuistik bewußt vermeidende Darstellung durch *Birnbaum* Kriminalpsychopathologie und psychobiolog. Verbrecherkunde, 2. Aufl. 1931, gefunden. In der neueren Literatur macht sich auf kriminalpsychologischem Gebiete immer stärker diejenige Untersuchungsweise bemerkbar, die *Exner* Schweizer Z **38** 14 treffend als die Methode der „massenhaften Einzelbeobachtung" bezeichnet hat. Zu nennen ist: *Gruhle* Die Ursachen der Jugendlichen-Verwahrlosung und -Kriminalität 1912; *Homburger* Lebensschicksale geisteskranker Strafgefangener 1912; *Wetzel* Über Massenmörder 1920; *Schneider-v. d. Heyden* Studien über Persönlichkeit und Schicksal eingeschriebener Prostituierter, 2. Aufl. 1926. Sehr beachtlich: *Goring* The English Convict, 1913, 2. Aufl. 1919 (dazu *Wegner* Z **44** 593, *Exner* a. a. O. 14). Geradezu mustergültig aber sind die psychologischen Analysen von *Bjerre* Zur Psychologie des Mordes 1925 (dazu *Radbruch* Jur. W. **54** 2733 und unten § 4 Note 7). Vgl. ferner *Gast* Die Mörder (Krim. Abhdlg. XI) 1930. — Zeitschriften: Archivio di psichiatria, antropologia criminale e scienze penali, seit 1880 von *Lombroso* und seinen Freunden herausgegeben; Archives de l'anthropologie criminelle et des sciences pénales, seit 1886. Verhandlungen der internationalen kriminal-anthropologischen Kongresse zu Rom 1885, Paris 1889, Brüssel 1892 (*Rosenfeld* Z **13** 161), Genf 1896 (*Näcke* Z **17** 390), Amsterdam 1901, Turin 1906, Köln 1912. Über den Einfluß der Vererbung vgl. *Homburger* Z **35** 1. *Bernhardt* Studien über erbliche Belastung bei Vermögensverbrechern (Krim. Abhdlg. XII) 1930. — 2. Die **Kriminalstatistik** hat sich erst allmählich und noch immer nicht voll-

gebenden äußeren, physikalischen und gesellschaftlichen, insbesondere wirtschaftlichen Verhältnisse andererseits.

1. Je nach dem Verhältnisse der beiden Gruppen zueinander ändert sich Erscheinung und Bedeutung des Verbrechens.

a) Die äußere Veranlassung überwiegt. In augenblicklicher, leidenschaftlicher Erregung oder unter dem Einfluß drückender Notlage wird der bisher unbescholtene Täter zu dem Verbrechen hingerissen, das, seiner dauernden Eigenart fremd, eine vereinzelt bleibende, bitter bereute Episode in seinem Leben bildet (das, nicht sehr glücklich, sogenannte Gelegenheits- oder Augenblicksverbrechen; „akute Kriminalität").

---

ständig von der Justizstatistik losgelöst. Begründer (neben *Guerry*) der Belgier *Quetelet* (†1874); zunächst 1836 in seinem Buche Sur l'homme et le développement de ses facultés ou Essai de physique sociale, dann in einer Reihe von Schriften. Wertvoll *Wassermann* Die Entwicklungsphasen der kriminalist. Forschung (Krim. Abhdlg. V) 1927. — Hauptwerk für Deutschland: *A. v. Öttingen* († 1905) Die Moralstatistik in ihrer Bedeutung für eine Sozialethik 1. Aufl. 1868/69, 3. Aufl. 1882. *v. Mayr* Statistik und Gesellschaftslehre **1** 2. Aufl. 1914, **2** 1897, **3** 1909ff. (aus *Marquardsen* Handbuch des öffentlichen Rechts). Band **3** 1 enthält die Moralstatistik mit Einschluß der Kriminalstatistik. *Derselbe* Z **32** 33. *Roesner* Kriminalstatistik in HdR III 812, VII 272. — Die amtlichen statistischen Veröffentlichungen in Frankreich seit 1827 (für 1825). Für das Deutsche Reich seit 1883 (für die Jahre 1882ff.) die mustergültig gearbeitete Reichskriminalstatistik. Vgl. Anlage II zum Entw. eines Allgem. D. StGB 1927 (Reichst.-Drucks. 3390) über die Entwicklung der Kriminalität im D. Reiche seit 1882. *Aschrott* Z **35** 507. Seit 1901 die Kriminalstatistik für Heer und Marine. Außerdem die Justiz- und Gefängnisstatistiken der deutschen Einzelstaaten. — Ferner: *Rettich* Die württembergische Kriminalität 1895. *A. Meyer* Die Verbrechen in ihrem Zusammenhang mit den wirtschaftlichen und sozialen Verhältnissen im Kanton Zürich 1895. *Berg* Getreidepreise und Kriminalität (Berliner Seminarabhdlgn. **1** 2) 1902. *Weidemann* Die Ursachen der Kriminalität im Herzogtum Sachsen-Meiningen (daselbst **2** 1) 1903. *Blau* Kriminalstatistische Untersuchung der Kreise Marienwerder und Thorn (daselbst **2** 2) 1903. *Petersilie* Untersuchungen über die Kriminalität in der Provinz Sachsen (Beilage zu GS **64**) 1904. *Dochow* Die Kriminalität im Amtsbezirk Heidelberg (Berliner Seminarabhandlgn. **5** 1) 1906. *Galle* GS **71** 321, **72** 42 (Kriminalität der Provinz Schlesien). *v. Liszt* Festschrift für den 26. deutschen Juristentag (Aufsätze **2** 433) 1902. *Bonger* Criminalité et conditions économiques 1905 (dazu *Kitzinger* KVS **47** 149). *Seuffert* Untersuchungen über die örtliche Verteilung der Verbrechen im Deutschen Reich, herausgegeben von *Friedeberg* (Strafr. Abh. Heft 75) 1906. *Sauer* Frauenkriminalität im Amtsbezirk Mannheim (Strafr. Abh. Heft 146) 1912. *Wadler* Z **31** 499, 653. *Herz* Verbrecher und Verbrechertum in Österreich 1908. *Stöwesand* Die Kriminalität in der Provinz Posen. GS **77** Beilageheft. *Finkelnburg* Die Bestraften in Deutschland 1912. *Löwe* Arbeitslosigkeit und Kriminalität (Berliner Seminarabhdlgn. 3. Folge **1** 4) 1914. *Forberger* Moralstatistik Süddeutschlands 1914. *Beßler* Die Kriminalität Westpreußens (Strafr. Abh. Heft 188) 1915. *Forcher* Statistische Monatsschrift 1909 (Rückfall). Über die Einwirkung des Weltkriegs auf die Kriminalität vgl. die von *Weber* Z **38** 732 verzeichnete Lit. *Finger* GS **85** 450. *Kohlrausch* Z **41** 175. *Exner* Krieg und Kriminalität (Krim. Abhdlg. I) 1926. *v. Koppenfels* Die Kriminalität der Frau im Kriege (Krim. Abhdlg. II) 1926. *Trommer* Urkundenfälschung und Betrug im Weltkriege (ebenda VI) 1928. *Exner* Krieg und Kriminalität in Österreich 1927. *Liepmann* Krieg und Kriminalität in Deutschland 1930.

b) Bei geringfügigem äußerem Anlaß erwächst das Verbrechen aus der dauernden Eigenart, der tiefgewurzelten Anlage des Verbrechers, dessen eigenstes Wesen es uns enthüllt. Brutale Roheit, gefühllose Grausamkeit, beschränkter Fanatismus, gedankenloser Leichtsinn, unüberwindliche Arbeitsscheu, Trunksucht, geschlechtliche Lasterhaftigkeit führen durch zahlreiche Zwischenstufen zu zweifellos psychopathischen Zuständen. Unmöglich ist es, diese Fälle unter dem Namen des Gewohnheitsverbrechens zusammenzufassen. Richtiger spricht man von Zustandsverbrechen („Charakter- oder Tendenzverbrechen", „chronischer Kriminalität"). Als eine besonders häufige und gefährliche Unterart erscheint das gewerbsmäßige (berufsmäßige, professionelle) Verbrechen, das weit über den Kreis der Vermögensdelikte hinausgreift. Innerhalb der Zustandsverbrecher sind die Besserungsfähigen und die Unverbesserlichen zu unterscheiden.

2. Nun darf man freilich nicht glauben, daß mit der vorstehenden „Einteilung der Verbrecher"[3]) die Probleme der Kriminologie gelöst seien. Das ist keineswegs der Fall. Jene Einteilung ist nur ein richtungweisendes Schema für die Beurteilung des einzelnen Verbrechens. Die Hauptaufgabe der Kriminologie besteht darin, die Eigenart des Verbrechers durch intensive Persönlichkeitsforschung begreiflich zu machen. Unter Nutzbarmachung der Vererbungslehre

---

[3]) Daß die wissenschaftliche Arbeit hieran noch längst nicht abgeschlossen ist, ja in gewissem Sinne immer noch am Anfang steht, zeigt nicht nur der Text, sondern ist namentlich von *Exner*, *Mezger* und *Grünhut* betont worden. Vgl. *Exner* Schweizer. Z **38** 1ff. („eine vollständige, das Wesentliche erfassende Einteilung der verbrecherischen Persönlichkeiten" kann „nur auf der Grundlage einer allgemeinen Charakterologie geschehen" 15/6); *Mezger* Persönlichkeit und strafrechtliche Zurechnung, 1926, 41, 42 (Erforschung biologisch begründeter Persönlichkeitstypen als nächstes Ziel einer wissenschaftlichen Kriminalpolitik), *Mezger* (Lit. zu § 4) 23ff., sowie Mitt. krim.-biol. Ges. **2** 22ff. *Grünhut* HdR III 797. Vgl. ferner *v. Hippel* I 556 (dazu die vor. Aufl. dieses Buches § 3 Note 3), *Gleispach* Z **48** 99, *Hafter* 250, *Gruhle* Mitt. krim.-biol. Ges. **2** 15.

Die im Text unter 1a und 1b vorgenommene Unterscheidung der Gelegenheits- und Gewohnheitsverbrecher führt hauptsächlich auf *Wahlberg* († 1901; vgl. *Tschubinsky* Z **23** 64) zurück. An ihn (nicht an die Italiener) knüpft auch die Dreiteilung des Textes an; sie führt aber über ihn hinaus. Im „Marburger Programm" 1882 ist sie von *v. Liszt* entwickelt worden. Vgl. Aufsätze **1** 126, *v. Liszt* Gutachten an den Brüsseler Kriminalanthropologenkongreß 1892. Dazu *Olrik* Z **14** 76. Vgl. dagegen: *Högel* Die Einteilung der Verbrecher in Klassen (Kritische Beiträge Heft 2) 1908. Über sonstige Einteilungsversuche *Aschaffenburg* 227ff. (dazu *Exner* Schweizer. Z **38** 8 Note 1).

Der italienische Entwurf 1921 machte den ersten Versuch gesetzlicher Verwertung einer am Gesichtspunkt der Sozialgefährlichkeit orientierten Verbrechergruppierung (Artt. 21, 22). Vgl. dazu die unten § 17 XII 1 angegebene Literatur. Die Gedanken dieses Entwurfs haben die Strafrechtsentwicklung mancher süd- und mittelamerikanischer Staaten beeinflußt, so das StGB von Mexiko von 1929 und die Entwürfe in Peru, Kuba, Kolumbien und den Philippinen.

und der Konstitutionsforschung wird die „konstitutionelle" Verbrecherbetrachtung[4]) die Herausarbeitung kriminalbiologischer Persönlichkeitstypen anzustreben haben, die uns die große Mannigfaltigkeit der „Zustandsverbrecher" überhaupt erst wissenschaftlich beherrschen lehren und aus denen des weiteren die erforderlichen Erkenntnisse „für die grundsätzlichen Richtungen der einzelnen kriminalpolitischen Wirkungsmöglichkeiten" (*Grünhut*) hergeleitet werden können. Inwieweit daneben eine sog. „dynamische" Verbrecherbetrachtung, namentlich unter Verwendung geläuterter psychoanalytischer Untersuchungsmethoden, dazu führen wird, dem einzelnen Verbrecher sowohl wie der einzelnen, aus den „Hintergründen der Seele" her beleuchteten Tat gesteigertes Verständnis entgegenzubringen, ist eine wissenschaftlich noch ungeklärte Frage, deren Wichtigkeit jedoch von der modernen kriminalpolitischen Forschung nicht verkannt werden darf. Die Vertiefung der Verbrecherforschung nach beiden Richtungen ist eine notwendige Voraussetzung dafür, daß die kriminalpolitische Verbrecherbeurteilung über die Banalitäten dilettantischer Motiverklärungen hinausgehoben wird. Sie ist überdies die Voraussetzung für ein erfolgreiches Arbeiten im modernen Strafvollzuge und für eine einigermaßen richtige Handhabung der großen Fülle verschiedenartiger Maßnahmen, die die moderne Kriminalpolitik zum Zwecke individualisierender Verbrecherbekämpfung zur Verfügung stellt.

III. Schon aus dem Gesagten erhellt, daß jede **rein biologische Auffassung** des Verbrechens, d. h. seine ausschließliche Ableitung aus der körperlichen und geistigen Eigenart des Verbrechers verfehlt ist. Und daraus folgt mit zwingender Notwendigkeit die, auch aus anderen Gründen sich ergebende, Unmöglichkeit eines einheitlichen anthropologischen Verbrechertypus. Die wissenschaftliche Forschung hat bisher bei den Zustandsverbrechern zwar zahlreiche Atypien (Abweichungen vom normalen Typus), insbesondere bei erblich Belasteten, aber keinen naturwissenschaftlich faßbaren Sondertypus des Zustandsverbrechers ergeben. Damit fällt die Lehre *Lombrosos* und seiner Anhänger in sich zusammen[5]).

---

[4]) Über „konstitutionelle" und „dynamische" Verbrecherbetrachtung vgl. insbes. *Mezger* (Lit. zu § 4) 24ff., Mitt. krim.-biol. Ges. **2** 22, *Grünhut* HdR III 797. Bei *Mezger* auch Lit.-Nachweise. — Zur **Psychoanalyse** die Werke von *Freud* („Gesammelte Schriften", 11 Bde). Vgl. ferner *Bohne* Z **47** 439, *Coenen* Strafrecht und Psychoanalyse (Strafr. Abh. Heft 261) 1929. Ein weiteres Eingehen auf die Lit. zur Psychoanalyse ist hier nicht möglich.

[5]) Vgl. zu *Lombroso* schon Z **9** 462 (Aufsätze **1** 296). Daß *Lombrosos* Lehre namentlich in der psychiatrischen Literatur sehr nachhaltig bis auf den heutigen Tag wirkt, ist gar nicht zu verkennen. Vgl. *Birnbaum* Kriminalpsychopathologie 2. Aufl. 1931, 177ff. Sehr charakteristisch für die Nach-

IV. Der **Einfluß der gesellschaftlichen Faktoren** tritt aber erst durch die Erwägung in das rechte Licht, daß die im Augenblicke der Tat vorhandene Eigenart des Verbrechers aus der angeborenen Anlage weiterentwickelt und bestimmt worden ist durch die ihn von der Geburt an umgebenden äußeren Verhältnisse. Mit dieser Erkenntnis eröffnet sich die Möglichkeit einer, wenn auch beschränkten, Einwirkung auf die in dem heranwachsenden Menschen etwa schlummernden verbrecherischen Neigungen (durch sittliche, geistige und insbesondere auch körperliche Erziehung). Aber viel mehr noch: gerade die maßlos, in Dichtung wie Wissenschaft, überspannte Lehre von der erblichen Belastung, von den Sünden der Väter, die an den Kindern heimgesucht werden, — erschließt uns, richtig aufgefaßt, den Blick in eine bessere Zukunft. Wenn Eltern, deren Lebens- und Zeugungskraft durch die sie umgebenden gesellschaftlichen Verhältnisse erschöpft ist, ihren Kindern die „psychopathische Minderwertigkeit", die geschwächte Widerstandskraft im Kampf ums Dasein, als fluchbringendes Erbteil hinterlassen, dann dürfen wir die wissenschaftlich begründete Überzeugung hegen, daß alle unsere sozialpolitischen Maßregeln in verstärkter Kraft den Nachkommen zugute kommen werden. Ungleich tieferdringend und ungleich sicherer als die Strafe und jede ihr verwandte Maßregel wirkt die **Sozialpolitik** als Mittel zur Bekämpfung des Verbrechens, das, wie Selbstmord, Kindersterblichkeit und alle übrigen sozialpathologischen Erscheinungen, in den die aufeinanderfolgenden Geschlechter bestimmenden gesellschaftlichen Verhältnissen seine tiefste Wurzel hat [6].

---

wirkung *Lombrosos* aus der jüngeren Literatur auch das geistvolle Buch *v. Hentigs*, Strafrecht und Auslese 1914. Neuerdings hat *Kretschmer* Körperbau und Charakter 5. und 6. Aufl. 1926 (vgl. *Exner* Schweizer. Z **38** 18, *Weber* Z **44** 305, *Böhmer* bei *Aschaffenburg* **19** 193) mit Energie auf die bestehenden Zusammenhänge zwischen Charaktertypus und Körperbeschaffenheit hingewiesen. Freilich lehnt er die Lehre *Lombrosos*, der Verbrecher sei ein wissenschaftlich faßbarer Sondertyp des homo sapiens, ab. Stark unter *Lombrosos* Einfluß *Flesch* Gehirn und Veranlagung des Verbrechers 1929 (dazu *Gruhle* Z **50** 431: „heute undiskutierbar"). Vgl. ferner *Gruhle* bei *Aschaffenburg* **19** 258 (Note 1). *Mezger* (Lit. zu § 4) 11, 12.

[6] Vgl. *v. Liszt* Z **20** 161, **23** 203 (Aufsätze **2** 284, 433). *Derselbe* Das Verbrechen als sozialpathologische Erscheinung 1898 (Aufsätze **2** 230). Diese „soziologische" Auffassung des Verbrechens kann heute als die allgemein herrschende bezeichnet werden. Von dieser Grundauffassung wird auch die 1889 von *v. Liszt*, *Prins* und *van Hamel* gegründete „Internationale kriminalistische Vereinigung" geleitet. Daß sie die Bedeutung der Eigenart des Verbrechers nicht übersieht, dürfte der Text zur Genüge ergeben.

§ 4. Die kriminalpolitischen Forderungen der Gegenwart und ihr Einfluß auf die jüngste Rechtsentwicklung.

Literatur. *Mezger* Moderne Strafrechtsprobleme (Marburger Akadem. Reden Nr. 43) 1927. *Kohlrausch* Über Strafrechtsreform (Rede) 1927. *Grünhut* HdR III 786. Vgl. ferner die Literaturangaben zu § 3 (insbesondere auch dort in den Anmerkungen), § 16, § 56; vgl. ferner unten § 15 VIII.

I. Der Kampf der Rechtsordnung gegen das Verbrechen kann mit Aussicht auf Erfolg nur dann geführt werden, wenn einerseits die Ursachen des Verbrechens und andererseits die Wirkungen genau erkannt werden, die die staatliche Strafe zu erzielen vermag. Deshalb ist die moderne **Kriminalpolitik** jüngeren Alters. Sie entstammt dem letzten Viertel des 19. Jahrhunderts. Sie hat sich gleichzeitig mit der Sozialpolitik und im engen Anschluß an sie entwickelt. Während aber der Sozialpolitik die Beseitigung oder doch die Beschränkung der gesellschaftlichen Bedingungen des Verbrechens zufällt, hat es die Kriminalpolitik mit dem einzelnen Verbrecher zu tun. Sie ist in erster Linie Bekämpfung des Verbrechens durch individualisierende Einwirkung auf den Verbrecher[1]). Sie verlangt im allgemeinen, daß die soziale Abwehr überhaupt, daß die Strafe als Zweckstrafe (oben § 2 III) insbesondere, sich in Art und Maß der Eigenart des Verbrechers anpasse, den sie durch Eingriff in seine Rechtsgüter von der künftigen Begehung weiterer Verbrechen abhalten will. In dieser Forderung liegt einerseits der sichere Maßstab für die kritische Würdigung des geltenden Rechts, andererseits der Ausgangspunkt für die Entwicklung des Programms einer Gesetzgebung der Zukunft.

Dieses kriminalpolitische Programm, das nunmehr bereits in der Verwirklichung begriffen ist, gipfelt in den beiden schon im Marburger Programm von 1882 (unten § 5 I, oben § 3 Note 3) aufgestellten Forderungen: Besserung der Besserungsfähigen und Unschädlichmachung der unverbesserlichen Verbrecher. Die Zweckstrafe ist nach den verschiedenen Arten der Kriminalität (oben § 3) verschieden zu gestalten und auszubauen. Aus diesem Grundgedanken ergibt sich eine ganze Reihe von Folgesätzen.

II. Es ist begreiflich, daß die kritische Betrachtung des geltenden Rechts zunächst verneinende Gestalt annahm. Den Beginn der Reformbewegung kennzeichnete **der Kampf gegen die kurze Freiheitsstrafe**, die weder bessert noch abschreckt noch unschädlich

---

[1]) Gegen die irrige Auffassung, daß die Einstellung des Textes zu einer „individualistischen" Orientierung des Strafrechtes führen müsse und bei einer Verkümmerung der staatlichen Interessen ende, vgl. *Eb. Schmidt* Schweizer. Z 1931 S. 213ff., insbes. 217.

macht, dafür aber nur zu leicht den Neuling dauernd in die Bahn des Verbrechens weist. Daraus ergab sich die vielfach auf Irrwege gedrängte Forderung, die kurze Freiheitsstrafe möglichst durch andere Maßregeln (Zwangsarbeit ohne Einsperrung, Ehrenhauptstrafen, insbesondere Verweis, ferner Wirtshausverbot, Hausarrest, ja sogar Prügelstrafe) zu ersetzen oder durch Verschärfung ihr die abschreckende Kraft zurückzugeben[2]).

III. Aber bei der verneinenden Stellungnahme gegenüber dem Hergebrachten ist die Reformbewegung nicht stehen geblieben. Zahlreiche positive Vorschläge wurden zur Verbesserung der Strafrechtspflege gemacht und eingehend erörtert. Ein Teil von ihnen ist durch die in der Nachkriegszeit erlassenen Novellen zum Strafgesetzbuch oder durch Spezialgesetze bereits verwirklicht worden; ein Teil aber harrt noch der Berücksichtigung durch den Gesetzgeber. Aus der langen Reihe solcher Vorschläge seien im folgenden nur die wichtigsten erwähnt, um den Geist der Strafrechtsreformbewegung des näheren zu kennzeichnen:

1. Die moderne Gesetzgebung macht von dem Kampfmittel der Strafe überreichlichen Gebrauch. Da eine Abscheidung des Verwaltungsstrafrechts vom Justizstrafrecht (vgl. unten § 26) nicht erfolgt ist, werden auch die geringfügigsten Bagatelldelikte mit Kriminalstrafe geahndet. Auch das hat (namentlich auf dem Wege der Umwandlung einer nicht beitreibbaren Geld- in eine Freiheitsstrafe) zu einer Häufung der nutzlosen kurzzeitigen Freiheitsstrafen geführt. Es war daher zu überlegen, ob der alte Satz **„minima non curat praetor“** nicht wieder Aufnahme zu finden verdiente. Dazu

---

[2]) Insbesondere *Rosenfeld* Welche Strafmittel können an die Stelle der kurzzeitigen Freiheitsstrafe gesetzt werden? (Abhandlungen des Krim. Sem. **2**) 1890. *Heilborn* Die kurze Freiheitsstrafe (Kritische Beiträge Heft 2) 1908. *v. Hippel* I 553ff. — Über den **Verweis** vgl. die Zusammenstellung bei *Ellinger* Der Verweis 1898, ferner unten § 63. — Über die **Prügelstrafe** vgl. *v. Liszt* Aufsätze **2** 350. *Goldschmidt* VD Allg. T. **4** 424. Begr. 35. *Feder* Die Prügelstrafe 1911. Sie ist als peinliche, gegen Personen niederen Standes verwendete Strafe in den deutschen Staaten teils vor, teils nach 1848 beseitigt worden, hat aber noch als Disziplinarstrafmittel in den Strafanstalten von Preußen, Sachsen, Hamburg, Lübeck, Mecklenburg, Schwarzburg-Rudolstadt, Oldenburg bis in die Jetztzeit bestanden. Für Preußen auch als Disziplinarstrafmittel abgeschafft durch Verf. vom 19. Dezember 1918. (*Klein* DStrafr. Z **6** 149). Reichsrechtliche Beseitigung der körperlichen Züchtigung als Hausstrafe durch § 139 der Grundsätze über den Vollzug der Freiheitsstrafen vom 7. Juni 1923 (RGBl. II 263). Vgl. dazu unten §§ 59, 60. — Dänemark hatte durch G vom 1. April 1905 (Z **26** 234) die Prügelstrafe eingeführt, sie aber 1911 schon wieder abgeschafft, nachdem sich ihre geringe Verwendungsmöglichkeit ergeben hatte. Vgl. *v. Hippel* I 398 (mit weiterer Literatur). — Im Staate Oregon sieht ein G vom 22. Februar 1905 Prügelstrafe gegen gewalttätige Ehemänner vor. (Z **26** 238.) Auch Delaware hat nach *v. Hippel* I 435 noch die Prügelstrafe. Für Deutschland ist ihre Einführung gänzlich ausgeschlossen.

boten sich zwei Wege: einmal die Durchbrechung des Legalitätsprinzips (§ 152 Abs. 2 StPO) zugunsten des Opportunitätsprinzips, sodann die Zulassung der Straflosigkeit bei Geringfügigkeit der Verletzung (Absehen von Strafe). Den ersten Weg hat die Strafprozeß-Neuordnung von 1924 mit fast zu kühner Energie beschritten (StPO §§ 153, 154, auch 376 in Verbindung mit 374; vgl. auch JugGG § 32 Abs. 2); noch weiter geht die dritte VO des Reichspräsidenten zur Sicherung von Wirtschaft und Finanzen und zur Bekämpfung politischer Ausschreitungen vom 6. Oktober 1931 (6. Teil, Kap. I § 2). Auf dem zweiten Wege bewegt sich JugGG § 9 Abs. 4, der in besonders leichten Vergehens- und Übertretungsfällen ein Absehen von Strafe gestattet[3]). Das Wichtigste aber wird sein die Ausscheidung der Übertretungen aus dem Gebiete des kriminellen Unrechts überhaupt[4]). Daneben würde erweiterte Anwendung der Buße auf privatrechtlichem Gebiete (vgl. BGB § 847) manche Strafklage überflüssig machen, das Sühneverfahren vor Schiedsmännern zahlreichen Verurteilungen vorbeugen. § 380 StPO hat denn auch in letzterer Hinsicht mit seiner Neufassung durch die Strafprozeßnovelle von 1924 einen nicht unbedeutenden Schritt über das bisherige Recht hinaus gewagt.

2. In besonders berücksichtigungswerten Fällen soll dem **Gelegenheitsverbrecher** (oben § 3 II 1), **aber auch nur diesem**, die Möglichkeit geboten werden, durch einwandfreies Verhalten während einer Bewährungsfrist den Vollzug der erkannten Strafe abzuwenden. Das ist die sog. **bedingte Verurteilung (bedingte Strafaussetzung)** mit oder ohne Friedensbürgschaft, die, alter deutscher Rechtsanschauung durchaus entsprechend, sich nicht nur im heutigen englisch-amerikanischen Recht seit längerer Zeit findet, sondern auch in Belgien, Frankreich sowie in den meisten anderen Staaten eingeführt ist. In den deutschen Einzelstaaten ist sie als bedingte Begnadigung seit 1895 im Verordnungswege zugelassen worden. Das Begnadigungsrecht ist als Rechtsgrundlage auch dann noch festgehalten worden, als man dazu überging, die Gewährung der bedingten Strafaussetzung den Gerichten zu übertragen. Wichtig wäre es, auf diesem bedeutsamen Gebiete unter Nutzbarmachung der inzwischen gesammelten Erfahrungen und unter scharfer Betonung des oben gekennzeichneten kriminalpolitischen Grundgedankens die ganze Angelegenheit reichsrechtlich zu regeln und damit die Ausgestaltung des Instituts vom einzelstaatlichen Be-

---

[3]) Vgl. darüber im allgemeinen *Mettler* Das Absehen von Strafe (Züricher Diss.) 1929.

[4]) Vgl. unten § 26. Verhandlungen der IKV in Mitteilungen **7** 186, **8** 289 **12** 200. Verhandlungen des 26. deutschen Juristentages. *Frank* Studien zum Polizeistrafrecht 1897. *Derselbe* Z **18** 733.

gnadigungsrecht endlich einmal loszulösen. Das Jugendgerichtsgesetz hat (§§ 10ff.) für das Gebiet des Jugendstrafrechts die reichsrechtliche Regelung der Strafaussetzung gebracht[5]).

3. Im Kampfe gegen die **Kriminalität der Jugendlichen** hat sich die jüngste **Gesetzgebung** am weitestgehenden **den Anforderungen moderner Kriminalpolitik gefügt.** Das Jugendgerichtsgesetz vom 16. Februar 1923 hat mit dem Vergeltungsgedanken gebrochen und den der Individualität des Jugendlichen angepaßten **Erziehungsmaßregeln** den **Vorrang vor der Strafe** eingeräumt, zugleich auch die Strafmündigkeit auf das 14. Lebensjahr hinaufgerückt und ein enges Zusammenarbeiten des Jugendrichters mit den die Jugendwohlfahrtspflege und -fürsorge wahrnehmenden Organen (Vormundschaftsrichter, Jugendamt, aber auch Schule und Haus) reichsrechtlich gewährleistet. Die längst geforderte reichsrechtliche Regelung der Fürsorgeerziehung, die die ernsteste und nachhaltigste Erziehungsmaßregel gegenüber Jugendlichen darstellt, ist im Reichsjugendwohlfahrtsgesetz vom 9. Juli 1922 erfolgt. Die Fürsorgeerziehungsgesetze der Länder sind damit samt dem ihre staatsrechtliche Rechtsgrundlage abgebenden Art. 135 EG zum BGB hinfällig geworden. (Vgl. im einzelnen unten §§ 38, 64.) Dem Gedanken der Verbrechensvorbeugung dient das Gesetz zur Bewahrung der Jugend vor Schund- und Schmutzschriften vom 18. Dezember 1926[6]).

4. Dem Strafgesetzbuch von 1871 gegenüber mußte von der Reformbewegung mit besonderer Energie betont werden, daß Gesetzgebung und Rechtsprechung weit mehr als bisher der Eigenart (nicht dem Motiv) des Verbrechers Rechnung zu tragen hätten[7]). In-

---

[5]) Genauere Literaturangaben unten zu § 74. — Sämtliche Entwürfe verwenden die bedingte Strafaussetzung auch bei Erwachsenen. Anwendung des Grundgedankens auf **Trinker:** *Bauer* Das Pollard-System und seine Einführung in Deutschland 1910. — Über **Friedensbürgschaft** *v. Liszt* Aufs. **1** 379. *Matter* Die Friedensbürgschaft als Strafäquivalent 1910. *Hafter* § 84.

[6]) Die Literatur zum Problem der Kriminalität der Kinder und Jugendlichen s. unten zu § 38. — Kommentar zum G vom 18. Dezember 1926 von *Conrad* (*Stenglein* Nebengesetze 5. Aufl. **1** 499), *Hellwig* (*Stilkes* Rechtsbibl. Nr. 56) 1927. Vgl. ferner *Wegner* Jugendrecht (1929) 135ff., *Stier-Somlo* HdR V 383.

[7]) Über die die „Eigenart des Verbrechers" erschließende Persönlichkeitsforschung vgl. oben § 3 Note 3 und 4. — Über das **Motiv** *v. Liszt* Z **16** 477 (Aufsätze **2** 170). *Rigaud* De l'influence du motif en matière criminelle 1898. *v. Lilienthal* Z **20** 447. *ME. Mayer* (Lit. zu § 28) 40. *Thomsen* Untersuchungen über den Begriff des Verbrechensmotivs 1902. *Friedrich* Die Bestrafung der Motive und die Motive der Bestrafung 1910. Treffend *Exner* Schweizer Z **38** 15: „Es gibt keine spezifisch verbrecherischen Motive, es gibt keine spezifisch verbrecherischen Charaktereigenschaften"; „der Unterschied" (zwischen Verbrecher und Durchschnittsmensch) „liegt nicht in dem Inhalt seiner Beweggründe, sondern in ihrem Stärkeverhältnis zu den Gegenmotiven". Damit ist auf die Eigenart des Verbrechers prägnant hingewiesen. *Exners* Sätze werden

zwischen ist in dieser Hinsicht durch die Novellengesetzgebung manches erreicht; aber in wichtigen Beziehungen ist das Strafrecht auf dem längst überholten Standpunkt von 1871 stehen geblieben.

a) Die Erkenntnis, daß dem „Augenblicksverbrecher" gegenüber es genügt, wenn die Hemmungsvorstellung der staatlichen Gebote und Verbote dem Bewußtsein zu lebendiger Erinnerung gebracht wird (**Abschreckung**), hat bereits Früchte gezeitigt: das Anwendungsgebiet der Geldstrafe ist durch die Geldstrafengesetzgebung von 1921—1924 auf Kosten der kurzzeitigen Freiheitsstrafe beträchtlich erweitert worden[8]); die bedingte Strafaussetzung findet weitgehende Anwendung (oben 2). Damit ist die oft vorgeschlagene Verschärfung der kurzen Freiheitsstrafe, die ohnehin auf kaum überwindliche praktische Schwierigkeiten gestoßen wäre, überflüssig gemacht. Vorsorge aber muß noch für den Fall getroffen werden, wo angesichts der wirtschaftlichen Verhältnisse des Täters eine Geldstrafe nicht in Betracht kommt. Es geht nicht an, auf dem Wege über die Ersatzfreiheitsstrafe für nichtbeitreibbare Geldstrafen nun doch wieder zur kurzzeitigen Freiheitsstrafe zu gelangen. Der Ausweg wird darin bestehen, daß die **Tilgung der Geldstrafe durch freie Arbeit**, die schon der auf dem Papier stehende § 28b RStGB vorsieht, endlich energisch organisiert und geregelt wird[9]).

b) Sind dem Augenblicksverbrecher gegenüber somit schon eine Reihe von Reformforderungen erfüllt, so liegt der **Kampf gegen den Zustandsverbrecher** heute noch, genau wie vor dem Einsetzen der Reformbewegung, völlig im Argen. Das ist um so bedenklicher, als die gesetzlichen Neuerungen gegenüber Jugendlichen und Augenblicksverbrechern aus wohlerwogenen Zweckmäßigkeitsgründen vielfach eine Milderung der Strafen enthalten, aber gerade deshalb in oberflächlich denkenden Köpfen den Eindruck erwecken, als handele es sich bei der Strafrechtsreform überhaupt um eine Entnervung und Verweichlichung der Strafrechtspflege. Das genaue Gegenteil ist richtig. Der Kampf gegen das Verbrechertum soll energischer und intensiver, weil zweckmäßiger, geführt werden. Dazu aber gehört in erster Linie, daß die Rechtsordnung rücksichtslos durch **Unschädlichmachung** des Verbrechers gesichert wird, sobald durch die Tat des Verbrechers ein festgewurzelter verbrecherischer Hang bekundet wird („Zustandsverbrecher"; „état dangereux"). Hier

---

durch die tiefgründigen Forschungen von *Bjerre* (Lit. zu § 3 Note 2 unter 1) durchaus bestätigt. Daß zum Verstehen der einzelnen Tat auch ein Eingehen auf die Motive des Verbrechers erforderlich ist, wird mit der Stellungnahme des Textes nicht geleugnet. Ein Widerspruch zu *Gruhle* bei *Aschaffenburg* **19** 267 besteht also nicht.

[8]) Vgl. darüber unten § 13 VII und § 61.

[9]) *Liepmann* Reform 1926, 139ff.; *v. Hippel* I 554, 555.

fehlt es noch an jeglichem Fortschritt unserer Gesetzgebung trotz dringender Mahnungen gerade aus dem Kreise der „modernen" kriminalistischen Richtung. Die Aufgabe der Unschädlichmachung hat die Strafe als lang dauernde Sicherungsstrafe dem geistesgesunden, wie die Irrenanstalt dem geisteskranken Verbrecher gegenüber zu erfüllen. Besondere Schwierigkeiten bieten die Fälle der sog. „verminderten Zurechnungsfähigkeit". Das RStGB ist an ihrer Problematik vorübergegangen. Die Strafrechtspflege hat gerade hier versagt. Die Stellungnahme der Entwürfe aber ist durchaus unsicher. Daß die durch ihre psychische Abnormität gefährlichen Verbrecher an der schweren Kriminalität einen sehr erheblichen Anteil haben, steht fest. Um so mehr drängt die Aufgabe, dieser gefährlichen Elemente, sei es durch einen lang dauernden, den Resozialisierungszweck durchaus nicht verleugnenden Strafvollzug, sei es durch besondere Maßnahmen der Sicherung oder Besserung Herr zu werden[10]. Der eingewurzelte verbrecherische Hang braucht nicht in wiederholtem Rückfall, er kann bereits in dem ersten zur Aburteilung gelangenden Verbrechen, vor allem in der Gewerbsmäßigkeit der Begehung, zum unverkennbaren Ausdruck kommen[11].

---

[10]) Vgl. dazu unten § 37 III; dort auch eingehende Literaturangaben. Über die in den Entwürfen vorgesehenen sichernden (bessernden) Maßnahmen vgl. unten § 65.

[11]) Vgl. über den **Rückfall**: *Tesar* Die symptomatische Bedeutung des verbrecherischen Verhaltens (Berliner Seminarabhandlungen **5** 3) 1907. Über die Verhandlungen der IKV vgl. *Kitzinger* (Lit. § 3) 44, 70. Verhandlungen des 28. d. Juristentages 1906 **1** 145, **2** 3 (Gutachten von *ME. Mayer* und *Aschaffenburg*). *Wyss* Der Rückfall. Berner Diss. 1927. *Effertz* Die strafrechtliche Behandlung des Rückfalls (Strafr. Abhdlg. Heft 218) 1927. *Mittermaier* in Anlage I zum E 1927, Reichst.-Drucks. 3390, S. 79ff. *Beger* Die rückfälligen Betrüger (Krim. Abhdlg. VII) 1929. *John* Die Rückfallsdiebe (Krim. Abhdlg. IX) 1929. *Schurich* Lebensläufe vielfach rückfälliger Verbrecher (Krim. Abhdlg. X) 1930. — Über die Methoden zur Feststellung der Rückfälligkeit vgl. unten § 78a. — Über das **gewerbsmäßige Verbrechen** vgl. *v. Liszt* Z **21** 121 (Aufsätze **2** 308). *ME. Mayer* DJZ **7** 373. *Oba* Unverbesserliche Verbrecher und ihre Behandlung 1908. Verhandlungen des 26. d. Juristentages 1904 **1** 259, **2** 237 (Gutachten von *v. Liszt* und *van Calker*). *Mittermaier* VD Allg. T. **3** 321. *Derselbe* in Anl. I zum E 1927, Reichst.-Drucks. 3390, S. 70ff. *Siefert* Juristisch-psychiatrische Grenzfragen (Heft 5) 1905. *Busse* Die gewerbs- und gewohnheitsmäßigen Verbrecher und ihre Behandlung 1912. Vgl. auch unten §§ 64, 65. — Als **Mittel der Unschädlichmachung** wird außer den in § 64 erörterten Maßnahmen, der Todesstrafe (s. darüber unten § 58) und der lebenslänglichen oder jedenfalls lang andauernden und unbestimmten Freiheitsstrafe insbesondere die **Deportation** vorgeschlagen; doch kommt sie für einen Staat ohne ausgedehnten Kolonialbesitz praktisch nicht in Betracht, auch sprechen die Erfahrungen ausnahmslos gegen ihre Wirksamkeit. Vgl. außer mehreren Arbeiten von *Bruck* insbes. *Goldschmidt* VD Allg. T. **4** 326. Begr. 29. Verhandlungen des 24. und des 28. d. Juristentages 1898 und 1906. *Korn* Ist die Deportation unter den heutigen Verhältnissen als Strafmittel praktisch verwendbar? (Preisarbeit der Holtzendorff-Stiftung) 1898. *Mittermaier* Z **19** 85, **20** 613. *Heimberger* Strafkolonien 1906. *Heindl* Meine

c) Wird durch die Tat ein noch nicht festgewurzelter, sondern noch in der Entwicklung begriffener Hang zum Verbrechen bekundet („angehender Zustandsverbrecher"), so soll durch eine andauernde und eindringliche Strafe die Ausrottung der verbrecherischen Anlage versucht werden (bürgerliche, nicht notwendig sittliche **Besserung**). Besonders bei noch jugendlichen gewerbsmäßigen Verbrechern ist Erfolg von einer solchen Einwirkung zu erwarten. Alles wird hier freilich auf eine rationelle Ausgestaltung des Vollzuges der Freiheitsstrafen ankommen (vgl. darüber unten 5). Sind aber im Strafvollzug die geeigneten Besserungsmethoden gefunden, so muß alles aus dem Strafensystem entfernt werden, was die bessernde Einwirkung auf den Bestraften nachträglich wieder zunichte zu machen vermag: namentlich die unbeholfene Polizeiaufsicht heutigen Stiles und die ebenfalls nach dem Vollzuge der Freiheitsstrafen einsetzende Nebenstrafe des Ehrverlustes (vgl. darüber unten § 63). An Stelle dieser zu allermeist nur schädlichen, weil dem sozialen Wiedereingliederungsprozeß abträglichen, Maßnahmen hat eine zielbewußte Entlassenenfürsorge in Verbindung mit Schutzaufsicht zu treten. Dem Besserungsgedanken dient auch die Tilgung der Strafvermerke in den Strafregistern, die durch das Straftilgungsgesetz von 1920 (unten §§ 78 und 78a) in das deutsche Strafrecht eingeführt worden ist; und solange an dem verfehlten Ehrverlust festgehalten wird, wird im Interesse des Besserungsgedankens eine künstliche Korrektur dieses Fehlers wenigstens durch die Wiedereinsetzung in die bürgerlichen Ehrenrechte (im Falle straflosen Verhaltens während längerer Frist) angestrebt werden müssen [12]).

5. Unerläßliche Voraussetzung aller kriminalpolitischen Erfolge aber ist eine feste organische Verbindung der Strafrechtspflege mit

---

Reise nach den Strafkolonien 1913. *Derselbe* Der Berufsverbrecher 1926. Über die Verhandlungen der IKV vgl. *Kitzinger* (Lit. zu § 3) 116. — Verschieden von der Deportation ist die Unterstützung der freiwilligen Auswanderung entlassener und gebesserter Sträflinge. — Der Unschädlichmachung nach verbüßter Freiheitsstrafe dient auch die **Polizeiaufsicht** (unten § 62 I), die aber nur in Verbindung mit einer geregelten Schutzfürsorge wohltätige Wirkung zu entfalten vermag und am besten ganz durch die Schutzaufsicht verdrängt wird (unten §§ 64, 65). Die Entwürfe haben sie in ein Aufenthaltsverbot verwandelt, ohne in der Sache viel zu ändern. Vgl. *Mittermaier* DJZ **12** 26. *Aschrott* Die Schutzaufsicht 1912. *Geiger* Die Schutzaufsicht (Strafr. Abh. Heft 200) 1919. *Oetker* GS **81** 63. Über Polizeiaufsicht in kriminalpolit. Hinsicht jetzt *v. Hippel* I 574. — Über **Kastration** oder **Sterilisierung** (durch **Vasektomie**) der Verbrecher vgl. *Lederer* Z **31** 542, *Müller-Schürch* Z **33** 611. *Schultze* Z **34** 663ff. *Wilhelm* bei *Aschaffenburg* **9** 470; *Heimberger* ebenda **15** 154. *Aschaffenburg* 260. *Derselbe* Z **36** 688. *v. Hippel* I 570. *Wassermann* bei *Groß* **86** 199. Vgl. auch *v. Lilienthal* Z **39** 255. *Elster* Z **46** 65.

[12]) Vgl. unten §§ 62, 63, 78, 78a.

dem Strafvollzug. Über die Durchführung dieses Gedankens gehen die Ansichten noch weit auseinander. Jedoch setzt sich, trotz allen dagegen erhobenen Widerspruchs, immer stärker die Forderung durch, daß das richterliche Urteil da, wo eine nachhaltige Erfassung und Behandlung der Täterpersönlichkeit notwendig ist, keine bestimmte Strafe auswerfen, daß diese vielmehr, etwa innerhalb eines Höchst- und Mindestmaßes, auf Grund nachheriger genauerer Feststellung der Persönlichkeit des Verbrechers endgültig bemessen werden solle (sog. **unbestimmte Strafurteile**)[13]). Die Anhänger dieser in den Vereinigten Staaten Nordamerikas (Elmira und an anderen Orten) mit Erfolg durchgeführten Einrichtung weichen insoweit voneinander ab, als die einen (*van Hamel*) die endgültige Entscheidung einem späteren strafrichterlichen Urteile vorbehalten, die anderen (*v. Liszt*) einer besonderen Behörde (Strafvollzugsamt) übertragen wollen. Auch über die Fälle, in denen das unbestimmte

---

[13]) „Indeterminate sentences." *Herr* Das moderne amerikanische Besserungssystem 1907. *ME. Mayer* Verhandlungen des 28. d. Juristentages 1906 **1** 188. *Derselbe* 17. Versamml. der deutschen Landesgruppe der IKV 1921, Mitt. **22** Seite 12 des Berichts. *Freudenthal* Z **27** 121 und VD Allg. T. **3** 245; *Graf Gleispach* bei *Aschaffenburg* **8** 346. *Derselbe* auf dem VII. Kriminalanthropologenkongreß 1911. *Eb. Schmidt* Schweizer Z (1931) 200. *Terjung* Unb. Verurteilung, Bonner Diss. 1930. Der Bamberger Juristentag 1921 beschloß, daß gegen Gemeingefährliche die unbestimmten Strafurteile zu erwägen seien. Die deutsche Landesgruppe der IKV sprach sich 1922 und 1931 für die unbestimmte Verurteilung aus. Der IX. Internat. Gefängniskongreß in London 1925 (Abdruck der Beschlüsse und wichtigsten Reden Z **47** 191) bezeichnete die unbestimmte Verurteilung als „die notwendige Konsequenz der Individualisierung der Strafe". Von einzelnen Befürwortern der unbestimmten Verurteilung in Deutschland sind außer den schon Genannten zu nennen: *Kohlrausch* Z **44** 21; *Graf zu Dohna* Z **44** 39, **51** 449; *Eb. Schmidt* Mitt. IKV **22**, Göttinger Tagungsbericht (1922) 40ff.; *Rosenfeld* ebenda 111; *Liepmann* Z **47** 292; *Aschaffenburg* 335; *Graf Gleispach* Reform 1926, 187; *Gentz* Z **46** 129; *Grünhut* bei *Aschaffenburg* Beiheft 1, 1926, 87 und HdR III 793; *Bleidt* Mitt. IKV N. F. **4** 199ff. (Jugendliche); *Bondy* bei *Aschaffenburg* **22** 135; auch *Mezger* 509/10 lehnt die unb. V. nicht ab. — Gegner der unbestimmten Verurteilung: *Schoetensack* Unbestimmte Verurteilung (Kritische Beiträge 6. Heft) 1909 (gegen ihn *Lederer* bei *Aschaffenburg* **6** 253); *v. Hippel* I 529ff., 568ff.; *Höpfner* DStrafr. Z **9** 229; *Richard Schmidt* Grundriß § 16; *Allfeld* 275; *Finger* 557; *Nagler* Verbrechensprophylaxe und Strafrecht 1911, 250; *Köhler* 45; *Oetker* Strafe und Lohn 1907, 17. Die deutschen Entwürfe haben sich zur Zulassung der unbestimmten Verurteilung noch nicht verstanden, erreichen aber praktisch genau das gleiche mit der unbestimmten Sicherungsverwahrung der gefährlichen Gewohnheitsverbrecher. Für die Zukunft läßt sich unschwer die Prognose stellen, daß das unbestimmte Strafurteil kommen wird und kommen muß, sobald mit dem Erziehungs- und Besserungsgedanken im Vollzuge der Freiheitsstrafen Ernst gemacht wird. In dieser Hinsicht nehmen die Dinge einen durchaus günstigen und befriedigenden Verlauf, wie die großzügigen Verhandlungen auf dem Londoner Gefängniskongreß 1925 und auf der Tagung der IKV 1931 gezeigt haben. Vgl. auch *Hafter* 344, der die gleiche Prognose stellt. § 12 des österreich. JugGG vom 18. Juli 1928 hat die unbestimmte Verurteilung eingeführt; diesem Vorbild folgt Art. 72 Ziff. 9 des Entw. 1930 z. EG.

Strafurteil zur Anwendung gelangen soll, ist noch keine Übereinstimmung erzielt. Doch dürfte so viel sicher sein, daß da, wo die Freiheitsstrafe einen bessernden Einfluß auf den Verbrecher ausüben soll, das unbestimmte Strafurteil als wichtigste Konsequenz des Erziehungsgedankens unentbehrlich sein wird. So hängt das Problem des unbestimmten Strafurteils aufs engste mit den Fragen der **Strafvollzugsreform**, vor allem hinsichtlich der **Freiheitsstrafen**, zusammen. Je mehr die kurzzeitige Freiheitsstrafe durch andere Maßnahmen verdrängt ist, desto reiner wird der wahre und ursprüngliche Charakter der **Freiheitsstrafen als Erziehungs- und Besserungsstrafen** wiedergewonnen werden. Für Deutschland haben die ,,Grundsätze über den Vollzug der Freiheitsstrafen" vom 7. Juni 1923 diesen Charakter der Freiheitsstrafen bereits aufs nachdrücklichste betont (vgl. unten §§ 59, 60). Damit wurde den deutschen Ländern das Signal gegeben, an die sozialpädagogische Ausgestaltung eines Resozialisierungs-Strafvollzuges heranzugehen. Fast überall wurde in neuen Dienst- und Vollzugsordnungen das System des **progressiven Strafvollzuges** als geeignetste Form individualisierender Anstaltserziehung eingeführt. Freilich ist damit nur erst ein Anfang auf neuer Bahn gemacht. Die Methoden und Ergebnisse der modernen Psychologie und Pädagogik müssen erst noch nutzbar gemacht werden, damit der Strafvollzug nicht nur eine modern anmutende Form, sondern auch einen modernen psychologisch-pädagogischen Gehalt bekommt[14]).

6. Die zielbewußte Bekämpfung des Verbrechens setzt endlich eine **berufsmäßige Ausbildung** aller an der Strafrechtspflege beteiligten Personen voraus. Mit vollem Recht hat der IX. Internationale Gefängniskongreß in London (1925) als Voraussetzung für eine individualisierende Verbrechensbekämpfung eine **intensive kriminalpolitische Spezialausbildung der Strafrichter**, wie sie heute noch gänzlich fehlt, gefordert. Das Gleiche gilt in verstärktem Maße von den mit dem Vollzuge der Freiheitsstrafen betrauten Personen. Es ist keine Übertreibung, wenn man diese Forderung als eine der allerwichtigsten in der ganzen Strafrechtsreform bezeichnet, da von ihrer Erfüllung das Gelingen des Reformwerkes abhängt[15]).

---

[14]) Alles Nähere, vor allem auch eingehende Literaturnachweise unten §§ 59, 60.

[15]) *Aschaffenburg* 348. Zahlreiche Abhandlungen von *Hellwig*. *Kriegsmann* Einführung in die Gefängniskunde (1912) 150ff. *Hafner-Zürcher* Schweizerische Gefängniskunde (1925) 120ff. *Exner* Gerechtigkeit und Richteramt (1922) 63. Verhandlungen des 31. d. Juristentages 1912 sowie des 35. d. Juristentages 1928 (Gutachten von *Heimberger* **1** 205; Referate von *Gleispach* **2** 474, und *Freudenthal* **2** 492). Mitteilungen IKV **5** und **20** (hier vor allem Bericht von *Heimberger*). Auch auf der Innsbrucker Tagung 1925 hat sich die

7. Eine wesentliche Errungenschaft der modernen kriminalpolitischen Forschung ist schließlich die Erkenntnis, daß **im Kampfe gegen das Verbrechen die Strafe weder das einzige, noch das sicherste Mittel** ist. Ihre Leistungsfähigkeit muß kritisch geprüft werden. Neben das System der Strafen ist aus diesem Grunde ein System **sichernder Maßnahmen** zu setzen. Daß den Jugendlichen gegenüber diese Forderung bereits erfüllt ist, wurde oben zu 3 gezeigt. Den Erwachsenen gegenüber aber fehlt es noch an dem gesetzlichen Ausbau eines solchen Systems. Die deutschen und ausländischen Entwürfe haben die nötige Vorarbeit dafür geleistet. Vgl. unten §§ 16, 64, 65.

IV. Für die folgerichtige Durchführung der Zweckstrafe ergeben sich aus dem Zweckgedanken selbst und unmittelbar mehrere wichtige **Einschränkungen.**

1. Dem allgemeinen Interesse darf die Freiheit des einzelnen nicht schutzlos preisgegeben werden. Mag auch immerhin die Grenze dieses Schutzes je nach den verschiedenen Ansichten über die Aufgaben von Staat und Recht zu verschiedenen Zeiten verschieden gezogen werden, so rechtfertigt sich doch im Rechtsstaate die Verhängung des Strafübels nur dann, wenn der Täter seine feindliche Gesinnung durch eine bestimmte, gesetzlich genau umschriebene Tat bewiesen hat[16]). Die Grenzen des verbrecherischen Tuns sind dabei

---

IKV mit diesen Problemen befaßt. Vgl. Mitteilungen N. F. **1** 19 (*Lenz*), 28 (*Mittermaier*), 40 (*Schultze*), 66 (Leitsätze). *Eb. Schmidt* bei *Aschaffenburg* **22** 193; *Gentz* Z **51** 216. — Die Ausbildung der im Text Genannten muß eine möglichst genaue Kenntnis vom gesamten Leben und Treiben der Verbrecherwelt anstreben: „**Kriminalistik**" im Sinne von *Hans Groß*. Vgl. dessen Werke: Handbuch für Untersuchungsrichter als System der Kriminalistik 7. Aufl. (bearb. von *Höpler*) 1922. Gesammelte kriminalistische Aufsätze **1** 1902, **2** 1908. Kriminalpsychologie 2. Aufl. 1905. Die Erforschung des Sachverhalts strafbarer Handlungen 6. Aufl. (bearb. von *Höpler*) 1921. Über Kriminalistik als Unterrichtsgegenstand vgl. *Groß* Z **14** 1. — Ferner: *v. Windheim* Anleitung für die Bearbeitung von Kapitalverbrechen 1902. *Weingart* Kriminalistik 1904. *Hellwig* Moderne Kriminalistik 1914. *Niceforo* und *Lindenau* Kriminalpolizei und ihre Hilfswissenschaften s. a. (in Langenscheidts Enzyklopädie der modernen Kriminalistik). *Stieber-Schneickert* Praktisches Lehrbuch der Kriminalpolizei 2. Aufl. 1921. *Schneickert* Einführung in die Kriminaltechnik 1921. *Derselbe* Die strafrechtlichen Aufgaben der Polizei 1923. *Polzer* Handbuch für den praktischen Kriminaldienst 1922. *Heindl* System und Praxis der Daktyloskopie usw. 3. Aufl. 1927. *Derselbe* HdR III 799. — Über das System *Bertillon* vgl. die zu § 78a angegebene Literatur. — Zur Schriftvergleichung vgl. etwa *Schneickert* Leitfaden der gerichtl. Schriftvergleichung 1918. — *Urban* Kompendium der gerichtlichen Photographie 1910. — *Reiß* Manuel de police scientifique 1911. — Über Tatbestandsdiagnostik (mittels der Assoziationsmethode) vgl. *A. Groß* Z **26** 19, **27** 175; *Lederer* Z **26** 488; *Heilbronner* Z **27** 601; *Peters* GS **81** 184. Vgl. die Literaturangaben von *Bohne* Z **44** 292 u. 744, **48** 395, **50** 442.

[16]) Insofern erscheint das Strafgesetz als die magna charta des Verbrechers. Es verhindert, indem es trotz der symptomatischen Bedeutung des Verbrechens

möglichst nach objektiven Gesichtspunkten zu bestimmen, und zwar auch in der Lehre von Versuch und Teilnahme, um eine sichere Unterscheidung des strafbaren und straflosen Verhaltens zu gewährleisten. Je strenger im Interesse des loyalen Staatsbürgers die Bindung des Richters beim „Ob" der Strafe ist, desto freier darf im Interesse einer zielbewußten Bekämpfung verbrecherischen Wesens die Stellung des Richters beim „Wie" der Strafe sein. Die wichtigsten Garantien für die Freiheit des einzelnen aber werden durch eine zweckentsprechende, ausgiebige Verteidigungsmöglichkeiten gewährende und jede Willkür der Verfolgungsorgane ausschließende Regelung des Strafverfahrens zu erzielen sein. In dieser Hinsicht gibt die Strafprozeß-Neuordnung von 1924 leider zu erheblichen Bedenken Anlaß [17]).

2. Die Gesetzgebung hat mit den im Volke lebenden Rechtsanschauungen, den „überlieferten Werturteilen", als einem mächtigen und wertvollen Faktor zu rechnen. Sie muß sich hüten, plötzlich mit ihnen zu brechen; sie darf aber auch nicht vergessen, daß sie die Rechtsanschauung des Volkes vorsichtig zu leiten und allmählich zu erziehen imstande und berufen ist.

3. Über die Wirkung der Strafe auf den Verbrecher dürfen ihre sozialen Reflexwirkungen, d. h. ihre Wirkungen auf die Gesamtheit (siehe oben § 2 III), nicht aus den Augen verloren werden. Übertreibung des Besserungsgedankens wird dem Rechtsbewußtsein der Gesamtbevölkerung und damit der Lebenskraft des Staates ebenso verhängnisvoll werden wie rücksichtslose Härte dem Gelegenheitsverbrecher oder rohe Grausamkeit dem Unverbesserlichen gegenüber. Der Zweckgedanke begrenzt und schützt sich selbst.

an der Voraussetzung einer tatbestandsmäßigen Handlung festhält, daß an Stelle der individuellen Verschuldung die soziale Gefahr gesetzt wird. Vgl. unten § 18 II. — *v. Liszt* **13** 325 (Aufsätze **2** 25). *Tesar* (oben Note 11) *Kollmann* Z **28** 449. *Mayer* 230. Das sowjetrussische Strafrecht hat die magna charta-Idee völlig preisgegeben und damit die Bahn der westeuropäischen Rechtsentwicklung endgültig verlassen. Vgl. *Eb. Schmidt* Strafrechtsreform und Kulturkrise 1931, insbesondere aber *Gallas* (Lit. zu § 26) 40ff.

[17]) Diesen wichtigen Gesichtspunkt hat auf der Innsbrucker Tagung der IKV (1925) *J. Goldschmidt* scharf betont (Mitteilungen IKV N. F. **1** 226). Der *Goldschmidt*sche Entwurf eines Gesetzes über den Rechtsgang in Strafsachen von 1920 suchte dem konsequent Rechnung zu tragen, fand aber vielfach gerade bei denjenigen scharfe Zurückweisung, die angesichts der richterlichen Ermessensfreiheit in den Entwürfen um die Freiheit des Individuums bangen. Das Nähere gehört in die Lehrbücher des Strafprozeßrechts. Hier ist nur noch auf die Schwierigkeiten hinzuweisen, die der Einbau der **„sozialen Gerichtshilfe"**, mit deren Unterstützung die Erforschung der Täterpersönlichkeit im Strafverfahren erfolgen soll und schon heute erfolgt, in unser Strafprozeßrecht hervorruft. Vgl. dazu die zusammenfassende Darstellung von *Pfefferkorn* Gerichtshilfe 1930, sowie Mitt. IKV N. F. **4** 2, *Hartung* Z **50** 208, *Hertz* Z **50** 230, *Gentz* Z **50** 235, *Ch. Meyer* Z **50** 248, *Kern* GS **100** 389, *Mittermaier* Justiz VI 3; Vorschläge zur gesetzlichen Regelung: Z **51** 802.

Das Mittel über den Zweck zu stellen, wird niemals als zweckmäßig erscheinen.

4. Aber auch die Erkenntnis, daß das Verbrechen in den gesellschaftlichen Verhältnissen seine tiefe Wurzel hat, wird vor Übertreibungen des Zweckgedankens schützen. Die Überzeugung von der „Kollektivschuld der Gesellschaft" (*A. v. Öttingen*) wird der strafenden Tätigkeit des Staates die Grenzen vorzeichnen. Der Begehung des Verbrechens vorzubeugen, wird wertvoller erscheinen, für den einzelnen wie für die Gesamtheit, als die Bestrafung der begangenen Tat.

§ 5. Der Streit der Strafrechtsschulen.

Literatur. Über die älteren Strafrechtstheorien vgl. *Heinze* HH **1** 239. *v. Bar* **1** 201. — *Kohler* Das Wesen der Strafe 1888. *Loening* Über die Begründung des Strafrechts 1889. *Merkel* Abhandlungen 556, 687. *Merkel-Liepm.* §§ 63ff. *v. Liszt* Z **3** 1, **13** 325 (Aufsätze **1** 126, **2** 25). *R. Schmidt* Die Aufgaben der Strafrechtspflege 1895 (dazu *Lammasch* Z **15** 633). *H. Seuffert* Was will, was wirkt, was soll die staatliche Strafe? Rektoratsrede 1897. *v. Bar* Probleme des Strafrechts. Rektoratsrede 1896. *Oetker* Z **17** 493. *van Calker* Vergeltungsidee und Zweckgedanke im System der Freiheitsstrafen 1899. *Netter* Das Prinzip der Vervollkommnung als Grundlage der Strafrechtsreform 1900. — *H. Seuffert* Ein neues StGB für Deutschland 1902. *Wach* Die kriminalistischen Schulen und die Strafrechtsreform. Rektoratsrede 1902. *v. Bar* Die Reform des Strafrechts 1903. *Heimberger* Der Begriff der Gerechtigkeit im Strafrecht 1903. *Berolzheimer* Die Entgeltungstheorie im Strafrecht 1903. *Derselbe* in Band 5 seiner Rechtsphilosophie 1907. *van Calker* Ethische Werte im Strafrecht 1904. *Kahl* Das neue Strafgesetzbuch 1907. *Kohlrausch* Über deskriptive und normative Elemente im Vergeltungsbegriff des Strafrechts. Königsberger *Kant*-Festschrift 1904. *Derselbe* (Lit. zu § 36). — Vergeltungsstrafe, Rechtsstrafe, Schutzstrafe. Vier Vorträge gehalten im akademisch-juristischen Verein zu München von *v. Liszt*, *Birkmeyer*, *Kraepelin*, *Lipps* 1906. *v. Birkmeyer* Was läßt *v. Liszt* vom Strafrecht übrig? Eine Warnung vor der modernen Richtung im Strafrecht 1906. Dazu *v. Liszt* Z **27** 213. *Tesar* bei *Groß* **26** 50, *Torp* Z **28** 321. *Graf zu Dohna* bei *Aschaffenburg* **5** 65. *v. Birkmeyer* Strafe und sichernde Maßnahmen. Rektoratsrede 1906. *Nagler* GS **70** 6. *Oetker* GS **70** 321. *v. Hippel* Strafrechtsreform und Strafzwecke 1907. *Derselbe* Z **30** 871. *Liepmann* Z **28** 1. *Kleindienst* Z **29** 134. *Frank* Vergeltungsstrafe und Schutzstrafe 1908. *Derselbe*, Festg. für *Heck*, *Rümelin* und *A. B. Schmidt* (1931) 47ff. *Prins* La défense sociale et les transformations du droit pénal 1910. Dazu *Delaquis* Mitteilungen **17** 110. *Rappaport* La lutte autour de la réforme du droit pénal en Allemagne 1910. *Grispigni* Il nuovo diritto criminale negli avamprogetti della Svizzera, Germania ed Austria 1911. *Finger* GS **71** 1. *Tesar* (oben § 4 Note 11). *Kraus* Das Recht zu strafen (Beilageheft zu GS **79**) 1911. *Sternberg* Die Selektionsidee in Strafrecht und Ethik 1911. *Foerster* Schuld und Sühne 1911. *Gretener* in der Festschrift für *Binding* 1911 **1** 401. *Derselbe* GS **90** 197. *v. Lilienthal* Der Streit um die Strafrechtsreform. Rektoratsrede 1912. *Holldack* Von der Idealität des dualistischen Prinzips in der Strafe 1911 (dazu *Münch* GS **80** 369). *Mayer* 417. *Thyrén* (unten § 17). *van Calker* Z **32** 149. *Gerland* Grundfragen des Strafrechts 2. Aufl. 1922. — *v. Hippel* I §§ 21, 22. *Exner* Gerechtigkeit und Richteramt 1922. *Hafter* § 50. *Mezger* § 75. *Kitzinger* Juristische Aphorismen 1923, 65. *Kantorowicz* in der Festgabe für *Lenel* 1923, 40ff. — *v. Birkmeyer* und *Nagler* „Kritische Beiträge zur Strafrechtsreform". Heft **1**: *Beling* Die Vergeltungsidee und ihre Bedeutung für das Strafrecht 1908 (dazu *Oetker* GS **78** 81). Heft **2**: *Hoegel* Die Einteilung der Verbrecher in Klassen 1908. Heft **3**: *Heilborn* Die kurze Freiheitsstrafe 1908. Heft **4**: *v. Overbeck* Die Erscheinungsformen des Verbrechens im Lichte der modernen Strafrechtsschule. 1909. Heft **5**: *Köhler* Der Vergeltungsgedanke und seine praktische Bedeutung 1909. Heft **6**: *Schoetensack* Unbestimmte Verurteilung 1909. Heft **7**: *v. Birkmeyer* Studien zu dem Hauptgrundsatz der modernen Richtung im Strafrecht: Nicht die Tat, sondern der Täter ist zu bestrafen 1909 (dazu *Oetker* GS **79** 1). Heft **8**: *Wassermann* Begriff und Grenzen der Kriminalstatistik 1909. Heft **9**: *Allfeld* Der Einfluß der Gesinnung des Verbrechers auf die Bestrafung 1909. Heft **10**: *Gretener* Die neuen Horizonte im Strafrecht 1909. Heft **11**: *Kohler* Gedanken über die Ziele des heutigen Strafrechts 1909. Heft **12**: *Leonhard* Die modernen Strafrechtsideen und der Strafvollzug 1910. Heft **13**: *v. Rohland* Die soziologische Strafrechtslehre 1911. Heft **14**: *Nagler* Verbrechensprophylaxe und Strafrecht 1911. Heft **15**: *R. Schmidt* Die Strafrechtsreform in ihrer staatsrechtlichen und politischen Bedeutung 1912. Heft **16**: *v. Birkmeyer* Schuld und Gefährlichkeit in ihrer Bedeutung für die Strafbemessung 1914. (Über die ganze Sammlung vgl. *Oborniker* Z **36** 159). — *Nagler* Die Strafe 1918. Dazu *Landsberg* DStrafr. Z **8** 36).

I. Der Gegensatz der beiden Richtungen.

Als um das Jahr 1870 das Reichsstrafgesetzbuch ins Leben trat, stand das Lehrgebäude der klassischen Schule als geschlossenes System fertig da. Den Grundpfeiler ihrer Lehre bildete die Annahme der Willensfreiheit; auf sie stützte sich das ethisch-rechtliche Unwerturteil des Staates über das Verbrechen. Das Wesen der Strafe erblickte sie in der gerechten Vergeltung, in dem malum passionis, quod infligitur propter malum actionis; die Strafe sollte das Äquivalent für das Verbrechen sein, ihre Verhängung das erschütterte Gleichgewicht der Rechtsordnung wieder herstellen und die Sühnung der begangenen Tat bewirken. Aber der Begriff der Vergeltung gestattet einen Spielraum zwischen einer Mindest- und Höchstgrenze; und innerhalb dieses Spielraums mochten immerhin die Zwecke der General- wie auch die der Spezialprävention Berücksichtigung finden. Die Rechtfertigung der Strafe glaubte sie in einem jenseits von Staat und Recht gelegenen Prinzip, sei es in der göttlichen Weltordnung oder dem kategorischen Imperativ, sei es in der immanenten Gesetzmäßigkeit alles geschichtlichen Geschehens oder einem anderen Postulat der Vernunft gegen jeden denkbaren Angriff fest verankern zu müssen. Im übrigen war ihr Arbeitsfeld die Dogmatik des geltenden Rechts, ihre Methode die der logisch-juristischen Konstruktion.

Aber mit der sich vertiefenden Überzeugung, daß das Reichsstrafgesetzbuch in seiner Anwendung den gehegten Erwartungen nicht entspreche, mit der wachsenden Erkenntnis, daß die Kriminalität im Deutschen Reiche in raschem und gefahrdrohendem Aufsteigen begriffen sei, trat seit dem Beginn der achtziger Jahre des

19. Jahrhunderts das Problem des „richtigen Rechts", die Forderung nach einer rationellen Umgestaltung der Strafgesetzgebung immer bestimmter hervor. Diese Forderungen sind wohl das erste Mal in *v. Liszts* 1882 erschienenen Marburger Programm: „Der Zweckgedanke im Strafrecht" zusammengefaßt und dann in seinen „kriminalpolitischen Aufgaben" 1889 bis 1892 näher begründet und entwickelt worden. Diese kriminalpolitische Richtung verlangte vor allem eine wissenschaftliche Untersuchung über die Ursachen der Kriminalität (oben § 3), damit die Strafe, als eine zur Bekämpfung des Verbrechens bestimmte Maßregel, an der richtigen Stelle einsetzen könne. Im Gegensatz zu den von *Lombroso* geführten Kriminalanthropologen Italiens verwarf sie den Begriff des „geborenen Verbrechers" und erblickte in den gesellschaftlichen Verhältnissen die tiefste Wurzel der Kriminalität: sie bezeichnet sich daher selbst mit Vorliebe als die „soziologische Richtung". Von der Erkenntnis ausgehend, daß innerhalb der Verbrecher drei große Gruppen zu unterscheiden seien, gelangte sie zu der Aufstellung eines reich gegliederten Systems von kriminalpolitischen Forderungen (oben § 4). Die im Jahre 1889 gegründete Internationale Kriminalistische Vereinigung wurde zum Träger der in allen Ländern auftauchenden Reformbewegung.

Es ist selbstverständlich, daß dieser Kampf gegen das bestehende Strafrecht auch die Grundfragen der Strafrechtswissenschaft nicht unberührt lassen konnte. War die ausreichende Rechtfertigung der staatlichen Strafgewalt mit der Notwendigkeit der Strafe für die Aufrechterhaltung der Rechtsordnung und mit ihrer Eignung für die Erreichung dieses Ziels mit einer allen Zweifel ausschließenden Sicherheit gegeben (oben § 2 III), so entfiel damit jeder Anlaß, die Strafe auf ein metaphysisches Prinzip zurückzuführen. Das Dogma von der Willensfreiheit wurde von den meisten, wenn auch nicht von allen Anhängern der neuen Richtung geleugnet, von anderen als unbeachtlich bezeichnet; und mit ihm mußte der Vergeltungsbegriff der klassischen Schule fallen. Als Aufgabe der Strafe erschien die der Eigenart des Verbrechers angepaßte Einwirkung auf ihn. So trat der Gedanke der Spezialprävention in den Vordergrund, ohne daß der der Generalprävention beseitigt werden sollte, und der „Vergeltungsstrafe" wurde die „Schutzstrafe" oder „Zweckstrafe" gegenübergestellt.

II. Die Milderung des Gegensatzes.

Etwa zwanzig Jahre nach dem Inkrafttreten des Reichsstrafgesetzbuches war der Kampf auf der ganzen Linie entbrannt; und ein Jahrzehnt lang schien es, als ob, während andere Länder wenigstens mit Teilreformen vorgingen, gerade im Deutschen Reich die Umgestaltung der Strafgesetzgebung wegen des Widerstreits der Meinungen in weite Fernen gerückt werden sollte.

Dennoch stellte sich allmählich eine gewisse Milderung der Gegensätze heraus.

1. Zwischen der Behauptung und der Leugnung einer dem Kausalgesetz entrückten Willensfreiheit, zwischen Indeterminismus und Determinismus war zwar jede grundsätzliche Verständigung ausgeschlossen. Aber einmal hatten die Auseinandersetzungen doch die Folge, daß eine ganze Anzahl von Vertretern der Willensfreiheit zu einem „gemäßigten" oder „relativen" Indeterminismus sich bekannten und so den Deterministen in allen praktischen Fragen sich näherten. Damit aber verbreitete sich auch die Erkenntnis, daß die Frage selbst aus der Wissenschaft des Strafrechts ausgeschaltet werden könne und für die Strafgesetzgebung ohne Bedeutung sei. Denn der das Strafrecht allein berührende wissenschaftliche Determinismus bedeutet nicht mehr als die unanfechtbare Anwendung des Satzes vom zureichenden Grund auf die menschlichen Handlungen, soweit diese der Welt der Erscheinungen angehören; er lehrt, daß auch das Verbrechen nur begriffen werden kann, wenn es auf seine zureichende Ursache zurückgeführt wird. Die Strafe aber bedarf zu ihrer Grundlegung gar nicht der Annahme einer ursachlosen Selbstbestimmung, einer dem Kausalgesetz entrückten Willensfreiheit; es genügt vielmehr die von keiner Seite bestrittene Annahme, daß alles menschliche Handeln psychisch (nicht mechanisch) kausiert, also durch Vorstellungen bestimmt, determiniert, motiviert ist[1]).

---

[1]) Der Streit über den jenseitigen Indeterminismus, der die Willensfreiheit für das jenseits des menschlichen Erkennens gelegene Gebiet des Glaubens „postuliert", ist daher für das Strafrecht ebenso ohne jede Bedeutung, wie etwa der Glaube an die Unsterblichkeit der Seele oder an einen persönlichen Gott. Dieser Satz steht nicht im Widerspruch zu der Behauptung, daß das Strafrecht nur auf der Grundlage des diesseitigen Determinismus aufgebaut werden kann. Der diesseitige Indeterminismus würde, folgerichtig durchgedacht, freilich das Strafrecht aus den Angeln heben; denn die Strafe hat nur für denjenigen einen Sinn, der die Motivierbarkeit des menschlichen Willens zugibt. Aber die Vertreter der „Willensfreiheit" unter den Kriminalisten verzichten ausnahmslos auf die folgerichtige Durchführung ihrer grundsätzlichen Anschauung und stellen die Motivierbarkeit des menschlichen Willens nicht in Abrede. Damit ist die Möglichkeit praktischer Verständigung gegeben. Vgl. über die Frage *Windelband* Über Willensfreiheit. 12 Vorlesungen 1904. *Finger* Zur Begründung des Strafrechts vom deterministischen Standpunkt 1887. *v. Hippel* Willensfreiheit und Strafrecht 1903 (auch Z **23** 396). *v. Rohland* Die Willensfreiheit und ihre Gegner 1905. *Petersen* Willensfreiheit, Moral und Strafrecht 1905. *Graf zu Dohna* bei *Aschaffenburg* **3** 513. *v. Bar* Gesetz **2** 1. *Kollmann* bei *Aschaffenburg* **6** 449. *Mayer* 448. *Gerland* 37. *Derselbe* Deutsches Reichsstrafrecht (1922) 96. *Sauer* 503 (dazu *Grünhut* Z **44** 726). *Köhler* GS **95** 450 und

2. Aber auch der Begriff der Vergeltung selbst wird nur von wenigen seiner Vertreter in seiner früheren Bedeutung aufrechterhalten. Noch bei *Kant* tritt uns das Talionsprinzip (Auge um Auge, Zahn um Zahn, Blut um Blut) in seiner alten großartigen, aber blutigen Gestalt entgegen. Aber schon bei *A. Merkel*[2]), dann auch bei seinen Nachfolgern, ist Vergeltung die Gegenwirkung gegen Übeltat oder Wohltat, die, auf den Urheber der Tat zurückfallend, „die Ausgleichung eines durch sie erzeugten Mißverhältnisses zwischen den aktiv und passiv bei ihnen beteiligten Personen bezweckt". Durch die im Strafvollzug enthaltene eindringliche Wiederholung des sozial-ethischen Unwerturteils über die Tat, das bereits in der Strafdrohung mit besonderem Pathos ausgesprochen war, soll den psychischen Wirkungen des Verbrechens, soll der durch dieses verursachten Erschütterung der Rechtsordnung und des Rechtsbewußtseins entgegengetreten, soll die Macht der Rechtsordnung bewährt, das Rechtsbewußtsein des Volkes gekräftigt werden.

Damit ist der Begriff der Vergeltung dem der Generalprävention angenähert[3]); an Stelle des quia peccatum est tritt

---

jetzt zusammenfassend *Mezger* 251ff. (hier auch Aufzählung der Kriminalisten deterministischer und indeterministischer Richtung).

[2]) Vgl. *Tesar* (oben § 4 Note 11) mit dem interessanten Nachweis der Entartung, die der *Hegel*sche Grundgedanke schon bei *A. Merkel* erleidet. Ähnlich bei *Allfeld, v. Bar, Binding, van Calker, Finger, Gerland, v. Hippel* (vgl. *v. Hippel* I 483 Note 1), *Hold v. Ferneck, Lammasch, Liepmann, Löffler, Oetker, Stooß.* Auch *Höpfner* und *R. Schmidt* (in Anlehnung an *Feuerbach*); sowie *Berolzheimers* Entgeltungstheorie. Dabei hat die klarere Unterscheidung zwischen deskriptiver und normativer Betrachtungsweise vielfach bereits zu der Erkenntnis geführt, daß, gerade weil die Strafe in allen Fällen Vergeltung ist, für Androhung und Verhängung der Strafe aus dem Begriff der Vergeltung niemals etwas abgeleitet werden kann. So z. B. *Allfeld, Beling, Frank, Kantorowicz, Kohlrausch, ME. Mayer. Gallas* (Lit. zu § 26) 7ff. hat mit dem Hinweis auf die „Wertvorstellungen der jeweiligen sozialen Gemeinschaft" die normative Ergiebigkeit des Vergeltungsbegriffs kaum erwiesen und *Kohlrauschs* Ausführungen in HdR V 758 (zu b) nicht widerlegt. Über *Naglers* Auseinandersetzung mit *Kohlrausch* vgl. die 25. Aufl. § 5 Note 2; über *v. Hippel* I 502ff. und die bei ihm deutlich hervortretende „Relativität des Vergeltungsbegriffs" vgl. ebendort, sowie *Grünhut* Z **47** 87, 88. Gegen *v. Hippel* a. a. O. jetzt *Gallas* 12/13. — Der alte Vergeltungsgedanke wird festgehalten von *Baumgarten, v. Birkmeyer, Gretener, Kahl, Köhler, Wach, Wachenfeld.* Doch haben gerade die von *v. Birkmeyer* und *Nagler* herausgegebenen „Kritischen Beiträge" den schlagenden Beweis erbracht, daß bei den Anhängern der Vergeltungstheorie über den grundlegenden Begriff der Vergeltung dieselbe weitgehende Meinungsverschiedenheit herrscht wie über die meisten anderen Hauptprobleme des Strafrechts (nachgewiesen von *Oborniker* Z **36** 159). Vgl. auch die theoretischen Ausführungen *Naglers* über die Vergeltung in seinem oben zitierten neuen Werk. Es ist daher fraglich, ob man überhaupt von einer einheitlichen klassischen Schule sprechen kann.

[3]) Daß Vergeltung und Prävention grundsätzlich und theoretisch stets unterschieden werden können, wird damit nicht geleugnet. Richtig *Gallas* (Lit. zu § 26) 11 gegen *Rich. Schmidt* (Heft 15 der „Krit. Beitr.") 71ff., 77.

das ne peccetur: die Vergeltung ist nicht mehr Selbstzweck, sondern Mittel zur Aufrechterhaltung der Rechtsordnung. Und der Streit dreht sich heute im wesentlichen darum, ob in erster Linie für Art und Maß der angedrohten wie der erkannten Strafe der Zweck der Generalprävention oder der der Spezialprävention maßgebend sein soll.

Nun ist allerdings klar, daß Generalprävention und Spezialprävention, einseitig durchgeführt, zu verschiedenen Ergebnissen gelangen müssen. Diese betrachtet das Verbrechen als Symptom für die antisoziale Gesinnung, jene als eine in sich bedeutsame Wirksamkeit des Täters; diese wird das Schwergewicht auf den Verbrecher, jene auf das Verbrechen, diese auf den Täter, jene auf die Tat, diese auf die Gesinnung, jene auf den Erfolg legen. Die Generalprävention wird sich bemühen, die verbrecherischen Tatbestände, an die sie das Unwerturteil in Strafdrohung und Strafvollzug knüpft, möglichst scharf von anderen abzugrenzen und somit die Durchbildung des besonderen Teiles der Strafgesetze als ihre Hauptaufgabe betrachten; der Spezialprävention wird es dagegen vor allem um die Abgrenzung der Verbrechergruppen untereinander und damit um die Ausbildung des Strafensystems zu tun sein. Jene wird das Gleichmaß, die Proportionalität[4]) zwischen Strafe und Verbrechen in der objektiven Schwere der durch die Tat in der Rechtswelt hervorgerufenen Schädigung, diese in der Intensität der antisozialen Gesinnung des Verbrechers suchen.

Aber es ist zugleich klar, daß dieser Gegensatz durch die Gesetzgebung bis zu einem gewissen Grad ausgeglichen werden kann. Das wird möglich, sobald der Gesetzgeber sich dazu entschließt, von dem einen der beiden Grundgedanken auszugehen, diesen aber nicht bis in seine letzten Folgesätze durchzuführen, sondern daneben auch den aus dem anderen Grundgedanken sich ergebenden Forderungen Rechnung zu tragen.

3. Ein weiterer Umstand hat dazu beigetragen, den Gegensatz der Anschauungen zu mildern. Die Anhänger der modernen Richtung verlangen, daß neben dem Gedanken der Abschreckung, auf dem das geltende Recht beruht, auch die Besserung des Verbrechers, wie die Sicherung der Gesellschaft gegen den Verbrecher in den Begriff der Strafe selbst aufgenommen werde, so daß die Dreiteilung des Strafensystems der Dreiteilung der Verbrecher sich anpasse. Die Anhänger der Vergeltungsstrafe lehnen diese Forderung ab, weil sie mit dem von ihnen festgehaltenen Begriff der Strafe im Wider-

---

[4]) In dieser liegt der Grund dafür, daß die Strafe als „gerecht" empfunden wird. Vgl. *Mayer* 435.

spruch stehe. Aber wie sie schon früher bei Bemessung der Strafe innerhalb des Strafrahmens dem Besserungsgedanken wie dem Sicherungsgedanken Raum gewährten, so sind sie jetzt damit einverstanden, daß das System der Strafen durch ein System von besonderen „Maßnahmen", einerseits der Besserung oder Fürsorge, andererseits des Schutzes der Gesellschaft gegen den Verbrecher ergänzt wird. Damit aber sind die beiden Hauptforderungen der modernen Richtung inhaltlich zugestanden.

III. Die legislativen Ergebnisse.

Der Sieg der neuen Gedanken wird aus der Entwicklung klar, die die Gesetzgebung in den verschiedensten Kulturstaaten der Welt in den letzten Jahrzehnten übereinstimmend aufweist. Zuerst hat das norwegische Strafgesetzbuch von 1902 die Forderungen der modernen Richtung zu einem guten Teil verwirklicht. Auch das argentinische Strafgesetzbuch von 1921 und das dänische StGB von 1930 stehen durchaus im Zeichen der modernen kriminalpolitischen Programme. Die meisten Länder sind — ebenso wie das Deutsche Reich in der Nachkriegszeit — zunächst mit zahlreichen Sondergesetzen vorgegangen. Auf diesem Wege ist die bedingte Verurteilung fast überall eingeführt worden. Aber auch das Gesamtgebiet des Jugendstrafrechts hat den Gegenstand unausgesetzter legislativer Tätigkeit gebildet, und zwar durchaus in der Richtung einer Verdrängung der Vergeltungsstrafe zugunsten erzieherischer Maßnahmen. Ganz ebenso wird mit steigender Entschiedenheit der Schutz der Gesellschaft gegen gemeingefährliche, seien es geistesgestörte, seien es geistesgesunde Verbrecher ins Auge gefaßt. Sehr anschaulich tritt diese Bewegung uns entgegen in der englischen Gesetzgebung dieses Jahrhunderts: Dem Probation of offenders act von 1907 (bedingte Verurteilung), dem Childrens act von 1908 (Jugendstrafrecht) und dem Prevention of crime act von 1908 (Verwahrung der Gewohnheitsverbrecher). Aber auch in Deutschland (vgl. oben § 4) und zahlreichen anderen europäischen und außereuropäischen Staaten (darüber unten § 17) ist die Entwicklung der Gesetzgebung nicht weniger bezeichnend.

Vor allem aber atmen den Geist moderner Kriminalpolitik die umfassenden Entwürfe von neuen Strafgesetzbüchern, an denen in der Schweiz, in Österreich, Deutschland, Schweden, Polen, der Tschechoslowakei, den ehemals russischen Randstaaten und anderen Ländern zur Zeit gearbeitet wird[5]). Diese Entwürfe zeigen großen-

[5]) Demgegenüber sind jedoch die italienische und die russische Rechtsentwicklung eigene Wege gegangen. Vgl. dazu unten § 17 und *Eb. Schmidt* Strafrechtsreform und Kulturkrise 1931.

teils übereinstimmende Grundzüge. Von dem geltenden Recht heben sie sich durch dasselbe kennzeichnende Merkmal scharf ab. Neben das System der Strafen haben sie ein Doppelsystem von „Maßnahmen" gestellt, deren ausgesprochener Zweck entweder die resozialisierende Fürsorge für den Verbrecher oder aber der Schutz der Gesellschaft gegen den Verbrecher ist. Neben den Verbrecher, der in der bisherigen Weise, wenn auch unter entscheidender Berücksichtigung der Stärke seiner antisozialen Gesinnung, gestraft wird, tritt der Verbrecher, der gebessert und der Verbrecher, der aus der Gesellschaft ausgeschieden, unschädlich gemacht werden soll. Damit ist die von der modernen Richtung verlangte Dreiteilung der Verbrecher wie der gegen den Verbrecher zu ergreifenden Maßregeln anerkannt, das Programm von 1882 (oben S. 16 und 29) verwirklicht.

Die durch die Auseinandersetzungen der beiden Strafrechtsschulen herausgebildete Antithese von Strafe und sichernder Maßnahme ist aber nicht die letzte Lösung des Problems. Die wissenschaftliche Arbeit an den Grundbegriffen des Strafrechts, insbesondere am Schuldbegriff, wird weitergeführt werden. Die Antithese wird einer neuen Synthese weichen. Diese aber dürfte darin bestehen, daß die Strafe als Unterart der sichernden Maßnahme erkannt und, dem sie bestimmenden Zweckgedanken gemäß, als Waffe im Kampf gegen das Verbrechen verwendet wird. Die Wahrscheinlichkeit dieser Prognose wird durch einen Blick auf die Geschichte des Strafrechts bestätigt.

II. Die Geschichte des Strafrechts.

Literatur. Eine ausgezeichnete zusammenfassende Geschichte des Strafrechts bietet jetzt *v. Hippel* in Bd. I seines deutschen Strafrechts (1925; §§ 7 bis 18, § 21 III—XVI). Damit sind die älteren Darstellungen von *Geib* Lehrbuch **1** und *v. Bar* Handbuch **1** als überholt zu betrachten. Viel Wertvolles bietet *Günther* Die Idee der Wiedervergeltung in der Geschichte und Philosophie des Strafrechts **1** 1889; **2** 1891; **3** 1. Hälfte 1895. — Wichtig die Berichte von *Löning, Günther, Knapp, Eb. Schmidt* in Z **2**ff.

§ 6. Allgemeingeschichtliche Einleitung.

Literatur. *v. Hippel* I § 7. *v. Liszt* Z **3** 1 (Aufsätze **1** 126). — *Merkel* Über den Zusammenhang zwischen der Entwicklung des Strafrechts und der Gesamtentwicklung der öffentlichen Zustände und des geistigen Lebens der Völker 1889. *Makarewicz* Einführung in die Philosophie des Strafrechts auf entwicklungsgeschichtlicher Grundlage 1906. *Binding* Die Entstehung der öffentlichen Strafe im germanisch-deutschen Recht (Rektoratsrede) 1909. *v. Amira* Die germanischen Todesstrafen. Untersuchungen zur Rechts- und

Religionsgeschichte. 1922 (dazu *Pappenheim* Z. f. deutsche Philologie **50** 443). *Vlavianos* Zur Lehre von der Blutrache 1924. *Gerland* Die Entstehung der Strafe (Rektoratsrede) 1925. — Zum ältesten Strafrecht der Kulturvölker. Fragen zur Rechtsvergleichung gestellt von *Theodor Mommsen*, beantwortet von *Brunner, Freudenthal, Goldzieher, Hitzig, Noeldeke, Oldenberg, Roethe, Wellhausen, v. Willamowitz-Moellendorf* 1905. *Post* Grundriß der ethnologischen Jurisprudenz **1** 1894, **2** 1895. Zahlreiche Abhandlungen in der Zeitschrift für vergleichende Rechtswissenschaft. — *Leist* Gräcoitalische Rechtsgeschichte 1884. *Derselbe* Altarisches Jus gentium 1889. *Schrader* Sprachvergleichung und Urgeschichte 2. Aufl. 1890 (vielfach gegen *Leist*). *Steinmetz* Ethnologische Studien zur ersten Entwicklung der Strafe usw. 2 Bde. 2. Aufl. 1928. *Gutmann* Das Recht der Dschagga 1926. *Taubenschlag* Das Strafrecht im Rechte der Papyri 1916. *Förster* Das mosaische Strafrecht in seiner geschichtlichen Entwicklung 1900. *Weismann* Talion und öffentliche Strafe im Mosaischen Rechte (Festschrift für *Wach*) 1913. *Tesar* Staatsidee und Strafrecht I. Teil (Griechenland) 1914 (Berliner Seminarabhdlgn. 3. Folge I 3). *Gardikas* Schweizer Z **32** 225. *Derselbe* L'homicide chez les anciens Hellènes 1918. *Derselbe* Quelques considérations sur le Droit pénal attique et les Oeuvres des Tragiques grecs 1923. *Bohne* (Lit. zu § 59) Bd. I § 4.

I. Die Entwicklungsgeschichte der Strafe in den Rechten der verschiedensten Völker zeigt gemeinsame Grundzüge. Die rechtsgeschichtlich-vergleichende Betrachtung wird daher nicht nur Lücken und Dunkelheiten in der Rechtsgeschichte eines einzelnen Volkes ausfüllen oder aufhellen; sondern, indem sie uns die Bahn weist, welche die Entwicklung der Strafe allezeit und überall genommen hat, uns auch die Richtung zu künden vermögen, in der für die Zukunft eine lebenskräftige Umgestaltung der Strafgesetzgebung erhofft werden kann; sie wird die ratende Führerin sein können für eine zielbewußte, aber zugleich vorsichtig an das Gewordene und Gegebene anknüpfende Kriminalpolitik.

II. Die allgemeingeschichtliche Betrachtung lehrt uns, daß der Anfangspunkt der Geschichte der Strafe zusammenfällt mit dem Anfangspunkte des gesellschaftlichen Zusammenlebens der Menschen. In jedem, auch dem entferntesten, geschichtlicher Forschung noch zugänglichen Zeitraum, bei jedem, auch dem rohesten oder entartetsten Volksstamm finden wir die gesellschaftliche Reaktion gegen das Glied der Gesellschaft, das gegen die, wenn auch nur dunkel geahnten, Normen des Zusammenlebens sich vergangen und damit die Interessen der Gesamtheit verletzt oder gefährdet hat. Wir sind daher berechtigt, die Strafe als eine ursprüngliche geschichtliche Tatsache zu bezeichnen. Und wir werden nicht fehlgehen, wenn wir gerade das Strafrecht als die erste und ursprünglichste Schicht in der Entwicklung des Rechts auffassen, das Unrecht als den Hebel des Rechts wie der Sittlichkeit betrachten.

In dem vorgeschichtlichen gesellschaftlichen Verband, der, auf der Blutgemeinschaft beruhend, göttliches Gebot und Menschensatzung noch nicht auseinanderhält, ist Verbrechen der Frevel gegen die Gottheit, Strafe die Ausstoßung des Frevlers aus dem Kultusverband, zuerst wohl als **Hinopferung an die Gottheit.**

Mit dem Nebeneinanderbestehen verschiedener blutsverwandter Stämme im früheren Mittelalter ändert sich die Art der gesellschaftlichen Reaktion. Die Ausstoßung verliert den sakralen Charakter, sie wird zur **Friedloslegung.** Die Verletzung eines Stammesangehörigen durch den Angehörigen eines anderen Stammes führt zur **Blutrache,** geübt von Stamm zu Stamm (als „Gruppenrache"), mit dem Unterliegen eines der beiden Teile oder mit beiderseitiger Erschöpfung endigend, soweit nicht der religiöse Gedanke der Talion dem Rachetrieb Maß und Ziel setzt.

Die weitverbreitete Ansicht, welche die Wurzel der Strafe in dem als Rachetrieb sich äußernden Selbsterhaltungstrieb des Einzelmenschen erblickt, bedarf mithin der Berichtigung. Ausstoßung aus dem Friedensverbande wie Blutrache sind nicht Reaktion des Einzelmenschen, sondern Reaktion des Stammesverbandes als des Trägers der Rechts- und Friedensordnung. Und die Handlungen, gegen welche die Reaktion sich wendet, erscheinen stets, sei es unmittelbar, sei es mittelbar, als Verletzung gemeinsamer Interessen des Stammesverbandes, als Friedensstörung, als Rechtsbruch. Die Strafe ist von allem Anfang an soziale Reaktion (Selbstbehauptung) gegen antisoziale Handlungen.

III. Die weitere Entwicklung der Strafe zeigt uns, mit der Annahme fester Wohnsitze und der damit gegebenen Auflösung des reinen Stammesverbandes im späteren Mittelalter, die Mäßigung der ursprünglich maß- und ziellosen, triebartig ungestümen, den Verbrecher vernichtenden Reaktion. Die Ausstoßung aus der Friedensgenossenschaft schwächt sich ab zur Todesstrafe und zu verstümmelnder Leibesstrafe, zu dauernder oder vorzeitiger Verbannung und zu Vermögensstrafen aller Art; dem Friedensstörer und seinen Angehörigen wird trotz des Rechtsbruches, wenigstens in leichteren Fällen, gegen eine mehr oder minder bedeutende Leistung an die Gemeinschaft (Friedensgeld) der Rechtsfriede gewahrt. Die zwischen den Stammesverbänden entbrannte Blutrache wird beigelegt; die Versöhnung auf Grund eines dem verletzten Stamme zu entrichtenden Sühnegeldes erst vermittelt, dann erzwungen. So entsteht die zweite Entwicklungsstufe der Strafe: das **Kompositionensystem** (von componere, beilegen).

Die Entwicklung erhält eine mächtige Förderung im neuzeitlichen Staat durch die erstarkende, über den Verbänden sich erhebende Staatsgewalt, welche die Handhabung der Strafe dem Verletzten entwindet, um sie unbefangenen, ruhig prüfenden Richtern zu übertragen. Die Strafe ist mit ihrer „Objektivierung" als **staat-**

liche **Strafe** in ihre dritte und einstweilen letzte Entwicklungsstufe getreten.

Im Verfassungsstaat gestaltet sich die an sich uneingeschränkte Strafgewalt des Staates zum staatlichen Strafrecht (oben § 1 Note 1). Das Strafgesetz bestimmt nicht nur Inhalt und Umfang der Strafe, sondern auch die Voraussetzungen ihres Eintritts, indem es den Begriff des Verbrechens umgrenzt: die Willkür wird ausgeschlossen, der Einzelfall unter feste, bindende Regel gestellt.

IV. Aber noch ein Schritt ist zu machen. Der Rechtsstaat des Altliberalismus erweitert sich seit dem letzten Viertel des 19. Jahrhunderts zum Verwaltungsstaat, und die Strafe wird zur zielbewußten sozialen Reaktion gegen das Verbrechen. Der Zweckgedanke, die das Recht erzeugende Kraft, wird auch in der Strafe erkannt; und mit dieser Erkenntnis ist die Möglichkeit gegeben, die vielverzweigten Wirkungen der Strafdrohung und des Strafvollzuges dem Schutze menschlicher Lebensinteressen und damit dem Staat und der Gesellschaft dienstbar zu machen (oben §§ 3 bis 5). Wenn auch die Erinnerung an die Vergangenheit der Strafe nicht völlig schwinden will, wenn auch heute noch der Rachetrieb die Theorie der vergeltenden Gerechtigkeit für sich in Anspruch nimmt, so vollzieht sich doch unaufhaltsam in der Geschichte der Strafe die aus der Entwicklung des Einzelmenschen uns bekannte Umgestaltung: die unbewußt zweckmäßige, ungezügelte Triebhandlung verwandelt sich in die durch die Zweckvorstellung bestimmte und gemäßigte Willenshandlung. Im Widerstreit der Strafrechtstheorien über den Strafzweck läutert sich die Ansicht des Gesetzgebers, der von der einseitigen Berücksichtigung der Generalprävention mehr und mehr abgelenkt und dahin geführt wird, den Zweck der Strafe in der Anpassung oder Ausscheidung des Verbrechers zu erblicken. Eine ruhige und zielbewußte **Kriminalpolitik** ist die unabweisbare Forderung, die sich uns aus der Entwicklungsgeschichte der Strafe ergibt.

§ 7. Das Strafrecht der Römer.

Literatur. *Mommsen* Römisches Strafrecht 1899. Dazu *Hitzig* Schweizer. Z **13** 182. *Lehmann* Über die Vermögensstrafen des römischen Rechts. Berl. Seminarabhdlgn. **4** 2. Heft 1904. — *Ferrini* Diritto penale romano Teorie generali 1899. *v. Hippel* I § 8. *Kübler* Geschichte des römischen Rechts 1925 § 5.

I. Bis zum 7. Jahrhundert der Stadt.

Die bezeichnendste Eigentümlichkeit des ältesten römischen Strafrechts zur Zeit der angeblichen Königsgesetze liegt in der — den übrigen indogermanischen Rechten auf den Anfangsstufen ihrer Entwicklung fremden — Entschiedenheit, mit der das Verbrechen als Eingriff in die staatlich gesetzte und gehütete Rechtsordnung, die Strafe als staatliche Reaktion gegen das Verbrechen betrachtet wird.

Zwar fehlt es nicht an zahlreichen und wichtigen Spuren einer älteren, **sakralen** Auffassung des Strafrechts, die uns in expiatio und exsecratio capitis mit consecratio bonorum, als Ausstoßung des Frevlers aus der religiösen Gemeinschaft und als Wiederversöhnung der Gottheit mit dem reuigen Sünder entgegentritt. So bei Mißhandlung der Eltern durch die Kinder, bei fraus zwischen Patron und Klienten, bei Verletzung des Grenzsteins, bei Unterlassung des Kaiserschnittes, bei Tötung des Ackerrindes, später noch bei Verletzung der leges sacratae und der sakrosankten Personen. Auch das Sühnopfer bei unabsichtlicher Tötung trägt sakrale Eigenart. Aber unaufhaltsam vollzieht sich die Scheidung von Recht und Religion, von jus und fas, und mit ihr der Sieg der staatlichen Strafe.

Auch **Blutrache** und **Sühnegeld** (Kompositionensystem) kommen nur mehr auf beschränktem Gebiete zur Geltung. So in dem zäh festgehaltenen Tötungsrechte des Verletzten gegenüber dem auf frischer Tat ergriffenen Ehebrecher und dem nächtlichen Diebe; in dem vereinzelt vorkommenden Sühnevertrag (si membrum rupit, ni cum eo pacit, talio esto. Festus); in den festbemessenen Bußsätzen bei os fractum aut collisum und anderen Injurien (an deren Stelle später die ästimatorische actio injuriarum trat) und insbesondere bei den zahlreichen **Privatdelikten** in der zivilrechtlichen Pönalklage auf das Zwei-, Drei-, Vierfache des Schadens, die wohl überall an die Stelle des außergerichtlichen Sühnevertrages getreten ist (*ποινή*, poena gleich Sühnegeld).

Um zwei Verbrechensbegriffe reihen sich die gegen Rechtsgüter der Gesamtheit und des einzelnen gerichteten Verbrechen: **perduellio** und **parricidium.** Perduellio, der arge, schlechte Krieg, der Krieg gegen das eigene Vaterland, modern gesprochen: der Landesverrat, ist der Ausgangspunkt für die Entwicklung der politischen Verbrechen. An das parricidium (die Bürgertötung), die Tötung des Stammesgenossen (angebl. Gesetz von Numa bei Festus: si quis hominem liberum dolo sciens morti duit, parricida esto), schließt sich die große Gruppe der gemeinen Verbrechen. Gerade darin, daß die Tötung als Verletzung der öffentlichen Rechtsordnung angesehen, ihre Bestrafung nicht der Privatwillkür der Angehörigen des Verletzten anheimgestellt wird, liegt der auffallendste Unterschied zwischen römischer und germanischer Rechtsanschauung. Aber auch außer perduellio und parricidium finden wir mit öffentlicher Strafe bedroht: Brandlegung, falsches Zeugnis, Bestechung des Richters, das Schmähgedicht, das furtum manifestum, nächtliche Versammlungen und Zauberei (alienos fructus excantare; alienam segetem pellicere).

Wie in Zahl und Bedeutung der hierher gehörigen Verbrechen tritt die staatliche Auffassung des Strafrechts auch hervor einerseits in der Härte der auf das Verbrechen gesetzten Strafen (die Todesstrafe herrscht vor), andererseits in der Gestaltung des Strafverfahrens, das noch nicht wie in späterer Zeit die Eigenart des Privatklageprozesses an sich trägt.

Mit den XII Tafeln scheint die ernste Entschiedenheit der Strafgesetzgebung erschöpft zu sein. Die alten Strafbestimmungen werden nicht vermehrt; ja, sie geraten teilweise, wie die Tötung des falschen Zeugen, in Vergessenheit. Auch von den Privatvergehen erfährt nur die Sachbeschädigung in der lex Aquilia eingehende und bedeutsame Regelung. Der Zug der Zeit, gerichtet auf Beschränkung der magistratischen Rechtsprechung (Provokationsgesetze), ist der Förderung des Strafrechts nicht günstig. Hausväterliche Strafgewalt und zensorische Rüge müssen für Aufrechterhaltung von Zucht und Sitte Sorge tragen. Todesstrafe und schwere Leibesstrafe werden beschränkt und beseitigt; die Verbannung wird als aquae et ignis interdictio, verbunden mit dem Verluste der bürgerlichen Rechte, zur regelmäßigen Folge des Verbrechens. Die Strafrechtspflege ist zur Waffe im Kampf um die Bürgerfreiheit geworden (leges Valeriae).

II. Die Zeit des Quästionenprozesses.

Aber gerade in dieser hochpolitischen Eigenart sollte das römische Strafrecht den Quell seiner Wiedergeburt finden. Um das Jahr 149 v. Chr. war eine zunächst unscheinbare, aber folgenschwere Neuerung ins Leben getreten. Über die Klagen der Provinzialen gegen die Statthalter auf Rückerstattung der Repetunden hatte bisher das senatorische Rekuperatorengericht geurteilt. Jetzt wurde, im Zusammenhange mit der lex Calpurnia de repetundis, ein ständiger Ausschuß des Senates unter dem Vorsitze eines Prätors, die erste sog. quaestio perpetua, zur Aburteilung dieser Fälle niedergesetzt.

Bald erkannten die Führer der Volkspartei die Bedeutung dieser Einrichtung als eines politischen Kampfmittels. Die lex Sempronia (123 v. Chr.) übertrug den Rittern das Richteramt im Quästionenprozesse und das Recht, nicht bloß auf Rückerstattung des Erpreßten, sondern auch auf Strafe, und zwar mit Einschluß der Verbannung zu erkennen. **Damit war der Quästionenprozeß zum Strafverfahren geworden.** Zahlreiche Gesetze beschäftigen sich in den folgenden Jahrzehnten mit ihm, das Verfahren regelnd, seine Zuständigkeit auf andere Verbrechen ausdehnend. Immer aber sind es nur Verbrechen des herrschenden senatorischen Standes, also Delikte von überwiegend politischer Bedeutung, welche den Gegenstand des neuen Verfahrens ausmachen; die gemeinen Verbrechen bleiben ihm nach wie vor entzogen.

Da tritt 82 bis 80 v. Chr. die **Sullanische Reform** der Strafgesetzgebung ein. Der Quästionenprozeß, bisher von der Parteileidenschaft als Parteiwaffe benutzt, wird die Grundlage für die Neubegründung des römischen Strafrechts. Sulla vermehrt in den leges Corneliae (de sicariis, testamentaria nummaria, de majestate u. a.) die Zahl der bestehenden Quästionen, überträgt die Gerichtsbarkeit in ihnen wieder den Senatoren und überweist dem Quästionenprozesse auch die gemeinen Verbrechen, deren Tatbestand eingehend bestimmt wird. Die leges Juliae von Cäsar und August bringen die Entwicklung durch die Schaffung eines einheitlichen ordo judiciorum publicorum zum vorläufigen Abschlusse.

Dadurch ist neben die — gerade in diesem Zeitabschnitt durch das prätorische Edikt wesentlich weiterentwickelten — Privatdelikte, die der Verletzte vor den Zivilgerichten mit einer auf Geldbuße gerichteten zivilen Pönalklage zu verfolgen hatte, eine neue Gruppe von Verbrechen getreten: die **crimina publica** (legitima, ordinaria). Sie beruhen auf einzelnen leges, die für jedes Verbrechen den Tatbestand und die poena legitima (meist Interdiktion) festsetzen, das Verfahren regeln, und die Aburteilung einer bestehenden oder neu zu errichtenden quaestio zuweisen. Die Anklage steht jedem aus dem Volke zu. Dolus ist erforderlich, Versuch und Teilnahme werden (regelmäßig) bestraft, und zwar so wie Vollendung und Täterschaft. Die Richter haben mit schuldig oder nichtschuldig zu antworten; unterscheidende Beurteilung des Einzelfalles ist unmöglich.

Es gehören in diese Gruppe folgende Verbrechen: Die Amtsverbrechen, die ja den Anstoß zu der ganzen Entwicklung gegeben hatten, also die Erpressung (crimen repetundarum), die Amtserschleichung (ambitus und crimen sodaliciorum), Diebstahl und Unterschlagung im Amte (crimen peculatus et de residuis); Hochverrat (crimen laesae majestatis, allmählich an Stelle der alten perduellio tretend); Störung des öffentlichen Friedens durch Gewalttat (vis publica et privata mit vorwiegend politischer Färbung), Menschenraub (plagium) und Fälschung (falsum); vorsätzliche Tötung (crimen sicariorum et veneficorum; parricidium als Verwandtenmord); Körperverletzung und Hausfriedensbruch (injuriae atroces: pulsare, verberare, domum vi introire); endlich die durch die lex Julia de adulteriis (18 v. Chr.) zuerst der staatlichen Strafgewalt unterworfenen Fleischesverbrechen: Ehebruch, Unzucht, Kuppelei und blutschänderische Ehe (adulterium, stuprum, lenocinium, incestus).

Eine selbständige Mittelgruppe bilden die **actiones populares** (Interdikte, prätorische und ädilizische Strafklagen, Klagen aus Kolonial- und Munizipalverhältnissen), deren Erhebung jedem aus dem Volke zusteht, aber nur zur Verhängung einer meist an den Ankläger fallenden Geldbuße führt.

III. Die Kaiserzeit.

Der Untergang des alten ordo judiciorum publicorum seit dem Ausgange des 2. Jahrhunderts nach Christus läßt zunächst das materielle Strafrecht unberührt. Insbesondere bleibt der Gegensatz der crimina publica und delicta privata bestehen. Freilich bringen es die Zeitverhältnisse mit sich, daß gerade jene Verbrechensbegriffe, an welche die Neubegründung des römischen Strafrechts anknüpft, die Amtsverbrechen der Republik, aus den Aufzeichnungen der Rechtspflege verschwinden, während andere, wie das crimen laesae majestatis, eine wesentliche inhaltliche Umgestaltung erleiden. Aber im großen und ganzen bleiben die leges Corneliae und leges Juliae die feste Grundlage, auf der die klassische römische Rechtswissenschaft, ergänzend und umgestaltend, weiterbaut.

Erst allmählich treten die Folgen der Erstarkung der einheitlichen Staatsgewalt auch auf dem Gebiete des Strafrechts zutage. Wie die Verfolgung von Amts wegen in immer weiterem Umfange und mit immer bewußter auftretender Richtung sich Bahn bricht, so werden dem privatrechtlichen Delikt immer weitere Gebiete zugunsten der peinlichen Strafe abgerungen. Es entsteht die neue, ausgedehnte und für die ganze spätere Entwicklung des Strafrechts hochwichtige Gruppe der **crimina extraordinaria,** eine Mittelstufe zwischen crimen publicum und delictum privatum, aber jenem näher stehend als diesem. Nicht einem Volksbeschlusse, sondern Kaiserverordnungen und Senatsbeschlüssen oder juristischer Auslegungskunst verdanken sie ihre Entstehung; nicht die unabänderliche poena ordinaria, sondern eine nach richterlichem Ermessen der eigenartigen Bedeutung des Einzelfalles angepaßte Strafe ist ihre Folge. Dem Verletzten steht die Strafklage, gerichtet an die Träger der Strafgerichtsbarkeit, zu; die subjektive Seite der Tat wird wie bei den criminibus publicis in den Vordergrund gestellt, dolus malus erfordert, Versuch und Teilnahme bestraft.

Innerhalb der crimina extraordinaria können wir drei Untergruppen unterscheiden.

1. Aus den Privatdelikten werden die schwersten Fälle herausgehoben und mit peinlicher Strafe bedroht. So aus dem furtum: das Verbrechen der saccularii (Taschendiebe), effractores (Einbrecher), expilatores (Plünderer), balnearii (Badediebe, oder mit *v. Bar:* Paletotmarder), abigei (gewerbsmäßige Viehdiebe: quasi artem exercentes) und die expilatio hereditatis. Aus der rapina: das Verbrechen der latrones (mit Hinneigung zum Raubmord) und grassatores. Aus der injuria: die libelli famosi (verleumderische Schmähschrift), das Verbrechen der directarii (Hausfriedensbruch, animo furandi begangen) und andere Fälle.

2. Daneben finden wir eine große Anzahl neugeschaffener Verbrechensbegriffe. So die Hehlerei (crimen receptatorum); den Betrug (stellionatus und als besonderen Fall die venditio fumi, die Vorspiegelung eines nicht vorhandenen Einflusses auf Verleihung von Ämtern); die Erpressung (concussio); Entführung (raptus); Abtreibung der Leibesfrucht (abactus partus);

Kindesaussetzung (expositio infantium). Dazu kommen, neben anderen, unter dem Einfluß des Christentums die bisher dem römischen Rechte unbekannt gebliebenen Religionsverbrechen: Gotteslästerung, Störung des Gottesdienstes, Abfall vom Glauben und Ketzerei, sowie die diesen mehr und mehr sich nähernde Zauberei.

3. Endlich scheint es, als ob die Entwicklung dahin geführt habe, dem Verletzten gegen Ende des Zeitraums bei den meisten Privatdelikten (also nicht nur bei furtum und injuria) auch ohne besondere gesetzliche Anordnung das Wahlrecht zwischen der zivilrechtlichen actio ex delicto und der strafrechtlichen accusatio extra ordinem einzuräumen (vgl. l. 92 D. 47, 2; l. 45 D. 47, 10).

Eine wesentliche Umgestaltung erfährt auch das Strafensystem. Die aquae et ignis interdictio hat sich überlebt; sie hat ihre praktische Bedeutung verloren. An ihre Stelle tritt ein reichgegliedertes, vielfach nach dem Stande des Verurteilten abgestuftes, im allgemeinen aber zu übertriebener Strenge hinneigendes System von Lebens- und Leibesstrafen, von Freiheitsstrafen mit und ohne Arbeitszwang, von Strafen an Ehre und Vermögen.

Unverändert dagegen bleibt im wesentlichen die juristische Eigenart der Strafbestimmungen des römischen Rechts. Nach wie vor vermissen wir Klarheit und Bestimmtheit in der Fassung der Verbrechensbegriffe; und, je mehr der Zeitraum seinem Abschlusse sich nähert, desto verderblicher wird der Einfluß jener unjuristischen, willkürlichen und haltlosen Pseudo-Ethik, welche die späteren Kaisererlasse kennzeichnet. Es darf und kann uns daher auch nicht wundernehmen, wenn wir sehen, daß die Ausbildung der allgemeinen Lehren des Strafrechts, die höchste und schwerste Aufgabe der kriminalistischen Wissenschaft, über vereinzelte und grundsatzlose Ansätze nicht hinauskommt. Das römische Strafrecht wäre zur Aufnahme in Deutschland durchaus ungeeignet gewesen, hätte nicht in späteren Jahrhunderten das mittelalterliche Italien die Arbeit auf sich genommen, welche die römischen Juristen ungelöst der Nachwelt hinterlassen hatten[1]).

§ 8. Das mittelalterlich deutsche Strafrecht.

A. Das frühere Mittelalter. Bis zum 13. Jahrhundert.

Literatur. *His* Geschichte des deutschen Strafrechts bis zur Karolina 1928 (dazu *Kantorowicz* KVS 3. Folge XXIII 416). *Derselbe* Der Totenglaube in der Geschichte des germanischen Strafrechts 1929. *Brunner* Deutsche Rechtsgeschichte **2**, 2. Aufl. von *Cl. Frhr. v. Schwerin*, 1928 §§ 125—147. *Schröder* Lehrbuch der deutschen Rechtsgeschichte 5. Aufl. 1907, 6. Aufl., fortgeführt von *v. Künßberg*, 1. Teil 1919, 2. Teil 1922. *v. Schwerin* Deutsche Rechtsgeschichte 1912. *v. Amira* (Lit. zu § 6). *v. Hippel* I §§ 11, 12. *Mezger* § 2 II. — *Murker* Das Strafrecht der altisländischen Grágás. Heidelberger Diss. 1907. *Maurer* Vorlesungen über altnordische Rechtsgeschichte **5** 1910. *Heusler* Das Strafrecht der Isländersagas 1911. — *Wilda* Das Strafrecht der Germanen 1842. Über *Wilda* vgl. *G. Kisch* in Bd. 5 der „Mitteldeutschen Lebensbilder" S. 339ff. (1930). *Osenbrüggen* Das Strafrecht der Langobarden 1863. *Schreuer* Die Behandlung der Verbrechenskonkurrenz in den Volksrechten 1896. *Pollack* Der systematische Aufbau und die Technik der Wundbußenbestimmungen im Edictus Rothari. Berliner Diss. 1913. — Zahlreiche Abhdlgn. der Savigny-

[1]) Die Hauptmasse der strafrechtlichen Bestimmungen findet sich im 4. Buch, Tit. 1 bis 5 und 18 der Institutionen, im 47. und 48. Buch der Digesten und im 9. Buch des Kodex.

Stiftung. *His* Das Strafrecht der Friesen im Mittelalter 1901. *Franz Beyerle* Das Entwicklungsproblem im germanischen Rechtsgang **1** 1915 (Sühne, Rache, Preisgabe in ihren Beziehungen zum Strafprozeß der Volksrechte). — Berichte in Z **2**ff.

I. 1. Ungleich deutlicher als in den römischen, tritt uns in den südgermanischen Quellen die allmähliche Entwicklung des Strafrechts entgegen. In den Volksrechten hat sich über den Stammesverband allerdings bereits die staatliche Rechtsordnung erhoben. Demgemäß tritt einerseits die sakrale Auffassung des Strafrechts, andererseits die Friedlosigkeit wie die Blutrache in den Hintergrund. Das Kompositionensystem steht unverkennbar im Mittelpunkte der strafrechtlichen Bestimmungen. Aber innerhalb des Staatsverbandes finden wir immer noch die auf der Blutsgemeinschaft beruhende Sippe als öffentlich-rechtliche Körperschaft; sie ist es, die ihren Gliedern Schutz und Sühne gewährleistet, die den angegriffenen Genossen verteidigt und den Verletzten rächt. Und demgemäß ragen die Spuren **älterer Entwicklungsstufen** des Strafrechts bis tief in das deutsche Mittelalter hinein.

2. Heidnisch-religiöse Anklänge erinnern an den sakralen Charakter des ursprünglichen Strafrechts; bei Tempelbruch und Zauberei, bei Meineid und Totenraub, bei Leichen- und Gräberschändung, bei Blutschande und Verwandtenmord entlehnt die irdische Gerechtigkeit von den Göttern das strafende Schwert[1]); und nur allmählich und mit geschwächter Kraft rückt die christliche Kirche an die Stelle des verdrängten Heidentums.

3. Von der Friedlosigkeit, der kennzeichnenden Strafe der nordgermanischen Rechte für alle schwereren Verbrechen (Friedensbrüche), finden wir in den deutschen Volksrechten allerdings nur vereinzelte Spuren[2]); und wo sie sonst erwähnt wird, erscheint sie nicht als Strafe des begangenen Verbrechens, sondern als Rechtsfolge prozessualischen Ungehorsams gegenüber dem

---

[1]) Vgl. *Brunner-v. Schwerin* **2** 765, *His* Geschichte 49, 55. — Hierher gehört auch die berühmte Stelle des friesischen Volksrechts Add. 12, 1: Qui fanum effregerit et ibi aliquid de sacris tulerit, ducitur ad mare, et in sabulo, quod accessus maris operire solet, finduntur aures ejus et castratur et immolatur diis, quorum templa violavit. — Vgl. auch unten Note 9. — *v. Amira* dürfte mit seinem meisterhaften Werk über die germanischen Todesstrafen die letzten Zweifel an dem sakralen Charakter der öffentlichen (für „Neidingswerke" verhängten) Todesstrafen beseitigt haben. (Etwas anderes gilt natürlich für das — von *v. Amira* ausführlich behandelte — Privatstrafrecht.) Die öffentlichen Todesstrafen waren ursprünglich Menschenopfer. Ihre verschiedenen Formen finden ihren Grund in der Verschiedenheit der Gottheiten, denen geopfert werden mußte. Warum die Täter verschiedener Delikte verschiedenen Göttern zu opfern waren, steht noch dahin (*v. Amira* 235). Hochinteressant ist *Amiras* Behauptung, die öffentliche Todesstrafe sei dem Trieb zur Reinerhaltung der Rasse entsprungen und habe die Ausmerzung des Entarteten aus der Gesellschaft bezweckt (67). Aber vor sicheren Ergebnissen stehen wir nicht. Gegen *Amira* vgl. *v. Hippel* I 104/105 (namentlich Note 7), *E. Mayer* GS **89** 353 und *Pappenheim* (Lit. zu § 6) 451.

[2]) Sal. em. 55, 2 (*Behrend*): Si quis corpus jam sepultum effoderit aut exspoliaverit, wargus sit, hoc est, expulsus de eodem pago, usque in illa die quam ille cum parentibus defuncti convenerit, ut et ipsi parentes rogati sind pro eo, ut liceat ei infra patriam esse, et quicumque antea panem aut hospitalitatem ei dederit, etiamsi uxor ejus hoc fecerit, DC den. qui faciunt sol. XV culpabilis judicetur. Rib. 85, 3 (*Sohm*); hier bereits beim Gräberraub nur mehr an zweiter Stelle. Cap. I zur Sal.: die Frau, die sich mit einem Sklaven verheiratet, wird expellis.

rechtweigernden Beklagten[3]). Dennoch darf mit unseren bedeutendsten Rechtshistorikern (*Brunner, Schröder*) der Schluß auf ausgedehntere Anwendung auch in geschichtlicher Zeit gezogen werden.

4. Nicht bloß bei Diebstahl und Ehebruch, sondern auch in zahlreichen anderen Fällen erwähnen die Volksrechte das Recht des Angegriffenen (und seiner Angehörigen), den Verletzer bußlos zu erschlagen[4]). Aber vielfach wird das Notrecht des Angegriffenen bereits bedingt dadurch, daß der Verbrecher sich der Fesselung widersetzt; und aus dem Tötungsrecht entwickelt sich allmählich das Recht, den auf handhafter Tat Ergriffenen gebunden vor Gericht zu bringen und seine Verurteilung zu peinlicher Strafe in einem beschleunigten Verfahren zu erwirken: die verstärkte Klage bei unvernachteter Tat nach der Ausdrucksweise des späteren deutschen Mittelalters.

5. Die Blutrache ist, wie uns schon Tacitus bezeugt[5]), als Stammesrache Recht und Pflicht der gesamten Sippe bei nicht handhafter Tat. Sie wird abgelöst durch die Zahlung einer Sühnesumme, der compositio. Die verletzte Sippe hat ursprünglich die Wahl zwischen Fehde und Annahme der Lösungssumme; und erst nach hartem Kampf, der aus den Kapitularien deutlich erkennbar ist, gelingt es der erstarkenden Staatsgewalt, den gerichtlichen Abschluß des Sühnevertrages zur Rechtspflicht zu machen. Damit ist die Blutrache ersetzt durch das Kompositionensystem. Aber noch die Formen des mittelalterlichen deutschen Rechtsganges weisen auf den Ursprung des Rechts aus der Fehde; an die Stelle der Waffenhilfe ist die Eidhilfe getreten: wie jene, ist diese Recht und Pflicht der Sippegenossen, die in voller Waffenrüstung, durch Handreichung verbunden, mit gesamtem Munde den Eid des Hauptschwörenden bekräftigen.

II. In der genauen Festsetzung der zu zahlenden Sühnegelder, also in der festen Regelung des **Kompositionensystems**, liegt, wie bereits erwähnt, die Hauptbedeutung der strafrechtlichen Bestimmungen der Volksrechte. Sein hohes Alter erhellt aus den Mitteilungen bei Tacitus[6]).

In vielen Abstufungen werden die verschiedenen Rechtsverletzungen abgeschätzt; für jeden einzelnen Zahn und jeden der verschiedenen Finger, für jedes Schmähwort, für jede unzüchtige Berührung von Frauen oder Mädchen wird die Sühnesumme genau bestimmt. Wir finden in den Kompositionssätzen der einzelnen Volksrechte zwei verschiedene Grundzahlen, eine größere und eine kleinere; jene als Wergeld (Manngeld) bei Tötung und gleichgestellten Fällen; diese als Buße bei geringeren Rechtsverletzungen[7]). Aber nicht bloß

---

[3]) Sal. 56, I. Si quis ad mallum venire contempserit etc. 2 . . . Tunc rex extra sermonem suum ponat eum. Tunc ipse culpabilis et omnes res erunt suas.

[4]) Bajuv. 9, 5; 8, 1; Sax. 4, 4; Rib. 77: Si quis hominem super rebus suis comprehenderit, et eum ligare voluerit, aut super uxorem, aut super filiam, vel his similibus, et non praevaluerit legare, sed colebus ei excesserit, et eum interficerit, coram testibus in quadruvio in clita eum levare debet et sic 40 seu 14 noctes custodire et tunc ante judice in harao coniurit, quod eum de vita forfactum interfecisset.

[5]) Germ. cap. 21: Suscipere tam inimicitias patris seu propinqui quam amicitias necesse est.

[6]) Germ. cap. 12. Sed et levioribus delictis pro modo poena; armentorum pecorumque numero convicti multantur. Pars multae regi vel civitati, pars ipsi qui vindicatur vel propinquis ejus exsolvitur. Cap. 21. Nec implacabiles durant (inimicitiae). Luitur enim etiam homicidium certo armentorum ac pecorum numero, recipitque satisfactionem universa domus.

[7]) Das Wergeld beträgt bei den verschiedenen Stämmen 150, 160 und 200, die Buße 10, 12 und 15 Schillinge. Vgl. *His* Geschichte 97, *Brunner* 1 226,

die Schwere des begangenen Verbrechens, auch Stand und Volksangehörigkeit, Alter und Geschlecht des Verletzten sind maßgebend für die Höhe des Sühnegeldes. Neben dem an den Verletzten und seine Sippe zu bezahlenden Betrage ist an die Gesamtheit, als die Vermittlerin des geschlossenen Sühnevertrages, das Friedensgeld (fredus oder fredum) zu entrichten.

Auch Sühnevertrag und Sühnegeld ruhen auf der Grundlage des Stammesverbandes geradeso wie die Blutrache, aus der sie hervorgewachsen. Was Tacitus uns berichtet: recipitque statisfactionem universa domus, wird durch andere Quellen glänzend bestätigt. Die Teilnahme der Familie an der Zahlung wie an dem Empfange der Wergeldsumme, in den deutschen Volksrechten nur in einzelnen Spuren angedeutet, hat sich in den niederdeutschen und nordischen Rechten lange Zeit hindurch, in letzteren teilweise bis ins 16. Jahrhundert erhalten[8]).

III. Aber auch die **öffentliche Strafe** ist schon dem ältesten deutschen Rechte nicht fremd gewesen. Der höhere Friede, dessen das Heer auf dem Kriegszuge, die Volksversammlung auf der Dingstätte, dessen die Tempel und Kirchen bedürfen, drängt dazu, die Strafgewalt in die Hand der Gesamtheit und ihrer Vertreter zu legen[9]). So sind es insbesondere Verbrechen politisch-militärischer Natur, etwa Landes- und Kriegsverrat, die von den ältesten Zeiten an mit öffentlicher Strafe belegt werden[10]). Aber schon in der Zeit des merowingischen, weit mehr noch des karolingischen Königtums treten, mit der klaren Erkenntnis und der schärferen Verfolgung der Staatszwecke, immer neue Verbrechen in das Gebiet der öffentlichen Strafe ein[11]). Von der

---

Brunner-v. Schwerin 2 794. Wie tief diese Summen — man denke an das bei Mord häufig eintretende neunfache Wergeld — in das wirtschaftliche Dasein und damit in die rechtliche Stellung des Betroffenen eingriffen, erhellt daraus, daß nach gleichzeitigen Quellen ein Rind 1 bis 3, ein Pferd 6 bis 12 Schillinge kostete. Vgl. *Waitz* 2 1, 279. Nach *Schröder* beträgt das Wergeld den Wert eines freien Hofes.

[8]) Sal. 58, 62: Si cujuscumque pater occisus fuerit, medietate compositionis filii collegant et alio medietate parentes qui proximiores sunt, tam de patre quam de matre, inter se dividant (Erbsühne und Magsühne): Sax. 18, 19. *Wilda* 395. *Waitz* 1 71 Note 3, 75 Note 3. *Brunner* Zeitschr. der Savigny-Stiftung 3 1. *Heusler* Institutionen 2 541. *Günther* 1 176 Note 42. *His* (Lit. zu § 8 B) 646ff.

[9]) Vgl. schon *Tacitus* Germ. c. 7: Ceterum neque animadvertere neque vincire ne verberare quidem nisi sacerdotibus permissum: non quasi in poenam nec ducis jussu sed velut deo imperante quem adesse bellantibus credunt (sakraler Charakter). Cap. 11. Silentium per sacerdotes, quibus tunc (in der Volksversammlung) et coercendi jus est, imperatur. Cap. 6. Scutum reliquisse praecipuum flagitium. Nec aut sacris adesse aut concilium inire ignominioso fas: multique superstites bellorum infamiam laqueo finierunt. Cap. 12. Licet apud consilium accusare quoque et discrimen capitis intendere. Distinctio poenarum ex delicto. Proditores et transfugas arboribus suspendunt; ignavos et imbelles et corpore infames coeno ac palude, injecta insuper crate, mergunt. Diversitas supplicii illuc respicit, tamquam scelera ostendi oporteat, dum puniuntur, flagitia abscondi. (Vgl. *Waitz* 1 425.) Vgl. auch oben Note 1 die Bemerkung über *Amiras* Werk.

[10]) Rib. 69, 1: Si quis homo infidelis extiterit, de vita componat et omnes res ejus fisco censeantur. Bajuv. II 1, 2: Ut nullus liber Bajuvarius alodem aut vitam sine capitali crimine perdat, id est, si in necem ducis consiliatus fuerit, aut inimicos in provinciam invitaverit aut civitatem capere ab extraneis machinaverit. Hierher gehören auch die zahlreichen Bestimmungen gegen herisliz.

[11]) So bedroht die lex Ribuaria mit öffentlicher Strafe das Schelten der Königsurkunde (60, 6), den handhaften Diebstahl (79), die Bestechung des

Mitte des 6. Jahrhunderts angefangen, beschäftigt sich die Kapitulariengesetzgebung mit Strafdrohungen gegen Raub und Diebstahl, Mord und Blutschande, Zauberei und Vergiftung, Meineid und falsches Zeugnis, Fälschung von Münzen und Urkunden. Durch die zunehmende Ungleichheit des Besitzes wird die Bewegung wesentlich gefördert; wer das Sühnegeld nicht bezahlen kann, büßt mit seinem Leibe, wie von alters her der Unfreie. Insbesondere wird die königliche Banngewalt zu einem mächtigen Faktor der Rechtsbildung; zahlreiche neue Strafdrohungen, nicht bloß zum Schutze von Kirchen und Klöstern, von Witwen, Waisen und Armen, sondern auch zur Wahrung des öffentlichen Friedens gegen Gewalttaten verschiedenster Art, treten kraft Amtsrechts neben das Volksrecht[12]). Endlich darf der Einfluß der Kirche nicht außer acht gelassen werden, welche, auch soweit sie einer eigentlichen Strafgewalt entbehrte, mittelbar durch Bußbücher und Konzilienbeschlüsse auf die Rechtsanschauungen des Volkes wie auf die königliche Gesetzgebung einwirkte und auf die Ausfüllung der Lücken hinarbeitete, die das weltliche Strafrecht noch immer aufwies[13]).

So hat gegen Ende der Periode, zur Blütezeit des fränkischen Königtums, die staatliche Auffassung von Verbrechen und Strafe den Sieg davongetragen. Weitaus die meisten der gegen die Interessen der Gesamtheit gerichteten Verbrechen sind mit öffentlicher Strafe bedroht und werden von Amts wegen verfolgt.

IV. Mit dem Zerfalle der fränkischen Monarchie beginnt eine **allgemeine rückläufige Bewegung,** die auch auf dem Gebiete des Strafrechts die neugeschaffenen, durch eine starke Zentralgewalt gehaltenen, aber lange noch nicht festgewurzelten Einrichtungen der Karolingerzeit zerstörte oder doch in den Hintergrund drängte und längere Zeit verdunkelte.

So verschwinden die in fremder Sprache geschriebenen Volksrechte, und die Kapitulariengesetzgebung gerät in Vergessenheit; es ist die Zeit der Herrschaft des Gewohnheitsrechts, aus der Rechtsüberzeugung des Volkes geschöpft und in der Rechtweisung der Schöffen sich offenbarend. Damit treten die nationalen, die altdeutschen Rechtsanschauungen, die unter der fränkischen Königsherrschaft vielfach von fremden, römisch-kanonischen

---

Richters (88), die Entführung der freien Frau durch den Sklaven (34, 4), die Fälschung der Königsurkunde (59, 3), Verwandtenmord und Blutschande (66, 2). — Im sächsischen Volksrechte stand Todesstrafe auf Meineid, Hausfriedensbruch, Mordbrand, Diebstahl im Werte von mehr als 3 Schillingen. Karl der Große war bestrebt, diese Bestimmungen zu mildern, bedrohte aber seinerseits Verletzungen des Christenglaubens mit dem Tode. Vgl. *Waitz* **3** 131. *Günther* **1** 182.

[12]) Vgl. *Waitz* **3** 319; *Brunner-v. Schwerin* **2** 13, 51. Summula de bannis (*Boretius* Cap. 224).

[13]) Auf das kanonische Strafrecht kann hier nicht eingegangen werden. Das geltende Recht findet sich in dem neuen Codex juris canonici von 1917. Vgl. *Ebers* HdR V 771. Dazu *Frank* (Festg. für *v. Birkmeyer)* 1917, *Kohler* GA **67** 345, namentlich aber *Eichmann* Das Strafrecht des Codex Juris Canonici 1920, sowie *Heimberger* Aus dem Strafrecht des Codex juris canonici (Bonner Festg. für *Zitelmann* 1923) und *Derselbe* Die Schuld im Strafrecht des codex juris canonici (Festg. für *Aschaffenburg* 1926; Beiheft 1 zu *Aschaffenburgs* Monatsschrift). Vgl. auch *Heimberger* DJZ **31** 1310. — Außerdem immer noch zu empfehlen *Hinschius* Kirchenrecht **4** 691 bis 864 (römisches und merovingisches Recht), **5** 1. Abt. (bis zum 14. Jahrhundert), **5** 2. Abt. (15. Jahrhundert und Neuzeit). *Sägmüller* Lehrbuch des kath. Kirchenrechts 3. Aufl. 1914 Bd. II 346 bis 389. Vgl. etwa noch *Brands* Die Lehre von der Strafe bei Thomas von Aquin. Berliner Diss. 1908.

Rechtssätzen verdrängt worden waren, wieder in den Vordergrund. Und sofort macht sich die Eigentümlichkeit des deutschen Volksgeistes geltend: die in reichsten Bildungen sich entfaltende Gestaltungskraft führt, im Gegensatze zu der zentralisierenden und unifizierenden Richtung des abgelaufenen Zeitraums, zu steigender Zersplitterung des Rechts nach Stämmen, ja selbst nach Gauen und Gemeinden.

Hand in Hand damit geht das Wiedererwachen der privatrechtlichen Auffassung des Strafrechts, das Zurückdrängen der staatlichen Strafgewalt, die, bedingt durch eine starke Staatsgewalt, unmöglich ihre Vorherrschaft in den Zeiten behaupten konnte, in denen die königliche Macht im Schwinden begriffen und die Ausbildung der Landeshoheit noch nicht abgeschlossen war. So geht denn der Gedanke einer Verfolgung des Verbrechens von Amts wegen beinahe gänzlich verloren; das Sühnegeld erweitert sein Herrschaftsgebiet auf Kosten der öffentlichen Strafe; in dem Belieben des Verletzten steht die Wahl zwischen Erhebung der Klage oder der Abfindung (Taidigung) mit dem Verbrecher, der bei einfachem Frevel (im Gegensatz zum Ungerichte) auch ohne weiteres die angedrohte Leibesstrafe (freilich ohne der Ehrlosigkeit zu entgehen) durch Geldzahlung abwenden (ledigen) kann.

Die Unsicherheit der Rechtspflege erzeugt das mittelalterliche Fehderecht, das, von der alten Blutrache wesentlich verschieden, als Notrecht, wenn rechtliche Hilfe gegen bürgerliche oder peinliche Rechtsverletzungen nicht zu erlangen war, nach vorausgegangener Absage (diffidatio) dem Waffenberechtigten zustand und erst allmählich durch die gesetzlichen Landfrieden (von 1085 bis ins 16. Jahrhundert) beschränkt, durch die vertragsmäßigen vorübergehend aufgehoben und erst durch die ewigen Landfrieden beseitigt wurde[14].

B. Das spätere Mittelalter. Vom 13. bis ins 16. Jahrhundert.

Literatur. *His* Das Strafrecht des deutschen Mittelalters. Erster Teil: Die Verbrechen und ihre Folgen im allgemeinen 1920. (Dazu *Eb. Schmidt* Z. der Sav.-St. Germ. Abt. 1920 S. 438ff.). *Derselbe* Z. der Sav. St.-Germ. Abt. 1920, 75. *Derselbe* (Lit. zu § 8 A). *v. Hippel* I §§ 9, 10, 13. *Kohler* Studien **2** bis **4** 1895f. (die italienischen Statuten). *Kohler* und *degli Azzi* Das Florentiner Strafrecht des 14. Jahrhunderts 1909. *Zechbauer* Das mittelalterliche Strafrecht Siziliens nach Friedrichs II. Constitutiones regni Siciliae und den Sizilischen Stadtrechten 1908. *Bohne* (Lit. zu § 59). *Kantorowicz* Albertus Gandinus und das Strafrecht der Scholastik **1** (Die Praxis) 1907, **2** (Die Theorie) 1926. *Derselbe* Leben und Schriften des Albertus Gandinus, Z. der Sav.-St. Germ. Abt. 1924, 224ff. — *John* Strafrecht in Norddeutschland zur Zeit der Rechtsbücher 1858. *Osenbrüggen* Das alamannische Strafrecht im deutschen Mittelalter 1860. *Hälschner* Geschichte des brandenburgisch-preuß. Strafrechts 1855. *Caspar* Darstellung des strafrechtlichen Inhalts des Schwabenspiegels und des Augsburger Stadtrechts. Berliner Diss. 1892. *Friese* Das Strafrecht des Sachsenspiegels (*Gierkes* Untersuchungen Heft 55) 1898. *Knapp* Das alte Nürnberger Kriminalrecht 1896. *Scheel* Das alte Bamberger Strafrecht vor der Bambergensis 1903. *Knapp* Die Zenten des Hochstiftes Würzburg **1** (2 Teile) und **2** 1907. *Harster* Das Strafrecht der freien Reichsstadt Speier 1900. *Ricken-*

---

[14]) *Böhlau* Nove constitutiones domini Alberti, d. i. der Landfriede v. J. 1235. 1858. Neuere Lit. bei *Löning* Z **5** 226, *Günther* Z **11** 185, *His* (Lit. zu § 8 B) § 2. Dazu *Huberti* Gottesfrieden und Landfrieden **1** 1892. *Heilborn* Z **18** 1 weist mit Recht darauf hin, daß die Provinziallandfrieden, über die Bekämpfung der Fehde hinausgreifend, vielfach den Charakter umfassender Strafgesetzbücher tragen.

bacher Das Strafrecht des alten Landes Schwyz. Leipziger Diss. 1902. *Müller* Zur Geschichte des peinlichen Prozesses in Schwaben im späteren Mittelalter. Ellwanger Halsgerichtsordnung von 1466 (Tübinger Studien usw. **2**) 1910. *Stahm* Das Strafrecht der Stadt Dortmund bis zur Mitte des 16. Jahrhunderts 1910. *Draeger* Das alte lübische Stadtrecht und seine Quellen. Berl. Diss. 1913. *Knapp* Alt-Regensburgs Gerichtsverfassung, Strafverfahren und Strafrecht bis zur Carolina 1914. *Kohler-Koehne* Wormser Recht und Reformation 1915. *Rau* Beiträge zum Kriminalrecht der freien Reichsstadt Frankfurt/M. Freiburger Diss. 1916. *Holstein* GA **61** 57 (Verfestung und Friedloslegung). *Knapp* Das Rechtsbuch Ruprechts von Freisingen (1328) 1916. *Derselbe* GA **63** 46, 312 (Alt. Memminger Strafrecht). *Derselbe* GA **66** 221, 389 (Schuld und Sühne im alten bairischen Recht). *Pappenheim* Die Siebenhardenbeliebung vom 17. Juni 1426 (Festschrift zur Fünfhundertjahrfeier) 1926. *Herbert Meyer* Das Mühlhäuser Reichsrechtsbuch 1923. *Eckhardt* Der Deutschenspiegel 1924. — Reiche Lit.-Angaben enthalten die Berichte in Z **2** ff.

Die Entwicklung des Strafrechts steht im engsten Zusammenhange mit dem Sinken und Steigen der Staatsgewalt. Mit der Ausbildung der Landesherrlichkeit und dem Aufblühen der Städte nimmt auch die während des vorhergehenden Zeitraumes unterbrochene **Erstarkung der öffentlich-rechtlichen Auffassung von Verbrechen und Strafe** ihren Fortgang. In zahlreichen Landfrieden und anderen Reichsgesetzen, in Stadt-, Land- und Hofrechten, in Weistümern und Rechtsbüchern wird das bestehende Recht aufgezeichnet und das Gewohnheitsrecht in den Hintergrund gedrängt. Aus immer zahlreicheren Quellen und in immer rascherem Flusse strömt das fremde Recht in die deutschen Gebiete erst des Südens, dann des Nordens und ringt mit den einheimischen Rechtssätzen um die Herrschaft. Die hervorragenderen Rechtsbücher und Stadtrechte erweisen sich als die Kristallisationspunkte, um die sich, gewissermaßen als Ersatz für die untergegangenen Stammesrechte, neue Gebiete inhaltlich gleichen Rechts (trotz aller Verschiedenheit im einzelnen) anreihen.

So sind die Vorbedingungen geschaffen für die Ausbreitung und Erstarkung der öffentlichen Strafe[15]). Wergeld und Buße erwähnen die Rechtsbücher als das Recht vergangener Zeiten; das erstere wird mehr und mehr auf die Fälle unbeabsichtigter Tötung beschränkt, die letztere häufig[16]) als Scheinbuße nur darum angesetzt, damit ihr des Richters Gewette folge: sie verwandelt sich in eine eigentliche Geldstrafe. Aber auch die Strafen an Leib und Leben werden immer zahlreicher. Der Sachsenspiegel (**2** 13) bedroht den Diebstahl von drei Schillingen und mehr sowie den nächtlichen Diebstahl mit dem Strang; mit dem Rade Mord und Diebstahl unter Bruch besonderen Friedens, Verrat, Mordbrand und untreue Botschaft; wer Tötung, Menschenraub, Raub, Brandlegung, Notzucht, Friedensbruch oder schweren Ehebruch begeht, dem soll man das Haupt abschlagen; Abfall vom Christenglauben, Zauberei und Vergiftung wird mit dem Scheiterhaufen bestraft. Neben den an Hals und Hand gehenden Strafen für Ungerichte finden sich zahlreiche Strafen an Haut und Haar sowie Geldbußen für Frevel.

---

[15]) Das muß in dem im Text erstrebten Gesamtbilde der Strafrechtsentwicklung vor allem hervorgehoben, jedoch darf dabei nicht vergessen werden, daß nicht nur die ritterliche Fehde während des ganzen Mittelalters bestanden, sondern auch die Blutrache im ursprünglichen Sinne in manchen Gegenden (so Nordfriesland) sich bis in die Neuzeit als eine unangefochtene Sitte erhalten hat. Vgl. *His* § 15, *Pappenheim* 18ff.

[16]) So Sachsenspiegel **3** 45. *Grimm* Rechtsaltertümer 679; *Osenbrüggen* Alam. Strafr. 72. Sehr häufig in den österreichischen Weistümern. Einzelheiten über Wergeld und Buße im Mittelalter s. bei *His* § 26 I.

Insbesondere aber ist es der städtische Verkehr, der mit neuen Lebensverhältnissen auch neue Verbrechen erzeugt und, neben der regelmäßig eintretenden Verfestung, neue Strafbestimmungen notwendig macht. Die Stadtrechte, vor allem die Süddeutschlands (vergleiche Nürnberg), zeichnen sich durch strenge, oft grausame Strafdrohungen aus.

Ein neuer Umstand, dessen Einfluß auf die Entwicklung des Strafrechts nicht unterschätzt werden darf, tritt hinzu: der Kampf gegen das gewerbsmäßige Verbrechertum (die „gemeinschädlichen Leute": Raubritter wie Landstreicher). Er fördert die durchaus im Zuge der Zeit liegende Verfolgung von Amts wegen, welche, die verschiedensten Formen annehmend, insbesondere aber als Richten auf bösen Leumund, immer mehr an Entschiedenheit und Ausdehnung gewinnt und die außergerichtlich angewendete, gesetzlich nicht geregelte Folter als kräftiges Mittel zur Herbeiführung der Verurteilung verwertet.

Aber je entschiedener der Zweckgedanke Strafrecht und Strafverfahren seiner Herrschaft unterwirft, desto weniger passen die alten Formen, desto drängender wird das Bedürfnis, der inhaltlich längst vollzogenen Umgestaltung gesetzliche Anerkennung zu verschaffen, den territorialen Mißbräuchen durch **reichsrechtliche Regelung** des Strafverfahrens entgegenzutreten. Diese Aufgabe, deren Erfüllung von dem eben erst gegründeten Reichskammergericht auf dem Reichstage zu Lindau 1496 auf das eindringlichste gefordert wurde, aber erst nach harten Kämpfen im Jahre 1532 gelang, hatte die gesetzliche Verschmelzung der aufgenommenen fremden Rechte mit dem einheimischen deutschen Recht zur Voraussetzung. Zahlreiche Vorarbeiten verschiedenster Art hatten die Lösung der Aufgabe erleichtert; daß sie gelang, ist vor allem das Verdienst eines Mannes: *Hans v. Schwarzenberg*.

§ 9. Die peinliche Gerichtsordnung Karls V.

I. Das fremde Recht, welches Deutschland aufgenommen hatte, insbesondere das Strafrecht mit Einschluß des Prozesses, war nicht das Recht der römischen Rechtsquellen, sondern ein wesentlich umgestaltetes, den veränderten Rechtsverhältnissen angepaßtes Recht. Seit dem Wiedererwachen der Rechtsstudien hatten **die italienischen Juristen** an der Fortbildung des römischen Rechts, wenn auch vielfach unbewußt, ununterbrochen weitergearbeitet. Glossatoren und Postglossatoren, insbesondere *Azo* († 1230) mit seiner Summa zum Kodex, *Bartolus* († 1357), *Baldus* († 1400); die Kanonisten, unter denen *Roffredus* († 1250) und *Durantis* († 1296) besonders für das Strafverfahren von Bedeutung geworden sind; und die sog. „italienischen Praktiker", von denen *Rolandinus de Romanciis* († 1284), *Albertus Gandinus* († nach 1310), *Jakob de Belvisio* († 1335), *Bonifacius de Vitalinis* (um 1340), *Angelus Aretinus* († 1461 oder später), *Augustinus Bonfranciscus* († 1479) an diesem Orte zu nennen sind[1]), — sie alle stellten das römische Strafrecht dar nach der generalis con-

[1]) Vgl. *Seeger* Zur Lehre vom Versuch der Verbrechen in der Wissenschaft des Mittelalters 1869. *Löffler* Die Schuldformen des Strafrechts **1** (1895). *Engelmann* Die Schuldlehre der Postglossatoren und ihre Fortentwicklung 1895. *Derselbe* Der geistige Urheber des Verbrechens nach dem italienischen Recht des Mittelalters (Festgabe für *Binding*) 1911. *Derselbe* Irrtum und Schuld nach der italienischen Lehre und Praxis des Mittelalters 1922. *Heinemann* Das crimen falsi in der altitalienischen Literatur 1904. Vor allem die Werke von *Kantorowicz* (Lit. zu § 8 B). Neuestens umfassend: *Dahm* Das Strafrecht Italiens im ausgehenden Mittelalter (Beitr. z. Gesch. Heft 3) 1931. Über Augustinus Bonfranciscus von Rimini vgl. *v. Moeller* Z **45** 263.

suetudo ihrer Tage, wie es sich unter dem Einflusse deutscher, den langobardischen Quellen entstammender Rechtssätze, praktischer Bedürfnisse und wissenschaftlicher Verallgemeinerungen, der päpstlichen und kaiserlichen Gesetzgebung wie des Gerichtsbrauches entwickelt hatte. Es ist, können wir sagen, nicht mehr rein römisches, sondern italisches Recht, das sie in ihren Werken zur Darstellung bringen. Und es bedarf keiner besonderen Betonung, daß dieses Recht ungleich leichter in Deutschland Eingang finden mußte, als das Recht der Libri terribiles oder auch des Kodex. Von größter Bedeutung aber war es, daß die mittelalterlich italienische Jurisprudenz auch den allgemeinen Lehren des Strafrechts ihre besondere Aufmerksamkeit gewidmet und damit die erste Grundlage zu wissenschaftlicher Beherrschung des Stoffes gelegt hatte.

II. Wie und auf welchen Wegen die Rezeption stattfand, ist hier nicht darzustellen. Nur eines Faktors muß gedacht werden. In Handschriften und Drucken hatten die Arbeiten der italienischen Juristen in Deutschland Eingang gefunden; aber ausgedehnter und kräftiger war der Einfluß, den sie auf mittelbarem Wege ausübten: in ihrer Bearbeitung durch **die populär-juristische Literatur** Deutschlands[2]). Aus der großen Anzahl der zu diesem eigentümlichen Zweige der deutschen Literatur gehörenden Schriften ragt durch inneren Wert wie durch seine geschichtliche Bedeutung der Klagspiegel hervor, der, im ersten Viertel des 15. Jahrhunderts entstanden, bereits in den siebziger Jahren gedruckt, im Jahre 1516 von *Sebastian Brant* († 1521) herausgegeben wurde. *Azo, Roffredus, Durantis, Gandinus* sind die Gewährsmänner, aus welchen der Verfasser des Klagspiegels schöpft, ihre Ansichten in bald mehr bald weniger geschickter Weise wiedergebend.

III. Die zweite Hälfte des 15. und die erste des 16. Jahrhunderts weist eine nicht unbedeutende Zahl von **Halsgerichtsordnungen** auf, welche, im wesentlichen auf der alten deutschrechtlichen Grundlage stehend, aber von den fremden Rechten mehr oder minder beeinflußt, in erster Linie das Strafverfahren regeln, daneben jedoch auch eine Reihe von rein strafrechtlichen Bestimmungen enthalten.

Als solche sind vor anderen zu nennen (vgl. überhaupt *Stobbe* Geschichte der deutschen Rechtsquellen 2 237): 1. die Nürnberger Halsgerichtsordnungen, insbesondere die von 1481 und 1526; 2. die sog. Tiroler Malefizordnung vom 30. November 1499 (nachgebildet in Radolphzell 1506 und Laibach 1514); 3. die niederösterreichische Landgerichtsordnung vom 21. August 1514 (umgestaltet 1540)[3]).

Weit über all diesen zum Teil recht tüchtigen gesetzgeberischen Versuchen steht, durch gründliche Beherrschung und klare Darstellung des umfangreichen und spröden Stoffes sowie durch die Einfachheit und Zweckmäßigkeit ihrer Grundgedanken hervorragend, für alle Zeiten ein rühmenswertes Denkmal des deutschen Berufes zur Gesetzgebung — die **Bamberger Halsgerichtsordnung** (mater Carolinae) von 1507, die im Jahre 1516 mit geringfügigen

---

[2]) *Stintzing* Geschichte der populären Literatur des römisch-kanonischen Rechts in Deutschland 1867. *Derselbe* Geschichte der deutschen Rechtswissenschaft 1 Bd. 1880.

[3]) *Ruoff* Die Radolfzeller Halsgerichtsordnung von 1506 (Freiburger Abhandlgn. usw. Heft 21) 1912. *van Heijnsbergen* De Tiroolsche Strafwet van 1499 (Themis 1925 Nr. 1 u. 2). Einen älteren Entwurf für Niederösterreich erwähnt *v. Chorinsky* Die Erforschung der österreichischen Rechtsquellen des 16. und 17. Jahrhunderts 1895 S. 15. Vgl. über die Halsgerichtsordnungen dieser Zeit auch *v. Hippel* I 163, 164.

Änderungen in den brandenburgischen Fürstentümern Ansbach und Baireuth (soror Carolinae) eingeführt wurde[4]).

Verfasser der Bamberger Halsgerichtsordnung war *Johann Freiherr zu Schwarzenberg und Hohenlandsberg*[5]). Geboren im Jahre 1463, ausgezeichnet durch eine ans Märchenhafte grenzende Körperkraft, verbringt er seine Jugend der Standessitte der Zeit gemäß mit Saufgelagen und Würfelspiel an den rheinischen Herrenhöfen, bis ihn ein ernster Mahnbrief seines Vaters zurückruft. Er schließt sich, nach einem Zug ins heilige Land, Max I. an und nimmt ruhmreichen Anteil an dessen Kriegszügen (1485, 1486). Bald darauf tritt er in die Dienste des benachbarten Bischofs von Bamberg und bleibt unter fünf Bischöfen von 1501 bis 1524 Hofmeister und Vorsitzender des mit Rechtsgelehrten besetzten Hofgerichts. Im Jahre 1521 bezieht er den Reichstag zu Worms, auf dem er, als Mitglied des Reichsregiments (1522 bis 1524) und vorübergehend (1523) als Vertreter des kaiserlichen Statthalters, eine hervorragende Rolle spielt. — Inzwischen hatten sich in Bamberg die Verhältnisse geändert. Seit 1522 regierte der päpstlich gesinnte Bischof Weigand v. Redwitz; und *Schwarzenberg*, der mit Wort und Tat für die Reformation Partei ergriffen hatte, sah sich veranlaßt, 1524 als Landhofmeister der Markgrafen Kasimir und Georg von Brandenburg in deren Dienst zu treten. Er starb zu Nürnberg am 21. Oktober 1528, in weiten Kreisen betrauert und von Luther noch nach Jahren gerühmt. Auch als populärer Schriftsteller war *Schwarzenberg* mit Eifer und Erfolg tätig gewesen; in schlichten, ja nüchternen, aber von tiefsittlichem Pflichtgefühl getragenen Gedichten, in Streitschriften gegen die Unsitten der Zeit, in Übersetzungen Ciceros und in antipäpstlichen Flugblättern suchte er gestaltend einzugreifen in das gesamte geistige Leben seiner Tage. — Kein Jurist, überhaupt kein Gelehrter ist es, dem wir die erste umfassende Gesetzgebung für das Deutsche Reich verdanken; wohl aber ein kerngesunder, als Krieger und Staatsmann, als Dichter und als Vorkämpfer der Reformation hochbedeutender, echt deutscher Mann.

Bei Lösung seiner Aufgabe benutzte *Schwarzenberg*, selbst in der süddeutschen Rechtsprechung erfahren, folgende Quellen: 1. die Wormser Reformation von 1498, vielleicht auch noch die eine oder die andere der übrigen süddeutschen Gesetzgebungen; 2. die populär-juristische Literatur und somit mittelbar die Schriften der Italiener; 3. einzelne Reichsgesetze, so den Landfrieden von 1495[6]).

---

4) *Güterbock* Zur Redaktion der Bambergensis 1912. Über die Ausgaben der Bambergensis vgl. *Leitschuh* im Repertorium für Kunstwissenschaft IX. Bd. 1886 sowie in der Festschrift für den 25. d. Juristentag 1900. Neue Ausgabe von *Kohler* und *Scheel* 1902. Niederdeutsche Übersetzung von *Barkhusen* 1510 (herausg. von *Kohler* und *Scheel* 1904). Daß auch die Breslauer Gerichte nach ihr urteilten, hat *Frauenstädt* Z **10** 3 nachgewiesen. Auch in Kurbrandenburg hat sie bei den Gerichten Anwendung gefunden. Fraglich kann nur der Zeitpunkt sein, von dem an dies geschehen ist. Für den märkischen Hostienschändungsprozeß von 1510 ist die Anwendung der Bambergensis nicht sicher erwiesen, dagegen steht sie außer Zweifel bezüglich der Brandenburger Schöppenstuhl-Urteile seit 1529. Vgl. *Eb. Schmidt* Fiskalat und Strafprozeß 1921, 23ff. *v. Hippel* I 172 Note 2.

5) *Scheel* Johann Freiherr von Schwarzenberg 1905. *v. Hippel* I 165ff. *Radbruch* in seiner unten Note 9 erwähnten Ausgabe der CCC, 110—113.

6) *Brunnenmeister* Die Quellen der Bambergensis 1879. *Gahn* Beiträge zur Quellengeschichte des Bamberger Zivil- und Kriminalrechts 1893. *Scheel* (Lit. zu § 8 B). *v. Hippel* I 164 Note 3.

IV. Infolge der Klagen des Reichskammergerichtes[7]) hatte schon der Reichstag zu Freiburg 1498 den Beschluß gefaßt, „ein **gemein reformation und ordnung in dem Reich** fürzunehmen, wie man in criminalibus procedieren solle". Aber die weiteren Schritte gerieten ins Stocken; und erst auf dem Reichstage zu Worms 1521 wurde die Sache wieder aufgenommen. Ein Ausschuß wurde mit der Ausarbeitung des Entwurfes beauftragt; er legte die Bamberger Halsgerichtsordnung, die inzwischen auch durch *Ulr. Tenglers* († 1510) Layenspiegel (1509) weite Verbreitung gefunden hatte, zugrunde, benutzte aber neben ihr auch das sog. „Bamberger Korrektorium", eine Sammlung von Nachtragsverordnungen zur Bambergensis von 1507 bis 1516. Aber noch immer traten neue Hindernisse in den Weg. Noch dreimal wurde der (I.) Wormser Entwurf (1521) umgearbeitet: auf den Reichstagen zu Nürnberg (1524; II. Entwurf), zu Speier (1529; III. Entwurf) und zu Augsburg (1530; IV. Entwurf)[8]). Seit 1529 waren die partikularistischen Bestrebungen in offenen Gegensatz zu dem allgemeinen Verlangen nach einheitlicher Gesetzgebung getreten; insbesondere 1530 hatten Kursachsen, die Rheinpfalz und Kurbrandenburg gegen die Schmälerung ihrer verbrieften Landesrechte Verwahrung eingelegt. Und als im Jahre 1532 auf dem Reichstage zu Regensburg der Entwurf endlich zum Gesetze erhoben wurde, mußte in die Vorrede die sog. clausula salvatoria aufgenommen werden: „Doch wollen wir durch diese gnädige Erinnerung Kurfürsten, Fürsten und Ständen an ihren alten, wohlhergebrachten rechtmäßigen und billigen Gebräuchen nichts benommen haben"[9]).

V. Wie die Bambergensis, deren Einfluß selbst bei oberflächlichster Betrachtung in die Augen springt, legt auch die **Karolina** (PGO oder CCC) das Schwergewicht auf die Regelung des Strafverfahrens[10]). Hier hat sie jene Sätze aufgestellt, die, trotz landesrechtlicher Abweichungen in gar manchem Punkte,

---

[7]) *Malblank* Geschichte der peinlichen Gerichtsordnung Karls V. 1783. *Güterbock* Entstehungsgeschichte der Carolina 1876. *Stintzing* **1** 607. *v. Hippel* I 165.

[8]) Schon 1527 und 1528 wurde der Entwurf von Erzbischof Albrecht von Mainz in mehreren der ihm untergebenen Stadtgebiete als Gesetz eingeführt. Vgl. *Schröder* Oberrheinische Stadtrechte 1896 **1** 202.

[9]) Die älteste und bekannte Ausgabe ist von 1533 (editio princeps?). Synoptische Ausgabe von *Zöpfl* 3. Aufl. 1883. Neue Ausgabe (auf Grund einer Kölner Handschrift von 1532) von *Kohler* und *Scheel* 1900. Schulausgabe „für Studierende" von *denselben* 1900. Gegen diese Ausgabe *Hering* Die im historischen Archiv der Stadt Köln aufgefundene Karolinen-Handschrift (R. 1) 1904. *Schreuer* Z. der Savigny-Stiftung **26** 341. *Engelmann* GS **68** 76. *v. Hippel* I 174. Dazu *Kohler* GA **51** 152, **53** 121, **56** 12, **57** 273, **59** 65; *Scheel* Deutsche Lit. Zeitung 1905 S. 494. Die CCC-Ausgabe der Reclam-Bibliothek hat jetzt *Radbruch* besorgt (1926) und mit einer vortrefflichen „Einführung" versehen. Den „Wortschatz der Peinl. GO Karls V." hat *Saueracker* (Heidelberger Rechtsw. Abh. **2**) 1929 zusammengestellt. — Die lateinischen Übersetzungen der PGO von *Gobler* 1543 und *Remus* 1594 hat *Abegg* 1837 herausgegeben.

[10]) Eine ausgezeichnete Darstellung des materiellrechtlichen Inhalts der CCC bietet jetzt *v. Hippel* I 175ff. Den Strafprozeß hat *Schoetensack* 1904 dargestellt (Der Strafprozeß der CCC, Heidelberger Diss.). *v. Hippel* vertritt die Ansicht, daß Strafrecht und Strafprozeß in der CCC „völlig ebenbürtig" nebeneinander ständen. Das dürfte etwas zu weit gehen. Vgl. auch *Radbruch* (Note 9) 118, 119. Die Strafrechtsauffassung der Reformationszeit, deren Erkenntnis auch für die entwicklungsgeschichtliche Bedeutung der CCB und CCC wichtig ist, behandelt *Hellmuth Mayer* Die Strafrechtstheorie bei Luther und Melanchthon (in: Rechtsidee und Staatsgedanke, herausg. von *Larenz*). Vgl. ferner *Schaffstein* GS **101** 14.

doch dem gemein-deutschen Strafprozesse seine unverkennbare Eigenart aufgeprägt und seine Wendung vom Anklageverfahren zum Inquisitionsprozeß entscheidend herbeigeführt haben. Das materielle Strafrecht, behandelt in den Artt. 104—180, tritt daneben etwas zurück. Es ist hier eigentlich nur ein einziger Satz ausgesprochen, der unbedingt zwingendes Recht enthält (Art. 104): Keine Handlung darf mit peinlicher Strafe, also mit dem Tode oder mit verstümmelnder Leibesstrafe, belegt werden, wenn nicht das römische Recht diese Handlung (oder eine ihr gleichwertige, Art. 105) mit peinlicher Strafe belegt hat; die Art der Strafe dagegen mag nach heimischer Gewohnheit bestimmt werden. Im übrigen will das Gesetz nichts sein als eine Darstellung des geltenden Rechts für die zur Rechtsprechung berufenen, aber der geschriebenen Rechte unkundigen Schöffen. Und diesem Zweck ist die Karolina in vorzüglichster Weise gerecht geworden; die einfache und klare, bestimmte und leichtfaßliche Sprache macht sie zu einem für ihre Zeit mustergültigen Werke. Aber über dieses Ziel wollte und sollte sie nicht hinausgehen. Besserer Erkenntnis oder besserer Darstellung des geltenden Rechts wollte sie nicht in den Weg treten. War doch *Schwarzenberg* ängstlich bemüht, durch die immer wiederkehrende Vorschrift, daß in allen zweifelhaften Fällen bei den Rechtsverständigen Rat geholt werden solle, der Wissenschaft ihren Einfluß auf die Rechtsprechung zu wahren. Daran muß festgehalten werden, wollen wir die Bedeutung des Gesetzbuches, insbesondere das Verhältnis der Landesgesetzgebung zur Karolina, richtig würdigen. Die wenigen Anordnungen, die zwingendes Recht enthalten, sind von den übrigen streng zu trennen.

Aber auch wenn wir in bezug auf diese zweite Gruppe von Bestimmungen die CCC nicht als Gesetzbuch im heutigen Sinne betrachten dürfen, sondern etwa nur als ein Rechtsbuch, ähnlich den Spiegeln des 13. Jahrhunderts, ist ihr Wert für die Weiterentwicklung des Strafrechts sehr bedeutend. Es werden nicht nur die einzelnen Verbrechen genauer und zumeist in juristisch scharfer Weise bestimmt[11]), sondern auch die dem allgemeinen Tatbestande angehörigen Begriffe, wie Versuch, Notwehr, Fahrlässigkeit u. a., im Anschluß an die Italiener in eingehenderer oder kürzerer Darstellung erörtert[12]). So ist die Karolina durch ihren inneren Wert die Grundlage geworden, auf der das gemeindeutsche Strafrecht während dreier Jahrhunderte ruhte.

---

[11]) Die von der CCC behandelten Verbrechen sind: 106 Gotteslästerung; 107 Meineid; 108 Urfehdebruch; 109 Zauberei; 110 Schmähschrift; 111 bis 114 Fälschung von Münzen, Urkunden usw.; 115 Untreue des Rechtsfreundes; 116 bis 123 Sittlichkeitsverbrechen (widernatürliche Unzucht, Blutschande, Entführung, Notzucht, Ehebruch, Doppelehe, Kuppelei); 124 Verrat; 125 Brandstiftung; 126 Raub; 127 Aufruhr; 128 Landzwang; 129 Befehdung; 130 bis 136 Tötungen (Vergiftung, Kindesmord, Aussetzung, Abtreibung, Selbstmord, Mord und Totschlag usw.); 157 bis 175 Diebstahl und Veruntreuung; 180 Entweichenlassen von Gefangenen. Eine genauere Darstellung ist an dieser Stelle nicht möglich; doch wird auf die Bestimmungen der CCC in den geschichtlichen Einleitungen zu den einzelnen Abschnitten der allgemeinen Lehren wie auch zu der Darstellung der einzelnen Deliktsgruppen unten im Text dieses Buches stets eingegangen werden. Neuere Darstellungen: *Radbruch* Der Raub in der Karolina (Festschrift f. *Pappenheim*) 1931; *Ritter* Die Behandlung schädlicher Leute in der Karolina (Strafr. Abh. Heft 274) 1930; *Bürke* Der Tatbestand der Verräterei in der Karolina, Heidelberger Diss. 1929.

[12]) Vgl. *Kollmann* Z **34** 605 (Die Schuldauffassung der Karolina) und über die allgemeinen Lehren überhaupt: *v. Hippel* I 201ff., sowie *Schaffstein* pass.

§ 10. Das gemein-deutsche Strafrecht.

Literatur. *v. Hippel* I §§ 14, 15. *Wächter* Gemeines Recht Deutschlands, insbes. gemeines deutsches Strafrecht 1844. *Hälschner* (Lit. zu § 8 B). *Segall* Geschichte und Strafrecht der Reichspolizeiordnungen von 1530, 1548 und 1577 (Strafr. Abh. Heft 183) 1914. *Stintzing* Geschichte der deutschen Rechtswissenschaft; fortgeführt von *Landsberg* 1880ff. **3** 1898 bis 1910. Sehr wertvoll: *Schaffstein* Die allgemeinen Lehren vom Verbrechen in ihrer Entwicklung durch die Wissenschaft des Gemeinen Strafrechts 1930. *Schlüter* Antonius Matthaeus II. aus Herborn (Strafr. Abh. Heft 252) 1929. *Angstmann* Der Henker in der Volksmeinung (Teuthonista, Beiheft 1) 1928. *Schletter* Die Konstitutionen Augusts von Sachsen v. 1572. 1857. *Geßler* Zeitschr. für deutsches Recht **20** (Württemb. Entw. v. 1609). *Nöldeke* Die Kriminalrechtspflege in Celle, insbesondere im 16. und 17. Jahrhundert 1896. *Lobe* Die allgemeinen strafrechtlichen Begriffe nach Carpzov 1894. *Holtze* Strafrechtspflege unter König Friedrich Wilhelm I. 1894. *Frauenstädt* Z **16** 518, **17** 712 (Galeerenstrafe, Landstreicher), **23** 269 (Breslauer Malefizbücher 1609 bis 1800). *v. Maasburg* Die Galeerenstrafe in den deutschen und böhmischen Erbländern Österreichs 1885. *Nypels* Les ordonnances criminelles de Philippe II (1570) 1856. *Günther* Wiedervergeltung **2** und **3** 1. Hälfte mit reichen Angaben. *Dargun* Die Rezeption der PGO in Polen, in Z. der Savigny-Stiftung **10**. *Kantorowicz* Goblers Karolinenkommentar und seine Nachfolger (Abhandlgn. des Berliner krimin. Seminars N. F. **4**) 1904. *Elwenspoek* Über die Quellen des im Landrecht für das Herzogtum Preußen von 1620 enthaltenen Strafrechts (Strafr. Abh. Heft 89) 1908. *Pfligg* Z **43** 20 (Preuß. Strafrecht von 1620). *v. Moeller* Julius Clarus aus Alessandria usw. (Strafr. Abh. Heft 136) 1911. *Nagler* Die Geltung der Carolina in Basel (Festschrift für die Universität Basel) 1910. *Baumgärtner* Die Geltung der peinl. GO Kaiser Karls V. in Gemeinen III Bünden (Abhdlg. z. schweiz. Recht 46) 1929. *Kohler* GA **64** 94 (Ludovicus Molina). — Das gesamte Quellengebiet harrt noch der Durchforschung.

I. Die Gesetzgebung bis zur Mitte des 18. Jahrhunderts.

Da die Tätigkeit der Reichsgesetzgebung auf dem Gebiete des Strafrechts sich auf die Bedrohung einzelner, durch die geänderten Lebensverhältnisse erzeugter Unrechtsformen auf den Gebieten von Religion und Sittlichkeit, von öffentlicher Ordnung und wirtschaftlichem Verkehr[1]) beschränkte und nur in den Reichspolizeiordnungen von 1548 und 1577 einen kräftigeren Aufschwung zu einer Ergänzung der CCC nahm, blieb es den einzelnen Ländern überlassen, selbständig die Weiterbildung des Strafrechts in die Hand zu nehmen. Und in der Tat entfaltete die Landesstrafgesetzgebung in der zweiten Hälfte des 16. und in der ersten Hälfte des 17. Jahrhunderts eine ungemein lebhafte und fruchtbare Tätigkeit[2]). Österreich und Bayern, Württemberg und Sachsen, Kurpfalz und Preußen wetteiferten untereinander und mit den kleineren Staaten in der Veröffentlichung von umfassenden, teils selbständigen, teils in die Landrechte aufgenommenen Strafgesetzbüchern, welche bald wörtlich oder doch inhaltlich an die Karolina sich anschlossen, bald in freierer Weise den vorhandenen Rechtsstoff zur Darstellung brachten, immer aber denjenigen Bestimmungen des Reichsgesetzes Rechnung trugen, die in Wahrheit zwingendes Recht enthielten.

---

[1]) So Fluchen und Schwören; Zutrinken; Ehebruch und Konkubinat; freilich auch Landfriedensbruch, Wucher, Schmähschriften, Betrügereien und Fälschungen. Vgl. *Segall* und jetzt namentlich auch *v. Hippel* I 213—220. — Das Gutachten von 1668 gegen den Zweikampf erlangte nicht Gesetzeskraft, gab aber Veranlassung zu zahlreichen landesherrlichen Duellmandaten. — Von den außerdeutschen Gesetzen verdienen Erwähnung die Kriminalordnungen Franz I. für Frankreich 1539 und Philipps II. für die Niederlande 1570.

[2]) Vgl. die eingehenden Angaben von *v. Hippel* I 222—225.

Um die Mitte des 17. Jahrhunderts erlahmt die Tätigkeit der Landesgesetzgebung; an die Stelle umfassender und abschließender Strafgesetzbücher tritt eine Unzahl langatmiger und kurzlebiger Kanzleiverordnungen, die den Geist des nichtaufgeklärten Absolutismus nur ausnahmsweise zu verleugnen imstande sind. Eine Reihe von Verbrechensbegriffen verdankt der Landesgesetzgebung Entstehung oder Weiterbildung; so Hochverrat, Aufstand und Aufruhr, Widerstand gegen die Obrigkeit, Zweikampf, Selbstmord, Bankbruch, Wilddiebstahl, Körperverletzung u. a.

Die wichtigsten gesetzgeberischen Arbeiten seien hier erwähnt.

I. **Österreich. 1.** In Tirol wurde die Malefizordnung von 1499 aufgenommen in die Landesordnungen von 1526, 1532 (diese bildet die Grundlage der Henneberger LO von 1539) und 1573. Teilweiser Einfluß von CCC. Vgl. *v. Sartori-Montecroce* Beiträge zur österreichischen Reichs- und Rechtsgeschichte 1895. **2.** In Niederösterreich wurde an Stelle der LGO von 1514 am 30. Dezember 1656 eine ausführliche Peinl. LGO durch Ferdinand III. erlassen. Spätere Entwürfe (1666, 1721) führten nicht zum Ziel. Wertvoller Kommentar von *Bratsch* 1751. **3.** Die oberösterreichische LGO vom 1. Oktober 1559 ruht auf der niederösterreichischen von 1514. Neuer Abdruck (nicht Revision; unrichtig *Stobbe* 2 409) 1627. Eine neue LGO (keine bloße Revision), die im wesentlichen mit der niederösterreichischen Ferdinandea von 1656 übereinstimmt, erließ Leopold I. am 14. August 1675. Die LGO für Krain vom 18. Februar 1535 ruht auf der niederösterreichischen von 1514 und der CCC. **4.** Dagegen enthält die Kärntner LGO von 1577 nur wenige strafrechtliche Bestimmungen. **5.** In Steiermark führte Karl II. die Land- und PGO vom 24. Dezember 1574 ein, die vielfach auf der CCC beruht. Im 17. Jahrhundert galt sicher in Steiermark, wohl auch in Kärnten und Krain, die Ferdinandea von 1656. (Wenn daher die Theresiana von der „Karolina" spricht, ist darunter die PGO Karls V. zu verstehen und nicht, wie fast allgemein angenommen wird, die steirische PGO.) **6.** Für Böhmen sind zu erwähnen die LO Ferdinands I. von 1549, die LO Ferdinands II. von 1627 und die „vernewerte" LO von 1765. **7.** Die mährische LO vom 1. Juli 1628 ruht auf der böhmischen von 1627. **8.** In Schlesien galt seit 1707 die PHGO Josephs I.

II. In **Sachsen** veröffentlichte Kurfürst August am 21. April 1572 die kursächsischen Konstitutionen, deren Einfluß weit über Sachsen hinaus die Entwicklung des Strafrechts bestimmte. Die den Konstitutionen vorangehenden sehr wichtigen Vorarbeiten sind in den mehrfach gedruckten Consultationes constitutionum Saxonicarum enthalten (Ausgabe von *Friderus Mindanus* 1616). Eine Weiterbildung sind die Decisiones electorales von 1661.

III. **Preußen. 1.** Nach der Vorrede zu der Ausgabe der Brandenburger HGO (von 1516) von 1582 ist diese auch im Herzogtum Preußen publiziert worden; ihre Anwendung ist zwar nicht sicher erwiesen, aber wahrscheinlich. **2.** Im preußischen Ordenslande galt vorzugsweise Magdeburger Recht in der als Jus culmense bekannten Sammlung. Im 16. Jahrhundert vielfache Verbesserungsversuche, insbesondere 1594 das Jus culmense revisum, der „Danziger Culm", der, ohne Gesetzeskraft zu erlangen, bei den Gerichten Anwendung fand (Einfluß der CCC und der sächsischen Konstitutionen). **3.** Auf Verlangen der ostpreußischen Stände erfolgte eine neue Revision, deren Ergebnis das (von *Levin Buchius* verfaßte) Landrecht des Herzogtums Preußen von 1620 war (6. Buch Strafrecht). Einfluß *Damhouders*. **4.** Weitere Umarbeitungen sind das Brandenburger revidierte LR des Herzogtums Preußen von 1685 und Friedrich Wilhelms Verbessertes LR des Königreichs Preußen von 1721, gearbeitet von *S. v. Cocceji* (6. Buch Strafrecht; Einfluß *Carpzovs*). Ein 1721 vollendeter Entwurf eines StGB (von *Berger*) hatte ebensowenig weitere Folge wie ein königlicher Auftrag von 1736 (*Hälschner* **1** 173). **5.** In der Mark Brandenburg sind die *Diestelmeier*schen (Vater und Sohn) Entwürfe einer LO 1572 und 1594 nicht Gesetz geworden.

IV. Aus **Bayern** sind zu erwähnen die Reformation des bayrischen LR von 1518 und das LR von 1616 für Ober- und Niederbayern, welches den Einfluß der sächsischen Konstitutionen nicht verleugnet, mehrfach auch die auf Grund der CCC entstandenen Streitfragen erledigt.

V. Das **kurpfälzische** LR von 1582 (5. Buch Strafrecht; beruht auf CCC, aber mit Berücksichtigung der sächsischen Konstitutionen) wurde 1606 auch in der Oberpfalz (Amberg) eingeführt. Als diese an Bayern kam, trat an seine Stelle das dem bayrischen LR von 1616 nachgebildete LR von 1657.

VI. In der Markgrafschaft **Baden** wurden Landrechte für Baden-Baden 1588 (nachgebildet dem kurpfälzischen) und Baden-Durlach 1654 (gedruckt schon 1622) veröffentlicht.

VII. In **Württemberg** hatten die Stände bereits 1551 die Ausarbeitung eines StGB verlangt. Der erst 1609 zustande gebrachte Entwurf (Anlehnung an CCC und die sächsischen Konstitutionen) erhielt jedoch niemals Gesetzeskraft. Doch enthalten das LR von 1610 und die LO von 1621 eine Reihe strafrechtlicher Bestimmungen.

VIII. In den **übrigen Gebieten** begnügte man sich damit, die CCC abzudrucken oder die Gerichte auf ihre Beachtung zu verweisen. Aber auch wo das nicht geschah, wo vielleicht die Neuausgabe der Gesetzbücher nur altes Recht enthielt, wie z. B. in den Strafrechtsreformationen von Lübeck 1586 und Hamburg 1603, unterliegt die tatsächliche Geltung der CCC keinem Zweifel. Über den Einfluß der CCC in der Schweiz vgl. *Pfenninger* Strafrecht der Schweiz 1890 S. 80 und *Nagler* (Basel). Ob die CCC auch im niederländischen Rechtskreise Geltung hatte, ist bestritten, aber ihr Einfluß auf das holländische Recht ist doch wohl anzunehmen; vgl. *Zevenbergen* 535; *van Heijnsbergen* De pijnbank in de Nederlanden 1925, 42.

II. Die Wissenschaft[3]**.**

Die deutsche strafrechtliche Literatur des 16. Jahrhunderts bietet zunächst ein durchaus trostloses Bild. Sie ruht in den Händen geist- und kritikloser Abschreiber, welchen das römische Recht ebenso fremd geblieben ist, wie das deutsche. *Zasius* († 1535) und *Gobler* († 1567) bilden eine rühmliche Ausnahme. *König* († 1526) mit seiner Practica 1541 und *Perneder* († um 1540) mit seiner Halsgerichtsordnung (1544ff.) beherrschen lange Jahrzehnte hindurch den Markt, ersterer besonders in Sachsen, letzterer in Bayern und Tirol; ihnen folgen *Rauchdorn* (Practica 1564), *Dorneck* (Practica 1576), *Sawr* (Straffbuch 1577). Ihre geschmacklosen Kompilationen erleben eine Auflage nach der anderen (*Stintzing* **1** 630).

Inzwischen hatte die außerdeutsche strafrechtliche Wissenschaft einen raschen und glänzenden Aufschwung genommen. Während die Italiener um die Mitte des Jahrhunderts, nach *Hippolyt de Marsiliis* († 1529) und *Aegidius Bossius* († 1546), in *Julius Clarus* († 1575) den Höhepunkt ihrer Entwicklung erreichten, von dem sie allmählich in *Tib. Decianus* († 1581) und *Jakobus Menochius* († 1607) bis auf *Prosper Farinacius* († 1618) herabsanken, gewann in Frankreich und Spanien (*Tiraquellus* † 1558 und *Covarruvias* † 1577) die neue juristische Methode der Synthese, der mos gallicus, den Sieg. Der be-

[3]) Treffliche Darstellung bei *Schaffstein*.

deutendste strafrechtliche Vertreter dieser Richtung, *Anton Matthäus II.*, dem berühmten hessischen Gelehrtengeschlechte entstammend, aber in Holland tätig, gehört freilich erst einer späteren Zeit an (er starb 1654, sein Hauptwerk De criminibus erschien zuerst 1644, zuletzt 1803)[4]). Dennoch ist auch in Deutschland in der 2. Hälfte des 16. Jahrhunderts der Fortschritt unverkennbar. Mehr und mehr kam die strafrechtliche Urteilsfindung, insbesondere infolge der Aktenverschickung, an die Juristenfakultäten, welche bald anfingen (zuerst in Tübingen, Jena, Rostock, Ingolstadt), dem Strafrechte besondere Vorlesungen zu widmen; und wieder einmal, wie im mittelalterlichen Italien, erwies sich die Verbindung von Wissenschaft und Rechtspflege als segensreich nach beiden Richtungen.

Zahlreiche Sammlungen von Konsilien und Disputationen geben davon Zeugnis. Zu erwähnen sind *Bocer*, Prof. in Tübingen, Disputationes 1596ff. (classis IV de criminibus); *Petrus Theodoricus*, Prof. in Jena († 1640), Collegium criminale 1618, 1671; *Hunnius*, Prof. in Gießen († 1636), Collegii criminalis disputationes 1621; *Theod. Petreus*, Marburger Doktor, Thesaurus controversarum conclusionum criminalium 1598; *G. D. Lokamer*, Prof. in Straßburg († 1637) Centuria quaestionum criminalium 1623; *Ad. Volkmann* Tractatus, criminalis 1629 (3. Teil Consilia criminalia).

Der erste, welcher in Deutschland die synthetische Methode auf das Strafrecht anwandte, war *Nic. Vigelius*, Prof. in Marburg († 1600), in seinen Constitutiones Carolinae cum jure communi collatae 1583, in welchen er die Übereinstimmung der PGO mit dem römischen Rechte nachzuweisen suchte. In gleicher Richtung sind tätig die Tübinger Professoren *Val. Voltz* († 1581; Commentarius in tit. Dig. ad. L. Corneliam de Sicariis 1596) und *Joh. Harpprecht* († 1639; Tractatus criminalis 1603); sowie der Hesse *Gilhausen* († nach 1642; Arbor judiciaria criminalis 1606). Mehr und mehr tritt die Karolina in den Mittelpunkt der schriftstellerischen Tätigkeit der Kriminalisten. Die Karolinenkommentare von *Gobler* 1543, *Remus* 1594, *Musculus* 1614, *Zieritz* 1622, *Stefani* 1616, *Bulläus* 1631 *Manzius* 1650, *Blumblacher* 1670, *Clasen* 1685, *Otto* 1685 tragen den Bedürfnissen der Gerichte Rechnung.

Ihre Blüte verdankt die auf der Karolina fußende Wissenschaft des gemeindeutschen Strafrechts den **sächsischen Juristen** des 17. Jahrhunderts. Getragen von der in weiten Gebieten Niederdeutschlands tief gewurzelten, durch die fremden Rechte nicht erschütterten, durch den Sachsenspiegel zusammengehaltenen gemeinsamen Rechtsanschauung; gestützt auf eine zielbewußte, weit und breit angesehene Landesgesetzgebung; befruchtet durch die stets rege Wechselwirkung von Wissenschaft und Rechtsleben, erringen sie sich die führende Rolle in Gesetzgebung, Literatur und Rechtspflege. An *Matth. Berlich* († 1638, Conclusiones practicabiles 1615—1619) schließt sich, ihn bedeutend überragend, *Benedikt Carpzov* (1595—1666), der durch seine Practica nova Imperialis Saxonica rerum criminalium 1635 und andere Schriften der Begründer der empirischen Methode und damit einer neuen deutschen Rechtswissenschaft wurde. Mitglied des Leipziger Schöffenstuhles und Ordinarius der Leipziger Juristenfakultät, ausgezeichnet durch reiche Belesenheit, wissenschaftliche Tüchtigkeit und umfassende praktische Erfahrung, hat er ein Jahrhundert lang der Strafrechtspflege Deutschlands den Stempel seines Geistes aufgedrückt[5]). Erst im 18. Jahrhundert gelingt es *JSF. Böhmer* († 1772, Ob-

[4]) Über den Plagiator *Jod. Damhouder* († 1581) vgl. *van Hamel* (Lit. zu § 17 II) **1** 51 Note 29, sowie *Kantorowicz* (Gobler) 21, *v. Hippel* I 227.

[5]) Treffliche Zeichnung *Carpzovs* bei *Stintzing* **2** 55, und dazu *Löning* Z **5** 579. *Oppermanns* Bemerkung (*Aschaffenburg* **12** 262), *Carpzovs* Wirken

servationes ad Carpzovii practicam 1759), das Ansehen *Carpzovs*, welches von dessen Gegnern im 17. Jahrhundert, namentlich von *Oldekopp* († 1667, Observationes criminales practicae 1633, 1639, 1654) und *Brunnemann* († 1672, Tractatus de inquisitionis processu 1648; Kommentare zum Kodex und zu den Pandekten 1663 und 1670), vergebens angegriffen worden war, zu erschüttern und allmählich zu beseitigen.

Die durch die sächsischen Juristen angebahnte Vertiefung der strafrechtlichen Wissenschaft tritt im 18. Jahrhundert deutlich in den Karolinenkommentaren hervor; neben *Ludovici* 1707, *Beyer* 1714, *Meckbach* 1756, *Scopp* 1758, *Gerstlacher* 1793/94 ragen *Kreß* (Commentatio succincta 1721) und *JSF. Böhmer* (Meditationes 1770) durch treffliche Leistungen hervor[6]).

Im Anschlusse an das aufblühende akademische Studium erscheint in rascher Aufeinanderfolge eine Anzahl von systematischen Darstellungen des Strafrechts auf der Grundlage der Karolina: *Kirchgeßner* 1706, *Frölich v. Frölichsburg* 1709 (kein Kommentar, trotz des Titels), *Beyer* 1714, *Gärtner* 1729, *Kemmerich* 1731, *JSF. Böhmer* 1732 (das erste Lehrbuch von wissenschaftlicher Bedeutung), *Engau* 1738, *Meister* sen. 1755, *Koch* 1758, *Richter* 1763, *Quistorp* 1770ff., *Püttmann* 1779, *Müller* 1786, *Meister* jun. 1789 u. a. verfassen mehr oder weniger ausführliche Lehrbücher, während andere, wie insbesondere *Struve* († 1692, Dissertationes criminales 1671), *Leyser* († 1752, in seinen Meditationes ad Pand. 1717ff.), *Schilter* (Exercitationes ad Dig. lib. 47 und 48, 1675ff.) einzelne Fragen des Strafrechts im Anschlusse an die Libri terribiles in mehr oder minder ausführlichen Untersuchungen behandeln.

III. Die Rechtspflege.

Wenngleich sowohl die Gesetzgebung im Reich und in den Einzelstaaten als auch die Wissenschaft bis in die Mitte des 18. Jahrhunderts im allgemeinen auf dem Boden der PGO standen, so führte doch die notwendige Veränderung in den Bedürfnissen wie in den Anschauungen der Zeit zu einer immer tiefergreifenden Umgestaltung des gemein-deutschen Strafrechts. Wenn wir von der bereits betonten Aufstellung neuer und der Weiterbildung alter Verbrechensbegriffe absehen, wird durch diese Umgestaltung besonders das Strafensystem der PGO berührt. Zunächst wird einerseits das Anwendungsgebiet der in der PGO angedrohten poena ordinaria durch gekünstelte Verengerung der Verbrechensbegriffe wesentlich eingeschränkt (so wird immissio seminis bei den Fleischesverbrechen, Eintritt des Todes bei der Vergiftung, Lebensfähigkeit des Kindes beim Kindesmorde usw. gefordert), andererseits in fast schrankenloser Weise bei Mangel im Tatbestande von der poena extraordinaria Gebrauch gemacht. Dann aber werden (und das ist von noch größerer Wichtigkeit) die Strafmittel der PGO selbst zum Teil durch andere verdrängt. So werden gewisse Arten der verschärften Todesstrafe und der verstümmelnden Leibesstrafe immer seltener angewendet: an ihre Stelle tritt (neben Ausstellung am Pranger, Brandmarkung, körperlicher Züchtigung) die äußerlich auf das römische Recht gestützte Verurteilung zu öffentlichen Arbeiten, zum Bau von Straßen und Festungen, zum Kriegsdienste, zu den Galeeren; besonders aber, unter dem Einflusse des Besserungsgedankens, wenn auch zunächst nur für Bettelbetrug und verwandte Vergehen, die Anhaltung in Zucht- und Arbeitshäusern[7]). Da es an jedem festen Maßstabe fehlte, um das Verhältnis dieser

---

gehöre „zu den dunkelsten Blättern der kursächsischen Geschichte" beweist eine unübertreffliche Geschichtsunkenntnis. Vgl. über *Carpzov* jetzt auch *v. Hippel* I 228, 236, sowie *Schaffstein* 9ff. u. pass.

[6]) Vgl. die treffende Würdigung *Böhmers* bei *Schaffstein* 18, 19.

[7]) Vgl. darüber unten § 59.

neuen Strafarten zu den alten sowie zum Verbrechen selbst zu bestimmen, wurde die Strafzumessung mehr und mehr zu einem Akte richterlicher Willkür. Und gerade in diesem Punkte trat die Notwendigkeit gründlicher Abhilfe am deutlichsten und unwiderleglichsten hervor.

Eine für unsere Periode durchaus kennzeichnende Erscheinung bilden die **Hexenverfolgungen**[8]). Wenn auch Strafbestimmungen gegen Zauberei weder dem römischen noch dem mittelalterlich-deutschen Rechte fremd waren, so wird doch das eigentliche Verbrechen der Hexerei, verwandt mit der haeretica pravitas, ausgezeichnet durch Teufelsbündnis und Teufelsbuhlschaft, erst seit dem 13. Jahrhundert ausgebildet. Aus einem Verbrechen gegen Leib und Leben wird sie dadurch zum Religionsverbrechen und der Zuständigkeit der Kirche unterstellt. Schon der Sachsenspiegel (**2** 13, 7) hatte die Zauberei mit Unglauben und Vergiftung zusammengestellt und mit dem Feuertode bedroht. Dennoch entwickelten sich in Deutschland die Hexenverfolgungen nur langsam. Trotz der Bulle „Summis desiderantes" von Innocenz VIII. aus dem Jahr 1484 und dem von *Institoris* und *Sprenger* verfaßten, 1487 zuerst erschienenen Malleus maleficarum hält die PGO im Art. 109 an der Auffassung des weltlichen Rechts fest und bedroht nur die schädliche Zauberei mit dem Feuertode, andere Fälle mit willkürlicher Strafe. Aber bald geht die Rechtsprechung weiter: gestützt auf die verhängnisvolle Lehre von den delictis exceptis, setzt sie sich über die gesetzlichen Schranken hinweg; der Hexenhammer wird ihr Leitstern, und die maßlose Anwendung der Folter ermöglicht die große Reihe der Hexenbrände, deren Blüte in das 17. Jahrhundert fällt. Vergebens hatten ruhige Männer, wie *Agrippa von Nettesheim* († 1535), *Weyer* 1563, der Jesuit *Fr. v. Spee* 1631 und andere ihre Stimme erhoben; die Gegner, *Bodin* 1579, *del Rio* 1599 an der Spitze, behaupteten das Feld. Die sächsischen Konstitutionen 1572 setzten, abweichend von der PGO, Todesstrafe auf alle Fälle der Zauberei ohne Unterschied; ihnen folgte die österreichische Ferdinandea 1656, wie das preußische LR 1685. *Benedikt Carpzovs* gewaltiges Ansehen fiel zugunsten des Hexenglaubens schwer ins Gewicht, und erst allmählich gelang es den Schriftstellern der Aufklärungszeit, als deren Vorkämpfer auch in dieser Frage *Thomasius*[9]) († 1728; De crimine magiae 1701; De origine ac progressu processus inquisitorii contra sagas 1712) auftrat, die Hexenverfolgungen aus der Rechtsprechung zu verdrängen. Langsam folgte die Gesetzgebung. Während das preußische LR 1721 (6. Buch, Titel 5, Art. 4), weitergehend als das Edikt vom 13. Dezember 1714, die Zauberei in das Gebiet des Wahns verwies, halten noch der Codex crim. bavaricus 1751 und die österreichische VO vom 5. November 1766 (auf der Art. 58 der Theresiana 1768 beruht) an dem Verbrechensbegriffe der Zauberei, freilich in vorsichtiger Skepsis, fest. Die letzten Hexenhinrichtungen auf deutschem Boden fanden 1749 zu Würzburg, 1751 bei Endingen

---

[8]) *J. Schmidt* Der Hexenhammer usw. ins Deutsche übertragen und eingeleitet 3 Teile 2. Aufl. 1919. Vgl. *Wächter* Beiträge zur deutschen Geschichte 1845. *Soldan-Heppe* Geschichte der Hexenprozesse. Herausgegeben von *Bauer* 2 Bde. s. a. *Riezler* Geschichte der Hexenprozesse in Bayern 1896. *Byloff* Das Verbrechen der Zauberei 1902. *Stintzing* **1** 641. *v. Hippel* I 230. Über die Stellung des Reichskammergerichts vgl. Z **12** 909. Das Interesse für die Hexenprozesse ist auch in der neueren Literatur nach wie vor lebhaft. Vgl. *Riegler* Hexenprozesse 1926; *Hartmann* Die Hexenprozesse in der Stadt Hildesheim (Quellen und Darstellungen zur Geschichte Niedersachsens Bd. 35) 1927; *Kranz* Mendener Recht und Gericht 1929.

[9]) Über ihn *Landsberg* (Lit. zu § 11) **3** 1 S. 71, *v. Hippel* I 233 und jetzt vor allem *Erik Wolf* (Lit. zu § 11) und *Fleischmann* Christian Thomasius 1931.

(Breisgau)[10], 1775 in Kempten[11]) statt. Zu Glarus in der Schweiz wurde die Hexe Anna Göldi 1782 gefoltert und enthauptet.

IV. Die Gesetzgebung seit 1750.

Auf dem Boden des gemeinen Rechts, trotz äußerlicher Abschließung von diesem, stehend, trägt die Strafgesetzgebung Bayerns und Österreichs um die Mitte des 18. Jahrhunderts die Züge des Verfalls. Wie Zeugen der großen Vergangenheit des gemeinen Rechts ragen in das neuaufdämmernde Zeitalter hinüber die bedeutendsten Schöpfungen der bereits in den Grundfesten erschütterten Wissenschaft jener Tage:

1. Der Codex juris criminalis Bavarici vom 7. Oktober 1751, verfaßt und erläutert von *Kreittmayr* († 1790)[12];

2. Die Constituito criminalis Theresiana für die österreichischen Erblande vom 31. Dezember 1768, wesentlich von den Anschauungen *JSF. Böhmers* beherrscht.

Vgl. *Wahlberg* Klein. Schriften **2** 115. *v. Maasburg* Zur Entstehungsgeschichte der Theresianischen HGO 1880. *JL. Banniza* Delineatio juris crim. secundum constitutionem Carolinam ac Theresianam 2 Bde. 1773. *Berner* Die Strafgesetzgebung von 1751 bis zur Gegenwart 1867. *v. Kwiatkowski* Die C. C. Theresiana 1904.

§ 11. Das Zeitalter der Aufklärung.

Literatur. *v. Hippel* I § 16. *Drost* Das Ermessen des Strafrichters (1930) 80—107. *Cantù* Beccaria e il diritto penale 1862 (deutsch von *Glaser* 2. Aufl. 1876). *Esselborn* Über Verbrechen und Strafe von Cäsar Beccaria 1905 (mit biographischer Einleitung). *Frank* Die Wolffsche Strafrechtsphilosophie usw. 1887. *Hertz* Voltaire und die französische Strafrechtspflege im 18. Jahrh. 1887. *Stölzel* Brandenburg-Preußens Rechtsverwaltung und Rechtsverfassung 2 Bde. 1888. *Günther* **2** 161. *Derselbe* GA **48** 1, GS **61** 161, 321, bei *Groß* **28** 112, 125. *Stintzing-Landsberg* Geschichte der deutschen Rechtswissenschaft **3** 1. Abteilung 1898 (besonders S. 386). *Erik Wolf* Grotius, Pufendorf, Thomasius 1927. *Welzel* Die Naturrechtslehre Samuel Pufendorfs, Jenaer Diss. 1930. *v. Zahn* Karl Ferdinand Hommel als Strafrechtsphilosoph und Strafrechtslehrer 1911. *Overbeck* Das Strafrecht der französischen Enzyklopädie 1902. *Willenbücher* Die strafrechtsphilosophischen Anschauungen Friedrichs des Großen (Strafr. Abh. Heft 56) 1904. *Eb. Schmidt* Die Kriminalpolitik Preußens unter Friedrich Wilhelm I. und Friedrich II. (Berliner Seminarabhdlgn. 3. Folge **1** 2) 1914. *Derselbe* (Lit. zu § 59). *Fischl* Der Einfluß der Aufklärungsphilosophie auf die Entwicklung des Strafrechts (Strafr. Abh. Heft 169) 1913. *Mehring* Inwieweit ist praktischer Einfluß Montesquieus und Voltaires auf die strafrechtliche Tätigkeit Friedrichs des Großen anzunehmen bzw. nachzuweisen? (Strafr. Abh. Heft 231) 1927 (sehr anfechtbar; vgl. *Eb. Schmidt* Z **50** 635). *Lucht* Die Strafrechtspflege in Sachsen-Weimar-Eisenach unter Carl August (Beitr. z. Gesch. 1) 1929.

I. Seitdem *Carpzovs* Ansehen den immer heftiger werdenden Angriffen seiner Gegner unterlegen war, hatte die deutsche Strafrechtspflege ihren letzten Halt verloren. Die Reichsgesetzgebung war verstummt, die Landesgesetzgebung erschöpfte sich in einer Unzahl kleiner Verordnungen; und auf die PGO blickten Gelehrte und Richter mit gleicher Geringschätzung herab. War so der Zustand

---

10) *Jensen* Der Schwarzwald 3. Aufl. 1901 S. 351 (freundliche Mitteilung von *Fritz Koch* in Meiningen).

11) Nach Graf *Hoensbroech* (freundliche Mitteilung von *Fritz Schmidt* in Dresden).

12) Über ihn *Bechmann* 1896 sowie die Freiburger Diss. von *Matthis* 1901.

der Strafrechtspflege selbst unhaltbar geworden, so traten nunmehr noch weitere Umstände hinzu, um den **Untergang des gemein-deutschen Strafrechts** zu beschleunigen. Gestützt auf die großen Entdeckungen der naturwissenschaftlichen Forschung (*Kopernikus* † 1543, *Kepler* † 1630, *Galilei* † 1642), hatte gerade im Jahrhunderte *Carpzovs* eine neue Weltanschauung ihren siegreichen Einzug in das Reich der Geister gehalten. Seitdem die Wissenschaft aufgehört hatte, die dienende Magd der Theologie zu sein, wurden auch Staat und Recht vor den Richterstuhl der kritisch-prüfenden Menschenvernunft gezogen. Nachdem *Hugo Grotius* († 1645) das Naturrecht zu dem Range einer selbständigen Wissenschaft erhoben hatte, entbrannte der Kampf um die Grundlagen des staatlichen Strafrechts. *Hobbes* († 1679), *Spinoza* († 1677), *Locke* († 1704) führten die Strafe, als deren Zweck sie die Besserung oder Vernichtung des Verbrechers und die Abschreckung aller übrigen bezeichneten, auf den Selbsterhaltungstrieb, *S. v. Cocceji*, der Großkanzler Preußens († 1755), als gerechte Vergeltung auf göttlichen Befehl zurück[1]).

Die philosophische Erörterung greift bald unmittelbar hinein in das praktische Tagesleben. Die deutschen Aufklärer fußen auf *Pufendorf* († 1694), der den Vergeltungsgedanken ausdrücklich verwirft; ihr Wortführer aber wird der streitgewandte Hallische Lehrer *Christian Thomasius*. Im Kampfe gegen das überlieferte römische und kanonische Recht vertreten sie mehr und mehr den polizeistaatlichen Rationalismus, der von *Christian Wolff* († 1754) zum allesumfassenden System erhoben wird und bestimmenden Einfluß auf die preußische Gesetzgebung gewinnt[2]).

Eine schärfere Tonart klang von jenseits des Rheins herüber. Mit feinem Spotte hatte *Montesquieu* († 1755) das geltende Strafrecht in seinen Grundlagen angegriffen; und bald verdrängte er in Friedrichs des Großen beweglichem Geiste die letzten Reste *Wolff*schen Einflusses. *Voltaire* († 1778) und *J. J. Rousseau* († 1778) setzten, jener mit der Gewandtheit des Weltmannes, dieser mit den tiefdringenden Worten des begeisterten Denkers, das von dem Politiker *Montesquieu* begonnene Werk fort[3]).

Ein äußerer Anlaß setzte das glimmende Gebäude des alten Strafrechts in helle Flammen. 1762 war in Toulouse der protestantische Kaufmann Jean Calas wegen angeblicher Ermordung seines Sohnes unschuldig verurteilt und gerädert worden. Als der greise *Voltaire* in einer seiner zündendsten Schriften die französischen Gerichte des Justizmordes beschuldigte, zog er mit einem Schlage die öffentliche Meinung auf seine Seite. So kam es, daß *Beccarias* († 1794) Schrift: Dei delitti e delle pene 1764, welche die in der Strafrechts-

---

[1]) *Grotius* De jure belli ac pacis 1625. Über ihn: *Pfenninger* Der Begriff der Strafe untersucht an der Theorie des Hugo Grotius. 2. (Titel)-Aufl. 1897. Vor allem *Erik Wolf* 6ff. — *Hobbes* De cive 1640; Leviathan 1651. *Spinoza* Tractatus theologopoliticus 1670. *Locke* On government 1689. *S. v. Cocceji* Elementa justitiae naturalis et Romanae 1740; Introductio ad Grotium illustratum 1751.

[2]) *Pufendorf* De jure naturae et gentium 1672. *Thomasius* (oben § 10 Note 9) in zahlreichen Schriften. *D. Fischer* De poenarum humanarum abusu 1712. *Chr. G. Hoffmann* De insignioribus defectibus jurisprudentiae criminalis Germanicae eorumque emendandorum ratione ac mediis 1731. — *Engelhard* Versuch eines allgemeinen peinlichen Rechts usw. 1756 (im engsten Anschluß an *Wolff*). Vgl. *Erik Wolf* 63ff., 97ff.

[3]) *Montesquieu* Lettres persanes 1721; Esprit des lois 1748 (*Stooß* Schweizer Z **32** 22). Ihm folgt *Friedrich der Große* Sur les raisons d'établir ou d'abroger les lois (noch 1748 geschrieben). — *Voltaire* in zahlreichen Schriften. *Rousseau* Contrat social 1762; dazu *Liepmann* Die Rechtsphilosophie des JJ. Rousseau 1898. *Peretiatkowicz* Z **35** 713.

pflege herrschenden Mißstände schonungslos geißelte und in tönenden Worten Reform an Haupt und Gliedern forderte, in allen Ländern lauten Widerhall fand. Unabhängig von ihm, aber gleichzeitig mit ihm, verkündeten *Sonnenfels* († 1817)[4]) in Österreich (seit 1764) und *KF. Hommel* (Prof. in Leipzig, † 1781) in Deutschland (seit 1765) die neuen Lehren. Sie fanden einen einflußreichen Bundesgenossen in dem Göttinger Theologen *JD. Michaelis* († 1791). Vollständige Strafgesetzentwürfe auf dieser Grundlage wurden von dem Göttinger Prof. *Claproth* (1774) und dem Rostocker Prof. *Quistorp* (1777 und 1782) ausgearbeitet. Inzwischen hatte die Preisausschreibung der Berner Ökonomischen Gesellschaft 1777 eine Flut von Schriften hervorgerufen, unter denen *Globigs* und *Husters* Abhandlung von der Kriminalgesetzgebung (1783 erschienen) gekrönt wurde[5]). Ungefähr gleichzeitig begann *John Howard* seinen siegreichen Kampf für die Verbesserung des Gefängniswesens (unten § 59). *Globig* war auch weiter noch vielfach tätig; 1809 erschien sein im russischen Auftrage geschriebenes „System einer vollständigen Kriminal- usw. Gesetzgebung".

II. Gar bald sollten die Grundgedanken der Aufklärungszeit (Schutz der individuellen Freiheit gegen richterliche Willkür, Beseitigung der Folter, Aufhebung oder doch Einschränkung der Todesstrafe, Betonung des staatlichen Strafzweckes mit Verdrängung kirchlicher oder rein sittlicher Forderungen) in der **Strafgesetzgebung der wichtigsten Länder** folgerichtige Durchführung finden. In Rußland hatte Katharina II. schon 1767 in ihrer denkwürdigen „Instruktion für die zur Verfertigung des Entwurfs zu einem neuen Gesetzbuche verordnete Kommission" den Versuch gemacht, *Montesquieus* Esprit des lois in die Sprache des Gesetzgebers zu übertragen; Leopolds II. StGB für Toskana von 1786 war von *Beccarias* Geist erfüllt; in Österreich trug *Sonnenfels* nach langen Kämpfen den Sieg davon; und in Preußen schritt Friedrich der Große seit seinem Regierungsantritte auf der Bahn der Neuerungen vorwärts[6]).

1. In Österreich verkündete Joseph II. am 2. April 1787 das G über Verbrechen und deren Bestrafung vom 13. Januar 1787, das in jeder Beziehung im schärfsten Gegensatze zur Theresiana stand. Kurze, knappe Sprache, aufgeklärter Despotismus, Ersetzung der Todesstrafe durch die grausamsten, bis zu hundert Jahren währenden Freiheitsstrafen unter Beibehaltung der öffentlichen Züchtigung und der Brandmarkung, Ausschluß der Analogie, mangelhafte Begriffsbestimmung sind die Merkmale dieses Gesetzbuches, welches, nachdem die Todesstrafe für den Hochverrat 1795 wieder eingeführt worden war, am 17. Juni 1796 (in Kraft seit 1. Januar 1797) mit manchen Veränderungen in dem eben mit Österreich vereinigten Westgalizien, am 3. September 1803 (in Kraft seit 1. Januar 1804) für die ganze Monarchie mit zahlreichen und wesentlichen Verbesserungen neu kundgemacht wurde und so, durch Vermittlung der verbesserten Auflage von 1852, die Grundlage des geltenden österreichischen Strafrechts bildet.

Vgl. *Wahlberg* Kleinere Schriften **3** 1. *v. Maasburg* Die Strafe des Schiffziehens in Österreich (1783—1790) 1890. — Eine tüchtige Bearbeitung fand

---

[4]) Über die Abschaffung der Tortur 1775.

[5]) Zu erwähnen: *Wieland* Geist der peinlichen Gesetze **1** 1783, **2** 1784. *Gmelin* (Prof. in Tübingen) Grundsätze der Gesetzgebung über Verbrechen und Strafen 1785. *v. Soden* Geist der peinlichen Gesetzgebung Deutschlands 2. Aufl. 1792. (*v. Reder*) Das peinliche Recht nach den neuesten Grundsätzen vollständig abgehandelt 4 Teile 1783/4. *Filangieri* († 1788) Scienza della legislazione, deutsch von *Link* 1784ff.

[6]) Über den *Pflaum*schen Entwurf für *Bamberg* (hier von 1795 bis 1805 in Geltung) vgl. *Günther* **3** 1. Hälfte 84 Note 182, *Heimberger* (Lit. zu § 47) 182.

das StGB von 1803 in *Jenull* Das österr. Krim.-Recht nach seinen Gründen und seinem Geiste dargestellt 4 Bde. 1808/1815. Das Joseph. StGB haben behandelt *Sonnleithner* Anmerkungen 1787; *de Luca* Leitfaden 1789.

2. In Preußen entfaltete Friedrichs des Großen Regierung eine lebhafte Tätigkeit auf dem Gebiete der Strafgesetzgebung[7]). Sie fand, nach zahlreichen Verbesserungen im einzelnen, ihren Abschluß in dem Allgemeinen Landrecht von 1794 (kundgemacht 20. März 1791; suspendiert 18. April 1792; wiederkundgemacht 5. Februar 1794; in Kraft 1. Juni 1794), das im 20. Titel des 2. Teils in 1577 Paragraphen das Strafrecht behandelte. (*Klein* unten S. 63) hatte den hauptsächlichsten Anteil an der Abfassung; die Schrift von *Globig* und *Huster* war nicht ohne Einfluß geblieben. In seiner behaglichen Breite, seinem ängstlichen Wohlwollen, seiner bis zum Lächerlichen reichenden Sorge für Vorbeugungsmaßregeln, seinen im ganzen milden Strafbestimmungen und meist brauchbaren Definitionen ist die Strafgesetzgebung des ALR ein bezeichnender Ausdruck der den aufgeklärten Polizeistaat beherrschenden Ansichten. Wenn auch dem heutigen Musterbild eines Gesetzbuches wenig entsprechend, war sie doch eine tüchtige und lebenskräftige, der Weiterentwicklung durchaus fähige Leistung.

3. In Frankreich führte die sofort mit der großen Revolution einsetzende Bewegung nach der Erklärung der Menschen- und Bürgerrechte von 1789 zunächst zum Code pénal von 1791[8]) und dem Code des délits et des peines vom 3. Brumaire des Jahres IV (1795), der, von *Merlin* verfaßt, hauptsächlich das Strafverfahren regelte; dann aber zum Napoleonischen Code des délits et des peines von 1810 (Entwurf von 1804, Wiederaufnahme der Arbeiten 1808, in Kraft seit 1. Januar 1811), der durch den Vorzug seiner klaren und bestimmten technischen Ausdrucksweise einen tiefgreifenden und weitgehenden, freilich nicht immer günstigen Einfluß auf die außerfranzösische Gesetzgebung, insbesondere der romanischen, aber auch der übrigen Völker ausgeübt hat. Obwohl die Härte seiner auf dem starrsten Abschreckungsprinzipe beruhenden Strafdrohungen seit 1832 wiederholte und wesentliche Milderungen erfahren hat, ist das feste Gefüge seiner Begriffsbestimmungen doch bis auf den heutigen Tag unerschüttert geblieben[9]).

§ 12. Wissenschaft und Gesetzgebung bis zum Jahre 1870.

Literatur. *v. Hippel* I § 17. *Mezger* § 3. Zu I: *v. Liszt* in Rechtsforschung und Rechtsunterricht auf den deutschen Universitäten 1893 S. 72 (aus dem für die Weltausstellung in Chicago herausgegebenen Werke: Die deutschen Universitäten). *v. Lilienthal* Heidelberger Lehrer des Strafrechts im 19. Jahrhundert 1903. *Stintzing-Landsberg* Geschichte der deutschen Rechtswissenschaft 3 2. Abteilung 1910. *Saalheimer* Die strafrechtlichen Vereinigungstheorien. Erlanger Diss. 1917. *Dannenberg* Liberalismus und Strafrecht im 19. Jahrhundert (Abhandl. des Berliner Kriminalist. Inst. 4 1) 1925. — Zu II: *Berner* Die Strafgesetzgebung von 1751 bis zur Gegenwart, 1867. Reiches Material in den Kommentaren zu den verschiedenen Strafgesetzbüchern. Kürzere Angaben in *Stengleins* Sammlung der deutschen Strafgesetzbücher 1857. *Binding* Die gemeinen deutschen Strafgesetzbücher. Einleitung (mehr nicht erschienen). 2. Aufl. 1877. *Class* Der Einfluß des Ministeriums von Savigny auf das Preußische Strafgesetzbuch von 1851. Göttinger Diss. 1926 (gedruckt nur gekürzte Wiedergabe).

---

[7]) *Stölzel* 2 229. *Eb. Schmidt.*

[8]) *Remy* Les principes généraux du code pénal de 1791. 1910.

[9]) *Höhn* Die Stellung des Strafrichters in den Gesetzen der französ. Revolutionszeit (1791—1810) (Beitr. z. Gesch. 2) 1929.

Nachdem die Sturm- und Drangperiode der Aufklärung vorübergerauscht war, brach für die Strafgesetzgebung wie für die Wissenschaft des Strafrechts eine neue Zeit ruhiger und fruchtbringender Arbeit an.

I. Die Wissenschaft des Strafrechts.

1. Am Anfange dieser neuen Zeit steht *PJA. Feuerbach*, geb. 1775, † 1833[1]). Gestählt durch den Geist *Kant*scher Philosophie, die rationalistischen Anschauungen seiner Vorgänger kritisch prüfend, den ungestümen Reformforderungen seine fachwissenschaftliche Bildung und seine praktische Erfahrung entgegensetzend, wurde er einerseits durch sein Lehrbuch (1801) der Neubegründer der deutschen Strafrechtswissenschaft, andererseits durch seine Mitarbeit an dem bayrischen StGB von 1813 der Bahnbrecher der deutschen Strafgesetzgebung. Mit dem folgerichtigen Ausbau der Theorie des psychischen Zwanges, die schon von *Plato* und *Aristoteles* angedeutet, von *Grotius, Hobbes, Pufendorf, Beccaria* u. a. ausgeführt worden war, gab er der Kriminalpolitik die einheitliche, freilich auch einseitige Grundlage einer modernisierten Generalpräventionstheorie. Mit *Kant* Legalität und Moralität aufs schärfste trennend, legte er die Grundlagen für die liberalistisch-rationalistische Strafrechtsauffassung, die in den Gesetzgebungswerken des 19. Jahrhunderts Platz gegriffen und auch den Geist des RStGB durchaus bestimmt hat. Gleichzeitig mit *Feuerbach* arbeiteten nicht nur seine Freunde *v. Grolmann* († 1829; Grundsätze 1798, 4. Aufl. 1825) und *v. Almendingen* († 1827), sondern auch seine Gegner *Klein* (Prof. in Halle, † 1810; Grundsätze 1796, 2. Aufl. 1799)[2]) und *v. Kleinschrod* (Prof. in Würzburg, † 1824; Systematische Entwicklung 1794/96, 3. Ausg. 1805) an der Wiedergeburt unserer Wissenschaft. Neben ihnen verdienen hervorgehoben zu werden: *Steltzer* als der Verfasser des ersten deutsch geschriebenen Lehrbuchs des Strafrechts (1793) und *Stübel* (Lehrbuch 1795).

Zahlreiche andere folgten. Als Verfasser von Lehr- und Handbüchern sind zu nennen: *Tittmann* († 1834), Handb. 1806/10 2. Aufl. 1822/24. *Roßhirt* († 1873), Prof. in Heidelberg, Lehrb. 1821, Geschichte und System 1838/39. *Wirth* Handb. 1822. *Martin* († 1857), Lehrb. 1820/25, 2. Aufl. 1829. *Wächter* († 1880)[3]), Lehrb. 1825/26 (Grundriß mit wertvollen geschichtlichen Nachweisungen). *Bauer* († 1843), Lehrb. 1827, 2. Aufl. 1833. *Henke* († 1869), Handb. 1823/38. *Jarcke* († 1852), Handb. 1827/30. *Heffter* († 1880), Prof. in Bonn, Halle, Berlin; Lehrb. 1833, 6. Aufl. 1857. *Klenze* († 1838), Lehrb. 1833 (Grundriß). *Abegg* († 1868), Prof. in Königsberg und Breslau, System 1826, Lehrb.

---

1) *Döring* Feuerbachs Straftheorie und ihr Verhältnis zur Kantischen Philosophie (Kantstudien, Ergänzungsheft 3) 1907. *Baumgarten* Das Recht der Persönlichkeit usw. (Beitrag zum Verständnis Feuerbachs). Tübinger Diss. 1907. *Derselbe* GS **81** 98. *Radbruch, Erich* bei *Aschaffenburg* **6** 1, **10** 385. Besonders wertvoll: *Grünhut* Anselm v. Feuerbach und das Problem der strafrechtlichen Zurechnung (Hamburg. Schriften z. ges. Strafr.W. Heft 3) 1922. *Drost* Das Ermessen des Strafrichters (1930) 108ff. Vgl. ferner *Vocke* Z **47** 1; *v. Hippel* I 292; *Dahl* Juridiske Profiler 1920, 77; *Salomon* bei *Aschaffenburg* **15** 171; *Kohlrausch* Über Strafrechtsreform 1927; *Gallas* (Lit zu § 26) 23. — Das Lehrbuch ist in 14. Aufl. von *Mittermaier* 1847, mit kritischem Kommentar von *Morstadt* 1852 und von *Osenbrüggen* 1855 herausgegeben worden. — Von den übrigen Schriften bes. zu erwähnen: *Antihobbes* 1798. Revision der Grundsätze und Grundbegriffe des positiven peinl. Rechts 1799/1800. Über die Strafe als Sicherungsmittel 1800.

2) Über ihn *v. Liszt* Aufsätze **2** 133.

3) Über ihn *Windscheid* 1880 und über seine strafrechtlichen Lehren (als konsequenten Ausfluß seiner liberalen Staatsauffassung) jetzt namentlich *Dannenberg*.

1836. *Marezoll* († 1873), Prof. in Gießen und Leipzig, Kriminalrecht 1841, 3. Aufl. 1856. *Luden* († 1880), Prof. in Jena, Handb. **1** 1847. *Köstlin* († 1856), Prof. in Tübingen, Hegelianer, Neue Revision 1845, System 1855. *Häberlin* († 1898), Grundsätze 1845ff. *EJ. Bekker*, Prof. des römischen Rechts in Heidelberg, Theorie 1859. *Geib* († 1864), Lehrb. 1861/62 (trefflicher Grundriß). *Berner* († 1907), Lehrb., 1. Aufl. 1857. *Temme* († 1881), Lehrb. 1876 (ein trauriger Anachronismus).

Unter den zahlreichen übrigen Schriftstellern, welche einzelne Abschnitte des Strafrechts behandelten, ragt besonders *KJA. Mittermaier* († 1867) durch sein unermüdliches Bestreben hervor, die außerdeutschen Arbeiten für die deutsche Wissenschaft fruchtbringend zu machen und die sog. Hilfswissenschaften des Strafrechts mit diesem zur Einheit zu verschmelzen[4]).

Unter den Zeitschriften dieser Zeit nimmt, neben der Bibliothek für peinliche Rechtswissenschaft (1798—1804) von *Feuerbach* und *Grolman*, das Archiv des Krim.-Rechts (1799—1807), begründet von *Klein* und *v. Kleinschrod*, später als Neues Archiv (1816—1833), endlich als Archiv Neue Folge (1834—1857) von *v. Kleinschrod, Mittermaier, Abegg, Heffter, v. Wächter, Zachariä* u. a. herausgegeben, die führende Stelle ein.

2. Nach drei Richtungen hin erstreckten sich die der Wissenschaft des Strafrechts in diesem Zeitraum gestellten Aufgaben.

Es handelte sich darum, in den rechtsphilosophischen Untersuchungen über Wesen und Aufgabe der Strafe die Geistesarbeit des 18. Jahrhunderts weiterzuführen. *Kants* Versuch, die Strafe vom Rechte völlig loszulösen und die Vergeltung, deren Maß die Talion zu bilden hat, auf den kategorischen Imperativ zu gründen, blieb ohne wesentlichen Einfluß auf die Entwicklung des Strafrechts. *Feuerbach* ist in dieser Beziehung völlig von *Kant* abgewichen. *Henke* und *Zachariä* dagegen bemühten sich, im Anschlusse an *Kant*, das Strafrecht auf dem Talionsgedanken aufzubauen, aber sie scheiterten, ohne Nachfolger zu finden[5]).

Um so bedeutungsvoller war der Einfluß der *Hegel*schen Philosophie[6]) auf die Wissenschaft des Strafrechts. Außer *Abegg* und *Jarcke* (vgl. oben) standen vor allem *Köstlin* († 1856 in Tübingen) und *Berner* († 1907 in Berlin), in abgeschwächtem Maße *Hälschner* († 1889 in Bonn) auf dem Boden *Hegels*; sie vertraten, trotz aller Abweichung im einzelnen, seine grundlegende Auffassung, daß die Strafe, als die dialektische Entwicklung des Rechtsbegriffs, die Negation des Unrechts sei, also die Negation der Negation des Rechts, also die Position, d. h. die Wiederherstellung des Rechts.

Überwiegend aber wurde Rechtfertigung wie Zweck der Strafe in dem Schutze der Rechtsordnung erblickt. Die meisten Schriftsteller, unter ihnen

---

[4]) Vgl. *K.* und *F. Mittermaier*, Bilder aus dem Leben KJA. Mittermaiers 1886. *Hauck* bei *Aschaffenburg* **10** 655. *v. Lilienthal* und *Mittermaier* Z **43** 157.

[5]) *Kant* († 1804) Kritik der praktischen Vernunft 1788. Metaphysische Anfangsgründe der Rechtslehre 1797. — *Henke* Lehrbuch 1815. *KS. Zachariä* († 1843) Anfangsgründe des philosophischen Kriminalrechts 1805. — Vgl. *Seeger* Die Strafrechtstheorien *Kants* und seiner Nachfolger usw. *Salomon* Z **33** 1. *v. Hippel* I 287, 471. *Sauer* Z **45** 1. — Daß *Kants* Ethik und Erkenntnistheorie bis auf den heutigen Tag die strafrechtswissenschaftliche, wie jede wissenschaftliche Arbeit überhaupt, befruchtet, beweist jeder Blick in die rechtswissenschaftliche Literatur.

[6]) *Hegel* († 1831) Grundlinien der Philosophie des Rechts 1821 (8. Band, herausg. von *Gans*). Neue Ausgabe von *G. Lasson* 1911. Vgl. *Sulz* Hegels philosophische Begründung des Strafrechts usw. 1910. *R. Schmidt* GS **81** 98, *v. Hippel* I 305. *Larenz* Hegels Zurechnungslehre und der Begriff der objektiven Zurechnung 1927.

namentlich auch *A. Merkel* († 1896 in Straßburg; Nachruf von *Liepmann* Z **17** 638), mochten sie von *Hegel* oder von einer anderen Grundlage ausgehen, räumten als Vertreter einer sog. Vereinigungs- oder gemischten Theorie der Spezialprävention, d. h. der Einwirkung des Strafvollzugs auf den Verbrecher weitgehenden Einfluß auf die Gestaltung der Strafe ein[7]). Nur vereinzelt wurde, namentlich von den Freunden der Einzelhaft, eine einseitige Besserungstheorie vertreten[8]). Andererseits hat es aber auch bis in die neueste Zeit nicht an Vertretern einer einseitigen Vergeltungstheorie gefehlt; unter ihnen ragte *Binding*, der Begründer der Normentheorie († 1920; Nachruf von *Nagler* GS **91** 1), hervor.

Zugleich brachte das Aufblühen der historischen Rechtsschule auch dem Strafrecht (*Wächter*, *Geib* u. a.) vielfache Anregung und manche reife Frucht; in sorgfältigen Einzeluntersuchungen, freilich ohne die schöpferische Kraft der Zusammenfassung, bemühen sich die Vertreter dieser Richtung, das geltende Recht mit seiner Vergangenheit geschichtlich zu verknüpfen.

Die wichtigste und schwierigste Aufgabe aber bot die Landesgesetzgebung mit der unerschöpflichen Fülle des von ihr unermüdlich erzeugten Stoffes: die einheitliche Zusammenfassung des nach Ländern zersplitterten und doch von gemeinsamen Grundgedanken beherrschten Rechts.

Über die kriminalpolitische Arbeit in diesem Zeitraum vgl. oben § 3 Note 1.

3. Ein Stillstand in dieser kraftvollen Entwicklung trat ein mit der Rezeption des französischen Strafrechts durch die preußische Gesetzgebung von 1851. Damit schied Preußen aus dem Zusammenhange der gemein-deutschen Überlieferungen aus. Die preußische Praxis lernte es rasch, auf eigenen Füßen zu stehen, und übernahm alsbald die Führung. *Goltdammer* († 1872, Obertribunalsrat in Berlin) und *Oppenhoff* († 1875, Oberstaatsanwalt in Berlin) errangen ungleich größeren Einfluß auf die Rechtsprechung als alle ihre Zeitgenossen auf den Lehrstühlen des Strafrechts; der Präjudizienkultus verdunkelte den Glanz der Wissenschaft. Ein Praktiker war es, der das Archiv des preußischen Strafrechts (1853) gründete und kraftvoll weiterführte; das alte, von Professoren gegründete und geleitete Archiv des Kriminalrechts fand 1857 ein stilles Ende.

Und dennoch war gerade das preußische StGB dazu berufen, die Grundlage für die einheitliche deutsche Gesetzgebung und damit zugleich für eine neue Blütezeit der deutschen Strafrechtswissenschaft zu bilden.

II. Die Geschichte der deutschen Strafgesetzgebung des 19. Jahrhunderts bis 1870 zerfällt in zwei große Abschnitte, die durch das Erscheinen des preußischen StGB von 1851 gebildet werden. Ein reger Wetteifer, wie er auf keinem anderen Gebiete der Gesetzgebung in dieser Zeit sich findet, hatte der einzelnen

[7]) Man vergleiche: *Abegg* Die verschiedenen Strafrechtstheorien in ihrem Verhältnis zueinander 1835 (Anwendung der dialektischen Methode *Hegels* auf die geschichtliche Entwicklung der Strafe). — *Grolmann* († 1829) Über die Begründung des Strafrechts und der Strafgesetzgebung 1799. *Henke* († 1869) Über den Streit der Strafrechtstheorien 1811. *Trendelenburg* († 1872) Naturrecht auf dem Grunde der Ethik 2. Aufl. 1868. (Alle drei finden die Wurzel des Unrechts in der Gesinnung des Täters, in seiner Besserung mithin die Tilgung der Schuld.) — Hierher gehört die gesamte *Herbart*sche Schule. Insbesondere *Geyer* († 1885) Geschichte und System der Rechtsphilosophie 1863 und *Wahlberg* († 1900) Grundzüge der strafrechtlichen Zurechnungslehre 1857; auch Ges. klein. Schriften **1** 1.

[8]) In erster Reihe: *Röder* († 1879) Zur Rechtsbegründung der Besserungsstrafe 1846; Besserungsstrafe und Besserungsstrafanstalten als Rechtsforderung 1864.

Staaten des Deutschen Bundes sich bemächtigt; die durch Jahrhunderte erprobten, unverlierbaren Ergebnisse des gemeinen Rechts und die Forderungen der Aufklärungszeit sollten mit den aus dem Rechtsleben des neuen Jahrhunderts sich ergebenden Bedürfnissen, mit den Postulaten der spekulativen Philosophie, mit den Forschungen der geschichtlichen Rechtswissenschaft zur Einheit verschmolzen werden.

Erster Abschnitt: Die deutschen Strafgesetzbücher vor 1851.

1. Der Vortritt gebührt **Bayern.** Das erste unter den deutschen Strafgesetzbüchern der Zeit nach ist auch weitaus das bedeutendste nach seinem Inhalt. Trotz mancher Fehler hat es den Ruhm deutscher Gesetzgebungskunst weit über die deutschen Grenzen hinausgetragen und im Wettkampfe mit dem französischen Code pénal diesem siegreich getrotzt.

Feuerbachs 1804 erschienene Kritik des *Kleinschrod*schen Entwurfs von 1802 hatte zur Folge, daß jener zur Ausarbeitung eines neuen Entwurfs berufen wurde. Seine Arbeit, 1807 vollendet, wurde nach Durchberatung in der Gesetzgebungskommission 1810 gedruckt und nach erneuter Beratung als StGB vom 16. Mai 1813 kundgemacht. Vgl. *Geisel* Der Feuerbachsche Entwurf von 1807, Göttinger Diss. 1929. Amtlicher, allein gestatteter Kommentar („Anmerkungen") von *Gönner* 3 Bde. 1813/14. 1814 in Oldenburg eingeführt. Von Einfluß auf die spätere Gesetzgebung in Sachsen, Württemberg, Hannover und Braunschweig wie in einer Reihe außerdeutscher (auch südamerikanischer) Staaten.

2. **Sachsen.** 1810 wurden *Tittmann* und *Erhard* mit der Ausarbeitung eines StGB beauftragt. Ihre Entwürfe (*Tittmann* 1811, *Erhard* 1811/13) bilden die Grundlage der Beratungen eines Ausschusses, deren Ergebnis ein von *Stübel* gearbeiteter Entwurf von 1824 war. *Stübels* und *Tittmanns* Tod brachte die weiteren Arbeiten zum Stillstand. Dagegen führte der 1834 und 1835 verfaßte Entwurf von *Groß* zu dem Kriminalgesetzbuch vom 30. März 1838. — Kommentare von *Groß* 1838, *Weiß* 1841ff., *Held* und *Siebdraht* 1848.

3. Dem sächsischen StGB von 1838 schlossen sich vier von den **Thüringischen Staaten** an, nämlich Weimar 1839 (Entw. von 1822), Altenburg 1841, Meiningen 1844, Schwarzburg-Sondershausen 1845. Das sächsische StGB liegt auch dem sog. thüringischen StGB (Entw. von 1849) zugrunde, welches 1850 in Weimar, Sondershausen, Rudolstadt, Anhalt, Meiningen, Koburg und Gotha, 1852 in Reuß jüng. Linie mit Abweichungen im einzelnen eingeführt wurde und nachträglich noch 1864 in Anhalt-Bernburg, wo von 1852 an das preußische StGB (von 1851) angenommen worden war, sowie 1868 in Reuß ält. Linie zur Geltung gelangte. Dagegen hielt Altenburg an seinem StGB von 1841 fest.

4. **Württemberg.** Die ersten Arbeiten von 1807—1813 (vier Entwürfe) führten nicht zum Ziele. Dasselbe gilt von dem 1823 von *v. Weber* verfaßten Entwurf. Man behalf sich einstweilen mit dem Edikt vom 17. Juli 1824 über die Strafgattungen und Strafanstalten. Das StGB vom 1. März 1839 beruht auf den Entwürfen von 1832 (als MS gedruckt), 1835 (Druckausgabe 1835; Bericht der Kammerkommission 1837 gedruckt) und 1838 (der letztere nach den Beschlüssen der beiden Kammern). Umgestaltungen erfolgten 1849, 1853 und 1855.

Knapp Das württembergische Kriminalrecht, dargestellt in Zusätzen zu *Feuerbachs* Lehrbuch 1828/29. *Wächter* Die Strafarten und Strafanstalten des Königreichs Württemberg 1832. Kommentare von *Hepp* 3 Bde. 1839/42; *Hufnagel* († 1848) 2 Bde. 1840/44, kürzere Darstellung 1845.

5. **Hannover.** Die 1823 begonnenen Arbeiten führten zu dem 1825 veröffentlichten Entwurf (hervorragend beteiligt *A. Bauer*, der 1826 den Entwurf mit Anmerkungen herausgab und weitere Anmerkungen 1828 und 1831 veröffentlichte). 1825—1830 Umarbeitung des Entwurfs, der im letzten Jahre den Ständen vorgelegt wurde. Diese beendeten ihre Arbeiten 1838. Kundmachung des StGB unter dem 8. August 1840. Zahlreiche Nachtragsgesetze. — Kommentar von *Leonhard* 2 Bde. 1846/51, kürzer 1860.

6. **Braunschweig.** Der von der Regierung 1839 den Ständen vorgelegte Entwurf (besonders tätig *v. Schleinitz* und *Breymann*) führte zu dem StGB vom 10. Juli 1840. Dieses galt von 1843—1870 auch in Lippe-Detmold.

7. **Hessen-Darmstadt.** Entwurf von *Knapp* 1824; auf Grund eines von *Mittermaier* erstatteten Gutachtens umgearbeitet 1831. Entwurf von *v. Lindelof* 1837 (als MS gedruckt). 1839 Vorlage des abermals umgearbeiteten Entwurfs (Berichterstatter *v. Linde* und *Breidenbach*). Verkündigung des StGB unter dem 18. Oktober 1841. Abgeändert 1849. — Kommentar von *Breidenbach* 2 Abteilungen 1842/44 (nur der allgemeine Teil). — Das hessische StGB galt bis zum Jahre 1867 auch in Nassau seit 1849, Frankfurt a. M. seit 1857, in Hessen-Homburg seit 1859.

8. **Baden.** Strafedikt von 1803. Seit 1836 arbeitete ein besonderer Ausschuß an der Herstellung eines Entwurfs (der erste Entwurf ist 1836 gedruckt), der 1839 der Zweiten Kammer überreicht wurde. Abgeändert 1840 nach den Beschlüssen der Zweiten, 1844 nach denjenigen der Ersten Kammer, Verkündung des StGB unter dem 6. März 1845. In Kraft getreten am 1. März 1851. — *Schweickert* Das badische Strafedikt von 1803 und das StGB von 1845. Freiburger Diss. 1903. Kommentare von *Thilo* 1845, *Puchelt* 2 Teile 1856/58.

Zweiter Abschnitt: Das preußische Strafgesetzbuch 1851.

Die wichtige ZirkularVO vom 26. Februar 1799 über die Bestrafung der Diebstähle und ähnlicher Verbrechen bildete den Abschluß der von Preußen seit dem Regierungsantritt Friedrichs des Großen zielbewußt und kraftvoll verfolgten Kriminalpolitik. Zögernd und unsicher schreiten seit dem Beginn des 19. Jahrhunderts die Umgestaltungsarbeiten vorwärts[9]). Nachdem zuerst die vollständige Umarbeitung des Titels 20 Teil II ALR in Angriff genommen war (Entw. I 1800), beschränkte man sich bald auf die Neugestaltung einzelner Abschnitte (Entw. II 1801, III 1804, IV 1805; vgl. aber zu III und IV die Note 9). Dann geraten die Arbeiten ins Stocken und werden erst 1819 (Entw. V) wieder aufgenommen.

[9]) Die nachstehenden Angaben beruhen auf den wiederholt nachgeprüften archivalischen Untersuchungen von *Banke* (Lit. zu § 13). Eine Kontroverse besteht hinsichtlich der Frage, ob es im Jahre 1804/05 zur Aufstellung eines vollständigen Strafgesetzentwurfs gekommen ist oder ob nur einzelne Teile eines solchen Gegenstand eines Entwurfs (oder zweier Entwürfe) gewesen sind. Ersteres behauptet *Clemens* (Lit. zu § 30), dem sich jetzt *v. Hippel* I 314 Note 2 anschließt; für letztere Ansicht dagegen *Banke*. Der Herausgeber dieses Buches glaubt die Frage nicht ohne Einsicht der Archivalien entscheiden zu können; Stellungnahme bleibt also vorbehalten. Natürlich ist die Zählung der Entwürfe verschieden, je nachdem ob *Clemens* oder *Banke* recht hat. Über die Bedeutung der verschiedenen Zählungen sehr richtig *v. Hippel* I 315 Note 4. Abweichende Zählung der Entwürfe bei *Kollmann* Koalitionsgesetzgebung (unten § 100) 76, 80, 83. Wieder anders R **50** 102. Vgl. über die Entstehung des Preuß. StGB auch die verdienstvolle Darstellung bei *v. Hippel* I 314—324 mit treffender kritischer Beleuchtung der einzelnen Reformstadien und der in ihnen maßgebenden Personen.

Damit schließt die erste Periode der Vorarbeiten. Die zweite beginnt mit dem Jahre 1826.

Durch Kabinettsorder vom 24. Juli 1826 wurde der großen Gesetzrevisionskommission (unter dem Vorsitz des Justizministers *Graf Danckelmann*) die allgemeine Revision der preußischen Gesetzgebung übertragen. Der 1. Teil mit Motiven wurde 1827 beendet (I. Entwurf). Die weiteren Beratungen führten zu dem vollständigen II. Entwurf (November 1828 bis Februar 1829; von *Kollmann* als Vorentwurf bezeichnet); dazu 4 Bde. Motive.

Beratung des Entwurfs in der (großen) Gesetzrevisionskommission, sowie im Staatsministerium. Ergebnis: Der III. Entwurf (1. Teil Kriminalgesetzgebung) 1830. (I. Entwurf nach *Kollmann*.)

Nachdem *v. Kamptz* das Justizministerium (1830) übernommen, erfolgte eine neue Beratung. Sie führte zu dem IV. (revidierten) Entwurf. 1. Teil Kriminalgesetzgebung und Motive 1833. 2. Teil PolizeiStGB und Motive (als 5. Bd. der oben erwähnten Motive) 1833. Im Jahre 1834 verschiedene Nachträge, besonders zu den Polizeiübertretungen.

Hierauf abermalige Beratung. 1836 der V., nach *Kollmann* der II. Entwurf. Dazu die (von *Weil* gearbeitete) Zusammenstellung der Strafgesetze auswärtiger Staaten. 5 Teile 1828—1841.

Durch Kabinettsorder vom 4. Februar 1838 wurde die weitere Prüfung einer Immediatkommission aus Mitgliedern des Staatsrates übertragen. Sie beriet vom März 1838 bis zum Dezember 1842. Daneben begann die Beratung der allgemeinen Grundsätze im Plenum des Staatsrates im Dezember 1839 und dauerte bis Januar 1843. Ergebnis: Der VI. Entwurf 1843. Dazu die Beratungsprotokolle. 3 Teile 1839/42. Zusammenstellung der drei Entwürfe (1. der von 1836; 2. der sonst nicht zusammenhängend gedruckte der Immediatkommission; 3. der des Staatsrates von 1843), herausgegeben vom Staatsminister *v. Kamptz* 1844.

Der Entwurf wurde einerseits mit einer 64 Fragen umfassenden Denkschrift im Frühjahr 1843 den acht Landtagen vorgelegt, andererseits einer Reihe von Behörden und Gelehrten übersandt. Auf Grund der eingelaufenen Gutachten (insbesondere der Provinziallandtage 1844) und Kritiken (der rheinische Landtag hatte einen neuen Entwurf mit Motiven vorgelegt) verfaßte, unter dem Justizministerium von *v. Savigny, Bischoff* 1845 die dreibändige Revision des Entwurfs von 1843 und auf dieser Grundlage den VII. (revidierten) Entwurf 1845.

Die weitere Prüfung erfolgte durch die Immediatkommission vom Oktober 1845 bis zum Juli 1846. Im Dezember 1846 legte die Kommission den VIII. Entwurf dem Staatsrat vor. Dazu Verhandlungen der Kommission 1846.

Inzwischen regten sich die Sonderbestrebungen der Rheinländer. Eine Denkschrift von *Ruppenthal* 1846 gab ihnen Ausdruck. Erneute Beratung führte zu dem IX. Entwurf mit Motiven 1847. Dazu fernere Verhandlungen der Kommission 1847.

Dieser Entwurf wurde, mit 19 beigefügten Hauptfragen, dem auf den 3. Dezember 1847 einberufenen Vereinigten ständischen Ausschusse vorgelegt und von diesem sowohl in der vorbereitenden Abteilung als auch im Plenum bis zum 6. März 1848 beraten. Vgl. *Bleich* Verhandlungen des usw. Ausschusses 4 Bde. 1848.

Die weitere Beratung wurde durch die Märzereignisse unterbrochen. Ein X. Entwurf vom Oktober 1848, der als Vorentwurf zu einem allgemeinen deutschen StGB gearbeitet war, diente zugleich als Grundlage für die weiteren Beratungen in Preußen. Justizminister *Simons* legte am 3. Januar 1851 den XI. Entwurf mit Motiven (erschienen 1851) der Zweiten Kammer vor. Endlich hatten die langjährigen Bemühungen Erfolg. Nach eingehender Beratung in beiden Kammern erfolgte unter dem 14. April 1851 die königliche Sanktion des neuen StGB, das am 1. Juli 1851 in Kraft trat[10]).

Der Einfluß der rheinischen Juristen war deutlich erkennbar: in den Bestimmungen über Versuch und Teilnahme, über Strafensystem und internationales Strafrecht, Dreiteilung und mildernde Umstände usw. steht das preuß. StGB unter dem Banne des Code pénal.

Kommentare von *Goltdammer* (Materialien) 2 Teile 1851/52; *Beseler* 1851, *Oppenhoff* 1856ff.; Lehrbücher von *Temme* 1853, *Hälschner* 1855/68, *Berner* Grundsätze des preußischen Strafrechts 1861.

Das preuß. StGB wurde ohne oder mit Veränderungen eingeführt 1852 in Hohenzollern, in Anhalt-Bernburg (bis 1864), 1855 in Waldeck und Pyrmont, 1858 in Oldenburg (wo 1857 das StGB von 1848, um manche Zusätze vermehrt, neu ausgegeben worden war), 1863 in Lübeck.

Eine VO vom 12. Dezember 1866 verkündete die beiden ersten Teile des StGB in Frankfurt a. M. Die VO vom 25. Juni 1867 verfügte, daß in den neuerworbenen Landesteilen das preuß. StGB (in Frankfurt a. M. dessen dritter Teil) in der Fassung der dritten amtlichen Ausgabe (von 1859) mit dem 1. September 1867 Gesetzeskraft erlangen sollte. Dadurch wurden verdrängt: 1. In Nassau, Homburg und Frankfurt a. M. das hessische StGB von 1841; 2. in Hannover das StGB von 1840; 3. in Hessen-Kassel und Schleswig-Holstein das gemeine Recht. — Über Kurhessen, wo ein im Jahre 1849 ausgearbeiteter Entwurf nicht zur Vorlage gelangt war, vgl. *Kersting* Das Strafrecht in Kurhessen in einzelnen Abhandlungen 2 Bde. 1853/54. Über Schleswig-Holstein (Entwurf von *Eggers* 1808, Entwürfe von 1840, 1849, 1866) vgl. *Kramer* Versuch einer systematischen Darstellung des peinlichen Rechts 1798; *v. Schirach* Handbuch des schleswig-holsteinischen Kriminalrechts 2 Bde. 1828/29.

Dritter Abschnitt: Die deutsche Landesstrafgesetzgebung nach 1851.

1. **Sachsen.** Die Umgestaltung des StGB von 1838 war nach den tiefeingreifenden Ereignissen des Jahres 1848 unvermeidlich geworden. Ein im Juni 1848 berufener Ausschuß (Berichterstatter *Krug*) überreichte im Juli 1850 einen Entwurf, der aber nicht weiter verfolgt wurde. Ein neugearbeiteter Entwurf wurde im April 1853 den ständischen Deputationen überreicht. Er führte zu dem StGB vom 13. August 1855, in Kraft seit 1. Oktober 1856. Eine Nachbildung ist das StGB für Reuß ältere Linie vom 27. November 1861, in Kraft seit 1. Mai 1862. Das sächsische StGB wurde 1868 einer teilweisen Umarbeitung insbesondere in Beziehung auf das Strafensystem (Abschaffung der Todesstrafe!) unterzogen.

Kommentare von *Krug* 2. Aufl. 1861/64, *Siebdrat* 1862, *v. Schwarze* 1868. Systematische Darstellung von *Wächter* 1857 (unvollendet).

2. In **Bayern** trat bereits wenige Jahre nach der Einführung des StGB von 1813 das Bedürfnis nach dessen völliger Umgestaltung zutage. Die Entwürfe I von *Gönner* 1822, II von *Schmidtlein* 1827, III von *Stürzer* 1831 führten nicht zum Ziel. Die ins Stocken geratenen Arbeiten wurden erst 1848 wieder aufgenommen. Justizminister *v. Kleinschrod* legte den Kammern 1851 den ersten allgemeinen Teil eines IV. Entwurfs und 1853 einen vollständigen V. Entwurf mit Motiven (Oktavausgabe 1854) vor. Unverändert wurde dieser letztere von *Kleinschrods* Nachfolger *v. Ringelmann* 1855 wiedereingebracht. Meinungs-

[10]) Gemeines Recht galt damals noch in Vorpommern und im ostrheinischen Teile des Regierungsbezirks Koblenz.

verschiedenheiten zwischen Regierung und Volksvertretung führten im März 1858 zum Abbruch der Beratungen. Erst im Juni 1860 legte das neue Ministerium den Kammern den umgearbeiteten VI. Entwurf vor. Nunmehr schritten die Arbeiten rasch vorwärts; am 1. Juli 1862 trat das dem preußischen verwandte StGB vom 10. November 1861 in Kraft.

Kommentare von *Hocheder* 1862, *Weis* 1862/65, *Dollmann* († 1867) und *Risch* 1862/68, *Stenglein* 1861/62.

3. In **Hamburg** hielt man es noch 1869 für zeitgemäß, ein neues StGB einzuführen, welches vom 1. September 1869 bis 1. Januar 1871 in Kraft war. (Ältere Entwürfe: 1848 von *Trummer* für die 3 Hansestädte, 1849 und 1851 umgearbeitet; 1862 neuer Entwurf, veröffentlicht 1864).

4. Demnach war der **Stand der deutschen Strafgesetzgebung im Jahre 1870**:

Gemeines Recht galt nur noch: 1. in beiden Mecklenburg (wo ein Entwurf von 1850 keinen Erfolg gehabt hatte); 2. in Lauenburg (hier war durch G vom 4. Dezember 1869 das preußische StGB mit Geltung vom 1. April 1870 eingeführt worden); 3. in Schaumburg-Lippe; 4. in dem Braunschweig und Hannover gemeinsamen Gebiete des Unterharzes; und 5. in Bremen (wo die Entwürfe von 1861 und 1868 nicht zum Ziele geführt hatten).

Daneben waren zehn verschiedene Landesstrafgesetzbücher in Geltung; und zwar: 1. das braunschweigische von 1840 (auch in Lippe-Detmold), 2. das sächsische von 1838 in Sachsen-Altenburg seit 1841, 3. das hessische von 1841, 4. das thüringische von 1850ff., 5. das preußische von 1851, 6. das sächsische von 1868, 7. das hamburgische von 1869; außerdem in Süddeutschland: 8. das württembergische von 1839, 9. das badische von 1845 und 10. das bayrische von 1861.

Die Zersplitterung war groß, aber nicht so groß, wie es auf den ersten Blick erscheinen mochte. Trotz aller Verschiedenheiten im einzelnen herrschte doch eine gewisse Übereinstimmung in den Grundzügen. Vor allem aber war durch die Ausbreitung des Herrschaftsgebietes des preußischen StGB die Schaffung eines gemein-deutschen StGB wesentlich vorbereitet worden. Auch auf diesem Felde sollte Preußen die Früchte seiner Politik ernten.

§ 13. Die Entstehung und Weiterbildung des Reichsstrafgesetzbuchs.

Literatur. *v. Hippel* I § 18. *Mezger* 27. *Banke* Der erste Entwurf eines deutschen Einheitsstrafrechts. 1. Die Verfasser des Entwurfs 1849 (mit einem diplomatisch genauen Abdruck des Entwurfs). 2. Der Vorentwurf zum ersten deutschen Einheitsstrafrecht (Berliner Seminarabhdlgn. N. F. **7**) 1912, 1915. — Zur Novelle von 1912: *Frank, v. Lilienthal, Heine, Fischer* Z **29** 637ff. *Finger* GS **74** 296. *Oborniker* und *Seidel* bei *Aschaffenburg* **6** 195 und **9** 197. Bericht der Reichstagskommission in Nr. 392 der Drucksachen des Reichstages Session 1909/10. — Zur Novelle von 1919 vgl. die Lit. zu § 144 und Drucksachen der Verf.-geb. Nationalvers. Nr. 1791/1919.

I. Die Bemühungen um ein **einheitliches deutsches Strafgesetzbuch** reichen weit genug zurück. Aber alle Anläufe scheiterten an der Übermacht der politischen Verhältnisse. Die von einzelnen Personen ausgearbeiteten Entwürfe (*KS. Zachariä* 1826, *v. Strombeck* 1829, *Krug* 1857, *v. Kräwel* 1862) fanden wenig Beachtung. Die von Württemberg 1847 ausgehende Anregung wurde von den Ereignissen des Jahres 1848 überholt. Der § 64 der RVerf. vom 28. März 1849 veranlaßte das preußische Justizministerium zur Herstellung eines Entwurfes (1849), der, den sich rasch verschiebenden Zeitverhältnissen zum Opfer fallend, bis auf wenige Stücke, ohne ausgegeben zu werden, wiedereingestampft wurde. Auch der von Bayern in Verbindung mit mehreren anderen Regierungen im Jahre 1859 beim Bundestage gestellte Antrag, die Möglichkeit und Nützlichkeit einer gemeinsamen bürgerlichen und Straf-Gesetzgebung zu erörtern, hatte kein anderes Ergebnis, als daß der Ausschußbericht vom 12. August 1861 das Vorhandensein eines „sehr dringenden Bedürfnisses" nach einem allgemeinen deutschen StGB in Abrede stellte. Ungefähr gleichzeitig hatte der Antrag *Kräwels*, der 1. deutsche Juristentag (1850) möge die Dringlichkeit einer einheitlichen Strafgesetzgebung aussprechen, zwar einstimmige Annahme, aber nur geringe Teilnahme gefunden.

II. Es scheint, daß dieselbe Ansicht in den maßgebenden Kreisen noch herrschte, als der Entwurf einer norddeutschen Bundesverfassung aufgestellt wurde. Der Art. 4 Nr. 13 erwähnte das Strafrecht nicht. Es ist ein bleibendes Verdienst *Laskers*, durch einen von ihm gestellten Zusatzantrag die Aufnahme des Strafrechts in das Gebiet der gemeinsamen Gesetzgebung veranlaßt zu haben (Art. 4 Nr. 13 der Bundesverfassung vom 26. Juli 1867).

In kurzer Frist kam die Angelegenheit in Fluß. Auf Grund eines von den Abgeordneten *Wagner* und *Planck* gestellten Antrages beschloß der Reichstag am 18. April 1868, „den Bundeskanzler aufzufordern, Entwürfe eines gemeinsamen Strafrechts und eines gemeinsamen Strafprozesses, sowie der dadurch bedingten Vorschriften der Gerichtsorganisation baldtunlichst vorbereiten und dem Reichstage vorlegen zu lassen". Nachdem der Bundesrat am 5. Juni 1868 diesem Beschlusse beigetreten war, ersuchte der Bundeskanzler am 17. Juni 1868 den preußischen Justizminister Dr. *Leonhardt*, die Ausarbeitung des **Entwurfs eines Strafgesetzbuches** zu veranlassen.

1. Die Ausarbeitung wurde dem damaligen Geheimen Oberjustizrate Dr. *Friedberg* übertragen; Gerichtsassessor Dr. *Rubo* und Kreisrichter *Rüdorff* wurden als Hilfsarbeiter beigeordnet. Eine Denkschrift *Friedbergs* an den Bundesrat vom 21. November 1868 entwickelte das Programm. Schon am 31. Juli 1869 konnte der Entwurf (**Entwurf I**) dem Bundeskanzler überreicht und gleichzeitig veröffentlicht werden. Eine ausführliche Begründung und vier Anlagen (Zusammenstellung strafrechtlicher Bestimmungen aus deutschen und außerdeutschen Gesetzgebungen; Todesstrafe; Fragen aus dem Gebiete der gerichtlichen Medizin; höchste Dauer der zeitigen Zuchthausstrafe) waren ihm beigegeben. Der Entwurf schloß sich an das preußische StGB von 1851 als Vorbild an, aber nicht ohne dieses in einigen wichtigen Beziehungen wesentlich zu verbessern.

2. Zur Prüfung des Entwurfs trat eine vom Bundesrate schon am 3. Juli 1869 gewählte Kommission von sieben der Praxis entnommenen Mitgliedern (unter dem Vorsitz von Dr. *Leonhardt*) am 1. Oktober 1869 in Berlin zusammen.

Die „Theoretiker", von welchen keiner dem Ausschusse beigezogen worden war, beteiligten sich durch spontane Gutachten an dem nationalen Werke; so *Anschütz, Beseler* (handschriftliche Mitteilungen), *Berner, Binding, Geyer, Häberlin, Hälschner, Heinze, H. Meyer* (gedruckte Gutachten), *Geßler, Merkel, Seeger* (Verhandlungen des 9. deutschen Juristentages). *John* hatte schon früher seinen lebhaften Anteil bekundet durch seinen Entwurf mit Motiven zu einem StGB für den Norddeutschen Bund 1868.

Am 31. Dezember 1869 überreichte der Ausschuß den gedruckten Entwurf (**Entwurf II**) dem Bundeskanzler (ohne Begründung). Der Entwurf wurde nicht veröffentlicht, aber einzelnen Fachmännern zugeschickt. *Heinze, Vollert, v. Wächter* schrieben Besprechungen des Entwurfs.

3. Der von dem Ausschusse festgestellte Entwurf wurde nunmehr vom Bundesrate in der Zeit vom 4.—11. Februar 1870 einer kurzen Beratung unter-

zogen, aus welcher er, trotz der von Sachsen und Mecklenburg geltend gemachten Bedenken, mit wenigen Abänderungen (so erhielt § 2 EG seine jetzige Fassung) als **Entwurf III** hervorging.

Am 14. Februar 1870 wurde der Entwurf dem Reichstage vorgelegt. Die 4 Anlagen des Entwurfes I und die von *Friedberg* und *v. Schwarze* teilweise umgearbeitete Begründung zu diesem waren beigelegt. *Leonhardt* und *Friedberg* wurden von den Regierungen mit der Vertretung des Entwurfs beauftragt.

Die erste „Lesung" fand am 22. Februar statt. Auf Antrag des Abgeordneten *Albrecht* wurde beschlossen, den ersten (allgemeinen) Teil, sowie die Abschnitte 1—7 des zweiten Teils (hauptsächlich die politischen Verbrechen) durch Plenarberatung zu erledigen und nur die übrigen Abschnitte 8—29 des zweiten Teiles einer kommissionellen Vorberatung zu unterziehen.

Am 28. Februar begann die zweite Lesung, die am 8. April 1870 zu Ende geführt wurde. Hervorzuheben wäre die Auseinandersetzung über die Todesstrafe, deren Beseitigung am 1. März 1870 trotz einer großen Rede des Bundeskanzlers mit 118 gegen 81 Stimmen beschlossen wurde.

Für den Beginn der dritten Lesung war der 21. Mai 1870 angesetzt worden. Da erklärte der Justizminister *Leonhardt* im Auftrage der verbündeten Regierungen, daß diese von der Zurücknahme mehrerer der in der 2. Lesung gefaßten Beschlüsse das Zustandekommen des Gesetzes abhängig machten. In erster Linie handelte es sich um die Wiederherstellung der Todesstrafe. Der von *Planck* eingebrachte Zusatzantrag: „In denjenigen Bundesstaaten, in welchen die Todesstrafe gesetzlich bereits abgeschafft ist, bewendet es hierbei" — führte zunächst zu einer Vertagung der weiteren Beratung und dann (22. Mai) zu einem Beschlusse des Bundesrats, der den Antrag *Planck*, als die einheitliche Rechtsbildung in einem der wichtigsten Punkte beeinträchtigend, für unannehmbar erklärte.

Am 23. Mai wurden die Beratungen wieder aufgenommen. *Planck* zog seinen Antrag zurück; die Wiederherstellung der Todesstrafe (Antrag *v. Luck*) wurde mit 127 gegen 119 Stimmen beschlossen. Das Gesetz selbst gelangte mit den vom Bundesrate gewünschten Abänderungen am 25. Mai zur Annahme, erhielt am selben Tage die Genehmigung des Bundesrates, am 31. Mai 1870 mit dem Einführungsgesetze die Ausfertigung des Bundesoberhauptes und wurde in der am 8. Juni 1870 ausgegebenen Nr. 16 des BGBl. als StGB für den Norddeutschen Bund veröffentlicht. Es trat in Wirksamkeit am 1. Januar 1871 (EG § 1).

III. Durch die Gründung des Deutschen Reichs wurde die **Umwandlung des norddeutschen in das Reichsstrafgesetzbuch** notwendig gemacht.

1. Nach Art. 80 der zunächst mit Baden und Hessen am 15. November 1870 vereinbarten Verfassung des deutschen Bundes trat das StGB vom 31. Mai 1870 nebst dem gleichzeitig erlassenen Einführungsgesetz a) in Baden am 1. Januar 1872; b) in Hessen (soweit es nicht zum Norddeutschen Bunde gehört hatte) schon am 1. Januar 1871 in Kraft.

2. Nach dem mit Württemberg am 25. November 1870 abgeschlossenen Vertrage begann die Wirksamkeit des StGB daselbst mit dem 1. Januar 1872 (Art. 2 Nr. 6).

3. In Bayern erfolgte, entsprechend dem Vertrage vom 23. November 1870, die Einführung des StGB, mit Wirkung vom 1. Januar 1872, durch das BundesG vom 22. April 1871, betreffend die Einführung norddeutscher Bundesgesetze in Bayern.

Inzwischen hatte § 2 des G vom 16. April 1871, die Verfassung des Deutschen Reiches betreffend, das StGB zum Reichsgesetze erklärt.

Das G vom 15. Mai 1871, betreffend die Redaktion des StGB für den Norddeutschen Bund als StGB für das Deutsche Reich, nahm in dem Texte des StGB (nicht des Einführungsgesetzes) die durch die Änderung der politischen Verhältnisse notwendig gewordenen Umgestaltungen vor[1]).

4. In Elsaß-Lothringen wurde das StGB (aber nicht das EG vom 31. Mai 1870) durch das G vom 30. August 1871 (seither mehrfach abgeändert) mit Wirkung vom 1. Oktober 1871 eingeführt.

Demnach begann die Wirksamkeit des RStGB:

a) Am 1. Januar 1871 in den Gebieten des früheren Norddeutschen Bundes und in Hessen südlich des Mains;

b) am 1. Oktober 1871 in Elsaß-Lothringen;

c) am 1. Januar 1872 in Württemberg, Baden, Bayern.

5. Mit dem 1. April 1891 ist das RStGB auf Helgoland in Kraft getreten (VO vom 22. März 1891).

IV. Schon durch das G vom 10. Dezember 1871 erhielt das RStGB einen Zuwachs in dem als § 130a Abs. 1 eingefügten sog. Kanzelparagraphen. Es folgten die G vom 30. November 1874 und 6. Februar 1875, durch welche §§ 287 und 337 StGB beseitigt wurden.

Viel tiefergreifend waren die durch das **G vom 26. Februar 1876** eingeführten Änderungen.

Die wichtigsten Bestimmungen der am 25. November 1875 eingebrachten, nach eingehenden Beratungen mit vielen und wesentlichen Veränderungen angenommenen Vorlage betrafen folgende Punkte: 1. Verschiedene Redaktionsversehen wurden verbessert. — 2. In einer Reihe von Fällen (§§ 176, 177, 240, 241, 296, 370 Nr. 4) wurde das Antragserfordernis beseitigt, in anderen (§§ 263, 292) beschränkt und im allgemeinen die Unwiderruflichkeit des Antrages als Regel aufgestellt (§ 64). — 3. Die Mindestmaße der Strafe wurden erhöht in den §§ 113, 114, 117; der Umfang der Verantwortlichkeit erweitert in § 4 Nr. 1. — 4. Neu eingefügt wurden § 49a („Duchesne-Paragraph"), §§ 103a, 223a, 296a, 353a („Arnim-Paragraph"), 366a, 361 Nr. 9; 130a 2. Abs. — In der durch diese Änderungen gegebenen neuen Fassung wurde das ganze StGB unter dem 26. Februar 1876 (mit Kraft vom 20. März 1876) abermals im RGBl. veröffentlicht.

V. **Spätere Abänderungen** des Gesetzes betrafen:

1. Ersetzung der §§ 281—283 StGB durch das 3. Buch der KonkursO vom 10. Februar 1877 (abgeändert 17. Mai 1898, neue Fassung vom 20. Mai 1898).

2. Einfügung der §§ 302a—302d durch das WucherG vom 24. Mai 1880.

3. Anfügung eines zweiten Absatzes an den § 184 durch Art. IV des G betr. die unter Ausschluß der Öffentlichkeit stattfindenden Gerichtsverhandlungen vom 5. April 1888.

4. Umgestaltung und Ergänzung der §§ 276, 317, 318 (318a), 360 Nr. 4, 364, 367 Nr. 5 durch das G vom 13. Mai 1891.

5. Abänderung des § 69 durch das G vom 26. März 1893.

6. Abänderung und Ergänzung der Bestimmungen über den Wucher (§§ 302aff., 367 Ziff. 16) durch G vom 19. Juni 1893.

7. Abänderung der §§ 89 und 90 StGB durch das G vom 3. Juli 1893.

8. Abänderung des § 361 durch G vom 12. März 1894.

9. Mehrfache Abänderungen brachte Art. 34 EG zum BGB vom 18. August 1896.

---

[1]) Französische Übersetzung des RStGB von *Rosenfeld* 1916.

10. Abänderung des § 316 StGB durch das G vom 27. Dezember 1899.

11. Abänderung der §§ 180, 181, 184, 362, Einfügung der §§ 181a, 184a, 184b durch G vom 25. Juni 1900.

12. Teilweise Aufhebung des § 360 Ziff. 9 durch § 108 Abs. 3 des G vom 12. Mai 1901 über die Privatversicherungsunternehmungen.

13. Abänderung der §§ 95, 97, 99, 101 durch G vom 17. Februar 1908 (Majestätsbeleidigung).

14. Abänderung des § 369 Abs. 1 Nr. 2 und Abs. 2 durch die Maß- und GewichtsO vom 30. Mai 1908.

VI. Wichtige Änderungen enthält die **Novelle vom 19. Juni 1912** (in Kraft seit 5. Juli 1912).

1. Sie hat die Strafdrohungen gemildert in den §§ 114, 123, 136, 137, 239, 288, 327 und 328.

2. Sie hat nicht nur § 370 Ziff. 5 (Mundraub) erweitert, sondern auch Diebstahl, Unterschlagung, Betrug „aus Not" in den §§ 248a und 264a als selbständige Antragsdelikte unter mildere Strafe gestellt.

3. Sie hat in § 223a Abs. 2 die Körperverletzung gegen jugendliche und andere der Fürsorge oder Obhut des Täters unterstehende Personen (sog. Kindermißhandlung) mit strengeren Strafen (unter Beseitigung des Antragserfordernisses) bedroht.

4. Sie hat den Tatbestand der §§ 123, 235, 355 und 369 Ziff. 1 in Einzelheiten geändert.

Trotz ihrer auffallend schlechten Fassung mußte die Novelle wegen ihres entschlossenen Einlenkens in neue Bahnen als wesentlicher Fortschritt begrüßt werden.

VII. **Nach dem Weltkriege** machte die ungewöhnliche Verschärfung der politischen, wirtschaftlichen und sozialen Lage Deutschlands trotz des vorgerückten Stadiums der Vorarbeiten für die allgemeine Reform des Strafrechts eine ganze Reihe von Veränderungen des RStGB erforderlich:

1. Durch die **Novelle vom 23. Dezember 1919** wurden die das **Glücksspiel** betreffenden §§ 284 und 285 umgestaltet und der § 360 Ziff. 14 gestrichen.

2. Eine vollkommene Umgestaltung und kriminalpolitisch sehr bedeutsame (oben § 4 III) Erweiterung erfuhren die Bestimmungen des RStGB über die **Geldstrafen** durch das **G zur Erweiterung des Anwendungsgebietes der Geldstrafe und zur Einschränkung der kurzen Freiheitsstrafen vom 21. Dezember 1921** (Abänderung der §§ 1, 28, 29, 70 Ziff. 5), sodann durch das **GeldstrafenG vom 27. April 1923** (Abänderung der §§ 1, 27—29, 70, 78; Einfügung der §§ 27a—c, 28a, b), das **G über Vermögensstrafen und Bußen vom 13. Oktober 1923** (Anpassung an die Geldentwertung), die **VO auf Grund des G über Vermögensstrafen und Bußen vom 23. November 1923** (Einführung der Goldmark für die Berechnung der Geldstrafen), endlich die **VO über Vermögensstrafen und Bußen vom 6. Februar 1924** (endgültige Feststellung des Wortlauts der §§ 1, 27—29, 70, 78).

3. Das **G zum Schutze der Republik vom 21. Juli 1922** fügte dem RStGB einen neuen **§ 49b (Verabredung zum Morde)** ein, **ergänzte** den **§ 111 (Öffentliche Aufforderung zu einer strafbaren Handlung)** und berührte auch die §§ 81—86, 128, 129, 257, ohne diese jedoch zu ändern. Mit dem Außerkrafttreten des RepublikschutzG am 22. Juli 1929 haben jedoch diese Änderungen des StGB ihre rechtliche Geltung verloren.

4. Das **JugendgerichtsG vom 16. Februar 1923** setzte die **§§ 55—57 RStGB außer Kraft** und brachte eine **vollkommene Neuregelung des Jugendstrafrechts.**

5. Die **Novelle vom 23. Mai 1923** fügte dem RStGB einen neuen **§ 107a** ein (**Versammlungssprengung**).

6. Die **Novelle vom 30. April 1926** ergänzte durch Einfügung eines neuen **§ 210a** die Bestimmungen über die **Bestrafung des Zweikampfs.**

7. Die **Novelle vom 18. Mai 1926** ersetzte die die **Abtreibung** betreffenden §§ 218—220 durch einen einzigen **neuen § 218.**

8. Das G zur Bekämpfung der Geschlechtskrankheiten vom 18. Februar 1927 fügte dem § 180 die Abs. 2 und 3, dem § 184 die Ziff. 3a ein, ersetzte in § 361 die Ziff. 6 durch eine Neufassung und eine neue Ziff. 6a und nahm an § 362 Abs. 3 entsprechende Änderungen vor.

9. § 367 Ziff. 7 wurde durch § 24 des LebensmittelG vom 5. Juli 1927 beseitigt.

10. § 365 ist durch § 33 Ziff. 1 des GaststättenG vom 28. April 1930 beseitigt worden.

§ 14. Die übrigen Reichsstrafgesetze.

Literatur. *Kriegsmann* Sammlung kleinerer strafrechtlicher Reichsgesetze 3. Aufl. 1910. *Schmitt* Sammlung von Reichsgesetzen strafrechtlichen Inhalts 3. Aufl. 1925. *Friedmann* Strafgesetzbuch, Strafprozeßordnung und strafrechtl. Nebengesetze (Bd. IV der Schwabacherschen Sammlung „Deutsches Recht") 1931. *Honig* Strafgesetzbuch für das Deutsche Reich mit den reichsrechtlichen Nebengesetzen 2. Aufl. 1926. *Stenglein* Die strafrechtlichen Nebengesetze des Deutschen Reichs (Kommentar) 4. Aufl. **1** 1911, **2** 1912, **3** 1913 (herausgegeben von *Ebermayer, Galli, Lindenberg*); 5. Aufl. herausgegeben von *Ebermayer, Conrad, Feisenberger, Schneidewin*) **1** 1928, **2** 1931. *Allfeld* Die Strafgesetzgebung des Deutschen Reichs 3. Aufl. 1926. Bei der Orientierung hilft das in 6. Aufl. von *Hoche* bearbeitete Übersichtswerk „Das Recht der Neuzeit" 1914 bis 1930.

Die Strafrechtssätze, deren Inbegriff unser Reichsstrafrecht ausmacht, sind durch die Vorschriften des RStGB nicht erschöpft. Auch zahlreiche andere Reichsgesetze enthalten wichtige, in keinem Systeme des Strafrechts zu übergehende, strafrechtliche Bestimmungen. Quantitativ hat die heute kaum noch vollständig übersehbare Masse dieser sog. Nebengesetze das RStGB längst überflügelt. In den bisherigen Auflagen dieses Lehrbuchs wurden die Nebengesetze in zeitlicher Reihenfolge hier aufgeführt. Davon ist aber nunmehr abgesehen worden. Eine Orientierung über die in die Darstellung des Lehrbuchs aufgenommene Masse der Nebengesetze ermöglicht das Quellenregister am Schluß beider Bände, dessen jetzige Anordnung für die bisherige Aufzählung an dieser Stelle vollen Ersatz bietet.

§ 15. Literatur des Reichsstrafrechts und seiner Hilfswissenschaften.

Eine vollständige Bibliographie fehlt. Für die ältere Zeit wertvoll die Handbücher der Literatur des Kriminalrechts von *GW. Böhmer* (mit besonderer Rücksicht auf Kriminalpolitik) 1816 und *Kappler* 1838. — Für die neuere Zeit bieten möglichste Vollständigkeit die Systematisch-alphabetischen Generalregister zu den ersten 25 Bänden der Z, auf die ein für allemal verwiesen wird. — Über die Nebengesetze vgl. oben zu § 14. Über die außerdeutsche Literatur unten § 17.

Als die bedeutendsten Arbeiten sind an dieser Stelle zu nennen:

I. **Textausgaben:** *Kohlrausch* (früher *Liszt-Delaquis;* Guttentagsche Sammlung) 29. Aufl. 1930 (mit vorzügl. Anmerkungen). *Olshausen* 9. Aufl. 1912. *Daude* 16. Aufl. 1927. *Dalcke* 22. Aufl. 1930. *Schmitt* 17. Aufl. 1931 (Verlag Beck). *Honig* 2. Aufl. 1926 (mit vielen Nebengesetzen; Verlag Bensheimer). *Schäfer-Hartung* 1924 (ebenfalls mit Nebengesetzen; Verlag Stilke).

II. Systematische Darstellungen: **Lehrbücher** von *Berner* 1. Aufl. 1857, 18. Aufl. 1898. *Schütze* 2. Aufl. 1874. *Allfeld* Lehrbuch (8. Aufl. des von *H. Meyer* begründeten Werkes) 1922, mit Nachtrag 1928. *Merkel* 1889. *Merkel-Liepmann* Die Lehre von Verbrechen und Strafe 1912. *Finger* 1. Bd. 1904. *Wachenfeld* Lehrbuch 1914. *ME. Mayer* Der allg. Teil des deutschen Strafrechts 1915, 2. unveränderte Aufl. 1922. *Köhler* Deutsches Strafrecht Allg. Teil 1917. Jetzt vor allem: *Mezger* Strafrecht, ein Lehrbuch, 1931 (nur den Allg. Teil umfassend). — **Umfangreichere Werke:** *v. Holtzendorff* († 1889) Handbuch des deutschen Strafrechts in Einzelbeiträgen von verschiedenen Verfassern, 4 Bde. 1871/77 (veraltet). *Hälschner* Das gemeine deutsche Strafrecht, systematisch dargestellt, 1. Bd. 1881, 2. Bd. 1. Teil 1884, 2. Teil 1887. *v. Bar* Handbuch 1. Bd. Geschichte des deutschen Strafrechts und der Strafrechtstheorien 1882. *Binding* Handbuch 1. Bd. 1885 (besprochen von *Merkel* Z **6** 406, *v. Liszt* Z **6** 663). *Binding* Grundriß Allg. Teil 8. Aufl. 1913, Lehrbuch Bes. Teil 1. Bd. 2. Aufl. 1902, 2. Bd. 1. Abteilung 2. Aufl. 1904, 2. Abteilung 1905. *Sauer* Grundlagen des Strafrechts 1921. *Gerland* Deutsches Reichsstrafrecht 1922. *v. Hippel* Deutsches Strafrecht, 1. Bd., Allg. Grundlagen 1925; 2. Bd., Das Verbrechen, Allg. Lehren 1930. — *Thomsen* Das deutsche Strafrecht 1906/07. *Kohler* Leitfaden 1912. — **Grundrisse** von *Beling* 11. Aufl. 1930. *v. Birkmeyer* 7. Aufl. 1908. *v. Lilienthal* 4. Aufl. 1916. *van Calker* 3. Aufl. 1927. *Richard Schmidt* 2. Aufl. 1931. *Heimberger* 1931. *P. Merkel* 1927 (Allg. Teil). — **Kurzgefaßte Darstellungen** von *Birkmeyer* in seiner Enzyklopädie 2. Aufl. 1904; *Wachenfeld* in *v. Holtzendorff-Kohlers* Enzyklopädie 7. Aufl. 1915; *Doerr* Deutsches Strafrecht I. Allg. Teil 2. Aufl. 1930, II. Bes. Teil 1920. — *Liepmann* Einleitung in das Strafrecht 1900. *Beling* Die Lehre vom Verbrechen 1906. *v. Bar* Gesetz und Schuld im Strafrecht 1. Bd. 1906, 2. Bd. 1907, 3. Bd. 1909 (dazu *Kriegsmann* Z **29** 493, **30** 542). *Baumgarten* Aufbau der Verbrechenslehre 1913. *Thomsen* Grundriß des deutschen Verbrechensbekämpfungsrechts Allg. Teil 1905, Bes. Teil 1906. *Zimmerl* Aufbau des Strafrechtssystems 1930. — *Seuffert* in Strafgesetzgebung der Gegenwart **1** 1894.

III. Von den **Kommentaren** sind neben *Oppenhoff* 14. Aufl. 1901, herausgegeben von *Delius,* zu nennen *v. Olshausen* 1. Aufl. 1880, 11. Aufl. 2 Bde. 1927, bearbeitet von *Lorenz, Freiesleben, Niethammer, Kirchner, Gutjahr. Frank* 1. Aufl. 1897, 18. Aufl. 1931 (führender Kommentar). *Schwartz* 1914. *Ebermayer, Lobe* und *Rosenberg* 4. Aufl. 1929 (besondere Berücksichtigung der Rechtsprechung des Reichsgerichts).

IV. Abhandlungen allgemeinen Inhalts (von älteren Werken abgesehen): *Glaser* († 1885) Kleine Schriften über Strafrecht und Strafprozeß 2. Aufl. 1883. *Merkel* Kriminalistische Abhandlungen 1867. *Wahlberg* († 1901, Nachruf Z **23** 64) Gesammelte kleinere Schriften **1** 1875, **2** 1877, **3** 1882. *Binding* Die Normen und ihre Übertretung **1** 1872, 2. Aufl. 1890, **2** 1877, 2. Aufl. 1. Hälfte 1914 (besprochen von *Baumgarten* Z **37** 133, 386, 517); 2. Hälfte 1916, **3** 1918, **4** 1919. *Kohler* Studien aus dem Strafrecht **1—6** 1890ff. *v. Buri* Beiträge zur Theorie des Strafrechts und zum Strafgesetzbuch. Gesammelte Abhandlungen 1894. *Thyrén* Abhandlungen aus dem Strafrecht und der Rechtsphilosophie s. a.

(1894, 1896). *A. Merkel* Gesammelte Abhandlungen aus dem Gebiet der allgemeinen Rechtslehre und des Strafrechts 2 Bde. 1899, herausgegeben von *R. Merkel*. *v. Liszt* Strafrechtliche Aufsätze und Vorträge 2 Bde. 1905. *Groß* († 1916, Nachruf von *Lenz* Z **37** 595) Gesammelte kriminalistische Aufsätze 2 Bde. 1909. *Binding* Strafrechtliche und strafprozessuale Abhandlungen 1915. *Kitzinger* Juristische Aphorismen 1923.

V. Zeitschriften: Der Gerichtssaal; 1849 von *Jagemann* begründet, seit 1904 von *Oetker* und *Finger* herausgegeben. — Archiv für preußisches Strafrecht; 1853 von *Goltdammer* begründet, seit 1900 als Archiv für Strafrecht und Strafprozeß von *Kohler*, jetzt von *Klee* herausgegeben. — Zeitschrift für die gesamte Strafrechtswissenschaft; 1881 von *Dochow* und *v. Liszt* begründet, nach des ersteren Tode (1881) von *v. Liszt* und *v. Lilienthal*, jetzt von *Kohlrausch*, *Grünhut* und *Gleispach* herausgegeben, dazu 3 Bde. Höchstrichterliche Rechtsprechung (geleitet von *Feisenberger*). — Mitteilungen der Internationalen Kriminal. Vereinigung seit 1889; neue Folge seit 1926. — Abhandlungen des (preuß.) kriminalistischen Seminars, seit 1889 von *v. Liszt* herausgegeben; Neue Folge seit 1901; dritte Folge seit 1914 (als Abhandlungen des kriminalistischen Instituts der Universität Berlin) herausgegeben von *v. Liszt* und *Delaquis;* vierte Folge seit 1925 herausgegeben von *Goldschmidt* und *Kohlrausch*. — Strafrechtliche Abhandlungen, herausgegeben (mit anderen deutschen Strafrechtslehrern) seit 1896 von *Bennecke*, seit 1899 von *Beling*, seit 1906 von *v. Lilienthal*, jetzt von *Schoetensack*. — Wichtig ferner das Archiv für Kriminalanthropologie und Kriminalistik, begründet 1899 von *H. Groß*, seit 1916 als „Archiv für Kriminologie" weitergeführt von *Heindl*, *Horch*, *Schmidt*, *Sommer*, *Strafella* und *Zafita;* sowie die seit 1904 von *Aschaffenburg* und *v. Hentig* herausgegebene Monatsschrift für Kriminalpsychologie und Strafrechtsreform. — Juristische Wochenschrift, herausgegeben vom Deutschen Anwaltverein, seit 1871. — Deutsche Strafrechtszeitung, seit 1914 herausgegeben von *Kahl*, *Lindenau*, *v. Liszt*, *Lucas*, *Mamroth*, *Meyer*, *v. Staff*, *v. Tischendorf*, *Wach;* seit 1918 in Verbindung mit diesen von *Liebmann;* eingegangen mit Ablauf des Jahrgangs 1922. — Die Justiz (Organ des Republikanischen Richterbundes) seit 1925 herausgegeben von *Kroner*. — Schweizerische Zeitschrift für Strafrecht seit 1888 bzw. 1896, begründet von *Stooß*, jetzt herausgegeben von *Stooß*, *Zürcher*, *Gautier*, *Hafter* und *Delaquis*. — Österreichische Zeitschrift für Strafrecht, seit 1910, begründet und herausgegeben von *Löffler*. — Revue internationale de Droit pénal, seit 1924 herausgegeben von *Roux*, *Hugueney* und *Donnedieu de Vabres* (Organ der Association internationale de Droit pénal). Weitere ausländische Zeitschriften werden in § 17 angegeben.

VI. Spruchsammlungen: Die Rechtsprechung des Deutschen Reichsgerichts in Strafsachen, mit Ende 1888 eingegangen, im ganzen 10 Bde. — Entscheidungen des Reichsgerichts in Strafsachen. Herausgegeben von den Mitgliedern des Reichsgerichts. Vom 19. Bd. ab auch von den Mitgliedern der Reichsanwaltschaft mitherausgegeben. — Entscheidungen des Reichsmilitärgerichts, herausgegeben von den Senatspräsidenten und dem Obermilitäranwalt 1902—1920. — Sammlung der Entscheidungen des obersten Gerichtshofes für Bayern in Gegenständen des Strafrechts und Prozesses 1872—1880. Sammlung der Entscheidungen des OLG München in Gegenständen des Strafrechts und Strafprozesses 1882—1901. Sammlung von Entscheidungen des bayrischen Obersten Landesgerichts in Strafsachen seit 1902. — Entscheidungen des Hanseatischen OLG in Strafsachen. Herausgegeben von Mitgliedern des Strafsenats. — *Franz* Rechtsprechung des OLG Colmar in Strafsachen 1886, 1891, 1897, 1903, 1909. — *Apt-Beling* Grundlegende Entscheidungen des Reichsgerichts und Reichsmilitärgerichts 3. Aufl. 1903. — *Warneyer* Jahrbuch der Entscheidungen auf dem Gebiete des Strafrechts und Strafprozesses 1907ff. — *Soergel* und *Krause* Jahrbuch des Strafrechts und Strafprozesses 1906ff. — *Stenglein* Lexikon des deutschen Strafrechts nach den Entscheidungen des Reichsgerichts 1900. Dazu Ergänzungsband von *Galli* 1904.

VII. Strafrechtsfälle: *v. Liszt* Strafrechtsfälle zum akademischen Gebrauch, 14. Aufl. herausgegeben von *Rosenfeld* 1929 (1. Aufl. von *Dochow* 1876). *Frank* Strafrechtliche Fälle zum akademischen Gebrauch 8. Aufl. 1930. *v. Rohland* Strafrechtsfälle 3. Aufl. 1912. *Stooß* Strafrechtsfälle für Studierende 2. Aufl. 1915. *Graf zu Dohna* Übungen im Strafrecht und Strafprozeßrecht 3. Aufl. 1929. *Goldschmidt* Rechtsfälle aus dem Strafrecht 3. Aufl. 1930. *Petters* Praktische Strafrechtsfälle mit Lösungen 1931. — *Mendheim* Berühmte Kriminalfälle (in Reclams Bibliothek). Der Pitaval der Gegenwart herausgegeben von *Frank, Roscher, Schmidt* seit 1903. — *Lucas* Anleitung zur strafrechtlichen Praxis 2. Teil 1904, 4. Aufl., bearb. von *Ebermayer*, 1929. Etwa noch: *Rumpf* Der Strafrichter 1. Bd. 1912 (dazu *Ehrenzweig* Österreich. Z **4** 286), 2. Bd. 1913.

VIII. Hilfswissenschaften:

1. Die Arbeiten über Kriminologie und Kriminalpolitik siehe oben § 3, die über Gefängniswesen unten § 59; über Psychologie: *Ebbinghaus* Grundzüge 1. Bd. 1902, 1. Bd. 4. Aufl. bearb. von *Bühler* 1919. *Ziehen* Leitfaden der physiologischen Psychologie 6. Aufl. 1902. *Wundt* Grundriß der Psychologie 7. Aufl. 1905. *Jodl* Lehrbuch der Psychologie 2. Aufl. 1903. *Kaufmann* Die Psychologie des Verbrechens 1912. *Wulffen* Kriminalpsychologie 1926. *Göring* Kriminalpsychologie 1924. *Kretschmer* Medizinische Psychologie 4. Aufl. 1930.

2. Gerichtliche Medizin und Psychiatrie: Handbuch von *Caspar-Liman* 2 Bde., 9. Aufl. herausgegeben von *Schmidtmann* 1905ff. *Hofmann* Lehrbuch 9. Aufl. herausgegeben von *Kolisko* 1903, 10. Aufl. I. Teil herausgegeben von *Haberda* 1919. *Straßmann* Medizin und Strafrecht 1911. *Guder* Gerichtliche Medizin für Mediziner und Juristen, 2. Aufl. herausgegeben von *Stolper* 1900. *Gottschalk* Grundriß der gerichtlichen Medizin für Ärzte und Juristen 4. Aufl. 1912. *Puppe* Gerichtliche Medizin 2 Bde. 1908. *Schaefer* Allgemeine gerichtliche Medizin für Juristen, Mediziner, Pädagogen 1910. *Kratter* Lehrbuch der gerichtlichen Medizin 1912. *Paul* Der Gerichtsarzt. Leitfaden für die forensische Praxis, für Ärzte und Juristen 1. Aufl. 1920. *Zangger* Medizin und Recht 1920. — *v. Krafft-Ebing* Lehrbuch der Psychiatrie 7. Aufl. 1903. *Kraepelin-Lange* Psychiatrie 9. Aufl. 1927. *Cramer* Gerichtliche Psychiatrie 4. Aufl. 1908. *Delbrück* Gerichtliche Psychopathologie 1897. *Hoche* Handbuch der gerichtlichen Psychiatrie 2. Aufl. 1909. *Sommer* Kriminalpsychologie und strafrechtliche Psychopathologie auf naturwissenschaftlicher Grundlage 1904. *Ziehen* Psychiatrie 3. Aufl. 1908. *Bumke* in *Aschaffenburgs* Handbuch der Psychiatrie 1912. *Finger, Hoche* und *Breßler* Juristisch-psychiatrische Grenzfragen 1903ff. *Hübner* Lehrbuch der forensischen Psychiatrie 1914. *Bleuler* Lehrbuch der Psychiatrie 4. Aufl. 1923. *Birnbaum* Die psychopathischen Verbrecher 2. Aufl. 1926. — *Friedrich* Die Bedeutung der Psychologie für die Bekämpfung der Verbrechen 1915. — *v. Krafft-Ebing* Psychopathia sexualis 16./17. Aufl. bearb. von *Moll*. *Moll* Die konträre Sexualempfindung 3. Aufl. 1899. — Über die strafrechtliche Bedeutung der Epilepsie insbesondere *Ilberg* Z **21** 440. — *Friedreichs* Blätter für gerichtliche Medizin und Sanitätspolizei, herausgegeben von *Messerer*, seit 1898 von *Gudden*. — Vierteljahrsschrift für gerichtliche Medizin und öffentliches Sanitätswesen, herausgegeben von *Beninde* und *Strassmann*.

3. Kriminalpolizei: Die oben § 4 Note 15 angeführten Schriften.

§ 16. Die Deutsche Strafrechtsreform.

Literatur. (Nur die allgemeineren Besprechungen sind hier, die übrigen zu den einzelnen Materien angeführt.) Vgl. *v. Hippel* I 358, II 1. *Mezger* § 5. *Ebermayer* 50 Jahre Dienst am Recht (Erinnerungen) s. a. *Kohlrausch* Über Strafrechtsreform (Rede) 1927. *Derselbe* HdR **5** 762ff. *Kern* Zur Strafrechtsreform. 3 Vorträge. 1927. *Schäfer* Deutsche Strafgesetzentwürfe von 1903 bis 1927, 1927. *Rich. Schmidt* GS **96** 1. 1. Zum **Vorentwurf**: *v. Lilienthal, v. Liszt, van Calker, Mittermaier* Z **30** 224, 250, 280, 623. *Kitzinger* Z **31** 204, 341, 597. *Lucas, v. Hippel* Z **31** 549, 562. *Göring* Z **33** 146. *Hartwig, Baumgarten* Z **33** 507, 557. *v. Liszt* Österreichische Z **1** 3. *Binding* GS **76** 87, **77** 22. *v. Lilienthal, Kantorowicz* bei *Aschaffenburg* **6** 529, **7** 273. *Meyer, Wach, Supper* DJZ **14** 1281, **15** 9, 108, **16** 31. *v. Overbeck* Schweizer. Z **23** 1. *Kahl* in der Festgabe für *v. Martitz* 1911. *v. Birkmeyer* Beiträge zur Kritik des VE usw. 1910. *Köhler* Studien usw. 1910. *Sontag* Der VE usw. 1911. *Rohwedder* Die Strafauffassung des VE (Strafr. Abh. Heft 141) 1911. Die *Birkmeyer-Nagler*sche Sammlung (oben § 5). *Aschrott* und *v. Liszt* Die Reform des Strafgesetzbuchs 2 Bde. 1910. *v. Liszt* auf den deutschen Landesversammlungen der IKV 1911 und 1912 (Mitteilungen **18** 228, **19** 376). Verhandlungen des DJT 1910ff. Dazu *Aschrott* Z **31** 321. Besonders wertvoll: Zusammenstellung der gutachtlichen Äußerungen über den VE usw. Gefertigt im Reichsjustizamt. Als Manuskript gedruckt 1911. 2. Zum **Gegenentwurf**: *Kahl, Wach* DJZ **16** 501, 833, 958. *v. Jagemann* bei *Aschaffenburg* **8** 193. *Goldschmidt, Löffler* Österreichische Z **3** 221, 356. *Hartwig* Z **34** 35. 3. Zum **Kommissionsentwurf** und zum Entwurf **1919**: Die Mitteilungen von *Lucas* und *Ebermayer* DJZ **16**, **17**, **18**. *Olshausen* Kritische Bemerkungen zu den Beschlüssen der Strafrechtskommission 1913. *Ebermayer* Der Entwurf eines deutschen Strafgesetzbuchs 1914. *Liepmann* Die Reform des deutschen Strafrechts (Hamburg. Schriften Heft 2) 1921. *Gerland* Kritische Bemerkungen zum Allgemeinen Teil des Strafgesetzentwurfs 1919, 1921. *Beling* Methodik der Gesetzgebung, insbesondere der Strafgesetzgebung 1922. *Schultze* Psychiatrie und Strafrechtsreform 1922. *Kahl* Z **42** 205, *v. Hippel* Z **42** 404, 525. *Graf zu Dohna* JW **50** 368. *Ebermayer* LZ **15** 73, 159, 328; Z **42** 315 (Strafen und Sicherungsmittel). *Traeger* Z **42** 721, Z **43** 117. *Kohlrausch* Schweizer. Z **34** 156 (Straftat). *Mezger* bei *Aschaffenburg* **13** 47. *Bendix* ebenda 30. *Finger* GS **88** 269. *Goldschmidt* JW **51** 252 (Gegenentwurf zu den Abschnitten „Straftat" und „Täter und Teilnehmer"). *Merkel* Z **43** 299 (Straftat). *Oetker* GS **89** 161. 4. Zum **Amtlichen Entwurf von 1925**: *Aschrott* und *Kohlrausch* Reform des Strafrechts. Kritische Besprechung des Amtlichen Entwurfs eines Allgemeinen deutschen Strafgesetzbuchs 1926. *Gerland* Der Entwurf 1925. Allgemeiner Teil. 1925. *v. Lilienthal* bei *Aschaffenburg* **16** 113. *Graf zu Dohna* in der Festgabe für *R. Stammler* 1926, 255. *v. Hippel* Z **47** 18. *Bumke* JW **55** 1099. *Beling* GS **91** 348. *Finger* GS **92** 74. *Traeger* GS **92** 282. *Wachenfeld* GA **69** 209, **70** 2, 33, 65, 97, 129. 5. Zum **Entwurf von 1927** und den Ausschußberatungen: *Bell* Deutsche und österreichische Strafrechtsreform 1930. *Hegler* Das neue deutsche Strafgesetzbuch (Jahreskurse für juristische Fortbildung III. Band 129ff., 1929. *R. Lehmann* Der Stand der Strafrechtsreform, Deutsche Richterzeitung **20** 149, 206, 237, 285. *Schultze* Archiv für Psychiatrie **82** 1. *v. Lilienthal* Z **48** 300. *Mezger* Z **49** 171. *Bornhak* Der Beruf unserer Zeit zur Strafgesetzgebung (dazu *Kahl* JurW **60** 913; *Eb. Schmidt* Justiz VI 403). *Finger* GS **95** 106. Vgl. die Berichte von *Wunderlich* in DJZ **34** 39, 348, 814, **35** 385 und von *Schetter* DJZ **35** 728, 925, 1076, **36** 329, 462, 731 über die Beratungen in den Ausschüssen, von *Kahl* DJZ **36** 32 über den **E 1930**, von *Schäfer* DJZ **34** 741 über den EEG. — Vgl. ferner die Verhandlungen der deutschen Landesgruppe der IKV in Mitt. IKV **22** sowie in Mitt. IKV N. F. **1**, **2**, **3** (besonders wichtig!), **4**. Verhandlungen des 32. deutschen Juristentages in Bamberg. Dazu *Rosenfeld* DStrafrZ **8** 269. Verhandlungen des 34. Deutschen Juristentages in Köln 1926, Gutachten von *Dölle* (Bd. I 98) und *Reichel* (Bd. I 136), Referate von *J. Goldschmidt* und *Kadecka*.

I. Die Vorarbeiten.

Die längst als notwendig erkannte Umgestaltung der Deutschen Strafgesetzgebung trat mit dem Beginn des 20. Jahrhunderts in greifbare Nähe. Führende Männer der beiden Richtungen innerhalb der Strafrechtswissenschaft (oben § 5) hatten sich bereit erklärt, unter Zurückstellung des Schulenstreites, an der Lösung der großen Aufgabe gemeinsam mitzuarbeiten[1]). Der deutsche Juristentag, der bis dahin die strafrechtlichen Reformfragen nur nebenher und nicht von einem einheitlichen Gesichtspunkt aus behandelt hatte, stellte seit 1902 die Revision des StGB auf seine Tagesordnung. Seine Verhandlungen traten ergänzend zu den Arbeiten der Deutschen Landesgruppe der IKV hinzu, die seit ihrer Gründung die Reform der Deutschen Strafgesetzgebung zielbewußt ins Auge gefaßt und vorzubereiten sich bemüht hatte.

Am 28. November 1902 trat in den Räumen des Reichsjustizamtes ein freies wissenschaftliches Komitee zusammen, das unter Vermittlung des Staatssekretärs Dr. *Nieberding* sich gebildet hatte und aus Vertretern der verschiedenen Richtungen sorgfältig zusammengesetzt war.

Die klassische Schule war durch die Professoren *v. Birkmeyer*-München, *Wach*-Leipzig, *Kahl*-Berlin vertreten; die moderne Richtung durch *Hermann Seuffert*-Bonn, *v. Lilienthal*-Heidelberg und *v. Liszt*-Berlin; eine vermittelnde Richtung durch *van Calker*-Straßburg und *Frank*-Tübingen (jetzt München). An Stelle *Seufferts*, der noch vor dem Zusammentritt des Komitees am 23. November gestorben war (Nachruf Z **23** 323, Aufsätze **2** 448), wurde *v. Hippel*-Göttingen (vermittelnde Richtung) einberufen.

Die dem Komitee gestellte Aufgabe ging dahin, zur Vorbereitung der Reform des neuen RStGB ein Werk herauszugeben, in dem eine vergleichende Darstellung aller in Betracht kommenden strafrechtlichen Materien gegeben, die Ergebnisse der Rechtsvergleichung kritisch gewürdigt und Vorschläge für die Deutsche Gesetzgebung angeschlossen werden sollten. Unter Heranziehung von gegen 50 Mitarbeitern, zu denen mit vereinzelten Ausnahmen die sämtlichen Lehrer des Strafrechts an den deutschen Universitäten gehörten, wurde das Werk in Angriff genommen und rasch gefördert. Im Jahre 1909 lag die „Vergleichende Darstellung des Deutschen und Ausländischen Strafrechts" (Verlag von Otto Liebmann-Berlin) in 16 stattlichen Bänden vor, von denen 6 den allgemeinen, 9 den besonderen Teil behandelten, während der letzte Band das ausführliche Sachregister brachte: ein glänzendes Zeugnis für die Leistungsfähigkeit der deutschen Strafrechtswissenschaft.

II. Der Vorentwurf.

1. Entstehung. Inzwischen hatten aber auch bereits die Arbeiten zur Aufstellung des ersten Entwurfs eines Deutschen StGB begonnen. Am 1. Mai 1906 war im Reichsjustizamt eine aus praktischen Juristen bestehende Kommission zusammengetreten, die den Auftrag erhalten hatte, „einen formulierten Vorentwurf zu einem neuen Deutschen Strafgesetzbuch nebst Begründung auszuarbeiten".

Die Kommission bestand aus 5 Mitgliedern: Dem Direktor im Preußischen Justizministerium *Lucas* als Vorsitzenden, dem vortragenden Rat im Reichsjustizamt *v. Tischendorf* als Stellvertreter des Vorsitzenden, dem vortragenden Rat im Preußischen Justizministerium *Schulz*, dem Reichsgerichtsrat *Ditzen* und dem Bayrischen Oberlandesgerichtsrat *Meyer*. Im Verlauf der Beratungen wurde *v. Tischendorf* durch den vortragenden Rat im Reichsjustizamt *Joël* er-

[1]) Vgl. die Erklärung von *Kahl* und *v. Liszt* in der DJZ **7** 301 vom 1. Juli 1902.

setzt; an Stelle von *Schulz* trat der Kammergerichtsrat *Kleine;* an Stelle von *Ditzen* der Kammergerichtsrat *Oelschläger.*

Die Kommission hatte in ihrer 117. Sitzung am 20. April 1909 ihre Arbeit vollendet. Im Herbst 1909 wurde der Entwurf mit einer zwei Bände umfassenden Begründung der Öffentlichkeit übergeben.

2. Allgemeine Charakteristik.

„Der Entwurf vertritt nicht den Standpunkt einer bestimmten wissenschaftlichen Richtung"; er konnte das auch nicht, sollte das friedliche Zusammenarbeiten der beiden Richtungen nicht gestört und damit das Zustandekommen des nationalen Werkes gefährdet werden. Er trägt den gegebenen Verhältnissen Rechnung, indem er von dem Boden der klassischen Schule ausgeht, aber der modernen Schule eine Reihe von entscheidenden Zugeständnissen macht. Er bringt keine vollständige Umgestaltung des StGB in seinen Grundzügen, wohl aber eine im ganzen wertvolle Weiterbildung des bestehenden Rechts.

Unter den von dem Vorentwurf vorgeschlagenen Neuerungen sind an dieser Stelle folgende zu nennen: Die Einführung der bedingten Verurteilung („bedingter Strafaufschub") und der Rehabilitation („Wiedereinsetzung"); die Anerkennung der verminderten Zurechnungsfähigkeit und die Verwahrung gemeingefährlicher vermindert zurechnungsfähiger oder geisteskranker Verbrecher; die Heraufsetzung der unteren Altersgrenze der Strafmündigkeit vom 12. auf das 14. Lebensjahr und die Aufstellung eines besonderen Jugendstrafrechts unter fast vollständiger Ausschaltung des Vergeltungsgedankens; die erweiterte Anwendung des Arbeitshauses und die Zulassung der Einweisung in eine Trinkerheilanstalt; die allgemeine Rückfallsschärfung und eine besondere „Sicherungsstrafe" gegen wiederholt vorbestrafte gewerbs- und gewohnheitsmäßige Verbrecher; endlich das außerordentliche, an keine gesetzlichen Schranken geknüpfte und bis zur Straffreiheit reichende Milderungsrecht des Richters in „besonders leichten Fällen".

Das Strafensystem ist im wesentlichen beibehalten; aber Festungshaft und Haft sind zur Haft zusammengefaßt, der Verweis ist auch den Erwachsenen gegenüber zugelassen, die Geldstrafe soll den Vermögensverhältnissen des Verurteilten angepaßt werden. Die Bestimmungen über den Inhalt der Freiheitsstrafen sind erweitert, ohne daß damit freilich das einheitliche Strafvollzugsgesetz entbehrlich gemacht worden wäre. Im besonderen Teil waren die Verfasser mit Erfolg bemüht, die Kasuistik des geltenden Rechts zu vermeiden, so daß 80 Paragraphen gespart werden konnten, während der Allgemeine Teil um 20 Paragraphen vermehrt werden mußte.

Die Einarbeitung der Nebengesetze und die Ausscheidung der Polizeidelikte haben die Verfasser abgelehnt.

III. Der Gegenentwurf.

Im allgemeinen hat der VE in der Öffentlichkeit eine günstige Aufnahme gefunden. Von allen Seiten wurde anerkannt, daß auf dieser Grundlage weitergebaut werden könnte. Um diese Weiterarbeit zu fördern, haben die Professoren *Goldschmidt, Kahl, v. Lilienthal* und *v. Liszt* einen Gegenentwurf mit Begründung 1911 herausgegeben, der sich bemühte, im Rahmen des VE die wichtigsten unter den weitergehenden Forderungen zu verwirklichen. Vor allem handelte es sich um die folgerichtige Trennung der Polizeiübertretungen von dem kriminellen Unrecht und um die Einarbeitung wenigstens eines Teiles der strafrechtlichen Nebengesetze. Dazu trat das Bestreben, das Strafensystem des Entwurfs schärfer zu differenzieren, in die chaotischen Strafdrohungen eine feste Ordnung zu bringen und für die Strafzumessung klare

Regeln zu gewinnen. Endlich bedurften die allgemeinen strafrechtlichen Begriffe, deren Bestimmung die schwächste Seite des VE bildete, einer gründlichen Neugestaltung und der besondere Teil einer sorgfältigen Überprüfung.

IV. Der Kommissionsentwurf von 1913 und der Entwurf 1919.

Inzwischen war bereits am 4. April 1911 eine neue Kommission im Reichsjustizamt zusammengetreten, die den VE durchzuberaten und zum Regierungsentwurf zu gestalten beauftragt wurde. Dieser Kommission gehörten, zum Teil in wechselnder Folge, im ganzen 21 Mitglieder an. Den Vorsitz führte zunächst *Lucas;* nach seinem Ausscheiden trat *Kahl* an seine Stelle. Von Strafrechtslehrern waren, außer *Kahl*, auch *Frank* und *v. Hippel* in die Kommission berufen worden. Am 27. September 1913 wurden die Tagungen geschlossen; ein kleinerer Ausschuß stellte dann noch den Entwurf eines Einführungsgesetzes fertig.

Die Veröffentlichung des KE, dem eine erläuternde Denkschrift beigegeben werden sollte, wurde durch den Krieg verzögert. Der Kritik waren daher, zumal die Bearbeitung von *Ebermayer* den fehlenden Wortlaut nicht ersetzen konnte, die Hände gebunden, und nur soviel war ersichtlich, daß der KE, in wichtigen Fragen an den GE sich anlehnend, manche wesentliche Verbesserung des VE bringen sollte. Im Frühjahr 1918 ließ der damalige Staatssekretär des Reichsjustizamts, Dr. *v. Krause*, die Arbeiten endlich wieder aufnehmen. Freilich glaubte man nunmehr ohne eine erneute Überarbeitung den Entwurf nicht hinausgehen lassen zu dürfen. Daher wurde eine aus 4 Mitgliedern (Staatssekretär Dr. *Joël*, Senatspräsident Dr. *Ebermayer*, Oberlandesgerichtspräsident Dr. *Cormann* und Ministerialdirektor Dr. *Bumke*) bestehende Kommission beauftragt, die Beschlüsse der Strafrechtskommission zu überprüfen. Der Umschwung der politischen Verhältnisse, der bald darauf mit der Revolution eintrat, nötigte die Kommission dazu, den Entwurf auch der Neuordnung der staatlichen Verhältnisse im Reiche und in den Ländern anzupassen. So wurden in den Einzelheiten zahlreiche Abweichungen von den Beschlüssen der Strafrechtskommission erforderlich. Hinsichtlich der allgemeinen Grundgedanken konnten dagegen die von der Strafrechtskommission eingehaltenen Linien gewahrt bleiben. Die Aufstellung des Entwurfes war am 21. November 1919 beendet. Aber die Herstellung der Denkschrift verzögerte sich bis zum Beginn des Jahres 1921. Erst dann konnte der Entwurf 1919 zusammen mit dem KE der Öffentlichkeit übergeben werden. Leider sind die Protokolle der Strafrechtskommission bisher nicht veröffentlicht worden, obwohl sie ein wissenschaftliches Material zur Strafrechtsreform von allerhöchstem Werte enthalten. Sie wurden zuerst als geheim behandelt; jetzt sind sie freilich der Benutzung freigegeben worden; aber ihre wissenschaftliche Auswertung ist stark behindert, weil nur wenige metallographisch hergestellte Exemplare vorhanden sind, die meisten überdies sich in den Händen Privater (der Kommissionsmitglieder) befinden.

Ein Regierungsentwurf ist auch der E von 1919 nicht. Die ihm beigegebene Denkschrift erklärt ausdrücklich, daß die Verfasser „lediglich ihrer persönlichen Überzeugung Ausdruck gegeben" haben und daß „die Reichsregierung und die Regierungen der Länder für den Inhalt des E von 1919 keine Verantwortung tragen".

Eine allgemeine Charakteristik des E 1919 kann hier nur im engsten Rahmen gegeben werden. Es ist selbstverständlich, daß der E 1919 den modernen Reformforderungen durchweg Rechnung trägt und die vom VE in dieser Beziehung vorgeschlagenen Neuerungen, von denen oben II 2 die Rede gewesen ist, unter oft nicht unerheblicher Veränderung und Verbesserung übernommen hat. Die Bearbeiter des E 1919 konnten sich dabei auf die hervorragende Vorarbeit stützen, die die Strafrechtskommission mit der Beratung und Aufstellung des KE geleistet hatte. So ist denn auch der E 1919 in weiten Teilen nichts anderes als eine Wiederholung des KE von 1913.

In bedeutsamer Weise weicht E 1919, in Übereinstimmung mit KE hierin dem GE folgend, zunächst insofern vom VE ab, als er die Übertretungen in einem besonderen Buche behandelt und somit namentlich auch hinsichtlich der allgemeinen Bestimmungen von den Verbrechen und Vergehen absondert. Geschehen ist dies in dem Bestreben, „die Grenze zwischen dem kriminellen und dem polizeilichen Unrecht schärfer als bisher zu ziehen" (Denkschrift S. 8). Dem entspricht es auch, daß E 1919 als primäre Übertretungsstrafe nur noch die Geldstrafe androht.

Was das allgemeine Strafensystem betrifft, so wird die vom VE und GE vorgeschlagene Dreiteilung der Freiheitsstrafen wieder aufgehoben. Von der Haft wird die sog. Einschließung abgetrennt, die als custodia honesta im wesentlichen der heutigen Festungshaft entspricht. Für die tunlichste Vermeidung kurzfristiger Freiheitsstrafen ist durch eine über VE hinausgehende Verwendung der bedingten Strafaussetzung, des Verweises und der Geldstrafe gesorgt worden. Die letztere geht, wo durch sie der Strafzweck erreicht werden kann, bei wahlweiser Androhung von Geld- und Freiheitsstrafe der Freiheitsstrafe vor. Neben das Strafensystem tritt ein besonderes System sog. „Maßregeln der Besserung und Sicherung". Das gesamte System der Verbrechensbekämpfungsmittel ist mithin zweispurig ausgestaltet; doch wird der an sich vorhandene Dualismus von Strafe und Sicherungsmittel bis zu einem gewissen Grade dadurch aufgehoben, daß ein „Vikariieren" beider Maßnahmen innerhalb bestimmter Grenzen für statthaft erklärt ist. Das Jugendstrafrecht, das inzwischen durch das Jugendgerichtsgesetz in einer den neuzeitlichen Anforderungen entsprechenden Weise geregelt worden ist, ist in einen eigenen Abschnitt verwiesen.

Auf dem Gebiete der allgemeinen strafrechtlichen Bestimmungen bemüht sich E 1919, die vielfachen Mängel, die gerade der VE in dieser Beziehung aufzuweisen hat, unter umfassenderer Berücksichtigung der Ergebnisse der wissenschaftlichen Forschung zu beseitigen. Dies zeigt sich unter anderem in der feiner durchgeführten Differenzierung der Schuldarten, in der Wiederherstellung des Unterschiedes zwischen Schuldausschließungsgründen, Rechtfertigungsgründen und persönlichen Strafausschließungsgründen, weniger dagegen in der Regelung der Täterschaft und Teilnahme, für die die vorbildliche Fassung des GE leider unberücksichtigt geblieben ist, und in der ziemlich unklaren Behandlung des Irrtums.

Was schließlich den besonderen Teil betrifft, so sei hier nur darauf hingewiesen, daß eine Einarbeitung der Nebengesetze auch von den Verfassern des E 1919 nicht versucht worden ist; nicht einmal das Preistreibereistrafrecht der Kriegs- und Nachkriegszeit hat in einer Vorschrift etwa über Sozialwucher in Krisenzeiten (vgl. unten § 143 I) Niederschlag gefunden.

V. Die Teilreformen in der Nachkriegszeit.

Der langsame Gang der allgemeinen Strafrechtsreform führte nach dem Ende des Weltkrieges, der mit seinen sozialen, wirtschaftlichen und politischen Umwälzungen die Unzulänglichkeit des bisherigen Strafrechts und seiner den Anschauungen des altliberalen Staates entsprechenden Verbrechensbekämpfungsmittel jäh beleuchtet hatte, zu dem dringenden Bedürfnis, wichtige Einzelfragen aus der Gesamtreform des Strafrechts herauszulösen und im Wege der Teilreform gesetzlich zu regeln. Diesem Bedürfnis verdankten das StraftilgungsG von 1920, die Geldstrafengesetzgebung von 1921 bis 1924, das JGG von 1923 und das AbtreibungsG von 1926 ihre Entstehung. Über den kriminalpolitischen Gehalt dieser Gesetze, die durchaus auf der Gedankenarbeit der Strafrechtsreformbewegung beruhen, ist schon oben in § 4 berichtet worden; eine genauere Darstellung ihrer Einzelheiten erfolgt an den durch das System dieses Lehrbuchs gebotenen Stellen. Die größte Bedeutung kommt unter allen diesen Strafgesetznovellen dem JugGG vom 16. Februar 1923 zu. Seine Entstehung reicht in das Jahr 1919 zurück; Anläufe zu einer Abzweigung des Jugendstrafrechts von der Allgemeinreform des Strafrechts hatten jedoch schon früher stattgefunden: der Entwurf einer StPO von 1908, der im Jahre 1909 an den Reichstag gelangte[2]), wollte bereits die für schon gereift gehaltene Frucht eines reformierten Jugendstrafrechts pflücken und suchte in den §§ 364ff. in prozessualer Gewandung die wichtigsten Reformforderungen durchzusetzen. Den gleichen Versuch machte, nachdem die Strafprozeßreform gescheitert war, der Entwurf eines deutschen Gesetzes über das Verfahren gegen Jugendliche von 1912[3]), jedoch mit dem gleichen negativen Erfolge wie sein Vorläufer von 1908/09. Die bedenkliche Zunahme der Verwahrlosung der Jugend im Weltkriege und in der Nachkriegszeit gab dann einen sehr energischen Anstoß dazu, auf dem Gebiete des Jugendstrafrechts und Jugendgerichtswesens eine Teilreform in Angriff zu nehmen. Das Reichsjustizministerium arbeitete im Winter 1919/20 den Entwurf eines Jugendgerichtsgesetzes aus und legte ihn im Frühjahr 1920 der Öffentlichkeit vor. Der Entwurf brachte in der materiellrechtlichen Regelung des Jugendstrafrechts die oben § 4 bereits geschilderten Fortschritte, fand damit auch überwiegend Anklang. Nach Umarbeitung im Reichsrat wurde der Entwurf im Oktober 1922 dem Reichstage zugeleitet, der ihn am 1. Februar 1923 annahm.

VI. Der Entwurf Radbruch von 1922 und der amtliche Entwurf eines Allgemeinen Deutschen Strafgesetzbuchs von 1925.

Die Veröffentlichung des KE und des E 1919 hat nicht nur innerhalb Deutschlands eine lebhafte und fördernde Kritik auf den Plan gerufen, sondern auch in Österreich starken Widerhall gefunden. Wie der Deutsche Juristentag und die Deutsche Landesgruppe der IKV hat sich auch die Österreichische Kriminalistische Vereinigung eingehend mit den deutschen Entwürfen befaßt[4]). Von besonderem Einfluß auf die Gestaltung der Dinge in Deutschland wurde dann insbesondere die Entschließung der österreichischen Justizverwaltung, eine Angleichung des österreichischen an das deutsche Strafrecht im Zusammenhang mit der einmal im Gang befindlichen Reform anzustreben. Auf diese Anregung ist die Ausarbeitung eines Österreichischen Gegenentwurfs zu dem Allgemeinen Teil des Ersten Buches des deutschen Strafgesetzentwurfs vom Jahre 1919[5]) zurückzuführen. Damit war die erforderliche Grundlage für eine gemeinsame Weiterarbeit Deutschlands und Österreichs an der Strafrechtsreform geschaffen[6]). Das erste Ergebnis dieser Arbeit war der im Jahre 1922 der Reichs-

---

[2]) Vgl. Reichst.-Drucks. 12. Leg.-Per. I. Session 1907/09 Nr. 1310; II. Session 1909/10 Nr. 7; ferner II. Session 1909/11 Nr. 638.

[3]) Abdruck des Entw. nebst Begründung in Mitt. IKV. **19**. Vgl. unten Lit. zu § 38.

[4]) Vgl.: Der deutsche Strafgesetzentwurf. Im Auftrage des Vorstandes der Österreichischen Kriminalistischen Vereinigung herausg. von *Gleispach*. 1921.

[5]) Wien 1922. Gedruckt in der Österreichischen Staatsdruckerei.

[6]) Hiermit verwirklichte sich der beste Teil des Gedankens einer mitteleuropäischen Strafrechtsvereinheitlichung, an die während des Weltkrieges gedacht worden war. Vgl. darüber die 25. Aufl. § 5 Note 4. *Gerland* Z **51** 674;

regierung vorgelegte **Entwurf Radbruch.** Dieser Entwurf, eine einheitliche, in sich geschlossene, von gesundem Fortschrittsgeist getragene Leistung, wies namentlich zwei bemerkenswerte Abweichungen gegenüber seinen Vorgängern auf: er beseitigte die Todesstrafe, diesen „einzigen Rest" eines längst überwundenen Strafrechts, der „durch eine unüberbrückbare Kluft von den anderen Strafarten getrennt, völlig verbindungslos und unvergleichbar in einem auf Geldstrafe und Freiheitsentziehung aufgebauten Strafensystem" stehen geblieben ist[7]); er beseitigte ferner die Zuchthausstrafe, die er durch das „strenge Gefängnis" ersetzte, und zugleich mit ihr alle Ehrenstrafen; hiermit suchte der Entwurf der „moralischen Lynchjustiz", wie sie die Gesellschaft in pharisäerhafter Überhebung dem Vorbestraften gegenüber zu üben pflegt, klar und deutlich entgegenzutreten. Aus dem besonderen Teil des Entwurfs ist zu erwähnen die Straflosigkeit des absolut untauglichen Abtreibungsversuchs (freilich im Widerspruch zu der allgemeinen Versuchsregelung) und die Beseitigung aller Sonderbestimmungen über den Zweikampf.

Veröffentlicht wurde dieser Entwurf nicht; auch war ihm nicht das Schicksal beschieden, unmittelbar die Grundlage für den weiteren Gang der Strafrechtsreform zu werden. Die Reichsregierung beriet erst im Herbst 1924 über den Entwurf. Sie nahm tiefgehende Änderungen an ihm vor, und zwar gerade bezüglich der oben hervorgehobenen besonders markanten Punkte des Entwurfs. Die Veröffentlichung des auf Grund dieser Änderungen entstehenden neuen Entwurfs wurde am 12. November 1924 beschlossen. Zu Anfang des Jahres 1925 erschien der Entwurf im Druck; eine Begründung folgte alsbald nach.

Nach 23jähriger Arbeit an dem Werke der Strafrechtsreform erschien damit der erste amtliche, also von der Verantwortung der Reichsregierung getragene Strafgesetzentwurf. Wenn er sich zugleich als Entwurf eines allgemeinen deutschen StGB bezeichnet, so bringt dieser Name die österreichische Mitarbeit und die österreichisch-deutsche Rechtsangleichung zum Ausdruck. Inhaltlich „beruht" auch dieser Entwurf „auf den Beschlüssen der Strafrechtskommission und verdankt er das Meiste und Beste seinen Vorläufern". Auf die Einzelheiten seiner Regelung wird in den folgenden Abschnitten dieses Lehrbuchs stets eingegangen werden. Zur allgemeinen Charakteristik sei hier nur das Folgende bemerkt:

Wie die früheren Entwürfe sucht auch der AE 1925 die theoretischen Gegensätze innerhalb der Strafrechtswissenschaft dadurch zu überbrücken, daß er die Verbrechensbekämpfungsmittel dualistisch ausgestaltet, neben das System der Strafen ein solches von sichernden Maßnahmen stellt, unter Ablehnung der unbestimmten Verurteilung für die Strafe in concreto ein festbestimmtes Maß verlangt, für die Sicherungsmittel dagegen eine Anpassung an den jeweiligen Gefährlichkeitsgrad des Täters zuläßt. Die Strafmittel des Entwurfs entsprechen im wesentlichen denen des geltenden Rechts. Die beiden energischen Schritte nach vorwärts, die in dieser Beziehung der Entwurf *Radbruch* kühn getan hatte, sind rückgängig gemacht worden, was bezüglich der

v. Weber Aufgaben der deutsch-österreichischen Strafrechtsvereinheitlichung 1931. — Neuerdings wird aus dem Kreise der Association internationale de droit pénal (dazu *Kohlrausch* Z **46** 293) eine internationale Strafrechtsvereinheitlichung betrieben. Über die erste Konferenz, die hierfür 1927 in Warschau stattfand vgl. die von *Rappaport, Pella* und *Potulicki* veröffentlichten Actes de la Conférence (Paris 1929). Deutschland ist an diesem Unternehmen bisher unbeteiligt.

[7]) Über den Entwurf 1922 und seine Abweichungen von der Reichsratsvorlage (Entwurf) 1925 vgl. *Radbruch* Z **45** 417. Den dort wörtlich wiedergegebenen Teilen der Begründung sind die Zitate im Text entnommen.

Todesstrafe um so bedauerlicher ist, als damit angesichts der verfassungsrechtlichen Bindung Österreichs die Rechtsangleichung in einem bedeutsamen Punkte in Frage gestellt ist. Vom geltenden Recht weicht der Entwurf namentlich in zwei Punkten ab: Die Festungshaft ist beseitigt; dafür läßt der Entwurf für den „Überzeugungsverbrecher" die „Einschließung" an Stelle von Zuchthaus und Gefängnis zu. Die Ehrenstrafen, einschließlich der entehrenden Rechtsverwirkungen bei der Zuchthausstrafe, sind dem Namen nach abgeschafft; der Sache nach tauchen sie leider in der Reihe der Sicherungsmittel wieder auf. In der Anwendung der Straf- und Sicherungsmittel „gewährt der Entwurf dem Richter ein hohes Maß von Freiheit" (Begründung 1925 S. 4); auch ist dem Richter die Handhabung des bedingten Straferlasses wie die der vorläufigen Entlassung anvertraut. Die Regelung des Vollzuges der Freiheitsstrafen überläßt der Entwurf einem besonderen Strafvollzugsgesetz.

Eine eigentümliche Neuerung des Entwurfs besteht darin, daß er nicht nur die Übertretungen aus den gleichen Gründen, wie KE und E 1919, in ein besonderes Buch verweist und für sie auch besonders gestaltete allgemeine Vorschriften aufstellt, sondern in einem dritten Buch überdies das „gemeinschädliche Verhalten", als dessen Haupttypen Bettel, Landstreicherei und bestimmte Arten der Betätigung des Prostitutionsgewerbes bezeichnet werden, einer Sonderregelung unterwirft. Hier wird auf Strafen überhaupt verzichtet. Nur das Arbeitshaus, als Besserungs- und Sicherungsmittel, soll dieser sozialen Plage gegenüber zur Anwendung gelangen. Die Begründung selbst bezeichnet das zweite und dritte Buch als Provisoria.

Was den Besonderen Teil hinsichtlich der Verbrechen und Vergehen (Erstes Buch) betrifft, so schließt sich der AE 1925 der Abneigung seiner Vorgänger gegen die Nebengesetze (vgl. oben § 14) an. Diese zur Zeit stark fluktuierende Masse in eine strafrechtliche Kodifikation zu bannen, erscheint ihm unmöglich, namentlich auch mit Rücksicht auf die Zusammenarbeit mit Österreich. Und in der Tat dürfte die Zeit für eine Einarbeitung der Nebengesetze nicht günstig sein. Jedenfalls wäre es nicht zu rechtfertigen, um dieser Nebengesetze willen die Strafrechtsreform aufzuhalten.

VII. Die Entwürfe von 1927 und ihr Schicksal.

Der AE 1925 wurde im Reichsrat eingehender Durchprüfung unterzogen. In rechtsdogmatischer Hinsicht (z. B. beim Irrtum) wie auch in kriminalpolitischer Beziehung wurden zum Teil erhebliche Änderungen vorgenommen. Daß „die Grundlinien der Reform" dabei im ganzen gewahrt blieben, war eine Selbstverständlichkeit. Immerhin war es doch ein neuer Entwurf, der dem Reichstage der III. Wahlperiode nach Abschluß der Reichsratsberatungen am 14. Mai 1927 (Reichst.-Drucks. Nr. 3390) zugeleitet wurde. Außer der üblichen Begründung waren dem E 1927 zwei bedeutungsvolle Anlagen beigefügt, in denen *Mittermaier*, *Hegler* und *Kohlrausch* wichtiges rechtsvergleichendes Material (Anlage I, später ergänzt in Reichst.-Drucks. IV. Wahlper. Nr. 289) verarbeiteten und überdies eine sehr wertvolle Darstellung der Entwicklung der deutschen Kriminalität seit 1882 (Anl. II) gegeben wurde. Die Wahrung der „Grundlinien der Reform" zeigt sich natürlich vor allem in der Beibehaltung der „Zweispurigkeit" der strafrechtlichen Unrechtsfolgen: Strafen und sichernde Maßnahmen. Aber gerade auf diesem wichtigsten Gebiete wurde doch auch ein bedenkliches und von der Kritik sofort scharf bekämpftes Experiment gewagt: die Anordnung der sichernden Maßnahmen, von der Sicherungsverwahrung abgesehen, wurde dem Strafrichter genommen; er sollte lediglich ihre Zulässigkeit aussprechen und das weitere den Verwaltungsbehörden überlassen.

Eine großangelegte Rede *Kahls* in der Plenarsitzung des Reichstages vom 21. Juni 1927 (vgl. Z **48** 251) stellte den bedeutungs- und hoffnungsvollen Auftakt der parlamentarischen Arbeiten dar. Aber ein günstiger Stern hat ihnen nicht geleuchtet.

Der Reichstag der III. Wahlperiode (1924—1927) überwies den E 1927 seinem 32. Ausschuß. Unter *Kahls* Vorsitz beriet dieser in 62 Sitzungen (bis 2. März 1928). Einer Unterbrechung der Gesetzgebungsarbeit durch die am 31. März 1928 (RGBl. I 136) angeordnete Auflösung des Reichstages hatte das auf *Kahls* Initiative zurückzuführende, mit verfassungsändernder Mehrheit beschlossene RG zur Fortführung der Strafrechtsreform vom 31. März 1928 (RGBl. I 135) vorgebeugt. Die dem Reichstage der III. Wahlperiode eingebrachten Vorlagen wurden danach als auch dem Reichstage der IV. Wahlperiode eingebracht behandelt. Der neue Reichstag überwies den Entwurf dem 21. Ausschuß, der wiederum unter *Kahls* Vorsitz gebildet wurde. Vom 12. Juli 1928 bis zum 21. Februar 1930 wurde in 127 Sitzungen die erste Lesung durchgeführt. Dabei wurde, was hier besonders hervorgehoben sei, für die Anordnung der sichernden Maßnahmen die richterliche Zuständigkeit wiederhergestellt. Die 128. bis 143. Sitzung (8. April bis 11. Juli 1930) galten sodann der 2. Lesung. Die Fühlung mit Österreich wurde während der gesamten Ausschußberatungen durch die sog. deutschen und österreichischen parlamentarischen Strafrechtskonferenzen aufrechterhalten. Eine Zusammenstellung des E 1927 mit den Beschlüssen des 21. Ausschusses in erster Lesung und den Ergebnissen der deutschen und österreichischen parlamentarischen Strafrechtskonferenzen ist in Drucks. XVI des 21. Ausschusses (Reichstag IV. Wahlper. 1928) erfolgt. (Ausgabe von *Kohlrausch* als Ergänzung zu seinem „Strafgesetzbuch", 29. Aufl. 1930; Verlag Walter de Gruyter u. Co.; in zweiter Ausgabe mit den Beschlüssen zweiter Lesung.)

Seit dem E 1919 waren die Fragen des Strafvollzuges aus der Reform des materiellen Strafrechts ausgeschieden worden, da sie einem besonderen Reichsgesetz zur Regelung überlassen werden sollten. Nachdem durch die sog. Reichsratsgrundsätze für den Vollzug von Freiheitsstrafen vom 7. Juni 1923 (unten § 60 III) der Weg für die materielle Ausgestaltung eines Vollzugsgesetzes gewiesen worden war, ging das Reichsjustizministerium an die Aufstellung eines Entwurfs, der im Januar 1927 als Amtlicher Entwurf eines Strafvollzugsgesetzes nebst Begründung der öffentlichen Kritik unterbreitet und zugleich dem Reichsrat vorgelegt wurde. Am 9. September 1927 konnte der Entwurf nach gewissen Veränderungen dem Reichstage zugeleitet werden (Reichst.-Drucks. Nr. 3628, III. Wahlper. 1924/27).

Endlich wurde das umfassende Reformwerk durch einen Amtlichen Entwurf eines Einführungsgesetzes zum Allgemeinen Deutschen StGB und zum Strafvollzugsgesetz abgeschlossen. Nach erfolgter Zustimmung des Reichsrats gelangte auch dieser Entwurf, ein umfangreiches und kompliziertes Gesetzgebungswerk von großer Tragweite, am 20. Mai 1930 an den Reichstag (Drucks. Nr. 2070, IV. Wahlper. 1928).

Jedoch waren die politischen Ereignisse dem Fortgang des Reformwerkes im höchsten Maße ungünstig. Die Auflösung des Reichstages im Juli 1930 brachte die ganze Reform in Gefahr. Ein abermaliges Überleitungsgesetz hatte *Kahl* nicht erreichen können. So mußte im Reichstag der V. Wahlperiode 1930 erneut ein Entwurf eines Allgemeinen Deutschen StGB eingebracht werden (**E 1930**). Dies geschah durch einen Antrag D Dr. *Kahl* und Genossen (Nr. 395 der Drucksachen). „Der Entwurf selbst ist nach feiner und wohlüberlegter Verbindung der Konferenzbeschlüsse, der Beschlüsse zweiter Lesung des deutschen Ausschusses sowie der ursprünglichen Vorlage von 1927 im Reichsjustizministerium selbst aufgestellt worden" (*Kahl* JW **60** 914). Der Fortgang der Reform in der bisherigen kriminalpolitischen Richtung ist damit angebahnt. In stürmischer Sitzung des Reichstages wurde der Entwurf dem 18. Ausschuß überwiesen, der sich am 11. Dezember 1930 unter dem Vorsitz *Kahls* konstituierte.

Wie stark die politische Gegnerschaft gegen die Strafrechtsreform inzwischen geworden ist, wie sehr auch dieses große nationale Werk in die Kulturkrisis verwickelt ist, durch welche der Leidensweg des deutschen Volkes hindurchführt, hat sich nicht nur in den Beratungen des 18. Ausschusses, sondern auch sonst in mannigfachen Äußerungen der politischen Öffentlichkeit gezeigt. Das Dunkel, das über der politischen Gegenwart liegt, macht es unmöglich, über das weitere Schicksal der Strafrechtsreform Vermutungen zu äußern.

§ 17. Die außerdeutsche Strafgesetzgebung der Gegenwart.

Literatur. Die Strafgesetzgebung der Gegenwart in rechtsvergleichender Darstellung; herausg. von der IKV (deutsch und französisch). 1. Band: Das Strafrecht der Staaten Europas; herausg. von *v. Liszt* 1894 (dazu *Birkmeyer* Z **16** 95). 2. Band: Das Strafrecht der außereuropäischen Staaten; herausg. von *v. Liszt* und *Crusen* 1898 (mit Nachträgen zum ersten Band). Ergänzung in Mitteilungen **9**ff. — Sammlung außerdeutscher Strafgesetzbücher in deutscher Übersetzung; herausg. von den Redaktionen der Z und der Mitteilungen der IKV. — Vergleichende Darstellung des deutschen und außerdeutschen Strafrechts. Vorarbeiten zur deutschen Strafrechtsreform; herausg. auf Anregung des Reichsjustizamtes von *Birkmeyer, van Calker, Frank, v. Hippel, Kahl, v. Lilienthal, v. Liszt, Wach.* 16 Bände, 1904—1909. — Jetzt besonders wertvoll *v. Hippel* I 376—456, II 15ff., sowie *Mezger* § 6. In den Bänden der Z ausländische Umschau. Reiches Material bieten: Annuaire de Législation étrangère (Paris). Bulletin de la société de législation comparée. Bulletin trimestriel de l'Institut Belge de droit comparé. Revue internationale de droit pénal. Für die Oststaaten: Zeitschrift für Osteuropäisches Recht, herausg. vom Osteuropa-Institut in Breslau 1925—1927, seitdem Zeitschrift für Ostrecht.

I. Danzig.

Das deutsche Strafrecht gilt weiter. Die neue Gesetzgebung schließt sich eng an die heimische deutsche an: G vom 9. Mai 1923 betr. die Heraufsetzung des Strafmündigkeitsalters. GeldstrafenG vom 7. Juli 1922, 14. März 1923, dann 28. September 1923. G über beschränkte Auskunft aus dem Strafregister und die Tilgung von Strafvermerken vom 26. Mai 1922, abgeändert 27. Juni 1923.

II. Österreich.

Vgl. *v. Hippel* I 376, II 15. *Hiller* StG **1** 115. *Lißbauer* Z **50** 716. *Mezger* 48. Das **geltende StGB vom 27. Mai 1852** ist lediglich eine verbesserte Auflage des StGB von 1803 (oben § 11 II 1). **Entwürfe** von *Hye* 1863/67, *Glaser* 1874, *Prazak* 1881, *Schönborn* 1889 und 1891 (Z **14** 221). Vorentwurf von 1909 (abgedruckt Z **30**), Regierungsentwurf 1912 (Sammlung Nr. 39). Dazu Vorträge über den VE usw., gehalten in der OeKV 1911. *Rittler* und *Löffler* Österreich. Z **3** 326 und 401. Seit 1920 Anschluß der österreichischen Reformarbeit an die deutsche. Der deutsche E 1919 von der OeKV kritisch erörtert (vgl. „Der deutsche Strafgesetzentwurf. Im Auftr. des Vorstandes der OeKV herausg. von *W. Gleispach* 1921). 1922 Ausarbeitung des „österreich. Gegenentwurfs" zum E 1919. Seitdem gemeinsames Arbeiten der österreichischen und deutschen Justizverwaltungen. 1927 Entwurf der Bundesregierung beim Nationalrat eingebracht. Seitdem Beratungen im Ausschuß und deutsche und österreich. parlamentarische Strafrechtskonferenzen (1927/30). Vgl. darüber oben § 16 VI, VII. In der österreich. **Strafgesetzgebung** inzwischen folgende **Neuerungen:** Abschaffung der Todesstrafe durch G vom 3. April 1919 für das ordentliche Verfahren. G über die Tilgung der Verurteilung vom 21. März 1918. Dazu *Oetker* GS **87** 161. Einführung der bedingten Verurteilung durch G vom 23. Juli 1920. Vgl. *Gleispach* Schweizer. Z **33** 57; *Derselbe* Z **35** 501. *Derselbe* Der österreich. StGE 1912. *Makarewicz* GS **82** 161. *Löffler* Österreich. Z **4** 45, 117, 232. *Höpler* GS **88** 338.

MilitärStGB vom 15. Januar 1855. Ausgabe von *Koller* 4. Aufl. 1919. Über Novellen vgl. *Lelewer* und *Hecht* Die neuen militärstrafrechtl. Gesetze 1919.

GefällStGB vom 11. Juli 1835.

Jugendstrafrecht: Regierungsvorlage von 1917; JugGG vom 18. Juli 1928. Dazu *Lißbauer* Z **50** 265, *Grünhut* bei *Aschaffenburg* **20** 279, *Gleispach* DJZ **33** 1444. Kommentar von *Kadečka*.

VerwaltungsstrafG vom 21. Juni 1925 (*Zimmerl* GS **98** 303).

Hauptwerke: *Herbst* Handbuch **1** 7. Aufl. 1882; **2** 7. Aufl. 1884. *Janka* Lehrbuch; 4. Aufl. herausg. von *v. Kallina* 1902. *Finger* Lehrbuch 1. Bd. 3. Aufl. 1912; 2. Bd. 3. Aufl. 1914. Grundriß von *Lammasch* 4. Aufl. 1911, 5. Aufl. von *Rittler* 1926. *Stooß* Lehrb. des österreich. Strafrechts 1909/10; 2. Aufl. 1912/13. *Stooß* und *v. Künßberg* Allgemeine Bestimmungen österreichischer Strafgesetzbücher (1768—1852) 1909. *Altmann* und *Jacob* Kommentar I 1928, II 1930. *Hoegel* Geschichte des österreich. Strafrechts usw. 1904ff. — Textausgaben von *Cramer* (jetzt von *Löffler* und *Lorenz*) 22. Aufl. 1912. *Löffler* 1904. *Altmann, Jacob* und *Weiser* Die österreich. Strafgesetzgebung nach dem Stande vom 1. Jänner 1926; 5. Aufl. 1926. — Entscheidungen des Kassationshofes seit 1876 (bei *Manz*).

Das StGB von 1852 gilt auch in Lichtenstein.

III. Tschechoslowakei.

Vgl. *v. Hippel* I 381, II 16. *Mezger* 48. *Miřička* Revue international de Droit pénal **3** (1926) 179. *Derselbe* Annuaire de lég. étr. **47** 182. *Eppinger* in Zeitschr. f. osteurop. R. **2** 333. Ein einheitliches Strafrecht fehlt. In Böhmen, Mähren und Schlesien (auch dem von Deutschland abgetrennten Teil) gilt das österreich. StGB von 1852, in Slowakien und Russisch-Subkarpathien gilt das ungarische StGB von 1878, das StGB für Übertretungen von 1879, das Jugendstrafrecht von 1913. Einzelne Materien sind inzwischen einheitlich für den ganzen Staat geregelt: durch G vom 17. Oktober 1919 ist die bedingte Verurteilung und die bedingte Entlassung, durch G vom 18. März 1921 für gewisse Verbrecherkategorien das alte opus publicum (vgl. unten § 59) in Gestalt einer erniedrigenden öffentlichen Zwangsarbeitsstrafe eingeführt. Am 22. Mai 1919 ergeht ein GeldfälschungsG, am 19. März 1923 ein G zum Schutze der Republik. Durch G vom 14. Juni 1928 wird die Tilgung der Verurteilung gesetzlich ermöglicht. Vgl. dazu *Eppinger* Zeitschr. f. Ostrecht **5** 405. — An einer Vereinheitlichung des gesamten Strafrechts wird gearbeitet. 1921 erschien ein von *Miřička* aufgestellter Vorentwurf zum Allgemeinen Teil eines StGB. Die Ausarbeitung des Besonderen Teils ist ebenfalls erfolgt. Der Gesamtentwurf ist im Sommer 1926 erschienen. Vgl. *Miřička* Z **43** 281. *Derselbe* Schweizer. Z **35** 26. *Junckerstorff* Lpz. Z. **23** 1185. Sammlung der neueren tschechoslowakischen Gesetze von *Lederer* I 1922, II 1923, und von *Kallab-Herrnritt*

1923. *v. Weber* Grundriß des tschechoslowakischen Strafrechts 1929; hier auch genauere Angaben über die tschechoslowakische Strafrechtsliteratur.

IV. Ungarn.

Vgl, *v. Wlassics* StG **1** 162; *Fayer* StG **2** 459; Mitteilungen **9** 257. *v. Wlassics* GS **67** 360. *v. Hippel* I 382, II 16. *Mezger* 49. *v. Angyal* Zeitschr. f. osteurop. R. **1** 253, **2** 357. *Auer* Z **47** 631. — Interessante Entwürfe von 1791/92 (herausg. 1899) und von 1843 (herausg. in 4 Bdn. von *Fayer* 1896—1902). — Von 1852 bis 1861 galt das österreich. StGB. — Neues StGB von 1878, in Kraft seit 1. September 1880, dem deutschen nachgebildet. Amtliche deutsche Übersetzung 1878. Materialien dazu von *Löw* 2 Bde. 1880. StGB für Übertretungen vom 12. Juni 1879, ebenfalls am 1. September 1880 in Kraft getreten. Amtliche deutsche Übersetzung von 1879. Novelle von 1908, übersetzt in Mitteilungen **16** 383. Diese Novelle enthält auch Jugendstrafrecht. Dazu *Heller* Z **31** 616. Vollständige Übersetzung des StGB mit allen Nachträgen in Mitteilungen **16** Beilage. Im Jahre 1913 erging ein JugGG (Übersetzung von *Vambéry* Mitteilungen **20** Beilage), ein PreßG und ein G betr. gemeingefährliche Arbeitsscheue; am 6. Mai 1921 G über wirksameren Schutz der staatl. und gesellschaftl. Ordnung (vgl. dazu *Schiller* Z **42** 673). GeldstrafenG 1921. — Ein neuer StGE war 1916 in Vorbereitung, wurde aber nicht veröffentlicht. *Hacker* Die neueren Ergebnisse der Strafgesetzgebung in Ungarn 1923.

Wissenschaftliche Bearbeitungen von *Fayer* 3. Aufl. 1904; *Finkey* 4. Aufl. 1914; *Horovitz, Kautz, Nemeth, Schnierer, Werner*; insbes. *Vambéry* Lehrbuch I 1913, II 1918. *v. Angyal* I 3. Aufl. 1920, II 1915ff. *Albert Irk* Lehrbuch 1928. Kommentar von *Illes* 3 Bde.

V. Die Niederlande.

Vgl. *van Hamel* StG **1** 189; *v. Hippel* I 389, II 17; *Mezger* 50; *Mittermaier* DJZ **36** 925. — Frühzeitig begannen die Bemühungen, die Herrschaft des Code pénal abzuschütteln, der im Jahre 1811 an die Stelle des einheimischen StGB vom 31. Januar 1809 getreten war. Entwürfe von 1827, 1839—1846, 1859. Erst der Entwurf von 1875 führte zu dem StGB vom 3. März 1881, in Kraft seit 1. September 1886; vorzüglich das Werk des Deterministen *AEI. Modderman* († 1885). Deutsche Übersetzung als Beilage zu Z **1**. — Novelle vom 20. Mai 1911 (Sittlichkeitsdelikte); dazu *Seidel* Z **35** 603. — Einführung der Jugendgerichte und der Schutzaufsicht durch G vom 5. Juli 1921. MilitärStGB vom 27. April 1903, in Kraft seit 1. Januar 1923. — PsychopathenG vom 28. Mai 1925 (21. August 1928). Ferner G vom 25. Juni 1929 über Reform des Strafenwesens, Strafvollzug, Verwahrung von Gewohnheitsverbrechern. — In Niederländisch-Indien galt für die Europäer ein StGB von 1866, abgeändert 1875 (Ausgabe von *de Pinto*). Entwurf von 1891. Für die Inländer ein StGB von 1872, abgeändert 1876, 1879. Jetzt für Europäer und Inländer das am 1. Januar 1918 in Kraft getretene „Wetboek van Strafrecht voor Ned. Indie". Dazu Taverne in Tijdschrift voor Strafrecht **30** 121. — In West-Indien (Surinam und Curaçao) StGB von 1868 (Ausgaben von *van der Kinderen*).

Literatur. *HJ. Smidt*, Geschiedenes van het Wetboek van Strafrecht 5 Bde. 2. Aufl. 1901. — Kommentare: *Hazelhoff, Heemskerk* und *Polenaar*, 2 Teile 1882; *Noyon*, Het Wetboek van Strafrecht verklaard, 3. Aufl. 1914 mit Ergänzung 1916. — Lehrbücher: *van Hamel* († 1917; Nachruf Z **38** 553; Nordisk Tidsskrift for Strafferet V 207; ferner *Dahl*, Juridiske Profiler 1920,

131 ff.) Inleiding tot de Studie van het Nederlandsche Strafrecht 3. Aufl. 1913; *Simons* Leerboek 2 Teile 4. Aufl. 1921, 1923, 5. Aufl. Teil I 1927. *Zevenbergen* († 1925, Nachruf von *Beling* Grundzüge des Strafrechts 8/9. Aufl. 1925, Vorwort) Leerboek v. h. Nederl. Strafr. I (Allgem. Teil) 1924. — Tijdschrift voor Strafrecht (seit 1866).

VI. Der skandinavische Norden.

1. Dänemark.

Vgl. *Olrik* StG **1** 207, Mitteilungen **6** 210, **9** 215. *v. Hippel* I 397, II 18. *Mezger* 50. — StGB vom 10. Februar 1866. Deutsche Übersetzung von *Bittl* als Beilage zu Z **21**. Änderungen des StGB durch das „PrügelG" (*v. Hippel*) vom 1. April 1905 (Mitteilungen **13** Beilage), aufgehoben durch die Novellengesetzgebung vom 1. April 1911 (Abdruck in der Textausg. von *Dahl* 1926). G vom 12. Juni 1922 betr. Schutzfürsorge für verbrecherische, vernachlässigte oder verwahrloste Jugendliche. G über Sicherungsmaßregeln vom 11. April 1925, über Sterilisation vom 1. Juni 1929; vgl. *Lucas* bei *Aschaffenburg* **20** 627. — MilitärStGB vom 7. Mai 1881 (deutsche Übersetzung als Beilage zu Z **2**). — Strafrechtsreform: Entwurf 1912; Gegenentwurf von *Torp* 1917; Beratung dieses *Torp*schen Entwurfs durch eine Kommission; deren „Bedenken" 1923; daraufhin neuer Entwurf 1924; dazu *Krabbe* Z **48** 335; weitere Entwürfe 1928 (*Rytter*), 1929 (*Zahle*). Daraufhin jetzt **neues StGB vom 15. April 1930,** in Kraft spätestens 1. Januar 1933. Vgl. *Mittermaier* bei *Aschaffenburg* **21** 252, *Lucas* ebenda 641.

Literatur. *Goos* (über ihn *Dahl* Juridiske Profiler 1920, 11 ff.), Den danske Strafferet, Einleitung und Allg. Teil (I, II 1875 und 1878), Besonderer Teil (I bis III 1895/96). *Torp,* Den danske Strafferets almindelige Del 1905. — Nordisk Tidsskrift for Strafferet seit 1878 (hier zahlreiche Aufsätze zur Reform). — Vgl. über den Entwurf *Torp* 1917: *Rüdinger* Z **39** 194, 371.

2. Island.

StGB vom 25. Juni 1869, im wesentlichen mit dem damaligen dänischen übereinstimmend.

3. Schweden.

Vgl. *Uppström* StG **1** 244. *v. Hippel* I 395, II 18. *Mezger* 50. — StGB vom 16. Februar 1864, in Kraft seit 1. Januar 1865. Zahlreiche Abänderungen. Aus neuerer Zeit besonders wichtig: Novelle vom 7. Mai 1917 (Ersatz der Freiheitsstrafe bei Jugendlichen durch Erziehungsmaßregeln in erweitertem Maße zugelassen); G vom 3. Juni 1921 (Abschaffung der Todesstrafe im bürgerlichen Strafrecht); G vom 13. Juni 1921 (Milderung der Bestrafung wegen Kindestötung und Abtreibung); G vom 6. Mai 1921 (Erhöhung der Strafe bei Tierquälerei). — Seit 1888 Arbeiten an einem neuen StGB. Vorentwurf von *Thyrén* Allg. Teil 1916; Besonderer Teil I 1917, II 1919, III 1920, IV 1922, V 1923, VI 1925, VII 1927, VIII 1929. Entwurf der Strafgesetzkommission (Allg. Teil) 1923. *Thyrén* Prinzipien einer Strafgesetzreform 1. Bd. 1910, 2. Bd. 1912, 3. Bd. 1914. Dazu *Löffler* Österreich. Z **3** 192; *Oetker* GS **82** 81. *Stooß* Schweizer. Z **31** 1. *Thyrén* Revue internat. de droit pen. **1** 23.

Militärstrafrecht: Das MilitärStGB vom 7. Oktober 1881 (deutsche Übersetzung als Beilage zu Z **2**) ist durch ein neues StGB vom 23. Oktober 1914 ersetzt (in Kraft seit 1. Januar 1916). Sonstige wichtige strafrechtliche Gesetze: AuslieferungsG vom 4. Juni 1913; StrafvollzugsG vom 24. März 1916 mit Novelle vom 6. Mai 1921. G über das Strafregister vom 24. Juli 1914.

Durch G vom 23. Oktober 1914 wird die bedingte Verurteilung teilweise neu geregelt, durch G vom 28. Juni 1918 wird das G über die vorläufige Entlassung vom 22. Juni 1906 abgeändert. Regelung des Jugendstrafrechts am 6. Juni 1924. Am 22. April 1927 ergehen die wichtigen G über die Verwahrung vermindert Zurechnungsfähiger und die Verwahrung von Rückfälligen.

Literatur. Lehrbuch von *Hagströmer* († 1910) **1** 1901/05, **2** 1906/09 (1911). Nachtrag 1912 durch *Hagströmer* jun. herausgegeben. Neuerdings Lehrbuch von *Nils Stjernberg* 1920. Kommentatorische Arbeiten von *Thyrén* 1919, *Nils Stjernberg* 1922. — *Nils Stjernberg* Kriminalpolitik 1918.

4. Norwegen.

Vgl. *Getz* († 1901; Nachruf Z **22** 481) StG **1** 227. *v. Hippel* I 393, II 18. *Mezger* 50. Entwurf von 1832. An Stelle des StGB von 1842 (deutsche Übersetzung von *Thaulow* 1845; Kommentar von *Schweigaard*) ist das von *Getz* gearbeitete, den neuen Ideen Rechnung tragende StGB vom 22. Mai 1902 (in Kraft seit 1. Januar 1905) getreten. Wichtige Novelle 22. Februar 1929. Textausgabe (2. Ausg. 1916) und Lehrbuch Allg. Teil 1911 von *Hagerup*. Übersetzung des Entwurfs und des Gesetzes (von *Urbye* und *Rosenfeld*) als Beilage zu Mitteilungen **7** und **12**. Übersetzung der Motive von *Bittl* 1907, fortgesetzt von *Frank* und *Weber* 1912. — Novelle zum StGB vom 25. Juli 1919, betr. die bedingte Strafaussetzung seitens des Gerichts (in Verbindung mit Schutzaufsicht, bei Jugendlichen mit Einweisung in eine Erziehungsanstalt). AuslieferungsG vom 13. Juni 1918 mit Novelle vom 16. Juni 1922. — MilStGB vom 22. Mai 1902 mit Novelle vom 6. Mai 1921, 24. März 1922.

Für Dänemark, Schweden und Norwegen hat *Goos* in der Nordisk Retsencyklopädie (1882 und 1899) das Strafrecht dargestellt.

5. Finnland.

Vgl. *Forsmann* StG **1** 313. *Caselius* Z. f. osteurop. R. **1** 285, 455. *v. Hippel* I 423. *Mezger* 51. *Mittermaier* DJZ **36** 922. — StGB vom 19. Dezember 1889, am 23. April 1894 an Stelle der schwedischen Gesetzgebung von 1734 getreten. Deutsche Übersetzung als Beilage zu Z **11**, französische von *Beauchel* 1890. Vgl. *Forsmann* († 1899) Z **11** 578. Entwürfe von 1875 und 1884. Wichtige Novellen: vom 29. April 1914, betr. Tierquälerei; vom 6. Juni 1914, betr. Kindestötung und Abtreibung. StrafvollzugsG vom 19. Dezember 1889 mit Novelle vom 26. Februar 1915. — 1918 G über bedingte Verurteilung.

Die Aufstellung eines neuen Entwurfs nach dem Vorbilde der deutschen Entwürfe und des norwegischen StGB ist durch *Serlachius* 1921 und 1922 erfolgt.

MilStGB vom 30. Mai 1919.

Literatur. Führendes Lehrbuch von *Serlachius* 1909—14; ferner: *Forsman* Förcläsninger öfver Strafflagen. Zeitschriften: Lakimies; Defensor legis; Juridiska föreningens Tidsskrift.

VII. Der europäische Osten.

1. Estland.

Vgl. *v. Hippel* I 424, II 24. *Mezger* 51. *v. Büchler* DJZ **36** 1171.

Auf der Grundlage des russischen StGB ist von einer Regierungskommission ein Vorentwurf zu einem estnischen StGB ausgearbeitet worden. Veröffentlichung 1923. Vgl. dazu *Ois* Z **49** 736. Dann neues StGB 1928 (nach *v. Büchler* a. a. O.).

2. Lettland.

Vgl. *Loeber* Z. f. osteurop. R. **1** 81, 267. *Mintz* Z **44** 361ff. Durch G vom 6. Dezember 1918 wurde das russische StGB von 1903 in seinem ganzen Umfange in Kraft gesetzt, einschließlich derjenigen Ergänzungen, die noch unter zaristischer Herrschaft und unter der Herrschaft der aus der Februarrevolution von 1917 hervorgegangenen Regierung erlassen worden waren. Einführung der bedingten Verurteilung durch G vom 12. Januar 1922. Unter Zugrundelegung des deutschen E 1919 ist 1922 ein Strafgesetzentwurf ausgearbeitet worden. Vgl. darüber *Mintz* Z **44** 362. Weiterer Entwurf 1928. Neues StGB am 25. September 1930; vgl. *Mezger* 51.

Literatur. Eine Reihe strafrechtlicher Aufsätze enthält das seit 1920 in lettischer Sprache erscheinende Journal des Justizministeriums (Tieslietu Ministrijas Vestnesis). Das russische StGB von 1903 wurde mit den *Taganzeff*schen Erläuterungen und den lettländischen Novellen von *P. Jacoby* 1922 neu herausgegeben. Hauptwerk jetzt wohl *Mintz* Kursus des Strafrechts Bd. I Allgemeiner Teil 1925, Bd. II Besond. Teil 1928. Dazu *Zaitzeff* Z. f. osteurop. R. **2** 355.

3. Litauen.

Vgl. *v. Büchler* Z **46** 389. *Derselbe* Z. f. osteurop. R. **2** 376. Anfang 1919 wurde durch das Präsidium des litauischen Volksrats das russische StGB von 1903 seinem ganzen Umfange nach zum geltenden StGB erhoben, soweit es nicht im Widerspruch zum neuen litauischen Verfassungsrecht stand. Das Strafensystem wurde erheblich vereinfacht; die Todesstrafe wurde anfänglich beseitigt, durch VO vom 5. März 1919 zunächst nur für die Dauer des Kriegszustandes, durch G vom 25. Februar 1920 aber für gewisse hoch- und landesverräterische Handlungen endgültig wieder eingeführt. Geldstrafengesetzgebung vom 5. März 1919, 9. April 1924. Die bedingte Strafaussetzung ist noch nicht eingeführt. Bedingte Entlassung ist möglich auf Grund eines G vom 23. Mai 1919 in Verbindung mit einer VO vom 4. Dezember 1922.

Von einer Strafrechtsreform im westeuropäischen Sinne ist nichts bekannt.

4. Polen.

Über die neueste polnische Strafrechtsgeschichte orientieren die Berichte von *Rappaport* Annuaire de législ. étr. **46** 317, **47** 232, **48** 248, **49** 167, **50** 505. *Derselbe* Revue intern. de Droit pén. **3** 159. *Babinski* Bulletin de la société de leg. comp. **54** 458. *v. Hippel* I 424, II 23. *Mezger* 51.

Die in den einzelnen Landesteilen vorgefundenen russischen, deutschen und österreichischen Gesetze sind zunächst in Kraft geblieben. Vgl. *Fink* DStrafr. Z **7** 157. Änderungen in Einzelheiten sind im polnischen Interesse vorgenommen. Seit 1919 wird in der Strafrechtlichen Abteilung der Kodifikationskommission an einem einheitlichen polnischen StGB gearbeitet. Wissenschaftliche Vorarbeiten dazu: Vorentwurf eines Allgemeinen Teils von *Mogilnicki* und *Rappaport* schon 1916. 1918 veröffentlicht *Krzymuski* den Entwurf eines StGB; vgl. dazu *Reinhold* Z **40** 429. Auf Grund der in der Kodifikationskommission gefaßten Beschlüsse ist 1922 der Vorentwurf eines Allgemeinen Teils von *Makarewicz* (Lemberg) und *Rappaport* (Warschau) ausgearbeitet worden. Abdruck in Revue Polonaise de législation civile et criminelle 1922, Fasc. I Annexe (Recueil des projets de lois); Gegenentwurf dazu (projet séparé) von *Makowski*. Vgl. *Makarewicz* Schweizer. Z **35** 165ff.; *Stooß* ebenda **37** 34. Jetzt auch (in polnischer Sprache) Entwurf des Besonderen Teils; vgl. *Glaser* Z **50** 644 Note 8a.

Entwurf eines MilStGB 1922 von *Makowski*. — Entwurf eines JugGG vom Dezember 1921 (Abdruck: Revue Polonaise 1922 Fasc. I Annexe). — StPO vom 19. März 1928 (Zeitschr. f. Ostr. **3** 232).

Vgl. über die Entwürfe: *Garraud*, Les Avant-Projets polonais de 1922 sur la partie générale d'un code pénal. 1924 (Bibliothèque de l'Institut de droit comparé de Lyon, Tome 7).

Literatur. Lehrbücher und Kommentare von *Krzymuski*, *Makarewicz*, *Makowski*, *Mogilnicki*, *Rappaport*, *Reinhold*. Textausgaben des geltenden Rechts von *Kaluzniacki*, *Mogilnicki-Rappaport*, *Reinhold* u. a. — Die Rechtsprechung des Obersten Gerichtshofes seit 1918 amtlich veröffentlicht. — Zeitschrift: Revue Pénitentiaire de Pologne.

5. Sowjetrußland.

Vgl. *v. Hippel* I 418, II 22. *Mezger* 51. *Foinitzky* StG **1** 269 (zaristisches Recht). Über das bolschewistische Strafrecht orientieren: *Galin* Gerichtswesen und Strafsystem im revolutionären Rußland 1920; *Zaitzeff* Z **43** 198, **44** 328, **51** 1, HdR V 193; *v. Harten* Schweizer. Z **36** 103; jetzt namentlich *Freund* Strafgesetzbuch Sowjetrußlands nebst Gerichtsverfassungsgesetz und Strafprozeßordnung (eingeleitet, übersetzt und kommentiert) 1925; ferner: Das Recht Sowjetrußlands, herausgegeben von *Maklezow*, *Timaschew*, *Alexejew* und *Sawadsky*, Tübingen (Mohr) 1925 (hierin Darstellung des Strafrechts von *Maklezow* S. 364—414). *Maurach* System des russ. Strafrechts 1928. *Derselbe* Z **48** 339. *Derselbe* Zeitschr. f. Ostr. **5** 410 (Das Sowjetstrafrecht 1919—1931). *Schwartzkopf* Das Strafrecht Sowjetrußlands (Strafr. Abh. Heft 250) 1929. *Anossow* bei *Aschaffenburg* **21** 422. *Müller* ebenda **21** 647. *Pasche-Oserski* Strafe und Strafvollzug in der Sowjet-Union 1929. *Plischke* Z **48** 362 (Gefängniswesen Sowjetrußlands). *Freund* Z **51** 301 (neueste Entwürfe). *Graf Gleispach* Schweizer. Z **41** 334. Vorrevolutionäre Zeit: StGB von 1866 (deutsche Übersetzung Petersburg 1868); daneben das Strafrecht des Swod Sakonow (erste Ausgabe 1832, Revision 1885); neue Revision dieser Gesetze 1910. Inzwischen StGB von 1903, von *Taganzeff* und *Foinitzky* gearbeitet; es wurde aber nicht in Kraft gesetzt, sondern nur teilweise in das alte Recht eingearbeitet. (Deutsche Übersetzung des StGB von 1903 in Z **28** Beilage, 2. Aufl. 1915 von *Bernstein*.) — Seit Ausbruch der bolschewistischen Revolution: Durch Dekret vom 24. November 1917 wird die Anwendung des alten Rechts insoweit noch zugelassen, als es durch die Revolution nicht aufgehoben ist. Durch Dekret vom 30. November 1918 aber erfolgt die Beseitigung des alten Rechts, ohne daß ein neues Strafrecht an seine Stelle gesetzt wird; neben den einzelnen Dekreten der Arbeiter- und Bauernregierung dient den Volksgerichten das sozialistische Rechtsbewußtsein als Entscheidungsnorm. Einzelgesetze betreffen die Spekulation (27. Juli 1918), die Abtreibung (18. November 1920), die wissentlich falsche Anzeige (24. November 1921). Durch die „leitenden Grundsätze des Strafrechts der RSFSR" vom 12. Dezember 1919 wird ein „Ersatz für einen allgemeinen Teil des Strafrechts" (*Freund*) geboten, die revolutionäre Tendenz des Sowjetstrafrechts bestätigt und festgelegt. Eine neue Gesamtkodifikation des Sowjetstrafrechts ist am 1. Juni 1922 in Kraft getreten. Dazu sehr interessante Ergänzungen vom 16. August 1924, betreffend die Delikte der Naturvölker. Seit 1. Januar 1927 ist ein neues StGB in Kraft, das nicht mehr die verbrecherische Handlung, sondern den gefährlichen Zustand (Grundsatz des materiellen Delikts) zur Voraussetzung der strafrechtlichen Maßnahmen hat. Noch weiter gehen die jüngsten Entwürfe von 1930. Vgl. dazu *Maurach* Zeitschr. f. Ostr. **5** 427, *Freund* Z **51** 301, *Gallas* (Lit. zu § 26) 40ff., 73ff. Deutsche

Übersetzung des StGB vom 22. November 1926 mit den Änderungen bis 1. August 1930 von *Gallas* (Sammlung Nr. 49) 1931. Den Strafvollzug betreffen das Reglement über die Freiheitsentziehung als Strafmaßnahme vom 23. Juli 1918 und das wichtige, das gesamte Gefängniswesen regelnde „ArbeitsbesserungsG" vom 16. Oktober 1924.

Literatur. Für das vorrevolutionäre Recht die Lehrbücher von *Taganzeff, Spassovitsch, Sergejewski, Neklüdoff, Poschnischeff* u. a. Für das geltende Recht: *Hernett* und *Trajnin*, Strafgesetzbuch der RSFSR, Kommentar, Moskau 1927; *Wroblewski*, Ausführlicher Kommentar zum Strafrecht und Strafprozeßrecht der RSFSR, Moskau 1923. Weitere Literatur s. bei *Freund* und bei *Gallas* (Lit. zu § 26) S. VII.

VIII. Der europäische Südosten.

1. Bulgarien.

Vgl. *Schischmanow* StG **1** 331, **2** 484. *Derselbe* Berliner Jahrbuch **2** 194. *Hinkoff* Mitteilungen **10** 66. *v. Hippel* I 429, II 24. *Mezger* 53.

Bis 1885 türkisches Recht. StGB vom 2. Februar 1896, im Anschluß an den russischen Entwurf von *Stoiloff* gearbeitet. (Deutsche Übersetzung von *Krüger* 1897; von *Teichmann* als Beilage zu Z **18**.) G über bedingte Verurteilung vom 5. Januar 1904. G über die Arbeit der Gefangenen vom 17. Februar 1922. Novellen zum StGB mehrfach.

2. Griechenland.

Vgl. *Kypriades* StG **1** 336. *v. Hippel* I 432, II 25. *Mezger* 54. Lampiris Bulletin de la société de lég. comp. **48** 325.

Das dem bayrischen nachgebildete StGB vom 10. Januar 1834 (deutsche Ausgabe 1834) ist mehrfach, insbesondere 1864, verbessert worden. Modernen kriminalpolitischen Auffassungen suchen sich einige neuere Spezialgesetze anzupassen: 1911 Gesetz über bedingte Strafaussetzung. 1917 (9. Februar, 2. September) Gesetz über vorläufige bedingte Entlassung nach festgestellter befriedigender Führung des Verurteilten. 1919 Spezialgesetze über den Zweikampf, die Vagabondage und das Betteln.

Reform des Strafrechts: Entwurf von 1871. Seit 1911 sind Reformkommissionen mit Entwürfen für alle größeren Rechtsdisziplinen, darunter auch des Strafrechts, befaßt. Neuer StGEntwurf 1924. Deutsche Übersetzung von *Venturas* (Sammlung Nr. 47) 1928. Zur Reform der Freiheitsstrafen ist eine besondere Kommission unter *Heliopoulos* gebildet: Annahme des Progressivsystems (Durchführung?).

Hauptwerke: Handbuch von *Saripolos* 1868—1871; Lehrbuch von *Kosti* 3 Bde. 2. Aufl. 1892—1893; *Heliopoulos* Lehrbuch Allgem. Teil 3. Ausg. 1923. Vgl. *Thót* GS **71** 163.

Über das Vorkommen der Blutrache in Mani vgl. *Vlavianos* (Lit. zu § 6).

3. Rumänien.

Vgl. *Missir* StG **1** 343; *Tanoviceano* StG **2** 498, Mitteilungen **9** 261; *v. Hippel* I 430, II 24. *Mezger* 54. *Teodoresco* und *Decusara* in Revue internat. de droit pén. **3** 168.

Das StGB vom 30. Oktober 1864 (in der Fassung vom 17. Februar 1874) schließt sich dem französ. Code pénal an, ist aber auch durch das preuß. StGB beeinflußt. Spätere Änderungen namentlich durch die G vom 28. Mai 1893,

23. Februar 1894, 4. Mai 1895. Sehr wichtig jetzt das G vom 9. Juli 1921 über die Bekämpfung von Vagabondage und Bettel und den Schutz der Kinder, ferner das G vom 4. August 1921 über die vorläufige Entlassung nach Verbüßung von einem Fünftel der erkannten Strafe; G zum Schutze des Staates vom 18. Dezember 1924.

Das StGB von 1864 ist durch Dekret vom 2. Mai 1919 in **Bessarabien** in Kraft gesetzt. In den von **Ungarn** und **Österreich** abgetrennten Gebieten gilt dagegen das bisherige Recht weiter, d. h. also in Transsylvanien das ungarische, in der Bukowina das österreichische StGB. Einige Änderungen sind erfolgt.

Seit Oktober 1920 wird an der Vereinheitlichung und Modernisierung des Strafrechts gearbeitet. 1923/24 Vorentwurf (ausgearbeitet von *Teodoresco* und *Pella*) und Entwurf eines Jugendstrafgesetzbuchs, beide mit Begründung. An der endgültigen Formgebung wird zur Zeit gearbeitet. Vgl. über den Vorentwurf Revue intern. **3** 175. *Laday* DJZ **33** 1048.

MilitärjustizG vom 14. Mai 1881, abgeändert 25. März 1894, 3. März 1906. Das rumänische Militärstrafrecht ist durch G vom 12. April 1924 auch in den neuerworbenen Gebietsteilen in Kraft gesetzt. Eine Reform ist im Gange.

Literatur. Lehrbücher von *Pop, Tanoviceanu, Teodoresco.* Kommentare von *Radulescu* und *Jonescu* (1911), *Pastion* und *Papadopulu* (1922). *Pop* (*Cluj, Klausenburg*) Lehrbuch des in den ehemals ungarischen Landesteilen gültigen Strafrechts, 2 Bde. 1923.

4. Jugoslawien.

Vgl. *Wesnitsch* und *Josefowitsch* StG **1** 352; *Dolenc* Z **44** 195; *Namyslowski* Revue Polonaise de lég. civ. et crim. **1922** 30; *Eisner* Z. f. osteurop. R. **1** 365; *Givanowitsch* Bulletin de la soc. de lég. comp. **54** 437; *v. Hippel* I 431, II 24; *Mezger* 53; *Peritsch* bei *Aschaffenburg* **20** 292, 351, 523; *Djermekow* ebenda **20** 390; *Maklezow* Z **51** 346 (Jugendstrafrecht).

Die Rechtslage im neuen Königreich der Serben, Kroaten und Slovenen ist zunächst äußerst verwickelt. Der neue Staat fand nicht weniger als sechs verschiedene Strafrechtsordnungen vor: **1.** im Gebiet des Königreichs **Serbien** das StGB vom 27. März 1860; **2.** in den alten **österreichischen Landesteilen** das österreich. StGB vom 27. Mai 1852; **3.** in **Kroatien** und **Slawonien** dasselbe österreich. StGB, aber mit anderen Nebengesetzen; **4.** in der **Wojwodina** das ungar. StGB von 1878 nebst Novelle von 1914; **5.** in **Bosnien** und **Herzegowina** das StrafG von 1880; **6.** in **Montenegro** das StGB vom 23. Februar 1906. Diese verschiedenen Strafgesetze sind zunächst in Kraft geblieben; freilich ergingen seit 1919 zahlreiche Verordnungen und Gesetze im Interesse des Gesamtstaates (das Nähere vgl. bei *Dolenc* und *Eisner* a. a. O.); auch sind die Abschnitte IX und X des Besonderen Teils des serbischen StGB für das ganze Reich in Kraft gesetzt worden (politische Delikte!). Auch das serbische MilStGB vom 28. April 1864 gilt seit 1919 für den ganzen jugoslawischen Staat. PresseG vom 6. August 1925.

Strafrechtsreform: 1908 im damaligen Serbien Einsetzung einer Kommission zur Ausarbeitung eines Entwurfs. 1910 Entwurf. 1911 Einsetzung einer Revisionskommission. Der Entwurf des Allgem. Teils 1911 in deutscher Sprache erschienen (Sammlung Nr. 32); dazu *Seidel* bei *Aschaffenburg* **8** 555, *Neubecker* Der Entwurf usw. (Festgabe für *v. Martitz*) 1911, *Subolitsch* DJZ **17** 191. Seit 1922 nunmehr Entwurf eines einheitlichen neuen StGB für den Gesamtstaat (auf der Grundlage des serbischen Entwurfs von 1910). Erlaß eines **neuen StGB** am **27. Januar 1929,** eines StrafvollstreckungsG am 13. Februar 1929.

Literatur. *Zenitsch* Kommentar zum serbischen StGB, 1868. *Avakumowitsch* Theorie 1887, 1891. Jetzt vor allem: *Givanowitsch* Lehrbuch 2 Bde. 1922, 1923. *Derselbe* Lehrbuch des Militärstrafrechts 1924; *Derselbe* Kommentar zum StGB und zur StPO 1925. *Derselbe* Les problèmes fondamentaux du droit criminel 1929. Lehrbücher von *Marković* und von *Živanović* (Allgem. Teil 2. Aufl. 1922; Besond. Teil 1. Aufl. 1911/1912, 2. Aufl. im Erscheinen?). Kommentierte Textausgabe des serb. Strafgesetzbuchs von *Živanović* 1920. *Silovic*, Kazneno pravo (Strafrechtslehrbuch, kroatisches Recht) 1920; von *demselben* Übersetzungen des *Janka*schen Lehrbuchs 1893, 1902, 1905, 1908, 1913; ferner kommentierte Handausgabe des kroatischen Rechts in 4. Aufl. 1921.

5. Albanien.

Vgl. *Lamouche* Bulletin de la soc. de lég. comp. **49** 244 (1920). Das türkische Strafrecht ist aus der Zeit der türkischen Herrschaft in Kraft geblieben. Der Rechtszustand ist zweifellos unsicher; im Gebirgsland ist Fortgeltung alten Gewohnheitsrechts mit Blutrache anzunehmen; vgl. dazu Zeitschr. f. Ethnologie **31** 352 (das Gewohnheitsrecht der Hochländer in Albanien).

IX. Die Schweiz.

Über den gegenwärtigen Stand des schweizerischen Strafrechts und der schweizerischen Strafrechtswissenschaft orientiert jetzt am besten *Hafter* Lehrbuch des schweizerischen Strafrechts (Allgem. Teil) 1926; vgl. dort §§ 6 und 7. Im übrigen vgl.: *Teichmann, Gautier, Gabuzzi* StG **1** 361. *Gautier* Mitteilungen **6** 61, **9** 232. *Teichmann* Mitteilungen **9** 218. *v. Hippel* I 385, II 17. *Mezger* 49.

Vom 4. Mai 1799 bis 1803 war die Strafgesetzgebung der französischen Republik (code pén. von 1791) als helvetisches StGB in Kraft. Heute herrscht in erster Linie ein stark zersplittertes kantonales Recht. Zur strafrechtlichen Einheit wird die Schweiz nur durch das BundesG vom 4. Hornung 1853 zusammengefaßt; dieses regelt die Verbrechen gegen den Bund, die Verbrechen der Bundesbeamten sowie einige andere Delikte. Daneben eine Reihe bundesrechtlicher Nebengesetze, z. B. SprengstoffG vom 19. Dezember 1924. Vgl. (außer *Hafter* § 6 II A) *Kronauer* Kompendium des Bundesstrafrechts 2. Aufl. 1912. — Militärstrafrecht: Das G vom 27. August 1851, dessen gerichtsorganisatorische und verfahrensrechtliche Bestimmungen jedoch durch die MilitärstrafgerichtsO vom 28. Juni 1889 aufgehoben worden waren, ist nunmehr durch das MilStGB vom 13. Juni 1927 ersetzt worden. (Entwurf von *Hafter* 1916/18; Entwurf und Botschaft des Bundesrats vom 26. November 1918.) Dazu *v. Overbeck* GS **97** 62.

An der Vereinheitlichung des schweizerischen Strafrechts wird seit 1890 gearbeitet. Vgl. darüber jetzt die schöne Gesamtdarstellung von *Hafter* 30ff. Vorarbeiten von *Carl Stooß* (früher in Bern, jetzt in Graz): Zusammenstellung der schweizerischen Strafgesetzbücher 1890. *Stooß* Die Grundzüge des schweizerischen Strafrechts, im Auftrage des Bundesrats vergleichend dargestellt **1** 1892, **2** 1893. Vorentwurf (gearbeitet von *Stooß*) 1893/94. „*Stooß* hat für die damalige Zeit unerhört kühne kriminalpolitische Gedanken in die Sprache des Gesetzgebers übertragen" (*Hafter* 31). Vorentwurf der Expertenkommission 1896 (abgedruckt als Beilage zu Mitteilungen **6**). Weitere Vorentwürfe von 1903 und 1908. Vorentwurf von 1916 mit Beilagen und Protokollen. Regierungsentwurf von 1918 (Botschaft des Bundesrats an die Bundesversammlung vom 23. Juli 1918). 1928—1930 Beratung im Nationalrat, dann in der Kommission des Ständerats (Ständerat Frühjahrssession 1931 Drucksachen Nr. 918: synopt. Zusammenstellung des Entwurfs des Bundesrats, der Beschlüsse des Nationalrats und der Anträge der Kommission des Ständerats). *Stooß* Schweizer. Z **31** 280 (Gegenüberstellung der Entwürfe von 1893 und 1918). Bibliographie zum Entwurf von *Teichmann* in der Schweizer. Z **11** 189; von *Hafter* 1908, 1912; von *Zürcher* Schweizer. Z **37** 157. Vgl. jetzt insbesondere *Hafter* 25. *Delaquis* in „Die Schweiz" 1930, 3ff. *Stooß* Schweizer. Z **42** 129. *Hafter* DJZ **36** 800. *Mittermaier* DJZ **36** 924.

Die 23 StGB der **einzelnen Kantone** (soweit diese der gesetzlichen Regelung des Strafrechts nicht gänzlich entbehren und in ihrer Strafrechtspflege auf einzelne Verordnungen, sowie auf den Gerichtsgebrauch angewiesen sind) weichen voneinander weit ab. Das Strafrecht der deutschen Kantone ist von der deutschen Wissenschaft und Gesetzgebung (und zwar vor 1870 von der deutschen Partikulargesetzgebung, dann vom deutschen RStGB) beeinflußt; dem Strafrecht der französischen Kantone (insbesondere Genf) hat der Code pénal zum Vorbild gedient. Doch sind überall „einander durchkreuzende Einflüsse" (*Hafter* 28) feststellbar. Die kantonale Strafrechtsentwicklung des 20. Jahrhunderts steht im Zeichen der eidgenössischen Entwürfe, die den kantonalen Gesetzgebern unmittelbar das Vorbild kriminalpolitischen Fortschritts und dogmatischer Weiterentwicklung abgeben konnten. Vgl. zur Gesamtbeurteilung des kantonalen Rechts jetzt insbesondere *Hafter* § 7. Früher insbesondere *Pfenninger* († 1896) Das Strafrecht der Schweiz 1890.

Der Stand der kantonalen Gesetzgebung ist zur Zeit folgender: Kein StGB haben Uri und Nidwalden. Ältere Gesetze besitzen: Waadt (18. Februar 1843; Ausgabe mit Anmerkungen von *Bonnard* 1924); Graubünden (8. Juli 1851); Wallis (26. Mai 1858, 3. Ausg. 1918); Schaffhausen (3. April 1859, Revision 30. Januar 1916); Obwalden (20. Weinmonat 1864 mit Novelle vom 26. April 1908; vgl. *Hafter* Schweizer. Z **21** 353, **31** 202); Bern (30. Januar 1866, mehrere Novellen; Ausgabe von *Stooß* 2. Aufl. 1896, *Krebs* 2. Aufl. 1923); Glarus 1867, umgearbeitet 7. Mai 1899; Kommentar von *Kubli* 1906); Thurgau (23. März 1868). — Neuere Gesetze besitzen Zürich (8. Januar 1871, Fassung vom 6. Dezember 1897, Novelle vom 26. April 1908; kommentierte Ausgabe von *Benz-Zürcher* 4. Aufl. 1908, *Zeller* 1912); Baselstadt (17. Juni 1872, mehrere Novellen, Ausgabe von 1919); Baselland (3. Februar 1873); Tessin (25. Januar 1873); Genf (21. Oktober 1874); Zug (20. Wintermonat 1876 mit Novelle vom 1. Juni 1882); Appenzell außer Rh. (28. April 1878); Schwyz (20. Mai 1881); St. Gallen (4. Januar 1886 mit NachtragsG vom 27. Februar 1912 — Jugendstrafrecht —, 29. November 1916); Solothurn (29. August 1885); Aargau (11. Hornung 1857 mit ErgänzungsG vom 7. Juli 1886, 25. November 1903, 18. März 1922; Ausgabe von *Huber* 1904); Neuenburg (12. Februar 1891); Appenzell i. Rh. (30. April 1899); Luzern (22. Mai 1906); Freiburg (9. Mai 1924; Vorentwurf mit Motiven von 1922, Entwurf 1923; vgl. *Meyer v. Schauensee* GS **89** 138; *Schoetensack* GS **89** 145; *Hafter* Schweiz. Jur. Ztg. **21** 233; *Delaquis* Schweizer. Z **35** 257; *Stooß* Schweizer. Z **36** 134).

In allen Kantonen überdies Spezialgesetze, namentlich bezüglich der bedingten Verurteilung, des Jugendstrafrechts, der vorläufigen Entlassung usw. Vgl. darüber die Angaben bei *Hafter* 20ff.

Über das schweizerische Gefängniswesen unterrichtet heute vortrefflich *Hafner-Zürcher* Schweizerische Gefängniskunde 1925; ferner *Delaquis* Schweizer. Z **43** 265.

X. Das westliche Kontinentaleuropa.

1. Frankreich.

Vgl. *Rivière* StG **1** 435, Mitteilungen **6** 38; *v. Hippel* I 399, II 18; *Mezger* 52; *Heymann* HdR V 160; *Hugueney* Revue internat. de Droit pén. **3** 154 (Entwicklung der französ. Strafgesetzgebung von 1900—1925). Hier ist der **Code pénal von 1810** (oben § 11 II 3) durch wiederholte, zum Teil tief einschneidende Gesetze (1832, 1848, 1850, 1854, 1863 usw.) umgestaltet worden. An Stelle des alten Militärstrafrechts von 1857 und 1858 ist nunmehr das G vom 9. März 1928 getreten, durch welches das materielle und prozessuale Militärstrafrecht geregelt ist. Vgl. dazu *v. Hentig* bei *Aschaffenburg* **19** 526. Aus der Literatur zu erwähnen: *Chaveau* und *Faustin-Hélie* Théorie du code pénal 6. Aufl. (von *Villey*) 7 Bde. 1888ff. *Ortolan* († 1873) Eléments du droit pénal 5. Aufl. 2 Bde. 1886. *Villey* Précis d'un cours de droit criminel 6. Aufl. 1906. *Blanche* Etudes pratiques sur le code pén. 7 Bde. 2. Aufl. 1888—1891. *Boitard* Leçons de droit criminel 13. Aufl. (von *Villey*) 1890. *Laborde* Précis de droit pénal français 1. Bd. 3. Aufl. 1912. *Garraud* Précis de droit criminel 14. Aufl. 1926. *Molinier-Vidal* Traité 2 Bde. 1893/94. *Normand* Traité élément. 1896. *Vidal* Cours de droit criminel et de science pénitentaire 7. Aufl. (von *Magnol*) 1928. *Saleilles* Individualisation de la peine 2. Aufl. 1909. Besonders aber *Garraud* Traité théorique et pratique du droit pénal français 6 Bde. 5. Aufl. Bd. I 1913, II 1914, III 1916, IV 1922, V 1924, VI 1930, sowie *Garçon* Code pénal annoté Bd. I 1901—1906, Bd. II 1911, Bd. III[1] 1930. *Derselbe* Le droit pénal 1922. *Roux* Cours de droit pénal 2. Aufl. 1927. *Goyet* Précis de droit pénal spécial 1925. — Gefängniswesen: *Mossé* Les prisons 1929. — AuslieferungsG vom 10. März 1927. — Revue pénitentiaire (herausgegeben von der Société générale des prisons). — Die Umarbeitung des Code pénal ist ins Stocken geraten. Der Entwurf des allgemeinen Teils ist abgedruckt Mitteilungen **4** 165. KinderschutzG vom 22. Juli 1912 in Mitteilungen **19** Beilage. — Über Französisch-Indien vgl. *E. Fauvel* im Journal du droit criminel 1884. In Cochinchina wurde 1880 der Code pénal eingeführt. StGB für Tunis von 1913. Über Marokko vgl. StG **2** 415.

2. Belgien.

Vgl. *Prins* StG **1** 461, Mitteilungen **6** 202; *Lenz* Mitteilungen **9** 211. *v. Hippel* I 401, II 19. *Mezger* 52. Hier gilt seit 1867 der französische Code pénal in wesentlich verbesserter Gestalt. Novelle vom 29. Januar 1905 (Sittlichkeitsdelikte). KinderschutzG vom 15. Mai 1912 in Beilage zu Mitteilungen **19**. Dazu *Maus* bei *Aschaffenburg* **10** 64. — Loi de défense sociale à l'égard des anormaux et des délinquants d'habitude. Deutsche Übersetzung von *Doerner* in Z **51** 404; vgl. auch *Denselben* JW **59** 3385. — *Haus* († 1881) Principes généraux du droit pénal belge 3. Aufl. 2 Bde. 1879. *Nypels* Le code pénal belge interprété 4 Bde., neue Ausgabe von *Servais* 1896—1899. *Thiry* Cours de droit criminel 2. Aufl. 1899. *Prins* Science pénale et droit positif 1899. *Beltjens* Enzyklopädie des belgischen Strafrechts 1901/03. *Goedseels* Commentaire de code pénal belge 1928. — Belgisches MilStGB vom 15. Juni 1899.

Die belgische **Kongokolonie** (der ehemalige Kongostaat) besitzt ein am 1. August 1888 ins Leben getretenes StGB. Abgedruckt im Bulletin officiel de l'Etat indépendant du Congo, Juni 1888. Neue Fassung vom 19. Dezember 1896. Vgl. *Louwers* Lois en vigueur dans l'Etat indépendant du Congo 1905.

3. Luxemburg.

Vgl. *Berg* StG **1** 472, *Delahaye* Mitteilungen **11** 63. Das StGB von 1879 ist durchaus dem belgischen nachgebildet. Französisch-deutsche Ausgabe von *Ruppert* 1900.

4. Monaco.

Vgl. *Turrel* und *Crusen* StG **1** 475. StGB vom 19. Dezember 1874 schließt sich ganz an den Code pénal an.

XI. Die iberische Halbinsel.

1. Spanien.

Vgl. *Rosenfeld* StG **1** 483; *v. Hippel* I 408, II 20; *Mezger* 53; *Doerner* Z **51** 811; *Saldaña* Moderne Strafrechtsauffassungen in Spanien, 2 Vorträge 1922. *Derselbe* Z **45** 54 (Jugendgefängnisse in Spanien). *Jiménez de Asúa* bei *Aschaffenburg* **20** 257 (über die jüngste Reform und Literatur). StGB von 1848, Umgestaltung 1. Januar 1871. Wiederholte Entwürfe: 1884 (Entw. *Silvela*), 1905 (*Salillas*), 1912 (allgemeine Gesetzkommission), 1918 (*Asúa*), bald darauf noch ein Entwurf. Vgl. *De Asúa* La riforma penale in Ispagna 1921. **Neues StGB** vom 8. September 1928, in Kraft seit 1. Januar 1929, nach dem polit. Umsturz durch Dekret vom 15. April 1931 **wieder außer Kraft gesetzt.** Das damit wieder zur Geltung gelangte StGB von 1871 ist durch Notverordnung vom 2. Mai 1931 hinsichtlich der polit. Delikte umgestaltet. — Militärstrafrecht: Código de justicia militar vom 27. September 1890. Einige moderne Spezialgesetze: G vom 17. März 1908 über die bedingte Verurteilung. G vom 23. Juli 1914 über die bedingte Entlassung. JugGG vom 24. August 1918. — Hauptwerk: *Silvela* El derecho penal etc. 1874, 1879. Literatur zum neuen Strafrecht: *Losada* El Codigo penal de 1928. *Calon* El nuevo codigo penal 1929. Kommentare von *Garcia* 2 Bde. 1928/29, *Zamudro* 1929.

2. Portugal.

Vgl. *Tavares de Medeiros* StG **1** 535; *v. Hippel* I 412; *Mezger* 53. StGB vom 10. Dezember 1852, umgearbeitet unter dem 14. Juni 1884, 16. Dezember 1886. Deutsche Übersetzung von *Zander* als Beilage zu Z **24**. — MilJustizG vom 9. April 1875.

XII. Die italienische Halbinsel.

1. Italien.

Vgl. *Alimena* StG **1** 581, **2** 533, Mitteilungen **9** 263. *v. Hippel* I 403, II 19. *Mezger* 52. **I. Rechtszustand bis 1860:** in Sardinien und Piemont das Albertinische StGB vom 26. Oktober 1859; in der Lombardei und Venetien das österreichische StGB von 1852; in Parma und Piacenza das StGB von 1820; in Modena das StGB von 1855; in Toskana das unter *Mittermaiers* Einfluß dem badischen nachgebildete StGB vom 29. Juni 1853 (umgestaltet 1856); in den beiden Sizilien das StGB von 1819; im Kirchenstaate die Gregorianische Verordnung von 1832. — **II. Seit 1859** ist das sardinische StGB (im Norden in der Fassung von 1859, im Süden in der von 1861) allmählich auf die ganze Halbinsel, mit Ausnahme von Toskana, ausgedehnt worden. Sofort aber begannen die Arbeiten an einem neuen und einheitlichen Gesetzbuche, die nach über zwei Jahrzehnten (zahlreiche Entwürfe) zur Annahme des Entwurfes

Zanardelli führten. — **III. Seit 1. Januar 1890** ist das StGB vom 30. Juni 1889 in Kraft. Deutsche Übersetzung als Beilage zu Z **10** und von *Stephan* 1890, französische von *Turrel, Lacointa, Sarraute* 1890. Vgl. die Lavori parlementari del nuovo cod. pen. in den Beilagebänden zu der seit 1874 erscheinenden, von *Lucchini* gegründeten und geleiteten Rivista penale. — Besprechungen des Entwurfs *Zanardelli: v. Liszt* 1889 (Aufsätze **1** 252); *H. Seuffert* Mitteilungen aus dem Entwurf eines StGB für Italien 1888 u. a. — Bearbeitungen des StGB von 1889 von *Gogliolo, Crivellari, Travaglia, Pessina, Puglia, Majno* u. a. Trattato di diritto penale in 8 Bdn. von *Zerboglio, Florian, Pozzolini, Viazzi, Puglia, Sighele* s. a. (1906ff.). *Tuozzi* Corso di diritto penale 4 Bde. 2. Aufl. 1899ff. *Alimena* Principii di diritto penale 1. Bd. 1910, 2. Bd. 1913. *Florian* Trattato di diritto penale 2. Aufl. 1911. *Manzini* Trattato di Diritto Penale Bd. I, II 1908, III 1917. — Ältere Hauptwerke: *Carrara* († 1888) Programma del Corso diritto penale. Allg. Teil 3 Bde. Besond. Teil 7 Bde. 1863ff. — Die strafrechtlichen Nebengesetze bringt die Rivista penale. — **IV.** Durch Dekret vom 14. September 1919 wurde eine Kgl. Kommission für die Reform der Strafgesetze einberufen, die die Reform des materiellen Strafrechts durch Aufstellung eines Entwurfs einleiten sollte. Vorsitzender *E. Ferri*, stellvertr. Vorsitzender *Garofalo;* von den übrigen Mitgliedern seien genannt *Florian, Grispigni, Ottolenghi, de Sanctis, Carnevale, Stoppato.* Vgl. dazu *Delaquis* Z **41** 238 und *Ferri* Z **41** 473 (*Derselbe* auch Schweizer. Z **33** 17). Das Ergebnis der Arbeiten war der im Jahre 1921 erschienene Vorentwurf zu einem italienischen StGB (Allgem. Teil). Er suchte den extremen Anschauungen des italienischen „Positivismus" gerecht zu werden durch Ausmerzung der Begriffe „Schuld" und „Strafe", die durch „Gefährlichkeit" und „Sanktion" ersetzt werden. Auch der geisteskranke Verbrecher hat demgemäß ohne weiteres zum Objekte der Sanktionen erklärt werden können. Der Entwurf fand auch in Deutschland starke Beachtung. Vgl. *Rosenfeld* DStrafrZ **9** 76, *v. Hippel* I 532, *Gretener* GS **90** 197, *Ebermayer* Z **42** 649, *Erich Ebermayer* Schuld und Gefährlichkeit im Entw. zu einem ital. StGB 1923, *Kantorowicz* in der Festgabe f. *Lenel*, insbesondere 36; vgl. auch *Daniel* Gefährlichkeit und Strafmaß im Sinne der positiven Kriminalistenschule (Krim. Abh. IV) 1927 (dazu *Erik Wolf* Arch. f. Sozialwiss. u. Sozialpolitik **63** 435). Die politische Entwicklung Italiens unter dem Regime des Faschismus drängte die Fortbildung des Strafrechts bald in völlig andere Bahnen. 1927 neuer Entwurf von *Rocco.* Übersetzung von *Bunge* in Sammlung Nr. 48 (1928). Vgl. im übrigen: *Sauer* GS **97** 193. *v. Hentig* bei *Aschaffenburg* **19** 1. *Janzen* Monismus und Dualismus der italienischen Strafgesetzentwürfe seit 1921 (Strafr. Abh. Heft 271) 1930. *Bunge* DJZ **33** 138, **36** 332. *Daniel* Z **49** 498. **Neues StGB vom 19. Oktober 1930,** in Kraft seit 1. Juli 1931. Dazu *Kuttner* Z **51** 329. Auch eine neue StPO tritt gleichzeitig in Kraft. — Über *Ferri* († 12. April 1929) vgl. *Daniel* Z **50** 475.

2. San Marino.

Vgl. *Alimena* StG **1** 606. StGB vom 15. September 1865.

XIII. Großbritannien.

Treffliche Darstellung von *Schuster* StG **1** 611. *Derselbe* Mitteilungen **10** 52. *Aschrott* Z **17** 1. *v. Hippel* I 413, II 21. *Mezger* 54. *Wegner* Z **44** 193, 370, 585; **45** 161; **46** 279, 423. Das englische Recht beruht auf dem common law, der Rechtsprechung (case law) und dem statute law. Durch die Criminal law consolidation statutes von 1861 haben die wichtigsten Verbrechensgruppen

(Vermögensdelikte und Verbrechen gegen Leib und Leben) eine Neugestaltung erfahren. 1916 erfolgte eine Art Teilkodifikation (Zusammenfassung der wichtigsten Eigentumsvergehen) in der Larceny Act. Nachdem es *JF. Stephen* 1860 gelungen war, ein StGB für Indien (umgestaltet 1870, 1882, 1886 und 1896) durchzusetzen, wurde der Gedanke einer einheitlichen Strafgesetzgebung für Großbritannien aufgenommen. Aber die Entwürfe von 1878, 1879 und 1880 mußten wegen des Widerstandes, den sie im Parlament fanden, 1883 wieder fallen gelassen werden. Über die Gesetze von 1907/08 vgl. oben § 5 III. SpionageG von 1911 in Mitteilungen **19** Beilage (Sammlung Nr. 35).

Literatur. *Aschrott* Strafensystem und Gefängniswesen in England 1887. *Stephens* Commentaries on the laws of England 17. Aufl.; darin Bd. IV: Crimes and criminal procedure by Gattie, London 1922. *JF. Stephen* A Digest of the criminal law (crimes and punishments) 7. Aufl. 1926. *Derselbe* A history of the criminal law of England 3 Bde. 1883. *Russel* A treatise on crimes and misdemeanors. 8. Aufl. (*Ross* and *Buchanan McClure*) 1923. *Harris* Principles of the criminal law 14. Aufl. (*Wilshere*) 1926. *Kenny* Outlines of criminal law 11. Aufl. 1922. *Phillips* Comparative criminal jurisprudence 2 Bde. 1889. *Derselbe* Manual of Indian criminal law 1883. *Mayne* The criminal law of India 3. Aufl. 1905. *Nelson* The indian penal code act usw. 1901. *Denman* Digest of criminal law 1918. *Thwaites* Guide to the criminal law 9. Aufl. 1914.

Das indische StGB bildet die Grundlage für Singapore und die Straits Settlements (9. August 1871); dazu *Phillips* StG **2** 221. Über die englischen Kolonien vgl. *Buresch* StG **2** 269. Kodifikationen besitzen u. a. Canada 1892, Viktoria 1890, Queensland 1899, Westaustralien 1902, der Sudan 1899, Tasmanien 1924. — Englisches Recht gilt seit 1854 auch auf Malta. Auf Mauritius ist noch eine französische VO von 1838 in Kraft. — In den ehemals unabhängigen Gebieten der Burenrepubliken gilt das niederländische Mutterrecht. Vgl. *Byl* StG **2** 419.

XIV. Die Vereinigten Staaten von Amerika.

Treffliche Darstellung von *Beale* StG **2** 195. *v. Hippel* I 433, II 25. *Mezger* 55. Das Strafrecht der Vereinigten Staaten ruht im wesentlichen auf denselben Grundlagen wie das englische und trägt dieselbe Eigenart wie dieses. In den meisten Staaten sind (nicht immer gelungene) Versuche einer Kodifikation des Strafrechts gemacht worden. Vgl. die Aufzählung in Anlage I S. 102 zum E 1927. Wichtig das New Yorker StGB von 1881 (Übersetzung Z **4**). **Gemeinsames Recht** wird durch das **BundesStGB von 1909** (vielfache Novellen) und eine ganze Anzahl anderer Bundesgesetze mit strafrechtlichem Inhalt gebildet. Neuere Werke: *Bishop* Commentaries on criminal law 8. Aufl. 1892. 2 Bde. *Wharton* A treatise on criminal law 10. Aufl. (*Lewis*) 1896 2 Bde. *Mc Clain* Criminal Law 1897 2. Bde — Das 1898 annektierte Hawai besitzt ein StGB von 1850. — Auf Cuba, Puerto-Rico und den Philippinen gelten dem spanischen Recht nachgebildete StGBücher; auf den beiden ersten vom 21. Mai 1879, auf den letzten vom 4. September 1884. Über neuere Entwürfe unter *Ferris* Einfluß (Cuba 1926, Philippinen 1927) *Asúa* bei *Aschaffenburg* **20** 275, 277, *Daniel* Z **50** 486. Über die Bedeutung der Vereinigten Staaten auf dem Gebiete des Gefängniswesens vgl. unten § 59. Über amerikanische kriminalistische Literatur *v. Hentig* bei *Aschaffenburg* **21** 677. *Haynes* Criminology 1930.

XV. Die mittel- und südamerikanischen Staaten.

1. Mexiko.

Vgl. *Eisenmann* Z **14** 19, StG **2** 113. *v. Hippel* I 437. StGB vom 7. Dezember 1871, neue Fassung 1884. Deutsche Übersetzung als Beilage zu Z **14**. — MilStGB vom 13. Oktober 1898. Entwurf 1912 und 1926. **Neues StGB vom 30. September 1929.** *Mittermaier* bei *Aschaffenburg* **21** 551. JugGG vom 29. Juni 1928 (dazu *Kadečka* bei *Aschaffenburg* **20** 663; Abdruck GS **98** 400).

2. Costarica.

Vgl. Eisenmann StG **2** 140. *v. Hippel* I 439. StGB vom 27. April 1880 (enger Anschluß an Chile). Bearbeitung von *Orozco* 1882. **Neues StGB 1924.**

3. San Salvador.

Vgl. *Eisenmann* StG **2** 152. *v. Hippel* I 438, II 27. StGB von 1904.

4. Honduras.

Vgl. *Uclés* StG **2** 133. *v. Hippel* I 438. StGB vom 27. August 1880 (Vorbild: Chile); MilStGB vom 31. Mai 1881. Beide sind umgearbeitet (ersteres nach dem spanischen Vorbild) am 1. Januar 1899 in Kraft getreten. Vgl. Mitteilungen **11** 67. **Jetzt Codigo penal vom 22. Januar 1906.**

5. Guatemala.

Vgl. *Saravia* StG **2** 146. *v. Hippel* I 438. StGB vom 15. Februar 1889.

6. Nicaragua.

Vgl. *Selva* StG **2** 129. *v. Hippel* I 439. StGB vom 8. Dezember 1891 (an Stelle des älteren von 1879).

7. Brasilien.

Vgl. *Araújo-Crusen* StG **2** 169. *Araújo* Mitteilungen **11** 70. *v. Hippel* I 439, II 28. An Stelle des StGB von 1830 (Kommentare von *Tinoco* 1886 und von *Vieira de Araújo* 1889) ist das StGB für die Vereinigten Staaten von Brasilien vom 11. Oktober 1890 getreten (dem italienischen nachgebildet). Dazu Kommentare von *Araujo* (1896—1902), *Vieira, Bastos* und *Siqueira*. Lehrbücher von *Vieira* und *Drummond*. Entwürfe von 1893 und 1899. Entwurf von *Siqueira* 1913. Über Anfänge einer Strafrechtsreform im Jahre 1917 vgl. *Delaquis* Z **39** 371. Neuer Entwurf von *Pareira* 1927/28. Vgl. *Asúa* bei *Aschaffenburg* **20** 277. Über Abänderungen des StGB vgl. *Araújo* Mitteilungen **17** 398.

8. Chile.

Vgl. *Robustiano Vera* StG **2** 13. *v. Hippel* I 441. StGB vom 12. November 1874 (amtl. Ausgabe von 1889). Schließt sich eng an das spanische Vorbild an. Kommentar von *Robustiano Vera* 1883. Deutsche Übersetzung als Beilage zu Z **20**.

9. Bolivia.

Vgl. *Eisenmann* StG **2** 161. *v. Hippel* I 441. StGB vom 3. November 1834.

10. Peru.

Vgl. *Crusen* StG **2** 55. *v. Hippel* I 441, II 28. StGB vom 23. September 1862 (in Kraft seit 1863). **Neues StGB vom 28. Juli 1924.** Weitere Entwürfe 1927, 1928 (*Asua* a. a. O. 268). — MilStGB vom 29. Dezember 1898.

11. Kolumbien.

Vgl. *Crusen* StG **2** 89. *v. Hippel* I 440, II 28. StGB vom 18. Oktober 1890. 1915 Gesetz über vorläufige Entlassung und Strafaussetzung; Novelle dazu 25. November 1918. Die Arbeit in den Strafanstalten betrifft eine Novelle zum StGB vom 29. Oktober 1920. **Neues StGB vom 27. Dezember 1922,** in Kraft seit 1. Januar 1924. Seitdem Entwürfe unter italienischem Einfluß (*Ferri*).

12. Argentinien.

Vgl. *Pinero* StG **2** 1. *v. Hippel* I 442, II 28. StGB vom 25. November 1886, außer Kraft gesetzt durch das neue **StGB vom 29. Oktober 1921** (Entwürfe 1906, 1907, 1917; dazu *Delaquis* Z **39** 371). Jugendgerichte wurden durch G vom 21. Oktober 1919 eingeführt. Das neue argentinische StGB kennt nicht die Todesstrafe, verwendet bedingte Entlassung und Strafaussetzung, sieht für rückfällige Verbrecher unbestimmte Verwahrung im Anschluß an die Strafe, für Kinder und Jugendliche weitgehende Verwendung von Besserungsmaßregeln an Stelle der Strafe vor. Vgl. *Peco* La Reforma penal de 1917—1920, 1921. Weitere Entwürfe 1924, 1926, 1928 (*Asúa* a. a. O. 264). Zum bisherigen Strafrecht: *Rivarola* Exposición y critica del codigo penal 3 Bde. 1890. *Derselbe* Derecho penal argentino 1910.

13. Uruguay.

Vgl. *Martinez* StG **2** 73. *v. Hippel* I 442. StGB vom 17. Januar 1889, in Kraft seit 18. Juli 1890 (dem italienischen nachgebildet).

14. Paraguay.

Vgl. *Eisenmann* StG **2** 81. *v. Hippel* I 441, II 28. StGB von 1900.

15. Venezuela.

Vgl. *Ochoa-Rosenfeld* StG **2** 45. *v. Hippel* I 440. *Ochoa* Exposición del codigo penal venezolano 1888. *Derselbe* Mitteilungen **11** 47. *Hartwig* Mitteilungen **18** 561. StGB vom 8. April 1904; an Stelle der StGB von 1873 und 1897 getreten. **Neues StGB vom 6. Juli 1926.** StrafvollzugsG vom 16. Juni 1915.

16. Ecuador.

Vgl. *Crusen* StG **2** 21. *v. Hippel* I 441, II 28. StGB von 1906, an Stelle der StGB von 1873 und 1890 getreten. Novellen 1911. MilStGB vom 8. Oktober 1921.

17. San Domingo.

StG **2** 433. StGB vom 20. August 1884.

18. Panama.

StGB vom 17. November 1922.

19. Haiti.

StGB von 1835 mit zahlreichen Veränderungen und Spezialgesetzen namentlich in jüngster Zeit. Textausgabe von *Chaumette* 1901. Vgl. StG **2** 435.

XVI. Die Türkei.

Vgl. *van den Berg* StG **1** 719. *v. Hippel* I 425. *Sachau* Muhamedanisches Recht nach Schaffitischer Lehre 1897. *Jaenecke* Die Grundprobleme des türkischen Strafrechts 1918. Das StGB vom 25. Juli 1858 (mehrfach abgeändert; im Geiste des französischen Rechts; Novelle 1911) ist durch ein **neues StGB vom 1. März 1926** ersetzt. Deutsche Übersetzung des bisherigen StGB von *Nord* als Beilage zu Mitteilungen **19** (Sammlung Nr. 34), des neuen StGB von *Ziemke* in Sammlung Nr. 46.

XVII. Ägypten.

Vgl. *van den Berg* StG **1** 735, **2** 539. *Abou-el-Fetouh* Mitteilungen **6** 411, **9** 247. StGB vom 14. Februar 1904 für die Eingeborenen (an Stelle des StGB vom 13. November 1883). Amtliche französische Übersetzung von 1907. Novelle vom 8. Juni 1912. Bearbeitungen des Strafrechts von *Grandmoulin* (französisch), *Ahmed Bey Amin, Mohamed Kamel Moursy Bey* (arabisch).

XVIII. Die hinterasiatischen Staaten.

1. China.

Vgl. *Krebs* StG **2** 369. *v. Hippel* I 448. *Dufour* Bulletin de la soc. de lég. comp. **49** 272. *van D'Elden* GS **98** 82. *Plischke* Z **48** 572; dazu *Heindl* Z **50** 657. *Doerner* Z **51** 816. Das StGB von 1727 ist durch das (dem japanischen nachgebildete) StGB vom 10. März 1912 ersetzt. Vgl. darüber *Michelsen* Z **35** 482. PolizeiStGB von 1908 (Z **30** 75). Die republikanische Regierung hat das StGB von 1912 für anwendbar erklärt, zugleich aber eine Revision eingeleitet. Der erste Entwurf wurde verworfen. 2. Entwurf 1919, in englischer Sprache 1919, in französischer 1920 veröffentlicht. Vgl. *Dufour* a. a. O. 273. Inzwischen Novellen zum StGB vom 24. Dezember 1914, 29. März 1921 (Beamtenbestechung). Ein **neues StGB** soll **1928** erlassen sein (*Mittermaier* DJZ **36** 925). Über das RepublikschutzG vom 31. Januar 1931 vgl. *Doerner*. — *Lind* A chapter of the Chinese penal law code 1887. *Staunton* (Renouard de Sainte-Croix) Ta-tsing-leu-lee ou les lois fondamentales du Code pénal de la Chine 2 Bde. 1912. (Leu-Lee ist die Sammlung der strafgerichtlichen Bestimmungen.) *Alabaster* Notes and commentaries on Chinese Criminal Law 1899.

2. Japan.

Vgl. *v. Hippel* I 443. StGB von 1907, in Kraft seit 1. Oktober 1908. Dazu AusführungsG vom 28. März 1908 mit zahlreichen Änderungen. Englische Übersetzung von *Lönholm*. Deutsche Übersetzung als Beilage zu Z **28**. Über das frühere StGB von 1880 vgl. *Lönholm* StG **2** 353. *Boissonnade* Projet revisé de code pénal pour l'empire du Japon 1886. *Michaelis* Zur Kenntnis der Geschichte des japanischen Strafrechts 1887. Lehrbücher von *Motoji* und *Oba*, namentlich aber *Makino* (Hauptwerk). — GefängnisG vom 28. März 1908 mit Ausführungsbestimmungen vom 16. Juni 1908 (Übersetzung in Sammlung Nr. 44). Änderungen 1921, 1922. — MilStGB von 1908; deutsche Übersetzung in Mitteilungen **18** Beilage. — Entwürfe von 1899 (übersetzt von *Okada* als Beilage zu Mitteilungen **8**) und 1903. Dazu *Mumm* GS **62** 136. Neuere Reformbestrebungen 1925 (Z **48** 70).

3. Korea.

StGB vom 1. August 1908. *Crémazy* Le code pénal de la Corée 1904. Neues StGB in Vorbereitung.

4. Siam.

StGB vom 1. Juni, in Kraft seit 22. September 1908. Französische Übersetzung von *Padoux* 1909. Vgl. *Peschke* Z **30** 15. *Hartwig* GA **67** 293. MilStGB vom 8. Januar 1912. Seit 1923 soll eine Revision des StGB von 1908 unter Mitwirkung französischer Juristen in Vorbereitung sein (Bulletin de la soc. de lég. comp. **52** 113 Anm. 1).

III. Die Quellen des Reichsstrafrechts.

§ 18. Das Strafgesetz.

Literatur. *Bierling* Juristische Prinzipienlehre 4. Bd. 1911. *Wach* VD Allg. T. **6** 1. *Derselbe* Reform **1** 1. — *Schottlaender* Die geschichtliche Entwicklung des Satzes: nulla poena sine lege (Strafr. Abh. Heft 132) 1911. *Elvers* Die Bedeutung des Satzes usw. Göttinger Diss. (s. a.). *Gerland* Art. 116. Nulla poena sine lege (in: Die Grundrechte und Grundpflichten der Reichsverfassung. Kommentar, herausg. von *Nipperdey*) 1929. *Rittler* Z **49** 451. *v. Weber* DJZ **36** 663. *Foltin* Welchen Anforderungen müssen die Strafgesetze genügen, damit sie ihre garantierende Funktion sowohl der Gesamtheit als auch dem einzelnen gegenüber erfüllen? (5. deutsch. Juristentag in der Tschechoslowakei 1931). *Dahm* Die Zunahme der Richtermacht im modernen Strafrecht 1931.

I. Norm und Strafgesetz. Die große Mehrzahl der Strafrechtssätze (anders die „begriffsentwickelnden Rechtssätze") tritt uns in der zweiteiligen Gestalt entgegen: „wer das und das tut, wird so und so bestraft". Sie knüpfen an das Vorliegen eines bestimmten Tatbestandes (die Begehung einer genau umschriebenen Handlung) den Eintritt einer bestimmten Rechtsfolge (der Strafe). Sie wenden sich damit belehrend und mahnend mittelbar an die Gesamtheit der Rechtsgenossen, weisen aber zugleich unmittelbar die Staatsorgane an, die Rechtsfolge im Einzelfall eintreten zu lassen. Von den Strafgesetzen in diesem Sinne sind begrifflich die in ihrem ersten Teil, dem Tatbestand enthaltenen staatlichen Gebote oder Verbote, die „Normen", zu unterscheiden, deren Adressat unmittelbar die Gesamtheit der Rechtsgenossen ist[1]). Die Norm sagt: „du

[1]) Die begriffliche Unterscheidung von „Norm" und „Strafrechtssatz" (Strafdrohung) dürfte der gem. Meinung entsprechen. Vgl. *Frank* Einleit. Bestimmungen I und die dort Zitierten. Vgl. auch R **61** 20. Fraglich aber bleibt, 1) wie man die Norm erkennen kann, 2) woher sie stammt. Auf die Frage zu

sollst nicht töten." Das Strafgesetz befiehlt: „wer tötet, wird bestraft." Dabei bildet aber das Strafgesetz meist aus den Übertretungen der einen Norm eine Anzahl von Tatbeständen, die mit verschieden abgestuften Strafen bedroht werden: Mord und Totschlag, Kindestötung, Tötung des Einwilligenden usw. Die Normen sind Rechtsnormen, gehören aber nicht notwendig dem Strafrecht selbst, sondern auch den verschiedensten anderen Rechtsgebieten an. Da ihr Wortlaut zumeist der unzweifelhaften Fassung entbehrt, ist eine methodisch sichere Verwertung des Begriffes nicht möglich[2]).

II. Nach heutiger Rechtsanschauung ist **das geschriebene Recht** (Gesetz im weiteren Sinne) **die einzige Quelle der Strafrechtssätze.** Alle Sätze des Strafrechts gehören mithin dem gesetzten Rechte an. Die heutige Strafgesetzgebung geht von der Annahme ihrer Vollständigkeit aus und gründet darauf die Forderung ihrer Ausschließlichkeit. Sie kleidet diese Forderung in den seit dem Ende des 18. Jahrhunderts (französische Verfassung von 1789 und 1791) regelmäßig wiederkehrenden, in der Reichsverfassung von 1919 Art. 116 wiederholten Satz: „Eine Handlung kann nur dann mit einer Strafe belegt werden, wenn die Strafbarkeit gesetzlich bestimmt war, bevor die Handlung begangen wurde." **Nullum crimen sine lege, nulla poena sine lege.** Nur die im Gesetze ausdrücklich mit Strafe bedrohten Handlungen sind strafbar, und nur die im Gesetze

1) antwortet der Text. Die Frage zu 2) beantwortet sich dahin, daß die Norm zugleich mit der Strafbarkeitserklärung (Verknüpfung von Tatbestand und Rechtsfolge) gesetzt wird, falls sie nicht, was möglich ist, vom Gesetzgeber bereits vorher selbständig erlassen worden ist. Ebenso *Frank* Einleit. Best. I; *v. Hippel* I 19, 20; *Mezger* 184 und Z **42** 367ff.; *Allfeld* 72; *Sauer* Grundlagen 295, 296, auch 339; *Hafter* 4ff. u. a. Daß der Gesetzgeber bei der Normsetzung an die Anforderungen der Kultur denken soll und daß er in diesen „Kulturnormen" reiches Material für seine Rechtsnormen findet, kann nicht bezweifelt werden. Aber die Kulturnormen als solche (falls sie überhaupt genau feststellbar sind) dürfen nicht mit dem, was hier „Norm" genannt ist, identifiziert werden. Es ist nicht richtig, daß durch die Kulturnormen als solche bestimmt wird, „welches Verhalten rechtswidrig ist" (so *ME. Mayer* 37). Vielmehr muß eine Kulturnorm zunächst durch die Rechtsordnung zur Rechtsnorm gemacht worden sein, um dann als solche ein für den Staatsbürger maßgebendes rechtliches Gebot oder Verbot abgeben zu können. Eingang in die Rechtsordnung finden Kulturnormen insbesondere auch auf dem Wege über normative Tatbestandsmerkmale, namentlich soweit sie „ausfüllungsbedürftige Wertformeln" enthalten, sowie auf dem Wege über die formalen Rechtsergänzungsmaximen. Vgl. darüber unten §§ 31, 32, 34, 35. Zu weit ging *Mayers* Kulturnormentheorie. Gegen sie *Frank* Einl. Best. I; *v. Hippel* I 23; *Sauer* 269; gegen ihre Konsequenzen hinsichtlich der Frage der Normadresse vgl. auch *Hafter* 4 Note 4.

2) *Binding* und seine Anhänger (oben § 2 Note 3) haben es unterlassen, den Katalog der Normen herauszuarbeiten. Daher die wissenschaftliche Unbrauchbarkeit der „Normentheorie". — Über *ME. Mayers* „Kulturnormen" vgl. oben § 2 Note 2 und in diesem Paragraphen die Note 1.

ausdrücklich festzusetzenden und festgesetzten Strafen sind anwendbar[3]).

---

[3]) Wie *Schottlaender* nachgewiesen hat, führt der Satz auf die magna charta zurück. Er wird in der englischen Literatur entwickelt, von den nordamerikanischen Verfassungen übernommen und auf dem europäischen Kontinent (nachdem Österreich 1787 vorangegangen war) in der Erklärung der Menschen- und Bürgerrechte (26. August 1789) feierlich proklamiert. Vgl. Preuß. Verf. 1850 Art. 8. — Das RStGB hatte in dem, nunmehr durch RVerf. 1919 Art. 116 aufgehobenen § 2 Abs. 1 die rechtsstaatliche Funktion des Strafrechts mit fast den gleichen Worten ausgedrückt, wie jetzt die RVerf. 1919 mit dem im Text wiedergegebenen Art. 116. Im Wortlaut besteht eine Abweichung nur insofern, als § 2 Abs. 1 da, wo Art. 116 „die Strafbarkeit" setzt, die Worte „diese Strafe" verwendet. Aber diese Abweichung hat zu einer Streitfrage über die Tragweite des Art. 116 und sein Verhältnis zu § 2 Abs. 1 geführt: **1.** Wie der Text nehmen *Anschütz* Die Verfassung des Deutschen Reichs 3. Bearb. 1929 Art. 116 Note 1, *Stier-Somlo* Deutsches Reichs- und Landesstaatsrecht 1924 I 311, *Käckell* Z **41** 684, *Mittermaier* DStrafr. Z **9** 226, *v. Hippel* Z **42** 405 Note 3, *v. Hippel* II 34, *Lobe* Lpz. Komm. § 2, *Gerland* Deutsches Reichsstrafrecht 56 an, daß Art. 116 sachlich in jeder Beziehung das Gleiche sage, wie § 2 Abs. 1, daß er also sowohl das Verbot einer gesetzeslosen Bestrafung wie auch das Gebot der Strafbestimmtheit enthalte. Aber über die Folgen dieser Inhaltsidentität bezüglich der Weitergeltung des § 2 Abs. 1 gehen die hier genannten Autoren in ihren Ansichten auseinander: **a)** Wie der Text zieht die staatsrechtlich allein mögliche Folgerung, daß § 2 Abs. 1 durch den ihn inhaltlich „voll deckenden" Art. 116 aufgehoben worden ist, *Anschütz*. Vgl. unten § 19 I. **b)** *Käckell, Mittermaier* äußern sich zu dieser Frage nicht. **c)** *Lobe, Gerland* und *v. Hippel* behandeln den § 2 Abs. 1 als weitergeltend. **2.** Es wird behauptet, daß Art. 116 den § 2 Abs. 1 ändere und demgemäß als spätere Neuregelung beseitige. So R **56** 318 (V. Strafsen.). Die Änderung bestehe darin, daß das Gebot der Strafbestimmtheit aufgegeben sei; es genüge gesetzl. Festlegung der Möglichkeit einer Bestrafung überhaupt. Daß § 2 Abs. 1 beseitigt sei, wird in den Entscheidungen R **57** 119 (V. Strafsen.), **57** 49 (III. Strafsen.), **59** 288 (I. Strafsen.) wiederholt anerkannt, und zwar in den beiden zuletzt genannten durch Nichterwähnung des § 2 Abs. 1. Dagegen wird von R **57** 406 (II. Strafsen.) die sachliche Übereinstimmung von § 2 Abs. 1 und Art. 116 behauptet, von einer Beseitigung des ersteren durch den letzteren aber nichts erwähnt; und R **58** 406 (I. Strafsen.) wendet gar „§ 2 StGB in Verbindung mit Art. 116" an. R **60** 363 (II. Strafsen.), R **62** 372 (I. Strafsen.), R **63** 253 (II. Strafsen.) berufen sich allein auf § 2 Abs. 1, ohne Art. 116 zu erwähnen. Die Rechtsprechung des R ist mithin in einer für das ganze Strafrecht grundlegenden Frage widerspruchsvoll und unklar. Scharf gegen R **56** 318 *Mittermaier* DStrafr. Z **9** 226. **3.** *Frank* § 2 I vertritt eine mittlere Richtung, derzufolge Art. 116 bezüglich des Verbotes gesetzesloser Bestrafung dem § 2 verfassungsrechtliche Garantie gewähre, andererseits aber zum Gebote der Strafbestimmtheit überhaupt gar nicht Stellung nehme, insofern also § 2 Abs. 1 unberührt lasse. Der Auffassung *Franks* kommt jetzt *Gerland* Art. 116, 373 nahe: Art. 116 bedeute keine Abänderung des weiterbestehenden § 2 Abs. 1; er habe nur das Verbot gesetzesloser Bestrafung sowie das Verbot unbestimmter Strafdrohungen mit verfassungsrechtlichen Garantien umkleiden wollen; der veränderte Wortlaut habe gewählt werden müssen, um die Rückwirkungsbestimmung des § 2 Abs. 2 (vgl. unten § 19 II) unberührt zu lassen. Mit *Frank* stimmt *Mezger* 75, 76 völlig überein. — Die Ansicht des Textes dürfte deshalb die richtige sein, weil Art. 116 nur in dem Sinne voller Inhaltsidentität mit § 2 Abs. 1 ausgelegt werden darf. Einer solchen von der Entstehungsgeschichte wie der Stellung des Art. 116 unter den Grundrechten gleichermaßen geforderten Auslegung steht der Wortlaut nicht entgegen, zumal die auf den Wortlaut sich

Diese Auffassung steht in untrennbarem Zusammenhang mit der Aufgabe, die das jeweils geltende Staatsrecht dem Strafrichter zuweist. Und diese wieder wird begrenzt und bestimmt durch das politische Verhältnis der Staatsgewalt zur individuellen Freiheit (vgl. oben § 1 Note 1). Nur wenn und soweit der Strafrichter nicht bloß Organ der Rechtsanwendung, sondern auch der Rechtsschöpfung ist, gibt es andere als gesetzte Strafrechtssätze. Darum gestattete die römische Kaiserzeit im Gegensatze zum Quästionenprozesse dem Richter die Bestrafung ad exemplum legis (l. 7 § 3 D. 48, 4); darum „schöpfte" der mittelalterliche „Urteilsfinder" die Rechtssätze aus seiner Rechtsüberzeugung; darum mußte das gemeindeutsche Strafrecht, gestützt auf Art. 105 PGO, der Gewohnheit und der Wissenschaft die Weiterbildung seiner Sätze überlassen. Noch die Theresiana hielt an dieser Auffassung fest. Aber seit der Aufklärungszeit war der Richter nur mehr der Verkünder des Gesetzes, dessen Wortlaut, nicht dessen Geist ihn bindet. Man ging so weit, wie einst zu Justinians Zeiten, jede Auslegung des Gesetzes verbieten zu wollen[4]). Wir sind heute von diesen Übertreibungen zurückgekommen und überweisen dem Richter die Anwendung des in seinem inneren Zusammenhange, d. h. wissenschaftlich, erkannten Rechts. Daraus folgt unmittelbar, daß, wenigstens auf dem Gebiete des Reichsstrafrechts, dem Gerichtsgebrauch (und nur in diesem kann das sog. Gewohnheitsrecht sich äußern) rechtserzeugende Kraft zur Gewinnung neuer Straftatbestände und Strafdrohungen nicht zukommen kann[5]). Damit ist auch der Wissenschaft die rechtschaffende Kraft versagt. Durch die Kunst der Auslegung hat sie den Inhalt der Rechtssätze klarzustellen; durch die Begriffsentwicklung kann sie vorhandene, aber nicht ausdrücklich ausgesprochene Rechtssätze aufdecken. Nicht aber kann sie aus eigener Kraft Rechtssätze schaffen oder vernichten. Nur dem Gesetze wohnt rechterzeugende Kraft bei.

---

stützende Ansicht von R **56** 318 zu Konsequenzen führt, die nur dann in unserem Rechtsganzen Rechtens sein könnten, wenn der Gesetzgeber sie ausdrücklich bestimmt hätte. Vgl. dazu *Mittermaier*.

[4]) Vgl. *v. Bar* Gesetz **1** 10. *Binding* **1** 23 Note 18; *Geib* Lehrbuch 1861/62 **1** 328; *Loening* Z **3** 320; *Stölzel* Brandenburg-Preußens Rechtsverwaltung (Lit. zu § 11) **2** 209; *v. Hippel* I 296, der zugleich zeigt, daß wir *Feuerbach* „die richtige Mitte" (s. den Text) zu verdanken haben. Vgl. dazu auch *Dannenberg* Liberalismus und Strafrecht im 19. Jahrh. (Berliner Seminarabhdlgen **4** Heft 1) 1925.

[5]) Dagegen die früheren Auflagen dieses Buches (bis zur 24.), *Schwartz* § 2 Note 3, *Wachenfeld* 39. Mit dem Text *Allfeld* 71, *v. Bar* Gesetz **1** 13, *Beling* Verbrechen 23 und Grundzüge 1, *Binding* **1** 210, *Finger* **1** 111, *Frank* § 2 I 1, *v. Hippel* II 37, *Köhler* 77, *Lobe* Lpz. Komm. § 2 Note I 6, *Gerland* (Art. 116) 376/7, *Mezger* 83, *Olshausen* § **2** 4. *Mayer* 25 läßt jedenfalls „unechtes" Gewohnheitsrecht zu (soziale Gebräuche usw.).

Aus den vorgetragenen Sätzen ergibt sich als Folgerung:

1. Das Gewohnheitsrecht kann stets insoweit von Bedeutung werden, als es sich nicht um die Gewinnung neuer Straftatbestände nebst Strafdrohungen handelt, insbesondere also als desuetudo (Beseitigung bestehender Strafrechtssätze, ferner durch seine Geltung auf anderen Rechtsgebieten (wichtig für die Frage der Rechtswidrigkeit).

2. Die wissenschaftliche Auslegung der Strafrechtssätze ist durch das in Art. 116 RVerf. ausgesprochene Verbot der Analogie nur insoweit beschränkt, als es sich um die Gewinnung von neuen Strafansprüchen handelt (analogia in malam partem); nicht jedoch insoweit, als Beseitigung oder Milderung von Strafansprüchen (analogia in bonam partem) in Rede stehen, oder sonst auf dem Gesamtgebiet der allgemeinen Lehren[6]).

III. Nur die Reichsgesetzgebung ist mithin Quelle der Rechtssätze des Reichsstrafrechts. In dreifacher Gestalt aber tritt uns der Befehl des Reichsgesetzgebers entgegen: 1. Als Gesetz im engeren staatsrechtlichen Sinne; 2. als Verordnung, soweit ausnahmsweise den Organen des Reichs ein Verordnungsrecht auf strafrechtlichem Gebiete ausdrücklich eingeräumt ist[7]); 3. als Staatsvertrag, sofern

---

[6]) Das dürfte der herrschenden Lehre (vgl. R **62** 372) entsprechen. Auch *Mezger* 83 stimmt in der Sache überein. Dagegen neuerdings *Exner* Gerechtigkeit und Richteramt (1922) 39ff. mit der Behauptung, daß die Analogie auch im Strafrecht ihrem ganzen Umfange nach zulässig sei; der Zivilrichter sei ebenfalls an das Gesetz gebunden, niemand aber verwehre ihm die Analogie; die Worte „gesetzlich bestimmt" seien nicht dahin aufzufassen, daß es sich um eine ausdrückliche gesetzliche Bestimmung handeln müsse. Indessen kann *Exner* nicht Recht gegeben werden. Dem Zivilrecht fehlt eine mit dem Satze „nullum crimen sine lege" vergleichbare Norm völlig; jede Parallele zwischen Straf- und Zivilrichter ist daher verfehlt. Die in Art. 116 RVerf. betonte rechtsstaatliche Funktion des Strafrechts erfordert, daß die Grenzen strafrechtlich verbotenen und erlaubten Tuns durch die expressa legis verba gezogen werden; auch de lege ferenda müßte daher *Exners* Satz zurückgewiesen werden. Wenn *Exner* endlich darauf hinweist, daß das Analogieverbot der gleichen Behandlung aller an sich strafwürdigen Handlungen entgegenstehe, so ist das zwar an sich richtig, beweist aber nicht die Verkehrtheit des Analogieverbotes. Denn der Strafgesetzgeber will eben nur eine gleiche Behandlung der von ihm für strafbar erklärten Handlungen. Vgl. gegen *Exner* die ungedruckte Breslauer Diss. von *Wehler* Die Analogie im Strafrecht, sowie *Gerland* (Art. 116) 378. Vgl. auch *Hafter* 12ff. (in Übereinstimmung mit dem Text), *v. Hippel* II 39, insbes. Note 5.

[7]) Vgl. *Seuffert* StG **1** 33. Von besonderer Bedeutung sind die sog. ErmächtigungsG vom 4. August 1914 (RGBl. 327), 22. Mai 1916 (RGBl. 401), 6. März 1919 (RGBl. 286), 17. April 1919 (RGBl. 394) und 3. August 1920 (RGBl. 1493) geworden. Endlich gewährt Art. 48 RVerf. 1919 dem Reichspräsidenten und den Landesregierungen ein, auch strafrechtlich sehr bedeutsames, weitgehendes Verordnungsrecht (Näheres darüber unten § 25). — Das landesrechtliche Strafverordnungsrecht ist hier nicht zu behandeln. Vgl *Rosin* Das Polizeiverordnungsrecht in Preußen 2. Aufl. 1895. *Biermann* Privatrecht und Polizei in Preußen 1897. *Jellinek* Verwaltungsrecht (3. Aufl.) 1931, 127ff.

dieser die staatsrechtlich verbindliche, also die Untertanen verpflichtende Kraft erlangt hat.

IV. Gesetz im engeren Sinne ist der durch das verfassungsmäßige Zusammenwirken der gesetzgebenden Faktoren erklärte, in der verfassungsmäßigen Form verkündete Wille der Gesamtheit (RVerf. vom 11. August 1919 Artt. 68ff.).

Gesetz ist der erklärte Wille der Gesamtheit; nicht der nicht erklärte Wille und nicht die nicht gewollte Erklärung. Die Erklärung erfolgt durch Beschlußfassung des Reichstags, durch Ausfertigung und Verkündigungsbefehl des Reichspräsidenten.

Danach haben wir die „Redaktionsversehen" zu beurteilen. Sie liegen vor, wenn der erklärte Wille selbst auf einem Irrtume beruht. Da das Erklärte gewollt und das Gewollte erklärt ist, liegt ein bindendes Gesetz vor, das nur durch Gesetz wieder beseitigt werden kann, wie dies durch das G vom 26. Februar 1876 in einer Reihe von Fällen (nicht in allen) tatsächlich geschehen ist. Verschieden davon ist die Nichtübereinstimmung zwischen dem Wortlaut der Kundmachung und jenem der gefaßten Beschlüsse („Druckfehler"). Die irrtümlich kundgemachte Bestimmung ist nicht Gesetz, aber auch nicht der zwar gefaßte, aber nicht kundgemachte Beschluß. Daher kann nur durch eine neue berichtigende Kundmachung abgeholfen werden[8]).

Aus dem Gesagten folgt, daß die sog. „Materialien" der Gesetze, insbesondere Begründung und parlamentarische Verhandlungen nur mit äußerster Vorsicht als Auslegungsmittel verwertet werden können. Sie sind nicht erklärter Wille der Gesamtheit, sondern geben uns im günstigsten Falle die Beweggründe, welche einzelne Mitglieder eines gesetzgebenden Faktors zu ihrer Willenserklärung bestimmt haben[9]).

V. Die gesetzlichen Quellen des Reichsstrafrechts sind:

1. Das Strafgesetzbuch mit seinen Ergänzungen (oben § 13);
2. die sogenannten strafrechtlichen Nebengesetze (oben § 14).

VI. Eine eigentümliche Erscheinungsform bieten diejenigen Strafrechtssätze (Blankett-, Blanko- oder Rahmengesetze genannt)[10]), in denen nur die Strafdrohung durch Reichsgesetz bestimmt ist, während die Festsetzung des Tatbestandes anderen Gewalten, sei es irgendwelchen Reichsorganen, der Justizverwaltung, der Landesgesetzgebung oder der Polizei, vielleicht sogar der außerdeutschen Gesetzgebung überlassen wird.

Beispiele bieten StGB §§ 145, 327, 328, 361, 366, 367, 368 und zahlreiche Nebengesetze. Besonders lehrreich Gesetz betr. Zuwiderhandlungen gegen die österr.-ungar. Zollgesetze 1895 §§ 2 und 3.

---

[8]) Dagegen: *Schütze* GA **20** 351; *Sontag* Die Redaktionsversehen 1874. Mit dem Text: *v. Wächter* GS **29** 321; *Allfeld* 74, *Binding* **1** 400; *Lobe* Lpz. Komm. § 2 Note I 5; *Merkel* HH **4** 76; *Wach* **1** 266. — Vgl. die Berichtigung von § 137 MilGO in Nr. 6 des RGBl. von 1899.

[9]) Herrschende Ansicht. Vgl. *Binding* **1** 471; *Glaser* **1** 317; *Wach* **1** 282; neuerdings *Schwinge* (Lit. zu § 26) 55. Weiter geht allerdings *R.* in zahlreichen, teilweise bedenklichen Entscheidungen.

[10]) *Neumann* Das Blankostrafgesetz (Strafr. Abh. Heft 87) 1908.

In allen diesen Fällen ruht aber die bindende Kraft der Verknüpfung von Tatbestand und Rechtsfolge, also des Strafrechtssatzes selbst, auf reichsgesetzlicher Anordnung.

§ 19. Das zeitliche Geltungsgebiet der Strafrechtssätze[1]).

Literatur. *Träger* VD Allg. T. **6** 317 (mit der Literatur). *Derselbe* GS **77** 104. *Binding* **1** 225, Normen **1** 168. *Merkel-Liepmann* § 98. *Silberschmidt* Z **22** 58. *Kohlrausch* Z **23** 41. *v. Bar* Gesetz **1** 59. *Käckell* Die Bedeutung des Strafgesetzbegriffes in der Lehre von der strafrechtlichen Rückwirkung (Strafr. Abh. Heft 187) 1915. *Bendix* Z **39** 406. *Traeger* Z **42** 721. *Mezger* Z **42** 348.

I. Der Zeitpunkt, in dem das RStGB in den verschiedenen Teilen des Deutschen Reiches in Wirksamkeit getreten ist, wurde bereits oben § 13 II und III erwähnt. Bezüglich aller übrigen Rechtssätze des Reichsstrafrechts bestimmt sich Beginn und Ende ihrer Herrschaft nach den allgemeinen Regeln.

Demnach beginnt ihre verbindende Kraft, sofern nicht in dem Gesetze selbst ein anderer Zeitpunkt bestimmt ist, mit dem 14. Tage nach dem Ablaufe desjenigen Tages, an dem das betreffende Stück des Reichsgesetzblattes in Berlin ausgegeben worden ist (RVerf. Art. 71). In den Konsulargerichtsbezirken beträgt diese Frist nach § 30 des G vom 7. April 1900 zwei Monate, wenn die Bezirke in Europa, in Ägypten oder an der asiatischen Küste des Schwarzen oder Mittelländischen Meeres liegen; vier Monate in allen übrigen Bezirken. Und es endet die Herrschaft der Strafrechtssätze, wenn sie sich nicht selbst die verbindliche Kraft nur bis zu einem bestimmten Zeitpunkte oder bis zu dem Eintritte einer Bedingung beilegen, mit ihrer ausdrücklichen oder stillschweigenden Aufhebung durch die gesetzgebende Gewalt. Abgesehen von der derogierenden Kraft des Gewohnheitsrechts ist das Gesetz die einzige Quelle, wie der Entstehung, so auch des Untergangs der Reichsstrafrechtssätze.

Bezüglich der **stillschweigenden Aufhebung** ist an dem Satze festzuhalten, daß das spätere Gesetz in den von ihm geregelten Materien die Vorschriften des älteren aufhebt. Der Begriff der „Materie" bestimmt sich auch hier nach den unten § 20 I gegebenen Regeln.

Dieser Satz gilt zunächst für das Verhältnis der einzelnen Reichsstrafgesetze zueinander, ohne Rücksicht darauf, ob das spätere oder das frühere Gesetz ein sog. Nebengesetz oder das StGB selbst ist. Er gilt ferner für das Verhältnis der Reichsstrafgesetze zu den früheren Landesstrafgesetzen, aber nicht umgekehrt (RVerf. Art. 13 Abs. 1). Er gilt endlich auch für das Verhältnis der verschiedenen Gebiete des Reichsrechts zueinander (vgl. auch § 2 EG). Daher wurde das RStGB insbesondere durch die einschlagenden Bestimmungen des BGB mehrfach abgeändert. Daher ist § 2 Abs. 1 RStGB durch Art. 116 RVerf. beseitigt worden.

II. Ein Rechtssatz herrscht oder gilt, heißt: Die von ihm an einen Tatbestand geknüpften Rechtsfolgen treten ein, sobald ein dem Tatbestande entsprechender Sachverhalt gegeben ist. Daraus folgt, daß jeder Rechtssatz nur auf die w ä h r e n d seiner H e r r s c h a f t entstandenen Tatbestände angewendet werden kann, soweit

---

[1]) Der Ausdruck „intertemporales Strafrecht" wird besser vermieden.

er nicht selbst auch die hinter oder vor seiner Geltung liegenden Tatsachen ergreifen zu wollen erklärt.

Dies gilt auch für die Strafrechtssätze. Auch sie haben weder nachwirkende noch rückwirkende Kraft, soweit der Gesetzgeber sie ihnen nicht ausdrücklich beilegt[2]). Daraus folgt die in RVerf. Art. 116 mittelbar anerkannte Regel: Die Strafrechtssätze finden Anwendung auf die während, sie finden keine Anwendung auf die vor oder nach ihrer Geltung begangenen Handlungen.

Den Anforderungen der Billigkeit trägt der Gesetzgeber Rechnung, wenn er von dieser Regel die folgende Ausnahme zuläßt (StGB § 2 Abs. 2): **Bei Verschiedenheit der Strafgesetze von der Zeit der begangenen Handlung bis zu deren Aburteilung**[3]) **ist das mildeste Gesetz anzuwenden.** Zu berücksichtigen sind daher nicht nur a) das zur Zeit der Begehung und b) das zur Zeit der Aburteilung geltende Gesetz, sondern auch c) etwaige Zwischenstrafgesetze (man denke an die vorübergehende Abschaffung der Todesstrafe in einigen deutschen Staaten vor 1870/71)[4]).

Eine **Milderung des Strafgesetzes** ist namentlich auch in seiner **Beseitigung** zu sehen, mag diese im Wege der Aufhebung durch ausdrücklichen Akt der Gesetzgebung herbeigeführt werden oder durch Ablauf der befristeten Geltungsdauer erfolgen (oben I). Unrichtig ist es, im letzteren Falle mit der herrschenden Meinung dem **Nichtstrafgesetz** den Charakter des **mildesten Strafgesetzes** im Sinne und mit den Wirkungen des § 2 Abs. 2 nur dann zuzubilligen, wenn die Änderung des Rechts auf einer Änderung der rechtlichen Anschauungen über die Strafwürdigkeit des Tatbestandes beruht[5]). Im

---

[2]) Gem. Meinung; auch *Allfeld* 76. Für Rückwirkung *Binding* **1** 230, *Finger* **1** 138, *Hälschner* **1** 120; andere, wie *v. Bar* Gesetz **1** 71, wollen grundsätzlich immer das mildere Gesetz zur Anwendung bringen.

[3]) Aburteilung ist jede Entscheidung in der Sache selbst, auch die des Revisionsrichters. Ebenso *Allfeld* 79, *Schwartz* § 2 Note 16, *Beling* Z **39** 176. Abweichend *Frank* § 2 IV, RMilG **17** 85, *Binding* **1** 252, *Lobe* Lpz. Komm. § 2 Note VI, *v. Hippel* II 68, *Olshausen* § **2** 12b. R **41** 177, **61** 135 schließen sich den Gegnern an; vgl. auch R **65** 238. Dagegen gelangt R **51** 47 zur hier vertretenen Auffassung, freilich mit der Behauptung, daß es sich in dieser Entsch. um „einen besonderen Fall" handele; vgl. dazu insbes. *Beling* Z **39** 176, ferner auch *Feisenberger* Z **38** 856. — Vgl. auch *Soergel-Krause* **11** Nr. 1, **12** Nr. 2.

[4]) Gegen Berücksichtigung der Zwischengesetze *v. Hippel* II 67; dafür die gem. M.

[5]) Auf dem Standpunkt dieser von *Mezger* so genannten „Motiventheorie" stand dieses Buch bis zur 24. Auflage, steht noch heute die herrschende Lehre: besonders R **13** 249, **21** 294, **32** 110, **47** 415, **49** 387, **50** 291, 399, **52** 327, **55** 125, 172, 193, **56** 147, 286, 412, 419, **57** 209, 384, 416, **58** 44, **59** 125, 185, **61** 134, 222, **63** 68, 71, 244, **64** 399, **65** 57; *v. Hippel* II 66, *P. Merkel* Grdr. 33/34; *Lobe* Lpz. Komm. § 2 Note IV 3, *Frank* Lpz. Ztschr. **1915** 5 (bezüglich der „Kriegsnotgesetze"). Gegen die von der Motiventheorie namentlich auch bei den sog. „temporären" (zeitlich befristeten) Gesetzen begangene „Verwirrung des Unterschiedes zwischen Gesetzesmotiv und Gesetzesinhalt" R **20** 407, jetzt:

Gesetz findet eine derartige höchst unsichere Einschränkung durchaus keine Stütze.

Wesentlich anders liegt der Fall eines solchen Gesetzes, das nur die unter einer zeitlich bestimmten, im Tatbestande hervorgehobenen Sachlage begangenen Handlungen unter Strafe stellt, also etwa die Begehung der Tat während eines Krieges oder während des Dienstes als Beamter zum Tatbestandsmerkmal macht. Hier ändert der Wegfall jener zum Tatbestandsmerkmal erhobenen Sachlage nichts am Bestande der Strafrechtsordnung: § 89 StGB ist auch im Frieden geltendes Strafgesetz. Die während jener Sachlage begangenen Handlungen können also, ohne daß § 2 Abs. 2 im Wege stünde, auch nach ihrem Wegfall bestraft werden. Das **Strafgesetz** ist das **alte**; lediglich die **tatsächliche Begehbarkeit** der Handlung ist **unmöglich** geworden[6]).

Eine Milderung des Strafgesetzes kann auch durch Veränderung außerstrafrechtlicher (namentlich auch privatrechtlicher) Bestimmungen herbeigeführt werden, so z. B. dadurch, daß ein Recht zum Eingriff in fremde Interessen eingeräumt oder eine durch Strafdrohung eingeschärfte Pflicht beseitigt wird. Denn eine Milderung

---

insbes. *Mezger* 70, sowie Z **42** 370, früher schon *Kohlrausch* Z **23** 45, *Käckell* 177, *Eb. Schmidt* Z **37** 97, *Bendix* Z **39** 408, 409, *Mayer* 30 Note 24. Die ganze Unsicherheit dieser Motiventheorie zeigte sich z. B. bei der Behandlung des Sozialistengesetzes und neuerdings des Republikschutzgesetzes. R **21** 294 versagte dem Sozialistengesetz gegenüber die Anwendung des § 2 Abs. 2 (ebenso *Finger* **1** 147); dagegen aber außer *Allfeld* 78 und *Gerland* 63 auch *Frank* V 2 b, obwohl auch er bei den temporären Gesetzen die Motiventheorie vertritt, sowie *v. Hippel* II 65, der durchweg Anhänger der Motiventheorie ist. R **63** 244 erklärt § 2 Abs. 2 dem Republikschutzgesetz gegenüber für unanwendbar, weil von Läuterung der Rechtsanschauung „keine Rede" sein könne; dagegen aber mit Schärfe *v. Hippel* II 65 Note 3. Mit Recht haben *Mayer* 31 und *Mezger* 71 die Motiventheorie als unzulässige Gesetzeskorrektur erklärt. In der Tat bietet das Gesetz keine Handhabe zur Einschränkung des auch von *Frank* § 2 IV (grundsätzlich!) und *Gerland* 62 anerkannten Satzes, daß das Nichtstrafgesetz mildestes Gesetz im Sinne von § 2 Abs. 2 sei. Darum ist hier diese Stelle uneingeschränkt anzuwenden. So namentlich *Bendix* 422, der zutreffend betont, es sei Sache des Gesetzgebers, durch geeignete Übergangsvorschriften dafür zu sorgen, daß die Bestrafung derjenigen, die gegen ein von vornherein befristetes Gesetz verstoßen haben, nicht durch den Ablauf der Geltungsdauer verhindert wird. Überaus bedenklich ist die von R, namentlich **50** 401, aufgestellte Behauptung, daß die unter den außerordentlichen Kriegsverhältnissen entstandenen Kriegsstrafgesetze ganz allgemein zu den temporären Strafgesetzen zu rechnen und demgemäß nach den Gesichtspunkten der Motiventheorie zu behandeln seien. Dagegen *Mezger* 380. — **Zu beachten ist, daß frühere Auflagen dieses Buches** (bis zur 24. einschl.) **den Begriff des temporären Strafgesetzes in anderem Sinne als die herrschende Lehre und die vorstehenden Bemerkungen verwendet haben, nämlich mit Bezug auf die zu Note 6 behandelten Fälle.**

[6]) *v. Liszt* sprach hier früher von temporären Strafgesetzen. Vgl. Note 5 am Ende. In der Sache stimmt die herrschende Lehre durchaus überein. Vgl. *Gerland* 62.

des Strafgesetzes braucht nicht immer in Abschwächung oder Aufhebung der Strafdrohung, sie kann ebenso gut in einer die Strafrechtsnorm beeinflussenden Einschränkung des Pflichtenkreises bestehen[7]). Auch hier muß § 2 Abs. 2 Platz greifen. Beispiele bieten: §§ 904 oder 859 BGB, KO §§ 239, 240 in Verbindung mit HGB § 4 gegenüber Art. 10 des früheren HGB; ferner aber auch die Aufhebung der Wehrpflicht durch reichsrechtliche Inkraftsetzung des Versailler Friedensvertrages gegenüber den §§ 140, 142, 143 StGB[8]); nicht dagegen die Außerkurssetzung einer bestimmten Münzsorte in Verbindung mit den §§ 146ff.[9]).

III. Wenn der Richter aus zwei oder mehreren Gesetzen das mildeste auszuwählen berufen wird, so hat er zunächst den ihm vorliegenden Fall nach dem einen der in Frage kommenden Gesetze, dann nach dem anderen, dann nach den übrigen etwa noch vorhandenen Gesetzen zu entscheiden, daher nach jedem dieser Gesetze den Tatbestand festzustellen und die Strafe zu bestimmen. Jede Verbindung verschiedener Strafgesetze ist unbedingt unzulässig. Das für den Beschuldigten günstigste Ergebnis ist maßgebend. Dabei sind nicht nur Umfang und Inhalt der Strafe, sondern alle maßgebenden strafrechtlichen Normen in Betracht zu ziehen. So Nebenstrafen, der Einfluß erschwerender und mildernder Umstände[10]), Bestimmungen über Rückfall, Teilnahme, Versuch, Bedingungen der Strafbarkeit usw. Wenn sich bei dieser Prüfung Straflosigkeit oder mildere Strafe nach einem der in Frage stehenden Gesetze ergibt, weil dieses z. B. den Versuch nicht für strafbar erklärt oder eine Rückfallsschärfung nicht kennt, so ist dieses Gesetz als das mildere, bzw. als das mildeste, ausschließlich zur Anwendung zu bringen. Dasselbe gilt bezüglich der Strafaufhebungsgründe und insbesondere der Verjährung; ist die Verfolgung der Tat oder die Vollstreckung des Urteils nach dem einen oder dem anderen Gesetze

---

[7]) Schon *v. Liszt* hatte in den früheren Auflagen dieses Buches auf die Bedeutung des rechtlichen Pflichtenkreises für das Problem der Milderung des Strafgesetzes hingewiesen. Der jetzige Text sucht diesen Gedanken, im Anschluß an *Mezger* 70 und Z **42** 374, nur schärfer zu formulieren. Treffend über die Bedeutung der Normänderung auch *Frank* § 2 V. Abweichend *Beling* Grdz. 107. Vgl. dazu *Mezger* 68 und Z **42** 350 über die das Problem des Textes berührenden Konsequenzen der Normentheorie.

[8]) Bezüglich der Aufhebung der Wehrpflicht abweichend R **55** 125. Gegen diese Entscheidung *Frank* § 2 V 1. Im übrigen bezüglich der anderen Beispiele mit dem Text *Allfeld* 78, *Gerland* 63, *Mayer* 29, teilweise auch *Frank* § 2 V 1. Abweichend R **27** 98, **31** 225.

[9]) Hier kann von einer Einschränkung der Pflichten gegenüber den durch die §§ 146ff. geschützten Rechtsgütern (unten § 158 II) keine Rede sein; diese Pflichten bleiben auch bei Währungsänderungen, Außerkurssetzungen usw. durchaus die gleichen. Ebenso in der Entscheidung *Mayer* 30, *Mezger* 69/70 und Z **42** 375.

[10]) Ebenso R **60** 124. Vgl. auch R **61** 76, 324 und besonders auch R **65** 119.

verjährt — wobei als Anfangspunkt des Verjährungslaufes für das frühere wie das spätere Gesetz die Zeit der begangenen Tat, bezw. der rechtskräftigen Urteilsfällung, anzunehmen ist —, so muß Freisprechung erfolgen. Vorschriften des Strafprozeßrechts finden sofort, auch auf bereits anhängige Rechtssachen, Anwendung. Zu ihnen gehört auch das Antragserfordernis. Das war wichtig für die Novelle vom 19. Juni 1912 (in Kraft seit 5. Juli 1912). Soweit sie Strafantrag erfordert, mußte bei dessen Fehlen das Verfahren eingestellt werden, auch wenn die Tat vor dem 5. Juli begangen war[11]). Die Antragsfrist endete in diesem Falle erst mit dem 5. Oktober 1912.

Bei gleicher Milde der in Vergleich zu ziehenden Gesetze tritt die allgemeine Regel wieder in Kraft. Dasselbe gilt bei Unvergleichbarkeit der Strafen, soweit nicht § 6 EG zur Straflosigkeit führt.

§ 20. Das sachliche Geltungsgebiet der Strafrechtssätze. Reichsrecht und Landesrecht.

Literatur. *Heinze* Das Verhältnis des Reichsstrafrechts zum Landesstrafrecht 1871. *Binding* Der Antagonismus zwischen dem d. StGB und dem Entwurf des badischen EG 1871. *Matthießen* In welchem Umfange sind die Vorschriften im allgemeinen Teil des StGB für die Landesgesetze bindend? Kieler Diss. 1894. *Andrée* Der § 270 des preuß. StGB. Göttinger Diss. 1907. *Liepmann* Z **32** 587. *Finger* Reichs- und Landesstrafrecht im Lichte der Rechtsprechung des Reichsgerichts (RGFestg. V 93) 1929.

I. Durch das Reichsstrafgesetzbuch sind die einzelnen Landesstrafgesetzbücher an sich nicht beseitigt worden. Nach Artt. 12 und 13 der RVerf. übt aber das Reich das Recht der Gesetzgebung nach Maßgabe des Inhalts der Verfassung und mit der Wirkung aus, **daß die Reichsgesetze den Landesgesetzen vorgehen.** Die Landesgesetzgebung darf weder zu den Anordnungen der Reichsgesetzgebung, mögen diese ausdrücklich oder stillschweigend gegeben sein, in Widerspruch treten, noch hat sie die Kraft, sie zu bestätigen; tut sie es dennoch, so sind ihre angeblichen Gebote ohne gebietende Kraft, sie sind nicht Gesetz. Es ist daher einerseits die bisherige Landesgesetzgebung beseitigt, soweit die Sätze des Reichsrechts das von ihr geregelte Gebiet, sei es widersprechend, sei es übereinstimmend, ergreifen, ohne daß es einer ausdrücklichen Aufhebung

[11]) Zu demselben Ergebnis gelangen unter Anwendung des § 2 Abs. 2 StGB: *Allfeld* 77, *Frank* § 2 IV 1, *Olshausen* § **2** 20. Ebenso R **46** 269. Ähnlich (weil der Antrag zu den „prozessualen Strafrechtsvoraussetzungen" gehöre) *Goldschmidt* DJZ **17** 1315. Dagegen soll nach *Binding* Handbuch **1** 255, *Träger* 429 Antrag nicht erforderlich sein, wenn das „Prozeßverhältnis" nach altem Recht begründet war.

bedurfte[1]); und es ist andererseits auch die künftige Landesgesetzgebung unter derselben Voraussetzung und in demselben Umfange wirkungslos.

Diesen Grundsatz der Reichsverfassung drückt EG §§ 2 und 5 wenig glücklich mit den Worten aus, daß das Landesstrafrecht ausgeschlossen ist, „insoweit dasselbe Materien betrifft, welche Gegenstand des StGB für das Deutsche Reich sind". Unter **„Materien"** des RStGB sind diejenigen Gruppen von strafbaren Handlungen zu verstehen, die die Verletzung eines und desselben Rechtsgutes bedeuten, insofern also thematisch zusammengehören[2]). Ob eine

---

[1]) Abweichend *Frank* EG § 2 I (das Landesrecht ist nur außer Wirksamkeit gesetzt, lebt also eventuell wieder auf). Gegen ihn *Schwartz* EG § 2 Note 2, *Finger* 95.

[2]) A. M. früher hier *v. Liszt*, der unter „Materie" die „einzelnen für strafbar oder für nichtstrafbar erklärten Handlungen" verstand, jetzt *Beling* Grdz. 107. Zustimmend namentlich *Mezger* 61, 62 Note 12. Nicht sind „Materien" die sog. allgemeinen Lehren, die nur in der Beziehung auf das einzelne Verbrechen Bedeutung erlangen. (Abw. *Finger* 108 Note 15, jedoch in Widerspruch zu seiner Charakterisierung der allgem. Lehren auf S. 106). Vgl jetzt *Mezger* 63. Auf dem der Landesgesetzgebung überlassenen Gebiete kann diese daher über Versuch, Teilnahme, Zurechnungsfähigkeit, Verjährung usw. Bestimmungen treffen, die von denen des RStGB abweichen. Sie hat von dieser Befugnis auch reichlichen Gebrauch gemacht. Vgl. insbesondere die Feld- und Forstpolizei- und Forststrafgesetze, *Ziegner-Gnüchtel* Z **8** 231. Daß aber das Reichsrecht mit bindender Wirkung für das Landesrecht schlechthin auch Fragen aus dem Bereiche der allgemeinen Lehren regeln kann, ist nicht zu bezweifeln. Ob und inwieweit das im einzelnen Fall geschehen, muß durch Auslegung ermittelt werden. So richtet sich die Frage der Strafmündigkeit, der „Einsicht" der „Jugendlichen", der strafrechtlichen Behandlung von Kindern und Jugendlichen jetzt ausschließlich nach dem JGG vom 16. Februar 1923. Dieses geht also allen diesbezüglichen landesrechtlichen Regelungen vor. So auch *Frank* EG § 2 V, *Finger* 107, 108, *Hellwig* Jugendgerichtsgesetz § 2 Note 7, *Francke* Das Jugendgerichtsgesetz Vorbem. II vor § 1, *Kiesow* Jugendgerichtsgesetz § 2 Note 4, *Olshausen* EG § **2** 13c, *Mezger* 64. Preußen hätte mithin sein Forstdiebstahlsgesetz und sein Feld- und Forstpolizeigesetz nicht durch ein besonderes G vom 1. Juli 1923 (GS 291) den Bestimmungen des Jugendgerichtsgesetzes anzupassen brauchen, da diese ohnehin auch für den Bereich des preuß. Landesstrafrechts Geltung haben. So auch *Frank* und *Hellwig* a. a. O. — Im übrigen ist die Bedeutung des EG § 2 für die allgemeinen Lehren sehr bestritten: **1.** Übereinstimmend mit dem Texte *Allfeld* 67, *v. Lilienthal* 16, *Beling* Grdz. 108, *Olshausen* EG § **2** 12, 13, *Seuffert* StG **1** 86, 87; R **2** 34, **10** 220, 392, **30** 31, **45** 52, **52** 274. *v. Hippel* II 56 vertritt die Meinung, daß landesrechtliche Abweichungen von den reichsrechtlichen allgemeinen Lehren auf den in EG § 2 Abs. 2 namentlich aufgezählten Sondergebieten insofern zulässig seien, als „überkommene geschichtliche Besonderheiten gewahrt bleiben sollten"; im übrigen seien widersprechende landesrechtl. Normen unzulässig; „im Zweifel" sei Reichsrecht maßgebend. Eine wesentliche Abweichung von der hier vertretenen Meinung dürfte damit kaum gegeben sein (vgl. jedoch *v. Hippel* II 55 Note 4). Auch *Mezger* 63, 64 steht dem Text sachlich durchaus nahe (die Eingruppierung des Textes auf S. 63 Note 14 trifft nicht das Richtige), indem er von Fall zu Fall auf den „Sinn der einzelnen allgem. Vorschriften des Reichsrechts" abstellt. — **2.** Abweichend *Binding* **1** 307, der die Landesgesetzgebung unbedingt für gebunden hält. — **3.** Abweichend ferner *v. Bar* Gesetz **1** 51, *van Calker* 10, *Finger* **1** 154, *Finger*

Materie „**Gegenstand**" des StGB geworden ist, hängt davon ab, ob das StGB den Schutz des in Rede stehenden Rechtsgutes vollständig oder nur in einzelnen Beziehungen geregelt hat; nur im ersteren Falle ist die Materie Gegenstand des StGB im Sinne von EG § 2. Für die Frage der Vollständigkeit der Regelung einer Materie durch das StGB kommen aber nicht nur die ausdrücklichen Strafbarkeitserklärungen und die ausdrücklichen Strafloserklärungen, sondern auch die stillschweigenden Strafloserklärungen in Betracht.

Das Schweigen der Reichsgesetzgebung kann mithin eine doppelte Bedeutung haben: entweder die einer stillschweigend verneinenden Anordnung („qualifiziertes Schweigen") oder die einer Überweisung der Regelung an die Landesgesetzgebung. Ob das eine oder das andere der Fall ist, haben wir nicht nur aus der Entstehungsgeschichte des Gesetzes, sondern vor allem aus dem Gesetze selbst, aus dem Zusammenhange der ausdrücklich ausgesprochenen Rechtssätze untereinander, zu beantworten.

Beispiele. Aus der bunten, eines leitenden Gedankens entbehrenden Zusammenwürfelung einzelner Übertretungen in dem letzten Abschnitte des RStGB folgt die Zulässigkeit landesgesetzlicher Tätigkeit auf dem Gebiete der Polizeiübertretungen; eine Befugnis, die sich insbesondere auch in der Erlassung zusammenhängender **Polizeistrafgesetzbücher** äußern kann[3]). Daher besteht fort das rhein-preußische Verbot der öffentlichen Ankündigung von Geheimmitteln (R **16** 359). Ebenso ist wegen der Systemlosigkeit des 25. Abschnittes des RStGB die fortdauernde Geltung des § 270 des preuß. StGB und des Art. 412 C. pén. betr. die Freiheit des Bietens bei öffentlichen Versteigerungen zu behaupten[4]). Auch die landesrechtlichen Strafbestimmungen gegen Winkeladvokaten sind nicht aufgehoben. Dagegen stehen die landesrechtlichen Straf-

---

(RGFestg.) 107ff., *Frank* EG § 2, *Hälschner* **1** 110, *Köhler* 147, *Mayer* 62 (mit Ausnahme der reinen „Gestaltungsmittel", so der §§ 43—50), *Merkel* 7, *Schwartz* § 2 Note 9, *Wachenfeld* 50, die, im einzelnen weit auseinandergehend, innerhalb der reichsrechtlichen Bestimmungen bindende und nicht bindende unterscheiden wollen. *Frank* ist zuzugeben, daß § 9 verfassungsrechtliche Bestimmungen enthält und daher die Einzelstaaten bindet; für die rein strafrechtlichen Normen (Zurechnungsfähigkeit, Verjährung usw.) entbehrt seine Behauptung, daß sie „Rechte der Untertanen begründen", der gesetzlichen Grundlage. Vgl. dazu *Finger* GS **82** 355. — Der unglückliche Ausdruck „Materie" stammt aus dem c. pénal Art. 484. Näheres über die Entstehungsgeschichte des EG § 2 bei *v. Hippel* II 48 (Note 1!), 49.

[3]) Von den **Polizeistrafgesetzbüchern** sind zu nennen: Das bayrische vom 26. Dezember 1871 (*Riedel*, 7. Aufl. von *v. Sutner* 1907; *Staudinger*, 6. Aufl. von *Schmitt* 1921), das württembergische vom 27. Dezember 1871 (*Schicker* 4. Aufl. 1907; *Köhler* 1900), das badische vom 31. Oktober 1863, abgeändert 1871 (*Schlusser-Müller* 3. Aufl. 1908), das hessische von 1855. Über Braunschweig vgl. *Ude* 2. Aufl. 1899. Sachsen und Preußen besitzen keine einheitliche Polizeistrafgesetzgebung. — Vgl. auch *J. Goldschmidt* Das Verwaltungsstrafrecht 1902 S. 455. *W. v. Hippel* Handbuch der Polizeiverwaltung (in Preußen), 2. Aufl. 1910.

[4]) Ebenso R, zuletzt **27** 106, *Andrée* 35, *v. Hippel* II 51 Note 4; dagegen *v. Bar* Gesetz **1** 38, *Lobe* Lpz. Komm. EG § 2 Note V 3.

drohungen gegen das Spielen in auswärtigen Lotterien, gegen die nicht beeidete falsche Aussage, gegen die studentischen Schlägermensuren, gegen Konkubinat, gegen das Streikpostenstehen usw. im Widerspruch mit dem Reichsrecht; und zwar auch dann, wenn sie diese Handlungen unter Polizeistrafe stellen. Siehe Besonderen Teil. Dasselbe gilt von den landesrechtlichen Strafdrohungen gegen die Selbsthilfe[5]). Durch G vom 29. März 1888 wurde die fortdauernde Strafbarkeit der cris séditieux in Elsaß-Lothringen ausdrücklich ausgesprochen, nachdem R wiederholt die Geltung des Art. 8 französischen PreßG vom 25. März 1822 verneint hatte.

II. In den **reichsgesetzlich nicht geregelten Materien** hat die Landesgesetzgebung grundsätzlich freien Spielraum. Die bisherigen Landesgesetze bleiben bestehen, neue können gegeben werden. Diesen Satz spricht § 2 Abs. 1 des EG zum StGB aus. Darüber hinaus behält Abs. 2 eine Reihe namentlich aufgeführter Materien der landesrechtlichen Regelung mit der Wirkung vor, daß das Reichsrecht hinsichtlich dieser Angelegenheiten zum subsidiären Recht wird; es sind dies Verletzungen der Preßpolizei-, Post-, Steuer-, Zoll-, Fischerei-, Jagd-, Forst- und Feldpolizeigesetze, sowie der Holz-(Forst-)Diebstahl. Freilich fragt es sich für das Verhältnis des Reichs- zum Landesrecht jeweils, ob die seit dem Erlaß des EGStGB eingetretene Entwicklung des Reichsstrafrechts hinsichtlich der in EG § 2 Abs. 2 genannten Gebiete noch landesrechtliche Strafbestimmungen weiterhin zuläßt. Die im § 2 Abs. 2 ebenfalls genannt gewesenen Verletzungen des Vereins- und Versammlungsrechts werden jetzt unter Ausschluß des Landesrechts durch das RG vom 19. April 1908 geregelt. Auf dem Gebiete des Steuerstrafrechts richtet sich die Möglichkeit landesrechtlicher Bestimmungen nach RAbgO § 2 Abs. 2. Bezüglich der Preßpolizeidelikte ist § 30 des PreßG von 1874 zu beachten[6]).

---

[5]) Ebenso *v. Bar* Gesetz **1** 41, *v. Hippel* II 51, *Wachenfeld* 48; dagegen *Allfeld* 67 Anm. 6, *Binding* **1** 318, *Frank* EG § 2 III.

[6]) Der Text pflichtet damit, unter Preisgabe der bisher in diesem Buch vertretenen Meinung, der herrschenden Lehre bei, wie sie von *Frank* EG § 2 III, *Lobe* Lpz. Komm. EG § 2 II 4, 5, *v. Hippel* II 50, *Mezger* 65 u. a. vertreten wird. Vgl. dazu auch *Finger* 105. — Die **forststrafrechtlichen** Gesetze (für Preußen: Feld- und ForstpolizeiG vom 1. April 1880 in der Neufassung vom 21. Januar 1926; ForstdiebstahlsG vom 15. April 1878 mit Novellen vom 14. Dezember 1920 und 1. Juli 1923 [vgl. oben Note 2]; für Bayern, Baden, Hessen, Sachsen, während in Württemberg die einschlagenden Bestimmungen in den Polizeistrafgesetzbüchern sich finden) sind zusammengestellt bei *Friedebach* Die Forststrafgesetze der deutschen Bundesstaaten mit Einschluß des Reichslandes Elsaß-Lothringen. Freiburger Diss. 1907. Ebenso bei *Lindemann* (unten Note 10). Vgl. neuerdings *Lerche* Z **46** 179. Vorzügliche Ausgabe der beiden preußischen Gesetze nach dem Stande vom Juli 1926 (mit Kommentar) von *Wagemann* und *Kranold* 1926 (*Stilkes* Rechtsbibliothek). Über **Feldpolizeigesetze** vgl. *Löning* HSt **4** 71. — Macht die Landesgesetzgebung von der ihr übertragenen Befugnis keinen Gebrauch, so kommt das Reichsrecht (Diebstahl, Sachbeschädigung usw.) subsidiär zur Anwendung.

III. Aber auch in dem an sich der Landesgesetzgebung überlassenen Gebiet, also in den reichsgesetzlich nicht geregelten Materien, sind jener gewisse Schranken gezogen.

1. Wenn in Landesgesetzen auf strafrechtliche Vorschriften (besonders des landesrechtlichen StGB), die durch das RStGB außer Kraft gesetzt sind, sei es ausdrücklich, sei es stillschweigend, verwiesen wird, so treten die entsprechenden Vorschriften des letzteren an die Stelle der ersteren (EG § 3).

2. Vom 1. Januar 1871 (1872) ab darf nur auf die im RStGB enthaltenen Strafarten erkannt werden. **Das Strafsystem des RStGB ist also unbedingt bindendes Recht**[7]). Ausgenommen ist die an Stelle der Gefängnis- oder Geldstrafe angedrohte oder nachgelassene Forst- oder Gemeindearbeit (EG § 6)[8]).

3. Während die unter 1 und 2 angeführten Beschränkungen in gleicher Weise die bisherige wie die künftige Landesgesetzgebung treffen, darf, ohne daß die bestehenden Landesgesetze durch diese Anordnungen berührt werden[9]), in künftigen Landesgesetzen nur Gefängnis bis zu zwei Jahren, Haft, Geldstrafe, Einziehung einzelner Gegenstände und die Entziehung öffentlicher Ämter angedroht werden (EG § 5).

IV. Durch ausdrückliche reichsgesetzliche Anordnung (EG § 8) wurde der Landesgesetzgebung das übrigens selbstverständliche Recht vorbehalten, durch Übergangsbestimmungen die in Kraft bleibenden Landesstrafgesetze, die als solche durch die Reichsgesetzgebung nicht berührt wurden, mit den Vorschriften des RStGB in Übereinstimmung zu bringen. Solche **Ausführungsgesetze** (abgesehen von Elsaß-Lothringen, oben § 13 III 4) sind in sämtlichen Bundesstaaten mit Ausnahme von Preußen (nebst Lauenburg und Waldeck) erlassen worden[10]).

---

[7]) Ausgeschlossen ist mithin die körperliche Züchtigung; aber nur als Strafe, nicht als Disziplinarmittel. Abweichend in letzterer Hinsicht *Seuffert* StG **1** 89. — Die reichsgesetzlichen Mindest- und Höchstmaße der einzelnen Strafarten binden die Landesgesetzgebung. Ebenso *v. Bar* Gesetz **1** 52 Note 46, *v. Hippel* II 58. Anders die herrschende Übung. Bezüglich der landesrechtlichen Geldstrafen vgl. Art. VIII der VO über Vermögensstrafen und Bußen vom 6. Februar 1924.

[8]) Aber nur für die bereits bestehenden landesrechtlichen Bestimmungen. Ebenso *Lobe* Lpz. Komm. EG § 6 Note 5. A. M. *v. Hippel* II 58 Note 5.

[9]) Ebenso die gem. Meinung, auch *Allfeld* 68, *Frank* EG § 6. Dagegen *v. Bar* Gesetz **1** 55, *Binding* **1** 298, *Finger* **1** 158, *Wachenfeld* 51.

[10]) Zusammenstellungen des **Landesstrafrechts:** *Groschuff, Eichhorn* und *Delius* Die preußischen Strafgesetze 2. Aufl. 1904. *Lindemann* Sammlung der wichtigsten preußischen Strafgesetze 2. Aufl. 1912. *Hellwig* Sammlung preußischer Strafgesetze 1923. *Coermann* Die Strafgesetze Elsaß-Lothringens 1897. *Glock* Das im Großherzogtum Baden geltende Reichs- und Landesrecht 2. Aufl. (bearbeitet von *Salzer*) 1911. *Hafner* und *Kern* Badische Strafgesetze 1925. *Gösch* und *v. Düring* Mecklenburg-Schwerinsches Landesstrafrecht 1887; Mecklenburg-Strelitzsches Landesstrafrecht 1887. *Feilitzsch* Das Königl. sächsische Landesstrafrecht 1903. *Beling* Württembergische Strafgesetzgebung 1903, 2. Aufl. von *Hegler* 1919. Über französisches Recht vgl. *Scherer* GS **39** 614. Über das bayrische Landesstrafrecht vgl. *Seuffert* StG **1** 93, 98. Über die Polizeistrafgesetzgebung s. oben Note 3.

§ 21. Das räumliche Geltungsgebiet der Strafrechtssätze. Grundsätzliche Erörterung.

Literatur. *K. Neumeyer* Die gemeinrechtliche Entwicklung des internationalen Privat- und Strafrechts bis *Bartolus* **1** 1901, **2** 1916. *Derselbe* Z **23** 436, **27** 1. *Mendelssohn Bartholdy* VD Allg. T. **6** 85. *Derselbe* GA **67** 65, DStrafr. Z **8** 258 (zu E 1919), Reform 1926, 40, DJZ **33** 53. *Kitzinger* VD Allg. T. **1** 179. *v. Bar* Gesetz **1** 99. *v. Rohland* Das internationale Strafrecht **1** 1877. *Hegler* Prinzipien des internationalen Strafrechts (Strafr. Abh. Heft 67) 1906. *Derselbe* Fragen des internationalen Strafrechts (Anlage I zum Entwurf eines Allgem. Deutschen Strafgesetzbuchs 1927, Reichst.-Drucks. III 1924/27 Nr. 3390). *v. Liszt* Z **2** 50 (Aufsätze **1** 90). *Lammasch* Auslieferungspflicht und Asylrecht 1887. *Derselbe* GS **41** 1. *v. Martitz* Internationale Rechtshilfe in Strafsachen **1** 1888, **2** 1897. *Heinze* Universelle und partikuläre Strafrechtspflege 1896. *Beling* Z **17** 303. *Beckmann* Die Straftaten eines Deutschen im Konsulargerichtsbezirk und den Schutzgebieten usw. 1905. *Tafel* Die Geltung des Territorialprinzips im d. Reichsstrafrecht 1902; dazu *Zorn* LA **19** 129. *Kleinfeller* in *Niemeyers* Z **20** 109. *Heimberger* in der Festgabe für *Paul Krüger* 1911 (über den VE). *Cohn* Das strafrechtliche Verhältnis der Konsulargerichtsbezirke zum Inland. Königsberger Diss. 1908. *Schrader* Die Strafbarkeit der im Auslande begangenen Handlungen usw. Erlanger Diss. 1912. *Traub* Das universelle Schutzprinzip und das Prinzip der identischen Norm (Strafr. Abh. Heft 167) 1913. *Ed. Heymann* Territorialitätsprinzip und Distanzdelikt, Berliner Diss. 1914. *König* Grundzüge des internationalen Strafrechts usw. 1915. *Kohler* Internationales Strafrecht 1917. *Mittermaier* in der Festgabe für *Otto Liebmann* 1920 S. 206ff. *v. Cleric* Schweizer. Z **37** 52. *Derselbe* in der Festgabe für *Zürcher* (1920) 128. *Friedrichs* HdR **1** 417. *Gerland* HdR III 339. *Gardikas* bei *Groß* **76** 1. *Wegner* Über den Geltungsbereich des staatl. Strafrechts (Festg. für *Frank* I 98) 1930. *Drost Niemeyers* Z **43** 111.

I. Der Begriff des internationalen Strafrechts. Seit *Bentham* pflegt man die dem nationalen Recht angehörenden Rechtsregeln über das räumliche Geltungsgebiet der nationalen Strafrechtssätze als „**internationales Strafrecht**“ zu bezeichnen. Die Bezeichnung ist völlig unzutreffend[1]).

1. Internationales Strafrecht im eigentlichen Sinne sind diejenigen Strafrechtssätze, die nicht von einem einzelnen Staate, sondern von der Gesamtheit der Kulturstaaten, also von der Völkerrechtsgemeinschaft, erlassen sind. Die ersten Ansätze zu einem solchen internationalen Recht finden sich in der Strafverordnungsbefugnis der internationalen Fluß- und Sanitätskommissionen[2]). In dem System des deutschen Strafrechts haben diese Rechtssätze eben wegen ihres internationalen Charakters keinen Platz.

2. Unter internationalem Strafrecht könnte man ferner verstehen die internationalen Vereinbarungen über strafrechtlichen Rechtsgüterschutz. Vgl. die Reblauskonvention von 1881, den Kabelschutzvertrag von 1884, die Brüsseler Generalakte von 1890 gegen den Sklavenhandel usw. Solche Verträge begründen für die vertragschließenden Staaten die völkerrechtliche Verpflichtung zur Einführung entsprechender nationaler Strafgesetze. Durch die Erfüllung dieser Verpflichtung entsteht inhaltlich gleiches Recht in verschiedenen Staaten[3]). Aber die Quelle seiner staatsrechtlichen Verbindlichkeit ist das nationale Gesetz und nicht der internationale Vertrag. Die Strafgesetze, die das Deutsche Reich auf Grund völkerrechtlicher Verpflichtung erlassen hat,

---

[1]) Auch *Hafter* 47 und *Gerland* HdR III 339 beanstanden die Bezeichnung. Vgl. *Wegner* 130.

[2]) Vgl. dazu *v. Liszt-Fleischmann* §§ 27 II, IV und 44.

[3]) Vgl. *Gardikas* 6, 7.

sind neben den übrigen deutschen Strafrechtssätzen im Besonderen Teile zu behandeln. An dieser Stelle interessieren sie nicht.

3. Aus dem Grundgedanken des Völkerrechts, also aus der gegenseitigen Anerkennung der Selbständigkeit und Gleichberechtigung der zur Völkerrechtsgemeinschaft gehörenden Staaten ergibt sich für jeden Staat die Verpflichtung, in seiner Gesetzgebung die Gesetzgebung der übrigen Staaten zu berücksichtigen, Übergriffe zu vermeiden und Lücken auszufüllen. So entsteht eine Reihe von völkerrechtlichen Rechtsnormen, die ebenso viele Anforderungen an den nationalen Gesetzgeber darstellen. Ihre Behandlung gehört in das Völkerrecht, nicht aber in das System des geltenden Strafrechts.

4. Man kann endlich unter internationalem Strafrecht die Rechtssätze verstehen, nach denen ein Staat dem anderen Rechtshilfe in Strafsachen, insbesondere in der Gestalt der Auslieferung, leistet. Diese Rechtssätze beruhen zum Teil auf internationalen Vereinbarungen zwischen den beteiligten Staaten; sie sind aber zugleich, soweit die Auslieferungsverträge staatsrechtliche Wirksamkeit erlangt haben, nationales Recht. Daher wird auf sie in § 23 kurz eingegangen.

II. Die sog. Prinzipien des internationalen Strafrechts. 1. Von dem völkerrechtlichen Grundsatz der Gebietshoheit ausgehend, gelangen wir zu dem Folgesatze, daß jeder Staat sein heimisches Strafrecht anzuwenden hat auf alle in seinem Gebiete, also im Inlande, begangenen strafbaren Handlungen. Ob der Täter, ob der Verletzte ein Inländer oder aber ein Ausländer ist, darf dabei einen Unterschied nicht machen. Verfolgung und Bestrafung der im Auslande begangenen Handlungen ist dem Staate des Begehungsortes zu überlassen (sog. **Territorialprinzip**). Für diese Regelung sprechen nicht nur die Leichtigkeit einer folgerichtigen Durchführung, sondern vor allem die unbestreitbaren Vorteile, welche die Verfolgung am Tatorte bietet.

2. Die Durchführung des Territorialprinzips ist für den einzelnen Staat nicht möglich ohne eine doppelte Voraussetzung. Zunächst muß er die Anerkennung des gleichen Grundsatzes von seiten sämtlicher übrigen Staaten fordern, damit Übergriffe einer einzelnen Staatsgewalt ebenso vermieden werden, wie Lücken in der Strafverfolgung. Dann aber muß jeder Staat sicher sein, daß Angriffe auf seine Interessen, die auf fremdem Staatsgebiete vorgenommen werden, einer kräftigen Abwehr durch die Strafgesetzgebung des Begehungsortes begegnen. Beide Voraussetzungen sind heute nicht gegeben und können nur durch internationale Vereinbarungen geschaffen werden. So ist das Strafrecht gezwungen, über die Grenzen des Heimatsstaates hinauszugreifen. Aber diese Grenzüberschreitung wird, schon wegen der Nachteile, welche mit der Verfolgung und Aburteilung an einem anderen Orte als dem der begangenen Tat untrennbar verbunden sind, nicht weiter gehen dürfen, als unabweisbare Bedürfnisse es erheischen. Ein solches Bedürfnis kann nur dann anerkannt werden, wenn die im Auslande begangene Handlung gerichtet ist entweder a) gegen das inländische Gemeinwesen selbst und seine Lebensinteressen oder b) gegen Rechtsgüter der inländischen Rechtsgenossen. Diese Erweiterung des räumlichen Geltungsbereiches der Strafrechtssätze pflegt man als „**Schutzprinzip**" zu bezeichnen.

3. Der staatsrechtliche Grundsatz, Inländer an das Ausland zum Zwecke der Verfolgung oder Bestrafung nicht auszuliefern (unten § 23 II 3), zwingt dazu, die Inländer wegen gewisser im Auslande begangenen strafbaren Handlungen auch dann dem inländischen Strafrechte zu unterwerfen, wenn die oben unter 2 aufgestellten Voraussetzungen nicht gegeben sind. Irreführend ist es, diese Erweiterung auf ein strafrechtliches „**Nationalitätsprinzip**" zurückzu-

führen; und als ein Widerspruch muß es bezeichnet werden, wenn man die Verfolgung und Bestrafung im Inlande unter die Herrschaft ausländischer Rechtsregeln stellt.

4. Die Interessengemeinschaft aller Kulturstaaten in Beziehung auf gewisse Lebenstätigkeiten führt weiter dazu, einzelne gegen gemeinsame Interessen gerichtete Handlungen ohne Rücksicht auf den Begehungsort nach dem Rechte des ergreifenden Staates zu bestrafen. Als solche **gemeinsame Interessen** erscheinen: der internationale Handelsverkehr, die Sicherheit der großen Verkehrswege; die Sicherheit des Münz- und Geldverkehrs; die Verteidigung gegen internationale Feinde, die „hostes generis humani", wie Seeräuber, Sklaven- oder Mädchenhändler, internationale Gauner oder anarchistische Dynamitverbrecher. Aber auch diese Überschreitung des Territorialprinzips ist nur unter der Voraussetzung gerechtfertigt, daß durch Auslieferung des Täters an den Staat, in dem der Tatort gelegen, die Bestrafung nicht genügend gesichert ist, kann also nur subsidiäre Bedeutung beanspruchen.

5. Wissenschaftlich unhaltbar und praktisch undurchführbar ist dagegen das „Universalitätsprinzip" oder das **„System der Weltrechtspflege"**. Seine Anhänger verlangen, daß jeder Staat, als Vertreter der internationalen Kulturgemeinschaft, bei allen wo immer begangenen Verbrechen wenigstens aushilfsweise die Ausübung der Rechtspflege gegen die von ihm ergriffenen Verbrecher auf sich nehmen soll. Diese Ansicht übersieht die tiefgreifende Verschiedenheit der strafrechtlichen Bestimmungen selbst in den nächstbenachbarten Ländern; sie unterschätzt die Schwierigkeiten eines Strafverfahrens, dem die Unmittelbarkeit der Beweisaufnahme mangelt; und sie gewährt der heimischen Rechtsordnung trotz alledem keinen wesentlich stärkeren Schutz als die Ausweisung des verdächtigen oder überführten Ausländers[4]).

III. Die moderne Gesetzgebung lehnt die ausschließliche Durchführung eines der von der Theorie aufgestellten Prinzipien ab. Sie geht von dem Territorialitätsprinzip aus, indem sie, die übrigen Prinzipien heranziehend, auch die im Ausland begangenen Straftaten unter gewissen Voraussetzungen nach inländischem Rechte straft. Das ist auch der Standpunkt der deutschen Reichsgesetzgebung und der Entwürfe.

§ 22. Fortsetzung. Die deutsche Reichsgesetzgebung.

I. Nach § 3 RStGB[1]) finden die Strafgesetze[2]) des Deutschen Reichs Anwendung auf **alle in dessen Gebiete begangenen strafbaren Handlungen.**

1. Die Staatsangehörigkeit des Täters ist, soweit nicht Schutzgebiete und Konsulargerichtsbezirke in Frage stehen, ohne Be-

---

[4]) Gegen die „Weltrechtspflege" gut *v. Bar* Gesetz **1** 125, *Finger* **1** 164, *Mayer* 78. — Einen selbständigen Aufbau der „Prinzipien" unternimmt *Hegler*, indem er den Gesichtspunkt des verletzten Interesses mit dem des verletzenden Täters kombiniert. Vgl. dazu jetzt *Wegner* 128.

[1]) Nur das Geltungsgebiet der Reichsstrafgesetze steht in Frage, nicht das der Landesstrafgesetze untereinander wie im Verhältnis zum Ausland. Das Landesrecht ist an die §§ 3, 4 StGB nicht gebunden. Ebenso *Gerland* 340, *Lobe* in Lpz. Komm. § 3 Note 8. *Olshausen* § **4** 3. Vgl. oben § 20 Note 2.

[2]) „In ihrem vollen Umfange", ... „nicht nur die dem Angeklagten nachteiligen, sondern auch die ihm vorteilhaften Bestimmungen"; so mit Recht R **61** 20, namentlich auch bei Anwendung des § 4 Abs. 2 (unten III).

deutung. Allerdings spricht der Wortlaut mancher Bestimmungen nur von dem „Deutschen" (StGB § 87 [aber § 91], RobbenG 1876), der anderer Strafdrohungen nur von dem „Ausländer" (StGB § 296a, KüstenfrachtfahrtG 1881). Doch kann im ersten Falle der Ausländer, im zweiten der Deutsche zwar nicht als Täter oder Mittäter, wohl aber als Teilnehmer (Anstifter oder Gehilfe) an dem Sonderdelikt zur Verantwortung gezogen werden.

2. Die Gleichstellung inländischer und ausländischer Rechtsgüter, die § 3 StGB stillschweigend ausspricht, erleidet gewisse Ausnahmen. So wird nach einer freilich sehr bestrittenen und erst im Besonderen Teil (unten § 171 I) zu rechtfertigenden Ansicht bei Angriffen auf die Staatsgewalt nur in einzelnen vom Gesetze besonders hervorgehobenen Fällen die ausländische Staatsgewalt im Inlande überhaupt geschützt, ohne der inländischen ganz gleichgestellt zu werden. Und die ausländischen Urheberrechte genießen regelmäßig nicht auf Grund des StGB, sondern nur infolge besonderer Staatsverträge gleichen oder doch ähnlichen strafrechtlichen Schutz wie die inländischen. Teilweise ist die Gleichstellung auch von der Bedingung der „Gegenseitigkeit" abhängig gemacht; so § 23 WarenzeichenG 1894, § 28 WettbewerbsG 1909. Man vergleiche auch noch StGB §§ 102, 141, 144, 275 u. a.

II. **Inland im strafrechtlichen Sinn** ist dasjenige Gebiet, in dem kraft deutschen Hoheitsrechtes deutsche Strafrechtssätze gelten[3]).

1. Inland ist daher zunächst das „**Reichsgebiet**" gemäß Art. 2 der RVerf.[4]).

---

[3]) Bis zur 24. Aufl. lautete die Formulierung: „Inland im strafrechtlichen Sinne ist das einheitliche Geltungsgebiet der Strafrechtssätze". Diese Formulierung hat sich nicht aufrecht erhalten lassen angesichts der Tatsache, daß die Sätze des deutschen Reichsstrafrechts heute auch in einer Reihe fremder Staaten gelten (Polen, Danzig usw. Näheres § 17). Aber dort gelten sie kraft fremden Staatshoheitsrechtes. Daher erschien die nunmehr im Text vorgenommene Einschränkung notwendig. Der Sache nach ist gegen die früheren Auflagen nichts geändert. — Gegen den Text *Frank* § 8 I, *Olshausen* § **4** 20c; wie hier, jedenfalls in den Ergebnissen, *v. Hippel* II 72. Für den Text spricht vor allem, daß § 8 (fehlte im preuß. StGB!) den reichsrechtlichen Inlandsbegriff nur gegenüber den Einzelstaaten bestimmen will. Ebenso R **44** 403 (407). — Über die Strafvollstreckung aus Urteilen der Gerichte im Memelgebiet und in Danzig vgl. das G vom 1. Dezember 1923 (RGBl. I 1167). Das Saargebiet gehört zwar zum Inland, aber auf die dort begangenen Handlungen finden die §§ 4—7 RStGB Anwendung: G über vorübergehende Rechtspflegemaßnahmen im Hinblick auf das Saargebiet vom 10. März 1922 (RGBl. I 241). Vgl. *Lobe* Lpz. Komm. § 3 Note 2a.

[4]) StGB § 8. — Eigentümlich war vor dem Inkrafttreten des Versailler Friedensvertrages die Rechtslage in dem unter preußisch-belgischem Kondominat stehenden Neutral-Moresnet. Da hier der Code pénal galt, war das Gebiet als Ausland zu betrachten. Dagegen R **31** 259, *Allfeld* 83, *Finger* **1** 166, *Olshausen* § **8** 2, *Schwartz* § 3 Note 3. — Richtig R **38** 289, *Binding* **1** 407, Grundriß 82, *Schroeder* Das grenzstreitige Gebiet von Moresnet 1902.

Aber der Zeitpunkt, von dem ab die einzelnen Teile des jetzigen Deutschen Reiches zur strafrechtlichen Einheit verbunden wurden, wird nicht durch die Rechtskraft der RVerf. vom 16. April 1871 (4. Mai 1871)[5]), sondern durch den Beginn der Geltung des StGB bestimmt. Daher bildeten das Inland im Sinne des StGB vom 1. Januar bis 1. Oktober 1871 nur die Länder des ehemaligen Norddeutschen Bundes (mit Südhessen); an diesem Tage traten Elsaß und Lothringen, am 1. Januar 1872 Bayern, Baden, Württemberg, am 1. April 1891 Helgoland hinzu.

2. Inland sind ferner die **Konsulargerichtsbezirke**[6]). Denn hier gelten für die deutschen Reichsangehörigen sowie für die deutschen Schutzgenossen nach § 19 Ziff. 2 des G von 1900 „die dem Strafrecht angehörenden Vorschriften der Reichsgesetze", soweit nicht diese „Einrichtungen und Verhältnisse voraussetzen, an denen es für den Konsulargerichtsbezirk fehlt" (§ 20). Der Deutsche, der in Persien ein Verbrechen begeht, ist mithin ebenso zu behandeln, als wenn der Tatort im Deutschen Reiche gelegen wäre; der Franzose dagegen so, als wenn er in Frankreich die Straftat begangen hätte. Daher sind die hier von einem Deutschen oder einem unserer Schutzgenossen begangenen Straftaten nach StGB § 3 und nicht nach § 4 zu beurteilen; hier erlittene Vorstrafen gelten im Reichsgebiete als inländische und umgekehrt; für die Verfolgung ist das Legalitätsprinzip (StPO § 152 Abs. 2) maßgebend. Durch Verordnung des Reichspräsidenten[7]) (§ 26) kann allerdings das Gegenteil bestimmt werden; bis zu deren Erlaß bleibt es jedoch bei der aus allgemeinen Grundsätzen sich ergebenden Rechtsregel[8]).

3. Inland waren auch die **deutschen Schutzgebiete** (nicht aber, an sich, die Interessensphären). Denn auch in ihnen galt nach § 3 des SchutzgebietsG in der Fassung von 1900 der eben angeführte § 19 des Konsulargerichtsbar-

---

[5]) Ebenso *Allfeld* 84 Note 26, *Binding* **1** 407, Grundriß 81. Dagegen *Schwartz* § 8 Note 1: Inland ist „jeder einzelne Teil des Reichsgebiets mit unbegrenzter Zurückdatierung".

[6]) Die deutsche Konsulargerichtsbarkeit ist durch den Versailler Vertrag Artt. 135, 141, 148/9 in Siam, Marokko und Ägypten beseitigt worden. Vgl. *Zorn* Handbuch des Völkerrechts III 2, 1920, S. 74ff., 148ff. Nur in Adis Abeba (Abessinien), Teheran (Persien) und Spanisch-Marokko hat sie weiterbestanden. Auch ist sie neuerdings durch Vertrag in Ägypten wieder eingeführt worden. Vgl. das G vom 24. Juli 1925 (RGBl. II 735) nebst VO vom 31. Juli 1925 (ebenda) und dazu *Loening* DJZ 1925, 1495, *Graf Hue de Grais-Peters* Handbuch der Verfassung und Verwaltung 25. Aufl. (1930) 936.

[7]) § 26 KonsulargerichtsbarkeitsG sieht eine Kaiserliche Verordnung vor. Die Befugnis des Kaisers zum Erlaß der Verordnung ist nach § 4 des ÜbergangsG vom 4. März 1919 (RGBl. 285) auf den Reichspräsidenten übergegangen. Die RVerf. vom 11. August 1919 hat daran nichts geändert. (Vgl. Art. 178 RVerf.) Art. 77 RVerf. steht dieser Auffassung nicht entgegen.

[8]) Ebenso die herrschende Ansicht; auch Begr. 9 Note 4, *Allfeld* 84, *Schwartz* § 3 Note 3. Dagegen *Beling* Z **17** 308; *Cohn* 55, *Frank* § 8 I, *Olshausen* § **4** 20c, *Mayer* 81, *Wachenfeld* 61.

keitsG. Für die Eingeborenen jedoch (nach § 4) nur insoweit, als dies durch Kaiserliche Verordnung bestimmt war[9]). Den Eingeborenen konnten durch Kaiserliche Verordnung bestimmte andere Teile der Bevölkerung gleichgestellt werden. Nach § 77 des KonsulargerichtsbarkeitsG von 1900 kann durch Verordnung des Reichspräsidenten[10]) bestimmt werden, daß die Strafrechtssätze des Deutschen Reiches auch in solchen Gebieten ganz oder teilweise Anwendung finden sollen, die „keiner Staatsgewalt unterworfen" sind[11]). Insoweit wären daher auch diese Gebiete als Inland in strafrechtlichem Sinne zu betrachten.

4. Der staatsrechtliche Begriff „Inland" wird durch die bekannten völkerrechtlichen Grundsätze erweitert[12]).

a) Zum Inlande werden gerechnet die Küstengewässer[13]) (in den Staatsverträgen wird die Grenze meist auf drei, neuerdings auf sechs oder auch mehr Seemeilen bestimmt); ferner, uneingeschränkt, der Luftraum oberhalb des Staatsgebiets.

b) Schiffe auf offener See, Staatsschiffe (nicht bloß Kriegsschiffe) auch in fremden Gewässern gelten als Inland[14]).

5. Durch Verträge zwischen benachbarten Staaten kann vereinbart werden, daß bestimmte Strafrechtssätze des einen Staates, z. B. Zollgesetze, auch auf dem angrenzenden Gebiete des anderen Staates Geltung haben sollen. Amtsgebäude auf fremdem Gebiete (Zollstellen usw.) können demnach insoweit als Inland zu betrachten sein[15]).

6. Über die durch das MilStGB für den Kriegsfall angeordneten Erweiterungen des räumlichen Geltungsgebietes der Strafrechtssätze vgl. unten § 204.

7. Es ist endlich zu beachten, daß nicht alle deutschen Strafgesetze in sämtlichen Teilen des Inlandes Anwendung finden, daß vielmehr die Geltung für bestimmte Teile des Reichs ausgeschlossen oder von vornherein nur für bestimmte Gebiete angeordnet sein kann. So kam nach § 1 des G vom 8. August

---

[9]) Das war nur für Ostafrika geschehen; vgl. aber *Kaysel* (Lit. zu § 99) 75. Im übrigen waren einzelne Strafdrohungen erlassen worden. Vgl. überhaupt *v. Stengel* StG **2** 387; *Bauer* LA **19** 32, 433. *Brinckmann* Strafrecht und Strafverfahren für die Eingeborenen der deutschen Schutzgebiete. Erlanger Diss. 1904. *Kraus* Reichsstrafrecht und deutsche Schutzgebiete 1911.

[10]) Vgl. oben Anm. 7.

[11]) Nach KE § 6, E 1919 § 2 Abs. 3, AE 1925 § 6 Abs. 2 und E 1927 § 7 Abs. 2 ist eine in staatenlosem Gebiete begangene Tat strafbar, wenn sie nach den deutschen Gesetzen strafbar ist. Hiergegen mit Schärfe *Mendelssohn Bartholdy* Reform 1926, 46ff.

[12]) Vgl. *v. Liszt-Fleischmann* §§ 15, 16. *Jungmann* Das deutsche Kauffahrteischiff als Begehungsort strafbarer Handlungen. Leipziger Diss. 1905. *Werneburg* Z **40** 362ff., 486ff.; *Lobe* Lpz. Komm. § 3 Note 2 und 3. — Über die deutsche Strafgewalt im militärisch besetzten Gebiet, das auch strafrechtlich Ausland bleibt, vgl. *Goldschmidt* Z **37** 52.

[13]) Die Frage ist aber nicht unbestritten. Vgl. R **56** 135 und die dort in Anm. 1 zitierte Literatur. Jetzt auch *Wegner* 134.

[14]) KE § 3 Abs. 2, E 1919 § 1 Abs. 2, AE 1925 § 4 Abs. 2, E 1927 § 5 Abs. 2 beseitigen für das deutsche Strafrecht den Unterschied zwischen Staats- und anderen Schiffen. Jedes deutsche Schiff gilt als Inland, sowohl auf offener See, wie auch in fremden Häfen oder Gewässern. Vgl. dazu *Werneburg* GS **98** 76. AE 1925 und E 1927 behandeln in gleicher Weise, wie die Schiffe, auch die Luftfahrzeuge. *v. Hippel* II 72 Note 3 tut dies schon de lege lata. Vgl. dazu *Hirschberg* in *Niemeyers Z* **42** 138ff.

[15]) R **13** 410, **18** 242, **48** 26, **57** 61.

1898 über die Presse in Elsaß-Lothringen das RPreßG nur mit Ausnahme der §§ 14, 23—29, 31 zur Anwendung; auf Helgoland sind verschiedene Reichsgesetze nicht in Kraft getreten; über Gewinnung von Edelmetallen galten für die deutschen Schutzgebiete besondere Vorschriften[16]).

III. Der an die Spitze gestellte Grundsatz wird aber durch mehrfache Ausnahmen durchbrochen. Dabei ist zwischen Verbrechen und Vergehen einerseits und Übertretungen andererseits zu unterscheiden. **Im Auslande begangene** (reichsrechtliche) **Übertretungen** sind nur dann zu bestrafen, wenn dies durch besondere Gesetze oder durch (staatsrechtlich verbindliche) Verträge von seiten des Reichs oder eines Einzelstaates angeordnet ist (StGB § 6). So werden nach dem deutsch-belgischen Vertrage vom 29. April 1885[17]) Deutsche, die sich auf belgischem Grenzgebiete eines Forst-, Feld-, Fischerei- oder Jagdfrevels schuldig gemacht haben, nach deutschem Rechte zur Verantwortung gezogen. Ähnliche Bestimmungen finden sich auch in Verträgen mit anderen Staaten.

IV. Bezüglich der **im Auslande begangenen Verbrechen oder Vergehen** unterscheidet das Gesetz weiter, indem es zunächst den Deutschen in einer größeren Zahl von Fällen als den Ausländer dem inländischen Recht unterwirft; in allen diesen Fällen steht die Verfolgung im pflichtgemäßen Ermessen (nicht in der Willkür; Opportunitätsprinzip) der Anklagebehörde (StGB § 4 Abs. 2). Für die Entscheidung der Frage nach der Staatszugehörigkeit ist ausschließlich der Zeitpunkt der begangenen Tat entscheidend. Der gleiche Zeitpunkt ist aber auch maßgebend für die Frage, ob eine Handlung im Auslande begangen ist. Gehörte der Tatort zur Zeit der Tatbegehung zum Inlande, so findet § 4 keine Anwendung, wenn auch der Ort nach der Tat infolge Gebietsabtretung oder dgl. zum Auslande wurde[18]).

1. Der **Deutsche**[19]) kann nach deutschem Rechte verfolgt werden:

a) Ohne weitere Bedingung, wenn er einen Hoch- oder Landesverrat gegen das Reich oder einen Bundesstaat, oder ein

---

[16]) Vgl. die BergVO für Südwestafrika vom 8. August 1905, für die übrigen Schutzgebiete vom 27. Februar 1906.

[17]) Dieser Vertrag ist am 29. Mai 1920 wieder in Kraft gesetzt worden. Vgl. Bekanntm. v. 20. Juni 1920 (RGBl. 1397).

[18]) So richtig R **55** 267. Zustimmend *v. Hippel* II 72.

[19]) Maßgebend für Erwerb und Verlust der Reichsangehörigkeit ist das G vom 22. Juli 1913. RVerf. Art. 110. Daneben kommen zahlreiche Bestimmungen des Versailler Friedensvertrags in Betracht, so die Artt. 36, 37, 53 nebst Anlage, 84, 91, 105, 112, 113. Vgl. dazu *Mittermaier* (Lit. zu § 21). — Besitzt jemand inländische und ausländische Staatsangehörigkeit (sujet mixte), so wird er strafrechtlich als Inländer behandelt. — Deutsche Militärpersonen bleiben auch im Ausland der deutschen Strafgewalt unterworfen, wenn sie nicht in Privatangelegenheiten verreist sind (§ 7 MilStGB).

Münzverbrechen (nicht Münzvergehen), oder als Beamter des Reichs oder eines Bundesstaates eine Handlung begangen hat, die nach Reichsrecht (nicht bloß nach dem StGB) als Verbrechen oder Vergehen im Amte anzusehen ist (StGB § 4 Nr. 1 und 2). Das gleiche gilt nach § 12 SprengstoffG 1884, nach § 16 SpionageG 1914, nach § 5 SklavenraubG 1895.

b) In anderen Fällen dann, wenn die folgenden Voraussetzungen zusammentreffend vorliegen (StGB § 4 Nr. 3, § 5): 1. Die begangene Handlung muß nach Reichsrecht ein Verbrechen oder Vergehen sein. — 2. Sie muß durch die Gesetze des Begehungsortes mit Strafe bedroht sein (zweifelhaft z. B. für den in Frankreich begangenen Zweikampf). Wird die Handlung auf staatslosem Gebiete, etwa auf einer Entdeckungsreise im Innern von Afrika oder auf Nordpolareis, auf offener See außerhalb des Schiffes (z. B. beim Schwimmen) begangen, so ist das deutsche Recht unbedingt anzuwenden[20]). Gleichgültig ist es, ob das Recht des Tatortes die Handlung unter demselben oder unter einem anderen Gesichtspunkte bedroht, wie das deutsche StGB. — 3. Es darf von den Gerichten des Auslandes nicht über die Handlung bereits rechtskräftig erkannt und entweder eine Freisprechung erfolgt oder die ausgesprochene Strafe (vollständig) vollzogen sein[21]). Doch ist in diesem Falle ein besonderes Nachverfahren zum Zwecke der Aberkennung der bürgerlichen Ehrenrechte zulässig (StGB § 37; vgl. unten § 63 IV). — 4. Es darf nicht (bei Einleitung des Verfahrens)[22]) Strafverfolgung oder Strafvollstreckung nach den Gesetzen des Auslandes verjährt oder die Strafe erlassen sein. — 5. Es muß der nach den Gesetzen des Auslandes erforderliche Antrag des Verletzten gestellt sein.

2. Der **Ausländer** kann wegen der von ihm im Auslande begangenen Verbrechen und Vergehen

a) ohne weiteres nach inländischem Rechte verfolgt werden: wegen Hochverrats gegen das Reich oder ein deutsches Land oder

---

[20]) Ebenso *Allfeld* 85, *v. Bar* Gesetz **1** 167, *van Calker* 19, *Frank* § 5 III, *v. Hippel* II 77, *Mezger* 59, *Wachenfeld* 64, *Wegner* 148, *Werneburg* GS **98** 78. Ferner: *Heuselt* Die Strafbarkeit der im Auslande begangenen Verbrechen usw. Erlanger Diss. 1906. Begr. 10. *Stölzel* Staatliches und staatloses Ausland im preußisch-deutschen Strafrecht 1910. Vgl. § 77 des KonsulargerichtsbarkeitsG von 1900, durch den die früher sehr bestrittene Frage im Sinne des Textes entschieden ist, und hierzu treffend *Allfeld* 86 Anm. 40 und *v. Hippel* a. a. O. Abweichend *Finger* **1** 171, *Hegler* 129, *Köhler* 125, *Lobe* in Lpz. Komm. § 3 Note 5, *Mayer* 75, *Schwartz* § 4 Note 7. Über die Entwürfe vgl. oben Note 11 und unten VI.

[21]) Die rechtskräftige Verurteilung allein hindert die Verfolgung im Inlande nicht, da ausländische Urteile hier nicht vollstreckt werden; Ausnahmen nach dem G vom 1. Dezember 1923 (oben Note 3). Vgl. *Frank* §§ 4, 5 III 3bβ.

[22]) Ebenso R **22** 341, *Finger* **1** 171, *v. Hippel* II 76, *Olshausen* § **5** 1. Dagegen *Allfeld* 86 Anm. 44, *Beling* Z **18** 269, *Frank* §§ 4, 5 III 3bβ, *Hegler* 86, *Lobe* Lpz. Komm. § 5 Note 2, *Neumeyer* Z **23** 455, *Schwartz* § 5 Note 2.

wegen eines Münzverbrechens, oder wenn er als Beamter (etwa als Wahlkonsul) des Reichs oder eines Landes eine Handlung begangen hat, die nach Reichsrecht als Verbrechen oder Vergehen im Amte anzusehen ist (StGB § 4 Nr. 1). Ebenso nach § 12 SprengstoffG 1884 und § 5 SklavenraubG 1895. Vgl. ferner unten V.

b) Dagegen ist in allen anderen Fällen, mit einer Ausnahme, die Verfolgung ausgeschlossen. Ist nämlich der Täter zwar bei Begehung der Handlung nicht Inländer gewesen, es aber nachträglich geworden („Neubürger"), so kann die Verfolgung gegen ihn eingeleitet werden, wenn die oben unter 1b angeführten Bedingungen vorliegen und überdies die (völkerrechtlich) zuständige Behörde des Landes, in dem die Handlung begangen wurde, die Verfolgung beantragt. In diesem Falle ist das ausländische Strafgesetz anzuwenden, wenn und soweit es milder ist (StGB § 4 Nr. 3 Abs. 2)[23]). Doch darf auch in diesem Falle nur auf die im RStGB enthaltenen Strafarten erkannt werden (EG § 6).

In allen unter 1 und 2 besprochenen Fällen muß eine im Auslande vollzogene Strafe, wenn wegen derselben Handlung im Gebiete des Deutschen Reichs abermals eine Verurteilung erfolgt, auf die zu erkennende Strafe in Anrechnung gebracht werden (StGB § 7); dasselbe gilt, wenn wegen einer im Inlande begangenen Tat (§ 3) im Auslande eine Strafe vollzogen worden ist.

V. Daneben finden sich mehrfach **besondere**, hier der Vollständigkeit wegen anzuführende, **Bestimmungen**.

So machen die Gesetze, die den rechtlichen Verkehr auf offener See regeln, vielfach **keinen Unterschied zwischen Begehung im Inland und im Ausland**. Hierher gehören § 121 der SeemannsO von 1902; das RobbenG von 1876 (Gegenden zwischen dem 67. und 75.° nördlicher Breite und dem 5.° östlicher und dem 17.° westlicher Länge); das G von 1884 (zur Ausführung des Haager Vertrags 1882) betr. die Fischerei in der Nordsee § 1; § 24 des FlaggenG von 1899; die durch StGB § 145 vorgesehenen Verordnungen; das G von 1894 (zur Ausführung des Haager Vertrags von 1887) betr. den Branntweinhandel unter den Nordseefischern; das G von 1887, zur Ausführung des Pariser Kabelschutzvertrages von 1884. In gleicher Weise stellen das Ausland dem Inland gleich § 43 Abs. 3 AuswanderungsG 1897, § 6 des G betr. die Schiffsmeldungen bei den Konsulaten des Deutschen Reichs vom 18. Juni 1911, § 2 des G zur Verfolgung von Kriegsverbrechen und Kriegsvergehen vom 18. Dezember 1919, § 7 des G zum Schutze der Republik vom 25. März 1930.

Man beachte weiter: StGB § 102 („Ein Deutscher, welcher im Inlande oder Auslande usw."); § 298 („ohne Unterschied, ob das Vergehen im Inlande oder im Auslande begangen worden ist"). Auch die Bestimmungen des MilStGB greifen vielfach über die durch das RStGB gezogenen Grenzen hinaus (vgl. unten § 204).

VI. Ungleich weiter als das geltende Recht und zweifellos viel zu weit hatte der VE §§ 4, 5 das Anwendungsgebiet des inländischen Rechts ausgedehnt.

---

[23]) Vgl. hierzu *Wegner* 131, 149, der zutreffend von „Auslieferungsersatz" spricht.

Vgl. dazu *v. Bar* Reform **1** 37; *Mayer* 80; *Neumeyer* in *Seufferts* Blättern für Rechtsanwendung vom 1. und 15. Februar 1911. Der GE kehrt zu dem Grundgedanken des geltenden Rechts zurück. Der KE § 4 straft ohne weitere Bedingung Ausländer wie Deutsche, die (abgesehen von den schon im geltenden Recht enthaltenen Fällen) einen Landesverrat, einen Angriff gegen die deutsche Wehrmacht, einen Meineid in einem bei einer deutschen Behörde (z. B. bei einem deutschen Seemannsamt) anhängigen Verfahren oder die als deutsche Beamte oder gegen einen deutschen Beamten während seiner Amtsausübung oder in Beziehung auf sein Amt ein Verbrechen oder Vergehen begangen haben. Der Deutsche wird auch wegen eines anderen Verbrechens oder Vergehens bestraft, wenn es durch die Gesetze des Tatorts mit Strafe bedroht ist, der Ausländer unter gleichen Voraussetzungen dann, wenn sich seine Tat gegen einen Deutschen oder einen deutschen Beamten gerichtet hat; auf staatslosem Gebiet genügt die Strafbarkeit nach deutschem Recht. Die Befreiungsgründe des § 5 StGB werden beibehalten. Der E 1919, der AE 1925 und der E 1927 schließen sich dieser Regelung im wesentlichen an; auch diese Entwürfe gehen also nicht unerheblich, und in manchen Punkten zu weit über das geltende Recht hinaus[24]).

§ 23. Fortsetzung. Internationale Rechtshilfe.

Literatur. Außer den zu § 21 angeführten Schriften: *v. Liszt-Fleischmann* Völkerrecht § 44 II (mit weiteren Angaben). *Mettgenberg* Die Attentatsklausel im deutschen Auslieferungsrecht 1906. *Frank* Der Kampf um ein deutsches Auslieferungsgesetz unter besonderer Berücksichtigung des G der freien Stadt Frankfurt vom 6. Juni 1866, 1905. *Derselbe* in WV „Auslieferung". *Derselbe* in der Festgabe für *Otto Liebmann* 1920 S. 139ff. „Kann Kaiser Wilhelm II. ausgeliefert werden?". Zwei Gutachten, erstattet von *R. Frank* und *F. Rachfahl* 1919. *Cohn* Die Auslieferungsverträge des Deutschen Reichs 1908. *Schildmacher* Das Auslieferungsverfahren in Strafsachen und die Auslieferungsverträge 2. Aufl. 1911. *Mettgenberg* HdR **1** 349ff., 442ff. *Derselbe* Die Verträge mit der Tschechoslowakei über Rechtshilfe in Strafsachen 1925. *Derselbe* Verhandl. des 34. DJT **1** 30. *Stier-Somlo* HdR **1** 347 (Asylrecht). *Wolgast* Die Auslieferungsgesetze Norwegens, Schwedens und Finnlands (Sammlung XLV) 1928.

Zum deutschen Auslieferungsgesetz: *Mettgenberg* Die Neugestaltung des deutschen Auslieferungsrechts 1927. *Derselbe* HdR VII 96. *Derselbe* Kommentar (Verl. Bensheimer Samml. deutscher Gesetze, Band 138) 1930. *Fraustädter* Auslieferungsgesetz (Guttentagsche Samml. deutscher Reichsgesetze Nr. 86) 1930. *Doerner* DJZ 35 402. *Schoetensack* GS **100** 59, 337. 34. DJT (Köln): Gutachten von *Mettgenberg* (Bd. I 30), Referate von *Walker* und *Kraus* (Bd. II 291, 302). — Zum Entwurf des AuslG von 1927 vgl. *Bumke* Z **48** 425, *Mettgenberg* Z **48** 427.

I. Die Lücken, die durch die Begrenzung des räumlichen Geltungsgebietes der Strafrechtssätze entstehen, ergänzt die inter-

[24]) So ist der vom Ausländer im Auslande begangene „Landesverrat" gemäß § 6 Ziff. 1 des E 1927 nach deutschem Recht verfolgbar. Mit Recht zeigt *Mendelssohn Bartholdy* Reform 1926 und DJZ **33** 53, wie das (und anderes in der Regelung des AE 1925, nunmehr aber auch des E 1927) zu weit geht. Ganz schwach ist der von der Begründung 1927 S. 9 gespendete Trost, die Rechtswidrigkeit könne nach völkerrechtlichen Grundsätzen (§ 23 E 1927 in Verbindung mit Art. 4 RVerf.) entfallen, dann sei die Tat nicht strafbar. Den Entwürfen schließt sich, namentlich auch in der Regelung der Verfolgbarkeit des Landesverrats, *v. Hippel* II 74, 81 an. Noch weiter geht *Lorenz* DJZ **34** 596.

nationale Rechtshilfe. Ein Akt der Rechtshilfe (nicht der einzige[1]), aber der wichtigste) ist die **Auslieferung** angeklagter oder verurteilter flüchtiger Verbrecher.

Der Abschluß eines „Welt-Rechtshilfe-Vertrages" würde der „sicherste Weg" zur völligen Erreichung einer reibungslos und wirkungsvoll arbeitenden internationalen Rechtshilfe sein[2]). Solange er unerreichbar ist, muß die Rechtsgrundlage für das internationale Rechtshilfewesen und somit auch für die Auslieferung durch einzelne internationale Verträge oder durch das Herkommen im zwischenstaatlichen Verkehr geschaffen werden. In einzelnen Staaten, wie z. B. jetzt im Deutschen Reich, ist das Auslieferungswesen durch Gesetze geregelt[3]), welche die unverrückbare Grundlage der abzuschließenden Auslieferungsverträge bilden. Aber auch wo es an einer derartigen, die Auslieferungspflicht des ersuchten Staates begründenden allgemeinen Regelung fehlt, steht (und damit stimmt die Übung der meisten Staaten überein) der Auslieferung im Einzelfalle nichts im Wege, soweit nicht landesrechtliche Vorschriften (wie nach englisch-amerikanischem gemeinem Recht) sie unmöglich machen.

II. **Quellen** des deutschen Auslieferungsrechtes sind heute:

1. das **Deutsche AuslieferungsG vom 23. Dezember 1929.** In ihm sind die Grundsätze enthalten, nach denen sich die Reichsregierung beim Abschluß von Auslieferungsverträgen nunmehr zu richten hat; zugleich regelt es das Verfahren bei der Durchführung des einzelnen Auslieferungsfalles durch die deutschen Behörden. Während vor dem Inkrafttreten des Gesetzes Auslieferungsverträge gemäß Art. 45 Abs. 3 RVerf. in aller Regel der Zustimmung des Reichstages bedurften, ist nach § 46 des AuslieferungsG diese Zustimmung nicht mehr erforderlich, wenn die Verträge den Vorschriften des Gesetzes entsprechen. Die Verträge werden dem Reichstage dann lediglich zur Kenntnis gebracht (§ 46 Abs. 2).

2. die **Auslieferungsverträge,** die das **Deutsche Reich** abgeschlossen hat. Durch den Krieg waren die mit den Kriegsgegnern getroffenen Vereinbarungen aufgehoben worden (vgl. R **50** 141), jedoch sind inzwischen die alten Verträge größtenteils wieder in Kraft gesetzt worden. Durch das AuslieferungsG (oben 1) werden die älteren Verträge inhaltlich nicht berührt. Zur Zeit bestehen Aus-

---

1) Über sonstige Akte der nternat. Rechtshilfe vgl. *Mettgenberg* HdR IV 695, VII 428. Dort weitere Literatur.

2) So *v. Liszt* Aufs. **1** 90ff., 118. Siehe dort auch über die damaligen Vorschläge zur Bildung eines internationalen Auslieferungsverbandes; vgl. dazu ferner *v. Martitz* (Lit. zu § 21) **2** 767, Verhandl. des 16. DJT (1882), MittJKV **17** 174, 533 (Tagung der IKV zu Brüssel 1910). Nach dem Kriege sind die Bestrebungen zur Vereinheitlichung des Auslieferungsrechts wieder aufgenommen worden. Vgl. darüber *Mettgenberg* DJT 34, Bd. **1** 30, 31. Der IX. Internat. Gefängniskongreß in London (1925), III. Sektion, vertrat die Ansicht, daß die Zeit für einen allgem. internat. Auslieferungsvertrag noch nicht reif sei, setzte sich aber für die Ausarbeitung eines Mustervertrages ein, die jetzt im Gange ist.

3) Näheres *v. Liszt-Fleischmann* Völkerrecht § 44 Note 4; *Wolgast* pass.; *Mettgenberg* Kommentar pass.

lieferungsverträge zwischen dem Deutschen Reich und folgenden Staaten[4]): **1. Italien** vom 31. Oktober 1871 (RGBl. S. 446) nebst Zusatzerklärung vom 29. Mai/9. August 1905; wieder in Kraft seit 8. Juli 1920 (Bek. vom 15. August 1920, RGBl. S. 1577). **2. Großbritannien** vom 14. Mai 1872 (RGBl. S. 229) nebst Zusatzvertrag bezüglich der Protektorate vom 17. August 1911 (RGBl. 1912 S. 153); wieder in Kraft seit 25. Juni 1920 (Bek. vom 5. August 1920, RGBl. S. 1543). **3. Schweiz** vom 24. Januar 1874 (RGBl. S. 113). **4. Belgien** vom 24. Dezember 1874 (RGBl. 1875 S. 73) nebst Zusatzvertrag vom 28. November 1900 (RGBl. 1901 S. 203); wieder in Kraft seit 29. Mai 1921 (Bek. vom 30. Juni 1930 Ziff. 4 und 12, RGBl. S. 1397). **5. Luxemburg** vom 9. März 1876 (RGBl. S. 223) nebst Zusatzvertrag vom 6. Mai 1912 (RGBl. S. 491). **6. Schweden** und **Norwegen** vom 19. Januar 1878 (RGBl. S. 110) mit deutsch-norwegischem Zusatzvertrag vom 7. März 1907 (RGBl. S. 239). **7. Spanien** vom 2. Mai 1878 (RGBl. S. 213). **8. Niederlande** vom 31. Dezember 1896 (RGBl. 1897 S. 731). **9. Griechenland** vom 12. März 1907 (RGBl. S. 545; vgl. dazu *Lohmann* (Strafr. Abh. Heft 108) 1909); wieder in Kraft seit 30. Juni 1920 (Bek. vom 5. August 1920, RGBl. S. 1544). **10. Paraguay** vom 26. November 1909 (RGBl. 1915 S. 571; dazu *Mettgenberg* Z **39** 27). **11. Tschechoslowakei** vom 8. Mai 1922 (RGBl. 1923 II S. 48).

Nicht wieder in Kraft gesetzt sind von früheren Verträgen mit ehemaligen Kriegsgegnern: der Vertrag zwischen dem Norddeutschen Bund und Württemberg auf der einen, den **Vereinigten Staaten von Nordamerika** auf der anderen Seite vom 22. Februar 1868 (RGBl. S. 228, 231); der Vertrag des Deutschen Reichs mit **Uruguay** vom 12. Februar 1880 (RGBl. 1883 S. 287); der Vertrag des Deutschen Reiches mit dem **Kongostaat** vom 25. Juli 1890 (bezüglich der deutschen Schutzgebiete in Afrika; RGBl. 1891 S. 91). — **Obsolet** geworden ist der Vertrag mit den **Niederlanden** vom 21. September 1897 (RGBl. S. 747; ausgedehnt 28. Juli 1913, RGBl. S. 704), da er die Auslieferung zwischen den beiderseitigen Schutzgebieten betraf. —

Der mit **Brasilien** geschlossene Auslieferungsvertrag vom 17. September 1877 (RGBl. 1878 S. 293) ist am 15. September 1913 (RGBl. S. 312), der deutsch-**bulgarische** Auslieferungsvertrag vom 29. November 1911 (RGBl. 1913 S. 468) infolge Kündigung vom 23. September 1925 am 23. September 1926 außer Kraft getreten (RGBl. II S. 952). — Der Vertrag mit der **Türkei** vom 11. Januar 1917 (RGBl. 1918 S. 264; dazu *v. Liszt* Z **38** 769) ist nicht ratifiziert worden. — Über das Verhältnis zu **Österreich** vgl. *Fraustädter* 119, *Mettgenberg* Kommentar 163, 191.

Den **Ländern des Deutschen Reiches** steht das Recht, mit auswärtigen Mächten Auslieferungsverträge zu schließen, **nicht mehr** zu (RVerf. 1919 Art. 6 Ziff. 3 in Verb. mit Art. 78 Abs. 2). Die früheren Auslieferungsverträge der Länder sind aber in Kraft geblieben, soweit sie durch den Krieg nicht aufgehoben worden sind. Frankreich hat die Verträge mit den deutschen Ländern wieder in Kraft gesetzt. Vgl. die Einzelheiten bei *Mettgenberg* HdR I 444, 445; VII 97.

Über die Auslieferung flüchtiger Seeleute, sowie über die von Wehr- und Fahnenflüchtigen vgl. *v. Liszt-Fleischmann* Völkerrecht § 45 IV, V.

III. Auslieferungsgesetz und Auslieferungsverträge weisen zwar mannigfaltige Verschiedenartigkeiten des Inhalts auf, zeigen aber in wesentlichen Punkten Übereinstimmung:

---

[4]) *Mettgenberg* HdR I 444, 445; *Fraustädter* 78ff. (mit nicht immer richtigen Daten bezügl. des Wiederinkrafttretens); *Lobe* Lpz. Komm. Einl. 113.

1. Die Auslieferungspflicht bezieht sich nicht auf jede Art von Straftaten. In manchen Auslieferungsverträgen (z. B. Paraguay 1909) werden die Delikte, wegen deren ausgeliefert werden soll, einzeln aufgezählt. Andere Verträge (z. B. Tschechoslowakei 1922), sowie das AuslG bestimmen die Straftaten, die die Auslieferung veranlassen sollen, durch eine Generalklausel. Nach § 2 AuslG muß die strafbare Handlung nach deutschem Recht ein Verbrechen oder Vergehen sein.

2. Auslieferung findet also nur statt, wenn nach den Gesetzen beider Staaten (des ersuchenden und des ersuchten) die Handlung „strafbar" und die Strafbarkeit nicht durch Deliktsausschließungsgründe (unten § 26 III) beseitigt ist. Nach § 4 Ziff. 2 AuslG ist die Auslieferung unzulässig, wenn Strafverfolgung oder Strafvollstreckung nach deutschem Rechte infolge Verjährung oder Gnadenerlasses[5]) oder aus anderen Gründen[6]) unzulässig sein würde.

3. Ein Deutscher darf einer ausländischen Regierung zur Verfolgung oder Bestrafung nicht überliefert werden (StGB § 9, ersetzt durch RVerf. 1919 Art. 112 Abs. 3; vgl. dazu § 1 AuslG). Dieser Satz entspricht dem von den europäischen Festlandstaaten allgemein festgehaltenen Grundsatz der Nichtauslieferung der eigenen Staatsuntertanen[7]).

4. Gewisse Gruppen von strafbaren Handlungen pflegen aus Gründen ihrer materiellen Bedeutung dem Auslieferungsverkehr entzogen zu werden. Dazu gehören nach AuslG § 2 Abs. 2 die „reinen" Militärdelikte, ferner Taten, die nur mit Vermögensstrafen geahndet werden, deren Umwandlung in Freiheitsstrafe ausgeschlossen ist. Dazu gehören aber vor allem

5. gemäß AuslG § 3 die politischen Delikte und solche Taten, die mit einer politischen derart im Zusammenhang stehen, daß sie

---

[5]) Das Wort ist im weitesten Sinne zu nehmen, umfaßt also Einzel- und Massen-„Begnadigung" im engeren Sinne, wie auch Einzel- und Massenabolition. Vgl. unten § 73. Ebenso *Mettgenberg* Kommentar S. 256.

[6]) Fehlende Prozeßvoraussetzung, bestehendes Prozeßhindernis.

[7]) Daß gegen diesen Grundsatz Bedenken möglich sind, zeigen *v. Bar* Gesetz 1 178, *Lammasch* 396 und HV 3 515, *Mendelssohn Bartholdy* Reform 1926, 43. Für den Grundsatz insbes. *Allfeld* 88, *Binding* 1 400, *Hegler* 156, *Kohler* 170, *v. Lilienthal* 17, *v. Martitz* 1 307. — Art. 228 des Versailler Friedensvertrags (in Verb. mit RVerf. 1919 Art. 178 Abs. 2) durchbricht in ungeheuerlicher Weise den Satz der Nichtauslieferung eigener Staatsangehöriger. Vgl. dazu G zur Verfolgung von Kriegsverbrechen vom 18. Dezember 1919 und ErgänzungsG vom 24. März 1920 und 12. Mai 1921; aus der Literatur: *Käckell* Z 41 685, *Wittmaack* Über die Verantwortlichkeit einer Armee in Feindesland 1920, 64ff., *Verdroß* Die völkerrechtswidrige Kriegshandlung und der Strafanspruch der Staaten, 1920, 84ff., *Mettgenberg* HdR I 446, *Lingemann* HdR VII 270. Mit der in Art. 228 enthaltenen Zumutung, die aus einer jedes Maß verlierenden Siegerhybris geboren ist, haben die Kriegsgegner „die Auslieferung eigener Staatsangehöriger . . . für Deutschland, solange die Erinnerung an diese Zeit noch lebt, unmöglich" gemacht (*Mendelssohn Bartholdy* Reform 1926, 43).

diese vorbereiten, sichern, decken oder abwehren sollten („fait connexe"). Dieses den politischen Verbrechern gewährte **Asylrecht** findet sich nach dem Vorgange des belgischen Gesetzes von 1833[8]) in fast allen Auslieferungsverträgen und auch in vielen ausländischen Auslieferungsgesetzen[9]).

Hinsichtlich der Frage, was als wesentliches Merkmal der politischen Tat anzusehen ist, hat sich § 3 AuslG in Abs. 2 der herrschenden und richtigen objektiven Theorie angeschlossen. Maßgebend ist danach der Charakter des von der Straftat betroffenen Rechtsgutes, nicht der vom Täter verfolgte Zweck. In diesem Sinne verlangt § 3 Abs. 2 AuslG einen strafbaren Angriff, der sich unmittelbar gegen den Bestand oder die Sicherheit des Staates, gegen das Oberhaupt oder gegen ein Mitglied der Regierung des Staates als solches, gegen eine verfassungsmäßige Körperschaft, gegen die staatsbürgerlichen Rechte bei Wahlen oder Abstimmungen oder gegen die guten Beziehungen zum Ausland richtet; im Sinne des StGB also der 1. bis 5. Abschnitt des II. Teils[10]).

6. Von dem Asylrecht der politischen Verbrecher wird häufig der sog. Königsmord ausgeschlossen, mitunter werden alle anarchistischen Verbrechen und Vergehen davon ausgenommen. Für den Ausschluß des Königsmordes bedienen sich die Auslieferungsverträge (die deutschen seit 1874) der vorbildlich gewordenen Fassung des belgischen G vom 22. März 1856[11]), der sog. belgischen **Attentatsklausel**, einer Fassung, die, obgleich sachlich durchaus gerechtfertigt, ebenso wie die Anarchistenklausel[12]) durch ihren juristisch ungenauen Ausdruck zu Bedenken Anlaß gibt. Das AuslG hat weder von der einen noch von der anderen Klausel Gebrauch gemacht[13]);

---

[8]) „Qu'il sera expressément stipulé que l'étranger ne pourra être poursuivi ou puni pour aucun délit politique antérieur a l'extradition ni pour aucun fait connexe à un semblable délit". Vgl. *Mettgenberg* HdR I 444, 447.

[9]) Vgl. Norwegisches AuslG § 3, Schwedisches AuslG § 7, Finnländisches AuslG § 5. In den russischen Verträgen mit Preußen und Bayern von 1885, sowie in dem deutschen Vertrag mit dem Kongostaat von 1890 fehlte die Asylrechtsklausel. Vgl. Näheres bei *Mettgenberg* Komm. 205ff.

[10]) Für die subjektive Theorie früher *v. Bar* und *Lammasch*, neuerdings *Georgi* Das politische Delikt, Gießener Diss. 1910, S. 66. — § 3 Abs. 2 AuslG vertritt völlig den in diesem Lehrbuch seit jeher vertretenen Standpunkt, der ferner vertreten wird von *Allfeld* 89, *Kohler* 175, *v. Martitz, Mayer* 72. Über die Entwicklungsgeschichte dieser Frage vgl. *Mettgenberg* HdR I 447, VII 99, 100 und Kommentar S. 196ff.

[11]) „Ne sera pas réputé délit politique, ni fait connexe à un semblable délit, l'attentat contre la personne du chef d'un gouvernement étranger ou contre celle des membres de sa famille, lorsque cet attentat constitue le fait, soit de meurtre, soit d'assassinat, soit d'empoisonnement". Ausführlich hierzu *Mettgenberg* HdR I 349, 448, Kommentar S. 196ff.

[12]) Art. 3 Abs. 2 des Auslieferungsvertrages mit Paraguay. Vgl. *Mettgenberg* Z **39** 34, *v. Liszt* LZ **13** 1.

[13]) *Mettgenberg* Kommentar S. 229, HdR VII 101.

ohne vielmehr auf die Persönlichkeit des Täters (Anarchist) oder auf die hervorragende Stellung des Opfers (Monarch, Staatsoberhaupt usw.) Bezug zu nehmen, erklärt es in § 3 Abs. 3 die Auslieferung für zulässig, wenn sich die Tat als ein vorsätzliches Verbrechen gegen das Leben darstellt, es sei denn, daß sie im offenen Kampfe begangen ist[14]).

7. Eine Auslieferung setzt stets Verbürgung der Gegenseitigkeit voraus, AuslG § 4 Ziff. 1; d. h. es muß auf Grund der internationalen Rechtslage sicher sein, daß der die Auslieferung nachsuchende Staat bei umgekehrter Sachlage ebenfalls ausliefern würde. Die Verbürgung braucht nicht notwendig durch Staatsverträge zu erfolgen; sie kann ebensogut durch ein ausländisches Gesetz oder auch lediglich durch die Praxis im Rechtshilfeverkehr gegeben sein[15]).

8. Wichtig ist endlich der in § 6 AuslG niedergelegte Grundsatz der „Spezialität“. Nach ihm bestimmt der ausliefernde Staat die Schranken, die bei der Aburteilung des Ausgelieferten zu beachten sind. Grundsätzlich darf eine Aburteilung nur hinsichtlich der Tat erfolgen, für welche die Auslieferung bewilligt worden ist[16]).

§ 24. Das persönliche Geltungsgebiet der Strafrechtssätze[1]).

Literatur. *v. Liszt* Völkerrecht §§ 14, 15, 16. *Kleinfeller* VD Allg. T. **1** 323. — *Hubrich* Die parlamentarische Redefreiheit und Disziplin 1899. *Binding* **1** 667. *v. Bar* Gesetz **1** 236. *Schwedler* Parlamentarische Rechtsverletzungen nach deutschem Reichsrecht (Strafr. Abh. Heft 16) 1898. *v. Kries* LA **5** 338. *v. Muralt* Die parlamentarische Immunität in Deutschland und der Schweiz 1902. *Finger* **1** 431. *Käckell* Z **41** 680. *Stier-Somlo* HdR **1** 14. *Troitzsch* Rechtspflege und Immunität des Abgeordneten 1927. *Graf zu Dohna* in Handbuch des deutschen Staatsrechts, herausg. von *Anschütz* und *Thoma*, § 39 (1930).

I. Aus staatsrechtlichen Gründen sind von der Herrschaft der Strafgesetze befreit[2]):

---

[14]) Die Einschränkung unter dem Gesichtspunkt des „offenen Kampfes“ geht auf *Lammasch* zurück. Vgl. dazu *Mettgenberg* Kommentar S. 228, 232ff.

[15]) Vgl. *Lederle* Z **48** 466, *Mettgenberg* HdR VII 97.

[16]) *Mettgenberg* HdR VII 104. Über verfahrensrechtl. Auswirkungen *Joël* Z **48** 487.

[1]) Gegen diese systematische Stellung *Mayer* 59.

[2]) Die heute belanglose Unverantwortlichkeit des Monarchen, schon im römischen Rechte anerkannt (princeps legibus solutus: l. 31 D. 1, 3), gehörte seit der Aufnahme der fremden Rechte zu den staatsrechtlichen Grundsätzen des Deutschen Reichs. Anders das deutsche Mittelalter, das, (Ssp. **3** 52, 53; Goldene Bulle 1356 c. 5 § 2) den König vor das Kgl. Hofgericht verwies. — Der Reichspräsident ist von der Herrschaft der Strafgesetze nicht befreit. Art. 43 Abs. 3 RVerf. gewährt ihm keinen dem Abgeordnetenprivileg des Art. 36 analogen persönlichen Strafausschließungsgrund, sondern hindert nur seine strafprozessuale Verfolgung, aber auch nur unter einer Bedingung (Nichtzustimmung des Reichstags) und überdies unter zeitlicher Beschränkung auf seine Amtsdauer. Vgl. *Anschütz* Verfassung. 3. Bearbeitung Art. 43 Note 4.

Nach Art. 36 RVerf., durch den StGB § 11 beseitigt ist, die Volksvertreter, und zwar sowohl des Reichs (Reichstagsmitglieder) wie auch der Länder (Landtagsmitglieder), indem sie außerhalb der Versammlung, zu der sie gehören, weder wegen ihrer Abstimmung noch wegen der in Ausübung ihres Berufes getanen Äußerungen zur (strafrechtlichen) Verantwortung gezogen werden können. Als Äußerung ist dabei jede Kundgebung einer Ansicht oder des Willens, jede Behauptung einer Tatsache aufzufassen, mag sie durch Worte oder in Schriftform, durch Handlungen oder durch rechtspflichtwidrige Unterlassung erfolgen; Tätlichkeiten dagegen gehören nicht hierher. „In Ausübung seines Berufes" erfolgt die Äußerung des Abgeordneten, wenn sie sich als ein Teil der ihm obliegenden parlamentarischen Tätigkeit[3]) darstellt. Demgemäß werden alle Äußerungen (auch Zwischenrufe) im Plenum, in den Kommissionen, im Ältestenrat, in den Fraktionssitzungen, in schriftlich formulierten Anträgen an das Haus, sowie in deren Begründungen, durch Art. 36 gedeckt, dagegen nicht Äußerungen im Privatgespräch (auch wenn es in der Wandelhalle des Parlaments erfolgt) oder in Parteiversammlungen, Wahlreden, politischen Leitartikeln u. dgl.[4]). Nur die Mitglieder von Volksvertretungen genießen die Befreiung. Daher nicht die Mitglieder des Reichsrates oder des preußischen Staatsrates[5]), nicht die Senate, wohl aber die Bürgerschaften der Hansestädte.

Dabei handelte es sich um persönliche Strafausschließungsgründe, während der Deliktscharakter der Handlung nicht berührt wird[6]). Dritte Personen können als Mittäter oder Teilnehmer an der Tat des Volksvertreters zur Verantwortung gezogen werden; Notwehr ist gestattet. Über Aufrechnung vgl. unten § 70.

II. Aus **völkerrechtlichen** Gründen[7]) sind befreit:

1. Fremde Landesherren auf deutschem Boden sowie ihre Familie und ihr Gefolge; ebenso die Regenten sowie die Präsidenten

---

[3]) Nichts anderes besagt die Erklärung von *Troitzsch* 74: „Tätigkeiten, die innerhalb des Organismus des Parlaments erfolgen". Sachlich übereinstimmend auch *Graf zu Dohna* 441 (im Anschluß an *Finger*).

[4]) Im wesentlichen herrschende Meinung. Vgl. jetzt insbes. *Troitzsch* 64ff. Zweifel bestehen: 1. bezüglich der Zwischenrufe; aber auch hier wie der Text die gem. M.; vgl. *Frank* § 11 II, *Graf zu Dohna* 442. 2. wegen der Äußerungen in Fraktionssitzungen: mit dem Text *Anschütz* a. a. O. Note 2, *v. Hippel* II 85 Note 5, *Frank* § 11 II, *Troitzsch* 75, *Graf zu Dohna* 441. *Stier-Somlo* Deutsches Reichs- und Landesstaatsrecht 1 574; a. M. *Finger* 1 219ff. Den richtigen Grund für die im Text vertretene Ansicht führt *Anschütz* an.

[5]) Denn der preußische Staatsrat ist keine Volksvertretung. Nachweis u. a. bei *Mann*, Die Rechtsnatur des preuß. Staatsrats, Breslauer Diss. 1926, *Troitzsch* 7ff.

[6]) Durchaus herrschende Lehre. A. M. *Kleinfeller* 333, *Mezger* 73.

[7]) Vgl. die Darstellungen des Völkerrechts, jetzt aber insbes. auch *v. Hippel* II 81ff.

fremder Freistaaten; endlich auch der Papst, obwohl er nicht Landesherr ist.

2. Fremde Truppenkörper[8]) im inländischen Landgebiet sowie fremde Staatsschiffe in Inlandgewässern, vorausgesetzt, daß der Aufenthalt im Inland mit Zustimmung der deutschen Regierung und dienstlich erfolgt.

3. Die Vorstände und Mitglieder der bei dem Deutschen Reiche oder einem deutschen Einzelstaate beglaubigten außerdeutschen Missionen, ihre Familienglieder und ihr Geschäftspersonal, sowie ihre Bediensteten, sofern diese nicht Deutsche sind (GVG §§ 18—21[9]).)

Die Befreiung bildet auch in diesen drei Fällen einen persönlichen Strafausschließungsgrund; das oben zu I Gesagte ist also auch hier anzuwenden[10]).

Die im Deutschen Reiche angestellten ausländischen Konsuln sind dagegen der inländischen Strafgewalt unterworfen, soweit nicht (was allerdings regelmäßig geschieht) in Verträgen des Deutschen Reichs mit anderen Mächten besondere Vereinbarungen getroffen sind.

4. Die bei einem deutschen Lande beglaubigten Vertreter anderer deutscher Länder sind reichsrechtlich nur von der Gerichtsbarkeit jenes Staates, nicht von der Herrschaft der deutschen Strafrechtssätze befreit.

5. Die ausländischen Agenten, die in amtlicher Eigenschaft das Inland betreten, sind während ihres amtlichen Aufenthaltes der inländischen Strafgesetzgebung nicht unterworfen.

6. Der aus dem Auslande vorgeladene und erschienene Zeuge darf wegen früherer Straftaten, der ausgelieferte Verbrecher wegen anderer Delikte als derjenigen, bezüglich dessen die Auslieferung erfolgt ist, nicht zur strafrechtlichen Verantwortung gezogen werden[11]).

---

[8]) Vgl. R **52** 167 und *v. Hippel* II 85. — Für die auf deutschem Boden befindlichen Besatzungstruppen vgl. das Rheinlandabkommen vom 28. Juni 1919.

[9]) Schwierigkeiten ergeben sich bezüglich der bei einem deutschen Einzelstaat beglaubigten außerdeutschen Vertreter. Nach dem Wortlaute des § 18 Abs. 2 GVG und der herrschenden Meinung wären sie nur von der Gerichtsbarkeit dieses Staates, nicht von der Herrschaft der Reichsstrafgesetze befreit. Aber diese Ansicht führt zu unerträglichen Folgerungen. Abweichend *Wachenfeld* 55 und die meisten, hier auch *v. Hippel* II 84

[10]) Der Exterritoriale bleibt während der Führung seines Amtes nur der Strafgesetzgebung seines Heimatstaates unterworfen, kann daher auch nach Niederlegung seines Amtes wegen einer vorher begangenen strafbaren Handlung nicht im Auslande verfolgt werden. Ebenso *Allfeld* 91, *Köhler* 139, *v. Hippel* II 82/83 (überzeugend). Abweichend *Beling* Die strafrechtliche Bedeutung der Exterritorialität 1896, *Binding* **1** 686, *van Calker* 16, *Frank* § 3 V, *Lobe* Lpz. Komm. § 3 Note 7, die nur Befreiung vom Gerichtszwange annehmen.

[11]) Vgl. R **29** 270, **34** 385, **37** 88, **41** 272.

III. Auf deutsche Militärpersonen, d. h. auf Soldaten (Offiziere, Unteroffiziere, Mannschaften) und Militärbeamte, finden im allgemeinen die Strafgesetze des Reichs insoweit Anwendung, als nicht die Militärgesetze ein anderes bestimmen (StGB § 10; vgl. unten § 204).

§ 25. Ausnahmerecht.

Literatur. *Anschütz* DStZ **1** 452. *Derselbe* Z **36** 484. *Goldschmidt* Verfassung und Verfahren der außerordentlichen Kriegsgerichte des preußischen G über den Belagerungszustand vom 4. Juni 1851. 1915. *Conrad* Das Gesetz über den Belagerungszustand in der Rechtsprechung des Reichsgerichts 1916. *Münster* Das Verordnungsrecht der Kommandierenden Generale und Festungskommandanten auf Grund des G über den Belagerungszustand vom 4. Juni 1851. Greifswalder Diss. 1917. *Riegert* Die Stellung des Militärbefehlshabers und seine Befugnisse als Strafgesetzgeber (Strafr. Abh. Heft 197) 1917. — Für das Recht nach Erlaß der RVerf. von 1919: *Kitzinger* Das Reichsg. über die Presse. 1920. Die Kommentare der neuen RVerf., insbesondere *Anschütz* 3. Bearb. 1929, *Giese* 8. Aufl. 1931, zu Art. 48. (Hier ausführl. Literaturangaben.) *Kern* DStZ **7** 100, 163, Z **41** 202. *Grau* Die Diktaturgewalt des Reichspräsidenten und der Landesregierungen 1922. *Derselbe* in Handbuch des Staatsrechts Bd. II (1931) 274ff. *Gmelin* HdR I 455. *Graf zu Dohna* JW **1921** 1429. *Schmitt-Dorotic* Die Diktatur 1921. *Thoma* DJZ **29** 654. *Stier-Somlo* Reichs- und Landesstaatsrecht I 1924, S. 669ff. (mit ausführlichen Literaturangaben). Vgl. ferner: Heft 1 der Veröffentlichungen der Verhandlungen der Vereinigung der deutschen Staatsrechtslehrer S. 63ff. (Referate von *Schmitt* und *Jacobi* auf der Jenenser Tagung 1924); Verhandlungen des DJT **33** 68ff.

Kriegsgefahr und innere Unruhen erfordern besondere Maßnahmen, durch die auch die Strafgesetze in Mitleidenschaft gezogen werden können. Der Erlaß der RVerf. vom 11. August 1919 hat gerade auf diesem Gebiete in den bisherigen Rechtszustand tief eingegriffen. Art. 48 RVerf. regelt als jüngste Quelle des Reichsrechts erschöpfend und ausschließlich, welche Veränderungen des Rechtszustandes im Falle einer erheblichen Störung oder Gefährdung der öffentlichen Sicherheit und Ordnung durch die dafür zuständigen Organe (unten I) herbeigeführt werden dürfen. Die Gründe solcher Störungen bleiben außer Betracht. Art. 48 RVerf. gilt daher für alle Fälle dieser Art, mögen sie auf kriegerische Verwicklungen oder auf innere Unruhen zurückgehen.

I. 1. Der **Reichspräsident** kann, wenn im Deutschen Reiche die öffentliche Sicherheit und Ordnung erheblich gestört oder gefährdet wird, die zur Wiederherstellung der öffentlichen Sicherheit und Ordnung nötigen Maßnahmen treffen (Art. 48 Abs. 2 RVerf.). Er darf hiernach, ohne daß das Gericht die Zweckmäßigkeit und Notwendigkeit seiner Maßnahmen nachprüfen könnte[1]), insbesondere auch neue

---

[1]) Ebenso *Grau* Handb. II 294; R **57** 385, **59** 41 (45), 188 (mit der Einschränkung, daß die Feststellung „einer offensichtlichen Verkennung der recht-

Strafrechtssätze[2]) erlassen und die Strafen des StGB oder anderer Strafgesetze verschärfen. Auch die Todesstrafe kann von ihm angeordnet werden[3]). Die Maßnahmen, die ministerielle Gegenzeichnung[4]) erfordern, sind dem Reichstage unverzüglich bekannt zu geben und auf Verlangen des Reichstags außer Kraft zu setzen. Die Verkündung der gemäß Art. 48 erlassenen Verordnungen kann in jeder den Umständen nach geeigneten Weise erfolgen (§ 1 Abs. 3 des G über die Verkündung von Rechtsverordnungen vom 13. Oktober 1923).

2. Die **Landesregierungen** können bei Gefahr im Verzug[5]) für ihr Gebiet in der gleichen Weise vorgehen, haben aber ihre Maßnahmen nicht nur auf Verlangen des Reichstages, sondern auch auf Verlangen des Reichspräsidenten außer Kraft zu setzen (Art. 48 Abs. 4 RVerf.).

II. Art. 48 Abs. 5 RVerf. kündigt an, daß „das Nähere" ein Reichsgesetz bestimmen solle. Es wird also einem künftigen Reichsgesetz vorbehalten, die heute übermäßig weit ausgedehnte Befugnis des Reichspräsidenten mit gesetzlichen Schranken zu umgeben, insbesondere innerhalb der Bestimmung des Art. 48 RVerf. über Voraussetzungen, Form und Wirkung des Ausnahmezustandes Anordnungen zu treffen. Ein solches Gesetz ist noch nicht erlassen. Die vielfach daraus gezogene Folgerung, daß bis dahin gemäß Art. 68 der RVerf. von 1871 noch das preußische BelagerungszustandsG vom 4. Juni 1851 gelte[6]), ist jedoch irrig. Das Verhältnis des Art. 48 RVerf. zum früheren Recht stellt sich vielmehr folgendermaßen dar:

---

lichen Erfordernisse eines Vorgehens auf Grund des Art. 48" oder „eines rein willkürlichen Mißbrauchs" zur Versagung der Rechtsgültigkeit führen könne).

[2]) Vielfach geschehen. Vgl. z. B. VO vom 11. Januar 1920 (RGBl. 41) § 4, VO vom 13. Januar 1920 (RGBl. 207), VO vom 29. Januar 1920 (RGBl. 195) u. a. m. R **55** 115 (grundlegende Entscheidung) hat sich der Ansicht des Textes angeschlossen. Ebenso R **56** 420, **59** 29 (auch Maßnahmen von unbestimmter längerer Dauer sind zulässig).

[3]) So setzt die VO vom 19. März 1920 (RGBl. 467) in § 1 für die in den §§ 307, 311, 312, 315 StGB mit lebenslänglichem Zuchthaus bedrohten Verbrechen die Todesstrafe fest, wenn sie im Gebiete des Ausnahmezustandes begangen werden. Dieselbe Verschärfung unter gewissen Umständen für die Rädelsführer der §§ 115 Abs. 2, 125 Abs. 2 StGB. Die Rechtsgültigkeit dieser Verordnung ist allerdings aus formalen Gründen zu bezweifeln, da sie nicht vom Reichspräsidenten selbst erlassen ist (vgl. den Text unter III). Noch bedenklicher ist die VO vom 25. März 1920 (RGBl. 470). Man darf jedoch nicht vergessen, daß beide Verordnungen aus einer Zeit schwerster innerer Kämpfe stammen, in denen es sich einfach um die Behauptung der Macht handelte.

[4]) Vgl. R **56** 162.

[5]) Vgl. hierzu die treffenden Ausführungen *Belings* DJZ **25** 866 zu der zweifellos rechtsungültigen, mit Art. 48 Abs. 4 RVerf. nicht zu stützenden bayrischen SchleichhandelsVO vom 27. Oktober 1920.

[6]) So *Arndt* Verfassung des Deutschen Reichs vom 11. August 1919 (Guttentagsche Sammlung deutscher Reichsgesetze Nr. 137, 1919) Art. 48

1. Art. 68 der RVerf. von 1871 ist nebst dem preußischen BelagerungszustandsG von 1851, soweit es auf Grund des Art. 68 als Reichsgesetz in Geltung gewesen ist, beseitigt worden, da Art. 48 der RVerf. von 1919 das Recht jeglichen Ausnahmezustandes (Kriegszustand im engeren Sinne und Belagerungszustand) ausschließlich regelt[7]). Damit ist aber auch EG § 4 seiner Geltung beraubt[8]). Nach EG § 4 trat im Reiche (mit Ausnahme Bayerns)[9]) in den Fällen der §§ 81, 88, 90, 307, 311, 312, 315, 322, 323, 324 StGB an Stelle der dort angedrohten lebenslänglichen Zuchthausstrafe die Todesstrafe (vgl. unten § 58), wenn die genannten Verbrechen in einem Teile des Bundesgebietes begangen wurden, den der Kaiser nach dem BelagerungszustandsG von 1851 (Art. 68 RVerf. von 1871) in Kriegszustand erklärt hatte[10]). Da sich die Strafschärfung des § 4 EG demnach auf die durch Art. 48 RVerf. von 1919 beseitigten Bestimmungen der alten RVerf. und des preußischen BelagerungszustandsG stützte, so kann sie nach dem Inkrafttreten der neuen RVerf. nicht mehr in Frage kommen[11]). Der Reichspräsident muß nunmehr, soweit er es für nötig hält, von sich aus derartige Strafschärfungen anordnen (vgl. oben I 1); eine automatische Strafverschärfung, wie nach EG § 4, tritt nicht mehr ein.

2. Art. 48 RVerf. hat ferner den § 30 Abs. 1 des PreßG vom 7. Mai 1874 außer Kraft gesetzt[12]); denn die RVerf. hat nicht nur die sog. Preßfreiheit in Art. 118 auf neuen Boden gestellt und damit die dem Art. 118 entgegenstehenden Bestimmungen des § 30 PreßG beseitigt (lex posterior derogat legi priori), sondern auch in Art. 48

Note 4. Gegen *Arndt* spricht schon der Unterschied, der augenfällig in der Fassung des Art. 68 der alten und des Art. 48 der neuen RVerf. besteht. Dort ausdrückliche Aufrechterhaltung des Preuß. Belagerungszustandsgesetzes, hier nur ein unbestimmter, programmatischer Hinweis auf ein zukünftiges Reichsgesetz. Hätte Art. 68 der alten RVerf. mit dem G von 1921 in Kraft bleiben sollen, so hätte Art. 48 neuer RVerf. dies ausdrücklich hervorheben müssen. (Vgl. Art. 178 RVerf. von 1919.) Wie der Text R **55** 115, **56** 189, *Giese* Art. 48 Note 9, *Gmelin* 457.

[7]) *Kern* weicht insofern ab, als er dem BelagerungszustandsG von 1851 „noch für den eigentlichen Kriegszustand" Geltung beimißt. Wie der Text *W. Jellinek* Jahrb. des öffentlichen Rechts IX, 1920, S. 118; *Anschütz* Art. 48 Note 6; *Grau* Handb. II 276.

[8]) Ebenso *Frank* EG § 4, *v. Hippel* II 59, jetzt auch *Lobe* Lpz. Komm. EG § 4 Note 1. *Allfeld* 245 Note 9 wendet § 4 weiter an. *Gerland* 71 erklärt § 4 EG für in Kraft befindliches Gesetz (das folge aus dem G vom 30. November 1919; aber dessen, unten IV erörterte Bedeutung verkennt *Gerland*).

[9]) Über Bayern vgl. *Kern*.

[10]) Über die andere Alternative des EG § 4 („auf dem Kriegsschauplatze") vgl. die 21./22. Auflage dieses Buches § 25 I 1 und Anm. 2 daselbst, auch RMilG **21** 174.

[11]) Ebenso *Kern, Stier-Somlo* 670, jetzt auch *Lobe* Lpz. Komm. EG § 4 Note 2.

[12]) *Kitzinger* § 30 Note II 1b. *Lobe* Lpz. Komm. EG § 4 Note 3.

Abs. 2 ausschließlich bestimmt, wann und wieweit in die Preßfreiheit des Art. 118 durch Ausnahmevorschriften eingegriffen werden darf.

3. Endlich beseitigt Art. 48 Abs. 4 RVerf. auch die Befugnisse der Landesregierungen, für ihr Gebiet nach früheren landesrechtlichen Ausnahmebestimmungen Maßnahmen zu ergreifen[13]).

III. Eine Delegation der dem Reichspräsidenten nach Art. 48 zustehenden Befugnisse gestattet die RVerf. nicht. Immerhin besteht die Möglichkeit, daß der Reichspräsident die erforderlichen Maßnahmen nur im Umriß bezeichnet und die Anordnung der Einzelheiten innerhalb des so gegebenen Rahmens anderen Behörden delegiert[14]).

IV. Beim Inkrafttreten der Weimarer Verfassung war in verschiedenen Gegenden ein nach dem preußischen G vom 4. Juni 1851 verhängter „Belagerungszustand" in Kraft. Nur für diesen Belagerungszustand wurden durch das RG. vom 30. November 1919 (RGBl. S. 1941) neue, das Strafmaß betreffende Bestimmungen getroffen. Eine weitere Bedeutung kommt dem Gesetz nicht zu[15]). Mit der Aufhebung jenes Belagerungszustandes hat es seine praktische Bedeutung verloren.

V. Während des Weltkrieges hat sich aus zwei verschiedenen Wurzeln ein buntscheckiges, zum größten Teil ephemeres Kriegsstrafrecht entwickelt, einerseits aus § 9b des preußischen G vom 4. Juni 1851[16]), andererseits aus dem ErmächtigungsG vom 4. August 1914. Diesem ersten Ermächtigungsgesetz folgten weitere in der Kriegs- und Nachkriegszeit, auf Grund deren ebenfalls zahlreiche Strafrechtssätze erlassen worden sind. Jedoch haben die Kriegsnotgesetze „fast durchwegs nur vorübergehende Bedeutung"; sie „passen nicht in den Rahmen eines Lehrbuchs des Strafrechts. Nur soweit sie ausnahmsweise, wie im Wucherstrafrecht, Keime zu weiterer Entwicklung enthalten,

---

[13]) *Kitzinger* § 30 Note II 1b*a* weist mit Recht darauf hin, daß dies auch der Standpunkt der Bayrischen Regierung sei, die sich in ihrer VO vom 4. November 1919 nicht auf bayrisches Landesrecht (insbes. auf das bayr. G vom 31. Juli 1919 über außerordentliche Maßnahmen zum Schutze des Freistaates), sondern auf Art. 48 Abs. 4 RVerf. stützte. Vgl. auch *Kern* 101 und *Jellinek* a. a. O.

[14]) R **56** 165; vgl. auch R **59** 48, 189. — Vgl. den interessanten, staatsrechtlich höchst bedenklichen Erlaß des Generals *v. Stoltzmann* vom 13. März 1920 (RGBl. 470). In dem Erlaß des Reichspräsidenten vom 25. März 1920 betr. die Aufhebung von Standgerichten (RGBl. 473), wird „die den militärischen Befehlshabern mündlich oder schriftlich erteilte Vollmacht, Verschärfung der auf Grund des Art. 48 erlassenen Ausnahmebestimmungen nach eigenem Befinden bei Gefahr im Verzug eintreten zu lassen", zurückgezogen. Auch die Vereinbarkeit dieser „Vollmachten" mit Art. 48 RVerf. erscheint sehr zweifelhaft.

[15]) Ebenso R **55** 115. *Kern* DStZ **7** 101 sieht die Bedeutung des „geheimdnisvollen" Gesetzes darin, daß es für einzelne früher ergangene Anordnungen der Militärbefehlshaber den Strafrahmen geändert habe. *Kern* übersieht aber, daß damals außer in Bayern auch in Teilen Preußens der Belagerungszustand herrschte. Vgl. *Jellinek* Jahrb. des öffentl. Rechts IX S. 118.

[16]) Vgl. *Münster* und *Riegert*, auch § 25 II 1 der 21./22. Auflage dieses Buches.

wird im Besonderen Teil auf sie hingewiesen werden"[17]). Die Rechtsgültigkeit einzelner dieser Kriegs- und Nachkriegsnotgesetze ist sehr zweifelhaft und bestritten[18]).

---

[17]) So *v. Liszt* in § 25 a. E. der 21./22. Auflage dieses Buches. Vgl. im übrigen zu den Kriegsnotgesetzen *Eb. Schmidt* Z **37** 69, *K. Meyer* Z **39** 299, *Allfeld* im Recht **22** 169, *Soergel* Kriegsstrafrecht 2 Bde 1917ff., *Alsberg* Preistreibereistrafrecht 6. Aufl. 1920.

[18]) Vgl. *Eb. Schmidt* Z **37** 83 (dagegen *Beling* Z **37** 257), **38** 862, 863, JW **49** 271. *Kohlrausch* Z **41** 181, *Nübell* JW **49** 272, *Wassermann* Z **42** 627 (mit freilich staatsrechtlich sehr bedenklichen Ausführungen über die Ausdehnung des richterlichen Prüfungsrechts).

Allgemeiner Teil.

Erstes Buch.

Das Verbrechen.

§ 26. Der Begriff des Verbrechens.

Literatur. Über bürgerliches und peinliches Unrecht: *Merkel* Kriminalistische Abhandlungen **1** 1867. *v. Ihering* Der Zweck im Recht **1** (3. Aufl.) 490. *Pernice* Labeo **1** 1. *v. Bar* Die Grundlagen des Strafrechts 1869. *Heinze* HH **1** 321. *Binding* Normen **1** 255, 426. *Derselbe* GS **76** 1. *Hälschner* **1** 15. *Jellinek* Absolutes und relatives Unrecht 1879 (Reden und Schriften **1** 151). *v. Liszt* Die Grenzgebiete zwischen Privatrecht und Strafrecht 1889. *Derselbe* Die Deliktsobligationen im System des bürgerlichen Gesetzbuchs 1898. *Liepmann* 4. *Kiefe* Das Verhältnis der unerlaubten Handlungen des BGB. zum Strafrecht. Tübinger Diss. 1900. *J. Goldschmidt* Materielles Justizrecht. Festgabe für *Hübler* 1905. — Allgemeine Literatur zur Lehre vom Verbrechen und zur Verbrechenssystematik: *Beling* Die Lehre vom Verbrechen 1906 (dazu *Goldschmidt* GA **54** 20, *Kleinfeller* KVS **47** 98). *Derselbe* Die Lehre vom Tatbestand 1930. *Graf zu Dohna* Z **27** 329. *Senf* Das Verbrechen als strafrechtlich psychologisches Problem 1912. *Kullmann* Strafrecht und Läsionenlehre 1912. *Baumgarten* Der Aufbau der Verbrechenslehre 1913. *Mittermaier* Z **44** 2. *Mezger* Vom Sinn der strafrechtlichen Tatbestände (Festschrift für *Traeger*) 1926. *Radbruch* Zur Systematik der Verbrechenslehre (Festgabe für *Frank* I 158) 1930. *Grünhut* Begriffsbildung und Rechtsanwendung im Strafrecht 1926. *Derselbe* Methodische Grundlagen der heutigen Strafrechtswissenschaft (Festgabe für *Frank* I 1) 1930. *Zimmerl* Zur Lehre vom Tatbestand (Strafr. Abh. Heft 237) 1928 (dazu *Finger* GS **97** 385). *Derselbe* Aufbau des Strafrechtssystems 1930. *Schwinge* Teleologische Begriffsbildung im Strafrecht (Bonner rechtswiss. Abhandlungen Heft 14) 1930. *Kohlrausch* HdR V 756. *Gallas* Kriminalpolitik und Strafrechtssystematik (Berliner Seminarabhdlg. 4. Folge 3. Bd. 1. Heft) 1931. Vgl. auch die Lit. zu § 28.

I. **Verbrechen** (Straftat) ist, formell betrachtet, **der Tatbestand, an den durch die Rechtsordnung die Strafe als Rechtsfolge geknüpft ist.**

1. Untersuchen wir die Elemente dieser Tatbestände näher, so finden wir folgende Merkmale:

a) Das Verbrechen ist stets menschliche Handlung, also willkürliches Verhalten des Verbrechers zur Außenwelt, und zwar Veränderung in der Außenwelt durch ein Tun oder durch ein Unterlassen. Niemals genügen zufällige, von menschlicher Willkür unabhängige Ereignisse[1]); vielmehr ist allein die menschliche Handlung das Objekt, auf das die Wertung als „Verbrechen" bezogen werden kann.

b) Das Unwerturteil „Verbrechen" ist aber nur da möglich, wo wir es mit einer rechtswidrigen Handlung zu tun haben. Rechtswidrig ist eine Handlung, die, formell einem Gebote oder Verbote der Rechtsordnung zuwiderlaufend, materiell die Verletzung oder Gefährdung eines Rechtsgutes in sich schließt. Aber nicht jede rechtswidrige Handlung ist strafbar. Aus dem kaum übersehbaren Kreise rechtswidriger Verhaltensweisen hebt vielmehr der Gesetzgeber gewisse, genau umschriebene Handlungen heraus und bildet so die (besonderen) Tatbestände der einzelnen mit Strafe bedrohten Verbrechen. Nur die Handlungen, die in concreto die einzelnen Tatbestandsmerkmale eines abstrakten strafgesetzlichen Tatbestandes aufweisen, mithin, wie man sich technisch auszudrücken pflegt, tatbestandsmäßig im Sinne eines bestimmten Strafrechtssatzes sind, kommen als verbrecherische Handlungen in Betracht. Es wäre jedoch unrichtig, mit der Tatbestandsmäßigkeit[2]) immer

---

[1]) Die Bedenken von *Binding* Hdb. **1** 565, *Radbruch, Kriegsmann* Z **30** 444, *Graf Gleispach* (Lit. zu § 131) 36 und *Graf zu Dohna* gegen den einheitlichen Handlungsbegriff und seine Verwendung als strafrechtssystematischen Ausgangspunkt widerlegt treffend *Mezger* 101—103. Zum erheblichen Teil sind diese Bedenken terminologischer Art. Wenn *Graf zu Dohna* GS **65** 310 die Handlung als objektivierten Willen bestimmt, so deckt sich das völlig mit dem Text. Will man den Ausdruck „Handlung" vermeiden, so setze man dafür mit *Frank* Einl. Best. III, *Hafter, Hegler, Sauer* das auch von *Mezger* 91, 92 verwendete Wort „Verhalten". Viel zu weit *Mayer* 13, 57, der das Verbrechen als „Geschehnis" bestimmt; dazu würden aber auch Naturereignisse gehören. Gegen *Mayer* jetzt insbes. *v. Hippel* II 92. *Kohlrausch* HdR V 766 stimmt mit dem Text überein.

[2]) *Beling* hat in seiner „Lehre vom Verbrechen" 1906 die „Tatbestandsmäßigkeit" oder „Typizität" als Merkmal des Verbrechensbegriffs schärfer, als es bisher geschehen, betont; jedoch hat er in seiner „Lehre vom Tatbestand" 1930 seinen Auffassungen eine vom Text abweichende Wendung gegeben, auf die unten § 32 Note 5 eingegangen wird. Hier ist aber darauf hinzuweisen, daß *Beling* sich (Lehre vom Tatb. 18, 19; Grdz. 70) mit Recht gegen eine Koordination von Tatbestandsmäßigkeit (*Beling* sagt „Typenmäßigkeit") und Rechtswidrigkeit ausspricht. Vgl. dazu *v. Wedel* Schweizer. Z **45** 373. In der Tat gibt die Tatbestandsmäßigkeit der Rechtswidrigkeit lediglich die spezifisch strafrechtliche Färbung. Alle strafrechtlich beachtliche Rechtswidrigkeit kann immer nur tatbestandsmäßige Rechtswidrigkeit sein. Daher ist das Verbrechen als „tatbestandsmäßig rechtswidrige" Handlung nach der Seite des Unrechtes hin zu bestimmen. Ebenso *Mezger* 174. Eine „besondere strafrechtliche Rechtswidrigkeit" wird hier selbstverständlich nicht behauptet in dem (unmöglichen) Sinn, daß das, was auf strafrechtlichem Gebiete rechtswidrig sei, es auf anderen Rechtsgebieten nicht zu sein brauche oder umgekehrt. Vgl. *Mezger* 181. — Gegen das Merkmal der „Tatbestandsmäßigkeit" jetzt *v. Hippel* II 90ff. Aber an der Fruchtbarkeit dieses Merkmals in methodischer, wie sachlicher Beziehung muß festgehalten werden. In der Lehre von der Rechtswidrigkeit wird sich das als notwendig und richtig erweisen. Vgl. übrigens *v. Hippel* II 185ff.

auch die Rechtswidrigkeit als gegeben zu erachten; denn es besteht die Möglichkeit, daß die tatbestandsmäßige Handlung infolge eines Rechtfertigungsgrundes erlaubt ist (etwa eine in Notwehr erfolgende Körperverletzung im Sinne des § 223). Hiernach gibt es tatbestandsmäßige Handlungen, die nicht rechtswidrig, und rechtswidrige Handlungen, die nicht tatbestandsmäßig sind. Aber zwischen Tatbestandsmäßigkeit und Rechtswidrigkeit besteht eine bemerkenswerte Beziehung, die wir in der Lehre von der Rechtswidrigkeit des näheren untersuchen werden. Vgl. unten § 32.

c) Tatbestandsmäßige Rechtswidrigkeit begründet für sich allein nicht das Unwerturteil „Verbrechen". Das Verbrechen ist weiter schuldhafte Handlung; d. h. es muß die Möglichkeit bestehen, dem Täter aus der tatbestandsmäßig rechtswidrigen Handlung einen (strafrechtlichen) Schuldvorwurf zu machen, indem wir dem schuldfähigen Täter die Handlung zum Vorsatz oder zur Fahrlässigkeit zurechnen. Auf die tatbestandsmäßig rechtswidrige Handlung bezieht sich also die Schuld im Strafrecht. Daraus ergibt sich zwingend, daß die Schuld im strafrechtlichen System erst nach der Lehre von der Rechtswidrigkeit behandelt werden kann[3]).

2. So ergibt sich: **Verbrechen ist die tatbestandsmäßig rechtswidrige, schuldhafte Handlung.** Zugleich beantwortet sich die Frage, ob für Straf- und Privatrecht ein einheitlicher Deliktsbegriff anzunehmen sei oder nicht. Als rechtswidrige schuldhafte Handlung fällt das Verbrechen mit der unerlaubten Handlung des bürgerlichen Rechts unter denselben Gattungsbegriff des Unrechts oder Delikts[4]). Das Delikt stellt sich mithin als eine nach zwei Rich-

---

[3]) Nichts ist in einem strafrechtlichen System, nichts ist bei der Lösung eines strafrechtlichen Falles verkehrter, als die „Schuld" vor der Rechtswidrigkeit zu behandeln. *v. Liszt* hat in diesem Lehrbuch die richtige Systematik schon der 1. Auflage zugrunde gelegt. *Allfeld* ist in der 8. Auflage (vgl. sein Vorwort) zu ihr übergegangen. Die Lehrbücher von *Wachenfeld, ME. Mayer, Mezger, Hafter, Zevenbergen, Sauers* Grundlagen, *v. Hippels* Deutsches Strafrecht, *Belings, Heimbergers, van Calkers* und *Merkels* Grundrisse nehmen ebenfalls den richtigen Standpunkt ein. Dagegen behandeln systematisch unrichtig *Gerland* (Deutsches Reichsstrafrecht 1922) und *Doerr* (Deutsches Strafrecht I, 2. Aufl. 1930) die Schuld vor der Rechtswidrigkeit. Vgl. dazu *Mezger* GS **89** 250; *Olshausen* 4. Abschn. **2**, **7**; *Zimmerl* Aufbau 164, 165; *Kohlrausch* HdR V 766 unter V.

[4]) Die hier vertretene Annahme eines einheitlichen Unrechtsbegriffs im Privat- und Strafrecht ist von grundlegender Bedeutung für den ganzen Aufbau der Deliktslehre. — Unter den älteren Versuchen, zwischen dem bürgerlichen Unrecht und dem Verbrechen einen qualitativen Unterschied zu finden, nehmen diejenigen *Hegels* und seiner Schule den ersten Platz ein. *Hegel* bestimmt das peinliche Unrecht als das bewußte, das bürgerliche als das unbewußte. Diese Zweiteilung widerspricht, wie namentlich *Merkel* schlagend nachgewiesen hat, unleugbaren Tatsachen des Rechtslebens: dem kulposen Verbrechen einerseits, dem zivilrechtlichen Dolus andererseits. So auch die herrschende Ansicht. Siehe jetzt namentlich *Sauer* Grundlagen 139, *v. Hippel* I 28ff., II 87, *Hirsch-*

tungen hin rechtlich gewertete Handlung dar: in dem Merkmal der Rechtswidrigkeit liegt das Unwerturteil über die Tat, in dem der Schuldhaftigkeit das über den Täter. Der Begriff der rechtlich gewerteten Handlung gibt mithin den Grundbegriff der Deliktslehre ab. Innerhalb des Gattungsbegriffs des Unrechts oder Delikts ist das Verbrechen als kriminelles Unrecht im Hinblick auf die Tatbestandsmäßigkeit ein Artbegriff.

Unsere Definition des Verbrechens enthält vier positive Merkmale; die drei letzten sind die Gattungsmerkmale des Delikts, das erste, nämlich die Tatbestandsmäßigkeit, ist das Artmerkmal des Verbrechens[5]).

II. Unter I ist der formale Begriff des Verbrechens entwickelt worden. Darüber hinaus aber bedarf das Wesen verbrecherischen

---

berg (Lit. zu § 36) 21ff. Vgl. aber *Liepmann* 13, der das Verbrechen auf dem Willen, das bürgerliche Unrecht auf dem Erfolg aufbauen will. Auch *Hegler* Z **36** 29 (vgl. jetzt auch *Denselben* in Festg. für *Frank* I 274 Note 2) verwirft den einheitlichen Unrechtsbegriff; aber sein Einwand gegenüber dem Text, die Charakterisierung des Verbrechens als eines gesellschaftswidrigen, antisozialen Verhaltens sei für das Privatunrecht nicht verwertbar, kann nicht als stichhaltig anerkannt werden; denn das Recht ist in allen seinen Teilen, einschließlich des Privatrechts, eine soziale Lebensordnung; auch derjenige, der eine Privatrechtsnorm verletzt, verstößt gegen eine von der Allgemeinheit und im Interesse der Allgemeinheit getroffene Regelung, handelt also insofern gesellschaftswidrig. Gegen *Hegler* auch *Mittermaier* Z **44** 7, der selbst durchaus auf dem Standpunkt des Textes stehen dürfte, da er „an sich" jeden Unterschied von zivilem und kriminellem Unrecht verwirft. Aus der hier allein interessierenden generellen Wesensgleichheit des strafrechtlichen und zivilrechtlichen Unrechts folgt selbstverständlich nicht, daß jede Rechtswidrigkeit immer auch strafrechtlich relevant sein müsse. Vgl. unten die Lehre von Tatbestandsmäßigkeit und Rechtswidrigkeit. Damit dürften sich die von *Hegler* a. a. O. und von *Radbruch* (Festg. für *Frank* I 160/1) erhobenen Bedenken erledigen.

[5]) Der Text bezeichnet die vier Verbrechensmerkmale als positive und lehnt damit die „Theorie der negativen Tatbestandsmerkmale" (richtiger sollte es heißen: „Verbrechensmerkmale") ab. Nach ihr soll die Rechtswidrigkeit kein positives, wohl aber ihr Mangel ein negatives Merkmal des Verbrechens sein. Diese Betrachtungsweise ist schon von *Binding* Hdb. **1** 664 (vgl. aber Normen **3** 307) und *Finger* (Gründe für die Nichtentstehung eines Strafrechts) angedeutet, sodann von *Merkel* 82, *Löffler* bei *Grünhut* **20** 775, *Miřička* (Lit. zu § 36) 125, *Baumgarten* Aufbau 221, *Engisch* (Lit. zu § 39) 11 verwendet worden. *Frank* hat sie seit der 3./4. Aufl. der Sache nach aufgegeben (vgl. 18. Aufl., 4. Abschn. III). *Zimmerl* Zur Lehre vom Tatb. 66 vertritt die Lehre neuerdings, indem er von „zu ergänzenden Tatbestandsmerkmalen" spricht (Widerspruch zu S. 64/5 ebenda?). Gegen diese Betrachtungsweise *v. Bar* Gesetz **2** 418, *Beling* Verbrechen 36, 134, *Graf zu Dohna* (Lit. zu § 31) 33, *Finger* GA **50** 37, *Graf Gleispach* (Lit. zu § 131) 53, *Kohlrausch* Z **24** 731, *Derselbe* (Lit. zu § 31) 59, *Kollmann* (Lit. zu § 28), *Mayer* 175, *Mittermaier* Z **44** 12, *Sauer* Grundlagen 213, 219. Die Bedeutung des „Gegensatzes" darf nicht überschätzt werden. Soweit die Lehre von den negat. Verbrechensmerkmalen nichts anderes als das Verhältnis von Regel und Ausnahme andeuten will, ist sie nicht zu beanstanden, aber ohne „selbständigen Wert" (so mit Recht *v. Hippel* II 189). *Mezgers* Bedenken 183, 184 dürften damit erledigt sein.

Verhaltens einer materialen Erklärung. Wir gewinnen sie von der Frage aus, wann der Gesetzgeber auf ein rechtsgutverletzendes Verhalten die eigenartige Unrechtsfolge der Strafe zu setzen für nötig hält[6]). Genauere Betrachtung zeigt, daß der Staat die Präventivfunktion der Strafe überall da verwendet, wo ihm die Restitutivfunktion des Privatrechts (Erfüllungszwang, Wiederherstellung, Schadenersatz) nicht auszureichen scheint, um das Unrecht einzudämmen, wo überdies ein Unwerturteil nicht nur über die Tat, sondern zugleich über die in der Tat als sozialgefährlich erkennbare Täterpersönlichkeit abgegeben und mit der Strafe eine Bekämpfung dieser Sozialgefährlichkeit in die Wege geleitet werden soll.

Die Unzulänglichkeit der Restitutivfunktion des Privatrechts zeigt sich etwa:

a) wenn, wie bei Diebstahl usw., dem meist mittellosen Täter gegenüber der Entschädigungszwang versagt;

b) wenn, wie bei Tötung, Notzucht usw., die privatrechtliche Entschädigung eine Ausgleichung der rechtlichen Störung herbeizuführen nicht vermag;

c) wenn die Rechtsordnung dem angegriffenen Rechtsgut, vielleicht in ganz mißverständlicher Auffassung, einen besonders hohen Wert beilegt und daher die Mißbilligung des Angriffs in besonders eindringlicher Form aussprechen will;

d) wenn die Häufigkeit des Angriffs, das Überhandnehmen gewisser Verbrechen (Fälschung von Nahrungsmitteln, Wucher usw.) das Bedürfnis erweckt, durch strenge Strafdrohung ein genügendes Gegengewicht zu schaffen.

Verbrechen ist mithin, inhaltlich bestimmt, der für die gegebene soziale Lebensordnung nach Ansicht des Gesetzgebers besonders sozialschädliche Angriff auf rechtlich geschützte Interessen seitens einer ihre soziale Gefährlichkeit in eben diesem Angriff offenbarenden verantwortlichen Persönlichkeit.

III. Fehlt es an einem der oben zu I festgestellten Begriffsmerkmale, so liegt ein Verbrechen nicht vor. Zusammenfassend spricht man dann vom Vorliegen eines **Deliktsausschließungsgrundes** (genauer wäre zu sagen: Verbrechensausschließungsgrundes). Die Deliktsausschließungsgründe können in Gründe für den Ausschluß der Handlung, der Tatbestandsmäßigkeit („Mangel am Tatbestand"), der Rechtswidrigkeit (Rechtfertigungsgründe), der Schuld (Entschuldigungsgründe) unterschieden werden.

Ist dagegen die tatbestandsmäßig rechtswidrige, schuldhafte Handlung begangen, so ist der staatliche Strafanspruch entstanden, Strafbarkeit also regelmäßig gegeben. In einzelnen Fällen aber sieht

---

[6]) Vgl. hierzu *Kohlrausch* HdR V 756 unter I 2; *Eb. Schmidt* Schweizer. Z **45** 204ff., *Hirschberg* (Lit. zu § 36) 25. Daß die im Text formulierte Frage zum Gegensatz der Strafrechtsschulen hinführt, wird von *Hirschberg* mit Recht betont. Im Ergebnis (28) ist *Hirschberg* mit dem Text einig.

der Gesetzgeber im Hinblick auf besondere äußere Beziehungen, in denen ihm die Person des Täters entgegentritt, diesem, aber auch nur diesem gegenüber, von der Bestrafung ab, während die Tat selbst als „Verbrechen", als „strafbare Handlung" betrachtet wird. Man pflegt hier von „**persönlichen Strafausschließungsgründen**" zu sprechen. Hierher gehören, abgesehen von den oben in § 24 behandelten Fällen: StGB §§ 257 Abs. 2 (persönliche, von einem Angehörigen gewährte Begünstigung), 247 Abs. 2 (Diebstahl oder Unterschlagung, begangen von Verwandten aufsteigender Linie oder von Ehegatten), 209 (Kartellträger usw. beim Zweikampf).

Mit den oben erwähnten Deliktsausschließungsgründen können die persönlichen Strafausschließungsgründe zu dem Begriff der „**Strafausschließungsgründe im weiteren Sinne**" zusammengefaßt werden; doch unterscheiden sich die persönlichen Strafausschließungsgründe von den Deliktsausschließungsgründen ganz scharf dadurch, daß sie im Gegensatz zu diesen den deliktischen Charakter der Tat unberührt lassen. In scharfen Gegensatz treten die „Strafausschließungsgründe im weiteren Sinne" zu den unter § 72 zu erwähnenden „**Strafaufhebungsgründen**".

IV. Neben den (notwendigen) **Begriffsmerkmalen,** die sich bei jedem Verbrechen wiederfinden müssen, haben wir aber auch die (zufälligen) **Erscheinungsformen,** in denen die einzelne verbrecherische Verhaltensweise auftreten kann, einer genauen Betrachtung zu unterziehen. Diese sind:

1. Vollendung und Versuch;
2. Täterschaft und Teilnahme;
3. Einheit und Mehrheit des Verbrechens.

V. Das geltende Recht läßt eine verschiedenartige Behandlung des Kriminaldelikts und des **Verwaltungs-** (Polizei-) **Delikts** vermissen. Die Strafe, die der Gesetzgeber an den Tatbestand des Verwaltungsstrafrechts knüpft, ist kriminelle Strafe. Die Darstellung des geltenden Rechts muß sich damit abfinden. Sie hat aber zugleich zu betonen, daß eine Übereinstimmung des Kriminal- und des Verwaltungsstrafrechts ausschließlich hinsichtlich der formalen Strafvoraussetzungen (Tatbestandsmäßigkeit, formelle Rechtswidrigkeit, formelle Schuld) besteht, daß dagegen der materielle Kern des kriminellen Unrechts und der kriminellen Schuld bei den verwaltungsstrafrechtlichen Tatbeständen nicht gesucht werden darf. Die Loslösung des Verwaltungsstrafrechts vom Kriminal- (Justiz-) Strafrecht ist daher eine wichtige legislative Aufgabe.

Dieser schon von *Lorenz v. Stein* und *O. Mayer* ausgesprochene Gedanke ist, nachdem um die begriffliche Abscheidung des Verwaltungsstrafrechts vom Justizstrafrecht mannigfach gerungen worden ist, von *J. Goldschmidt* in tief eindringender Untersuchung durchgeführt worden. *Goldschmidt* führte über den Gedanken, daß es sich beim Verwaltungsstrafrecht lediglich um ein vom Justizstrafrecht quantitativ verschiedenes Bagatellstrafrecht handele, hinaus, indem er von der formal-kategorischen Betrachtung zu einer das Wesen des verwaltungsstrafrechtlichen Unrechts erfassenden materialen Betrachtung überging. Dabei erschien ihm das Verwaltungsdelikt als „verwaltungswidrige" Handlung des Sinnes, daß sie nicht die Verletzung eines individuellen Interesses (Rechtsgutes) eines Einzelnen oder eines personifiziert gedachten Menschenverbandes bedeutet, sondern eine Verletzung eines durch die Verwaltung geäußerten Interesses, eine unterlassene Unterstützung der auf Förderung des öffentlichen Wohls gerichteten Staatsverwaltung darstellt. Diese Auffassung hat *Goldschmidt* in einer ganzen Reihe wertvoller Schriften entwickelt. Grundlegend: Das Verwaltungsstrafrecht 1902. Vgl. aber ferner den Ausbau der Lehre in: GA **49** 71, in der Festgabe für *Koch* 1903, Deliktsobligationen des Verwaltungsrechts 1905 (aus Mitteilungen **12** 220), Materielles Justizrecht 1905, DJZ **7** 212, **19** 222, DStZ **1** 222, Der Prozeß als Rechtslage 1925 Note 1308. *Goldschmidt* fand Gefolgschaft bei *Umhauer* Ein Beitrag zur Lehre vom Begriff und Wesen des Polizeidelikts (Freiburger Diss. 1904), *Pollack* (Lit. zu § 199), *Friedenthal* (Lit. zu § 187), *Hofacker* Über die Grenzabscheidung zwischen Strafrechtsprechung und Verwaltung 1914, *Hofacker* Die Staatsverwaltung und die Strafrechtsreform 1919, *Löwenthal* Verwaltungsarchiv **32** 168, *Anders* HdR VI 625. Eine hervorragende ideengeschichtliche sowie staatsphilosophische Vertiefung zugleich mit einem konsequent durchgeführten strafrechtsdogmatischen Ausbau gibt der Lehre *Goldschmidts* neuestens *Erik Wolf* Die Stellung der Verwaltungsdelikte im Strafrechtssystem (Festgabe für *Frank II* 516) 1930. *Erik Wolf* verteidigt zugleich die *Goldschmidt*sche Lehre vorzüglich gegen ihre Gegner. Als solche seien genannt: *Beling* Verbrechen 34, 131, *Stienen* Z **35** 637, *Köhler* 160, *Daimer* Die Unterscheidung der strafb. Handlungen nach ihrer Schwere (Erlanger Diss.) 1915, *Peters* Z **48** 551, *Sauer* Grundlagen 314 (vgl. dazu die vor. Aufl. dieses Buches), *Rosenberg* Z **24** 1 und Lpz. Komm. Vorbemerkung Ziff. 3 vor § 360, *Allfeld* 101, *Mittermaier* Z **44** 14, neuerdings aber namentlich *Trops* Begriff und Wert eines Verwaltungsstrafrechts (Strafr. Abh. Heft 208) 1926 (vgl. dazu oben § 2 Note 1), sowie *v. Hippel* I 37, 349 Note 7, II 106ff. — Vgl. auch *Mezger* 5—7, *W. Jellinek* Verwaltungsrecht 3. Aufl. 1931, 345ff., *Hatschek* GA **57** 1, Studien zum österreich. Polizeistrafrecht 1910 (dazu *Goldschmidt* Z **31** 495), Lehrb. des deutschen u. preuß. Verwaltungsrechts (1924) § 24. *Klee* GA **71** 2 tritt ohne Aufrollung der theoretischen Streitfragen für ein besonderes Verwaltungsstrafverfahren ein.

Die deutschen Entwürfe haben nicht mehr vermocht, als eine Sonderbehandlung der Übertretungen in einem „zweiten Buche". Damit ist zu Unrecht der strafrechtliche Bagatellcharakter in den Vordergrund gerückt und scheinbar den Gegnern *Goldschmidts* Recht gegeben worden. Eine Lösung der oben erwähnten legislativen Aufgabe ist also noch nicht unternommen. Vgl. dazu namentlich auch *Anders* HdR VI 629.

§ 27. Die Dreiteilung der Straftaten.

Literatur. *O. Meyer* Bedeutung und Wert der Dreiteilung der strafbaren Handlungen. Berliner Diss. 1891. *Rosenberg* Z **24** 1. *Jakobi* Z **22** 161. *Wach* VD Allg. T. **6** 4, 9. Begr. 1. *Träger* GS **77** 81. *Daimer* (oben § 26 im Text gegen Schluß). *Hoegel* GS **84** 56. *Seligmann* Delictum sui generis 1920. *Ebermayer* HdR VI 359.

I. **Geschichtliches.** Das deutsche Mittelalter hatte die strafbaren Handlungen in causae majores und minores (Ungerichte, Malefiz einerseits, Frevel andererseits) eingeteilt, von denen jene peinliche Strafen an Hals und Hand, diese nichtpeinliche oder bürgerliche Strafen an Haut und Haar nach sich zogen. Auf demselben Standpunkte steht die PGO. Vielfach findet sich jedoch schon in den Quellen eine Mittelstufe (das „nicht purlautere Malefiz" des österreichischen Rechts). Seit dem 17. Jahrhundert wird unter dem Einflusse der auf *Julius Clarus* zurückgreifenden sächsischen Juristen, insbesondere *Carpzovs*, eine Dreiteilung herrschend, die unter wechselnden Bezeichnungen innerhalb der schweren Verbrechen atrociora und atrocissima crimina unterschied, letztere mit verschärfter Todesstrafe bedroht (bei ihnen ist conatus proximus gleich der Vollendung). Das ist auch der Standpunkt sowohl Österreichs 1768 wie Bayerns 1751. — Auf einer anderen Grundlage ruht die Dreiteilung, die seit dem Beginne der Aufklärungszeit vielfach in der Literatur vertreten wurde. Danach unterschied man neben den Polizeiübertretungen zwischen Verbrechen, gerichtet gegen natürliche Rechte, wie Leben, Freiheit usw., und Vergehen, die gegen die erst durch den Staatsvertrag begründeten Rechte, wie Eigentum usw., gerichtet sind. — Für die Gesetzgebung des 19. Jahrhunderts wurde von entscheidender Bedeutung die Einteilung des französischen Rechts, das seit 1791 zwischen crimes, délits und contraventions, je nach der Schwere der für die Handlung verwirkten Strafe, unterschied. Diese „Trichotomie" des französischen Rechts ging in eine Reihe von deutschen Landesstrafgesetzbüchern, so in das bayrische von 1813 und in das preußische von 1851, über und wurde aus diesem in das RStGB herübergenommen. Dabei wurde aber die Schwere der angedrohten (nicht der verwirkten) Strafe als maßgebend erklärt. Im Gegensatz zu den StGB von Italien, den Niederlanden, Norwegen und zu den Schweizer Entwürfen halten der österreichische RE wie die deutschen Entwürfe an der in der Literatur verworfenen Dreiteilung fest. Seit dem E 1919 heben die Entwürfe die Übertretungen dadurch scharf von den Verbrechen und Vergehen ab, daß sie als typische Übertretungsstrafe nur noch die Geldstrafe zulassen. Sie beträgt im Regelfall (E 1927 § 380, weit hinausgehend über AE 1925 § 344) mindestens eine und höchstens fünfhundert Reichsmark. In besonders schweren Fällen ist der Höchstbetrag nach E 1927 § 384 2000 Reichsmark (AE 1925 § 352: 1500 Reichsmark). Die Haftstrafe findet, außer als Ersatzfreiheitsstrafe (E 1927 § 386), nur in besonders schweren Fällen Anwendung (Dauer: 1 Tag bis 3 Monate).

II. **Die Dreiteilung des geltenden Rechts**[1]. Nach RStGB § 1[2] ist

[1] Über den, keineswegs grundsätzliche Fragen berührenden rechtspolitischen Streit um die Dreiteilung vgl. die vortreffliche Darstellung bei *v. Hippel* II 98ff., sowie jetzt auch *Mezger* 101.

[2] Die im Text wiedergegebene Fassung des § 1 beruht auf Art. I der VO über Vermögensstrafen und Bußen vom 6. Februar 1924 in Verbindung mit § 2 der zweiten VO zur Durchführung des MünzG vom 19. Dezember 1924; dieser § 2 ersetzt die „Goldmark" durch die „Reichsmark" in allen denjenigen Reichsgesetzen und -verordnungen, denenzufolge Beträge, die sie in Goldmark festsetzen, nach dem vom Reichsfinanzminister festzusetzenden Goldumrechnungssatze umzurechnen sind. Zu diesen Verordnungen gehört nun aber auch die VermögensstrafenVO vom 6. Februar 1924, wie ihr Art. V zeigt. Demgemäß ist in der Vermögensstrafenverordnung selbst und in dem nach dieser zu fassenden RStGB nunmehr überall „Reichsmark" an Stelle von „Goldmark" zu setzen. Das hat *Allfeld* in seiner „Strafgesetzgebung" 3. Aufl. 1926 nicht berücksichtigt. Vgl. über die Entwicklung der Geldstrafensätze von der Papiermark bis zur jetzigen Reichsmark *Honig* JW **54** 2713 und Vorwort zur 2. Aufl.

1. Verbrechen (i. e. S.): die mit dem Tode, mit Zuchthaus, oder mit Festungshaft von mehr als fünf Jahren;

2. Vergehen: die mit Festungshaft bis zu fünf Jahren, mit Gefängnis oder mit Geldstrafe von mehr als 150 Reichsmark oder mit Geldstrafe schlechthin;

3. Übertretung: die mit Haft oder mit Geldstrafe bis zu 150 Reichsmark bedrohte Straftat (Verbrechen i. w. S.)[3].

III. Die **Bedeutung der Dreiteilung** liegt heute nur noch auf **gesetzestechnischem** Gebiete. Sie ermöglicht dem Gesetzgeber an zahlreichen Stellen[4]) des Gesetzes eine bequeme Kurzfassung seiner Ausdrucksweise. Für die Zuständigkeit der Strafgerichte ist die Dreiteilung nach deutschem Recht nie von maßgeblicher Bedeutung gewesen; die geringen Anklänge an die Dreiteilung, die sich ursprünglich in der Zuständigkeitsregelung des Gerichtsverfassungsgesetzes gefunden haben, sind durch die Neuordnung der Gerichtsverfassung von 1924 völlig beseitigt worden.

IV. **Anwendung der Dreiteilung.**

1. Maßgebend ist nicht die zu erkennende (die „verwirkte"), sondern die angedrohte Strafe; und zwar bei wahlweiser Strafdrohung die schwerste der angedrohten Strafen (eine mit „Gefängnis oder Haft" bedrohte Handlung ist immer Vergehen).

Bei den als Vielfaches oder als Teil (unten § 61) eines bestimmten Betrages (insbesondere in den Zoll- und Steuergesetzen) angedrohten Geldstrafen muß das nach dem Gesetz mögliche Höchstmaß entscheiden; es ist daher in diesen Fällen stets ein Vergehen anzunehmen[5]).

(1926) seiner Textausgabe des StGB (Verlag Bensheimer). *Honig* hat die aus den VO vom 6. Februar 1924 und 19. Dezember 1924 sich ergebenden Folgerungen für die Fassung des StGB und der strafrechtlichen Nebengesetze klar und treffend dargestellt. Es ist ihm (gegen *Frank*, Lpz. Komm. u. a.) durchaus darin beizutreten, daß in den Gesetzestexten bei Übertretungen das Höchstmaß der Geldstrafe (von 150 Reichsmark) einzusetzen ist. § 27 Abs. 2 Ziff. 2 macht das nicht überflüssig; § 1 und seine gesetzestechnische Bedeutung verlangen es gebieterisch. Demgemäß wird auch in diesem Lehrbuch bei den Angaben über die Strafen verfahren. Ebenso auch *Kohlrausch* StGB, 29. Aufl. 1930, sowie *Olshausen*.

[3]) Das MilStGB § 1 kennt nur Verbrechen und Vergehen; die Übertretungen sind der Disziplinarbestrafung überlassen. Vgl. dazu Disziplinarstrafordnung für das Reichsheer, VO des Reichspräsidenten vom 18. Mai 1926 (RGBl. II 265).

[4]) Der Unterschied der Vergehen von den Verbrechen einerseits, den Übertretungen andererseits kommt in Betracht in StGB §§ 4, 6, 37, 40; 43, 49, 49a, 257; 27, 29; 67; 74, 79; 126, 240, 241; 151; 157 Nr. 1.

[5]) Die in den früheren Auflagen hier vertretene Ansicht, die in Übereinstimmung mit R **5** 23, **13** 224 das im Einzelfall sich ergebende Strafmaß hat entscheiden lassen, ist also aufgegeben, weil sie eine Bestimmung des Deliktscharakters vor rechtskräftiger Aburteilung nicht möglich machte und demgemäß den Anforderungen des Strafprozeßrechts überall da nicht genügte, wo dieses eine Bestimmung der Deliktskategorie im Einzelfalle längst vor der Aburteilung voraussetzt (vgl. etwa StPO §§ 153, 178 Abs. 2 usw.). Ebenso,

2. Bei Erweiterung des Strafrahmens durch Zulassung der allgemeinen mildernden Umstände ist das Höchstmaß des ursprünglichen (also strengeren) Strafrahmens für alle Fälle maßgebend. Dagegen werden durch die besonderen, sei es mildernden, sei es schärfenden Umstände (so in StGB § 313 Abs. 2, § 221 Abs. 3 oder § 244) neue selbständige Strafrahmen erzeugt. Dasselbe gilt um so mehr von den selbständigen, sei es leichteren, sei es schwereren, Unterarten einer strafbaren Handlung (z. B. StGB § 216)[6]).

3. Die herabgesetzten Strafrahmen bei Versuch, Beihilfe, Jugend sind als Erweiterung des regelmäßigen Strafrahmens, nicht aber als selbständige Strafdrohungen zu betrachten[7]).

---

wie der jetzige Text, *Frank* § 1 I 3, *Mayer* 18, *v. Hippel* II 97/98, *Binding* **1** 515 und Grundriß 190, *Finger* **1** 126, *Mezger* 100. A. M. aber *Lobe* Lpz. Komm. § 1 Note 5, *Olshausen* § **1** 10.

[6]) Gem. Meinung. R **60** 116. Vgl. *Seligmann* 46, *Mezger* 99.

[7]) Gemeine Meinung bezüglich der Jugend. Vgl. JugGG § 9 Abs. 4, dazu *Hellwig* JugGG § 9 Note 2. Dagegen bei Versuch und Beihilfe *Endemann* Z **45** 125, *Frank* § 1 I 4; richtig *Schwartz* § 1 Note 2, *Lobe* in Lpz. Komm. § 1 Note 8, *v. Hippel* II 96 Note 7, *Olshausen* § **1** 8, *Mezger* 99, 100.

I. Abschnitt.

Die Verbrechensmerkmale.

I. Das Verbrechen als Handlung *).

Literatur. *Radbruch* Der Handlungsbegriff in seiner Bedeutung für das Strafrechtssystem 1904. *Tesar* (oben § 4 Note 11). Dazu *Hurwicz* bei *Aschaffenburg* **8** 593. *Kollmann* Die Stellung des Handlungsbegriffs im Strafrechtssystem (Strafr. Abh. Heft 91) 1908. *Derselbe* Z **28** 449. *Derselbe* in der *Häring*schen Festg. für *v. Liszt* 1911 S. 122. *Finger* GS **71** 1. *Mayer* GS **74** 362. *Merkel-Liepmann* § 34. *Mittermaier* Z **44** 2. Vgl. auch die Lit. zu § 26.

§ 28. Der Allgemeinbegriff der Handlung.

Literatur. *Liepmann* 19. *Lammasch* bei *Grünhut* **9** 90. *Bünger* Z **6** 291, **8** 520. *v. Liszt* Z **6** 663 (Aufsätze **1** 212). *Janka* Z **9** 499. *Heinemann* Die *Binding*sche Schuldlehre 1889. *Derselbe* Die Lehre von der Idealkonkurrenz 1893. *Thyrén* Abhandlungen (oben § 15 IV) **2** 66. *ME. Mayer* Die schuldhafte Handlung und ihre Arten im Strafrecht 1901. *Höpfner* (Lit. zu § 54) 112 Note 5. *Bierling* Juristische Prinzipienlehre **3**. Bd. 1905 S. 16. — Über den Gefahrbegriff: *J. v. Kries* Die Prinzipien der Wahrscheinlichkeitsrechnung 1886. *Derselbe* Über den Begriff der objektiven Möglichkeit 1888.

---

*) In diesem Abschnitt ist von dem allgemeinen Handlungsbegriff auszugehen und von der rechtlichen Bedeutung der Handlung soweit möglich abzusehen. Denn das Verbrechen ist eine bestimmt geartete und entsprechend gewertete Handlung; Handlung daher der Gattungsbegriff, dessen Merkmale bestimmt sein müssen, ehe die differentia specifica des Artbegriffs untersucht werden kann. Selbstverständlich erfolgt aber die Betrachtung des Handlungsbegriffs vom Standpunkt des Kriminalisten, d. h. „Handlung" interessiert uns nicht als physiologisches Phänomen unter naturwissenschaftlichen Gesichtspunkten, sondern als soziales Phänomen in seiner „Wirkungsrichtung auf die soziale Wirklichkeit hin" (*G. Husserl*, Negatives Sollen im bürgerl. Recht, 1931, 8). Dies sei ausdrücklich betont, um dem Vorwurf des „Naturalismus" entgegenzutreten. Eine derartige Betrachtungsweise sieht von der rechtlichen Wertung der Handlung zunächst ab, leitet aber zugleich zu ihr hin als wertfreie, aber wertbezogene Betrachtung des Handlungsbegriffs. Ebenso *Bierling*, *Allfeld* 98, *Mittermaier* Z **44** 6, *Mezger* 91, 93, 101ff., besonders aber *Radbruch*. — Dagegen, im Anschluß an *Binding*, *Graf zu Dohna* Z **27** 329, der das Verbrechen als zurechenbare Normwidrigkeit definiert, dabei aber anzugeben unterläßt, auf was sich dieses doppelte Werturteil bezieht. Gegen den Text auch *Baumgarten* Aufbau 198, 204, der von dem antisozialen Willen ausgeht, *Erik Wolf* (Lit. zu § 32) 6, der von einem normativen Handlungsbegriff ausgeht.

Derselbe Z **9** 528. *Finger* Der Begriff der Gefahr und seine Anwendung im Strafrecht 1889 (gegen *v. Kries*). *Derselbe* **1** 104. *Derselbe* Begriff der Gefahr und Gemeingefahr im Strafrecht (Festg. f. *Frank* I 230) 1930. *v. Rohland* Die Gefahr im Strafrecht 2. Aufl. 1888. *Binding* GS **86** 353. *v. Ullmann* VD Bes. T. **9** 32. *Ed. v. Liszt* bei *Groß* **51** 339. *Scheffer* Der allgemeine Gefährdungstatbestand und seine Berücksichtigung in einem zukünftigen Allgemeinen Deutschen Strafgesetzbuch. Kieler Diss. 1926. *Henckel* Der Gefahrbegriff im Strafrecht (Strafr. Abhandl. Heft 270) 1930. — Über die Deliktsfähigkeit der Körperschaften: *v. Gierke* **1** 528. *Hafter* Die Delikts- und Straffähigkeit der Personenverbände 1903. *v. Bar* Gesetz **2** 133. *v. Lilienthal* VD Allg. T. **5** 87. *Zaitzeff* Die strafrechtliche Zurechnungsfähigkeit bei Massenverbrechen (Grenzfragen **8** 6. Heft) 1912. *Fricke* Die Deliktsfähigkeit juristischer Personen und anderer Personenverbände im Strafrecht. Marburger Diss. 1930. *Baumgarten* Schweizer. Z **40** 58. *Merkel-Liepmann* § 15. *Marcuse* GA **64** 478. *Kohler* GA **64** 500. — Zu V insbesondere: *Kitzinger* VD Allg. T. **1** 137. *v. Lilienthal* Festgabe für *Wetzell* 1890 S. 253. *Kitzinger* Ort und Zeit der Handlung im Strafrecht 1902. *v. Bar* Gesetz **1** 134. *Gottlieb* Der Strafort mit besonderer Rücksicht auf die Unterlassung (Strafr. Abh. Heft 111) 1909. *v. Hippel* Z **37** 1, **42** 415. *Heymann* Territorialitätsprinzip und Distanzdelikt. Berliner Diss. 1914. *Träger* Z **43** 117.

Handlung ist willkürliches Verhalten zur sozialen Außenwelt, genauer: Veränderung der sozialen Außenwelt durch willkürliches Verhalten, sei es ein die Veränderung verursachendes Tun oder ein sie verursachendes Unterlassen.

I. Der Begriff der Handlung setzt mithin zunächst eine **Willensbetätigung** voraus (Handlung ist objektivierter Wille).

1. Willensbetätigung ist jedes willkürliche Verhalten; d. h. jedes Verhalten, das, frei von mechanischem oder physiologischem Zwang, durch Vorstellungen bestimmt (determiniert, motiviert) wird. Die Willensbetätigung kann in der willkürlichen Vornahme oder in der willkürlichen Unterlassung einer Körperbewegung bestehen.

Es liegt daher keine Handlung vor, wenn jemand in einem Krampfanfalle fremde Sachen beschädigt, durch Ohnmacht an der Erfüllung seiner Pflicht gehindert, durch absolute, jede eigene Willensbetätigung unmöglich machende Gewalt zu seinem aktiven oder passiven Verhalten genötigt wird. Mit der „Willensfreiheit" (oben § 5 Note 1) hat die hier geforderte Willkürlichkeit nichts zu tun.

Mit dem Begriff der Handlung ist mithin der des Motives untrennbar gegeben. Es gibt kein motivloses Handeln. Motiv der einzelnen Willensbetätigung ist die mit Lustgefühlen begleitete Vorstellung der durch die Willensbetätigung herbeizuführenden Veränderung in der Außenwelt. Dieses in letzter Linie stets aus der Außenwelt stammende Motiv bildet den einen Faktor der Willensbetätigung. Der andere wird gebildet durch die Eigenart des Handelnden im Denken, Empfinden und Wollen, durch seine dauernde, teils angeborene, teils erworbene psychische Disposition und die damit gegebene persönliche Reaktionsweise.

Das „Wollen", das die Willensbetätigung und damit die Handlung kennzeichnet, bedeutet im Sinne dieser Auffassung lediglich den Willensimpuls. Man kann diesen physiologisch bestimmen als Innervation, man kann ihn psychologisch fassen als „denjenigen Bewußtseinsvorgang, durch den wir Ursachen setzen". In dem einen, wie in dem anderen Falle ist von der Willensbetätigung der durch diese verursachte äußere Erfolg zu scheiden. Streng genommen sollte man daher von einem Wollen des Erfolges nicht sprechen[1]). Immerhin mag man es mit dem üblichen, laxeren, Sprachgebrauch tun, sofern die Kongruenz des Inhaltes der (von Lustgefühlen begleiteten) Vorstellung mit der tatsächlich erreichten oder erstrebten Veränderung in der Außenwelt bezeichnet werden soll.

2. Eine rechtlich relevante Willensbetätigung, d. h. eine solche, die als Objekt (straf-)rechtlicher Wertung in Betracht zu ziehen ist, kann nach heutigen Rechtsanschauungen nur der **Mensch** vornehmen[2]).

Nicht nur der einzelne Mensch, sondern auch der Personenverband, die **Körperschaft**, ist nach geltendem Reichsrecht handlungsfähig, d. h. fähig, rechtlich relevante Willensbetätigungen vorzunehmen. Die Handlungsfähigkeit wird aber, von besonderen Bestimmungen abgesehen, nicht ausgedehnt auf das Gebiet der strafbaren Handlungen. **Societas delinquere non potest.** Immer können nur die einzelnen handelnden Vertreter, nicht aber der vertretene Gesamtkörper zur Verantwortung gezogen werden. Die nach den strafrechtlichen Nebengesetzen des Reiches auch den Körperschaften vielfach auferlegte aushilfsweise Haftung für die zunächst den

---

[1]) Ebenso *Bünger* Z **6** 321, *Frank* Z **10** 204, *Mayer* 113, *Zitelmann* Irrtum und Rechtsgeschäft 1879 S. 136. Die herrschende Ansicht bezieht das Wollen gerade auf den Erfolg. Vgl. dazu auch *Bierling* 102. Umgekehrt ist nach *Radbruch* auch die Willensbetätigung zwar durch den Willen verursacht, aber nicht gewollt. — Daß einzelne Glieder des Verhaltens infolge wiederholter Übung automatisch vollzogen werden, nimmt dem Verhalten als Ganzem nicht die Eigenschaft der Willkürlichkeit.

[2]) Dagegen sind **Tierstrafen** und **Tierprozesse** nicht nur den älteren Rechten, sondern auch noch dem 13. bis 18. Jahrhundert bekannt. Zum Teil spielen religiöse Vorstellungen mit herein; zum Teil soll in besonderem Verfahren der Tatbestand der durch das Tier bewirkten Beschädigung festgestellt werden, um daran die Haftung des Eigentümers zu knüpfen; zum Teil handelt es sich um kirchliche Beschwörung des bösen Zaubers. Nicht mehr als Strafe erscheint die Tötung des (zu Bestialität usw.) mißbrauchten Tieres, um das Andenken an die Tat zu vernichten (ebenso *Schaffstein* 45/6); vereinzelte Fälle sind hier (so in Frankreich und Ungarn) noch für das 19. Jahrhundert nachgewiesen. Von denselben Grundgedanken aus ist auch die Verfolgung lebloser Gegenstände denkbar und geschichtlich beglaubigt. Vgl. dazu *Günther* **1** 25 Note 12. *Derselbe* Z **16** 445. *v. Amira* Tierstrafen und Tierprozesse 1891. *Brunner-v. Schwerin* Rechtsgeschichte **2** 730. *Evans* Criminal prosecution of animals 1906. *v. Hippel* II 120.

Schuldigen treffende Geldstrafe (unten § 56) ist keine Strafe[3]), wenn sie auch in ihren Wirkungen einer solchen durchaus gleichkommt. Es ist jedoch daran festzuhalten, daß die Anerkennung des Körperschaftsverbrechens, soweit die Handlungsfähigkeit der Körperschaft reicht, und daß die Bestrafung der Körperschaft, soweit sie selbständige Trägerin von Rechtsgütern ist, als ebenso möglich wie zweckmäßig erscheinen[4]).

---

[3]) Vgl. unten § 56 Note 12.

[4]) Über den Weg des Verwaltungsstrafrechts scheint die Verbrechensfähigkeit der juristischen Personen ihre Anerkennung finden zu sollen. Ansätze dazu im jüngsten Steuerstrafrecht, so in RAbgO § 393 in freilich noch recht zaghafter Ausprägung. Vgl. dazu *Rode* DStrafr. Z **9** 348, der aber mit Unrecht in § 393 a. a. O. keinerlei Anerkennung der Deliktsfähigkeit juristischer Personen sehen will. Gegen *Rode* die Motive zur Reichsabgabenordnung und die herrschende Meinung (vgl. *Cattien* Reichssteuerstrafrecht 1929, Erläuterungen zu § 357), namentlich R **61** 92 (94ff.); gegen ihn aber auch § 1 der Strafregister-VO vom 8. März 1926 (unten § 78a), wonach Verurteilungen juristischer Personen auf Grund des § 393 RAbgO ins Strafregister einzutragen sind. — Die richtige Auffassung (die in dem völkerrechtlichen Delikt, dessen Subjekt nur der Staat sein kann, unbestrittene Anerkennung gefunden hat) ist seit *Bartolus* gemeine Meinung der strafrechtlichen Wissenschaft (vgl. aber schon Bayern 1751). Erst gegen Ende des 18. Jahrhunderts gewinnt, unter romanisierendem Einfluß (*v. Savigny*), die entgegengesetzte Ansicht das Übergewicht, bei den Lehrern des Strafrechts seit *Feuerbach* für lange Zeit die ausschließliche Herrschaft (s. dazu *Schaffstein* 46—48). Doch findet seit *Gierkes* Genossenschaftsrecht die richtige Auffassung wieder wachsenden Anklang. Von den Kriminalisten vertritt sie neuerdings, von *Gierke* wesentlich bestimmt, *Hafter* in seiner Schrift von 1903; im Lehrbuch § 14 hat er jedoch seine Ansicht widerrufen. Vgl. auch *Bierling* 225, *Byloff* (Lit. zu § 135) 84, *Esch, Mayer* 96, *Merkel-Liepmann*. Abweichend die herrschende Meinung. Vgl. *v. Hippel* II 125. *Goldschmidt* (Mitteilungen **12** 239) beschränkt das Körperschaftsdelikt auf das Gebiet des Verwaltungsrechts. *Marcuse* schließt sich ihm in seiner methodisch interessanten Studie insofern an, als er die Verbrechensfähigkeit der juristischen Personen für das Justizstrafrecht de lege lata (mit Recht) und de lege ferenda (mit Unrecht) verneint und die Bestrafung der juristischen Personen dem Verwaltungsstrafrecht vorbehalten will. Interessant ist in diesem Zusammenhang die Mitteilung von *Hafter* 66, daß das schweizerische Bundesgericht eine Bestrafung juristischer Personen auf dem Gebiete des Polizei- und Verwaltungsrechts kennt. Zur Auffassung *Goldschmidts* vgl. auch *Pollack* (Lit. zu § 199) 78. — Die Ansicht des Textes stützt sich nicht auf mystische Vorstellungen, sondern auf Tatsachen des Lebens. Das Körperschaftsverbrechen ist rechtlich möglich. Denn einerseits sind die Voraussetzungen für die Handlungsfähigkeit der Körperschaft auf dem Gebiete des Strafrechts grundsätzlich keine anderen als auf jenem des Zivilrechts oder (was regelmäßig übersehen wird) auf dem des öffentlichen Rechts; wer Verträge schließen kann, der kann auch betrügerische oder wucherische Verträge schließen oder die geschlossenen Verträge (StGB § 329!) nicht halten. Andererseits ist die Körperschaft Trägerin von Rechtsgütern (Vermögensrechten, Wahlrecht, Dasein, Ehrenrechten), die strafweise geschmälert oder vernichtet werden können (z. B. Entziehung des Notenprivilegs nach § 23 des Reichs-PrivatnotenbankG vom 30. August 1924). Und seine Anerkennung ist empfehlenswert. Denn einerseits gewinnt die Handlung, hinter der nicht ein einzelner, sondern die Körperschaft steht, andere und erhöhte Bedeutung; andererseits widerspricht es ebensosehr der Gerechtigkeit wie der Kriminalpolitik, den Schuldigen straf-

II. Der Wille muß der Außenwelt gegenüber betätigt sein. Der Begriff der Handlung erfordert mithin den Eintritt einer (wenn auch nur vorübergehenden) **Veränderung in der sozialen Außenwelt,** also an Menschen (wenn auch nur in ihrem Seelenleben) oder Sachen oder Zuständen. Diese Veränderung nennen wir **Erfolg**[5]). Da jede Veränderung in der Außenwelt weitere Veränderungen mit sich bringt, haben wir näheren und entfernteren Erfolg zu unterscheiden. Was aus dieser Serie von Veränderungen **strafrechtlich** als **Erfolg** (im technischen Sinne) bei den einzelnen Delikten anzusehen ist, entnehmen wir den gesetzlichen **Tatbeständen**[6]). In ihnen finden wir denjenigen Erfolg, der für die strafrechtliche Synthese in Betracht kommt, weil an seinen Eintritt der Gesetzgeber die Strafdrohung geknüpft hat. Für den strafrechtlichen Begriff der Tötung ist daher nur die Verursachung des Todes von Bedeutung, nicht aber die ihm vorangehende Verwundung oder die weitere für das Privatrecht ausschlaggebende vermögensrechtliche Folge. Ebenso kommt für den strafrechtlichen Begriff des Meineides (§ 153 RStGB) nur das „falsche Schwören" in Betracht, nicht etwa die Folge, die dieses auf die Ansicht des Gerichts und somit auf das Schicksal der Prozeßsache ausübt.

Aus dem Gesagten ergibt sich, daß zu jedem Verbrechen ein Erfolg erforderlich ist. Es ist also unrichtig, innerhalb des kriminellen Unrechts zwischen „Erfolgsdelikten" und reinen, einen Erfolg nicht voraussetzenden „Tätigkeitsdelikten" zu unterscheiden[7]).

III. Die Ausführungen unter II enthalten zugleich den Schlüssel für das Verständnis des **Gefahrbegriffs.** Auch die Gefahr ist an sich ein Erfolg, ein in der Außenwelt eingetretener Zustand. Aber dieser Erfolg erhält seine Bedeutung nur durch seine Beziehung auf einen

---

frei zu lassen, das Organ fremden Willens aber mit der ausschließlichen Verantwortlichkeit zu belegen.

[5]) Es ist ein rein terminologischer Streit, wenn *Binding, Bünger, ME. Mayer* (aber nicht mehr im Lehrbuch), *Zimmerl* Aufbau (Lit. zu § 26) 45/46, *Zitelmann* den Erfolg aus dem Handlungsbegriff ausscheiden und der „Handlung" die den Erfolg mitumfassende „Tat" gegenüberstellen wollen. *Bierling* 3 22 zieht die Fassung „Einwirkung auf die Außenwelt" der hier gewählten vor. Zu beachten ist, daß die Innenwelt meiner Mitmenschen zu meiner Außenwelt gehört. Abweichend offenbar *Kern* (Lit. zu § 175) 23. *Zimmerl* 51 und *Erik Wolf* (Lit. zu § 32) 15 Note 2 haben der vor. Aufl. gegenüber mit Recht gerügt, daß dort die Veränderung in der Außenwelt als durchweg „sinnlich wahrnehmbar" bezeichnet wurde. Der Text ist jetzt entsprechend geändert.

[6]) Durchaus zustimmend *Mezger* 96; vgl. insbes. auch Note 15 daselbst.

[7]) Übereinstimmend *ME. Mayer* 119, *Mezger* 95—98. Dagegen freilich noch immer die herrschende Lehre. Vgl. insbes. *Frank* § 1 II 1, *v. Hippel* II 130ff. Zu beachten aber ist, daß der Meinungsstreit vielfach nur auf eine Beschränkung des Erfolgsbegriffs auf das in einzelnen Tatbeständen von der Willensbetätigung räumlich-zeitlich getrennte Ergebnis derselben, den von *Mezger* treffend so genannten „Außenerfolg", zurückzuführen ist.

anderen, von uns ins Auge gefaßten, nicht eingetretenen, uns unerwünschten Zustand. So können wir sagen: Gefahr ist der Zustand, in dem, unter den gegebenen und im Augenblicke der Willensbetätigung allgemein erkennbaren oder auch nur dem Täter bekannten Umständen, die nahe Möglichkeit (Wahrscheinlichkeit) gegeben ist, daß der Eintritt der Verletzung erfolgen werde. Gar manche Tatbestände beruhen auf dem Begriff der Gefahr; so die Aussetzung und der Zweikampf als Gefährdung des Lebens, das Glücksspiel als Gefährdung des Vermögens; die Kreditgefährdung, die Gefährdung des öffentlichen Friedens; die gemeingefährlichen Verbrechen, wie Brandstiftung, Überschwemmung und andere. Auch die Eigenart des strafbaren Versuches ist mit dem Begriffe der Gefahr gekennzeichnet. Die Gefahr des Eintrittes des Verletzungserfolges ist ausgeschlossen, falls sein Eintritt durch Umstände abgewendet werden kann, deren Herbeiführung der Täter entweder in seiner Hand hat und zugleich beabsichtigt oder deren Verwirklichung der Täter mit Bestimmtheit erwarten kann[8]).

IV. Zu diesen beiden Bestandteilen des Handlungsbegriffes muß ein weiteres Merkmal hinzutreten, das die Teile zum Ganzen verbindet: **die Beziehung des Erfolges auf die Willensbetätigung.**

1. Diese Beziehung ist objektiv gegeben, wenn der Erfolg durch die Willensbetätigung verursacht worden ist; wenn also zwischen dieser und jenem Kausalzusammenhang besteht (unten §§ 29 und 30).

2. Sie ist subjektiv gegeben, wenn der Täter bei der Willensbetätigung den Erfolg vorausgesehen hat oder doch hätte voraussehen können. Hier knüpfen die psychologischen Elemente der Begriffe Vorsatz und Fahrlässigkeit (als Schuldarten) an (unten § 39ff.)[9]).

---

[8]) Vgl. unten § 45 (untauglicher Versuch). Mit dem Text im wesentlichen übereinstimmend R. wiederholt, z. B. **14** 135, **30** 179, **31** 180, sowie überhaupt die gem. Meinung, insbes. *Mezger* 129. Ebenso *Frank* § 1 II, der einen „abnormen Zustand" und „sachkundiges Urteil" verlangt. *Mezgers* (Lit. zu § 26) 37 Einwand, daß es sich beim Gefahrbegriff um „kognitive Wahrscheinlichkeit des Eintritts eines bestimmten schädlichen Ereignisses" handele, daß also die Beimischung eines „normativen" Elementes unstatthaft sei, begegnet *Frank* mit der Gleichsetzung von „normal" und „regelmäßig". *Mezgers* Auffassung deckt sich danach mit der *Franks* wie auch mit der des Textes. Dasselbe hat jetzt von *Finger* (Festg. f. *Frank*) und von *v. Hippel* II 147ff. zu gelten. Dagegen wird der Begriff einer objektiven Gefahr völlig geleugnet von *v. Buri* GS **40** 503, **44** 321 (vgl. *v. Hippel* II 147), *Lammasch, Thon* (in den zu §§ 28 und 29 angeführten Schriften).

[9]) Die Trennung der Begriffe Verursachung und Verschuldung entspricht der schon von *Luden* (1840) begründeten gem. Meinung. Abweichend, wie früher *Glaser, v. Bar, Merkel,* jetzt die Vertreter der „adäquaten Verursachung" (unten § 29 VII 4) bis auf *Rümelin* und *Träger*; auch (sehr scharf) *Bierling* **3** 69. Vgl. *ME. Mayer* 220, *Radbruch* 107.

V. Die Frage nach **Ort** und **Zeit** der begangenen Handlung taucht auf, sobald Willensbetätigung und Erfolg, Ursache und Wirkung, örtlich und zeitlich auseinanderfallen. Ein Beispiel für diese „**Distanzverbrechen**" bietet der Fall, daß A den in Berlin lebenden B durch einen in München geschriebenen und von hier nach Berlin geschickten Brief beleidigt. Die Frage wird von besonderer Wichtigkeit, wenn die Willensbetätigung im Inlande vorgenommen, der Erfolg aber im Auslande eingetreten ist oder umgekehrt; sowie, wenn in der Zeit zwischen der Willensbetätigung und dem Eintritt des Erfolges eine Änderung der Strafgesetzgebung stattgefunden hat. Sie spielt auch im Strafprozeß für den „Gerichtsstand der begangenen Tat" eine wichtige Rolle und kehrt im Privatrecht und im Zivilprozeß wieder.

Die Antwort auf diese überaus bestrittene, im Gesetz nicht gelöste Frage ergibt sich aus dem in diesem Lehrbuch von jeher vertretenen Allgemeinbegriff der Handlung (oben I). Da das Verbrechen Handlung ist, Handlung aber Willensbetätigung und Erfolg umfaßt, so ist das Verbrechen überall dort Wirklichkeit geworden („begangen" worden), wo Willensbetätigung oder Erfolg eingetreten sind. Aus dem gleichen Grunde und in gleicher Weise ist für die Frage nach der Begehungszeit sowohl die Willensbetätigung wie auch der Erfolg maßgeblich[10]).

[10]) Drei Hauptansichten stehen einander gegenüber. **1.** In den früheren Auflagen dieses Buches vertrat *v. Liszt* die sog. Tätigkeits- oder Aufenthaltstheorie (der Standort des Täters entscheidet, da er hier seinen Willen betätigt). Für diese Theorie vor allem *Kitzinger*; ferner *Allfeld* 118; *v. Bar* Gesetz **1** 142; *Beling* Z **17** 315, Grundzüge 104; *Bierling*; *Finger* **1** 327; *Frank* § 3 IV; *Gerland* 95; *Hälschner* **1** 152; *Merkel-Liepmann* 351; *Seuffert* StG **1** 17; die meisten Vertreter des internationalen Privatrechts. **2.** Den Erfolg oder doch den nächsten Zwischenerfolg lassen entscheiden: *Häberlin* GA **25** 432; *Neumeyer* Strafbarer Bankerott 1891 S. 157 (vgl. aber Z **17** 291). Bei tödlicher Verwundung ist mithin diese und nicht der eingetretene Tod maßgebend; „Theorie der langen Hand" oder „der Zwischenwirkung". — **3.** Die Rechtsprechung erklärt zumeist, wenn auch mit Beschränkung auf den Begehungsort, beide Teile der Handlung als gleichberechtigt, steht also in Übereinstimmung mit dem Text auf dem Boden der von *v. Hippel* Z **37** 13 so genannten „Einheitstheorie". So R **23** 155, **48** 138, **57** 145. Ebenso auch RMilG **18** 189, **21** 54; R **57** 193 operiert mit einem falsch verstandenen Begriff der „Handlung" und läßt sich daher in einer Entscheidung über die Bedeutung der Begehungszeit zu der unter 1. bezeichneten Tätigkeitstheorie „drängen" (wie *Frank* § 3 IV 3 richtig sagt). Die Einheitstheorie vertreten ferner *Binding* **1** 416, *Hegler* (Lit. zu § 21) 47, *v. Hippel* Z **37** 13ff. (bezüglich des Ortes, nicht auch bez. der Zeit der Tat), *v. Hippel* II 174ff., *Mezger* 153ff. (ebenfalls nur für den Ort der Tat), *Kohler* (Lit. zu § 21) 110, *v. Lilienthal* Festgabe 270, *Lobe* Lpz. Komm. § 3 Note 9, *Schwartz* § 3 Note 6 (der die „Wirkungen", nicht aber den „Erfolg" zur Tätigkeit rechnet, formell also die erste Ansicht vertritt), *Wach* **1** 465, *Wachenfeld* 99, *Wegner* (Lit. zu § 21) 141; von den Zivilprozessualisten *Hellwig*, *Schmidt*, *Stein* u. a. — Zu beachten ist, daß mit dem Problem „Zeit der Handlung" nichts zu tun hat die Frage, in welchem Moment Schuld gegeben sein muß (abweichend *Mezger* 151). Diese letztere Frage enthält überhaupt gar kein

Die folgerichtige Durchführung dieses Satzes ergibt:

1. Bei den (echten oder unechten) Unterlassungsdelikten entscheidet Zeit und Ort, wann und wo das unterlassene Tun vorzunehmen war, und Zeit und Ort, wann und wo der Erfolg eingetreten ist, der durch dieses Tun verhindert worden wäre.

2. Für jeden der Teilnehmer an einer strafbaren Handlung ist einerseits Zeit und Ort seiner Willensbetätigung maßgebend, andererseits aber zugleich auch Zeit und Ort des typischen Teilnahmeerfolges[11]).

3. Entsprechend entscheidet bei Begehung der Tat durch einen anderen, mag dieser unzurechnungsfähig oder getäuscht oder gezwungen sein, Ort und Zeit der von diesem vorgenommenen „Handlung", zugleich aber auch Zeit und Ort der auf ihn ausgeübten Beeinflussung seitens des bestimmenden Hintermannes[12]).

4. Da die Eigenart der Versuchshandlung in der Setzung einer Ausführungshandlung besteht, ist die Tat dort und dann begangen, wo diese Ausführungshandlung Wirklichkeit geworden ist[13]).

5. Eine als juristische Einheit zu betrachtende Handlungsreihe, z. B. das fortgesetzte oder fortdauernde Verbrechen (unten § 53), darf auch in bezug auf unsere Frage nicht in ihre unselbständigen Teile auseinandergerissen werden. Es ist überall dort begangen, wo ein solcher Teil gesetzt worden ist, und während der ganzen Dauer der Handlungsreihe. Ein dadurch veranlaßter Zwiespalt zwischen fremdem und einheimischem Rechte ist zugunsten des letzteren, zwischen späterem und früherem Rechte zugunsten des milderen zu entscheiden (die mehreren Gerichtsstände sind gleichberechtigt)[14]).

Problem, wie die Ausführungen über die Schuld zeigen werden. Zu beachten ist ferner, daß es dem Gesetzgeber frei steht, in einzelnen Beziehungen von dem im Text entwickelten Rechtssatz abzuweichen, also für einzelne zeitliche oder auch örtliche Beziehungen nur die Willensbetätigung oder nur den Erfolg maßgebend sein zu lassen, so etwa für den Beginn der nach § 67 Abs. 4 laufenden Frist. *Frank* ist durchaus darin zuzustimmen, daß man dem Problem „Ort und Zeit der Begehung" „auf rein logischem Wege überhaupt nicht beikommen kann", daß man also die rechtlich am meisten befriedigende Entscheidung für die richtige erklären muß. Ob es aber konsequent ist, wenn *Frank* von diesem Standpunkt aus zur Tätigkeitstheorie kommt, scheint um so zweifelhafter, als *Frank* selbst erklären muß, daß sie praktisch nicht ganz befriedige. *Frank* gab daran noch in der 17. Aufl. dem Territorialitätsprinzip Schuld. Aber warum dieses belasten, wenn man mit Hilfe der Einheitstheorie die angeblich aus dem Territorialitätsprinzip sich ergebenden unerfreulichen Konsequenzen vermeiden kann? Die von *Frank* in der 18. Aufl. (S. 30) nunmehr gegen die Einheitstheorie erhobenen völkerrechtl. Bedenken sind kaum stichhaltig. — Die interessante Schrift von *Heymann* will die Rechtswidrigkeit nach dem Ort des Erfolges, die Schuld nach dem Ort des Aufenthalts beurteilt wissen. Bei Widerspruch beider Rechte findet das mildere Gesetz Anwendung. Dieser letzte, nicht beweisbare Satz weist auf die Willkürlichkeit des Lösungsversuches hin. — E 1930 § 8 sanktioniert wie seine Vorgänger die Einheitstheorie bezüglich des Begehungsortes; hinsichtlich der Begehungszeit wird die Tätigkeitstheorie anerkannt.

[11]) Ebenso *Lobe* Lpz. Komm. § 3 Note 12, *Wegner* (Lit. zu § 21) 142, auch *Mezger* 160, der Note 29 den Text mißversteht. Teilweise abweichend R **25** 424 (unter Überspannung der Bedeutung der Anstiftungsakzessorietät).

[12]) Ebenso *Allfeld* 118 Note 7, *Lobe* Lpz. Komm. § 3 Note 12.

[13]) Ebenso *Lobe* Lpz. Komm. § 3 Note 12, R **30** 98.

[14]) Ebenso *Allfeld* 119. Dagegen *Kitzinger* Ort und Zeit 233; VD **1** 213.

6. Für die durch den Inhalt einer Druckschrift begründeten Delikte (Preßdelikte) hat das G vom 13. Juni 1902 den Ort des Erscheinens grundsätzlich für maßgebend erklärt[15]).

§ 29. I. Das Tun.

Literatur. *v. Bar* Die Lehre vom Kausalzusammenhange 1871. *Derselbe* Gesetz **2** 161—243. *v. Buri*, insb.: Kausalität 1873; Die Kausalität und ihre strafrechtlichen Beziehungen 1885. *Binding* Normen **2** 470. *Birkmeyer* Über Ursachenbegriff und Kausalzusammenhang im Strafrecht 1885 (GS **37** 257). *Merkel* 95. *Merkel-Liepmann* §§ 34—37. *Kohler* **1** 83. *Thon* Über den Begriff der Verursachung. Festrede 1894 (Blätter für Rechtspflege in Thüringen **42** 1). *Thyrén* Abhandlungen **1**. Bemerkungen zu den kriminalistischen Kausalitätstheorien 1894. *v. Brünneck* Die herrschende Kausalitätstheorie usw. Hallische Diss. 1897. *ME. Mayer* Der Kausalzusammenhang usw. 1899; dazu *Kohlrausch* Z **23** 291. *M. Rümelin* Die Verwendung der Kausalbegriffe im Straf- und Zivilrecht 1900. *Hartmann* Das Kausalproblem im Strafrecht (Strafr. Abh. Heft 27) 1900. *Radbruch* Die Lehre von der adäquaten Verursachung 1902 (Berliner Seminar-Abhdlgn. **1** 3). *Genzmer* Der Begriff des Wirkens 1903 (Berliner Seminar-Abhdlgn. **2** 1). *v. Rohland* Die Kausallehre des Strafrechts 1903. *Träger* Der Kausalbegriff im Straf- und Zivilrecht 1904. *Graf zu Dohna* bei *Aschaffenburg* **2** 425. *Litten* Die Ersatzpflicht des Tierhalters 1905. *Derselbe* KVS **47** 1 (gegen *Träger*). *Wiechowski* Die Unterbrechung des Kausalzusammenhanges (Strafr. Abh. Heft 55) 1904. *Kriegsmann* GS **68** 134. *Liepmann* GA **52** 326. *Zeiler* Z **27** 493. *Krückmann* in *Iherings* Jahrbüchern **55** 1. *Derselbe* Z **37** 353. *Kollmann* Die Bedeutung der metaphysischen Kausaltheorie für die Strafrechtswissenschaft (Strafr. Abh. Heft 84) 1908. *Bierling* (Lit. zu § 28) **3** 31. *Kück* Die Lehre vom Kausalzusammenhang im ausländischen Strafrecht (Strafr. Abh. Heft 137) 1911. *Pomp* Die sog. Unterbrechung des Kausalzusammenhanges (Strafr. Abh. Heft 134) 1911. *Müller* Die Bedeutung des Kausalzusammenhanges im Straf- und Schadenersatzrecht 1912. *Tarnowski* Die systematische Bedeutung der adäquaten Kausalitätstheorie für den Aufbau des Verbrechensbegriffs (Abhandl. des Berliner Kriminalist. Inst. 4. Folge **1** 2) 1927 (dazu *Grünhut* Z **50** 294). *Bürgi* Die Lehre von der adäquaten Verursachung und ihre Bedeutung in der schweizerischen Rechtsprechung (Abhdlg. z. schweiz. Recht N. F. Heft 28) 1927. *Honig* Kausalität und objektive Zurechnung (Festg. f. *Frank* I 174) 1930. *Elster* HdR III 517. *Welzel* Z **51** 703.

I. **Tun ist die mittels willkürlicher** (d. h. durch Vorstellungen motivierter) **Körperbewegung erfolgende Verursachung** (richtiger: **Veranlassung) eines Erfolges.**

II. Der Erfolg muß durch die Körperbewegung verursacht (veranlaßt) sein; Körperbewegung und Erfolg müssen in dem Verhältnisse von Ursache und Wirkung (im Kausalzusammenhange) stehen.

1. **Kausalzusammenhang** zwischen Körperbewegung und Erfolg liegt vor, wenn der Erfolg ohne die Körperbewegung nicht eingetreten wäre, wenn also die Körperbewegung nicht hinweg-

[15]) So schon *v. Liszt* Preßrecht § 41, Aufsätze **1** 64, **2** 299. Verhandlungen des 25. D. Juristentags 1900 (Gutachten von *Kronecker* und *v. Liszt*). Maßgebend ist die Grundauffassung, die das Wesen des Preßdeliktes in der rechtswidrigen öffentlichen Gedankenäußerung, seine eigenartige Erscheinungsform mithin in der Veröffentlichung (dem Erscheinenlassen) erblickt.

gedacht werden kann, ohne daß der Eintritt des eingetretenen Erfolges entfallen müßte (conditio sine qua non)[1]. Dabei kommt der Erfolg selbstverständlich nur in seiner konkreten Gestaltung in Frage. Nicht ob B ohne die Willensbestätigung des A überhaupt, sondern ob er an diesem Tage, auf diese Weise, unter diesen Begleitumständen gestorben wäre, ist von Bedeutung[2]. Ist diese Verknüpfung zwischen Körperbewegung und Erfolg gegeben, so nennen wir die Körperbewegung Ursache des Erfolges, den Erfolg Wirkung der Körperbewegung; d. h. wir wenden auf die Beziehung von Körperbewegung und Erfolg die Kategorie der Kausalität (als eine Form unseres Erkennens) an. Damit ist zugleich gesagt, daß für die strafrechtliche Betrachtung Verursachung und Veranlassung, Ursache und Bedingung zusammenfallen; genauer, daß die Veranlassung des Erfolges stets genügend, seine Verursachung (für die ja die Willensbetätigung für sich niemals ausreichen würde) nicht erforderlich ist. Die sämtlichen Bedingungen des Erfolges sind mithin für die Frage der Kausalität gleichbedeutend. Auch die Mitursache ist Ursache im Rechtssinn. Und der Begriff der Ursache wird durch das gleichzeitige oder nachfolgende Auftreten von Mitursachen nicht ausgeschlossen.

2. Es ist unbedingt daran festzuhalten, daß sich das „Kausalgesetz" nur auf die in Raum und Zeit vor sich gehenden Geschehnisse, nicht aber auf die logische Verknüpfung der Begriffe oder auf die sozialethische Wertung von Handlungen bezieht[3]; und es ist ferner scharf zu beachten, daß es sich bei der Kausalität um eine Denkform handelt, mit deren Hilfe wir faktische Gegebenheiten miteinander verknüpfen, ohne dabei irgendeine Aussage über die den Geschehnisablauf real bewirkenden Kräfte zu machen (vgl. dazu unten § 30 II). Aus dieser Auffassung der Kausalität folgt aber vor allem, daß Kausalproblem und Haftungsproblem aufs schärfste zu scheiden sind. Daher darf dem Kausalproblem im Strafrecht überhaupt keine übertriebene Bedeutung beigelegt werden. Die Kausalität ist nichts anderes als diejenige Denkform, mit deren Hilfe wir, von einer bestimmten Veränderung in der Außenwelt ausgehend, diejenige menschliche Willensbetätigung finden, die für eine strafrechtliche Wertung in Frage kommen kann. Mittels der Kategorie der Kausalität suchen wir also nur das Material oder Objekt für unsere strafrechtliche Untersuchung. Die Feststellung, daß eine menschliche

[1]) Völlig zustimmend *Mezger* 109—112, ferner vor allem, nach dem Vorgange *v. Buris*, R in zahlreichen Entscheidungen (vgl. dazu *Mezger* 113), insbesondere neuerdings R **61** 318, **63** 213, 214, **64** 316, 370. Auf diese außerordentlich wichtigen Entscheidungen ist in der Teilnahmelehre zurückzukommen. Vgl. im übrigen unten Note 9.

[2]) Über die Tragweite dieses Satzes, dem *Mezger* 114, 411/12, insbes. Note 2 daselbst, zustimmt, vgl. unten § 49 Note 5.

[3]) Diese (bewußte oder unbewußte) Vermengung findet sich in der Literatur nicht selten; so bei *Binding, Kohler, J. v. Kries, Liepmann, v. Rohland, Zitelmann* u. a. Zutreffend *Beling* Verbrechen 41, 207, Grundz. 36, 37, *Heinemann* (Lit. zu § 28) 31, *Landsberg* (Lit. zu § 30) 28, *Mayer, Mezger* 111, *Stooß* Lehrb. 100.

Willensbetätigung für einen (uns strafrechtlich nach Maßgabe eines Tatbestandes interessierenden) Erfolg kausal gewesen ist, enthält also noch keinerlei strafrechtliche Wertung eben dieser Willensbetätigung. Diese Wertung hat vielmehr nun erst einzusetzen, indem der Reihe nach untersucht wird, ob die Willensbetätigung die Begriffsmerkmale des Verbrechens aufweist, d. h. ob sie tatbestandsmäßig-rechtswidrig ist und ob den Täter ihretwegen ein strafrechtlicher Schuldvorwurf trifft. Der hier vertretenen Kausallehre gegenüber ist also jedenfalls der von *Mezger*[4]) gegenüber der „herrschenden Lehre" erhobene Vorwurf unberechtigt, daß sie in jeder Erfolgsbedingung schon auch eine haftungsbegründende Ursache sehe. Mit *Mezger*[5]) wird vielmehr der Standpunkt eingenommen, daß die Kausalitätsvorstellung „nichts spezifisch Juristisches" enthalte, daß also „aus der kausalen Gleichwertigkeit aller Glieder einer Ursachenreihe nicht ihre juristische Wertgleichheit" folge.

Mit Rücksicht auf die Notwendigkeit, die für den Erfolg kausale Willensbetätigung unter dreifachem Gesichtspunkte (Tatbestandsmäßigkeit, Rechtswidrigkeit, Schuld) zu werten, um die Frage der strafrechtlichen Haftung zu klären, besteht im Strafrecht keinerlei Veranlassung, schon bei der Frage nach der Kausalität irgendwie an Haftungsbeschränkungen zu denken. Insofern die unten zu VII 4 besprochenen Theorien dies erstreben, befinden sie sich auf einem methodischen Irrweg. Dagegen ist vom Standpunkt der hier vertretenen Kausalauffassung nichts gegen die Bemühungen einzuwenden, im Bereiche der strafrechtlichen Wertung einen allgemeinen Wertgesichtspunkt aufzuzeigen, mit dessen Hilfe — unabhängig von der Schuldfrage und von ihrer Erörterung — die Relevanz eines festgestellten Kausalzusammenhanges für die strafrechtlich-wertende Betrachtung ermittelt werden kann. Erfolg haben sie bisher nicht gehabt. *Mezger* sieht in dem Gedanken der Adäquanz (unten VII 4), die er (124) als „wesentlichen Bestandteil der strafrechtlichen Tatbestandsmäßigkeit" bezeichnet, den für die Relevanz des Kausalzusammenhanges maßgebenden Gedanken. *Honig* (Festgabe für *Frank II* 181ff.) sucht dafür den Gedanken der „objektiven Zurechnung" nutzbar zu machen, indem er nur die Herbeiführung desjenigen Erfolges strafrechtlicher Wertung zugänglich machen will, „welcher als zweckhaft gesetzt gedacht werden kann" (184). Gegen den Gedanken der Adäquanz aber spricht die große Unsicherheit seiner näheren Bestimmung (unten VII); *Honigs* Begriff der „objektiven Zurechnung" wird durch das in diesem Lehrbuch seit jeher scharf betonte Erfordernis „willkürlichen" Verhaltens überflüssig gemacht (vgl. *Honig* selbst S. 187, 188). Ähnliches dürfte gegen *Welzel* gelten. Selbstverständlich kann die Auslegung eines einzelnen strafrechtlichen Tatbestandes ergeben, daß „völlig inadäquate Kausalzusammenhänge" „eine tatbestandsmäßige Haftung" zu begründen nicht in der Lage sein sollen (*Mezger* 124). Das Nähere in dieser Beziehung gehört in die Lehren des Besonderen Teils. Vgl. *van Calker* 26/27.

3. Auch für das Zivilrecht sollte das oben Gesagte gelten, also Kausal- und Haftungsproblem getrennt werden; denn selbstverständlich gilt die Verschiedenartigkeit einer kausal erklärenden Betrachtungsweise gegenüber einer wertenden für jede Rechtsdisziplin ohne Ausnahme. Aber ebenso selbstverständlich darf auch im Zivilrecht eine Erfolgsbedingung nicht ohne weiteres als haftungsbegründend angesprochen werden. Da nun das Zivilrecht keine „Tatbestände" in der im Strafrecht üblichen Form (vgl. z. B. §§ 823, 826 BGB)

---

[4]) *Mezger* 112. Vgl. namentlich auch *Honig*, Festg. f. *Frank* II 178.

[5]) *Mezger* 120 Note 36, 122. Vgl. dazu unten § 49 Note 1 und *Eb. Schmidt*, Festg. f. *Frank* II 115.

bietet, da es überdies als Haftungsvoraussetzung nicht immer Verschulden, ja mitunter nicht einmal Rechtswidrigkeit erfordert, so ist in der Tat das unabweisbare Bedürfnis gegeben, jeder zivilrechtlichen Wertung eine Haftungsbeschränkung vorzuschalten in dem Sinne, daß nur bestimmt ausgewählte Schadensverursachungen für eine zivilrechtliche Wertung in Frage kommen können. Diese Haftungsbeschränkung wird im Zivilrecht mit dem Adäquanzgedanken zu erreichen gesucht. In diesem Sinne sprechen *Enneccerus-Lehmann* Recht der Schuldverhältnisse (11. Bearb., 1930) S. 45, freilich inkorrekt, von „haftungsbegründender Kausalität", von einem „juristischen Kausalbegriff"; in Wirklichkeit handelt es sich darum, nach festgestellter Kausalität und unabhängig von ihr die Frage zu beantworten, ob das Verhalten des Haftbarzumachenden nach allgemeiner Lebenserfahrung ein solches ist, daß es Sinn haben kann, aus ihm eine Schadenshaftung herzuleiten. Gegenüber einem Verhalten, aus dem nur auf ganz ungewöhnlichem Wege ein Schaden sich entwickelt hat, pflegt das nicht der Fall zu sein. Aus dem Vorstehenden erklärt es sich, daß die Strafsenate des R die Bedingungstheorie, die Zivilsenate die Adäquanztheorie anwenden.

III. Aus den Ausführungen unter II ergeben sich unmittelbar zwei Folgesätze von größter praktischer Tragweite.

1. Der Erfolg ist auf die Körperbewegung als seine Ursache auch dann zurückzuführen, wenn er ohne die besonderen Umstände, unter denen die Handlung begangen wurde oder die zu dieser hinzugetreten sind, sich nicht ereignet hätte. Die Verwundung ist Ursache des Todes, auch wenn dieser ohne die Körperschwäche des Verletzten nicht eingetreten wäre, oder wenn der Spitalbrand zu der an sich nicht tödlichen Verletzung hinzugekommen ist. Die Körperbewegung braucht mithin nicht die notwendige, für sich allein ausreichende Ursache des Erfolges (z. B. absolute Tödlichkeit der Verletzung) gewesen zu sein.

2. Der Erfolg ist auf die Körperbewegung als seine Ursache auch dann zurückzuführen, wenn er ohne das gleichzeitige oder aufeinanderfolgende Zusammenwirken anderer menschlicher Handlungen nicht eingetreten wäre. Daher steht der Annahme des Kausalzusammenhanges die mitwirkende Fahrlässigkeit eines Dritten (etwa des Arztes) oder das unvorsichtige Verhalten des Verletzten selbst nicht im Wege (keine „Kulpakompensation" im Strafrecht!).

3. Dagegen ist der Kausalzusammenhang ausgeschlossen, wenn der Wegfall der Körperbewegung an dem Eintritt des Erfolges nichts geändert hätte. Dies gilt insbesondere dann, wenn der Erfolg, auf den die Willensbetätigung gerichtet war, durch eine neue, selbständige Kausalreihe herbeigeführt wurde. Wenn A den Schiffer B tödlich verletzt, dieser aber, ehe der Tod aus dieser Verletzung eintritt, ertrinkt, weil das Boot durch einen unerwarteten Windstoß zum Kentern gebracht wird: so fehlt der Kausalzusammenhang

zwischen der Willensbetätigung des A und dem eingetretenen Erfolg, und A könnte nur wegen versuchter Tötung verurteilt werden, sofern die dafür erforderlichen strafrechtlichen Voraussetzungen (oben II 2) vorliegen. Wenn dagegen die scheinbar neue Kausalreihe durch die erste Willensbetätigung hervorgerufen oder nur im Zusammenwirken mit der ersten Willensbetätigung den Erfolg herbeigeführt hat, so ist Kausalzusammenhang zwischen Willensbetätigung und Erfolg gegeben. Wenn der verwundete Schiffer eben durch die Verwundung außerstand gesetzt wurde, die Segel den wechselnden Windverhältnissen entsprechend zu handhaben, und dadurch das Kentern des Bootes bewirkt wurde, so hat A den Ertrinkungstod des B verursacht.

IV. Der zuletzt aufgestellte Satz (oben III 3) findet auch dann Anwendung, wenn die neue Kausalreihe durch die Willensbetätigung eines vom Täter verschiedenen Menschen eingeleitet wird. Kausalzusammenhang ist also anzunehmen, wenn diese neue Willensbetätigung ohne die erste nicht eingetreten wäre, also nur im Zusammenhang mit dieser den Erfolg herbeigeführt hat. Der Wildschütze A hat den Jäger durch einen Schuß tödlich verletzt und ihn im Walde liegen lassen; hier findet ihn der Wildschütze B, der den Jäger durch einen Messerstich ins Herz augenblicklich tötet. Da die Willensbetätigung des B, so wie sie tatsächlich vorgenommen worden ist, ohne die Willensbetätigung des A nicht vorgenommen worden wäre, ist der Tod des Jägers unmittelbar durch den B, mittelbar durch den A verursacht; bezüglich beider kann also die Frage nach der strafrechtlichen Wertung ihres Verhaltens unter dem Gesichtspunkt der Tötung aufgeworfen werden.

V. Dem Gesetzgeber steht es frei, die verschiedenen mit einem bestimmten Erfolg im Kausalzusammenhang stehenden Verhaltungsweisen mehrerer Verursacher verschieden zu werten. Was unter logisch-erkenntnistheoretischer (kausaler) Betrachtung gleichwertig ist, braucht es durchaus nicht unter normativer Betrachtung zu sein. So hat der Gesetzgeber unter den zu einem Erfolge gesetzten Bedingungen einen Wertunterschied gemacht zwischen täterschaftlicher Herbeiführung des Erfolges einerseits, Anstiftung und Beihilfe andererseits (§§ 48, 49 StGB). Man hat geglaubt, daß sich der Gesetzgeber hier über die Gesichtspunkte der Kausalität hinwegsetze und im täterschaftlichen Verhalten eine im Verhältnis zum Tun des Anstifters oder des Gehilfen neue und selbständige Kausalreihe sehe, daß er dagegen einen geschlossenen und durch das Verhalten des Täters gerade vermittelten Kausalzusammenhang zwischen der Willensbetätigung des Anstifters (oder des Gehilfen) und dem Erfolge nicht anerkenne. So kam man zu der methodisch wirren und demgemäß ganz falschen Betrachtungsweise, daß in diesen Fällen eine **Unterbrechung des Kausalzusammenhanges** vorliege. Ganz allgemein nahm man eine solche „Unterbrechung des Kausalzusammenhanges" überall da an, wo jemand in die von einem anderen angestoßene Kausalreihe frei und vorsätzlich eingreift, mag sich die Tat des „Haupttäters" als strafbare darstellen oder aber auch einem Strafgesetz nicht unterfallen (z. B. Selbstmord). Aber das Kausalproblem wird in diesen Fällen in Wahrheit gar nicht berührt; auch der Anstifter und Gehilfe müssen, wenn wir sie in concreto überhaupt als solche sollen werten können, den Erfolg mit verursacht haben. Diese Kausalität will der Gesetzgeber auch gewiß nicht leugnen; er will nur die Wertung eines Tuns unter dem Gesichtspunkt strafrechtlicher Täterschaft einengen und stellt demgemäß, wie wir mit *Frank* sagen können, Regreßverbote[6]) in dem Sinne auf, daß gewisse Ursachsetzungen nicht als täterschaftliche **gewertet** werden dürfen. Das Nähere gehört in die Lehre von der Täterschaft und Teilnahme. Wenn an dieser Stelle überhaupt auf diese Fragen eingegangen worden ist, so geschah es nur im Interesse methodischer Klärung gegenüber einer schwer auszurottenden begriffsverwirrenden Lehre[7]).

VI. Die Untersuchung der Frage, in welchem Falle Verursachung des Erfolges durch die Handlung angenommen werden könnte, reicht weit zurück. Während einerseits das römische Recht der Erörterung eine Reihe von freilich widersprechenden Quellenstellen darbot, suchte andererseits das deutsche Mittelalter durch Aufstellung fester äußerer Kennzeichen (so wurde z. B. Totschlag ausgeschlossen, wenn der Getötete inzwischen zu Markt und Kirchen gegangen war) den Knoten zu durchhauen.

In der gemeinrechtlichen Wissenschaft (bei *Carpzov*, *Leyser* und *Böhmer* wie bei *Feuerbach* und *Stübel*) wurde die Frage vielfach besprochen. Und zwar regelmäßig bei der Lehre vom Totschlag[8]). Zumeist bezeichnete man als Ur-

---

[6]) Vgl. *Frank* § 1 III 2a. Schon in der 25. Aufl. dieses Buches war aber von *Franks* Auffassung insofern abgewichen worden, als das Regreßverbot nicht, wie *v. Hippel* II 142 Note 1 irrig annimmt, auf die Feststellung des Kausalzusammenhanges, sondern lediglich auf die Möglichkeit täterschaftlicher Wertbeziehung bezogen worden war. In diesem Sinne ist das Regreßverbot keine „Fiktion", wie *v. Hippel* a. a. O. meint, sondern geltendes Recht gemäß §§ 48, 49 StGB. Dieser Auffassung des Regreßverbotes gegenüber greifen auch die Ausführungen in R **64** 318, 319 keineswegs durch, da auch in ihnen verkannt wird, daß das Regreßverbot nichts mit der Kausalität zu tun hat. Auch *Mezger* 125 hat den Unterschied in der Auffassung des Regreßverbots, der zwischen dem Text und *Frank* besteht, nicht genügend beachtet (auch nicht in Anm. 58 daselbst). — Vgl. zu der vorstehend entwickelten Ansicht *Eb. Schmidt*, Festg. f. *Frank* II 113/114.

[7]) In der wichtigen Entscheidung R **61** 318 hat das Reichsgericht mit dem Dogma von der Unterbrechung des Kausalzusammenhanges vollkommen gebrochen. (Vgl. dazu *Mezger* 114 sowie RG Festg. V 18, *Zeiler* Z **49** 235 (für R und gegen *Köhler* JW 1927, 2804)). Erneute Betonung dieser Stellungnahme in R **64** 316, 370. Nicht zu billigen *van Calker* 27.

[8]) Auf der Grundlage des Art. 147 CCC, den *Schaffstein* 49/50 zutreffend auffaßt. Vgl. im übrigen auch *Schaffstein* 51ff.

sache diejenige Bedingung, die den Erfolg mit Notwendigkeit nach sich zieht (dagegen *Stübel* Tatbestand 1805). Daher suchte man, ohne besonderen Gewinn, letalitas absoluta und relativa, in abstracto und concreto, per se und per accidens zu unterscheiden. Auch in die Gesetzgebung fand die Unterscheidung frühzeitig Eingang. Schon Preußen 1685 legte großes Gewicht auf sie, und eine Verordnung von 1717 gibt genaue Vorschriften. Auch die Mehrzahl der deutschen LandesStGBücher des 19. Jahrhunderts (von Bayern 1813 bis Österreich 1852) hielt es für notwendig, in einem besonderen Paragraphen zu betonen, daß es gleichgültig sei, ob durch rasche und zweckentsprechende Hilfe der Erfolg hätte verhindert werden können, „ingleichen ob die Verletzung nur wegen der eigentümlichen Leibesbeschaffenheit des Getöteten oder wegen der zufälligen Umstände, unter welchen sie zugefügt wurde, den tödlichen Erfolg gehabt hat" (vgl. Preußen § 185). Erst die neueste Gesetzgebung hat auf derartige ebenso überflüssige wie irreleitende Bestimmungen Verzicht geleistet, freilich ohne dadurch den Streitfragen ein Ende zu bereiten.

VII. Nach vier verschiedenen Richtungen hin nimmt die oben vorgetragene Ansicht in dem wissenschaftlichen Streite Stellung[9]).

1. Wir gebrauchen den Begriff der Ursache nicht in jenem strengen philosophischen Sinne, nach welchem Ursache jenen Zustand bedeutet, auf den ein anderer Zustand mit unbedingter Notwendigkeit und strenger Allgemeinheit folgt. Denn in diesem Sinne (Ursache gleich Inbegriff aller Bedingungen des Erfolges) kann die Willensbetätigung überhaupt nicht Ursache sein; ausnahmslos ist ihre Wirksamkeit in bezug auf den Erfolg bedingt durch die Mitwirkung einer ganzen Reihe von anderen Umständen, die ebenfalls nicht hinweggedacht werden können, ohne daß der Lauf der Dinge als verändert sich darstellte. Nur in jener beschränkten Bedeutung können wir sie als Ursache eines Erfolges bezeichnen, in welcher Ursache nicht mehr sein will als eine der in ihrer Gesamtheit notwendigen Bedingungen des Erfolges.

2. Wir leugnen, gestützt auf die Auffassung der Kausalität als einer Form unseres Erkennens, die reale Kraft einer, von den Bedingungen verschiedenen, den Erfolg erzeugenden Ursache (die causa efficiens im Gegensatze zur conditio sine qua non). Der damit abgelehnte metaphysische Begriff des Wirkens wird vertreten von *Heilborn* (Lit. zu § 50) 42, *Kohler, Kraus* (Lit. zu § 30), *v. Rohland, Wachenfeld* 90 (Ursache die Bedingung, die der kausalen Kette

---

[9]) Die Strafsenate des Reichsgerichts und das Reichsmilitärgericht (8 274, 13 36, 215) teilen (wie das Reichsversicherungsamt) durchaus die im Text vertretene Auffassung. Vgl. dazu oben Note 1. Ausführlich über R jetzt *Mezger* 113—116. Schon *Köstlin, Berner, Hälschner* hatten die Gleichwertigkeit aller Bedingungen für den eingetretenen Erfolg betont. Daran knüpfte *v. Buri* 1860 den Satz, daß jede Mitwirksamkeit den Erfolg verursacht. Diese von *v. Buri* in einer Reihe von Schriften, vor allem gegen *v. Bar* (1871), begründete Ansicht (Bedingungs- oder Äquivalenztheorie) wird insbes. vertreten von *van Calker* 26 (mit der 2. Ausnahme von *Frank*), *Finger* 1 275, *Frank* § 1 III (mit zwei Einschränkungen: 1. bei psychisch vermittelter Kausalität, die nur als Teilnahme strafbar ist; 2. bei den Erfolgsdelikten, die adäquate Verursachung verlangen), *Hälschner* 1 227, *Kipp* (Lit. zu § 47), *Mezger, Müller, Landsberg* (Lit. zu § 30) 41, *v. Lilienthal* 21, *P. Merkel* Grundriß 48ff. (ebenfalls mit der 2. Ausnahme *Franks* S. 58), *Radbruch, Schwartz* § 59 Note 4, *Stooß*; im Ergebnis auch *Thyrén*. Unter ihren privatrechtlichen Anhängern sind *Cosack* Lehrbuch 4. Aufl. 1 328 und *Schollmeyer* Kommentar S. 38 zu nennen. *Mayer* 140 hält diese Theorie gerade deshalb für richtig, weil sie gar keine Kausalitätstheorie sei. Zur Auffassung *Franks* vgl. *Eb. Schmidt* in Festg. f. *Frank* II 109ff.

die entscheidende Richtung gegeben hat; Gegensatz: die „Werdebedingungen"), u. a. Dagegen treffend *Genzmer*. *ME. Mayer* hat diese Ansicht früher (1899) vertreten, sie aber schon 1903 (Lit. zu § 31) 71 wieder aufgegeben; vgl. *Mayer* 135.

3. Indem wir auch innerhalb der Bedingungen jeden wesentlichen Unterschied in Abrede stellen, treten wir in Widerspruch zu den Versuchen, unter den unzähligen Bedingungen des Erfolges eine als Ursache auszuzeichnen. Zwei verschiedene Fassungen sind hier zu unterscheiden: a) *v. Bar* nennt, indem er die regelmäßig vorhandenen Bedingungen als gegeben voraussetzt, Ursache die den regelmäßig gedachten Verlauf ablenkende, zum regelwidrigen gestaltende Bedingung (ähnlich *Zitelmann* früher). Hier finden wir mithin bereits den Grundgedanken der unter 4. besprochenen Ansicht. b) *Binding* bestimmt, indem er sich die dem Erfolge günstigen oder ungünstigen Bedingungen als einander das Gleichgewicht haltend vorstellt, die Ursache als jene Handlung, die den vorhandenen Bedingungen die entscheidende Richtung auf den Erfolg gibt: „Übergewichtstheorie". Sie läuft schließlich auf das widersinnige Ergebnis hinaus, daß immer nur die letzte Bedingung Ursache wäre, und wird gut widerlegt von *v. Brünneck, Hartmann*, besonders aber *Mayer* 144 Note 1. Schärfer (unter Vermeidung der unjuristischen Bildersprache) drückt denselben Gedanken *v. Birkmeyer* aus. Nach ihm ist Ursache die „wirksamste" Bedingung (dagegen zutreffend *Bennecke* Z **5** 731, *Haupt* Z **15** 208). — Das Gefährliche jeder derartigen Fassung, durch die eine der Bedingungen zur Ursache gestempelt wird, liegt darin, daß sie, folgerichtig durchgedacht, zur Verwerfung des oben unter III verwerteten Begriffes der Mitursache führen muß; einem Ergebnisse, bei welchem die Strafrechtspflege (anders vielleicht das Privatrecht) nicht bestehen kann. Falsch sind alle derartigen Auffassungen deshalb, weil sie unter völliger Verwirrung der Methoden an Stelle logisch-erkenntnistheoretischer Betrachtung eine naturwissenschaftlich-mechanische Betrachtungsweise setzen, mit der es der Jurist überhaupt nicht zu tun hat.

4. Maßgebend ist, nach der hier wie von den oben 3 genannten Schriftstellern vertretenen (individualisierenden) Ansicht, stets die tatsächliche, wenn auch noch so ungewöhnliche Gestaltung des Verlaufes im Einzelfalle. Dagegen betrachtet die „Theorie der adäquaten Verursachung" (generalisierend) nur die typische Verursachung als Verursachung im Rechtssinn. Die Willensbetätigung muß allgemein, erfahrungsgemäß, geeignet gewesen sein, den Erfolg herbeizuführen. Der konkrete Verlauf muß dem aus der menschlichen Erfahrung gewonnenen typischen Bilde adäquat, mithin berechenbar, gewesen sein. Von *v. Bar* (s. oben unter 3) bereits angedeutet, von *J. v. Kries* begründet, hat diese Ansicht rasch an Anhängern gewonnen, die aber freilich untereinander weit abweichen. Hierher gehören von den Zivilisten *Crome* System **1** 476, *Endemann* (zweifelhaft), *Enneccerus-Lehmann* Recht der Schuldverhältnisse 1930, 46/47, *Krückmann, Litten, Rümelin, Thon, Zitelmann*; von den Kriminalisten *Allfeld* 106, *v. Bar, Baumgarten* Z **37** 524, *Hafter* § 16, *v. Hippel* II 143ff., *Köhler* 166, *Liepmann, Merkel, v. Rohland* (der von dem metaphysischen Begriff der Wirkungsfähigkeit ausgeht), *Sauer* Grundlagen 427, *Träger* (Theorie des generell begünstigenden Umstandes), *Tarnowski* (mit eigenartigem Umweg über die Schuldlehre; vgl. dazu *Mezger* 119, *Grünhut* Z **50** 294).

Gegen die Theorie der adäquaten Verursachung sprechen schwerwiegende, auch von *Litten* und *Liepmann* hervorgehobene, aber nicht beseitigte, Bedenken. Die im Einzelfall sich ergebende Antwort hängt von der grundsätzlich nicht abzugrenzenden Zahl der Voraussetzungen ab, die in die Frage aufgenommen werden. Vor allem aber: Sie verwendet den Begriff der Möglichkeit, wo nicht diese, sondern die Wirklichkeit eines Ereignisses vorliegt. Wenn sie die Berechenbarkeit subjektiv auffaßt, wie das *v. Kries* getan hat, dann vermengt sie die Frage nach der Verursachung mit der nach der Verschuldung (dem Verantwortlichkeitsprinzip). Will sie die Berechenbarkeit objektiv bestimmen, so gerät sie rettungslos in unauflösliche Widersprüche. Sie muß, wenn der Täter den atypischen Verlauf voraus berechnet hat, ihn entweder freisprechen oder an Stelle der objektiven Berechenbarkeit die subjektive Berechnung setzen. *Krückmann* hat sich daher veranlaßt gesehen, allgemeine Berechenbarkeit und individuelle Berechnung unter dem Begriff der Beherrschung zusammenzufassen (ähnlich *Lammasch* 35); damit ist aber die Einheitlichkeit der Theorie selbst aufgegeben.

Bei den durch den Erfolg qualifizierten Delikten (unten § 36) wird adäquate Verursachung auch von Anhängern der herrschenden Kausalitätstheorie[10]) verlangt, um die von dem Gesetz aufgestellte Strafschärfung dort zu vermeiden, wo der Erfolg nur durch eine besondere, außer aller Berechnung liegende Verkettung der Umstände herbeigeführt wurde. Aber diese Ansicht enthält eine Änderung des Gesetzes, zu der nur der Gesetzgeber selbst berechtigt ist. Und die Existenz der durch den Erfolg qualifizierten Delikte gar als einen Hinweis des Gesetzgebers auf die Richtigkeit der Theorie der adäquaten Verursachung überhaupt zu betrachten, bedeutet eine arge Überschätzung dieser dem Tode geweihten Rudimente aus einer längst überwundenen Strafrechtsauffassung.

§ 30. 2. Das Unterlassen.

Literatur. *v. Rohland* Die strafbare Unterlassung **1** 1887. *Derselbe* in seiner Kausallehre 1903. *Landsberg* Die Kommissivdelikte durch Unterlassung im deutschen Strafrecht 1890. *P. Merkel* Begehung durch Unterlassung. Göttinger Diss. 1895. *Bünger* Z **6** 322. *Kohler* **1** 45. *Kraus* Z **23** 789. *Kitzinger* (Lit. zu § 28) 129. *Redslob* Die kriminelle Unterlassung (Strafr. Abh. Heft 70) 1906. Dazu *Köhler* KVS **48** 528. *v. Bar* Gesetz **2** 244. *Kollmann* Z **28** 455, **29** 372. *Graesel* Die Unterlassungsdelikte im ausländischen Strafrecht (Strafr. Abh. Heft 107) 1909. *Clemens* Die Unterlassungsdelikte im deutschen Strafrecht von *Feuerbach* bis zum RStGB (Strafr. Abh. Heft 149) 1912. *Peterson* Untätigkeit und Energie (Strafr. Abh. Heft 126) 1911. *Studt* Können Verbote durch Unterlassen, Gebote durch Handeln übertreten werden? 1913. *Honig* Zur Frage der Strafbarkeit der Unterlassung im röm. Recht (Festg. f. *Heilfron* 1930). *Träger* Das Problem der Unterlassungsdelikte (Festg. f. *Enneccerus*) 1913. *Höpfner* Z **36** 103; dazu *v. Hippel* Z **36** 501. *v. Alberti* Verbotsverletzende Unterlassungen usw. 1917. *Schwarz* Die Kausalität bei den sog. Begehungsdelikten durch Unterlassung (Strafr. Abh. Heft 254) 1929. *Honig* (Lit. zu § 29). *Sauer* Kausalität und Rechtswidrigkeit der Unterlassung (Festg. f. *Frank* I 202) 1930. *Vocke* Z **51** 690.

I. Unterlassen ist willkürliche Nichthinderung des Erfolges[1]).

---

[10]) So *Frank* § 1 III 2b, *Mezger* 124, *Radbruch* 64ff. Nicht aber R! Vgl. R **5** 29, **54** 349. Soweit das Reichsgericht bei ungewöhnlichem Kausalverlauf Haftungsbeschränkungen durchführt, tut es dies unter Zuhilfenahme von Schulderwägungen. Es geht daher nicht an, R als der Adäquanztheorie nahestehend zu bezeichnen, wie *v. Hippel* II 144 (trotz 146 Note 2) es tut.

[1]) An das Verhalten in seiner Bedeutung als Nichthinderung des Erfolges knüpfen wir bei der Frage nach der „Kausalität der Unterlassung" an. Hält man das fest, so braucht man nicht mit *Mezger* 130 die „erwartete Handlung" zum Ausgangspunkt für die Lehre von der Unterlassung zu nehmen

Die Willensbetätigung besteht hier in der willkürlichen Nichtvornahme einer Körperbewegung. Sie erfordert auch hier (oben § 28 I) ein vom Zwange freies, durch Vorstellungen bestimmtes **Verhalten** des Täters, also eine Objektivierung des Willens. Zum Unterlassen ist oft mehr Willensstärke erforderlich, als zum Tun. Dagegen ist die Unterlassung des Warnungsrufes durch den von Räubern geknebelten oder von einer Ohnmacht befallenen Wächter nicht Willensbetätigung, also nicht Handlung[2]).

II. Daß ein solches Unterlassen — immer verstanden als Nichthinderung des Erfolges — mit einer Veränderung in der Außenwelt im Kausalzusammenhang stehen kann, ist immer wieder, und zwar bis auf den heutigen Tag, in Zweifel gezogen worden.

Freilich, die ältere Wissenschaft hatte an der Gleichstellung der Unterlassung mit dem Tun im allgemeinen niemals Anstoß genommen. Während aber die Italiener von der Glosse bis auf *Farinacius* und ihnen folgend *Carpzov* mit *Beyer* u. a. die Unterlassung im allgemeinen für milder strafbar erklärten als die Begehung, vertrat insbesondere *JSF. Böhmer* die strengere Ansicht, die wenigstens bei der Tötung gleiche Bestrafung der Unterlassung wie der Begehung verlangte (*Schaffstein* 59). Die Gesetzgebungen wollten, ganz so wie die philosophische Schule *Wolffs*, allgemein unter den Handlungen auch die Unterlassungen mitverstanden wissen, stellten aber doch im Einzelfalle für diese teilweise mildere Strafdrohungen auf. So bestraft das Preuß. LR 1620 im Anschlusse an die Sächsischen Konstitutionen die Krankenwärter, welche die ihrer Pflege anvertrauten Kranken verschmachten lassen, nur willkürlich; die Theresiana 1768 Art. 87, 5 bedroht die Mutter, „welche durch bloße Unter-

---

und vermeidet man es, Fragen der Rechtswidrigkeit schon bei der Frage nach der Kausalität der Unterlassung zu behandeln, indem man untersucht, wann das Recht die Vornahme einer bestimmten, den Erfolg verhindernden Handlung erwartet. *Mezger* 137 will zwar diese Untersuchungen in seinem der Kausalität der Unterlassung gewidmeten § 16 nur aus „Zweckmäßigkeitserwägungen" vornehmen; aber daß sich ihm solche aufdrängen, beweist, daß er in Wahrheit gar keine Kausalitätsfragen erörtert, sondern von vornherein auf Wertungsfragen abstellt. Natürlich sind auch diese von entscheidender Bedeutung, aber an anderer systematischer Stelle. Die Auffassung eines Verhaltens als „Nichthinderung des Erfolges" bedeutet dagegen noch keinerlei Wertung, sondern ermöglicht nur die Anknüpfung einer Wertung. Auch beim positiven Tun nehmen wir das Verhalten nicht in seiner rein physischen naturalistischen Gestalt als Muskelbewegung, sondern in einer bestimmten Auffassung und Bedeutung, als „Schießen", „Gedankenäußerungen bestimmten Sinnes" usw. Vgl. *Radbruch*, Festg. f. *Frank* I 161.

Zu beachten ist noch: Verursachung der Nichthinderung ist positives Tun, nicht Unterlassung. Beispiel: A hält gewaltsam den B zurück, der den C retten will. Zustimmend *Mezger* 133 Note 13.

[2]) *Sauer* (Festg. f. *Frank* I 213) weist mit Recht darauf hin, daß bei der Frage, ob die Nichthinderung des Erfolges überhaupt ein „willkürliches Verhalten" darstellt, also dem Allgemeinbegriff der „Handlung" unterfällt, zu untersuchen ist, ob für den Nichthindernden überhaupt eine Möglichkeit der Erfolgsabwendung bestand. Bei objektiver Unmöglichkeit kein willkürliches Verhalten! Ebenso wohl *Frank* § 1 IV, *Reichel* DJT **35** I 137. Nicht korrekt dagegen *Kohlrausch*, Strafgesetzbuch S 11 („Die Unterl. ist kausal, wenn der Unterlassene die tatsächliche Möglichkeit hatte den Erfolg abzuwenden"), sowie *v. Hippel* II 159. Gegen beide mit Recht *Sauer* a. a. O.

lassung ihrem Kind den Tod verursacht hätte", mit einfacher Schwertstrafe ohne Durchpfählung des Körpers, und noch Österreich 1852 § 139 belegt die Kindestötung durch Unterlassung mit milderer Strafe.

Erst mit dem 19. Jahrhundert[3]) beginnt der wissenschaftliche Streit um die Kausalität der Unterlassung, einer der unfruchtbarsten, welche die strafrechtliche Wissenschaft je geführt hat.

Während noch *Feuerbach, Spangenberg, Martin* u. a. die Frage nach der Kausalität der Unterlassung gar nicht aufgeworfen hatten und nur ihre Rechtswidrigkeit und Strafbarkeit untersuchten, finden wir bei ihren Nachfolgern die falsche Fragestellung. „Aus nichts kann nichts werden": das war der Gedanke, von dem man ausging. **1.** Zuerst hatten *Luden* und *Zirkler* die Unterlassung für ein „Andershandeln" erklärt. **2.** *Krug, Glaser* und *Merkel* dagegen erblickten in dem der Unterlassung vorangegangenen Tun das kausale Moment, gerieten aber dadurch bei einer Reihe von Fällen in unlösliche Widersprüche mit einem Hauptgrundsatze der Schuldlehre: Schuld muß im Augenblicke der Willensbetätigung vorliegen. **3.** Wesentlich anders, im Anschlusse an *v. Buri* (1869), behandeln die Frage *Binding, Bünger, Hälschner, Ortmann.* Sie suchen das kausale Moment in der Unterlassung selbst nachzuweisen. Die Fassung des verbrecherischen Entschlusses, die Unterdrückung des dem Pflichtbewußtsein entspringenden Tätigkeitstriebes, vernichtet ein dem Erfolge entgegenstehendes Hindernis und führt so dessen Eintritt herbei („Interferenztheorie"). Aber diese Ansicht scheitert nicht nur an der Tatsache, daß dieser rein innere Vorgang bei der fahrlässigen Unterlassung zweifellos nicht vorhanden, bei der vorsätzlichen schwer, wenn überhaupt, nachweisbar ist; sondern auch an dem Widerspruch, in den sie durch die Bestrafung dieses inneren Vorganges mit den allgemeinsten Grundsätzen des Strafrechts gelangen würde, das „innere Willensakte" der Willensbetätigung eben nicht gleichstellt. **4.** Völlig verfehlt war der (im Anschluß an *Sigwart*) von *Haupt* Z **2** 533, *Kohler* **1** 45, *v. Rohland* u. a. gemachte Versuch, die Kausalität der Unterlassung dadurch zu erweisen, daß sie auf ihren „rechtlichen Erfolg" hinwiesen; denn dieser ist nicht Veränderung in der Außenwelt, mithin nicht Erfolg in dem einzig zulässigen Sinne des Wortes (oben § 29 II 2).

Auf der Grundlage dieser wissenschaftlichen Bewegung ist die — man muß noch immer sagen: — heute herrschende Lehre dazu gelangt, die verursachende Bedeutung der Unterlassung überhaupt in Abrede zu stellen und neben die verursachende Körperbewegung die nichtverursachende Unterlassung als selbständige Form der verbrecherischen Handlung treten zu lassen. So *Endemann*, Die Rechtswirkungen der Ablehnung einer Operation (1893) 11, *Allfeld* 115 (Unterlassung nicht Ursache im Sinne von causa efficiens; bereits starke Annäherung an die richtige Auffassung des Textes unten), *Finger* **1** 290, *v. Hippel* Z **36** 509, **42** 414, *Kraus, R. Merkel* (Lit. zu § 34) 187, *Mittermaier* Z **21** 238, *Oetker* Jurist. Lit.-Blatt **3** 96, *Stooß* Schweizer. Z **9** 223, *Derselbe* Lehrbuch 104, *Studt, Träger, Zitelmann* (oben § 28 Note 1) 161, *Hafter* 76, insbesondere auch *v. Liszt* in den früheren Auflagen dieses Buches. Aus der Schwierigkeit, die sich demgegenüber angesichts des die Unterlassung nicht

---

[3]) Vgl. dazu neuestens *Schwarz.*

besonders unter Strafe stellenden Gesetzes ergab, half man sich durch die Feststellung, daß der, freilich ungenaue, Sprachgebrauch des Lebens die Wendung „Verursachen durch Unterlassung" gestatte und daß sich der Gesetzgeber ebenfalls diesen Sprachgebrauch zu eigen gemacht habe.

Im Hinblick auf die Bescheidenheit dieser „Lösung" des „Problems" von der Kausalität des Unterlassens muß man es begrüßen, daß eine jüngste Richtung in der Literatur das ganze Problem als solches aus den Angeln gehoben hat. Bei allen denjenigen, die die Kausalität der Unterlassung leugnen, spielt der Gedanke eine Rolle, daß es in der Unterlassung an der real wirkenden Kraft fehle, die den Erfolg „herbeiführen" könne; „verursachen" wird im mechanischen, naturwissenschaftlichen Sinne genommen; immer noch spukt die alte gespenstische Formel „aus nichts kann nichts werden", so sehr man sich bemühte, aus ihrem Banne herauszugelangen; immer noch fragt man nach „Kausalvorgängen" (*Gerland* 125), obwohl es sich bei der Kausalität gar nicht um „Vorgänge", mechanische Kraftentfaltungen, Entwicklungsreihen, sondern um nichts anderes als eine logisch-erkenntnistheoretische Verbindung zweier Gegebenheiten, nicht um ein physisches Sein oder Werden, sondern um nichts anderes, als eine Form unseres Denkens und Erkennens handelt. Das mit aller Schärfe betont zu haben, gehört mit zu den vielen Verdiensten von *ME. Mayer* (Lehrb. 136, 140, 149); auch *Sauer* (Grundlagen 447ff.) hat einen energischen Kampf gegen die mechanisch-naturalistische Auffassung von Kausalität und Unterlassung und die daraus entstandene methodische Wirrsal (449) geführt[4]. Von dieser allein möglichen Auffassung der Kausalität aus betrachtet, bieten die durch Unterlassung begangenen Verbrechen nichts Problematisches[5], soweit es sich lediglich um den tatbestands-

---

[4]) Vgl. auch *Sauer* Z **45** 5, sowie Festg. f. *Frank* I 207: Kausalität „nicht eine den Dingen innewohnende geheimnisvolle Kraft", sondern ein „logisches Notwendigkeitsurteil". *Sauer* gelangt aber, unter Zugrundelegung der Adäquanztheorie, des weiteren zu vielfachen Abweichungen vom Text.

[5]) Sehr zutreffend und ganz im Sinne des Textes R **58** 131. Unverständlich ist es, wie *Coenders* (RG Festg. V 281 Note 15) diese Entsch. billigen, den mit ihr übereinstimmenden Text dagegen für „abwegig" erklären kann. — Zur Stellungnahme *Mezgers* (oben Note 1) neigt dagegen R **63** 393. Auch *Frank* § 1 IV wendet sich gegen die Identifizierung von „Kausalität und Bewirken" und stimmt insofern mit dem Text überein. Aber auch er glaubt noch mit Hilfe des Sprachgebrauchs darüber beruhigen zu müssen, daß nicht „jede Unterlassung, d. h. jede Nichthinderung eines Ereignisses für dieses kausal" ist, kommt jedoch dann nicht zu Kausalitätseinschränkungen (was richtig ist), sondern zu Gesichtspunkten der Haftungsbeschränkung (die aber nicht hierher gehören). Ganz im Sinne des Textes ist schließlich seine Bemerkung: „daß die Kausalität der Unterlassung nicht von ihrer Rechtswidrigkeit abhängt, sollte sicher sein". Auch *Beling* (Grundzüge 38) stimmt bereits in wesentlichen methodischen Beziehungen mit dem Text überein; insbesondere

mäßig notwendigen Kausalzusammenhang zwischen Nichthinderung des Erfolges und Eintritt des Erfolges handelt. Dagegen taucht ein Problem auf bei der Frage nach der Rechtswidrigkeit der Unterlassung. Im Zusammenhang mit der Lehre von der Rechtswidrigkeit werden wir daher auf die Unterlassung noch einmal zurückkommen müssen.

III. Die vorstehenden Erörterungen gewinnen Bedeutung nur für die sog. **„unechten Unterlassungsdelikte“** („Begehungsdelikte durch Unterlassung“, delicta commissiva per omissionem; Gegenstück: die Begehungsdelikte durch Tun), welche in der Verwirklichung eines eine Verbotsnorm enthaltenden strafrechtlichen Tatbestandes bestehen. Mit ihnen dürfen nicht verwechselt werden die **„echten Unterlassungsdelikte“**, welche, wie z. B. die unterlassene Verbrechensanzeige nach StGB § 139, ein Zuwiderhandeln gegen eine Gebotsnorm bedeuten, bei denen mithin gerade die Nichtvornahme einer Willensbetätigung der ausdrücklichen Fassung des Tatbestandes („wer es unterläßt . . .“) entspricht[6]). Bei diesen Delikten können selbstverständlich die zu I und II erörterten Fragen gar nicht auftauchen.

II. Das Verbrechen als rechtswidrige Handlung.

§ 31. Die Rechtswidrigkeit als Begriffsmerkmal.

Literatur. Die den Begriff des Rechtes behandelnde rechtsphilosophische Literatur ist für die strafrechtliche Lehre von der Rechtswidrigkeit heranzuziehen. *Torp* Z **23** 84. *Kohlrausch* Irrtum und Schuldbegriff im Strafrecht 1903. *Hold von Ferneck* Die Rechtswidrigkeit 1. Bd. 1903, 2. Bd. 1905. Dazu *Graf zu Dohna* Z **24** 53. *ME. Mayer* Rechtsnormen und Kulturnormen (Strafr. Abh. Heft 50) 1903. *Graf zu Dohna* Die Rechtswidrigkeit als allgemein gültiges Merk-

---

scheidet auch er die Frage der Rechtswidrigkeit ganz aus der Frage nach der Kausalität der Unterlassung aus. *Gerland* zerlegt den Begriff des Verbrechens in Handlungsverbrechen einerseits, Unterlassungsverbrechen andererseits, behandelt die letzteren demgemäß auch selbständig unter dem Gesichtspunkt von Schuld und Rechtswidrigkeit, ohne (mit Recht) die Rechtswidrigkeit mit der Frage der Kausalität zu verquicken. Aber diese Zerlegung des Verbrechensbegriffs überhaupt erscheint als eine unnötige Umständlichkeit angesichts der von *Gerland* selbst (126) getroffenen Feststellung, daß „unter Handlungen selbstverständlich Unterlassungen mitzuverstehen seien“, und wäre wohl auch unterblieben, hätte sich *Gerland* von der Auffassung befreit, daß die Unterlassung „völlig kausalitätslos“ ist. Wesentliche Abweichungen vom Text bei *v. Hippel* II 137ff., 159 Note 4 (Kausalität = Wirken, bzw. Mitwirken). Vgl. auch *Kitzinger* Jurist. Aphorismen 28.

[6]) Weitere Fälle solcher echten Unterlassungsdelikte sind StGB §§ 116, 170, 320 Abs. 1, 346, zahlreiche Übertretungstatbestände und viele Tatbestände in den strafrechtlichen Nebengesetzen.

mal im Tatbestand strafbarer Handlungen 1905. Dazu *Kohlrausch* Z **25** 656. *Zitelmann* Ausschluß der Widerrechtlichkeit 1906. *Bierling* (Lit. zu § 28) **3** 170. *Heimberger* VD Allg. T. **4** 1. *Derselbe* Zur Lehre vom Ausschluß der Rechtswidrigkeit (geschichtlich) 1907. *Hofheinz* Verletzung und Gefährdung usw. (Strafr. Abh. Heft 79) 1907. *v. Bar* Gesetz **3** 1. *Fischer* Die Rechtswidrigkeit mit besonderer Berücksichtigung des Privatrechts 1911. *Nagler* in der Festschrift für *Binding* 1911 **2** 273. Dazu *Kriegsmann* Z **33** 726. *Nagler* Der Begriff der Rechtswidrigkeit (Festg. f. *Frank* I 339). *Sauer* Z **33** 785. *Horstmann* und *Fuchs* bei *Aschaffenburg* **10** 153 und 513. *Beling* Grenzlinien zwischen Recht und Unrecht 1913. *Kitzinger* Die Verhinderung strafbarer Handlungen durch Polizeigewalt 1913. *Wolff* Verbotenes Verhalten 1923. *Mezger* Sein und Sollen im Recht 1920. *Derselbe* GS **89** 207. *Wegner* Kriminelles Unrecht, Staatsunrecht und Völkerrecht (Hamburg. Schriften Heft 7) 1925. *Derselbe* Z **44** 683. *Hofacker* Rechtswidrigkeit und Kriegsverbrechen 1921. *Derselbe* Z **43** 649. *Graf zu Dohna* Recht und Irrtum 1925. *Goldschmidt* Der Prozeß als Rechtslage 1925. *Heinitz* Das Problem der materiellen Rechtswidrigkeit (Sérafr. Abh. Heft 211) 1926. *Wolter* Z **48** 32. *Dölle* DJT **34** I 98, *Reichel* DJT **34** I 136, *Goldschmidt* DJT **34** II 426, *Kadečka* ebenda 459. *Graumann* Die Rechtswidrigkeit als Verbrechensmerkmal im ausländischen Recht (Strafr. Abh. Heft 276) 1930. *Elster* Artikel „Rechtswidrigkeit" in HdR. *v. Ammon* (Lit. zu § 35).

I. Das Verbrechen ist als Unrecht, wie das privatrechtliche Delikt, **rechtswidrige Handlung**[1]). Damit wird ein objektives rechtliches **Unwerturteil über die Tat** abgegeben, und zwar ein objektives in dem Sinne, daß seine Fällung unabhängig ist von der subjektiven Fähigkeit des Täters, sich allgemein oder im gegebenen Falle nach den Anforderungen der Rechtsordnung zu richten.

Diese Anerkennung einer „objektiven Rechtswidrigkeit" führt keineswegs dazu, daß der imperativische Charakter des Rechts geleugnet wird. Vielmehr wird dieser mit *HA. Fischer, Goldschmidt* und vielen anderen[2]) durchaus zugegeben. Aber es wird bestritten, daß die ausschließliche Betonung des imperativischen Charakters („Imperativentheorie") das Wesen des Rechtes vollständig erklärt. Wäre das der Fall, so wären rechtliche Wertungen im positiven wie negativen Sinne stets nur gegenüber solchen Handlungen zulässig, deren Urheber für die imperativischen Anforderungen des Rechtes subjektiv empfänglich, also „taugliche Normadressaten" sind. Die Folge einer solchen subjektivistischen Imperativentheorie wäre die, daß der Unrechtscharakter einer Handlung entfiele, wo sie von einem zurechnungsunfähigen oder sonst schuldlos handelnden Menschen vorgenommen ist[3]). Die Unrichtig-

---

[1]) Das Verbrechen ist (nach unserem Werturteile) rechtswidrig, nicht aber bewirkt es eine Rechtswidrigkeit. In *Bindings* Normentheorie bildet diese Verwechslung den Ausgangspunkt für eine Reihe von folgenschweren Irrtümern. Vgl. *Mezger* 163 Note 6.

[2]) Vgl. *H. A. Fischer,* Die Rechtswidrigkeit 21; *Goldschmidt* Prozeß als Rechtslage, 229 und DJT **34** II 428.

[3]) Eine solche, auf eine Konfundierung von Rechtswidrigkeit und Schuld hinauslaufende Rechtswidrigkeitslehre wird bekanntlich vertreten von *Merkel* Kriminalistische Abhandlungen **1** 42, *Hold von Ferneck, Graf zu Dohna,* wohl auch von *Kohlrausch* Schweizer. Z **34** 157, insofern als er die Zurechnungsfähigkeit als Voraussetzung der Rechtswidrigkeit bezeichnet. (Vgl. jetzt aber auch *Kohlrausch* Strafgesetzbuch 29. Aufl. 9/10 und HdR V 766). Vgl. zum Ganzen die Darstellung von *Mezger* § 19 und GS **89** 207ff., *Elster* HdR (Art. „Rechtswidrigkeit"), *v. Hippel* II 186. — In Übereinstimmung mit dem Text lehren die Möglichkeit, ja Notwendigkeit einer „objektiven Rechtswidrigkeit" unter

keit dieser Lehre ergibt sich aus ihrer willkürlichen Einseitigkeit. Sie übersieht die Doppelfunktion des Rechts, die darin besteht, daß das Recht keineswegs allein Imperativ, also Bestimmungsnorm, sondern, was dem logisch notwendig vorausgehen muß[4]), auch Bewertungsnorm ist. Insofern stellt sich das Recht als ein abstrakter Wertmaßstab dar, dessen Anwendungsmöglichkeit ganz unabhängig ist von der Art, wie das zu bewertende Objekt, die menschliche Handlung, zustande gekommen ist (schuldhaft oder nicht). Der Einwand, daß man diesen Maßstab ja dann auch an andere Objekte anlegen, also auch die durch Tiere, Blitzschlag oder Überschwemmung hervorgerufenen Schädigungen als „rechtswidrig" bezeichnen[5]) könne, geht ins Leere. Man braucht ihm nicht mit *Mezger*[6]) mittels der „adressenlosen Norm" zu begegnen; denn der ganze Einwand wäre überhaupt nur dann diskutabel, wenn das Recht anders als Gemeinschaftsregelung aufgefaßt werden könnte. Das aber ist völlig ausgeschlossen. Alle „Sollens-Gesetze" — mögen sie in den Bereich des Rechtes oder der Religion, der Sitte oder der Sittlichkeit gehören — sind nur denkbar als Gemeinschaftsfunktionen. Eine Gemeinschaft ohne Normen ist so wenig vorstellbar wie Normen ohne Gemeinschaft. Eine Gemeinschaft ist aber nur denkbar unter Menschen. Mit Tieren und Naturerscheinungen verbindet uns keinerlei Gemeinschaft. Demgemäß sind auch nur menschliche Handlungen, niemals Naturerscheinungen, Zustände[7]), Verhaltensweisen von Tieren Gegenstand einer Normwertung. Innerhalb eines Staates, als geschlossenen, einheitlichen Normenherrschaftsgebietes, besteht die rechtlich geordnete Gemeinschaft zwischen allen hier weilenden Einzelwesen. Der Wertmaßstab der rechtlichen Normen ist daher an die Handlungen aller anlegbar; auch der Ausländer, der Geisteskranke, das Kind nehmen Handlungen vor, die objektiv nach Maßgabe des Rechtes gewertet werden können. Daß der

---

scharfer begrifflicher Trennung von der Schuld: *Nagler, ME. Mayer, Mezger, v. Hippel, Sauer, Wegner* (der aber neuestens, Festg. f. *Frank* I 128, abweichender Meinung zu werden scheint), namentlich auch das Reichsgericht in R **61** 249ff. Irrig *Hellmuth Mayer* (Festg. f. *Frank* I 619), wenn er meint, daß durch die Lehre von den subjekt. Unrechtselementen (vgl. unten § 32 B) eine Bresche in die Auffassung des Textes gelegt sei. Das Werturteil „rechtswidrig" bleibt im Sinne des Textes immer noch ein „objektives", d. h. von der Schuld des Täters unabhängiges, selbst wenn zu den Voraussetzungen dieses Werturteils gewisse subjektive, d. h. täterpsychologische Momente gehören. Nicht alles Subjektive gehört zur Schuld! Vgl. *Mezger* 168, *Engisch* (Lit. zu § 39) 62.

[4]) *Mezger* GS **89** 216, 217. Unrichtig *Hellmuth Mayer* (Lit. zu § 35) 618 mit seiner Behauptung, daß das dem „Rechtszwang" „genetisch vorausgehende Werturteil" „noch ein vorjuristisches" sei, falls *Hellm. Mayer* dieses Werturteil nicht mit den vom Gesetzgeber vorgefundenen Kulturnormen identifizieren will. *Mayer* übersieht, daß Beides, das Werten sowohl wie das Bestimmen, Funktionen des Rechts sind. *Engisch* (Lit. zu § 39) 450 verwirrt leider die Terminologie, indem er die Bewertungsnorm mit der Strafwürdigkeit in Beziehung setzt, mit der sie gar nichts zu tun hat, und die Bestimmungsnorm auf die objektive Rechtswidrigkeit bezieht. Sachlich ist damit nichts gewonnen, und überdies widerspricht diese verfehlte Inbeziehungsetzung *Engischs* eigenen Ausführungen auf S. 63.

[5]) *Merkel* Kriminalistische Abhandlungen **1** 47.

[6]) GS **89** 221. Vgl. ferner *Mezger* 166 Note 7.

[7]) Sehr streitig. Die Wertung „rechtswidrig" beziehen unzulässigerweise auch auf Zustände: *Beling* 170, 254, *H. A. Fischer* 99, *Nagler* 49, *v. Ammon, Zimmerl* u. a. Man braucht keineswegs Anhänger der Imperativentheorie zu sein, wenn man diese Auffassung ablehnt. Vgl. dazu auch *Goldschmidt* DJT **34** II 430.

mit dieser objektiven Wertung ermittelte Wert der Handlung auf die soziale Nützlichkeit oder Schädlichkeit der Handlung hinweist, ergibt sich aus dem oben § 26 II Gesagten. Tritt uns so bei der „objektiven Rechtswidrigkeit" und der „objektiven Rechtmäßigkeit" das Recht in seiner Funktion als Bewertungsnorm entgegen, so wird es uns innerhalb der Lehre von der Schuld in seiner Funktion als Bestimmungsnorm noch sehr wesentlich zu interessieren haben.

II. Im Hinblick auf das rechtliche Unwerturteil über die Tat sind zwei Betrachtungsweisen[8]) möglich:

1. Formell rechtswidrig ist die Handlung als Übertretung einer staatlichen Norm, eines Gebotes oder Verbotes der Rechtsordnung.

2. Materiell rechtswidrig ist die Handlung als **gesellschaftsschädliches** (antisoziales oder doch asoziales) **Verhalten.**

Die rechtswidrige Handlung ist ein Angriff auf die durch die Rechtsnormen geschützten Lebensinteressen des einzelnen oder der Gesamtheit, mithin die Verletzung oder Gefährdung eines Rechtsgutes[9]). Dieser Satz bedarf aber einer einschränkenden Erläuterung (oben § 2). Die Lebensinteressen zu schützen, ist die nächste Aufgabe der Rechtsnormen. Durch die sorgfältigste Abgrenzung der Lebensinteressen, die durch den ihnen gewährten Rechtsschutz zu Rechtsgütern erhoben werden, kann aber der Widerstreit der Interessen, die Kollision der Rechtsgüter, nicht völlig ausgeschlossen werden. Der Zweck des menschlichen Zusammenlebens, dessen Erreichung zu gewährleisten die letzte und höchste Aufgabe der Rechtsordnung bildet, verlangt, daß in einem solchen Widerstreite das minderwertige Interesse geopfert werde, wenn nur um diesen Preis das mehrwertige Interesse erhalten werden kann. Daraus folgt: die Verletzung oder Gefährdung eines Rechtsguts ist nur dann materiell rechtswidrig, wenn sie den Zwecken der das Zusammenleben regelnden Rechtsordnung widerspricht; sie ist, trotz ihrer Richtung gegen rechtlich geschützte Interessen, materiell rechtmäßig, wenn und soweit sie jenen Zwecken der Rechtsordnung und somit des menschlichen Zusammenlebens selbst entspricht.

Dieser materielle (antisoziale) Gehalt des Unrechts ist unabhängig von seiner richtigen Würdigung durch den Gesetzgeber

---

[8]) Es wird also nicht das Vorhandensein zweier verschiedener Arten der Rechtswidrigkeit, nicht „Doppelspurigkeit" (*Nagler*) behauptet; ein Unterschied zwischen „verbotensein" und „rechtswidrigsein" (*Frank* Einl. Best. I) wird nicht gemacht.

[9]) Als Handlung (oben §§ 28ff.) ist ein Verbrechen nur denkbar an Gegenständen der Sinnenwelt, an Menschen, Gegenständen oder Zuständen. Diese müssen daher in irgendeiner Beziehung zu dem Rechtsgute stehen, als dessen Verkörperungen erscheinen, damit die an ihnen begangene Handlung rechtswidrig sein kann. Dieser Gedanke, von *Birnbaum* 1834, *Schütze* 1869 ausgesprochen, von *v. Liszt* Z **6** 663 (Aufsätze **1** 212) scharf betont, bildet den Gegenstand der zu § 2 erwähnten Schriften von *Oppenheim* und *Hirschberg*. Vgl. auch *Beling* Verbrechen 209, *Gerland* GS **59** 92.

(er ist „metajuristisch"). Die Rechtsnorm findet ihn vor, sie schafft ihn nicht[10]). Formelle und materielle Rechtswidrigkeit können sich decken; sie können aber auch auseinanderfallen. Ein solcher Widerspruch zwischen dem materiellen Gehalt der Handlung und ihrer positivrechtlichen Würdigung ist nicht zu vermuten; aber er ist nicht ausgeschlossen. Liegt er vor, so ist der Richter durch das Gesetz gebunden[11]); die Korrektur des geltenden Rechts liegt jenseits der Grenzen seiner Aufgabe.

Die große praktische Bedeutung dieser Auffassung wird sich in der Lehre von den Rechtfertigungsgründen herausstellen, da diese im positiven Recht (d. h. im geschriebenen Gesetz und im Gewohnheitsrecht) nur sehr unvollständig und lückenhaft behandelt worden sind, so daß gerechte Entscheidungen vielfach nicht ohne ein über das positive Recht hinausgehendes Zurückgreifen auf den materiellen Gehalt des Rechts und Unrechts gewonnen werden können[12]).

III. Die Rechtswidrigkeit des Verbrechens bedarf als selbstverständlich keiner besonderen Hervorhebung im Gesetze (daher im

---

[10]) Wohl aber enthält die Rechtsnorm die ausdrückliche Erklärung, daß eine Handlung Unrecht sei. Diese Erklärung kann auch erst durch die Strafdrohung selbst gegeben sein; so auch *Frank* gegen *Binding*, nach dem alle Normen dem ungesetzten Recht angehören. Vgl. dazu oben § 18 Note 1.

[11]) Vgl. hierzu *Zimmerl* Aufbau 40.

[12]) Es ist das Verdienst von *Graf zu Dohna*, *Hegler* Z **36** 19, *Hegler* (Festg. f. *Frank* I 270ff.), *Kohlrausch*, *Mayer* 13, 57, 177, *Mezger*, *Sauer*, *Wegner*, *Torp*, *Zimmerl* u. a., auf den materiellen Gehalt des Unrechts scharf hingewiesen und für die Abgrenzung der rechtmäßigen und der rechtswidrigen Handlung einen festen Maßstab gesucht zu haben. Die Gegnerschaft, die dieser Richtung gegenüber besteht (vgl. *Allfeld* 120, insbes. Note 10, *v. Bar* 5, *Baumgarten* Aufbau 210, *Beling* Verbrechen 137, 141 (vgl. aber auch *Beling* Z **44** 220), *Fischer* 110, *Frank* Vierter Abschn. III und VD Allg. T. **5** 171, *Fuchs*, *Gerland* 111, *Graf Gleispach* (Lit. zu § 131), *Heimberger* VD Allg. T. **4** 4, *Köhler* 98, *Löffler* VD Bes. T. **5** 246, *Nagler* [Festg. f. *Frank* I 339, 346, 347], *Rittler* Z **49** 470ff.), ist „im Grunde nur in der Methode, jedoch kaum im Ergebnis vorhanden" (so mit Recht *Sauer* Grundlagen 288; vgl. dazu *Eb. Schmidt* Z **49** 382ff.), namentlich dann, wenn man den Begriff des positiven Rechtes so weit zieht, wie dies *Nagler* (Festg. f. *Frank* I 346, 347) tut. Mit Hilfe der (allein richtigen) teleologischen Auslegungsmethode glaubt man dem positiven Recht Sätze von größter allgemeiner Tragweite entnehmen zu können, die sich nach der hier vertretenen Auffassung aus dem lückenhaften und keineswegs widerspruchslosen positiven Recht nicht ergeben, sondern nur aus dem Begriff und dem materiellen Wesen des Rechts überhaupt zu gewinnen sind und zur „Rechtsergänzung" verwendet werden. Vgl. dazu *Schreier*, Die Interpretation der Gesetze und Rechtsgeschäfte 1927, sowie *Eb. Schmidt* Z **49** 350ff., *Heinz Dörr* (Lit. zu § 35) 9ff. *Frank* Vierter Abschn. III (S. 140) gegenüber muß betont werden, daß der mit der „materiellen Rechtswidrigkeit" arbeitende Kriminalist keineswegs das „Regel-Ausnahme-Verhältnis" von Tatbeständen und Rechtfertigungsgründen zu leugnen braucht. *Graf zu Dohna* hatte dies freilich früher getan (wohl schon nicht mehr in „Recht und Irrtum"); dagegen hatte *v. Liszt* diese Konsequenz aus der Lehre *Graf zu Dohnas* nie gezogen. Vgl. noch besonders die ausführliche Auseinandersetzung mit *Graf zu Dohna* in der vor. Aufl. S. 175 Note 6 und im übrigen unten im Text die Darstellung der Lehre von Tatbestandsmäßigkeit und Rechtswidrigkeit.

GE überall gestrichen). Dennoch hat der Gesetzgeber das Merkmal der Rechtswidrigkeit in den Tatbestand einzelner Verbrechen aufgenommen[13]). Eine sachliche Bedeutung kann dem nicht beigelegt werden. Vielleicht, daß nach der Ansicht des Gesetzgebers gerade bei diesen Straftaten die Abgrenzung der rechtmäßigen von den rechtswidrigen Fällen besondere Schwierigkeiten bietet, auf die hinzuweisen ihm notwendig erschienen sein mag; jedenfalls ist ein einleuchtender rechtlicher Grund für die abweichende Behandlung der einzelnen Tatbestände nicht erkennbar.

IV. Soweit die Rechtswidrigkeit der Handlung ausgeschlossen ist, ist strafbare Teilnahme an der (rechtmäßigen) Handlung begrifflich unmöglich.

V. Die Anerkennung des Satzes, daß die Rechtswidrigkeit Begriffsmerkmal des Verbrechens ist, sowie die genauere Erfassung derjenigen Umstände, die der Handlung die Eigenschaft der Rechtswidrigkeit entziehen, ist das Ergebnis einer langsamen, noch immer nicht abgeschlossenen Entwicklung. Das römische Recht kennt eine Reihe von einzelnen hierher gehörigen Fällen, unter denen Notwehr, Notstand, sowie das Tötungsrecht gegenüber dem nächtlichen Dieb und dem auf frischer Tat ertappten Ehebrecher hervorragen; aber vergebens suchen wir nach einer allgemeinen Regel. Ja, auch die grundsätzliche Auffassung der ausdrücklich behandelten Fälle ist bei den römischen Juristen durchaus schwankend, meist sogar geradezu verfehlt; nicht die Rechtswidrigkeit, sondern die Strafbarkeit des Tuns wird als ausgeschlossen betrachtet, weil der erforderliche dolus fehle. Ebenso verhält es sich mit dem mittelalterlich-deutschen Recht. Neben einer immer eingehenderen Behandlung der Notwehr in den Quellen des späteren Mittelalters und der Hervorhebung einzelner Notstandsfälle spielt insbesondere das im weiten Umfange anerkannte Tötungsrecht eine hervorragende Rolle. Dies ist auch der Standpunkt der mittelalterlich-italienischen Wissenschaft, der PGO und des auf dieser sich aufbauenden gemeinen Rechts[14]), wenn auch einzelne Schriftsteller, wie *JSF. Böhmer*, wenigstens beim Totschlag, zwischen Ausschluß der Rechtswidrigkeit und mangelndem Vorsatz unterscheiden. Nur die Notwehr wird gegen Ende des 18. Jahrhunderts aus der Verbindung mit der Tötung gelöst, begrifflich abgegrenzt und in den allgemeinen Teil des wissenschaftlichen Systems, sowie der Gesetzbücher gestellt. Ihr folgt der Notstand, aber ohne daß man bisher zu befriedigendem Abschluß gelangt wäre.

---

[13]) StGB §§ 123, 124, 239, 240, 246, 291, 303, 305, 339, 353a; auch 299, 300 u. a. Nach *Mayer* 12 ist dafür nur das stilistische Empfinden maßgebend. *v. Hippel* II 199/200 hält die Hervorhebung für notwendig da, „wo es zum Wesen des einzelnen Deliktstatbestandes gehört, daß der Täter bewußt gegen die Rechtsordnung verstößt". Wie der Text *Mezger* 180. Nach *Lobe* Lpz. Komm. Einl. 8 bedeutet die Hervorhebung der Rechtswidrigkeit „lediglich den besonderen Hinweis auf die jedem Verbot von selbst inne wohnende Beschränkung auf eine objektiv rechtswidrige Handlung". Abweichend *Wachenfeld* 158 (die Hinzufügung habe subjektive Bedeutung). Die sonderbaren Ausführungen in R 58 249 werden von *Lobe* mit Recht als ‚ganz verfehlt" bezeichnet.

[14]) Vgl. *Schaffstein* mit interessanten Feststellungen bezüglich *Decians, Haunolds, Böhmers, Engaus*.

Vgl. unten § 34 A. Die übrigen Ausschließungsgründe harren zum weitaus größten Teile der begrifflichen Klarlegung. Die Gesetzbücher verzichten darauf, sie festzustellen, und die Wissenschaft muß sich gestehen, daß ihre Ergebnisse auch heute nur teilweise für gesetzgeberische Verwertung reif sind.

§ 32. Die Feststellung der Rechtswidrigkeit. Tatbestandsmäßigkeit und Rechtfertigungsgründe.

Literatur. Vgl. die zu den §§ 26 und 31 angegebenen Schriften, insbesondere von *Beling, Baumgarten, Grünhut, Mezger, Mittermaier* und *Zimmerl.* — Im übrigen seien besonders genannt:

Zu A (**Lehre vom Tatbestand**): *Proebsting* Z **42** 740. *Tarnowski* (Lit. zu § 29). *Zimmerl* Z **49** 39. *Beling* Die Lehre vom Tatbestand 1930. Dazu *v. Wedel* Schweizer. Z **45** 359. *Hegler* Z **36** 19, 184. *Derselbe* Subjektive Rechtswidrigkeitselemente im Rahmen des allgem. Verbrechensbegriffs (Festg. f. *Frank* I 251) 1930. *Derselbe* Arch. f. Rechts- und Wirtschaftsphil. IX 280. *Goldschmidt* Normativer Schuldbegriff (Festg. f. *Frank* I 428) 1930. *Foltin* (Lit. zu § 18). *Hofmann* Die normativen Elemente des besonderen und allgemeinen Tatbestands im Strafrecht (Strafr. Abh. Heft 272) 1930. *Erik Wolf* Die Typen der Tatbestandsmäßigkeit (Veröff. der Schleswig-Holstein. Univ.-Ges. Nr. 34) 1931. *Manigk* HdR V 847 („Tatsachen").

Zu B (**Rechtfertigungsgründe**): Außer den zu den §§ 33—35 angegebenen Spezialschriften seien genannt: *Nathan* Über den Ausschluß der Rechtswidr. im Strafr. (Strafr. Abh. Heft 206) 1923. *Graf zu Dohna* Recht und Irrtum 1925. *Heinitz* (Lit. zu § 31). *Rittler* Z **49** 451. *Eb. Schmidt* Z **49** 350. *Derselbe* Mitt. IKV N. F. **5** 131. *Jansen* Pflichtenkollisionen im Strafr. (Strafr. Abh. Heft 269) 1930. *Wachinger* Der übergesetzliche Notstand (Festg. f. *Frank* I 469) 1930. *Derselbe* Mitt. IKV N. F. **5** 103 *Grünhut* Z **51** 455. *Eichler* Handeln im Interesse des Verletzten als Rechtfertigungsgrund (Strafr. Abh. Heft 284) 1931.

Vgl. ferner: *Brütt* Die Kunst der Rechtsanwendung 1907. *Reichel* Gesetz und Richterspruch 1915. *Manigk* HdR III 309 („Interessenjurisprudenz").

Um die **Rechtswidrigkeit der Handlung feststellen**, die Abgrenzung des objektiv rechtmäßigen vom rechtswidrigen Verhalten vornehmen zu können, muß das Gesamtgebiet der Rechtsordnung wie der staatlichen Willensbetätigung im Reich wie in den Ländern in Betracht gezogen werden.

A. Hierbei muß für den Kriminalisten im Hinblick auf das oben § 26 I 1 b Gesagte der **Tatbestand** den Ausgangspunkt[1]) bieten. Der Tatbestand, als Grundlage für den Aufbau der strafrechtlichen Wertung überhaupt[2]), ist daher zunächst ins Auge zu fassen und hinsichtlich seines Wesens, seiner Struktur und seiner funktionellen Bedeutung zu erklären.

I. Das Wort „Tatbestand" begegnet in verschiedenartiger Bedeutung:

1. „Tatbestand" im juristisch-technischen Sinne ist als Bestandteil eines Strafrechtssatzes, also als gesetzliche Abstraktion

[1]) Zu einer abweichenden Methode gelangte insbes. *Graf zu Dohna* (Die Rechtswidrigkeit) 1905. Vgl. dazu die ausführliche Auseinandersetzung in der vor. Aufl. dieses Buches S. 175 Note 6.

[2]) Hiergegen *v. Hippel* II 89ff., 188. Ganz im Sinn des Textes *Mezger* § 22.

scharf zu unterscheiden von dem konkreten **Sachverhalt** oder Lebensvorgang[3]), der im Hinblick auf eine in ihm enthaltene menschliche Willensbetätigung unter das Gesetz subsumiert werden soll. Diesen Sachverhalt bezeichnen viele als „faktischen Tatbestand"; jedoch wäre es besser, wenn der Anklang an das juristische Gebilde des Tatbestandes im technischen Sinne vermieden würde.

2. Unter strafrechtlichem Tatbestande kann man die gesamten Voraussetzungen verstehen, die erfüllt sein müssen, damit die Unrechtsfolge der Strafe eintreten kann (Tatbestand im weitesten Sinne). Es führt jedoch zu begrifflicher Klärung, wenn man innerhalb dieses weitesten Begriffs den allgemeinen und den besonderen Tatbestand unterscheidet[4]).

a) Unter dem allgemeinen Tatbestand hat man die Summe derjenigen Merkmale zu verstehen, die jedesmal gegeben sein müssen, wenn von einem Verbrechen überhaupt soll gesprochen werden dürfen. Es sind dies die allgemeinen Deliktsmerkmale „menschliche Handlung", „Rechtswidrigkeit", „Schuld". Der Wert, der dem „allgemeinen Tatbestand" zukommt, besteht, mit *Freudenthal* zu sprechen, darin, daß „die zu ihm gehörigen Merkmale des Verbrechens gleichsam vor die Klammer gestellt" sind. Ihrer jedesmaligen Hervorhebung in den einzelnen Strafrechtssätzen bedarf es nicht; bei der Subsumtion einer Handlung unter das Strafgesetz sind die Merkmale des allgemeinen Tatbestandes ohne weiteres zu „subintelligieren" (*Frank*).

b) Der besondere Tatbestand, der regelmäßig gemeint ist, wenn man im Strafrecht von Tatbestand schlechthin spricht, stellt die Gesamtheit derjenigen Merkmale dar, welche das Wesen der einzelnen, in den Paragraphen[5]) des Besonderen Teils beschriebenen Unrechtsstypen[6]) ausmachen. Die besonderen Tat-

---

[3]) Wiederholt betont von *Beling*, z. B. Grundz. 28, Lehre vom Tatbestand 14, 15.

[4]) Gegen diese Unterscheidung *Mayer* 8 Note 17, *Beling* Verbrechen 2, Lehre v. Tatbest. 14 Note 3 (allgem. Tatbestand „ein schwülstiger und unnötiger Ausdruck für den Verbrechensbegriff selber"), *Mezger* 175/6. Dafür aber *Allfeld* 100, *Frank* Einl. Best. III, freilich ohne in den „allgem. Tatb." auch die Rechtswidrigkeit einzubeziehen, *Freudenthal* Z **48** 290.

[5]) Nicht jeder einzelne Paragraph des Besond. Teils enthält einen einzigen „Tatbestand"; vielmehr gibt es sog. „kumulative Mischgesetze" (*Beling* Grundz. 22), d. h. solche Paragraphen, die mehrere verschiedene Tatbestände enthalten und im Interesse technischer Vereinfachung eine und dieselbe Strafdrohung an diese verschiedenen Tatbestände anknüpfen. (Beispiel: § 360[11]). Anders geartet sind die sog. „alternativen Mischgesetze"; hier wird ein einziger Tatbestand so gebildet, daß innerhalb seiner für gewisse Bestandteile „gleichwertige Modalitäten" zugelassen werden. Beispiel: § 223: Der Tatbestand „Körperverletzung" ist gegeben, mag es sich um „körperliche Mißhandlung" (1. Modalität) oder „Gesundheitsbeschädigung" (2. Modalität) handeln. Vgl. im gleichen Sinne etwa § 186 („behaupten" oder „verbreiten") usw.

[6]) Mit *Mezger* 176 dürfte volle Übereinstimmung bestehen.

bestände lassen uns wissen, was der Gesetzgeber unter Mord, Raub, Bestechung, Landesverrat usw. verstanden wissen will. Wenn wir oben § 26 als Erfordernis einer verbrecherischen Handlung ihre Tatbestandsmäßigkeit in Verbindung mit der Rechtswidrigkeit hervorgehoben haben, so wird nunmehr deutlich, daß die „Tatbestandsmäßigkeit" der Handlung das Unterfallen unter einen der „**besonderen**" Tatbestände zu bedeuten hat. Die besonderen Tatbestände sind es also, die dem Kriminalisten den Zugang zur Erkenntnis der für die strafrechtliche Subsumtion relevanten, spezifischen Rechtswidrigkeit und darüber hinaus sodann zur Feststellung der für die Strafrechtsanwendung spezifischen Schuld eröffnen. Hieraus ergibt sich die große Bedeutung der besonderen Tatbestände für die strafrechtliche Dogmatik, eine Bedeutung, die erkannt und wissenschaftlich herausgearbeitet zu haben *Belings* unumstößliches Verdienst bleibt[7]).

II. Angesichts dieser Bedeutung der strafrechtlichen besonderen Tatbestände ist in neuerer Zeit unter Führung von *Beling* der „Tatbestands"-Lehre erhöhte wissenschaftliche Beachtung zuteil geworden[8]).

[7]) Vgl. zu den vor dem Text angegebenen Werken *Belings* auch dessen Methodik der Gesetzgebung, insbes. der Strafgesetzgebung (1922) 59ff., Grundzüge §§ 15, 16, 17. In den Grundzügen und in seiner „Lehre vom Tatbestand" verwendet *Beling* aber den „gesetzl. Tatbestand" in einem anderen Sinne als der Text und die herrschende Lehre. *Beling* unterscheidet jetzt scharf „Deliktstypus" und „gesetzl. Tatbestand". Der „Deliktstypus" umfaßt bei ihm den gesamten allgem. Tatbestand und einen besond. Tatbestand im Sinne des Textes, während er unter dem „gesetzl. Tatbestand" das „Leitbild" oder „Vorstellungsbild" verstanden wissen will, auf welches alle objektiven und subjektiven Merkmale des Deliktstypus abgestimmt sind, das „die objektive und die subjektive Seite gemeinsam beherrscht" (Grundz. 24/5). Aus § 59 StGB soll sich der Name „gesetzlicher Tatbestand" für dieses Leitbild ergeben. Im großen ganzen dürfte dieses Leitbild an die Stelle dessen treten, was man bisher als „objektiven Tatbestand" bezeichnet hat. Daß dieser „objektive Tatbestand" nicht die Grundlage für Tatbestandsmäßigkeit, Rechtswidrigkeit, Schuld abgeben kann, hat gerade die Herausarbeitung der subjektiven Unrechtselemente ergeben. Insofern ist es zu begrüßen, daß *Beling* diesen „objekt. Tatbestand" nunmehr auf die Rolle eines solchen Leitbildes oder Vorstellungsbildes beschränkt, das nicht als constituens des einzelnen Deliktstypus aufgefaßt werden dürfe, sondern lediglich „verständnisbedingend", „regulativ" dem einzelnen Deliktstypus „vorgelagert" sei. Ob es freilich richtig ist, dieses bloß verständnisbedingende Leitbild als „gesetzlichen" Tatbestand auszugeben, muß bezweifelt werden. Daß der Weg zur Erkenntnis der Rechtswidrigkeit im Strafrecht nicht sowohl über dieses Leitbild als vielmehr über den besonderen (objekt. und subjekt.) Tatbestand im Sinne des Textes führt, dürfte namentlich auf Grund der Untersuchungen von *Mezger* und *Hegler* sicher sein. Darum faßt der Text, von *Beling* abweichend, diese besonderen Tatbestände als Grundlage der strafrechtlichen Wertung auf. Vgl. über *Belings* neue „Tatbestands"-Lehre *Mezger* 176/7 Note 6, *Erik Wolf* 5 Note 3, und ausführlich kritisch *v. Wedel* in Schweizer. Z 45 359, insbes. 373ff. — *Engisch* (Lit. zu § 39) 7ff., 12, 13 verwendet den Begriff der Tatbestandsmäßigkeit ebenfalls in einem anderen Sinn als der Text. Aber der Unterschied ist rein terminologisch.

[8]) *ME. Mayers* Bemühungen, in Aufbau und Struktur der Tatbestände unter ordnenden Gesichtspunkten einzudringen, werden mit großem Scharf-

1. Der Aufbau der besonderen Tatbestände ruht auf dem vom Gesetz gebrauchten Tätigkeitswort (töten, nötigen, wegnehmen usw.). Mit diesem, den tatbestandsmäßigen Erfolg in sich schließenden Tätigkeitswort wird uns die **Ausführungshandlung** gegeben, d. h. diejenige Willensbetätigung, die im Einzelfalle dem vom Gesetz unter Strafe gestellten Verhalten entspricht. Dazu tritt die Bezeichnung des Subjekts, des **Täters,** meist in allgemeinster Formulierung: „wer . . .", manchmal jedoch mit Einschränkung auf bestimmte personal begrenzte Täterkreise oder -gruppen: z. B. „Ausländer", „Beamte", „Militärpersonen", „Vormünder" usw.; in diesen zuletzt genannten Fällen ist Verbrechensbegehung nur seitens des im Tatbestande näher bestimmten Subjektes möglich; man pflegt in solchen Fällen von **Sonderdelikten** zu sprechen. Ferner bezeichnen manche Tatbestände das Tatobjekt (wer einen Menschen tötet, eine fremde, bewegliche Sache wegnimmt), sowie weitere Modalitäten, wie das Tatbegehungsmittel (Gift, Gewalt, Unterdrückung wahrer Tatsachen, Irrtumserregung), Ort und Zeit (in einer Kirche, zur Nachtzeit), Öffentlichkeit und sonstige Beziehungen.

a) Im einzelnen ist die **Methode** des Gesetzgebers **bei der Ausgestaltung der Tatbestände** sehr verschiedenartig. Neben kurzer schlagwortartiger Bezeichnung des gesamten besonderen Tatbestandes (z. B. §§ 185, 360 Ziff. 11) begegnen mehr oder weniger eingehende Beschreibungen des verbrecherischen Verhaltens (z. B. §§ 263, 271). Sehr bedeutsam ist, namentlich für die Lehre vom Versuch (unten § 44), sowie für die Lehre von Täterschaft und Teilnahme (unten § 50), die Art, wie die Ausführungshandlung angegeben wird. Schwierigkeiten machen hier insbesondere die Tatbestände, denen zufolge jede irgendwie geartete Verursachung einer Veränderung in der Außenwelt als tatbestandsmäßiges Verhalten genügt (z. B. „töten" = den Tod verursachen). Man kann hier mit *Frank* u. a. von „Verursachungsdelikten" sprechen und diese Gruppe von Verbrechen den sog. „Tätigkeitsdelikten" gegenüberstellen, bei denen die verbrecherische Handlung ihrer äußeren Beschaffenheit nach bestimmter bezeichnet wird (z. B. „schwören", „Beischlaf ausüben" usw.), muß sich jedoch dabei klar bleiben, daß damit mehr als eine Einteilung nicht gegeben ist und daß die Frage nach ihrer juristischen Tragweite besonderer Behandlung bedarf. Mehrfach hat der Gesetzgeber für den Tatbestand eines Verbrechens mehrere sich aneinanderschließende Tätigkeiten verlangt (zusammengesetzte Verbrechen): so Anfertigung und Gebrauch einer unechten Urkunde bei der Urkundenfälschung; in diesen Fällen erscheint jede der Tätigkeiten als Ausführungshandlung. Verlangt der Gesetzgeber die Anwendung bestimmter Mittel, wie der Gewalt bei Raub und Notzucht, der Täuschung beim Betrug, so fällt bereits die Anwendung dieser Mittel unter den Begriff der Ausführungshandlung.

b) Die besonderen Tatbestände sind gesetzliche Abstraktionen, bei deren Aufstellung der Gesetzgeber zwar an gewisse Wirklichkeitsbilder anknüpft, mit deren Aufstellung jedoch nicht ein Ausschnitt realer Wirklichkeit in seinem So-sein beschrieben, vielmehr zur strafrechtlichen Wertung menschlicher Handlungen hingeleitet werden soll. Schon hieraus folgt, daß es in den besonderen Tatbeständen rein beschreibende (**„deskriptive"**) Tatbestandsmerkmale nicht gibt, daß vielmehr alle Tatbestandsmerkmale wertenden Charakters

---

sinn von *Erik Wolf* Die Typen der Tatbestandsmäßigkeit 1931 fortgesetzt, der hiermit die Grundlagen zu einer Allgemeinen Lehre vom Besonderen Teil legen will. Seine Ausführungen ergänzen den Text, führen aber zum Teil zu so subtilen Unterscheidungen, daß in einem Lehrbuch darauf nicht eingegangen werden kann.

(„**normativ**") sind. Bei dem Streit etwa um die Unterscheidung von „Mensch" und „Leibesfrucht" in den §§ 211/12, 217, 218 StGB (unten § 80 I) handelt es sich nicht um ein naturwissenschaftliches, sondern um ein juristisches Problem! Wenn also die neuere Tatbestandslehre im Anschluß an *ME. Mayer* und *Mezger*[9]) deskriptive und normative Tatbestandsmerkmale unterscheidet, so ist das nur cum grano salis, nur mit einer ganz bestimmten Maßgabe richtig: der normative Charakter der Tatbestandsmerkmale tritt nicht gleichmäßig deutlich hervor. Es gibt Tatbestandsmerkmale, die wesentlich faktischen Inhalts sind und in völliger Übereinstimmung mit dem Sprachgebrauch auf real Gegebenes hinweisen („Mensch", „Beischlaf", „Messer", „Leib", „Leben"), so daß sich der Richter bei ihrer Feststellung zumeist und im wesentlichen auf eine „erkenntnismäßige" („kognitive") Tätigkeit beschränken darf. Hier von „deskriptiven Tatbestandselementen" zu sprechen, ist insoweit nicht unzulässig. Jedenfalls wird dadurch die Eigenart derjenigen Tatbestandsmerkmale hervorgehoben, die spezifisch normativen Charakters sind und zu ihrer Feststellung eine wertende Tätigkeit des Richters erfordern. Dies ist nicht nur da der Fall, wo der Tatbestand juristische Begriffe verwendet („fremde Sache", „öffentliche Urkunde", „Beamter", „Vormund", „Ehe" usw.), sondern auch da, wo auf „kulturelle Wertungen" verwiesen wird („unbescholten", „unzüchtig", „gute Sitten", „beschimpfen" usw.). In diesen beiden Fällen ist der Richter aber keineswegs auf eine rein subjektive Eigenwertung angewiesen; vielmehr wird er sich auch hier an feststehende, objektive, juristische oder kulturelle Werte zu halten haben. Freilich ohne jede „subjektive Beimischung" wird sich die richterliche Wertung namentlich im Falle kultureller Wertungen nicht vollziehen. Die Gefahr willkürlicher Wertungen ist daher nicht ausgeschlossen. Gerade hier aber zeigt es sich, daß richterliche Subsumtion nicht nur eine Angelegenheit des Intellekts, sondern auch eine solche charakterlicher Selbstzucht ist[10]).

c) Innerhalb der Tatbestandsmerkmale kann man endlich **objektive** und **subjektive** unterscheiden, je nachdem ob das Tatbestandsmerkmal, vom Standpunkte des Täters aus gesehen, zu seiner Außen- oder Innenwelt gehört. Die Ausführungshandlung, die Tatbegehungsmittel, Zeit und Ort der Handlung, Eigenschaften des Tatobjektes oder des Verletzten gehören zu den objektiven, alle auf den Täter bezüglichen psychologischen oder charakterologischen Merkmale zu den subjektiven Tatbestandselementen.

Unrichtig und heute im wesentlichen überwunden ist die Meinung, daß dem besonderen Tatbestande überhaupt nur die objektiven Merkmale angehören, daß infolgedessen auch allein die objektiven Merkmale auf dem Wege über die Tatbestandsmäßigkeit für die Rechtswidrigkeit Bedeutung haben,

---

[9]) *ME. Mayer* 182ff. hat den normativen Tatbestandselementen als erster genauere Aufmerksamkeit geschenkt, hat sie aber noch als „unechte Tatbestandsmerkmale" aufgefaßt, weil er den Tatbestand, *Beling* folgend, wertfrei sehen zu müssen glaubte und an der die Rechtswidrigkeit nur indizierenden (nicht konstituierenden) Natur der Tatbestände anders nicht festhalten zu können meinte. *Mezger* hat die Lehre dann richtig ausgebaut. Vgl. jetzt *Mezger* 190—192. Auf die durchgängig normative Natur aller Tatbestandsmerkmale hat namentlich *Erik Wolf* (RG Festg. V 54; Typen 11, 56ff.) hingewiesen. Vgl. dazu *Grünhut* Festg. f. *Frank* I 5, 21, *Finger* ebenda 230, *Hegler* ebenda 274/5, *Beling* Lehre vom Tatbestand 10, Grundz. 30. An *Mezger* schließt sich an *Eichmann* Der Vorsatz bei normativen Tatbestandselementen (Strafr. Abh. Heft 255) 3ff., 8ff. Vgl. auch *Rittler* Z **49** 464/5. *Frank* Einl. Best. III a. E. *Zimmerl* Aufbau 61. *Foltin* (Lit. zu § 18) 57.

[10]) Vgl. *Mezger* 191, *Foltin* (Lit. zu § 18), insbes. 56ff.

während sämtliche subjektiven Merkmale zur Schuld zu schlagen seien, mithin dem besonderen überhaupt nicht, vielmehr ausschließlich dem allgemeinen Tatbestande angehören[11]).

Demgegenüber ist festzuhalten, daß im besonderen Tatbestande auch subjektive Merkmale eine für die Rechtswidrigkeit konstitutive Bedeutung haben können. Nicht jede Beistandsleistung, die man einem Täter nach der Tat zuteil werden läßt, ist dem § 257 zufolge rechtswidrig, sondern nur diejenige, die in der Absicht geschieht, den Täter der Bestrafung zu entziehen oder ihm die Vorteile seiner Tat zu sichern. Nicht schon der handelt gemäß § 265 rechtswidrig, der gegen Brandschaden versicherte eigene Möbel verbrennt, sondern nur derjenige, der dies in betrügerischer Absicht tut. Wer Geld nachmacht, verletzt die Rechtsordnung nur dann, wenn er die Absicht hat, das nachgemachte Geld als echtes zu gebrauchen oder sonst in Verkehr zu bringen (§ 146). Die Wegnahme einer fremden beweglichen Sache stellt sich allein nicht in dem von § 242 gemeinten Sinne als gesellschaftsschädlich dar, vielmehr muß die Absicht der rechtswidrigen Zueignung hinzutreten, soll eine im Sinne des § 242 spezifische Rechtswidrigkeit gegeben sein.

Die Kategorie der „subjektiven Rechtswidrigkeitselemente" ist mithin mit *Mezger, Hegler* u. a. anzuerkennen. Zu ihr gehören alle diejenigen Momente, deren „Vorhandensein als entscheidendes Moment für die Annahme des Vorliegens sozialschädlichen Verhaltens bzw. eines bestimmt sozialschädlichen Verhaltens erscheint" (*Hegler*)[12]).

Das Fehlen eines solchen subjektiven Rechtswidrigkeitselements bedeutet mithin, daß die Handlung entweder überhaupt nicht oder doch nicht in einer für das Strafrecht relevanten Weise, d. h. eben tatbestandsmäßig rechtswidrig ist. In der Lehre vom Irrtum, bei den Fragen der Täterschaft und Teilnahme, sowie zur Erklärung des strafrechtlichen Versuchs wird sich die Erkenntnis dieser Kategorie bewähren.

2. Den besonderen Tatbeständen eignet im Strafrecht eine verschiedenartige Funktion.

[11]) Früher pflegte man unter „Tatbestand" nach *Belings* Vorgang den „objektiven" Tatbestand zu verstehen, den subjekt. (inneren) Tatbestand zur Schuld zu rechnen. *v. Hippel* II 89. Vgl. auch noch *Mayer* 8, obwohl gerade *Mayer* die subjekt. Unrechtselemente entdeckt hatte (*Mayer* 185ff.). *Beling* kann auch heute noch von seiner Tatbestandslehre aus subjektive Tatbestandselemente nicht anerkennen. Vgl. *Beling* Grundz. 29/30, Lehre vom Tatbestand 10ff., 12ff. Dagegen haben *Mezger* und *Hegler* die Lehre von den subjekt. Tatbestands-(Unrechts-)Elementen ausgebaut. Vgl. neuestens *Mezger* 168ff., 190, *Erik Wolf* Typen pass. Anerkennung dieser Lehre auch bei *Engisch* (Lit. zu § 39) 62. Dagegen aber *J. Goldschmidt* (Festg. f. *Frank* I 458). Vgl. nächste Note.

[12]) Im einzelnen herrscht lebhafter Streit, wo die Grenze der subjekt. Unrechtselemente und der Schuldmerkmale zu ziehen ist. *Mezger* hatte in der Tat den Kreis der ersteren zu weit gezogen, so daß *Zimmerls* Polemik (Zur Lehre vom Tatbestand 29ff.) teilweise zutrifft. Eingehende Untersuchungen bringt jetzt *Hegler* (Festg. f. *Frank* I). *Goldschmidt* (Festg. f. *Frank* I 458ff.) lehnt den Begriff der subjekt. Unrechtselemente völlig ab, anerkennt aber den der subjekt. Tatbestandselemente, in denen freilich nach seiner Meinung, „besondere Schuldmerkmale gesetzlich typisiert" seien. *Goldschmidt* wird zu dieser Auffassung gedrängt durch seine Unterscheidung von „Rechtsnorm" (äußeres Verhalten) und „Pflichtnorm" (Motivation). Vgl. dazu unten § 36, sowie *Hegler* (Festg. f. *Frank* I 299). Vgl. endlich *Sauer* Grundlagen 343ff., *Erik Wolf* Strafrechtl. Schuldlehre 52 Anm. 124, *Mezger* 168ff., 190, der treffend die Bedeutung der subjekt. Unrechtselemente für die Schuld herausarbeitet (171/2).

a) Auf dem Erfordernis strenger Tatbestandsmäßigkeit beruht die bereits erörterte rechtsstaatliche Funktion des Strafrechts (oben § 18 II).

b) Hier interessiert nun vor allem die Bedeutung der besonderen Tatbestände als Ausgangspunkt für die Feststellung der Rechtswidrigkeit der Handlung und demgemäß das Verhältnis, in dem Tatbestandsmäßigkeit und Rechtswidrigkeit zueinander stehen. In den strafrechtlichen Tatbeständen bestimmt der Gesetzgeber die **Unrechtstypen**[13]), die ihm strafwürdig erscheinen. Die Aufstellung des Tatbestandes bedeutet mithin eine durch die Strafdrohung stark unterstrichene Rechtswidrigkeitserklärung; freilich eine solche nicht gegenüber der konkreten, vom Richter im Einzelfall abzuurteilenden Handlung. An diese Einzelhandlung denkt der Gesetzgeber nicht, kann er noch gar nicht denken. Ihm schweben nur Handlungstypen vor, aus denen er durch Aufstellung des Tatbestandes Unrechtstypen schafft. Daraus folgt: Unterfällt eine Handlung einem solchen Unrechtstyp, so wird die Rechtswidrigkeit für den sie ermittelnden Kriminalisten zwar in den Bereich der Wahrscheinlichkeit gerückt, aber festgestellt ist sie damit noch nicht. Kann es doch sein, daß die Handlung Einzelzüge aufweist, die vom Gesetzgeber bei der Aufstellung der Unrechtstypen nicht mit erfaßt worden sind, ja die im Gegenteil das (tatbestandsmäßige) Handeln mit Rücksicht auf einen in einem besonderen Rechtssatz aufgestellten **Rechtfertigungsgrund** als berechtigt erkennen lassen. Damit gewinnen wir für das Verhältnis von Tatbestandsmäßigkeit und Rechtswidrigkeit folgende Erkenntnis: **Die Tatbestandsmäßigkeit ist das erste und strafrechtlich wichtigste Indiz**[14]) für die Rechtswidrig-

---

[13]) Vgl. *Sauer* Grundlagen 306ff., *Endemann* Zivilcourage und Strafrecht (1925) 54 Note 181, ferner insbesondere auch *Mezger* GS **89** 260, 262, Vom Sinn der strafrechtl. Tatbestände 190, 191, *Erik Wolf* (RG Festg. V 54), *Wolter* Z **48** 43, *Zimmerl* Aufbau (Lit. zu § 26) 64, *Engisch* (Lit. zu § 39) 12, deren Auffassung aber teilweise vom Text abweicht. A. M. *Beling* Lehre vom Tatbestand 9 (auf Grund seiner andersartigen Auffassung vom gesetzl. Tatbestand).

[14]) Diese Formulierung fand *ME. Mayer*. Vgl. sein Lehrbuch 10 (Note 21), 52, 182. Ihm folgt *Wegner* 38ff., insbes. 45, 54ff., *Derselbe* Z **44** 689, *Kohlrausch* HdR V 768; vgl. auch *Kohlrausch* Strafgesetzbuch S. 13. Der Sache nach stimmen mit dem Text überein *Sauer* Grundlagen 307, 308, *Nathan* 3, *Graf zu Dohna* Recht und Irrtum (1925) 4, wohl auch *Mittermaier* Z **44** 9. Vgl. übrigens schon *Beling* Verbrechen 37 und jetzt auch *Elster*. Bedenken gegen die Formulierung des Textes äußern *Frank* Einl. Best. I, *v. Hippel* II 188. Jedoch erscheint die Formel unverfänglich, wenn man sich auf den Standpunkt des die Rechtswidrigkeit feststellenden Juristen stellt. Dieser geht vom Tatbestande aus und soll davor bewahrt werden, mit festgestellter Tatbestandsmäßigkeit ohne weiteres die Rechtswidrigkeit anzunehmen. In diesem Sinne ist die Tatbestandsmäßigkeit die erste Etappe auf dem Wege zur Erkenntnis der Rechtswidrigkeit, in diesem Sinne ist sie ratio cognoscendi für die Rechtswidrigkeit der konkret abzuurteilenden Handlung. Es ist nur eine andere Betrachtungsweise, wenn man gegenüber einer

keit, aber ein Indiz, das gegebenenfalls trügerisch sein kann, nämlich dann, wenn ein Rechtfertigungsgrund die konkrete tatbestandsmäßige Handlung deckt[15]). In diesem Falle haben wir es dann mit einer Handlung zu tun, die nicht als rechtswidrig — auch nicht etwa als „an sich" rechtswidrig[16]) — gewertet werden darf, die vielmehr von vornherein rechtmäßig ist und daher niemals ein Verbrechen sein kann[17]).

B. **Rechtfertigungsgründe** bietet keineswegs allein das Strafrecht; vielmehr ist die Gesamtheit der (einheitlich zu denkenden) Rechtsordnung auf das Gegebensein von Rechtfertigungsgründen hin durchzumustern. Ein lückenloses System von Rechtfertigungsgründen ist jedoch, im Gegensatz zu den Tatbeständen, im positiven Recht, d. h. in der lex scripta und im Gewohnheitsrecht, nicht zu finden. Die Lücken können nur im Wege der „Rechtsergänzung"[18]), d. h. in der Weise ausgefüllt werden, daß der materielle Gehalt der Handlung, ihre Sozialschädlichkeit oder -nützlichkeit, mit Hilfe der Wertmaßstäbe der materiellen Unrechtslehre geprüft und bei fest-

---

als rechtswidrig festgestellten Handlung fragt, aus welchen Elementen sich das Rechtswidrigkeitsurteil aufbaut; von diesem Standpunkt aus kann man mit *Mezger* Vom Sinn der strafrechtl. Tatbestände 10, 11, *Frank* Einl. Best. I (S. 2) u. a. die Tatbestandsmäßigkeit als ratio essendi der Rechtswidrigkeit auffassen.

[15]) Beispiel: A tötet den X. Die Handlung erweist sich als tatbestandsmäßig im Sinne des § 212; die Rechtswidrigkeit ist indiziert. Die Tat des A kann aber erforderlich gewesen sein, um einen von X auf A gemachten gegenwärtigen rechtswidrigen Angriff abzuwehren. Hier weist die konkrete Tötungshandlung also die Einzelmerkmale auf, die in § 53 StGB zum Rechtfertigungsgrunde der Notwehr zusammengefaßt sind. Das Indiz auf die Rechtswidrigkeit stellt sich also als trügerisch heraus; die konkrete (in Notwehr erfolgte) Tötung ist rechtmäßig.

[16]) Diese falsche Ansicht glaubt *Hofacker* Z **43** 649 als Quintessenz der Lehre von Tatbestandsmäßigkeit und Rechtswidrigkeit feststellen zu dürfen. Aber *Hofacker* ist allseitig abgelehnt worden. Vgl. die vor. Aufl. dieses Buches S. 177 Note 9, *Wegner* Z **44** 683, *Nathan* 3, *v. Hippel* II 189, 190, *Wolter* Z **48** 45ff.

[17]) Eine Handlung ist entweder rechtmäßig oder rechtswidrig; ein Drittes ist nicht möglich, auch gibt es keine Übergangsformen. Vgl. dazu die vortrefflichen Ausführungen von *Sauer* 236, *J. Goldschmidt* Der Prozeß als Rechtslage (1925) Note 1275, *v. Hippel* II 189, 190, *Mezger* 163. Auch *v. Weber* Das Notstandsproblem (1925) 3 spricht zutreffend von „dem kontradiktorischen Gegensatz von rechtmäßig und rechtswidrig", so daß daneben „die Aufstellung einer selbständigen Kategorie logisch unmöglich sei". Alle diese Autoren wenden sich damit richtig gegen *Binding* Handbuch I 158 und 765, *Finger* **1** 405, 421, *Oetker* VD Allg. T. **2** 334, *Zimmerl* Aufbau 42 u. a. *v. Weber* selbst neigt übrigens (35) bedenklich der *Binding*schen Lehre zu. Nicht gehört zu den Anhängern *Bindings Hold v. Ferneck* (wie *v. Weber* 3 Note 1 zu glauben scheint); vgl. *Hold v. Ferneck* **1** 306, **2** 121 (bedenklich, aber nicht maßgeblich, hier allerdings sein Ausdruck „rechtsfrei"). Daß *Hold v. Ferneck* eine Handlung für erlaubt hält, weil sie entschuldbar ist, ist nicht „eigenartig" (wie *v. Weber* meint), sondern Konsequenz seiner subjektivistischen Rechtswidrigkeitslehre.

[18]) *Schreier* 39, 46; dazu *Eb. Schmidt* Z **49** 355.

gestellter materieller Rechtmäßigkeit der Handlung die Rechtswidrigkeit verneint wird. Diese Rechtsergänzung darf aber erst dann vorgenommen werden, wenn die Unmöglichkeit, dem positiven Recht eine (positive oder negative) Wertung der Handlung zu entnehmen, feststeht. Nie darf die materielle Unrechtslehre den Juristen dazu verleiten, sich über das stets in erster Linie und möglichst allein heranzuziehende positive Recht hinwegzusetzen[19]).

I. Im Bereich des positiven Rechts stempelt jeder Rechtssatz des öffentlichen oder des privaten Rechts, der die Verletzung oder Gefährdung eines (eigenen oder fremden) Rechtsguts gebietet oder erlaubt, diese dadurch zur rechtmäßigen Handlung und schließt damit die Möglichkeit aus, den Schluß aus der Tatbestandsmäßigkeit auf die Rechtswidrigkeit zu ziehen. E 1927 § 23 hat diesen Satz ausdrücklich anerkannt.

Möglicherweise bringt das positive Recht ein solches Gebot oder eine solche Erlaubnis nicht expressis verbis zum Ausdruck. Vielmehr kann es sein, daß sich die Auffassung des Gesetzgebers von der Rechtmäßigkeit der in Rede stehenden Handlung unmittelbar aus dem Zusammenhange bestimmter gesetzlicher Vorschriften erschließen läßt. Namentlich ist der Satz anzuerkennen, daß überall da, wo das Gesetz die Verfolgung eines bestimmten Zweckes als berechtigt ansieht, die zur Erreichung dieses Zweckes erforderlichen Handlungen rechtmäßig sind, mögen sie auch den besonderen Tatbestand eines Strafrechtssatzes erfüllen.

II. Es kann aber auch sein, daß der Zusammenhang einzelner gesetzlicher Bestimmungen nicht ohne weiteres die vorstehend entwickelten Schlüsse gestattet. Wenn in einem solchen Falle der Schluß aus der Tatbestandsmäßigkeit auf die Rechtswidrigkeit widersinnig erscheint, so muß der Versuch gewagt werden, die Rechtmäßigkeit der Handlung mit Hilfe überpositiver Wertungen zu begründen. Hier hilft dann eine Besinnung auf den materiellen Gehalt der in Frage stehenden Handlung. Dieser materielle Gehalt ist im Hinblick auf den **empirisch gegebenen Zweck des staatlich geregelten Zusammenlebens** zu prüfen. Eine Handlung ist dann trotz Tatbestandsmäßigkeit nicht rechtswidrig, wenn sie sich darstellt als **angemessenes (richtiges) Mittel zur Erreichung dieses Zweckes des staatlich geregelten Zusammenlebens**[20]). Zweifellos ist mit diesem

---

[19]) Vgl. dazu oben § 31 Note 12.

[20]) Vgl. oben § 31 Note 12. — Mit *Sauer* zu sprechen, mag in der „Angemessenheit der Handlung im Hinblick auf den empirisch gegebenen Zweck des staatlich geregelten Zusammenlebens" das für die rechtliche Beurteilung der menschlichen Handlungen erforderliche „juristische Grundgesetz" gesehen werden. Vgl. *Sauer* Z für Rechtsphilos. 2 336 und Grundlagen 275ff. *Sauer* selbst (Grundlagen 286) nennt „rechtswidrig" ein Verhalten, „das nach seiner

Satz nur ein dem Wesen des Rechtes entsprechendes **regulatives Prinzip** gegeben, mit dessen Hilfe der Richter, unter sorgsamster Berücksichtigung aller Einzelheiten des gegebenen Sachverhalts, eine vernünftige, gerechte Einzelfallentscheidung zu finden vermag. Und dieses regulative Prinzip ist eine **formale** Maxime, die, soll mit ihrer Hilfe der Obersatz für eine gerechte Einzelfallentscheidung gefunden werden, der Ausfüllung bedarf. Aber wertlos ist dieses Prinzip deswegen durchaus nicht. Denn es weist den Richter darauf hin, daß bei der Ausfüllung der positivrechtlichen Lücken nicht seine „subjektive Willkür"[21]) maßgebend sein darf, daß ihn dabei vielmehr die in der staatlichen Gemeinschaft herrschenden Kulturanschauungen zu leiten haben[22]).

Die Angemessenheit einer Handlung als Mittel zur Erreichung eines als richtig anerkannten Zweckes wird namentlich dann einleuchten, wenn sie der Wahrung eines mehrwertigen Interesses auf Kosten eines minderwertigen dient[23]).

---

allgemeinen Tendenz dem Staate und seinen Gliedern mehr schadet als nützt". *Mezger* bezeichnet (Sein und Sollen 76ff., 79/80; GS **89** 242 Note 1, 249, 313) als materiell rechtswidrig, was „dem Streben nach dem kompossiblen Maximum der Interessenbefriedigung zuwider ist". Mit beiden Autoren stimmt der Text im wesentlichen überein. Vgl. über *Sauer* und *Mezger* auch *Heinitz* 71, 74, 78 und neuestens zu der ganzen Lehre *Mezger* §§ 25, 26. — Die im Text für die Rechtsergänzung verwendete Formel „angemessenes Mittel zum richtigen Zweck" hat *Graf zu Dohna* auf *Stammler*scher Grundlage für das Strafrecht fruchtbar gemacht. Vgl. dazu eingehend *Eb. Schmidt* Z **49** 350 und Mitt. IKV N. F. Bd. **5** 131. Gegen die „Zwecktheorie" jetzt namentlich *v. Hippel* II 191/2, *Jansen* 47/8, *Mezger* 242/3. Für sie *Grünhut* Z **51** 455. Die im Text vertretene Zwecktheorie hat nichts zu tun mit dem Satz „der Zweck heiligt die Mittel". Es ist demgemäß nicht richtig, wenn *Mezger* 242 ebenso wie R **25** 375 diesen selbstverständlich falschen Satz als „Zwecktheorie" bezeichnet. Daß der Satz, richtig verstanden, nicht sagt, „wann das Mittel angemessen ist" (*Mezger* 243), bedeutet keinen Einwand gegen ihn. Er ist (s. den Text) eine formale, also ausfüllungsbedürftige Wertformel, teilt aber diese Art mit sehr vielen normativen Tatbestandsmerkmalen, ferner auch mit der von *Mezger* und R. verwendeten Güterabwägungstheorie. Siehe dazu näher die bereits oben angegebenen Arbeiten von *Eb. Schmidt*. R **25** 375, **61** 253, JW **58** 3170 lehnt die Zwecktheorie ab, ohne sie jedoch jemals näher geprüft zu haben. In Wirklichkeit arbeitet R ständig mit ihr (*Eb. Schmidt* Z **49** 350).

[21]) *Goldschmidt* Prozeß als Rechtslage 157 Note 862, 160 Note 876a mit zutreffender Würdigung von R **47** 108.

Zu falscher Auffassung kann es führen, wenn man mit *Heinitz* u. a. die im Text vertretene Auffassung als „Subjektivismus" bezeichnet. Das trifft vielleicht gegenüber *Graf zu Dohna* zu, nicht aber gegenüber *Sauer*, *Mezger* und dem Text. Vgl. dazu *Wolter* Z **48** 44. Völlig verkehrt ist es, wenn *Dörr* (Lit. zu § 35) 11 und im Anschluß an ihn *Jansen* die Richtung des Textes dahin charakterisieren, daß sie „an die Stelle der gesetzl. Wertung . . . die eigene subjektive Wertung des Richters" setze. Übertrieben auch die Sorge *Rittlers* Z **49** 473/4 vor richterlicher Willkürmöglichkeit. Vgl. im übrigen den Text oben bei Note 10.

[22]) Vgl. hierzu *Erik Wolf* Strafr. Schuldlehre I (1928) 115ff.

[23]) „Grundsatz der Güter- und Pflichtenabwägung" oder „Güterabwägungstheorie". Vgl. dazu ausführlicher unten § 34 B III.

III. Die zu I und II erörterten Grundsätze gelten auch für das Landesstrafrecht, soweit ihm die strafrechtliche Regelung bestimmter Materien überlassen ist. Möglich ist aber auch, daß einem reichsrechtlichen Tatbestande gegenüber sich aus Landesrecht ein Rechtfertigungsgrund ergibt. Das ist insoweit der Fall, als das Landesrecht Angelegenheiten, die für die Frage der Rechtswidrigkeit präjudiziell sind, regeln darf. Darf das Landesrecht die Geschäftsordnung eines Landtages regeln, also festsetzen, unter welchen Voraussetzungen und in welchen Formen der Ausschluß eines den ungestörten Ablauf der Verhandlungen beeinträchtigenden Abgeordneten zu erfolgen hat, so ist eine diesen landesrechtlichen Bestimmungen entsprechende gewaltsame Entfernung des widerspenstigen Abgeordneten aus dem Sitzungssaale (StGB § 105) gerechtfertigt [24]).

C. Die unter A und B erörterten Grundsätze bedürfen einer erläuternden Einschränkung, die sich aus dem Sinn der strafrechtlichen Tatbestände ergibt. Die „indizierende Funktion" (*ME. Mayer*) der Tatbestände (oben A II 2b) tritt nämlich ohne weiteres nur ein bei den Begehungsdelikten, bei denen die Handlung in einem positiven Tun besteht, sowie ferner bei den echten Unterlassungsdelikten [25]). Sie versagt dagegen, sofern nicht ein weiteres, die Rechtswidrigkeit indizierendes Moment hinzutritt, bei den **unechten Unterlassungsdelikten.**

I. Die Richtigkeit dieser Unterscheidung ergibt eine einfache Überlegung [26]). Wenn der Gesetzgeber eine Verbotsnorm aufstellt („wer einen anderen körperlich mißhandelt oder an der Gesundheit beschädigt, wird . . . bestraft"), so wendet er sich damit verbietend gegen diejenigen Tätigkeiten (positives Tun), welche diesen Erfolg herbeiführen, nicht aber gegen die gesamten passiven Verhaltensweisen (Unterlassungen), welche ebenfalls mit diesem Erfolg im Kausalzusammenhang stehen (als Nichthinderungen); diesen Unterlassungen gegenüber versagt jeder Typisierungsversuch. Es liegt in der Tat so, wie *ME. Mayer* (190) es treffend formuliert: daß nämlich „die Tatbestände, die ein Verbot sanktionieren, nur angeben, was einer nicht tun soll, und somit nicht angeben, was einer tun soll". Deswegen wird durch den Tatbestand die Rechtswidrigkeit des ihm unterfallenden Tuns ohne weiteres indiziert, die des ihm unterfallenden Unterlassens dagegen nur dann, wenn überdies

---

[24]) Ebenso R **47** 270, *Frank* 4. Abschn. III, *Ebermayer* in Lpz. Komm. § 105 Note 4, *Gerland* 112 Note 1, *Finger* (Lit. zu § 20) 103 Note 7. Teilweise abweichend die früheren Auflagen dieses Buches. Vgl. ferner *Hamm* und *v. Schoenen* DJZ **17** 649, 804; *Horstmann* (Lit. zu § 31), *Fuchs* (ebenda), *Heinemann* DJZ **18** 856, *Goldschmidt* JW **41** 562.

[25]) Vgl. oben § 30 III. Mit dem Text R **63** 394.

[26]) Vgl. hierzu insbesondere *ME. Mayer* 189ff., ferner *Beling* Grundzüge 38, *Frank* § 1 IV, *Mezger* 138, *Gerland* 128. Vgl. auch *Sauer* Grundlagen 447ff., insbes. 456ff. mit freilich erheblich weiterer Heranziehung der allgemeinen Unrechtslehre, und jetzt *Sauer* (Festg. f. *Frank* I 214); dazu auch *Hafter* 71 Note 2.

durch einen besonderen Rechtssatz an Stelle des Unterlassens ein den Erfolg hinderndes Tätig-werden geboten und damit zugleich das Untätig-bleiben verboten wird.

II. Die Pflicht, zur Verhinderung des Erfolges tätig zu werden, muß eine rechtlich begründete, eine Rechtspflicht, sein. Niemals genügt es, daß nur die Sitte oder die Sittlichkeit das Tun erfordert[27]). Und immer muß gerade die Erfolgsabwendung als solche den Inhalt der konkreten Rechtspflicht ausmachen; es genügt nicht, daß ein sonstiges Tun zur Pflicht gemacht wird, selbst wenn es sich erfahrungsgemäß dahin auszuwirken pflegt, daß es den Erfolg verhindern hilft. Daher ist die Meinung richtig, daß StGB § 360 Nr. 10 zwar eine Rechtspflicht zum Helfen, nicht aber eine solche zur Abwendung derjenigen Schädigungen begründet, zu deren Verhinderung die Polizeibehörde die helfende Tätigkeit in Anspruch zu nehmen suchte. Und Entsprechendes gilt für StGB § 139[28]).

III. Die Rechtspflicht, zur Abwendung des Erfolges tätig zu werden, kann auf jeder beliebigen Rechtsnorm beruhen. Gleichgültig ist es, ob diese Norm dem geschriebenen Recht oder dem Gewohnheitsrecht angehört, ob sie öffentlich-rechtlichen oder privatrechtlichen Charakter hat, ob sie die konkrete Rechtspflicht zum Tun unmittelbar durch einen bestimmten gesetzlichen Befehl oder mittelbar dadurch begründet, daß sie eine durch Vertrag oder im Wege der Geschäftsführung ohne Auftrag erfolgte Übernahme der Handlungspflicht mit rechtlicher Wirksamkeit ausstattet.

1. In allen Fällen ist zu beachten, daß niemals eine Pflicht zu irgendeinem Tätigwerden genügt, sondern daß die gesetzliche, gewohnheitsrechtliche oder vertragliche Pflicht gerade auf Abwendung dieses konkreten, tatbestandsmäßigen Erfolges unter den konkreten Umständen des Falles gerichtet sein muß. Ob und inwieweit dies der Fall, muß oft durch Auslegung des Gesetzes oder der vertraglichen Abmachungen ermittelt werden. Ein sehr brauchbarer Gedanke ist dabei der von *Mezger* 144 im Anschluß an *Binding* und *Traeger* entwickelte, daß da, wo im Zusammenhang mit der Begründung der Pflicht zu bestimmten Leistungen und bestimmtem Tätigwerden „eine besonders gefährdete Lage oder eine Steigerung der vorhandenen Gefahr geschaffen wird", die Pflicht zum Tätigwerden auf Abwendung der Gefahr und des mit ihr drohenden schädigenden Erfolges gerichtet sein wird[29]).

[27]) Herrschende Meinung: *Allfeld* 116 Note 45, *Frank* § 1 IV, *Hafter* 71, *v. Hippel* II 161, *Mayer* 191, *Mezger* 139, *Traeger* (Lit. zu § 30) 75, 120, *Wachenfeld* 95. Vgl. auch die Betonung der Rechtspflicht in R **57** 197, **58** 130, neuestens **63** 394, **64** 275. Ob R in der Annahme solcher Rechtspflichten gelegentlich zu weit geht (so *Mezger* 140, *v. Hippel* II 162), bleibe dahingestellt; an dem Grundsatz des Textes hält es fest.

[28]) Ebenso *Mezger* 141, *Frank* § 1 IV 1, *Traeger* (Lit. zu § 30) 77, *v. Hippel* II 157, *Allfeld* 116 Note 44 (der Sache nach), R **64** 273 (276!).

[29]) Beispiel: Die Verpflichtung zur Erteilung von Schwimmunterricht bedeutet regelmäßig zugleich die Verpflichtung, den Schwimmschüler nicht

2. Im einzelnen sei auf folgende Pflichtbegründungen der unter 1 genannten Art hingewiesen: Zu den in BGB §§ 1627ff. den Eltern auferlegten Fürsorgepflichten gehört insbesondere auch die Pflicht, das Kind vor körperlichen Schäden zu bewahren. Auch in dem von *Mayer* 191 Note 6 mitgeteilten und falsch entschiedenen Fall besteht eine solche Pflicht; vgl. dazu *Sauer* Grundlagen 458 und R **46** 25. — Mit der Begründung eines Beamtenverhältnisses wird sehr häufig die Pflicht, bestimmte Schädigungen zu verhindern, entstehen; vgl. R **53** 108, 292. Für Berufsausübung kann dasselbe gelten. So folgert R **58** 300 mit Recht aus GewerbeO §§ 33 Abs. 2 Satz 1, 53 Abs. 2 die Rechtspflicht des Inhabers einer Gastwirtschaft, Handel mit gestohlenen Waren in den Wirtschaftsräumen zu verhindern; ein Verstoß gegen diese Rechtspflicht kann mithin zur Annahme von Hehlerei (§ 259) führen: „Mitwirken zum Absatz", begangen durch Unterlassung[30]).

3. Sehr schwierig ist die Frage zu beantworten, inwiefern unter Heranziehung von Gewohnheitsrecht eine Rechtspflicht zur Abwendung bestimmter schädlicher Erfolge begründet werden kann. Daß die Bezugnahme auf Gewohnheitsrecht in diesem Zusammenhang nicht gegen RVerf. Art. 116 verstößt, sollte nicht bezweifelt werden[31]). Vielfach wird gesagt, daß „aus einem vorangegangenen Tun" eine Rechtspflicht zur Erfolgsabwendung entstehen könne, und genauer untersucht, was für Tätigkeiten dafür in Betracht kommen. Diese Betrachtungsweise ist juristisch insofern schief, als nicht ein vorangegangenes Tun als solches eine Rechtspflicht ergeben, diese vielmehr nur auf einem auf jenes Tun bezüglichen Rechtssatz beruhen kann. Die Frage ist die, welchen Inhalt dieser Rechtssatz, seine Existenz vorausgesetzt, hat. Das gesetzte Recht läßt fast ganz im Stiche (Ausnahme in § 22 Abs. 2 des KraftfahrG vom 3. Mai 1909). Daher wird insofern eine Rechtspflicht meist nur auf gewohnheitsrechtlicher Basis konstruierbar sein. In der die frühere Rechtsprechung zusammenfassenden Entscheidung R **64** 273 (276) heißt es jetzt: „Wer durch eine vorhergegangene Tätigkeit die Gefahr des Eintritts eines rechtsverletzenden Erfolgs herbeigeführt oder die schon vorhandene Gefahr nähergerückt hat, ist rechtlich verpflichtet, den Erfolg abzuwenden, wenn er die Macht dazu hat." Dabei wird (mit Recht) nicht unterschieden, ob die Gefahr durch ein rechtmäßiges oder rechtswidriges Tun herbeigeführt oder vergrößert worden ist, ob der Handelnde im Falle rechtswidrigen Verhaltens schuldhaft oder schuldlos gehandelt hat. Freilich muß im Hinblick auf alle Einzelheiten des Falles genau geprüft werden, ob der Satz zur Begründung einer Rechtspflicht in concreto führen kann, ob nicht in dem zu entscheidenden Falle einer solchen Rechtspflicht besondere Gründe entgegenstehen. Wenn A den B in Notwehr verletzt, darf er ihn getrost seinem Schicksal überlassen, obwohl er durch das vorangegangene Tun (die Notwehrhandlung) die Gefahr des Todes herbeigeführt hat. Aus verständiger Auslegung des § 53 StGB ergibt sich hier die jenem Satz des Gewohnheitsrechts nötige Maßgabe. Namentlich

---

ertrinken zu lassen. Die Übernahme einer Operation bedeutet die Pflicht, den Tod durch Verbluten abzuwenden.

[30]) Vgl. dazu *v. Hippel* II 161 Note 7, *Mezger* 139ff., *Frank* § 1 IV, *Olshausen* 3. Abschn. Vorbem. **3**, *Lobe* in Lpz. Komm. Einl. S. 46. Über Berufspflichten (mit sehr weiter und unsicherer Ausdehnung) *Sauer* (Festg. f. *Frank* I 221ff.). Soweit mit Dienst- oder Berufspflicht die Rechtspflicht zur Erfolgsabwendung begründet werden kann, ist ein Zurückgreifen auf Gewohnheitsrecht (vgl. im Text zu 3) nicht nötig (dies zu *Sauer* 223 Note 3).

[31]) Übereinstimmend *v. Hippel* II 161, *Gerland* 129 Note 3, *Mezger* 146, wie überhaupt die gem. M. Dagegen aber *Mayer* 192 Note 11.

werden auch die Grundsätze der Interessenkollision genau beachtet werden müssen. Sehr zutreffend schränkt *Mezger* 147 den von R formulierten Satz mit den Worten ein: „Der Inhalt der Pflicht im einzelnen ist nur unter genauester Berücksichtigung der jeweiligen besonderen Lage des Falles zu bestimmen"[32]).

§ 33. Die Notwehr.

Literatur. Außer den zu §§ 31, 32 angegebenen Schriften: *Ebermayer* HdR IV 242. *Oetker* VD Allg. T. **2** 255. *Derselbe* Notwehr und Notstand (Festg. f. *Frank* I 359). *v. Bar* Gesetz **3** 125. *Hold v. Ferneck* Rechtswidrigkeit 2. Bd. 1905. — *Löffler* Z **21** 537. *Oetker* Über Notwehr und Notstand nach den §§ 227, 228, 904 BGB 1903. *Schleifenbaum* Begriff und Bedeutung des gegenwärtigen rechtswidrigen Angriffs in § 227 BGB (Strafr. Abh. Heft 54) 1904. *Neubecker* DJZ **10** 146. Gegen ihn *Eltzbacher* daselbst 239. *Baumgarten* Notstand und Notwehr 1911. *Graf zu Dohna* Z **33** 125. *Petri* Z **33** 175 (Militärrecht). — *Langenbach* Die Vorbereitung und Ausübung der Notwehr durch Schutzmaßregeln. Gießener Diss. 1907. *Kowirk* Notwehrrecht der Militärpersonen. Straßburger Diss. 1910. *Postel* Die Notwehr im Militärstrafrecht. Kieler Diss. 1918. *Eisenmann* Güterabwägung und Verletzung Dritter im Gebiete der Notwehr. Marburger Diss. 1929. *Mezger* GS **89** 303. *Heimberger* Reform 1926, 76. — Über das römische Recht *Pernice* Labeo **2** 73, *Mommsen* 620; über die Quellen der Bambergensis *Brunnenmeister* (oben § 9 Note 6) 177; *Knetsch* Der Begriff der Notwehr usw. Jenaer Diss. 1906. Über das kanonische Recht *Hinschius* **5** 940. Über den Sachsenspiegel: *Keller* Der Beweis der Notwehr (Strafr. Abh. Heft 57) 1904. Über das mittelalterliche Recht überhaupt: *His* (Lit. zu § 8 B) § 11. Über das gemeine Recht: *Schaffstein* § 12.

1. Die Notwehr ist zu allen Zeiten, wenn auch in verschiedenem Umfange, als rechtmäßige, nicht nur als nichtstrafbare Handlung anerkannt worden. In diesem Sinne ist es richtig, wenn *Cicero* von der „non scripta, sed nata lex" spricht oder *Geib* sagt, die Notwehr habe keine Geschichte. Genauere Betrachtung zeigt jedoch, daß das geschriebene Recht der Notwehr eine ebenso reiche wie beachtenswerte Entwicklungsgeschichte durchgemacht hat. Das römische Recht bietet uns zwar zahlreiche Quellenstellen, die von der gewaltsamen Zurückweisung gewaltsamen Angriffes auf Leib und Leben handeln, läßt aber trotz allgemeiner Wendungen (vim vi repellere licet) den allgemeinen Begriff der Notwehr vermissen. Ebenso ist auch im ältesten deutschen Recht die Notwehr noch nicht losgelöst von Rache und Tötungsrecht. Aber dennoch tritt uns bereits im späteren Mittelalter, in der italienischen Wissenschaft wie in der volkstümlichen Rechtsliteratur Deutschlands, in Stadtrechten und Rechtsbüchern, eine so durchgebildete und ausgeführte Darstellung der Notwehr entgegen, wie wir sie in den übrigen allgemeinen Lehren des Strafrechts ohne jede Ausnahme nicht wiederfinden. So konnte *Schwarzenberg* in den Artt. 139—145 und 150 mit lehrbuchartiger Breite und Bestimmtheit nicht nur den Begriff der Notwehr feststellen und die Beweisführung regeln, sondern auch Einzelfragen, wie Notwehr „gegen einem Weibsbilde" und Ablenkung des Schlags bei Notwehr (im Anschlusse an l. 45 § 4 D. 9, 2), erledigen. Auch er kennt

[32]) Vgl. insbes. noch R **58** 132, **60** 77 und zu der Rechtspr. des R jetzt eingehend *v. Hippel* II 161ff., *Mezger* 145ff.; zu der Frage des Gewohnheitsrechtes überhaupt außer den Genannten *Sauer* Grundl. 460 und Festg. f. *Frank* I 216 (methodisch abweichend, in der Sache wohl übereinstimmend), *Goldschmidt* DJT **34** II 437. — Über Begrenzungen der Rechtspflicht zur Erfolgsabwendung bei Interessenkollision: *v. Hippel* II 167; allgemein: *Sauer* Festg. f. *Frank* I 227ff., *Mezger* a. a. O.

übrigens, wie fast durchweg auch das Mittelalter*), nur Notwehr zur Rettung von Leib und Leben und behandelt sie als Fall der straflosen Tötung. Das gemeindeutsche Recht dehnte allmählich die Zulässigkeit der Notwehr auf Angriffe gegen andere Rechtsgüter aus, insbesondere gegen Vermögen und Ehre (so übereinstimmend *Böhmer*, *Engau*, *Koch* u. a.) und arbeitete an der genaueren Feststellung der einzelnen Begriffsmerkmale. Gegen Ende des 18. Jahrhunderts wurde die Notwehr, die bisher stets im Anschlusse an die Tötung behandelt zu werden pflegte, aus dieser Verbindung gelöst und ihr die ihr gebührende Stellung im allgemeinen Teile des Systems angewiesen. So bei *Globig* und *Huster* 1783, *Erhard* 1789, *Tittmann* 1798. *Feuerbachs* Ansehen verschaffte dieser Auffassung den Sieg. Auch die Gesetzgebung (mit Ausnahme der französischen) schloß sich ihr an, nachdem bereits ALR 517 die Notwehr in die Einleitung zu den „Privatverbrechen" gestellt hatte. Der VE (§ 66) hält, wie BGB § 227, den vom RStGB aufgestellten Begriff fest (Bgr. 241). Ebenso GE, KE § 27 und E 1919 § 21. Dagegen weicht die Begriffsbestimmung der Notwehr in AE 1925 § 21 Abs. 2 in einem wichtigen Punkte vom geltenden Recht und den bisherigen Entwürfen ab. Hier wird nämlich der Anwendungsbereich der Notwehr insofern eingeschränkt, als sie eine Verteidigung sein muß, die „in einer den Umständen angemessenen Weise" erfolgt. Der Begründung 1925 (20) zufolge soll damit dem Täter eine Prüfung der Frage auferlegt sein, ob die Anwendung dieses (Verteidigungs-) Mittels zu diesem (Abwehr-) Zweck überhaupt „sittlich gerechtfertigt" erscheint. Die neue Formulierung stimmt mit dem österreichischen Gegenentwurf zum E 1919 § 22 überein und findet auch in Art. 32 SRE ein Vorbild. Daß AE 1925 bei dem wichtigsten und praktisch bedeutsamsten aller Rechtfertigungsgründe dem Richter nicht eine klar abgegrenzte Norm bietet, ihn vielmehr auf jene letzten Überlegungen verweist, wie wir sie oben § 32 zur Gewinnung von Rechtfertigungsgründen aus dem Material der (so überaus schwierigen) allgemeinen Unrechtslehre angestellt haben, kann keinesfalls gutgeheißen werden. So sehr man es begrüßen muß, wenn sich der Gesetzgeber zu einer ausdrücklichen Anerkennung jener Grundsätze aufrafft, so muß doch betont werden, daß die Notwehr dazu die am wenigsten geeignete Stelle ist. Vgl. dazu insbesondere *Graf zu Dohna* in der *Stammler*-Festgabe 1926 S. 260ff., *v. Hippel* II 215, *Reichel* DJZ **34** I 143ff., *Rosenthal* DJZ **33** 146 und R **55** 85. E 1927 § 24 beseitigt die gegen AE 1925 erhobenen Bedenken, beschränkt aber im Vergleich zum geltenden Recht die Notwehr ebenfalls, und zwar dadurch, daß er Verhältnismäßigkeit des Angriffs- und des Verteidigungsschadens verlangt. § 228 BGB wird in die Notwehrbestimmung übernommen. Alle diese Neuerungen hat der Strafrechtsausschuß des Reichstags fallen lassen, indem er zum Wortlaut des § 53 zurückgekehrt ist. Hierbei ist dann auch § 24 Abs. 2 des E 1930 geblieben.

II. Notwehr[1]) (StGB § 53) **ist die zur Abwehr eines gegenwärtigen rechtswidrigen Angriffs erforderliche Verteidigung durch Verletzung des Angreifers.**

---

*) Darüber, daß bereits im Mittelalter andere Rechtsgüter, als Leib und Leben, für wehrfähig erklärt wurden, vgl. *His* (Lit. zu § 8 B) 198. Freilich handelt es sich dabei um recht seltene Fälle.

[1]) Der Ausdruck „Notwehr" findet sich nach *Geyer* und *His* (Lit. zu § 8 B) 197 zuerst im Wiener Stadtrecht von 1221, ist aber jedenfalls älter. Über die friesischen Quellen *His* (Lit. zu § 8 A) 74. Vgl. auch Landfrieden von 1235: „nisi in continenti ad tutelam corporis sui vel bonorum suorum vim vi repellat, quod dicitur notwere". — Eine Erweiterung des Begriffs enthält MilStGB § 124.

1. Angriff ist jede Gefährdung eines bestehenden rechtlich geschützten Zustandes durch positive Tätigkeit[2]).

a) Der Angriff muß rechtswidrig (nicht notwendig strafbar) sein. Daher ist Notwehr nicht möglich gegenüber dem in rechtmäßiger Amtsausübung befindlichen Beamten, gegenüber der Ausübung eines Züchtigungsrechts usw.; nicht möglich gegenüber der Notwehrhandlung selbst oder gegenüber einer auf einem Notrecht beruhenden Notstandshandlung (vgl. unten § 34). Wohl aber wird Notwehr in dem Augenblicke berechtigt, in dem eine Überschreitung den an sich rechtmäßigen Angriff zu einem rechtswidrigen macht, also auch gegenüber einer Überschreitung der Notwehr. Handelt der Untergebene auf Befehl des Vorgesetzten (unten § 35 Note 1), so ist dem Untergebenen gegenüber Notwehr erlaubt, sofern der Befehl auf Ausführung einer rechtswidrigen Handlung gerichtet ist[3]). Gestattet ist Notwehr gegenüber rechtswidrigen Angriffen solcher Personen, denen, wie dem Volksvertreter, dem Gesandten (oben § 24), nur ein persönlicher Strafausschließungsgrund zur Seite steht. Auch gegen den von einem Strafunmündigen oder einem Geisteskranken ausgehenden Angriff ist Notwehr möglich; dasselbe gilt bei einem Irrtum des Angreifers, der diesen die Rechtswidrigkeit des Angriffs nicht erkennen ließ[4]). Dagegen begründet der selbständige „Angriff" eines (nicht etwa von einem Menschen gehetzten) Tieres

---

[2]) Nicht die bloße Behauptung eines bestehenden Zustandes; unterlassene Zahlung der Schuld, Nichträumung der Wohnung nach Ablauf des Mietvertrags usw. genügen nicht; so auch R **19** 298, *Frank* § 53 I, *Allfeld* 127, *Gerland* 113, *Mayer* 277, *Olshausen* § **53** 5. A. M. *Lobe* Lpz. Komm. § 53 Note 2a, *v. Hippel* II 204, *Mezger* 233 Note 5.

[3]) Ob eine Handlung rechtswidrig ist oder nicht, ist objektiv zu püfen (vgl. oben § 31 I). Die Rechtmäßigkeit kann demnach nicht davon abhängig sein, ob der Handelnde unter dem Einfluß eines für ihn (nach irgendwelchen anderen Rechtsnormen) verbindlichen Befehls zur Handlung motiviert worden ist. Die Verbindlichkeit des Befehls vermag eine verbotene Handlung nicht zu rechtfertigen, aber sie entlastet den dem Befehl Gehorchenden vom Schuldvorwurf. In der Schuldlehre wird also darauf zurückzukommen sein. Richtig namentlich *Mayer* 334. Im Ergebnis ebenso *Frank* 4. Abschn. III (S. 143 a. E.). Vgl. unten § 35 I 3.

[4]) Dieser Satz muß, da er aus der hier vertretenen objektiven Unrechtslehre folgt, von allen denen bestritten werden, die von einer subjektivistischen Rechtswidrigkeitsauffassung ausgehen. Vgl. oben § 31 I. Vgl. zu dieser gegnerischen Auffassung vor allem *Hold v. Ferneck* (Lit. zu § 31) **2** 122, *Graf zu Dohna* (Lit. zu § 31) 130, 131. Auf dem Standpunkte des Textes stehen heute die meisten, freilich vielfach mit anderer Begründung (siehe darüber die nächste Note): *Allfeld* 127, *Frank* § 53 I 2b, *Gerland* 113, *Lobe* Lpz. Komm. § 53 Note 4, *Mayer* 278, *Wachenfeld* 118, *Endemann* (oben § 32 Note 13) 31, 32. *Beling* Grundzüge 16 verlangt schuldhaften Angriff, weil § 53 jede Güterabwägung beiseite stellt. Ebenso *H. Mayer* (Lit. zu § 35) 613. — De lege ferenda schlägt *Reichel* DJT **34** I 149 dem schuldlosen Angreifer gegenüber Einschränkungen des Notwehrrechts vor (bedenklich! Vgl. dagegen *Goldschmidt* DJT **34** II 439).

nach geltendem Recht nicht Notwehr, sondern Notstand[5]). Ob der Angriff vorhergesehen war oder nicht, ob er von dem Ange-

[5]) Die Begründung für diesen Satz folgt aus dem oben § 31 I Gesagten. Nur auf menschliche Handlungen bezieht die Gemeinschaftsordnung das Werturteil „rechtmäßig" oder „rechtswidrig". Tierangriffe zum Gegenstande rechtlicher Wertung machen, heißt das Wesen des Rechtes verkennen. Unrichtig also *Lobe* Lpz. Komm. § 53 Note 2b, *v. Hippel* II 208 Note 1 („Tierangriff stets unbefugt". Damit sind Tierangriffe rechtlich gewertet), *Mezger* 234 Note 7 und 9. Gegen *v. Hippel* insbes. *Graf zu Dohna* Z **51** 615. Häufig begegnet die Argumentation, daß im Sinne des § 53 rechtswidrig nicht der verbotene, sondern derjenige Angriff sei, zu dessen Duldung der Angegriffene nicht verpflichtet ist; so vor allem *Frank* § 53 I 2b, *Gerland* 113, *v. Hippel* II 207 Note 1, *Lobe* Lpz. Komm. § 53 Note 4, *Oetker* VD Allg. T. **2** 264. Daraus wird dann die Zulässigkeit der Notwehr gegen die „Angriffe" von Tieren gefolgert. Diese Auffassung kann jedoch nicht gebilligt werden. § 53 bezieht klar und deutlich das Unwerturteil „rechtswidrig" auf „Angriff", stellt uns also vor die Frage, welche Angriffe gegen die Rechtsordnung verstoßen, und verlangt, daß bei der Prüfung der Notwehrvoraussetzungen zunächst einmal die Tätigkeit des Angreifenden unter rechtlichen Gesichtspunkten gewertet wird. Damit scheiden aber Tierangriffe nach dem zu Beginn dieser Note Gesagten aus. Es ist durchaus nicht, wie *Gerland* 113 Note 3 meint, inkonsequent, Notwehr gegen Wahnsinnige, nicht aber gegen Tiere zuzulassen. Handlungen von Wahnsinnigen lassen eben, da auch die Wahnsinnigen Gemeinschaftsglieder sind, eine Wertung am Maßstabe der Gemeinschaftsnormen zu; bei Tier-„Handlungen" ist das nicht der Fall: Infolgedessen ist ihre verschiedenartige rechtliche Behandlung geradezu notwendig. Zuzugeben ist, daß in der Ansicht von *Frank* ein durchaus richtiger Kern steckt. *Mezger* GS **89** 247 hat gezeigt, daß wir den (methodisch notwendigen) Begriff des objektiven Unrechts dadurch erhalten, daß wir das Unrecht auffassen „als eine Störung geistiger Rechtsbeziehungen auf der „objektiven" Seite des Unrechtleidenden", daß also (250) „Maßstab des Unrechts" „die Interessenrichtung des unrecht Leidenden, des Verletzten" ist. Unter diesem Gesichtspunkt betrachtet, stellt sich *Franks* Ansicht dar als eine Charakterisierung des materiellen Unrechtsgehaltes des Angriffs, auf den mit Notwehr reagiert werden darf, und insofern ist seine Ansicht völlig richtig. Nur übersieht er, daß Überlegungen bezüglich des materiellen Unrechtsgehaltes nur da in Betracht kommen können, wo zunächst einmal die Frage formeller Rechtswidrigkeit aufgeworfen werden darf. Das aber ist, wie gezeigt, nur bezüglich menschlicher Handlungen der Fall. Bezeichnend ist, daß *Franks* Ansicht von der in diesem Lehrbuch vertretenen Meinung auch nur hinsichtlich der sog. Tierangriffe abweicht; im übrigen besteht volle Übereinstimmung, weil beide Ansichten auf dem Boden einer „objektiven" Unrechtslehre stehen.

BGB §§ 227 und 228 hat übrigens zu der alten Streitfrage der Tierangriffe ganz im Sinne dieses Lehrbuchs Stellung genommen. Vgl. *v. Liszt* Deliktsobligationen 87. Daß die konkrete Regelung unter Umständen nicht befriedigt, ergibt sich daraus, daß nur für die Notstandshandlung der §§ 228, 904 BGB, nicht für die Notwehr die Wahrung eines überwiegenden Interesses verlangt wird. Das Kind, das mein Eigentum bedroht, darf ich mithin, soweit eine solche Verteidigung nach Lage des Falles erforderlich ist, ohne weiteres niederschießen, den Hund nur, wenn der durch seinen Angriff drohende Schaden nicht unverhältnismäßig kleiner ist als der durch Tötung des Hundes angerichtete Schaden (vgl. unten § 34 Note 2).

Manche wenden § 228 BGB analog bei Angriffen Geisteskranker an; so namentlich *Graf zu Dohna* (Lit. zu § 31) 131 (von seinem Standpunkt aus folgerichtig), ferner *Löffler, Würzburger* (Lit. zu § 34) 27 u. a. Daß das nicht nötig, ja unrichtig ist, wurde oben Note 4 gezeigt.

griffenen verschuldet war oder nicht, ist nach dem heutigen Rechte gleichgültig. Wer den anderen, etwa den Geisteskranken, zum Angriff gereizt hat, geht dadurch des Notwehrrechts auch dann nicht verlustig, wenn sein Wille auf Tötung in Notwehr gerichtet war[6]).

b) Der Angriff muß ferner gegenwärtig sein, d. h. unmittelbar bevorstehen oder bereits begonnen haben. Es braucht daher einerseits der Beginn der Rechtsgutsverletzung nicht abgewartet zu werden[7]), während andererseits auch der bereits begonnene, aber noch fortgesetzte Angriff abgewehrt werden kann.

Ausgeschlossen ist Notwehr dagegen:

α) Gegenüber einem erst in der Zukunft drohenden Angriffe[8]). Schutzmaßregeln gegen künftige Verletzungen, wie Fußangeln, Selbstgeschosse, Wolfsgruben, sind, wenn sie erst im Augenblicke des Angriffs tätig werden, gestattet, soweit sie nicht die Grenzen der erforderlichen Verteidigung überschreiten (vgl. auch StGB § 367 Ziff. 8).

β) Gegenüber dem beendeten Angriffe; beendet aber ist der Angriff dann, wenn die Rechtsgutsverletzung durchgeführt, die Zufügung einer neuen Verletzung ebensowenig wie die Vergrößerung der zunächst herbeigeführten zu erwarten ist. Da der Angriff nicht strafbar zu sein braucht (vgl. oben a), so gewähren die Tatbestände des Strafrechts keinen Anhaltspunkt für die Frage nach der Beendigung des Angriffs. Das mit dem Angriff unter Umständen zugleich gegebene Verbrechen kann also als solches im Sinne des Tatbestandes vollendet sein, ohne daß der Angriff im Sinne des § 53 schon beendet sein müßte. Notwehr gegen den flüchtigen Dieb ist mithin auch nach erfolgtem Gewahrsamsbruch (Vollendung der Wegnahme und damit des Diebstahls im Sinne des § 242 StGB) so lange noch möglich, als die Flucht vom Tatort die Wiedererlangung des gestohlenen Gutes erschwert[9]).

---

[6]) Abweichend für den Fall absichtlicher Provokation *Lobe* Lpz. Komm. § 53 Note 4; ebenso *Endemann* (oben § 32 Note 13) 33, *v. Hippel* Z **42** 417 sowie *v. Hippel* II 196, *Mezger* 234. Stellt die Provokation selbst (was sehr häufig der Fall sein wird) einen rechtswidrigen Angriff (etwa Beleidigung) dar, dann ist die Tat des Provozierten selbst Notwehrhandlung, und der Provokant könnte sich auf Notwehr nur dann berufen, wenn der Provozierte die Grenzen zulässiger Verteidigung überschritten hätte. Ebenso *Frank* § 53 I a. E. Vgl. den Text unter II 2 und III, sowie R **60** 262.

[7]) Laesio inchoata nicht erforderlich. PGO Art. 140: „ist auch mit seiner Gegenwehr, bis er geschlagen wird, zu warten nicht schuldig". Die Bambergensis fügte (*Azo* folgend) hinzu: „als etliche unverständige Leut" (auch das Bamberger Stadtrecht) „meinen". Diesen Standpunkt vertritt auch R **53** 132, **60** 261, **61** 217. Bedenklich R **54** 197 (gegen dieses Urteil auch *v. Hippel* II 213 Note 3).

[8]) Zutreffend R **63** 215 (222).

[9]) Im Grundsatz durchaus übereinstimmend R **55** 82, wo aber leider die Klarheit der Stellungnahme verdunkelt wird durch eine ganz überflüssige

c) Der Angriff muß sich gegen einen bestehenden Zustand richten. Unter den angegriffenen Rechtsgütern macht das Gesetz keinen Unterschied. Es ist unrichtig, die Notwehr auf Angriffe gegen Person und Besitz beschränken zu wollen: auch zum Schutze aller anderen Rechtsgüter, sei es des Einzelnen, sei es der Gesamtheit, ist Notwehr (mit Einschluß der Nothilfe) zulässig[10]). Abzulehnen ist das Notwehrrecht gegenüber den „illoyalen Handlungen" des § 826 BGB.

2. Die **Verteidigung.**

a) Sie muß gegen den Angreifer selbst, sie darf nicht gegen Dritte (objektiv) sich richten. Verletzung Dritter zum Zwecke der Verteidigung kann nur als Notstandshandlung straflos sein; dagegen fällt die Verletzung der einem Dritten gehörenden Angriffsmittel noch in den Begriff der Notwehr[11]).

b) Sie darf die Grenzen des unbedingt Notwendigen nicht überschreiten. Das Maß der „erforderlichen" Verteidigung (moderamen inculpatae tutelae) liegt in der Heftigkeit des Angriffs. Wahrung des überwiegenden Interesses wird mithin für die Rechtmäßigkeit der Notwehrhandlung nicht gefordert[12]). Ist nach Lage

---

Doppelsinnigkeit im Gebrauch des Begriffs „Gewahrsam". Wie der Text auch *Allfeld* 127, *Frank* § 53 I 1, *v. Hippel* II 209, *Mezger* 235, *Lobe* Lpz. Komm. § 53 Note 3, *Mayer* 278, *Schwartz* § 53 Note 2e, *Wachenfeld* 117.

[10]) So gegenüber einem Ehebruch, einem Sittlichkeitsdelikt, einer Steuerhinterziehung; nicht gegenüber einfachem Ungehorsam. Bedenklich R **48** 215: Notwehr gegenüber Gefährdung eines bestehenden Verlöbnisses. Die Frage, ob es ein „Staatsnotwehrrecht", d. h. das Recht des Einzelnen gibt, vom Staat und seinen Rechtsgütern gegenwärtige rechtswidrige Angriffe durch erforderliche Verteidigungshandlungen abzuwenden, stellt keineswegs ein besonderes juristisches Problem dar und muß unbedingt bejaht werden. Freilich werden die Voraussetzungen des § 53 (Gegenwärtigkeit des Angriffs, namentlich aber Erforderlichkeit der Verteidigung) selten gegeben sein. Das deutet schon R **56** 268 an und wird in R **63** 215 (220ff.), **64** 101 richtig ausgeführt. Vgl. dazu die teilweise stark voneinander abweichenden Meinungen von *Frank* § 53 I, *v. Hippel* II 204/5, *Kurzweg* GA **70** 71, ferner schon *Binding* Handb. I 736, *Mayer* 279 Note 10, *Gerland* 113, *Lobe* in Lpz. Komm. § 53 Note 2d, *Olshausen* § **53** 10.

[11]) Ebenso die gem. Meinung. So zuletzt R **58** 27 (mit der allerdings sehr bedenklichen Tendenz, die „persönlichen Rechte einzelner Dritter" anders zu behandeln als etwa die Rechte der Allgemeinheit). *Mezger* 237/8 billigt diese Entsch. Dagegen will *van Calker* Z **12** 443 die Willensrichtung des Täters entscheiden lassen. Ebenso *Binding* Grundriß 189, *Frank* § 53 II und Z **14** 360, *Schwartz* § 53 Note 3a, *Wachenfeld* 118. R **21** 168 geht auf die Hauptfrage gar nicht ein (das ist auch die Meinung von R **58** 27). Vgl. auch *Endemann* Zivilcourage und Strafrecht (1925) 38ff.

[12]) Ebenso RMilG **17** 58 und jetzt besonders R **55** 82. Über die Entwürfe vgl. oben I a. E. *Oetker* will Notwehr und Unfugabwehr trennen und bei dieser Proportionalität fordern (zustimmend *Mayer* 281); die Unterscheidung ist aber nicht durchführbar. *Endemann* Zivilcourage und Strafrecht (1925) 36 hat den Unterschied zwischen § 53 und AE 1925 § 21 Abs. 2 nicht verstanden. Mit dem Text *v. Hippel* II 211/2.

der Sache (objektiv) die Abwehr des Angriffes auf andere Weise nicht möglich, so kann auch das unbedeutendste Rechtsgut durch Tötung des Angreifers geschützt werden. Subsidiarität der Verteidigungshandlung ist nicht erforderlich. Durch die Möglichkeit der Flucht wird die Rechtmäßigkeit der Notwehrhandlung nicht ausgeschlossen[13]).

c) Von einer „Verteidigung" läßt sich nur sprechen bei Handlungen, die von einem Abwehrwillen getragen sind. Wer in die Rechtsgüter eines anderen eingreift, ohne zu wissen, daß er damit gerade einen gegen sich selbst oder einen Dritten gerichteten Angriff abwehrt, wer also mit dem Eingriff in die fremden Rechtsgüter gar nicht verteidigen will, kann sich auf § 53 nicht berufen. Nicht erforderlich ist dagegen, daß der den Angriff Abwehrende ausschließlich zum Zwecke der Verteidigung handelt; eine derartige Einschränkung ist dem Begriffe der Verteidigung nicht zu entnehmen[14]).

---

[13]) Vgl. PGO 140. Mit dem Text *Allfeld* 128, *Binding* **1** 732, *Finger* **1** 390, *Frank* § 53 II, *Lobe* Lpz. Komm. § 53 Note 5c, *Schwartz* § 53 Note 3a; auch Begr. 244, R **65** 163 (165). Abweichend R **16** 69 sowie *van Calker* 31, *v. Hippel* Z **16** 603 und Z **42** 417, sowie *v. Hippel* II 210, *Mezger* 236/7.

[14]) Diese Frage ist eine der meist bestrittenen im Gebiete der Notwehr. Der Text beruht, in Übereinstimmung mit *Frank* § 53 II, auf nichts anderem als einer bestimmten Auslegung des in § 53 verwendeten Begriffs der Verteidigung und dürfte mit den Anschauungen des Lebens übereinstimmen. Daß diese Auslegung dazu führt, unter den die Rechtfertigung begründenden Voraussetzungen der Notwehr ein subjektives Moment anzunehmen, hat nichts Bedenkliches an sich, insbesondere liegt keine Verwischung von Recht und Moral, Rechtswidrigkeit und Schuld vor, wie *Sauer* Grundlagen 345, 349 ausführt. So, wie es subjektive Unrechtselemente gibt (auch *Sauer* 346 muß sie der Sache nach anerkennen), gibt es auch subjektive Rechtfertigungselemente (vgl. darüber *Mezger* GS **89** 270ff., sowie oben § 32). Zu beachten ist, daß, wenn der typisierte Rechtfertigungsgrund der Notwehr (mangels Verteidigungswillens oder irgendeiner anderen Voraussetzung des § 53) in concreto nicht durchgreift, immer noch die Möglichkeit offen bleibt, nach Maßgabe des oben § 32 B II Ausgeführten auf den allgemeinen, am empirisch gegebenen Zweck des staatlich geregelten Zusammenlebens orientierten Unrechtsausschließungsgrund zu rekurrieren. Damit dürften sich übrigens auch so gut wie alle Klagen erledigen, die *Endemann* (Lit. zu § 32 Note 13) über den Mangel an Zivilcourage in Recht und Rechtsprechung so beweglich und nicht ohne sehr bedenkliche Übertreibungen anstimmt. — Wie der Text verlangen einen Verteidigungswillen (ohne ausschließliches Verteidigungsmotiv zu fordern) insbesondere auch R **54** 197, **56** 268, **60** 262, ferner *Lobe* Lpz. Komm. § 53 Note 5b, *Olshausen* § **53** 13. Zu den Gegnern gehören *Hegler* Z **36** 37, *Hegler* (Festg. f. *Frank* I 258), *Zimmerl* (Lit. zu § 32) 67, 68, *v. Hippel* II 210, *Mezger* GS **89** 308, 309. Sehr richtig führt *Mezger* aus, daß den Ausgangspunkt für die Entscheidung der Frage das positive Recht bilde, daß es sich also um eine Auslegungsfrage gegenüber § 53 handelt. Wenn *Mezger* dann zu der Annahme gelangt, daß § 53 kein subjektives Rechtfertigungselement enthalte, so deshalb, weil er bei der Auslegung einseitig das Merkmal „erforderlich" ins Auge faßt. Dies enthält in der Tat nichts Subjektives, sondern ist objektiv zu interpretieren. Aber an dem Merkmal „Verteidigung" geht *Mezger* vorüber. Im Lehrb. 235/6 hat *Mezger* die Stellungnahme des Textes nicht widerlegt. Daß

d) Die Notwehr ist nicht nur zum Schutze eigener, sondern als Nothilfe zum Schutze fremder Rechtsgüter gestattet. Die Beschränkung auf eine Bedrohung der „Angehörigen" (wie beim Notstande des § 54 StGB) ist hier unserem Rechte fremd.

III. Sobald die Grenzen der erforderlichen Verteidigung überschritten sind, unterliegt die weitere Verletzung des Angreifers als rechtswidrige Handlung den allgemeinen Regeln. Doch bleibt nach § 53 Abs. 3 StGB die durch Bestürzung, Furcht oder Schrecken herbeigeführte **Überschreitung** („Exzeß") **der Notwehr** straflos[15]); es liegt hier zwar eine rechtswidrige Handlung, zugleich aber auch ein Schuldausschließungsgrund vor[16]). Auf andere als die angeführten Gründe der Überschreitung, insbesondere auf die positiven oder sthenischen Gemütsbewegungen, wie Jähzorn, Liebe zu dem Angegriffenen bei Nothilfe usw., darf die Straflosigkeit unter Berufung auf § 53 Abs. 3 StGB nicht ausgedehnt werden. Über die **Putativnotwehr** vgl. unten § 40 I 2.

§ 34. Der Notstand als Notrecht.

Literatur. *Oetker* VD Allg. T. **2** 328. *Derselbe* (Lit. zu § 33). *v. Bar* Gesetz **3** 220. *Heimberger* Reform (1926) 81. Die zu § 33 angeführten Abhandlungen. Vgl. insbesondere auch die Lehrbücher und Kommentare zum Bürgerlichen

---

die von *HA. Fischer* (Lit. zu § 31) 215 gezogene Folgerung (Notwehr setze beschränkte Geschäftsfähigkeit voraus) die Ansicht des Textes ad absurdum führe, kann nicht zugegeben werden. Im Strafrecht ist durchaus nicht nur der Wille des (zivilrechtlich) Geschäftsfähigen relevant.

[15]) Überschreitung der Notwehr i. S. des § 53 Abs. 3 setzt immer voraus, daß überhaupt Notwehr gegeben ist: R **54** 36, **62** 77.

[16]) Die Ansichten sind geteilt: **1.** Einen Schuldausschließungsgrund nimmt an *Lobe* Lpz. Komm. § 53 Note 7 mit allerdings nicht durchweg zu billigenden Folgerungen, *Mezger* 364. Sehr nahe kommt der Auffassung des Textes R **56** 33, insofern dort ausgeführt wird, daß bei Gegebensein der in § 53 Abs. 3 beschriebenen psychischen Situation nicht weiter unterschieden werden dürfe, ob der in Notwehr Handelnde noch fähig ist zu erwägen, welche Maßnahmen zur Abwehr erforderlich sind und welche darüber hinausgehen. Damit klingt die richtige Auffassung vom Wesen der Schuldausschließungsgründe an. **2.** Die herrschende Lehre sieht in § 53 Abs. 3 einen persönlichen Strafausschließungsgrund. So *Allfeld* 129 Note 38, *v. Hippel* II 213, *Mayer* 283, *Wachenfeld* 120, *Gerland* 115. Unentschieden *Frank* § 53 II, III 3, der aber Notwehr gegen Notwehrexzeß mit der herrschenden und der hier vertretenen Meinung zuläßt. — Die Entwürfe (VE § 66, KE § 27 Abs. 3, E 1919 § 21 Abs. 3, AE 1925 § 21 Abs. 3, E 1927 § 24 Abs. 3) bringen die Streitfrage zu einer Lösung im Sinne des Textes, indem sie Straffreiheit normieren, falls die Überschreitung der Notwehrgrenzen wegen Aufregung oder Bestürzung „entschuldbar" ist. Der Unterschied zum geltenden Recht besteht also darin, daß dieses bei Gegebensein der in § 53 Abs. 3 beschriebenen psychischen Situation dem Richter alle weiteren Schuldüberlegungen abschneidet und eine unwiderlegliche Schuldlosigkeitspräsumtion aufstellt, während die Entwürfe vom Richter gerade die Anstellung der Schuldüberlegungen verlangen und die Straffreiheit von dem Ergebnis derselben abhängig machen. Der Strafrechtsausschuß des Reichstages ist zum geltenden Recht zurückgekehrt; ebenso E 1930. Vgl. *Heimberger* Reform 1926, 79, ferner unten § 42 IV 3.

Gesetzbuch. *Rud. Merkel* Die Kollision rechtmäßiger Interessen und die Schadenersatzpflicht bei rechtmäßigen Handlungen 1895. *Auer* Der strafrechtliche Notstand und das BGB. Würzburger Preisschrift 1903. *Würzburger* Das Recht des strafrechtlichen Notstandes vor und nach dem Inkrafttreten des BGB (Strafr. Abh. Heft 48) 1903. *Kühn* Die Pflichtenkollission im Strafrecht. Leipziger Diss. 1908. *Neubecker* Zwang und Notstand in rechtsvergleichender Darstellung 1. Bd. 1910. *Adler* Unverschuldetes Unrecht 1910. *Derselbe* Z **31** 914. *Michailoff* Der strafrechtliche Notstand. Züricher Diss. 1910. *Ebner* Z **33** 59. Wertvoll *Goldschmidt* Der Notstand. Ein Schuldproblem 1913 (Österreichische Z **4** 129) und dazu *Kriegsmann* Z **35** 316. *v. Weber* Das Notstandsproblem und seine Lösung in den Deutschen Strafgesetzentwürfen von 1919 und 1925 (Leipziger rechtswissensch. Studien Heft 12) 1925. *Köhler* Der Notstand im künftigen Strafrecht 1926. *Wegner* JR **1** 578. *Henkel* Die Rechtsnatur des Notstandes. Frankfurter Diss. 1927. *Broglio* Der strafrechtliche Notstand im Lichte der Strafrechtsreform (Bonner rechtswissensch. Abh. Heft 4) 1928. *Eb. Schmidt* Z **49** 350. *Derselbe* Mitt. IKV N. F. **5** 131. *Wachinger* (Lit. zu § 32). *Wolter* Arch. f. Rechts- u. Wirtschaftsphil. XXII 66. *Ebermayer* HdR IV 238, VII 326. *Simonson* Z **5** 467 (Mignonettefall) und dazu Z **5** 650. — *Pernice* Labeo **2** 66. *Mommsen* 653, 830. *Hinschius* **5** 941. *Schaffstein* § 13. *Rabe* Die Entwicklung des Notstandes von der Aufklärungszeit bis zum RStGB. Göttinger Diss. 1930.

A. Allgemeines.

I. Die Entwicklung des Notstandsbegriffs ist bis in die neueste Zeit hinein zurückgeblieben hinter derjenigen der Notwehr, obwohl schon *Aristoteles*, wie *R. Loening* gezeigt hat, die für die Notstandslehre maßgebenden Gesichtspunkte richtig gesehen und meisterhaft formuliert hatte[1]).

1. Das römische Recht erwähnt einzelne Fälle (lex Rhodia u. a.); die deutschen Quellen gedenken des „wegfährtigen Mannes" und der Bedürfnisse der schwangeren Frau, der von Not bedrängten Seefahrer, des Mundraubes und anderer Fälle (Ssp. **2** 68); und auch das kanonische Recht ist trotz der scheinbar allgemeinen Fassung seiner Vorschriften (necessitas non habet legem) über dürftige Einzelbestimmungen nicht hinausgekommen. Die PGO verweist in Art. 166 vom „Stehlen in rechter Hungersnot", durch die der Täter, um sich, Weib oder Kinder zu retten, etwas von essenden Dingen zu stehlen geursacht würde, auf den Rat der Rechtsverständigen (vgl. auch Art. 175).

2. Auf der Grundlage der PGO berücksichtigen die Rechtsquellen der gemeinrechtlichen Epoche vor allem die Erhaltung des Lebens auf Kosten fremden Vermögens. Die Wissenschaft behandelt darüber hinaus auch bereits andere Fälle, wie etwa die Schwangerschaftsunterbrechung zur Rettung der Mutter, ja sie zeigt, wie *Schaffsteins* Untersuchungen beweisen, gewisse Ansätze zu einer prinzipiellen Erfassung des Notstandsproblems. Freilich blieb man von einer Klärung auch nur der Problemlage weit entfernt. Nach der Anschauung der älteren naturrechtlichen Schule erscheint im Notstande die Rechtsordnung selbst als aufgehoben (so *Grotius, Pufendorf, Wolff, Fichte, Grolmann, v. Wächter*). Später gewann die im Anschluß an *Kant* von *Feuerbach* u. a. vertretene Ansicht, daß der durch den Notstand verursachte unwiderstehliche Zwang die Zurechnungsfähigkeit ausschließe, die Herrschaft in Gesetzgebung und Wissenschaft. Immerhin treten in diesen Auffassungen zwei grundlegend wichtige Denkrichtungen in die Erscheinung: die eine mit der Tendenz, die Lehre vom Notstand auf Probleme der objektiven Rechtswidrigkeit zurück-

[1]) *R. Loening* Geschichte der strafrechtl. Zurechnungslehre Bd. I (Die Zurechnungslehre des *Aristoteles*) 1903 S. 204ff.; dazu *Joh. Stroux* Summum jus summa injuria, 1926, S. 10, 11.

zuführen; die andere mit dem Hinweis auf die Möglichkeit, unter Schuldgesichtspunkten an den Notstand heranzutreten.

3. Die Gesetzgebung des 19. Jahrhunderts hat das Notstandsproblem in seinem ganzen Umfang kaum gesehen, geschweige denn gemeistert. Noch ALR 1115 bestimmte, daß, wenn jemand etwas entwendet, um sich oder andere aus dringender Leibes- und Lebensgefahr zu retten, der Fall vom Richter höheren Orts zur Begnadigung angezeigt werden soll. Code pénal 1810 Art. 64 und Preußen 1851 § 40 kennen nur den psychischen Zwang durch Bedrohung. Ihnen folgt Bayern 1861. Auch das RStGB hat in den §§ 52, 54 lediglich zwei Fälle psychischen Überdruckes aus dem weiten Gebiete des Notstandes herausgegriffen. Erst BGB §§ 228, 904 brachte eine gewisse, aber längst nicht ausreichende Ergänzung.

II. 1. Die wissenschaftliche Behandlung des Notstandes hat von der Erkenntnis auszugehen, daß Handlungen, die in einer Notlage zur Rettung eines rechtlich geschützten Interesses begangen werden, eine sehr verschiedenartige soziale Bedeutung haben können. Es kann sein, daß die im Notstand erfolgte tatbestandsmäßige Handlung, auf die Interessen des sozialen Ganzen gesehen, als eine durchaus vernünftige, nützliche, angemessene Verhaltensweise angesprochen werden muß; dies namentlich dann, wenn ohne die Notstandshandlung, die zwar auch eine Rechtsgutsverletzung darstellt, nur noch größerer Schaden entstanden und das soziale Interesse noch mehr geschmälert wäre (Beispiel: eine Schwangerschaftsunterbrechung zur Rettung des Lebens der Mutter). In solchen Fällen, wo sich die Notstandshandlung als durchaus angemessenes Mittel zur Erreichung eines rechtlich anerkannten Zweckes darstellt (vgl. oben § 32 B II), wird das Gegebensein eines Rechtfertigungsgrundes angenommen werden müssen. Notstandsfälle können aber auch ganz anders liegen. Dem erwachenden Selbsterhaltungstriebe gegenüber verlieren die Normen der Rechtsordnung ihre motivierende Kraft. Wer in höchster Lebensgefahr einen anderen von der rettenden Planke stößt, um selbst nicht zu ertrinken, handelt so, daß an eine Rechtfertigung seines Tuns zwar nicht gedacht werden kann, der seelischen Notlage aber, in der er sich befand, Verständnis entgegengebracht werden muß. Die Tötungshandlung wird gegebenenfalls entschuldigt werden müssen, und zwar — ganz allgemein gesagt — dann, wenn in der konkreten Lage von keinem Staatsbürger eine Berücksichtigung der sozialen Gemeinschaftsanforderungen zu erwarten gewesen ist, in ihrer Nichtberücksichtigung also eine sozialfeindliche Haltung und Einstellung nicht erblickt werden kann.

2. Von dem unter 1 dargelegten Standpunkt aus ist die heute bereits herrschende Lehre zu einer differenzierenden Behandlung des Notstandsproblems gelangt („**Differenzierungstheorie**"). Sie unterscheidet:

a) den **Notstand als Rechtfertigungsgrund.** Ein solcher ist in denjenigen Bestimmungen des positiven Rechts gegeben, welche erkennen lassen, daß sie bestimmt geartete Notstandshandlungen — namentlich soweit durch sie höherwertige Interessen auf Kosten minderwertiger gewahrt werden — als angemessene Mittel zur Erreichung berechtigter und anerkannter Zwecke ansehen. So vor allem in den §§ 228, 904 BGB;

b) den **Notstand als Entschuldigungsgrund.** Von einem solchen ist bei denjenigen positivrechtlichen Sätzen die Rede, deren Sinn dahin geht, daß dem Täter in der in dem Rechtssatz beschriebenen Lage so wenig wie irgendeinem anderen Staatsbürger ein rechtmäßiges Handeln an Stelle des tatsächlich betätigten rechtswidrigen zugemutet werden kann. Hauptbeispiel: § 54 StGB.

Man kann diese Auffassung, die auf einer zutreffenden Unterscheidung von objektiver Rechtswidrigkeit und Schuld beruht, nicht mehr mit dem beliebten Einwand bekämpfen, daß sie zu einer Zwiespältigkeit des Resultats führe, Einheitliches („Notstand") zerreiße und darum theoretisch und praktisch unhaltbar sei. (So *Mayer* 305 Note 10, *Gerland* 116 und jetzt namentlich *v. Hippel* II 215ff.). Dieser Einwand wäre nur dann diskutabel, wenn die begriffsnotwendige Einheitlichkeit der Notstandslehre feststände, wenn also erwiesen wäre, daß bei den sog. Notstandsfällen die Gleichheit der formalen Benennung („Notstand") das Ergebnis der sachlichen Übereinstimmung bezüglich des rechtlichen Charakters sei. Aber gerade dieses letztere müßte zunächst einmal bewiesen werden; mithin beruht der Einwand auf einer unzulässigen petitio principii. Noch weniger überzeugt der Gedanke, daß die Gleichheit des Gesetzeswortlauts in den §§ 53, 54 StGB dazu zwänge, den Notstand des § 54 ebenso wie die Notwehr des § 53 als einen Rechtfertigungsgrund zu betrachten (*Gerland* 116). Der Gesetzgeber von 1871 hat notorisch eine zu wenig klare Anschauung vom Wesen der einzelnen Strafausschließungsgründe gehabt, als daß er durch den von ihm gewählten Wortlaut eine Entscheidung von so grundsätzlicher Bedeutung hätte fällen können.

Die Differenzierungstheorie, schon von *Aristoteles* entwickelt (s. oben), wird heute nach den bahnweisenden Untersuchungen *Rudolf Merkels* in der kriminalistischen Literatur vertreten u. a. von *Frank* §§ 52 III, 54 III (vgl. auch schon *Franks* „Aufbau des Schuldbegriffs" 1907, 12, 13), *Graf zu Dohna* Rechtswidrigkeit (1905) 125, 127, Recht und Irrtum (1925) 12, 13, Z **51** 615/16 (gegen *v. Hippel*), *Hegler* Z **36** 214, namentlich von *J. Goldschmidt*, ferner von *Lobe* Lpz. Komm. § 54 Note 1, *Mezger* 232, 367 (unter Korrektur früherer Ausführungen in GS **89** 311—13), *Henkel, Broglio, P. Merkel* Grundriß 131, *Sauer* Grundlagen 324/25, *Reichel* DJT **34** I 174/75, *Wegner* HdR V 367, *van Calker* 33, *Erik Wolf* Strafrechtl. Schuldlehre I (1928) 158ff., *Köhler* pass., *Freudenthal* Schuld und Vorwurf (1922) 9 (jedenfalls de lege ferenda), *Grünhut* Z **51** 455, *Eb. Schmidt* Z **49** 350, MittIKV N. F. **5**. Auch das Reichsgericht hat sich allmählich zur Differenzierungstheorie durchgerungen. Begriffliche Unklarheit herrschte noch in R **57** 268, **60** 88; dagegen hat R **61** 242, **62** 137, **64** 30 den Rechtscharakter des § 54 als eines Entschuldigungsgrundes klar erkannt und unter Heranziehung der allgemeinen Unrechtslehre der Differenzierungstheorie zum Siege in der Praxis verholfen. R **63** 223 brauchte zu den hier interessierenden Fragen nicht erneut Stellung zu nehmen und bedeutet daher keineswegs, wie *v. Hippel* II 232 meint, eine Abschwächung des früher gewonnenen Standpunktes.

Bei den positivrechtlichen Rechtfertigungs- und Entschuldigungsgründen bleibt die Differenzierungstheorie nicht stehen. Vielmehr geht sie, soweit erforderlich, mit Hilfe der oben § 32 B II und unten § 36 entwickelten Gesichtspunkte über diese hinaus, um vom Standpunkte der allgemeinen Rechtswidrigkeits- und Schuldlehre zu gerechten Entscheidungen im Einzelfall zu gelangen. R **62** 35 (46) hat dafür den Ausdruck **„übergesetzlicher Notstand"** geprägt. Soweit es sich bei diesem um Rechtfertigungsmöglichkeiten handelt, wird unten zu B III in diesem Paragraphen darauf eingegangen werden. Aber auch in der Schuldlehre wird auf den „übergesetzlichen Notstand" zurückzukommen und darzulegen sein, unter welchen Voraussetzungen bei einer rechtswidrigen Notstandstat die Schuld des Täters entfallen kann.

3. Von dem unter 1 und 2 entwickelten Standpunkte aus sind folgende Auffassungen der Notstandslehre abzulehnen:

a) die in der vor. Aufl. dieses Buches so genannten „Einheitlichkeitstheorien", die die gesamte Notstandslehre unter einem einheitlichen juristischen Gesichtspunkt zu verstehen sich bemühen. Hierbei begegnen zwei Spielarten:

α) Sämtliche Erscheinungen des Rechtes, für welche die gemeinsame Benennung „Notstand" aufgekommen ist, insbesondere also die §§ 228, 904 BGB, 52, 54 StGB seien einheitlich als Notrechte, strafrechtlich gesprochen also als Rechtfertigungsgründe zu erklären. Dies war früher der Standpunkt *v. Liszts* (bis zur 24. Aufl. dieses Buches) und ist noch heute die Meinung von *Allfeld* 131, *Gerland* 115/16, *v. Hippel* II 215ff., insbesondere 232/33, 235. Gegen *Gerland* vgl. oben unter 2. *v. Hippel* aber unterstellt (S. 233) der Differenzierungstheorie Folgerungen, die sich aus ihr keineswegs ergeben; insbesondere trifft es, wie schon Z **49** 350ff. dargelegt, nicht zu, daß die Differenzierungstheorie zu der Meinung gelangen müsse, alle Handlungen, auf die § 54 passe, seien rechtswidrig. *v. Hippel* übersieht, daß nach der hier vertretenen Lehre § 54 auf Handlungen, die mit Hilfe eines positivrechtlichen Rechtfertigungsgrundes oder der oben § 32 B II entwickelten „Zwecktheorie" („übergesetzlicher Notstand") gerechtfertigt werden können, gar nicht angewendet werden darf, mag er seinem Wortlaut nach noch so sehr auf sie passen. Vgl. dazu unten Note 5. Gegen *v. Hippel* insbesondere *Grünhut* Z **51** 457, *Erik Wolf* JW **60** 921, *Mezger* 367 Note 9, *Graf zu Dohna* Z **51** 615/16, *Eb. Schmidt* MittIKV N. F. **5** 139/40.

β) *ME. Mayer* 304ff. lehrt im Gegensatz zu der unter α) besprochenen Einheitlichkeitstheorie, alle Notstandsfälle, auch die der §§ 228, 904 BGB, seien als Entschuldigungs-, nicht aber als Rechtfertigungsgründe aufzufassen. Aber sein Versuch, den §§ 228 und 904 BGB da, wo sie vom Ausschluß der Rechtswidrigkeit reden, den Sinn unterzuschieben, daß „die subjektive Widerrechtlichkeit ausgeschlossen, also ein Recht auf Entschuldigung gewährt" sein solle, ist als durchaus mißglückt zu betrachten. Sein Hauptgrund, daß Schadensersatz niemals mit einer rechtmäßigen Handlung verbunden sein könne, ist dem BGB und seinen Zwecksetzungen gegenüber eine glatte petitio principii, deren Berechtigung er nicht erweist. Vor allem aber greift auch *Mayer* gegenüber der gegen jede Einheitlichkeitstheorie gerichtete Einwand durch, daß er die weitgehende Verschiedenartigkeit der Gesichtspunkte verkennt, mit denen das Gesetz an die Regelung der einzelnen Notstandsfälle in StGB und BGB herangetreten ist.

b) Abzulehnen sind ferner diejenigen Notstandslehren, die unter Verkennung des in § 54 StGB zum Ausdruck gebrachten Schuldgesichtspunktes (vgl. oben 2b) das Wesen der §§ 52—54 StGB rein formal bestimmen und auf diese Weise an die entscheidenden Fragen nicht heranzukommen vermögen. Hierher gehört:

α) die theoretisch unhaltbare, namentlich von *Binding* Handb. 765 vertretene Meinung, die Notstandshandlung im Sinne des § 54 sei nicht rechtmäßig, aber unverboten. Diese Ansicht ist bereits oben § 32 Note 17 zurückgewiesen worden;

β) die Auffassung, die §§ 52, 54 enthielten einen „persönlichen Strafausschließungsgrund". So früher *v. Liszt* (vgl. dazu die vor. Aufl. S. 191); *Heimberger* Reform (1926) 82 mit der unzutreffenden Behauptung, daß die „Entschuldbarkeit" der außerhalb der §§ 228, 904 BGB gegebenen Notstandshandlungen (vor allem also der §§ 52, 54 StGB) nur einen persönlichen Strafausschließungsgrund bedeuten könne, da dies „dem hergebrachten Sinn des Wortes »entschuldbar« entspräche" [in seinem „Strafrecht" S. 45 hat sich *Heimberger* jetzt aber der richtigen Lehre angeschlossen]; ferner (der Sache nach) *Beling* Verbrechen 53, Z 44 237, Grundz. 32 („sachlicher", nicht „persönlicher" Strafausschließungsgrund, aber weder Rechtfertigungs- noch Schuldausschließungsgrund).

III. Die Entwicklung der Notstandsbestimmungen in den **deutschen Entwürfen** spricht aufs deutlichste für die Unmöglichkeit, der Notstandsproblematik mit einem einheitlichen juristischen Gesichtspunkt gerecht zu werden. VE § 67 konstruierte der Begründung zufolge einen einheitlichen Rechtfertigungsgrund. GE § 26 stellte einheitlich auf einen Entschuldigungsgrund ab. KE § 28 und E 1919 § 22 kehren zum Rechtfertigungsgrund, AE 1925 § 22 (unter Aufrechterhaltung der §§ 228, 904 BGB) zum Entschuldigungsgrund zurück. E 1927 § 25 und E 1930 § 25 suchen mit Hilfe der Differenzierungstheorie das ganze Notstandsproblem zu lösen, befinden sich also auf grundsätzlich richtigem Wege. Vgl. dazu *Eb. Schmidt* in MittIKV N. F. 5 131ff.

B. Einzelne Notrechte.

I. **Notstand im Sinne der §§ 228 und 904 BGB ist ein Zustand gegenwärtiger Gefahr für rechtlich geschützte Interessen, aus dem es keine andere Rettung gibt, als den Eingriff in die Sachgüter eines anderen.** Der Notstand ist mithin ein Fall der Interessenkollision. Die Notstandshandlung erscheint als Wahrung eigener (bei Nothilfe auch fremder) unmittelbar gefährdeter Interessen durch Verletzung berechtigter Interessen anderer Personen.

1. Von Notwehr (oben § 33) und Selbsthilfe (unten § 35 II 1) unterscheidet sich die Notstandshandlung des BGB dadurch, daß jene das Recht dem Unrecht gegenüber zu verteidigen oder wiederherzustellen bestimmt sind, während diese das Recht auf Kosten eines anderen Rechts wahren will. Stets verlangt der Notstand die Kollision berechtigter Interessen. Hat die Rechtsordnung dem gefährdeten Interesse ihren Schutz entzogen, so ist auch der Begriff des Notstandes ausgeschlossen. Wer also auf Grund rechtskräftigen Strafurteils im Gefangenenwagen zur Strafanstalt transportiert wird, kann sich nicht auf Notstand berufen, wenn er zur Wiedererlangung seiner Freiheit Türen und Fenster des Wagens beschädigt. In allen Fällen ist die Notstandshandlung nur erlaubt, wenn sie zur Abwendung der Gefahr erforderlich ist, d. h. also wenn die Gefahr auf anderem Wege nicht abgewendet werden konnte (Prinzip der Subsidiarität).

2. Die Voraussetzungen dieses Notrechts sind im BGB, wie folgt, umschrieben:

a) Im Anschluß an die Bestimmungen über Notwehr gestattet BGB § 228 die Beschädigung oder Zerstörung einer fremden **gefahrdrohenden Sache,** wenn die Notstandshandlung zur Abwendung der Gefahr erforderlich ist und der Schaden nicht außer Verhältnis zu der Gefahr steht[2]).

---

[2]) Der an der gefahrdrohenden Sache durch die Notstandshandlung hervorgerufene Schaden darf nicht außer Verhältnis stehen zu dem Schaden, dessen

Die Gefahr muß durch die Sache selbst drohen; durch das angreifende Tier, den stromabwärts treibenden Kahn, das baufällige Haus. Psychische Einwirkung der Sache (unsittliches Gemälde) genügt nicht[3]). Gegenwärtigkeit der Gefahr (im Gesetze nicht erwähnt) muß gefordert werden. Die Art des bedrohten Rechtsgutes ist gleichgültig; Nothilfe uneingeschränkt gestattet. Hat der Handelnde (nicht notwendig der Gefährdete) die Gefahr schuldhaft verursacht, so handelt er nach der herrschenden (allerdings bedenklichen) Ansicht trotzdem nicht rechtswidrig, ist daher nicht strafbar[4]).

b) Weiter greift das durch § 904 BGB eingeräumte Notrecht. **Einwirkung auf eine fremde neutrale Sache** (Beschädigung, Zerstörung, Gebrauch, Verbrauch) ist gestattet, wenn von ihr keine Gefahr droht, die Einwirkung aber zur Abwendung einer gegenwärtigen Gefahr notwendig und der drohende Schaden gegenüber dem aus der Einwirkung entstehenden Schaden unverhältnismäßig groß ist. Beispiele bieten: die Benutzung eines fremden Kahnes zur Rettung eines Ertrinkenden, eines fremden Pferdes, um den Arzt zu dem Verunglückten herbeizuholen, das Betreten eines fremden Hauses, um sich vor den Gefahren eines schweren Unwetters zu schützen. Der Täter ist ersatzpflichtig; aber er handelt in Ausübung seines Rechts: Der Widerstand des Eigentümers darf daher, wenn nötig mit Gewalt, gebrochen werden. Welcher Art das gewahrte Interesse ist, bleibt auch hier gleichgültig; Nothilfe ist uneingeschränkt gestattet[5]).

Eintritt von seiten der Sache droht. „Außer Verhältnis" steht der letztere Schaden dann, wenn er „unverhältnismäßig kleiner" ist als der erstere. So *Enneccerus* Lehrbuch des Bürgerl. Rechts I 1 (30./34. Aufl.) 1928, 623. Es ist also nicht erforderlich, daß der abgewendete Schaden stets größer gewesen wäre, als der durch die Notstandshandlung hervorgerufene; die beiden Schäden können sich die Waage halten, ja es kann sogar der abgewendete innerhalb einer durch die Billigkeit bezeichneten Verhältnismäßigkeit kleiner sein als derjenige, der durch die Notstandshandlung hervorgerufen worden ist. Hierin besteht der wesentliche Unterschied zu § 904 BGB. Der Gesichtspunkt der Güterabwägung, der in § 228 BGB einen Rechtfertigungsgrund sehen läßt, ist aber damit keinesfalls aufgegeben. Nur ist das Prinzip der Proportionalität in § 228 BGB aus offensichtlichen Gründen nicht so streng gehandhabt wie in § 904 BGB. Vgl. *Mayer* 310 Note 19.

[3]) *Köhler* 365.

[4]) Vgl. *v. Liszt* Deliktsobligationen § 94. — Wenn es sich um die Abwehr von Wildschaden handelt, kann § 228 durch die Landesgesetzgebung ausgeschlossen werden; so preußische JagdO vom 15. Juli 1907.

[5]) Das Verhältnis der §§ 228 und 904 BGB zu § 54 StGB kann von dem hier eingenommenen Standpunkt aus nicht zweifelhaft sein. Da § 54 StGB einen Schuldausschließungsgrund enthält, so besteht bei der Lösung eines konkreten Falles erst im Zusammenhang mit der Schuldfrage eine Veranlassung, sich in concreto mit der Anwendbarkeit des § 54 zu befassen. Die Schuldfrage aber interessiert ihrerseits erst wieder, wenn die Rechtswidrigkeit der Handlung feststeht, also sich ergeben hat, daß auch die §§ 228 und 904 dem Täter kein

II. Auch außerhalb des BGB ist der Notstand als Rechtfertigungsgrund mehrfach anerkannt, so:

1. in §§ 87 Abs. 2, 88 der Seemannsordnung von 1902;
2. in § 17 des PostG von 1871;
3. in § 12 des LuftverkehrsG von 1922 (Notlandung!);
4. in § 9 der Strandungsordnung von 1874;
5. in §§ 700ff. des HGB.

III. Der sog. „übergesetzliche Notstand". Es ist schon oben § 32 B auf die Lückenhaftigkeit der positivrechtlichen Rechtfertigungsgründe hingewiesen worden. Sie macht sich ganz besonders auch in der Lehre vom Notstand bemerkbar. Die Frage, ob eine ärztlich indizierte, zur Rettung des mütterlichen Lebens erfolgte Schwangerschaftsunterbrechung oder Perforation rechtmäßig sei, wird im positiven Recht, d. h. im Gesetz und Gewohnheitsrecht, ebensowenig entschieden, wie die Frage, inwieweit der Einzelne staatliche Interessen durch tatbestandsmäßige Handlungen in Notlagen zu schützen berechtigt ist („Staatsnotstand") oder inwieweit jemand sich selbst oder einen anderen aus einer Leibes- oder Lebensgefahr durch Verwüstung wertvollster Rechtsgüter anderer retten darf.

In allen derartigen Fällen liegt nach der oben § 32 B II entwickelten „Zwecktheorie" eine rechtmäßige Handlung vor, wenn das Verhalten des Täters sich als „angemessenes" Mittel zur Erreichung eines rechtlich anerkannten Zweckes darstellt. Inwieweit dies der Fall, ist unter genauester Berücksichtigung aller Einzelheiten des zu wertenden Verhaltens zu prüfen.

Zu berücksichtigen ist dabei vor allem das soziale Wertverhältnis der in Kollision befindlichen Rechtsgüter. Die Erhaltung eines höherwertigen Rechtsgutes auf Kosten eines minderwertigen wird sich eher rechtfertigen lassen als

---

Recht, so zu handeln, gegeben haben. Greift § 228 oder § 904 BGB durch, handelt der Täter also rechtmäßig, so ist damit eine Anwendung des § 54 StGB von vornherein ausgeschlossen, da jedes Eingehen auf die Schuldfrage sinnlos wäre. Beispiel: Um mich bei einem orkanartigen Gewitter aus der mit dem Aufenthalt im Freien verbundenen Lebensgefahr zu retten, betrete ich ein fremdes Haus, nehme also einen Eingriff in die Sachgüter eines anderen vor. Bei der Prüfung, ob Hausfriedensbruch vorliegt, wird sich herausstellen, daß, wenn das Betreten gegen den Willen des Berechtigten geschah, der Tatbestand erfüllt ist. Zugleich aber sind sowohl § 904 BGB, als auch § 54 StGB gegeben. Anzuwenden ist jedoch nur § 904 BGB, da der durch ihn bewirkte Ausschluß der Rechtswidrigkeit jegliche Untersuchung über die Schuld von vornherein abschneidet. Zieht man unter Außerachtlassung des § 904 BGB sofort den § 54 StGB heran, so gelangt man (und zwar unter dem Gesichtspunkt des Schuldmangels) zwar auch zur Straffreiheit, aber diese „Lösung" wäre methodisch und sachlich verkehrt und würde überdies im Stich lassen, wenn der Hauseigentümer sich zur Wehr gesetzt, ich aber diesen Widerstand mit Gewalt unterdrückt hätte; denn dann könnte nur mit Hilfe des § 904 BGB gezeigt werden, daß § 53 StGB dem Hauseigentümer nicht zur Seite steht.

die Rettung eines Rechtsgutes durch Vernichtung eines gleichwertigen oder womöglich gar höherwertigen. Unrichtig aber ist es, das Wertverhältnis der Rechtsgüter allein entscheiden zu lassen. R hat zwar in seiner grundlegenden Entscheidung vom 11. März 1927 (**61** 242) die „Güterabwägungstheorie" zugrunde gelegt, aber es berücksichtigt neben dem Wertverhältnis der kollidierenden Interessen auch noch ganz andere Momente; so bei der Schwangerschaftsunterbrechung den Willen der Mutter und die Gewissenhaftigkeit des Täters, sowie seine Fähigkeit, die Lage richtig zu beurteilen (R **62** 137!!); es verlangt außerdem, daß die Notstandshandlung das einzige Mittel zur Rettung des gefährdeten Interesses sei; in Fällen des Staatsnotstandes stellt R ebenfalls auf subjektiv gewissenhafte Prüfung der Lage seitens des Notstandstäters ab. Stets also werden an dem Grundsatz der Güterabwägung, sobald nach ihm ein einzelner Fall entschieden werden soll, erhebliche Einschränkungen vorgenommen, die sich nur aus der „Zwecktheorie" begründen lassen, soweit sie überhaupt gerechtfertigt sind. Es ist daher richtiger, von vornherein mit Hilfe der oben § 32 B II bezeichneten Methode der „Zwecktheorie" den konkreten Obersatz für die zu fällende Entscheidung herauszuarbeiten. An Weisheit und Können des Richters stellen diese Fälle die höchsten Anforderungen[6]).

Auf zwei der wichtigsten Fälle „übergesetzlichen Notstandes" sei in Kürze noch besonders eingegangen:

1. Schwangerschaftsunterbrechung und Perforation. Soweit sie nach medizinischen Gesichtspunkten zur Erhaltung des mütterlichen Lebens notwendig sind, lege artis ausgeführt werden und die Einwilligung der Mutter vorgelegen hat oder aus beacht-

---

[6]) Zur näheren Begründung des im Text unter III Ausgeführten wird auf *Eb. Schmidt* Z **49** 350 und MittIKV N. F. **5** 131 verwiesen. — Der „Grundsatz der Güter- und Pflichtenabwägung" ist von *Rudolf Merkel* 1895 funditus entwickelt worden. In der bahnbrechenden Entsch. R **61** 242 ist er folgendermaßen formuliert: „In Lebenslagen, in welchen eine den äußeren Tatbestand einer Verbrechensform erfüllende Handlung das einzige Mittel ist, um ein Rechtsgut zu schützen oder eine vom Recht auferlegte oder anerkannte Pflicht zu erfüllen, ist die Frage, ob die Handlung rechtmäßig oder unverboten oder rechtswidrig ist, an der Hand des dem geltenden Recht zu entnehmenden Wertverhältnisses der im Widerstreit stehenden Rechtsgüter oder Pflichten zu entscheiden." Vgl. zu R **61** 242 und R **62** 137 außer den oben genannten Schriften von *Eb. Schmidt*: *Goldschmidt* JW **56** 2022, *Wachinger* (Festg. f. *Frank* I 469), *Wachinger* in MittIKV N. F. **5** 103, *Heimberger* (Festg. f. *Frank* I 397, 400), *Mezger* § 32, *v. Hippel* II 221 Note 1, 228 Note 1, 229 Note 1, 231/2 Note 8, *Frank* Vorbem. IV vor § 52, § 52 I 2a, III, § 54 I, *Grünhut* Z **51** 455, *H. Dörr* (Lit. zu § 35) 18ff., *Hahn* (Lit. zu § 35) 25ff., *Arndt* (Lit. zu § 35) 97ff., *Jansen* 52. Die Einschränkung des Güterabwägungsprinzips bei Schwangerschaftsunterbrechung und Staatsnotstand durch subjektive Rechtfertigungselemente billigt *Wachinger*; dagegen aber *Eb. Schmidt* und *Mezger*. Daß die Güterabwägungstheorie für sich allein unbrauchbar ist und nur im Rahmen des im Text entwickelten allgemeineren Prinzips Verwendung finden kann, wird oft verkannt, jetzt wieder von *Arndt* und *Jansen*. Vgl. hierzu auch *Engisch* (Lit. zu § 39) 288/9 („Es muß in jedem Fall ein Fazit aus dem Ganzen gezogen werden").

Welchen Fortschritt R **61** 242 in der reichsgerichtlichen Rechtspr. bedeutet, beweist ein Vergleich mit den in der Begründung noch ganz unsicheren Entscheidungen R **57** 268, **60** 88.

lichen Gründen nicht hat beschafft werden können, sind diese Eingriffe rechtmäßige Notstandshandlungen. Daß sie nur von einem Arzt ausgeführt werden dürften, ist de lege lata nicht nachweisbar[7]).

2. Zur Rettung wichtiger staatlicher Rechtsgüter, insbesondere zur Erhaltung des Besitzstandes des Staates, zur Abwehr hochverräterischer oder landesverräterischer Anschläge, darf — auch abgesehen vom Falle der Notwehr (vgl. oben § 33 Note 10) — der Einzelne in fremde Rechtsgüter verletzend eingreifen, wenn nach Lage der Sache die Herbeiführung einer geordneten behördlichen Abwehrtätigkeit nicht in Frage kommt und die Schädigung des Staates dringend zu besorgen ist. Wieweit die Subsidiarität des Eingreifens des Einzelnen gegenüber der Tätigkeit der Behörden geht, ist eine sehr schwierige, nur von Fall zu Fall zu entscheidende Frage[8]).

§ 35. Die übrigen Fälle ausgeschlossener Rechtswidrigkeit*).

Literatur. Zu I: *Kleinfeller* VD Allg. T. **1** 269. *v. Bar* Gesetz **3** 89. *van Calker* Die strafrechtliche Verantwortlichkeit für auf Befehl begangene Handlungen 1891. *Reichmuth* Das Recht der Forstbeamten zum Waffengebrauche in Deutschland 1908. *ME. Mayer* in der Festschrift für *Laband* 1908. *Thielke* Gehorsam und Schuld des Staatsbeamten und des Soldaten bei gesetzwidrigem Befehl des Vorgesetzten. Königsberger Diss. 1911. *Thiessen* Die strafrechtlichen Wirkungen des rechtswidrigen Befehls im Staats- und Militärdienst. Königsberger Diss. 1911. *Heilborn* Festschrift für *Gierke* 1911. *Battenberg*

---

[7]) R **61** 242, **62** 137 suchen die Zulässigkeit des Eingriffs schon de lege lata für den Regelfall auf den approbierten Arzt zu beschränken. Vgl. Anm. 6. Die Frage ist sehr bestritten. E 1927 § 254, E 1930 § 254 lassen bei einer ärztlich indizierten und von einem Arzt ausgeführten Schwangerschaftsunterbrechung und Perforation die Tatbestandsmäßigkeit im Sinne der Abtreibungs- und Tötungsbestimmungen entfallen. Grundsätzlich sind diese Vorschläge durchaus zu billigen. Vgl. *Eb. Schmidt* Z **49** 405.

[8]) Über den „Staatsnotstand" R **63** 215, **64** 101. In der zweiten Entsch. ist der Rechtfertigungsgrund des übergesetzl. Notstandes zu Unrecht mit der Begründung abgelehnt worden, daß der Täter nicht gewissenhaft die Voraussetzungen eines Notstandes und die Notwendigkeit seines Eingreifens geprüft habe. Vgl. gegen dieses Argument *Eb. Schmidt* MittIKV N. F. **5** 156—158. Vgl. im übrigen zu dem ganzen Problem: *Oetker* GS **97** 411, **99** 156; *Hartung* JR 1931 61; *Mezger* 242 Note 8; *v. Hippel* II 228 Note 2, *Radbruch* Justiz V 125, *Grimm* Justiz V 329. Wenig ergiebig *Griebel* Staatsnotwehr, Staatsnotstand und Femetötungen. Erlanger Diss. 1930.

*) Neuerdings hat man sich bemüht, die Rechtfertigungsgründe zu systematisieren. So insbesondere *Mayer* 274ff., *Mezger* 204/5 und GS **89** 270, *Graf zu Dohna* Recht und Irrtum (1925) 8ff., *Nathan* 27, *Heinitz* (Lit. zu § 31) 112. Wenn in diesem Lehrbuch bis auf weiteres darauf verzichtet wird, so geschieht das nicht deshalb, weil die Berechtigung einer Systematisierung geleugnet oder der Wert eines gelungenen Systems verkannt würde, sondern lediglich deshalb, weil die Ergebnisse jener Versuche noch sehr widerspruchsvoll sind und es außerdem für ein Lehrbuch zweckmäßiger erscheint, die wichtigsten der typisierten Rechtfertigungsgründe (Notwehr, Notstand) gesondert für sich zu betrachten. So verfährt auch *v. Hippel* II §§ 17—20.

Das auf Befehl begangene Verbrechen (Strafr. Abh. Heft 189) 1916. *v. Ammon* Der bindende rechtswidrige Befehl (Strafr. Abh. Heft 217) 1926. *Hellmuth Mayer* Der bindende Befehl im Strafrecht (Festg. f. *Frank* I 598) 1930. — Zu II 1: *Günther* **3** 1. Hälfte 217. *v. Liszt* Deliktsobligationen 85. — Zu II 2: *Finger* Das Züchtigungsrecht und dessen Mißbrauch 1888. *Kaufmann* Das Züchtigungsrecht der Eltern und Erzieher 1910. *Derselbe* Schweizer. Z **25** 329. *Geider* Die Strafbarkeit der Erwachsenen bei Züchtigung des ungezogenen Jugendlichen (Strafr. Abh. Heft 196) 1918. *Fränkel* Die strafrechtl. Grenzen des Züchtigungsrechtes 1914. *Voltz* Z **50** 339. *Paterna* HdR VI 1045. Vgl. auch *Ahlers* GA **63** 216. — Zu II 3: *Laß* Das Strafrecht der Berufsgenossenschaften 1901. *Lehmann* Z **22** 218 (Das autonome Strafrecht öffentlichrechtlicher Verbände). *Leist* Untersuchungen zum inneren Vereinsrecht 1904. *Stier-Somlo* HdR II 73. — Zu III 1: *v. Lilienthal* Die pflichtmäßige ärztliche Handlung (Festgaben für *E J. Bekker*) 1899. *Finger* Z **20** 12. *Heimberger* Strafrecht und Medizin 1899. *Derselbe* Arzt und Strafrecht (Festg. f. *Frank* I 389) 1930. *Rich. Schmidt* Die strafrechtliche Verantwortlichkeit des Arztes 1900. *v. Bar* Festgabe für *Regelsberger* 1901 und GS **60** 81. *Karding* Straflose vorsätzliche Körperverletzung bei Bewegungsspielen 1902. *v. Liszt* Z für ärztliche Fortbildung I. Band 1904. *Radbruch* Geburtshilfe und Strafrecht 1907. *Kahl* Z **29** 351. *Schmitt* Z **31** 467. *Ebermayer* Arzt und Patient in der Rechtsprechung 1924. *Derselbe* HdR I 335, VII 76. *Beling* Z **44** 220. *Nathan* Z **43** 451. *Heinz Dörr* Die ärztl. Schwangerschaftsunterbrechung nach geltendem und künftigem Recht (Strafr. Abh. Heft 251) 1929. *Hahn* Untersuchungen über die rechtl. Natur ärztlicher Eingriffe (Strafr. Abh. Heft 247) 1928. — Über Vivisektion: *v. Hippel* VD Bes. T. **2** 248. — Zu III 4: *Gerland* VD Allg. T. **2** 487. *Klee* GA **48** 177, 337, **49** 246, **50** 364. *Büdinger* Die Einwilligung zu ärztlichen Eingriffen 1905. *Holer* Die Einwilligung des Verletzten (Züricher Beiträge Heft 13) 1906. *Honig* Die Einwilligung des Verletzten (Teil I. Geschichte des Problems und Methodenfrage) 1919. *Schrey* Der Gegenstand der Einw. d. Verl. (Strafr. Abh. Heft 248) 1928. *Creifelds* Wird bei einem Verstoß gegen die guten Sitten die Einw. im Strafrecht irrelevant? (Strafr. Abh. Heft 266) 1929. *Zitelmann* Ausschluß der Rechtswidrigkeit 1906. *Ahrens* Geschäftsführung ohne Auftrag als Strafausschließungsgrund (Strafr. Abh. Heft 101) 1909. *v. Hippel* Die Bedeutung der Geschäftsführung ohne Auftrag im Strafrecht (RG Festg. V 1 ff.) 1929. *Arndt* Die mutmaßl. Einw. als Rechtfertigungsgrund (Strafr. Abh. Heft 268) 1929. *Hartwig* Die Körperverletzung eines Einwilligenden nach dem RStGB. Leipziger Diss. 1912 (GS **82** 301, **83** 27). *Wilhelm* Operationsrecht des Arztes und Einwilligung des Patienten 1912. — Zu III 5: *v. Bar* Gesetz **3** 23, 47. *v. Liszt* VD Bes. T. **5** 133. *Bernstein* Die Bestrafung des Selbstmordes und ihr Ende (Strafr. Abh. Heft 78) 1907. *Jul. Meyer* Der Selbstmord sowie Anstiftung und Beihilfe zum Selbstmord. Rostocker Diss. 1907. *Hafter* bei *Aschaffenburg* **8** 397. *Binding* und *Hoche* Die Freigabe der Vernichtung lebensunwerten Lebens 1920. Dazu *Ebermayer* LZ **14** 599. — Zu IV: *Müller* Die Immunität der parlamentarischen Berichterstattung. Heidelberger Diss. 1906. *Kleinfeller* VD Allg. T. **1** 334. *Storch* Österreich. Z **7** 1.

Von den zahlreichen Fällen, in denen kraft ausdrücklicher oder stillschweigender Vorschrift der Rechtsordnung die Rechtswidrigkeit als ausgeschlossen betrachtet werden muß, können hier nur die wichtigsten Erwähnung finden. Bei dem heutigen Stande der Gesetzgebung und Wissenschaft bietet die Abgrenzung fast überall bedeutende Schwierigkeiten, und nur mit vorsichtiger Zurückhaltung kann die Aufstellung allgemeiner Grundsätze erfolgen.

I. **Die rechtspflichtgemäße, d. h. die durch die Rechtsordnung gebotene Handlung, ist stets rechtmäßig.** Man denke an das Gebiet des Erfüllungszwanges, an Durchsuchungen, Beschlagnahme, Verhaftungen, Strafvollstreckung; an Rechtsgüterverletzungen im Kriege oder bei inneren Unruhen; an die landesrechtliche Befugnis der Wachen, der Post-, Zoll- und Steuerbeamten, der Strafanstalts- und Gefängnisbeamten zum Waffengebrauche, an MilStGB § 124 usw.

1. Das gilt zunächst von Amtspflicht und Dienstpflicht.

2. Es gilt ferner auch von den dem Einzelnen auferlegten Pflichten, so der Anzeigepflicht (StGB § 139, bei ansteckenden Krankheiten), der Zeugenpflicht usw.

3. Nicht dagegen schließt der zum Gehorsam verpflichtende, sog. bindende Befehl des Vorgesetzten an den Untergebenen die Rechtswidrigkeit der auf Grund des Befehls vorgenommenen Handlung aus, wenn diese als solche von der Rechtsordnung verboten ist. Fälle dieser Art sind denkbar namentlich auf Grund von § 47 MilStGB, §§ 34, 41, 85 SeemannsO 1902, § 146 Abs. 1 GVG. Jedoch ist es ausgeschlossen, daß dem befehlsgemäß Handelnden ein Vorwurf wegen der von ihm ausgeführten rechtswidrigen Handlung gemacht wird. Demgemäß entfällt seine strafrechtliche Schuld, und damit zugleich seine Strafbarkeit[1]). Vgl. oben § 33 Note 3.

---

[1]) Die ganze Frage ist äußerst bestritten. **1.** Verbreitet ist noch immer die auch in früheren Auflagen dieses Buches vertreten gewesene Ansicht, daß die befehlsgemäß vorgenommene Handlung rechtmäßig sei: so *Wachenfeld* 135 (freilich in engen Grenzen), *Lobe* Lpz. Komm. Einleitung 15 Ziff. 8, *Gerland* 120 (sofern die Gesetze, eine formelle Nachprüfungspflicht ausschließend, eine unbedingte Gehorsamspflicht statuieren), *Sauer* Grundlagen 322 (ebenso), *v. Hippel* II 263, *Allfeld* 138, *v. Ammon* 82ff., *Hellm. Mayer* 620 (freilich stehen dazu die Ausführungen S. 613/4 in merkwürdigem Gegensatz, indem hier von dem „schuldlosen" Befehlsempfänger gesprochen und ihm gegenüber in willkürlicher Verengerung des § 53 das Notwehrrecht ausgeschlossen wird, während S. 620 gesagt wird, das Recht erkläre die Handl. des Befehlsempfängers für rechtmäßig, und nicht etwa entschuldige es den gehorsamspflicht. Untergebenen). Indessen ist nicht einzusehen, wie infolge eines Befehls die Rechtswidrigkeit einer Handlung soll beseitigt werden können. Dann könnte jeder zur Befehlserteilung Berechtigte die Rechtsordnung außer Kraft setzen. So jetzt auch *Frank* 4. Abschn. III. *v. Ammon* sucht diesem Einwand dadurch zu entgehen, daß er der Rechtmäßigkeit der befehlsgemäß ausgeführten Handlung die Rechtswidrigkeit des durch die Handlung herbeigeführten Zustandes gegenüberstellt. Aber Gegenstand rechtlicher Wertung sind die Zustände als solche nicht, vielmehr immer nur menschliche Handlungen. Vgl. oben § 31 Note 7. **2.** *Graf zu Dohna* Recht und Irrtum (1925) 10, *Mayer* 335 leugnen schlechthin die Verbindlichkeit eines auf eine Rechtswidrigkeit gerichteten Befehls. Hiergegen mit Recht *Frank* 4. Abschn. III und die herrsch. Lehre; insbes. *v. Ammon* 45ff., *H. Mayer* 605, *Mezger* 226, *v. Hippel* II 263 Note 3 (unter Beschränkung auf den militär. Befehl bei Übertretungen, MilStGB § 47). In der Tat entspricht es den im Text bezeichneten Gesetzesbestimmungen, insbes. der Seemannsordnung keineswegs, daß die Verbindlichkeit des Befehls und somit die Gehorsamspflicht dadurch bedingt sein soll, daß das Befohlene rechtmäßig ist (§§ 41, 85 Seemannsordnung betonen allzu nachdrücklich die „unweigerliche" Gehorsamspflicht). **3.** Mit dem Text stimmen überein *Frank* 4. Abschn. III, der bis zur 17. Aufl. einen „subj. Rechtfertigungsgrund" annahm (vgl. dagegen die vor. Aufl. dieses Buches), jetzt aber offenbar auch einen Entschuldigungsgrund gelten läßt, *Hegler* Z **36** 215 Note 110, *Mayer* 335, *Mezger* 226 und GS **89** 303, der Sache nach auch *Battenberg* (jedoch mit unrichtiger Berufung auf den typisierten Schuldausschließungsgrund des § 51 StGB).

Ist der Befehl nicht bindend (vgl. *W. Jellinek* Verwaltungsrecht³, 1931,

II. Die Handlung ist rechtmäßig, wenn sie **kraft besonderer Berechtigung** und innerhalb deren Grenzen vorgenommen wurde.

Die verschiedensten Fälle gehören hierher:

1. Die Selbsthilfe in allen ihren Formen (insbesondere die eigenmächtige Pfändung), soweit das geltende Privatrecht sie erlaubt; mag es sich um Abwehr einer drohenden Gefahr, um die Wiederherstellung eines zerstörten Zustandes oder um die Sicherung oder Durchsetzung eines Anspruchs handeln[2]).

2. Erziehungs- und Zuchtgewalt, wie sie den Eltern gegen das Kind (BGB § 1631), dem Lehrer gegen den Schüler, dem Lehrherrn gegen den Lehrling (GewerbeO § 127a), nicht aber dem Dienstherrn gegen das Gesinde (EG zum BGB Art. 95) zusteht. Zu beachten ist, daß die Ausübung dieses Rechts, dauernd oder vorübergehend, von dem Berechtigten dritten Personen (von den Eltern dem Erzieher) übertragen, daß ferner aus allgemeinen Gesichtspunkten (oben §§ 31 II 2, 32 B II) sich ein Züchtigungsrecht auch ohne ausdrückliche Übertragung gegenüber fremden, sich ungebührlich betragenden Kindern ergeben kann[3]). Bei Mangel besonderer Vorschriften entscheidet bezüglich des

---

371/2), dann bedarf es selbstverständlich keiner Überlegung über die Rechtswidrigkeit der diesem „Befehl" entsprechenden, von der Rechtsordnung verbotenen Handlung. Vgl. R **54** 337.

[2]) BGB §§ 229—231, 859f. Vgl. EG zum BGB Art. 89.

[3]) Auch in diesem Problemkomplex wimmelt es von strafrechtlichen Streitfragen. **I. Wer darf züchtigen?** Zweifel mangels positivrechtlicher Bestimmungen namentlich bezüglich der **Schullehrer.** Daß die Lehrer Erzieher sein sollen, steht fest. Aus ihrem Erziehungsrecht hat R das Züchtigungsrecht in zahlreichen Entscheidungen gefolgert, sofern es sich um Lehrer an Volksschulen und gewissen Fortbildungsschulen handelt. Vgl. R **20** 371, **33** 72, **35** 182, **40** 432, **45** 1, **65** 263. Bezüglich der höheren Schulen ist aber ebenfalls an dem Gedanken festzuhalten, daß die Schule nicht bloß Lern-, sondern auch Erziehungsschule ist. Demgemäß hat R **43** 277 den Lehrern der Unterklassen dieser Anstalten ein Züchtigungsrecht zugestanden, R **42** 221 ein solches jedoch in den höheren Klassen (von Untersekunda aufwärts) verneint. Über die Bedeutung landesrechtlicher Vorschriften (vgl. für Preußen §§ 50—53 II 12 ALR) vgl. die Ausführungen bei *Frank* Bes. Teil 17. Abschn. II 1, *Mayer* 297 Note 6 und die dort Zitierten, ferner R **61** 191. — Bezüglich der **Übertragungsmöglichkeit des Züchtigungsrechts** ist man sich im Sinne des Textes im allgemeinen einig. Vgl. R **33** 32, **61** 191, RMilG **18** 219. — Besonders zweifelhaft ist es um das Recht zur **Züchtigung fremder unartiger Kinder** bestellt für den Fall, daß keine ausdrückl. Übertragung des Züchtigungsrechtes seitens der Eltern stattgefunden hat. Die erste Frage muß natürlich immer die sein, ob mit der konkreten Züchtigung ein Tatbestand erfüllt ist. In Betracht kommen §§ 223, 223a StGB. Vgl. dazu (über den Begriff „Mißhandeln") unten § 87 II 1, aber auch *Voltz* 342, der stets in einer Züchtigung eine körperl. Mißhandlung sehen will. Soweit durch die Züchtigung einer dieser Tatbestände erfüllt ist, fragt es sich, wann der Züchtigende ein Recht zur Züchtigung hat. Viel zu weit geht *Geider*, der im Anschluß an *Hegler* Z **36** 19, 184, das „Prinzip des wahren Wohls" entscheiden läßt. In früheren Auflagen dieses Buches wurde auf präsumtive Zustimmung des Erziehungsberechtigten verwiesen; indessen dürfte das zu eng sein. *v. Hippel* II 265/6 stützt sich auf Geschäftsführung ohne Auftrag. Dagegen treffend *Kipp* Familienrecht[6] (1928) 314 Note 4, *Voltz* 354ff. Mit R **4** 98, *Graf zu Dohna* Die Rechtswidrigkeit (1905) 92, *Gerland* 119, *Lobe* Einl. Lpz. Komm. 16, *Wachenfeld* 131 (vgl. aber dort auch Note 2) ist von einem allgemeinen und bedingungslosen Recht, fremde ungezogene Kinder zu züchtigen, keine Rede. Die Frage der Berechtigung kann demgemäß nur im Einzelfalle nach Maßgabe des im § 32 zu B II Ausgeführten entschieden werden; dabei ist aber die Frage dahin zu stellen, ob die Züchti-

zulässigen Maßes der Züchtigung die „Angemessenheit" des Mittels in dem zu § 32 erörterten Sinne.

3. Das Disziplinarstrafrecht, das den öffentlichrechtlichen wie den privatrechtlichen Verbänden gegen ihre Mitglieder eingeräumt ist[4]).

4. Weiter sei erinnert an das Bergungsrecht nach StrandungsO 1874 §§ 4ff.; an das Prisen- und Beuterecht im Seekriege; an die vorläufige Festnahme eines auf frischer Tat betroffenen oder verfolgten Verbrechers (StPO § 127); an HGB § 708, BGB §§ 867, 962, 1005; an die Ausflüsse des Hausrechts, die Tötung von jagenden Hunden u. a. mehr[5]).

5. Es gehört hierher endlich auch die Wahrung berechtigter Interessen nach StGB § 193, § 14 Abs. 2 WettbewerbsG 1909, § 824 Abs. 2 BGB.

---

gung des Kindes gerade durch den ihm Fremden „angemessen" (in dem a. a. O. bezeichneten Sinne) ist. Dabei wird wieder die Frage eine Rolle zu spielen haben, ob die Ungezogenheit sich gegen den Fremden gerichtet hat oder nicht. Die Praxis der Gerichte findet sich nachgewiesen bei *Ebermayer* Lpz. Komm. § 223 Note 11a, *Frank* Bes. T. 17. Abschn. II 1, *Voltz, Mezger* 229. Zu weit geht in dieser Frage *Mayer* 296/7; zu eng *Goldschmidt* DJZ **34** II 451, *Kipp* a. a. O., *Lobe* a. a. O., R **61** 191, *Voltz,* die jegliche Züchtigungsberechtigung Dritter ausschließen wollen. — **II. Wie darf man züchtigen**? Bestehen landesrechtliche Vorschriften, so ist, wie zu I, ihre Bedeutung zu ermitteln. Kommt hiernach einer konkreten landesrechtlichen Norm die Bedeutung zu, daß sie die Grenze des Züchtigungsrechts als Rechtsverordnung (Gesetz im materiellen Sinn) mit verbindlicher Wirkung nach außen hin festsetzt, so ist jede Überschreitung dieser Grenze rechtswidrig, und zwar selbst dann, wenn die Grenze vielleicht nach allseitig anerkannten pädagogischen Maximen zu eng gezogen ist (vgl. oben § 31 II 2). Fehlt es an einer Regelung, so ergibt sich aus dem zu § 32 B II Gesagten, daß die im dortigen Sinne als „angemessen" zu betrachtende Züchtigung berechtigt ist. Die Angemessenheit hinsichtlich des Maßes der Züchtigung aber ist im Hinblick auf den Erziehungszweck objektiv zu prüfen. Vgl. insbes. *Sauer* Grundlagen 396 und 347. Objektiv orientiert ist auch *Hegler* Z **36** 37. Dagegen gelangen zu einem subjektiven Maßstab *Graf zu Dohna* Die Rechtswidrigkeit (1905) 92/93 (wo die Konfundierung von Rechtswidrigkeit und Schuld sich besonders deutlich zeigt), *Mezger* GS **89** 301 u. a. — **III. Wozu darf man züchtigen**? Der unter II zuletzt erwähnte Meinungsstreit leitet zu dieser Frage unmittelbar über. Wer die „Angemessenheit" der Züchtigung abhängig macht von „Wissen und Gewissen", also von der Überzeugung des Züchtigenden, wird einer Züchtigung, die nicht zum Zwecke der Erziehung, sondern vielleicht deshalb vorgenommen ist, damit sich der Vater des gezüchtigten Schulkindes ärgere, nur das Prädikat „rechtswidrig" beilegen können. So in der Tat *Mayer* 186, *Mezger* 228, notwendigerweise aber auch *Graf zu Dohna*. In der vor. Aufl. dieses Buches war gegen diese Meinung polemisiert worden, jedoch zu Unrecht (vgl. dazu *Eb. Schmidt* MittIKV N. F. **5** unter IV 1). Es ist nämlich nicht richtig, daß nur bei typisierten Rechtfertigungsgründen, dem ausgesprochenen Willen des Gesetzgebers entsprechend, subjektive Rechtfertigungselemente begegnen könnten. Auch aus der „Zwecktheorie" (oben § 32 B II) können sich solche ableiten lassen. Was bei einer Züchtigung „angemessen" ist, richtet sich nach pädagogischen Grundsätzen. Diese aber verlangen eine subjektiv pädagogische Haltung des Züchtigenden. Bei deren Fehlen kann die Züchtigung nicht gerechtfertigt werden.

[4]) Über die Quellen des Disziplinarrechts vgl. *Stier-Somlo* HdR II 73.

[5]) Hierher gehört auch das Tötungsrecht des Ehemannes gegenüber dem auf der Tat ergriffenen Ehebrecher, das, von Bambergensis 145 (nicht PGO) ausdrücklich anerkannt, noch gegen Anfang des 19. Jahrhunderts wenigstens in den Lehrbüchern eine Rolle spielt. Preußen 1721 gab auch noch dem Vater das Recht, die unkeusche Tochter und ihren Verführer zu töten. Vgl. *Günther* **3** 1. Hälfte 237.

III. Wie sich schon beim „übergesetzlichen Notstand" und bei der Frage des Züchtigungsrechtes gezeigt hat, ist dem positiven Recht nicht im entferntesten in allen Fällen, in denen eine Rechtfertigung tatbestandsmäßigen Verhaltens dringend geboten erscheint, ein passender Rechtfertigungsgrund zu entnehmen. In welcher Weise dann die Rechtmäßigkeit begründet werden kann, ist oben § 32 B II entwickelt worden: Eingriffe in rechtlich geschützte Interessen, die sich als das **angemessene Mittel zur Erreichnung eines staatlich anerkannten Zweckes** darstellen, sind rechtmäßig, können also niemals als Verbrechen gewertet werden. Mit Hilfe dieses Satzes ist überall da, wo sich das System der positivrechtlichen Rechtfertigungsgründe lückenhaft erweist, der Rechtfertigungsgrund für den konkreten Einzelfall herauszuarbeiten. Daneben können andere Maximen, auf die in der Literatur vielfach zur Gewinnung transpositiver Rechtfertigungsgründe zurückgegriffen wird, eine besondere Bedeutung nicht in Anspruch nehmen. Die „Güterabwägungstheorie", die „Geschäftsführung ohne Auftrag", die „mutmaßliche Einwilligung", das „Interesse des Verletzten" usw. haben, wenn überhaupt, nur im Rahmen des mit der „Zwecktheorie" gegebenen Rechtfertigungsprinzips einen begrenzten Wert[6]).

[6]) Wir stehen hier vor den umstrittensten Fragen des Strafrechts. Vgl. die oben § 32 Note 20, § 34 Note 6 angegebene Literatur. Mit „Geschäftsführung ohne Auftrag" sucht jetzt insbesondere *v. Hippel* (RG Festg. V 1 und Strafr. II 249ff.) in manchen der in diesem Abschnitt erörterten Fälle die Rechtfertigung zu begründen. Ihm tritt *Hartung* JR 1931, 61 bei. Dagegen aber u. a. *Hegler* Z **36** 42 Note 61. In der Tat führt der Gesichtspunkt der „Gesch. o. A." zu genau den gleichen schwierigen Überlegungen, zu denen die Zwecktheorie in jedem Einzelfall ebenfalls nötigt; denn der Rechtfertigungsgrund der „Gesch. o. A." greift nach *v. Hippel* II 249 dann Platz, wenn „im Interesse und gemäß dem mutmaßlichen Willen des Betroffenen" gehandelt wird. Wann aber ist das der Fall? Doch nur dann, wenn die (sonst strafbare!) Handlung vom Standpunkte der sozialen Gemeinschaft aus als vernünftig, heilsam, förderlich angesehen werden darf, m. a. W. wenn sie ein angemessenes Mittel zur Erreichung eines anerkannten Zweckes ist. Ganz dasselbe gilt für die „mutmaßl. Einwilligung", die *Mezger* § 29 und GS **89** 287ff. fruchtbar zu machen sucht. Dafür *v. Weber* (Lit. zu § 34) 47; dagegen *v. Hippel* II 234, *Hegler* Z **36** 42 Note 61, *Arndt, Eichler* (Lit. zu § 32 B) 38ff. *Mezger* 220 lehnt zwar ab, daß es sich bei der mutm. Einw. um die Feststellung handle, was der Betroffene „vernünftigerweise in dieser Sachlage hätte tun sollen"; er verlangt die Prüfung, ob der Verletzte „aus seiner ganz persönlichen Willensrichtung heraus" „eingewilligt hätte, wenn er die Sachlage gekannt haben würde". Da *Mezger* aber (221) diesen Rechtfertigungsgrund unter Umständen „sogar gegen den ausdrücklich erklärten Willen des Interessenträgers" Platz greifen läßt, so hängt die Rechtfertigung eben doch letzten Endes von normativen Erwägungen ab. Wenn im Hinblick auf alle Einzelheiten des Falles und unter Berücksichtigung des subjektiv-persönlichen Verhältnisses, in welchem der Betroffene zu dem verletzten Rechtsgut steht, die Handlung als vernünftigerweise geboten anzusehen ist, dann dürfte von mutmaßl. Einw. zu sprechen sein; dann aber ist die Handlung eben ein angemessenes Mittel zur Erreichung eines anerkannten Zweckes. Es darf nicht übersehen werden, daß

1. In diesem Zusammenhang sind zunächst die vielbesprochenen Eingriffe in die körperliche Integrität zu erwähnen, die, von Ärzten oder Nichtärzten, zu Heilzwecken oder zu diagnostischen, kosmetischen oder wissenschaftlichen Zwecken vorgenommen werden, vorausgesetzt, daß ein strafrechtlicher Tatbestand durch sie erfüllt wird (unten § 87 II 1). Aus den staatlichen Veranstaltungen (der Unterrichtsverwaltung wie der Gesundheitspflege) ergibt sich, daß der Staat die Erhaltung und Wiederherstellung der Gesundheit als berechtigten Zweck anerkennt und fördert. Die zur Erreichung dieses Zweckes nach den Regeln der Hygiene und der Heilkunde vorgenommenen Handlungen (Körperverletzungen, Nötigungen, Freiheitsentziehungen) sind daher rechtmäßig, mögen sie gelingen (in diesem Falle wird es regelmäßig an der Tatbestandsmäßigkeit im Sinne der Körperverletzung fehlen) oder (ein Fall, der meist übersehen wird, aber vor allen Dingen der Beachtung bedarf) mißlingen. Irreführend ist die Behauptung eines ärztlichen „Berufsrechts", nichtssagend die Berufung auf ein „Gewohnheitsrecht", eine völlige Verkennung des Problems die Ansicht derer, die die ganze Frage allein mittels Schlußfolgerungen aus der Fassung der einschlagenden Verbrechensdefinitionen lösen zu können meinen. Der Rechtsgrund zu solchen Eingriffen liegt in der staatlichen Anerkennung des Heilzweckes; ihre Schranke in der Angemessenheit des Mittels, die sich aus den Regeln der ärztlichen Wissenschaft und Kunst ergibt. Die Einwilligung des Verletzten vermag die Rechtmäßigkeit des Eingriffs ebensowenig zu begründen, wie der von ihm erteilte Auftrag oder eine Geschäftsführung ohne Auftrag; aber die Angemessenheit[7]) des Mittels wird trotz medizinischer Richtigkeit ausgeschlossen durch den widerstrebenden Willen des verfügungsfähigen Kranken, beziehungsweise seines Vertreters[8]).

---

die Zwecktheorie weitestgehende Anpassung an alle Besonderheiten des Falles gestattet und fordert. Also die „ganz persönliche Willensrichtung" des Betroffenen hat auch nach ihr Berücksichtigung zu finden, wo sie das verdient. Daß aber die „mutmaßliche Einwilligung" einen „scharf umgrenzten Rechtfertigungsgrund" darstelle (*Mezger* 221), dürfte wohl kaum einleuchten. Größere Entscheidungssicherheit hat sie vor der Zwecktheorie kaum voraus.

[7]) „Angemessenheit" selbstverständlich im Sinne des allgemeinen Rechtfertigungsprinzips, das oben § 32 B II entwickelt worden ist. Das verkennt *v. Hippel* II 259 Note 2.

[8]) Die Ansichten über die Begründung der Straflosigkeit in diesen Fällen gehen weit auseinander. Vgl. *Hahn* 6ff., *Honig* 123 Anm. 18, *Mezger* GS 89 282ff., *Sauer* Grundlagen 333ff., *Nathan, Frank* Bes. Teil 17. Abschn. II 3, *Ebermayer* Lpz. Komm. § 223 Note 10. Es lassen sich heute folgende Gruppen von Meinungen bilden:

1. Man leugnet bezüglich der lege artis zu Heilzwecken vorgenommenen Operation schlechthin und ausnahmslos den Begriff der Körperverletzung, weil Heilbehandlung objektiv etwas anderes sei als Gesundheitsbeschädigung oder Mißhandlung im Sinne der §§ 223ff. StGB.

2. Auch die übrigen hier einschlagenden Fragen sind aus demselben Gesichtspunkt zu beurteilen. Über die Erhaltung des Lebens

---

So *Stooß*, und diesem folgend *v. Bar, Binding* Lehrb. **1** 53, *Ebermayer* Lpz. Komm. § 223 Note 10 und HdR I 335, *Frank* in der 15. Aufl. (1924) Bes. T. 17. Abschn. II 3 (anders seit der 16. Auflage; s. unten), *Heimberger, Kitzinger* GS **55** 87, *Kohlrausch* (Lit. zu § 31) 97, *Löffler* VD Bes. T. **5** 246, *Mayer* 294. Gegen diese Ansicht *Finger* (auch **1** 407), R **25** 375, *Sauer* Grundlagen 337, *Beling* Verbrechen 151, *Mezger* 243/4, *Eichler* (Lit. zu § 32). In der Tat übersieht diese Lehre, daß der lege artis und zu Heilzwecken erfolgende ärztliche Eingriff auch dem hervorragendsten Operateur mißglücken, d. h. dauerndes Siechtum, ja den Tod herbeiführen kann. Hier liegt der tatbestandsmäßige Erfolg der Gesundheitsbeschädigung (§ 223) oder Tötung (§§ 211, 212, 222) so klar zutage, daß sich an der Tatbestandsmäßigkeit im Sinne der genannten Stellen nicht zweifeln läßt. Diese Fälle der ärztlichen Heilhandlung werden also von den oben genannten Autoren unrichtig behandelt. Es muß also, je nach dem Ausgang, unter den ärztlichen Eingriffen differenziert werden, so wie es der Text in diesem Paragraphen und unten § 87 tut. Das hat jetzt namentlich *Beling* Z **44** 220 scharfsinnig bewiesen, und *Frank* hat sich seit der 16. Auflage seines Kommentars mit Recht *Beling* angeschlossen.

2. Man nimmt an, daß die ärztliche Operation stets tatbestandsmäßig im Sinne der §§ 223ff. sei. So *Sauer* Grundlagen 337, *Eichler* (Lit. zu § 32) 64, *v. Hippel* II 258, *Wachenfeld* 129 Note 1, namentlich aber R **25** 375, **38** 34. Daß auch diese Verallgemeinerung unrichtig ist, ergibt sich aus dem bereits Gesagten.

3. Soweit im ärztl. Eingriff eine tatbestandsmäßige Körperverletzung oder Tötung zu sehen, fragt es sich, unter welchem Gesichtspunkt die Rechtswidrigkeit entfällt:

a) Auf die Einwilligung des Verletzten stellt R in den bezeichneten Entscheidungen ab. Ebenso *v. Hippel* II 258, ferner *Beling* und *Frank*, soweit sie der Rechtfertigung bedürfen. Gegen die Einwilligung als Rechtfertigungsgrund *Kahl, Sauer* 337; gegen die Einwilligung als alleinigen Rechtfertigungsgrund *Mezger* 244. In der Tat versagt der Gesichtspunkt der Einwilligung gerade in den kritischen Fällen. *v. Hippel* II 258 und Festg. f. RG V 1ff. sucht dann mit „Geschäftsführung ohne Auftrag" zu helfen; vgl. dazu oben Note 6; Gegner dieses Arguments sind auch *Lobe* Lpz. Komm. S. 21, *P. Merkel* Grundr. 84ff., 90, *Hegler* Z **36** 42. *Mezger* stellt auf „mutmaßl. Einw." ab; vgl. auch dazu oben Note 6. *Franks* und *Belings* Aushilfsmittel, daß bei Einwilligungsmangel der zu Heilzwecken handelnde Arzt entschuldigt sei, dürfte nicht genügen, da doch wohl das Bedürfnis besteht, in solchen Fällen den Arzt zu rechtfertigen. Selbstverständlich muß die Schuldfrage in den Fällen, wo eine Rechtfertigung des Arztes nicht möglich ist, gesondert geprüft werden!

b) Ein Berufsrecht nehmen an *Finger* **1** 411, *Wachenfeld* 129, *Kahl*. Hiergegen aber mit Recht *Mayer* 295 Note 25, *Mezger* 244, *Frank* [18] S. 479, R **61** 252 u. a. m.

c) Auf Gewohnheitsrecht berufen sich, ohne ein solches nachweisen zu können (gerade der Gerichtsgebrauch spricht dagegen!) *Behr* GS **62** 400, *Rich. Schmidt* (zuletzt Grundriß 127), *van Calker* 38.

d) Mit dem Text stimmen im wesentlichen, jedenfalls der Sache nach, überein: *Allfeld* 143, *Graf zu Dohna* Rechtswidr. (1905) 95, Recht und Irrtum (1925) 13, *v. Lilienthal, Sauer* Grundlagen 338, *Mezger* 243—45. Die Einwilligung spielt, wie der Text zeigt, nur im Zusammenhang mit dem der allgemeinen (materiellen) Unrechtslehre entnommenen Gesichtspunkt eine Rolle; so auch *Sauer* 338, *Mezger* 244/5.

Über die **Entwürfe:** *Mezger* 246, *Hahn* 36ff., *Mittermaier* Anlage I 92ff. zu Reichst.-Drucks. 3390/1927; über das ausländ. Recht *Mittermaier* a. a. O., *Hahn* 56ff.

Über KE, E 1919 § 313, AE 1925 § 238 vgl. die vor. Aufl. dieses Buches.

der Mutter durch Schwangerschaftsunterbrechung oder durch Zerstückelung der Frucht im Mutterleibe (Perforation) ist schon oben § 34 B III gesprochen worden[9]). Die Untersuchung am lebenden Tier zu wissenschaftlichen Zwecken (Vivisektion) ist durch den staatlich anerkannten Zweck wissenschaftlicher Forschung gedeckt, soweit sie den Anforderungen der wissenschaftlichen Methode entspricht und zwecklose Grausamkeit vermeidet; die Untersuchung am lebenden Menschen dagegen steht im Widerspruch mit den heute anerkannten Grundsätzen wissenschaftlicher Forschung, soweit sie eine Gefährdung des Lebens in sich schließt. Die Gewährung der Euthanasie (Sterbehilfe) kann nur in den engsten Grenzen als rechtmäßig angesehen werden[10]). Die rituelle Beschneidung der Juden ist durch deren Anerkennung als Religionsgesellschaft mit anerkannt; ebenso, von besonderen Bestimmungen abgesehen, das Schächten der Tiere. Verschieden von diesen Fällen, in denen die Annahme der Rechtmäßigkeit auf nicht immer zweifelsfreien Schlußfolgerungen beruht, sind die vom Gesetz ausdrücklich angeordneten Eingriffe: Impfzwang, Zwangsbehandlung mit Salvarsan usw.

3. Der aufgestellte Grundsatz greift noch viel weiter, ist aber freilich in dem Zusammenhang seiner Anwendungsgebiete noch nicht genügend untersucht. Aus der staatlichen Zulassung eines Ge-

---

E 1927 § 263, E 1930 § 263 erklären Eingriffe und Behandlungen, die der Übung eines gewissenhaften Arztes entsprechen, für nicht tatbestandsmäßig im Sinne der §§ 259ff. (Körperverletzung). Der 21. Ausschuß der IV. Wahlperiode hatte das Merkmal der „Übung eines gewissenh. Arztes" dadurch ergänzt, daß ein Handeln zu Heilzwecken und nach den Regeln der ärztl. Kunst verlangt wurde. Beides ist aber selbstverständlich für denjenigen, der nach der „Übung eines gewissenh. Arztes" handelt. Heilbehandlung gegen den Willen des Behandelten stellt ein Sonderdelikt dar (§ 281). Körperverletzung ist also eine zu Heilzwecken lege artis erfolgende Behandlung nie. Richtig *Mezger* 246. Auf den Arzt als Täter sind die §§ 263, 281 nicht beschränkt!

[9]) Der Gesichtspunkt der Einwilligung versagt hier offensichtlich, da es sich nicht nur um einen Eingriff in den Körper der Schwangeren, sondern zugleich um die Verletzung eines ausweislich des § 218 StGB von ihr und ihrem Willen unabhängigen Rechtsgutes, des fötalen Lebens, handelt. Das Ganze gehört in die Lehre vom übergesetzlichen Notstand. Judikatur und Literatur s. oben § 34 Note 6 und 7; dort auch über E 1927 § 254, E 1930 § 254.

[10]) Vgl. *Elster* Z **36** 595, *Hahn* 30/31, *v. Hippel* II 259, *Heimberger* (Festg. f. *Frank* I 417), *Lobe* Lpz. Komm. Einl. 17/18, *Köhler* 400, *Mayer* 290, *Sauer* Grundlagen 338. Im Anschluß an *Sauer: Peicher* Die Sterbehilfe im Strafrecht. Königsberger Diss. 1929. Nach *Binding* (Freigabe 18) liegt eine „Tötungshandlung im Rechtssinne" nicht vor, wenn bei sicherem Bevorstehen eines baldigen qualvollen Todes die vorhandene Todesursache „durch eine andere von der gleichen Wirkung" vertauscht wird, „welche die Schmerzlosigkeit vor ihr voraus hat". Hier liege eine „reine Heilhandlung" vor, die als unverboten zu betrachten sei. Die Kritik *Ebermayers* geht an dem Problem der Rechtswidrigkeit vorüber. Versuche, um die Notwendigkeit der Rechtfertigung der Euthanasie durch Leugnung ihrer Tatbestandsmäßigkeit herumzukommen, sind vergeblich, weil eine Leugnung der Tatbestandsmäßigkeit einfach unmöglich ist. Vgl. *Ebermayer* Arzt und Patient 261ff.

werbes folgt allgemein (vgl. oben unter 1), daß die mit dem regelmäßigen Betriebe verbundenen Gefährdungen nicht rechtswidrig sind[11]). Verletzungen bei sportlichen Veranstaltungen sind nicht rechtswidrig, wenn die anerkannten Sportregeln beobachtet sind. Wird die Niederlassung eines Bettelordens staatlich genehmigt, so ist das Betteln seiner Mitglieder nicht rechtswidrig. Die staatliche Genehmigung einer Lotterie oder einer Ausspielung (BGB § 763) macht es unmöglich, das Vertreiben oder Ankaufen der Lose als Delikt zu behandeln (vgl. unten § 145). Über die Konzessionierung des Bordellbetriebes vgl. unten § 108. Erlaubt der Staat die Erstrebung günstigerer Arbeitsbedingungen oder eines billigeren Ankaufspreises, so kann, wenn das Mittel ein angemessenes ist, der angestrebte Vermögensvorteil kein rechtswidriger sein; die Annahme einer Erpressung ist mithin ausgeschlossen (unten §§ 139, 141)[12]).

4. Die **Einwilligung des Verletzten** schließt die Rechtswidrigkeit der Verletzung nur soweit aus, als die Rechtsordnung dem Träger des Rechtsgutes die Verfügungsgewalt über dieses eingeräumt hat, weil nur sein Interesse, nicht auch zugleich das eines anderen (z. B. des Miteigentümers) oder das der Allgemeinheit in Frage steht. Der Ausschluß der Rechtswidrigkeit beruht dann auf der mit der Einwilligung vollzogenen Preisgabe des Interesses. So einleuchtend dies ist, so schwierig ist die Frage, wann als Standpunkt der Rechtsordnung angenommen werden darf, daß durch eine bestimmte Handlung ausschließlich das Interesse eines Einzelnen berührt werde. Bezüglich der Tötung beweist § 216, daß die Einwilligung des Getöteten an der Rechtswidrigkeit nichts ändert, da ja sonst eine Bestrafung nicht in Frage käme. Andererseits dürfte bei reinen Vermögensrechten an der ausschließlichen Verfügungsgewalt des Berechtigten nicht zu zweifeln sein. Aber StGB § 308 weist bereits auf Grenzen dieser Verfügungsgewalt unter sozialen Gesichtspunkten hin. Schwierigkeiten entstehen bei Verletzungen der weiblichen Geschlechtsehre, der Freiheit, der körperlichen Integrität. Sicher ist es, daß die oft herangezogenen Quellenstellen des römischen Rechts (l. 1 § 5 D. 47, 10) eine durchaus beschränkte Bedeutung haben und daß der Satz ,,Volenti non fit injuria" in dieser Allgemeinheit auch für das römische Recht unhaltbar ist[13]). Aus dem

[11]) Richtig *Mayer* 128.

[12]) Beachtenswert R **36** 334: ein nicht pflichtwidriges Verhalten kann niemals verschuldeten Notstand begründen; **37** 150: ein durch erlaubtes Gewerbe verursachter Lärm, der die Grenzen des ordnungsmäßigen Betriebes nicht überschreitet, fällt nicht unter StGB § 167 (Störung des Gottesdienstes).

[13]) So auch *Pernice* 2 82 und *Graf zu Dohna* Die Rechtswidrigkeit (1905) 145. Vgl. aber *Honig* 2. Die Frage kann nur vom Standpunkte des jeweils

Antragserfordernis (§ 232) bei den Fällen der leichten vorsätzlichen und der auf Fahrlässigkeit beruhenden Körperverletzungen (§§ 223, 230) wird zumeist geschlossen, daß das Gesetz insoweit der Einwilligung rechtfertigende Bedeutung beilege. Im übrigen kann auch diesen Fragen gegenüber nur von Fall zu Fall mit Hilfe der in § 32 B II entwickelten Maxime eine richtige Entscheidung getroffen werden. Eine mit Einwilligung des Betroffenen erfolgende Rechtsgutsverletzung wird demnach dann rechtmäßig sein, wenn nicht nur im Hinblick auf die Einwilligung, sondern auch in bezug auf die objektiven Einzelheiten des Falles und auf die subjektive Einstellung der Beteiligten die Handlung als den herrschenden Kulturanschauungen mindestens nicht widersprechend angesehen werden darf. In diesem Sinne völlig zutreffend R **60** 34 (36). Bei einer frivolen Wette würde die Einwilligung des Verletzten eine gefährliche Körperverletzung nicht rechtfertigen; anders bei einem wissenschaftlich ernsten, gewissenhaft und mit vernünftiger Zwecksetzung vorgenommenen Experiment. Soweit nach dem Gesagten eine rechtfertigende Einwilligung überhaupt in Betracht kommt, ist die Wirksamkeit der Verfügung nicht nach Privatrecht, sondern allein nach strafrechtlichen Gesichtspunkten im Einzelfall zu prüfen. Es handelt sich also immer darum, ob im Hinblick auf die geistige und sittliche Entwicklung des Verletzten seiner Einwilligung die Bedeutung einer Interessenpreisgabe beigelegt werden kann. Das kann auch bei einem Kinde, ja auch bei einem Geisteskranken der Fall sein. Starre Grenzen ziehen zu wollen, wäre verfehlt. Nicht notwendig ist, daß die Einwilligung geäußert und dem Täter zur Kenntnis gebracht ist; vielmehr kann die Interessenpreisgabe sich vollziehen, ohne nach außen als solche irgendwie (etwa durch Wegwerfen der Sache) in die Erscheinung zu treten[14]). Die Frage, ob eine das Interesse vernichtende Einwilligung gegeben, ist objektiv, ohne jede Rücksicht auf das Kennen oder Kennenmüssen des Täters, festzustellen[15]).

---

geltenden Rechts aus befriedigend gelöst werden, und dieses wechselt mit den Zeitanschauungen. Dem mittelalterlichen Rechtsgefühl widerstrebte die Verpfändung des Leibes, der Freiheit, der Ehre („Schelmenschelten") usw. durchaus nicht. Ältere Gesetze schlossen wohl ausdrücklich die Berücksichtigung der Einwilligung aus; so Theresiana Art. 3 § 16 und ebenso noch Österreich 1803 § 4. Weitere Beispiele bei *Honig* 4, 5.

[14]) Vgl. insbesondere *Mezger* 209, *Schrey* 16ff.

[15]) Mit der Auffassung der Einwilligung als Interessenpreisgabe stimmen der Sache nach überein: *Allfeld* 141, *Gerland* 121, *v. Hippel* II 243ff., *Lobe* Lpz. Komm. Einl. 18/19, insbesondere *Mezger* 208 und GS **89** 270, 272/73, *Schrey* 2, *Nathan* 32, ferner *Sauer* Grundlagen 336, *Wachenfeld* 132, *Mayer* 290, *Frank* 4. Abschn. III, R **60** 34 (36). Was im übrigen die Frage nach dem rechtfertigenden Wirkungsbereich der Einwilligung betrifft, so gehen die Meinungen noch immer erheblich auseinander. Dem Text am nächsten dürfte *Mezger* 213ff. kommen. Wenn *Graf zu Dohna* Recht u. Irrtum (1925) 14ff. (vgl. auch *Den-*

5. Die **Selbstverletzung** sollte grundsätzlich ebenso beurteilt werden, wie die mit Einwilligung des Verletzten von einem Dritten begangene Handlung. Denn hier wie dort handelt es sich um die rechtliche Bedeutung der von dem Träger des Rechtsgutes ausgehenden Verfügung über dieses. Doch hat das Gesetz, von nebensächlichen Gesichtspunkten geleitet, die Grenzlinie dort vielfach anders bestimmt als hier[16]).

---

selben Die Rechtswidr., 1905, 146ff.) die Einwilligung insoweit als Rechtfertigungsgrund erachtet, als sie nicht gegen die guten Sitten verstößt (vgl. jetzt eingehend *Creifelds*), so berührt sich auch diese Auffassung sehr stark mit dem Text; denn bei einem Verstoß gegen die guten Sitten, wie er etwa bei einer frivolen Wette, bei sadistischen Körperverletzungen usw. vorliegt, entfällt jede Möglichkeit, nach den im Text entwickelten Grundsätzen zu einer Rechtfertigung zu gelangen. Nur dürfte es richtiger sein, die Lösung des Problems an einer umfassenderen juristischen Maxime zu orientieren. Abweichend die Meinung derer, die in der Einwilligung ein privatrechtliches Rechtsgeschäft erblicken; so im Anschluß an *Zitelmann* namentlich *Ahrens* und *Frank* bis zur 14. Aufl. seines Kommentars. Gegen diese Rechtsgeschäftstheorie vgl. *Honig* 158ff., *Mezger* GS **89** 276, *Nathan* 34 und jetzt auch *Frank*. Gibt man die Rechtsgeschäftstheorie auf, so soll man es im Bereiche des Strafrechts ganz tun. *Frank* will sie dagegen bei solchen Interessen, die Gegenstand des privatrechtlichen Verkehrs sind, beibehalten. Das ist bedenklich, weil man dann gezwungen ist, die Voraussetzungen der Einw. für diese Fälle nach zivilrechtlichen, für die sonstigen Fälle nach strafrechtlichen Gesichtspunkten zu bestimmen (so in der Tat *Frank*). Vgl. hiergegen *Nathan* 34, 35; dazu R **41** 392. — Darin, daß es auf die Kenntnis des Täters nicht ankommt für die Frage, ob rechtfertigende Einwilligung vorliegt oder nicht, stimmt mit dem Text überein *Mezger* GS **89** 273, *Schrey*. Teilweise abweichend *Honig* 153; bedenklich *Nathan* 35. —

[16]) Das wichtigste Beispiel bietet die heute fast allgemein anerkannte Straflosigkeit des Selbstmordes. Das römische Recht bestraft den Selbstmordversuch nur, wenn von Soldaten begangen (l. 6 § 7 D. 49, 16). Im deutschen Mittelalter ist schimpfliches Begräbnis die regelmäßige Strafe des Selbstmörders. So in England noch bis 1822. Das gemeine Recht (PGO 135) hält an dem unehrlichen Begräbnis des Selbstmörders und an der willkürlichen Bestrafung des Selbstmordversuches fest (Preußen 1620) und wird darin noch im 18. Jahrhundert von Philosophen der *Wolff*schen Schule sowie von *Soden, Wieland, Gmelin, Quistorp* u. a. unterstützt. Erst unter dem Einflusse *Montesquieus* und *Voltaires, Beccarias* und *Hommels* tritt in der zweiten Hälfte des Jahrhunderts ein Umschwung der Anschauungen ein. Doch läßt noch das Joseph. StGB den Selbstmörder „durch den Schinder einscharren" und verhängt bei versuchtem Selbstmord Gefängnis bis zur Besserung. In Preußen wurde trotz der bekannten Ansichten *Friedrichs II.* der Selbstmordversuch erst 1796 für straflos erklärt (vgl. ALR 803—805). Seit dem bayrischen StGB 1813 verschwindet die Strafdrohung gegen Selbstmord allmählich aus den Gesetzbüchern. In Braunschweig wurde noch 1828 die Verscharrung durch den Nachrichter vollzogen (*Scholz* Merkwürdige Strafrechtsfälle **2** 1841 S. 186). — Versuch des Selbstmordes ist noch nach dem heutigen englisch-amerikanischen Recht strafbar; Anstiftung und Beihilfe war vielfach in den deutschen LandesStGBüchern und ist heute in einer Anzahl von außerdeutschen Gesetzen und Entwürfen als selbständiges Vergehen mit Strafe bedroht. Heute ist die Strafbarkeit zweifelhaft. Vgl. dazu *v. Liszt* VD Bes. T. **5** 133, *Lassally* Z **42** 642 und unten § 85. GE § 257 bedroht die Anstiftung zum Selbstmord, noch weiter gehen SRE Art. 102 und ÖRE § 290. AE 1925 § 224, E 1927 und 1930 § 248 stellen die Verleitung (nicht Beihilfe) zum Selbstmord unter Strafe, sofern sie mindestens zum Selbstmord-

IV. An dieser Stelle ist endlich auch noch Art. 30 der RVerf. über die **Straffreiheit der Parlamentsberichte** zu erwähnen. Um die uneingeschränkte Öffentlichkeit der parlamentarischen Verhandlungen und damit die fortwährende Wechselwirkung zwischen der Volksvertretung und der Meinung der Wähler zu sichern, bestimmt das Gesetz, daß wahrheitsgetreue (mündliche oder schriftliche) Berichte über Verhandlungen a) in den öffentlichen Sitzungen α) des Reichstages, β) eines Landtages eines zum Reich gehörigen Landes, b) in den Ausschußsitzungen der gleichen Körperschaften von jeder Verantwortlichkeit frei bleiben, mithin auch der sog. objektiven Verfolgung nicht unterzogen werden können[17]).

V. Soweit das Recht eine gänzliche oder teilweise Rechtlosigkeit kennt, ebensoweit schließt diese die Rechtswidrigkeit aller oder gewisser Verletzungen aus. Dem heutigen Rechte ist eine solche Auffassung völlig fremd. Die unbefugte Tötung des zum Tode verurteilten Verbrechers, die noch *Feuerbach, Grolman* u. a. milder bestraft wissen wollten, unterliegt den allgemeinen Regeln. Anders dachte das ältere Recht; man erinnere sich an die römische sacratio capitis, die germanische Friedlosigkeit, die Oberacht des mittelalterlich deutschen Rechts; an die Rechtlosigkeit der Zigeuner nach zahlreichen Reichs- und Landesgesetzen des 16. Jahrhunderts, die Ehrlosigkeit der Gotteslästerer nach den Reichspolizeiordnungen von 1548 und 1577 usw. Noch 1804 wurden in Kurbaden alle „Jauner" auf 3 Jahre für rechtlos erklärt (Archiv des KrRechts **6** 1. Stück 139).

III. Das Verbrechen als schuldhafte Handlung.

§ 36. Der Schuldbegriff.

Literatur. *Löffler* Die Schuldformen des Strafrechts **1** 1895. *Liepmann* Z **14** 446. *Kohlrausch* (Lit. zu § 31); dazu *Goldschmidt* GA **51** 340. *Radbruch* Z **24** 333. *Miřička* Die Formen der Strafschuld und ihre gesetzliche Regelung 1903. *ME. Mayer* und *Graf zu Dohna* (Lit. zu § 31). *Graf zu Dohna* GS **65** 304. *Bierling* Juristische Prinzipienlehre **3** 237. *Frank* Aufbau des Schuldbegriffes. In der Gießener Festschrift 1908. Dazu *Kriegsmann* Z **28** 713, *Oetker* GS **72** 161, *Finger* GS **72** 249. *Mittermaier* Kritische Beiträge zur Lehre von der Strafschuld 1909. *v. Bar* Gesetz **2** 1 und dazu *Kriegsmann* Z **29** 493. *Rümelin* Das Verschulden im Straf- und Zivilrecht 1909. *Kohlrausch* Sollen und Können als Grundlagen der strafrechtlichen Zurechnung. In der Festgabe für *Güterbock* 1910. *Derselbe* Reform **1** 179 und Reform 1926, 3ff. *Galliner* Die Bedeutung des Erfolges in den Schuldformen des geltenden StGB (Strafr.

versuch geführt hat. VE, KE und E 1919 hatten wie das geltende Recht die Frage unentschieden gelassen. — Man denke weiter an die Beschädigung eigener Sachen, die nach StGB § 304 strafbar sein kann. Die Gefährdung des eigenen Lebens ist vielfach polizeilich bedroht.

[17]) Vgl. dazu *Käckell* Z **41** 685ff., R **64** 398. — Während KE § 11 das geltende Recht wiederholt, enthalten die Entwürfe seit 1919 mit Rücksicht auf Art. 30 RVerf. keine Bestimmung über die Parlamentsberichte mehr.

Abh. Heft 116) 1910. *van Calker, Hold von Ferneck, Graf zu Dohna, Tesar, Mittermaier, Rosenfeld, ME. Mayer,* Z **32** 157, 249, 323, 379, 415, 466, 492. *Beling* Unschuld, Schuld und Schuldstufen im VE 1910. *Derselbe* Methodik der Gesetzgebung, 1925, 66ff., 135ff. *Sturm* Die Schuldarten und der VE (Strafr. Abh. Heft 122) 1910. *Lacmann* Z **31** 142. *Karl Schmitt* Über Schuld und Schuldarten (Strafr. Abh. Heft 120) 1910. *Hold von Ferneck* Die Idee der Schuld 1911. *Hurwicz* Z **33** 813. *Kraus* und *Kullmann* bei *Aschaffenburg* **9** 321, **10** 471. *Kaufmann* Das Verschuldungsprinzip im Strafrecht 1912. *Steinitz* Über die Vereinbarkeit von Determinismus und Verantwortung (Z. f. Philos. u. philosoph. Kritik Bd. 153, 64ff.). *Weigelin* Z **42** 122. *Goldschmidt* (Lit. zu § 34). *v. Hippel* Die Grenzen von Vorsatz und Fahrlässigkeit 1903. *Derselbe* VD Allg. T. **3** 373. *Heims* Z **40** 580ff., 743ff., **41** 74ff. *Binding* Normen **2**. *Derselbe* Die Schuld im deutschen Strafrecht 1919. *Simons* Tijdschrift voor Strafrecht **30** 394 (die Schuldlehre im Lehrbuch von *v. Liszt*). *Rittler* (Österr. Z **8** 324. *Freudenthal* Schuld und Vorwurf im geltenden Strafrecht 1922. *Mezger* GS **89** 207. *Hafter* § 20. *Derselbe* Strafrecht und Schuld (Rektoratsrede) 1923. *P. Merkel* JW 1924 Heft 21/22, 1925 Heft 9. *Grave* Z **45** 99. *Gleispach* bei *Aschaffenburg* **16** 225. *Liepmann* ebenda 284. *Mittermaier* bei *Aschaffenburg* **17** 339. *Grünhut* (Festschrift f. *Aschaffenburg;* Beiheft 1 zu *Aschaffenburg* 1926) 87 (sehr bedeutsam). *Wimmer* Z **47** 101. *Stienen* bei *Aschaffenburg* **17** 177. *Engelmann* Rechtsbeachtungspflicht und rechtliche Schuld (Festschrift f. *Traeger* 1926, 133). *Alsberg* Reform (1926) 51. *Wegner* HdR V 364. *Schumacher* Um das Wesen der Strafrechtsschuld (Hamburg. Schr. Heft 10) 1927. *Erik Wolf* Strafrechtl. Schuldlehre Teil I 1928. *Felix Kaufmann* Die philosophischen Grundprobleme der Lehre von der Strafrechtsschuld 1929. *R. Hirschberg* Schuldbegriff und adäquate Kausalität (Strafr. Abh. Heft 241) 1928. *Marcetus* Der Gedanke der Zumutbarkeit (Strafr. Abh. Heft 243) 1928. *Berg* Der gegenwärtige Stand der Schuldlehre im Strafrecht (Strafr. Abh. Heft 220) 1927. *Köhler* GS **95** 433, **96** 91ff. *Seelig* bei *Aschaffenburg* **18** 237. *Lenz* Schweizer. Z **41** 165. *Engisch* Untersuchungen über Vorsatz u. Fahrlässigkeit im Strafrecht 1930. *J. Goldschmidt* Normativer Schuldbegriff (Festg. f. *Frank* I 428) 1930. *Tarnowski* (Lit. zu § 29). *Hegler* (Lit. zu § 32 unter A). *Zimmerl* (Lit. zu § 26). *Grünhut* Z **50** 306ff. *Schaffstein* Die Behandlung der Schuldarten im ausländischen Strafrecht seit 1908 (Strafr. Abh. Heft 232) 1928. Vgl. auch die zu den folgenden §§ angegebenen Schriften. — *R. Loening* Geschichte der strafrechtlichen Zurechnungslehre. I. Bd. Die Zurechnungslehre des Aristoteles 1903. Dazu *Kraus* GS **65** 153 und *Lasson* GA **51** 232. *Engelmann* Die Schuldlehre der Postglossatoren und ihre Fortentwicklung 1895. Dazu *R. Loening* KVS **38** 226 und *Liepmann* (Lit. zu § 40). *Engelmann* Irrtum und Schuld nach der italienischen Lehre und Praxis des Mittelaters 1922. *His* (Lit. zu § 8 B) §§ 5—7. *Oppermann* Die Schuldlehre der Karolina. Leipziger Diss. 1904. *Kollmann* Z **34** 605 (Karolina) und Z **35** 46 (versari in re illicita). *Maschke* Die Willenslehre im griechischen Recht 1926. *Schaffstein* §§ 15—21.

I. Wie das privatrechtliche Delikt ist auch das kriminelle Unrecht schuldhafte Handlung. Nicht nur objektiv muß der Erfolg auf die Willensbetätigung des Täters zurückgeführt werden können (oben § 28 IV 1, § 29, § 30); nicht nur objektiv muß zwischen der Handlung des Täters und den Normen der Rechtsordnung eine Diskrepanz bestehen (Rechtswidrigkeit; oben § 31); auch subjektiv muß dem Täter aus seiner rechtswidrigen Handlung ein Vorwurf gemacht werden können, muß im Verschulden des Täters eine Beziehung zwischen seiner Seele und den die Handlung als rechtswidrig bewertenden Normen der Rechtsordnung gegeben sein.

II. Bei der Untersuchung der Frage, welcher Art diese Beziehung sein muß, was also begrifflich unter Schuld zu verstehen ist, fördert uns nicht die Auffassung, die im Strafprozeß gemäß § 263 StPO mit dem Begriffe der „Schuld" verbunden ist[1]). In dem strafprozeßrechtlichen Begriffe der „Schuldfrage" oder (früher) des „Schuldspruches" der Geschworenen ist alles enthalten, was für die strafrechtliche Beurteilung der Handlung von Bedeutung ist, also keineswegs bloß die hier zur Erörterung gestellte (und für das Strafprozeßrecht in gleichem Maße problematische) Beziehung zwischen der Täterseele und den die Tat als rechtswidrig wertenden Normen der Rechtsordnung, sondern auch die tatbestandsmäßige Verursachung des Erfolges durch den Täter und die objektive Rechtswidrigkeit der Tat. Das strafprozeßrechtliche Schuldurteil spricht mithin die auf die begangene Tat gesetzte Unrechtsfolge aus unter Bewertung der Tat und unter Anknüpfung an die Person des Unrechttäters. Aber so wenig dieser strafprozeßrechtliche „Schuld"-Begriff uns sagt, wann wir eine Handlung als rechtswidrig bezeichnen dürfen und was das Wesen der Rechtswidrigkeit ist, dies vielmehr als bekannt voraussetzt, so wenig erhalten wir aus ihm einen Aufschluß über das, was materiellrechtlich als Schuld zu bezeichnen ist. Das Problem der strafrechtlichen Schuld bedarf der gegenüber jenen prozeßrechtlichen Begriffen ganz selbständigen Erörterung und Klärung.

III. Der Begriff der Schuld begegnet innerhalb eines jeden auf menschliche Handlungen (zum Zwecke der Wertung) bezogenen Normenbereiches: er findet sich in der Religion als Schuld gegen Gott, in der Ethik als Schuld gegen das eigene Ich (das Gewissen), im Recht als Schuld gegen den im Rechte sich verkörpernden Gemeinschaftswillen. Stets ist Voraussetzung dafür, daß vom Standpunkte eines dieser Normenbereiche aus die Frage nach einer Schuld aufgeworfen werden kann, zunächst die Feststellung, daß eine bestimmte menschliche Handlung negativ zu werten ist: nur die sündhafte (den Anforderungen der Gottesbefehle zuwiderlaufende) Handlung führt zur Schuld vor Gott; nur die schlechte (gegen die Anforderungen der Sittlichkeit verstoßende) Handlung beunruhigt unser Gewissen (ethische Schuld); nur die rechtswidrige Handlung (oben § 31) zieht den (rechtlichen) Schuldvorwurf der rechtlich geordneten Gemeinschaft nach sich, begründet also Schuld im Sinne der Rechtsordnung[2]).

1. Das Recht hat sich uns (oben § 31) als ein Komplex ob-

---

[1]) *Frank* Aufbau 7 hat den Versuch gemacht, mit Hilfe des Strafprozeßrechts den materiellrechtlichen Schuldbegriff zu klären. Gelungen ist dies nicht, und *Frank* ist im Kommentar nicht mehr darauf zurückgekommen. Vgl. *Hirschberg* 62 (statt vieler).

[2]) Mit Recht hat *Mezger* 255/56 die Versuche zurückgewiesen, die Schuld vom Unrecht zu lösen, Schuld also unter Umständen auch da anzunehmen, wo es an einer Rechtswidrigkeit fehlt. Dazu neigt die symptomatische Verbrechensauffassung von *Tesar* und *Kollmann*, ebenso aber auch *Goldschmidt* von seiner unten zu 2 erwähnten Lehre aus, die ihn tatsächlich zu dem Satz geführt hat, „daß es Pflichtwidrigkeit" (also Schuld) „ohne Unrecht gibt" (JW **57** 703). Mit dem Text die durchaus herrschende Lehre. Vgl. *v. Hippel* II 271.

jektiver Bewertungsnormen dargestellt. An ihnen gemessen, ergibt sich das Wesen einer menschlichen Handlung als objektiv rechtmäßig oder rechtswidrig. Aber das Recht würde nicht die den Bestand der staatlich geordneten Gemeinschaft garantierende, weil regelnd erhaltende Normenordnung sein, wenn seine einzige Funktion darin bestünde, einen objektiven Wertmaßstab für die Handlungen der einzelnen Gemeinschaftsglieder abzugeben. Neben die Funktion des Rechtes als Bewertungsnorm tritt vielmehr die gleich bedeutsame Funktion als Bestimmungsnorm[3]). Das heißt: Das Recht wendet sich als ein vom Einzelwillen mit aufgebauter und somit letzten Endes auch vom Individualstandpunkt aus autonom[4]) erscheinender Gemeinschaftswille an die Seele des Einzelnen und sagt ihm, was sein soll und was nicht sein soll. Indem es die eine Handlung als rechtmäßig, die andere als rechtswidrig wertet, verleiht es, wie unsere tägliche Erfahrung uns sagt, den auf diese Handlungen sich beziehenden Vorstellungen des Einzelnen eine Wert- und Gefühlsbetonung, die im Motivationsprozeß eine entscheidende Rolle zu spielen vermag und nach dem Willen der Rechtsgemeinschaft regelmäßig auch spielen soll. Nur dieser Wirkung der Rechtsnorm in den Vorstellungen und Motiven des einzelnen Gemeinschaftsgliedes ist es zuzuschreiben, daß der Mensch sich „richtet" nach etwas, was er soll, daß er, wie wir sagen, sich pflichtgemäß zu verhalten vermag. Bezogen auf das innere „sich richten" des Einzelnen bezeichnen wir das rechtliche Sollen als Pflicht. Damit ist einmal die in der Vorstellung des Einzelnen hervorgerufene soziale Wertvorstellung, sodann aber auch jener „sozialpsychische Zwang" (*Hold von Ferneck*) zum Ausdruck gebracht, der, von der Rechtsordnung ausgehend, unmittelbar als Bestimmungsgrund mit den sonstigen Motiven des Täters in Wettstreit tritt.

---

[3]) Vgl. hierzu insbesondere oben § 31 I. Dazu namentlich *Mezger* 166 und GS 89 207. Richtig weist *Heinitz* (Lit. zu § 31) 13 (insbes. Note 3) darauf hin, daß in der Lehre von der Rechtswidrigkeit das Recht als objektive Bewertungsnorm interessiere, daß dagegen „für die Lehre von der Schuld, die das innere Verhältnis des Rechtsbrechers zu den Normen ins Auge faßt", „die Betrachtungsweise der Rechtssätze in ihrer Bestimmungsfunktion . . . fruchtbar und richtig" sei. Ebenso *Wegner* Kriminelles Unrecht usw. (Lit. zu § 31) 59/60. Über *Engisch* vgl. oben § 31 Note 4. Abweichend vom Text *J. Goldschmidt* Festg. f. *Frank* I (1930) 436/37, *Marcetus* 19. Gegen beide ist zu sagen, daß der Text Bewertung und Bestimmung zwar als zwei Funktionen der Rechtsnorm auffaßt, aber diese Funktionen gerade nicht „auf denselben Gegenstand" bezieht; vielmehr ist „Gegenstand" der Bewertung das äußere Verhalten als Veränderung der sozialen Außenwelt; dagegen bezieht sich die Bestimmungsfunktion nur auf das innere Verhalten.

[4]) Vgl. *Goldschmidt* Der Prozeß als Rechtslage (1925) 234 und Note 1284, 1287 daselbst. Auf das schwierige Geltungsproblem des Rechtes hier näher einzugehen, würde zu weit führen.

2. Daß die Entwicklung des Schuldbegriffs von Begriff und Wesen der an den inneren Menschen gerichteten **Pflicht** auszugehen hat, daß nur so der eigenartig normative Charakter der Schuld erfaßt werden kann, ist in der neueren strafrechtlichen Literatur, je mehr sie sich von einer naturalistischen und formalistischen, lediglich an gewissen psychologischen Gegebenheiten haftenden Erklärung der Schuld frei zu machen trachtet, immer deutlicher erkannt worden. Vgl. *Graf zu Dohna* GS **65** 304 und Z **32** 332ff., 335, *Mayer* 234 und Z **32** 514, *Rosenfeld* Z **32** 477, *Rümelin* Das Verschulden (1909) passim, *Kohlrausch* Reform I 184, *Heims* passim, *Köhler* GS **95** 433, 446ff., *v. Hippel* II 278 und passim, *Exner* Die Fahrlässigkeit (1910) 76ff., 173, 207, *Mezger* GS **89** 250, *Freudenthal* Schuld und Vorwurf 1922, *Erik Wolf*, vor allem aber *Goldschmidt* Der Notstand ein Schuldproblem (1913; Österreich. Z **4** 129), Der Prozeß als Rechtslage (1925) Note 1287, Normativer Schuldbegriff, Festgabe für *Frank* I 428; ferner auch *Engelmann* („Rechtsbeachtungspflicht"), *Hirschberg* („Prinzipat des Rechtsgehorsamsmotivs") u. a. m. *Goldschmidt* vertritt die These, daß „neben jeder Rechtsnorm, die von dem einzelnen ein bestimmtes äußeres Verhalten fordert, unausgesprochen eine Norm steht, die dem einzelnen auferlegt, sein inneres Verhalten so einzurichten, wie es nötig ist, um den von der Rechtsordnung an sein äußeres Verhalten gestellten Anforderungen entsprechen zu können" (Österreich. Z **4** 145). Diese Norm nennt er „Pflichtnorm". Sie gebietet nach *Goldschmidt*, daß man sich regelmäßig zu normgemäßem Verhalten motivieren lasse; aber es gibt Ausnahmen, sog. Entschuldigungsgründe, die (162) „ihren Grund finden in einem subjektiv überwiegenden und gebilligten Motiv, in einer Lage, in der — so Art. 27 des SchwVE — dem Täter den Umständen nach nicht zugemutet werden konnte, sich dem Pflichtmotiv zu fügen". Als Quelle dieser Gegen-Pflichtnormen, die die Entschuldigungsgründe tragen, hat *Goldschmidt* früher (Österreich. Z **4** 165) das „Billigkeitsrecht" bezeichnet. Neuerdings neigt *Goldschmidt* jedoch (JW **57** 703, Festg. für *Frank* I 440/41) dazu, „die Ausnahmen von der Pflichtnorm . . . auf eine von vornherein gegebene inhaltsmäßige Begrenzung der Pflichtnorm" zurückzuführen. — Die von *Goldschmidt* angenommene Selbständigkeit der „Pflichtnorm" ist bereits in der vor. Aufl. dieses Buches (S. 210/11) in Übereinstimmung mit *Kriegsmann* Z **35** 318, *Sauer* 572, *Mezger* 256, *v. Weber* (Lit. zu § 34) 8, 35 u. a. bestritten worden. In der Sache dürfte aber, namentlich seit *Goldschmidt* auf die Annahme eines besonderen „Billigkeitsrechts" zur Erklärung der Entschuldigungsgründe verzichtet hat, ein nennenswerter Unterschied zwischen der Schuldlehre *Goldschmidts* und der hier vorgetragenen nicht bestehen. Denn *Goldschmidts* Lehre ist der zugespitzteste und prägnanteste Ausdruck für die Verschiedenheit, die zwischen der Funktion des Rechtes als Bewertungsmaßstab und seiner Funktion als Bestimmungsgrund besteht. Jene Funktion greift jeglichem menschlichen Handeln gegenüber Platz ohne Rücksicht auf die persönliche Artung des Handelnden; diese dagegen findet ihre Grenzen an dem psychophysischen Können der Menschen und ist daher auch in ihrer normativen Geltung begrenzt; denn als ein an den inneren Menschen gerichtetes Sollen, als **Pflicht**, tritt das Recht (in seiner Funktion als Bestimmungsgrund) nur so lange und insoweit auf, als mit Rücksicht auf die (in ihrem psychophysischen Können nun einmal begrenzte) menschliche Natur ein „Sich-richten" möglich ist. Insofern ist der Satz richtig: „Du sollst; denn du kannst!" Wo jegliche Möglichkeit, sich nach der Norm zu richten, fehlt, da entfällt das Sollen, entfällt die Pflicht, hat es keinen Sinn, mit einem „Bestimmen" durch die Rechtsnorm zu rechnen. Dem Täter kann dann, wie der dafür eingebürgerte Ausdruck lautet, rechtmäßiges Handeln nicht mehr **„zugemutet"**, mangels Zumutbarkeit rechtmäßigen Ver-

haltens kann ihm sein rechtswidriges Verhalten nicht **vorgeworfen,** d. h. eben nicht **zur Schuld zugerechnet** werden. Inwieweit in diesem Sinne eine Funktionsunmöglichkeit der Bestimmungsnorm anzunehmen ist, kann der Gesetzgeber für bestimmte typisierte Situationen vorschreiben, wie er das namentlich in § 54 StGB getan hat, der eben aus dieser Bedeutung heraus als Entschuldigungsgrund zu verstehen ist (vgl. oben § 34 A II 2b). Dabei wird aber immer an die Wirkungsmöglichkeit der Bestimmungsnorm im Motivationsprozeß des Durchschnittsstaatsbürgers gedacht. An die bei ihm erfahrungsgemäß zu erwartende humana fragilitas knüpft der Gedanke der Entschuldigungsgründe an. Nicht auf das psychophysische Können des Einzelnen im konkreten Fall ist also abzustellen. Dieses mag zur kausalen Erklärung einer strafbaren Handlung herangezogen werden; bei der hier allein in Rede stehenden Wertbetrachtung hinsichtlich des inneren Verhaltens ist es nicht verwendbar. Andererseits aber ist bei dem „Durchschnittsstaatsbürger" nicht an einen heroisch veranlagten Idealtypus zu denken. Es soll der Tatsache Rechnung getragen werden, daß der Mensch nicht nur Gemeinschaftsglied, sondern auch Einzelwesen und als solches nicht immer imstande ist, den Gemeinschaftsanforderungen zu genügen. So suchen wir der Tatsache des nie ganz auszugleichenden Widerstreites Rechnung zu tragen, in den der Einzelne immer wieder in seiner doppelten Eigenschaft als Individuum und Gemeinschaftsglied hineingerät. Das Wesen der Schuldhaftung des modernen Strafrechts besteht aber gerade darin, daß dieser Widerstreit erkannt ist, daß man das Individuum „anerkennt", daß man (anders als die germanische Erfolgshaftung) im einzelnen nicht bloß das Gemeinschaftsglied sehen will und ihn daher nicht sofort haften läßt, sobald er den Gemeinschaftsnormen nicht voll genügt. So mündet das Problem der Schuld, genau wie das der Rechtswidrigkeit, in dem Problem der menschlichen Gemeinschaft[5]).

---

[5]) In diesen Zusammenhang stellt auch *Sauer* Grundlagen 532ff., 540, 542 seine Schuldlehre. —

Die Auffassung des Textes hat auch beim Reichsgericht Anklang gefunden. *Goldschmidt* und *Freudenthal* haben Ansätze zur sog. „normativen Schuldauffassung" sehr zutreffend in R **30** 25 (Leinenfängerfall!!), **36** 78, 334 gesehen. Diese Entscheidungen befaßten sich mit der Fahrlässigkeit. Neuerdings hat R aber auch beim Vorsatz dem Versagen des Rechtes in seiner Funktion als Bestimmungsnorm Rechnung getragen, namentlich in den Entscheidungen R **58** 97, 226, **60** 101 (103!!), **63** 233 (bestritten von *Wachinger* Festg. f. *Frank* I 495/96). Vgl. dazu *Eb. Schmidt* MittIKV N. F. **5** 133, 152, *Mezger* 373, die die Entscheidungen billigen, *Marcetus* 59, sie ablehnend. Vgl. ferner *Goldschmidt* Festg. f. *Frank* I 453, *Frank* 4. Abschn. II 2, *Klee* RGFestg. V 73/74.

Gegen den Text erhebt *Klee* a. a. O. 74 das Bedenken, daß er dem Individualismus zu weit gehende Konzessionen mache; ähnlich auch *Schumacher* passim, *Großmann* (Lit. zu § 39) 9ff., *Liepmann* 712/13, *Kohlrausch* Über Strafrechtsreform (1927) 21. Vgl. hierzu *Eb. Schmidt* MittIKV N. F. **5** 165. Den schärfsten Angriff gegen die ganze Lehre überhaupt macht *Schumacher*. Seine Ausführungen kranken an einem mangelhaften Verständnis für das Verhältnis von Recht und Ethik, führen (S. 63!) zu einer sachlich unrichtigen und methodisch unbrauchbaren Konfundierung von Rechtswidrigkeit und Schuld und lassen bezüglich einer Erklärung des so wichtigen § 54 völlig im Stich. Ethisierung des Rechtes ist *Schumacher* gleichbedeutend mit Verweichlichung und Preisgabe des Rechtes zugunsten des Individuums. Als ob die Ethik nicht viel höhere Anforderungen stellte als das Recht! Gegen *Schumacher Marcetus* 29ff., zum Teil auch *Grünhut* Z **50** 316. — Wenn *Hirschberg* in scharfsinnigen Ausführungen S. 71 zu dem Ergebnis kommt, daß „sich die Schuld in dem Begriff der Rechtswidrigkeit auflöse", so ist er dennoch, im

3. Von einer **Schuld** des Einzelnen dürfen wir nach dem zu 1 und 2 Gesagten dann sprechen, wenn die Rechtsnorm im Vorstellungsbereiche und Motivationsprozeß des Täters **wider Erwarten** nicht die Funktion ausgeübt hat, die ihr nach den vorstehenden Darlegungen im Hinblick auf rechtmäßiges Verhalten zukommt. Die Gemeinschaft ist aber berechtigt, ein entsprechendes Funktionieren der Rechtsnorm zu erwarten, wenn

a) der Täter überhaupt zu den Menschen gehört, welche die „Fähigkeit zu sozialem Verhalten" haben (Zurechnungsfähigkeit; vgl. unten § 37);

b) überdies die Gesamtsituation, in welche die Täterhandlung fällt, nichts enthält, was

α) ein Auftreten der „Pflicht" im Vorstellungsbereiche oder

β) ein Wirken der „Pflicht" im Motivationsprozeß als unmöglich (vom Standpunkte unserer Erfahrung aus) erscheinen läßt.

4. Damit sind wir der Erkenntnis der in der Schuld enthaltenen Elemente bereits nahe gekommen. Zwei Elemente sind es, die im Schuldbegriff auseinanderzuhalten und gesondert zu betrachten sind:

a) In psychologischer Hinsicht ist die Möglichkeit eines Schuldvorwurfs in erster Linie abhängig davon, daß der Täter mindestens die (erfahrungsgemäße) Möglichkeit hatte, sich den durch seine Handlung bewirkten tatbestandsmäßigen Erfolg vorzu-

---

Gegensatz zu *Schumacher*, von einer wirklichen Konfundierung von Schuld und Rechtswidrigkeit weit entfernt; denn er meint „die Rechtswidrigkeit des Motivierungsprozesses", die „Rechtswidrigkeit des inneren Verhaltens" im Hinblick auf das Unterliegen des „Rechtsgehorsamsmotives" im „Kampf der Motive" (36ff.) und landet damit, von rein terminologischen Besonderheiten abgesehen, durchaus bei der Funktion des Rechts als Bestimmungsgrund oder beim Recht als Bestimmungsnorm. Ein tiefgreifender sachlicher Gegensatz zum Text kann daher nicht anerkannt werden. Gerade *Hirschberg* zeigt, welch große Bedeutung die normative Schuldlehre für das wichtige Problem der Strafzumessung hat, indem er (72ff.) seinen eigentlichen „Schuldbegriff" mit der Strafzumessung identifiziert. Vgl. dazu *Grünhut* Z **50** 307.

Über andere Schuldauffassungen vgl. Text und Anmerkungen weiter unten.

Gegenüber der vor. Aufl. enthält der jetzige Text insofern eine Modifizierung, als der Gedanke der psychophysischen Leistungsfähigkeit des „Durchschnittsstaatsbürgers", der in der vor. Aufl. nur gelegentlich (§ 42 II) angedeutet war, nunmehr schärfer herausgearbeitet ist im Anschluß an *Kohlrausch* Sollen und Können (1910) 22, 24, 25, Über Strafrechtsreform (1927), *Goldschmidt, Marcetus, Wegner* JR **1** 578ff. (582) u. a. *v. Hippels* Einwand (II 275) war nicht unberechtigt. *Schumachers* Bedenken gegen das Argumentieren mit dem „legendären Durchschnittsmenschen" (31, 61ff. und passim) werden von *Goldschmidt* Festg. f. *Frank* I 453 treffend zurückgewiesen. *Köhlers* (GS **95** 454) Polemik gegen das Abstellen auf den Durchschnittstypus führt in der Sache zu einer nur geringfügigen Modifizierung („mancher andere auf der gleichen Stufe der Befähigung" statt „Durchschnittstypus").

stellen und zugleich des Nicht-Sein-Sollens dieser Handlung im Gemeinschaftsleben[6]), also ihrer Sozialschädlichkeit inne zu werden;

b) in normativer Beziehung ist die Möglichkeit eines Schuldvorwurfs abhängig davon, daß in dieser bestimmten Gesamtsituation bei Gegebensein der zu a) beschriebenen psychologischen Möglichkeit die tatsächliche „psychische Regung" als „fehlerhaft" bezeichnet[7]), das tatsächlich erfolgte (den rechtswidrigen Erfolg ver-

---

[6]) Mehr als die Erkenntnis des „Nicht-Sein-Sollens" oder (materiell ausgedrückt) der Sozialschädlichkeit ist nicht zu verlangen. Rechtsnormen-, also Paragraphenkenntnis ist von keinem Staatsbürger zu erfordern, eine säuberliche Scheidung von Moral und Recht beim Einzelnen ist nicht zu erwarten. Mit Recht läßt daher *Frank* § 59 III 2 zur Vorwerfbarkeit Kenntnis der Unsittlichkeit oder Sozialschädlichkeit genügen, spricht *Gleispach* bei *Aschaffenburg* **16** 231 von „Erkenntnis des Unerlaubten", knüpft *Mayer* 234 an das Wissen um die Pflichtwidrigkeit an. Vgl. auch *Heims* Z **40** 380, 743, **41** 74; *Schlegl* GS **91** 231, *Beck* (Lit. zu § 40) 42ff., *Berg* 47ff., *Mezger* § 44, *Eichmann* (Lit. zu § 39), *v. Hippel* II 280, 337ff., *Köhler* GS **96** 93ff., 103ff. Eine Gefahr ist mit keiner dieser in der Sache übereinstimmenden Formulierungen verbunden; denn immer ist ja Voraussetzung dafür, daß einem bestimmten Täter gegenüber die Frage der Schuld aufgeworfen wird, die Feststellung der Rechtswidrigkeit der Handlung. Da, wo Schuld angenommen werden darf, bezieht sich also das Bewußtsein von der Sozialschädlichkeit immer auf eine objektive Rechtswidrigkeit. Wenn man mit Rücksicht hierauf den Ausdruck „Bewußtsein der Rechtswidrigkeit" verwenden will, so ist dagegen nichts einzuwenden.

[7]) Also nicht das Bewußtsein der Pflichtwidrigkeit oder die Möglichkeit dieses Bewußtseins stellt das normative Schuldelement dar, sondern das Abweichen des tatsächlich erfolgten Motivationsprozesses von dem „gesollten" Motivationsprozeß, also, wie es im Text im Anschluß *Beling* und *Goldschmidt* heißt, die Fehlerhaftigkeit der psychischen Regung. Mit dem Erfordernis des Bewußtseins der Rechts- oder Pflichtwidrigkeit ist also ein „normatives" Schuldelement im Sinne der normativen Schuldlehre *Franks, Goldschmidts* usw. nicht gegeben. Das wird immer noch von manchen verkannt. So von *Mayer* 233ff., 238ff., der zwar eine scharfe Trennung des „psychologischen" und „normativen" Schuldelements durchzuführen bestrebt ist, aber die Möglichkeit des Bewußtseins der Pflichtwidrigkeit fälschlicherweise als „normatives" Schuldelement ausgibt. Der gleiche Fehler begegnet neuerdings bei *v. Hippel* II 279 (Noten 1, 4), 337ff. (beim Vorsatz: Bewußtsein der Rechtswidrigkeit!!). Die von solcher Verwechslung ausgehende Polemik gegen die im Text vertretene, ganz anders gemeinte „normative" Schuldlehre und insbesondere ihre Folgerungen bei der Erklärung des § 54 und anderer Entschuldigungsgründe kann natürlich nicht den Kern der Sache treffen. Dabei hatte *Goldschmidt* schon Österreich. Z **4** 140 Note 3, 141 betont: „Der Vorsatz bleibt auch als Bewußtsein der Rechts- und Pflichtwidrigkeit genau so eine rein psychologische Beziehung und inkommensurabel mit der Fahrlässigkeit, wie ohne dieses Bewußtsein." Und er hatte daran immer wieder die Feststellung geknüpft, daß das normative Schuldelement neben dem psychologischen stehen, Schuld also aufgefaßt werden müsse „nicht als Wollen der Pflichtwidrigkeit, sondern als pflichtwidriges Wollen". *P. Merkel* JW 1925, 895 hat diesen wichtigsten Kernpunkt der *Goldschmidt*schen Schuldlehre ebenso verkannt, wie *v. Hippel* a. a. O. und neuerdings auch *Berg*. Gegen *v. Hippel* vgl. *Graf zu Dohna* Z **51** 618, gegen *P. Merkel Goldschmidt* Festg. f. *Frank* I 435 Note 6, gegen *Berg Grünhut* Z **50** 306/07. Richtig erkannt ist das normative Wesen der Schuld bei *Beling* Unschuld, Schuld und Schuldstufen 7, 8, Grundzüge § 12 I a. E., § 13, Methodik der Gesetzgebung (1922) 137. Vgl. ferner *Rümelin* 33 Note 3 (im Anschluß an *Mittermaier*), *Allfeld* 158, *Mittermaier* Z **32** 425, **44** 13 (vorzüglich!),

ursachende) Wollen als ein „nicht-sein-sollendes" aufgefaßt, ein pflichtgemäßes Abrollen des Motivationsprozesses erwartet, ein rechtmäßiges Verhalten an Stelle des tatsächlich erfolgten rechtswidrigen dem Täter zugemutet werden darf.

Das zu a) Gesagte nimmt auf psychologische Tatsachen, das zu b) Ausgeführte auf eine Bewertung Bezug. Weder in dem einen noch in dem anderen allein erschöpft sich das Wesen rechtlicher Schuld; sie ist nicht ein rein psychischer Sachverhalt, ebensowenig ein bloßes Werturteil; sie ist vielmehr eine auf der Voraussetzung der Zurechnungsfähigkeit beruhende gewertete Beziehung zwischen einem psychischen Sein und einem Werturteil; in diesem Sinne läßt sich das Wesen der Schuld kurz etwa dahin formulieren:

Schuld ist die Vorwerfbarkeit einer rechtswidrigen Handlung im Hinblick auf die Fehlerhaftigkeit des sie verursachenden psychischen Vorganges.

5. Die hiermit zum Ausdruck gebrachte „normative Schuldauffassung" ist das Ergebnis einer sehr interessanten wissenschaftlichen Entwicklung, durch welche dieser wichtige Teil des Strafrechts allmählich aus dem Bann des das ausgehende 19. Jahrhundert beherrschenden Naturalismus befreit und auch die Lösung des Schuldproblems mit Hilfe einer „betont kulturwissenschaftlichen Betrachtung" (*Mezger* 38) unternommen wurde. Jene naturalistische Betrachtungsweise hatte in der Schuld eine rein psychische Beziehung zwischen Wille und Erfolg, also eine psychische Gegebenheit sehen zu dürfen gemeint. Aber sie mußte alsbald zu der schwerwiegenden Zweifelsfrage führen: Was berechtigt uns, in der Fahrlässigkeit, wie es herkömmlich geschieht, eine Schuldform zu sehen, wenn die Schuld eine psychische Beziehung zwischen Wille und Erfolg sein soll, da doch eine derartige Beziehung jedenfalls bei der unbewußten Fahrlässigkeit gänzlich fehlt? Derartige Fragen waren zwar schon im 19. Jahrhundert wiederholt aufgeworfen worden (vgl. *v. Almendingen* Über das kulpose Verbrechen, Bibl. f. peinl. Rechtsw. Bd. II; später dann namentlich *Bruck* Zur Lehre von der Fahrlässigkeit 1885); aber das hatte nicht gehindert, daß gegen Ende des 19. und zu Beginn des 20. Jahrhunderts der reine Psychologismus in der Schuldlehre die unbestrittene Vorherrschaft hatte. Der Streit zwischen Willens- und Vorstellungstheorie, der sich im Gebiete der Vorsatzlehre abspielte, „obwohl er eigentlich den Begriff der Schuld überhaupt betreffen sollte" (*Kohlrausch* Reform **1** 185; vgl. auch *Graf zu Dohna* Z **32** 328), ist ein charakteristisches Zeichen dafür, wie stark die rein psychologischen Probleme im Vordergrunde standen. Zu Beginn dieses Jahrhunderts hat dann *Seuffert* Ein neues Strafgesetzbuch für Deutschland (1902) 45/46 zum ersten Male wieder das Unerträgliche einer Lehre empfunden, die die Schuld rein psychologisch auffaßt und Vorsatz und Fahrlässigkeit als Schuldarten betrachtet, obwohl beiden in psychologischer Hinsicht jegliches gemeinsame Gattungsmerkmal fehlt, die Fahrlässigkeit andererseits offensichtlich ein normatives Wertungselement in sich trägt. Aber *Seuffert* fand sich noch resigniert mit dem Satze ab

---

Kritische Beiträge (1909) 7, 31; *Sauer* Grundl. 542 und passim; *Freudenthal* Schuld u. Vorwurf 1922; *Hirschberg* 71 (innere Rechtswidrigkeit); *Köhler* GS **95** 453—57. *Mezger* steht der Sache nach ebenfalls auf dem Standpunkt des Textes.

(46): „Die Gegenüberstellung von Vorsatz und Fahrlässigkeit" (gemeint ist ihre Zusammenfassung unter dem gemeinsamen Gattungsbegriff „Schuld") „ist so gang und gäbe, daß man dagegen nicht aufkommen kann". Immerhin hatte *Seuffert* damit doch die Problematik des Schuldproblems erkannt, und es konnte nicht ausbleiben, daß das von ihm bezeichnete Problem alsbald die strafrechtliche Wissenschaft beherrschte. Dabei ist es nun interessant, wie man sich mit allen Mitteln bemühte, die Gattungsgemeinsamkeit von Vorsatz und Fahrlässigkeit herzustellen. *Radbruch* Z **24** 344 suchte dies durch Ausscheidung jeglichen Wertungsmomentes aus der Fahrlässigkeit zu erreichen, um so für den rein psychologischen Vorsatz und die nunmehr ebenfalls rein psychologische Fahrlässigkeit einen rein psychologischen Oberbegriff zu finden: „Der Gemütszustand, der eine Handlung als für den Handelnden charakteristisch erscheinen läßt." Aber — und das ist für die Unmöglichkeit einer rein psychologischen Schuldauffassung nun bezeichnend! — den Schuldbegriff soll jener Oberbegriff nur erfüllen, „wenn jene Handlung eine rechtswidrige, die aus ihr zu erschließende Gesinnung eine antisoziale ist". So war mit *Radbruchs* Methode der Schuldbegriff als solcher gar nicht gefunden; aber deutlich genug zeigte es sich, daß es ohne ein normatives Element einen Schuldbegriff nicht geben könne. Gegen *Radbruch* denn auch die meisten: vgl. *Exner* Das Wesen der Fahrl. (1910) 6, *Graf zu Dohna* Die Elemente des Schuldbegriffs (1905) 8, *Goldschmidt* Österreich. Z **4** 140, neuestens *Sauer* Grundlagen 555 Note 2, *Berg* 24/5, *Köhler* GS **95** 441. Es fehlte nicht an Skeptikern, die an der Gattungsgemeinsamkeit von Vorsatz und Fahrlässigkeit verzweifelten: *Sturm* Die strafrechtliche Verschuldung (1902) 46ff. erklärte, auf der Basis einer rein psychologischen Vorsatzauffassung, der Vorsatz, als eine Aussage über das Tatsächliche eines Seelenzustandes, könne keine Schuldform sein, da „Schuld" die Abweichung eines Seelenzustandes von einem „normalen" bedeute, also ein Normativbegriff sei. *Kohlrausch* Reform **1** 194 hat dann mit bezwingender Logik — wie 100 Jahre vor ihm *v. Almendingen* — aufgezeigt, daß die Fahrlässigkeit keine Schuldform sei, weil in ihr die dem Schuldbegriff charakteristische psychologische Beziehung, nämlich ein auf den Erfolg gerichteter Wille, nicht vorhanden sei. Diesen beiden Extremen gegenüber lag das Heil in der Entdeckung des normativen Schuldelements, das sowohl bei Vorsatz wie bei Fahrlässigkeit gegeben ist und das beiden gemeinsame Gattungsmerkmal abgibt. Auf die führenden Namen in dieser Bewegung ist schon oben unter III 2 hingewiesen worden. Den die Relationsnatur des Schuldbegriffs wohl am besten treffenden terminus „Vorwerfbarkeit" hat vor allem *Frank* eingebürgert. *Frank* ist es auch gewesen, der auf die Steigerungsfähigkeit der Schuld hingewiesen und die damit zusammenhängende Abhängigkeit der Vorwurfsmöglichkeit von der Gesamtsituation, in der der Täter gehandelt hat, aufgezeigt hat, indem er im „Aufbau" (1907) die sog. „begleitenden Umstände" zu den Schuldelementen rechnete. Über die Polemik hiergegen vgl. *Freudenthal* Schuld und Vorwurf 3ff., *Marcetus* 9ff., *Mezger* 250, 270. Durch die Arbeiten von *Hegler*, *Mezger*, *Goldschmidt* u. a. ist es zur Herausarbeitung des von *Frank* schon ganz richtig gesehenen normativen Schuldelements gekommen, durch *Goldschmidt* insbesondere der sehr fruchtbare, wenn auch angefeindete Begriff der „Zumutbarkeit" zur genaueren Bestimmung dieses normativen Schuldelements nutzbar gemacht worden.

Daß aber der Psychologismus noch immer stark nachwirkt, ergibt sich schon aus der Meinung derer, die das normative Schuldelement als Bewußtsein der Pflichtwidrigkeit (oder Sozialschädlichkeit oder Rechtswidrigkeit) auffassen, es also doch letzten Endes in einer psychischen Gegebenheit suchen. Vgl. Näheres oben Note 7. Demgegenüber ist es das Verdienst von *Graf zu Dohna*, *Mittermaier*, *Rümelin*, *Goldschmidt*, *Rosenfeld*, *Freudenthal*, *Grünhut*, *Frank*,

Sauer, Mezger, Köhler, den Gedanken herausgearbeitet zu haben, daß der Schuldbegriff ein Beziehungsbegriff eigenartigen Wertungsgepräges ist; man kann ihm nicht gerecht werden, wenn man unter Zerreißung dieser „Beziehung" einseitig abstellt auf einen der beiden termini oder Beziehungspunkte, die man doch gerade — das ist das Wesen der Relationsvorstellung — „durch einen Akt des beziehenden Denkens zusammenfassen" soll (*Sigwart-Maier* Logik **1**[4] 87). Dieser „Einseitigkeit" machen sich aber sowohl die schon besprochenen „Psychologisten" schuldig, wie auch jene, allerdings seltenen Autoren, die im Schuldbegriff nur ein reines Werturteil sehen wollen: so jetzt namentlich *P. Merkel* und *Berg.*

IV. Zur näheren Erläuterung des unter III gewonnenen Begriffs und seiner einzelnen Elemente ist hier noch folgendes zu bemerken:

1. In der Schuld haben wir eine eigenartige psychologisch-normative Beziehung der Seele des zurechnungsfähigen Menschen zu den Anforderungen des Rechtes und seinen Werturteilen feststellen können: Der Täter handelt dem Rechte als der sozialen Lebensordnung zuwider, obwohl er das Unsoziale seines Verhaltens hätte erkennen können und obwohl im Augenblicke der Handlung von ihm ein den Sollensnormen entsprechender Ablauf des Motivationsprozesses erwartet werden durfte. Es scheint, als ob der Schuldvorwurf sich streng auf die konkrete Einzeltat, an die er zunächst anknüpft, beschränkt (Schuld = Einzelrelation). Indessen wäre es eine oberflächliche Betrachtung, wollte man sich begnügen, die Diskrepanz zwischen dem inneren Verhalten des Täters und den an ihn sich richtenden Anforderungen des Rechtes festzustellen; vielmehr drängt sich zugleich die Frage auf, warum der Motivationsprozeß in concreto fehlerhaft (ein „nicht-sein-sollender") gewesen ist. Die Beantwortung dieser Frage führt zu einer Bewertung des **Charakters** des Täters vom Standpunkt der Rechtsordnung aus. „Was wir im Täter (mit dem Schuldvorwurf) verwerfen, sind seine eigenen typischen Wertschätzungen und deren Motivationskraft" (*Grünhut*)[8]). Das Recht zürnt dem Täter, weil die aus der Erkenntnis

---

[8]) *Grünhut* bei *Aschaffenburg* Beiheft 1 (1926) 92. Vgl. dazu *Mittermaier* bei *Aschaffenburg* **17** 339. — Die normative Schuldlehre wird im Text zugleich zu einer auf den Charakter und die Sozialgefährlichkeit der Täterpersönlichkeit hinweisenden „materiellen" Schuldlehre. Vgl. dazu *Eb. Schmidt* Schweizer. Z **45** 224—236. Auf diese Weise wird sie zum dogmatischen Unterbau der auf Individualisierung hinzielenden Strafauffassung, wie sie in diesem Buch seit jeher vertreten wird, aber ganz zweifellos auch dem geltenden Recht in seiner jüngsten Entwicklung zugrunde liegt (vgl. oben §§ 4, 5 III, unten § 66 III).

In der Literatur wird oft mit übertriebener Schärfe auf den Gegensatz der im Text vertretenen Schuldauffassung („Charakterschuld") zu der an der Schuld als „Einzeltatschuld" festhaltenden Lehre hingewiesen. Vgl. *Mezger* 256/57, ferner bei *Aschaffenburg* **14** 135ff., *v. Hippel* II 275 (beide mit reichen Literaturhinweisen). Der Gegensatz ist in Wahrheit heute nicht mehr sehr erheblich. Daß im Text in keiner Weise eine Loslösung der Schuld von der Einzeltat versucht, daß das Vordringen zur Persönlichkeit des Täters nur auf dem Wege über die Einzeltat und ihre symptomatische Bedeutung durch-

des Rechten gewonnenen oder zu gewinnenden Wertvorstellungen den „eigenen typischen Wertschätzungen" des Täters im Motivationsprozeß unterlegen sind. So ergreift das Schuldurteil die gesamte Persönlichkeit des Täters; so wird die im Charakter sich enthüllende **Gefährlichkeit**, als die Grundlage und Erklärung für die Fehlerhaftigkeit des Motivationsprozesses, selbst ein Moment der Schuld[9]); so bietet sich uns, wie es in diesem Lehrbuch seit jeher betont ist, in dem Schluß aus der symptomatischen Bedeutung der schuldhaften Handlung auf die Eigenart des Täters der **materielle seelische Kern des Schuldbegriffs**; er liegt in der aus der begangenen Tat (dem antisozialen Verhalten) erkennbaren **asozialen Gesinnung des Täters**; also in der charakterlich bedingten Mangelhaftigkeit des durch das Zusammenleben der Menschen im Staate geforderten sozialen Pflichtgefühls und in der dadurch hervorgerufenen antisozialen Motivation (der den Zwecken der Gemeinschaft widersprechenden Zwecksetzung).

Nur diese, die soziale Gefährlichkeit des Tätercharakters mit einbeziehende Schuldauffassung vermag eine Brücke zu schlagen von der allgemeinen Verbrechenslehre zu der allgemeinen Verbrecherlehre (oben § 3) und zu erklären, warum die Gemeinschaft auf die Handlungen eines wiederholt rückfällig werdenden Zustandsverbrechers mit größerer Strenge strafrechtlich reagiert, als auf die Handlung des sog. Augenblicksverbrechers. Sie bietet für die Strafzumessungslehre die rechtsdogmatische Grundlage (vgl. unten § 66 III), die die rein „psychologische" Schuldauffassung völlig vermissen ließ; auch dürfte es nur vom Boden dieser Schuldauffassung aus möglich sein, das Wesen der Entschuldigungsgründe, wie der Zurechnungsunfähigkeit, des (entschuldigenden) Notstandes, des Zwanges, des Notwehrexzesses, einheitlich zu erklären (s. darüber unten § 42).

2. Das oben zu III 4a beschriebene **psychologische Schuldelement** ist einer **Differenzierung** zugänglich, auf der die Möglich-

---

geführt wird, lehrt der Text auf jeder Seite. Daß die strenge Beschränkung auf die Einzeltat zu der heutigen Strafauffassung nicht mehr paßt, wird andererseits auch von solchen Autoren gelehrt, die sich in einem Gegensatz zum Texte glauben. So z. B. von *Mezger*, der (275ff.) die „charakterologischen Schuldbestandteile" ausgezeichnet herausarbeitet und damit der Gefährlichkeit als Schuldmoment durchaus gerecht wird. *Mezger* gehört also ebenfalls zu den Autoren, deren Untersuchungen sich in der gleichen Richtung wie der Text bewegen: *Graf zu Dohna, Exner, Kohlrausch, Lenz, Liepmann, Heims, Seelig, Wegner, Kollmann, Tesar.* Auch *Mayer, Mittermaier, Frank, Hegler* stehen durchaus nicht in einem schroffen Gegensatz zum Text, wenn auch bei ihnen, ebenso wie bei *Beling, v. Hippel, Köhler* und *Wolf* die Einzeltatbeziehung in ihrer juristischen Gestaltung und Funktion im Vordergrunde steht.

[9]) „Gefährlichkeit als Schuldmoment" betitelt sich *Grünhuts* ausgezeichneter Beitrag zur Schuldlehre. Dagegen u. a. *Seelig* bei *Aschaffenburg* **18** 241, *Mezger* ebenda **14** 156ff., 169ff., Z **49** 181, 182. Vgl. dazu *Eb. Schmidt* Schweizer. Z **45** 227, *Köhler* GS **96** 153, *Zimmerl* Aufbau 233ff. (ganz im Sinne des Textes).

keit beruht, verschiedene **Schuldarten** zu unterscheiden. Wenn zum Schuldvorwurf in psychologischer Beziehung die Möglichkeit genügt, daß der Täter sich den rechtswidrigen Erfolg und sein Nicht-sein-sollen (seine Sozialschädlichkeit) vorstellt, so ist der Schuldvorwurf sicher erst recht in dem Falle angängig, wo der Täter wirklich diese Vorstellung gehabt hat. Demnach sind die psychologischen Voraussetzungen der Schuld in doppelter Form denkbar:

a) Der Täter hat sich den tatbestandsmäßigen Erfolg und seine Sozialschädlichkeit vorgestellt; an diesen psychischen Sachverhalt knüpft die Lehre vom strafrechtlichen Vorsatz an (unten § 39).

b) Der Täter hat sich den Erfolg nicht vorgestellt; die Erfolgsvorstellung aber wäre nach Lage der Sache möglich gewesen, und auch die Vorstellung des Unerlaubtseins lag im Bereiche der Möglichkeit; mit diesem psychischen Sachverhalt hängt die Lehre von der strafrechtlichen Fahrlässigkeit zusammen (unten § 41).

Betont sei, daß die Unterscheidung zwischen Vorsatz und Fahrlässigkeit mit dem zu a) und b) Gesagten noch nicht durchgeführt, sondern nur angebahnt ist durch Zurückführung der Unterscheidung auf die psychischen Grundsachverhalte.

3. Vorsatz und Fahrlässigkeit als Schuldarten zu begreifen wäre aber nicht möglich, wenn sich in den zu 2 bezeichneten rein psychischen Gegebenheiten ihr Wesen erschöpfte. Denn diese psychischen Gegebenheiten weisen nichts Gemeinsames, kein bei beiden in gleicher Weise vorhandenes Gattungsmerkmal auf; sie reichen überdies schon um deswillen nicht zur Charakterisierung der Schuldarten aus, weil die Schuld, wie gezeigt, überhaupt nicht eine psychische Gegebenheit, sondern ein normativer Beziehungsbegriff ist, Vorsatz und Fahrlässigkeit also ebenfalls als (besonders geartete) Beziehungsbegriffe erkannt werden müssen, sollen sie als Arten der Schuld systematisch Verwendung finden[10]).

[10]) In der Literatur werden Vorsatz und Fahrlässigkeit häufig nicht als Schuldarten, sondern lediglich als „Elemente" oder „Bestandteile" von Schuldarten und insofern als psychische „Voraussetzungen" für die Möglichkeit der Fällung eines Schuldurteils aufgefaßt. Man weist darauf hin, daß es doch auch gute Vorsätze gebe, daß „Vorsatz" als solcher kein Werturteil enthalte, normativ also indifferent sei. So *Radbruch* Z **24** 348, *Frank* 4. Abschn. II 1, *Goldschmidt* Österreich. Z **4** 147, neuerdings mit besonderer Betonung *P. Merkel* JW 1924 (Heft 21/22), 1925 (Heft 9), *Berg*. Von dieser „Vorsatz"-Auffassung aus hat *Hirschberg* ganz richtig das Gegensatzpaar „Vorsatz — Versehen" gebildet. Nun sollte Eins nicht verkannt werden: Es steht nichts im Wege, für das in der schwereren Schuldart enthaltene Wissen und Wollen die Bezeichnung „Vorsatz", für das in der geringeren Schuldart enthaltene „Nicht-Wissen" die Bezeichnung „Fahrlässigkeit" oder Versehen einzuführen und zu verwenden. Wer das tut, kann dann natürlich nicht Vorsatz und Fahrlässigkeit als Schuldarten auffassen und muß sich bemühen, durch Zusammenfügung des rein psychologisch genommenen „Vorsatzes" mit einem normativen Element die schwerere Schuldart und auf entsprechende

Es kann aber keinem Zweifel unterliegen, was jenen zur Differenzierung der Schuldarten verwendeten psychischen Gegebenheiten begrifflich zugesetzt werden muß, um aus ihnen wirkliche Schuldarten zu machen: es ist das oben zu III 4b bezeichnete normative Schuldelement, das, als der konstante, das Gattungsmerkmal abgebende Schuldfaktor mit jenen psychologischen Schuldelementen die Synthese eingehen muß, damit Vorsatz und Fahrlässigkeit sich uns als Formen oder Arten der Schuld darstellen. Denn was uns berechtigt, dem Täter, der um den Erfolg und sein Unerlaubtsein weiß oder der darum hätte wissen können, den Vorwurf „vorsätzlichen" oder „fahrlässigen" Verhaltens zu machen, in ihm also einen schuldhaft handelnden Menschen zu sehen, das ist die jeweils erforderliche, auf unserer Erfahrung beruhende Feststellung, daß auch dieser Täter wie jeder andere in der Gesamtsituation seiner Handlung sich anders, nämlich zu normgemäßem Verhalten hätte motivieren können und daß deshalb sein inneres Verhalten fehlerhaft, sein Motivationsprozeß tadelnswert ist. Nur solange diese Möglichkeit normgemäßen Verhaltens anzunehmen ist, kann, wie oben zu III 2 gezeigt, von einer Pflicht zu entsprechendem Verhalten gesprochen werden. An dem mittels genereller Erfahrung zu bestimmenden Können findet das Recht in seiner Funktion als Bestimmungsgrund, findet die Pflicht ihre Grenze (vgl. oben

---

Weise die geringere zu bilden. Aber es sollte endlich ein Ende damit gemacht werden, denen, die wie der Text „Vorsatz" und „Fahrlässigkeit" selbst als die Schuldarten betrachten und diese Schuldarten in Bestandteile zerlegen, die sie, soweit sie rein psychologisch sind, nun nicht auch wieder „Vorsatz" bzw. „Fahrlässigkeit" nennen können, immer wieder den Vorwurf zu machen, daß sie die „Begriffe" „Vorsatz" und „Fahrlässigkeit" falsch bilden und mit der Verwendung von Vorsatz und Fahrlässigkeit als Schuldarten etwas Unmögliches unternähmen. Das führt zu einem reinen Wortstreit von ausschließlich terminologischer Bedeutung. Es steht gar nichts im Wege und ist weder logisch noch juristisch unmöglich, Vorsatz und Fahrlässigkeit selbst als Schuldarten anzusprechen, wenn man nur ihren Inhalt nach der psychologischen und nach der normativen Seite richtig analysiert. In diesem Sinne bezeichnen die Schuldarten selbst als Vorsatz und Fahrlässigkeit: *Gerland* 100, *Mayer* 257, *Beling* Grundz. 21, 50, 52, *Hafter* 106, *Kohlrausch* Reform (1926) 25, HdR V 767, *Lobe* Lpz. Komm. Einl. 50, *Köhler* GS **95** 442, *Freudenthal* Schuld u. Vorwurf (1922) 6, *Mittermaier* Krit. Beiträge (1909) 33ff., Z **44** 13, *v. Hippel* II 317, VD Allg. T. **3** 486ff., *Wegner* HdR VI 741, II 378.

Ein sachlicher Gegensatz braucht also zwischen denen, die Vorsatz und Fahrlässigkeit als Bezeichnungen oder Benennungen verschiedenartig verwenden, nicht zu bestehen. Das wird sehr oft übersehen. Daraus ergeben sich die nutzlosesten Debatten.

Das Gesetz hat den terminologischen Streit nicht entschieden. Daß aber die hier vertretene „Vorsatz"-Auffassung mit dem Gesetz unvereinbar sei, kann nicht behauptet werden. Für den Text spricht, daß RStGB nie sagt: „wer vorsätzlich schuldhaft . . .", sondern immer nur: „wer vorsätzlich . . .". Das läßt darauf schließen, daß Vorsatz sowohl wie Fahrlässigkeit die Schuldarten als solche bezeichnen sollen.

III 2). Nur solange mit jenem Können die Pflicht besteht, sich normgemäß zu motivieren und dementsprechend zu handeln, läßt sich im konkreten Falle von einem Gegebensein jener als Schuld bezeichneten eigenartigen Beziehung zwischen der Täterpersönlichkeit und den Anforderungen des Rechtes sprechen, kann dem Täter die rechtswidrige Handlung im Hinblick auf die Fehlerhaftigkeit des sie verursachenden psychischen Vorganges vorgeworfen werden.

Daß diese Auffassung mit dem geltenden Recht durchaus in Einklang steht, zeigen die §§ 51, 52, 53 Abs. 3, 54, 58 StGB, 2, 3 JugGG. Aus ihnen ergibt sich die allgemeine Grundauffassung, daß der Schuldvorwurf überall da verstummen muß, wo im Hinblick auf unsere allgemeine Lebenserfahrung eine zu rechtgemäßem Handeln führende Motivation bei keinem Durchschnittsmenschen zu erwarten gewesen ist. Müssen wir die Begrenztheit des psychophysischen Könnens im konkreten Falle erfahrungsgemäß feststellen, so können wir von einer fehlerhaften oder pflichtwidrigen Motivation nicht sprechen, so wenig uns diese Feststellung hindert, an der objektiven Rechtswidrigkeit der Handlung festzuhalten.

V. Der Begriff der Schuld, so, wie er im Vorstehenden entwickelt ist, ist völlig unabhängig von der Hypothese der Willensfreiheit (oben § 5 Note 1). Er verlangt nichts als die unbestreitbare und unbestrittene Voraussetzung, daß alles menschliche Verhalten durch Vorstellungen, mithin auch durch die allgemeinen Vorstellungen der Religion, der Sittlichkeit, des Rechts bestimmt (determiniert) und bestimmbar sei[11]).

Aber auch zu der in dem Schuldurteil weiter gelegenen rechtlich-sozialen Mißbilligung der Motivation (Fehlerhaftigkeit; Nicht-Sein-Sollen) und des Charakters des Täters (Gefährlichkeit) ist der Determinismus durchaus berechtigt, während diese Berechtigung dem Indeterminismus völlig mangelt. Denn nur jener vermag die einzelne Tat zu der ganzen psychologischen Persönlichkeit des Täters in Beziehung zu setzen; nur er gelangt zu einem Maßstab für die Schuld, die steigt und sinkt, je nachdem die Tat mehr oder weniger Ausdruck der bleibenden Eigenart des Täters ist; nur er führt mithin zu einer brauchbaren Unterscheidung innerhalb der Verbrecher nach der Intensität ihrer verbrecherischen (asozialen) Gesinnung (oben § 3) und damit zu einer festen Grundlage für die Kriminalpolitik.

VI. Der uns heute selbstverständlich klingende Satz, daß Schuld Begriffsmerkmal des Verbrechens, daß ohne Schuld keine Strafe möglich sei, ist das Ergebnis einer langen und auch gegenwärtig nicht abgeschlossenen Entwicklung.

---

[11]) Über Schuldlehre und Willensfreiheit vgl. *Mezger* 251ff., *Wegner* HdR V 365, *v. Hippel* II 281ff. Dort weitere Literatur.

Erst allmählich nimmt der Begriff des Verbrechens das Merkmal der Verschuldung in sich auf; an der Vertiefung der Schuldlehre bemißt sich der Fortschritt des Strafrechts. Wie es der religiösen Auffassung nicht widerstrebt, daß die Sünden der Väter heimgesucht werden an Kind und Kindeskindern, wie in den Trauerspielen der Alten das blindwaltende Schicksal und in der Literatur unserer Tage das Gesetz der Vererbung die Stelle der Verschuldung vertritt, so kennt auch das älteste Recht aller Völker Strafe ohne Schuld. Nach römischem Sakralrecht erregt die zufällige Rechtsverletzung in gleicher Weise den durch Sühne abzuwendenden Zorn der Götter wie die vorsätzliche, und noch die deutschen Volksrechte kennen die auf Geschlechter sich vererbende Blutschuld der Familie. Aber mehr und mehr legt das römische Recht, unter Einfluß der griechischen Ethiker, das entscheidende Gewicht auf den rechtswidrigen Willen und gerät dadurch in scharfen Gegensatz zu der uralten, im germanischen Rechtsbewußtsein fortlebenden „Erfolghaftung", der die ganze spätere Geschichte der Schuldlehre bestimmt (*Löffler*).

1. Dies zeigt sich zunächst in der Behandlung der Zurechnungsfähigkeit. Das ältere römische Recht scheint an der Bestrafung des unmündigen Diebes keinen Anstoß genommen zu haben. Das spätere römische und das kanonische Recht halten an der Straflosigkeit des infans (bis zum vollendeten 7. Jahre) fest. Darüber hinaus findet bei Verbrechen der impuberes Prüfung des einzelnen Falles statt. In den deutschen Volksrechten wird bei Rechtsverletzung durch Jugendliche vielfach die Zahlung des Friedensgeldes ausgeschlossen. Die sächsischen Quellen des späteren Mittelalters lassen Kindern gegenüber wenigstens die peinliche Strafe entfallen (vgl. z. B. Ssp. **2** 65, 1; *His* 62). Die PGO schließt in Art. 164 gegen junge Diebe (unter 14 Jahren) nur die Todesstrafe aus, soweit nicht besondere Ursachen vorliegen, und anerkennt den Satz „Malitia supplet aetatem"; Art. 179 verweist bei Jugend der Übeltäter ganz allgemein auf den Rat der Rechtsverständigen. Gesetzgebung und Wissenschaft des gemeinen Rechts schwanken, halten aber im allgemeinen an der Straflosigkeit der Kinder fest; dieser Ansicht folgt die große Mehrzahl der neueren Gesetzgebungen, wenn auch unter verschiedener Bestimmung der Mindestgrenze. Auf die Aufstellung einer Mindestgrenze verzichtete das französische Recht gänzlich, um in jedem Einzelfalle das Unterscheidungsvermögen feststellen zu können; ihm folgten Preußen 1851 und Bayern 1861. Dagegen ist das StGB wieder zu der Auffassung des römisch-kanonischen und des gemeindeutschen Rechts zurückgekehrt. — Auch die Anerkennung der Geisteskrankheit brach sich erst allmählich Bahn. Über das römische Recht, nach dem „fati infelicitas" teilweise entschuldigt, vgl. *Pernice* Labeo **2** 234. Ssp. **3** 3: „Über rechten Toren und über sinnlosen Mann soll man nicht richten." PGO Art. 179 verweist bezüglich des Täters, welcher „Jugend oder anderer Gebrechlichkeit halber wissentlich seine Sinne nicht hätte", auf den Rat der Rechtsverständigen.

2. Noch länger dauerte es, bis die Zurechenbarkeit des Erfolges an das Vorliegen von Vorsatz oder Fahrlässigkeit geknüpft und die Tragweite dieser beiden Begriffe bestimmt wird. Das spätere römische Recht hatte den dolus des Täters („die unsittliche, auf eine bestimmte Rechtswidrigkeit gerichtete Absicht", *Pernice* **2** 153, *Hinschius* **5** 921) zu einem Begriffsmerkmal des Verbrechens erhoben, während germanischer Anschauung die Haftung für „Ungefährswerke" durchaus entsprach. Das italienische Mittelalter nahm den römischen Dolusbegriff auf. Aber germanische Rechtsanschauung und die Bedürfnisse des Rechtslebens drängten dazu, auch für den bloß vorausgesehenen, nicht aber beabsichtigten Erfolg den Täter haftbar zu machen (vgl. über diese

Entwicklung die bahnbrechende Darstellung *Löfflers*). So entsteht der Satz (zuerst bei *Bernardus Papiensis*, in seiner summa decretalium 1191—1198; *Löffler* 139), daß bei einem „versari in re illicita" des Täters der nicht beabsichtigte, aber voraussehbare (und darum vom Täter vermutlich vorausgesehene) Erfolg zuzurechnen sei. Aus diesem von den italienischen Praktikern viel erörterten Satz entwickelt sich der gemeinrechtliche dolus indirectus. An den Spanier *Covarruvias* († 1577) lehnen sich *Carpzov* und *Böhmer* (eventuelle Einwilligung in den vorausgesehenen Erfolg). Die Diss. von *v. Nettelbladt-Gläntzer* De homicidio ex intentione indirecta commisso (1753, 3. Aufl. 1772) bringt, unterstützt von der *Wolff*schen Schule, der „einwilligenden Schuld" den Sieg in Wissenschaft und Gesetzgebung. *Feuerbachs* culpa dolo determinata ist ihre Weiterbildung. Bayern 1751, ALR 27, das geltende Recht Österreichs (vgl. Z **8** 348) verwenden den dolus indirectus. Vergebens kämpfen die hegelisierenden Kriminalisten des 19. Jahrhunderts für die Reinhaltung des römischen Dolusbegriffs. Die Gesetzgebung aber, die ihnen scheinbar folgt, kehrt, weit über das gemeine Recht hinausgehend, in einer ganzen Reihe von Fällen zu der reinen Erfolghaftung zurück (der Erfolg als Bedingung schwererer Strafbarkeit, vgl. unten Noten 17 u. 18).

Das fahrlässige Verbrechen als solches ist dem römischen Strafrechte auf allen Stufen seiner Geschichte unbekannt geblieben[12]). Zu jedem Verbrechen wird dolus gefordert. Die mittelalterlich-italienische Wissenschaft versöhnt diese römische Strenge mit der germanischen Erfolghaftung (statuta per Italiam puniunt factum, non animum), indem sie einerseits nur die kulpose, nicht die zufällige, Verursachung bestraft, andererseits die culpa zur allgemeinen, wenn auch milder bestraften Schuldform erhebt. Gestützt auf sie, erörtert PGO in Art. 146 (im Anschlusse an l. 9 § 4 und l. 11 pr. D. 9, 2) das Wesen der fahrlässigen Tötung. Dieser Artikel sowie die Artt. 136, 138, 180 bilden die Grundlage, auf welcher das gemeine Recht weiter arbeitet. Zu jedem Verbrechen wird böser Vorsatz, dolus, erfordert. Bei Fahrlässigkeit liegt ein quasi-crimen vor, das lediglich mit willkürlicher Strafe belegt werden kann. So z. B. Preußen 1620 und ähnlich noch Bayern 1813. So ist die Culpa zur allgemeinen Schuldform erhoben, ohne aber begriffliche Abgrenzung zu finden. Auch heute noch steht, wie wir sehen werden (unten § 41), der Begriff des fahrlässigen Verbrechens wissenschaftlich durchaus nicht fest.

VII. Den Satz, daß nur der verschuldete Erfolg strafrechtliche Verantwortlichkeit nach sich zieht, hat auch noch das geltende Reichsrecht durch vereinzelte **Ausnahmen** durchbrochen.

1. Allerdings dürfen die zahlreich in den strafrechtlichen Nebengesetzen sich befindenden **Präsumtionen der Schuld**[13]) zu diesen Aus-

[12]) *Pernice* Labeo **2** 244 (1. Aufl.). *Mommsen* 89. — Gegen die Ansicht von *Binding*, daß die culpa lata des röm. Rechts Vorsatz mit Abzug des gemeinen Motives sei, vgl. die zwingende Darstellung bei *Löffler* 110. Vgl. jetzt *Binding* Normen **4** § 236ff. Gegen seine Auffassung von der Bedeutung der Fahrlässigkeit bei den italienischen Juristen des Mittelalters (§ 244) polemisiert *Engelmann* Irrtum und Schuld 37, dessen Meinung sich mit der des Textes deckt. Mit *Engelmann* 27ff. (29), 37—40 ist aber auch gegen *Liepmann* Z **39** 539 an der Auffassung des Textes festzuhalten, daß die Italiener Vorsatz und Fahrlässigkeit als Schuldarten unterschieden haben. — Über die Entwicklung der Fahrlässigkeit bis zur Karolina vgl. *Beschütz* (Strafr. Abh. Heft 76) 1906.

[13]) Nach *Goldschmidt* (oben § 26 V) sind die unter 1 und 2 erwähnten Rechtssätze aus dem verwaltungsrechtlichen Charakter der Finanzdelikte zu er-

nahmen nicht gerechnet werden. Denn wenn das Recht bis zum Beweise des Gegenteils die Schuld (Vorsatz oder Fahrlässigkeit) als erwiesen annimmt, vielleicht auch den Gegenbeweis dem Angeschuldigten aufbürdet, so erkennt es dadurch an, daß ohne Vorsatz oder Fahrlässigkeit eine Bestrafung nicht eintreten kann und soll.

Eine besonders wichtige Bestimmung dieser Art enthält **§ 20 Abs. 2** des **RG über die Presse** vom 7. Mai 1874. Zwar erklärt § 20 Abs. 1 die allgemeinen strafrechtlichen Grundsätze, namentlich also auch die der Schuldlehre, für anwendbar, wenn es sich um die Verantwortlichkeit für Preßvergehen handelt. Preßvergehen aber sind diejenigen strafbaren Handlungen, die durch Verbreitung von Druckschriften begangen werden, deren Inhalt (als Mißbrauch des Rechts der freien Meinungsäußerung) Strafbarkeit begründet. Der Strafverfolgung stellen sich aber aus dem Wesen der Presse (Anonymität; Zusammenwirken zahlreicher Personen: Verfasser, Herausgeber, Redakteur, Verleger, Drucker, Verbreiter) große Schwierigkeiten entgegen. Ihrer Überwindung dient § 20 Abs. 2, indem er den „**verantwortlichen Redakteur**", falls dessen strafrechtliche Haftung sich nicht schon nach Abs. 1 ergibt, als den vermutlichen Täter haften läßt, „wenn nicht durch besondere" (nicht etwa außergewöhnliche) „Umstände die Annahme seiner Täterschaft ausgeschlossen wird". Also eine widerlegliche Vermutung der „Täterschaft", zugleich aber auch eine Schuldvermutung, indem die Kenntnis des verantwortlichen Redakteurs von dem strafbaren Inhalt der von ihm redigierten Nummer vermutet, also sein Vorsatz (im psychologischen Sinne) angenommen wird[14]).

2. Auch die in einzelnen Nebengesetzen sich findenden Bestimmungen, die, von jedem Verschulden absehend, die Strafe als Ordnungsstrafe lediglich an das Vorliegen des objektiven Tatbestandes knüpfen[15]), gehören nicht zu den Ausnahmen. Denn von

---

klären. — Beispiele bieten außer den Zoll- und Steuergesetzen: Handelsgesetzbuch § 315; RinderpestG 1878 § 3 Abs. 2; ErwerbsgenossenschaftsG 1889 §§ 142, 144; FlaggenG 1899 § 23.

[14]) Näheres in den Darstellungen des Preßrechts von *v. Liszt, Häntzschel, Mannheim,* sowie in den Kommentaren von *Kitzinger, Conrad, Stenglein* Nebengesetze 5. Aufl. Bd. I 359ff., *Schwarze-Appelius-Wulffen*. Dort überall eingehende Mitteilungen über Literatur und Rechtsprechung. Auf eine genauere Behandlung der zum Teil sehr umstrittenen Fragen des Preßstrafrechts (Begriff des Preßvergehens, des verantwortlichen Redakteurs usw.) muß hier verzichtet werden. Der besondere Paragraph, der in den früheren Auflagen der Verschuldung bei Preßvergehen gewidmet war (§ 43), ist durch die obigen kurzen Ausführungen ersetzt, da er eine genauere Einführung in die Probleme des Strafrechts nicht zu geben vermochte.

[15]) Vgl. § 137 Abs. 1 VereinszollG 1869; § 114 BranntweinsteuerG 1909; § 46 ZuckersteuerG 1891; § 50 ZuwachssteuerG 1911. § 413 der RAbgO vom 13. Dezember 1919 schließt die Verhängung der Ordnungsstrafe aus, wenn festgestellt wird, daß Strafausschließungsgründe vorliegen oder die Zuwiderhand-

einer kriminellen Strafe ist bei diesen „Formaldelikten" keine Rede[16]).

3. Dagegen bilden **die durch den Erfolg qualifizierten Delikte** eine wichtige Ausnahme. Nach geltendem Recht tritt nämlich in einer Reihe von Fällen schwerere Strafe ein, wenn durch eine an sich schuldhafte Handlung ein unverschuldeter schwererer Erfolg herbeigeführt wurde. Die schwerere Strafe wird hier also verhängt, auch wenn in Beziehung auf den schwereren Erfolg weder Vorsatz noch Fahrlässigkeit des Täters gegeben war[17]). Daß dieser Überrest der alten Erfolghaftung weder dem heutigen Rechtsbewußtsein noch den Grundsätzen einer vernünftigen Kriminalpolitik entspricht, sollte keinem Zweifel unterliegen[18]).

§ 37. Die Zurechnungsfähigkeit.

Literatur. Vgl. die Literatur zu § 36. Ferner: *v. Lilienthal* VD Allg. T. **5** 1. *Derselbe* bei *Aschaffenburg* **5** 257. *Mittermaier* HdR VI 1052. — *Berner* Grundlinien der kriminalistischen Imputationslehre 1843. *v. Liszt* Z **17** 70 (Aufsätze **2** 214) und über die hier anknüpfende Polemik *v. Liszt* Z **18** 229. *Gretener* Die Zurechnungsfähigkeit als Gesetzgebungsfrage 1897; dazu *Zürcher* Schweizer. Z **11** 51, sowie *Gretener* Die Zurechnungsfähigkeit als Frage der Gesetzgebung. Eine Replik 1899. *Derselbe* Die Zurechnungsfähigkeit im VE 1910. *Oetker* GA **47** 321. *v. Bar* Gesetz **2** 1. *v. Hippel* Z **32** 99. *Mezger* Z **33** 159. *Derselbe* bei *Aschaffenburg* **14** 135. *Derselbe* Mitt. krim.-biol. Ges. II 22. *Derselbe* Zurechnungsfähigkeit (Festg. f. *Frank* I, 519) 1930. *Derselbe* Persönlichkeit und straf-

---

lung auf einem unabwendbaren Zufall beruht. Also nicht Feststellung der Schuld, um die Ordnungsstrafe verhängen, sondern Feststellung der Nicht-Schuld (unabwendbarer Zufall ist Pleonasmus), um von ihr absehen zu können. Vgl. auch § 43 des UmsatzsteuerG vom 24. Dezember 1919. — Übereinstimmend R **30** 363. Vgl. *Isaac* Z **21** 654.

[16]) Vgl. *v. Bar* Gesetz **2** 476. *Wolff* Strafe ohne Schuld in deutschen Abgabengesetzen. Gießener Diss. 1913.

[17]) StGB §§ 118, 178, 220, 221, 224, 226, 227, 229, 239, 251, 307, 312, 314—316, 321—324, 326—328, 340 u. a.; SprengstoffG 1884 § 5 Abs. 2; AnsteckungsstoffG 1876 § 5; RinderpestG 1878 § 4; LebensmittelG 1927 § 12; SklavenraubG 1895 § 1 Abs. 2. — *Thomsen* Über den Versuch der durch eine Folge qualifizierten Delikte 1895. Dazu *Finger* KVS **38** 415. *Cohn* Der schwere Erfolg als gesetzlicher Grund erhöhter Strafbarkeit (Strafr. Abh. Heft 112) 1910. *Radbruch* VD Allg. T. **2** 227. — Die im Text vertretene Ansicht ist gem. Meinung; vgl. *Löffler* 266. Für sie auch in feststehender Rechtsprechung R. Vgl. oben § 29 Note 10. Dagegen verlangen Fahrlässigkeit in Beziehung auf den Erfolg: *Binding* **1** 366 und Lehrb. **1** 19, 28, *Hälschner* **1** 326, **2** 28, 819. — Zu beachten ist in diesen Fällen die Möglichkeit einer Idealkonkurrenz mit Tötung und Körperverletzung; richtig *Frank* 16 Abschn. IV, dagegen *Löffler* 270. Über die Behandlung dieser Fälle vgl. unten § 44 Note 15.

[18]) Versuch einer Rechtfertigung bei *Finger* Der objektive Tatbestand als Strafzumessungsgrund 1888. Ferner *Kohler* bei *Klee* (Lit. zu § 44) und dieser selbst; *Liepmann* Einleitung 74, *v. Rohland* VD Allg. T. **1** 375. Dagegen bahnbrechend *H. Seuffert* Verhandlungen der IKV in Straßburg 1900 und Bremen 1902 (Mitteilungen **9** und **10**). Die Entwürfe lassen Straferhöhung nur eintreten, wenn der Täter den Eintritt des Erfolges voraussehen konnte. E 1927 und 1930 § 21.

rechtliche Zurechnung 1926. *Zaitzeff* Die strafrechtliche Zurechnungsfähigkeit bei Massenverbrechen 1912. *Loewer* Das Wesen des Massenverbrechens 1927. *Kipouridy* Das Verbrechen der Masse (Strafr. Abh. Heft 245) 1928. *Grünhut* Anselm v. Feuerbach und das Problem der strafrechtlichen Zurechnung (Hamburg. Schriften Heft 3) 1922. — Weitere Lit. unten § 38 Note 19. Über Trunkenheit und Trunksucht: *Heimberger, Kohlrausch* Z **32** 563, 645. *Kitzinger* Österreich. Z **1** 429. *Ruisinger* Die selbstverschuldete Trunkenheit (Strafr. Abh. Heft 263) 1929.

I. Die Möglichkeit, einem bestimmten Täter aus seinem Verhalten einen Schuldvorwurf zu machen, ihm sein Verhalten zur Schuld zuzurechnen, setzt voraus, daß er die allgemeine **Fähigkeit** hat, **die sozialen Anforderungen richtig zu erkennen und dieser Erkenntnis gemäß zu handeln** (oben § 36 III 3a). Für diese Fähigkeit hat sich der (sprachlich bedenkliche) Ausdruck „**Zurechnungsfähigkeit**" in Gesetzgebung und Wissenschaft eingebürgert[1]). Man kann sie kurz bezeichnen als die (allgemeine) **Fähigkeit zu sozialem Verhalten,** d. h. zu einer Zwecksetzung, die den Erfordernissen des staatlichen Zusammenlebens der Menschen entspricht. Nur soweit diese Fähigkeit zur Zeit der Tat vorhanden ist, kann antisoziales Verhalten zur Schuld zugerechnet werden. Wo dagegen die „soziale Anpassungsfähigkeit" fehlt, wo demgemäß mit einem pflichtgemäßen Ablauf des Motivationsprozesses überhaupt nicht gerechnet, normgemäßes Handeln nicht erwartet werden kann, da hat es keinen Sinn, die Frage nach dem Verschulden des Handelnden aufzuwerfen; da wird es überdies keinen Sinn mehr haben, durch die in Strafdrohung und Strafvollzug enthaltene Motivsetzung motivieren zu wollen[2]).

Das Gesagte zeigt: Genau wie die Schuld (oben § 36), deren **Voraussetzung**[3]) die Zurechnungsfähigkeit ist, ist diese selbst ein

[1]) Auf die sprachliche Ungenauigkeit des Wortes „Zurechnungsfähigkeit" weist auch *Hafter* 101 hin. *Mayer* 205 zieht daraus die eigenartige Konsequenz, daß die Zurechnungsfähigkeit uns interessiere „als Voraussetzung der Zurechnung, die eine richterliche Handlung ist". Danach müßte es sich bei ihr um eine Eigenschaft des Richters handeln! Diesen Gedanken führt *Mayer* aber natürlich selbst nicht durch. Vgl. dazu jetzt namentlich *Mezger* Persönlichkeit usw. 19, aber auch *Erik Wolf* (Lit. zu § 36) 138, 139. — Im übrigen ist die im Text gegebene Begriffsbestimmung heute wohl die herrschende. Vgl. *Mayer* 204, *Allfeld* 150, *Gerland* 76, *Hafter* 102, *v. Hippel* II 289, *Wachenfeld* 136, *Mezger* a. a. O. 22 u. a. m.

[2]) Verfehlt ist es, die Zurechnungsfähigkeit überhaupt als Straffähigkeit aufzufassen. Zu dieser Auffassung neigte *Feuerbach*. Vgl. sein Lehrbuch[14] § 85 und dazu *Grünhut* 110, *Mezger* Persönlichkeit usw. 21, *v. Hippel* II 295, *Mittermaier* HdR VI 1053. *v. Liszt* Aufs. **2** 45 sprach ebenfalls von einer „Empfänglichkeit für die durch die Strafe bezweckte Motivsetzung", hat aber die Bedeutung der Z. als Schuldvoraussetzung nie verkannt und im Lehrbuch stets systematisch durchgeführt. *Radbruch* Z **24** 338ff. hat dagegen die hier zurückgewiesene Auffassung mit allem Scharfsinn zu begründen versucht. Vgl. dagegen jetzt namentlich *Mezger* 268 u. Persönl. 22, *Grünhut* 112, *v. Hippel* II 274, 295.

[3]) So heute die meisten. Bei *Frank* 4. Abschn. II 1 (vgl. schon denselben Aufbau 8) ist dagegen die Zurechnungsfähigkeit „Bestandteil der Schuld" oder

Beziehungsbegriff, in dem ein psychologisches (Seins-) Element mit einem normativen (Sollens-) Element verschlungen ist[4]).

Die Norm, auf welche die in der Zurechnungsfähigkeit steckende psychische (intellektuelle und emotionale) „Fähigkeit" bezogen werden muß, ist die soziale Sollensnorm[5]). Die Anforderungen des sozialen Lebens, nicht die Paragraphen der Gesetze, muß der Mensch mit seinem Denken erfassen, durch sie muß er sich motivieren lassen „können". Psychologisch aber bedeutet dieses „Können", daß die Psyche des Täters über den zur sozialen Vollwertigkeit erforderlichen Reichtum an Vorstellungen verfügt, daß die Verknüpfung der Vorstellungen in normaler Weise und mit normaler Geschwindigkeit erfolgt, daß die Gefühlsbetonung der Vorstellungen und damit die motivierende Kraft der allgemeinen, rechtlichen, sittlichen, religiösen usw. Normen dem Durchschnittsmaß entspricht, daß Richtung und Stärke der Willensimpulse nichts wesentlich Abnormes bieten. Denn da wir nur aus unserem Bewußtsein auf das der anderen Menschen

---

Schuldelement und steckt hier in dem, was er „Freiheit" oder „Tatherrschaft" nennt. Aber diese höchst komplexen Begriffe bedürfen der Auflösung. Dann schält sich aus ihnen eine (allgemeine) Fähigkeit, sich nach sozialen Normen zu richten, heraus. Wie sollte auch ohne sie im Einzelfall ein pflichtgemäßer Motivationsprozeß zu erwarten sein? *Mezger* 268/69, *v. Hippel* II 277 bezeichnen ohne sachlichen Gegensatz zum Text die Zurechnungsfähigkeit ebenfalls als „Schuldelement". Vgl. *Mittermaier* HdR VI 1052. — Auch sonst wird die Zurechnungsfähigkeit im System der allgemeinen Verbrechenslehre mitunter anders untergebracht als im Text. *Kohlrausch* Schweizer. Z **34** 157 bezeichnet sie (vom Standpunkte seiner subjektivistischen Rechtswidrigkeitslehre aus ganz konsequent: vgl. oben § 31 Note 3) als den „Personalbegriff, der den Kreis der tauglichen Normempfänger umgrenzt". Die Zurechnungsfähigkeit ist ihm mithin Voraussetzung auch dafür, daß eine Handlung als rechtswidrig zu bezeichnen ist. Die Tat des Zurechnungsunfähigen ist „rechtlich wie ethisch indifferent". Von dieser Auffassung aus gesehen, gehört natürlich die Zurechnungsfähigkeit an den Anfang des ganzen Verbrechensbegriffs überhaupt. Oben § 31 ist diese Auffassung als einseitig zurückgewiesen. — Häufig wird die Zurechnungsfähigkeit als „strafrechtliche Handlungsfähigkeit" bezeichnet. So R **21** 14, **40** 24; *v. Hippel* II 289; *Wachenfeld* 135; *Allfeld* 147. Die beiden letzteren behandeln denn auch die Zurechnungsfähigkeit vor ihrem Abschnitt über die Schuld im allgemeinen. Das ist wenig glücklich. Richtig *Beling* Grdz. 19. Der Begriff „strafr. Handlungsfähigkeit" hat nur dann Bedeutung, wenn man wie *Kohlrausch* auch die Rechtswidrigkeit von der Zurechnungsfähigkeit abhängig macht, diese also an den Anfang der Verbrechenslehre überhaupt stellt. *Allfeld*, *v. Hippel* und *Wachenfeld* lehnen etwas Derartiges aber offensichtlich ab. *Sauer* Grundlagen 630 glaubt, daß die Auffassung der Zurechnungsfähigkeit, wie sie oben im Text vorgetragen ist, eine Unterscheidung des Geisteskranken und des Gewohnheitsverbrechers unmöglich mache, da letzterer „nicht durch Motive normal bestimmbar" sei. Daß das für die Gewohnheitsverbrecher schlechthin zuträfe, ist zu bestreiten. Soweit aber der einzelne Gewohnheitsverbrecher überhaupt nicht mehr die Fähigkeit hat, sich durch soziale Anforderungen motivieren zu lassen, ist nicht einzusehen, warum man ihn nicht als zurechnungsunfähig behandeln soll. Treffend *Mittermaier* HdR VI 1054. Möge der Staat die nötigen Konsequenzen daraus ziehen.

[4]) Vgl. *Mezger* Persönlichkeit 21.

[5]) Vgl. dazu oben § 36 Note 6 und *Mezger* Persönlichkeit 22 Note 4.

schließen, nur aus unserer Reaktionsweise die der übrigen vorher berechnen können, ist die Ähnlichkeit des anderen mit uns, seine Übereinstimmung mit dem aus unserer Erfahrung abstrahierten Typus, Voraussetzung der Zurechnung. In diesem Sinne kann die Zurechnungsfähigkeit bestimmt werden als **normale Determinierbarkeit**[6]). Zurechnungsfähig ist mithin jeder geistig reife und geistig gesunde Mensch bei ungetrübtem Bewußtsein[7]). Normaler Inhalt und normalmotivierende Kraft der Vorstellungen in bezug auf die Anforderungen des sozialen Lebens machen das Wesen der Zurechnungsfähigkeit aus. Mit der Hypothese der Willensfreiheit (oben § 5 II 1) hat der Begriff nichts zu tun.

II. Der Gesetzgeber hat seine Aufgabe in bezug auf die Zurechnungsfähigkeit bisher nicht darin erblickt, ihr Wesen positiv zu bestimmen. Vielmehr hat er sich darauf beschränkt, negativ anzugeben, wann seiner Ansicht nach die Zurechnungsfähigkeit ausgeschlossen sein soll. In dieser Weise verfahren sowohl das geltende Recht wie auch die StGEntwürfe. Doch kann aus der negativen Fassung des Gesetzes auf den positiven Begriff der Zurechnungsfähigkeit geschlossen werden. Dieser setzt sich nach den Entwürfen (vgl. E 1927/1930 § 13 Abs. 1) aus den beiden Elementen zusammen: der Fähigkeit, das Unrichtige (Ungesetzliche, Unerlaubte, Unrechtmäßige) der Tat einzusehen, und der Fähigkeit, dieser Einsicht gemäß zu handeln. Im geltenden Recht wird der gleiche Gedanke durch die §§ 51, 58 StGB nur unsicher und undeutlich, durch § 3 JugGG dagegen mit aller nur wünschenswerten Klarheit zum Ausdruck gebracht. Die oben entwickelte psychologisch-normative Auffassung von der Zurechnungsfähigkeit findet daher im positiven Recht ihre sichere Stütze.

III. Zu beachten ist, daß die geistige Reife auf den verschiedenen Gebieten des rechtlich gleichgültigen Handelns nicht mit demselben Augenblick eintritt, sondern hier längere, dort kürzere Entwicklung vorangehen muß, daß also auch die Zurechnungsfähigkeit auf den verschiedenen Rechtsgebieten (öffentliches Recht, bürgerliches Recht, Strafrecht) und deren Untergebieten (Familienrecht, Erbrecht, Forderungsrecht) nicht notwendig mit derselben Lebensstufe erworben wird. Sie wird auch auf dem Gebiete des Strafrechts bei demselben Menschen in demselben Augenblicke bald als vorhanden, bald als fehlend angenommen werden müssen, je nachdem diese oder jene Gruppe von strafbaren Handlungen in Frage steht (man denke an Tötung einerseits, Staatsverbrechen andererseits). Mit dem Problem der sog. „partiellen Zurechnungsfähigkeit"[8]), das lediglich im Hinblick auf bestimmte geistige Störungen krankhafter Art aufgetaucht ist, hat diese Feststellung nichts zu tun.

---

[6]) *Mayer* 204 (und früher auch *Frank*) fragt: „was heißt normal?" Antwort gibt der Text. Vgl. auch RMilG **18** 49.

[7]) Ebenso *Mezger* Persönl. 6.

[8]) Vgl. dazu insbesondere *Mezger* Persönlichkeit 27ff., Lehrb. 292, Festg. f. *Frank* I 523, *Frank* § 51 IV (beide mit weiteren Literaturnachweisen).

IV. Die Zurechnungsfähigkeit muß bei Begehung der Tat vorhanden gewesen sein. Später eintretende Zurechnungsunfähigkeit kann nur prozessuale Folgen nach sich ziehen. Maßgebend ist dabei jener Augenblick, in dem die Willensbetätigung stattgefunden hat; gleichgültig der Geisteszustand des Täters in dem Augenblicke, in dem der Erfolg eintritt[9]).

Wir haben nur diese allgemeine Regel folgerichtig zur Anwendung zu bringen, um die berühmte Schulstreitfrage nach der Beurteilung der sog. **actiones liberae in causa** (seu ad libertatem relatae) zu entscheiden. Sie liegen vor, wenn im Zustande der Zurechnungsunfähigkeit durch Tun oder Unterlassen ein rechtswidriger Erfolg herbeigeführt, dieses Verhalten aber veranlaßt wurde durch eine im Zustande der Zurechnungsfähigkeit begangene vorsätzliche oder fahrlässige Handlung (Tun oder Unterlassung). Beispiele: Der Eisenbahnwärter betrinkt sich in der Absicht, beim Herannahen des Eilzuges die Weichen nicht zu stellen; die Mutter, die wissen sollte, daß sie im Schlafe sich unruhig hinundherwirft, hat fahrlässigerweise ihr Kind zu sich ins Bett genommen und erdrückt. Insbesondere, aber nicht ausschließlich, sind es Unterlassungen, die in dieser Gestalt begangen werden können; seltener fahrlässige Begehungsverbrechen; am seltensten und zweifelhaftesten dürften die Fälle sein, in denen vorsätzliche Begehung als actio libera in causa erscheint. Aber unmöglich ist das auch nicht; so gut wir den Wahnsinnigen oder Trunkenen als Mittel für unsere Zwecke benutzen können, weil bei ihm die Bestimmbarkeit durch Vorstellungen zwar regelwidrig, aber nicht ausgeschlossen ist, ebensogut können wir uns selbst im Zustande geistiger Gestörtheit oder Trunkenheit zur Ausführung vorgefaßter Pläne benutzen. Wenn Kausalzusammenhang und Schuld in bezug auf den Erfolg im Einzelfalle gegeben ist, bietet die juristische Beurteilung keine weitere Schwierigkeit. Im entscheidenden Augenblicke (und das ist nicht der Eintritt des Erfolges, sondern der Anstoß zum Abrollen der Kausalkette) war Zurechnungsfähigkeit vorhanden. Im nüchternen Zustand hat der Wärter, wachend hat die Mutter die Ursache zu dem eingetretenen Erfolge gesetzt. Die Handlung ist in diesem Augenblicke begangen und daher dem Täter zuzurechnen. Und zwar liegt in allen Fällen ein Tun vor, und kein Unterlassen; ganz so, wie wenn ein Fremder den Wärter trunken macht, so daß dieser die Weichen zu stellen unterläßt[10]).

---

[9]) Die Zurechnungsfähigkeit muß, als Schuldvoraussetzung, wie alle rechtlich erheblichen Umstände von Amts wegen festgestellt, ihr Mangel braucht nicht vom Angeklagten bewiesen zu werden. Ausdrücklicher Feststellung im Urteile bedarf es nur (StPO § 267), wenn ihr Vorhandensein im Laufe der Verhandlung bestritten wird. Eine Ausnahme von dieser Regel tritt ein, wenn es sich um einen jugendlichen oder taubstummen Täter handelt: hier muß in allen Fällen ausdrücklich festgestellt werden, ob der Täter die zur Erkenntnis der Strafbarkeit der begangenen Tat erforderliche Einsicht besessen habe (StGB § 58), bei Jugendlichen überdies, ob er auch die Fähigkeit gehabt habe, dieser Einsicht gemäß zu handeln (§ 3 JugGG). Beim Jugendlichen hat sich gemäß § 32 Abs. 1 JugGG bereits der Staatsanwalt im vorbereitenden Verfahren diese Frage vorzulegen. Aber auch dem Taubstummen gegenüber muß dem Staatsanwalt das Recht zustehen, bei der Entscheidung über die Erhebung der Klage die Prüfung des Unterscheidungsvermögens vorzunehmen und bei negativem Ausfall dieser Prüfung das Verfahren einzustellen. Beim Jugendlichen muß der Jugendrichter der Einstellung zustimmen (§ 32 JugGG).

[10]) Vgl. *Katzenstein* Die Straflosigkeit der actio libera in causa 1901 (Berliner Seminarabhdlgn. I 1). — Die Frage hat schon das gemeine Recht seit

§ 38. Die Fälle der Zurechnungsunfähigkeit.

Literatur: Vgl. die zu § 37 bezeichneten Schriften, namentlich *Grünhut* und *Mezger*.

Über **verminderte Zurechnungsfähigkeit** vgl. die Literaturangaben in Note 19 dieses Paragraphen.

Ferner zu **B I** (**Kinder, Jugendliche**): Allgemeine Darstellungen: *v. Hippel* I 552f., 559ff. *Wegner* Jugendrecht 1929. *Hartung* Die strafrechtl. Behandlung der Jugendlichen und Minderjährigen (Festg. f. *Frank* I 539) 1930. Jahrbuch des Jugendrechts, herausg. von *Webler* (seit 1930). Schriftenreihe der Vereinigung für Jugendgerichte und Jugendgerichtshilfen (seit 1918). *Badstübner* Jugendstrafrecht und Wohlfahrtsverwaltung 1920 (dazu *Feisenberger* Z **41** 641). *Hoffmann* Psychologie der straffälligen Jugend 1919. *Eduard Spranger* Psychologie des Jugendalters 5. Aufl. 1925. *Steuk* Das Erziehungsideal in der Jugendfürsorge 1928. *Nohl* Jugendwohlfahrt 1927. — Verhandlungen des deutschen Jugendgerichtstages 1909, 1910, 1912, 1917, 1920, 1924, 1927. Bericht über die 3. Tagung über Psychopathenfürsorge von 1924 (1925). Verhandlungen der deutschen Landesgruppe der IKV 1893 (Z **13** 741), 1920 (MittIKV **22** 26). — *Foltin* Prager Juristische Zeitschrift 1930 Heft 19 (betr. tschech.-slow. Entw., aber auch von allgemeiner Bedeutung).

Ältere Werke: *Appelius* Die Behandlung jugendlicher Verbrecher und verwahrloster Kinder 1892. *v. Liszt* Aufsätze **1** 426, 537, **2** 331. *Oetker* GS **73** 385. *Mittermaier* Die Behandlung jugendlicher Übeltäter im Strafgesetz 1902. *Löffler* Die strafrechtl. Behandl. Jugendlicher 1908. *Lenz* Jugendstrafrecht 1907. *Gruhle* Die Ursachen der Jugendlichen-Verwahrl. und Kriminalität 1912. *Freudenthal* MittIKV **18** 425. *Wulffen* Das Kind. Sein Wesen und seine Entartung 1913. *Struve* Die strafrechtl. Behandl. der Jugendl. in England 1914. *v. Lilienthal* VD Allg. T. **5** 103.

Zum Entwurf eines Reichsgesetzes betr. Strafverfahren gegen Jugendliche von 1912: Z **34** 119, **35** 129. Ausführlicher Bericht der Reichstagskommission (*v. Liszt*). *Oetker* GS **80** 1. *v. Liszt* Festg. f. *Riesser* 1913. *Kohlrausch* Z **35** 134. *Nagler* LZ **8** 3. *v. Lilienthal* Z **36** 1.

Zum Entwurf eines JugGG von 1920: *v. Lilienthal* DStZ **7** 88. *Friedeberg* DJZ **25** 192. *Ebermayer* LZ **14** 361. *Oetker* „Recht" **24** 177. *Freudenthal* Z **41** 667.

Zum **JugGG von 1923**: Außer den oben genannten allgemeinen Darstellungen insbesondere: Die Kommentare zum JugGG von *Francke* (2. Aufl. 1926), *Hellwig* (1923; Verlag Stilke), *Kiesow* (1923; Verlag Bensheimer). *Gerland* Die materiellrechtlichen Bestimmungen des JugGG (Jenenser Festschr. f. *Rosenthal*) 1923. *Bumke* HdR III 382. *Dörr* Z **44** 216. *Klemm* Die materiellen Vorschriften des deutschen JugGG verglichen mit denjenigen des österreich. JugGG. Marburger Diss. 1931.

Bartolus vielfach beschäftigt. Ganz regelmäßig wird, weil dolus nicht ausgeschlossen sei, Strafbarkeit angenommen; vgl. z. B. *Engau* § 41. Die Dissertation von *Thomasius* De jure circa somnum et somnia 1686 ging in genauere Kasuistik ein. Schon Preußen 1620 droht, wie *Damhouder*, dem tötenden Schlafwandler willkürliche Strafe, wenn er die Gefährlichkeit seines Zustandes kannte. Die deutschen LandesStGBücher, seit ALR, strafen ebenfalls. Dagegen wird seit den vierziger Jahren *Savignys* Ansicht von der Straflosigkeit der actio libera in causa in Sachsen, Bayern, besonders aber Preußen (feststehende Rechtsprechung des OT) zur herrschenden, bis sie, etwa seit 1871, wieder von einer entgegengesetzten communis opinio verdrängt wird. Wie der Text nämlich heute die meisten Autoren: Vgl. *Allfeld* 156, *Gerland* 83, *Köhler* 239, *Frank* § 51 V, *v. Hippel* II 296 Note 2, *Mezger* 281, *Wachenfeld* 142, *Hafter* 104. Auch die Praxis teilt diese Ansicht: R **22** 413, **60** 29, RMilG **17** 156. Dagegen, aber nicht überzeugend, *Katzenstein*. Bedenklich BGB § 827, das immer nur für Fahrlässigkeit verantwortlich macht, aber für die strafrechtliche Beurteilung nicht maßgebend ist. Dazu *v. Liszt* Deliktsobligationen 49.

Über Erziehungsmaßnahmen des JugGG unten § 64, über Strafvollzug an Jugendlichen unten § 60.

Zu **B I 2 (Taubstumme)**: *Hoffmann* Der Taubstumme im französischen und im deutschen Recht 1914.

Zu **B II und III (Fehlende geistige Gesundheit, Bewußtlosigkeit)**: *Aschaffenburg* VD Allg. T. **1** 79. *Oppler* GS **70** 387. *Mayer* bei *Aschaffenburg* **9** 593. *Alexander* Das verbrecherische Verhalten der Geisteskranken (Hamb. Schr. Nr. 9) 1926. *Gruhle* HdR II 634. Ferner die oben § 15 VIII 2 mitgeteilten psychiatrischen Werke.

A. Allgemeines.

I. **Zurechnungsunfähigkeit** liegt vor, wenn dem Täter die allgemeine Fähigkeit fehlt, die sozialen Anforderungen in bezug auf sein Verhalten richtig zu erkennen oder dieser Erkenntnis gemäß zu handeln[1]). Aus welchem Grunde das eine oder das andere der Fall ist, spielt grundsätzlich keine Rolle. Und stets hat der Mangel nach der einen oder anderen Richtung die gleiche **juristische Bedeutung**: Mit dem Fehlen der Zurechnungsfähigkeit entfällt die Schuld und damit zugleich der verbrecherische Charakter der Tat. Die Zurechnungsfähigkeit ist Schuldvoraussetzung, **die Zurechnungsunfähigkeit** demgemäß **Schuldausschließungsgrund** (oben § 26 III). Ebendarum ist auch, solange das Gesetz nicht ausdrücklich eine andere Anordnung trifft, strafbare Teilnahme dritter Personen an der von einem Zurechnungsunfähigen gesetzten Rechtsverletzung unmöglich. Eine bedeutsame Ausnahme von diesem aus der akzessorischen Natur der Teilnahme (unten § 47 I) folgenden Satze macht § 4 JugGG[2]) bezüglich der unten zu B I bezeichneten Fälle der Zurechnungsunfähigkeit. Im übrigen aber können dritte Personen als (mittelbare) Selbsttäter zur Verantwortung gezogen werden.

II. Der Gesetzgeber hat die wichtigsten und häufigsten Fälle der Zurechnungsunfähigkeit unter Hervorhebung ihrer hervorstechendsten Merkmale gesetzlich ausgestaltet. Diese Fälle werden unter B dargestellt. Es ist aber zu betonen, daß mit diesen

---

[1]) *Gerland* hat wiederholt mit Recht betont, daß im zukünftigen Strafrecht dieser Satz ausdrücklich festgelegt werden solle, damit feststeht, daß in der damit bezeichneten psychischen Situation stets die Schuld entfällt ohne Rücksicht darauf, auf welchem Grunde die Unfähigkeit beruht. Vgl. *Gerland* Kritische Bemerkungen z. Allg. Teil des E 1919 (1921) 10; *Derselbe* Der Entwurf 1925, Allg. Teil (1925) 32. Ebenso auch *Mezger* Persönlichkeit usw. 9. Die deutschen Entwürfe haben sich aber zu dieser „psychologischen Methode" nicht verstanden, sondern verwenden, wie das geltende Recht, die „gemischte (biologisch-psychologische) Methode"; vgl. jetzt E 1927 (1930) § 13 Abs. 1. *Alsberg* Reform (1926) 69 gibt zwar richtig zu, daß mit der gemischten Methode „die Möglichkeit der Unvollständigkeit verknüpft ist", zieht sie aber dennoch „für die Praxis" der psychologischen Methode vor.

[2]) Vgl. dazu *Gerland* in der Festschrift f. *Rosenthal* (1923) 17ff. und im übrigen unten in der Lehre von der Teilnahme.

gesetzlichen Typen von Fällen ausgeschlossener Zurechnungsfähigkeit der Kreis aller möglichen Fälle dieser Art keineswegs ausgefüllt ist. Es muß vielmehr der Satz anerkannt werden, der oben zu I an die Spitze gestellt ist, daß Zurechnungsunfähigkeit und somit Schuldlosigkeit stets beim Fehlen der dort bezeichneten Fähigkeit vorliegt, ohne daß es dabei irgendwie auf die konkrete Ursache des Fehlens jener Fähigkeit ankäme. Von einem Angehörigen eines wilden Volksstammes, der etwa als Objekt irgendeiner „Völkerschau" nach Deutschland gekommen ist, kann nicht erwartet werden, daß sein Handeln auf Motivationsprozessen beruht, in denen die im deutschen Recht zusammengefaßten sozialen Pflichten eine richtungweisende Rolle spielen; ihm fehlt die Zurechnungsfähigkeit im Sinne des deutschen Rechts, obwohl von einer Entwicklungshemmung oder geistigen Störung im Sinne der unter B zu erörternden Gründe der Zurechnungsunfähigkeit keine Rede zu sein braucht. Der Staat mag sich dagegen schützen, daß ein solcher Wilder hier Gastrollen gibt; vorwerfen kann er ihm seine an ganz andersartigen Normanschauungen und sozialen Pflichtvorstellungen orientierten Handlungen nicht. Manche wollen in solchen Fällen § 58 oder eine der anderen gesetzlichen Zurechnungsunfähigkeitsbestimmungen analog anwenden. Aber das ist nicht nötig und im Hinblick auf die Unbeholfenheit des § 58 bedenklich. Vielmehr ist hier unmittelbar auf den Grundgedanken der Schuld im strafrechtlichen Sinne zurückzugreifen, wie er sich oben für die Lehre von der Zurechnungsfähigkeit als maßgebend erwiesen hat[3]).

B. Die gesetzlich behandelten Fälle der Zurechnungsunfähigkeit.

I. **Fehlende geistige (intellektuelle und moralische) Reife.**

1. Die Fähigkeit zu sozialem Verhalten wird vom einzelnen Menschen in einem langsamen geistig-sittlichen Entwicklungsprozeß

---

[3]) Die Frage ist bestritten. In früheren Auflagen dieses Lehrbuchs war die analoge Anwendung des § 58 in den im Text genannten Fällen ebenfalls stets abgelehnt, die Möglichkeit einer Freisprechung wegen mangelnder Zurechnungsfähigkeit aber nur bei Anwendbarkeit des § 51 StGB zugegeben worden. Aber § 51 umfaßt nur die Fälle „krankhafter", d. h. „organisch bedingter" (so *Frank* im Anschluß an *Mezger*) Störungen der Geistestätigkeit (die Fälle der Bewußtlosigkeit scheiden hier naturgemäß aus) und wird daher den hier zur Rede stehenden Fällen nicht gerecht. Wie der Text namentlich *Gerland* 82, *Mayer* 227/28, der Sache nach auch *Finger* I 219. Für analoge Anwendung des § 58 *Allfeld* 154, *Frank* § 58 II (mit unrichtiger Wiedergabe des Textes). *v. Bar* lehnt analoge Anwendung ab, anerkennt aber im Gegensatz zum Text keine Zurechnungsfähigkeit außerhalb der durch das Gesetz beschriebenen Fälle; hier helfe nur die Gnade. Ebenso hinsichtlich des § 51 und des § 58 *Mezger* 299, der in den streitigen Fällen des Textes mit § 59 und etwaigen besonderen Schuldausschließungsgründen helfen will. Gegen den Text auch *v. Hippel* II 295.

erworben; sie ist, je nach der psychophysischen Konstitution, bei dem einen früher, beim anderen später vorhanden; beim Kinde wird sie in früheren Altersstufen regelmäßig nicht vorhanden sein; dem Erwachsenen dagegen wird sie regelmäßig eignen. Es wäre denkbar, daß der Gesetzgeber dem Richter in jedem Einzelfall die Feststellung der Zurechnungsfähigkeit zumutet; zweckmäßigerweise aber hat er das im Hinblick auf die großen damit verbundenen Beweis- und Feststellungsschwierigkeiten nicht getan, vielmehr unter Ausnutzung der wissenschaftlichen Erfahrungen über die geistige Entwicklung des Menschen eine doppelte Altersgrenze gezogen:

a) **Kindheit**: bis zum vollendeten 14. Jahre (§ 2 JugGG)[4]. Hier stellt das Gesetz eine unwiderlegliche Vermutung für die Zurechnungsunfähigkeit auf[5]. Der Richter ist daher, jeden-

---

[4]) Der durch das JugGG beseitigte § 56 StGB setzte das vollendete 12. Lebensjahr als obere Stufe der absoluten Strafunmündigkeit fest. Dagegen wurde mit Recht seit langem angekämpft. Der VE §§ 68—70 hatte denn auch bereits die maßgebende Altersgrenze auf das 14. Lebensjahr erhöht. Dabei ist es in den weiteren Entwürfen (vgl. jetzt E 1927 (1930) §§ 15 Abs. 1, 9 Ziff. 1) geblieben. Das JugGG tat den entscheidenden gesetzgeberischen Schritt. Vgl. oben § 4 III 3. Übrigens hat es nicht an Stimmen gefehlt, die eine noch weitere Erhöhung der Altersgrenze (bis zum 16. oder gar 18. Jahre) verlangten. Vgl. darüber die Verhandlungen des 5. deutschen Jugendgerichtstages in Jena 1920; *Hellwig* JugGG § 2 Note 1 (mit reicher Literatur); *Wegner* Jugendrecht 22ff., *Webler* Wider das Jugendgericht 1929 (dazu *Wegner* Z **50** 328), *Hartung* Festg. f. *Frank* I 542ff. — Für die Berechnung des Alters ist BGB § 187 Abs. 2 maßgebend; so auch R **35** 37.

[5]) E 1927 (1930) § 15 Abs. 1 sagt jetzt ausdrücklich: „Als nicht zurechnungsfähig gilt das Kind." Art. 72 Ziff. 1 des EinfG E 1930 sieht eine dementsprechende Änderung des § 2 JugGG vor. Wie nötig eine solche ausdrückliche Bestimmung ist, ergibt sich daraus, daß R **57** 206 in einer ganz unverständlichen Anknüpfung an VE in der Vorschrift des § 2 JugGG einen persönlichen Strafausschließungsgrund erblickt. Aber anstatt an VE anzuknüpfen, hätte R zur Auslegung des § 2 JugGG den KE § 21 und E 1919 § 129 heranziehen sollen. Diese betonten, wie das auch im Hinblick auf die ganze Reformbewegung gegenüber dem Jugendstrafrecht gar nicht anders denkbar war, daß das Kind nicht schuldhaft handele, also zurechnungsunfähig sei. Es ist auch schlechterdings nicht einzusehen, warum nur ein persönlicher Strafausschließungsgrund gegeben sein soll. Mit einem solchen sucht man Umständen gerecht zu werden, die weder mit der sozialen Wertung der Tat noch mit derjenigen der Täterpersönlichkeit etwas zu tun haben. Hier aber handelt es sich um das Problem der intellektuellen und sittlichen Reifung des Menschen, wodurch die Beziehung zur Schuldfrage doch geradezu aufgedrängt wird. Auch wird diese Beziehung bezüglich des „Jugendlichen" in § 3 JugGG so deutlich ausgedrückt (vgl. dazu auch R **63** 48, **64** 353/54), daß hinsichtlich des Kindes trotz der farblosen Fassung des § 2 („ist nicht strafbar") kein Zweifel bestehen sollte, daß auch hier nur von der Zurechnungsunfähigkeit die Rede sein kann. Endlich würde, wenn R recht hätte, § 4 JugGG überflüssig sein. Ist nämlich die Strafunmündigkeit nur ein persönlicher Strafausschließungsgrund, so versteht es sich von selbst, daß derjenige, der das Kind vorsätzlich zur Tat bestimmt, Anstifter, und nicht mittelbarer Täter ist. § 4 würde also eine Selbstverständlichkeit sagen, was nicht anzunehmen ist. So spricht das JugGG doch

falls zum Zwecke der Feststellung strafrechtlicher Verantwortung, jeglichen Eingehens auf den intellektuellen und moralischen Entwicklungszustand enthoben; jede Untersuchung der allgemeinen Fähigkeit zu sozialem Verhalten ist überflüssig; jeglicher Schuldvorwurf ist von vornherein gesetzlich untersagt. Die Kindheit (absolute Strafunmündigkeit) stellt aber nicht nur eine (materiellrechtliche) Schuldlosigkeitspräsumtion, sondern zugleich auch ein prozeßrechtlich wirkendes absolutes Strafverfolgungsverbot dar[6]); jede prozeßrechtliche Maßnahme gegen das Kind ist unzulässig, da im Hinblick auf die materiellrechtliche Bedeutung des Kindesalters die Feststellung einer, verbrecherischen Charakter an sich tragenden Tat von vornherein unmöglich ist. Die Maßnahmen, die dem Kinde gegenüber wegen einer tatbestandsmäßig rechtswidrigen Handlung ergriffen werden können, haben daher lediglich vom Vormundschaftsrichter auszugehen. Vgl. RJugWohlfG vom 9. Juli 1922.

Für eine strafrechtliche Haftung der Aufsichtspersonen (ebenso dritter Personen) kommen StGB § 361 Ziff. 4 und 9 sowie § 4 JugGG in Betracht.

b) **Jugendliches Alter**: vom vollendeten 14. bis zum vollendeten 18. Lebensjahre (§§ 1, 3 JugGG)[7]). Bezüglich der „Jugendlichen" stellt das Gesetz nicht (wie bei den Kindern) eine starre Zurechnungsunfähigkeitsvermutung auf, vielmehr weist es den Richter nur an, in jedem Einzelfall die Frage der Zurechnungsfähigkeit besonders zu prüfen, ohne abzuwarten, ob Zweifel an der Zurechnungsfähigkeit geltend gemacht werden oder sich sonst irgendwie ergeben. Die Ausdrucksweise des § 3 JugGG weist mit einer jeden Zweifel ausschließenden Deutlichkeit darauf hin, daß es auch hier die Zu-

---

immerhin deutlich genug für die Auffassung des Textes. Vgl. dazu *Klemm* 27 (anfechtbar), namentlich aber die vorzüglichen Ausführungen von *Gerland* (Festschrift f. *Rosenthal*) 73ff. Gegen R auch *Frank* JugGG § 2 II, *Hellwig* § 2 Note 4, *v. Hippel* II 298, *Kiesow* § 2 Note 1 (mit richtiger Würdigung des § 4), *Klemm* 28, *Mezger* 284. Dagegen glaubt *Francke* Anm. zu § 4, sich dem R anschließen zu müssen, obwohl er mit Rücksicht auf § 3 selbst Bedenken hat. R **61** 265 hat die Frage offen gelassen. Vgl. insbes. auch unten § 48 Note 4.

[6]) Das wird von R **57** 206 mit Recht betont und steht im Vordergrunde dieser Entscheidung. Daher muß ein unzulässig eröffnetes Verfahren eingestellt werden; nicht darf es bis zu einer freisprechenden Sachentscheidung durchgeführt werden. Unrichtig *Kiesow* § 2 Note 1; richtig *Hellwig* § 2 Note 5.

[7]) Zur Problematik der oberen Altersgrenze der Jugendlichen vgl. die oben Note 4 angegebene Literatur. Der EinfG-E 1930 Art. 72 Ziff. 3 schiebt zwischen der Stufe der beschränkten Strafmündigkeit der Jugendlichen und der Stufe der unbeschränkten Strafmündigkeit der Erwachsenen eine Zwischenstufe ein, die nach der Begründung 119 die der „Halberwachsenen" genannt wird. Vgl. dazu *Hartung* Festg. f. *Frank* I 553ff. mit ausgezeichneter Darstellung der Entwicklung dieses Problems. Gegen die Vorschläge in EinfG-E wenig überzeugend *Schultz* DJZ **36** 537, dafür *Messerer* DJZ **36** 136.

rechnungsfähigkeit des Jugendlichen ist, die den Gegenstand richterlicher Prüfung ausmachen soll[8]). Klar und deutlich wird die intellektuelle und emotionale Fähigkeit in ihrer Beziehung auf die soziale Sollens-Norm hervorgehoben, die psychologisch-normative Natur der Zurechnungsfähigkeit also anerkannt. Das Gesetz verlangt nicht, daß der Jugendliche das rechtliche Verbotensein der Handlung positiv erkennt[9]), sondern es verlangt nur, daß er bereits die allgemeine Fähigkeit besitze, durch richtige Anspannung seiner geistigen Kräfte zu der Einsicht in die Sozialschädlichkeit und damit zugleich in die Unerlaubtheit („Ungesetzlichkeit") seiner Handlung zu gelangen. Und es verlangt weiter, daß er bereits die allgemeine Fähigkeit habe, sich durch diese Einsicht unter Anspannung seiner moralischen Kräfte motivieren zu lassen[10]). Gerade in letzterer Beziehung geht § 3 JugGG über den aufgehobenen § 57 StGB hinaus, der einseitig auf das intellektuelle Einsichtsmoment abstellte und das emotionale Willensmoment gänzlich außer acht ließ[11]). Die erwähnte doppelte Fähigkeit muß im Hinblick gerade auf die konkrete begangene Tat vorhanden sein; sie kann daher bei idealer Konkurrenz für die eine Straftat gegeben sein, für die andere fehlen[12]); sie ist andererseits zu prüfen im Hinblick auf das Ganze der bisherigen geistigen oder sittlichen Entwicklung[13]). Trotz vorvorhandener (allgemeiner) Einsichts- und Willensfähigkeit kann die Zurechnungsfähigkeit aus einem anderen (akuten) Grunde, z. B. wegen Trunkenheit, ausgeschlossen sein.

α) Fehlt die Fähigkeit, so tritt Freisprechung ein (JugGG §§ 3, 5 Abs. 3). Eine Bestrafung des Jugendlichen kommt also nicht in Betracht, wohl aber kann das Gericht Erziehungsmaßregeln anordnen. Vgl. darüber unten § 64. Bezüglich dritter Personen gilt das oben zu a) Gesagte.

β) Wird die Zurechnungsfähigkeit festgestellt, so ist eine Bestrafung zwar nicht notwendig (§ 6 JugGG), aber möglich; in letzterem Falle findet eine Herabsetzung der regelmäßigen Strafrahmen statt (§ 9 JugGG; vgl. unten § 68).

---

[8]) Vgl. oben Note 5. Die dort behandelte Streitfrage greift hier in gleicher Weise Platz. Wichtig insbesondere *Gerland* (Festschr. f. *Rosenthal*) 76.

[9]) Inwieweit dies der Fall ist oder hätte sein sollen und können, gehört — die Zurechnungsfähigkeit vorausgesetzt — zu der Frage nach der Schuldart (Vorsatz oder Fahrlässigkeit). Vgl. *Frank* § 3 JugGG II 1.

[10]) Vgl. R **58** 100, wo richtig zwischen Verstandesreife und Willensreife unterschieden wird. Dazu *v. Hippel* Z **32** 130 (altes Recht), *Frank* § 3 JugGG II, *Gerland* 76, *Mezger* 284/85.

[11]) Über das Verhältnis des § 3 JugGG zum früheren Recht vgl. R **58** 99 und *Frank* § 3 JugGG II, III; ferner *Francke* § 3 I, *Mezger* 285 Note 6. Nach § 56 StGB war Einsichtsfähigkeit bezüglich der Strafbarkeit der Handlung (jetzt bezüglich der Ungesetzlichkeit!) notwendig; es wurde also eine weitergehende Einsichtsfähigkeit verlangt als heute.

[12]) Ebenso *Frank* § 3 JugGG III, *Hellwig* § 3 Note 4, R **47** 385.

[13]) *Gerland* 77.

2. Der Mangel der geistigen Reife kann ferner seinen Grund in einer **Entwicklungshemmung** haben. Als besonders wichtigen Fall hebt **§ 58 StGB die Taubstummheit** hervor, d. h. die auf fehlendem Gehör beruhende Stummheit.

Hier verlangt das Gesetz (in Übereinstimmung mit dem durch das JugGG aufgehobenen § 57 StGB, also fehlerhaft einseitig auf die intellektuelle Einsichtsfähigkeit abstellend), daß die zur Erkenntnis der Strafbarkeit der begangenen Tat erforderliche Einsicht in jedem einzelnen Falle geprüft und ausdrücklich festgestellt werde. Auch hier kann trotz vorhandener Einsicht die Zurechnungsfähigkeit durch StGB § 51 oder deswegen ausgeschlossen sein, weil der taubstumme Täter zwar die Einsichtsfähigkeit, nicht aber die Fähigkeit hat, sich durch die Einsicht in die Strafbarkeit richtig motivieren zu lassen. Bei Zurechnungsfähigkeit tritt eine Herabsetzung der Strafrahmen nicht ein, obwohl sie auch hier wohl meist angezeigt wäre.

3. Einen interessanten Fall einer Zurechnungsunfähigkeitsvermutung in bezug auf eine einzelne bestimmte strafbare Handlung bietet § 173 Abs. 4 StGB: Danach dürfen wegen Blutschande (unten § 111) nicht bestraft werden diejenigen Verwandten und Verschwägerten absteigender Linie, die das 18. Lebensjahr nicht vollendet haben. Die Straflosigkeit dieser Personen durch Annahme eines persönlichen Strafausschließungsgrundes (oben § 26 III) erklären zu wollen, ist unmöglich. Sie auf die Vermutung einer psychischen Zwangslage gründen zu wollen, erscheint zu eng. Richtiger dürfte es sein, dem Gesetzgeber die Ansicht zu unterstellen, daß von einer jugendlichen oder gar kindlichen Person (oben 1) grundsätzlich weder die Einsicht in das Unerlaubte solchen Verhaltens noch die Fähigkeit, sich in solchen Fällen der etwa vorhandenen Einsicht entsprechend motivieren zu können, erwartet werden darf. Alle in dieser Hinsicht bestehenden Feststellungsschwierigkeiten beseitigt der Gesetzgeber — genau wie in anderen Fällen der Schuldausschließung (oben 1a; unten § 42 III) — durch Aufstellung einer ganz allgemein Platz greifenden Vermutung der Zurechnungsunfähigkeit[14]).

---

[14]) Die Ansichten gehen weit auseinander: **1.** Einen persönlichen Strafausschließungsgrund nehmen an: *Binding* Lehrb. **1** 230; *Allfeld* 415 Note 9; *Gerland* 309; *Olshausen* § 173 5c; *Schwartz* § 173 Note 5; *Wachenfeld* 457. Ebenso auch *v. Liszt* in den früheren Auflagen dieses Lehrbuchs zu § 44 II. **2.** *Hegler* Z **36** 215 Note 110 nimmt einen Schuldausschließungsgrund von der unten § 42 besprochenen Art an; es handele sich um einen vom Gesetz vertypten Fall „psychischer Zwangslage". Ebenso jetzt *Frank* § 173 III, wohl auch *Mezger* 299/300 Note 31 („besonderer Schuldausschließungsgrund"). Da diese Autoren einen Schuldausschließungsgrund annehmen, so kommen sie dem Text am nächsten; auch ist von dem im Text vertretenen Standpunkt aus den von *Frank* gezogenen Folgerungen hinsichtlich der Teilnahme zuzustimmen.

II. **Bei fehlender geistiger Gesundheit.**

Auf Grund fachmännischer Gutachten erklärt § 51 StGB:

„Eine strafbare Handlung ist nicht vorhanden, wenn der Täter zur Zeit der Begehung der Handlung sich in einem Zustande von (Bewußtlosigkeit oder) krankhafter Störung der Geistestätigkeit befand, durch welchen seine freie Willensbestimmung ausgeschlossen war“[15]).

Der Ausdruck „Störung der Geistestätigkeit“[16]) umfaßt nicht nur die eigentlichen sog. Geisteskrankheiten (psychotische und neurotische Prozesse), sondern auch Entwicklungshemmungen (Blödsinn, Schwachsinn) und geistige Entartungszustände (Greisenschwäche), ferner körperliche Krankheiten im engeren Sinne, die mit geistigen Störungen verbunden sind (Fieberdelirien, Nervenkrankheiten), endlich vorübergehende krankhafte Störungen der geistigen Tätigkeit (Intoxikationszustände usw.). Immer aber muß es sich um eine „krankhafte“, d. h. eine „organisch bedingte“ (*Frank*) Störung handeln. Das Bestehen einer krankhaften Störung der Geistestätigkeit bedeutet aber allein für sich noch nicht, daß die Zurechnungsfähigkeit ausgeschlossen sei; vielmehr fragt es sich, ob und inwieweit die krankhafte Störung die Fähigkeit zu sozialem Verhalten beeinträchtigt. In diesem Sinne verlangt StGB § 51 einen solchen Zustand, durch den „die freie Willensbestimmung des Täters ausgeschlossen“ war. Diese bedeutet auch hier nicht mehr als die normale Bestimmbarkeit durch Vorstellungen, mit anderen Worten: die Fähigkeit, die sozialen Anforderungen richtig zu erkennen und dieser Erkenntnis gemäß zu handeln[17]).

---

3. Die Stellungnahme des R berührt sich nahe mit der *Heglers:* R **19** 391 erklärt, daß die noch nicht 18 Jahre alten Deszendenten „ohne eigenes strafrechtliches Verschulden“ handeln, daß sie „grundsätzlich nur als willenlose, unter dem Ansehen und der Gewalt der sie mißbrauchenden Aszendenten handelnde Werkzeuge oder Opfer der letzteren“ anzusehen seien. Unklar dann allerdings die weitere Darlegung, das Alter über 18 Jahre sei „positives Tatbestandsmerkmal“, „nicht aber das Lebensalter unter 18 Jahren ein persönlicher Schuld- oder Strafausschließungsgrund“. Ob *Ebermayer* Lpz. Komm. § 173 Note 5 dem R zustimmt, ist unklar.

[15]) Im wesentlichen übereinstimmend BGB § 827. Über die Verwahrung gemeingefährlicher Geisteskranker vgl. unten § 65.

[16]) Vgl. hierzu jetzt vor allem die Arbeiten von *Mezger*.

[17]) Ebenso die gem. Meinung, insbesondere R **64** 349 (353/54). In der Fassung des Gesetzes erblickt *Baumgarten* Aufbau 112 (wie schon *v. Birkmeyer*) eine Anerkennung der Willensfreiheit. Dagegen *v. Hippel* Z **32** 120, *Lobe* in Lpz. Komm. § 51 Note 2, *Mayer* 112, *Mezger* Persönlichkeit usw. 16. Sie ist in VE § 63 beibehalten, seit AE 1925 aber in Übereinstimmung mit den übrigen Entwürfen durch eine andere Fassung (vgl. den Text oben zu Note 1) ersetzt worden. Die schweizer. VE hatten zum Teil auf eine weitere Abgrenzung verzichtet und sich mit der Aufzählung der krankhaften Zustände begnügt („psychologische“ oder „medizinische“ Methode); der Schweizer RE schließt sich aber der herrschenden Auffassung wieder an („gemischte Me-

Ob durch die von sachverständiger Seite festgestellte geistige Störung die Zurechnungsfähigkeit ausgeschlossen wird oder nicht, hat der Richter nach eigener Prüfung und unter eigener Verantwortlichkeit zu entscheiden. Das ärztliche Gutachten, das sich auf den gesamten Wortlaut des § 51, mithin auch auf die „freie Willensbestimmung" zu erstrecken hat, bindet ihn nicht und deckt ihn nicht.

III. Aber auch das Seelenleben des geistig reifen und geistig gesunden Menschen unterliegt Schwankungen, die, wenn auch auf physiologischer Grundlage ruhend, doch die Zurechnungsfähigkeit ausschließen können und überdies in unmerklichen Übergängen auf das pathologische Gebiet hinüberführen. Das StGB bezeichnet sie in § 51 als Zustände von **„Bewußtlosigkeit"**. Genauer sagen wir, daß bei hochgradiger Trübung des Bewußtseins, infolge welcher die Verknüpfung der äußeren Vorgänge mit dem Selbstbewußtsein nur unvollkommen sich vollzieht, die regelmäßige Bestimmbarkeit durch Vorstellungen gestört, die Zurechnungsfähigkeit mithin ausgeschlossen wird. Hierher gehören Ohnmacht, Schlaf, Schlaftrunkenheit, hypnotische Suggestion, Trunkenheit[18]).

C. Im Zusammenhang mit den unter B II und III erörterten Zuständen erhebt sich die Frage nach ihrer juristischen Bedeutung, wenn durch sie die Fähigkeit zu sozialem Verhalten nicht ausgeschlossen, sondern nur mehr oder weniger stark beeinträchtigt ist. Man spricht dann von sog. **„verminderter Zurechnungsfähigkeit"**. Noch die neuesten Entwürfe (E 1927 und 1930 § 13 Abs. 2) stehen auf dem Standpunkt, daß alle zum Ausschluß der Zurechnungsfähigkeit führenden seelischen Zustände, wenn sie in abgeschwächtem Maße auftreten, die Zurechnungsfähigkeit mindern. Indessen hat die neuere Psychiatrie diese Auffassung bereits als unhaltbar insofern dargetan, als wirkliche Geisteskrankheiten, sog. „Prozesse", als „Äußerungen progredienter anatomischer Gehirnerkrankungen" (*Wilmanns* 23), selbst wenn sie erst im Entstehen sind und noch nicht in sinnfällig schweren Formen auftreten, stets Ausschluß der Zurechnungsfähigkeit bedeuten müssen. Diesen Geisteskrankheiten oder „Prozessen" aber stehen die Persönlichkeitsanomalien (krankhaften An-

---

thode"). KE, E 1919, AE 1925 und E 1927 (1930) § 13 haben auch die „Geistesschwäche" aufgenommen. Hiergegen aber mit beachtlichen Gründen *Mezger* Z **49** 173ff. Vgl. zu den Entwürfen oben Note 1.

[18]) Soweit diese nicht als krankhafte Störung der Geistestätigkeit aufgefaßt wird, was nicht nur bei „sinnloser Trunkenheit" in Frage kommt: R **64** 349 (353!). — Nach MilStGB § 49 bildet (wie bereits im gemeinen Recht) bei Straftaten gegen die Pflichten der militärischen Unterordnung sowie bei allen in Ausübung des Dienstes begangenen Straftaten die selbstverschuldete Trunkenheit keinen Strafmilderungsgrund. — Ganz verfehlt VE § 64, wonach, wenn der Grund der Bewußtlosigkeit selbstverschuldete Trunkenheit war, die für die fahrlässige Begehung der begangenen Tat angedrohte Strafe eintritt. Dazu Begr. 233. Die späteren Entwürfe haben die Bestimmung fallen lassen. — Über die Verwahrung Trunksüchtiger vgl. unten § 65. KE § 338, E 1919 § 274, AE 1925 § 335, E 1927 (1930) § 367 bestrafen das Sichversetzen in den Zustand der Trunkenheit als selbständiges Delikt. Vgl. dazu auch § 17 Abs. 2 Satz 2 des AE 1925, § 13 Abs. 2 Satz 2 des E 1930 (in E 1927 nicht enthalten). *Mamroth* Reform (1926) 374.

lagen, Variationen der Norm) gegenüber, die Psychopathien im weitesten Sinne. Hier muß es schon zu „schweren psychotischen Steigerungen und Reaktionen" kommen oder müssen schwere Dauerzustände, etwa der Idiotie oder Imbezillität, gegeben sein (*Wilmanns* 29), soll der völlige Mangel der sozialen Anpassungsfähigkeit, also Zurechnungsunfähigkeit angenommen werden. Hier ist demgemäß das eigentliche Gebiet der sog. „verminderten Zurechnungsfähigkeit". Das RStGB läßt sie unerwähnt. Die Praxis hilft sich mit Strafmilderung. E 1927 § 13 Abs. 2 sah mit Recht nur fakultative Strafmilderung vor; E 1930 § 13 Abs. 2 legalisiert dagegen die gegenwärtige Praxis, indem er Strafmilderung obligatorisch vorschreibt, freilich bessernde und sichernde Maßnahmen neben den Strafen zur Verfügung stellt. Es sollte nicht verkannt werden, daß vom Standpunkte der heute bereits herrschenden und von den Entwürfen übernommenen individualisierenden Strafauffassung gerade auch dem Psychopathen gegenüber im Falle einer „persönlichkeitsadäquaten" Tat (*Mezger*) eine intensive, freilich individualisierend ausgestaltete Strafbehandlung durchaus am Platze ist und Erfolg verspricht (*Wilmanns* 365). In diesem Sinne sollte auch heute schon die Strafzumessung, in deren Problematik allein beim Schweigen des geltenden RStGB die „verm. Zurechnungsf." gehört, zu der ganzen Frage Stellung nehmen[19]).

§ 39. Der Vorsatz.

Literatur. Außer den zu § 36 und § 40 angegebenen Schriften: *Lucas* Die subjektive Verschuldung 1883. *Binding* Normen **2**. *Derselbe* GS **87** 113. *Bünger* Z **6** 293. *Frank* Z **10** 169. *Klee* Zur Lehre vom strafrechtlichen Vorsatz (Strafr. Abh. Heft 10) 1897. *Derselbe* Der dolus indirectus als Grundform der vorsätzlichen Schuld (Heft 10 der Berliner juristischen Beiträge) 1906. *Thyrén* Abhandlungen (oben § 15 IV) **2**. *v. Hippel* Die Grenzen von Vorsatz und Fahrlässigkeit 1903. *Derselbe* VD Allg. T. **3** 373. *Derselbe* Z **51** 153. *v. Rohland* Willenstheorie und Vorstellungstheorie 1904. *v. Bar* Gesetz **2** 273. — *Hemmen* Über den Begriff, die Arten und den Beweis des dolus nach der strafrechtlichen Literatur von Feuerbach bis zum RStGB (Strafr. Abh. Heft 104) 1909. *Exner* Österreich. Z **2** 419. *Swoboda* Dolus indirectus 1916. *Großmann* Die

---

[19]) Über **verminderte Zurechnungsfähigkeit** jetzt bahnweisend: *Wilmanns* Die sog. vermind. Zurechnungsfähigkeit als zentrales Problem der Entwürfe zu einem deutschen StGB 1927. Vgl. dazu *Mezger* GS **96** 69, Z **49** 171, *Kahl* bei *Aschaffenburg* **22** 506, *Grünhut* Z **50** 299, *Aschaffenburg* Festg. f. RG Bd. V 242ff. (1929), *Koplow* Zum Begriff der vermind. Zurechnungsfähigkeit, Gießener Diss. 1931. Ferner: *Wilmanns* Z **44** 89. *Mezger* in seinen oben zu § 37 bezeichneten Schriften. Sehr wertvoll auch heute noch *Kahl* VD Allg. T. **1** 1. Vgl. ferner: *Stooß* DJZ **9** 665. *v. Liszt* Aufs. **2** 499. *Oetker* Mitteilungen **12** 58. 27. DJT **1** 137 (*Kahl*), **3** 136 (*Leppmann*). *Finger* GS **64** 257. *Gottschalk* Materialien zur Lehre von der vermind. Zurechnungsfähigkeit 1904. *Schurig* Die strafrechtl. Bedeutung der sog. vermind. Zurechnungsfähigkeit (Strafr. Abh. Heft 129) 1911. *Schultze* Psychiatrie und Strafrechtsreform 1922. *Derselbe* Arch. f. Psychiatrie **68** 568. *Göring* Z **42** 746. *Delaquis* Z **46** 98. *Birnbaum* Die psychopath. Verbrecher 2. Aufl. 1926. *Mittermaier* HdR VI 1056. *v. Overbeck* Schweizer. Z **40** 41. Wichtig auch die zu § 3, sowie dort in Anm. 2 unter 1 angegebene Literatur.

Über **gemeingefährliche Geisteskranke**: *Hurwicz* bei *Aschaffenburg* **9** 399. *Aschaffenburg* Die Sicherung der Gesellschaft gegen gemeingefährl. Geisteskranke 1912. *Derselbe* VD Allg. T. **1** 79. *Delaquis* Verhdlg. des Schweizer. Juristenvereins 1913. *Göring* Die Gemeingefährlichkeit usw. 1915. MittIKV **17, 18.**

Grenze von Vorsatz und Fahrlässigkeit (Hamburg. Schriften Heft 6) 1924. *Sauer* Z **51** 164. *Eichmann* Der Vorsatz bei normativen Tatbestandselementen (Strafr. Abh. Heft 255) 1929. — Über den eventuellen Vorsatz: *v. Liszt* Gutachten für den 24. D. Juristentag **1** 107 (Aufsätze **2** 251). *Raoul-Duval* Du dol éventuel 1900. *v. Bar* Gesetz **2** 322. *Liepmann* Die Reform des deutschen Strafrechts (Hamburg. Schriften Heft 2) 1921, 68ff. *Runck* Dolus eventualis (Würzburger Diss.) 1929. *Engisch* Untersuchungen über Vorsatz u. Fahrl. im Strafr. 1930. *Wegner* HdR VI 741.

I. Das Wesen des Vorsatzes läßt sich nicht erfassen, wenn man sich durch die Art täuschen läßt, in der der Sprachgebrauch des Lebens das Wort verwendet; diesem widerstreitet es nicht, wenn man „Vorsatz" rechtlich und ethisch indifferent, also ohne jede Wertbeziehung setzt. Man spricht etwa von „vorsätzlichem" Abreisen, „vorsätzlichem" Spazierengehen usw. Aber es leuchtet sofort ein, daß ein solcher Vorsatz-„Begriff", der guten wie bösen Handlungen gegenüber in gleicher Weise verwendbar ist, im Strafrecht keinen Wert hat. Der strafrechtliche Vorsatz ist rechtlich keineswegs indifferent; er wird in den Gesetzen seit jeher als Nachfolger des römischen dolus immer nur als eine besondere Art schuldhafter Tat- und Rechtsbeziehung verwendet; er muß daher von der Wissenschaft von vornherein als **Schuldart** ins Auge gefaßt und bestimmt werden[1]). In diesem Sinne sprechen wir von vorsätzlichem Handeln, wenn der Täter die tatbestandsmäßig rechtswidrige Handlung begeht, obwohl er die sie zu einer solchen machenden Tatumstände und ihre Sozialschädlichkeit voraussieht und obwohl ihm ein rechtmäßiges Verhalten an Stelle des rechtwidrigen zugemutet werden kann. Kürzer: **Vorsätzlich handelt, wer in Voraussehung der tatsächlichen und rechtlichen Tragweite seines Verhaltens pflichtwidrig handelt**[2]). Wir wollen versuchen, diesen Begriff in seinen Einzelheiten zu erklären.

II. Durch die Besonderheit des psychologischen Schuldelementes zeichnet sich der Vorsatz als Schuldart aus. **In psychologischer Beziehung aber ist zum Vorsatz erforderlich:**

---

[1]) Vgl. über den in dieser Beziehung bestehenden „Streit" oben § 36 Note 10.

[2]) Jede Vorsatzdefinition hat etwas Mißliches, da sie entweder zu eng anmutet (so daß der dolus eventualis nicht darunter zu passen scheint) oder zu weit ist (und so die bewußte Fahrlässigkeit mit umfaßt). Da aber jede Definition nur die kurze formelmäßige Zusammenfassung der im ganzen über Vorsatz und Fahrlässigkeit gemachten Ausführungen ist, so ist jedes in der Definition verwendete Wort als technischer Ausdruck zu betrachten und demgemäß nur in dem Sinn zu nehmen, wie er sich aus den sonstigen Ausführungen ergibt. So „bedeutet" der Ausdruck „voraussehen" in der im Text gegebenen Definition, daß der Täter den „Erfolg" sich als sicher vorgestellt hat, ferner aber auch den Fall, daß er ihn sich im Sinne des dolus eventualis als möglich vorgestellt, aber nicht abgelehnt hat. Nicht stichhaltig *v. Hippel* II 358/59 Note 7 a. E., der 306 Note 7 genau wie hier verfährt.

1. Die **Kenntnis** derjenigen **Tatumstände**, die das Gesetz als erhebliche im Tatbestande zusammenfaßt und die den „Erfolg“ im strafrechtlichen Sinne ausmachen. Das Gesetz (§ 59 Abs. 1 StGB) begnügt sich damit, auf diese eine Seite des psychologischen Vorsatzelementes hinzuweisen und aus ihr die Konsequenz für die Irrtumslehre zu ziehen, vermag damit aber die wissenschaftliche Erklärung des Vorsatzes als einer Schuldart nicht zu hindern, weitere, aus dem Schuldbegriff überhaupt sich ergebende Essentialien des Vorsatzes festzustellen. Auf § 59 StGB eine Vorsatzdefinition zu stützen, ist mithin unmöglich[3]).

a) Wenn mit § 59 Abs. 1 von der Kenntnis von „**Tatumständen**“[4]) gesprochen wird, so sind damit zunächst die Tatsachen (im Sinne reiner „Seins“-Gegebenheiten) gemeint, wie sie sich in den deskriptiven Tatbestandsmerkmalen der gesetzlichen Tatbestände (oben § 32 A II 1 b) in großer Anzahl mehr oder weniger eindeutig finden. So muß der Täter wissen, daß es ein Mensch ist, gegen den sich seine Tötungshandlung richtet; dem „Abtreibenden“ muß die Schwangerschaft bekannt sein; der „Einsperrende“ muß wissen, daß er die Bewegungsfreiheit aufhebt. Handelt es sich bei dem anzuwendenden Tatbestande darum, daß der Täter mit seiner Handlung in bestimmtem Sinne kausal wird (töten, fälschen, schädigen usw.), so muß sich der Täter auch der Kausalität seines Verhaltens bewußt werden. Gerade in diesem Bewußtsein liegt der Unterschied des Vorsatzes vom Wunsch wie von der Hoffnung; hier ist der Eintritt der dem Tatbestande unterfallenden Veränderung in der Außenwelt von äußeren Umständen abhängig, die der Täter weder beherrscht noch bestimmt erwarten kann[5]).

Die gesetzlichen Tatbestände werden aber keineswegs nur aus „Tatsachen“ gebildet, vielmehr finden sich in ihren normativen Tat-

---

[3]) *v. Hippel* (VD Allg. T. **3** 472ff., 486/87) hat aus der Entstehungsgeschichte des § 59 StGB den unwiderleglichen Beweis dafür gebracht, daß diese Stelle keine gesetzliche Festlegung des gesamten Vorsatzinhaltes ist. Treffend bemerkt *v. Hippel* 487: „De lege ferenda aber ist es wichtig zu konstatieren, daß die heutige gesetzliche Regelung unserer Lehre“ (gemeint ist § 59) „kein Produkt tiefgründiger Weisheit, sondern das Resultat gesetzgeberischer Unfähigkeit in Preußen und hinzutretender politischer Ereignisse gewesen ist“. Daher ist es denn auch durchaus verfehlt gewesen, daß sich *v. Liszt* in den früheren Auflagen dieses Buches immer wieder durch § 59 abhalten ließ, einerseits den Psychologismus seiner Vorsatzlehre zu durchbrechen, andererseits die Lehre vom Subsumtionsirrtum aufzugeben. Vgl. dazu insbesondere die vorzüglichen Darlegungen von *Rosenfeld* Z **32** 466. *v. Liszt* stand denn auch mit seiner Schuldlehre ganz isoliert. Richtige Einschätzung des § 59 jetzt bei den meisten. Vgl. insbesondere *Mayer* 260 (zugleich gegen *v. Liszt*), *Beling* Grundzüge 45, *Rosenfeld* Z **32** 488, *Lobe* Lpz. Komm. § 59 Note 2.

[4]) Vgl. hierzu vor allem die hervorragend klaren Ausführungen von *Frank* § 59 II; sie sind unübertrefflich.

[5]) Zustimmend *Mezger* 339, *Frank* § 59 IX 2.

bestandsmerkmalen (oben § 32 A II 1 b) auch rechtliche oder kulturelle Wertbeziehungen („Fremdheit", „Beamter", „Urkunde" usw.), und es entsteht die Frage, inwieweit die Kenntnis solcher Tatbestandsmerkmale zum Vorsatz gehört[6]). Hier sollte das Eine nicht zweifelhaft sein: Die juristischen Begriffe, mit denen der Gesetzgeber zur raschen und prägnanten Orientierung der das Recht anwendenden Juristen arbeiten darf, bleiben dem Kenntnisbereich des Staatsbürgers fern; wollte man ihre Kenntnis zum Vorsatz verlangen, „so könnte schließlich nur der Jurist ein Verbrechen begehen"[7]). Soweit also in den Tatbeständen juristische Begriffe begegnen, sind sie zurückzuführen auf diejenigen Lebenskonkreta, auf die sie sich beziehen, sowie auf diejenigen sozialen und kulturellen Wertungen, an die der Gesetzgeber anknüpft. Diese Lebenskonkreta und diese Werturteile sind dem Kenntnis- und Vor-

[6]) Daß sich die Kenntnis des Täters auf alles rein Tatsächliche der gesetzlichen Tatbestände beziehen müsse, damit Vorsatz angenommen werden kann, ist unstreitig. Wie weit sie dagegen rechtliche Begriffe und Beziehungen, wie sie in den Tatbeständen häufig verwendet werden, ebenfalls umfassen müsse, ist sehr bestritten. Mit Recht warnt *Frank* § 59 II vor einer Verwechslung dieser Frage mit der ganz anderen: ob und inwieweit zum Vorsatz das Bewußtsein der Rechtswidrigkeit des Handelns gehöre. Wenn A weiß, daß er eine „fremde" (im Eigentum eines anderen stehende) Sache wegnimmt, so steht damit noch durchaus nicht fest, daß er auch weiß, diese Handlung sei verboten! Ebenso *Engisch* 83. In der hier zur Rede stehenden Frage ist von besonderem Interesse die Auffassung des Reichsgerichts, die sich aus den zahllosen Entscheidungen über die vorsatzausschließende Bedeutung eines Irrtums des Täters ergibt. Danach verlangt das Reichsgericht zum Vorsatz, daß sich die Kenntnis des Täters auf alles rein Tatsächliche, ferner auf die außerstrafrechtlichen Rechtssätze beziehen müsse, lehnt also Vorsatz ab, wenn der Täter über Tatsachen oder außerstrafrechtliche Rechtssätze irrt, nicht dagegen bei einem Irrtum über strafrechtliche Rechtssätze. Auf folgende Entscheidungen sei verwiesen: R **4** 234, **10** 234, **19** 209, **22** 141, **23** 374, **36** 158, **37** 389, **46** 6, 25, **54** 4, 162, **55** 37, 115 (121), 138 (142), 234, **56** 337, **57** 15, 235, 247 (253), 337 (339), 366, 404 (407!), **58** 6 (9), 63, 145, 171, 247, **59** 255, 357, 404 (408), **60** 298 (301/02), 357 (361/62), **61** 194, 208, 258, 429, **62** 155 (157/58), 295, **63** 107 (111), **64** 101, **65** 160. Das R hält an seiner von allen Seiten bekämpften Ansicht wohl deswegen so starr fest, weil es sich einerseits sagen muß, daß eine Beschränkung der zum Vorsatz zu fordernden Kenntnis des Täters auf reine Tatsachen unmöglich ist, es andererseits fürchtet, daß eine weitere Ausdehnung dieser Kenntnis ins Gebiet des Rechtlichen hinein zu dem Satze führen könnte, der Täter müsse das Strafgesetz als solches, also die Strafbarkeit seines Tuns gekannt haben. Daß die Ansicht des R ganz undurchführbar ist, ist oft gezeigt worden. Vgl. namentlich *Kohlrausch* Irrtum und Schuldbegriff (1903) 118ff., *Lobe* Lpz. Komm. § 59 Note 7, *v. Hippel* II 332/33, VD Allg. T. **3** 550ff., *Derselbe* Das Bewußtsein der Rechtswidrigkeit (1924) 5, *Mayer* 261 Note 10, *Frank* § 59 II, *Mezger* 329. Vgl. auch *Alsberg* Preistreibereistrafrecht 5. Aufl. 202ff. und *Sauer* Grundlagen 591. Die Undurchführbarkeit der reichsgerichtlichen Ansicht beruht letzten Endes darauf, daß es rein strafrechtliche Begriffe gar nicht gibt, das Strafrecht als Schutzrecht vielmehr seine Begriffe den übrigen Rechtsgebieten entlehnt. Vgl. dazu *Frank* § 59 II. Dem R hat sich bedingungslos angeschlossen RMilG in ständiger Rechtsprechung, zuletzt **13** 97, 274, **14** 278, **17** 41, 72, 115, 124, **21** 22, 78. Auch *Schwartz* § 59 Note 12 folgt dem R.

[7]) So treffend *Frank* § 59 II.

stellungsbereich des Einzelnen in aller Regel geläufig[8]). Wenn also § 267 StGB von einer „Urkunde" spricht, so ist nicht die Kenntnis dieses äußerst schwierigen und umstrittenen Rechtsbegriffes zum Vorsatz erforderlich, vielmehr genügt die Vorstellung, daß es sich um ein Schriftstück handelt, das im rechtlichen Verkehr eine seinem gedanklichen Inhalt entsprechende (beweisende, berechtigende) Funktion auszuüben bestimmt ist. Ist in § 242 StGB von der „Fremdheit" der Sache die Rede, so verlangen wir vom Täter nicht eine Erfassung des juristischen, im Bürgerlichen Gesetzbuch ausgeprägten Eigentumsbegriffs, wohl aber die Vorstellung, daß er mit seiner Tat in eine rechtliche Beziehung eingreift, die dem Betroffenen die ausschließliche Beherrschungsbefugnis hinsichtlich der Sache gewährt. Zum Vorsatz des Täters gehört also keineswegs eine Subsumtion der Tat unter das Gesetz und seine abstrakten Begriffsmerkmale, sondern nur eine Kenntnis derjenigen Tatsachen und rechtlichen Beziehungen, welche das Interesse-Verletzende oder -Gefährdende der Handlung begründen und die der Gesetzgeber darum in juristisch-begrifflicher Abstraktion zum Aufbau der Tatbestände verwendet. Subsumtion ist Sache des Juristen, da nur er den Obersatz des Urteilssyllogismus kennt, den jede Subsumtion darstellt.

b) Die zum Vorsatz notwendige **„Kenntnis"** der zum gesetzlichen Tatbestand gehörenden Tatumstände bedingt eine Vorstellung[9]) der bereits gegebenen, eine Voraussehung der durch die Tat

---

[8]) Übereinstimmend spricht *Mezger* 328 von „Parallelwertung in der Laiensphäre des Täters", verlangt er Kenntnis von der „Bedeutung" der normativen Tatbestandsmerkmale. Übereinstimmend ferner *Frank* § 59 II, *Mayer* 263, *Beling* Grundzüge 43, 48, *Sauer* Grundlagen 593, *Köhler* 272, *Allfeld* 168 (Note 14), *Gerland* 102; dagegen verlangte *v. Liszt* in den früheren Auflagen „richtige Subsumtion der Tat unter das Gesetz"; der Täter müsse wissen, daß das von ihm gefälschte Schriftstück eine „Urkunde" sei. Vgl. gerade hierzu jetzt R **53** 237. Mit der Auffassung *v. Liszts* stimmt *Finger* **1** 246 überein. *v. Liszt* hätte aus seiner Ansicht die Folgerung ziehen müssen, daß der Täter mindestens das Bewußtsein der Rechtswidrigkeit, wenn nicht gar das der Strafbarkeit haben müsse, wenn Vorsatz vorliegen soll. Aber gerade das Bewußtsein der Rechtswidrigkeit hat *v. Liszt* scharf abgelehnt (§ 41 der früheren Lehrbuchauflagen); hier lag ein Widerspruch vor, und *Rosenfeld* Z **32** 487 hatte recht, wenn er angesichts solchen Widerspruchs die Lehre „innerlich brüchig" nannte. — Teilweise dürfte vom Text *v. Hippel* II 332 abweichen, indem er Kenntnis des „Rechtsbegriffs" etwa der „Fremdheit" (§ 242) verlangt. Genaue Übersicht über den Stand der Meinungen gibt *Eichmann*, dessen Ausführungen 57/58 von *Mezger* 329 Note 13 richtiggestellt werden.

[9]) An dieses psychologische Essentiale des Vorsatzbegriffs hat sich der **Streit zwischen Vorstellungstheorie und Willenstheorie** angeschlossen, ein Streit, den *Frank* § 59 I zutreffend einen nur „formellen" nennt, weil in der Sache Übereinstimmung zwischen den beiden ehedem so feindlichen Lagern besteht. Vgl. dazu auch *Hafter* 110, aber auch *v. Hippel* II 320/21. Die hier vertretene Vorstellungstheorie verkennt natürlich keineswegs, daß die Vorstellung allein keinen Vorsatz ausmacht, daß sie vielmehr nur interessiert, wenn sie in Beziehung zu einem Handlungswillen tritt. Sie sucht aber vornehmlich durch den

erst herbeizuführenden Tatbestandselemente, in diesem Sinne eine „Voraussehung der tatsächlichen Tragweite des Verhaltens". Diese Vorstellung mag die Tatumstände als sicher gegebene oder sicher zu erwartende oder aber auch nur als möglicherweise vorliegende oder möglicherweise eintretende umfassen. In beiden Fällen ist von einer Vorstellung, einer Kenntnis der Tatumstände zu sprechen.

Vorstellungsinhalt den Vorsatz und seine Arten zu erklären. Hauptvertreter der Vorstellungstheorie: *Bekker* Theorie (1859) 278, *Zitelmann* (Lit. zu § 35), *Frank* Z **10** 169, Kommentar § 59 I, *Klee*, *Kohler* **1** 70, *v. Lilienthal* 37 und Z **15** 278, *Lucas* 13, Wachenfeld, *Gerland* 100, *Sauer* Grundlagen 609; im wesentlichen („Wissentlichkeit") folgen ihr auch *Löffler*, *Miřička* und *Thyrén*. Das BGB, das überall die Haftung auf das „Kennen" oder „Kennen-Müssen" abstellt, hat sich der Vorstellungstheorie durchaus angeschlossen. A. M. *v. Hippel* II 308. — Unter den Anhängern der Willenstheorie, die zum Vorsatz das Wollen der sämtlichen Merkmale, insbesondere des Erfolges verlangt, sind zu nennen: *Allfeld* 169, *v. Bar*, *Beling* (jetzt Grundzüge 49), *Bierling*, *Binding*, *v. Birkmeyer*, *v. Hippel*, *Lammasch* (Lit. zu § 17 II) 23, *v. Rohland*, *Rosenfeld*, *Schwartz* § 59 Note 6. Das Reichsgericht definiert den Vorsatz mit Vorliebe als „Bewußtsein der Kausalität" (so z. B. R **18** 167, **36** 402), steht aber grundsätzlich auf dem Boden der Willenstheorie; vgl. z. B. neuestens R **58** 249: „Nach der feststehenden Rechtsprechung des Reichsgerichts ist unter Vorsatz das bewußte Wollen aller Merkmale des äußeren Tatbestands zu verstehen." Ebenso RMilG **13** 97. Gegen die Willenstheorie ist einzuwenden: **1.** Sie kommt in Verlegenheit, wenn es sich darum handelt, dem Täter solche Erfolge zum Vorsatz zuzurechnen, die zwar Bestandteile eines von ihm gewollten, darüber hinausgehenden „Gesamterfolges" (*Kohlrausch*) sind, ihm als solche aber gleichgültig, wenn nicht gar unangenehm sind. Beispiele siehe unten zu 3b des Textes. Hier muß die Willenstheorie, wie *Kohlrausch* Reform **1** 187 treffend zeigt, den gewagten, ja fehlerhaften Schluß „vom Gewolltsein dieses Gesamterfolges auf das Gewolltsein aller seiner Bestandteile" ziehen. Sie vergewaltigt zugleich den Sprachgebrauch, wenn sie den nicht begehrten, selbst den „unangenehmen" Erfolg als „gewollt" bezeichnet. A. M. freilich *v. Hippel* II 310 Note 4 und VD Allg. T. **3** 504; vgl. aber dazu *Kohlrausch* a. a. O. 186. Scheut aber die Willenstheorie vor diesem Sprachgebrauch nicht zurück, so dreht sich der ganze Streit nur noch um die Terminologie. **2.** Es ist unmöglich zu sagen: der Dieb „will", daß die gestohlene Sache eine fremde sei; die Abtreibende „will" ihre Schwangerschaft usw. Diese Einwendung hat *v. Hippel* auch in VD 521 Note 1, Z **31** 573 sowie II 307 Note 1 nicht widerlegt. Richtig *Binding* Normen **2** 809, *Lobe* Lpz. Komm. Einl. 64. Man kann ihr nur dadurch entgehen, daß man mit *Rosenfeld* Z **32** 486 das Kennen der die Tat begleitenden Umstände von dem Wollen des Erfolges unterscheidet oder, was gleichbedeutend ist, mit *Mezger* 340 erklärt, der Dieb wolle die Sache „als eine fremde" wegnehmen. Aber dann bleibt immer noch der Einwand zu 1 bestehen. E 1919 § 11 Abs. 1 sagte: „vorsätzlich handelt, wer den Tatbestand der strafbaren Handlung mit Wissen und Willen verwirklicht". Das ist der Standpunkt der Willenstheorie, wie sie in abgeschwächter Form etwa von *Rosenfeld* vertreten wird. Der GE § 20 steht auf dem Boden der *ME. Mayer*schen „Motiventheorie" (vgl. *Mayer* 240), die eine Synthese der beiden Theorien versucht: „Vorsätzlich handelt, wer sich durch die Vorstellung der zum gesetzlichen Tatbestand der strafbaren Handlung gehörigen Tatumstände nicht von ihrer Begehung abhalten läßt." Ebenso *Goldschmidts* Gegenentwurf zum E 1919 in § 17 Abs. 1 (JW 1922 Heft 5); mit Recht weist *Goldschmidt* in seiner Begründung darauf hin, daß die Formel des E 1919 nichtssagend ist und gerade in den oben unter 1 bezeichneten Fällen, die der Willenstheorie besondere Schwierigkeiten machen, im Stich läßt. AE 1925 hat ganz mit Recht von jeglicher Vorsatzdefinition abgesehen. Daß E 1927 (1930) § 17 zur Formel des E 1919 zurückkehren, ist kein Fortschritt.

Ob und inwieweit in beiden Fällen Vorsatz vorliegt, hängt von der Rolle ab, welche die Vorstellung im Motivationsprozeß spielt. Vgl. unten zu 3.

2. Die Kenntnis des Täters hat die zum gesetzlichen Tatbestand gehörenden Tatumstände nicht nur als solche, sondern als Elemente einer sozialschädlichen, nicht-sein-sollenden Tat zu umfassen. Mit anderen Worten: Zum Vorsatz gehört die Kenntnis der antisozialen Bedeutung der Tat[10]), in diesem Sinne eine „Voraussehung der

---

[10]) Der Satz ist lebhaft umstritten. *v. Liszt* hat ihn in den früheren Auflagen dieses Buches geprägt, aber, vor § 59 StGB zurückweichend, nicht zu der ihm gebührenden Bedeutung entwickelt. Es stehen sich folgende Meinungen gegenüber (eingehend *v. Hippel* II 341): **1.** R in ständiger Rechtsprechung lehnt es ab, zum Vorsatz „das Bewußtsein von der Unerlaubtheit, Gesetzwidrigkeit oder Strafbarkeit des Handelns" zu fordern. Vgl. R **58** 249 und die dort zitierten Entscheidungen. Das unterschiedslose Zusammenstellen von Unerlaubtheit, Gesetzwidrigkeit und Strafbarkeit zeigt wieder ganz deutlich, in welcher Richtung die Bedenken des R und damit die inneren Gründe seiner Auffassung liegen. Zu „Ausnahmen" von seiner Regel neigt R da, wo die Rechtswidrigkeit im Tatbestande besonders hervorgehoben wird; das habe dann „die Bedeutung der Aufstellung eines Merkmals des äußeren Tatbestands" (R **58** 249). Die Unrichtigkeit dieser Auffassung ergibt sich aus dem oben § 31 über die Rechtswidrigkeit überhaupt und dort zu III über den Sinn jener Hervorhebung im besonderen Gesagten. *Kohlrausch* StGB § **59** 4 weist übrigens mit Recht darauf hin, daß R auch in diesen Fällen zumeist, wie sonst, strafrechtlichen und außerstrafrechtl. Rechtsirrtum unterscheidet: Vgl. R **62** 296. Vgl. dazu oben Note 6 und *Lobe* Lpz. Komm. Einl. 51. Wie R, hat auch *v. Liszt* das Bewußtsein der Rechtswidrigkeit abgelehnt (§ 41 der früheren Auflagen dieses Buches) und die gleichen „Ausnahmen" anerkannt. Auf dem gleichen Standpunkt stehen ferner: *v. Bar* Gesetz **2** 391, *Lucas* 66, *v. Lilienthal* 38, *Schwartz* § 59 Note 7, *Weismann* Z **11** 87 Note 196, besonders aber *Heinemann*. **2.** Das Bewußtsein der Rechtswidrigkeit verlangen *Binding* (Normen **2** 403: Bewußtsein der Normwidrigkeit), ferner *Allfeld* 166, *Baumgarten* Aufbau 179, *Gerland* 100/101, *Olshausen* § **59** 30, *Lobe* Lpz. Komm. Einl. 54ff., *Finger* **1** 261, *Hafter* 117. **3.** Das Bewußtsein der Pflichtwidrigkeit erfordern: *v. Hippel* VD Allg. T. **3** 592, *Derselbe* Z **31** 576, **35** 833 (im Strafr. II 342/43, 347/48 verlangt *v. Hippel* in bezug auf die Rechtswidrigkeit mindestens Fahrlässigkeit; Bewußts. der Pflichtwidrigkeit sei „Indiz" des Bewußts. der Rechtsw., genüge aber in den Fällen nicht, wo das Bewußts. der Rechtsw. bzw. dessen Möglichkeit tatsächlich gefehlt hat), *Kohlrausch* (Lit. zu § 31) 24, *Liepmann* 134, *Graf zu Dohna* GS **65** 320, *Derselbe* Z **32** 322. **4.** Die Möglichkeit des Bewußtseins der Pflichtwidrigkeit läßt *Mayer* 235, 237 genügen. **5.** Wie der Text im wesentlichen: *Mezger* 330ff., *Beling* Grundz. 43ff. (45!!), *Frank* § 59 III 2 (der sich allerdings damit begnügt, daß dem Täter die Sozialschädlichkeit hätte bekannt sein müssen), *Gleispach* bei *Aschaffenburg* **16** 231 (der der Erkenntnis des „Unerlaubten" aber die Erkenntnis „der Möglichkeit des Unerlaubten" gleichsetzt), *Rosenfeld* Z **32** 488, *Kohlrausch* Reform (1926) 24 (mit Einschränkungen), *Sauer* Grundlagen 588, *Engisch* 236/37, AE 1925 § 13. — Zu beachten ist, daß zwischen den Anhängern der zu 2—5 bezeichneten Auffassungen keine schroffen Gegensätze bestehen. So ist *Beling* unter Nr. 4 mit genannt worden, obwohl er „das Bewußtsein der Rechtswidrigkeit" fordert (Nr. 2!); aber *Beling* erklärt dessen Bedeutung ganz im Sinne des Textes. Vgl. dazu *Sauer* Grundlagen 590 und insbesondere auch 595 (bedenklich allerdings seine 595/96 formulierte „Vermutung", jedenfalls insofern als sie „unwiderleglich" sein soll). — Ganz ungeklärt ist noch die Frage, ob zum Vorsatz das positive Bewußtsein der Sozialschädlichkeit gehört oder ob die Möglichkeit dieses Bewußtseins (bei vor-

rechtlichen Tragweite des Verhaltens". Das bedeutet nicht, daß der Täter die formelle, an einem bestimmten Gesetzesparagraphen abzulesende Rechtswidrigkeit kennen müsse; denn eine solche Kenntnis wäre wieder allein vom Juristen zu erwarten. Es genügt vielmehr die Erkenntnis, daß sich eine solche Tat, wie die vom Täter vorgenommene, mit den Zwecken des sozialen Lebens nicht verträgt, mag der Täter sie nun in seiner Sprache deswegen als unsittlich, unmoralisch, sündhaft, verboten, ungesetzlich oder sonst irgendwie negativ bewerten. Daß dies der Standpunkt des Gesetzes ist, ergibt sich schon heute aus § 3 JugGG. Es hätte keinen Zweck, als Voraussetzung für den Schuldvorwurf die Fähigkeit zur Einsicht in das Ungesetzliche der Tat zu verlangen, wenn diese Einsicht nicht in der Schuld selbst eine Rolle zu spielen berufen wäre. Daß § 51 StGB das Gleiche anzeigt, hat sich oben § 38 B II ergeben. Völlig unrichtig ist es, aus § 59 StGB den Schluß zu ziehen, daß die Erkenntnis des Sozialschädlichen (oder Ungesetzlichen), weil dort nicht besonders hervorgehoben, mit dem Vorsatz nichts zu tun habe. § 59 hat nicht den Zweck, den Inhalt des Vorsatzbegriffs erschöpfend zu bestimmen, sondern legt nur den Ausschluß des Vorsatzes nach einer bestimmten Richtung (durchaus nicht nach allen Richtungen) hin gesetzlich fest. So wie nun aber zwischen Tatbestand und Rechtswidrigkeit, so besteht auch zwischen der Kenntnis der zum gesetzlichen Tatbestand erforderlichen Tatumstände und der Kenntnis der Sozialschädlichkeit eine Beziehung: jene hat diese in aller Regel ohne weiteres zur Folge. Denn der Gesetzgeber erklärt für strafbar fast ausschließlich solche Handlungen, deren Sozialschädlichkeit sich mit Händen greifen läßt und jedem normalen Staatsbürger geläufig ist. Freilich sind Ausnahmen möglich und namentlich während des Krieges vorgekommen; aber gerade für diese Ausnahmen ist im Interesse einer das Schuldprinzip wahrenden gerechten Entscheidung das Erfordernis der Sozialschädlichkeitskenntnis zum Vorsatz unbedingt notwendig. Die Kriegszeit mit ihrem Wust ephemerer Vorschriften über wirtschaftliche Maßnahmen hat das schlagend bewiesen, und die BundesratsVO vom 18. Januar 1917 hatte keinen anderen Sinn als den, die durch konstante Nichtberücksichtigung jenes Vorsatzelementes in der Praxis gemachten Fehler endlich auszuschalten. § 395 der RAbgO von 1919/31 sucht für das komplizierte Gebiet des Steuerstrafrechts die gleiche Wirkung zu erzielen. Beide

handener Kenntnis der Tatbestandsmerkmale!) genügt. Im Text wird trotz der beachtlichen Ausführungen von *Frank* § 59 III, *Kohlrausch* Reform (1926) 23, *Merkel* Grundr. 113, *Marcetus* 46ff., *Berg* 34ff. u. a. daran festgehalten, daß der Vorwurf vorsätzlichen Handelns nur den trifft, der sich im bewußten Gegensatze zu den sozialen Anforderungen befindet. So insbesondere auch *Hafter* 118.

Gesetze betonen aber nur für bestimmte Gebiete des Strafrechts einen Gedanken, der im ganzen Bereiche strafrechtlicher Schuldhaftung zu Hause ist: Den Gedanken: zum Vorsatz gehört, daß der Täter die Sozialschädlichkeit seines Handelns kennt[11]).

3. Die Kenntnis der Tatumstände und ihres sozialen Unwertes allein macht aber das Wesen des Vorsatzes nicht aus; bloße Vorstellungen begründen keinen rechtlichen Schuldvorwurf. Ein solcher entsteht erst daraus, daß der Täter trotz dieser Erkenntnis, die im folgenden kurz als Erfolgsvorstellung bezeichnet werden soll, gehandelt, daß ein Handlungswille jener Kenntnis sich zugesellt hat. Dabei kann das **Verhältnis der Erfolgsvorstellung zum Handlungswillen** sich verschieden gestalten:

a) Die Erfolgsvorstellung ist Beweggrund des Handelns. Hier sprechen wir von **Absicht**, einer engeren und zugleich der schwersten Art des Vorsatzes. Absicht (und damit zugleich immer auch Vorsatz) liegt also vor, wenn der Täter um der durch die Handlung zu bewirkenden Veränderung in der Außenwelt willen die Handlung vornimmt, wenn jene Veränderung das Ziel, ihre Herbeiführung den Zweck des Handelns bildet, wenn der rechtswidrige Erfolg in dieser seiner Sozialschädlichkeit bezweckt, begehrt, erstrebt war[12]). Dabei ist es gleichgültig, ob der Täter mit größerer

[11]) In diesem Sinne werten auch *Frank* § 59 III 2, *Mezger* 333 treffend die VO vom 18. Januar 1917 und § 395 RAbgO. Daß die VO von 1917 in ihrer Fassung so ungeschickt wie möglich ist, daß sie einen der wichtigsten Grundgedanken der strafrechtlichen Schuldlehre ängstlich in ein prozeßrechtliches Mäntelchen hüllt, und daß das Reichsgericht, um an seiner altgewohnten Stellungnahme grundsätzlich festzuhalten, es fertig bringt, in dem, was die VO sagt, nur einen — persönlichen Strafausschließungsgrund zu sehen (vgl. R **53** 81, **56** 411, **57** 14, 179, 409, **61** 238 (betr. RAbgO § 395), **64** 25 [desgl.]), das kann niemanden wundern, der weiß, wie mühselig sich gerade auf dem Gebiete der Schuldlehre die richtigen Erkenntnisse durchsetzen, wie dornenvoll der Weg von der Erfolgshaftung zu wirklicher Schuldhaftung ist. Es sollte wirklich kein Zweifel bestehen können, daß VO 1917 und § 395 RAbgO Schuldausschließungsgründe normieren. So zutreffend *Binding* LZ **11** 297, *Goldschmidt* JW **46** 182, *v. Hippel* DStZ **4** 24, 697, *Sauer* Grundlagen 598 Note 3, *Lobe* Lpz. Komm. Einl. 60. Dagegen halten es *Alsberg* Preistreibereistrafrecht[5] (1919) 222, *K. Meyer* Z **38** 360, *Feisenberger* Z **38** 855 mit dem Reichsgericht. Zu § 395 RAbgO vgl. *Hensel* Steuerrecht 2. Aufl., 1927, 181, und *Cattien* Reichssteuerstrafrecht 2. Aufl. (1929) 169 (unrichtig: „persönlicher Strafausschließungsgrund"). Über weitere gesetzliche Ausdehnung des Grundsatzes der IrrtumsVO von 1917 auf andere strafrechtliche Spezialgebiete vgl. *Lobe* Lpz. Komm. Einl. 60/61.

[12]) Übereinstimmend die Entwürfe bis zum E 1919. AE 1925 hat die „Absicht" nicht begrifflich bestimmt, verwendet aber den Begriff im Besonderen Teil vielfach und dann, wie die Begründung 14 ergibt, durchaus im Sinne des Textes. E 1927 (1930) § 18 Abs. 2 entspricht ebenfalls dem Text. — Wie der Text im allgemeinen auch das Reichsgericht (bedenklich jedoch R **24** 255, **27** 241: Absicht gleich Voraussicht des Erfolges als eines notwendigen), ferner *Frank* § 59 VI, *v. Hippel* II 329 und die gemeine Meinung. Dagegen hält *Binding* Normen **2** 1151 daran fest, daß Vorsatz und Absicht gleichbedeutend sind. Vgl. auch *Lobe* Lpz. Komm. Einl. 62.

oder geringerer Bestimmtheit auf den Eintritt des Erfolges gerechnet, diesen als notwendig oder als möglich vorausgesehen hat.

Vielfach hat die Reichsgesetzgebung das Merkmal der Absicht in den Tatbestand einzelner Verbrechen aufgenommen[13]). In allen diesen Fällen bedarf es sorgfältiger Prüfung des von dem Gesetzgeber mit diesem Worte verbundenen Sinnes. Da und dort bedeutet die „Absicht" des Gesetzgebers nämlich auch (so z. B. in StGB §§ 266, 346) nichts weiter als die Voraussicht des Erfolges, mithin Vorsatz schlechtweg. Es muß darum auf den Besonderen Teil unserer Darstellung verwiesen werden. Bei diesen „Absichtsdelikten" handelt es sich darum, daß ein jenseits des Tatbestandes liegender Erfolg vom Täter angestrebt wird; bei klarem Aufbau der Tatbestände sind sie daher überflüssig. Zu beachten ist, daß die Erreichung eines ersten Zweckes (Tötung des B) auch Mittel zu Erreichung eines weiteren Zweckes (Beerbung des B) sein kann; daß also der Begriff der Absicht durch eine über sie hinausführende weitere Absicht nicht ausgeschlossen wird[14]).

b) Vorsatz liegt weiter vor, wenn der Täter die Erfolgsvorstellung gehabt hat, ohne daß diese Beweggrund seines Handelns war, ohne daß sie ihn aber auch vom Handeln abgehalten hätte.

Wer weiß, daß seine Beteiligung an der Kriegsanleihe eines von Deutschland bekämpften Staates dessen Verteidigungskraft erhöhen werde, hat vorsätzlichen Landesverrat begangen, auch wenn es ihm nur um den Gewinn aus der Beteiligung zu tun war; wer sich bewußt ist, daß die auf ein Schiff verladene Sprengmaschine den Tod von Menschen nach sich ziehen werde, hat diese vorsätzlich getötet, auch wenn er die Handlung nur um der Versicherungssumme willen unternommen hatte; die Frauensperson, welche weiß, daß sie syphilitisch erkrankt ist, und dennoch aus Gewinnsucht den Beischlaf vollzieht, kann sich der vorsätzlichen Gesundheitsschädigung schuldig machen usw.

Dabei ist zu unterscheiden:

α) Vorsatz ist unbedingt gegeben, wenn der Täter den Eintritt des „Erfolges" für sicher hielt (**direkter Vorsatz**);

β) bedingt dann, wenn er ihn nur für möglich hielt (**eventueller Vorsatz**); nämlich unter der Voraussetzung, daß der Täter den Eintritt des Erfolges nicht abgelehnt hat, also zu dem (assertorischen) Urteil nicht gelangt ist: „der Erfolg wird nicht eintreten". Erwartet der Täter, im Vertrauen auf seine Geschicklichkeit, auf sein Glück usw., daß der Erfolg nicht eintreten werde (man denke an den Tellschuß, an eine Gletschertour), so kann von Vorsatz keine Rede sein. Gelangt der Täter zu einem bejahenden Urteil („der Erfolg kann eintreten") oder aber gelangt er zu einem Urteil überhaupt nicht, obwohl er die Möglichkeit des Erfolgseintrittes vorausgesehen hat (Schlag mit dem Maßkrug), so liegt eventueller Vorsatz vor.

[13]) Beachte hierzu oben § 32 A II 1 c. Vgl. StGB §§ 124, 143, 146, 242, 249, 263, 265, 266, 267, 268, 272, 274, 307, 346, 349. — StGB §§ 129, 147, 151, 177, 191, 235, 270, 273. — StGB §§ 87, 229, 234, 236, 237, 252, 257, 298, 333, 334, 343. — StGB §§ 81, 105, 114, 122, 159.

[14]) Eingehend darüber RMilG **19** 39.

Derselbe Gedanke läßt sich auch in den Satz kleiden: eventueller Vorsatz liegt bei Vorstellung des Erfolges als eines möglichen dann vor, wenn die Überzeugung von dem notwendigen Eintritte des Erfolges den Täter von der Begehung der Handlung nicht abgehalten hätte (*Frank*sche Formel)[15]).

Aus dem Gesagten ergibt sich auch, daß zu dem Verletzungsvorsatz der Gefährdungsvorsatz als eventueller hinzutreten kann und umgekehrt, während ihr Zusammenbestehen im direkten Vorsatz begrifflich unmöglich ist. Ganz ebenso verhält es sich mit dem Vorsatz der Tötung und dem der Körperverletzung[16]).

III. Zu dem unter II erörterten psychologischen Vorsatzelement muß das **normative Schuldelement** selbständig hinzutreten, damit von **Vorsatz als Schuldart** gesprochen werden kann. Was dieses

---

[15]) Vgl. zum Eventualvorsatz jetzt insbes. *v. Hippel* II 306ff., *Mezger* 341ff., *Engisch* 91ff. (mit ausführlichster Erörterung aller Theoriennuancen), *Großmann* 32ff. (ebenso). — Über die *Frank*sche Formel: *Frank* § 59 V, *Mezger* 344, *v. Hippel* II 316, *Engisch* 97ff., *Großmann* 58ff. Als Gegner seien genannt: *Baumgarten* 133, *Miřička* 32, *Coenders* GS **87** 306, 312. — In der Sache herrscht heute weitgehende Übereinstimmung, daß ein bloßes „Für-möglich-" oder „wahrscheinlich-Halten" des Erfolges allein den eventuellen Vorsatz so wenig begründet, wie die reine Erfolgsvorstellung den Vorsatz. Auch hier ist eine Verbindung mit dem Handlungswillen notwendig. Verfehlt war daher die von dem letzteren gänzlich absehende Wahrscheinlichkeitsformel des VE § 59. Soweit in der Literatur u. Rechtsprechung von „Billigung des Erfolges", von „Aufnahme in den Willen" gesprochen wird, liegt eine grundsätzliche Abweichung vom Text nicht vor. Das Gleiche gilt für *Mezgers* (346/47) Unterscheidung: „Einwilligung" in den für möglich gehaltenen, vom Willen des Täters abhängigen Erfolg; „für-wahrscheinlich-halten" des Erfolges, soweit der Täter ihn als von seinem Willen unabhängig denkt. Vgl. im übrigen *Binding* Normen **2** 859, *Lobe* Lpz. Komm. Einl. 65/66, R **21** 420, **33** 4, **59** 2, **61** 159; RMilG **3** 296, **6** 114, **8** 215, **17** 268, **22** 96. Eingehend über die Rechtsprechung *v. Hippel* II 312, *Olshausen* § **59** 6, *Großmann* 90. Als Gegner des dolus event. seien genannt: *v. Bar* Gesetz **2** 203, 322, *Stooß* Z **15** 199, *Liepmann* Reform des d. Strafr. (1921) 68ff., *Großmann*. Die kriminalpolitische Notwendigkeit seiner Anerkennung betont klar und richtig *Kohlrausch* Schweizer. Z **34** 169, Reform **1** 202ff. — *Löffler* und *Miřička* haben den dol. ev. verworfen und eine Dreiteilung der Schuldarten vorgeschlagen. Vgl. hiergegen die umfassende Arbeit von *Lorenz* Die Dreiteilung der Schuldformen u. ihre Auswertung in den tschechoslow. StGEntwürfen von 1926, 1930, ferner *v. Hippel* II 322 Note 5. — Zu *Engisch* 185 sei bemerkt, daß der Text die Bedeutung des „assertorischen Urteils" genügend erklären dürfte. —

Eventueller Vorsatz genügt dort nicht, wo das Gesetz ein Handeln „wider besseres Wissen" verlangt (StGB § 187). Ebenso R **32** 302. Es genügt ferner dort nicht, wo eine bestimmte „Absicht" (oben Note 12) erforderlich ist. Vgl. *Ruth* Z **34** 416, *Frank* § 59 V a. E., *Lobe* Lpz. Komm. Einl. 67.

[16]) Die Frage ist also nach Lage des Einzelfalles zu entscheiden und eventuell Idealkonkurrenz (StGB § 73) anzunehmen. Abweichend R **28** 200, nach dem der Tötungsvorsatz den der Körperverletzung notwendig in sich schließt. Im schroffen Widerspruch dazu aber R **61** 375: unvereinbar sei Körperverletzungsvorsatz mit direktem, aber auch mit bedingtem Tötungsvorsatz. Die Frage wird wichtig für das Verhältnis der Vergiftung zur Tötung, für den Fall des Rücktritts vom Versuch, für den Bußanspruch usw. Näheres im Besonderen Teil.

normative Schuldelement bedeutet, ist oben § 36 erörtert worden. Die Willensbetätigung, die der Täter mit Kenntnis der durch sie zu verwirklichenden Tatbestandsmerkmale und ihrer rechtlichen Wertung vornimmt, muß eine pflichtwidrige, fehlerhafte, nicht-seinsollende sein. Sie wird es zumeist sein. Aber notwendig ist es nicht. Sie ist es nur dann, wenn der Täter in dieser konkreten Gesamtsituation sich erfahrungsgemäß durch die Normvorstellung zu normgemäßem Verhalten motivieren konnte; wenn also dem Täter ein rechtmäßiges Verhalten an Stelle des rechtswidrigen hat „**zugemutet**“ werden können[17]). Ob und inwieweit dies der Fall ist, läßt sich nur für den Einzelfall feststellen. Wir werden bei der Erörterung der Entschuldigungsgründe typische Situationen der Art kennen lernen, wo mit der Unmöglichkeit eines anderen, als normgemäßen Verhaltens die Pflicht zu normgemäßer Motivierung entfällt. Vgl. unten § 42.

---

[17]) Dieser Satz ist heute nur in geringem Maße anerkannt, doch hat sich das Reichsgericht ihm in mehreren Entscheidungen stark genähert. Vgl. darüber oben § 36 Note 5. Die Entwicklung, an deren Ende der Satz steht, beginnt damit, daß *Frank* in seinem „Aufbau des Schuldbegriffs“ 1907 auf die Bedeutung hinwies, die beim Schuldvorwurf im einzelnen Falle den „begleitenden Umständen“ zukommen müsse. *Goldschmidt* hat dann in seinem Aufsatz „Der Notstand ein Schuldproblem“ 1913 das Kernproblem der ganzen Schuldlehre überhaupt entwickelt, indem er unter Hinweis auf vorhandene Ansätze in der Judikatur Bedeutung und Grenzen des Pflichtgedankens klarstellte und im Anschluß an *Beling* dem normativen Schuldelement erstmalig wirklich gerecht wurde. In den §§ 22a und 22b seines Gegenentwurfs zum E 1919 (JW 1922 Heft 5) hat *Goldschmidt* die praktischen Konsequenzen seiner Schuldlehre gezogen, indem er die (in den Pflichtgedanken gekleidete) Zumutbarkeit rechtmäßigen Verhaltens zu einem grundsätzlich unentbehrlichen Schuldelement erklärte. Damit begegnete er sich mit *Freudenthal*, dessen Schrift „Schuld und Vorwurf“ 1922 schon de lege lata die „scholastische Enge“ (*Wegner*) der Schuldlehre mit ganz gleichartigen Ideen gesprengt hat. Die typisierten Schuldausschließungsgründe der §§ 52, 53 III, 54 StGB reichen auch nach *Freudenthal* nicht aus, um eine wirkliche Schuldhaftung durchzuführen; sie müssen ergänzt werden durch die allgemeine Schuldlehre, die neben dem psychologischen das normative Schuldelement herausarbeitet. Der Text sucht dies konsequent durchzuführen. Unbedingte Billigung hat *Freudenthal* bei *Wegner* (Lit. zu § 31) 55 Note 1 gefunden. *Wegner* hat *Goldschmidt* und *Freudenthal* zugleich gegen die ganz unbegründeten Vorwürfe verteidigt, die *Großmann* gegen ihre Schuldlehre erhoben hat. Am schroffsten hat *Schumacher* (Lit. zu § 36) die Auffassung des Textes abgelehnt. Auch darüber oben § 36 Note 5. *Mezger* 373 folgt dem Text nicht ohne berechtigten Hinweis auf die Notwendigkeit großer Vorsicht und Zurückhaltung bei der prakt. Anwendung des Gedankens der Zumutbarkeit. Ebenso auch *Kohlrausch* Über Strafrechtsreform (1927) 21. Dagegen aber *v. Hippel* II 275. Bedenken äußert *Dahm* Die Zunahme der Richtermacht im modernen Strafrecht (1931) 14/15. *Frank* 4. Abschn. II 2 teilt den hier vertretenen Standpunkt de lege ferenda, hält ihn also grundsätzlich für richtig, glaubt sich aber durch die positivrechtlichen Schuldausschließungsgründe de lege lata in dem Sinne gebunden, daß eine jenseits ihrer liegende Entschuldigungsmöglichkeit nicht angenommen werden dürfe.

§ 40. Fortsetzung. Der Irrtum.

Literatur. Außer den zu § 39 angeführten Schriften: *v. Bar* Gesetz **2** 363, 373. *v. Hippel* Z **35** 833. *Derselbe* Das Bewußtsein der Rechtswidrigkeit 1924. *Binding* Normen **3**. *Liepmann* Z **38** 21, **39** 115, 379, 525. Gegen ihn *Engelmann* GS **86** 161 und *Derselbe* Irrtum und Schuld 1922. — *Pfotenhauer* De delicto per errorem in persona commisso 1828. *Heinemann* (Lit. zu § 28). *Derselbe* Z **13** 371. *Kohlrausch* (Lit. zu § 31). *Allfeld* Die Bedeutung des Rechtsirrtums im Strafrecht 1904. *Köhler* Die Strafbarkeit beim Rechtsirrtum 1904. *Derselbe* LZ **14** 16. *Jerschke* Die Putativnotwehr (Strafr. Abh. Heft 124) 1911. *Graf zu Dohna* Recht und Irrtum 1925. Über ältere Dissertationen (bis 1917) vgl. die vor. Aufl. *Emily Troemer* Die Lehre vom Irrtum in den Entwürfen (Jenaer Diss.) 1926. *Wimmer* Z **49** 675. *Beck* Das Unrechtsbewußtsein in den deutschen Strafgesetzentwürfen (Strafr. Abh. Heft 226) 1927. *Lerch* Zur Lehre vom Rechtsirrtum im Strafrecht (Abh. z. schweiz. R. N. F. 38) 1928. *Weinberg* Der Verbotsirrtum (Boner rechtsw. Abh. Heft 2) 1928. *Weiz* Die Arten des Irrtums (Strafr. Abh. Heft 286) 1931. *Ehrenzweig* Irrtum u. Rechtswidrigkeit 1931.

I. Aus dem Begriff des Vorsatzes ergibt sich die strafrechtliche Bedeutung eines **Irrtums** des Täters[1]).

1. Zum Vorsatz gehört, wie oben § 39 II 1 gezeigt, die Kenntnis derjenigen Tatsachen und rechtlichen Beziehungen, die als Tatbestandsmerkmale im gesetzlichen Tatbestande zusammengefaßt und demgemäß für die gesetzliche Deliktsbeschreibung erheblich sind. Daraus folgt: irrtümliche Nichtannahme eines Tatbestandsmerkmales (oder eines Strafschärfungsgrundes) schließt den Vorsatz aus[2]). Es liegt also vorsätzliche Tötung nicht vor, wenn der Täter nicht weiß, daß er auf einen Menschen schießt; es liegt vorsätzlicher Diebstahl nicht vor, wenn der Täter die Eigenschaft der Sache als einer fremden; es liegt vorsätzliche Urkundenfälschung nicht vor, wenn der Täter die Eigenschaft des Schriftstückes als eines für den Rechtsverkehr erheblichen nicht kennt. Ob die irrtümliche Nichtannahme eines Tatbestandsmerkmals auf einer unrichtigen Beurteilung der Tatsachen (der Täter verwechselt die Tiergattungen und glaubt deshalb, ein dem Jagdrecht

---

[1]) *Finger* **1** §§ 45—47 faßt (im Anschluß an *Binding*) den Irrtum als „Grund ausgeschlossener Zurechnungsfähigkeit" auf. Dagegen treffend *v. Bar* Gesetz **2** 361. Nach *Binding* Normen **3** 141 ist die Irrtumslehre ganz unabhängig von der Schuldlehre. Dagegen mit Recht die herrschende Meinung. Vgl. aber auch *Binding* Die Schuld (1919) 63. Daß die Irrtumslehre „nur die Doluslehre, vom negativen Standpunkt aus" betrachtet, ist, betont in Übereinstimmung mit dem Text zutreffend *Frank* § 59 VII; ebenso *Kohlrausch* Irrtum und Schuldbegriff (1903) 8, *Gerland* 104, *Allfeld* 175, *Lobe* Lpz. Komm. Einl. 67, *Graf zu Dohna* Recht und Irrtum (1925) 17; der Sache nach auch *Beling* Grundzüge 46 (vgl. auch Verbrechen 180ff.), *Sauer* Grundlagen 588ff. A. M. *Zimmerl* Lehre vom Tatbest. (1928) 76ff.

[2]) Dies, und nichts anderes ist dem § 59 StGB zu entnehmen. *v. Hippel* Das Bewußtsein der Rechtswidrigkeit (1924) 3 und in seinen früheren Schriften (vgl. VD Allg. T. **3** 548). Daß dabei der Irrtum über rechtliche Beziehungen kein „Subsumtionsirrtum" zu sein braucht, wie *v. Liszt* lehrte, ist oben § 39 zu Note 8 dargelegt. Vgl. dazu auch unten II 2 des Textes.

nicht unterliegendes Tier zu jagen) oder auf einer irrtümlichen Auffassung der auf diese anzuwendenden Rechtssätze (der Täter erkennt zwar richtig die Gattungszugehörigkeit des gejagten Tieres, glaubt aber irrig, daß diese Gattung in den Katalog der jagdbaren Tiere nicht aufgenommen sei) beruht, ist für die rechtliche Tragweite des sich auf Tatbestandsmerkmale beziehenden Irrtums ohne Bedeutung. Die an sich berechtigte Unterscheidung von Tatirrtum und Rechtsirrtum findet, soweit es sich um den Irrtum über Tatbestandsmerkmale handelt, im Gesetz keine Grundlage und wird auch nicht durch die Struktur des Schuldbegriffs überhaupt erfordert[3]). Völlig verkehrt aber ist es, innerhalb des Rechtsirrtums weiter zu unterscheiden zwischen dem Irrtum über Strafrechtssätze und dem Irrtum über andere Rechtssätze und den letzteren, also den außerstrafrechtlichen Rechtsirrtum, mit dem Tatirrtum auf die gleiche Stufe zu stellen. Damit erledigt sich die unter der Führung des Reichsgerichts immer noch weit verbreitete Meinung, daß der Tatirrtum und der außerstrafrechtliche Irrtum den Vorsatz ausschließen, während der strafrechtliche Rechtsirrtum einflußlos bleibt.

2. Zum Vorsatz gehört weiter (oben § 39 II 2) die Kenntnis der Sozialschädlichkeit (der Unerlaubtheit, Ungesetzlichkeit, des Nichtsein-Sollens) der Handlung. Daraus folgt: die irrige Annahme, zur Vornahme der Handlung berechtigt zu sein, schließt den Vorsatz aus. Diese irrige Annahme kann in verschiedener Weise zustande kommen:

a) Der Täter kennt zwar alle zum gesetzlichen Tatbestand gehörigen Tatbestandsmerkmale; er nimmt aber irrigerweise an, daß außerdem Tatumstände vorliegen, die, wenn sie gegeben wären, die Rechtswidrigkeit ausschließen würden[4]). Der Täter weiß zwar, daß

---

[3]) Zustimmend *Weiz* 16. Vgl. ferner *Graf zu Dohna* Recht und Irrtum (1925) 20, der zutreffend dem Irrtum über Tatbestandsmerkmale den Irrtum über das Verbotensein gegenüberstellt, dabei aber leider die irreführende Terminologie „Tatirrtum" für jenen und „Rechtsirrtum" für diesen beibehält. Gegen die Verwendung der im Text abgelehnten Unterscheidung heute die meisten. Vgl. dazu § 39 Note 6. *Wachenfeld* 157, 159 sucht den Unterschied zwischen Tat- und Rechtsirrtum durchzuführen, indem er definiert: „Von einem Rechtsirrtum kann man nur dann sprechen, wenn der Täter über die Rechtmäßigkeit oder Unrechtmäßigkeit seiner Handlung irrte." Und dann: „Tatirrtum ist auch der Irrtum über tatsächliche Rechtsverhältnisse." Aber damit ist alles andere als eine Überwindung der mit jener Unterscheidung auftauchenden Schwierigkeiten erreicht. Vgl. zum Ganzen jetzt namentlich *Weinberg* und *Weiz*.

[4]) Hierüber herrscht heute kaum noch Streit. Daß zur Begründung dieses Satzes die Theorie der negativen Tatbestandsmerkmale nicht erforderlich ist, sagt jetzt auch *Frank* § 59 III 2. Im übrigen stimmen mit dem Text überein: *Allfeld* 169, *Gerland* 105, *v. Hippel* II 339, VD Allg. T. **3** 547ff., *Beling* Grundzüge 46, *Sauer* Grundlagen 606, *Mezger* 320/21, R **21** 189, **33** 32, **54** 36 u. a. Abweichend: *Mayer* 322 (wonach Putativnotwehr möglicherweise den

er einen Menschen tötet, nimmt jedoch irrig an, daß dieser Mensch einen gegenwärtigen rechtswidrigen Angriff auf ihn mache (**Putativnotwehr**). Oder: der Täter weiß zwar, daß er einen Hund (eine Sache) tötet (zerstört), nimmt aber irrigerweise an, daß ihm von diesem Hunde eine Gefahr für Leib und Leben, also ein Schaden droht, der erheblicher ist als der durch die Tötung des Tieres angerichtete (**Putativnotstand**; BGB § 228, vgl. oben § 34 B 1). In Fällen dieser Art kann niemals Vorsatz angenommen werden; möglicherweise liegt Fahrlässigkeit vor (vgl. StGB § 59 Abs. 2 und unten § 41).

b) Der Täter, der in Kenntnis aller den Tatbestand bildenden Tatbestandsmerkmale handelt und auch keineswegs das Vorliegen von Tatsachen annimmt, die das Vorhandensein eines Rechtfertigungsgrundes begründen würden (oben zu a), glaubt irrig, daß er zu diesem Handeln berechtigt wäre, weil er

α) das Handeln schlechthin für erlaubt hält; oder

β) infolge eines Rechtsirrtums an das Vorliegen eines Rechtfertigungsgrundes glaubt.

So handelt nicht vorsätzlich dem § 181 Ziff. 2 zuwider die Mutter, welche dem Bräutigam ihrer Tochter erlaubt, mit dieser in der elterlichen Wohnung den Beischlaf zu vollziehen, sofern sie der Überzeugung ist, daß der geschlechtliche Verkehr zwischen Brautleuten weder gesetz- noch sittenwidrig sei. Vorsätzlich begeht die Körperverletzung nicht der Lehrer, welcher irrig annimmt, daß ihm auch den Untersekundanern gegenüber ein Züchtigungsrecht zustehe. Auch in Fällen dieser Art kann (genau wie zu a) höchstens Fahrlässigkeit angenommen werden[5]).

Vorsatz nicht beseitigt), namentlich aber *v. Liszt* in den früheren Auflagen (§ 41 II 2). Prüft man die Äußerung *v. Liszts* über die Putativnotwehr genau nach, so zeigt es sich, daß sie aus einem Obersatz abgeleitet ist, der mit der Schuldlehre überhaupt nichts zu tun hat, sondern in die Lehre von der Rechtswidrigkeit gehört. *v. Liszt* hat nämlich an den Anfang der Ausführungen zu § 41 II der früheren Auflagen den Satz gestellt: „Der aus dem Gesagten folgende Satz, daß das Merkmal der Rechtswidrigkeit" (!!) „ohne Rücksicht auf den guten oder schlechten Glauben des Täters streng **objektiv zu prüfen** sei, wird nach zwei verschiedenen Richtungen von Bedeutung: 1. . . . 2. Irrige Annahme, daß die rechtswidrige Tat nicht rechtswidrig sei, nützt dem Täter nichts." Hierunter wird dann der Fall der Putativnotwehr gebracht. Man sieht also deutlich, daß *v. Liszt* in diesem Zusammenhang von der objektiven Rechtswidrigkeit spricht, die ganzen Ausführungen demgemäß in seinen § 32 hätte stellen müssen, wo sie Wort für Wort richtig wären; denn die objektive Rechtswidrigkeit ist vom subjektiven Meinen des Täters in der Tat gänzlich unabhängig. In die Schuldlehre gestellt aber mußten die Ausführungen unrichtig wirken; denn das „nützt dem Täter nichts" kann in diesem Zusammenhang naturgemäß nur auf die Frage bezogen werden, ob der Irrtum, von dem *v. Liszt* spricht, dem Täter zur Befreiung vom Vorsatz-Vorwurf verhelfen kann oder nicht.

[5]) Hier sind die Ansichten geteilt. Über das Reichsgericht vgl. oben § 39 Note 6. Es steht natürlich in schroffem Gegensatz zu dem im Text Gesagten.

II. Die Tragweite der zu I aus der Vorsatzlehre abgeleiteten Sätze verdeutlicht sich, wenn man sich klar macht, inwieweit ein dem Täter unterlaufender Irrtum auf den Vorsatz einflußlos bleiben muß.

1. Belanglos ist ein Irrtum über solche Tatumstände, die weder im Sinne des anzuwendenden Tatbestandes noch eines etwa in Betracht kommenden Rechtfertigungsgrundes erheblich sind[6]).

---

1. Mit dem Text: *Allfeld* 167, *Beling* Grundzüge 46, *Gerland* 105, *Binding* Die Schuld (1919) 96/97, *Lobe* Lpz. Komm. Einl. 67, *Sauer* Grundlagen 600. **2.** *Frank* § 59 III 2 läßt den Vorsatz durch einen Irrtum des Täters über das Verbotensein nur dann ausgeschlossen sein, wenn dem Täter dieses Verbotensein nicht bekannt war, aber auch nicht hätte bekannt sein müssen; nach seiner Ansicht läßt also „fahrlässiger Rechtsirrtum den Vorsatz unberührt". Das dürfte auch die Ansicht von *Mayer* 316 und pass. sein. De lege ferenda billigt *Kohlrausch* Reform (1926) 23 diesen Standpunkt, den er auch aus § 13 des AE 1925 herauslesen zu dürfen glaubt. Auf den gleichen dogmatischen Standpunkt läuft auch die Ansicht derer hinaus, die den fahrlässigen Rechtsirrtum über das Verbotensein der Handlung lediglich mittels einer gesetzlich festzulegenden Strafmilderung berücksichtigen wollen. So *v. Hippel* Das Bewußtsein der Rechtswidrigkeit (1924) 10. E 1919 hat diesen Standpunkt zu legalisieren versucht, vermochte aber keine glückliche und einwandfreie Formulierung zuwege zu bringen. *Goldschmidt* hat im § 21 seines Gegenentwurfs (JW 1922 Heft 5) eine solche mit aller Schärfe und Klarheit gefunden, unter den Rechtsirrtum freilich keineswegs bloß die im Text zu dieser Note behandelten Fälle des Irrtums über das Verbotensein, sondern auch die Fälle des Irrtums über ein nicht dem rein Tatsächlichen angehöriges Tatbestandsmerkmal einbezogen. Darin aber kann ihm nicht gefolgt werden. Richtig *Graf zu Dohna* Recht und Irrtum (1925) 21. **3.** Eine Mittelmeinung vertritt *Gleispach* bei *Aschaffenburg* **16** 225. Nach ihm genügt zum Vorsatz das Bewußtsein von der Möglichkeit der Unerlaubtheit. Solange also ein Irrtum über das Verbotensein das Bewußtsein dieser Möglichkeit (Zweifel!) unberührt läßt, bleibt Vorsatz bestehen. — Nach AE 1925 § 13 (scharf bekämpft von *Weinberg*) „schließt ein Irrtum, der den Täter das Unerlaubte seiner Tat nicht erkennen läßt, die Bestrafung wegen vorsätzlicher Begehung aus". Das ist, wie auch die Begründung 1925 S. 15 zeigt, nur im Sinne des Textes auszulegen. Doch ist darüber bereits Streit entstanden! Vgl. *Kohlrausch* Reform (1926) 23 und *Gleispach* a. a. O. Mit dem hier vertretenen Standpunkt *Gerland* Der Entwurf 1925. Allg. T. (1925) 33 und *Beck*, die den § 13 zutreffend so großzügig und erlösend nehmen, wie er ist und sein soll. E 1927 §§ 17 Abs. 2, 19 Abs. 2, 20 und E 1930 § 20 behandeln die im Text unter a genannten Fälle wie der Text; in den zu b genannten Fällen schließen sie sich der Auffassung *v. Hippels* an (Strafmilderung bei unentschuldbarem Rechtsirrtum über das Unrechtmäßige der Tat. Vgl. dazu *Mezger* 338 und *Beck* (letzterer mit berechtigter Kritik).

[6]) A. M. *v. Liszt* in den früheren Auflagen dieses Buches. Er räumte dem Irrtum, der dem Täter bei richtiger Subsumtion der Tat unter das Gesetz bezüglich eines der konkreten Tatumstände unterlief, insofern vorsatzausschließende Bedeutung ein, als der Irrtum ein „wesentlicher" ist. „Wesentlich aber ist der Irrtum, wenn den Täter die Voraussicht des tatsächlichen Verlaufes von der Begehung der Tat abgehalten haben würde." Aus seiner Vorsatzlehre aber war dieser Satz nicht abzuleiten; denn während *v. Liszt* bei dieser in jeder Beziehung auf die Vorstellung der Tatbestandsmerkmale, auf das Kennen des Täters abstellte, gelangte er hier in der Irrtumslehre zu einer weitgehenden Berücksichtigung des Irrtums im Motiv, ohne daß ersichtlich wäre, worin diese ausschlaggebende Berücksichtigung des Motivs bei der Frage nach dem Vorsatz ihren Grund hätte. Vgl. dazu insbesondere *v. Hippel*

a) Hierher gehört zunächst der Irrtum über Einzelheiten des Kausalverlaufs. Bei den Delikten, bei denen der Täter in bestimmtem Sinne kausal werden muß, gehört zum Vorsatz auch das Bewußtsein, daß der Erfolg durch das Verhalten, das der Täter setzt, herbeigeführt werde. Aber wie sich dies im einzelnen abspielt, braucht der Täter nicht zu wissen, es sei denn, daß das Gesetz bestimmte Einzelheiten des Kausalverlaufs im Tatbestande hervorhebt (z. B. in den §§ 243 Ziff. 2, 3, 263 StGB); in diesem letzteren Fall muß sich die Kenntnis des Täters auch auf diese (zu Tatbestandsmerkmalen erhobenen) Einzelheiten beziehen[7]).

Vorsätzlich also tötet A den B, dem er Gift beigebracht hat, wenn er die Eigenschaft des Giftes als Tötungsmittel sich vorgestellt, also gewußt hat, daß das Gift das Leben des B zerstört, ganz gleichgültig, ob das Gift den B nun, wie A annahm und wünschte, auf der Stelle oder ob es ihn erst nach Wochen qualvollsten Siechtums tötet.

Vorsätzliche Tötung wäre auch in folgenden (sehr bestrittenen) Fällen anzunehmen: Der Täter dringt mit geladenem Revolver auf seine Geliebte ein, in der eingestandenen Absicht, sie zu erschießen; im Ringen berührt die Bedrohte selbst unabsichtlich den gespannten Hahn und wird tödlich getroffen. — A wirft den B über die Brücke, um ihn zu ertränken; B schlägt auf den Brückenpfeiler auf und zerschmettert sich die Schädeldecke. — Der Wildschütze legt auf den

---

II 331, VD Allg. T. **3** 546. Dennoch hat *v. Liszt* die im Text unter a bezeichneten Fälle ebenso wie der Text entschieden, weil er den dort maßgebenden Irrtum als einen unwesentlichen ansah. Zu wesentlichen Abweichungen aber mußte *v. Liszt* bei den im Text unter b behandelten Fällen gelangen. Dem Standpunkte *v. Liszts* steht *Mayer* 332 sehr nahe. Den Grundsatz des Textes billigen im wesentlichen *Beling* Grundzüge 46, *Frank* § 59 VII; doch gelangt letzterer (§ 59 IX) hinsichtlich des Irrtums über die Einzelheiten des Kausalverlaufs zu anderen Ergebnissen als der Text. Vgl. nächste Note. *v. Hippel* II 337 Note 2 verkennt, daß der Text Erheblichkeit der Tatumstände „im Sinne des anzuwendenden Tatbestandes" verlangt, also mit ganz festem Maßstab und keineswegs kasuistisch arbeitet.

[7]) Nach den im Text entwickelten Grundsätzen ist auch der nach *Weber* (1826) benannte dolus generalis zu beurteilen (vgl. dazu jetzt *Engisch* 72). Er soll vorliegen, wenn der Täter in der irrigen Voraussetzung, das Verbrechen bereits vollendet zu haben, eine weitere Handlung vornimmt, um die Spuren der Tat zu verdecken usw., und dadurch erst den von ihm ursprünglich vorgesetzten Erfolg herbeiführt. Hier fragt es sich, 1. ob die sämtlichen Teilakte wegen der Einheit des Erfolges als eine einzige Handlung aufzufassen sind; 2. ob deren Ablauf von der Vorstellung des Täters nur in rechtlich unerheblichen Punkten abweicht. Ist beides der Fall, so bedarf es zur Zurechenbarkeit des Erfolges der Annahme einer besonderen Dolusart nicht; ist es nicht der Fall, so vermag auch diese Annahme die einzelnen selbständigen Akte nicht zu verknüpfen. Die Handlungseinheit wird hier freilich meist gegeben sein. *Kohlers* Äquivalenztheorie, GA **66** 97, gelangt im wesentlichen zu dem gleichen Ergebnis. Anders *Allfeld* 177, *v. Bar* Gesetz **2** 358, *Finger* **1** 263, *Frank* § 59 IX, *Mayer* 330.

Jäger an, um ihn zu erschießen; dieser macht unwillkürlich einen Seitensprung und stürzt dabei in den Abgrund[8]).

b) Nach dem Gesagten richtet sich auch die Entscheidung in den Fällen des sog. error in objecto sive persona und der aberratio ictus sive impetus[9]).

α) Der Täter faßt für die Begehung der strafbaren Handlung ein ganz bestimmtes Tatobjekt ins Auge, das er verletzen will, verwechselt aber bei der Ausführung mit diesem ein anderes Objekt und begeht nun an ihm die Tat. A, der durch das Telephon dem B eine Beleidigung zurückgeben will, wird aus Versehen mit C verbunden und beschimpft diesen. D will seinen Todfeind E töten, hält in der Dunkelheit seinen eigenen Sohn F für den E und tötet den Sohn. Hier liegt in beiden Fällen Vorsatz vor, da sich der Irrtum des Täters auf einen in tatbestandlicher Beziehung gleichgültigen Umstand bezieht: A darf den B so wenig wie den C beleidigen; D darf den E so wenig wie den F töten. Die Persönlichkeit des von der Tat Betroffenen spielt weder in § 185 noch in § 211 StGB eine Rolle.

Dagegen würde in folgenden Fällen der error in objecto von Bedeutung sein:

Der deutsche Soldat S erschießt im Gefecht den deutschen Offizier O, den er für den feindlichen Patrouillenführer hält. — A will im Auftrage, also mit Einwilligung des X die diesem gehörige einsam gelegene Feldscheune ihrer Baufälligkeit wegen anzünden, verwechselt sie aber mit der ganz ähnlichen des Y und setzt diese in Brand.

Die Bedeutung des Irrtums ergibt sich hier daraus, daß er in beiden Fällen dem tatsächlich verletzten Objekt gegenüber zur Annahme eines Umstandes führt, der, wenn er — wie bei dem vermeintlich verletzten — gegeben wäre, die Verletzung rechtfertigen

---

[8]) Vgl. zum Ganzen *Engisch* 72ff. und insbes. *Tarnowski* (Lit. zu § 29) 152ff.

[9]) Auch hier gehen die Meinungen auseinander: **1. error in objecto: a**) Wie der Text entscheiden nicht einheitlich, sondern unterscheiden im Hinblick auf die juristische Gleichwertigkeit im Sinne eines Tatbestandes oder Rechtfertigungsgrundes: *Frank* § 59 III 2c, *Lobe* Lpz. Komm. Einl. 67, *Beling* Grundzüge 47, *v. Hippel* VD Allg. T. **3** 543, *Mayer* 327, *Mezger* 313, *v. Hippel* II 333. Richtig auch R **18** 337, **19** 179. **b**) *Gerland* 107, *Wachenfeld* 160 behandeln unzureichend unter error in objecto nur den Irrtum über gleichwertige Objekte. **c**) *v. Liszt* mußte auf Grund seiner oben Note 6 wiedergegebenen Formel beim error in obj. vielfach zu anderen Ergebnissen gelangen. — **2. aberratio ictus: a**) Hier nimmt die herrschende Lehre stets Zusammentreffen eines versuchten vorsätzlichen mit einem vollendeten fahrlässigen Verbrechen an. Vgl. neuestens R **58** 27. **b**) Mit dem Text *Mayer* 330/31, *Frank* § 59 III 2c, *Beling* Grundzüge 47 (jedenfalls bezüglich der gleichwertigen Objekte).

würde. Die Entscheidung muß sich hier also hinsichtlich des Vorsatzes nach dem oben zu I 2 Gesagten richten.

A tötet ohne Überlegung seinen eigenen Vater in der Meinung, seinen Feind Y zu erschießen.

Hier ist die Annahme vorsätzlicher Begehung eines Aszendententotschlages unzulässig; vielmehr führt die Verwechslung gemäß dem oben zu I 1 Gesagten zur Bestrafung aus § 212.

β) Liegt eine Verwechslung des Angriffsobjekts im Augenblick der Tat nicht vor, tritt aber der Erfolg infolge äußerer Umstände an einem anderen als dem vorgestellten Objekt ein, so ist — genau wie zu *α* — ein vorsatzausschließender Irrtum nicht gegeben, wofern nur die Verletzung des getroffenen Objekts derjenigen des vorgestellten strafrechtlich gleichbedeutend ist. A will den B töten; der auf B abgegebene Schuß trifft jedoch den C: A hat den C vorsätzlich getötet. Wenn aber der auf B abgegebene, aber fehlgegangene Schuß die Fensterscheibe des C zertrümmert hat, so entfällt mit der strafrechtlichen Gleichwertigkeit der Objekte die Bedeutungslosigkeit des Irrtums; es kommt nur vorsätzlich versuchte Tötung des B und (straflose) fahrlässige Sachbeschädigung in Betracht.

2. Die Vorstellung des Täters muß die Tatbestandsmerkmale als „Lebenskonkreta" (*Beling*), nicht als juristische Abstraktionen umfassen. Vgl. oben § 39 Note 8. Daraus folgt: Der Subsumtionsirrtum ist bedeutungslos. Der Täter kann sich also nicht damit entschuldigen, daß ihm der Begriff der „Urkunde", wie ihn § 267 nach Rechtsprechung und Rechtslehre verwendet, oder daß ihm der Begriff des „Eigentums" (§ 242!) unbekannt sei, wofern er bezüglich seines Tatobjekts nur diejenigen Tatsachen und Beziehungen kennt, aus denen jene juristischen Begriffe gewonnen werden. Hat sich der Täter über die rechtliche Bedeutung seiner Tat Gedanken gemacht und ist er dabei infolge falscher Rechtsauslegung zu der Ansicht gekommen, sein Tun sei erlaubt, oder hat er die Ungesetzlichkeit seines Verhaltens mangels der erforderlichen Rechtskenntnis verkannt, so liegt der oben zu I 2b erörterte Fall vor. Soweit man hier von einem Subsumtionsirrtum sprechen will, würde er dann als vorsatzausschließend anzuerkennen sein.

3. Was außerhalb des Tatbestandes und seiner Bedeutung für die Rechtswidrigkeit liegt, ist niemals Beziehungsobjekt für die zum Vorsatz notwendige Kenntnis des Täters. Es ist also gleichgültig, ob sich der Täter für zurechnungsfähig oder -unfähig, für schuldhaft oder nicht schuldhaft handelnd gehalten, ob er irrtümlich an das Vorliegen eines persönlichen Strafausschließungsgrundes, einer objektiven Bedingung der Strafbarkeit, einer Prozeßvoraussetzung geglaubt hat. Gleichgültig ist es auch, welche Vorstellungen sich der

Täter über die Rechtsfolgen gemacht hat, die der Staat an die rechtswidrige Handlung knüpft. **Belanglos ist daher vor allem der Irrtum über die Strafbarkeit**[10]).

4. Ohne jede Bedeutung ist endlich die irrige Annahme, daß die nicht rechtswidrige Handlung rechtswidrig sei. Das **Wahnverbrechen** (Putativdelikt) ist nicht Verbrechen, insbesondere auch nicht versuchtes Verbrechen. Das folgt daraus, daß die Rechtswidrigkeit als eine objektive Bewertung der Handlung ohne jede Rücksicht auf das richtige oder falsche Meinen des Täters, lediglich nach den Normen der Rechtsordnung festzustellen ist (vgl. oben § 31). Liegt danach Rechtswidrigkeit nicht vor, so entfällt jeder Anlaß, die Schuldfrage aufzuwerfen, also die Ansicht des Täters über die Rechtswidrigkeit irgendwie strafrechtlich zu beachten[11]).

---

[10]) Ebenso im wesentlichen *Allfeld* 166, *Lobe* Lpz. Komm. Einl. 62, *Wachenfeld* 151, *Köhler* 270, wie überhaupt die gem. M. Vgl. R **61** 31 (Irrtum über Verjährung belanglos). Daß der Irrtum über die Strafbarkeit nicht zu entschuldigen vermag, wird allgemein anerkannt.

[11]) Das Wahnverbrechen wird vielfach mit dem untauglichen Versuch verwechselt; vgl. unten § 45. Auch *Binding* Normen **3** 401 faßt es mit diesem als „umgekehrten Irrtum" zusammen. — Verschieden von dem Wahnverbrechen ist der Verbrecherwahn, bei dem der Täter die Rechtswidrigkeit seiner Handlung kennt, aber, vermeintlich höheren Pflichten gehorchend, sich bewußt über die Rechtsordnung hinwegsetzt. Auch der Verbrecherwahn bleibt ohne Einfluß auf die Beurteilung der Tat. Vgl. MilStGB § 48. Hierher gehört auch das Problem des sog. „Überzeugungsverbrechers". Das ist nach AE 1925 § 71 ein Täter, bei dem „der ausschlaggebende Beweggrund darin bestand, daß er sich zu der Tat auf Grund seiner sittlichen, religiösen oder politischen Überzeugung für verpflichtet hielt". Der AE sieht einen solchen nicht etwa als entschuldigt an, schließt aber ihm gegenüber die Bestrafung mit Zuchthaus und Gefängnis aus und setzt an die Stelle dieser Strafen die Einschließung. Diese Regelung geht auf den Entwurf *Radbruch* (oben § 16 VI) zurück. *Radbruch* hat sich Z **44** 34, sodann in seinem auf dem 34. DJT in Köln gehaltenen Referat (34. DJT **2** 354) für die gesetzgeberische Verwendung des Begriffes „Überzeugungsverbrecher" eingesetzt. Dagegen aber die meisten, insbesondere: *Gerland* Der Entwurf 1925, Allgem. Teil (1925) 89, *Graf Gleispach* Reform (1926) 194, *Erik Wolf* Z **46** 203, **47** 396, *Derselbe* Verbrechen aus Überzeugung 1927, *Höpler* Verhandl. des 34. DJT **1** 58 (Gutachten), *Kohlrausch* 34. DJT **2** 353, *v. Hippel* II 3 Note 3, *Nagler* GS **94** 48. Gegen die Verwendung des Begriffs des Überzeugungsverbrechers spricht die Schwierigkeit der Abgrenzung dieses Typus, das dabei unvermeidliche Inanspruchnehmen individualethischer Gesichtspunkte und die damit zu befürchtende Verwirrung der im Strafrecht allein maßgeblichen sozialethischen Gesichtspunkte. *Graf Gleispach* hat nicht unrecht, wenn er in „extremem Relativismus" und „Individualethik" die Paten des „Überzeugungsverbrechers" sieht. Das Gute an der Idee des „Überzeugungsverbrechers" liegt darin, daß der politische Kampf des Staates gegen seine Gegner ritterlicher gemacht wird, als er es zumeist ist. Freilich muß dafür gesorgt werden, daß auch der Gegner ritterlich kämpft. *Radbruch* sah sich daher in Köln veranlaßt, gewisse Taten, wie den Mord, von der Berücksichtigung durch § 71 AE 1925 auszunehmen. Aber damit werden die Grenzen des Typus „Überzeugungsverbrecher" immer undeutlicher; gerade hier dürfte jede Ausnahme die Regel überhaupt vernichten. Bedenkt man schließlich mit Rücksicht auf die trüben Erfahrungen, die mit § 20 StGB („ehrlose Gesinnung") in der Rechtspflege gemacht sind, die Gefahren, die durch § 71 für die Unparteilichkeit der

Zwei Fälle sind hier möglich, aber in gleicher Weise zu erledigen.

a) Der Täter nimmt irrigerweise die Rechtswidrigkeit einer überhaupt nicht rechtswidrigen Handlung an. Die Frauensperson, die mit Angehörigen ihres Geschlechts widernatürliche Unzucht treibt, ist überzeugt, sich einer rechtswidrigen und strafbaren Sodomiterei schuldig zu machen.

b) Der Täter nimmt irrigerweise an, daß ein Umstand, der die Rechtswidrigkeit einer im allgemeinen rechtswidrigen Handlung ausschließt, nicht vorliege, obwohl er im gegebenen Falle tatsächlich vorhanden ist. Der Lehrherr nimmt irrtümlich an, die Grenzen des ihm zustehenden Zuchtrechts überschritten zu haben.

§ 41. Die Fahrlässigkeit.

Literatur. *v. Bar* Gesetz **2** 435. *Binding* Normen **4**. *Derselbe* GS **87** 257. *v. Hippel* VD Allg. T. **3** 565. *Exner* Das Wesen der Fahrlässigkeit 1910. Dazu *Gutherz* bei *Groß* **39** 90; *Stooß* Schweizer. Z **23** 391 und Österreich. Z **2** 5; *Exner* (Lit. zu § 39); *Kohlrausch* Reform **1** 208; *Körner* GS **82** 53. *Messer* bei *Aschaffenburg* **8** 6. *Galliner* (Lit. zu § 36). *Mannheim* Der Maßstab der Fahrlässigkeit im Strafrecht (Strafr. Abh. Heft 157) 1912. *Köhler* Probleme der Fahrlässigkeit im Strafrecht 1912. Gegen ihn *Kriegsmann* Z **33** 739. *Beschütz* Die Fahrlässigkeit (Strafr. Abh. Heft 76) 1906. *Kuhlmann* Die nicht ausdrückliche Fahrlässigkeit im RStGB. Münstersche Diss. 1912. *Kohler* GA **62** 241. *Klee* GA **62** 394 (preuß. Praxis 1792—1812). *Storch* Über den Begriff, die Arten und die Bestrafung der Kulpa (Strafr. Abh. Heft 171) 1913. *Mezger* GS **89** 250. *Bezold* Z **47** 403. *Mohrmann* Die neueren Ansichten über das Wesen der Fahrlässigkeit (Strafr. Abh. Heft 265) 1929. *Engisch* (Lit. zu § 39).

I. Aus dem allgemeinen Schuldbegriff (oben § 36) ergibt sich, daß durch den Vorsatz nicht alle Möglichkeiten strafrechtlicher Zurechnung zur Schuld (strafrechtlicher Vorwerfbarkeit) erschöpft werden. Nicht nur dann kann rechtswidriges Handeln dem Täter vorgeworfen werden, wenn — Zumutbarkeit rechtmäßigen Handelns unterstellt — er den tatbestandsmäßigen Erfolg und seine Sozialschädlichkeit „vorausgesehen" hat. Vielmehr greift ein Vorwurf auch dann noch Platz, wenn eine Voraussicht des Täters in der einen oder anderen Richtung nicht vorhanden gewesen ist, aber nach Lage der Sache hätte vorhanden sein sollen und können. So gelangen wir zu der neben dem Vorsatz anzuerkennenden zweiten Schuldart, der **Fahrlässigkeit**[1]).

Rechtspflege überaus leicht entstehen können, so wird man sich kaum entschließen können, den § 71 AE 1925 gutzuheißen. Aber auch die in E 1927 (1930) § 72 vorgeschlagene Kompromißlösung kann aus den gleichen Gründen nicht befriedigen. Zustimmend *Gerland* DJZ 1927, 1514. Vgl. zum Ganzen und insbes. zu der Stellungnahme der Entwürfe *Lipmann* Gesinnung u. Strafart. Bonner Diss. 1930, *v. Staff* HdR VI 124.

[1]) Über die wissenschaftlichen Bemühungen, die Fahrlässigkeit als Schuldart und somit als dem Vorsatz kommensurabel zu erfassen, vgl. oben § 36 III 5. Noch heute glaubt *Baumgarten* Aufbau 116 und Schweizer. Z **34** 66 die Fahrlässigkeit nicht unter den allgemeinen Schuldbegriff unterordnen zu können. Zu den Zweiflern gegenüber der Fahrlässigkeit als Schuldart gehörte namentlich auch *Kohlrausch*. Vgl. seine Ausführungen Reform **1** 194 (nament-

Fahrlässiges Handeln liegt vor, wenn der Täter die rechtswidrige Handlung begeht, ohne den tatbestandsmäßigen Erfolg oder seine Sozialschädlichkeit „vorauszusehen" (oben § 39), obwohl ihm nach Lage der Sache diese Voraussicht in beiden Beziehungen und demgemäß ein rechtmäßiges Verhalten an Stelle des rechtswidrigen zugemutet werden kann[2]). Kürzer: **Fahrlässig handelt, wer in pflichtwidriger Nichtvoraussicht der tatsächlichen oder rechtlichen Tragweite seines Verhaltens pflichtwidrig handelt.**

II. Der Begriff der Fahrlässigkeit hat sich als zweite Schuldform auf dem Gebiete des Strafrechts erst allmählich und langsam entwickelt. Einzelne fahrlässige Verbrechen sind es gewesen (so die fahrlässige Tötung), welche Wissenschaft und Rechtsprechung zumeist beschäftigten. So kann es uns nicht wundernehmen, daß die Entwicklung noch immer nicht abgeschlossen ist. Wesentlich ist dem Begriff der Fahrlässigkeit seit den Schriften der mittelalterlichen Italiener die Beziehung der Schuld auf den eingetretenen Erfolg. Wenn BGB § 276 sagt: „Fahrlässig handelt, wer die im Verkehr erforderliche Sorgfalt außer acht läßt", so ist damit der Begriff der Fahrlässigkeit nicht erschöpft. Dasselbe gilt gegen die völlig mißglückte Fassung in VE § 60. Erforderlich ist vielmehr noch der Eintritt eines rechtswidrigen Erfolges, die Voraussehbarkeit dieser Wirkung des Verhaltens, sowie die Möglichkeit, dem Täter an Stelle des rechtswidrigen Verhaltens ein rechtmäßiges zuzumuten. Mit anderen Worten: Der heutige Begriff des fahrlässigen Vergehens beruht darauf, daß der eingetretene Erfolg nicht als Bedingung der Strafbarkeit (unten § 44), sondern als Teil der Handlung selbst aufgefaßt wird. Ebenso KE § 19, E 1919 § 14, E 1927 (1930) § 19. Erst damit tritt die Fahrlässigkeit als zweite Schuldart neben den Vorsatz.

III. Die Fahrlässigkeit unterscheidet sich vom Vorsatz in psychologischer Hinsicht. Erst wo das Gebiet des Vorsatzes mit dem dolus eventualis aufhört, kann mithin das Gebiet der Fahrlässigkeit beginnen. Dementsprechend kann von Fahrlässigkeit keine Rede sein, wo das dem Vorsatz eigentümliche Voraussehen des tatbestandsmäßigen Erfolges und seiner Sozialschädlichkeit in der dem Vorsatz eigentümlichen Verbindung mit dem Handlungswillen vorliegt. Damit wissen wir, wie und wo wir die Unterschiede der Fahrlässigkeit vom Vorsatz zu suchen haben:

Fahrlässigkeit kann nur da in Frage kommen, wo der Täter den tatbestandsmäßigen Erfolg oder seine Sozialschädlichkeit **nicht vorausgesehen** hat. Ein solcher, der Fahrlässigkeit in psychologischer Hinsicht eigenartiger **Voraussichtsmangel** liegt aber dann vor,

---

lich letzter Absatz), 195, 208: „Deshalb enthalten nach meiner Meinung überhaupt keine »Schuld« mehr die Fälle der unbewußten Fahrlässigkeit." Inzwischen aber hat sich *Kohlrausch* von dem Schuldbegriff, wie ihn die damalige herrschende Lehre vertrat, freigemacht, so daß er nunmehr das „fahrlässige" Handeln als „schuldhaftes" Handeln bezeichnet. Vgl. Schweizer. Z **34** 170, insbesondere Note 2, jetzt auch Reform (1926) 25, sowie StGB § **59** 1—3.

[2]) Vgl. über diese „Definition" das oben § 39 Note 2 Gesagte. Auch hier ist „voraussehen" im technischen Sinne, wie er oben § 39 erörtert ist, gebraucht.

wenn dem Täter

1. jede Kenntnis davon gefehlt hat, daß sein Verhalten einen tatbestandsmäßigen Erfolg verwirkliche (A weiß nicht, daß er eine Tötungshandlung an einem Menschen vornimmt); oder

2. jede Kenntnis davon gefehlt hat, daß sein tatbestandsmäßiges Verhalten sozialschädlich (unerlaubt) sei, weil er irrig

a) einen rechtfertigenden Tatumstand (A glaubt, B, den er tötet, greife ihn rechtswidrig an) oder

b) eine allgemeine Handlungserlaubnis für vorliegend ansah (die A hält sich für völlig berechtigt, ihrer Tochter zu geschlechtlichem Verkehr mit dem Bräutigam in ihrer, der A, Wohnung zu verhelfen).

Desgleichen liegt ein solcher Voraussichtsmangel auch dann vor, wenn der Täter

3. sich zwar die Möglichkeit der Tatbestandsmäßigkeit seines Verhaltens vorgestellt hat, aber zu dem assertorischen Urteil gelangt ist: ein tatbestandsmäßiger Erfolg wird nicht eintreten (der Jäger stellt sich die Möglichkeit, den Treiber zu treffen, vor, lehnt sie aber im Vertrauen auf seine Zielsicherheit ab);

4. sich zwar die Möglichkeit der Sozialschädlichkeit (Unerlaubtheit) seines Verhaltens vorgestellt hat, aber zu dem assertorischen Urteil gelangt ist: ein sozialschädliches (unerlaubtes) Verhalten wird nicht vorliegen[3])[4]).

---

[3]) Die im Text unter Ziff. 1 und 2 bezeichneten Fälle begründen die sog. **unbewußte Fahrlässigkeit**, die unter Ziff. 3 und 4 bezeichneten Fälle stellen die der **bewußten Fahrlässigkeit** dar. Das Gesetz hat diese Unterscheidung nicht verwendet. In der Literatur wird sie zumeist gemacht unter Heranziehung des gemeinrechtlichen terminus „negligentia" für jene, „luxuria" für diese Art. In diesem Sinne *Allfeld* 178/79, *Beling* Grundzüge 52, *Gerland* 109/10, *Frank* § 59 VIII 2, *Hafter* 120, *v. Hippel* II 359, *Lobe* Lpz. Komm. Einl. 68/69, *Mezger* 350, *Wachenfeld* 163/64. Gegen die „Halbierung" aber *Binding* Normen 4 312, 408, 471, 473. Der Unterschied der beiden Arten der Fahrlässigkeit besteht jedoch nur „in ihrer Psychologie" (so *Hafter* 120); nicht dagegen ist es zulässig, sie als Abstufung der Schuldschwere nach zu verwerten. So von jeher *v. Liszt* in den früheren Auflagen („denn danach würde der umsichtige Täter, der die entferntesten Folgen ängstlich zuvor erwägt, ungleich strenger behandelt als der gedankenlose Bummler"), ferner *Goldschmidt* Österreich. Z 4 159, *Hafter* 120, *Mayer* 257, *Mezger* 362, *Wachenfeld* 164, wie überhaupt die gem. Meinung. Daher ist es auch durchaus zu billigen gewesen, daß KE § 19, E 1919 § 14 und E 1927 (1930) § 19, die es für nötig halten, Vorsatz und Fahrlässigkeit gesetzlich zu „definieren", zwar die Unterscheidung der beiden Fahrlässigkeitsformen zur Geltung brachten, aber hinsichtlich der Bestrafung keinen grundsätzlichen Unterschied machten. Ebenso *Goldschmidt* in § 19 seines Gegenentwurfs (JW 1922 Heft 5).

[4]) Im Text wird der Mangel an Voraussicht nicht nur auf den tatbestandsmäßigen Erfolg, sondern auch auf die Rechtswidrigkeit bezogen, genau so, wie sich auch beim Vorsatz die Kenntnis des Täters auf die „Tatumstände" des gesetzl. Tatbestands einerseits, auf das Verbotensein andererseits beziehen muß. Wenn A den B tötet, weil er unter Außerachtlassung der gebotenen Vorsicht diesen im Walde für einen Räuber hielt, von dem ihm ein Angriff drohe,

IV. Es leuchtet jedoch sofort ein, daß mit dem zu III geschilderten Voraussichtsmangel der Vorwurf der Fahrlässigkeit nicht ohne weiteres begründet sein kann. Das Nichtvoraussehen usw. kann unvermeidbar gewesen sein (§ 59 Abs. 2 StGB). Es handelt sich mit anderen Worten darum, außer der unter III gegenüber dem Vorsatz festgestellten Unterscheidung noch darzulegen, wodurch sich die Fahrlässigkeit als Schuldart vom Zufall, der keinerlei Vorwerfbarkeit begründet, abhebt[5]). Dazu muß dem psychologischen Fahrlässigkeitselement das normative Schuldelement angegliedert werden. Hierbei aber ergibt sich folgendes:

1. Das normative Schuldelement besteht darin, daß das psychische Verhalten des Täters, welches die Grundlage der konkreten, den strafrechtlich relevanten Erfolg herbeiführenden Willensbetätigung bildet, als fehlerhaft zu bezeichnen ist, weil sich der Täter im Hinblick auf die Gesamtsituation seiner Handlung normgemäß (also anders als tatsächlich geschehen) hätte motivieren können. Es muß also die Pflichtwidrigkeit der tatsächlich erfolgten Handlung feststellbar sein. Die Feststellung pflichtwidriger Motivation kann aber gegenüber einer Willensbetätigung, die sich gerade durch einen der unter III beschriebenen Voraussichtsmängel auszeichnet, nie ohne weiteres erfolgen. Wenn A nicht vorausgesehen hat, daß sein Schuß einen Menschen töten werde, so hat es nur dann einen Sinn, im Hinblick auf das Tötungsverbot die Fehlerhaftigkeit (Pflichtwidrigkeit) seiner zur Abgabe des Schusses führenden Motivation zu prüfen, wenn sich zuvor sagen läßt: A hätte die Tötung des Menschen voraussehen sollen und können. Mit anderen Worten: Neben das der Fahrlässigkeit eigene, in einem Voraussichtsmangel bestehende psychologische Schuldelement muß, damit von der Fahrlässigkeit als einer Schuldart gesprochen werden kann, ein zweifaches normatives Schuldelement[6]) gesetzt werden; zunächst ein solches, das

---

während B ganz harmlos botanisierte, so tötet A den B zwar nicht vorsätzlich, wohl aber fahrlässig. „Töten" im strafrechtlichen Sinne bedeutet ja nicht schlechthin und ohne jede Wertbezogenheit „den Tod verursachen", sondern „tatbestandsmäßig rechtswidriges Töten". Vgl. dazu oben § 31/32 und die treffenden Bemerkungen *Belings* Grundzüge 52. An Stelle des in diesem Zusammenhang vielfach (*Allfeld* 181, *Engisch* § 17, *Beling* Grundz. 52, auch die vor. Aufl. dieses Buches) genannten Gegensatzes „Tatfahrlässigkeit — Rechtsfahrlässigkeit" ist aber (vgl. oben § 40 Note 3) besser zu setzen der Gegensatz: Fahrlässigkeit in bezug auf gesetzliche Tatumstände — Fahrlässigkeit in bezug auf das Verbotensein der Handlung.

[5]) Treffend *v. Hippel* VD Allg. T. 3 567. Vgl. auch *Exner* 193.

[6]) Vgl. hierzu namentlich *Goldschmidt* Österreich. Z 4 151 ff. *Goldschmidt* behandelt hier die unbewußte Fahrlässigkeit in Parallele zum unechten Unterlassungsdelikt (vgl. oben § 30 III und § 32 C). Wie bei diesem doppelte Rechtswidrigkeit, ist bei jener ein doppeltes normatives Schuldelement erforderlich. Der Text stimmt mit der Auffassung *Goldschmidts* insoweit überein, als Über-

jenen Voraussichtsmangel als solchen als fehlerhaft, als pflichtwidrig, als „Unvorsichtigkeit" erscheinen, sodann das allgemeine, auch dem Vorsatz eigene normative Schuldelement, das den gesamten, mit jenem fehlerhaften Voraussichtsmangel behafteten Motivationsprozeß des Täters als fehlerhaft (pflichtwidrig) erscheinen läßt. Soll aber der unter III beschriebene Voraussichtsmangel als solcher fehlerhaft sein, so muß der Täter im Widerspruch zu einem rechtlichen **Voraussichtsgebot** ohne die von ihm erwartete Erfolgsvoraussicht geblieben sein [7]). Es muß also

a) eine Rechtsnorm vorhanden sein, die dem Täter eine Voraussicht gerade in der Richtung gebietet, in der der konkrete Voraussichtsmangel liegt. Im einzelnen bedeutet das:

α) Fehlt dem Täter die Kenntnis der Tatbestandsmäßigkeit (er weiß nicht, daß seine Handlung tödlich wirkt), so muß jene Rechtsnorm dahin gehen, daß der Täter sich bei Vornahme dieser konkreten Handlung den Tod eines Menschen in kausaler Verknüpfung mit seiner Handlung vorstellen soll;

β) Fehlt dem Täter die Kenntnis der Sozialschädlichkeit seiner in ihrer Tatbestandsmäßigkeit erkannten Handlung, so muß ihm rechtlich geboten sein:

einerseits: daß er das Tatsächliche der Handlungssituation so richtig beurteilen soll, daß er zur irrigen Annahme der tatsächlichen Voraussetzungen eines Rechtfertigungsgrundes nicht gelangen kann (er soll harmlos botanisierende Waldspaziergänger von angriffslüsternen Brieftaschenräubern richtig unterscheiden);

---

einstimmung mit seiner Lehre vom normativen Schuldelement überhaupt besteht; vgl. dazu oben § 36. Eine Abweichung ergibt sich insbesondere daraus, daß auch hier ohne Konstruktion einer besonderen Pflichtnorm vorgegangen und daß die Doppeltheit des normativen Schuldelements gleichmäßig bei beiden Arten der Fahrlässigkeit, also auch bei der bewußten, betont wird. Vgl. dazu jetzt *Goldschmidt* Festg. f. *Frank* I 438. Nur die an *Goldschmidt* sich anlehnende Auffassung des Textes dürfte eine Erklärung dafür geben, wie wir in der Lehre von der Fahrlässigkeit dazu kommen, außer den vom Täter verletzten Strafrechtssätzen noch besondere Vorsichts-Rechtsnormen heranzuziehen und ihre Einwirkung auf die Seele des Täters zu untersuchen. Der Sache nach stimmt die herrschende Lehre mit dem Text überein, indem nicht nur eine Rechtspflicht zum Vorsichtigsein verlangt, sondern auch auf die Frage abgestellt wird, ob der Täter zur Voraussicht des Erfolges gelangen „konnte", d. h. aber nichts anderes als: ob dem Täter eine Befolgung der Rechtspflicht zum Vorsichtigsein zugemutet werden konnte.

[7]) Übereinstimmend die herrschende Lehre. Vgl. *Allfeld* 178/79: „Außerachtlassung der pflichtgemäßen Vorsicht" (die doch also wohl rechtlich geboten sein muß); *Exner* 193; *Gerland* 108; *Mayer* 254 (ohne allerdings der Doppelseitigkeit des normativen Schuldelements gerecht zu werden); *v. Hippel* II 360/61, VD Allg. T. 3 569; *Mezger* 358; besonders klar und präzise aber auch hier *Frank* § 59 VIII 4. Gegen die Kritik von *Engisch* 276/77 vgl. die Ausführungen von *Goldschmidt* Festg. f. *Frank* I 438 Note 2.

andererseits (sofern der vorstehend bezeichnete Tatsachenirrtum nicht in Frage kommt): daß er seine Handlung im Hinblick auf ihre Sozialschädlichkeit überhaupt richtig einschätzen soll (die Mutter, die der Tochter den geschlechtlichen Verkehr mit dem Bräutigam in der elterlichen Wohnung ermöglicht, soll sich darüber vergewissern, daß eine solche Handlung unerlaubt ist).

γ) Stellt sich der Täter die Möglichkeit der Tatbestandsmäßigkeit seines Verhaltens vor, so muß das Rechtsgebot dahin gehen, aus dieser Kenntnis den richtigen Schluß auf die Sicherheit des tatsächlichen Erfolgseintritts zu ziehen.

δ) Stellt sich der Täter die Möglichkeit der Sozialschädlichkeit seiner als tatbestandsmäßig erkannten Handlung vor, so muß das Rechtsgebot auf zuverlässige Sicherheit der sozialen Einschätzung gerichtet sein.

Es fragt sich nun aber, woher diese Rechtsgebote zur Erlangung bestimmter Erfolgsvorstellungen kommen[8]). Sie treten tatsächlich in Massen an jeden Menschen heran. Sie sind zum großen Teil in der rechtlich anerkannten (BGB § 276!) Verkehrssitte enthalten, teils in einer Fülle einzelner Rechtsnormen, die in Form von Spezialgesetzen, Dienstinstruktionen, polizeilichen Reglements und sonstigen, das Verhalten im allgemeinen oder in einzelnen beruflichen, amtlichen, gewerblichen Beziehungen regelnden Normen ergehen. Es handelt sich dabei nicht um eine allgemeine Sorgfaltspflicht[9]), sondern um zahlreiche, aus den einzelnen Situationen sich ergebende besondere Sorgfaltspflichten.

b) Aber die Existenz dieser Voraussichtsgebote allein läßt den Mangel an Voraussicht, zu dem es der Täter unter Verstoß gegen das einzelne Voraussichtsgebot hat kommen lassen, nicht als fehlerhaft erscheinen. Nicht eine zweite Rechtswidrigkeit[10]), sondern eine zweite Pflichtwidrigkeit muß (neben dem allgemeinen normativen Schuldelement) in der Fahrlässigkeit aufgezeigt werden. Es muß daher festgestellt werden können, daß der Täter pflichtwidrig gegen das Voraussichtsgebot verstoßen hat, daß er also nicht allein ohne rechtlich gebotene Voraussicht, sondern „unvorsichtig" gehandelt hat. Das aber ist nur dann der Fall, wenn das Voraus-

---

[8]) Treffend *Frank* § 59 VIII 4. *Goldschmidt* greift auch hier zur Konstruktion von Pflichtnormen. Vgl. dazu oben Note 6. Vgl. auch *Exner* 195, *v. Hippel* VD Allg. T. **3** 570, R **59** 318. Über *Engisch* s. Note 7.

[9]) So richtig *Goldschmidt* Österreich. Z **4** 157, *Exner* 85, *Frank* § 59 VIII 4, *v. Hippel* II 361, *Mayer* 254. Abweichend früher *Graf zu Dohna* GS **65** 323; vgl. aber *Denselben* jetzt Z **32** 337. Würde mit der Fahrlässigkeit immer nur ein Verstoß gegen dieselbe einheitliche und allgemeine Sorgfaltspflicht gegeben sein, so gäbe es überhaupt keine crimina culposa, sondern nur ein crimen culpae.

[10]) Bedenklich *Exner* 193. Treffend betont *v. Hippel* II 360ff. die „pflichtwidrige" Unvorsichtigkeit.

sichtsgebot in der in Betracht kommenden Situation im Motivationsprozeß des Täters bestimmend hätte wirken **können**, so daß der Täter zu der seinen Voraussichtsmangel beseitigenden Kenntnis der Tatbestandsmäßigkeit und Sozialschädlichkeit seiner Handlung hätte gelangen können. Es muß also dem Täter die Befolgung des Voraussichtsgebotes und demgemäß die Erlangung der (bei ihm tatsächlich nicht vorhanden gewesenen) Voraussicht des „Erfolges" im Hinblick auf seine individuellen[11]) geistigen Fähigkeiten billigerweise zugemutet[12]) werden können. Erst wenn dies der Fall ist, kann gesagt werden, daß des Täters konkreter Voraussichtsmangel ein pflichtwidriger, ein fehlerhafter gewesen ist. Erst jetzt aber besteht auch die Möglichkeit und hat es überhaupt Sinn,

2. den die schädigende Handlung selbst auslösenden und darum strafrechtlich interessierenden Motivationsprozeß[13]), einschließlich des pflichtwidrigen Voraussichtsmangels, auf seine Pflichtwidrigkeit zu prüfen, also nach dem Vorliegen des allgemeinen normativen Schuldelements zu fragen. Es ergibt sich mithin eine bemerkens-

---

[11]) Sehr streitig. Für den individuellen Maßstab *Allfeld* 180, *Beling* Grundzüge 52, *Exner* 179ff., *Gerland* 109, *v. Hippel* II 362/63, VD Allg. T. **3** 568, *Mayer* 255, *Mezger* 359, *Frank* § 59 VIII 5, *Lobe* Lpz. Komm. Einl. 70, R in ständiger Rechtsprechung; vgl. namentlich die berühmten Entscheidungen R **30** 25, **36** 78, 334 und neuerdings **58** 27, **60** 349. Gegen den individuellen Maßstab *v. Bar* Gesetz **2** 448, *Kohlrausch* Sollen und Können als Grundlagen der strafrechtl. Zurechnung (1910), 24ff., *Derselbe* Reform **1** 211, *Mannheim* 42. Eine Mittelmeinung vertritt *Wegner* HdR II 379/80. — Der individuelle Maßstab ist erforderlich, da es sich hier nur um die Frage handelt, ob der Täter den Erfolg voraussehen konnte, ob er also namentlich im Hinblick auf seine intellektuellen Fähigkeiten imstande war, zu einer Voraussicht des Erfolges zu gelangen. Wollte man hier auf den „Durchschnittsmenschen" abstellen, so würde man ungerechterweise den Dummen zu streng und den besonders Begabten zu milde behandeln. Auf den Durchschnittsmenschen kann nur bei der Frage abgestellt werden, ob — die Zumutbarkeit der Erfolgsvoraussicht unterstellt — vom Täter ein Vermeiden der Erfolgsherbeiführung erwartet werden konnte. *Wegner* behandelt das Voraussehen- und das Vermeidenkönnen zu Unrecht gleich. Treffend *Kriegsmann* Z **29** 524, *Mezger* 359, *Exner* Festg. f. *Frank* I 569, *v. Hippel* II 363 (Note 3), *Frank* § 59 VIII 5. Vgl. auch *Engisch* 419ff.

[12]) Vgl. insbes. *Frank* § 59 VIII 5, *Goldschmidt* Österreich. Z **4** 149ff., *Freudenthal* Schuld und Vorwurf (1922) passim. — Zu beachten ist, daß schon die Übernahme einer Tätigkeit den Vorwurf pflichtwidriger Unvorsichtigkeit hervorrufen kann, wenn der Täter sich hätte sagen sollen und können, daß er den mit der übernommenen Tätigkeit verbundenen Anforderungen an Wissen und Können nicht gewachsen sein würde. Ebenso R **59** 355, **64** 263 sowie die gem. M.

[13]) Das hatte *Mezger* GS **89** 255 übersehen, der darum damals zu einer kaum zutreffenden Auffassung von der Fahrlässigkeit gelangt war, jetzt aber seine Auffassung berichtigt hat (vgl. *Mezger* 356 Note 23). Immerhin bestehen gegen seinen Versuch, in jeder Fahrlässigkeit schlechthin ein Moment bewußten pflichtwidrigen Wollens zu finden, Bedenken; vgl. dazu namentlich *Engisch* 374, 396ff. *Köhlers* und *Engelmanns* Konstruktionen der Fahrlässigkeit gehen ähnliche Wege wie die *Mezgers;* s. auch dazu *Engisch* a. a. O.

werte Abhängigkeit der beiden, der Fahrlässigkeit eignenden normativen Schuldelemente, und zwar in verschiedener Beziehung:

a) Wenn das Vorsichtsgebot den Täter zu aller gebotenen Vorsicht motiviert hat, trotzdem aber die Vorstellung des tatbestandsmäßigen Erfolges sich in dieser Situation nicht hat einstellen können, so kommt ebenfalls ein Wirksamwerden der durch seine Herbeiführung verletzten Rechtsnorm und damit schuldhaftes Verhalten nicht in Frage[14]).

b) Falsch wäre es dagegen, in den Fällen, wo der Täter pflichtwidrig das Vorsichtsgebot außer acht läßt, nun ohne weiteres zu folgern, daß ihm ein Vermeiden dieses Erfolges, also ein rechtmäßiges Verhalten hätte zugemutet werden können; vielmehr ist das zweite normative Schuldelement stets selbständig, und zwar in genau der gleichen Weise, wie beim Vorsatz, zu prüfen[15]).

[14]) **Beispiel:** Der Automobilist A hat beim Überqueren einer sog. „Einbahnstraße" den Radfahrer R überfahren und getötet. A hatte der Verkehrsordnung genau entsprechend die Straßenkreuzung in langsamem Tempo genommen und sich dabei der Gefahrlosigkeit des Überquerens der Einbahnstraße dadurch versichert, daß er nach derjenigen Richtung Ausschau hielt, aus welcher auf dieser Einbahnstraße allein Fuhrwerke usw. der Verkehrsregelung entsprechend kommen durften. R aber fuhr der Verkehrsregelung zuwider die Einbahnstraße in falscher Richtung entlang und war daher von A nicht bemerkt worden. Die Vorsichtsgebote der Verkehrsregelung haben hier den A zu aller gebotenen Vorsicht motiviert. Dennoch aber hat sich (mit Rücksicht auf das unrichtige Verhalten des R) die Voraussicht des Erfolges nicht einstellen können. Ein Vorwurf aus der Tötung kann dem A daher nicht erwachsen.

[15]) **Beispiel:** Die M läßt ihr 3jähriges Kind K allein in der Wohnung, während sie auf Arbeit geht. Sie macht sich keine Gedanken darüber, was das Kind anstellen könnte und daß es leicht auf Tisch und Stühle klettern und sich durch einen Sturz schweren Schaden zuziehen könnte. Tatsächlich zieht sich K durch Sturz vom Tisch eine Gehirnerschütterung zu. Fahrlässige Körperverletzung seitens der M, begangen durch Nichtbeaufsichtigung und Nichtbeseitigung der Verletzungsmöglichkeiten? Die M hat die Verletzung nicht vorausgesehen, hätte sie aber voraussehen sollen (Vorsichtsgebot, enthalten in ihrer gesetzlichen Fürsorgepflicht) und auch können (sie besaß die erforderl. geistigen Fähigkeiten). Sie hat also das Voraussichtsgebot pflichtwidrig verletzt; sie ist „unvorsichtig" gewesen; das erste normative Schuldelement liegt vor. Dennoch ist nicht notwendig gesagt, daß das Nichthindern des Erfolges ihr zur Fahrlässigkeit zuzurechnen sei. Wenn sie nämlich gar keine andere Wahl hatte, als auf Arbeit zu gehen und mangels jeglichen Beistandes das Kind allein zu Haus zu lassen, komme was wolle, so kann ihr ein anderes Verhalten, also ein Verhindern des Erfolges selbst für den Fall nicht zugemutet werden, daß sie durch gehöriges Nachdenken zur Erfolgsvorstellung gelangt wäre. Infolgedessen entfällt hier mit dem zweiten normativen Schuldelement der Schuldvorwurf der Fahrlässigkeit. — Der Zumutbarkeit eines Andershandelns hat auch R bei der Fahrlässigkeit Rechnung getragen. Vgl. R **50** 25, **36** 78, 334, **58** 27. Was aber sowohl in der Judikatur wie in der Literatur zu vermissen ist, das ist ein Auseinanderhalten der beiden normativen Schuldelemente. In dieser Hinsicht sind die Entscheidungen des R nicht immer klar. Sehr beachtlich aber R **59** 341. Ganz unrichtig *Mohrmann* 67—69, der R **30** 25 falsch versteht und dem Text nicht im mindesten gerecht wird.

Zu beachten ist insbesondere noch, daß eine Zurechnung zur Fahrlässig-

Das gegenseitige Verhältnis der beiden normativen Schuldelemente in der Fahrlässigkeit bestimmt sich also dahin, daß das zweite niemals ohne das erste gegeben sein kann (der Fall zu a), daß aber sehr wohl das erste ohne das zweite vorliegen kann (der Fall zu b).

3. Indem aber nun in dieser Weise gezeigt ist, daß auch bei der Fahrlässigkeit das allgemeine normative Schuldelement (allerdings nur unter Vermittlung eines zweiten, besonderen, in der pflichtwidrigen Voraussichtsvernachlässigung, der „Unvorsichtigkeit", enthaltenen normativen Schuldelements) die gleiche Rolle, wie beim Vorsatz, spielt, ist einmal dargelegt, daß die Fahrlässigkeit trotz ihrer völligen psychologischen Andersartigkeit dennoch mit dem Vorsatz kommensurabel ist, also wie dieser als echte Schuldart behandelt werden darf; ferner ergibt sich damit aber auch, daß die Fahrlässigkeit genau wie der Vorsatz, auf den Charakter, auf die Gefährlichkeit im sozialen Sinne zurückgeführt werden kann; kommt doch in der Fahrlässigkeit eine (zahlreicher Abstufungen fähige) Gleichgültigkeit gegen die Anforderungen des sozialen Lebens, demgemäß wie beim Vorsatz eine asoziale Gesinnung des Täters zum Ausdruck[16]).

V. Alle Vorschriften der Rechtsordnung sind an sich der fahrlässigen Übertretung fähig. Aber nicht jede fahrlässige Übertretung wird von dem geltenden Rechte mit Strafe belegt. Es bildet im Gegenteile die Bestrafung fahrlässiger Vergehen eine Ausnahme, die nur dann als gegeben anzunehmen ist, wenn der Wille, auch

---

keit nicht ohne weiteres schon dann möglich ist, wenn der Täter weiß, daß sein Verhalten als solches (abgesehen von der nicht vorausgesehenen Veränderung in der Außenwelt) rechtswidrig ist. Der Täter ist in einer Stadt bewußt „übermäßig schnell gefahren" (§ 366 Ziff. 2) und hat dabei den Wagen über ein Kind hinweggehen lassen, so daß dieses starb. Aus der Tatsache, daß der Täter die Rechtswidrigkeit seines übermäßig schnellen Fahrens im Sinne des § 366 Ziff. 2 kennt, folgt noch nicht, daß der Tod des Kindes, für den sein Verhalten zweifellos kausal ist, ihm zur Fahrlässigkeit zugerechnet werden muß. Es gibt kein „versari in re illicita". Vgl. *v. Hippel* VD Allg. T. **3** 571, *Frank* § 59 VIII 6, *Mezger* 357, *Kohlrausch* StGB § **59** 3 I.

[16]) Der Text sieht also mit *Exner, Engisch* u. a. „in der Bestrafung der Fahrlässigkeit ein unmittelbares Unwerturteil über die Wesensart des Handelnden" (*Mezger* 353). Vgl. auch *Exners* Besprechung von *Engischs* Buch bei *Aschaffenburg* **22** 53. Vgl. zu der materialen Fahrlässigkeitslehre des Textes und ihren formalen Gegenlehren *Köhler* 23ff., *Mezger* 353, *v. Hippel* II 374, *Mohrmann* 11ff. Wenn *v. Hippel* meint, die „Gleichgültigkeit gegenüber den Anforderungen des soz. Zusammenlebens" sei „das Wesen aller Schuld, nicht der Fahrlässigkeit insbesondere", so trifft das durchaus zu. Vgl. oben den Text. Es kommt ja auch gerade bei der Zurückführung der Fahrl. auf den Charakter und die Gefährlichkeit darauf an, zu zeigen, daß das, was den materialen Gehalt der Schuld ausmacht, auch bei der Fahrl. gegeben ist. Nur darum ist ja bei ihr ein rechtlicher Vorwurf möglich und kann sie als Schuldart aufgefaßt werden. Gerade das aber hat der formalen, nur die psycholog. Momente der Fahrl. berücksichtigenden Auffassung so große Schwierigkeiten gemacht.

die fahrlässige Übertretung zu bestrafen, ausdrücklich im Gesetze ausgesprochen oder aus dem Zusammenhange der gesetzlichen Bestimmungen zu entnehmen ist[17]).

VI. Zum Vorsatz ist Vorstellung sämtlicher unter den Verbrechensbegriff fallender Tatbestandsmerkmale (mit Einschluß des Erfolges) erforderlich. Fehlt auch nur eins dieser Begriffsmerkmale in der Vorstellung, so ist der Vorsatz ausgeschlossen, und es kann Fahrlässigkeit vorliegen. Genau betrachtet, würden daher jedem einzelnen vorsätzlichen Verbrechen begrifflich eben soviele fahrlässige Vergehen entsprechen, als jenes Verbrechen Begriffsmerkmale hat; und nichts würde den Gesetzgeber hindern, nur eins oder das andere der fahrlässigen Vergehen mit Strafe zu belegen, die übrigen aber straffrei zu lassen. So würden der vorsätzlichen Tötung eines Menschen zwei Fälle des fahrlässigen Vergehens entsprechen: 1. Der Täter weiß, daß er tötet; aber nicht, daß er einen Menschen vor sich hat. 2. Er weiß, daß er gegen einen Menschen handelt; aber nicht, daß er tötet. Die Gesetzgebung hat von dieser Unterscheidung im allgemeinen keinen Gebrauch gemacht. Wohl aber ist es geschehen bezüglich der Sachhehlerei in § 259 StGB (unten § 147).

VII. Grade der Fahrlässigkeit. Das geltende Recht hat in zwei Fällen die Fahrlässigkeit als eine schwerere dann behandelt, wenn der Täter zu der von ihm außer acht gelassenen Sorgfalt „vermöge seines Amtes, Berufes oder Gewerbes besonders verpflichtet" war (StGB §§ 222 und 230, Tötung und Körperverletzung). Hierher gehören auch die „ärztlichen Kunstfehler". Für die sehr bestrittene Frage, was im StGB mit dieser Fahrlässigkeitsqualifizierung gemeint ist, dürfte es von Bedeutung sein, daß das Gesetz von einer auf Amt, Beruf oder Gewerbe beruhenden „besonderen Pflicht" zur Sorgfalt, daß es dagegen nicht von einer Pflicht zu „besonderer Aufmerksamkeit" spricht. Die Intensivierung der Verpflichtung ist aber nur dann und so lange anzunehmen, als der Täter in concreto bei einer in den Kreis der Amts-, Berufs-, Gewerbeverrichtungen fallenden Tätigkeit begriffen

[17]) Vgl. R **22** 43, *Lobe* im Lpz. Komm. Einl. 71. Das StGB bedroht die fahrlässige Begehung mit Strafe ausdrücklich in folgenden Fällen: StGB §§ 222 und 230 Tötung und Körperverletzung; §§ 121 und 347 Entweichenlassen von Gefangenen; § 163 Falscheid; § 259 Partiererei; §§ 309, 311, 314, 316, 318, 326, 329 Gemeingefährliche Verbrechen; § 345 Vollstreckung einer nicht zu vollstreckenden Strafe. Dazu treten verschiedene Nebengesetze. — Für den polizeilichen Ungehorsam genügt im allgemeinen Fahrlässigkeit; doch bedarf Wortlaut und Sinn des Gesetzes stets genauer Prüfung. Vgl. *Goldschmidt* Verwaltungsstrafrecht (oben § 26 V) 475, 476. A. M. *v. Hippel* II 368—370, *Mezger* 362, auch R **49** 116. — KE § 392 und E 1919 § 407 lassen bei Übertretungen fahrlässiges Handeln genügen, es sei denn, daß das Gesetz selbst Vorsatz verlangt oder, wie KE, nicht aber E 1919 fortfährt, unzweideutig voraussetzt. Wie E 1919 auch AE 1925 § 347, E 1927 (1930) § 378.

war. Es ist nicht einzusehen, wie außerhalb dieses Kreises eine besonders strenge Pflicht sollte begründet werden können. Was nun zu den Amts- usw. Verrichtungen zu rechnen ist, beantwortet sich nach dem, was für das in Betracht kommende Amt usw. wesentlich ist. Für den Beruf eines Arztes wesentlich sind seine medizinischen Anordnungen, Untersuchungen, Verrichtungen; nicht aber die Art seiner Fortbewegung zum Kranken oder zur Arbeitsstätte. Eine Ausdehnung der besonderen Sorgfaltspflicht auf Hilfsverrichtungen setzt also voraus, daß diese immer noch das typische Gepräge des in Betracht kommenden Amtes usw. tragen. Auch solche Tätigkeiten, die nicht in amtlicher, beruflicher, gewerblicher Funktion erfolgen, wie etwa der Sonntagsausflug des Fuhrunternehmers mit Pferd und Wagen, fallen nicht unter die §§ 222, 230 Abs. 2. Auf Urlaub und in den Arbeitspausen hört eben die besonders strenge pflichtmäßige Inanspruchnahme auf[18]).

VIII. Eine eigenartige, in ihrer strafrechtlichen Bedeutung sehr umstrittene Fahrlässigkeitshaftung kennt § 21 des RG über die Presse vom 7. Mai 1874. Voraussetzung ist das objektive Gegebensein eines Preßdelikts (vgl. oben § 36 VII 1). Sofern bei einem solchen der verantwortliche Redakteur, der Verleger, der Drucker, der Verbreiter nicht bereits nach § 20 als Täter oder Teilnehmer zu bestrafen sind (oben § 36 VII 1), sind sie „wegen Fahrlässigkeit" zu strafen, wenn sie nicht die Anwendung der pflichtgemäßen Sorgfalt nachweisen oder Umstände dartun, die diese Anwendung unmöglich gemacht haben. Damit ist nicht, wie in den früheren Auflagen zu § 43 III gelehrt worden ist, bezüglich aller „Preßvergehen" die Fahrlässigkeit als zulässige und genügende Schuldart anerkannt,

---

[18]) Der Text folgt, im Gegensatz zur 25. Aufl., nunmehr im wesentlichen *Frank* § 222 II in dem Bemühen, aus dem Gesetz bestimmte Grenzen der qualifizierten Fahrl. zu entnehmen. Ähnlich auch *Schwartz* § 222 Note 4. Ob der Gewerbebetrieb oder der Beruf erlaubter- oder unerlaubterweise ausgeübt werden, spielt keine Rolle. Das Reichsgericht gelangt zu einer viel ausgedehnteren Anwendung der §§ 222, 230 Abs. 2. Zwar betont auch R **62** 123, daß diese Bestimmungen von einer „besonderen Pflicht zur Aufmerksamkeit" und „nicht" von einer „Pflicht zu erhöhter Aufmerksamkeit" sprechen; aber in Wahrheit schwebt dem R der Gedanke vor, daß die durch Amt und Beruf gesteigerte „Erfahrung, Übung und Vorbildung" den Täter zu einem Menschen mache, von dem dauernd mehr Umsicht und Aufmerksamkeit zu erwarten sei als von anderen. In R **54** 234 (235!) kommt das deutlich zum Ausdruck. Daher die weite Auslegung des Begriffs der Hilfsverrichtungen, daher die verschärfte Fahrlässigkeitshaftung „auch auf die . . . im Einzelfalle außerhalb der Berufs- oder Gewerbeausübung vorgenommenen Handlungen" (R **59** 270) mit der ausdrücklichen Begründung: „weil auch dabei die im § 230 Abs. 2 vorausgesetzte bessere Einsicht und Sachkunde fortbesteht". Vgl. aus früherer Zeit R **27** 167, **34** 65, **36** 405. In der Literatur große Meinungsverschiedenheiten. *Binding* Normen **4** 486 billigt den Standpunkt der Praxis; ebenso *Olshausen* § **222** 8 u. 9. Gegen R vgl. *Bezold, Gerland* 362, *Wachenfeld* 315, in gewissem Sinne auch *Ebermayer* Lpz. Komm. § 222 Note 11.

sondern ein besonderes, der Presse eigentümliches Fahrlässigkeitsvergehen geschaffen. Das Nähere gehört daher nicht in die Lehre von der Fahrlässigkeit, sondern in den Besonderen Teil. Die herrschende Lehre (*Kitzinger*, *Conrad*, *Mannheim*, *Häntzschel* und R) stehen auf dem gleichen Standpunkt, wie er nunmehr hier vertreten ist.

§ 42. Schuldausschließung infolge Nichtzumutbarkeit rechtmäßigen Verhaltens.

Literatur. Vgl. die oben zu §§ 34 und 36 angegebenen Schriften, insbesondere *Goldschmidt* Österreich. Z **4** 129, *Freudenthal* Schuld und Vorwurf 1922. *Daniel* Der Irrtum über Strafminderungsumstände 1911. *Martens* Der Irrtum über Strafmilderungsgründe (Strafr. Abh. Heft 246) 1928. Dazu *Erik Wolf* bei *Aschaffenburg* **20** 665. Vgl. auch *Binding* Normen **3** 313.

I. Die Möglichkeit eines Schuldvorwurfes entfällt, wenn der Täter

1. zurechnungsunfähig ist; vgl. oben §§ 37, 38;

2. wenn er sich in einem den Vorsatz ausschließenden Irrtum befand (oben § 40) und die infolge dieses Irrtums etwa gegebene Fahrlässigkeit nicht strafbar ist oder wenn der Irrtum entschuldbar ist, so daß auch Fahrlässigkeit nicht angenommen werden kann;

3. endlich auch dann, wenn dem Täter, obwohl er die tatsächliche und rechtliche Tragweite seines Verhaltens überblickt hat oder obwohl er sie wenigstens hätte überblicken sollen und können, ein rechtmäßiges Verhalten nicht zugemutet werden kann; wenn also nicht erwartet werden kann, daß die Vorstellung des tatbestandsmäßigen Erfolges und seiner Sozialschädlichkeit ausschlaggebendes Gegenmotiv wird, den Täter also zu rechtmäßigem Verhalten motiviert; oder mit anderen Worten: wenn der Motivationsprozeß des Täters im Hinblick auf die Gesamtsituation nicht fehlerhaft oder pflichtwidrig genannt werden darf.

II. Ob dem Täter in dem zu I 3 bezeichneten Sinne ein rechtmäßiges Verhalten zugemutet werden darf, ist in jedem einzelnen Fall besonders zu prüfen[1]). Es kommt dabei darauf an, ob sich der Täter angesichts der Gesamtsituation, in welche seine Handlung fällt, in einem solchen seelischen Druck befunden hat, daß ein Funktionieren der (durch die Tat verletzten) Rechtsnorm als Bestimmungsnorm erfahrungsgemäß nicht mehr zu erwarten gewesen ist. Es muß also eine Prüfung des Stärkeverhältnisses der zur Tat hintreibenden und der von ihr zurückhaltenden Motive angestellt werden, und zwar unter dem Gesichtspunkt, ob sich nicht in dieser zur Rede

---

[1]) Richtig *Freudenthal* 7.

stehenden Handlungssituation jedermann erfahrungsmäßig so verhalten haben würde, wie der Täter sich tatsächlich verhalten hat. Dabei wird ein besonderer seelischer Heroismus niemals vorausgesetzt werden dürfen, eine besondere seelische Schwäche niemals vorausgesetzt zu werden brauchen. Der beurteilende Richter wird sich vielmehr einen Durchschnitts-Staatsbürgertyp vorzustellen und von diesem Standpunkt aus die Zumutbarkeit rechtmäßigen Verhaltens zu prüfen haben. Es wäre ein Irrtum zu meinen, daß eine solche Betrachtungsweise auf den grundfalschen, weil naturwissenschaftliches Erkennen und rechtliches Werten gleichsetzenden Satz des „tout comprendre c'est tout pardonner" hinausliefe. Vielmehr soll mit dieser Betrachtungsweise nur der richtige Satz anerkannt werden, daß jenseits des erfahrungsmäßigen (generellen) psychophysischen Könnens von Pflicht nicht mehr gesprochen werden darf: ultra posse nemo obligatur.

III. Eine solche Situation, wie sie zu II erörtert ist, bildet nicht die Regel. Sie ist vom Richter nicht zu vermuten. Sie wird nur ausnahmsweise bestehen. Und immer werden die die Tat begleitenden Umstände außergewöhnliche Schwierigkeiten und besondere Verwicklungen enthalten müssen, die mit überwältigendem Eindruck den Täter in seiner Motivierung zum Rechten hemmen. Dem Charakterschwachen die Möglichkeit zu geben, sich hinter seiner charakterlichen Minderwertigkeit zu verschanzen, ist nicht der Sinn dieser Lehre[2]).

Freilich: Der Richter steht hier vor einer schwierigen Aufgabe, die an seine Menschenkenntnis und Lebensweisheit hohe Anforderungen stellt, die ganze Schwere seines Amtes jäh beleuchtet. Sentimentale Schwäche und unbeugsame Härte sind bei der Frage nach der Zumutbarkeit rechtmäßigen Verhaltens die Szylla und Charybdis, die der Gerechtigkeit Gefahren bringen. Das ist dem Gesetzgeber nicht entgangen. Darum sucht er dem Richter in den erfahrungsgemäß wichtigsten Fällen der Nichtzumutbarkeit rechtmäßigen Verhaltens die schwierige Entscheidung und die Verantwortung für die Gerechtigkeit abzunehmen. Der Gesetzgeber vertypt die chakteristischsten Situationen übermäßigen seelischen Druckes mit Hilfe objektiver Merkmale und weist den Richter an, bei Gegebensein solcher Situationen die Nichtzumutbarkeit rechtmäßigen Verhaltens unwiderleglich zu vermuten.

IV. Als besonders wichtige Fälle derartiger Schuldlosigkeitspräsumtionen (auch hier können wir von Schuldausschließungsgründen oder „Entschuldigungsgründen" sprechen) seien erwähnt:

---

[2]) Vgl. oben § 36 Note 5.

1. Der **Notstand des § 54 RStGB**[3]). Nach § 54 ist der Täter entschuldigt, wenn er die Tat in einem unverschuldeten, auf andere Weise nicht zu beseitigenden Notstande zur Rettung aus einer gegenwärtigen Gefahr für Leib oder Leben seiner selbst oder eines Angehörigen begangen hat. Der Präsumtionscharakter dieser Vorschrift liegt klar zutage. Es kann durchaus sein, daß der eigene Notstand oder namentlich der Notstand des Angehörigen den Täter seelisch keineswegs erheblich bedrückt, daß also eine Vermeidung des rechtswidrigen Verhaltens durchaus zumutbar gewesen wäre. Der Richter hat aber, wenn die in § 54 beschriebene Situation vorliegt, die Frage der Zumutbarkeit nicht im Hinblick auf die Besonderheiten des zu entscheidenden Falles zu prüfen, vielmehr die Nichtzumutbarkeit unter allen Umständen anzunehmen.

Im einzelnen ist zu den Voraussetzungen der Schuldlosigkeitsvermutung zu bemerken:

a) Der Täter oder der Angehörige[5]) des Täters muß sich in einer gegenwärtigen Gefahr für Leib oder Leben befinden[6]). Es muß also ein Zustand vorliegen, in dem bereits die nahe Möglichkeit gegeben ist, daß eine Verletzung des Lebens oder eine nicht unerhebliche Verletzung der körperlichen Unversehrtheit erfolgen werde (oben § 28 III). Bei Gefahr für andere Rechtsgüter, wie Freiheit, Ehre, Sittlichkeit usw. versagt die gesetzliche Vermutung der Schuldlosigkeit, obwohl sich naturgemäß auch hier der seelische Druck so steigern kann, daß die Zumutbarkeit rechtmäßigen Handelns entfällt. Desgleichen versagt die gesetzliche Vermutung beim

[3]) Ausführliche Erörterung des die rechtl. Natur des § 54 betreffenden Streites oben § 34 A II.

[4]) Gegen die Auffassung des Textes mit Schärfe *v. Hippel* II 275 Note 1. Vgl. dazu oben § 34 A II.

[5]) § 52 Abs. 2 gibt eine für alle Abschnitte des StGB maßgebende Begriffsbestimmung der Angehörigen: „Verwandte und Verschwägerte auf- und absteigender Linie, Adoptiv- und Pflegeeltern und -kinder, Ehegatten, Geschwister und deren Ehegatten und Verlobte". Verwandte sind die von demselben Stammvater abstammenden Personen. Ehelichkeit der Geburt ist nicht erforderlich. Verschwägert sind der eine Ehegatte einerseits und die Verwandten des anderen Ehegatten andererseits; das Verhältnis wird weder durch den Tod eines Ehegatten, noch durch die Scheidung der Ehe dem Bande nach gelöst. So auch R **34** 419. Vernichtbarkeit der Ehe berührt das Schwägerschaftsverhältnis vor der Rechtskraft der Nichtigkeitserklärung ebenfalls nicht: R **56** 427, **60** 246. Die Adoption ist als rechtliches Verhältnis nach dem BGB zu beurteilen. Ob dagegen das dauernde, durch den Erziehungszweck bedingte Verhältnis von Pflegeeltern zu Pflegekindern vorliegt, bestimmt sich nach der Lage des tatsächlichen Falles; ebenso R **34** 161, **58** 61, *Lobe* Lpz. Komm. § 52 Note 5d (mit weiteren Nachweisen aus der Rechtsprechung). Verlobung setzt ein gegenseitiges ernstliches Eheversprechen voraus; ebenso R **28** 230, **35** 49. Öffentlichkeit des Verlöbnisses ist nicht erforderlich, kann aber Indiz für die Ernstlichkeit sein. Vgl. *Lobe* Lpz. Komm. § 52 Note 5h.

[6]) Vgl. R **59** 69. Bedenklich weitgehend R **60** 318.

Notstande, in den etwa der Freund oder die Geliebte des Täters geraten.

b) Der Notstand muß unverschuldet sein. Verschuldet ist der Notstand aber dann, wenn der zurechnungsfähige von der Gefahr Bedrohte vorausgesehen oder pflichtwidrig nicht vorausgesehen hat, daß die Gefahr eintreten und nur durch einen Eingriff in fremde Rechtsgüter zu beseitigen sein werde, und wenn überdies billigerweise dem Gefährdeten hat zugemutet werden können, daß er der Gefahrsituation aus dem Wege gehe[7]).

c) Der Notstand darf, damit die Vermutung des § 54 Platz greift, nicht auf andere Weise als durch den tatbestandsmäßigen Eingriff in fremde Rechtsgüter abwendbar sein. Kann sich also der Gefährdete durch Flucht retten, so kommt dem Täter jedenfalls die gesetzliche Schuldlosigkeitsvermutung des § 54 nicht zugute. Entsprechend aber muß der Satz gelten: Wenn der Notstand durch Verletzung eines geringerwertigen Rechtsgutes beseitigt werden kann, so wird die Verletzung eines höherwertigen Rechtsgutes durch § 54 nicht gedeckt[8]).

d) Liegen die Voraussetzungen zu a—c vor, so ist der Täter wegen jeden Eingriffs in fremde Rechtsgüter entschuldigt. Wahrung eines überwiegenden Interesses wird, da es sich nicht um einen Rechtfertigungsgrund handelt, nicht gefordert. Über das Verhältnis der §§ 228 und 904 BGB zu § 54 StGB vgl. oben § 34 Note 5.

2. **Die Zwangslage des § 52 RStGB.** Danach ist der Täter entschuldigt, wenn er zu der tatbestandsmäßigen Handlung durch unwiderstehliche Gewalt oder durch eine Drohung, welche mit einer gegenwärtigen, anders nicht abwendbaren Gefahr für Leib oder Leben seiner selbst oder eines Angehörigen[9]) verbunden, genötigt worden ist.

a) Aus dem Geltungsbereich dieser Stelle muß sinngemäß der Fall ausscheiden, wo der Täter durch sog. vis absoluta zur Herbeiführung des tatbestandsmäßigen Erfolges gezwungen worden ist. Dem A wird etwa mit einer jede eigene Willensbetätigung unmöglich machenden Gewalt die Hand zur Unterzeichnung des gefälschten Schriftstückes geführt. Hier kommt ein Verhalten des A, das unter

---

[7]) Bloße Voraussicht der Gefahr allein genügt nicht. Mit dem Text stimmt die herrschende Lehre im wesentlichen überein; vgl. *Frank* § 54 I 5, *Mezger* 368, *v. Hippel* II 223, R **36** 334. Zweifelhaft ist es aber, wie es bei der Nothilfe mit dem Gesichtspunkt der Gefahrverschuldung zu halten ist. Mit dem Text nehmen auch *Frank* § 54 I 5, *Mezger* 368, *v. Hippel* II 223, *Oetker* VD Allg. T. **2** 344, *Wachenfeld* 124 an, daß es darauf ankommt, ob der Gefährdete (bei Nothilfe also der zu rettende Angehörige, nicht der Täter) die Gefahr verschuldet hat. Dagegen stellen *Allfeld* 134, *Lobe* Lpz. Komm. § 54 Note 5, *Olshausen* § **54** 7 allein auf das Verschulden des Täters ab.

[8]) Ebenso *Allfeld* 135, *Gerland* 117, *Frank* § 54 I 4, *v. Hippel* II 221.

[9]) Vgl. dazu oben Note 5.

einen Tatbestand subsumiert werden könnte, gar nicht in Betracht; denn es fehlt an jeder Willensbetätigung des A; es liegt seinerseits gar keine Handlung vor. Vgl. dazu oben § 28 I 1[10]).

b) Es können daher zur Berücksichtigung gemäß § 52 StGB nur solche Fälle in Betracht kommen, wo trotz Gewalt und Drohung immer noch von einer Willensbetätigung gesprochen werden kann. Hier wird nun eine von Gesetzes wegen Platz greifende Entschuldigung des Handelnden dekretiert,

α) wenn der Täter durch unwiderstehliche Gewalt zur Vornahme seiner Willensbetätigung genötigt worden ist. Aber diesen Fall hätte das Gesetz nicht zu nennen brauchen; die Entschuldigung versteht sich hier von selbst; denn unter einer unwiderstehlichen Gewalt kann nur eine solche verstanden werden, der gegenüber vom Täter nicht mehr erwartet werden kann, daß er sich — angesichts des durch sie auf ihn ausgeübten seelischen Druckes — zu rechtmäßigem Verhalten motivieren werde. Das Gesetz knüpft also hier lediglich unmittelbar an den im normativen Schuldelement verkörperten, spezifischen Schuldgedanken an, aus ihm die unvermeidliche Folgerung ziehend. Für den Richter bedeutet diese Stelle mithin keine Prüfungserleichterung durch Gewährung einer Schuldlosigkeitspräsumtion, sondern nur einen eindringlichen Hinweis auf das normative Schuldelement, dessen Feststellung angesichts einer Zwangslage von vornherein zweifelhaft erscheint;

β) wenn der Täter durch eine Drohung mit gegenwärtiger, anders nicht abwendbarer Gefahr für Leib oder Leben seiner selbst oder eines Angehörigen zu der tatbestandsmäßigen Handlung genötigt worden ist. Über die Einzelheiten dieser echten Schuldlosigkeitspräsumtion vgl. einerseits oben zu 1a (Gefahr für Leib oder Leben), andererseits unten § 98 (Drohung).

3. **Der Notwehrexzeß des § 53 Abs. 3 StGB.** Vgl. dazu oben § 33 III. Ein Entschuldigungsgrund ist anzunehmen, weil Bestürzung, Furcht und Schrecken offenbar in besonderem Maße geeignet sind, einen fehlerfreien (pflichtgemäßen) Ablauf des Motivationsprozesses zu verhindern.

4. **§ 67 Abs. 2 des PersonenstandsG vom 6. Februar 1875**[11]). Hier wird eine Schuldlosigkeitspräsumtion zugunsten des Geistlichen aufgestellt, von dem das Gesetz generell annimmt, daß er sich durch

---

[10]) Den gleichen Gesichtspunkt betonen mit Recht *Lobe* § 52 Note 2, *Mezger* 365, *Frank* § 52 I. *Mayer* 313 meint dagegen, daß § 52 gerade den Fall betreffe, wo der Gezwungene nicht mehr handele, daß er freilich hier „seine Mission verfehle". Nicht ganz korrekt *v. Hippel* II 219, indem er vis absoluta schlechthin mit „unwiderstehlicher Gewalt" gleichstellt. Vgl. den Text zu b.

[11]) Mit Recht hat *Goldschmidt* Österreich. Z **4** 163 diese Stelle unter die Entschuldigungsgründe gereiht. Ebenso *Hegler* Z **36** 215. Streitig!

dringende Rücksichten auf sein Amt als Seelenhirte zur Vornahme rechtlich verbotener kirchlicher Handlungen in kritischer Situation veranlassen läßt.

5. **§ 130 MilStGB,** der — freilich in ungeschickter Fassung — den Plünderer entschuldigt, den Hunger und Not das Plünderungsverbot verachten lehren[12]).

V. In den zu IV erwähnten Fällen entfällt die Schuld, weil sich der Täter in ihnen kraft gesetzlicher Vermutung nicht pflichtgemäß gegenüber den Anforderungen der verletzten Rechtsnorm verhalten **konnte.** Es gibt aber auch Fälle, wo sich der Täter pflichtgemäß nicht verhalten **durfte,** weil das Recht selbst ihm gebietet, einer anderen Pflicht als derjenigen, der er sich mit seiner tatbestandsmäßigen Handlung widersetzt hat, Folge zu leisten. Hierher gehören die bereits oben § 35 I 3 erörterten Fälle eines schlechthin und **unbedingt verbindlichen Befehls.** Daß in diesen Fällen der Schuldvorwurf verstummen muß, versteht sich von selbst. Dem Staat ist der Vorwurf verwehrt, wo er selbst es ist, der ,,den Armen schuldig werden", d. h. genauer: wo er ihn rechtswidrig handeln läßt.

VI. Dem seelischen Druck, der, von außen kommend, auf dem Täter lastet, um ihm schließlich die letzte Möglichkeit rechtmäßigen Verhaltens zu nehmen, ist in den zu III—V beschriebenen Fällen Rechnung getragen. Maßgebend ist die Tatsächlichkeit dieses seelischen Druckes, mag sie auch mitunter nur unwiderleglich vermutet werden (oben IV). Diese Tatsächlichkeit aber ist nun unabhängig davon, ob der Täter die Gesamtsituation seines Handelns richtig oder falsch eingeschätzt hat. Die Angst vor einer eingebildeten Gefahr braucht nicht geringer zu sein, als die vor einer wirklichen; sie wird den gleichen seelischen Druck ausüben und dem Wirksamwerden der Rechtsnorm als Bestimmungsgrund im Motivationsprozeß die gleichen Hindernisse entgegensetzen. Wer also irrig glaubt, im Notstande (§ 54 RStGB) zu sein (**Putativnotstand**), der steht bezüglich seiner seelischen Verfassung demjenigen gleich, der sich tatsächlich in ihm befindet. Freilich kann ihm die gesetzliche Schuldlosigkeitsvermutung des § 54 nicht zugute kommen, da deren gesetzliche Voraussetzungen ja gerade nicht erfüllt sind. Infolgedessen ist in diesen Fällen die Frage der Zumutbarkeit rechtmäßigen Verhaltens und somit der Pflichtwidrigkeit der tatsächlichen Motivation nur von Fall zu Fall wie immer da zu behandeln, wo das Gesetz eine ausdrückliche Vorschrift darüber nicht aufstellt. Niemals sind etwa die oben § 40 entwickelten Grundsätze über den Irrtum hier heranzuziehen; denn diese betreffen das psycho-

---

[12]) *Goldschmidt* Österreich. Z **4** 163 Note 5.

logische, nicht das hier allein interessierende normative Schuldelement. Infolgedessen ist hier allein die Frage zu stellen, ob angesichts der den Täter umgebenden Situation und des von ihr ausgehenden tatsächlich vorhandenen seelischen Druckes von dem Täter ein zu rechtmäßigem Handeln führender Motivationsprozeß noch zu erwarten gewesen ist. Je nach dem Ergebnis dieser Prüfung wird also Schuldlosigkeit angenommen werden dürfen oder nicht; ob im letzteren Falle Vorsatz oder Fahrlässigkeit vorliegt, richtet sich nach der psychologischen Einstellung des Täters zu den Tatbestandsmerkmalen und zum Verbotensein (oben §§ 39, 40, 41)[13]).

VII. Ist eine Motivation zu rechtmäßigem Verhalten in der entscheidenden Situation erfahrungsgemäß überhaupt nicht zu erwarten, so entfällt jede Schuld. Ist eine solche Motivation nur erschwert, nicht aber unmöglich, so mindert sich die Schuld. Vielfach wird der Richter dies nur bei der Strafzumessung innerhalb des gesetzlichen Strafrahmens berücksichtigen können; in nicht seltenen Fällen aber bildet der Gesetzgeber angesichts typisch

---

[13]) Die ganze Frage ist äußerst bestritten. Für alle diejenigen, die, wie etwa *v. Hippel*, in § 54 einen Rechtfertigungsgrund sehen, kommen die Erwägungen des Textes selbstverständlich überhaupt nicht in Betracht; vielmehr haben sie den auf § 54 bezogenen Putativnotstand nach den gleichen Gesichtspunkten zu behandeln, wie die Putativnotwehr und den mit den §§ 228, 904 BGB zusammenhängenden Putativnotstand. Vgl. dazu oben § 40 I 2a. — Wenn *Mezger* den Gesichtspunkt der Zumutbarkeit als selbständiges Schuldelement selbständig behandelt wissen will (vgl. seinen § 49) und den § 54 überdies zutreffend als Schuldausschließungsgrund betrachtet, so muß sein Versuch, den auf § 54 bezüglichen Putativnotstand mit Hilfe des § 59, wenn auch nur unter analoger Anwendung, zu behandeln, als methodisch und sachlich verfehlt erachtet werden. § 59 bezieht sich auf die die Rechtswidrigkeit begründenden Tatbestandsmerkmale; mit der Frage der Vorwerfbarkeit unter dem besonderen Gesichtspunkt der Zumutbarkeit hat er nichts zu tun. Auch Note 34 auf S. 321 rettet seinen Standpunkt nicht. *Frank* § 54 I 5 a. E. verlangt ganz richtig, daß „wirklicher u. vermeintlicher Notstand" (sc. im Sinne des § 54!) „keineswegs gleich behandelt werden". Er will bei irriger Annahme der tatsächl. Voraussetzungen des § 54 den Vorsatz ausgeschlossen wissen, gegebenenfalls aber Fahrlässigkeit annehmen. Auch damit wird er aber der besonderen Beziehung des § 54 zur Frage der Zumutbarkeit nicht gerecht. Es geht nicht an, daß der Neurastheniker, der aus der Angst nicht herauskommt und sich überall Notstandssituationen i. S. des § 54 einbildet, nur dann bestraft werden kann, wenn fahrl. Begehung unter Strafe gestellt ist. Wenn in seiner Lage dem Durchschnittsmenschen hat zugemutet werden können, sich im Hinblick auf die erkannte tatsächl. u. rechtl. Tragweite seines Tuns fehlerfrei (also zu rechtmäßigem Handeln) zu motivieren, so ist Vorwerfbarkeit gegeben. Alles Weitere ist Sache der Strafzumessung. Diesem Gedanken sucht die jetzige Textfassung besser gerecht zu werden als die vor. Aufl. dieses Buches. Wie *Frank* auch *Goldschmidt* Österreich. Z **4** 167. R **41** 214 nimmt zu dem Problem keine Stellung; der Hinweis auf R **19** 300 nützt nichts, da hier vom Irrtum über Rechtfertigungsgründe die Rede ist. R **63** 18 (19) dürfte Anschluß an die Auffassung *Franks* bedeuten. Vgl. ferner *Hegler* Z **36** 216 Note 113, *Lobe* Lpz. Komm. § 54 Note 9 (Heranziehung des § 59), *Olshausen* § **54** 11, **59** 25d (ohne Klärung des Problems, da § 54 unrichtig behandelt).

wiederkehrender, die pflichtmäßige Motivation erschwerender Situationen gesetzliche Strafmilderungsgründe. So in den §§ 148, 157, 216, 217, 248a, 264a, 313 Abs. 2 StGB usw. Ihrer Struktur nach sind diese Strafmilderungsgründe den oben zu IV erörterten Schuldlosigkeitspräsumtionen vielfach ähnlich; so hat z. B. § 217 auch dann Anwendung zu finden, wenn die unehelich Gebärende in keinerlei besonderer Aufregung das Kind in oder gleich nach der Geburt getötet hat; der Richter hat sich insofern um den Seelenzustand der Täterin nicht zu kümmern, sondern mit dem Gesetzgeber den die Schuld mildernden seelischen Druck ohne weiteres anzunehmen und die durch § 217 vorgeschriebene Strafmilderung Platz greifen zu lassen[14]). Dagegen ist z. B. bei § 248a tatsächlich festzustellen, daß der Täter unter dem seelischen Druck der Not gehandelt hat; § 248a ist also nicht anwendbar, wenn der Täter tatsächlich nicht „aus Not" gehandelt hat. Es fragt sich nun, welchen Einfluß in diesen Fällen der Irrtum des Täters über das Vorliegen oder Nichtvorliegen der den Milderungsgrund ausmachenden Umstände hat: Die ehelich Gebärende glaubt ein uneheliches Kind zur Welt zu bringen, das sie nun sofort nach der Geburt tötet (§ 217); der Tötende glaubt irrig, einen ausdrücklich und ernstlich den Tod Verlangenden zu töten (§ 216); der falsch Schwörende glaubt irrig, daß die Angabe der Wahrheit gegen ihn selbst eine Verfolgung wegen eines Verbrechens nach sich ziehen könnte (§ 157 Ziff. 1). Umgekehrt: Die unehelich Gebärende verkennt zufolge eines Irrtums die Unehelichkeit des Kindes; der Tötende weiß nichts davon, daß der Getötete ihm durch Zeichen zu verstehen zu geben suchte, wie dringend er den Tod verlange; der falsch Schwörende ahnt nicht, daß die Angabe der Wahrheit zu einer Verfolgung gegen ihn selbst geführt haben würde. Diese Fälle des **Irrtums über Strafmilderungsgründe** werden dadurch kompliziert, daß, wie schon gezeigt, die

[14]) Damit wird natürlich nicht geleugnet, daß der gesetzgeberische Grund für die Strafmilderung des § 217, wie auch die Geschichte dieser Stelle zeigt (unten § 87 I), in der Rücksicht auf die Erschwerung der richtigen Motivation zu sehen ist. Sonst wäre jedes Eingehen auf § 217 an dieser Stelle sinnlos. Aber man darf nicht verkennen, daß das RStGB aus seiner liberalistisch-rechtsstaatlichen Haltung heraus durch objektive Merkmale, die dem Richter ein eigenes freies Ermessen möglichst ersparen und schwierige subjektive Feststellungen unnötig machen, den Schuldminderungsgrund zu umreißen trachtete. Es kann daher de lege lata nicht gebilligt werden, wenn *Erik Wolf* 668 sich hierüber ohne weiteres hinwegsetzt und in § 217 alle Merkmale „subjektiviert", um auf diese Weise Technik und Methode des § 217 mit allen Anforderungen der normativen Schuldlehre und der modernen Tatbestandslehre in Übereinstimmung zu bringen. *Wolf* muß zu dem Ergebnis kommen, daß auf die unehel. Mutter, die der Unehelichkeit gegenüber ganz gleichgültig ist und in keinerlei nennenswerte Aufregung durch den Geburtsakt gerät, § 217 nicht anwendbar ist. Das aber ist de lege lata unhaltbar! Nicht ganz unbedenklich auch *Frank* § 59 III a. E.

Struktur dieser Fälle verschieden ist. Es fragt sich, inwieweit dem Rechnung getragen werden muß[15]). Dem Gesetz dürfte folgendes entsprechen:

1. Wo das Gesetz ausdrücklich verlangt, daß im Täter das Vorliegen eines bestimmten Milderungsumstandes tatsächlich eine motivierende Rolle gespielt hat, da muß der zur Verkennung dieses Milderungsumstandes führende Irrtum des Täters die Nichtanwendbarkeit des milderen Gesetzes zur Folge haben. Wer nicht weiß, daß der Getötete von ihm ausdrücklich und ernstlich den Tod verlangte, kann durch dieses Verlangen nicht zur Tötung bestimmt sein, wie § 216 erfordert; ihm kann also § 216 nicht zugute kommen; seine Bestrafung richtet sich nach den §§ 211, 212. Das Entsprechende gilt, wenn der Entwendende zwar objektiv in einer Notlage gehandelt hat, sich dieser Not aber zufolge Irrtums nicht bewußt geworden ist. Er hat nicht „aus Not" gehandelt; § 248a ist unanwendbar[16]).

Umgekehrt: Die irrige Annahme des Milderungsgrundes muß gegebenenfalls berücksichtigt werden. Das mildere Gesetz ist freilich objektiv hinsichtlich seiner Voraussetzungen nicht erfüllt; es kann also unmittelbar nicht Anwendung finden. Das Gesetz würde hier am besten dadurch helfen, daß es für jedes Delikt eine gesetzliche Milderung des Strafrahmens beim Vorliegen allgemeiner mildernder Umstände bereit hielte. Dann könnten diese Fälle des Irrtums auskömmliche Berücksichtigung finden. Aber das Gesetz läßt die Be-

---

[15]) Wir stehen hier vor Fragen, die sich de lege lata deswegen ohne innere Widersprüche kaum lösen lassen, weil das Gesetz methodisch verfehlt an die Schuldminderungsgründe herangegangen ist. Anstatt durch eine auf Individualisierung abstellende Strafzumessungslehre allen Schuldgraduierungsmöglichkeiten gerecht zu werden, erfolgt die Behandlung einzelner Schuldminderungsgründe in besonderen Tatbeständen unter Schaffung besonderer Deliktstypen, deren juristische Selbständigkeit z. B. in der Lehre vom Versuch und von der Konkurrenz betont werden muß, während doch unter Schuldgesichtspunkten innigste Abhängigkeit von und Zusammengehörigkeit mit den Grunddeliktstypen besteht, aus denen sie abgespalten sind (§§ 216, 217 im Verhältnis zu §§ 211, 212!!). *Erik Wolf* versucht dadurch, daß er die Umstände in den §§ 216, 217, 157 usw., die für die Frage der Zumutbarkeit besonders ins Gewicht fallen, als „subjekt. Tatbestandsmerkmale" ausdeutet, der Schwierigkeiten Herr zu werden. Aber einmal verläßt er völlig den Boden des Gesetzes, andererseits geht er von seinem Standpunkt aus nicht weit genug. Warum z. B. in §§ 248a, 264a nun nicht auch die „Geringwertigkeit" subjektiviert wird (das wäre durchaus möglich; die „normative" Natur steht nicht im Wege, da ja (so gerade *Erik Wolf*!) alle Tatbestandsmerkmale normative sind!), ist nicht einzusehen. Unbefriedigend auch *Mezger* 322ff., wie alle die, die den Problemen des Textes mit direkter oder analoger Anwendung des § 59 beizukommen suchen. Vgl. dagegen oben Note 13. Will man nicht contra legem entscheiden, so muß man mit *Finger* **1** 250, *Binding* Grundz. 110, Normen **3** 322, R **43** 67, **60** 106, 318, **61** 310 die Unterscheidungen des Textes durchführen, so wenig befriedigend das mitunter ist.

[16]) Zustimmend *Erik Wolf* 668, *Martens* 49, *Frank* § 216 II 2, § 248a IV 2, *Ebermayer* Lpz. Komm. § 216 Note 4, § 248a Note 3, wie überhaupt die herrschende Lehre.

rücksichtigung allgemeiner mildernder Umstände nur in besonders bezeichneten Fällen zu (unten § 70 II). Daher hilft nur folgende Erwägung: Da sich die eingebildete Notlage hinsichtlich ihrer Einwirkung auf die seelische Verfassung des Täters von der wirklichen Not nicht unterscheidet, so hieße es, den in den gesetzlichen Milderungsfällen enthaltenen spezifischen Schuldgedanken verkennen, wollte man dem Täter die mildere Bestrafung nicht per analogiam zugute kommen lassen, vorausgesetzt, daß die äußere Situation auch beim Durchschnittsmenschen die Vorstellung der Gefahr- oder Notlage begreiflich machen und die Motivationshemmung erklären würde. Wer also deswegen tötet, weil er in begreiflichem Irrtum an das ausdrückliche und ernste Verlangen des Getöteten glaubt und sich dadurch zur Tötung motiviert fühlt, kann nur unter § 216 fallen[17]).

2. Wo das Gesetz dagegen keinen Wert auf den Nachweis legt, daß im Täter tatsächlich ein die richtige Motivation erschwerender seelischer Druck geherrscht habe, da kommt es auf die innere Stellungnahme des Täters zu dem Vorliegen des gesetzlichen Milderungsgrundes naturgemäß nicht an. Das heißt:

a) Sind die Voraussetzungen etwa des § 217 oder des § 157 StGB Ziff. 1 gegeben, so finden diese Bestimmungen Anwendung, auch wenn die Gebärende die Unehelichkeit nicht gekannt oder der Schwörende die von ihm erforderte wahre Aussage nicht als eine ihm selbst gefährliche gewürdigt hat[18]).

b) Sind aber die Voraussetzungen dieser Art gesetzlicher Milderungsgründe nicht gegeben, tötet also etwa die Mutter ein eheliches Kind gleich nach der Geburt, das sie irrig für unehelich hält, so kann das mildere Gesetz nicht Anwendung finden; ein etwaiger tatsächlicher Erregungszustand kann nur im Rahmen der allgemeinen „mildernden Umstände" (§ 213!) Berücksichtigung finden[19]).

---

[17]) Zustimmend *Ebermayer* § 216 Note 5, § 248a Note 3, *Frank* § 216 IV, § 248a IV 2, *Martens* 46, *Erik Wolf* 668, 670.

[18]) Zustimmend *Ebermayer* § 217 Note 5, *Frank* § 157 I, R **23** 149, *Olshausen* § **157** 11a, *Martens* 12, 49. Abweichend *Erik Wolf* 668 (in § 157 gehöre das „innere Wissen" von der Möglichkeit der Strafverfolgung zum „Tatbestand"), *Binding* Lehrb. **2** 163.

[19]) Abweichend für § 217: *Frank* § 217 V, *Ebermayer* § 217 Note 5, *Olshausen* § **217** 5, *Binding* Normen **3** 326, *Allfeld* 338 Note 17, *Martens* 48 (freilich mit der Einschränkung, daß die Annahme der Unehelichkeit tatsächlich auch zu einer Erschwerung richtiger Motivation geführt habe!), *Hegler* Festg. f. *Frank* I 253 Note 3 (der aber bei irrtümlicher Annahme des „in oder gleich nach der Geburt" § 217 nicht angewendet wissen will; vgl. dazu auch *Rittler* Österreich. Z **8** 362), *Erik Wolf* 668.

Abweichend für § 157[1]: *Frank* § 157 I, *Binding* Lehrb. **2** 163, *Mezger* 324, *Martens* 48, *Erik Wolf* 670, *Allfeld* 582 Note 31.

Zustimmend für § 157[1]: R **43** 67, **61** 310, wohl auch **62** 55, *Olshausen* § **157** 11a, *Ebermayer* Lpz. Komm. § 157 Note 1.

VIII. Der Gesetzgeber hat es endlich in der Hand, dem Richter zu untersagen, daß er bei der Prüfung der Schuld die Frage nach der Zumutbarkeit rechtmäßigen Handelns in den Bereich der Betrachtung ziehe. Den gesetzlichen Vermutungen der Nichtzumutbarkeit rechtmäßigen Handelns stehen die **Vermutungen der Zumutbarkeit pflichtgemäßen Verhaltens** gegenüber. Sie sind selten, begegnen aber z. B. in MilStGB §§ 49, 84—88, SeemannsO §§ 34, 41[20]). In diesen Bestimmungen ist in der Tat nichts anderes zu sehen, als (innerhalb bestimmter Grenzen) ein gesetzlicher Ausschluß der Berücksichtigung des normativen Schuldelements. Der Richter darf nicht danach fragen, ob angesichts der Riesenhaftigkeit der persönlichen Gefahr dem Täter im Hinblick auf sein psycho-physisches Können ein rechtmäßiges Verhalten (Befolgen des Dienstbefehls usw.) noch hat zugemutet werden können. Die Gemeinschaft gilt hier alles, der Einzelne nichts. Aber es ist klar, daß diese der dira necessitas geweihten Ausnahmen vom Schuldprinzip nicht analog auf andere Fälle ausgedehnt werden dürfen, wo zum Handeln Unerschrockenheit und Mut gehören. Der Gefängnisbeamte, der vor dem ausbrechenden Gefangenen, der ihm den Dienstrevolver entrissen hat, zurückweicht und ihn so „entweichen läßt" (§ 347 Abs. 1 StGB), kann schuldlos handeln, falls § 54 zutrifft oder sonst ihm nach den Umständen der Situation ein Befolgen seiner Instruktionen und demgemäß ein Verhindern des Erfolges nicht mehr hat zugemutet werden können.

IV. Die sog. objektiven Bedingungen der Strafbarkeit.

§ 43. Wesen und Bedeutung.

Literatur. *Francke* GA **20** 33. *Kitzinger* GS **55** 1. *Kohler* GA **49** 1. *Finger* GA **50** 32. *Blume* Tatbestandskomplemente (Strafr. Abh. Heft 73) 1906. *Binding* GS **68** 1 (Abhdlgn. **1** 97). *v. Bar* Gesetz **3** 17. *Land* System der äußeren Strafbarkeitsbedingungen (Strafr. Abh. Heft 229) 1927. *Rittler* Österreich. Z **8** 324. *Derselbe* Strafbarkeitsbedingungen (Festg. f. *Frank* II 1) 1930. — Vgl. auch *Höpfner* GA **57** 278. *Singewald* GS **81** 338.

I. Mit der tatbestandsmäßig rechtswidrigen und schuldhaften Handlung ist in aller Regel der Eintritt der Straffolge ausgelöst. Jedoch hat der Gesetzgeber in einer Reihe von Fällen aus sehr verschiedenartigen Ursachen die Strafbarkeit einer Handlung abhängig gemacht von dem Vorliegen weiterer, von der tatbestandsmäßigen Handlung

[20]) Interessant und richtig R **63** 421: § 49 MilStGB in Verb. mit Art. 5 der „Berufspflichten des deutschen Soldaten" schließe die Berufung des Soldaten auf § 53 Abs. 3 (oben IV 3) aus.

selbst unabhängiger, zu ihr hinzutretender äußerer Umstände (**Bedingungen der Strafbarkeit**)[1].

So ist die Strafbarkeit feindlicher Handlungen gegen befreundete Staaten bedingt durch die Verbürgung der Gegenseitigkeit (§§ 102 und 103); unterlassene Anzeige eines bevorstehenden Verbrechens unterliegt der Strafe des § 139 nur dann, wenn das Verbrechen oder dessen strafbarer Versuch begangen worden ist; Aufreizung zum Zweikampf fällt unter § 210 nur, falls der Zweikampf stattgefunden hat; zur Strafbarkeit des Raufhandels ist erforderlich, daß durch ihn der Tod eines Menschen oder eine schwere Körperverletzung verursacht worden ist (§ 227); die Zahlungseinstellung ist Bedingung der Strafbarkeit beim Bankbruch (§§ 239ff. KO und § 11 DepotG 1896); der Ehebruch ist nur strafbar, wenn wegen desselben die Ehe geschieden ist (§ 172); die Strafbarkeit des Ehebetruges ist bedingt durch die Auflösung der Ehe (§ 170)[2].

Alle diese Bedingungen der Strafbarkeit sind äußere Umstände, die mit der verbrecherischen Handlung selbst und deren Bestandteilen nichts zu tun haben, vielmehr getrennt von dieser ins Auge gefaßt werden müssen. Daraus ergibt sich eine Reihe wichtiger Folgesätze.

1. Die Schuld als Vorsatz wie als Fahrlässigkeit umfaßt nicht die außerhalb der Handlung liegenden Bedingungen der Strafbarkeit.

2. Wenn und solange die vom Gesetz aufgestellte Bedingung der Strafbarkeit fehlt, liegt eine strafbare Handlung auch als ver-

---

[1]) Verschieden von diesen Fällen sind die, in welchen der Eintritt eines schwereren Erfolges Voraussetzung für die Verhängung einer strengeren Strafe ist. Vgl. oben § 36 Note 17 und 18. Hier ist die Handlung strafbar, auch wenn der schwerere Erfolg nicht eintritt. — Objektive Bedingungen erhöhter Strafbarkeit sind in den §§ 87 Abs. 2, 154 Abs. 2 enthalten.

[2]) Der Begriff ist als solcher allgemein anerkannt, in seiner Anwendung und Deutung aber sehr bestritten. *Blume* unterscheidet zwischen den Voraussetzungen, deren Eintritt von dem Willen des Täters abhängt („Tatbestandskomplemente") und den „Bedingungen", die seinem Willen entzogen sind (in den §§ 87, 139, 154², 210, 172¹ handelt es sich nach ihm um widerlegliche Vermutungen des Kausalzusammenhanges). Vom Texte in der Anwendung des Begriffs vielfach abweichend *Rittler*, der jedoch in der Begriffsbestimmung und -deutung mit dem Text im Ganzen übereinstimmt (Bedingungen der Strafbarkeit sind die Umstände, die auf die Wertung der Tat, ihre Verwerflichkeit ohne Einfluß sind). Ganz anders als *Rittler* sieht *Sauer* in den Bedingungen der Strafbarkeit „gerade diejenigen Größen, die bisher fehlten, soll der Tatbestand als rechtswidrig in dem Maße, daß Strafe (oder höhere Strafe) geboten ist, erscheinen". Vgl. *Sauer* Grundlagen 358ff., insbes. 363; *Derselbe* Grundlagen des Prozeßrechts 2. Aufl. 1929, 341/42. Ganz an *Sauer* lehnt sich *Land* 19ff., 23/24 an. Dagegen neuerdings *Rittler* Festg. f. *Frank* II 3, 4, der auch mit Recht gegen *Zimmerl* Lehre vom Tatbestand 24ff. polemisiert. Mit dem Text stimmen im wesentlichen überein *Mezger* 177, *v. Hippel* II 379, *Frank* 4. Abschn. VI. — Mit *Bindings* „bedingtem Verbrechen" hat der Begriff nichts zu tun. Gegen *Binding* (außer *Beling*, *Wach* u. a.) besonders *Baumgarten* Aufbau 52.

suchte nicht vor. Strafbarer Versuch ist daher nur dann anzunehmen und nach § 44 StGB zu bestrafen, wenn die Bedingung der Strafbarkeit vorliegt, die Handlung selbst aber nicht bis zur Vollendung gediehen oder fehlgeschlagen ist (vgl. unten § 44 V 1).

3. Wenn und solange die Bedingung der Strafbarkeit fehlt, ist auch die Entstehung des staatlichen Strafanspruches unmöglich, ist die Handlung eben keine strafbare im Sinne des Gesetzes.

a) Daher kann vor Eintritt der Bedingung (z. B. der rechtskräftigen Scheidung der Ehe im Falle des § 172 StGB) weder die Verfolgung eingeleitet, noch auch nur der Antrag auf deren Einleitung mit rechtlicher Wirkung gestellt werden. Die Antragsfrist beginnt vielmehr beim Ehebruch erst mit der Kenntnis des Verletzten von der Rechtskraft des Scheidungsurteils[3]).

b) Teilnahme an der Handlung und deren Begünstigung bleiben straflos, wenn die Bedingung der Strafbarkeit nicht eintritt.

c) Falsche Anschuldigung liegt nicht vor, wenn nach Inhalt der Anzeige die nach dem Gesetze erforderliche Bedingung der Strafbarkeit fehlt.

d) Objektive Maßregeln, wie Einziehung, Vernichtung, Unbrauchbarmachung von Gegenständen, sind, da sie die richterliche Feststellung einer strafbaren Handlung zur Voraussetzung haben, unter der gleichen Voraussetzung unzulässig.

Wenn aber die Bedingung eintritt, dann wird ihre Wirkung zurückbezogen auf den Zeitpunkt der Begehung der Handlung; der Anspruch gilt als in diesem Augenblick entstanden. Daher ist die Vornahme vorbereitender gerichtlicher oder polizeilicher Schritte auch vor Eintritt der Bedingung rechtlich durchaus möglich.

4. Soweit lediglich die Begehung der Handlung selbst in Frage steht, bleiben die Bedingungen der Strafbarkeit außer Betracht.

a) Die Vollendung ist unabhängig von dem Eintritt der Bedingung.

b) Für Zeit und Ort der Begehung ist Zeit und Ort des Eintritts der Bedingung gleichgültig.

c) Die Verjährung des Verbrechens beginnt ihren Lauf ohne Rücksicht auf den Eintritt der Bedingung (unten § 76 II).

d) Begünstigung und nicht Teilnahme liegt vor, wenn dem Täter vor Eintritt der Bedingung, aber nach Begehung der Handlung, Beistand geleistet wurde.

5. Das Vorliegen der erforderlichen Bedingung für die Entstehung des Strafanspruchs gehört zur Schuldfrage im Sinne des Strafprozeßrechts. Zur urteilsmäßigen Feststellung ist mithin nach § 263 StPO Zweidrittelmehrheit erforderlich.

II. 1. Von den Bedingungen der Strafbarkeit, die als Anspruchsvoraussetzungen dem materiellen Rechte angehören, sind nach Begriff und Wirkung zu scheiden die sog. **Prozeßvoraussetzungen**, d. h. die prozeßrechtlichen Voraus-

---

[3]) Ebenso auch, trotz der Annahme einer Prozeßvoraussetzung, die gem. Meinung; auch R **37** 372. Entscheidend dafür § 61 StGB. Dagegen folgerichtig *Frank* § 172 III 2, *Mittermaier* VD Bes. T. **4** 100, *Schwartz* § 172 Note 4.

setzungen für die Zulässigkeit einer gerichtlichen Sachentscheidung („Sachentscheidungsvoraussetzungen"). Die wichtigste Folgerung dieser Unterscheidung besteht auf dem Gebiete des Strafprozeßrechts darin, daß bei Mangel einer Bedingung der Strafbarkeit Abweisung des Anspruches (Freisprechung mit anspruchvernichtender Wirkung), bei Mangel einer Prozeßvoraussetzung dagegen Abweisung der Klage (Einstellung des Verfahrens ohne Vernichtung des Anspruches) einzutreten hat. Vgl. StPO § 260.

2. Zu den Prozeßvoraussetzungen gehört — trotz der teilweisen Regelung im RStGB — auch der **Strafantrag**: RStGB §§ 61—65. Die Erörterung der damit zusammenhängenden Fragen hat daher, weil es sich de lege lata ausschließlich um strafprozeßrechtliche Probleme handelt, in einer Darstellung des geltenden Strafrechts nicht zu erfolgen. De lege ferenda ist aber darauf hinzuweisen, daß die Antragsvergehen in zwei nach Inhalt und Behandlung wesentlich verschiedene Gruppen zerlegt werden müßten[4]):

a) Gewisse Rechtsgüterverletzungen sind nur dann für die öffentliche Rechtsordnung von Bedeutung, wenn der Verletzte sie als Verletzung empfindet und, daß er dies tut, in vorgeschriebener Form (durch den „Antrag" auf Verfolgung) erklärt. Die unzüchtige Berührung eines Mädchens kann von der Berührten als Liebkosung oder als tiefste Entehrung empfunden werden. Hier ist die Stellung des Antrages Bedingung der Strafbarkeit.

b) Bei der zweiten Gruppe der Antragsfälle liegt die Sache durchaus anders. Man denke an die Verführung eines bisher unbescholtenen, noch nicht sechzehnjährigen Mädchens (StGB § 182). Hier ist das Interesse des Staates an der Verfolgung vom Anfange an gegeben; aber ihm steht das Interesse des Verletzten an der Nichtverfolgung (da der „strepitus fori" für ihn nur eine neue Verletzung wäre) schroff gegenüber. Und der Staat verzichtet dem Verletzten zuliebe auf die Geltendmachung seines Strafanspruches, solange der Verletzte nicht durch die Stellung des „Antrages" erklärt, daß das bei ihm vom Staate vorausgesetzte Interesse im Einzelfalle nicht vorliege. Hier ist der Antrag nicht Bedingung der Strafbarkeit der Tat, sondern Voraussetzung der Geltendmachung des staatlichen Strafanspruches, mithin Prozeßvoraussetzung; sein Mangel nicht Strafausschließungsgrund, sondern Hindernis der Strafverfolgung in dem oben II 1 besprochenen Sinne; und die ganze Lehre von diesen Antragsvergehen würde gar nicht ins Strafrecht, sondern in das Strafprozeßrecht gehören.

VE, KE und E 1919 haben sich bezüglich der Behandlung des Strafantrages im allgemeinen wie auch bei der Auswahl der Antragsdelikte eng an das geltende Recht angelehnt. Vgl. dazu Denkschrift 1919 S. 49. AE 1925 und E 1927 haben dagegen den Versuch gemacht, die unter 1 und 2 bezeichneten Gesichtspunkte gesetzgeberisch zu verwenden. An die Stelle des Strafantrages des geltenden Rechts wird eine zweifache Institution gesetzt: das „Verlangen" einerseits, die „Zustimmung" andererseits. Das erstere entspricht dem oben zu a), die letztere dem unter b) Gesagten. Doch werden Verlangen und Zustimmung juristisch nicht verschieden, sondern gleichmäßig als Prozeßvoraussetzungen behandelt. Daraus ziehen die Entwürfe die Folgerung, daß alle allgemeinen Vorschriften über Form und Frist in die StPO gehören. Vgl. dazu Begründung 1925, 5; 1927, 6 und *Mamroth* Reform 1926, 371.

---

[4]) *v. Liszt* Aufsätze 1 8, 36. Zustimmend *Lobe* in Lpz. Komm. § 61 Note 1, *Sauer* Grundlagen des Prozeßrechts (2. Aufl. 1929) 335, 336, *Frank* § 61 I. Heute herrschende Meinung.

II. Abschnitt.

Die Verbrechensformen[1].

Literatur. *v. Overbeck* Die Erscheinungsformen des Verbrechens im Lichte der modernen Strafrechtsschule (Kritische Beiträge Heft 4) 1909.

I. Vollendung und Versuch des Verbrechens.

§ 44. Der Begriff des Versuchs.

Literatur. *Frank* VD Allg. T. **5** 163. *v. Bar* Gesetz **2** 487; dazu *Kriegsmann* Z **30** 542. *Graf zu Dohna* Der Mangel am Tatbestand. Festgabe für *Güterbock* 1910. — *Kohler* **1** 1, **3** 220. *v. Buri* Beiträge 178, 187. *James Goldschmidt* Die Lehre vom unbeendigten und beendigten Versuch (Strafr. Abh. Heft 7) 1897. *Oetker* Z **17** 53. *Klee* Wille und Erfolg in der Versuchslehre (Strafr. Abh. Heft 14) 1898. *Finger* und *Schoetensack* in der Festschrift für *Binding* 1911 **1** 257, 375. *Loesch* Der Versuch usw. Erlanger Diss. 1911. *Stienen* Fälle einer begrifflichen Unmöglichkeit des Versuchs. Münstersche Diss. 1911. *Derselbe* Z **34** 459. *Germann* Über den Grund der Strafbarkeit des Versuchs (Züricher Beiträge Heft 53) 1914. *Schüler* Der Mangel am Tatbestand (Strafr. Abh. Heft 181) 1914. *Cohn* Die Revisionsbedürftigkeit des heutigen Versuchsbegriffes (Strafr. Abh. Heft 192) 1916. *Binding* GS **85** 177 („der umgekehrte Irrtum"). *Natorp* Der Mangel am Tatbestand (Strafr. Abh. Heft 204) 1921. *Oetker* GS **88** 86. *Beling* Methodik der Gesetzgebung (1922) 80ff., 155ff. *Kohlrausch* Reform (1926) 27. *Graf zu Dohna* Reform (1926) 93. *Kadečka* bei *Aschaffenburg* **19** 129; dazu *Rittler* ebenda **19** 520. *Sauermann* Der Versuch als „delictum sui generis" (Strafr. Abh. Heft 227) 1927. *Lobe* HdR VI 541. *Schoetensack* Verbrechensversuch (Festg. f. *Frank* II 55) 1930. *Zimmerl* GS **98** 387. — Zu III: *Meyer* Der Anfang der Ausführung. Festg. für *Berner* 1892. *Werneburg* GS **86** 17 (Begriff des Unternehmens). — Zur Geschichte der Versuchslehre: *Pernice* Labeo **2** 105. *Mommsen* 97. *Brunner-v. Schwerin* **2** 732. *His* (Lit. zu § 8 B) 167. *Knapp* 27. *Schreuer* (Lit. zu § 8 A) 81. *Seeger* Versuch der Verbrechen nach römischem Recht 1879. *Derselbe* Ausbildung der Lehre vom Versuch in der Wissenschaft des Mittelalters 1869. *Schaffstein* § 22. *Hinschius* Kirchenrecht **5** 930. — Vgl. Lit. zu §§ 45, 46.

---

[1]) Vgl. oben § 26 IV. Gegen die Aufstellung dieses Begriffs, den *Allfeld, Beling, Mezger, van Calker, Wachenfeld* u. a. aufgenommen haben, neuerdings *Köhler* und *Mayer*. Ersterer spricht von „Unvollständigkeit und Unselbständigkeit", letzterer von „Strafausdehnungsgründen". Aber Vollendung, Täterschaft, Verbrecheneinheit passen unter keinen dieser beiden Ausdrücke.

I. **Begriffsbestimmung.**

1. **Vollendetes Verbrechen ist die tatbestandsmäßig rechtswidrige, schuldhafte Handlung selbst.** Die Vollendung setzt mithin voraus, daß sämtliche Merkmale des das Verbrechen darstellenden besonderen Tatbestandes gegeben sind, daß insbesondere der durch das Gesetz zum Begriff dieses Verbrechens geforderte Erfolg eingetreten ist.

Der Zeitpunkt der Vollendung wird demnach für jedes Verbrechen nur durch das geltende Recht bestimmt, das nicht immer den Eintritt des eigentlichen Deliktsübels (die Verletzung bzw. Gefährdung des angegriffenen Rechtsgutes) für maßgebend erachtet, sondern vielfach („Absichtsdelikte"; siehe oben § 39 II 3a) schon mit der auf den Erfolg gerichteten Tätigkeit die Vollendung eintreten läßt. Daraus ergeben sich zahlreiche Unklarheiten und Widersprüche. So ist der Augenblick der Vollendung ein anderer beim Diebstahl (StGB § 242) als bei der Unterschlagung (StGB § 246), ein anderer bei der Münzfälschung (StGB § 146) als bei der Urkundenfälschung (StGB § 267).

Bei Bestimmung des Zeitpunktes der Vollendung bleiben die Bedingungen der Strafbarkeit außer Betracht (oben § 43 I).

2. **Versuchtes Verbrechen ist der auf Erfüllung des Tatbestandes gerichtete „Anfang der Ausführung" des Verbrechens.** § 43 Abs. 1 StGB. Versuch liegt also dann vor, wenn der Täter subjektiv den gesamten Tatbestand zu verwirklichen entschlossen ist und objektiv eine dem Tatbestande unterfallende Handlung setzt, die jedoch die tatbestandsmäßige Veränderung in der Außenwelt nicht herbeiführt, mithin des für die Vollendung des Verbrechens erforderlichen objektiven Schlußstückes entbehrt[2]). Auf eine in dieser und nur in dieser Beziehung unvollständige Ausführungshandlung erstreckt der Gesetzgeber die Bestrafungsmöglichkeit unter dem Gesichtspunkt des Versuchs[3]): nicht aber ist eine Bestrafung wegen Ver-

[2]) Auf diesem Standpunkt steht in der Literatur heute die überwiegende Meinung, insbesondere *Allfeld* 191, 194, 195, *Beling* Grundzüge 57 („Mangel des tatbestandlichen Endstücks), *Frank* § 43 I (in der Außenwelt ereignet sich nicht so viel, wie der Tatbestand erfordert und dem Vorsatz des Täters entspricht), *van Calker* Strafrecht 66/7, *Graf zu Dohna, Gerland* 133 (mangelnde Erfolgskausalität), *Köhler* 440, 444, 447ff, 464 (vgl. auch 409), *Lobe* in Lpz. Komm. § 43 Note 4 (Zurückbleiben des äußeren Geschehens gegenüber der Vorstellung des Täters), *Mayer* 345, *Sauer* Grundlagen 462 (Mangel an der Tatbestandshandlung, nicht an den übrigen Tatbestandsmerkmalen), *Schoetensack* Festg. f. *Frank* II 64, *Wachenfeld* 167. Über die Gegenmeinung vgl. unten Note 4.

[3]) Unter diesem Gesichtspunkt kann man mit *Mayer* im Versuch einen „Strafausdehnungsgrund" sehen. Vgl. dazu jetzt namentlich auch *Endemann* Z **45** 121, *Mezger* 379, *Frank* § 43 I. *Zimmerl* GS **98** 387 spricht von „Tatbestandsausdehnungsgründen".

suchs bei jeder beliebigen objektiven Unvollständigkeit der Tatbestandsverwirklichung möglich, insbesondere also nicht auch dann, wenn irgendeines der **begleitenden Tatbestandsmerkmale**, deren Gegebensein der Täter angenommen hatte, tatsächlich nicht vorgelegen hat[4]). In diesem Falle liegt vielmehr ein aus dem Bereiche strafbaren Versuchs herausfallender (wenig glücklich so genannter) **Mangel am Tatbestand**[5]) vor. Es ist versuchte Tötung, wenn A

---

[4]) Diese hier abgelehnte Meinung ist außer von *Delaquis* (Lit. zu § 45) 132, *v. Hippel* II 396, 432, *Kadečka* 137, *Kriegsmann* (Lit. zu § 45). *v. Lilienthal* 33, Begr. 289, und dem R (ständige Rechtsprechung) namentlich auch von *v. Liszt* in den früheren Auflagen dieses Buches vertreten worden. *v. Liszt* folgerte die Richtigkeit seiner Ansicht „aus der grundsätzlichen Gleichwertigkeit aller Tatbestandsmerkmale" und verwies zur Begründung dafür auf die von ihm in seiner Schuldlehre aus § 59 StGB gezogenen Konsequenzen. Indessen besteht kein Grund, aus der Tatsache, daß sich das psychologische Vorsatzelement auf sämtliche Tatbestandsmerkmale beziehen müsse (vgl. oben § 39 II 1), durch Umkehrschluß zu folgern, daß irrige Annahme eines in Wirklichkeit nicht vorhandenen Tatbestandsmerkmals zuungunsten des Täters Beachtung finden müsse. Gegen diesen Trugschluß vgl. insbesondere *Binding* GS **85** 323 („magische Wirkung des Irrtums"), *Lobe* in Lpz. Komm. § 43 Note 11b, *Mayer* 346 Note 6, *Frank* § 43 I, *Mezger* 396/7 (der Sache nach). An dieser unrichtigen Lehre hat aber vor allem auch R in ständiger Rechtsprechung festgehalten: vgl. R **11** 72 (77), **39** 316, **42** 92 (!!), **47** 65, **56** 316, **60** 215, **64** 130.

[5]) Grundlegend für die Lehre vom „Mangel am Tatbestand" *Graf zu Dohna* in der Festschrift für *Güterbock* (1910) 35ff. Ihm hatte sich namentlich *Frank* in den früheren Auflagen seines Kommentars angeschlossen. Gegenüber den Einwendungen von *Schüler* und *Natorp* hat *Frank* seine Formulierung insofern geändert, als er den Unterschied zwischen Versuch und Mangel am Tatbestand nicht mehr in der Verschiedenartigkeit des dem Täter bei diesem und jenem unterlaufenden Irrtums findet (vgl. *Frank* 11. bis 14. Aufl. § 43 I), sondern darauf abstellt, ob das Endstück der tatbestandsmäßigen Kausalkette oder irgendein anderes Tatbestandsmerkmal fehlt. In der Sache aber bedeutet das von der früheren Auffassung *Franks* keine erhebliche Abweichung. Mit der heutigen Formulierung *Franks* stimmt der Text sachlich überein. Daß sich unter den erwähnten Gesichtspunkten eine scharfe Unterscheidung von Vorsatz und Mangel am Tatbestand durchführen läßt, kann nicht bestritten werden. Vgl. dazu *Sauer* Grundlagen 462, *Endemann* Z **45** 121, *Lobe* in Lpz. Komm. § 43 Note 11, *Rosenfeld* Z **32** 487, *Beling* Methodik der Gesetzgebung (1922) 80ff. Wenn *Mayer* 364 und *Köhler* 464 den Mangel am Tatbestand als „Versuch mit mangelnder Widerrechtlichkeit" (*Mayer*) bzw. als Versuch ohne „rechtswidrigen Angriff" (*Köhler*) bezeichnen, so ist das gegenüber dem Text kein sachlicher Unterschied; größere Klarheit aber wird damit nicht gewonnen; denn so sicher es ist, daß die Fälle des Mangels am Tatbestande nicht mehr im Bereiche des Rechtswidrigen liegen, so empfiehlt es sich doch nicht, hier noch von Versuch zu sprechen, da ja „Versuch" im Sinne und Sprachgebrauch des Gesetzes eben gerade noch rechtswidriges Verhalten ist. Daß auch jeder Versuch durch einen Mangel am Tatbestand ausgezeichnet ist, kann zwar nicht geleugnet werden (vgl. *Frank* § 43 I, *Beling* Grundzüge 57); aber es ist trotz dieser Selbstverständlichkeit wohl kaum verfänglich, vom „Mangel am Tatbestande" in einem besonderen, technischen Sinne zu sprechen, wie dies im Text geschieht. In diesem technischen Sinne hat sich denn auch der Begriff bereits eingebürgert. Nicht glücklich ist es, wenn *Mezger* 395ff. den „Mangel am T." auch zum „Versuch" rechnet, innerhalb des „Versuchs" dann aber straflosen und strafbaren Versuch unterscheidet, wobei die Fälle des „M. a. T." auch nach *Mezger* (397!) durchweg zu den straflosen „Versuchs"-Fällen ge-

dem B ein tödliches Gift beigebracht hat, dieses aber durch ärztliche Hilfe rechtzeitig dem Körper des B entzogen worden ist; versuchter schwerer Diebstahl liegt vor, wenn C den Geldschrank des D in diebischer Absicht angebohrt hat, vor der Entnahme der Wertpapiere aber verscheucht worden ist. Dagegen ist strafloser Mangel am Tatbestand und nicht Versuch gegeben, wenn der Täter die eigene Sache, die er irrig für die von ihm zu entwendende fremde Sache hält, in Aneignungsabsicht wegnimmt[6]); wenn er die von ihm beschworene wahre Tatsache für unwahr gehalten hat; wenn er als Witwer, ohne sich dieser Eigenschaft bewußt zu sein, eine neue Ehe eingeht; wenn er eine über 14 Jahre alte Person zur Duldung unzüchtiger Handlungen verleitet; wenn er im irrigen Glauben an seine Beamteneigenschaft Geschenke annimmt. Allen diesen zuletzt genannten Fällen fehlt das charakteristische Wesensmerkmal des

---

hören. *Mezger* führt damit unnötigerweise einen vorjuristischen Versuchsbegriff ein, übersieht aber, daß „Versuch" als strafrechtlicher Wertbegriff und damit im strafrechtlichen Sinne überhaupt nur die zu bestrafenden Fälle unvollständiger Tatbestandserfüllung umfassen kann. Ganz im Sinne des Textes faßt *Graf zu Dohna* Z **51** 621 den Sinn der Lehre vom „M. a. T." dahin auf, daß sie zeigt, welche möglichen Versuchsfälle übrig bleiben. *Graf zu Dohna* verteidigt dort auch die im Text vorgetragene Lehre gegen die Angriffe, die *v. Hippel* II 396, 431ff. gegen sie richtet. Die Annahme einer besonderen Bedeutung des äußeren Erfolges für die Strafbarkeit ist für die Lehre vom Versuch im Gesetz, nämlich in § 43 begründet. Die petitio principii, die *v. Hippel* 432 dem Text vorwirft, dürfte daher seiner eigenen Versuchslehre zugrunde liegen, indem er die von § 43 (im Gegensatz zu § 59: oben Note 4!) abgelehnte „Gleichwertigkeit aller Tatbestandsmerkmale" zum Ausgangspunkt nimmt.

Dem R ist von seinem subjektivistischen Standpunkt aus (vgl. oben Note 4) der Mangel am Tatbestand unbekannt; es nimmt auch in diesen Fällen strafbaren Versuch an, abgesehen von den Fällen, wo dem Täter die im Tatbestand erforderte subjektive Eigenschaft (Beamter oder dgl.) mangelt. Vgl. R **8** 198. Diese Entscheidung bezieht sich freilich auf einen von einer Nichtschwangeren vorgenommenen „Abtreibungsversuch", behandelt aber (199) theoretisch auch den Fall, daß ein Nichtbeamter in irrigem Glauben an seine Beamteneigenschaft den Tatbestand eines Beamtendelikts verwirklicht. Dieser Nichtbeamte ist nach Ansicht des R nicht strafbar wegen versuchten Beamtendelikts. Eine entsprechende Behandlung des von einer Nichtschwangeren vorgenommenen „Abtreibungsversuchs" hat R jedoch ausdrücklich abgelehnt: R **8** 198, **34** 217. Mit Recht tadelt *Lobe* in Lpz. Komm. § 43 Note 11c die Rechtsprechung des R als inkonsequent.

Das Wahnverbrechen oder Putativdelikt scheidet R ebenfalls mit Hilfe eines Umkehrschlusses aus § 59 StGB aus dem Bereiche strafbaren Versuches aus: vgl. R **42** 92, **56** 316. Vgl. dazu *Binding* GS **85** 177, der für das Putativdelikt den sonderbaren terminus „umgekehrter Irrtum" geprägt hat, sowie *v. Hippel* II 377, *Mezger* 381.

[6]) Diesem Fall steht nicht ohne weiteres gleich derjenige, wo der Täter in ein Behältnis greift, um irgendeine fremde Sache zu entwenden, dabei aber zufällig einen ihm selbst gehörigen Gegenstand zu fassen bekommt. In diesem Falle liegt versuchter Diebstahl an der nicht näher konkretisierten fremden Sache vor, zu deren Wegnahme sich der Griff in das Behältnis rebus sic stantibus als untaugliches Mittel erwiesen hat. Unrichtig *Mayer* 364/365.

Versuchs: der Mangel des Schlußstücks einer im übrigen in jeder Beziehung tatbestandsmäßigen Ausführungshandlung.

Nur die vorstehende objektive Auslegung des § 43 wird dem klaren Wortlaut des Gesetzes, seiner Entwicklungsgeschichte und der rechtsstaatlichen Funktion des Strafrechts gerecht; die entgegenstehende Lehre, die auch die Fälle des sog. Mangels am Tatbestande in den Bereich des strafbaren Versuchs einbezieht, verliert sich in einen grenzenlosen Subjektivismus, indem sie, unter Verkennung der Tragweite des Art. 116 RVerf., die Handlungen, die unter dem Gesichtspunkte strafrechtlichen Versuchs rechtswidrig sein sollen, nicht objektiv, sondern unter Zugrundelegung des subjektiven, irrigen Meinens des Täters bestimmt wissen will[7]).

3. Nach dem zu 2 Gesagten liegt das Wesen des Versuchs in der **Richtung der Willensbetätigung**, mithin in der Beziehung des Geschehenen auf ein Nichtgeschehenes. Diese Beziehung muß in einem Doppelten gegeben sein: in der Gefährlichkeit der Tat und in der Gefährlichkeit des Täters. Die Gefährlichkeit der Tat beruht auf der mit dem Geschehenen gegebenen objektiven Möglichkeit des Eintritts der tatbestandsmäßigen Veränderung in der Außenwelt; diese Möglichkeit wiederum ist das Ergebnis der dem Geschehenen durch den „Entschluß" des Täters aufgeprägten Richtung gegen die Sicherheit eines Rechtsgutes. Der „Entschluß" des Täters, auf den § 43 richtig hinweist, ist es, ohne dessen Vorliegen die Gefährlichkeit der Handlung und demgemäß ihre objektive Rechtswidrigkeit nicht feststellbar wäre. Als echtes und wichtiges „subjektives Unrechtselement" ermöglicht der „Entschluß" die Feststellung, daß die Handlung gegen ein Rechtsgut zielt, dieses angreift, gefährdet[8]). Zugleich bildet der „Ent-

---

[7]) Demgemäß werden die sich entgegenstehenden Theorien als objektive (Text) und subjektive Theorie (Reichsgericht) bezeichnet. Über die Bedeutung der rechtsstaatlichen Funktion des Strafrechts vgl. oben § 18 Note 3, aber auch § 4 IV 1. Dazu vor allem *Liepmann* Die Reform des deutschen Strafrechts (1921) 45ff., 48ff., *Grünhut* (Lit. zu § 26) 17, 21, *Frank* § 43 1 (der Satz nulla poena sine lege werde durch § 43 keineswegs eingeengt), *Lobe* in Lpz. Komm. § 43 Note 11b (der vom R vorgenommene Umkehrschluß aus § 59 [vgl. oben Note 4] verstoße gegen StGB § 2 Abs. 1 [muß heißen Art. 116 RVerf.: vgl. oben § 18 Note 3]), *Mezger* 391. — Über die geschichtlichen Grundlagen des § 43 RStGB, die mit aller Deutlichkeit auf die objektive Auslegung hinweisen, vgl. unten II, dazu *Kohlrausch* Reform (1926) 27, 28 (mit vorzüglicher Kritik von R 1 439), *Lobe* in Lpz. Komm. § 43 Note 3, *Mezger* 388/9, *Frank* VD Allg. T. 5 173ff., *Class* (Lit. zu § 12) 12ff. (über die Entwicklung des Versuchsbegriffs in der preußischen Strafrechtsreform vor 1851), *Cohn* Die Revisionsbedürftigkeit usw. (1916) 5ff. (seine subjektivistische Auslegung des Art. 178 CCC ist jedoch nicht haltbar).

[8]) Treffend *Mezger* Vom Sinn der strafrechtl. Tatbestände (1926) 23, *Hegler* in Festg. für *Frank* I 313/314, insbes. dort Noten 4 und 1. Dagegen *Zimmerl* Zur Lehre vom Tatbestand 15ff., 33, 37, 50ff., 63 (gegen ihn aber

schluß" aber auch einen Schuldbestandteil im Sinne dessen, was in psychologischer Hinsicht den Vorsatz, sei es den direkten, sei es den eventuellen, ausmacht[9]). Insofern zeigt der Entschluß die Gefährlichkeit des Täters an, die immer dann gegeben sein wird, wenn es möglich ist, dem Täter im Hinblick auf seinen Entschluß den Vorwurf vorsätzlich-schuldhaften Verhaltens zu machen.

Beide Merkmale zusammen ergeben die Gefährlichkeit der Willensbetätigung. **Diese Gefährlichkeit aber macht das Wesen des Versuchs aus**[10]). Daraus folgt positivrechtlich die Straflosigkeit

---

Hegler a. a. O. 286, 314 Note 1). Alle Schwierigkeiten, mit denen sich *Zimmerl* plagt, würden schwinden, wenn er den Entschluß in § 43 als subj. Unrechtselement anerkennen wollte. Wohin die Leugnung dieser Qualifikation des Entschlusses führt, zeigen die scharfsinnigen, aber gänzlich unhaltbaren Ausführungen *v. Beselers* (Jurist. Miniaturen 1929, 42ff.: „Wer vorsätzlich und mit Überlegung auf einen Menschen zielt und sich verzielend in die Luft neben dem Menschen schießt, tut etwas Erlaubtes" (!!) „in ausgewirkter Mördergesinnung").

[9]) Vgl. auch hierzu *Mezger* 171, sowie Vom Sinn 23 (Lehrbuch 379 betont *Mezger* leider nur noch die Bedeutung des Entschlusses für den Vorsatz, ohne auf das zu Note 8 Gesagte noch einzugehen). Treffend auch *Frank* § 59 VI a. E., ferner *Hegler* Festg. für *Frank* I 297. Zweifelhaft ist, ob hinsichtlich der Schuld beim Versuch auch dolus eventualis genügt. Da aus der Wahl des Wortes „Entschluß" in § 43 keine Beschränkung des Vorsatzes auf den dolus directus ersichtlich ist, so muß dolus eventualis genügen, sofern er zur Vollendung genügt. Ebenso *Lobe* in Lpz. Komm. § 43 Note 2, *Allfeld* 190, *Köhler* 442, *Olshausen* § **43** 5, *Finger* **1** 310, *Schwartz* § 43 Note 3, R **12** 64, **19** 90. A. M. jedoch *v. Bar* Z **18** 534 (anders jedoch Ges. u. Schuld **2** 543) und wohl auch *Frank* § 43 II 1. Läßt man mit der hier vertretenen Meinung dolus eventualis genügen, so fragt es sich, ob bei der Bestrafung der schwerste oder der leichteste der als möglich vorgestellten Erfolge in Betracht kommt. *v. Bar* Ges. u. Schuld **2** 543 läßt den leichtesten Erfolg maßgebend sein. Indessen folgt aus dem Wesen des dolus eventualis das Gegenteil: Maßgebend muß der schwerste der als möglich vorgestellten Erfolge sein; denn ihn hat der Täter „nicht abgelehnt", auf ihn also mit seiner Handlung hingewirkt. So auch *Allfeld* 191, *v. Liszt* in den früheren Auflagen dieses Buches, *Gerland* 132, *Lobe* in Lpz. Komm. § 43 Note 2.

Ob Versuch einer fahrlässigen Straftat überhaupt denkbar ist, ist streitig. Mit *Frank* § 43 II 1, *Binding* GS **85** 221 (mit treffendem Beispiel), *Stienen* Z **34** 473 (dazu *Binding* a. a. O. 222 Note 1), *Mezger* 380 ist jedoch die Denkbarkeit anzunehmen. *Köhler* 442 hält „Versuch eines fahrlässigen Verbrechens" für „etwas sprachlich Unmögliches". *v. Hippel* II 408 behauptet die „logische Unmöglichkeit". An der Straflosigkeit des Versuchs einer fahrlässigen Straftat ist aber de lege lata nicht zu zweifeln. R **57** 117 (Versuch der Steuergefährdung des § 402 RAbgO), **59** 119 läßt die Frage nach der Möglichkeit des Versuchs einer fahrlässigen Straftat offen.

[10]) So insbesondere *Mayer* 345, der den Versuch als „abstraktes Gefährdungsdelikt" bezeichnet, zugleich aber treffend die Bedeutung des objektiv auszulegenden § 43 dahin kennzeichnet, daß der Gesetzgeber mit § 43 dem Richter ein Eingehen auf die schwierige Frage, wann ein Versuch als gefährlich zu gelten hat, in der Regel hat ersparen wollen. Praktisch aber wird die Frage in den unten § 45 II, III erörterten Fällen. — Ähnlich, wie der Text, *Allfeld* 186, insbesondere dort Note 3, *Finger* **1** 304, *Merkel* 132; auch *v. Bar* Ges. **2** 490 (Eindruckstheorie); vgl. auch *Frank* VD Allg. T. **5** 267 („Störung des Rechtsfriedens"), *Kohler* **1** 20 (mit Betonung der allgemeinen Gefahr), *E. v. Liszt*

der Vorbereitungshandlungen und des untauglichen (ungefährlichen) Versuchs (unten § 45) sowie die mildere Bestrafung des Versuchs.

II. Geschichte. Der Versuchsbegriff verdankt seine Entstehung der mittelalterlichen Rechtswissenschaft Italiens. Dem römischen Recht „fehlt für den Versuch der Begriff wie das technische Wort" (*Mommsen*). Dagegen werden schon in den Leges Corneliae einzelne Versuchs- und Vorbereitungshandlungen mit der Strafe des vollendeten Verbrechens bedroht. Unter dem Einflusse der Rhetorik wird, insbesondere seit *Hadrian*, die subjektive Seite des Verbrechens, die voluntas, im Gegensatz zum exitus, mehr und mehr in den Vordergrund gestellt, wohl auch dem flagitium imperfectum überhaupt mildere Strafe angedroht (l. 1 § 2 D. 47, 11). Aber einen allgemeinen Begriff des Versuches hat auch das spätrömische Recht nicht gewonnen. Ebensowenig zunächst das deutsche Mittelalter. Vielfach werden zwar schon in den Volksrechten Angriffe auf Leib und Leben, auch wenn sie ohne Erfolg geblieben, so Messerzücken, Wegsperre, Anlaufen, Wassertauche usw., unter Strafe gestellt, aber, wie wir aus dem angedrohten Bußsatze entnehmen können, nicht als Versuchshandlungen, sondern als selbständige Verbrechen, etwa als Lebensgefährdung, insbe-

---

Z **25** 24 (mit Betonung der objektiven Gefährlichkeit des betätigten bösen Willens), *Wachenfeld* 170, 180, *Lobe* in Lpz. Komm. § 43 Note 3. Starke Betonung des Gesichtspunkts der Gefährlichkeit bei *v. Hippel* II 403, 425 und pass. (Daß die Lehre vom Mangel am Tatbestand die „Gefährlichkeitstheorie" nicht preisgibt, wie *v. Hippel* II 425 Note 4 meint, lehrt der Text.) Ähnlich auch schon die Auffassung des Versuchs als Friedensgefährdung in den Quellen des deutschen Mittelalters. Vgl. *His* (Lit. zu § 8 B) 168, 170ff., 179ff. (sehr bezeichnend!). — *Frank* § 43 III wendet sich gegen die Gefährdungstheorie mit dem Argument, daß „bei ihrer Richtigkeit ein auf die Herbeiführung der Gefahr gerichteter Vorsatz genügen müßte (*v. Buri*)"; aber warum soll das Wesen des Versuchs nicht aus seiner objektiven Beschaffenheit entnommen werden können? Und warum soll sich die im Versuch steckende objektive Gefahr nicht mit dem Vollendungs-(Verletzungs-)Vorsatz des Täters vereinigen lassen? Bei richtiger Einschätzung des „Entschlusses" als subjektiven, die fehlende Vollendung ersetzenden Tatbestandselements ergeben sich keinerlei Schwierigkeiten! Gegen die Zurückführung des Versuchs auf die rechtswidrige Gefährdung ferner *Höpfner* Z **23** 653 (Fußnote), *Goldschmidt* Österreich. Z **4** 146, *Derselbe* Der Prozeß als Rechtslage (1925) 235 (Note 1287), letzterer freilich nur insoweit, als der absolut untaugliche „Versuch" (unten § 45) und der „Mangel am Tatbestand" als „Versuch" aufgefaßt werden. Da dies hier nicht geschieht, wird *Goldschmidt* die Charakterisierung der oben im Text als Versuch beschriebenen Erscheinung mittels der Gefährlichkeit nicht mißbilligen können. — Die grundsätzliche Auffassung wird wichtig für die Beurteilung des untauglichen Versuchs; vgl. unten § 45. Abweichend: **1.** Die heute wissenschaftlich überwundene Auffassung, nach welcher der Versuch als „teilweise Verwirklichung" der verbrecherischen Absicht erscheint. Sie wird neuerdings vertreten von *Binding* Normen **3** 441. Wer beim Scheibenschießen die Scheibe stets verfehlt, hat seine Absicht, ins Schwarze zu treffen, nicht „teilweise", sondern gar nicht verwirklicht. *Bindings* Ansicht wird dem fehlgeschlagenen Verbrechen nicht gerecht. — **2.** Die insbesondere durch *v. Buri* neu begründete, jetzt auch von *Delaquis* (Lit. zu § 45) grundsätzlich vertretene, auf das R (vgl. R **1** 439) stark einwirkende rein subjektive Auffassung des Versuchs, die ihren letzten Grund in der Leugnung des objektiven Gefahrbegriffs hat (oben § 28 Note 8). — **3.** Die von *Rossi*, *Lammasch*, *Herzog*, *Klee*, *Germann*, teilweise auch von *v. Bar* vertretene Ansicht, die den Grund für die Strafbarkeit des Versuchs in der Vermutung findet, daß der Täter die begonnene Tat fortsetzen und vollenden werde (Präsumtion der Perfektionskraft). Diese Ansicht betont einseitig die Gefährlichkeit des Täters.

sondere aber als Friedensgefährdung. Im 14. und 15. Jahrhundert wird freilich der Versuchsbegriff bereits als solcher in der städtischen Gesetzgebung und Rechtsprechung verwendet; aber auf die spätere deutsche Rechtsentwicklung haben nicht diese städtischen Ansätze eingewirkt, vielmehr ist dafür die wissenschaftliche Arbeit der italienischen Schriftsteller maßgebend gewesen. Sie arbeiten an der Verallgemeinerung des Begriffs, bestimmen den Versuch unter Beziehung des Geschehenen auf einen nicht eingetretenen Erfolg als ein „cogitare, agere, sed non perficere" und verlangen, der damaligen Rechtsanschauung gemäß, im Gegensatz zu den Römern mildere Bestrafung des Versuchs. Ihnen folgen Klagspiegel und Bambergensis. Die PGO gibt im Art. 178 eine durchaus gelungene und ganz allgemeine Begriffsbestimmung: „Item so sich jemand einer Missetat mit etlichen scheinlichen Werken, die zur Vollbringung der Missetat dienstlich sein mögen, untersteht, und doch an Vollbringung derselben Missetat durch andere Mittel wider seinen Willen verhindert wurde, solcher böser Will, daraus etlich Werk, als obsteht, folgen, ist peinlich zu strafen. Aber in einem Fall härter denn in dem anderen . . ." Das gemeine Recht bemühte sich, die verschieden schwer zu bestrafenden Fälle genauer zu bestimmen, und unterschied zumeist conatus remotus (Vorbereitungshandlungen), propinquus (Ausführungshandlung) und proximus (den beendeten Versuch in der Gestalt des fehlgeschlagenen Verbrechens). Letzterer liegt vor, wenn der Täter getan hat, quantum in ipso fuit et ad consummandum delictum necessarium putavit (so schon *Menochius*, später *Carpzov* und *JSF. Böhmer*). An der milderen Bestrafung des Versuchs wird im allgemeinen festgehalten. Auch die ausnahmsweise Gleichstellung des beendeten Versuchs mit der Vollendung, die von *Böhmer*, *Leyser* u. a. für die schwersten Verbrechen gefordert und z. B. von Bayern 1751 und Österreich 1768 ausgesprochen wird, findet bei *Koch* u. a. Widerspruch und wird z. B. von Preußen 1721 abgelehnt. Ebenso das ALR 40ff. II 20, obwohl es das Wesentliche des Versuchs in der Betätigung der „bösen Absicht" sieht, diese aber die gleiche wie beim vollendeten Delikt ist. Für die deutschen Gesetzbücher des 19. Jahrhunderts werden die aus dem G vom 22. Prairial Jahr IV herübergenommenen, auf das Josephinische StGB 1787 zurückführenden, Bestimmungen des Code pénal vorbildlich; der Versuch wird meist als „commencement d'exécution" bestimmt, die Gleichstellung von Versuch und Vollendung („toute tentative est le crime même"), z. B. von Preußen 1851 und Bayern 1861, aufgenommen. Das Preuß. StGB von 1851 war — seine Vorgeschichte beweist das schlagend! — insofern eine wichtige Etappe in der gesetzgeberischen Entwicklung des Versuchsbegriffs, als es unter französischem Einfluß für den Versuch einen streng rechtsstaatlich orientierten, objektiven Tatbestand schuf, um so die subjektivistische, auf die böse Absicht abstellende polizeistaatliche Auffassung des ALR zu überwinden. Die Rechtsprechung des Obertribunals hat dieser Stellungnahme des Preuß. StGB auch ständig Rechnung getragen und demgemäß eine objektive Versuchstheorie vertreten. Aus diesem Geiste wurde zweifellos auch § 43 RStGB geboren. Aber das Reichsgericht zwang durch seine berühmte Plenarentscheidung vom 24. Mai 1880 (1 439) unter völliger Verkennung der geschichtlichen Entwicklung der Praxis der deutschen Gerichte eine subjektivistische Auslegung des § 43 auf. Und diese Stellungnahme des Reichsgerichts ist trotz des lebhaften Widerspruchs der Wissenschaft auch für die Strafrechtsreform maßgebend geworden. Denn die Entwürfe vom VE bis zum E 1930 bemühten sich um eine Legalisierung der reichsgerichtlichen Rechtsprechung. Der Text des § 75 VE ist offensichtlich objektivistisch abgefaßt; die Begründung 285 aber will ihn subjektivistisch im Sinne des R ausgelegt wissen. KE § 29 und E 1919 § 23 verlangen Betätigung des Vorsatzes, eine Straftat zu begehen, durch „Handlungen, welche die Tat zur Ausführung bringen sollen". Die Denkschrift behauptet dazu, daß nach dem Entwurf 1919 entscheide, „ob sich eine Tätigkeit bereits als Ausführungshandlung darstelle", will also Vorbereitungs- und Ausführungshandlungen nach objektiven Merkmalen unterscheiden. Das aber widerspricht dem Wortlaut des Entwurfs. Nach diesem kommt es auf die subjektive Auffassung des Täters an und nicht auf die objektive Unterscheidung zwischen Ausführungs- und Vorbereitungshandlungen. Erst AE 1925 § 23 vertritt einhellig in Text und Begründung die subjektive Versuchstheorie, und zwar — weitergehend als die heutige Praxis des R — auch hinsichtlich der Unterscheidung von Vorbereitung und Versuch. In Konsequenz dieser subjektivistischen Versuchslehre gestattet AE 1925, den Versuch ebenso wie die vollendete Tat zu bestrafen; eine Strafmilderung ist zwar nicht ausgeschlossen, aber fakultativ ins Ermessen des Gerichts gestellt. Hat AE 1925 insoweit eine einigermaßen einheitliche Linie eingehalten, so verfallen E 1927 und E 1930 (§ 23) wieder in ein sonderbares Schwanken zwischen Objektivismus und Subjektivismus. Als Versuchshandlungen werden diejenigen bezeichnet, die „den Anfang der Ausführung bilden" (objektiv!), dann aber auch diejenigen, die ihn „nach dem Sachverhalt, den er (der Täter) sich vorstellt, bilden würden" (subjektiv), und Abs. 3 soll der Begründung 1927, 25 zufolge der Lehre vom Mangel am Tatbestand eine Hintertür offen halten. Hier fehlt es an jeder grundsätzlichen Lösung des Problems.

III. **Vorbereitung und Versuch.** Das Wesen des Versuchs besteht in der objektiven wie subjektiven Beziehung des Geschehenen auf die nicht eingetretene tatbestandsmäßige Veränderung in der Außenwelt. Je entfernter aber das Geschehene von der Vollendung geblieben ist, auf einer je früheren Stufe die Willensbetätigung unterbrochen wurde: desto schwieriger, desto unsicherer ist der Nachweis jener Beziehung; desto weniger kann von einer objektiven Gefährlichkeit des Verhaltens die Rede sein. Daraus ergibt sich die Notwendigkeit, die entfernteren Vorbereitungshandlungen den näheren, strafbaren Versuchshandlungen gegenüberzustellen, jene straflos zu lassen, diese zu bestrafen.

Im Anschlusse an das französische Recht wird (StGB § 43) die Grenzlinie zwischen Vorbereitung und Versuch **objektiv** durch den **Anfang der Ausführung,** das „commencement d'exécution" des französischen Rechts, gebildet. Nur die Ausführungshandlung ist **strafbarer Versuch**; was ihr vorangeht, ist **straflose Vorbereitung.** Der Begriff der Ausführungshandlung aber ist in dem oben § 32 A II 1 entwickelten Sinne zu nehmen[11]).

[11]) Die Ansichten gehen weit auseinander: **1.** Wie der Text unterscheiden zwischen Vorbereitungs- und Versuchs-(Ausführungs-)Handlungen **objektiv** *Allfeld* 191, *Beling* Grundzüge 57, *Frank* § 43 II 2, *Gerland* 132, *v. Hippel* II 398, *Lobe* in Lpz. Komm. § 43 Note 4, *Mezger* 382, *Schwartz* § 43 Note 6 und 7, *Wachenfeld* 173. — **2.** Vom Text scharf abweichend die Vertreter der **subjektiven** Theorie, welche als „Ausführungshandlung" im Sinne des § 43 diejenige Handlung betrachten, die nach Ansicht des Täters der Ausführung des Verbrechens dienen soll, in der mithin die verbrecherische Absicht zum unzweideutigen Ausdruck gelangt, „objektiviert" ist. Diesen Standpunkt ver-

Von der grundsätzlichen Straflosigkeit der Vorbereitungshandlungen hat die Gesetzgebung einzelne Ausnahmen gemacht. Es gehören hierher alle diejenigen Fälle, in denen entweder eine Vorbereitungshandlung unter besondere Strafe gestellt oder schon das Unternehmen einer strafbaren Handlung mit der Strafe des vollendeten Verbrechens bedroht wird (unten VI 2). Denn „Unternehmen" ist ein weiterer Begriff als das in § 43 StGB eng begrenzte „Versuchen". Es umfaßt auch solche Handlungen, die als Vorbereitungshandlungen noch nicht in das Gebiet des strafbaren Versuchs hineinfallen würden; und zwar soweit nicht gesetzliche Sonderbestimmungen im Wege stehen, sämtliche Vorbereitungshandlungen[12]).

---

treten insbesondere *v. Buri, Hälschner* **1** 336, 342, *Delaquis* (Lit. zu § 45), Begr. 285, 289, sämtliche deutschen Entwürfe (vgl. darüber oben II), früher auch *v. Bar*, der jedoch Ges. und Schuld **2** 505ff. mehr zur objektiven Auffassung neigt. — **3.** Vom **Reichsgericht** müßte man in Konsequenz seiner subjektiven Versuchstheorie (vgl. oben I) erwarten, daß es unter Zugrundelegung der von *v. Buri* aus der Bedingungstheorie gezogenen irrigen Schlußfolgerungen, die dem R in der Lehre vom untauglichen Versuch schlechthin maßgeblich sind, auch bei der Unterscheidung zwischen Vorbereitung und Versuch die Ansicht des Täters entscheiden läßt. Dem ist indessen nicht so; vielmehr unterscheidet R hier inkonsequent nach objektiven Merkmalen. Schon R **8** 203 fordert „eine äußere Handlung, welche über die Grenze der bloßen Vorbereitung hinausgegangen ist"; nach R **15** 56 muß „mit der Ausführung wenigstens einer der zum Tatbestande der beabsichtigten Straftat gehörigen Handlungen der Anfang gemacht" sein; R **59** 386 sieht zutreffend im Anlegen der geladenen Schußwaffe den Anfang der Tötungshandlung: „Rechtlich kommt in Betracht, ob das, was verwirklicht vorliegt, zu einer Tatbestandshandlung gehört und bereits eine Gefährdung des durch die Tat zu verletzenden Rechtsgutes bedeutet." Vgl. ferner R **38** 177, **43** 332, **53** 336, **58** 357. Es liegen jedoch auch Entscheidungen vor, die deutlich zeigen, daß sich R bei seiner dem Text entsprechenden objektiven Unterscheidung nicht bedingungslos wohl fühlt und oft sehr stark zu einer subjektiven Grenzziehung im Sinne der zu 2 genannten Autoren hinneigt. R **52** 184, **53** 217 sind nur vom Standpunkte der subjektiven Theorie aus verständlich (nicht überzeugend *Mezger* 385) und konnten geradezu als grundsätzliche Schwenkung des R in der hier in Rede stehenden Frage angesehen werden. Jedoch ist im Hinblick auf R **59** 386 nicht anzunehmen, daß R seine frühere Ansicht grundsätzlich hat aufgeben wollen, wenn auch in den neueren Entscheidungen in stärkerem Maße das Bestreben hervortritt, die Grenze des strafbaren Versuchs in den Bereich der eigentlichen Vorbereitung zu erstrecken: vgl. R **59** 1, 157, aber auch R **62** 362, **64** 130 (objektiv!).

[12]) Sehr bestritten. **1.** Die herrschende Ansicht (auch R, zuletzt **53** 45, **58** 73, 111, **59** 370) faßt das Unternehmen einfach als Versuch auf. So insbesondere auch *Frank* § 43 II und § 105 II, *v. Hippel* II 407/8. — **2.** Andere betrachten es als den engeren Begriff gegenüber dem Versuch, so daß es nur die letzten Ausführungshandlungen umfassen würde. — **3.** Für die Ansicht des Textes *Allfeld* 188, *v. Liszt* Falsche Aussage 1877 S. 175, *Mayer* 349 und VD Bes. T. **1** 268, *Werneburg*, früher auch R, insbesondere **3** 26, **8** 354, das aber seit der Entscheidung **42** 266 die zu 1 bezeichnete Ansicht vertritt. — StGB § 82 gilt nur für das hochverräterische Unternehmen. Vgl. R **3** 26, **8** 354 und unten § 165. — Auch in den Nebengesetzen wird das „Unternehmen" vielfach verwertet. Nach KE § 12 umfaßt es Vollendung und Versuch. Am besten würde der Ausdruck (wie im VE) überhaupt vermieden. So mit Recht E 1919 (vgl. Denkschrift S. 39) und die neueren Entwürfe.

IV. Innerhalb des einheitlichen Versuchsbegriffs haben wir zwei **Arten des Versuchs** zu unterscheiden.

1. **Nichtbeendeter Versuch** liegt vor, wenn die Ausführungshandlung nach der Ansicht des Täters noch nicht abgeschlossen ist.

2. **Beendeter Versuch** liegt vor, wenn der Täter die Ausführungshandlung für abgeschlossen hält, das Weitere also dem Lauf der Dinge überläßt, der Erfolg aber nicht eingetreten ist[13]). Hier können drei Fälle unterschieden werden.

a) Der Eintritt des Erfolges ist zweifelhaft, aber von einer weiteren Willensbetätigung des Täters unabhängig: die Verletzung ist lebensgefährlich, der Ausgang aber noch unsicher;

b) der Eintritt des Erfolges ist sicher: die Verletzung ist unbedingt tödlich, der Verletzte lebt aber augenblicklich noch;

c) der Nichteintritt des Erfolges ist sicher: die mit Tötungsvorsatz beigebrachte Verletzung ist leicht. Dies ist der Fall des sog. fehlgeschlagenen Verbrechens[14]).

V. Zweifelhafte Fälle.

1. Wenn die Strafbarkeit der Handlung von einer objektiven Bedingung abhängt, ist Versuch möglich (wenn auch nicht immer strafbar), falls die Bedingung von Anfang an gegeben oder später eingetreten, die Handlung aber entweder unvollendet geblieben oder mißlungen ist (oben § 43 I 2). Dieser Satz findet entsprechende Anwendung bei den durch den Erfolg qualifizierten Delikten (oben § 36 Note 17). Wenn also der Versuch der Notzucht den Tod der Frauensperson, etwa infolge eines Herzschlages, verursacht hat, so ist der Strafrahmen des § 178 nach § 44 (für den Täter wie für den Teilnehmer) herabzusetzen[15]); doch behält ein etwaiger Rücktritt vom Versuch (unten § 46) seine Wirkung.

2. Bei den unechten Unterlassungsdelikten ist sowohl beendeter wie nichtbeendeter Versuch möglich; bei den echten Unterlassungsdelikten dagegen weder

---

[13]) Der Unterschied zwischen beiden Versuchsarten wird im Text also subjektiv bestimmt. Das bedeutet keine Konzession an die subjektive Versuchstheorie, da ja stets objektiv eine „Ausführungshandlung" gegeben sein muß. Wie der Text *Allfeld* 192, *Derselbe* (Lit. § 46) 77 Note 1, *Gerland* 134, *Frank* § 43 IV, *v. Hippel* II 411, *Mayer* 370, *Mezger* 400, *Spohr* (Lit. § 46) 36, R **43** 137, **45** 183, **57** 278. A. M. *Wachenfeld* 176, der objektiv entschieden wissen will, ob der Täter alles zur Vollendung Nötige getan hat. Aber dann müßte ja der Erfolg eintreten! Wenig klar *v. Bar* Ges. und Schuld **2** 517ff. und *Köhler* 456/7, der sowohl den objektiven wie den subjektiven Maßstab zuläßt.

[14]) Die Unterscheidung des Textes, entsprechend der zwischen délit manqué und délit tenté in den romanischen Rechten, ist wichtig für den Rücktritt (vgl. unten § 46). — Bei mittelbarer Täterschaft (unten § 48 Note 12) ist für unsere Frage die Willensbetätigung des Bestimmten, nicht die des Bestimmenden maßgebend. A. M. die früheren Auflagen. Vgl. aber *Eb. Schmidt*, Festg. für *Frank* II 132.

[15]) Ebenso Begr. 291; *Allfeld* 189 Note 31, *v. Bar* 456, *Finger* **1** 317; *Frank* § 43 V 5, *v. Hippel* II 410. *Lobe* in Lpz. Komm. § 43 Note 6c, *Olshausen* § **43** 5, *Schwartz* § 43 Note 5e. Dagegen *Thomsen* Der Versuch der durch eine Folge qualifizierten Delikte 1895; *Mayer* 348; *Mezger* 378.

der eine noch der andere[16]); denn wer der Gebotsnorm zuwider „im kritischen Augenblick" (*Frank*) nicht handelt, hat sofort das Delikt vollendet; wird er jetzt sofort zum Handeln gezwungen, so liegt ein unbeachtliches Nachholen der gebotsmäßigen Handlung vor, das dem Täter nichts mehr nützt.

3. Wenn das Gesetz ausnahmsweise Versuchs- oder Vorbereitungshandlungen, insbesondere auch das Unternehmen einer strafbaren Handlung, mit der Strafe der Vollendung belegt oder als selbständige Verbrechen unter besondere Strafe stellt (unten VI 2, 3), so ist Versuch dieser Straftat ausgeschlossen. Denn die Annahme dieses Versuches des Versuches oder eines Versuches der Vorbereitung würde nicht nur zu unlöslichen logischen Schwierigkeiten führen, sondern auch das durch jene Ausnahmen bereits gestörte Gleichmaß der gesetzlichen Strafbestimmungen doppelt erschüttern[17]). Dasselbe muß aber auch von den zu selbständigen Verbrechen erhobenen Teilnahmehandlungen (unten § 50 V 2) gelten.

VI. Die Bestrafung des Versuchs.

Das RStGB bestraft im Anschlusse an das französische Recht den Versuch eines Verbrechens immer, den eines Vergehens ausnahmsweise in den besonders ausgezeichneten Fällen[18]), den einer Übertretung niemals.

Die Reichsgesetzgebung ist ferner, im Gegensatze zum französisch-preußischen Recht, zu der kriminalpolitisch nicht unbedenklichen, gemeinrechtlichen Auffassung zurückgekehrt, nach welcher

---

[16]) Die Frage ist nach beiden Richtungen bestritten. — Die Richtigkeit des Textes hinsichtlich der unechten Unterlassungsdelikte ergeben folgende Beispiele: Weichensteller W will den Zugführer Z dadurch töten, daß er durch Unterlassen der richtigen Weichenstellung den unvermeidlichen Zusammenstoß herbeiführt. Er unterläßt also die Weichenstellung, der Zusammenstoß erfolgt, Z bleibt am Leben. Hier liegt fehlgeschlagenes unechtes Unterlassungsdelikt vor. Dagegen würde der nichtbeendete Versuch eines solchen in folgendem Fall vorliegen: Frau X will ihr Kind K durch Nahrungsentziehung töten; zwei Tage lang hat sie ihm nichts zu essen gegeben; da erbarmt sich eine Nachbarin des K und rettet es. — **Stand der Meinungen: 1.** beim unechten Unterlassungsdelikt: **a**) wie der Text: *Allfeld* 188, *Frank* § 43 V, *Köhler* 454, *Lobe* in Lpz. Komm. § 43 Note 7a, *Gerland* 134; **b**) anderer Meinung: *v. Liszt* in den früheren Auflagen dieses Buches, insofern als er die Möglichkeit des nichtbeendeten Versuchs ablehnte; ihm stimmte *Finger* **1** 316 zu. **2.** beim echten Unterlassungsdelikt: **a**) wie der Text: *Mayer* 348, *Mezger* 377; **b**) anderer Meinung: die zu 1a genannten, ferner auch *v. Liszt* in den früheren Auflagen, insofern er die Möglichkeit eines fehlgeschlagenen Verbrechens annahm. Für die Fälle der irrigen Nichtannahme eines Tatbestandsmerkmals machte *v. Liszt* Ausnahmen; aber diese Fälle haben mit Versuch nichts zu tun. Vgl. oben zu Note 4.

[17]) Ebenso R **58** 392, Begr. 290, 292, *Finger* **1** 315, *Mayer* 349, *Mezger* 378. Dagegen *Allfeld* 189, *Frank* § 43 V, *Gerland* 134, *Olshausen* § **43** 28, *Schwartz* § 43 Note 5c für den Fall, daß es sich wirklich um Schaffung „selbständiger Verbrechen" (delicta sui generis) und nicht nur um Gleichstellung in der Bestrafung handelt. Gegen den Text auch *Seligmann* (Lit. zu § 27) 53 (zu beachten dessen eigenartige Terminologie).

[18]) Es sind dies §§ 107, 120, 140, 141, 148, 150, 160, 169, 240, 242, 246, 253, 263, 289, 303 bis 305, 339, 350, 352 StGB; ferner zahlreiche Fälle in den strafrechtlichen Nebengesetzen. Vgl. z. B. RAbgO § 397 Abs. 1. — Auf landesrechtlichem Gebiete kann auch der Versuch einer Übertretung bestraft werden (vgl. oben § 20 Note 2).

der Versuch stets milder zu bestrafen ist als das vollendete Verbrechen (StGB § 44; unten § 68 I) [19]).

Nur ausnahmsweise wird dieser Grundsatz verlassen:

1. Der heute gegenstandslose § 80 StGB bestrafte den hochverräterischen Mordversuch wie den Mord selbst mit dem Tode; auch der (1918 aufgehobene) § 153 GewO stellte Versuch und Vollendung in der Strafe einander gleich. Und nach § 397 Abs. 2 der RAbgO gilt die für die vollendete Steuerhinterziehung angedrohte Strafe auch für den Versuch.

2. In einer Reihe von Fällen wird das „Unternehmen" (oben Note 12) einer strafbaren Handlung ebenso schwer bestraft wie ihre Vollendung. Vgl. StGB §§ 81, 82, 105, 114, 122 Abs. 1, 159, 357; SprengstoffG 1884 § 9, SklavenraubG 1895 § 1; ebenso in zahlreichen Finanzgesetzen usw.

3. Soweit Vorbereitungshandlungen als selbständige Verbrechen bestraft werden, fallen sie nicht unter den herabgesetzten, sondern unter einen besonderen Strafrahmen. StGB §§ 83 bis 86, 151, 201, teilweise 49a.

§ 45. Der „untaugliche Versuch".

Literatur. Außer den zu § 44 genannten Schriften: *v. Bar* Gesetz **2** 487; dazu *Kriegsmann* Z **30** 542. — *Lammasch* Das Moment objektiver Gefährlichkeit im Begriffe des Verbrechensversuches 1879. *v. Liszt* Z **1** 93. *Kohler* **1** 7. *Rosenberg* Z **20** 685. *Delaquis* Der untaugliche Versuch. Berliner Seminarabh. **3** 1904; dazu *E. v. Liszt* Z **25** 24. *Kriegsmann* Wahnverbrechen und untauglicher Versuch (Strafr. Abh. Heft 51) 1904. *Kohn* Der untaugliche Versuch und das Wahnverbrechen usw. (Strafr. Abh. Heft 53) 1904. *Fabian* Abgrenzung vom untauglichen Versuch und Putativdelikt (Strafr. Abh. Heft 63) 1905. *Wintritz* Das problematische und das apodiktische Urteil in der Lehre vom Versuch (Strafr. Abh. Heft 117) 1910.

I. Geschichte. Schon bei den römischen Juristen, von *Neratius* und *Pomponius* bis auf *Ulpian* und *Paulus*, scheint die Strafbarkeit des untauglichen Versuches, wenn auch nur in Beziehung auf einzelne strafbare Handlungen, zu den vielbesprochenen Streitfragen gehört zu haben. Die späteren von ihnen bemühten sich, strafbare und straffreie Fälle zu unterscheiden, ohne aber zur Aufstellung eines allgemeinen Grundsatzes zu gelangen (*Pernice* **2** 114). Das gemeindeutsche Recht und die auf ihm beruhende Gesetzgebung erwähnte den untauglichen Versuch bei einzelnen Verbrechen, wie Vergiftung, Abtreibung

---

[19]) Gegen die mildere Bestrafung des Versuchs *Seuffert* Mitteilungen der JKV **9** 108 sowie die deutsche Landesversammlung der JKV zu Bremen 1902. Für sie *v. Bar* 566, *Kohler* in dem Vorwort zu *Klee* sowie dieser selbst S. 52, ferner (vom Standpunkte der Schutzstrafe aus) *Heberle* Aus welchen Gründen ist der beendete Versuch stets geringer zu strafen als das vollendete Verbrechen? Diss. 1896. Der österreichische RE stellt, im Gegensatz zu den beiden anderen Entwürfen, den Versuch der Vollendung gleich. Nach SRE 19 ist Strafmilderung bei angefangenem Delikt vorgeschrieben, bei fehlgeschlagenem zugelassen. Über AE 1925 vgl. oben zu II. E 1927 (1930): obligator. Strafmilderung.

u. a., und behandelte ihn zumeist als einen die ordentliche Strafe ausschließenden Milderungsgrund. Im 19. Jahrhundert hat *Feuerbach* (Lehrbuch 4. Aufl. 1808) die Frage in allgemeiner Fassung gestellt und damit den Streit über die Strafbarkeit des mißlungenen Versuches lebhaft entfacht. *Feuerbach* will nur die gefährliche Versuchshandlung bestraft wissen und verlangt daher, daß die Handlung ihrer äußeren Beschaffenheit nach mit dem beabsichtigten Erfolge in ursächlichem Zusammenhange stehe. Diese Forderung führte zur Unterscheidung von Mittel und Objekt der mißlungenen Handlung und weiter (*Jenull* 1809, *Mittermaier* 1816) zur Unterscheidung von absoluter und relativer Untauglichkeit des Mittels oder Objekts. Rasch wurde diese Ansicht, trotz der von manchen, wie *Köstlin, Hälschner, v. Schwarze*, u. a., gegen sie erhobenen Bedenken, zur herrschenden und blieb es bis in die jüngste Zeit. Danach sprach man von absolut untauglichem Versuche, wenn die Handlung mit den angewendeten Mitteln und gegenüber dem angegriffenen Objekte in keinem Falle zum Ziele führen konnte (Mordversuch mit einer ungeladenen Pistole; gegen einen bereits Verstorbenen); von relativ untauglichem Versuche, wenn das gewählte Mittel oder das angegriffene Objekt zwar im allgemeinen geeignet waren, im Einzelfalle aber, wegen der besonderen Gestaltung der Verhältnisse, sich als ungeeignet herausstellten (Mordversuch mit einer im Augenblick des Abdrückens zerspringenden Pistole; gegen jemand, der sich durch ein Panzerhemd geschützt hat). Die Vertreter dieser Ansicht (so auch die Rechtsprechung in Preußen, Bayern, Österreich, ferner in den romanischen Ländern) straften den relativ untauglichen Versuch, ließen den absolut untauglichen dagegen straflos; die Gegner (und ihnen folgte die württembergische und sächsische Praxis) verlangten Bestrafung in beiden Fällen. Nur einzelne wie *v. Bar*, wollten die Untauglichkeit des Mittels anders behandeln wie die des Objekts. Dann trat ein beachtenswerter Umschwung in den Anschauungen ein. Seit 1872 wurde *v. Buri* in einer Reihe von Abhandlungen der Neubegründer der subjektiven Theorie. Sie behauptet etwa: Eine bestimmte vorgenommene Handlung könne zur Herbeiführung eines bestimmten vorgestellten Erfolges immer nur tauglich oder nichttauglich, d. h. kausal oder nichtkausal sein, nicht aber mehr oder weniger nichtkausal. Das Wesen des Versuches, der des objektiven Tatbestandes überhaupt entbehre, bestehe in der Verkörperung des verbrecherischen Willens; diese finde sich aber in durchaus gleicher Weise auch bei dem sogenannten untauglichen Versuch.

Die Ansicht hat die rückhaltlose Billigung des Reichsgerichts gefunden. Mit aller Entschiedenheit hat sich dieses auf den subjektiven Standpunkt gestellt und in einer Reihe von Entscheidungen, vor allem aber in der vielerörterten Entscheidung der vereinigten Strafsenate vom 24. Mai 1880, die Strafbarkeit auch des absolut untauglichen Versuches ausgesprochen[1]); später freilich (R **33** 321) mit der Einschränkung, daß bei Anwendung von „in der realen Wirklichkeit nicht vorhandenen Mitteln" die Strafbarkeit ausgeschlossen sei.

II. **Begrenzung des Problems**: Das Problem des untauglichen Versuchs kann nur insoweit von juristischer Bedeutung sein, als überhaupt begrifflich nach dem oben § 46 Gesagten ein Versuch in

---

[1]) R **1** 439. Ferner R **1** 451 (Tötungsversuch an einem totgeborenen Kinde); **8** 198 (Abtreibungsversuch einer Nichtschwangeren), **17** 158 (untaugliches Abtreibungsmittel, **34** 217 (Abtreibungsversuch einer Nichtschwangeren mit untauglichen Mitteln), **39** 316 (Versuch aus § 176 Ziff. 3 an einer über 14 Jahre alten Person), **42** 92 (Untauglichkeit des Objekts, Mangel am Tatbestand), **47** 65 (Abtreibungsversuch einer Nichtschwangeren). Vgl. auch **59** 2.

Betracht kommt; d. h. aus dem Problem des „untauglichen Versuchs" sind alle Fälle des sog. „Mangels am Tatbestand" auszusondern[2]). Wer seinen Diebstahlsvorsatz irrig auf seine eigene Sache konkretisiert und diese nun einem anderen wegnimmt oder wegzunehmen beginnt, begeht nicht einen „Diebstahlsversuch" an einem untauglichen Objekt, sondern nimmt eine strafrechtlich überhaupt irrelevante Handlung vor. „Wer ein 16jähriges Mädchen, das er für 15jährig gehalten, zum Beischlaf verführt hat, hat geglaubt, aber nicht versucht, ein 15jähriges Mädchen zu verführen" (*Graf zu Dohna*). Auch hier wäre es absurd, von einem „Versuch" am untauglichen Objekt sprechen zu wollen; vielmehr liegt ein strafrechtlich belangloser Fall des „Mangel am Tatbestand" vor. Fehlt also dem Handlungsobjekt die tatbestandsmäßige Eigenschaft, so kann das Problem des untauglichen Versuchs nie in die Erscheinung treten[3]). Das ganze Problem begrenzt sich mithin auf die Fälle,

[2]) Wer, wie es die subjektive Theorie, insbesondere also das Reichsgericht (oben Note 1) tut, Versuch und Mangel am Tatbestand nicht begrifflich unterscheidet, die Fälle des letzteren also als Fälle strafbaren Versuchs behandelt, für den kann es ein „Problem" des untauglichen Versuchs naturgemäß nicht geben. Ganz inkonsequent ist es dann aber, beim Versuch mit abergläubischen Mitteln die Annahme eines Versuches im Sinne des § 43 abzulehnen (so R **33** 321), jedenfalls dann, wenn dies damit begründet wird, daß die abergläubischen Mittel „in rechtlicher Beziehung . . . überhaupt nicht als Mittel zur Herbeiführung irgendwelcher Veränderung in der Welt des Tatsächlichen anzusehen" seien. Das Reichsgericht hätte die Strafloserklärung lediglich mit mangelndem Vorsatz begründen können (vgl. oben § 39 II 1 a und dazu *Frank* § 43 III hinter 2).

[3]) Untauglichkeit des Objekts ist stets, nicht nur im allgemeinen (so *Frank* § 44 III vorletzter Absatz) Mangel am Tatbestand. Das wird oft übersehen. Richtig, wenn auch mit anderer Terminologie, *Mayer* 358/59, auch *Lobe* in Lpz. Komm. § 43 Note 9, *Gerland* 136. Zustimmend wohl auch *Mezger* 397. Zu beachten ist, daß das, was man vielfach als Untauglichkeit des Objekts bezeichnet, in Wahrheit Untauglichkeit des Mittels ist. Nicht jeder, der auf einen Schatten schießt in dem Glauben, er schieße auf einen Menschen, handelt gegen ein untaugliches Objekt (so *Frank* § 43 III). Wenn er einen bestimmten X erschießen will und in der Aufregung einen Schatten oder Baum für diesen X hält, so wählt er mit seinem gegen Schatten oder Baum abgefeuerten Schuß den falschen Weg, um dem X ans Leben zu gehen: es liegt Versuch mit einem in concreto untauglichen Mittel vor. Genau so liegt der Fall, wenn A die Treffsicherheit seiner Flinte an irgendeinem Menschen ausprobieren will, versehentlich aber auf einen Baum schießt. Ebenso wenn der Taschendieb in die leere Manteltasche des Straßenpassanten greift; auch er wählt in diesem Falle ein in concreto untaugliches Mittel, um an stehlbare Habe, wie sie ein Passant in der Manteltasche zu haben pflegt, heranzukommen. Wenn aber A den X erschießen will, X jedoch im Augenblick der Schußabgabe schon tot gewesen ist, so wählt A nicht ein in concreto untaugliches Mittel zur Tötung des X, sondern er richtet seine Handlung gegen ein Objekt, dem die in §§ 211ff. als relevant hervorgehobene Tatobjektseigenschaft (Qualität als lebender Mensch) fehlt: Mangel am Tatbestand. Hierher gehört auch der Fall, der dem Reichsgericht so viel zu schaffen gemacht hat, der „Abtreibungsversuch" einer Nichtschwangeren, die sich irrig für schwanger hält. Vgl. dazu oben Note 1. Sehr bedenklich erscheinen die Ausführungen von *Sauer* Grundlagen 468 Note 1.

in denen der Täter untaugliche Mittel zur Tatbegehung verwendet. Aber auch hier dürfen die Fälle eines Mangels am Tatbestande nicht in das Problem mit einbezogen werden. Die Verwendung eines dem Tatbestande des § 263 nicht entsprechenden Mittels der Vermögensbeschädigung kann nicht zur Bestrafung wegen Betrugsversuches führen, vielmehr würde auch hier insofern Mangel am Tatbestande vorliegen[4]).

Für das Problem des untauglichen Versuches bleiben also die Fälle übrig, wo der Täter zur Verwirklichung seines verbrecherischen Vorsatzes ein Mittel verwendet, dem es an der natürlichen Eignung zur Entfaltung der für die Erfolgsherbeiführung erforderlichen Kraftwirkungen fehlt. Beispiele: Verwendung eines ungeladenen Gewehrs zum „Erschießen", eines harmlosen Zuckerwassers zur Vergiftung, eines Streichholzes zur Inbrandsetzung eines Mietspalastes, eines belanglosen Teeaufgusses zur Abtreibung usw. Ob und inwiefern in solchen Fällen ein strafbarer Versuch vorliegen kann, bedarf der Untersuchung.

III. **Der Grundsatz.** Aus dem oben § 44 I Gesagten ergibt sich, daß die Gefährlichkeit der Willensbetätigung, d. h. ihre objektive Eignung zur Herbeiführung des Erfolges, dem strafrechtlichen Versuchsbegriffe wesentlich ist. Daraus folgt: **Der ungefährliche** („absolut untaugliche") **„Versuch" ist nicht Versuch im Sinne des Strafrechts, sondern Wahnverbrechen, mithin nicht strafbar**[5]).

---

[4]) Ebenso *Allfeld* 196, *Mayer* 359 Note 42, *Mezger* 397.

[5]) Diese nachdrückliche Betonung der Gefährlichkeit übersieht *v. Hippel* II 425 in seiner Polemik gegen den Text. — Trotz wörtlicher Übereinstimmung mit den früheren Auflagen ist der tiefgehende sachliche Unterschied nicht zu übersehen, der gegenüber der Ansicht *v. Liszt*s durch Ausscheidung der Fälle des „Mangels am Tatbestand" nunmehr besteht. *v. Liszt* erklärte (24. Aufl. S. 209) den Versuch der Abtreibung durch eine Nichtschwangere für strafbar, wenn das Vorhandensein einer Schwangerschaft (im Augenblick der Tat) nicht völlig ausgeschlossen, hielt strafbaren Tötungsversuch an einem totgeborenen Kinde für möglich, wenn der Tod nicht zweifellos war. Diese Ansicht war nur möglich, weil *v. Liszt* die Fälle der Untauglichkeit des Objekts in den Bereich strafrechtlichen Versuchs mit einbezog und die Ungewißheit über die Existenz eines tauglichen Objekts im Augenblicke der Handlung als „Gefahr" im Sinne seiner Versuchslehre betrachtete. Darin aber steckte ein Fehler, der mit Recht vielfach gerügt worden ist (vgl. *Frank* § 43 III, *Mayer* 362); denn die Frage, ob für ein Objekt durch eine Handlung eine Gefahr herbeigeführt wird, setzt die Existenz des Objektes voraus; die Frage nach der Existenz (Tauglichkeit) des Objektes muß also im bejahenden Sinne beantwortet sein, bevor die Frage nach der Gefährdung dieses Objektes aufgeworfen wird. Indem *v. Liszt* dies übersah, löste er sich von seinem eigenen, im § 28 des Lehrbuchs aufgestellten objektiven Gefahrbegriff los und nahm eine Subjektivierung dieses Begriffes dadurch vor, daß er an die Stelle eines wirklich vorhandenen Beziehungsobjektes die von der subjektiven Einstellung des Täters oder Beurteilers abhängige Möglichkeit des Vorhandenseins eben dieses Beziehungsobjektes setzte. So war es erklärlich, daß *Liszt*, obwohl er eine objektive Theorie vertreten wollte, fast ganz und gar zu den Ergebnissen der subjektiven Theorie des Reichs-

Die Entscheidung kann also nur aus dem Wesen des Versuchsbegriffs abgeleitet werden. In dieser Erkenntnis wurzelt die **objektive Theorie.**

Es fragt sich nun aber, welche Gesichtspunkte für die Gefährlichkeit der Handlung maßgebend sein sollen. Bei Beantwortung dieser Frage geht es selbstverständlich nicht an, daß der Beurteiler mittels einer Beurteilung ex post sämtliche auf den Tatsachenverlauf tatsächlich von Einfluß gewesene, erst durch den weiteren Verlauf (namentlich das Ausbleiben des Erfolges) aufgedeckte Umstände in Betracht zieht. Eine solche Betrachtung wäre verkehrt, weil sie mit dem richtig erfaßten Gefahrbegriff (oben § 28 III) unvereinbar wäre. Maßgebend kann also nur eine Beurteilung ex ante, eine **nachträgliche Prognose** sein[6]). Ihr sind zugrunde zu legen diejenigen, das Tatbegehungsmittel betreffenden Umstände, welche im Augenblicke der Ausführungshandlung unter Zuhilfenahme des richtigen Tatsachenwissens des Täters allgemein erkennbar gewesen sind[7]).

---

gerichts gelangte. Vgl. dazu *Cohn* Revisionsbedürftigkeit (Lit. zu § 44) 56ff., *Mayer* 362, *Frank* § 43 III, *Gerland* 136 Note 1, *Sauer* Grundlagen 466 Note 2.

[6]) Vgl. hierzu insbesondere *v. Hippel* II 422 (ausgezeichnete Kritik an der Leugnung des Gefahrbegriffs durch R und die Subjektivisten), 425ff. (nachträgliche Prognose). Abw. *Kadečka* 130/1.

[7]) Sehr streitig. Der Text kommt zu den gleichen Ergebnissen wie *Mayer* 359/360. Anderer Meinung: **1.** Die subjektive Theorie, vertreten vom Reichsgericht (vgl. das Nähere darüber oben Note 1 und Note 2). Für das Reichsgericht *Bierling* (Lit. zu § 28) **3** 123, *Delaquis* (im Ausgangspunkt), *Hälschner* **1** 353, *Lammasch* 63 und Z **14** 510, Begr. 289. — **2.** Abweichend, mindestens in der Begründung, diejenigen, die eine scharfe Trennung von Versuch und Mangel am Tatbestand nicht durchführen. Vgl. *v. Bar* Ges. und Schuld **2** 531ff., *v. Hippel* II a. a. O., *Kadečka* 131, 133, *Kriegsmann* Z **33** 723, *Kohler* Leitfaden 60, *Olshausen* § **43** 23, *Binding* **1** 693, Normen **3**, GS **85** 177, *Wachenfeld* 180. Vgl. auch *Klee* 32. Über *v. Liszt* vgl. oben Note 5. — **3.** Aber auch bei denjenigen, die Versuch und Mangel am Tatbestand unterscheiden, das Problem des „untauglichen Versuchs" also etwa im Sinne des Textes zu II zu begrenzen suchen, wird vielfach eine vom Text abweichende Meinung vertreten. Freilich nicht bezüglich der sog. Untauglichkeit des Objektes, wohl aber bezüglich der Untauglichkeit des Mittels, sofern der gesetzliche Tatbestand hinsichtlich des Mittels keine besonderen Merkmale hervorhebt. Nach *Frank* § 43 III liegt strafbarer Versuch in dem Falle vor, wo „der Erfolg möglich gewesen wäre, wenn die Sachlage der Vorstellung entsprochen hätte, die der Täter zur Zeit der Handlung hatte". Strafbarer Versuch also, wenn jemand durch Arsenik zu töten glaubt, aber Zucker eingibt. Mit *Frank* stimmt *Graf zu Dohna* im wesentlichen überein. Vgl. jetzt *Graf zu Dohna* Reform (1926) 96ff.: „Die Frage der Geeignetheit der Handlung zur Erfolgsverwirklichung" darf „nur von dem Boden des Tatsachenwissens des Täters aus gestellt und beantwortet werden". Ob aber von diesem Boden aus Möglichkeit des Erfolgseintrittes anzunehmen ist, ist „nach Maßgabe des Erfahrungswissens des mit durchschnittlichem Einsichtsvermögen begabten Mitglieds unserer Kulturgemeinschaft" zu entscheiden. Ähnlich wie *Frank* und *Graf zu Dohna* auch *Allfeld* 195, 196. Mit dieser Auffassung wird eine erhebliche Annäherung an die subjektive Theorie vollzogen; denn in jenem Fall, wo der Täter an Stelle von Arsenik Zucker gibt, wird die Strafbarkeit und somit das Verbotensein der Handlung lediglich auf den bösen Willen des Täters und sein subjektives irriges Vorstellen und Glauben

Wenn also der Täter durch Arsenik töten will und eine zu schwache Dosis verwendet, so würde für den Beurteiler die Frage zu lauten haben: ob eine Zuführung dieser Dosis unter den zur Zeit der Tat erkennbaren Umständen die nahe Möglichkeit (Wahrscheinlichkeit) des Eintrittes des Todes begründete. Gibt der Täter versehentlich Zuckerwasser, so hätte die gleiche Frage entsprechend für Zuckerwasser zu lauten, und zwar — woran jede wirklich objektive Theorie festzuhalten hat — selbst dann, wenn der Täter irrig annahm, er gebe Arsenik[8]). Im ersteren Fall würde die Todesgefahr zu bejahen, Versuch also anzunehmen, im letzteren Fall dagegen abzulehnen sein. Legt der Täter mit einem ohne sein Wissen entladenen Gewehr auf einen anderen an in dem Vorsatze, ihn zu erschießen, oder verwendet er ein nicht genügend weittragendes Gewehr, so gehört zu den allgemein erkennbaren Umständen nur das Verwenden einer Schußwaffe überhaupt, nicht aber auch das zufällige Nichtgeladensein oder die unzulängliche Tragfähigkeit; denn diese beiden Umstände werden erst durch den weiteren Verlauf der Dinge aufgedeckt. Es würde also in diesen beiden Fällen ebenfalls Tötungsversuch anzunehmen sein. Daß die Anwendung übersinnlicher Mittel (Totbeten, Nestelknüpfen, Verhexen) niemals strafbaren Versuch begründen kann, bedarf nach dem Gesagten keiner weiteren Ausführung[9]).

IV. Die Entwürfe. Bei dem unlösbaren Zwiespalt der Ansichten, insbesondere bei dem fast allgemeinen Widerspruch, den die Rechtsprechung des Reichsgerichts gefunden hat, ist gesetzliche Regelung der Frage notwendig. Der deutsche VE hat sie nicht gebracht. Der Schweizer RE läßt bei absolut untauglichem Versuch Strafmilderung nach freiem Ermessen zu (Art. 20); handelt der Täter aus Unverstand, so kann Straffreiheit eintreten. Der österreichische RE gewährt grundsätzlich Straffreiheit, schränkt sie aber durch weitgehende Ausnahmen ein (§ 14). Der GE § 29 gibt eine selbständige und brauchbare, freilich nicht ganz durchsichtige Bestimmung: „der Versuch bleibt straflos, wenn der Täter die Ausführung unter Umständen, welche die Vollendung als ausgeschlossen erscheinen ließen, in Kenntnis dieser Umstände vorgenommen hat" (§ 29). Bei richtiger Abgrenzung des Versuchs gegenüber dem Mangel am Tatbestand kann diese Formulierung, die im wesentlichen den

---

gegründet. Eine Handlung, die eine Gefährdung von Rechtsgütern bedeutet, liegt nicht vor. Mit dem Grundsatz des Art. 116 RVerf. (früher § 2 Abs. 1 StGB) erscheint das so lange unvereinbar, als es nicht durch eine ausdrückliche gesetzliche Regel angeordnet wird. Ob es sich de lege ferenda empfiehlt, eine solche der *Frank-Dohna*schen Ansicht entsprechende Norm aufzustellen (wofür dann der an GE sich anlehnende Vorschlag von *Graf zu Dohna* in Reform 1926, 97/8 eine vorzügliche Formulierung abgäbe), das ist eine Frage für sich. Vgl. darüber unten IV.

[8]) Denn diese irrige Annahme ist kein Tatsachenwissen, sondern gerade ein Tatsachen-Nichtwissen; sie scheidet daher bei der Bildung der Grundlage für das Urteil über die Gefährlichkeit aus. Anders verwendet *Graf zu Dohna* (oben Note 7) den Begriff des „Tatsachenwissens".

[9]) Vgl. dazu oben Note 2 und im Text unter I am Ende.

Lehren von *Frank* und *Graf zu Dohna* entspricht, eine praktisch brauchbare Regel abgeben. Dagegen vermag die in KE, E 1919 und AE 1925 vorgeschlagene Regelung nicht zu befriedigen. Die beiden erstgenannten schoben die Lösung der Frage auf den Richter ab, dem für die sehr mangelhaft abgegrenzten Fälle des untauglichen Versuchs die Freiheit eingeräumt wurde, die Strafe zu mildern, oder überhaupt von Strafe abzusehen. AE 1925 § 23 Abs. 4 läßt den Versuch straflos, „wenn der Täter die Tat aus grober Unwissenheit über Naturgesetze an einem Gegenstand oder mit einem Mittel versucht hat, an oder mit dem die Tat überhaupt nicht ausgeführt werden kann". Die Bedeutung des sog. Versuchs am untauglichen Objekt (vgl. oben II) ist damit völlig verkannt, und der Hinweis auf den „Irrtum über Naturgesetze" muß zu schwerster Verwirrung Anlaß geben; denn mit dem Gegensatz von ontologischem und nomologischem Irrtum, auf den die Fassung des § 23 Abs. 4 abstellt, ist — so sehr dieser Gegensatz erkenntnistheoretisch berechtigt sein mag — eine praktisch brauchbare Lösung nicht zu erreichen. Zu beachten ist auch, daß Absatz 4 mit der subjektivistischen Grundauffassung des Abs. 1 in krassestem Widerspruch steht. Auch E 1927 (1930) § 26 bietet nur eine Verlegenheitslösung. Der Begründung 25 nach soll Abs. 3 „ausreichenden Spielraum" bieten, um selbst dann, wenn sich die Lehre vom Mangel am Tatbestand künftig nicht durchsetzt, Straffreiheit bei den nicht strafwürdigen Fällen zu ermöglichen. Solche Fälle sollen dann gegeben sein, wenn der Versuch schon wegen der Art des Mittels oder Gegenstands überhaupt nicht zur Vollendung führen konnte. Diese Formel läßt jede deutlichere Grenzziehung vermissen. Die Problemlösung wird auf den Richter abgewälzt, der nach freiem Ermessen Strafmilderung oder Straflosigkeit eintreten lassen kann. So ist eine Lösung des legislativen Problems nach alledem noch nicht gefunden.

§ 46. Der Rücktritt vom Versuch.

Literatur. Vgl. die Literatur zu § 44, ferner im besonderen: *Herzog* Rücktritt vom Versuch und tätige Reue 1889. *Baer* Rücktritt und tätige Reue bei untauglichem Versuch (Strafr. Abh. Heft 114) 1910. *Spohr* Rücktritt und tätige Reue beim versuchten und vollendeten Verbrechen im AE 1925 (Strafr. Abh. Heft 215) 1926. *Kemsies* Die tätige Reue als Schuldaufhebungsgrund (Strafr. Abh. Heft 259) 1929. *Allfeld* Der Rücktritt vom Versuch (Festg. für *Frank* II 74) 1930. — Zahlreiche Dissertationen behandeln den Rücktritt; vgl. die Angaben in der 25. Auflage.

I. In dem Augenblicke, in dem die Grenzlinie zwischen straflosen Vorbereitungshandlungen und strafbarer Ausführung überschritten wird, ist auch die auf den Versuch gesetzte Strafe verwirkt. Diese Tatsache kann nicht mehr geändert, nicht „nach rückwärts annulliert", nicht aus der Welt geschafft werden. Wohl aber kann die Gesetzgebung aus kriminalpolitischen Gründen dem bereits straffällig gewordenen Täter eine goldene Brücke zum Rückzuge bauen. Sie hat es getan, indem sie den freiwilligen Rücktritt zum Strafaufhebungsgrunde machte (StGB § 46)[1].

---

[1]) Über den Rücktritt bei mittelbarer Täterschaft vgl. unten § 48 Note 12; über den Einfluß einer Bedingung der Strafbarkeit oben § 43 I 2. — *Kemsies* sieht im engen Anschluß an *Sauer* Grundlagen 637 in Rücktritt und tätiger

Das römische Recht hatte in vereinzelten Quellenstellen die Bedeutung des freiwilligen Rücktrittes ausdrücklich anerkannt. Vgl. insbesondere l. 19 pr. D. 48, 10: Qui falsam monetam percusserint, si id totum formare noluerunt, suffragio justae poenitentiae absolvuntur. — Art. 178 PGO verlangte zur Strafbarkeit des Versuches, daß der Täter „durch andere Mittel wider seinen Willen" an der Vollbringung der Missetat verhindert worden sei. Das gemeine Recht gewährte teils Straflosigkeit, teils Strafmilderung. Die erstere Ansicht gelangte zur Herrschaft in den deutschen LandesStGBüchern. Doch machten diese teilweise (nicht Preußen 1851 und Bayern 1861, die sich an das französische Recht anschließen) den freiwilligen Rücktritt zum Strafaufhebungsgrunde, statt die Nichtfreiwilligkeit als Begriffsmerkmal des Versuches hinzustellen. Diesem Beispiele folgte auch § 46 RStGB. VE § 77 sagt kurz und bündig: „die Strafbarkeit des Versuches fällt weg, wenn der Täter freiwillig die Ausführung aufgegeben oder den Eintritt des zur Vollendung gehörigen Erfolges abgewendet hat". SRE 21 kennt im zweiten Falle (Rücktritt) nur Strafmilderung. KE § 31, E 1919 § 25, AE 1925 § 24, E 1927 (1930) § 27 schließen sich im Grundgedanken dem VE an.

II. Der **freiwillige Rücktritt** des Täters hebt die Strafbarkeit der Versuchshandlung auf. Freiwilliger Rücktritt ist aber unmöglich, wenn die Herrschaft über die Willensbetätigung und ihre Folgen bereits dem Täter entrissen ist, mag der Eintritt oder der Nichteintritt des Erfolges gewiß sein, also insbesondere beim mißlungenen Verbrechen. Der freiwillige Rücktritt kann erfolgen:

1. Bei dem nicht beendeten Versuche durch **Nichtvollendung der Willensbetätigung**; „wenn der Täter die Ausführung der beabsichtigten Handlung aufgegeben hat" (StGB § 46 Nr. 1). Der Täter läßt den zum Schlage erhobenen Arm sinken; er wirft den von ihm geschriebenen beleidigenden Brief nicht in den Postkasten. Mit der Beendigung der auf den Erfolg gerichteten Willensbetätigung entfällt mithin auch die Anwendbarkeit des § 46 Ziff. 1. Sollte die Handlung nach dem Vorsatze des Täters aus mehreren Teilakten bestehen (fortgesetzte kleine Gaben von Gift), die erst durch ihr Zusammenwirken den Erfolg herbeiführen sollten, so ist Rücktritt bis zu dem letzten Teilakte möglich[2]).

2. Bei dem beendeten Versuche, solange der Eintritt des Erfolges noch möglich ist, durch **„Abwenden des Erfolges"** (StGB § 46 Nr. 2): der abgesendete Brief wird während des Postlaufes zurückverlangt, die Wirkung des Giftes durch Gegengift beseitigt.

Reue Schuldaufhebungsgründe. Das kann vom Standpunkt der hier vorgetragenen Schuldlehre nicht gebilligt werden. Gegen *Kemsies* mit Recht *Allfeld* 75. Mit dem Text auch *v. Hippel* II 412 und die durchaus herrschende Lehre.

[2]) Ebenso R **43** 138, *Allfeld* 199, *Frank* § 46 II; dagegen *v. Bar* Ges. u. Schuld **2** 558/59. Vom Standpunkte der subjektiven Unterscheidung zwischen beendetem und nichtbeendetem Versuch (vgl. oben § 44 IV) ist auch R **57** 278 zu billigen. Vgl. dazu *Allfeld* Festg. für *Frank* II 78.

III. In beiden Fällen verlangt das Gesetz **Freiwilligkeit des Rücktritts**: indem § 46 Nr. 1 die Straffreiheit nur gewährt, wenn der Täter an der Ausführung nicht durch „Umstände gehindert worden ist, welche von seinem Willen unabhängig waren", während Nr. 2 Abwendung des Erfolges „durch eigene Tätigkeit" des Täters verlangt.

Die Freiwilligkeit wird am besten bestimmt durch ihren Gegensatz: die tatsächliche Hinderung an der Vollendung des Verbrechens. Der Rücktritt darf nicht in äußeren, vom Willen des Täters unabhängigen Umständen, er muß in einem freigefaßten Entschlusse des Täters seinen Grund haben, mag dieser aus Furcht vor Entdeckung[3]) oder Reue, aus sittlichem Abscheu oder physischem Ekel, mag er vielleicht auch aus den niedrigsten Beweggründen, etwa der Enttäuschung über den geringen Wert der zu stehlenden Gegenstände[4]), entspringen. Der tatsächlichen Hinderung steht die Annahme der Hinderung gleich[5]). Endgültiges Aufgeben des verbrecherischen Entschlusses ist nicht erforderlich[6]). „Eigene

[3]) Hierzu hat R mehrfach Stellung genommen: vgl. **16** 82, **37** 402, **38** 402, **47** 75, **54** 326, **57** 316, **62** 362 (365). Maßgebend ist dem R die Gestaltung des einzelnen Falles: Liegt dieser so, daß der Täter, dem die Besorgnis vor Entdeckung und Strafe kommt, „doch immerhin ohne äußeren Zwang kraft freier Willensbestimmung aus rein innerem Beweggrund" handelt (so **57** 316), so liegt nach R Freiwilligkeit des Rücktritts vor. Anders aber, wenn der Täter „geglaubt hat, einer Notwendigkeit zu gehorchen", z. B. wenn „die Umstände ihm die Besorgnis alsbaldiger Entdeckung und Überführung aufdrängten und er dieser Eventualität sich auszusetzen nicht gesonnen" ist (**37** 406). Demgegenüber aber zeigt *Frank* § 46 II (in Übereinstimmung mit dem Text), daß die Besorgnis vor Entdeckung die Freiwilligkeit nur dann aufzuheben vermag, wenn sie die Annahme einer tatsächlichen Hinderung bedeutet (vgl. den Text weiter unten); bedeutet sie dagegen nur Furcht vor den Folgen der entdeckten Tat, so ist die diesbezügliche Entscheidung von R **37** 402 (406), daß Freiwilligkeit dann nicht vorliege, nicht haltbar. Dem R ist also nur teilweise Gefolgschaft zu leisten. Vgl. dazu *Mezger* 404. Unrichtig *Allfeld* 199 Note 47, der die Verschiedenartigkeit der einzelnen Entscheidungen des R nicht genügend beachtet, desgl. auch in *Frank*-Festg. II 85, *Mayer* 371. Bedenklich auch *Lobe* in Lpz. Komm. § 46 Note 3. Gegen R **37** 402 *Alsberg* GS **67** 375.

[4]) Vgl. aber auch R **45** 6: Rücktritt nicht freiwillig, wenn der Täter die Gegenstände so beschädigt hat, daß die Wegnahme nicht mehr lohnt. Dazu *Finger* GS **81** 368. Gegen diese Entscheidung mit Recht *Frank* in der 11. bis 14. Aufl. § 46 II. Abweichend von ihr und zu billigen R **55** 5. Vgl. zum Ganzen *Allfeld* Festg. f. *Frank* II 83ff., *Spohr* 51ff.

[5]) Ebenso *Frank* § 46 II. Vgl. dazu R **63** 158.

[6]) Ebenso *Frank* § 46 II; a. M. *Lobe* in Lpz. Komm. § 46 Note 4, der vom „Aufgeben" das bloße „Aufschieben" unterscheiden will. Wenn also A die begonnene „Arbeit" am Geldschrank des X unterbricht, weil ihm einfällt, daß ihm B in der nächsten Nacht durch tatkräftige Hilfe schneller zum Ziele verhelfen könnte, so müßte er aus §§ 43, 243[2] nach *Lobe* bestraft werden, auch wenn es zu keiner weiteren Tätigkeit kommt. Aber das läßt sich aus dem Gesetz nicht begründen. Ebenso wohl auch *Mezger* 405. Wenn der Täter seinen Plan nur durch etappenweises Tätigwerden verwirklichen will, so be-

Tätigkeit" des Täters kann auch bei entscheidender Mitwirkung dritter Personen angenommen werden, wenn diese durch die Bemühungen des Täters herbeigeführt worden ist; wenn der Täter also z. B. den Arzt herbeigerufen hat, damit er dem von ihm Vergifteten Gegengift eingebe.

Im zweiten Falle ist die strafaufhebende Wirkung des Rücktrittes an die weitere Bedingung geknüpft, daß die Handlung noch nicht entdeckt, d. h. noch niemandem außer den an der Tat Beteiligten bekannt war. Kenntnis seitens des Angegriffenen schließt die Anwendung des § 46 Nr. 2 nicht aus, soweit diese Kenntnis zu den Begriffsmerkmalen des Verbrechens (wie bei der Erpressung) gehört[7]), oder wenn der Täter, um den Erfolg abzuwenden, dem Angegriffenen von der Tat Kenntnis gegeben hat.

IV. Aus dem Wesen des freiwilligen Rücktritts als eines **Strafaufhebungsgrundes,** der zwar von der bereits verwirkten Strafe befreit, aber an dem Verbrechenscharakter der Versuchshandlung nichts ändert, insofern also die gleiche Bedeutung wie ein persönlicher Strafausschließungsgrund hat, folgt:

1. Der Rücktritt des Täters macht weder den Mittäter noch den Anstifter oder Gehilfen straffrei; denn die Tatsache, daß sie sich an einer strafbaren Handlung beteiligt haben, bleibt bestehen. Aber Mittäter wie Teilnehmer können sich selbst der Wohltat des Gesetzes teilhaft machen (unten § 50 III 3): Anstifter und Gehilfe allerdings nicht durch Nichtvollendung ihrer Teilnahmehandlung nach § 46 Nr. 1; denn hatten sie ihre Handlung noch nicht beendet, so waren sie überhaupt noch nicht strafbar geworden; wohl aber durch selbständige Verhinderung der Beendigung der Ausführungshandlung oder selbständige Abwendung des Erfolges[8]).

---

deutet das Aufhören mit der einen Etappe, um demnächst die Tat an derselben Stelle und unter Ausnutzung des bisher Geleisteten fortzusetzen, überhaupt kein Aufgeben im Sinne des Gesetzes. So mit Recht *Frank* § 46 II, *Mayer* 371.

[7]) Dagegen R **26** 77, nach dessen Ansicht in diesen Fällen § 46 Ziff. 2 überhaupt nicht anwendbar wäre, sowie *Lobe* in Lpz. Komm. § 46 Rote 5. Richtig *Allfeld* 222, *Frank* § 46 III, *v. Hippel* II 412, *Köhler* 473, *Mezger* 406, RMilG **11** 137. Zu unbestimmt *Mayer* 374 (Entdeckung sei Kenntnisnahme von seiten einer Person, „der eine Hinderung des Enderfolges oder die Veranlassung einer Strafverfolgung zuzutrauen ist").

[8]) Ebenso die herrschende Meinung: R **14** 19, **16** 347, **20** 259, **38** 223, **47** 358, **54** 177, **56** 150 (Folgerung für § 57 Ziff. 3 StPO!), **56** 209, **57** 273, 315, **59** 412, **62** 406. Auch **39** 37 ist nicht gegen den Text; vgl. zu dieser Entscheidung jetzt namentlich R **56** 209. Aus der Literatur stimmen mit dem Text im wesentlichen überein *Allfeld* 202, *Finger* **1** 320, *Frank* § 46 V, *Gerland* 138, *Lobe* in Lpz. Komm. § 46 Note 2, *Mezger* 409, *Hälschner* **1** 362, *Reichle* (Lit. zu § 47) 30ff. Gegen den Text aber *v. Bar* **2** 688, *Binding* GS **68** 23 (Grundriß 138), *Herzog* 260, *Kohler* **1** 143; nach ihnen soll nur der Rücktritt des Täters, dieser aber dann für alle Teilnehmer maßgebend sein. Meist übersieht man, daß Strafaufhebungsgründe stets nur demjenigen zugute kommen, in dessen

2. Nur die Strafe der versuchten Handlung entfällt (§ 46: „Der Versuch als solcher bleibt straflos"), nicht aber die Strafbarkeit des etwa in der Versuchshandlung gelegenen vollendeten anderweitigen Verbrechens[9]). Man spricht hier seit *Feuerbach*, wenig bezeichnend, von „qualifiziertem" Versuch.

3. Wenn Vorbereitungs- oder Versuchshandlungen mit besonderer Strafe bedroht sind, oder das unternommene oder versuchte dem vollendeten Verbrechen in der Bestrafung gleichgestellt ist (oben § 46 VI), so hat der Rücktritt, da das Gegenteil nicht bestimmt ist, keine strafaufhebende Wirkung[10]).

II. Täterschaft und Teilnahme.

§ 47. Überblick und Geschichte.

Literatur. Vgl. auch die Lit zu §§ 48—50. *v. Bar* Gesetz **2** 575 und dazu *Kriegsmann* Z **30** 549. *v. Buri* Zur Lehre von der Teilnahme usw. 1860 (Durchführung der subjektiven Theorie). *v. Birkmeyer* Die Lehre von der Teilnahme usw. 1890. *Derselbe* VD Allg. T. **2** 1. Gegen ihn insbes. *Löffler* bei *Grünhut* **19** 511, sowie *v. Buri* GS **45** 1 (Beiträge 389). *Kohler* **1** 92, 106, **3** 232. *Nagler* Die Teilnahme am Sonderverbrechen 1903. *Höpfner* Z **26** 579, **27** 465 (hier über *Beling* Verbrechen 390). *Hagerup* Z **29** 614 (gegen *v. Birkmeyer*), **30** 755 (gegen *Beling*). *Coenders* Strafrechtliche Grundbegriffe, insbesondere Täterschaft und Teilnahme 1909. *Hergt* Die Lehre von der Teilnahme am Verbrechen (Münchener Preisschrift) 1909 (in engstem Anschluß an *v. Birkmeyer*). Dazu *Köhler* KVS **49** 144. *Berolzheimer* Die akzessorische Natur der Teilnahme 1909. *Binding* GS **71** 1, **76** 87, **78** 1 (Abh. **1** 131, 253). *Derselbe* LZ **13** 337 (Strafrechtl. Bedeutung der Wette). *Hoegel* Z **37** 651. *Lobe* HdR V 845. *Gerland* HdR V 863. — *Freudenthal* Die notwendige Teilnahme am Verbrechen (Strafr. Abh. Heft 37) 1901. *Blesse* Grenzen und Formen der notwendigen Teilnahme. Marburger Diss. 1928. *Bergen* Der Begriff des Mehrheitsdelikts und seine Bedeutung für die Teilnahmelehre (Strafr. Abh. Heft 279) 1931. *Mayer* Zur Entwicklung der Rottendelikte 1913. *Perten* Die Beihilfe zum Verbrechen (Strafr. Abh. Heft 198) 1918 (de lege ferenda). Dazu *Liepmann* Z **41** 280. *Klee* GA **67** 81. *Mezger* DStrafrZ **8** 205 (Teilnahmelehre im E 1919). *K. Th. Kipp* Die Lehre von der Teilnahme nach dem Strafgesetzentwurf von

---

Person sie sich ereignet haben (unten § 72 I). — Daß § 46 nur vom Rücktritt des Täters spricht, hindert nicht, ihn per analogiam in bonam partem auch zugunsten der Teilnehmer anzuwenden; vgl. oben § 18 II.

[9]) Dies gilt sowohl für sog. Ideal- wie auch für sog. Gesetzeskonkurrenz. Ebenso *Allfeld* 201 (gegen das von ihm in Note 57 verwendete Beispiel aber mit Recht *Frank* § 46 IV), *Mezger* 407, *v. Hippel* II 412, wohl auch *Beling* Grundzüge 69, *Mayer* 369. Unklar *Lobe* Lpz. Komm. § 46 Note 2. Vgl. R **15** 12, **23** 225.

[10]) Ebenso R **10** 324, Begr. 292, *v. Hippel* II 413, *Mayer* 369. Abweichend *Beling* Grundz. 69. Nach *Allfeld* 201 ist strafbefreiender Rücktritt ausgeschlossen, wenn Versuchs- oder Vorbereitungshandlung als besondere Delikte behandelt werden, nicht aber bei Gleichstellung in der Bestrafung. Auch *Frank* § 46 IV macht Unterscheidungen im einzelnen.

1919 (Berliner ungedruckte Diss.) 1922. *Wegner* Reform (1926) 102. *Germann* Die Bestimmungen über die Teilnahme im Entwurf eines schweizerischen StGB (Strafr. Abh. Heft 207) 1923. *Kern* GS **92** 125 (Die Teilnahme im AE 1925). *Oetker* GS **94** 1. *Ludwig* Die Lehre von der Teilnahme (Strafr. Abh. Heft 223) 1927 (zum AE 1925). *Dahm* Täterschaft und Teilnahme im Amtl. Entw. eines Allg. DStGB (Strafr. Abh. Heft 224) 1927 (behandelt anhangsweise auch den E 1927). *Reichle* Die Teilnahme am Verbrechen nach RStGB und den neuen deutschen Strafgesetzentwürfen (Strafr.Abh. Heft 285) 1931. — Zur Geschichte der Teilnahmelehre: *Brunner-v. Schwerin* **2** 739. *His* (Lit. zu § 8 B) 111. *Heimberger* Die Teilnahme am Verbrechen in Gesetzgebung und Literatur von *Schwarzenberg* bis *Feuerbach* 1896. *Engelmann* in der Festschrift für *Binding* 1911 **2** 387 (mittelalterlich-italienisches Recht). *Schaffstein* §§ 23—27.

I. Aus dem Begriff der Ursache (oben § 29) folgt, daß jeder, der durch Setzen einer Bedingung zu dem eingetretenen Erfolge an dessen Herbeiführung sich beteiligt, den Erfolg versucht hat. Der Gesetzgeber hätte es in der Hand, daraus die Folgerung zu ziehen, daß jeder Verursacher, sofern er rechtswidrig und schuldhaft gehandelt hat, als Täter anzusehen sei und demgemäß als solcher für die Verwirklichung des Tatbestandes einzustehen habe[1]). Auf diesem Standpunkt steht § 58 des norwegischen Strafgesetzbuchs[2]); dagegen huldigen die meisten Rechte, und so auch das deutsche RStGB (§§ 48, 49) einer anderen, bereits oben § 29 V angedeuteten Auffassung: ohne daß die logisch-erkenntnistheoretische Gleichwertig-

[1]) *v. Liszt* vertrat in den früheren Auflagen dieses Buches den Standpunkt, „daß, da alle Bedingungen des Erfolges gleichwertig sind, zwischen den einzelnen an der Herbeiführung des Erfolges Beteiligten ein begrifflicher Unterschied nicht besteht, daß mithin nur ihre verschiedene Bestrafung innerhalb desselben Strafrahmens gerechtfertigt ist". Damit aber verkannte *v. Liszt* den Unterschied zwischen erkenntnistheoretischer (kausaler) und wertender Betrachtung. Gegen *v. Liszt* mußten daher die methodisch klärenden Einwendungen von *Mayer* 139, 389, *Mezger* 414, DStrafrZ **8** 205 und *Kipp* 48 als durchgreifend erachtet werden. Vgl. auch *Dahm* 2, 5ff. Übrigens hat *v. Liszt* dem positiven Recht und seiner Unterscheidung vollauf Rechnung getragen, die Konsequenzen aus seinem Standpunkt also nur de lege ferenda gezogen.

[2]) Dieser lautet: „Haben mehrere zu einem strafbaren Zwecke zusammengewirkt und ist die Mitwirkung eines Einzelnen entweder im wesentlichen durch seine Abhängigkeit von einem anderen der Beteiligten veranlaßt worden oder im Verhältnis zu der anderer von geringer Bedeutung gewesen, so kann in Hinsicht seiner die Strafe unter das angedrohte Mindestmaß oder auf eine mildere Strafart herabgesetzt werden. Wo nach sonstigen Regeln Geldstrafe verhängt werden könnte, sowie bei Übertretungen kann die Strafe ganz fortfallen." Also: Das Gesetz steht grundsätzlich auf dem in Note 1 bezeichneten *Liszt*schen Standpunkt, kann sich aber dem Gefühl nicht entziehen, daß „Teilnahme" doch oft etwas dem Werte nach geringeres als Täterschaft ist. Die legislativ wichtige Frage, wann dies der Fall ist, löst aber das Gesetz nicht, stellt vielmehr alles dem Ermessen des Richters anheim. Die deutsche Landesgruppe der IKV hatte dieses System 1903 dem Gesetzgeber des Deutschen Reichs ebenfalls empfohlen. Dagegen aber vgl. *Mayer* 400, *Perten* 59, *Kipp* 28, der mit Recht auf die rechtsstaatliche Funktion des Strafrechts verweist (44) und im Hinblick auf sie eine scharfe objektive Unterscheidung der Begriffe fordert, wo eine verschiedenartige Wertung von Handlungen erfolgen soll. Vgl. dazu auch oben § 4 IV 1.

keit aller zu einem Erfolge gesetzten Bedingungen geleugnet zu werden brauchte, macht das RStGB in der rechtlichen Wertung zwischen den einzelnen, zu einem Erfolge mitwirkenden Betätigungsweisen Unterschiede, indem es die täterschaftliche Ursachsetzung von der als Teilnahme erscheinenden sondert, also Täterschaft einerseits, Anstiftung und Beihilfe andererseits unter dem Gesichtspunkt verschiedenartiger rechtlicher Wertung in scharfen begrifflichen Gegensatz zueinander stellt. Und im Verhältnis der Täterschaft und Teilnahme untereinander rückt das Gesetz die erstere derartig in den Vordergrund, daß die Strafbarkeit der Teilnahme als solcher vom Vorliegen einer sämtliche Verbrechensmerkmale erfüllenden „Haupttat" abhängig ist, die „Teilnahme" also nur in bezug auf eine tatbestandsmäßig rechtswidrige und (vorsätzlich) schuldhafte Handlung eines „Täters" rechtlicher Wertung teilhaftig werden darf. (Sog. **„akzessorische Natur"** oder **„Akzessorietät"** der Teilnahme)[3]). Eine weitere Folgerung aus der Wertverschiedenheit von Täterschaft und Teilnahme besteht darin, daß das Gesetz zwar nicht für den Anstifter, wohl aber für den Gehilfen grundsätzlich mildere Bestrafung als für den Täter fordert.

Zum Verständnis dieses Aufbaues der Teilnahmelehre ist der Satz *ME. Mayers* zu beherzigen, „daß der Teilnahmebegriff durch und durch ein Produkt des Gesetzes ist"[4]). Die Teilnahmelehre des RStGB folgt also weder begrifflich aus der Kausalität noch mit Notwendigkeit aus der Akzessorietät; sie kann also weder aus dieser noch aus jener „abgeleitet" werden. Die Kausalität spielt im Bereiche der Teilnahmelehre nur die Rolle, daß nur solche menschlichen Willensbetätigungen, die mit dem Erfolge in Kausalzusammenhang stehen, wie unter dem Gesichtspunkt der Täterschaft, so auch unter dem der Teilnahme strafrechtlich gewertet werden dürfen[5]); ob aber der eine oder der andere Gesichts-

---

[3]) Diese akzessorische Natur der Teilnahme nach geltendem Recht kann bedauert, aber nicht geleugnet werden. *v. Hippel* II 451 hält „die gesamte Lehre von der sog. akzessor. Natur der Teilnahme für vollständig verfehlt", ohne daß sich daraus tiefgehende Gegensätzlichkeiten zum Text ergeben, da dieser, genau wie *v. Hippel*, die positivrechtliche Erscheinung der Teilnahme herausarbeitet. Leugnung der Akzessorietät bei *Kohler* **1** 109, *Hoepfner* Z **26** 580, *Herzog* GS **24** 435 u. a. Vgl. aber die Übereinstimmung mit dem Text bei *Mayer* 390, *Gerland* 142, *Köhler* 485, *Allfeld* 205, *Frank* § 48 II 2, *Kipp* 7ff., *Beling* Grundzüge 60, *Lobe* in Lpz. Komm. § 48 Note 2B, *Reichle* 25ff., *Dahm* 65ff., *Mezger* 446, R **5** 229, **11** 59, **14** 102, **18** 421, **37** 419, **57** 15.

[4]) *Mayer* 388. Treffend auch *Dahm* 7, 9, *Mezger* 447.

[5]) Das glaubt man freilich leugnen zu dürfen; so *Kern* GS **92** 136, *Coenders* Strafr. Grundbegr. 257ff., Z **46** 1 (vgl. dazu *Eb. Schmidt* Das Recht **29** 131), R **58** 114/115 (mit reichen Zitaten aus der früheren Rechtsprechung). Diese Auffassung beruht auf einer Verkennung des oben § 29 II Gesagten. Es kommt nicht darauf an, ob der Täter gegebenenfalls auch ohne die Mitwirkung des Teilnehmers überhaupt gehandelt hätte, sondern ob er an diesem Tage, auf diese Weise, unter der Gesamtheit dieser Begleitumstände gehandelt haben würde. Hält man daran fest, so erwachsen aus dem Erfordernis des Kausalzusammenhanges zwischen Erfolg und Teilnehmertätigkeit keine

punkt zutrifft, dafür ergibt die Kausalität nichts, aber auch gar nichts[6]). Und ebensowenig ist die Akzessorietät als solche ein rechtlicher Grundsatz, aus dem die Lehre von der Teilnahme durch Begriffsentwicklung hergeleitet werden könnte. Vielmehr ist die Akzessorietät lediglich ein, die positiv-rechtliche Beziehung zwischen Täterschaft und Teilnahme andeutendes Schlagwort. Der Gesetzgeber könnte diese Beziehung sehr verschiedenartig ausgestalten, da, wie *ME. Mayer* richtig betont hat, die in der Akzessorietät zum Ausdruck gebrachte Abhängigkeit der Teilnahme von der Täterschaft sehr verschiedenartig abgestuft werden kann[7]). Das RStGB hat — mit *ME. Mayer* zu reden — die „extrem-akzessorische Form" verwendet, indem es, wie gezeigt, verlangt, daß der Täter einen gesetzlichen Tatbestand nicht nur rechtswidrig (das wäre in der Ausdrucksweise *ME. Mayers* die „limitiert-akzessorische Form"), sondern auch schuldhaft verwirklicht, damit eine strafbare Teilnahme möglich ist; aber das Gesetz geht nicht so weit, sämtliche in der Person des Täters vorliegenden straferhöhenden und strafmindernden Umstände nun auch in der Person des Teilnehmers sich auswirken zu lassen („hyperakzessorische Form"); vgl. RStGB § 50. Überdies zeigt die jüngste Rechtsentwicklung, daß der Gesetzgeber sich der Akzessorietät" gegenüber durchaus frei fühlt und sie da, wo sie in der vom RStGB verwendeten Form ihm zweckwidrig erscheint, ohne weiteres preisgibt. So hat das SklavenraubG 1895 §§ 1, 2 den Unterschied zwischen Täterschaft und Teilnahme verwischt, indem es jede „Mitwirkung an einem auf Sklavenraub gerichteten Unternehmen" mit derselben Strafe belegt. Ganz ebenso verfahren die §§ 45, 48 Abs. 2 des AuswanderungsG 1897, sowie § 830 BGB. Und der wichtige § 4 des JugendgerichtsG von 1923 setzt für den Bereich des Jugendstrafrechts mit erfreulicher Kühnheit an die Stelle der extrem-akzessorischen Form der Teilnahme die limitiert-akzessorische, weil gerade die Beteiligung an den Taten Strafunmündiger und „einsichtsloser" Jugendlicher die Übertriebenheit jener ersteren Form ergeben und Wissenschaft und Praxis vor unüberwindliche Schwierigkeiten gestellt hatte.

Schwierigkeiten. Nur so aber läßt sich eine sichere Grenze zwischen Teilnehmerschaft und straflosem Tun ziehen. *Coenders* a. a. O. hat eine solche nicht aufzuzeigen vermocht. Die herrschende Lehre hält denn auch mit Recht an dem Erfordernis der Kausalität fest: So *Frank* 3. Abschnitt I, *Birkmeyer, Mayer* 385ff., *Mezger* 411, *Gerland* 144, *Allfeld* 203, *Köhler* 501, *v. Bar* 2 697, *Hafter* 217, 222, *Wachenfeld* 188, *Dahm* 11 (sehr anfechtbar dort aber Note 11). Ganz unklar *Reichle* 6. Gegen R 58 113 namentlich *Frank* § 49 I, der zugleich gegen *Lobe* Lpz. Komm. § 49 Note 4 polemisiert. Ausführlich über die ganze Frage auch *v. Liszt* Z 38 303ff. Daß das Reichsgericht einen einheitlichen Standpunkt in dieser Frage nicht einnimmt, zeigen insbesondere *Frank* und *v. Liszt*.

[6]) A. M. insbes. *Frank* 3. Abschn. II. Vgl. dagegen *Eb. Schmidt* (Lit. zu § 48) 109, ferner *Perten* 11ff., *P. Merkel* (Lit. zu § 48) 10ff., *Gerland* HdR V 867.

[7]) Vgl. hierzu insbesondere *Mayer* 391, *Derselbe* in *Aschrott-Liszt* I 355, ferner *Wegner* Reform (1926) 111ff., *Kipp* 82ff., *Reichle* 26, *Ludwig* 4, *Dahm* 65ff. 67!). *v. Hippel* II 452 Note 1 übersicht, daß *M. E. Mayer* mit seinen Unterscheidungen, die der Text wiedergibt, nichts anderes als die verschiedenen Ausgestaltungsmöglichkeiten aufzeigen will, die dem Gesetzgeber hinsichtlich des Verhältnisses der Teilnahme zur Täterschaft zur Verfügung stehen. Damit soll nur noch schärfer betont werden, wie im Bereiche der Teilnahmelehre alles vom positiven Recht abhängt. *ME. Mayers* Unterscheidungen nebst den von ihm geprägten Benennungen haben sich übrigens längst eingebürgert, ehe sie im Text der vor. Aufl. Erwägung fanden. Vgl. etwa die Begründ. zum GE 47 und die monographische Literatur. Mißverständnisse hat es dabei nicht gegeben. Auch bei *Mezger* 447 Note 2 findet *ME. Mayer* keine ganz zutreffende Beurteilung. Richtig *Dahm* 71.

II. **Geschichte.** Die Entgegensetzung von Täterschaft und Teilnahme ist das Ergebnis einer langsamen und schwankenden geschichtlichen Entwicklung.

Das römische Recht hat die Beteiligten, die auctores, socii, ministri, fautores, participes, mit Strafe belegt, aber ohne zwischen ihnen begriffliche Unterschiede zu machen (*Mommsen* 98). Das ist auch der Standpunkt des spätrömischen Rechts. Im mittelalterlichen Deutschland wurde der Anstifter dem Täter, wenigstens bei einer Reihe von Verbrechen, in der Bestrafung gleichgestellt. Bisweilen trifft ihn auch härtere Strafe. Dagegen war bezüglich der Strafbarkeit des Gehilfen die Entwicklung bei den einzelnen Verbrechen ganz verschieden; bald wird (wie im Landfrieden von 1235) die Gewährung von Rat und Tat mit der Täterschaft gleichgestellt, bald (Ssp. **2** 25, 1; **2** 13, 6) nur der „unrechte Volleist", ohne dessen Mitwirkung die Begehung nicht möglich gewesen wäre, dem Täter gleich bestraft, während die übrigen Beteiligten mit geringerer Strafe davonkommen.

Auf dem letzteren Standpunkte stand auch die mittelalterliche Rechtswissenschaft Italiens, wenn sie consilium (Rat), auxilium (Tat) und mandatum (Anstiftung) von der Täterschaft unterschied und den mandans wie den socius principalis, qui causam dat delicto, dem Täter in der Bestrafung gleichstellte. Aber auch sie gelangte nicht zu begrifflichen Unterscheidungen. So hat sich denn auch PGO Art. 177 damit begnügt, auf den Rat der Rechtsverständigen zu verweisen. Nur den Anstifter hat sie in Art. 107 (Meineid) besonders erwähnt.

Auch der gemeinrechtlichen Wissenschaft und Gesetzgebung gelang es nicht, feste Begriffe zu gewinnen; die von ihr aufgestellten Unterscheidungen — Teilnahme vor, während und nach der Tat (letztere zumeist als besonderes Verbrechen betrachtet), allgemeine und besondere, hauptsächliche und nebensächliche, physische und psychische, positive und negative Teilnahme — entbehren ebensosehr der begrifflichen Schärfe wie der praktischen Brauchbarkeit. Die Verwirrung hat ihren Höhepunkt erreicht, seitdem durch das preußische StGB 1851 unter dem Einfluß des Indeterminismus das Dogma von der Unterbrechung des Kausalzusammenhanges (oben § 29 V und unten III) sowie die Lehre von der extrem-akzessorischen Natur der Teilnahme die Herrschaft in Gesetzgebung, Literatur und Rechtsprechung erlangten[8]).

III. Die Ausbildung der Lehre von der **akzessorischen Natur der Teilnahme** in der zweiten Hälfte des 19. Jahrhunderts war das Ergebnis der geänderten Beantwortung zweier grundlegender Fragen.

1. Gegen die Auffassung der **Anstiftung** als mittelbarer Herbeiführung des Erfolges, als eines Verursachens, bei dem die Beeinflussung des Handelnden nur ein Glied in der Kette von Ursache und Wirkung (intellektuelle Urheberschaft)[9]) ist, hat man eingewendet, daß dann der Täter als Werkzeug in der Hand des Anstifters erscheine, was mit der Annahme der Willensfreiheit unvereinbar sei. So sah man (vgl. oben § 29 V) den vom Anstifter ausgehenden und zum Erfolge hinführenden Kausalzusammenhang als durch das vorsätzliche Handeln des Täters unterbrochen an, hielt aber eine Einwirkung auf den sich selbst bestimmenden Willen des Täters („relative Willensfreiheit") doch für

---

[8]) Über die Dogmengeschichte vgl. *v. Hippel* II 441 ff., dazu jetzt namentl. *Schaffstein* 203ff. Die Lehre stammt aus dem C. pénal und dringt mit dem preußischen StGB 1851 in Deutschland ein. Durchgeführt wird sie durch *Schütze* 1869, *v. Birkmeyer* 1890.

[9]) Sie war die alleinherrschende bis ins 19. Jahrhundert (vgl. z. B. *Feuerbach* und *v. Wächter*). Von Neueren vertreten sie, außer *Binding* **1** 700, *Kohler* **1** 106 und *Haupt* Z **15** 569, auch *Nagler* 134, *Stooß* Grundzüge **1** 226.

möglich und gelangte so dazu, die Anstiftung als Teilnahme an der von dem Täter begangenen Tat zu bestrafen. Damit erhielt die Anstiftung unselbständiges Wesen, ihre Strafbarkeit wurde abhängig von der Strafbarkeit der vom Täter begangenen Handlung, die versuchte Anstiftung blieb straflos. Unter der Einwirkung dieser Auffassungen ist das geltende Recht (§ 48 RStGB) zustande gekommen. Das seine Entstehung beherrschende Dogma von der Unterbrechung des Kausalzusammenhanges hat leider die an § 48 StGB anknüpfende Literatur dann weiterhin bis in die Gegenwart hinein beeinflußt (vgl. oben § 29 V), um erst in jüngster Zeit von einer methodisch geläuterten Auffassung allmählich verdrängt zu werden, die dem juristischen Gehalt der Teilnahmelehre und ihrem konstruktiven Aufbau besser gerecht werden dürfte.

2. Bei der Beteiligung mehrerer an demselben Verbrechen hat man sich bemüht, die Verursachung von dem Setzen einer bloßen Bedingung zu unterscheiden. Wer verursacht, soll Täter, und wenn er gemeinsam mit anderen verursacht, **Mittäter** sein. Wer dagegen nur eine Bedingung setzt, wird als **Gehilfe** betrachtet[10]). So wird auch die Beihilfe zur unselbständigen Teilnahme an der Tat eines anderen. Da aber die Unterscheidung von Ursache und Bedingung unhaltbar ist (oben § 29 VII), kann es nicht wundernehmen, daß Wissenschaft und Rechtsprechung, um die Unterscheidung halten zu können, auf die Irrwege einer rein subjektiven Theorie gedrängt wurden (vgl. unten § 48 Note 16[11])) und auf diese Weise sich die Wege zu einem richtigen Verständnis der Teilnahmelehre vollends verlegten.

IV. Glücklicheren Erfolg hatte die Rechtswissenschaft des 19. Jahrhunderts, indem sie die Ausscheidung des Komplotts und der Bande einerseits, der Begünstigung andererseits aus den Arten der Beteiligung mehrerer an demselben Verbrechen in der Gesetzgebung durchsetzte und damit die Einfachheit und Klarheit dieses Begriffes wesentlich förderte.

1. **Komplott** ist die Verabredung mehrerer zur Begehung eines oder mehrerer bestimmter Verbrechen; **Bande** die auf Begehung mehrerer, noch nicht einzeln bestimmter Verbrechen gerichtete Verbindung.

Die ältere Ansicht hatte (an PGO Art. 148 anknüpfend) entweder alle Mitglieder als „gegenseitige Anstifter" für den gesamten Erfolg verantwortlich gemacht oder aber die Verabredung selbst als Versuch des Verbrechens gestraft. Die heutige Wissenschaft dagegen hält daran fest, daß den einzelnen das begangene Verbrechen nur insoweit zugerechnet werden kann, als eben die Begriffe der Täterschaft, Anstiftung, Beihilfe im gegebenen Falle tatsächlich durch das Verhalten der einzelnen verwirklicht worden sind; daß ferner vom Versuch nicht gesprochen werden kann, solange kein Anfang der Ausführung vorliegt. Der Gesetzgebung aber bleibt es unbenommen, Verabredung und Verbindung als selbständige Verbrechen unter Strafe zu stellen oder aber sie als Schärfungsgründe zu verwenden.

Die Reichsgesetzgebung hat das erstere bezüglich des Komplotts getan in StGB § 83, SpionageG 1914 § 5, MilStGB §§ 59, 72, 103, RepublikschutzG 1930 § 3 Abs. 2, SprengstoffG 1884 § 6, bezüglich der Bande in SprengstoffG 1884 § 6, RepublikschutzG 1930 § 1. Dagegen ist in §§ 146, 147 VereinszollG 1869 und in §§ 101, 105 SeemannsO 1902 das Komplott, in StGB §§ 243 Ziff. 6, 250

---

[10]) Vgl. noch heute *Frank* 3. Abschn. II.

[11]) Die auf der Unterscheidung von mehr- und minderwertigen Bedingungen beruhende objektive Theorie führt bis auf *Pufendorf* 1672 zurück (*Heimberger* 144); sie wird im 18. Jahrhundert vielfach, so von *Kreß, JSF*) *Böhmer* u. a., später insbesondere von *Feuerbach* und *Berner* (1847 bis 1861. vertreten.

Ziff. 2, MilStGB § 135, VereinszollG § 146 die bandenmäßige Begehung lediglich als Strafschärfungsgrund behandelt.

2. Die **Begünstigung** ist keine Form der Beteiligung mehrerer an dem Verbrechen. Denn es fehlt ihr, da sie erst nach Abschluß der Ausführungshandlung[12]) möglich ist, das einzige, allen Formen der Beteiligung gemeinsame Merkmal: das Setzen einer Bedingung zu dem eingetretenen Erfolg. Sie ist mithin selbständiges Verbrechen und gehört als solches in den Besonderen Teil. Dieser, in der Wissenschaft nur mehr von einzelnen[13]) widersprochenen Auffassung folgt, im Gegensatze zum Code pénal und Preußen 1851, nicht nur das RStGB, sondern auch die Mehrzahl der außerdeutschen Gesetze und Entwürfe.

V. Wenig förderlich war die Aufstellung des Begriffs der **notwendigen Teilnahme** (*Schütze* 1869) oder des concursus necessarius. Er ist gegeben bei Straftaten, die nach ihrem Tatbestande das Zusammenwirken mehrerer begrifflich fordern. Tatsächlich ist in diesem Falle stets Mittäterschaft im technischen Sinne erforderlich[14]).

Es gehören hierher zwei Gruppen von Straftaten:

1. Solche, bei denen die Handlungen der notwendig Mitwirkenden sich aufeinanderzu bewegen, der Zweikampf, Stimmenkauf (Begegnungsdelikte nach *Freudenthal*);

2. solche, bei denen die Handlungen der notwendig Mitwirkenden nach außen konvergieren, wie Aufruhr, Meuterei (Konvergenzdelikte nach *Freudenthal*). Hier ist das Zusammenwirken bald Tatbestandsmerkmal (so StGB §§ 115, 122), bald Strafschärfungsgrund (so StGB §§ 123 Abs. 2, 223a).

VI. **Die Entwürfe.** Während die deutschen Entwürfe an der grundsätzlichen Unterscheidung von Täterschaft und Teilnahme festhalten, hat der ÖRE § 12 die sämtlichen Beteiligten einander gleichgestellt und nur die schwersten Strafdrohungen für den Gehilfen gemildert. SRE 23 läßt bei Beihilfe mildere Bestrafung zu. Doch bemühen sich auch die deutschen Entwürfe, von der Übertreibung des Akzessorietätsgedankens des geltenden Rechts loszukommen, namentlich also die Strafbarkeit der Teilnahmehandlung von der Rücksicht auf die Schuld des Täters unabhängig zu machen. Restlose Anerkennung aber hat keiner der Entwürfe bisher gefunden. KE und E 1919 standen noch zu sehr im Banne des Dogmas von der Unterbrechung des Kausalzusammenhanges und verstiegen sich namentlich in den Bestimmungen über mittelbare Täterschaft und Anstiftung zu einem wohl allseits abgelehnten Doktrinarismus. Im übrigen lehnen sich KE und E 1919, von jenem oben erwähnten Fortschritt abgesehen, an das geltende Recht an. Dagegen macht sich in AE 1925 eine starke Abweichung von diesem geltend. Er glaubt auf den Begriff der Mittäterschaft gänzlich verzichten zu können, beseitigt überdies auch die mittelbare Täterschaft und führt die nur fakultative Strafmilderung für die Beihilfe ein.

---

[12]) Sie ist aber vor der Vollendung (Eintritt des Erfolges) möglich: A hat den B tödlich verwundet; noch ehe B stirbt, befördert C die Flucht des A.

[13]) So *Kohler* **1** 118, *Merkel* 153; ebenso *Beling*, *L. v. V.* 472ff., der mit dem unhaltbaren Begriff der „Nachtäterschaft" (als einer nicht unter die Teilnahme fallenden, aber ihr analogen Erscheinungsform der Tatbestandsverwirklichung) arbeitet (vgl. aber jetzt Grundz. 62), sowie *v. Bar* 736. Gegen diesen *Kriegsmann* 563. Vgl. aber auch *Frank* 21. Abschnitt Vorbem.

[14]) Abweichend *Freudenthal* 41ff., dem sich *Frank* V vor § 47 angeschlossen hat. Aber Zweikampf mit einem Paralytiker ist ebenso undenkbar, wie die Zusammenrottung eines Schullehrers mit 30 zehnjährigen Kindern. Ebenso R **40** 21, sowie *v. Bar* **2** 731. Der Ehebruch, der ja auch durch Notzucht begangen werden kann, gehört überhaupt nicht hierher. Treffend *Gerland* HdR V 865. Vgl. jetzt insbes. *Bergen* und *Blesse*.

Daß aber die Limitierung der akzessorischen Natur der Teilnahme die mittelbare Täterschaft nicht überflüssig macht, ist von *Kohlrausch*, *Wegner* (Reform 1926, 32 und 112), *Goldschmidt* (JW **51** Heft 5), *Dahm* 95ff. klar gezeigt worden. So gelangt AE 1925 durch übermäßigen Radikalismus zu unangemessenen Ergebnissen. E 1927 und 1930 bringen die Mittäterschaft wieder, desgl. die obligatorische Strafmilderung bei der Beihilfe, beseitigen aber nicht die Bedenken, die gegen die Beseitigung der mittelbaren Täterschaft unter gleichzeitiger Einschränkung der Akzessorietät geltend gemacht worden sind. Die Ansätze, die im 32. Ausschuß (10. Nov. 1927) zu einer Wiedereinführung der mittelb. Täterschaft in einem neuen § 27a gemacht worden sind, haben sich nicht weiter ausgewirkt. So ist tatsächlich eine Bereinigung der Problematik der Teilnahmelehre nicht erfolgt, zumal die Entwürfe an den wichtigsten Streitfragen des geltenden Rechts, ohne sie zu lösen, vorübergehen (*Gerland* HdR V 875!).

§ 48. 1. Die Täterschaft.

Literatur. Vgl. die Lit. zu §§ 47, 49. *Goetz* Grenzziehung zwischen Mittäterschaft und Beihilfe (Strafr. Abh. Heft 115) 1911 (im Anschluß an *Loening*). *Petri* Die mittelbare Täterschaft (Strafr. Abh. Heft 125) 1911. *Derselbe* Z **39** 690. *Flegenheimer* Das Problem des dolosen Werkzeugs (Strafr. Abh. Heft 164) 1913. *Schreiber* Täterschaft und Teilnahme bei Straftaten, die aus psychischen Gründen nur von bestimmten Personen begangen werden können (Strafr. Abh. Heft 172) 1913. *Fraenkel* Tolstois „lebender Leichnam" in strafrechtlicher Beleuchtung. Erlanger Diss. 1916. *Wachenfeld* Z **40** 30ff., 129ff., 321ff. *Kretschmann* Z **43** 34. *P. Merkel* Zur Abgrenzung von Täterschaft und Beihilfe (Rektoratsrede) 1925. *Engelsing* Eigenhändige Delikte (Strafr. Abh. Heft 212) 1926. *Paul Wolf* Betrachtungen über die mittelbare Täterschaft (Strafr. Abh. Heft 225) 1927. *Hegler* Zum Wesen der mittelbaren Täterschaft (RG-Festg. V 305) 1929. *Eb. Schmidt* Die mittelbare Täterschaft (Festg. f. *Frank* II 106) 1930. *Drost* Z **51** 359. *Exner* Fahrlässiges Zusammenwirken (Festg. f. *Frank* I 569) 1930. *Rosenfeld* Mittäterschaft und Beihilfe bei subjektiv gefärbter Ausführungshandlung (Festg. f. *Frank* II 161) 1930.

Das RStGB hat den Begriff der Täterschaft nicht bestimmt, sondern aus dem Gesamtbereiche der für die tatbestandsmäßige Rechtsgutsverletzung ursächlichen (rechtswidrigen und schuldhaften) Verhaltensweisen nur die beiden Formen teilnehmerschaftlichen Verhaltens beschrieben: die Anstiftung (§ 48) und die Beihilfe (§ 49). Beiden ist gemeinsam, daß jemand eine Tatbestandsverwirklichung dadurch herbeiführt, daß er das vorsätzlich verbrecherische Verhalten eines anderen selbst vorsätzlich wirksam werden läßt, indem er den Entschluß dazu vorsätzlich in dem anderen auslöst (§ 48: Anstiftung) oder dem anderen bei seiner Tatbestandsverwirklichung vorsätzlich Förderung zuteil werden läßt (§ 49: Beihilfe). Unter Berücksichtigung dieser Erscheinungen läßt sich das Wesen der Täterschaft positivrechtlich folgendermaßen beschreiben:

Täter ist, wer rechtswidrig und schuldhaft bewirkt, daß ein Rechtsgut durch Tatbestandsverwirklichung verletzt oder gefährdet wird, sofern er den Tatbestand nicht durch einen vorsätzlich Han-

delnden verwirklichen läßt[1]). Dabei sind zwei Fälle zu unterscheiden:

I. Täter ist zuerst derjenige, der die Ausführungshandlung rechtswidrig und schuldhaft allein ausführt, den gesetzlichen Tatbestand des Verbrechens allein verwirklicht (**Alleintäter**): Mörder also z. B. derjenige, der einen anderen vorsätzlich und mit Überlegung getötet hat; Räuber derjenige, der Gewalt anwendet und die Sache wegnimmt. Dabei macht es keinen Unterschied, ob der Erfolg lediglich durch eigene körperliche Tätigkeit oder durch Benutzung der Naturkräfte, eines Werkzeuges oder eines Tieres herbeigeführt wurde.

II. Täter ist auch derjenige, der die Ausführungshandlung zwar nicht durch eigene körperliche Tätigkeit setzt, dies aber einen anderen Menschen (vielleicht den Verletzten selbst) tun, durch diesen also den Tatbestand verwirklichen läßt (**mittelbarer Täter**)[2]). Voraussetzung ist dabei, daß der andere den Tatbestand nicht vor-

---

[1]) Genauere Entwicklung in Festg. f. *Frank* II 106ff., 113ff., 117ff. Übereinstimmend im wesentlichen (namentlich methodisch) *Mezger* §§ 58, 60. Sehr wichtig und ganz im Sinne des Textes die grundlegenden Entscheidungen R **64** 316 und **64** 370. R **61** 318 hatte vorgearbeitet (vgl. dazu *Mezger* RG Festg. V 19). Gegen R **64** 370 wendet sich *v. Hippel* JW. **60** 941, dem aber entgegenzuhalten ist, daß R nicht auf fahrlässige Teilnahme, sondern auf fahrlässige Täterschaft hinauskommt. Vgl. auch *v. Hippel* II 463 und besonders auch *Exner*. — Vom Text abweichend alle diejenigen, die zur juristischen Charakterisierung der Täterschaft (methodisch unrichtig) die Kausalität verwenden; so insbes. *Frank* 3. Abschn. II. Abweichend ferner, wer das Täter-sein vom Setzen der Ausführungshandlungen abhängig macht; so insbes. *v. Hippel* II 454. Unter diesen Täterbegriff läßt sich der mittelbare Täter nicht bringen; denn er nimmt keine „Ausführungshandlung" vor. Daß dem „physischen Urheber der intellektuelle Urheber absolut gleichsteht" (damit sucht *v. Hippel* II 470 die mittelbare Täterschaft zu halten) wird durch § 48 widerlegt. Es bedarf also eines vom Setzen der Ausführungshandlung losgelösten Täterbegriffs, der die mittelbare Täterschaft von vornherein mitumfaßt. Gegen den Text *Zimmerl* Z **49** 40; vgl. dazu Festg. f. *Frank* II 119 Note 1.

[2]) Der Irrtum darüber, ob man Täter oder Teilnehmer ist, ergibt folgende Möglichkeiten: **1.** A bestimmt den B, den er irrig für geisteskrank hält, zu der von diesem vorsätzlich begangenen Handlung; B ist Täter, A Anstifter, obwohl er mittelbarer Täter zu sein glaubt. **2.** A bestimmt den B, den er irrig für zurechnungsfähig hält, zu der von diesem schuldlos begangenen Handlung; B ist straflos, A ist mittelbarer Täter, obwohl er sich für einen Anstifter hält. **3.** A hilft dem B, den er irrig für geisteskrank hält, bei der von diesem vorsätzlich begangenen Handlung; B ist Täter, A Gehilfe, obwohl er sich vom Standpunkt der herrschenden Lehre (abweichend die vor. Aufl. und *Mayer* 378) für einen mittelbaren Täter halten müßte. **4.** A hilft dem B, den er irrig für zurechnungsfähig hält, bei der von diesem schuldlos begangenen Handlung; B ist straflos, A ist mittelbarer Täter. Der Irrtum ist also irrelevant wie jeder Irrtum, der die juristischen Begriffe und die strafrechtl. Rechtsfolgen betrifft. Vgl. *Eb. Schmidt* Festg. f. *Frank* II 130ff., ferner (mit Abweichungen untereinander) insbesondere *Mayer* 404, *Frank* 3. Abschn. II, *Beling* Verbr. 254, 398, *Allfeld* 215, 216, *Wachenfeld* Z **40** 134, Lehrb. 189, *P. Merkel* (Lit. zu § 49) 143ff., *Köhler* 497, *Rosenfeld* Festg. f. *Frank* II 182 Note 2.

sätzlich schuldhaft verwirklicht, da in diesem Falle nach dem vor I Dargelegten sofort die §§ 48, 49 StGB zum Zuge kämen. Nur insoweit ist also mittelbare Täterschaft möglich, als in der Person des „Ausführenden" (der Mittelsperson, des „Werkzeuges") der Vorsatz entfällt.

1. Hiernach ist der Bereich der mittelbaren Täterschaft[3]) mit Leichtigkeit abzustecken. Mittelbare Täterschaft liegt vor:

a) wenn bei der rechtswidrig handelnden Mittelsperson aus reinen Schuldgesichtspunkten der Vorsatz entfällt. Das ist der Fall:

α) Wenn der vom Täter Benutzte nicht zurechnungsfähig war; denn hier fehlt dem Benutzten mit der Schuldfähigkeit die Möglichkeit, vorsätzlich zu handeln (vgl. oben §§ 37, 39). Wer etwa dem Tobsüchtigen ein Messer in die Hand gibt, damit er einen anderen ersteche, ist als (mittelbarer) Täter des Mordes schuldig. Aus welchem Grunde bei der benutzten Mittelsperson die Zurechnungsfähigkeit fehlt, ist regelmäßig belanglos. Dem Geisteskranken steht auch hier der Taubstumme gemäß § 58 StGB gleich; und dasselbe müßte gelten von einer Mittelsperson, die als Angehöriger eines unzivilisierten Volksstammes der Fähigkeit ermangelt, sich durch Normen des deutschen Rechts zu einem rechtmäßigen Verhalten motivieren zu lassen (oben § 38 A II).

Eine wichtige positivrechtliche Ausnahme ergibt sich jedoch

---

[3]) Man spricht auch von fingierter Täterschaft oder intellektueller Urheberschaft. Der Begriff der mittelbaren Täterschaft ist heute von Wissenschaft und Rechtsprechung ganz allgemein anerkannt. Vgl. R **1** 146, **3** 96, **4** 256, **12** 67, **18** 419, **31** 395, **39** 298, **47** 147, **55** 282, neuestens R **62** 390 (dazu *Exner* 570), **63** 313, **64** 24, 30. Dagegen neuerdings *Hoegel* Z **37** 667. Einer besonderen Begründung der mittelbaren Täterschaft bedarf es von einem richtig gefaßten Täterschaftsbegriff aus nicht. Ebenso *Mezger* 425, 426 Note 3 (mit Literatur), *Mayer* 375ff., *v. Hippel* II 470 (vgl. dazu aber oben Note 1). Dagegen *Hegler* RG Festg. V 305, 307ff., der eine besondere „Übergewichtstheorie" konstruiert, *Perten* 125ff. Abweichend in der Begründung auch *Frank* 3. Abschn. III. Vgl. dazu *Eb. Schmidt* Festg. f. *Frank* II 120/1; vgl. ferner *Drost* Z **51** 364 Note 8, *Kriegsmann* Z **35** 315 (Tragweite des § 48), *Kipp* (Lit. zu § 47) 9ff., *Beling* Z **28** 594, *Gerland* Grundfragen 59, *Mittermaier* Z **21** 241. Keine Klärung kann man durch die Stellung der Frage gewinnen, wann ein Mensch „Werkzeug" eines anderen sein könne (so *Wachenfeld* Z **40** 39); denn „Werkzeug" ist kein juristischer Begriff, sondern eine sehr verschiedener Deutung fähige Metapher; vgl. dazu *Beling* Z **28** 593/4, *Flegenheimer* 37 (gegen *v. Bar* **2** 627). Für die subjektive Teilnahmetheorie des Reichsgerichts (vgl. darüber unten Note 16) kann es eine Problematik der mittelbaren Täterschaft nicht geben. Denn da Täter jeder ist, der mit animus auctoris eine Ursache zum Erfolge setzt, ohne daß es auf die Art seines äußeren Handelns (ob „Ausführungshandlung" oder nicht) ankommt, so interessiert das Reichsgericht die Frage nicht, welches Gebiet § 48 StGB objektiv aus den Ursachsetzungen zu einem strafrechtlich relevanten Erfolge unter besonderen Wertungsgesichtspunkten herausgeschnitten und der Betrachtung unter dem Gesichtspunkt der Täterschaft entzogen hat.

aus § 4 JugGG[4]). Danach ist derjenige, welcher ein Kind (oben § 38 B I 1a) oder einen der „Einsichtsfähigkeit" (§ 3 JugGG) ermangelnden Jugendlichen (oben § 38 B I 1b) zur Verwirklichung eines Straftatbestandes bestimmt, als Anstifter, also nicht als mittelbarer Täter anzusehen; die extrem-akzessorische Form der Teilnahme ist demgemäß hier zugunsten der limitiert-akzessorischen Form (vgl. oben § 47 I) preisgegeben worden.

β) Wenn die Mittelsperson zwar zurechnungsfähig gewesen ist, aber nicht vorsätzlich (in dem oben § 39 entwickelten — nicht bloß psychologischen — Sinn) gehandelt hat. Auch hier ist es belanglos, aus welchem Grunde der Vorsatz fehlt und ob an Stelle des Vorsatzes Fahrlässigkeit oder völlige Schuldlosigkeit gegeben ist. Es gehören also hierher sowohl die Fälle, in denen die Mittelsperson nicht in der Voraussicht der Folgen ihres Tuns gehandelt hat, wie auch

---

[4]) Nicht zu billigen ist die Auffassung von *Beling* Grundzüge 61, wonach § 4 JugGG zur Zeit gegenstandslos sei; er bringe, wie *Beling* meint, lediglich zum Ausdruck, daß bezüglich der Strafbarkeit von Anstifter und Gehilfen eine Neuregelung durch das JugGG nicht eintreten solle, daß also die Frage, ob und inwieweit Anstiftung und Beihilfe bei Taten Strafunmündiger als solche in Betracht kämen oder ob und inwieweit mittelbare Täterschaft angenommen werden müsse, genau so wie vor dem Inkrafttreten des JugGG zu beantworten sei. Vgl. dagegen oben § 38. Richtig interpretieren die Stelle *Frank* in der Anmerkung zu § 4 JugGG, *Kiesow* JugGG § 4 Note 1, *Hellwig* JugGG § 4 Note 1 (ganz unrichtig aber Note 2 und 4), *Lobe* Anm. zu § 4 JugGG in Lpz. Komm., *v. Hippel* II 462 Note 6, *Mezger* 430, vor allem aber *Gerland* in der Festschrift für *Rosenthal* (1923) 77ff. — Nach § 4 JugGG spielt es keine Rolle, ob der den Jugendlichen (das Kind) Veranlassende oder ihm Helfende gewußt hat, daß die Voraussetzungen der §§ 2, 3 JugGG vorliegen, oder ob er das nicht gewußt hat. Das heißt also: mittelbare Täterschaft ist unter keinen Umständen anzunehmen, vielmehr ist der ein Kind zur Verwirklichung eines Straftatbestandes Veranlassende stets Anstifter im technischen Sinne, der dem Kinde Helfende stets Gehilfe gem. § 49 StGB. So richtig *Gerland* a. a. O. 78 unter zutreffender Berufung auf die Begründung des G S. 10, *Mezger* 430 Note 13. Wie demgegenüber *Kiesow* Note 5, *Hellwig* Note 2 dazu kommen, in dem Falle, wo der Veranlassende oder Helfende die Strafunmündigkeit oder den Einsichtsmangel kennen, mittelbare Täterschaft anzunehmen, ist unverständlich. Letzten Endes läuft diese Ansicht auf die Auffassung *Belings* hinaus. Unrichtig ist auch die Ansicht von *Hellwig* (Note 4), daß mittelbare Täterschaft anzunehmen sei, wenn auf den kindlichen oder jugendlichen Täter § 51 StGB zuträfe. *Hellwig* übersieht, daß dieser Paragraph jedenfalls bei Kindern überhaupt niemals anwendbar ist; denn gegenüber Kindern wird eine zur Annahme des § 51 führende Untersuchung über den Geisteszustand durch die starre Zurechnungsunfähigkeitsvermutung des § 2 JugGG von vornherein ausgeschlossen; bei Jugendlichen aber ist § 51 nur dann anwendbar, wenn der nach § 51 in Betracht kommende Zustand nicht zugleich das Produkt der „geistigen oder sittlichen Entwicklung" des Jugendlichen ist; man denke etwa an akute Rauschvergiftungen, hypnotische Zustände usw. Hier ist dann noch eine Möglichkeit für mittelbare Täterschaft wegen Zurechnungsunfähigkeit der jugendlichen Mittelsperson gegeben. Ungenau die vor. Aufl. Übereinstimmend im wesentlichen *Gerland* 79 Note 20; *Frank* am Schluß seiner Anmerkung zu § 4 JugGG, *Mezger* 430 (mit Einschränkung, indem er bei Geisteskrankheit nicht die hier vorgenommenen Unterscheidungen macht. Wichtig auch R **61** 265.

die Fälle, in denen bei Voraussicht des Erfolges der Vorsatz aus irgendeinem Grunde (Irrtum über die Rechtswidrigkeit, Notstand im Sinne des § 54 StGB, Zwang im Sinne des § 52 StGB, Einwirkung eines schlechthin verbindlichen dienstlichen Befehls, Gegebensein eines sonstigen Entschuldigungsgrundes gemäß dem oben § 42 Gesagten) ausgeschlossen ist[5]). Wer also die Krankenpflegerin durch Täuschung bestimmt, dem Patienten statt Chinins Arsenik zu geben, ist nicht Anstifter zu einem von der Pflegerin überhaupt nicht begangenen Morde, sondern selbst Mörder. Wer einen anderen durch die Vorspiegelung, er dürfe die fremde Sache zerstören, zu dieser Handlung veranlaßt, begeht selbst als (mittelbarer) Täter Sachbeschädigung. Der dienstlich Vorgesetzte, der dem Untergebenen einen verbindlichen Befehl zur Vornahme einer strafbaren Handlung erteilt, ist bei erfolgter Ausführung des Befehls Täter der strafbaren Handlung. Und solange das Gesetz nicht das Gegenteil erklärt, muß auch der Ratgeber, der einen im Notstand (§ 54 StGB) Befindlichen veranlaßt, zur Gefahrabwendung einen Straftatbestand zu verwirklichen, als Täter eben dieser strafbaren Handlung angesehen werden, sofern nicht ihm persönlich ebenfalls ein allgemeiner oder besonderer Rechtfertigungsgrund, ein allgemeiner oder besonderer Schuldausschließungsgrund zur Seite steht.

b) Mittelbare Täterschaft liegt ferner auch dann vor, wenn für die Mittelsperson ein rechtswidriges Verhalten im Sinne des in concreto anzuwendenden Tatbestandes nicht in Frage kommt, so daß ihr gegenüber ein Schuldurteil nicht statthaft ist, mithin wiederum von Vorsatz nicht gesprochen werden darf. Voraussetzung ist hier, daß, auf die Person des Veranlassenden bezogen, die Verursachung der tatbestandsmäßigen Rechtsgutsverletzung rechtswidrig ist und diesem Veranlassenden gegenüber außerdem der Vorwurf schuldhaften Verhaltens erhoben werden darf[6]). Hierher gehören folgende sehr umstrittene Fälle[7]):

---

[5]) Übereinstimmend im wesentlichen die gem. Meinung. Vgl. bezüglich des Voraussichtsmangels: R **1** 146, **31** 80, **35** 332, **39** 298 (sehr unklar allerdings R **57** 274); ferner im allgemeinen: R **63** 313 (315!), **64** 30. *Frank* 3. Abschn. III 2 u. 3, *Lobe* in Lpz. Komm. Einl. 75/6, *Gerland* 94, 95, *Allfeld* 214, *Mayer* 379, *Wachenfeld* 195ff., *Köhler* 511, *Hegler* 308, *Mezger* 430/1 (mit freilich unrichtiger Ausdehnung der mitt. T. auch auf die Fälle, bei denen der Mittelsperson ein persönl. Strafausschließungsgrund zur Seite steht). Teilweise abweichend (wegen anderer Auffassung der §§ 52, 54) *v. Hippel* II 471ff.

[6]) Vgl. hierzu *Hegler* 309 und *v. Hippel* II 471/2, der freilich zu dieser Gruppe ganz andere Fälle rechnet. Gegen ihn *Mezger* 426 Note 4, der aber zu Unrecht die ganze Gruppe leugnet, für die im Text erörterten Fälle das gemeinsame Moment aber darin sieht, daß hier der mittelbare Täter den Erfolg durch einen nicht tatbestandsmäßig Handelnden verursacht hat. In diesem Falle aber fehlt es eben an der Rechtswidrigkeit im Sinne des in concreto anzuwendenden Tatbestands. Das ist das für den Vorsatz-

α) zunächst die Sonderdelikte, also etwa der Fall, wo ein Beamter einen Nichtbeamten zur Verfälschung einer jenem anvertrauten Urkunde bestimmt (§ 348 Abs. 2 StGB). Da die Mittelsperson mangels der in § 348 Abs. 2 geforderten Beamteneigenschaft keinesfalls Täter dieses Fälschungsdeliktes sein kann, so entfällt jede Möglichkeit, den bestimmenden Beamten als Anstifter haftbar zu machen. Es fragt sich, ob er mittelbarer Täter sein kann. Das ist in der Tat der Fall. Denn im Sinne des anzuwendenden Sonderdelikts-tatbestandes (hier des § 348 Abs. 2) handelt der Nichtbeamte nicht tatbestandsmäßig rechtswidrig und darum auch nicht vorsätzlich. Mithin ergibt sich auch hier die Möglichkeit der Annahme einer mittelbaren Täterschaft in der Person des bestimmenden Beamten[8]).

---

ausschluß Entscheidende. Ob sonst Rechtswidrigkeit vorliegt, ist belanglos. Möglich ist es durchaus, daß die Mittelsperson rechtmäßig, der veranlassende Hintermann rechtswidrig handelt. Darin hat *v. Hippel* völlig Recht.

[7]) In den im Text zu α und β erörterten Fällen handelt es sich um das vielbesprochene **Problem des dolosen Werkzeugs.** Vgl. darüber *Flegenheimer* und *Wachenfeld* Z **40**; neuerdings *Hegler* 309ff., *Mezger* 427, 433, *Frank* 3. Abschn. III, *Eb. Schmidt*, Festg. f. *Frank* II 125ff. Für die subjektive Theorie existiert das Problem nicht; vgl. oben Note 3 und R **28** 109, **39** 37. (Vgl. dazu *v. Hippel* II 474). Man drückt das in der Regel so aus, daß man sagt, die subjektive Theorie „anerkenne das dolose Werkzeug". Aber auch für die objektive Theorie sollte es nicht existieren, jedenfalls dann nicht, wenn man den Begriff des Vorsatzes nicht nur in dem oberflächlich psychologischen Sinne, sondern im Sinne einer das normative Schuldelement mit umfassenden Schuldart nimmt. In den zu α) und β) besprochenen Fällen liegen die Dinge in der Tat so, daß sowohl die nichtbeamtete Mittelsperson (der Fall zu α: sog. „qualifikationsloses doloses Werkzeug" nach *Flegenheimer*) wie auch die ohne die typische Deliktsabsicht handelnde Mittelsperson (der Fall zu β: das „absichtslose dolose Werkzeug" nach *Flegenheimer*) frei und bewußt die Situation überblicken, also sich im klaren darüber sind, daß eine Fälschungshandlung oder eine Wegnahmehandlung von ihnen gesetzt wird. Wegen dieses „freien und bewußten" Handelns glaubt man „Vorsatz" in der Person des „Werkzeuges" annehmen zu müssen und demgemäß durch § 48 gehindert zu sein, den bestimmenden Hintermann als mittelbaren Täter zu behandeln. Vgl. in diesem Sinne *Mittermaier* Z **21** 235, *Beling* Z **28** 589, *Flegenheimer*, *Wachenfeld* Z **40** 148, *Gerland* Grundfragen 59, *Kipp* (Lit. zu § 47) 11. Man gelangt also dazu, das „dolose Werkzeug" nicht „anzuerkennen". Die Frage, die aber vor allem der Klärung bedarf, ist die, ob jene Vertreter der objektiven Theorie mit einem richtigen Vorsatzbegriff gearbeitet haben. Dies wird im Text verneint, und darum kommt der Text zu anderen Ergebnissen, obwohl auch in ihm die objektive Teilnahmetheorie anerkannt ist. Sehr bezeichnend ist, daß stets zahlreiche „Objektivisten" sich gegen die Ergebnisse von *Beling*, *Flegenheimer* usw. gesträubt haben. So werden denn die Ergebnisse der im Text vorgetragenen Ansicht keineswegs nur von den Vertretern der subjektiven Theorie, sondern auch von verschiedenen Objektivisten gebilligt. Vgl. darüber im einzelnen die folgenden Noten.

[8]) Vgl. oben Note 7. Übereinstimmend R **28** 109 (aber natürlich mit ganz anderer Begründung). Den im Text vorgetragenen Standpunkt hat im Ergebnis auch *v. Liszt* in den früheren Auflagen vertreten (allerdings mit Bedenken gegen die genannte Entscheidung des R). Übereinstimmend ferner *Mayer* 376, 377, 379 (der vermittelnde Nichtbeamte handle „zwar dolos, aber

β) ferner die Deliktstypen, die zur Täterschaft die Erfüllung eines subjektiven Unrechtselements erfordern, insbesondere die Absichts- und Tendenzdelikte, sofern das subjektive Unrechtselement bei der Mittelsperson nicht, wohl aber bei dem sie Benutzenden gegeben ist[9]). Hier ist an den Fall zu denken, wo jemand eine fremde bewegliche Sache, die sich anzueignen er selbst die Absicht hat, durch einen anderen, dem diese Absicht für seine eigene Person fehlt, dem Gewahrsamsinhaber wegnehmen läßt (§ 242 StGB). Hier kann der Wegnehmende mangels der typischen Deliktsabsicht nicht Täter des Diebstahls, der Veranlassende daher nicht Anstifter sein. Aber auch hier ist der letztere mittelbarer Täter. Das ergibt sich daraus, daß der Diebstahl ein „kupiertes Erfolgsdelikt" ist, die Aneignungsabsicht als „subjektives Unrechtselement" eine Ergänzung des objektiven Tatbestandes darstellt, beim Täter also vorliegen muß, soll im Sinne des § **242** tatbestandsmäßig rechtswidriges und damit vorsätzliches Verhalten angenommen werden können. Demgemäß aber handelt auch hier der der Aneignungsabsicht entbehrende Mittelsmann vorsatzlos; der bestimmende Hintermann, der die Aneignungsabsicht und demgemäß auch den Diebstahlsvorsatz hat, ist infolgedessen als mittelbarer Täter anzusehen[10]).

γ) der vielerörterte Fall der sog. „Anstiftung zum Selbstmorde". Dem „Selbstmörder" ist es de lege lata rechtlich nicht verboten, Hand an sich zu legen. Er kann also „vorsätzlich" die

---

nicht mit dem für das Delikt wesentlichen Vorsatz"; aber was heißt dann „dolos"?), *Mezger* 432, *v. Hippel* II 474 Note 1, *Allfeld* 214, *Köhler* 511 (die aber zur Annahme mittelbarer Täterschaft nur deshalb gelangen, weil man doch den bestimmenden Beamten nicht straflos lassen könne); ganz im Sinne des Textes *Frank* S. 108, *Wegner* Reform 1926 S. 115, *Grünhut* Z **49** 133. Dagegen lehnen mittelbare Täterschaft ab: *Mittermaier, Beling, Flegenheimer, Wachenfeld, Kipp* (vgl. für sämtliche Note 7), *v. Bar* **2** 627. Im Falle des § 348 Abs. 2 müßten sie konsequent zu Straflosigkeit gelangen. Vgl. darüber insbesondere *Kipp* 12. *Flegenheimer* 66ff. sucht dadurch zu helfen, daß er den eines Nichtbeamten zur Fälschung sich bedienenden Beamten aus § 348 Abs. 2 straft, weil er die Herbeiführung des Erfolges pflichtwidrig nicht gehindert habe. Dagegen aber mit Recht *P. Wolf* 77.

[9]) Vgl. hierzu insbesondere *Rosenfelds* vorzügliche Darlegungen in Festg. für *Frank* II 161ff., insbes. 179ff. Vgl. ferner oben § 32 A II 1c.

[10]) Auch hier operieren die in Note 7 genannten Vertreter der objektiven Theorie mit dem Gedanken, daß mittelbare Täterschaft ausgeschlossen sei, weil der Mittelsmann „doloses Werkzeug" sei, und suchen mit Hilfskonstruktionen die Bestrafungsmöglichkeit zu retten. Vgl. darüber *Flegenheimer* 49ff., *Wachenfeld* Z **40** 321ff., *Kipp* 12 Note 12, *Frank* 3. Abschnitt III 2. Im Ergebnis stimmen mit dem Text überein *Allfeld* 214, R **39** 37 (mit der für die subjektive Theorie maßgebenden Begründung), *P. Wolf* 71ff. *Binding* kommt mit Hilfe seines „Urheberbegriffs" zu gleichen Resultaten wie der Text. Gegen den Text *Hegler* 312 Note 26. Vgl. dazu *Eb. Schmidt* Festg. für *Frank* II 127.

eigene Tötung nicht vollziehen. Demgemäß hat der ihn dazu bestimmende Hintermann durch Vermittlung eines unvorsätzlich Handelnden bewirkt, daß der Tod eines Menschen verursacht wird. In seiner, des Hintermannes Person, liegt tatbestandsmäßiges und rechtswidriges Verhalten vor. Handelt er schuldhaft, so sind für ihn alle Voraussetzungen täterschaftlichen Verhaltens gegeben[11]).

2. In allen Fällen ist der Bestimmende so zu beurteilen, als wenn er die Handlung der Mittelsperson selbst vorgenommen hätte[12]).

3. Nicht alle Delikte können von allen Personen in mittelbarer Täterschaft begangen werden; ganz wenige Delikte sind in mittelbarer Täterschaft überhaupt nicht begehbar.

a) Die erste Kategorie bilden die **Sonderdelikte**, insofern als sie nur von denjenigen Personen in mittelbarer Täterschaft begangen werden können, die sie auch in unmittelbarer Täterschaft zu begehen vermögen[13]); das sind aber nur diejenigen Personen,

---

[11]) Abweichend die herrschende Lehre: *Frank* 16. Abschn. II (mit weiteren Angaben), ferner *Mezger* 426 Note 3, *v. Hippel* II 142 Note 3. Mit dem Text *Binding* Lehrb. **1** 26.

[12]) Also: **1.** Hat der Täter, wenn auch durch ein Wort, mehrere Werkzeuge erfolgreich bestimmt, so liegt wegen Einheit der Willensbetätigung (unten § 52 III 1) für jenen nur ein Verbrechen vor. Ebenso, wenn er das eine Werkzeug zu mehreren Verbrechen bestimmt. — **2.** Gleichgültig ist es, ob der Bestimmende außer der Willensbeeinflussung des Werkzeuges selbst noch eine Täter- oder Teilnahmehandlung setzt. Mittelbare Täterschaft ferner liegt auch dann vor, wenn jemand einen unvorsätzlich Handelnden nicht zur Tat veranlaßt hat, ihm vielmehr lediglich durch eine Gehilfenhandlung beisteht. Denn auch dieser Fall entspricht durchaus dem oben aufgestellten Täterbegriff. Anders natürlich nach § 4 JugGG. Abweichend die vor. Aufl., sowie *Birkmeyer* (Lit. zu § 47: Lehre v. d. Teiln.) 163, *Binding* GS **76** 102, *Kipp* 14, *Mayer* 377; zustimmend *Allfeld* 215, *Frank* 3. Abschnitt III, *Perten* (Lit. zu § 47) 128, *Mezger* 425ff., wohl auch *v. Liszt* in den früheren Auflagen dieses Buches. Näheres in *Frank*-Festg. II 121/2. — **3.** Erfordert das Gesetz eine bestimmte körperliche Tätigkeit (z. B. Einsteigen nach § 243 Ziff. 2), so muß diese von dem Werkzeug vorgenommen werden, um dem Täter zugerechnet werden zu können. Dagegen R **24** 86, **56** 48. Gegen R *Frank* § 243 I (vgl. aber auch 3. Abschn. III gegen den Schluß), *Mezger* 421; für R *Hegler* 314 Note 35. Dieser Fall wird zumeist unter dem im Text zu 3 erörterten Gesichtspunkt behandelt, gehört aber dort nicht hin. So auch *Mezger* 417 Note 3. — **4.** Für Zeit und Ort der Begehung ist sowohl die Willensbetätigung des Veranlassenden wie auch die des Werkzeugs maßgebend. Vgl. darüber oben § 28 V. A. M. *v. Liszt* in den früheren Auflagen wegen seiner andersartigen Auffassung des Distanzdelikts. — **5.** Versuch liegt nicht schon dann vor, sobald der Veranlassende das Weitere der Selbsttätigkeit des Werkzeugs überlassen hat (also nach Hervorrufung des Entschlusses in dem Werkzeug), vielmehr erst dann, wenn die Mittelsperson mit der Ausführungshandlung i. S. des anzuwendenden Tatbestandes begonnen hat. Abweichend die vor. Aufl. Vgl. *Frank*-Festg. II 132. — **6.** Rücktritt vom Versuch ist dem Bestimmenden nur als Abwendung des Erfolges (nach § 46 Ziff. 2) möglich. Abweichend R **39** 37. — **7.** Führt das Werkzeug die Handlung nicht aus, so liegt fehlgeschlagenes Verbrechen und nicht (strafloser) Versuch der Anstiftung vor. — **8.** Für die Zurechnungsfähigkeit ist der Zeitpunkt der Tätigkeit des Werkzeugs maßgebend.

[13]) So die durchaus herrschende Meinung. Statt vieler *Frank* S. 108, *P. Wolf* 208. Abweichend *v. Hippel* II 483, *Hegler* 313/4, *Allfeld* 215 (Anm.),

welche die im Tatbestande hervorgehobene besondere Tätereigenschaft besitzen, also Beamter, Militärperson, Rechtsanwalt, Deutscher, Ausländer usw. sind. Hier ist des weiteren an die Deliktstypen mit subjektiven Unrechtselementen zu erinnern (vgl. oben zu Note 9), insofern unmittelbarer wie mittelbarer Täter hier nur sein kann, wer das subjektive Unrechtselement aufweist[14]).

b) Größere Schwierigkeiten macht die Abgrenzung der zweiten Kategorie. Kein Versuch, sie anders als aus den einzelnen gesetzlichen Tatbeständen selbst zu bestimmen, dürfte als geglückt anzusehen sein. Von den Tatbeständen des StGB aber sind es nur die über den Meineid, die mit hinreichender Deutlichkeit einen auf Ausschluß der mittelbaren Täterschaft gerichteten Gesetzesbefehl in dem (sonst überflüssigen) § 160 aufstellen. Soweit aber derartig eindeutige Bestimmungen nicht Platz greifen, gilt der Satz, daß jedes Delikt in mittelbarer Täterschaft begangen werden kann[15]).

III. Täter ist ferner derjenige, der im bewußten Zusammenwirken mit anderen die Ausführungshandlung begonnen oder beendet hat (**Mittäterschaft** nach § 47 StGB).

1. Mittäterschaft setzt mithin Beteiligung an der Ausführungshandlung voraus. Damit ist der Unterschied von der Beihilfe zunächst objektiv bestimmt.

So ist der Mittäter beim Morde derjenige, der eine tödliche Verletzung beigebracht; beim Diebstahl, wer die Sache in Aneignungsabsicht weggenommen; beim Betruge, wer an der Täuschung

---

Petri 42, insbes. 47ff. Vgl. zu dem Ganzen die treffenden Ausführungen von *Kipp* 13.

[14]) Nur wer die Absicht der rechtswidr. Zueignung hat, kann unmittelbarer wie mittelbarer Täter aus § 242 sein; nur wer die eigene Mißachtung kundtut, fällt als unmittelbarer oder mittelbarer Täter unter § 185. Vgl. *Rosenfeld*, Festg. für *Frank* II 161.

[15]) Die Frage ist äußerst bestritten. *v. Liszt* hat in den früheren Auflagen auch die positivrechtliche Ausnahme der Eidesdelikte nicht anerkannt und unter Bezugnahme auf die Schrift von *v. Helldorf* (Die mittelbare Täterschaft und die Verleitung zum Falscheid. Hallische Diss. 1895) von dem „wenig erfreulichen Dasein" des § 160 gesprochen. Vgl. in der 24. Auflage § 50 Note 3. Im übrigen stimmt der Text mit der früher auch von *v. Liszt* vorgetragenen Auffassung überein. Ebenso namentlich auch *Petri*, *Wachenfeld* Z **40** 144 (der aber auch die Fahnenflucht von der Möglichkeit mittelbarer Täterschaft ausnimmt). Meist wird aber der Versuch gemacht, bestimmte Delikte oder ganze Gruppen von Delikten aus tatsächlichen oder rechtlichen Gründen der mittelbaren Täterschaft zu entziehen. Namentlich spielt dabei der oben § 29 abgelehnte Gegensatz von Material- und Formaldelikten eine große Rolle. Vgl. darüber *Eb. Schmidt* Festg. f. *Frank* II 128, ferner R **62** 390 und vor allem die eingehende Studie von *Engelsing*. Aber weder dieser noch die ihm sachlich nahestehenden Autoren haben einigermaßen sichere Abgrenzungen aufzuzeigen vermocht. Der Ausdruck „eigenhändige Delikte" stammt von *Binding*. Vgl. *Mayer* 378, *Frank* 3. Abschnitt III, *Beling* Verbr. 236, *Höpfner* Z **22** 205, *Perten* 128, *Kipp* 13, *Kretschmann*, *Binding* Abh. **1** 265ff., *Mezger* 417ff., *P. Merkel* (Lit. zu § 49) 141.

sich beteiligt hat. Bei den sog. zusammengesetzten Verbrechen (oben § 32 A II 1 a) ist Mittäter derjenige, der auch nur eine der das Verbrechen bildenden Ausführungshandlungen begangen hat. So sind (bewußtes Zusammenwirken vorausgesetzt) A und B Mittäter, wenn A die Frauensperson C vergewaltigt oder den D mit gegenwärtiger Gefahr für Leib und Leben bedroht und B die C mißbraucht oder dem D die Brieftasche wegnimmt: denn Gewalt und Drohung sind Tatbestandsmerkmale für Notzucht und Raub. Wenn aber A Wache stand, während B einen Einbruchsdiebstahl verübte, so ist A niemals Mittäter, sondern Gehilfe; denn das Wachestehen ist nicht Ausführungshandlung beim Diebstahl[16]).

---

[16]) Stand der Ansichten: **1.** Das Reichsgericht vertritt, gestützt auf die ausdrückliche Erklärung der Motive, in einer Reihe von Entscheidungen die auch in der Wissenschaft vielfach verteidigte Ansicht, nach welcher der Unterschied zwischen Mittäterschaft und Beihilfe lediglich in der Willensrichtung des Täters gelegen sein soll; nach welcher der Mittäter den „herrschenden" animus auctoris, der Gehilfe den „sich unterordnenden" animus socii haben; jener die Tat als die seine, dieser die Tat als die eines anderen wollen muß. Nur auf die Willensrichtung, nicht auf die objektive Beteiligung komme es daher an, vorausgesetzt, daß irgendeine äußere Mitwirkung stattgefunden hat; auch das Herbeischaffen der Werkzeuge, das Hinwegräumen der Hindernisse, die Ermunterung der Täter, das Wachestehen, während die Genossen das gemeinsam geplante Verbrechen vollführen, selbst die ermunternde Anwesenheit am Tatorte, könne als Mittäterschaft betrachtet werden. So R **2** 160, **3** 181; ferner R **26** 345, 351, **28** 304, **37** 55, 92, **39** 193, **53** 138, **54** 152, **55** 60, **56** 329, **57** 145, **58** 279, 409, **59** 79, 104, neuestens **63** 102 (!!), **64** 149, 275; RMilG **10** 86, **11** 75, 182, **17** 92, **22** 154. Für das R bildet den Ausgangspunkt seiner subjektiven Theorie (nach *Buris* Vorgang) die Bedingungstheorie (oben § 29). Aus ihr folgert das R (methodisch und sachlich gleich unrichtig), daß die kausale (und in diesem Sinne objektive) Gleichwertigkeit sämtlicher Bedingungen eines Erfolges es unmöglich mache, objektiv zwischen Täter- und Teilnahmehandlung zu unterscheiden, da ja eben die eine wie die andere Erfolgsbedingung ist; es bleibe also nur die Möglichkeit, in der subjektiven Willensrichtung der Beteiligten den Unterschied zu suchen. Der grundlegende Fehler dieser Deduktion beruht darin, daß kausale und wertende Betrachtung gleichgestellt werden, statt beide aufs schärfste zu scheiden. Was in kausaler Beziehung gleichwertig ist, kann in normativer völlig verschieden sein. Vgl. darüber eingehend *Kipp* 47ff., *Mezger* 443 und DStrafr. Z **8** 205, *P. Merkel* (Lit. zu § 49) 136/7, 139. Und R verkennt weiter, daß, wie die Fassung der §§ 47, 49 klar ergibt, das Gesetz tatsächlich die verschiedenen Ursachsetzungen objektiv verschieden gewertet hat (vgl. *Liepmann* Einleitung 58, *Mayer* 390). Dagegen steht die Unterscheidung zwischen eigener und fremder Tat in der Luft; vgl. *Feisenberger* Z **38** 530. Wiederholt (so R **14** 28, **15** 295, **54** 152) hat R aber Mitwirkung zur Ausführung verlangt (ungenau *Mayer* 402) und damit seinen Standpunkt preisgegeben. Vgl. dazu namentlich auch *Liepmann* Die Reform des deutschen Strafrechts (1921) 55ff. Die „subjektive" Theorie scheitert schließlich auch daran, daß sie den, der mit „sich unterordnendem Willen" die Haupthandlung (etwa die Tötung) begeht, als Gehilfen betrachten muß, während sie andererseits beim Komplott (oben § 47 IV 1), da hier jede Mitwirkung Täterschaft begründet, den Begriff der Beihilfe überhaupt aufhebt. Dazu *Bierling* 149. Daß endlich auch Art. 116 RVerf. und die rechtsstaatliche Funktion des Strafrechts, wie gegen die subjektive Versuchs-, so auch gegen die subjektive Teilnahmetheorie sprechen, darüber vgl. oben § 4 IV 1 und *Kipp* 44ff. Den Standpunkt des R teilen: *v. Bar* **2** 597, *Bierling* (Lit. zu § 28) **3** 148,

Enthält der anzuwendende Tatbestand ein subjektives Unrechtselement (z. B. Absicht der rechtswidrigen Zueignung bei § 242; das Moment der subjektiv-eigenen Mißachtung bei § 185 usw.), so kann Mittäter nur sein, wer in seiner Person diesem subjektiven Unrechtselement genügt[17]). Wer zwar das subjektive Unrechtselement aufweist, nicht aber im Sinne der Ausführungshandlung tätig wird, kann, da den Voraussetzungen des § 47 dann eben nicht genügt ist, als Mittäter nicht angesprochen werden[18]).

2. Der Vorsatz des Mittäters umfaßt in psychologischer Beziehung: 1. die Kenntnis der Verbrechensmerkmale und 2. das Bewußtsein des Zusammenwirkens mit den übrigen Mittätern. Fehlt es an diesem Bewußtsein des Zusammenwirkens, so ist Mittäterschaft ausgeschlossen. So, wenn auf seiten des einen der Beteiligten die Zurechnungsfähigkeit oder aber der Vorsatz mangelt[19]). Ebenso dann, wenn der zweite Täter den ohne sein Vorwissen vom ersten

---

Kohler **1** 96, *v. Lilienthal* 35, *Lobe* in Lpz. Komm. § 47 Note 2, *Nagler* (Lit. zu § 47) 76, 124 (Verursachungswille). Dagegen *Flegenheimer* 21, *Gerland* (Lit. zu § 5) 65ff., *v. Hippel* II 454ff., *Mayer* 403, *Mezger* 443. — **2.** Für die im Text vertretene (schon von *Feuerbach* begründete) Ansicht (**„objektive Theorie"**), wie früher die Rechtsprechung von Berlin und München, vor allen *Allfeld* 216, *Birkmeyer*, ferner *Beling* Verbrechen 408, *Finger* **1** 339, *Frank* § 47 II, *Hälschner* **1** 377, 420, *Kipp*, *v. Lilienthal* 45 (im Ergebnis), *Mayer* 403, *Merkel*, *Rosenfeld* Festg. für *Frank* II 161, *Wachenfeld* 201. Daß die „objektive Theorie" nicht hindert, in der Person des Täters die Erfüllung eines subjektiven Unrechtselementes zu verlangen, wenn der Tatbestand ein solches erfordert, ergibt sich aus dem im Text unter II Ausgeführten und wird treffend von *Rosenfeld* Festg. für *Frank* II 161ff. dargelegt; vgl. dort insbes. 179ff. — **3.** Vermittelnd *Haupt* Z **15** 578. Ähnlich *Tjaben* GA **42** 226. Nach ihm gibt es zwischen zweifellosen Täter- oder Gehilfenhandlungen ein breites Gebiet von Betätigungen, deren Einreihung unter Täterschaft oder Beihilfe nur nach der Willensrichtung des Handelnden bestimmt werden kann.

[17]) Vgl. hierzu vor allem die vorzüglichen Darlegungen von *Rosenfeld* Festg. für *Frank* II 161ff., ferner *Hegler* ebenda I 318ff., *Mezger* Vom Sinn der strafrechtl. Tatbestände (1926) 23/4 (Festschr. für *Traeger* 1926, 207/8). Dort überall auch weitere Literatur.

[18]) Abweichend *Mezger* Vom Sinn usw. 24, der als Täter, also auch als Mittäter den bereits anspricht, der „am Tatbestand" „auch ohne Verwirklichung eines äußeren Tatbestandsmerkmales nur mit der vom Gesetz geforderten Absicht usw." „teilnimmt". Aber das ist mit § 47 nicht vereinbar. Die Lehre von den subj. Unrechtselementen, so fruchtbar sie sich hier erweist, hebt den Unterschied von objektiver und subjektiver Teilnahmetheorie im bisher. Sinne keineswegs auf. Vgl. dazu nächste Anmerkung; a. M. freilich *Mezger* a. a. O. *Hegler* Festg. für *Frank* II 320 läßt das „Setzen der Absicht" für mittelbare Täterschaft genügen, wenn der die Absicht Setzende eine absichtslose Mittelsperson die Ausführungshandlung vornehmen läßt. Das ist völlig richtig und deckt sich mit dem Text oben unter II 1 b β. Abweichend vom Text teilweise auch *Zimmerl* Zur Lehre vom Tatbestand (1928) 121/2.

[19]) Vgl. § 47 Note 14. — Übereinstimmend *Finger* **1** 342, *Lobe* in Lpz. Komm. § 47 Note 2, R **17** 313, **40** 21, **63** 101. R **19** 192 spricht nicht dagegen, weil die Strafunmündigkeit (§ 55 StGB) hier als persönl. Strafausschließungsgrund angesehen worden ist. Gegen den Text *Exner* Festg. f. *Frank* II 569ff., 572.

geschaffenen Zustand benutzt (also etwa die von diesem gefesselte Frau mißbraucht).

3. Die Mittäterschaft ist keine Form der (unselbständigen) Teilnahme an dem Tun eines anderen, sondern eigene, selbständige Täterschaft. Daher ist jeder Mittäter in der Bestrafung unabhängig von seinen Genossen; es kann mithin der eine Mittäter als Mörder, der andere als Totschläger, der eine als Räuber, der andere als Dieb bestraft werden[20]). Und umgekehrt: wer nicht Täter sein kann (z. B. der Nichtbeamte bei einem reinen Amtsdelikt), kann auch nicht Mittäter sein[21]).

IV. Aber auch wenn mehrere Personen ohne bewußtes Zusammenwirken an der Herbeiführung oder Nichthinderung desselben Erfolges beteiligt sind, ist jeder von ihnen als Täter verantwortlich, vorausgesetzt, daß nicht ein Fall der Teilnahme (unten § 49) vorliegt. Beteiligung an der Ausführungshandlung ist hier, mangels besonderer gesetzlicher Bestimmung, nach allgemeiner Regel nicht erforderlich. Hierher gehören insbesondere die Fälle fahrlässiger Mitwirksamkeit; so, wenn mehrere Bauarbeiter gemeinsam einen Balken von dem Gerüste des abzutragenden Baues herabwerfen, ohne die Vorübergehenden zu warnen, und durch ihr unvorsichtiges Gebaren einen Menschen töten (vgl. l. 11, 4 D. 9, 2). Ebenso auch dann, wenn die mehreren gleichzeitig oder nacheinander[22]) handelnden Täter, zwar jeder für sich vorsätzlich, aber ohne das Bewußtsein gemeinsamer Tätigkeit (mag auch der A auf die Wirksamkeit des B — nicht auch umgekehrt — rechnen), denselben Erfolg durch ihr Zusammenwirken herbeiführen oder gemeinsam nicht abwenden. Ebenso, wenn der eine vorsätzlich, der andere fahrlässig handelt[23]). Endlich müssen aber auch die Fälle hierher gerechnet werden, in denen die Annahme der Mittäterschaft etwa durch Geisteskrankheit des einen der beiden Beteiligten ausgeschlossen ist (oben Note 19). Man kann in diesen Fällen, zum Unterschiede von der gesetzlich geregelten Mittäterschaft, von **Nebentäterschaft** (als einem Unterfall der **Mehrtäterschaft**) sprechen[24]).

[20]) Ebenso R **42** 6. Zustimmend *Allfeld* 218, *Lobe* in Lpz. Komm. § 47 Note 9.

[21]) Ein Fall der Mittäterschaft ist die „gemeinschaftliche" Begehung (Unterfall: das „Rottenverbrechen"), die im StGB vielfach als erschwerender Umstand behandelt wird. So StGB §§ 119, 123, 223a, 293; VereinszollG §§ 146, 147. Die Strafschärfung tritt also nur ein, wenn Mittäterschaft vorliegt (nicht bei Teilnahme oder Nebentäterschaft). Ebenso *Lobe* in Lpz. Komm. § 47 Note 11. Dagegen *Binding* Lehrb. **2** 813, *Freudenthal* (Lit. zu § 47) 147, der auch hier nur tatsächlich-einverständliches Handeln fordert. Richtig RMilG **5** 153, **7** 198, **19** 192, R **55** 60. Auch für bandenmäßige Begehung ist die Mittäterschaft erforderlich.

[22]) Ebenso im wesentlichen *v. Bar* **2** 707. Dagegen *Allfeld* 219, *Mayer* 385.

[23]) Vgl. R **64** 316 u. 370.

[24]) *Frank* § 47 VII, *v. Hippel* II 477, *Mayer* 384, *Mezger* 424, *Wachenfeld* 198 u. a. haben sich der Terminologie des Textes angeschlossen. *Lobe* in

§ 49. 2. Die Teilnahme.

Literatur. *Loewenheim* Der Vorsatz des Anstifters nach geltendem Recht (Strafr. Abh. Heft 9) 1897. *Bisoukides* in der Festg. für *v. Liszt* (*Haering*) 1911 S. 1. *Ibach* Die Anstiftung (Strafr. Abh. Heft 148) 1912. *Röhricht* Die rechtliche Natur der Anstiftung (Strafr. Abh. Heft 163) 1913. *P. Merkel* Anstiftung und Beihilfe (Festg. für *Frank* II 134) 1930. Vgl. im übrigen die Lit. zu §§ 47, 48.

Teilnahme ist (nach geltendem Recht) **Beteiligung an der von einem anderen begonnenen oder vollendeten Ausführungshandlung.** Die Teilnahme ist entweder Anstiftung oder Beihilfe[1]).

I. **Anstiftung** ist die vorsätzliche Bestimmung eines anderen zu der von ihm vorsätzlich begangenen strafbaren Handlung[2]).

1. Das Gesetz erwähnt in § 48 Abs. 1 als Anstiftungsmittel[3]): Geschenke, Versprechen, Drohung, Mißbrauch des Ansehens oder der Gewalt, absichtliche Herbeiführung oder Beförderung eines Irrtums. Aber die Schlußworte: „oder durch andere Mittel" zeigen, daß jene Aufzählung lediglich beispielsweise erfolgte, und **jedes Mittel**, auch das Anbieten einer Wette, Bitten und Beschwörungen, die Verhöhnung der Gewissensbedenken, im gegebenen Falle sogar scheinbares Abraten von der Begehung der Handlung, als genügend erachtet werden muß. Nur ist zu beachten, daß Zwang und Drohung nicht in „Nötigung" übergehen, Irrtumserregung nicht die Vorsätzlichkeit des Tuns ausschließen darf; denn damit würde an Stelle der Anstiftung mittelbare Selbstbegehung treten (oben § 48 II).

Die Bestimmung kann auch durch die Einwirkung mehrerer erfolgen, mögen diese gemeinsam (als Mitanstifter) oder unabhängig voneinander vorgehen.

2. Wesentlich ist der Anstiftung die vorsätzliche Bestimmung eines anderen zu der von ihm vorsätzlich begangenen Handlung, d. h. die Hervorrufung des Handlungsentschlusses in dem

---

Lpz. Komm. § 47 Note 4, *Frank* § 47 III, *Exner* 572 u. a. halten Mittäterschaft bei fahrlässigem Delikt für möglich, sofern nur Gemeinschaftlichkeitsbewußtsein vorhanden. Dagegen aber mit dem Text die herrschende Lehre. Vgl. auch *Schacht* Das fahrlässige Zusammenwirken mehrerer Personen (Strafr. Abh. Heft 106) 1909.

[1]) In abweichendem Sinne wird von „Teilnehmen" gesprochen in StGB §§ 115, 116, 124, 125, 128, 129, 284a, RepublikschutzG 1930 §§ 1, 4.

[2]) Nach *Lobe* in Lpz. Komm. § 48 Note 2 Aa ist Anstiftung zur Begehung eines fahrlässigen Delikts nicht ausgeschlossen. Vgl. auch *Olshausen* § 48 Note 18 (mit einem unglücklich gewählten und falsch entschiedenen Beispiel) und RG **36** 402, wo sich aber keine klare Stellungnahme zu dieser Frage findet. Wie der Text die herrschende Lehre, namentlich auch R selbst. Vgl. Note 4.

[3]) Die Entwürfe haben die Aufzählung der Anstiftungsmittel mit Recht gestrichen.

anderen[4]). Die bloße Gewährung der Gelegenheit (z. B. die Benennung eines zum Meineid bereiten Zeugen) genügt nicht, kann aber Beihilfe sein.

3. Die Anstiftung ist nach der Auffassung unseres positiven Rechts nicht intellektuelle Urheberschaft, sondern (unselbständige) Teilnahme an der Tat eines anderen; sie trägt den Grund ihrer Strafbarkeit nicht in sich, sondern entlehnt ihre Strafbarkeit aus dieser fremden Tat (vgl. oben § 47 Note 3). Erfolg der Anstiftung ist zwar zunächst die Hervorrufung des Entschlusses zur Handlung in dem Täter. Aber dieser Erfolg ist nicht an sich, sondern nur dann strafbar, wenn der Entschluß des Täters zu der, sei es vollendeten, sei es auch nur versuchten, rechtswidrigen und vorsätzlich schuldhaften Straftat geführt hat. Eine Ausnahme hiervon macht § 4 JugGG (vgl. oben § 48 Note 4 und unten § 50 VI).

4. Der Vorsatz des Anstifters besteht in dem Bewußtsein, daß durch die eigene Willensbetätigung in dem Anzustiftenden der Entschluß zur Begehung einer bestimmten strafbaren Handlung hervorgerufen werde. Er muß mithin auch diese als eine von dem Täter zu begehende umfassen. Begeht der Angestiftete eine wesentlich andere[5]) als die vom Anstifter vorgestellte Handlung, so kann eben soweit Vorsatz des Anstifters nicht angenommen werden (vgl. unten § 50 I 2).

5. Die Strafe des Anstifters ist nach dem Gesetze zu bestimmen, das auf die Handlung Anwendung findet, zu der er wissentlich angestiftet hat[6]); ist der Täter nur eines Versuches schuldig, so wird auch für den Anstifter der Strafrahmen herabgesetzt. Aus dem für die Strafe maßgebenden Gesetz kann aber in concreto für den Anstifter eine schwerere Strafe als für den Täter ausgewählt werden.

6. Verschieden von dem Anstifter ist der „Führer", „Anführer" oder „Rädelsführer" (StGB §§ 115, 125; VereinszollG 1869 §§ 146, 147; SeemannsO 1902 §§ 101, 105; SklavenraubG 1895 § 1 u. a.). Vgl. *Scherling* (Lit. zu § 99) 54. Dabei haben wir unter Führern die geistigen, die Bewegungen der Genossen bestimmenden Leiter der gesammelten Schar (der Rotte), also nicht notwendig die Anstifter der Tat, zu verstehen, doch genügt in den Fällen der §§ 115, 125 StGB die geistige Leitung allein nicht; vielmehr erfordert das Gesetz eine irgendwie geartete Beteiligung an der „Zusammenrottung", demgemäß auch räumlichen Zusammenhang mit ihr. Vgl. R **60** 331 (dort

---

[4]) Vgl. R **56** 172, **60** 1. Eine Ausnahme (Gleichstellung von Anstiftung, mittelbarer Täterschaft und Nebentäterschaft) enthält § 20 NachdrucksG 1870.

[5]) Auch nach R **34** 327 braucht der Anstiftervorsatz nicht alle näheren Umstände der Tat zu umfassen. Ebenso *Lobe* in Lpz. Komm. § 48 Note 2 Aa. Was aber „wesentlich" im Sinne des Textes ist, sagen auch hier die Tatbestände. Auf die Verantwortlichkeit des Täters braucht sich die Kenntnis des Anstifters nicht zu beziehen. Vgl. dazu oben § 48 Note 2. Abweichend *Mezger* 435.

[6]) Vgl. R **59** 156: Anstiftung zu einer Körperverletzung mit tödlichem Ausgang.

auch frühere Entscheidungen). — Die „Stifter" und „Vorsteher" der Verbindung hebt hervor StGB §§ 128, 129. — Vom „Veranstalter" sprechen das NachdrucksG (oben Note 4) und das SklavenraubG. Auch hier ist die geistige Leitung das entscheidende; die Veranstaltung aber bdeutet dennoch nicht Anstiftung, sondern Täterschaft. Über das „Veranlassen" vgl. oben Note 4. — Die Aufforderung unterscheidet sich von der Anstiftung dadurch, daß sie deren Erfolg, die Bestimmung des anderen, nicht voraussetzt; von dem Anreizen oder Aufreizen als indirekter Aufforderung dadurch, daß sie den Willen des Bestimmenden zum Ausdruck bringt. Ebenso R **47** 411, **50** 146. Dagegen ist das Verleiten nichts anderes als „Anstiften".

II. **Beihilfe** ist die vorsätzliche Unterstützung eines anderen bei dem von ihm begangenen vorsätzlichen Verbrechen oder Vergehen (StGB § 49).

Die Beihilfe zu einer Übertretung bleibt straflos[7]).

1. Unterstützung einer Handlung liegt nur dann vor, wenn eine Bedingung zu dem Erfolge tatsächlich gesetzt worden ist. Anderenfalls würde nur (strafloser) Versuch der Beihilfe vorliegen[8]). Die Unterstützung kann eine psychische (Bestärkung des Entschlusses durch Angaben über die Art der Ausführung) oder physische sein („Rat oder Tat"); sie kann auch in der vor der Handlung gegebenen Zusage nachträglicher Begünstigung derselben bestehen (StGB § 257 Abs. 3; unten § 50 IV): Nie aber darf sie, wenn Vorsatz bzw. Absicht dem gesetzlichen Tatbestande entsprechen, Teil der Ausführungshandlung sein (oben § 48 III). Sie wird sich in den meisten Fällen als eine Handlung darstellen, die, wenn vom Täter begangen, lediglich (straflose) Vorbereitung wäre. Beihilfe kann auch durch Unterlassung begangen werden, falls Rechtspflicht zum Tun vorlag. Unterlassene Anzeige aber kann, wegen der Sondervorschrift im StGB § 139, nicht als Beihilfe gestraft werden, wenn die Anzeigepflicht nicht unabhängig von § 139 begründet ist.

2. Auch die Beihilfe ist nur als vorsätzliche Unterstützung einer vorsätzlichen Handlung strafbar[9]).

3. Der Vorsatz des Gehilfen umfaßt in psychologischer Beziehung: 1. die Vorstellung der eigenen Handlung; 2. die Vorstellung

---

[7]) Zahlreiche Steuergesetze bestrafen die Beihilfe zu jeder „Übertretung" des Gesetzes.

[8]) Hilfe-, Beistand-, Vorschubleistung (StGB §§ 89, 180, 257) setzen wirkliche Förderung des Erfolges voraus. Vgl. hierzu das allgemeine Problem oben § 47 Note 5. Dort auch die Rechtsprechung des R. Übereinstimmend mit dem Text *Allfeld* 203, *v. Bar* **2** 697, *Finger* **1** 356, *Frank* § 49 I; teilweise auch R **38** 56. Doch kann versuchte physische als vollendete psychische Beihilfe erscheinen. *Lobe* in Lpz. Komm. § 49 Note 4 verlangt Förderung der Begehungshandlung des Haupttäters, stimmt also wohl mit dem Text überein.

[9]) Ausnahme in StGB § 121 Abs. 2 (fahrlässige Beförderung der Entweichung eines Gefangenen). Doch liegt hier eben keine Teilnahmehandlung, sondern ein selbständiges Verbrechen vor. Vgl. *Lobe* in Lpz. Komm. § 49 Note 5.

der tatbestandsmäßigen Handlung eines anderen; 3. die Vorstellung, daß die Vollendung dieser Handlung durch jene gefördert werde[10]). Dagegen ist die Kenntnis des Täters von der ihm geleisteten Hilfe nicht erforderlich.

4. Die Beihilfe setzt als (unselbständige) Teilnahme an der Tat eines anderen unerläßlich voraus, daß auf seiten des Täters eine rechtswidrige und vorsätzlich schuldhafte Straftat, sei es auch nur auf der Stufe des Versuches, vorliege. Eine Ausnahme hiervon macht § 4 JugGG. (Vgl. dazu unten § 50 VI und oben § 48 Note 4.) Nach Beendigung der Tat ist Beihilfe ausgeschlossen; doch ist auf die Eigenart der Dauerdelikte (unten § 52 III 2 e) zu achten, bei denen Beihilfe während der gesamten ununterbrochenen Verwirklichung des Tatbestandes möglich ist.

5. Die Strafe des Gehilfen ist nach demjenigen Gesetze zu bestimmen, das auf die Handlung Anwendung findet, zu der er wissentlich Hilfe geleistet hat, jedoch nach den über die Bestrafung des Versuchs aufgestellten Grundsätzen (unten § 68 I) zu ermäßigen. Liegt Beihilfe zu einer bloß versuchten Handlung vor, so ist zweimalige Herabsetzung des Strafrahmens nötig[11]).

§ 50. Die Teilnahme. Folgesätze.

Literatur. *Wuttig* Fahrlässige Teilnahme am Verbrechen (Strafr. Abh. Heft 40) 1902. *Schacht* Das fahrlässige Zussammenwirken mehrerer Personen (Strafr. Abh. Heft 106) 1909. — *Heilborn* Der Agent provocateur 1901. *Katzenstein* Z **21** 374. *Singewald* Der Agent provocateur (Strafr. Abh. Heft 83) 1908. — Die zu §§ 47—49 angeführten Schriften.

---

[10]) Vgl. RMilG **20** 197, *Olshausen* § **49** 13—16. Zu anderem Ergebnis müssen diejenigen kommen, die oben Note 8 vom Text abweichen. Trotz N **58** 114 (oben § 47 Note 5) stimmen aber R **56** 168, **60** 24 mit dem Text überein. Vgl. dazu *Frank* § 49 II (wie der Text) und *Lobe* in Lpz. Komm. § 49 Note 5 (Gegenmeinung).

[11]) Nur in einzelnen Fällen droht das Gesetz dem Gehilfen gleiche Strafe wie dem Täter; so in § 143 StGB, § 318 HGB, § 398 RAbgO. Einen besonderen Strafrahmen für die Beihilfe enthalten StGB §§ 203, 218; AuswanderungsG 1897 § 48. — Zu beachten ist ferner, daß überall dort, wo der Gesetzgeber Versuch und Vollendung in bezug auf die Bestrafung gleichstellt oder gar schon das Unternehmen mit der Vollendungsstrafe belegt (oben § 44 VI), bezüglich der Beihilfe zum Versuch nicht eine zwei-, sondern nur eine einmalige Herabsetzung des Strafrahmens in Betracht kommen kann; diese aber muß (im Gegensatz zu der von *v. Liszt* früher hier vertretenen Ansicht) erfolgen, da die Verweisung des § 49 Abs. 2 auf § 44 nicht bedeuten kann, daß jede für die Bestrafung des Versuchs vorgesehene Ausnahmebestimmung sich ohne weiteres auch bezüglich der Beihilfe auswirken soll. Das war praktisch wichtig insbesondere bei § 80 StGB. Vgl. R **12** 64, *Mayer* 409 Note 7, *Lobe* Lpz. Komm. § 49, 13.

I. Nur vorsätzliche Anstiftung oder Beihilfe zu vorsätzlichem Handeln ist Teilnahme im Sinne des Gesetzes[1]).

1. Mithin ist nicht Teilnahme:

a) Vorsätzliche Bestimmung und vorsätzliche Beihilfe zu fahrlässigem Handeln; vielmehr liegt hier ein Fall der mittelbaren Täterschaft (oben § 48 II) vor[2]).

b) Fahrlässige Bestimmung zu fahrlässigem Handeln, fahrlässige Förderung fahrlässigen Handelns: Hier greift die allgemeine Regel durch, daß jeder, der durch sein Verhalten eine Bedingung zu dem eingetretenen Erfolge gesetzt hat, als Nebentäter (oben § 48 IV) für diesen verantwortlich zu machen ist[3]).

c) Fahrlässige Bestimmung oder fahrlässige Beihilfe zu vorsätzlichem Tun: „Teilnahme" im technischen Sinne der §§ 48, 49 StGB kann hier nicht angenommen werden, weil das gesetzlich erforderliche Merkmal der Vorsätzlichkeit fehlt; wohl aber ist die Annahme fahrlässiger Täterschaft möglich; denn die Fälle dieser Art lassen sich, da sie nicht in das Anwendungsgebiet der §§ 48, 49 StGB fallen, demgemäß auch das oben § 29 V erörterte „Regreßverbot" nicht Platz greift, durchaus dem oben § 48 (vor I) entwickelten Täterschaftsbegriff unterordnen[4]).

2. Anstifter und Gehilfe haften nur für die vorsätzlich hervorgerufene, beziehungsweise unterstützte Handlung.

a) Decken sich Handlung des Angestifteten und Anstiftervorsatz in einem rechtlich erheblichen Punkte nicht, so liegt diesbezüglich Anstiftung nicht vor (**excessus mandati**). Hat der zu Raub Angestiftete einen Mord, der zu Betrug Angestiftete einen Diebstahl begangen (oder auch umgekehrt), so kann die begangene

---

[1]) So auch die herrschende Ansicht. Vgl. *v. Hippel* II 462. Dagegen nehmen Teilnahme an fahrlässigen Straftaten an: *Beling* Z **18** 272, *Binding* Grundriß 152, *v. Birkmeyer* Teilnahme 141, *Mayer* 407, *Olshausen* §§ **48** 18, **49** 18. — Vgl. oben § 49 Note 2 und im einzelnen unten Note 2.

[2]) In beiden Beziehungen herrscht Streit: **1.** Vorsätzliche Bestimmung zu fahrlässigem Handeln: **a)** Wie der Text *Allfeld* 221, *Gerland* 149 Note 5, *Frank* 3. Abschn. IV 2 und § 48 II 1, *Köhler* 503, *Schwartz* § 48 Note 2, *Kipp* 8, *Wuttig* 126, R **23** 175, **30** 292 (296). **b)** A. M. die in Note 1 Genannten, vielfach, wie z. B. *Mayer* 407, mit Berufung darauf, daß § 48 die Hervorrufung eines Irrtums unter die Anstiftungsmittel zähle. Aber § 48 ist nicht dahin auszulegen, daß darunter auch der den Vorsatz ausschließende Irrtum falle. Nach Ansicht der Gegner würde, wer böswillig den Gutgläubigen bestimmt, nur wegen Fahrlässigkeit haften, mithin straflos bleiben, soweit nur vorsätzliche Begehung strafbar ist. — **2.** Vorsätzliche Beihilfe zu fahrlässigem Handeln: **a)** Wie der Text: *Allfeld* 215, *Finger* **1** 357, *Gerland* HdR V 873, R **18** 419. Vgl. dazu *Eb. Schmidt* Festg. für *Frank* II 121/2. **b)** Abweichend: die vor. Aufl., ferner *Mayer* 377/8, Kipp 8, 14, sowie die zu Note 1 Genannten, die Beihilfe zu fahrl. Handeln mit § 49 vereinbaren zu können glauben.

[3]) Abweichend z. T. die vor. Aufl. Vgl. *Exner* (Lit. zu § 48) 572ff.

[4]) Vgl. vor allem R **64** 316, 370 und oben § 48 Note 1.

Handlung dem Anstifter nicht zum Vorsatze angerechnet werden. Nur wenn die vom Angestifteten begangene Handlung als das Mehr gegenüber derjenigen sich darstellt, zu welcher angestiftet worden, ist Zurechnung des Weniger zum Vorsatze des Anstifters möglich; so, wenn der zum Diebstahl Angestiftete einen Raub, der zum einfachen Diebstahl Angestiftete einen schweren Diebstahl begangen hat. Zu beachten ist dabei, daß der Vorsatz alle nicht abgelehnten Erfolge umfaßt, sowie, daß dem Teilnehmer auch der von ihm weder vorhergesehene, noch für ihn vorhersehbare Erfolg zugerechnet wird, soweit auch beim Täter von jedem Verschulden abzusehen ist (Fälle der Erfolgshaftung)[5]).

b) Das Gesagte gilt auch dann, wenn auf seiten des Angestifteten ein sog. error in objecto oder eine sog. aberratio ictus vorliegt (oben § 40 II 1b). Auch hier kommen die allgemeinen Regeln über die Behandlung des Irrtums zur Anwendung[6]). Daher kann, wenn infolge dieser Regeln der Vorsatz des Täters als ausgeschlossen erscheint, auf seiten des Anstifters mittelbare Selbsttäterschaft anzunehmen sein.

c) Erfordert der Tatbestand eines Verbrechens ein bestimmtes Motiv (z. B. Eigennutz bei der Kuppelei), so muß der Teilnehmer wissen, daß den Täter dieses Motiv bestimmt, er braucht aber seinerseits durch dieses Motiv nicht bestimmt zu sein[7]).

Dieselben Grundsätze gelten auch für den Gehilfen.

II. Die Strafbarkeit der Teilnahme ist bedingt durch die Strafbarkeit der Haupthandlung.

1. Anstiftung wie Beihilfe sind demnach unmöglich, wenn der Verbrechenscharakter der Haupthandlung ausgeschlossen ist (doch kann hier nach dem oben zu § 48 II Ausgeführten mittelbare Täterschaft vorliegen), werden aber nicht berührt von dem Wegfall der Strafbarkeit des Täters (persönlicher Strafausschließungsgrund, Strafaufhebungsgrund) oder dem Mangel einer Prozeßvoraussetzung. Vgl. aber unten VI.

2. a) Die versuchte, sei es fehlgeschlagene, sei es unvollendete

---

[5]) Ebenso R **59** 156, RMilG **10** 222. Vgl. oben § 36 Note 17 und 18.

[6]) Vgl. hier die an einen praktischen Fall (*v. Liszt* Strafrechtsfälle 12. Aufl. 1920 Nr. 45) sich anschließende Literatur. Neuerdings *v. Bar* **2** 673, *Binding* Normen **3** 211, 263, *v. Birkmeyer* Teilnahme 165, *Frank* § 48 III 4d, *Ibach* (Lit. zu § 49) 79, *Kohler* **1** 142, *Lobe* in Lpz. Komm. § 48 Note 2 Bd, *Loewenheim* (Lit. zu § 49), *v. Hippel* II 464 Note 1. — Rosahl hatte (1858 bei Halle) den Rose angestiftet, den Schliebe zu töten; Rose hält den Harnisch für Schliebe und erschießt jenen. Nach dem oben § 40 II Gesagten ist der Irrtum belanglos; also ist Rose Mörder, Rosahl Anstifter zum Mord. Gegen letztere Annahme *Binding, v. Hippel, Schwartz* § 48 Note 10, früher *v. Liszt*.

[7]) Ebenso R **20** 12, **56** 171; herrschende Meinung auch in der Literatur.

Anstiftung ist nicht Anstiftung, da es an der strafbaren Handlung des Täters fehlt[8]). Auch kann sie nicht als versuchte Selbstbegehung des Verbrechens bestraft werden. Hierher gehört auch die Anstiftung des sog. omnimodo facturus, d. h. des schon vor der Einwirkung zur Tat Entschlossenen.

b) Ebenso muß die versuchte, sei es unvollendete, sei es fehlgeschlagene, Beihilfe straflos bleiben[8]).

3. a) Ebenso wie versuchte Anstiftung ist Anstiftung zum Versuche nicht möglich. Der Vorsatz des Anstifters wie des Täters muß auf die Ausführung gerichtet sein. Fehlt dieser Vorsatz dem Täter (dieser will z. B. nur „versuchen", ob der falsche Schlüssel öffne), so liegt strafbarer Versuch überhaupt nicht vor. Fehlt er dem Anstifter (dieser will z. B., daß der Täter auf dem Versuche ertappt werde), so kann von Anstiftung keine Rede sein. Der sog. Agent provocateur ist daher als Anstifter nur strafbar, wenn er den Täter zur (vollendeten) Ausführung verleitet, um ihn vielleicht hinterher der Bestrafung zu überliefern. Andernfalls kann aber Fahrlässigkeitshaftung in Betracht kommen[9]).

b) Ebenso ist Beihilfe ausgeschlossen, wenn der Gehilfe voraussieht, daß mit dem von ihm gewährten Mittel der Erfolg nicht herbeigeführt werden wird[10]).

III. Aus der Unselbständigkeit der Teilnahme folgt weiter:

1. Teilnahme an einer Teilnahmehandlung ist mittelbare Teilnahme an der Haupthandlung. Teilnahme an der Anstiftung ist mithin als Anstiftung, Teilnahme an der Beihilfe als Beihilfe zu bestrafen; zweimalige Herabsetzung des Strafrahmens ist (bei Beihilfe zur Beihilfe) ausgeschlossen[11]).

---

[8]) Herrschende Lehre: R **64** 224. Dazu *Mezger* 438. Doch kann der Gesetzgeber die erfolglos gebliebene Anstiftung als selbständiges Verbrechen unter Strafe stellen. Er hat dies getan in StGB §§ 49a, 85, 111, 141, 159, 357, MilStGB §§ 99, 100, 110, 116, 149 und verschiedenen Nebengesetzen. Dasselbe gilt von der versuchten Beihilfe, vgl. StGB §§ 141, 347; sowie von der Beihilfe zu einer an sich straflosen Handlung, vgl. StGB §§ 120, 121, 180, 285, 347, 354, 355.

[9]) So die herrschende Ansicht. Insbesondere auch R **15** 315, *Mezger* 436, *v. Hippel* II 464. *Köhler* 499, *Loewenheim* (Lit. zu § 49) 30, *Olshausen* § **48** 14 nehmen auch bei Anstiftung zum Versuch Strafbarkeit an. *Allfeld* 207 und andere wollen zwischen der formellen und der materiellen Vollendung des Verbrechens (Eintritt einer „sachlichen Verletzung") unterscheiden. — Vgl. auch Note 10.

[10]) Der „Gehilfe" weiß z. B., daß das Abtreibungsmittel gänzlich ungeeignet ist. Übereinstimmend hier die gem. Meinung, insbesondere R **15** 315, **16** 25, **17** 377.

[11]) Ebenso *Allfeld* 211, *Binding* Normen **2** 903, 908, *v. Hippel* II 466, *Lobe* in Lpz. Komm. § 48 Note 5, *Wachenfeld* 259; R **23** 300, **33** 402, **59** 396. Abweichend *Beling* Verbrechen 447, *Frank* §§ 48 II, 49 III, *P. Merkel* Festg. für *Frank* II 150/1, da auch die Teilnahmeformen strafbare Handlungen sind. — Abweichend auch *Mayer* 392, 398. — Nach *Finger* **1** 349 bleibt Teilnahme

2. Mehrfache Anstiftung zu einundderselben Haupttat ist immer nur ein Verbrechen; doch kann Mehrtäterschaft in bezug auf die Anstiftung desselben Täters durch mehrere Personen (Mit- oder Nebenanstiftung) vorliegen. Wird zu mehreren Haupttaten durch einunddieselbe Handlung, z. B. durch ein aufreizendes Wort, angestiftet, so liegt wegen Einheit der Willensbetätigung trotz Mehrheit der Erfolge Einheit der Handlung (unten § 52 III 1) vor[12]).

3. Der Anstifter wie der Gehilfe bleibt straflos, wenn er selbst, sei es durch psychische, sei es durch physische Einwirkung, den Beginn der Ausführung der strafbaren Handlung verhindert („Widerruf" genügt nicht). Der Teilnehmer wird für seine Person straflos (StGB § 46 Ziff. 1), wenn er die Beendigung der Ausführungsverhandlung verhindert. Ebenso kann sich, wenn beendeter Versuch vorliegt, der Anstifter ebenso wie der Gehilfe durch freiwillige Abwendung des Erfolges einen Strafaufhebungsgrund für seine Person sichern. (Vgl. oben § 46 IV 1.)

IV. Bei **mehrfacher Beteiligung** derselben Person an demselben Verbrechen ist die leichtere Form der Beteiligung (Beihilfe) gegenüber der schweren (Anstiftung), die unselbständige (Teilnahme) aber gegenüber der selbständigen (Täterschaft) subsidiär (unten § 54 II). Wenn der Anstifter sich später an der Ausführung des Verbrechens als Täter oder aber als Gehilfe beteiligt, behandelt ihn das Strafrecht im ersten Falle nur als Täter, im zweiten nur als Anstifter[13]).

Da die Begünstigung keine Art der Teilnahme ist (oben § 47 IV 2), könnten an sich der Anstifter zu einer strafbaren Handlung wie der Gehilfe (in realer Konkurrenz) sich der Begünstigung in bezug auf die vom Täter erlangte Sache schuldig machen. Diese Möglichkeit wird abgeschnitten durch die ausdrückliche Vorschrift in StGB § 257 Abs. 3 (unten § 183).

V. Die Anwendung der Grundsätze über Teilnahme erleidet gewisse **Einschränkungen**[14]).

1. Diejenige Person, deren Interesse durch eine Strafdrohung geschützt werden soll, kann nicht wegen Teilnahme an einer Übertretung dieses Gesetzes bestraft werden. So die Ent-

an Teilnahmehandlungen straflos. Ebenso *Hilgemann* Teilnahme an der Teilnahme 1908.

[12]) Nicht also reale Konkurrenz. Mit dem Text die überwiegende Meinung. Vgl. *Lobe* in Lpz. Komm. § 48 Note 4. Dagegen R **5** 227, **8** 153, **11** 37; ferner *v. Birkmeyer* Teilnahme 181, *Merkel* 147. Vgl. oben § 48 Note 12 Ziff. 1.

[13]) Reale Konkurrenz ist also nicht anzunehmen. Ebenso R **27** 273, **33** 401, **47** 372, **48** 206.

[14]) Vgl. *Freudenthal* (Lit. zu § 47) 97, 109, 117; dazu *v. Bar* **2** 273 *Beling* Verbrechen 434, *Kohler* GA **58** 4, *P. Merkel* Grundriß 185. Das Reichsgericht hat sich im allgemeinen dem 2. und 3. Satz gegenüber ablehnend verhalten. Siehe den Besonderen Teil.

führte nicht wegen Beihilfe zu der Entführung, die Schülerin nicht wegen Anstiftung des Lehrers zu dem Verbrechen des § 174 Abs. 1 RStGB; der übervorteilte Minderjährige ist nicht nach §§ 301, 302, der Bewucherte nicht nach § 302a strafbar.

2. Wenn das Gesetz Teilnahmehandlungen als selbständige Verbrechen unter besondere Strafe stellt, während die Haupthandlung straflos bleibt, so kann der Haupttäter nicht wegen Anstiftung oder Beihilfe zu der Teilnahmehandlung bestraft werden. Wer den Kuppler bezahlt, bleibt straffrei wie der Gefangene, der einen anderen bestimmt, ihm zur Selbstbefreiung behilflich zu sein.

3. Wenn die Straflosigkeit gewisser Personen aus dem Zusammenhange der gesetzlichen Bestimmungen erkennbar ist, dürfen diese auch nicht als Teilnehmer an der Tat des anderen bestraft werden. Das gilt z. B. von dem Stimmenkäufer nach § 243 KO.

VI. Eine weitgehende **Durchbrechung** der Grundsätze über die Teilnahme bedeutet § **4 JugGG**[15]). Er beseitigt die „extrem-akzessorische" Form der Teilnahme zugunsten der „limitiert-akzessorischen" Form, indem er die Anwendbarkeit der §§ 48, 49 StGB auch für den Fall gestattet, daß der Haupttäter infolge Strafunmündigkeit (§ 2 JugGG) oder infolge mangelnden Unterscheidungs- oder Hemmungsvermögens (§ 3 JugGG) schuldlos handelt. Vgl. darüber oben §§ 47 I (am Ende), 48 II 1a.

§ 51. Die Teilnahme. Einfluß persönlicher Verhältnisse.

Literatur. *Krug* Die besonderen Umstände der Teilnehmer (Strafr. Abh. Heft 24) 1899. *Nagler* (Lit. zu § 47). *Kohler* GA **51** 169. *v. Bar* Gesetz **2** 662. *Redslob* Die persönlichen Eigenschaften und Verhältnisse usw. (Strafr. Abh. Heft 97) 1909. *Schönfeld* Die Teilnahme von Zivil- und Militärpersonen an gemeinen und militärischen Delikten. Breslauer Preisschrift 1911. *Cohn* GS **87** 314.

I. Die akzessorische Natur der Teilnahme könnte vom Gesetzgeber (soweit er sie nicht nach der in § 4 JugGG befolgten Methode ausgestaltet; vgl. oben § 50 VI) derart durchgeführt sein, daß 1. die Strafbarkeit der Täterhandlung auch dann für Anstifter und Gehilfen maßgebend sein müßte, wenn die Strafbarkeit der Täterschaft durch persönliche Eigenschaften oder Verhältnisse des Täters begründet, erhöht oder vermindert würde; daß 2. persönliche Eigenschaften und Verhältnisse der Teilnehmer selbst völlig außer Betracht bleiben müßten; daß 3. jede dem Täter zugute kommende Strafbefreiung (persönlicher Strafausschließungsgrund, Strafaufhebungsgrund) ohne weiteres zugunsten der Teilnehmer wirken müßte.

[15]) Zustimmend R **61** 265 (267!).

II. Das geltende Recht hat die Abhängigkeit der Teilnahme derartig auf die Spitze zu treiben mit Recht sich gescheut und sich durch die Bestimmung in § 50[1]) zu einer weniger strengen Form der Akzessorietät verstanden (vgl. oben § 47 I).

1. Danach sind **persönliche Eigenschaften oder Verhältnisse, welche die Strafbarkeit erhöhen oder vermindern,** stets denjenigen Beteiligten zuzurechnen, in deren Person sie vorliegen, aber auch nur ihnen.

Beispiele: Wenn der Nichtverwandte B den Sohn A des Vaters C, oder wenn er die Mutter A des neugeborenen unehelichen Kindes C zur Tötung des Vaters oder Kindes C bestimmt hat; oder wenn umgekehrt der Sohn A oder die Mutter A dem Fremden B zur Tötung des Vaters oder des Kindes C Hilfe geleistet haben: so ist in beiden Fällen der Fremde B nach den Bestimmungen über gemeine Tötung, der Sohn A nach den über Aszendententotschlag, die Mutter A nach den über Kindestötung geltenden Bestimmungen zu beurteilen. Dasselbe gilt von Jugend, Rückfälligkeit, strafschärfender Gewerbs- und Gewohnheitsmäßigkeit[2]) usw. Das gleiche gilt aber nicht für die in manchen Tatbeständen hervorgehobene „Absicht" und für die Überlegung beim Mord; denn diesen psychischen Tatsachen fehlt das im Wesen der „persönlichen Eigenschaften und Verhältnisse" liegende wesentliche Moment des Zuständlichen, Dauernden[3]).

2. Wenn es sich dagegen um **persönliche Eigenschaften** oder **Verhältnisse handelt, die ein an sich strafloses Tun erst zu einem strafbaren machen,** welche die Strafbarkeit also erst begründen,

---

[1]) Die Bestimmung war dem preußischen StGB 1851 fremd.

[2]) Für die Rückfälligkeit von R **54** 274, für strafschärfende Gewerbs- und Gewohnheitsmäßigkeit von den Vereinigten Strafsenaten R **25** 266 sowie von R **61** 268 anerkannt. Mit dem Text *Lobe* in Lpz. Komm. § 50 Note 2, *Mezger* 453, *Frank* § 50 II 1. Vgl. § 149 VereinszollG 1869.

[3]) Abweichend früher *v. Liszt,* ferner *Finger* **1** 363, *Hälschner* **1** 438, *Redslob* 67, *Schwartz* § 211 Note 7. Doch kann die Richtigkeit der herrschenden Meinung, der sich der Text seit der 25. Aufl. angeschlossen hat, nicht verkannt werden. Vgl. *Frank* § 50 II, *Lobe* in Lpz. Komm. § 50 Note 2, *Mayer* 410 Note 11, *Gerland* 146, 358, R **56** 26. Doch ist auch unter den Anhängern der herrschenden Lehre sehr streitig, in welcher Beziehung der Teilnehmer zu der Überlegung beim Morde stehen muß. Richtig dürfte folgendes sein: Begeht der Haupttäter Totschlag, so kommt auch für den Teilnehmer nur Bestrafung aus § 212 in Betracht. Ebenso *Frank* § 211 II, wohl auch *Ebermayer* in Lpz. Komm. § 211 Note 8, *Lobe* ebenda § 48 Note 2Ab. Begeht der Haupttäter Mord, so kommt für den Teilnehmer Bestrafung aus § 211 nur dann in Betracht, wenn sich sein Vorsatz auf die beim Täter vorliegende Überlegung erstreckt, wenn er also weiß, daß es sich bei diesem um überlegtes Tun handelt (Gehilfe) oder handeln soll (Anstifter). Ob der Teilnehmer selbst mit Überlegung handelt, ist gleichgültig. Ebenso *Ebermayer* a. a. O., *Gerland* 358. A. M. jedoch hier *Frank* a. a. O. *Mezger* will § 50 analog anwenden (sehr bedenklich!). Keinesfalls kann die Entscheidung hier anders ausfallen als bei den Absichtsdelikten; denn sowohl für diese, wie auch für die §§ 211ff., wie überhaupt für alle Verbrechen wird die subjektive Seite der Anstiftung einheitlich in § 48 geregelt; hier wird aber nur ein auf die Haupttat bezüglicher Vorsatz verlangt. Vgl. zu der Frage auch *v. Liszt* VD Bes. T. **5** 43, *Klee* GA **67** 91.

nicht erhöhen oder vermindern, so sind diese, wenn beim Täter vorliegend, stets auch den Teilnehmern (Anstiftern und Gehilfen) zuzurechnen (nicht umgekehrt)[4]. Hier gelangt also die Unselbständigkeit der Teilnahme zur vollen Anerkennung.

Beispiele: Anstiftung und Beihilfe zu einem reinen Amtsverbrechen sind nach den für dieses gegebenen Bestimmungen zu beurteilen, während, wenn der Beamte „Anstifter" oder „Gehilfe", ein Nichtbeamter aber „Täter" ist, ein Verbrechen im letzteren Falle überhaupt nicht vorliegt, im ersteren aber insofern, als dann der Beamte in mittelbarer Täterschaft das Delikt ausübt (vgl. darüber oben § 48 II), wozu der Nichtbeamte Beihilfe leistet. Ebenso bei Teilnahme von Zivilpersonen an Militärverbrechen[5].

III. Strafaufhebungsgründe, der Mangel an Prozeßvoraussetzungen und persönliche Strafausschließungsgründe wirken ihrem Wesen nach, ohne daß es diesbezüglich einer ausdrücklichen Bestimmung bedarf, stets nur für denjenigen Beteiligten, in dessen Person sie vorliegen.

III. Einheit und Mehrheit der Verbrechen.

§ 52. Einheit und Mehrheit der Handlungen.

Literatur. *v. Buri* Einheit und Mehrheit der Verbrechen 1879. *Merkel* HH **2** 579, **4** 225. *Schütze* Z **3** 48. *Binding* **1** 349, 500, 547. *v. Liszt* Z **6** 694 (Aufsätze **1** 246). *Bünger* Z **8** 520. *Heinemann* Die Lehre von der Idealkonkurrenz 1893. *Wachenfeld* Theorie der Verbrechenskonkurrenz 1893. *Köhler* Die Grenzlinien zwischen Idealkonkurrenz und Gesetzeskonkurrenz 1900. *Höpfner* Einheit und Mehrheit der Verbrechen **1** 1901, **2** 1908. *Baumgarten* Die Lehre von Idealkonkurrenz und Gesetzeskonkurrenz (Strafr. Abh. Heft 103) 1909. *Derselbe* Die Idealkonkurrenz (Festg. für *Frank* II 188) 1930. *Graf zu Dohna* in *Aschrott-Liszt* Reform **1** 402. *v. Bar* Gesetz **3** 507. *P. Merkel* VD Allg. T. **5** 269. *Derselbe* HdR III 247. *Coenders* Über die Idealkonkurrenz, ein Vorschlag zum neuen Strafgesetz 1921. *Derselbe* DStrafr Z **1** 339. *Honig* Studien zur juristischen und natürlichen Handlungseinheit 1925. *Ilse Ehrhardt* Handlungseinheit und Handlungsmehrheit im geltenden Strafrecht und im Recht des amtlichen Entwurfs eines Allgemeinen Deutschen Strafgesetzbuches von 1925 (Strafr. Abh. Heft 214) 1926. *Wegner* Reform (1926) 180. *Bürk* Über das Wesen der Idealkonkurrenz 1927. *v. Weber* GS **100** 228. *Egenolf* Das Dauer- und Zustandsverbrechen. Diss. 1914. *Gutenaecker* Das Dauer- und Zustandsverbrechen im RStGB. Erlanger Diss. 1911.

---

[4]) Ebenso R **28** 100, **63** 313 (318).

[5]) Ebenso *Allfeld* 208/09, *v. Bar* Gesetz **2** 669, *Mezger* 452, der aber in Note 2 eine Ausnahme bezüglich der Teilnahme der Zivilpersonen am militärischen Delikt macht, *Frank* 3. Abschn. IV 1 mit der gleichen Einschränkung wie *Mezger, Nagler* (Lit. zu 47) 116, *Reichle* (Lit. zu § 47) 29, *Schönfeld* 56, *Schwartz* Note 1 von § 47; ferner R **25** 234, **27** 158, **38** 417, **50** 135; dagegen *Finger* **1** 364, *Kohler* **1** 135, *Mayer* 413, *P. Wolf* (Lit. zu § 48) 220ff. Dabei kann die Anwendung der militärischen Freiheitsstrafen zu Schwierigkeiten führen.

— *Brunner* **2** 541. *Schreuer* (Lit. zu § 8 A). *His* (Lit. zu § 8 A) 100. *Derselbe* (Lit. zu § 8 B) § 14. *Hinschius* Kirchenrecht **5** 944. *Rasche* Die Verbrechenskonkurrenz usw. im sächsischen Recht des Mittelalters. Münstersche Diss. 1912. *Schaffstein* 212ff.

I. Das Verbrechen ist Handlung, d. h. (oben § 28) eine auf menschliches Wollen zurückführbare Veränderung in der Außenwelt. Liegt nur eine Handlung vor, so ist mithin nur ein Verbrechen gegeben. Aber auch eine Mehrheit von Handlungen kann vom Gesetzgeber als ein Verbrechen betrachtet und mit einer Strafe belegt werden. Die Untersuchung der Frage, wann ein Verbrechen vorliegt, wann deren mehrere gegeben sind, setzt daher zunächst die Entscheidung der Vorfrage voraus, wann wir es mit einer Handlung, und wann wir es mit einer Mehrheit von Handlungen zu tun haben[1]).

II. Handlungseinheit ist jedenfalls dann gegeben, wenn durch eine **einheitliche Willensbetätigung ein einheitlicher Erfolg** herbeigeführt, also z. B. durch einen Flintenschuß ein Mensch getötet worden ist.

III. Handlungseinheit ist ferner gegeben:

1. Durch die **Einheit der Willensbetätigung** trotz Mehrheit der Erfolge. Wenn ein Wort mehrere Menschen beleidigt, ein Schuß mehrere Jagdvögel trifft, durch eine fahrlässige Unterlassung

---

[1]) Der Text knüpft an die oben §§ 26/28 gewonnene Erkenntnis an, daß das Verbrechen eine bestimmt geartete Handlung ist, der Handlungsbegriff also für den Verbrechensbegriff den Gattungsbegriff darstellt. Dieses Zurückgehen auf den Handlungsbegriff ist methodisch notwendig und berechtigt. Die §§ 73, 74 StGB sprechen durchaus dafür. Wir können dabei, wie *Mezger* 458 treffend zeigt, von einer „natürlichen Handlungseinheit" sprechen, solange ein einzelner Willensakt als einzelnes psychophysisches Phänomen unser strafrechtliches Interesse erfordert (vgl. im Text zu II und III 1). Insofern steht auch nichts im Wege, von einer „natürlichen Betrachtungsweise" bei der Feststellung der Handlungs- und der daraus juristisch herzuleitenden Verbrechenseinheit zu sprechen. Vgl. dazu insbes. *Mayer* 156, ferner auch *Baumgarten,* Festg. für *Frank* II 189, *v. Hippel* II 501, 502. Im Gegensatz zu den früheren Auflagen dieses Buches ist aber festzustellen, daß wir in dem Augenblick die „natürliche" Betrachtungsweise verlassen und in eine juristische einlenken, wo wir für die Frage, ob wir es mit einer Handlung und demgemäß mit einem Verbrechen zu tun haben, die Tatbestände der Strafrechtssätze heranziehen. Dies geschieht, wenn auf einen tatbestandsmäßigen Erfolg abgestellt wird, wie im Text unter III 2. Die Handlungseinheit wird dann juristisch gewonnen. Das Reichsgericht hat sich vergeblich bemüht, eine „natürliche" Betrachtungsweise zur einheitl. method. Grundlage der Konkurrenzlehre zu machen. Vgl. R **32** 137, ferner etwa **44** 28 (30), **49** 272, **52** 287, **62** 83 (87), **64** 279 und dazu vor allem *Honig* 11ff., 31ff., ferner *Mezger* 457ff., 460ff. — Die Anerkennung der Notwendigkeit auch einer jurist. Betrachtungsweise bedeutet nicht, daß für das „Zählen der Verbrechen" nun überhaupt die „Tatbestandsverwirklichung" maßgebend ist; zu dem Streit über das Wesen der Idealkonkurrenz wird also nicht im Sinne der „Mehrheitstheorie" Stellung genommen (vgl unten § 54 Note 6). Grundsätzlich abweichend die Normentheorie; vgl. *Binding* Hdb. I 520, Normen **1** 188. Dazu *Mayer* 156 Note 2.

Hunderte von Menschen ums Leben gekommen, liegt immer nur eine Handlung vor. Daran kann auch die Artverschiedenheit der eingetretenen mehreren Erfolge nichts ändern. Hat der geschleuderte Stein einen Menschen getötet, den zweiten verletzt und außerdem eine Scheibe zertrümmert, so können wir nur von einer Handlung mit mehreren Erfolgen, nie aber von mehreren Handlungen sprechen[2]).

2. Durch die **Einheit des tatbestandsmäßigen Schlußerfolges** trotz Mehrheit der Willensbetätigungen[3]).

Ob im Einzelfalle Einheit des Erfolges anzunehmen ist, ist nach folgenden Regeln zu beurteilen.

a) Bei denjenigen Rechtsgütern, die nur in der Person ihres Trägers verletzt oder gefährdet werden können (wie Leben, Ehre, geschlechtliche Freiheit), entscheidet die Einzahl oder Mehrzahl der angegriffenen Personen über die Einheit oder Mehrheit des Erfolges. Wenn A den B durch eine Reihe von Axthieben tötet oder durch eine Flut von Schimpfwörtern beleidigt, ist mit der Einheit des Erfolges die Einheit der Handlung gegeben.

b) Viel schwieriger gestaltet sich die Frage bei den übrigen Rechtsgütern, die auch losgelöst von der Person ihrer Träger (oder nur in dieser Loslösung) der Gefährdung oder Verletzung zugänglich sind. Es ist zweifellos nur eine Sachbeschädigung, wenn eine Maschine durch langwierige, vielleicht wiederholt unterbrochene, Arbeit in ihre Teile zerlegt und unbrauchbar gemacht wird. Mehrere, von einem Eide umfaßte unwahre Bekundungen stellen nur einen Meineid dar[4]). Aber auch das Wegnehmen mehrerer, einzeln fortgetragener, Sachen aus dem gleichen Gewahrsam kann als eine Handlung erscheinen; und zwar selbst dann, wenn die weggenommenen Sachen verschiedenen Eigentümern gehören. Die Einheit des Erfolges kann hier gegeben sein durch die Zusammengehörigkeit der Gegenstände, die in demselben Schaufenster, demselben Gasthof sich befinden; d. h. juristisch gesprochen, durch die Einheit des Gewahrsams. Fehlt es an dieser zusammenfassenden Beziehung (z. B. es hat A durch übereinstimmende Vorspiegelungen mehrere Personen beschwindelt), so kann nicht Einheit der Handlung, wohl aber des Verbrechens (fortgesetztes Verbrechen, unten § 53 II) angenommen werden.

c) An die Vermögensrechte schließen sich die Urheberrechte an. Es ist jedenfalls unrichtig, hier nur die Personenzahl der Verletzten entscheiden lassen zu wollen[5]). Man denke an Sammelwerke, die aus Beiträgen verschiedener Verfasser zusammengesetzt sind.

d) Vielfach hat das Gesetz selbst darauf hingewiesen, daß die Mehrheit der Willensbetätigung wegen der Einheitlichkeit des Schlußerfolges zu einer Einheit

[2]) Ebenso bestimmt R **21** 63; Bgr. 383; *Allfeld* 231, *v. Hippel* II 502, *Mezger* 457ff. Vgl. unten § 54 Note 1. — Verfehlt ist der namentlich von *v. Buri* vertretene Schluß: Handlung ist Hausalität; mehrere Erfolge verlangen mehrere Kausalitäten; mithin liegen mehrere Handlungen vor. Der Fehler liegt in der Gleichstellung von Handlung und Erfolg.

[3]) Die Grenzlinie zu den unten in § 53 behandelten Fällen wird in den im Text bezeichneten Fällen allerdings oft schwer zu ziehen sein. Scharfsinnige, aber kaum befriedigende Untersuchungen bei *Höpfner* 222 (er verlangt zur „Identität der Handlung" zeitliche Kontinuität und einen „gewissen psychischen Zusammenhang"). Vgl. zu den Fällen des Textes jetzt insbes. *Baumgarten* Festg. für *Frank* II 197/8. — Das Unterlassen wird wohl stets als einheitliche Willensbetätigung erscheinen. Vgl. aber auch unten 2e.

[4]) So mit Recht R **60** 56 (58).

[5]) Übereinstimmend (bei Verletzung fremder Warenzeichen) R **43** 134.

zusammenzufassen sei, indem es sich solcher Ausdrücke bedient, die eine Mehrheit von Einzelhandlungen umfassen.

So sprechen die §§ 146ff. StGB nicht von der Nachahmung einzelner Geldstücke, sondern von Geld usw. überhaupt; so gebraucht § 176 StGB, wie viele andere, die Mehrzahl „unzüchtige Handlungen"; so liegt in den Ausdrücken „Zweikampf", „Schlägerei", „Mißhandlung", „Betrieb eines Gewerbes", „Unternehmen einer Lotterie" und manchen anderen die Umfassung einer Reihe von Einzelhandlungen.

e) Eine Handlung enthält ferner wegen der Einheit des Erfolges das sog. **fortdauernde Verbrechen (Dauerverbrechen)**, d. i. die ununterbrochene Verwirklichung des verbrecherischen Tatbestandes; so eine durch Wochen oder Monate andauernde Freiheitsentziehung. Und dasselbe gilt, wenn auch aus anderem Grunde, von dem sog. **Zustandsverbrechen**, bei dem, wie bei der Doppelehe oder der Körperverletzung mit dauerndem Siechtum oder der Veränderung des Personenstandes, der durch die einmal abgeschlossene Handlung herbeigeführte Zustand strafrechtlich nicht weiter in Betracht kommt.

§ 53. Handlungsmehrheit und Verbrechenseinheit.

Literatur. *Fürst* Das zusammengesetzte Delikt. Bonner Diss. 1914. — Über das fortgesetzte Verbrechen: *Merkel* HH **2** 573, **4** 225. *Binding* **1** 540. *Schütze* Z **3** 48 (zu II 4). *Höpfner* (Lit. zu § 54) 257. *Beling* Verbrechen 364. *v. Bar* Gesetz **3** 568. *P. Merkel* (Lit. zu § 52). *Derselbe* HdR II 497. *Doerr* Das fortgesetzte Delikt (GS **71** Beilageheft) 1908. *Derselbe* Die Lehre vom fortgesetzten Delikt (Festg. für *Frank* II 210) 1930. Jetzt insbesondere *Honig* (Lit. zu § 52). — Zu II 4: *Honig* Straflose Vor- und Nachtat 1927. — Zu III: *v. Lilienthal* Beiträge zur Lehre von den Kollektivdelikten 1879. *Schaub* Der Begriff der Gewerbsmäßigkeit usw. Marburger Diss. 1905. *Hennig* Kollektivdelikt und Rückfall usw. Heidelberger Diss. 1907.

I. Aber auch eine **Mehrheit von Handlungen** kann der strafrechtlichen Betrachtung als eine **Verbrechenseinheit** erscheinen.

In diesen Fällen muß die Einheit in allen rechtlichen Beziehungen als solche betrachtet und behandelt werden. Das juristisch einheitliche Verbrechen ist demnach überall dort begangen, wo, und in jedem der Augenblicke, in dem eine der Handlungen begangen wurde; bei einem Wechsel der Gesetzgebung kommt immer das mildere, bei einem Widerspruch zwischen dem einheimischen und dem fremden Rechte immer das erstere zur Anwendung. Ist auch nur eine der Einzelhandlungen erschwert, so ergreift die Erschwerung auch die Gesamthandlung, soweit nicht eben durch die Erschwerung einer Einzelhandlung die Einheit aufgehoben wird. Teilnahme an einer Einzelhandlung ist stets Teilnahme an dem einheitlichen Verbrechen. Dasselbe gilt von der Begünstigung. Die Verjährung beginnt nicht, ehe die letzte der Handlungen gesetzt wurde, und ebenso ist die Antragsfrist von der letzten

Handlung zu berechnen. Am deutlichsten aber tritt die Einheit zutage auf dem Gebiete des Prozeßrechts: Gegenstand der Strafverfolgung sind die sämtlichen zur Einheit gehörenden, wenn auch nur teilweise bekannt gewordenen Handlungen; durch die Entscheidung auch nur über eine der Einzelhandlungen wird Rechtskraft bezüglich der gesamten Einheit begründet[1]).

II. Die wichtigsten Fälle einer solchen durch das Gesetz geschaffenen Verbrechenseinheit sind:

1. Das **fortgesetzte Verbrechen,** d. i. die unterbrochene, stoßweise wiederholte Verwirklichung desselben verbrecherischen Tatbestandes unter Ausnutzung der gleichen Gelegenheit oder in ursächlicher Abhängigkeit von der gleichen Gelegenheit; eine Mehrheit von (bisher nicht bestraften) Handlungen, juristisch zusammengehalten durch ihre Gleichartigkeit, die in der Gleichheit der jeweiligen Schuldart, der Richtung gegen dasselbe Rechtsgut, der Ähnlichkeit der Begehungsart und der durchgängigen Beziehung zur gleichen Handlungsgelegenheit eindeutig zum Ausdruck kommen muß[2]).

---

[1]) **1.** Bezüglich des **Antrages: a)** Übereinstimmend mit dem Text R **15** 370, **20** 226, **38** 39, **40** 319, *Allfeld* 233, *Frank* § 61 VIII 3, *Lobe* in Lpz. Komm. § 61 Note 15, *Schwartz* § 61 Note 6e. **b)** Abweichend *Höpfner* **2** 228, *Ilse Ehrhardt* (Lit. zu 52) 36. — **2.** Bezüglich der **Verjährung: a)** Übereinstimmend mit dem Text R **10** 203, **14** 145, **57** 140, *Frank* § 67 II und die gem. Meinung. **b)** Abweichend *Höpfner* **2** 222, *Ilse Ehrhardt* 28, *Beling* Verbrechen 387, *Binding* **1** 837 und Grundriß 256, *Kitzinger* (Lit. zu § 28 V) 249, *Kohler* GA **53** 160. — **3.** Bezüglich der **Teilnahme: a)** Übereinstimmend mit dem Text, *Schwartz* § 73 Note 6h, *Allfeld* 233. **b)** Abweichend R **17** 227, **48** 203, **56** 326, **58** 117, *Ilse Ehrhardt* 44, *Olshausen* § **73** 18b, *Lobe* in Lpz. Komm. Einleitung 83. — **4.** Bezüglich der **Rechtskraft:** Übereinstimmend R **24** 419, **26** 299, **54** 283, **57** 21, **58** 369 (bedenklich R **54** 333), *Lobe* in Lpz. Komm. Einl. 83, *Ilse Ehrhardt* 63ff. und die gem. Meinung. — **5.** Bezüglich des **Wechsels der Gesetzgebung** abweichend: R **43** 355, **51** 171, 305, **56** 54 (56), **62** 1, wonach sich die Bestrafung nur aus dem zur Zeit des Abschlusses der Tat geltenden Gesetz bestimmt. Gegen R *Lobe* in Lpz. Komm. § 2 Note III, der aber die einheitliche Tat nach dem schwersten Gesetz beurteilt wissen will, weil dieses das mildere konsumiere.

[2]) Vgl. dazu jetzt insbesondere die rechtsgeschichtlich und dogmatisch vorzüglichen Ausführungen von *Honig* 61ff. Als delictum continuatum schon im gemeinen Recht (*Engau, Koch* u. a.) mit einer einzigen Strafe belegt, wurde das fortgesetzte Verbrechen seit 1813 von den deutschen LandesStGBüchern, wenn auch in verschiedener Fassung, meist ausdrücklich erwähnt. Aus dem Schweigen des RStGB läßt sich, da dieses auch die übrigen Fälle der juristischen Handlungseinheit nicht ausdrücklich behandelt, kein Grund zur Verwerfung des Begriffes ableiten. Im Gegenteil muß aus § 74 gefolgert werden, daß mehrere unselbständige Handlungen juristisch als Einheit zu beurteilen sind. Ebenso mit der gem. Meinung in ständiger Rechtsprechung R. — Aber auch bei den Anhängern des Begriffes herrscht Meinungsverschiedenheit über seine Fassung, hervorgerufen durch das mißverständliche Bestreben, die natürliche Handlungsmehrheit auf eine natürliche Handlungseinheit zurückzuführen. Vgl. dazu *Lobe* in Lpz. Komm. Einl. 77ff., *Honig* 62, *Sauer* Grundlagen 492. Dabei sind zwei Hauptrichtungen zu unterscheiden. **1.** Die **subjektive** Theorie

Beispiele: Das ehebrecherische Verhältnis des A mit der B führt zu einer Reihe von Beischlafsakten; C treibt mit demselben Knaben in mehreren aufeinanderfolgenden Nächten widernatürliche Unzucht; D gibt das auf einmal verschaffte falsche Geld in Teilbeträgen aus; der Diener nimmt sich täglich eine Zigarre aus dem Zigarrenkästchen seines Herrn. Dagegen könnte von fortgesetztem Verbrechen keine Rede sein, wenn der Ehebrecher, nachdem er das Verhältnis gelöst, später mit einer anderen Frauensperson sich vergeht; oder wenn der Zigarrendieb das früher offene, später verschlossene Kästchen nunmehr gewaltsam erbricht. Auch bei Angriff auf Freiheit, Leben, Gesundheit verschiedener Personen (Soldatenmißhandlungen) kann die Mehrheit der Handlungen (oben § 52 III 2 a) eine Verbrechenseinheit bilden.

2. **Auch durch eine gemeinsame Bedingung der Strafbarkeit** (oben § 43 I) kann eine Mehrheit von Handlungen zur Verbrechenseinheit zusammengefaßt werden[3]). Doch läßt sich eine allgemeine Regel nicht aufstellen. Die Verbürgung der Gegenseitigkeit z. B. (StGB §§ 102, 103) vermag eine Verbrechenseinheit jedenfalls nicht zu begründen. Wohl aber ist eine solche anzunehmen beim Bankbruch, wenn es sich um dieselbe Zahlungseinstellung handelt (vgl. unten § 137).

---

verlangt, neben Gleichartigkeit der Begehungsform und Einheit des angegriffenen Rechtsgutes, Einheit bald des Entschlusses, bald des Vorsatzes. Letzteres der Standpunkt des R, so zuletzt **22** 235, **23** 300, **53** 42, **57** 21, 352, **58** 183, **59** 54, 281 (290), **60** 224, **61** 199 (201). Ebenso RMilG **6** 216, **13** 293 (das, wie R **27** 19, **53** 274 und **59** 98 bei Verletzung „persönlicher individueller Rechte" verschiedener Personen die Möglichkeit eines fortgesetzten Verbrechens verneint). Dabei wird verkannt, daß auch das fahrlässige Vergehen fortgesetzte Begehung zuläßt (vgl. *Honig* 136). Hiergegen R **53** 226, **59** 53, 281. R **46** 16 hält folgerichtig bei jährlich sich wiederholender Selbsteinschätzung, die stets neuen Entschluß voraussetzt (?), fortg. Verbr. für ausgeschlossen. Vgl. gegen R jetzt namentlich *Honig* 124ff. Die subjektive Theorie vertreten ferner: *Doerr*; *Kahl* 28. d. Juristentag **3** 377, *Lobe* in Lpz. Komm. Einl. 77ff., *Köhler* 540, *Gerland* 158. — **2.** Die **objektive** Theorie (*Wachenfeld* 111) legt das Schwergewicht auf die Einheit des Erfolges, verwischt damit aber die Grenzlinie gegenüber den oben § 52 III 2 besprochenen Fällen. — **3.** Die im **Text vertretene Ansicht** (Mehrheit gleichartiger Handlungen) teilen im wesentlichen *Allfeld* 231ff., *Beling* 103, *Frank* § 74 V 1 d („unter Benutzung derselben Gelegenheit oder desselben dauernden Verhältnisses"), *Friedländer* Z **11** 412, *v. Hippel* II 542, *Höpfner* 257, *Honig* 137, *Kramer*, *Mayer* 166 (Ausnutzung derselben Gelegenheit), *Mezger* 466. Ähnlich auch *v. Bar* **3** 586. Wohl auch RMilG **19** 295. — Die einheitliche Strafe ist ein Bedürfnis der Rechtsprechung; wünschenswert dagegen wäre die Möglichkeit einer ausgiebigen Strafschärfung. E 1919 § 37 (übereinstimmend mit KE § 44) enthält zwar die gesetzliche Anerkennung des Begriffs des fortgesetzten Verbrechens; die wichtigste Frage aber, wann mehrere Handlungen einer Person eine fortgesetzte Straftat bilden, wird nicht beantwortet. Hinsichtlich der Bestrafung wird eine „Berücksichtigung des Umfangs der strafbaren Tätigkeit" vorgeschrieben; ein Hinausgehen über die gesetzlichen Strafrahmen ist jedoch nicht gestattet. So führt die Bestimmung in keiner Hinsicht über den gegenwärtigen Rechtszustand hinaus. AE 1925 und E 1927 (1930) haben ohne ersichtlichen Grund von einer Stellungnahme zum Problem des fortgesetzten Verbrechens abgesehen. — Ausgeschlossen ist die Zusammenfassung von Handlungen, zwischen denen eine Bestrafung liegt; R **20** 316.

[3]) Dagegen *Beling* Verbrechen 375, *Mayer* 158; richtig *Lobe* in Lpz. Komm. Einl. 85/6, Bgr. 388, R **48** 118.

3. Einen Fall der Verbrechenseinheit bildet auch das **zusammengesetzte Verbrechen**, soweit nicht bereits nach § 52 III 1 eine natürliche Handlungseinheit gegeben ist. Es liegt vor, wenn das Gesetz aus zwei an sich rechtswidrigen, gegen verschiedene Rechtsgüter gerichteten Handlungen einen einheitlichen Verbrechensbegriff bildet. So ist der Begriff des Raubes aus Diebstahl und Nötigung, jener der Notzucht aus Nötigung und Verletzung der weiblichen Geschlechtsehre zusammengesetzt.

4. Ferner gehören hierher die beiden folgenden Fälle:

a) Die verbrecherische Handlung, die als **Mittel zur Begehung eines anderen Verbrechens** gedient hat (Beispiel: Hausfriedensbruch und Sachbeschädigung beim Einbruchsdiebstahl), ist mit dieser zu einer Einheit zusammenzufassen, wenn sie zu den gesetzlichen Merkmalen der letzteren gehört oder als das dem gewöhnlichen Hergange entsprechende Mittel vom Gesetzgeber stillschweigend vorausgesetzt wird (sog. **straflose Vortat**). Hier wird mithin nur das zweite Verbrechen (der Einbruchsdiebstahl) bestraft[4]).

b) Die verbrecherische Handlung, die als **Verwirklichung der zum Begriffe eines anderen Verbrechens erforderlichen Absicht** erscheint (Beispiel: die Aneignung der durch Diebstahl oder Betrug erlangten Sache), ist mit dieser zu einer Einheit zusammenzufassen, wenn diese Verwirklichung als dem gewöhnlichen Hergange entsprechend stillschweigend von dem Gesetzgeber vorausgesetzt und ein neuer Vermögensschaden nicht verursacht wird (sog. **straflose Nachtat**). Hier gelangt nur das erste Verbrechen (Diebstahl oder Betrug) zur Bestrafung[5]).

III. Unter den Begriff der juristischen Handlungseinheit gehört endlich auch das sog. **Kollektivdelikt** im e. S., bei dem eine Reihe von Einzelhandlungen, die aus derselben Willensrichtung hervorgegangen sind, mit einer einzigen Strafe belegt wird. Man rechnet hierher:

1. Das **gewerbsmäßige** Verbrechen (das „quasi artem exercere" der Römer). Es kennzeichnet sich durch die Absicht des Täters, sich durch wiederholte Begehung dieses Verbrechens eine Einnahmequelle (verschieden von der einmaligen Erlangung eines Vermögensvorteils) zu verschaffen.

---

[4]) Ebenso R **40** 430, **53** 279. Anders bei schwerem Hausfriedensbruch: R **47** 25. Vgl. dazu *Frank* § 73 VII 2c *β*, und jetzt vor allem die Untersuchungen von *Honig*, ferner *v. Hippel* II 547ff., *Mezger* 463 u. 476.

[5]) Übereinstimmend R, zuletzt **48** 290, **49** 16, 406, **50** 254, **60** 371, **64** 281 (283), ebenso RMilG **16** 51, **22** 253; Begr. 374 Note 4. Dagegen R **43** 60 (der Täter hat Formulare zu Fahrscheinheften entwendet, zwei davon ausgefüllt und verwendet: Realkonkurrenz). — Da keine Handlungseinheit vorliegt, findet § 73 keine unmittelbare Anwendung.

2. Das **geschäftsmäßige** Verbrechen. Es teilt mit dem gewerbsmäßigen den auf öftere Wiederholung gerichteten Entschluß, unterscheidet sich von ihm aber dadurch, daß die Absicht, sich einen Vermögensvorteil zu verschaffen, genügt.

3. Das **gewohnheitsmäßige** Verbrechen. Es liegt vor, wenn infolge wiederholter Begehung die Triebkraft des verbrecherischen Reizes verstärkt, die Widerstandskraft geschmälert ist. Gewohnheit ist mithin der durch wiederholte Begehung einer bestimmten Handlung hervorgerufene Hang zu deren weiterer Begehung[6]).

Die Reichsgesetzgebung verwendet den Begriff des Kollektivdeliktes, teils als strafbegründenden Umstand, so daß die einfache Begehung straflos bleibt, teils als Strafschärfungsgrund gegenüber der milder strafbaren einfachen Begehung[7]). Das Weitere gehört in den Besonderen Teil.

In allen drei Fällen genügt für die Strafbarkeit, daß, wenn die übrigen Voraussetzungen gegeben sind, eine strafbare Handlung zur richterlichen Aburteilung gelangt. Dann liegt allerdings ein Kollektivdelikt überhaupt nicht vor, und die höhere Strafbarkeit des einen, allein zur Aburteilung stehenden Verbrechens rechtfertigt sich nur durch den auf Wiederholung gerichteten Entschluß oder durch den durch Wiederholung erzeugten Hang[8]).

Dagegen liegt ein Kollektivdelikt stets dann vor, wenn wirklich mehrere Handlungen zur richterlichen Aburteilung stehen und trotz der Mehrheit der Handlungen nur ein gewerbsmäßiges usw. Verbrechen angenommen werden muß.

§ 54. Die Verbrechenseinheit.

Literatur. Die zu §§ 52 und 53 angeführten Schriften. *Heyden* Die Subsidiarität der Strafgesetze. Erlanger Diss. 1907. *Eckstein* GS **78** 432. *Wilhelmi* Wirkliche und scheinbare Konkurrenz von Verletzungs- und Gefähr-

---

[6]) Übereinstimmend R **32** 394. Abweichend *Gerland* 158, *Groß* DJZ **11** 912.

[7]) Vgl. **1. Gewerbsmäßigkeit:** StGB §§ 260, 285, 294, 302d und e, 361 Ziff. 6; außerdem in verschiedenen Nebengesetzen. Dagegen handelt es sich in § 4 PatentG 1891 und in verwandten Fällen um die Verletzung des Gesetzes durch eine gewerbliche, d. h. in den Gewerbebetrieb hineinfallende Handlung. Ebenso R **37** 369. — **2. Geschäftsmäßigkeit:** StGB § 144; einzelne Nebengesetze. Vgl. dazu R **61** 47. — **3. Gewohnheitsmäßigkeit:** StGB §§ 150, 180, 181a, 260, 284 Abs. 2, 302d und e; verschiedene Nebengesetze.

[8]) Vgl. R **53** 59 und **58** 19. — Soweit jener Entschluß oder dieser Hang aus vergangenen Handlungen gefolgert wird, ist deren Strafbarkeit gleichgültig; auch verjährte, begnadigte, im Auslande begangene, bereits bestrafte, ja selbst nicht einmal rechtswidrige Handlungen können mitherangezogen werden. Das Reichsgericht schwankt. Richtig R **5** 397; unrichtig **5** 370. — Im Sinne des Textes die gem. Meinung gegen *Binding* **1** 249, 550 Note 12, *Köhler* 549. Gegen die Berücksichtigung verjährter Handlungen *Binding* **1** 826 Note 7, *v. Risch* Z **9** 268 Note 53.

dungsverbrechen gegen Leben und Leib (Strafr. Abh. Heft 145) 1912. *Freymann* Das Zusammentreffen von Verletzungs- und Gefährdungsdelikt im Strafrecht 1912. *Lent* Die Gesetzeskonkurrenz 1912. *Seligmann* (Lit. zu § 27).

I. Die rechtliche Behandlung der Verbrechenseinheit ist die gleiche, mag diese eine Handlungseinheit oder aber eine Handlungsmehrheit darstellen. Dem einheitlichen Verbrechen entspricht die eine und einheitliche Strafe. Dies gilt auch dann ausnahmslos, wenn eine Mehrheit von gleichartigen, d. h. unter dasselbe Strafgesetz fallenden, Erfolgen vorliegt: das mehrfach übertretene Strafgesetz findet nur einmal Anwendung, und die Mehrheit der Erfolge kann nur bei Zumessung der Strafe innerhalb des Strafrahmens berücksichtigt werden[1]). Schwierigkeiten entstehen aber dann, wenn die Verbrechenseinheit auf den ersten Blick unter mehrere verschiedene Strafgesetze fällt, wenn, wie StGB § 73 sagt, „eine und dieselbe Handlung mehrere Strafgesetze verletzt". Wie die bisherigen, durch den unzweideutig klaren Wortlaut des Gesetzes unterstützten, Ausführungen ergeben, ist hier nicht von einem Zusammentreffen mehrerer Verbrechen, wohl aber von einem solchen mehrerer verletzter Strafgesetze die Rede. **Nicht Verbrechenskonkurrenz, sondern Gesetzeskonkurrenz liegt vor.** Und die Frage ist die: Wie ist diese „Konkurrenz" zu lösen, welches der verletzten Strafgesetze ist zur Anwendung zu bringen? Bei der Lösung dieser Frage, die streng genommen nicht zur Lehre vom Verbrechen, sondern zu der der Gesetzesanwendung gehört, sind zwei Fälle auseinanderzuhalten.

II. Der erste Fall: **Scheinbare Gesetzeskonkurrenz.** Wenn das Verhältnis der mehreren scheinbar verletzten Gesetze derartig ist, daß das eine die strafbare Handlung nach allen Richtungen erschöpfend berücksichtigt und demgemäß die übrigen, ebenfalls passenden Strafgesetze beiseite drängt, so ist selbstverständlich nur jenes Gesetz anzuwenden; die anderen scheiden aus dem Wettbewerbe der Gesetze aus, bleiben unbeachtlich[2]).

---

[1]) Die herrschende Ansicht (vgl. *Frank* § 73 III) spricht hier von **„gleichartiger idealer Verbrechenskonkurrenz"** und will den § 73 StGB „analog" zur Anwendung bringen. Diese Auffassung ist völlig verkehrt. Sie steht auch im Widerspruche zu dem Gesetze, das eine „gleichartige Idealkonkurrenz" überhaupt nicht kennt. Nach *Mayer* 507 liegt „das gerade Gegenteil einer Konkurrenz" vor. Richtig auch *Gerland* 161. Vgl. auch *Schwartz* § 13 Note 7. Gegen die hier vorgetragene Ansicht jetzt namentlich auch *Honig* (Lit. zu § 52) 70ff. (insbes. Note 34a), *Mezger* 468.

[2]) Schon *A. Merkel* hat diese Fälle aus der Idealkonkurrenz ausgeschieden und als „Gesetzeskonkurrenz" bezeichnet. Der Ausdruck hat sich leider fest eingebürgert (vgl. *Mezger* 467 Note 1), ist aber durchaus irreführend. In Wahrheit ist von „Konkurrenz mehrerer Gesetze" keine Rede, da unzweifelhaft nur eins von ihnen Anwendung beanspruchen kann. Vgl. *Mayer* 501, 512, *Mezger* 470ff., *v. Hippel* II 523, besonders aber *Honig* Straflose Vor- und Nachtat 1927.

Ob ein solches Verhältnis vorliegt, ist oft schwierig zu entscheiden. Unter vierfachem Gesichtspunkt pflegt man in Literatur und Rechtsprechung die scheinbare Gesetzeskonkurrenz zu begründen: 1. **Spezialität**: lex specialis derogat legi generali; das spezielle Gesetz setzt sich dem allgemeinen gegenüber durch. 2. **Konsumtion**: lex consumens derogat legi consumtae; das den Fall erschöpfend berücksichtigende Gesetz läßt dasjenige, das ihm nicht in gleicher Weise erschöpfend gerecht wird, in sich aufgehen (Aufzehrung). 3. **Subsidiarität**: lex primaria derogat legi subsidiariae; das zum Schutze eines Rechtsgutes nur hilfs- oder ergänzungsweise erlassene Gesetz kommt nur soweit zum Zuge, als der Schutz des Rechtsgutes nicht schon mit der primären Rechtsnorm zu erreichen ist. 4. **Alternativität**: Straftatbestände, die einem Rechtsgut Schutz angedeihen lassen unter Aufstellung widerstreitender Merkmale, schließen sich gegenseitig aus.

Ein scharfer Unterschied dieser Anwendungsfälle der scheinbaren Gesetzeskonkurrenz besteht — das ist *ME. Mayer* und *Mezger*[3]) zuzugeben — nur im Verhältnis der Gruppe 1 (Spezialität) zu den zusammenzufassenden Gruppen 2 bis 4; denn der Fall der Spezialität kennzeichnet sich dadurch, daß sich hier das Ausscheiden des einen Gesetzes gegenüber dem anderen aus Gründen der Logik ergibt[4]), während in allen anderen Gruppen eine vergleichsweise wertende Betrachtung unter Mitberücksichtigung der „konkreten Fallgestaltung" (*Mezger* 473) zum Ziele führt. Wenn der Gesetzgeber etwa betrügerische Verhaltensweisen in § 263 StGB unter Strafe stellt, daneben aber für besondere Arten betrügerischen Verhaltens in den §§ 264, 264a Sondernormen aufstellt, so erfordert

---

[3]) *Mayer* 502, der aber die Fälle der Subsidiarität als Fälle „unechter Realkonkurrenz" (511ff.) ganz ausscheidet; *Mezger* 471. Zu ähnlichen Ergebnissen gelangt aber auch *v. Hippel*, indem er lediglich Spezialität und Subsidiarität gelten, „Konsumtion" und „Alternativität" dagegen teils in dem einen, teils in dem anderen der beiden Begriffe aufgehen lassen will. Sehr scharfsinnig sucht *Honig* die Spezialität einerseits (18ff., zutreffend dabei lediglich die Tatbestandsmerkmale der Gesetze miteinander vergleichend ohne jeden Hinblick auf den konkreten Fall oder auf das Wertungsverhältnis), Subsidiarität, Konsumtion, Alternativität andererseits (31ff., 65ff., 96ff.) zu scheiden; Zusammenfassung S. 113. Aber auf das Verhältnis etwa der Teilnahme zur Täterschaft dürfte nicht nur seine Konsumtionsformel (66, 73, 81), sondern auch seine Subsidiaritätsformel (33ff.) passen. Gegen *Honig* vgl. *v. Hippel* II 549/50. Vgl. über einzelne literarische Meinungen des weiteren *Mezger* 473 Note 11.

[4]) Das dürfte von *v. Hippel* II 523, 526, 527 nicht genügend beachtet werden (vgl. auch *Mezger* 472 Note 8!) trotz der zutreffenden Feststellung, daß bei der Spezialität „der abstrakte Vergleich der Gesetze" ergebe, „daß das eine gegenüber dem anderen in jeder Richtung begrifflich" (!!) „das engere ist". Im übrigen besteht hier noch am weitestgehenden Übereinstimmung. Vgl. insbes. R **57** 329 (330), **59** 107 (111), **61** 410 (412); *Honig* 23 (dort auch Auseinandersetzung mit *Lent*).

es die Logik, daß auf die unter die Sondernormen subsumierbaren Fälle nur und ausschließlich die Sondernormen, nicht aber auch jene allgemeine Betrugsnorm Anwendung finden. Auf die Art der Fallgestaltung kommt es dabei weiter gar nicht an. Das logische Verhältnis der Deliktstatbestände allein entscheidet.

Innerhalb der anderen Gruppe hat die Unterscheidung von Subsidiarität, Konsumtion und Alternativität nicht die Bedeutung scharfer Untereinteilung[5]). Es ist daher zulässig, bezüglich ihrer aller mit *Mezger* von „Konsumtion im weiteren Sinne" zu sprechen und diese überall da anzunehmen, wo das in einem Strafrechtssatz zum Ausdruck gebrachte Unwerturteil in bezug auf eine menschliche Handlung das Unwerturteil eines anderen Strafrechtssatzes mit umfaßt oder „in sich schließt" (*Mezger*). Die oben zu 2 bis 4 formulierten Sätze dienen dabei als regulative Prinzipien. So gelangt man dazu, von Konsumtion des § 223a durch den § 205 zu sprechen, sofern bei einem konkreten Zweikampf körperliche Verletzungen stattgefunden hatten; ebenso konsumiert § 243 Ziff. 2 den § 303, wenn das Erbrechen der Behältnisse bei einem schweren Diebstahl zu Einwirkungen auf die Sachsubstanz der Behältnisse in concreto geführt hat. Von Subsidiarität wird ziemlich einhellig hinsichtlich des Verhältnisses des Versuchs zur Vollendung gesprochen; auch das Verhältnis der Teilnahmeformen zur Täterschaft darf unter diesen Gesichtspunkt gestellt werden. Die §§ 211 und 212, die §§ 246, 242 stehen im Verhältnis der Alternativität zueinander. Eine vorsätzliche Tötung kann nur entweder mit oder ohne Überlegung, ein Angriff auf das Eigentum nur entweder mit oder ohne Gewahrsamsverletzung vorgenommen werden.

[5]) So vor allem *Mezger* 473. Mit *Mayer* 503, *Honig* 72/3, *Mezger* 473 (Note 11), 474/5 und anderen ist darauf hinzuweisen, daß Erfüllung der lex consumens keineswegs immer zugleich auch Erfüllung der lex consumta bedeutet und daß das gleiche für die lex primaria im Verhältnis zur lex subsidiaria gilt. Es kommt hier eben immer auch auf den konkreten Fall an. Was die einzelnen Fälle des Textes betrifft, so dürfte bei ihnen das Ergebnis kaum bestritten sein; namentlich wird für das Verhältnis von Versuch zu Vollendung, von Teilnahme zu Täterschaft ziemlich einhellig angenommen, daß hier „scheinbare Gesetzeskonkurrenz" (in der Ausdrucksweise der herrsch. Lehre: „Gesetzeskonkurrenz"; vgl. oben Note 2) vorliegt. Der Streit, ob Subsidiarität oder Konsumtion, ist aber aus den im Text angegebenen Gründen letzten Endes müßig. Vgl. *Honig* 74 Note 1. Einzelheiten bei *Honig*, *Mezger*, *v. Hippel*. Aus der Rechtsprechung sei hingewiesen auf: R **44** 208, **48** 206, **56** 189, **62** 74 (Verhältnis der Teilnahme zu Täterschaft; teilweise mit ausdrückl. Hinweis auf die „Subsidiarität". Dazu vor allem *Honig* 74 Note 2). R **4** 408 (Verhältnis des § 201 zu § 205), **59** 107 (112/3!!) (Verhältnis des das Leben gefährdenden Raufhandels zu der das Leben verletzenden Körperverletzung mit tödl. Ausgang). Für das Verhältnis von Versuch zu Vollendung wird fast allgemein Subsidiarität angenommen; richtig aber wird von R **58** 211 im Verhältnis eines qualifizierten Versuchs (etwa § 243/43 StGB) zur Vollendung der einfachen Straftat (§ 242) Subsidiarität abgelehnt.

III. Der zweite Fall: **Scheinbare Verbrechenskonkurrenz.** Die unvermeidliche Lückenhaftigkeit unserer Gesetzgebung bringt es mit sich, daß wir in zahlreichen Fällen keinen Paragraphen finden, welcher der Handlung nach allen ihren Seiten gerecht würde. Hier bleibt nach geltendem Recht nur ein, freilich gewaltsamer und wenig befriedigender Ausweg übrig: wir wenden jene Strafdrohung an, die uns durch die Spannweite ihres Strafrahmens die volle Würdigung der Handlung wenigstens annäherungsweise gestattet[6]). So ist die Notzucht an der eigenen Tochter, die sowohl unter § 173 als unter § 177 StGB fallen würde, nach dem letzteren Paragraphen zu bestrafen. Diese Aushilfsregel und nicht mehr spricht § 73 StGB aus,

---

[6]) Über die theoretische Konstruktion herrscht Streit. Vgl. dazu oben § 52 Note 1. Folgende Meinungen stehen sich gegenüber: **1.** Die herrschende Ansicht spricht hier, insbesondere seit *Klein* und *Feuerbach*, von **„ungleichartiger idealer Verbrechenskonkurrenz"**: eine Handlung, mehrere Verbrechen. Gleichbedeutend die Ausdrücke: „begrifflicher Zusammenhang" (RMilG), „eintätlicher Zusammenfluß", „concursus formalis". Sog. „Mehrheitstheorie". Ihr liegt die Auffassung zugrunde, daß die Anzahl der Tatbestandsverwirklichungen schlechthin für die Frage nach der Zahl der Verbrechen maßgebend sei. An den natürlichen Handlungsbegriff anzuknüpfen wird abgelehnt. Diese Auffassung steht aber nicht nur im offensichtlichen Widerspruche zu Sinn und Wortlaut des § 73, der von der Verletzung mehrerer Strafgesetze, nicht aber von der Begehung mehrerer Delikte spricht; sie führt auch strafprozessualisch, da sie mehrere Strafansprüche annehmen muß, geradezu zu Ungeheuerlichkeiten. Hauptvertreter: *Frank* § 73 I, II (vgl. hierzu jetzt insbes. *Baumgarten* Festg. für *Frank* II 188ff.), *P. Merkel* (neuestens HdR III 247), *Honig* (Lit. zu § 52) 3 Note 7, *Beling* Verbrechen 306 (vgl. aber auch Grundz. 96, 100: Zählung der „Verbrechensfälle" unter Zurückgehen auf die „Handlung"; daneben Zählung der „Beurteilungsgesichtspunkte"), *Lobe* Lpz. Komm. Einl. S. 96, *Gerland* 155, *Coenders* Strafr. Grdbegr. 292ff., *Coenders* (Lit. zu § 52), *Allfeld* 237, *R. Schmidt* Grundriß 201/2, 204, *v. Bar* Ges. **3** 524, R **62** 87. **2.** Mit der im Text vertretenen sog. „Einheitstheorie" im wesentlichen übereinstimmend *Baumgarten* (gegen ihn aber *Kriegsmann* Z **30** 944), *Hiller* GS **32** 195 und bei *Grünhut* **13** 126, *v. Kries* 207, *Ortloff* GA **32** 400, *Wachenfeld* 103, insbesondere aber *Heinemann*, *Höpfner*, *Mayer* 506, *v. Hippel* II 510ff., *Mezger* 469. Übereinstimmend auch *Binding* **1** 349, freilich in vollem Widerspruche mit *Binding* **1** 568 (weshalb Päderastie des Lehrers mit dem Schüler anders zu behandeln ist als blutschänderischer Ehebruch, ist nicht einzusehen). Mit aller Bestimmtheit hat sich auch VE § 90 auf diesen Standpunkt gestellt: Zusammentreffen mehrerer Strafgesetze, nicht: mehrerer strafbarer Handlungen. Vgl. Bgr. 378, 383. Ebenso GE, KE, E 1919 und AE 1925 § 63. Letzterer aber geht insofern seinen eigenen Weg, als er im Anschluß an OeRE 64 die Verschiedenheit der Strafbemessungsregeln bei Ideal- und Realkonkurrenz preisgibt, den begrifflichen Unterschied aber beibehält. Ebenso E 1927 § 65, E 1930 § 65. *Wegner* billigt, *Kohlrausch* Reform (1926) 8/9 tadelt die Stellungnahme des AE 1925. Über AE 1925 hinausgehend verlangt *Honig*, hierin *Coenders* (Lit. zu § 52) folgend, auch die Beseitigung des begrifflichen Unterschiedes der Ideal- und Realkonkurrenz. Dagegen wollen *Ilse Ehrhardt* und *v. Weber* GS **100** 228ff. den Unterschied aus prozeßrechtlichen Gründen beibehalten wissen. Vgl. auch Begründ. zum Entw. eines EG zum StGB (1930) S. 46/7 und dazu *v. Weber* a. a. O. — Zu beachten ist, daß nach § 135 VereinszollG mehrfache Strafe trotz Einheit der Handlung eintreten kann; vgl. R **23** 1, **49** 401, **52** 273, 342. Besondere Bestimmung über „Zusammentreffen" in RAbgO § 418.

nach dem nur dasjenige Gesetz zur Anwendung kommt, das die schwerste Strafe, und bei ungleichen Strafarten dasjenige Gesetz, das die schwerste Strafart androht[7]).

Für den Richter ergibt sich in diesem Falle die Notwendigkeit, urteilsmäßig festzustellen, daß die Handlung unter beide Strafgesetze fällt, und was für ihn bei der Auswahl bestimmend war. Das mildere Strafgesetz ist bei der Strafzumessung in keiner Weise zu berücksichtigen. Eben darum kann, wenn das schwerere Gesetz ein geringeres Mindestmaß hat als das mildere, unter das Mindestmaß des letzteren bei der Strafzumessung herabgegangen werden[8]). Eine etwa in dem milderen Strafgesetz angedrohte Nebenstrafe kann bei Anwendung des schwereren Gesetzes, das sie nicht kennt, nicht verhängt werden. Wohl aber sind polizeiliche Maßregeln (z. B. Einziehung, soweit man sie nicht als Strafe auffaßt; vgl. unten § 56 A I 2)[9]) zulässig, und der Bußanspruch des Verletzten kann durch die Anwendung der strengeren Strafdrohung nicht geschmälert werden. Nachträgliche Verfolgung wegen des leichteren Verbrechens wird durch die Rechtskraft des Urteils ausgeschlossen; doch kann später die Annahme eines Rückfalls auf jene Feststellung gegründet werden.

Zu berücksichtigen ist, daß die Strafarten ihrer Schwere nach in folgender Reihe aufeinanderfolgen: Todesstrafe, Zuchthaus, Gefängnis, Festungshaft, Haft, Geldstrafe; daß stets die schwerste Strafe, auf die erkannt werden kann, also bei gleicher Strafart das höhere Höchstmaß (trotz etwaiger Zulassung mildernder Umstände)[10]) und nur, wenn dies gleich ist, das höhere Mindestmaß entscheidet; daß erst in dritter Linie Nebenstrafen, niemals aber Arten der Privatgenugtuung oder Prozeßvoraussetzungen zu berücksichtigen sind[11]). Ist die eine der festgestellten Straftaten lediglich versucht, so ist bei der Vergleichung der herabgesetzte Strafrahmen zu berücksichtigen[12]).

---

[7]) § 73 ist stets anzuwenden, soweit nicht der Fall unter II vorliegt. Daher ist es zwecklos, bei jedem einzelnen Delikt die Möglichkeit einer Idealkonkurrenz mit allen möglichen anderen Verbrechen zu untersuchen, wie das häufig geschieht.

[8]) So die überwiegende Meinung. Auch R **8** 84, **16** 302, RMilG **8** 79; dagegen *Frank* § 73 IV, *Wachenfeld* 266, *Lobe* in Lpz. Komm. § 73 Note 3.

[9]) Ebenso R **46** 132 und **53** 89.

[10]) R **53** 48. Vgl. auch R **54** 29.

[11]) Übereinstimmend R **16** 302, **24** 58. R **17** 193 will Polizeiaufsicht nicht berücksichtigen, da ihr Eintritt nicht im Willen des Gerichtes liegt; dagegen mit Recht *Allfeld* 295. Abweichend vom Text auch R **51** 327, RMilG **16** 7, das die Aberkennung der Ehrenrechte vor dem Mindestmaß der Freiheitsstrafe berücksichtigt.

[12]) Ebenso R **53** 48, *Lobe* in Lpz. Komm. § 73 Note 3.

§ 55. Die Verbrechensmehrheit.

Literatur. *Olshausen* Einfluß von Vorbestrafungen 1876. *Rosenblatt* Strafenkonkurrenz 1879. *Niederreuther* Die prozessuale Behandlung der Realkonkurrenz im geltenden und künftigen Recht (Strafr. Abh. Heft 278) 1930. *May* GA **57** 159, 321.

Mehrere Verbrechen desselben Täters stehen nicht notwendig in rechtlicher Beziehung zueinander. Wir haben im Gegenteile, von besonderer gesetzlicher Anordnung abgesehen, die mehreren Verbrechen desselben Täters ebenso selbständig zu behandeln, wie mehrere Handlungen verschiedener Täter. Eine strafrechtlich erhebliche Beziehung der mehreren Handlungen desselben Täters untereinander entsteht nur durch das kriminalpolitische Bedürfnis nach Schärfung oder Milderung der an sich verwirkten Strafe. Nach geltendem Rechte kann jene Beziehung sein:

I. **Rückfall**, d. i. Begehung eines gleichen oder gleichartigen Verbrechens nach gänzlicher oder teilweiser Verbüßung oder Erlassung der wegen eines früher begangenen gleichen oder gleichartigen Verbrechens zuerkannten Strafe; vorausgesetzt daß nicht seit Verbüßung oder Erlaß der früheren Strafe bis zur Begehung des neuen Verbrechens ein gewisser Zeitraum verstrichen ist, der die strafrechtliche Beziehung zwischen beiden Handlungen als zerrissen erscheinen läßt (Rückfallsverjährung).

Der Rückfall wird nach Reichsrecht nur in einzelnen Fällen als Strafschärfungsgrund verwendet (unten § 67); anders die Entwürfe; vgl. VE §§ 87, 88, GE §§ 95, 96, KE §§ 119, 120, E 1919 §§ 118, 119, AE 1925 § 77, E 1927 § 78, E 1930 § 78.

II. **Reale Konkurrenz** (wirkliches Zusammentreffen) mehrerer selbständiger strafbarer Handlungen (StGB § 74)[1]. Sind diese gleichartig, so spricht man von **Wiederholung**; sind sie ungleichartig, von **Häufung.** Die folgerichtige Durchführung des Gedankens, daß bei Begehung mehrerer Verbrechen durch denselben Täter jedes der Verbrechen mit der ihm entsprechenden Einzelstrafe, die Summe jener Handlungen daher mit der Summe dieser Einzelstrafen zu belegen sei, führt nach der heute in der Gesetzgebung herrschenden Auffassung bei Vollzug der zeitigen Freiheitsstrafen zu unerträglichen Härten (unten § 71). Die gesetzliche Anordnung der Milderung dieser Härten erheischt die gesetzliche Feststellung der Voraussetzungen, unter denen die Abweichung von dem Grundsatze statt-

[1]) Wann eine Handlung, wann mehrere vorliegen, ist nach den oben § 52 aufgestellten Grundsätzen zu beurteilen. Vgl. dazu jetzt namentlich *Honig* (Lit. zu § 52) 21 ff. — Bei Verbreitung einer Druckschrift von mehreren Verbreitungsmittelpunkten aus liegt wirkliches Zusammentreffen ebenso vieler (strafbarer) Handlungen vor: so der 15. deutsche Juristentag **1** 71, **2** 350 im Anschluß an das Gutachten *v. Liszts* (Aufsätze **1** 64); R **5** 314. Dagegen *Binding* **1** 585 Note 45.

finden soll, und führt somit zu der Aufstellung des Begriffes des Zusammentreffens[2]). Voraussetzungen des Begriffs sind: einerseits die, wenn auch tatsächlich vereitelte, rechtliche Möglichkeit gleichzeitiger Aburteilung, andererseits die tatsächliche Möglichkeit nachträglicher Berücksichtigung jener rechtlichen Möglichkeit. Genauer gesprochen: Zusammentreffen mehrerer Straftaten liegt bei Begehung durch denselben Täter unter folgender Doppelvoraussetzung vor:

1. Wenn die mehreren Handlungen begangen waren, ehe wegen einer von ihnen das Urteil in erster Instanz verkündet worden ist.

Beispiel: Die Verbrechen a, b, c sind am 1. Januar, 1. Februar, 1. März begangen; Zusammentreffen liegt vor, wenn die Aburteilung wegen a, b und c am 15. März erfolgt; aber auch dann, wenn am 15. März lediglich über das Verbrechen a gesprochen wurde und die Verbrechen b und c erst nachträglich zum Vorschein kommen. Dagegen steht das am 16. März begangene Verbrechen nicht mehr im „Zusammentreffen" mit a, b und c, auch wenn bezüglich dieser das Berufungsverfahren noch schweben sollte (StGB § 74)[3]).

2. Wenn die verwirkten Strafen gleichzeitig zur Vollstreckung kommen. Dies ist zunächst der Fall, wenn sämtliche strafbare Handlungen Gegenstand derselben Verhandlung und Entscheidung sind. Bei nicht gleichzeitiger Aburteilung ist Zusammentreffen nur dann anzunehmen, wenn (nach Rechtskraft des früheren Urteils) die nachträgliche Entscheidung über das später entdeckte Verbrechen stattfindet, solange eine Verbesserung des früheren Urteils noch möglich ist, solange also die in dem früheren Urteile ausgesprochene Strafe noch nicht vollständig verbüßt, verjährt oder erlassen ist (StGB § 79)[4]).

Beispiel: Ist der Verbrecher wegen a am 15. März zu drei Monaten Gefängnis verurteil worden (und hat er die Strafe sofort angetreten), so ist Zusammentreffen von b und c mit a anzunehmen, wenn b und c vor dem 15. Juni zur Aburteilung kommen; nicht aber, wenn an dem Tage, an dem das Urteil wegen b und c gefällt werden soll, die wegen a erkannte Strafe bereits verbüßt, verjährt oder erlassen ist. Das spätere Urteil hat in jenem Falle unter Berücksichtigung der früher ausgesprochenen Gesamtstrafe auf eine Zusatzstrafe zu erkennen[5]).

---

[2]) Ebendarum sprechen *Hälschner* **1** 654, *Rosenblatt* 4 u. a. statt von Verbrechenskonkurrenz von Strafenkonkurrenz.

[3]) Dagegen R **53** 145.

[4]) „Erlassen" im Sinne des § 79 ist auch eine unter der Bedingung guter Führung innerhalb einer bestimmten Frist nach Maßgabe der AmnestieVO v. 3. Dezember 1918 erlassene Strafe. R **53** 116.

[5]) Aber auch wenn jemand mit Außerachtlassung des § 79 StGB durch verschiedene rechtskräftige Urteile zu mehreren Strafen verurteilt wurde, sind die erkannten Strafen noch nachträglich durch gerichtliche Entscheidung auf eine Gesamtstrafe zurückzuführen. StPO §§ 460, 462.

Zweites Buch.

Die Strafe mit Einschluß der sichernden Maßnahmen.

I.

§ 56. Der Begriff der Strafe und der sichernden Maßnahme.

Literatur. Vgl. die zu §§ 4—6 und § 16 angeführten Schriften. Außerdem *Goldschmidt* VD Allg. T. **4** 81. *v. Hippel* I §§ 21, 22. *Derselbe* Der Sinn der Strafe (Vortrag) 1926. *Freudenthal* bei *Aschaffenburg* **17** 22. *Nohl* Der Sinn der Strafe (Jugendwohlfahrt 1927, 84ff.). *Graf Gleispach* Was ist Strafe? (Rede) 1929. — Zu A: *Merkel* Kriminalistische Abhandlungen 1867 **1** 57. *Wuest* Die sichernden Maßnahmen in dem Entwurf zu einem schweizerischen StGB 1905. *Hafter* Schweizer. Z **17** 211. *Stooß* daselbst **18** 1, 167; **33** 135, **37** 148. *v. Birkmeyer* Strafe und sichernde Maßnahmen. Rektoratsrede 1906. *Derselbe* Beiträge zur Kritik des VE 2. Heft 1910. *v. Redwitz* Die polizeilichen Maßregeln des RStGB und ihr Verhältnis zu dessen allgemeinen Grundsätzen (Strafr. Abh. Heft 102) 1909. *v. Liszt* Österreich. Z **1** 3 und DStrZ **1** 45. *Stooß* bei *Aschaffenburg* **8** 368. Verhandlungen des 13. DJT (Gutachten von *Pollitz, Köhler, Löffler*; Referat von *Lenz*). *Schühly* Kritische Darstellung der Strafen und sichernden Maßnahmen des VE. Heidelberger Preisarbeit 1912. *Lenz* Österreich. Z **3** 283. *Kahl* DJZ **17** 1081. *Delaquis* Z **32** 671. *Derselbe* Verhandlungen des schweizerischen Juristenvereins 1913. *Exner* Theorie der Sicherungsmittel (Berliner Seminarabh. 3. Folge **1** 1. Heft) 1914. *Hoberg* bei *Aschaffenburg* **11** 200. *Oetker* GS **92** 1. *Mezger* bei *Aschaffenburg* **14** 135. *Kohlrausch* Z **44** 21, *Graf zu Dohna* Z **44** 39, *Kitzinger* Z **44** 554 (sämtliche zum Problem der „Sicherungsstrafe"). *v. Lilienthal* bei *Aschaffenburg* Beiheft 1 (1926) 1. *Sauer* GS **97** 27 und DJZ **33** 907. — Zu A I 2: *Glücksmann* Die Rechtskraft der strafprozessualen Entscheidungen über Einziehung und Unbrauchbarmachung (Strafr. Abh. Heft 15) 1898. *Herschel* ebenso (Strafr. Abh. Heft 23) 1899. *Grünbaum* Voraussetzungen der Unbrauchbarmachung usw. (Strafr. Abh. Heft 166) 193. *Friedländer* Das objektive Verfahren nach dem Reichsstrafprozeßrecht 1895. *Schoetensack* Der Konfiskationsprozeß 1905. *Kronecker* WV **1** 645 (Einziehung). *Friedrichs* JW **53** 260. *Weigert* HdR II 221 (Einziehung). — Zu B I: *Graf zu Dohna* VD Allg. T. **1** 261. — Zu B II: *Oetker* Kriminelle und zivile Haftung Dritter nach hessischen Rechtsquellen. Festg. für *Ihering* 1892. *Poetsch* Die subsidiäre Haftung für fremde Geldstrafen usw. 1907. *Beling* WV **1** 308 (Haftung Dritter). *Pollack* (Lit. zu § 199) 83. — Zu B III: *Anschütz* Verwaltungsarchiv 1893 S. 389. *Isaac* Z **21** 625. — Zu C: *Hinschius*: Kirchenrecht **4** 753 Note 9. *Oppenheim* Die Rechtsbeugungsverbrechen 1886. *Preger* LA **7** 365. *Wachinger* VD Bes. T. **5** 193. *Kaskel*

Begnadigung im ehrengerichtlichen Verfahren der freien Berufsstände. Berliner Diss. 1911. *Krakenberger* Die rechtliche Natur der Ordnungsstrafe (Strafr. Abh. Heft 156) 1912. *Schmidt-Leonhardt*, Handbuch des Staatsrechts, herausg. von *Anschütz* und *Thoma*, II 49 (Dienststrafrecht).

A. Strafe und sichernde Maßnahmen[1]).

I. Begriffliches.

1. Strafe ist nach geltendem Recht das Übel, das der Strafrichter gegen den Verbrecher wegen des Verbrechens verhängt, um das gesellschaftliche Unwerturteil über Tat und Täter zum Ausdruck zu bringen. Zwei Merkmale bilden mithin den Begriff der Strafe: Sie ist 1. eine Verletzung des Täters in seinen rechtlich geschützten Interessen, ein Eingriff in Leben, Freiheit, Vermögen, Ehre des Verbrechers; sie ist aber 2. zugleich eine augenfällige Mißbilligung der Tat und des Täters. In dem ersten Merkmal liegt vor allem die spezialprävenierende, in dem zweiten die generalprävenierende Wirkung der Strafe.

2. „Sichernde Maßnahmen" (oben § 4 III 7 und § 5 III) sind solche staatliche Maßregeln, durch die ausschließlich entweder die Anpassung des Einzelnen an die Gesellschaft (erziehende oder bessernde Maßnahmen) oder die Ausscheidung der Anpassungsunfähigen aus der Gesellschaft (schützende oder sichernde Maßnahmen im engeren Sinn) bezweckt wird.

Dem Geiste des RStGB entsprach die Ausbildung sichernder Maßnahmen nicht; daher ist für seinen Bereich im Zweifel an dem Strafcharakter der angedrohten Maßregeln festzuhalten. Das Arbeitshaus, die Polizeiaufsicht usw. sind demgemäß den Strafen zuzurechnen. Als sichernde Maßnahmen werden nur die Unterbringung in einem Asyl nach § 362 Abs. 3 sowie die Einziehung und Unbrauchbarmachung von Gegenständen (StGB §§ 40 bis 42) zu betrachten sein, die Einziehung aber auch nur dann, wenn diese Gegenstände nicht im Eigentum des Täters oder eines Teilnehmers zu stehen brauchen. Erst das JugGG hat wenigstens die eine Gruppe der sichernden Maßnahmen, die Erziehungsmaßregeln, systematisch ausgebildet; und in den Entwürfen des Deutschen Reichs wie der übrigen Länder finden beide Gruppen vielfache Verwendung[2]).

3. Das Verhältnis der sichernden Maßnahme zur Strafe ist sehr bestritten. Die scharfe Entgegensetzung der beiden Begriffe, wie sie sich bei *v. Birkmeyer* und anderen findet, wider-

---

[1]) Das Wort „Strafe" findet sich erst seit dem Anfange des 14. Jahrhunderts. Etymologie sehr zweifelhaft. Vgl. *Günther* Wiedervergeltung 1 5, *His* (Lit. zu § 8B) 342, *Loening* Z 5 546 Note 18. Andere mittelalterlich-deutsche Ausdrücke sind büßen, bessern, wandeln, kehren (auch pein, pön).

[2]) Die sichernden Maßnahmen des geltenden deutschen Rechts werden unten in § 64, die der Entwürfe in § 65 dargestellt.

spricht den tatsächlichen Verhältnissen. Zwar ist es gewiß, daß die sichernde Maßnahme nicht notwendig an die Begehung einer an sich strafbaren Handlung geknüpft zu sein braucht und daher über den Begriff der Strafe hinausführt; so wenn die Fürsorgeerziehung gegen verwahrloste, aber noch nicht verbrecherisch gewordene Kinder und Jugendliche verhängt, oder wenn der gemeingefährliche Geisteskranke verwahrt wird, ehe er ein Verbrechen begangen hat. Aber wenn die sichernde Maßnahme an die Begehung einer strafbaren Handlung geknüpft ist, so kann sie sehr wohl das Wesen der Strafe (ein mit dem Unwerturteil verbundenes Übel) in sich aufnehmen, und zwar auch vom Standpunkt der Vergeltungstheorie aus. Und soweit diese auch für die Strafe, wenn auch nur nebenher, die Verfolgung des Besserungs- und des Sicherungszweckes zuläßt, ebensoweit greift die Strafe in das Gebiet der sichernden Maßnahme hinüber. Die beiden Rechtsinstitute verhalten sich also wie zwei sich schneidende Kreise: Die reine Abschreckungsstrafe (Vergeltungsstrafe) und die reine sichernde Maßnahme stehen zueinander im Gegensatz; innerhalb des ihnen gemeinsamen Gebietes aber kann die sichernde Maßnahme an die Stelle der Strafe treten (mit ihr „vikariieren") und umgekehrt („Sicherungsstrafe"). Das ist auch der Standpunkt der deutschen Entwürfe; vgl. unten II a. E.

II. **Geschichtliches.** Das Strafensystem des Mittelalters, in dem die Todesstrafen, die verstümmelnden Leibesstrafen und die Landesverweisung die beherrschende Rolle spielten, war weitgehend auf radikale Sicherung der Gesellschaft gegen die kriminelle Gefährlichkeit des der Strafe verfallenen Individuums abgestellt. Zur systematischen Ausbildung besonderer, von der Strafe zu unterscheidender „sichernder Maßnahmen" fehlte es daher an jedem dringenden Bedürfnis und Anlaß. Immerhin begegnen auch in den mittelalterlichen Quellen gewisse Erscheinungen, die als Ansätze zu einer Entwicklung von „sichernden Maßnahmen" betrachtet werden können, so z. B., wenn das Goslarische Recht für sinnlose Missetäter Schutzhaft vorsieht oder wenn man in Süddeutschland Geisteskranke auf einem Nachen stromabwärts treiben läßt[3]). Tritt hier der Gedanke unschädlichmachender Sicherung in die Erscheinung, so ist ein Anklang an unsere bessernden Erziehungsmaßregeln etwa darin zu sehen, daß minderjährige Frevler mitunter der Zuchtgewalt des Vormundes überantwortet werden.

Der Gedanke, neben die wegen begangener Missetat zu verhängenden Strafen besondere, auf die kriminelle Gefährlichkeit einer Person abgestellte Sicherungsmittel zu setzen, knüpft in der neueren Zeit an PGO Art. 176 an. Die Bestimmung gestattete, Personen, von denen man sich einer kriminellen Betätigung versehen durfte und die keine hinreichende Sicherheit zu leisten vermochten, in Sicherungsverwahrung auf unbestimmte Zeit zu nehmen („soll die selbig vnglaubhafftige boßhafftige person inn gefengknuß, als lang biß die nach erkantnuß des selben gerichts genugsame caution sicherung vnd bestand für solche vnrechtliche thätliche handlung thut, durch die schöpffen

---

[3]) *His* (Lit. zu § 8B) 63, 67.

rechtlich erkant werden, jedoch soll solch straff nit leichtvertiglich oder on mergklich verdechtlicheyt künfftigs übels sondern mit radt der rechtuerstendigen beschehen"). Auf dieser Rechtsgrundlage wurden in den Zeiten des Polizeistaates die „Verdachtsstrafen", die Friedensbürgschaft, die Sicherungsverwahrung und die korrektionelle Nachhaft als sichernde Verbrechensbekämpfungsmittel entwickelt, ohne daß aber bei der polizeilichen Art der Strafrechtspflege scharfe Unterscheidungen gegenüber den Strafen gemacht oder verlangt wurden[4]). Die im 17. und 18. Jahrhundert immer zahlreicher entstehenden Zucht- und Arbeitshäuser (vgl. unten § 59 I) dienen nicht nur der Vollstreckung der Freiheitsstrafen, sondern auch dem Vollzuge solcher Sicherungsmittel, wie schließlich auch der Bekämpfung der Jugendkriminalität im Wege bessernder Fürsorgeerziehung und Verwahrlosungsverhütung.

Erst die Aufklärungsbewegung führte gegen Ende des 18. Jahrhunderts dazu, das begrifflich-theoretische Problem „Strafe und sichernde Maßnahmen" aufzurollen. *EF. Klein*, der Schöpfer des strafrechtlichen Teiles des ALR, hat als erster eine „Theorie der Sicherungsmittel" aufgestellt; er unterscheidet die im Urteil nach Art und Maß genau festzusetzenden Strafen, die ihrem Wesen nach notwendig ein Übel enthalten, von den Sicherungsmitteln, für deren Maß allein die (von vornherein nie zu übersehende) kriminelle Gefährlichkeit des Täters maßgebend ist, die aber dem Täter nicht notwendig „empfindlich" zu werden brauchen; Rechtsgrund für die Strafen wie für die Sicherungsmittel ist die salus rei publicae; zur Verhängung beider Verbrechensbekämpfungsmittel ist der Richter zuständig, der der Polizei für die Durchführung der Sicherungsmittel die „äußersten Grenzen" vorschreiben müsse; das Verhältnis von Strafe und Sicherungsmittel ist nach *Klein* so zu ordnen, daß auf den Vollzug der festbestimmten Strafe die Unterbringung des noch zu bessernden oder unschädlich zu machenden Täters in der Besserungsanstalt oder in Sicherungsverwahrung zu folgen habe[5]). Auf diesen Standpunkt stellte sich dann auch § 5 II 20 ALR. Aber die preußische Strafgesetzgebung ist in Konsequenz der vom Vergeltungsgedanken immer weiter abrückenden Strafrechtsreformbewegung der damaligen Zeit bald über den Standpunkt des ALR hinausgelangt und hat mit der berühmten Zirkularverordnung vom 26. Februar 1799 die echte Sicherungsstrafe von unbestimmter Dauer in das preußische Strafrecht eingeführt[6]). Die Gesetzgebung anderer deutscher Staaten folgte sehr bald nach[7]). Am Ende des

---

[4]) Vgl. *Freudenthal* VD Allg. T. III 247, *v. Liszt* Aufsätze II 133; *Horn* Die unbestimmte Verurteilung in der Geschichte der altösterreichischen Strafgesetzgebung 1907; *Eb. Schmidt* GA **67** 351. — *Carpzov* Praxis rerum criminalium Pars I qu. 37 n. 79ff. und *JSF. Boehmer* Meditationes in Carolinam Art. 176 zeigen, daß von Art. 176 praktisch Gebrauch gemacht ist. Beide Autoren machen freilich die Annahme der Gefährlichkeit sehr äußerlich vom Nachweis von Drohungen bestimmter Art abhängig. Das ist in damaliger Zeit nicht verwunderlich. Daß auch die kriminelle Gefährlichkeit als solche die Veranlassung zur Sicherungsverwahrung gibt, dafür bietet die Rechtspraxis namentlich seit Beginn des 18. Jahrhunderts mit dem rigorosen Vorgehen gegen Arbeitsscheu, Bettel und Müßiggang hinreichende Belege.

[5]) Über *EF. Klein* vgl. vor allem *v. Liszt* Aufs. II 133; dazu die Arbeiten *Kleins* Archiv des Criminalrechts I 34, 37; Annalen der Gesetzgebung **23** 144; ferner *Eb. Schmidt* GA **67** 351; *v. Hippel* I 275, 281 Note 2.

[6]) *v. Liszt, Eb. Schmidt* a. a. O. Daß die unbestimmte Verurteilung auch vorher schon vorkam, darüber vgl. *Eb. Schmidt* a. a. O. Dennoch ist die VO v. 1799 als erheblicher Fortschritt anzusehen, da sie die unb. Verurteilung erstmalig in allgemeiner gesetzlicher Regelung brachte. Daher ist *Liszts* Beurteilung der VO ganz richtig (a. M. *v. Hippel* I 284 Note 6).

[7]) Vgl. darüber *Freudenthal* VDA III 249, 250.

18. und Beginn des 19. Jahrhunderts besteht also das System der strafrechtlichen Unrechtsfolgen allenthalben aus reinen Abschreckungs-(Vergeltungs-) Strafen, reinen Sicherungsmaßregeln und überdies auch aus „Sicherungsstrafen", in denen der Vergeltungs- und Abschreckungsgedanke mit der Unschädlichmachungs- und der Besserungsidee verbunden wird, je nachdem ob es sich um Unverbesserliche oder Besserungsfähige handelt. Wenn sich dieses System nicht bewährt hat, so lag das an zwei grundsätzlichen Fehlern: dem Unterbleiben einer großzügigen und zielbewußten Gefängnisreform, dem Mangel systematischer kriminalpsychologischer Erkenntnis. Gegen das System als solches hat die Geschichte bisher nicht gesprochen[8]). Aber infolge jener Fehler einerseits und der liberalistisch-rechtsstaatlichen Abneigung gegen spezialpräventive Maßnahmen des Staates andererseits konnte es kommen, daß das soeben geschilderte „Sicherungsstrafrecht" im Laufe des 19. Jahrhunderts einem starren Vergeltungsstrafrecht weichen mußte. Zeugnisse dafür sind das Preußische StGB v. 1851 und das RStGB von 1871. Indessen zeigte sich die Lebenskraft jener, den Ausgang des 18. Jahrhunderts beherrschenden Ideen in der mit dem Marburger Programm von 1882 eingeleiteten internationalen Reformbewegung, die auf die Überwindung des dem 19. Jahrhundert und nur ihm angehörenden „Nur-Vergeltungs"-Strafrechts abzielte mit einer energischen Wiederbelebung der Sicherungsidee. Die dogmatischen Hemmungen aus dem Bereiche der Vergeltungsidee bewirkten nun, daß, wenn auch die Notwendigkeit von Besserung und Sicherung im Kampfe gegen das Verbrechertum allgemein anerkannt wurde, man vielfach doch die Strafidee und die Sicherungsidee durch völlig getrennte Maßregeln verwirklichen zu müssen glaubte. Hierfür hat *Stooß* den Weg gewiesen mit der erneuten Aufstellung des Prinzips der Kumulierung von Strafe und Sicherungsmaßregel, so wie sie von *EF. Klein* 100 Jahre vorher gefordert worden war. Der deutsche VE von 1909 hatte sich im allgemeinen auch auf diesen Standpunkt gestellt, aber im § 89 einen, in Halbheiten freilich stecken gebliebenen Versuch gemacht, den gefährlichen Gewohnheitsverbrechern mit einer langdauernden Sicherungsstrafe entgegenzutreten. Die Entwürfe seit 1913 haben diesen Gedanken nicht fortentwickelt; sie scheiden sämtlich scharf zwischen Vergeltungsstrafen und sichernden (teils bessernden, heilenden, teils unschädlichmachenden) Maßregeln und verlangen nach *Stooß'* Vorbild in erster Linie Kumulierung beider Unrechtsfolgen. Die Entwürfe von 1927 und 1930 haben dabei die „Zweispurigkeit" des Systems noch dadurch besonders unterstrichen, daß sie das in AE 1925 §§ 47, 48 vorgesehene „Vikariieren" der Strafen und sichernden Maßnahmen nicht erwähnen und es dem EStrafvollzG 1927 überlassen, diesen Gedanken mit erheblicher Abschwächung zu verwirklichen (vgl. unten § 65 vor I). Hinsichtlich der Jugendlichen aber hat das JugGG vom 16. Februar 1923 den Vergeltungsgedanken preisgegeben; hier sind die Reformforderungen der „modernen Schule" bereits geltendes Recht geworden. Im übrigen ist mit dem System der Entwürfe das letzte Wort nicht gesprochen[9]). Ohne reine, des Übels- und damit des Strafcharakters entbehrende

---

[8]) Unrichtig *Richard Schmidt* Die Strafrechtsreform 1912, 188, 189.

[9]) Wir stehen hier vor den bestrittensten Problemen der Strafrechtswissenschaft überhaupt. *v. Liszt* hat von jeher einen dem Text entsprechenden, auf Synthese hinzielenden Standpunkt vertreten und gegenüber dem gefährlichen Verbrechertum stets an der Sicherungsstrafe festgehalten. Wenn er im GE und sonst der *Stooß*schen Kumulierungsmethode zustimmte, so war das eitel Resignation, getragen freilich von dem Gedanken, daß die Sicherungsverwahrung des Gewohnheitsverbrechers praktisch gar nichts anderes ist als die von ihm geforderte unbestimmte Sicherungsstrafe. Eine vorzügliche

Besserungs- und Unschädlichmachungsmaßregeln wird zwar keine Strafrechtspflege mehr auskommen; aber zwischen solchen „reinen" Sicherungsmaßregeln und den vorwiegend am Vergeltungsgedanken orientierten „reinen" Denkzettelstrafen für Augenblicksverbrecher wird die Sicherungsstrafe das Bindeglied und zugleich die wissenschaftliche Synthese sein.

B. Folgerungen aus dem Begriffe der Strafe.

I. Die Strafe ist ein Übel, das der Verbrecher erleidet. Dadurch unterscheidet sie sich wesentlich von dem Schadensersatz, mag sie auch mit ihm unter den gemeinsamen höheren (freilich formalen) Begriff der Unrechtsfolgen gebracht werden können[10]). Nicht unter den Begriff der Strafe fallen daher, weil dem Zwecke der Genugtuung (auch für den „ideellen" Schaden) dienend:

1. Die Buße (unten § 65a).

2. Die Ausfertigung des verurteilenden Erkenntnisses an den Verletzten sowie die Befugnis zu dessen öffentlicher Bekanntmachung auf Kosten des Verurteilten[11]), soweit es sich hier nicht darum handelt, den Beleidiger zu verletzen, sondern darum, die verletzte Ehre des Beleidigten durch gerichtliche Ehrenerklärung wiederherzustellen. Begnadigung des Verurteilten bleibt daher in diesen Fällen einflußlos.

II. Strafe ist Verletzung eines Rechtsgutes, dessen Träger der Verbrecher ist, und zwar, um ihn in diesem seinem Interesse zu treffen. Trifft die Verletzung nicht den Verbrecher, so liegt Strafe nicht vor. Daher ist nicht Strafe die Haftung dritter Personen für die von dem Schuldigen verwirkten Geldstrafen, die sich in

---

Orientierung über die Entwicklung des Problems bietet *Kohlrausch* Z **44** 21. Vgl. ferner *Graf zu Dohna* Z **44** 39, *Kitzinger* Z **44** 554, *v. Hippel* I 531, *Mezger* 518/9, Festg. für *Frank* I 538, insbes. Note 1, *Denselben* (Lit. zu § 4) 33, *Grünhut* Z **50** 285, *Eb. Schmidt* Schweizer. Z **45** 222—224. Sehr interessant die Debatte über Sicherungsverwahrung in der 13. Sitzung des 21. Ausschusses (Reichstag, IV. Wahlper.) vom 29. Oktober 1928 und in der 14. Sitzung vom 30. Oktober 1928.

[10]) Es darf aber nicht vergessen werden, daß auch die Strafe dem Verletzten Genugtuung gewährt und diese von dem Täter als ein Übel empfunden wird; daß also Privatrecht und Strafrecht auch in dieser Frage nicht völlig getrennt vorgehen dürfen. Vgl. *v. Liszt* Deliktsobligationen 3.

[11]) StGB §§ 165 und 200; PatentG 1891 § 36, GebrauchsmusterG 1891 § 10, WarenzeichenG 1894 § 19, WettbewerbG 1909 § 23 Abs. 2. Dagegen ist die Veröffentlichung des Urteils Nebenstrafe in § 285a StGB, LebensmittelG 1927 § 16 und verschiedenen anderen Nebengesetzen, besonders in den Steuergesetzen seit 1913. Vgl. darüber unten § 63 VII 4. Inwieweit die Urteilsbekanntmachung im einzelnen Falle Strafe oder Genugtuungsmittel ist, ist sehr streitig. R **6** 180, **16** 73, **46** 73, **53** 290 betrachtet die Urteilsbekanntmachung der §§ 165, 200 StGB, R **26** 406 die des § 16 LebensmittelG (früher NahrMittG 1879) als Strafe. Ebenso RMilG **2** 19, **8** 300. *Wachenfeld* 252 sieht in ihr stets eine Vermögensnebenstrafe. *Frank* stimmt bezüglich §§ 165, 200 zu, weicht aber bezüglich § 285a ab. Übereinstimmend mit dem Text: *Allfeld* 273, *Binding* Lehrb. **1** 163, *Graf zu Dohna* VD Allg. T. I 261.

vielen Reichs- und Landesgesetzen findet[12]). Vgl. z. B. § 153 VereinszollG 1869, § 416 RAbgO 1919/1931.

III. Die Strafe wird **wegen der begangenen Rechtsverletzung** verhängt, und wenn sie auch durch ihre Zweckbestimmung in die Zukunft reicht, so ist sie doch als Unrechtsfolge an einen in der Vergangenheit liegenden Tatbestand geknüpft. Dadurch unterscheidet sie sich vom Strafzwange (als Erfüllungszwang), der auf die Herbeiführung einer bestimmten Handlung oder Unterlassung durch „Ordnungsstrafen" gerichtet ist.

IV. Die Strafe muß vom Staate **durch die Organe der Strafrechtspflege verhängt werden.** Es scheiden demnach alle von Rechts wegen eintretenden Folgen der Verurteilung aus dem Gebiete der Strafe aus. Dies gilt auch von der dauernden Unfähigkeit zum Dienste in der Reichswehr (Reichsheer und Reichsmarine) sowie zur Bekleidung öffentlicher Ämter, die nach StGB § 31 mit der

---

[12]) Die Haftung ist meist subsidiär; sie kann aber auch solidarisch (so in dem sonderbaren Art. 36 Abs. 1 des Zollreglements zum Deutsch-Ägyptischen Handelsvertrag vom 19. Juli 1892, RGBl 1893 S. 77) oder kumulativ, also selbständig, sein. In diesem letzten Falle setzt sie aber selbständige Verschuldung voraus, ist also eigentliche Strafe. — Das Wesen dieser eigentümlichen Einrichtung, die sich schon seit dem 17. Jahrhundert findet, ist sehr bestritten. **1.** Nach richtiger Ansicht handelt es sich um eine **öffentlichrechtliche Haftung** für fremde Schuld (publizistische Bürgschaft). Ebenso *Beling* Grundzüge 109 (steuerähnlicher Verwaltungsanspruch des Staates), *Binding* Normen **2** 614 Note 930, *Rosenfeld* Strafprozeß 5. Aufl. 102, R **54** 75, **57** 220, der Sache nach auch *Allfeld* 207 Note 20 (nicht Strafe, sondern Haftung für fremde Strafe). Vgl. auch *Goldschmidt* Deliktsobligationen (oben § 26 V) 24, sowie *Oetker* GS **100** 29. — **2.** Dagegen (für die Auffassung als Strafe) *Binding* **1** 489 (im Gegensatz zu seiner früheren Ansicht), *Löbe* Deutsches Zollstrafrecht (4. Aufl. 1912) 189, R **16** 109 (Strafübel), **63** 294 (297/8) u. a. — Die grundsätzliche Auffassung ist entscheidend für eine Reihe von Einzelfragen. So sind in bezug auf Verjährung, Begnadigung usw. die Grundsätze des öffentlichen Rechts anzuwenden. Vgl. R **54** 75. Ist der Haftpflichtige selbst neben einer der Personen, für die er zu haften hat, an der Tat strafrechtlich beteiligt, so kann ihn die Zahlung zweimal treffen: einmal als Strafe, dann aber als Haftung für seinen Genossen (ebenso R **25** 294). Es ist weiter möglich, daß dieselbe Person für mehrere an derselben Tat Beteiligte mehrfach zur Haftung herangezogen wird, oder daß trotz Erfüllung der Haftpflicht hinterher noch Anklage wegen Teilnahme an dem Vergehen erhoben wird, und umgekehrt. Auch ist es nur bei dieser Auffassung erklärlich, daß auch Körperschaften, wie Aktiengesellschaften, Gesellschaften mit beschränkter Haftung usw., deren strafrechtliche Verantwortung in unserem positiven Rechte grundsätzlich ausgeschlossen ist (oben § 28 I 2), daß ferner Jugendliche und Geisteskranke vom Gesetze ausdrücklich der Haftung unterstellt werden. Vgl. die übereinstimmenden Ausführungen im Kommentar zum G. m. b. H.-Gesetz von *Hachenburg, Bing* und *W. Schmidt* (5. Aufl.) 1926 § 13 Note 5, ferner *Hensel* Steuerrecht 2. Aufl. (1927) 185 Note 1, *Cattien* Reichssteuerstrafrecht 2. Aufl. 1929, 254ff., *E. Becker* RAbgO (Kommentar 7. Aufl.) 1930, 965. — Dagegen liegt Strafe überall da vor, wo die Haftung durch ein selbständiges Verschulden des Haftenden (Fahrlässigkeit bei Auswahl, Beaufsichtigung usw.) bedingt ist. So nach zahlreichen Nebengesetzen (auch den neueren Steuergesetzen).

Verurteilung zu Zuchthausstrafe „von Rechts wegen" verbunden ist. Ferner gehören hierher zahlreiche Bestimmungen in den Nebengesetzen[13]).

C. Verschieden von der peinlichen Strafe ist:

I. Die staatliche Disziplinarstrafe, die vom Staate nicht als Inhaber der öffentlichen Zwangsgewalt, sondern kraft seiner dienstherrlichen Stellung, im Interesse des inneren Dienstes, verhängt wird. Daraus folgt: Ihre Verhängung ist, weil nicht Strafsache, nicht Sache der ordentlichen Strafgerichte; dieselbe Übertretung kann Disziplinarstrafe und überdies eigentliche Strafe nach sich ziehen; wenn jemand mehreren Dienstkreisen angehört, so kann er wegen desselben Vergehens mehrmals disziplinarisch bestraft werden (z. B. als Beamter und als Reserveoffizier); durch Verjährung der Strafe wird die disziplinarische Verfolgung nicht ausgeschlossen usw.

II. Nach positivrechtlicher Anordnung die Strafe für geringfügigere Rechtsverletzungen, die die Reichsgesetzgebung ebenfalls mit dem Namen der Ordnungsstrafe bezeichnet. Sie findet sich besonders häufig in den Zoll- und Steuergesetzen sowie im Versicherungsrecht; es gehören hierher aber auch die Fälle der einfachen Nichterfüllung der Dingpflicht.

III. Dagegen ist die polizeiliche Strafe nach geltendem Recht von der peinlichen Strafe nicht verschieden (vgl. oben § 26 V).

II. Die Strafarten (Das Strafensystem).

§ 57. Das Strafensystem des geltenden Rechts und der Entwürfe.

Literatur. *Goldschmidt* (Lit. zu § 56). Die zu § 56 sonst angeführte Lit. Verhandlungen des 29., 30., 31. und 32. DJT. Verhandlungen der JKV 1921, 1922, 1925, 1927. *Schmidt* bei *Aschaffenburg* **17** 275.

I. In dem Systeme des RStGB haben wir Haupt- und Nebenstrafen zu unterscheiden. Erstere können auch allein, letztere nur in Verbindung mit einer Hauptstrafe verhängt werden. Unter den

---

[13]) Sog. **Rechtsverwirkungen**; vgl. *Binding* **1** 328 Note 14, *v. Gierke* Deutsches Privatrecht **1** 429. Beispiele bieten BGB §§ 1312, 1680; GVG § 175 Abs. 1; ZPO § 1032, GewerbeO § 53, RepublikschutzG 1930 § 6. Auch die Aberkennung der Staatszugehörigkeit und die Verweisung aus dem Reichsgebiet nach §§ 23, 24 des Gesetzes gegen die Steuerflucht vom 26. Juli 1918, die durch die Verwaltungsbehörden angeordnet werden, sind keine Strafen. Dagegen handelt es sich überall dort um eine wirkliche Strafe, wo durch strafgerichtliches Erkenntnis der Verlust einer Befugnis ausgesprochen wird.

Nebenstrafen sind als Nachstrafen diejenigen hervorzuheben, die erst nach der Erledigung der Hauptstrafen zum Vollzuge gelangen.

Ein weiterer Einteilungsgrund ergibt sich, wenn wir die Rechtsgüter des Verbrechers ins Auge fassen, deren Verletzung der Staat zum Zwecke des Rechtsgüterschutzes vornimmt. Es sind Leben, Freiheit, Vermögen, Ehre[1]).

II. Danach gewinnen wir folgendes System:

A. **Hauptstrafen.**

1. Am Leben: Die Todesstrafe.

2. An der Freiheit: a) Zuchthaus; b) Gefängnis; c) Festungshaft; d) Haft.

3. Am Vermögen: Die Geldstrafe[2]).

B. **Nebenstrafen.**

1. An der Freiheit: a) die Zulassung der Stellung unter Polizeiaufsicht; b) Überweisung an die Landespolizeibehörde; c) Ausweisung aus dem Reichsgebiete[3]).

2. Am Vermögen: Die Einziehung von Gegenständen, die durch ein vorsätzliches Verbrechen oder Vergehen hervorgebracht oder zur Begehung (nicht bloß zur Vorbereitung oder bei Begehung) eines solchen gebraucht oder bestimmt sind, sofern sie dem Täter oder einem Teilnehmer gehören (§ 40 StGB)[4]).

---

[1]) Die Bestimmungen des RStGB über das Strafensystem sind absolut gemeines Recht (oben § 20 Note 7). — Über das Strafensystem des MilStGB vgl. unten § 204 V. — Von den Nebenstrafen werden in den folgenden Paragraphen nur diejenigen erörtert werden, welche allgemeinere Bedeutung haben.

[2]) Die Geldstrafe ist stets Hauptstrafe, auch wenn sie neben einer Freiheitsstrafe angedroht ist. — Das wird wichtig für StGB § 45. Übereinstimmend die gem. Meinung, insbes. R **19** 234.

[3]) Gegen den Strafcharakter dieser drei Maßregeln *Beling* Grundzüge 109/10, *Binding* **1** 873, *Frank* §§ 39 I, 362 II, *Lobe* in Lpz. Komm. § 38 Note 1 (bezüglich der Polizeiaufsicht, zugleich mit dem Hinweis auf eine Schwenkung in der Meinung des R), *Mayer* 471, *Ploß* (Lit. zu § 62) 42ff. (hinsichtl. der Überweisung an die Landespolizeibehörde). Vgl. aber oben § 56 A I 2. Die herrschende Meinung vertritt den Standpunkt des Textes, so insbesondere auch R **17** 193 (Polizeiaufsicht), **7** 433 und **35** 343 (Überweisung). *Hofacker* Die Staatsverwaltung und die Strafrechtsreform (1919) 278/79 unterscheidet die Erkennung der Zulässigkeit der Polizeiaufsicht und die als reine Verwaltungsmaßregel daraufhin erfolgende Stellung unter Polizeiaufsicht selbst; nur jene Erkennung soll Strafe sein.

[4]) Vgl. oben § 56 A I 2, unten § 64 IV. — Der Einziehung unterliegen producta und instrumenta sceleris, nicht aber die durch die Tat (z. B. Diebstahl) erworbenen Gegenstände (scelere quaesita). Mit der Rechtskraft des Urteils geht das Eigentum auf den Fiskus über. So die gem. Meinung; vgl. *Schwartz* § 40 Note 7. Abweichend *Frank* § 40 IV (der Täter ist nach dem Urteil zur Übertragung des Eigentums auf den Fiskus verpflichtet), *Lobe* in Lpz. Komm. § 40 Note 9 (das Eigentum verfällt durch die Tat und zur Zeit der Tat, das Urteil hat nur deklaratorische Bedeutung).

3. An der Ehre: a) die Aberkennung sämtlicher, b) die Aberkennung einzelner bürgerlicher Ehrenrechte, c) die Nebenstrafen in §§ 161 und 319 StGB, d) die richterlich ausgesprochene Unfähigkeit zum Gewerbebetrieb, e) die zur Brandmarkung verhängte Urteilsbekanntmachung (Gegensatz: die als Genugtuungsmittel dienende Urteilspublikation; vgl. oben § 56 B I 2).

III. Über das Strafensystem der deutschen Entwürfe vgl. oben § 16, sowie unten §§ 58, 59, 61.

§ 58. Die Todesstrafe.

Literatur. *Goldschmidt* VD Allg. T. **4** 318. — *Fürnrohr* Die Todesstrafe in ihrer rechtshistorischen Entwicklung in Deutschland bis zur Karolina. Erlanger Diss. 1909. *Piantkowsky* Z **31** 853. Verhandlungen des 30. und 31. DJT (Gutachten von *Finger* und *Liepmann*, Referat von *Kahl*). *Liepmann* Die Todesstrafe 1912. Dazu *Höpfner* Z **34** 142. *Lammasch, Groß, v. Staff* DJZ **17** 1088, 1093, 1257. *Kronauer* Die Todesstrafe und die Vereinheitlichung des schweizerischen Strafrechts 1912. *Cleric* Z **34** 434 (Schweizer Juristentag). *Schewardnadse* Die Todesstrafe in Europa 1914. *Pfenninger* Schweizer. Z **31** 361. *Freudenthal* HdR VI 40. *Exner* bei *Aschaffenburg* **20** 1. *E. Roy Calvert* Capital Punishment in the twentieth century 1927. *Mungenast* Der Mörder und der Staat 1928. *Ruesch* Todesstrafe und Unfreiheit des Willens 1927. Zahlreiches Material in den letzten Jahrg. von *Aschaffenburgs* Monatsschrift. — *Ramlau* Wie wird im Deutschen Reiche die Todesstrafe vollstreckt? Rostocker Diss. s. a. (1900). *Lenhard* bei *Aschaffenburg* **11** 636. *Bloch* bei *Aschaffenburg* **18** 45. — *Günther* **3** 1. Hälfte 327. *His* (Lit. zu § 8 B) § 20. *Oppermann* bei *Aschaffenburg* **12** 261. *v. Amira* (Lit. zu § 6).

I. Die Todesstrafe, neben der verstümmelnden Leibesstrafe die peinliche Strafe des gemeinen Rechts, ist nach Inhalt und Umfang seit der Beseitigung der grausam geschärften Arten der Hinrichtung und seit ihrer Beschränkung auf wenige Ausnahmefälle in dem System des heutigen Strafrechts neben der Freiheits- und Geldstrafe völlig in den Hintergrund getreten[1]).

Der Kampf, den die Schriftsteller der Aufklärungszeit (vor allen *Beccaria* und *Sonnenfels* 1764) gegen die Todesstrafe eröffneten[2]), hatte zunächst nur vorübergehenden Erfolg: Abschaffung der Todesstrafe in Toskana 1765 tatsächlich, 1786 gesetzlich (bis 1790 bzw. 1795); in Österreich 1787 (bis 1796; ihre Stelle vertraten die furchtbaren Strafen der Anschmiedung im dunklen Kerker bei Hungerkost sowie die langsame Hinrichtung durch das Schiffziehen). In Rußland war sie schon 1754 auf politische Verbrechen beschränkt worden. In seinen weiteren Wirkungen aber führte jener Kampf, in Verbindung mit der seit den siebziger Jahren des 18. Jahrhunderts beginnenden Gefängnisver-

---

[1]) In Deutschland kamen in den Jahren 1891—1917 auf 100 Strafurteile 0,01 Todesurteile, 1921, 1924, 1925 waren es 0,02.

[2]) Verteidiger der Todesstrafe finden sich aber auch in dieser Zeit häufig. Ich erinnere an *Montesquieu, Rousseau, Linguet, Soden,* sowie an *Kant* und *J. Möser*. Vgl. auch Z **5** 721. In *Goethes* Dissertation 1771 lautet These 53: „Poenae capitales non abrogandae". Vgl. *Meisner* Goethe als Jurist 1885 S. 17 und *Lucht* (Lit. zu § 11) 40. Literarischer Streit im Deutschen Museum 1776/78. *Bergk* Meinungen über die Todesstrafe 1798. In den österreichischen Niederlanden wurde 1776 die Abschaffung amtlich erwogen.

besserung, zur allmählichen Beseitigung der verschärften[3]) und zur allmählichen Einschränkung der Todesstrafe überhaupt auf eine geringere Anzahl von Straffällen.

Infolge des § 9 der deutschen Grundrechte vom 27. Dezember 1848 (§ 139 der RVerf. vom 28. März 1849) wurde die Todesstrafe in einer Reihe von deutschen Staaten (nicht aber in Österreich, Preußen, Bayern) beseitigt; doch führte in den meisten dieser Staaten die Herrschaft der Reaktion zur Wiederherstellung der Todesstrafe; Hannover kannte sogar noch bis 1859 die Schleifung zur Richtstatt. Nur Oldenburg, Anhalt, Bremen hielten an der Beseitigung fest; Sachsen schaffte noch 1868 die Todesstrafe ab. So stand die Frage, als die Beratung des norddeutschen StGB in Angriff genommen wurde. Die harten parlamentarischen Kämpfe, die mit der Beibehaltung (bzw. Wiedereinführung) der Todesstrafe endeten, sind bereits oben § 13 II 3 geschildert worden.

Dagegen hat außerhalb Deutschlands die auf Beseitigung der Todesstrafe gerichtete („abolitionistische") Bewegung gerade in den letzten Jahrzehnten eine Reihe von Fortschritten zu verzeichnen. Die Todesstrafe wurde beseitigt in Toskana (wo sie bereits 1847 bis 1852 abgeschafft war) 1859, in ganz Italien 1889, wo sie aber 1926 wieder eingeführt wurde; in Rumänien 1864 (ausdrücklich verboten in der Verfassung von 1866); Portugal (seit 1843 nicht mehr vollzogen) 1867; Holland 1870; in Norwegen, wo sie seit etwa dreißig Jahren nicht mehr vollzogen worden war, durch das StGB von 1902; in Schweden (für das bürgerliche Strafrecht) durch G vom 3. Juni 1921; in Dänemark durch das StGB von 1930. Sie besteht außerdem nicht in San Marino (seit 1848) und in einzelnen der Vereinigten Staaten Nordamerikas (Kansas, Maine, Michigan, Minnesota, North Dakota, South Dakota, Rhode Island, Wisconsin); dabei ist zu beachten, daß in den U. St. Courts seit 1897 die Geschworenen das Recht haben, die Anwendung der Todesstrafe auszuschließen. Auch in vier von den mexikanischen Staaten, ferner in Venezuela (1864), Costa Rica (1880), Guatemala (1889), Brasilien (1890), Nicaragua (1893), Honduras (1894), Ecuador (1895), Uruguay (1907), Kolumbia (1910), Argentinien (1921) hat man sie abgeschafft. Die größeren Staaten, insbesondere England und Frankreich, haben sie beibehalten, aber beide, ersteres seit 1861, letzteres seit 1832 und 1848, auf eine geringere Anzahl von strafbaren Handlungen beschränkt; die beantragte Abschaffung wurde von der französischen Deputiertenkammer am 8. Dezember 1908 abgelehnt. In England hat ein Ausschuß des Unterhauses, der zur Prüfung der Frage der Todesstrafe Ende 1929 zusammentrat, die versuchsweise Aufhebung der Todesstrafe für 5 Jahre

---

[3]) In Berlin fand 1813 die letzte Verbrennung statt. Dazu *Rosenfeld* Z **29** 810. *Derselbe* Z **32** 303 über eine Berliner Verbrennung von 1786. Das Rädern hat Hannover 1840 (bis dahin mit eisernen Keulen vollstreckt), Preußen erst 1851 beseitigt. Aus den Akten P. A. IV 5 p des Breslauer Staatsarchivs ergibt sich für eine am 18. März 1835 in Glogau vollzogene Hinrichtung mittels Rades, daß die Delinquentin auf besonderen Befehl des Justizministers „unmittelbar vor Vollstreckung der Todesstrafe des Rades auf eine den Zuschauern nicht bemerkliche Weise erdrosselt" wurde. Die Erdrosselung erfolgte beim Aufspannen auf den Räderapparat. Das Hinrichtungsprotokoll fährt fort: „Hierauf begannen die Schläge mit dem Rade und zwar zuerst drei auf die Brust, welchen noch eilf andere Schläge auf die Arme, die Beine und das Genick nachfolgten. . . . Während der Hinrichtung war eine große Ruhe im Publico und trat in keiner Hinsicht eine Stöhrung ein." Friedrich der Große hatte durch KO vom 11. Dezember 1749 ebenfalls bereits die „ohnvermerkte" Erdrosselung der zu rädernden Delinquenten angeordnet. Vgl. *Eb. Schmidt* (Lit. zu § 11) 29.

empfohlen[4]). Die Schweiz hat durch Bundesverfassung von 1874 die Todesstrafe für unzulässig erklärt; seit der Volksabstimmung vom 18. Mai 1879 (in Kraft 20. Juni 1879) bleibt sie nur für politische Verbrechen von Bundes wegen ausgeschlossen. Die Kantone haben damit das Recht zur Wiedereinführung der Todesstrafe zurückerlangt. Bis jetzt machten davon Gebrauch: Schwyz, Uri, Unterwalden ob dem Wald, Appenzell-Inner-Rh., Zug, St. Gallen, Luzern, Wallis, Schaffhausen, Freiburg. Dagegen hat der schweizerische Entwurf, wie die Entwürfe von *Thyrén* und *Torp* (oben § 17 VI), auf die Todesstrafe verzichtet. Auch Belgien hat seit 1863, Finnland seit 1826 keine Hinrichtung mehr erlebt, letzteres aber im StGB von 1889 die Todesstrafe beibehalten. In Österreich ist die Todesstrafe durch G vom 3. April 1919 für das ordentliche Verfahren abgeschafft worden. Über das Schicksal der abolitionistischen Bewegung in Litauen vgl. oben § 17 VII 3.

In Deutschland ist der Kampf für und gegen die Todesstrafe seit *Liepmanns* Auftreten auf dem 30. DJT (1910) aufs neue entbrannt. Auf dem 31. DJT (1912) hat sich eine schwache Mehrheit für ihre Beibehaltung in dem künftigen RStGB ausgesprochen. Die deutschen Entwürfe haben denn auch — bis auf den Entwurf *Radbruch* von 1922 (vgl. oben § 16 VI) — die Todesstrafe beibehalten; freilich ist ihr Anwendungsgebiet gegenüber dem geltenden Recht insofern eingeschränkt, als auch beim Morde, dem einzigen Anwendungsfall der Todesstrafe im E 1927 (1930), mildernde Umstände berücksichtigt werden dürfen und zu einer Ersetzung der Todesstrafe durch Zuchthausstrafe führen (vgl. E 1927, 1930 § 73)[5]. Vom Standpunkt der Vergeltung sprechen zweifellos die schwersten Bedenken gegen die Todesstrafe, deren Verhängung von starren begrifflichen Unterscheidungen in den Tatbeständen, deren Vollstreckung von den wechselnden Anschauungen einzelner Menschen abhängt. An der abschreckenden Wirkung der Todesstrafe kann man durchaus zweifeln; ihre sichernde Wirkung ist allerdings unbestreitbar. Bestritten aber muß werden, daß der heutige Staat bei ernstem Willen nicht andere Möglichkeiten hat, um eine gleiche tatsächliche Sicherung zu erzielen. Gibt es aber derartige Mittel, so ist die Verwendung der Todesstrafe nicht zu billigen, da dann das Risiko eines auf Todesstrafe lautenden, also völlig irreparablen Fehlurteils durch nichts mehr gerechtfertigt werden kann.

II. **Anwendungsgebiet der Todesstrafe.** Wenn wir von dem MilStGB absehen, das die Todesstrafe in 10 Fällen ausschließlich, in 8 Fällen wahlweise androht[6]), findet sich diese in der Reichsgesetzgebung:

---

[4]) Vgl. *Magd. Schoch* Schweizer. Z **45** 96ff.; *Kohlmann* Z **51** 593.

[5]) Die an § 33 des E 1927 sich anschließende Debatte über die Todesstrafe vollzog sich im 32. Ausschuß (III. Wahlper. 1924/27) in der 23. Sitzung (2. November 1927: Ablehnung des Antrages Dr. *Rosenfeld* auf Streichung der Todesstrafe), im 21. Ausschuß (IV. Wahlper. 1928) in der 8. Sitzung (18. Oktober 1928), 9. Sitzung (23. Oktober 1928), 10. Sitzung (24. Oktober 1928), 15. Sitzung (31. Oktober 1928; hier Antrag *Kahl*, einen wegen Mordes zu lebenslangem Zuchthaus Verurteilten im Falle einer Begnadigung in Sicherungsverwahrung zu überführen; dann Abstimmung mit dem Ergebnis, daß der Antrag *Kahl* mit 12 gegen 15 Stimmen, der gesamte § 33 mit 14 gegen 14 Stimmen abgelehnt wurde).

[6]) Nur für militärische Verbrechen, die im Felde verübt sind; und zwar in einzelnen Fällen von Kriegsverrat und Gefährdung der Kriegsmacht, Fahnenflucht, Feigheit, bei einzelnen Subordinationsverbrechen vor dem Feinde, bei Plünderung mit Tötung, Pflichtverletzung auf Posten vor dem Feinde, Bruch

1. als Strafe des vollendeten Mordes (StGB § 211)[7];

2. als Strafe des Mißbrauchs von Sprengstoffen, wenn der Täter vorsätzlich durch Anwendung von Sprengstoffen Gefahr für Eigentum, Gesundheit oder Leben eines anderen verursacht; vorausgesetzt, daß durch die Handlung der Tod eines Menschen herbeigeführt worden ist und der Täter einen solchen Erfolg hat voraussehen können (SprengstoffG 1884 § 5 Abs. 3);

3. als Strafe der Veranstalter und Anführer eines zum Zwecke des Sklavenraubes unternommenen Streifzuges, wenn durch diesen der Tod einer der Personen, gegen die der Streifzug unternommen war, verursacht worden ist (§ 1 SklavenraubG 1895).

4. Erweiterte Anwendung kann die Todesstrafe gegebenenfalls auf Grund einer gemäß Art. 48 RVerf. erlassenen Verordnung des Ausnahmerechts finden (oben § 25).

In den drei ersten Fällen ist die Todesstrafe ausschließlich angedroht worden. In allen Fällen kann sie verschärft werden durch Aberkennung der bürgerlichen Ehrenrechte (StGB § 32). Ausgeschlossen ist sie nach RStGB und JugGG bei Versuch, Beihilfe und bei jugendlichem Alter des Täters (unten § 68); doch kann auf Grund des Art. 48 RVerf. (oben § 25) ausnahmsweise etwas anderes bestimmt werden, überdies ermöglicht MilStGB § 50 die Verhängung der Todesstrafe auch über Jugendliche.

III. **Vollzug der Todesstrafe.** Die Todesstrafe ist nach RStGB § 13 durch Enthauptung, nach § 14 MilStGB durch Erschießen zu vollstrecken, „wenn sie wegen eines militärischen Verbrechens, im Felde auch dann, wenn sie wegen eines nichtmilitärischen Verbrechens erkannt worden ist"[8]. Im übrigen ist die Vollstreckung der Todesstrafe landesrechtlich geordnet[9]. Nach RG betr. die

---

des Ehrenwortes durch einen Kriegsgefangenen (MilStGB §§ 58, 60, 63, 71, 72, 73, 84, 95, 97, 107, 108, 133, 141, 159).

[7]) Vor der politischen Umwälzung kam nach § 80 in Betracht. Vgl. dazu unten § 164 II. — Über AE 1925 vgl. oben I.

[8]) Die Fassung ist allerdings nicht ganz klar: *Bennecke* Z 7 728. Im Frieden ist die Todesstrafe für militärische Verbrechen ausgeschlossen. Ist wegen eines gemeinen Verbrechens im Frieden auf Todesstrafe erkannt, so erfolgt nach MilStGO § 454 die Vollstreckung (mittels Enthauptens) durch die bürgerlichen Behörden. Genaue Vollstreckungsbestimmungen für die militärische Vollziehung der Todesstrafe in MarinestrafvollstreckungsO vom 28. Dezember 1926 §§ 2, 3. Vgl. *Lobe* in Lpz. Komm. § 13 Note 2c u. 3.

[9]) Gemeinrechtlich das Schwert; so noch in beiden Mecklenburg, in Anhalt, Reuß ä. L., Lippe, Schaumburg, Bremen. In den altpreußischen Provinzen das Beil (Kgl. Befehl vom 19. Juni 1811); ebenso in Braunschweig, Meiningen, Altenburg, Reuß j. L. Das Fallbeil (Fallschwert) seit 1818 in der Rheinprovinz, 1841 in Hessen-Darmstadt, 1852 in Sachsen, 1854 in Bayern und Hamburg, 1856 in Frankfurt, Baden, Weimar, 1857 in Sondershausen, Koburg, 1860 in Hannover, 1863 in Lübeck, 1880 in Württemberg, 1884 in Oldenburg. Seit 1867 wird die Todesstrafe auch in den neuerworbenen preu-

Rechtsverhältnisse in den Schutzgebieten (1900 § 6 Ziff. 5) konnte hier durch Kaiserliche Verordnung „eine andere, eine Schärfung nicht enthaltende Art der Todesstrafe" eingeführt werden. Demgemäß wurde verordnet (9. November 1900), daß die Vollziehung durch Erschießen, Enthaupten oder Erhängen stattzufinden habe.

Einzelne hierher gehörende Bestimmungen hat die StPO gebracht. So ist nach StPO § 453 die Vollstreckung der Todesstrafe erst zulässig, wenn der Träger des Begnadigungsrechts erklärt hat, von diesem keinen Gebrauch machen zu wollen. Geisteskrankheit oder Schwangerschaft hemmen die Vollstreckung. — Ferner ist durch StPO § 454 die seit den vierziger Jahren in den meisten deutschen Staaten (in Preußen 1851) eingeführte sog. Intramuranhinrichtung[10]) (Vollstreckung in umschlossenem Raume bei beschränkter Öffentlichkeit) Reichsrecht geworden.

ßischen Landesteilen mit dem Beile vollstreckt; nur in Hannover und in dem OLGBezirk Köln hat sich das Fallschwert bzw. Fallbeil erhalten. Mit § 13 RStGB ist rechtlich unvereinbar die bayerische VO vom 21. Juli 1921, wonach Hinrichtung durch Erschießen angeordnet wird. Vgl. *Grosch* DStrafrZ **9** 341. — Ungarn, England, Japan und die Vereinigten Staaten halten an der Hinrichtung mit dem Strange fest. Spanien hat die Garrotte beibehalten, New York, Ohio, Massachusetts haben die Elektrizität als Tötungsmittel eingeführt. Vgl. *Freudenthal* Z **28** 61. In Sowjetrußland wird „im Kampf gegen Verbrechen schwerster Art, die die Grundlagen des Sowjetregimes und der Sowjetverfassung bedrohen", „als außerordentliche Maßnahme zum Schutz des Staates der Werktätigen" das „Erschießen" angewandt (§ 21 des StGB der RSFSR vom 22. November 1926). Vgl. dazu *Zaitzeff* Z **51** 1, *Pasche-Oserski* (oben § 17 VII 5) 25ff., und die Verhandlungen im 21. Ausschuß der IV. Wahlperiode (oben Note 5). — Der Name Guillotine erinnert an den Pariser Arzt JJ. Guillotin († 1814). Er hatte am 1. Dezember 1789 beantragt, daß die Hinrichtung für alle Stände gleichmäßig, und zwar mittels eines einfachen Mechanismus, vollzogen werden sollte. Die Spottverse eines Royalistenblattes weissagten zutreffend, daß dieser Mechanismus den Namen des Antragstellers tragen werde. Vgl. *Korn* JJ. Guillotin. Berliner Diss. 1891. *Günther* Note 706. Die erste Hinrichtung mittels der von Louis und Schmidt hergestellten Guillotine erfolgte 1792. Die Erfindung selbst war längst bekannt. Schnitzereien und Holzschnitte (*L. Cranach* 1539; Abbildung bei *Fehr* Das Recht im Bilde, Bild Nr. 93) stellen solche Hinrichtungen auf deutschem Boden dar. In Österreich wurde 1756ff. die Einführung nur wegen der Kosten abgelehnt. *Maasburg* (oben zu § 10 IV) 40. *Böhmer* Neues Archiv **6** 65.

[10]) Sie ist auch in den meisten außerdeutschen Staaten (nicht in Frankreich) eingeführt. Vgl. auch §§ 19, 20 des EStrafvollzG 1927 (Reichstagsvorlage). — Die nichtöffentliche Hinrichtung wird gegen Ausgang des 18. Jahrhunderts auch in Deutschland vielfach besprochen; so von *v. Hippel* 1797, einem Ungenannten 1798 (*Böhmer* Handb. der Lit. des Kriminalrechts 1816 S. 710). Den Ausgangspunkt bildet die wachsende Abneigung gegen öffentlichen Strafvollzug überhaupt. Vgl. *Rush* (Pennsylvanien) Enquiry into the effects of public punishments upon criminals and upon society 1787. Und dazu *Püttmanns* Sendschreiben an *Rush* 1792. *Günther* Note 705.

§ 59. Die Freiheitsstrafe. Allgemeines. Geschichte.

Literatur zu §§ 59 und 60: Aus der kaum übersehbaren Literatur kann nur eine Auswahl gegeben werden:

Allgemeines: *Bumke* Deutsches Gefängniswesen. Ein Handbuch 1928. *Derselbe* HdR II 509. *Frede* Gefängnisrecht (HdR II 612). *Liepmann* Strafvollzug (HdR V 788). *v. Holtzendorff* und *v. Jagemann* Handbuch des Gefängniswesens 2 Bde. 1888. *Krohne* Lehrbuch der Gefängniskunde 1889. *Pollitz* Strafe und Verbrechen 1910. *Kriegsmann* (†1914; Nachruf Z **36** 85) Einführung in die Gefängniskunde 1912. *Freudenthal* Gefängnisrecht und Recht der Fürsorgeerziehung (in *Holtzendorff-Kohler* Enzyklopädie der Rechtswissenschaft 7. Aufl. Bd. V 1914). *Kitzinger* GA **65** 193. *Schwandner* GA **65** 458. *v. Jagemann* Z **34** 329. *Krohne* Ideale und Irrtümer 1908. *Delaquis* Schweizer. Z **37** 340. *Ellger* Der Erziehungszweck im Strafvollzug 1922. *Michaelis* Z **42** 384. *Grünhut* Z **45** 54. „Warum werden so wenige Sträflinge im Zuchthaus gebessert?" (Schriften zum modernen Strafvollzug Nr. 1). Hamburg 1925. *Gentz* Z **46** 129. *Liepmann* Reform (1926) 128. *Hilde Ottenheimer* Sozialpädagogik im Strafvollzug 1931. *Klug* Kriminalpädagogik 1930. *Sieverts* Die Wirkungen der Freiheitsstrafe und Untersuchungshaft auf die Psyche der Gefangenen (Hamb. Schr. Heft 14) 1929.

Einzelne deutsche Länder: *Krohne* und *Uber* Die Strafanstalten und Gefängnisse in Preußen **1** 1901. *Wulff* Die Gefängnisse der Justizverwaltung in Preußen 1900. *Klein, Wutzdorff* und *Wackermann* Die Vorschriften über Verwaltung und Strafvollzug in den Gefangenenanstalten der Preußischen Justizverwaltung 4. Aufl. 1924. *Gentz* Z **47** 375 (progressiver Strafvollzug in Preußen). Strafvollzug in Preußen, herausg. vom Preuß. Justizministerium 1928. *Sieverts* Die preußische VO über den Stufenstrafvollzug vom 7. Juni 1929 (Beiheft 3 zu *Aschaffenburg* 129ff.) 1930. — *Gennat* Das Gefängniswesen in Hamburg 1906. *Herrmann* Das Hamburgische Jugendgefängnis Hahnöfersand (Hamburgische Schriften z. ges. Strafrechtsw. Heft 4) 2. Aufl. 1926. — *Grambow* Das Gefängniswesen Bremens. Göttinger Diss. 1910. — *Wacker* Das Gefängniswesen usw. in Baden (Strafr. Abh. Heft 21) 1899. *Appel* Der Vollzug der Freiheitsstrafe in Baden 1905. — *Hoffmann* Das Gefängniswesen in Hessen. Gießener Diss. 1899. — *Dessauer* Z **44** 694 (Progressivsystem in Thüringen). *Frede* Z **46** 233 (desgleichen). Gefängnisse in Thüringen 1930. *Frede* Die Reform des Strafvollzugs in Thüringen. Schweizer. Z 1930 Hefte 2 u. 3. — Der Stufenstrafvollzug und die kriminalbiologische Untersuchung der Gefangenen in den Bayerischen Strafanstalten (im Auftrage des Bayerischen Staatsministeriums der Justiz) 1926. *Viernstein* bei *Aschaffenburg* **17** 1. *Otto Kahl, Th. Viernstein* Mitt. Krim.-biol. Ges. **3** 17, 30.

Ausland: *Baernreither* Jugendfürsorge und Strafrecht in den Vereinigten Staaten von Nordamerika 1905. *Hartmann* Die Strafrechtspflege in Amerika 1906. *Herr* Das moderne amerikanische Besserungssystem 1907. *Hintrager* Amerikanisches Gefängnis- und Strafenwesen 1900. *Lenz* Die anglo-amerikanische Reformbewegung im Strafrecht 1908. *Stammer* Strafvollzug und Jugendschutz in Amerika 1911. *Liepmann* Amerikan. Gefängnisse und Erziehungsanstalten (Hamb. Schr. Heft 11) 1927. — *Hafner* und *Zürcher* Schweizerische Gefängniskunde 1925. *Delaquis* Schweizer. Z **43** 265. *Erik Wolf* bei *Aschaffenburg* **18** 132 (*Witzwil, Regensdorf*). — *Hoegel* Freiheitsstrafe und Gefängniswesen in Österreich von der Theresiana bis zur Gegenwart 1916. — *Langer* Der progressive Strafvollzug in Ungarn, Kroatien und Bosnien 1904. — *Aschrott* Strafensystem und Gefängniswesen in England 1887. *Derselbe* Z **17** 1. *Starke* Z **47** 332. *Ruggles-Brise* The English Prison System 1921. *Hobhouse-Brockway* English Prison to-day 1922.

Einzelfragen: *Halle* Der heutige Stand der Ansichten über Wert und Wirkung der Einzelhaft. Göttinger Diss. 1912. — *v. Vietsch* Die Stellung der Außenarbeit im Strafvollzug. Göttinger Diss. 1907. *Seutter* Die Gefängnisarbeit in Deutschland 1912. *Weiler* Die Beschäftigung von Strafgefangenen nach Reichsrecht und den Entwürfen (Würzburger Abh. z. deutschen und ausländ. Prozeßrecht) 1923. *Guggenheim* Zur Frage des Arbeitsertrages im Straf- und Sicherungsvollzug 1923. *Grünhut* Artikel „Gefangenenarbeit" in Bd. IV des Handwörterb. d. Staatsw. 4. Aufl. 1926. — *Leppmann* Der Minderjährige im Strafvollzuge. Ein Leitfaden für die Gefängnispraxis 1912. *Saldaña* Jugendgefängnisse in Spanien Z **45** 54. *Bondy* Pädagogische Probleme im Jugend-Strafvollzug (Hamb. Schr. Heft 8) 1925. *Liepmann* Pädagogische Aufgaben im Jugendgefängnis (Hamburger Lehrerzeitung, 4. Jahrg. Nr. 7, 141ff.). *Schneider* Der progressive Strafvollzug und seine Durchführung im Wittlicher Jugendgefängnis. Frankfurter Diss. 1922. *Bleidt* Z **48** 146 (Minderjährige). *Plischke* Z **49** 84 (Jugendstrafvollzug). *Luther* Z **51** 18 (Jugendpsychologie). — *Engel* Der progressive Strafvollzug (Strafr. Abh. Heft 205) 1921. *Ellger* und *Eb. Schmidt* Referate über den progressiven Strafvollzug auf der Göttinger Versammlung der deutschen Landesgruppe der JKV in Göttingen 1922 (Mitt. JKV **22** Heft 3). *Degen, Frede, Starke, Koch* Der Strafvollzug in Stufen (Schriften zum modernen Strafvollzug Nr. 3) 1926. *Liepmann* Die Problematik des „Progressiven Strafvollzuges" (in der Festschrift für *Aschaffenburg* 1926). Bestimmungen über den Vollzug der Freiheitsstrafe in Stufen; Entwurf der von der Vereinigung für Jugendgerichte und Jugendgerichtshilfen eingesetzten Kommission (Z **47** 361). *Buerschaper* Z **44** 443. *Böseke* Der Stufenstrafvollzug in Deutschland von den Reichsratsgrundsätzen bis zum Entw. eines StrafvollzugsG 1929. *Gerland* Der Strafvollzug in Stufen, sein Fortschritt und seine Gefahr (ohne Ort und Jahr). *Petrzilka* Persönlichkeitsforschung und Differenzierung im Strafvollzug 1930. — *Cl. M. Liepmann* Die Selbstverwaltung der Gefangenen (Hamb. Schr. Heft 12) 1928. — *Sommer* Die Fürsorge im Strafrecht 1925. *Freudenthal* Z **46** 403 (Entlassenenfürsorge). *Delaquis* und *Widmer* Grundlagen, Grenzen und praktische Durchführung der Entlassenenfürsorge 1925. *Grünhut* Artikel „Gefangenenfürsorge" in Handwörterbuch der Staatsw. Bd. IV, 4. Aufl. 1926. *Loewenstein* Die Gestaltung der Fürsorge für entlassene Strafgefangene (Strafr. Abh. Heft 240) 1928. Straffälligenfürsorge als sozialpädagogisches Problem (Tagung der Berliner Gefangenenfürsorge mit Berichten von *Wegner, Krebs, Muthesius*) 1928. — *Maria Reuß* Der Strafvollzug an Frauen. Hamburger Diss. 1927. — *Hirsch* Strafvollzug an Geisteskranken? (Würzburger Abh. Nr. 20) 1930.

Zur Geschichte: *v. Hippel* Z **18** 419, 608. *Derselbe* Deutsches Strafrecht **1** (1925) passim. *Rosenfeld* Z **26** 1. *Derselbe* Z **25** 152 (Geschichte der Entlassenenfürsorge). *Derselbe* Die Geschichte des Berliner Vereins zur Besserung der Strafgefangenen 1901. *Streng* Studien über Entwickelung, Ergebnisse und Gestaltung des Vollzuges der Freiheitsstrafe in Deutschland 1886. *v. Rohden* Z **26** 189. *Eb. Schmidt* Entwicklung und Vollzug der Freiheitsstrafe in Brandenburg-Preußen bis zum Ausgang des 18. Jahrhunderts (Berliner Seminarabh. 3. Folge **2** 2. Heft) 1915. *Derselbe* GA **67** 351. *Lieberknecht* Das altpreußische Zuchthauswesen bis zum Ausgang des 18. Jahrhunderts. Göttinger Diss. 1921. *Guckenheimer* Beiheft 3 zu *Aschaffenburg* (1930) 103ff. *Bohne* Die Freiheitsstrafe in den italienischen Stadtrechten des 12. bis 16. Jahrhunderts **1** 1922, **2** 1925. *Derselbe* Z **46** 36. *Seggelke* Die Entstehung der Freiheitsstrafe (Strafr. Abh. Heft 242) 1928. *Doleisch v. Dolsperg* Die Entstehung der Freiheitsstrafe (Strafr. Abh. Heft 244) 1928.

Literaturberichte von *Bennecke, Beling, Clement, Leonhard, Klein, Wackermann, Liepmann, Frede, Bondy* in der Z. — **Verhandlungen** der internationalen Gefängniskongresse zu London 1872, Stockholm 1878, Rom 1885, Petersburg 1890, Paris 1895, Brüssel 1900, Budapest 1905, Washington 1910, London 1925 (vgl. darüber Z **47** 191), Prag 1930 (Z **51** 495). *Frede* und *Sieverts* Die Beschlüsse der Internationalen Gefängniskongresse 1872—1930 (Schriften der Thür. Gefängnisgesellschaft Heft 1) 1931. — Blätter für Gefängniskunde (seit 1865), jetzt von *Schwandner* herausgegeben. Die von der Société générale des prisons in Paris herausgegebene Revue pénitentiaire.

I. Das Wesen der modernen Freiheitsstrafe wird dadurch gekennzeichnet, daß sie dem Verbrecher in der Freiheitsentziehung als solcher ein empfindliches Übel auferlegt, zugleich aber für den Staat das nachdrücklichste Mittel darstellt, um auf den Verbrecher bessernd und erziehend einwirken und ihn auf diese Weise wiederum in die staatlich geordnete Gesellschaft eingliedern zu können. Die Freiheitsstrafe ist demnach vorwiegend und in erster Linie am Besserungsgedanken orientiert (vgl. oben § 2 III).

II. 1. Eine solche, auf Erziehung, Besserung, Resozialisierung eingestellte Freiheitsstrafe im modernen Sinn findet sich in der Geschichte des Strafrechts erst seit dem 16. Jahrhundert[1]). Freilich wurde von der Einsperrung (Freiheitsentziehung als solcher) schon seit jeher in der Strafrechtspflege Gebrauch gemacht. Aber die mittelalterlichen Verließe in Stadttürmen und Rathauskellern dienten in erster Linie zur Verwahrung von säumigen Schuldnern und Untersuchungsgefangenen; wurden sie gelegentlich zur Strafverbüßung verwendet, so spielte dabei der Besserungsgedanke nicht die geringste Rolle; vielmehr sollte der squalor carceris für den Übeltäter ein physisches Leid bedeuten und bestenfalls in roher Form abschreckend auf ihn wirken. Das ist auch durchaus noch der Standpunkt der PGO. Von diesen Fällen abgesehen bediente man sich der Freiheitsentziehung, wenn es galt, den Täter durch Auferlegung schwerster Zwangsarbeit zu strafen. Schon in der römischen condemnatio ad metalla verwirklicht, hat diese Zwangsarbeitsstrafe[2]) in den verschiedensten Formen auch in Deutschland Eingang gefunden (Galeerendienst, Türkendienst, namentlich Festungsbaugefangenschaft). Als Freiheitsstrafe im modernen Sinne darf sie jedoch nicht angesehen werden. Sie war ihrem Wesen nach vielmehr eine Leibesstrafe, gegebenenfalls auch eine verlängerte Todesstrafe, sollte der körperlichen Peinigung und physischen Unschädlichmachung des Sträflings, nicht aber seiner Wiedereingliederung in die Gesellschaft dienen. Sie kann daher ebenso-

---

[1]) Die historische Zurückführung der modernen Freiheitsstrafe auf die holländischen Zuchthäuser des ausgehenden 16. Jahrhunderts ist durch die grundlegende Untersuchung *v. Hippels* (Z **18**) ermöglicht. Demgegenüber aber werden folgende abweichenden Meinungen vertreten: **1.** *Bohne* betrachtet nicht Holland, sondern Italien als Ursprungsland der modernen Freiheitsstrafe; in Italien habe das statutarische Strafrecht des 12. bis 16. Jahrhunderts die Freiheitsstrafe eingeführt und ein Gefängniswesen im modernen Sinne angebahnt, das dann später in Holland und Deutschland Nachahmung gefunden habe. Gegen *Bohne* vgl. insbesondere *Eb. Schmidt* Z **45** 309, **46** 152, *v. Hippel* I 98, JW **54** 2736 sowie in *Bumkes* Handb. 6, ferner *Seggelke* 40ff., *Doleisch von Dolsperg* 46ff., *Hafter* 261 Note 1. — **2.** *Kriegsmann* (Einführung in die Gefängniskunde) führt die Freiheitsstrafe im modernen Sinn geschichtlich zurück sowohl auf die Zwangsarbeitsstrafe, da (5) „hier zum ersten Male wieder die langwierige Einsperrung, die Freiheitsentziehung, in umfassendem Maße als Strafmittel nutzbar" gemacht, wie auch auf die holländischen Zuchthäuser, da „hier die Freiheitsentziehung energisch erziehlich ausgestaltet" (7) worden sei. Diese Ansicht aber beruht auf einer Verkennung des Wesens der Zwangsarbeitsstrafe (vgl. oben den Text). Gegen *Kriegsmann* vgl. insbesondere *Freudenthal* (in Kohlers Enzyklopädie) 845, *Eb. Schmidt* Entwicklung usw. 71ff. Mit *Kriegsmann* stimmt überein *Delaquis* Schweizer. Z **37** 342ff. — Auf dem Standpunkt des Textes steht die herrschende Meinung.

[2]) In den Quellen vielfach als opus publicum bezeichnet. Näheres darüber bei *Bohne* **2** 275ff., *Kriegsmann* Einführung 3ff., *Eb. Schmidt* (oben Note 1) 10ff., 57ff., *v. Hippel* I 242.

wenig, wie der mittelalterliche Turm, als historischer Vorläufer und als erste Entwicklungsstufe der modernen Freiheitsstrafe angesehen werden.

Es war vielmehr ein völlig neuer Gedanke, als seit der Mitte des 16. und dem Anfange des 17. Jahrhunderts im Zusammenhange mit der Neuordnung der Armenpflege (also unter vorwiegend sozialen Gesichtspunkten) für Landstreicher und Arbeitsscheue, für Bettler und liederliche Dirnen, für störrisches Gesinde und ungeratene Kinder **Werk-** oder **Zuchthäuser** (ergasteria) errichtet wurden, um diese Elemente durch strenge Zucht und Gewöhnung an Arbeit zu tauglichen Gliedern der Gesellschaft zu erziehen. Die erste dieser Anstalten ist das 1555 eingerichtete „Bridewell" bei London[3]). Vorbildlich und für die ganze weitere Entwicklung maßgebend aber wurden die berühmten **Amsterdamer Zuchthäuser** von 1595 (Männerzuchthaus, ergastulum marium, tuchthuis, Rasphuis [abgeleitet vom „Raspeln" harter Farbhölzer]) und 1597 (Weiberzuchthaus, ergasterium feminarum, Spinhuis)[4]). In diesen Anstalten haben wir die historischen Anfänge der modernen Freiheitsstrafe zu erblicken; denn hier wurde erstmalig die Freiheitsentziehung zum eigentlich pönalen Element erhoben, die **Gefangenenarbeit** aber bewußt als **Erziehungsmittel** verwertet und nicht mehr unter dem Gesichtspunkte der Körperpeinigung oder allmählichen Lebensvernichtung betrachtet. Im engen Anschluß an diese holländischen Anstalten, die sich vorzüglich bewährten, entstanden die Zucht- und Arbeitshäuser in den Hansestädten Hamburg, Bremen und Lübeck (bald nach 1600), in Cassel (1617), in Danzig (1629). Zahlreiche Zuchthäuser folgten in den verschiedensten Teilen Deutschlands. Damit war an die Stelle der Generalprävention zum ersten Male der Gedanke der Spezialprävention (Besserung) zur folgerichtigen Durchführung gelangt und für die Strafrechtspflege eine neue Bahn vorgezeichnet.

Aber noch im Laufe des 17. Jahrhunderts beginnt in Deutschland teilweise ein arger Verfall der Zuchthäuser, der sich im 18. Jahrhundert fortsetzt, und zwar gerade, je mehr die Gerichte an Stelle der bisherigen Lebens-, Leibes- und Landesverweisungsstrafen auf Freiheitsstrafe zu erkennen pflegten. Der Verfall äußerte sich darin, daß man die Zuchthäuser unter merkantilistischen Zielsetzungen privaten Unternehmern in Pacht gab, die lediglich an rücksichtsloser Ausnutzung der Arbeitskräfte der Insassen Interesse hatten. Dazu kam vielerorts eine Überfüllung der Anstalten mit den verschiedenartigsten Elementen: Verbrechern aller Arten, Untersuchungsgefangenen, Geisteskranken, Psychopathen, Bettlern, Prostituierten, Altersschwachen und Armen. Ohne Trennung, ohne genügende Arbeit und Aufsicht saßen diese Menschen in unzureichenden, ungesunden Räumen nebeneinander. Nur verhältnismäßig wenige Anstalten, darunter die holländischen und hanseatischen blieben der alten Tradition treu und hielten an dem Gedanken erzieherischer Beeinflussung und Besserung fest.

2. Diesem Erziehungs- und Besserungsgedanken wieder die beherrschende Stellung unter den mit der Freiheitsstrafe zu verfolgenden Zwecken einzuräumen,

---

[3]) Vgl. dazu jetzt insbes. *Doleisch von Dolsperg* 92ff., dessen Untersuchungen eine Beeinflussung Hollands durch England als ziemlich sicher erscheinen lassen. Vgl. dazu *Eb. Schmidt* Z **50** 635, *v. Hippel* in *Bumkes* Handb. 10 Note 2. Für die kontinentaleuropäische Entwicklung ist aber Amsterdam vorbildlich geworden; eine durch Amsterdam nicht vermittelte, also unmittelbare Einwirkung Englands hat sich bisher nicht nachweisen lassen.

[4]) *v. Hippel* Z **18** und Deutsches Strafrecht **1** 242ff.; dort weitere reiche Quellen- und Literaturnachweise und im Anhange sehr wertvolles Bildermaterial.

ist das Ziel der internationalen **Gefängnisreformbewegung** gewesen, die sich im letzten Viertel des 18. Jahrhunderts auszubreiten begann. Charakteristisch ist für sie, daß das jeden Anstaltsstrafvollzug in seinen Bann schlagende Problem, wie angesichts der vorhandenen Masse von Sträflingen auf den einzelnen individuell erzieherisch eingewirkt werden könne, scharf erkannt worden ist. Das prägt sich darin aus, daß das Problem des **Haftsystems** nunmehr gestellt und daß seine Lösung in Angriff genommen wird. Bis auf den heutigen Tag ist dieses Problem in technischer Hinsicht das Zentralproblem der modernen Freiheitsstrafe geblieben.

a) Schon in Amsterdam war das System **nächtlicher Trennung** der Gefangenen in Einzelzellen **bei gemeinschaftlicher Arbeit am Tage** wenigstens in einem Teil der dortigen Anstalten verwirklicht worden. Das gleiche System begegnet sodann in der von Papst Clemens XI. in Rom 1704 errichteten Besserungsanstalt San Michele („Böse-Buben-Haus")[5]), sowie in dem 1720 angelegten Zuchthaus von Kassel.

Zu maßgebendem Einfluß auf die weitere Entwicklung des Gefängniswesens gelangte aber insbesondere das Genter Zuchthaus (erbaut 1772—1775 nach den Plänen des Vicomte Villain XIV.). Hier kam das System gemeinsamer Tagesarbeit und nächtlicher Trennung in großem Stil zur Anwendung, so daß dieses Zuchthaus als die erste Strafanstalt im modernen Sinn bezeichnet werden kann.

b) Ungefähr gleichzeitig (1773) begann *John Howard* (geb. 1726) seine Untersuchungen über den Zustand der englischen und festländischen Gefängnisse. 1777 erschien sein „State of prisons in England and Wales", und weitere Veröffentlichungen über die mit unermüdlichem, opferfreudigem Eifer fortgesetzten Reisen folgten, bis *Howard* als Opfer des selbstgewählten Lebensberufes 1790 zu Cherson in Rußland starb. Auf seine Anregung ist die Verbesserung des englischen Gefängniswesens, insbesondere die Erbauung mehrerer kleinerer Zellengefängnisse (von 1779 bis 1781) zurückzuführen.

c) Inzwischen war, insbesondere unter dem Einflusse *B. Franklins* († 1790), die Bewegung nach Nordamerika verpflanzt worden; gehörte doch die Verschickung der englischen Verbrecher mit unter die schon 1775 von den Kolonien betonten Beschwerdepunkte. Die am 7. Februar 1776 gegründete, durch den Krieg gesprengte, aber 1787 abermals zusammentretende Philadelphische Gefängnisgesellschaft setzte neben der Beschränkung der Todesstrafe die Einführung einer Tag und Nacht währenden vollständigen **Einzelhaft** („most rigid and unremitted solitude") mit wenigstens tatsächlichem Ausschluß der Arbeit in dem 1790 in der Wallnußstraße zu Philadelphia eingerichteten Gefängnisse durch. Die Besserung sollte hier durch Herbeiführung reuevoller Zerknirschung bewirkt werden. Die Ergebnisse dieses von echt quäkerischem Geist erfüllten Systems waren möglichst ungünstig. Zu Auburn im Staate New York ersetzte man daher 1823 das „solitary system" durch das „silent system": Trennung bei Nacht und gemeinsame Tagesarbeit, bei welcher der entsittlichende Verkehr der Sträflinge untereinander durch das mit größter Strenge (Peitsche) aufrechterhaltene Schweigegebot verhindert werden sollte. Dagegen siegte im Staate Pennsylvanien nach hartem Kampfe im Jahre 1829 die Einzelhaft; sie wurde, aber mit Arbeitszwang, in dem berühmten von Reisenden aller Länder besuchten und gepriesenen Eastern Penitentiary auf Cherry Hill in Philadelphia mit strengster Folgerichtigkeit durchgeführt.

---

[5]) *Thorsten Sellin* The house of correction for boys in the Hospice of Saint Michael in Rome (Journal of Criminal Law and Criminology XX 533) 1930.

d) Während in den Vereinigten Staaten der mit größter Heftigkeit weitergeführte Kampf der beiden Systeme bald mit einer völligen Niederlage der **Einzelhaft** endete, begann diese ihren Siegeszug durch Europa. 1840 wurde der Grund zu dem englischen Mustergefängnisse in Pentonville bei London gelegt, welches, 1842 eröffnet, das „solitary system" der Amerikaner zum „separate system" milderte. Aber, abweichend von dem pennsylvanischen Muster, bildete die Einzelhaft in England nur ein Glied in dem durchaus fortschreitend („progressiv") angelegten Strafvollzug. Nach achtzehnmonatiger, der Prüfung, nicht der Besserung dienender (später verkürzter) Anhaltung in Einzelhaft wurden die Sträflinge nach den australischen Kolonien gebracht und hier, je nach ihrer bisherigen Führung, verschiedenen Strafklassen zugeteilt.

3. Auch die deutschen Staaten wurden gegen Ende des 18. Jahrhunderts von der Reformbewegung ergriffen; auch hier setzte diese mit einer literarischen Bewegung ein. Unter dem Einflusse *Howards* verfaßten namentlich *Wagnitz* und *v. Arnim* ihre viel beachteten Werke[6]) über die Freiheitsstrafe und ihre Reform. Jedoch machten die napoleonischen Kriege es unmöglich, die an diese Schriften sich anlehnenden, bereits den Progressionsgedanken verwertenden praktischen Reformversuche durchzuführen, so daß es bei den aus dem 18. Jahrhundert überkommenen trostlosen Verhältnissen der Strafanstalten zunächst noch blieb. Es war schon viel, wenn in den etwa während der Jahre 1810—1840 entstehenden größeren Anstalten Preußens mit Hilfe strengster militärischer Disziplin wenigstens für äußere Sauberkeit und Ordnung gesorgt wurde.

Um 1820 aber setzte eine neue Reformbewegung ein, die in Deutschland unter dem Einflusse Englands und Amerikas zugleich den Kampf um das Haftsystem brachte. Das pennsylvanische Einzelhaftsystem („Pönitentiarsystem") trug in diesem Kampf zunächst den Sieg davon, namentlich seit *Julius*[7]), der Vorkämpfer der Gefängnisreform, dafür eingetreten war und sich auch der erste internationale Gefängniskongreß zu Frankfurt a. M. (1846) energisch dafür eingesetzt hatte. Freilich dem Besserungsgedanken im Sinne einer auf Resozialisierung abzielenden individualisierenden Beeinflussung der Gefangenen entsprang die Vorliebe für die Durchführung der Einzelhaft nicht; vielmehr waren es in erster Reihe die Gesichtspunkte der Vergeltung und Abschreckung, die zur Annahme des Einzelhaftsystems geneigt machten. Jedoch fehlte es auch damals keineswegs an namhaften Gegnern der Einzelhaft. Durch Betonung des Besserungsgedankens, durch Befürwortung einer humanisierenden und individualisierenden Behandlung der Gefangenen werden sie recht eigentlich die Bewahrer und Förderer der historischen Mission der Freiheitsstrafe, der diese im 16. Jahrhundert ihre Entstehung verdankt hatte. Zu nennen sind hier in erster Linie *Aubanel* in Genf, *Obermaier* in Bayern[8]), *Tellkampf* in

---

[6]) *Wagnitz* Historische Nachrichten und Bemerkungen über die merkwürdigsten Zuchthäuser in Deutschland **1** 1791, **2** (1) 1792, **2** (2) 1794. (*v. Arnim*) Bruchstücke über Verbrechen und Strafen 1803. Vgl. dazu *v. Hippel* I 338, *Freudenthal* 89, *Kriegsmann* 55, *Eb. Schmidt* GA **67** 351.

[7]) *Julius* Vorlesungen über die Gefängniskunde 1828. Vgl. *v. Hippel* I 339, *Kriegsmann* 59.

[8]) *G. M. Obermaier* Anleitung zur vollkommenen Besserung der Verbrecher in den Strafanstalten 1835. Ein Neudruck dieser hochinteressanten Schrift nunmehr in Heft 2 der Schriften zum modernen Strafvollzug (Verlag: Hamburgische Strafanstalten) mit einem Vorwort von *Liepmann* (1925). Vgl. über *Obermaier* und sein Werk *Stammer* Bl. f. Gefängniskunde Jahrg. 1919, 58, sowie bei *Aschaffenburg* **11** 34; *Glauning* bei *Aschaffenburg* **17** 229.

Preußen[9]). Sie traten folgerichtig für ein am Progressionsgedanken orientiertes Klassensystem ein, um auf diese Weise den Besserungs- und Erziehungsgedanken an der Masse der Anstaltsinsassen praktisch durchzuführen. Doch konnte ihnen ein durchgreifender Erfolg gegenüber der allgemeinen Begeisterung für das Einzelhaftsystem nicht beschieden sein.

Bruchsal und Moabit, jenes 1848, dieses 1849 eröffnet, waren die ersten deutschen Anstalten nach dem Muster von Pentonville. Trotz der ziemlich allgemeinen Ernüchterung, die in den fünfziger Jahren der ersten Begeisterung folgte, wetteiferten bald die verschiedensten Staaten in der Erbauung von Zellengefängnissen mit Mittelbau und Zellenflügeln, mit Verschlägen (stalls) in Kirche und Schule, mit Einzelspazierhöfchen und Masken, sowie in der gesetzlichen Regelung der Einzelhaft. Allen voran hatte Belgien die vollständige Umgestaltung seiner Gefängnisse nach dem Systeme der Einzelhaft in Angriff genommen und folgerichtig weitergeführt. Dagegen beschränkten sich die sämtlichen übrigen Staaten darauf, die Einzelhaft einerseits bei kurzzeitigen, andererseits als Anfangsstufe bei langwierigen Freiheitsstrafen zur Anwendung zu bringen.

4. Die allmähliche Beseitigung der englischen Deportation nach Australien (1853, 1857, 1867) und ihre Ersetzung durch die Strafknechtschaft (penal servitude) führte in England zu einer immer entschiedeneren Anwendung des **progressiven Systems** bei Vollstreckung der langdauernden Freiheitsstrafe. Auf dem Gedanken allmählicher Wiederherstellung des sittlichen Gleichgewichts im Sträflinge, allmählicher Wiedereinführung des Verurteilten in die bürgerliche Gesellschaft aufgebaut, besteht das englische System im wesentlichen aus folgenden, von dem Verurteilten zu durchlaufenden Stufen: 1. Strenge neunmonatige Einzelhaft; 2. gemeinsame Arbeit in vier fortschreitenden Abteilungen (Markensystem, von *Maconochie*, gleich *Obermaier* einem Anhänger der unbestimmten Verurteilung, entwickelt); 3. bedingte Entlassung mit der Möglichkeit des Widerrufes (ticket of leave). Mit mancherlei Abweichungen wurde dieses System auch in Irland eingeführt. Zu den Abweichungen gehörte insbesondere die Einfügung einer Vorstufe vor der bedingten Entlassung: Aufenthalt in einer Zwischenanstalt (intermediate prison), in der dem Sträfling freierer Verkehr mit der Außenwelt gestattet war.

Aus dieser Abweichung (eingeführt durch *Walter Crofton* 1853—1864) nahmen *Mittermaier*, *v. Holtzendorff* u. a. den Anlaß, von einem besonderen **„irischen System“** (ein in Großbritannien selbst ganz unbekannter Ausdruck) zu sprechen und dieses zur Nachahmung warm zu empfehlen (1859). Ja, man gebrauchte wohl auch (und gebraucht noch heute) die Ausdrücke „irisches System“ und „Progressivsystem“ als völlig gleichbedeutend, obwohl der Grundgedanke stufenweiser Zurückführung zur Freiheit, losgelöst von den zum guten Teil örtlich bedingten und nur örtlich berechtigten Einzelheiten der Durchführung (also Markensystem einerseits und Zwischenanstalt andererseits), wie gezeigt, schon im 18. Jahrhundert von *Wagnitz*, später von *Klein* (Annalen **23** 168), *Tellkampf*, *Obermaier* u. a. vertreten und in mehreren Schweizer Anstalten (so insbesondere in Genf), sowie auch in England längst verwirklicht worden war. Selbst die „Übergangsstation“ war wiederholt schon früher in Deutschland erörtert und 1851 in Dreibergen in Mecklenburg eingeführt worden. Vgl. HG **1** 117 (*Wahlberg*), 177 (*v. Liszt*). Am engsten schlossen sich an das irische Vorbild Ungarn, Kroatien, Bosnien, Finnland, Italien an.

---

[9]) *Tellkampf* Über die Besserungsgefängnisse in Nordamerika und England 1844. Vgl. dann *Kriegsmann* 63.

Dagegen fand die **bedingte Entlassung** des englischen Rechts, deren Wurzeln bis nach den Kolonien in Australien zurückreichen (1829), bald zahlreiche Freunde auf dem Kontinent. Sie wurde (von dem mißglückten Versuche zu Vechta in Oldenburg 1860 abgesehen) in Sachsen 1862, später in zahlreichen außerdeutschen Ländern eingeführt.

5. Auf demselben Grundgedanken beruhte das zu Elmira im Staate New York wie in anderen Staaten Nordamerikas durchgeführte **Reformatorysystem.** Sein Zweck ist Besserung durch Erziehung für das Leben in der Freiheit. Eigenartig ist diesem System die Verbindung mit dem unbestimmten Strafurteil (oben § 4 Note 13) sowie die Betonung der geistigen und körperlichen Ausbildung. Es sind die Ideen, die *Obermaier* 1835 vertreten und in Bayern praktisch erprobt hatte, die hier unter der Führung des von *Obermaier* stark beeinflußten *EC. Wines* die amerikanische Gefängnisreform beseelten und dazu bestimmt gewesen sind, von hier aus in der jüngsten Vergangenheit nach Deutschland zurückzukehren, um den deutschen Strafvollzug ebenfalls erneut mit dem Erziehungs- und Besserungsgedanken zu durchdringen.

6. Als das RStGB in Kraft trat, war die Möglichkeit, den Vollzug der Freiheitsstrafen einheitlich nach den Grundsätzen der Besserung und Erziehung zu regeln, noch in unabsehbare Ferne gerückt. Die deutschen Länder boten ein verwirrendes Bild verschiedenartigster Vollzugsmethoden, eine bunte Musterkarte der widersprechendsten Systeme. Herrschten doch nicht einmal innerhalb der einzelnen Länder gleiche Vollzugsgrundsätze für die, womöglich noch von verschiedenen Zentralverwaltungen ressortierenden[10]) Anstalten. Das RStGB mußte sich angesichts dieses überkommenen und nicht mit einem Federstrich zu beseitigenden Zustandes mit einigen wenigen Bestimmungen über die Freiheitsstrafe, ihre Arten und ihren Vollzug begnügen. Rechtliche Grundlage für den Vollzug der Freiheitsstrafen blieb in allen wesentlichen Beziehungen das Landesrecht, das in Form von Dienst- und Vollzugsordnungen — im ganzen Reich mehr als 60!! — die näheren Bestimmungen traf[11]).

Schon in der Begründung zum Entwurfe des norddeutschen StGB hatte aber das Bedürfnis nach reichsrechtlicher Regelung des Strafvollzuges Ausdruck gefunden; wiederholte Beschlüsse des Reichstages aus den Jahren 1870, 1875 und 1876 sprachen sich im gleichen Sinne aus. Der Entwurf eines Reichsgesetzes betr. die Vollstreckung der Freiheitsstrafen, der am 19. März 1879 dem Bundesrate überreicht wurde, gelangte jedoch nicht an den Reichstag. Dagegen einigten sich im November 1897 die deutschen Regierungen über eine Reihe von „Grundsätzen", die bei dem Vollzuge gerichtlich erkannter Freiheitsstrafen zur Anwendung kommen sollten[12]). Aber diese Grundsätze bewirkten nicht

---

[10]) In Preußen wurden im Jahre 1817 dem Ministerium des Innern die Zuchthäuser und größeren Gefängnisse, dem Justizministerium alle sonstigen Gefängnisse unterstellt. Dieser „Dualismus" ist erst durch den Kgl. Erlaß, betr. die Vereinheitlichung des Strafvollzugs, vom 14. Dezember 1917 (GS. 1918 S. 11) beseitigt worden, indem die Verwaltung aller Zuchthäuser und Gefängnisse, mit Ausnahme der Polizeigefängnisse, dem Justizminister überwiesen wurde. Vgl. dazu *v. Hippel* Z **39** 462, *Eb. Schmidt* Z **39** 459, ferner auch *Kriegsmann* 73, 155, *Freudenthal* 90/91 und *v. Hippel* I 374.

[11]) *Freudenthal* (Lit. zu § 60) hat gegenüber diesem verworrenen Rechtszustande die Notwendigkeit eines Rechtseinheit und Rechtssicherheit gewährenden Strafvollzugsgesetzes unter rechtsstaatlichen Gesichtspunkten dargetan. Vgl. auch *Jacobi* Z **50** 376, sowie Begründung zum Entwurf eines Strafvollzugsgesetzes 1927 (Reichstagsvorlage) 38.

[12]) Abgedruckt Z **18** 400. Dazu *Aschrott* Z **18** 384 sowie Mitteilungen **7** 237, *v. Hippel* I 371.

mehr als eine gewisse ganz äußerliche Angleichung der verschiedenen Verwaltungssysteme in den einzelnen Ländern (*Liepmann* Lit. zu § 60). In den Punkten, bei denen es sich um die inhaltliche Ausgestaltung des Strafvollzuges selbst handelte, überließen sie alles wirklich Wesentliche dem Ermessen der Zentralverwaltungen der Länder. Von modernem Reformgeist ließen die Grundsätze überdies so gut wie keinen Hauch verspüren. Als eine Etappe in der Entwicklung des Gefängniswesens kann man sie daher nicht betrachten. Lediglich dem stillen selbstlosen Arbeiten mancher Strafanstaltsleitung sowie einzelnen Maßnahmen einzelner Zentralverwaltungen sind die Fortschritte zu verdanken, an denen es auch in dieser Zeit lähmenden Schweigens der Gesetzgebung nicht fehlte[13]). Erst das Jahr 1923 hat dann für eine allgemeine fortschrittliche Entwicklung des Gefängniswesens den Grund gelegt: die Landesregierungen haben „Grundsätze für den Vollzug der Freiheitsstrafen" (sog. Reichsratsgrundsätze) vereinbart, die den Erziehungs- und Besserungsgedanken in den Mittelpunkt des gesamten Vollzuges rücken und somit den Weg öffnen für eine erneute durchgreifende „Gefängnisreform", die auch alsbald in allen Ländern des Reiches eingesetzt hat. Die gesetzgeberische Krönung dieses Werkes durch ein einheitliches Reichsstrafvollzugsgesetz[14]) ist dadurch in die Wege geleitet worden, daß das Reichsjustizministerium im Januar 1927 den Amtlichen Entwurf eines Strafvollzugsgesetzes der Öffentlichkeit übergab und dem Reichsrat zuleitete. Da dieser Entwurf auf den AE 1925 abgestimmt war, konnte er nur nach gewissen Umarbeitungen[15]) dem Reichstage vorgelegt werden (Reichst.-Drucks. Nr. 3628, III. Wahlperiode 1924/27). Mit der Reichstagsauflösung des Jahres 1930 ist jedoch die Arbeit an dem Reformwerk abgebrochen worden (vgl. im übrigen oben § 16 VII).

§ 60. Die Freiheitsstrafen der Reichsgesetzgebung.

Literatur. Außer den zu § 59 angegebenen Schriften: *Goldschmidt* VD Allg. T. **4** 252. *Liepmann* Die neuen „Grundsätze über den Vollzug von Freiheitsstrafen" in Deutschland 1924 (auch in Mitt. JKV **22**, 4. Heft, 32). — *Honemann* Z **33** 184 (Sind Teile eines Tages einer Freiheitsstrafe vollstreckbar?) — Über die vorläufige Entlassung: *Mittermaier* VD Allg. T. **4** 507. *Mendelssohn Bartholdy* GS **71** 358. *Kühlewein, Pollitz, Andrae* bei *Aschaffenburg* **4** 545, 557, **8** 665. *Küppers* Die vorläufige Entlassung. Würzburger Diss. 1911. *Derselbe* Z **34** 591. *Görlich* Die vorläufige Entlassung 1906. *v. Jagemann* bei *Aschaffenburg* **10** 577. — *Freudenthal* Die staatsrechtliche Stellung des Gefangenen 1910. *Derselbe* Z **32** 222 (der Strafvollzug als Rechtsverhältnis des öffentlichen Rechts). *Derselbe* Z **39** 493 (Strafrecht und Strafvollzug im modernen Rechtsstaat). Dazu *Kitzinger* und *Schwandner* (oben zu § 59). *Jacobi* Z **50** 376. — *Sauer* Z **49** 533.

---

[13]) Vgl. dazu *Liepmann* (Lit. zu § 60) 3 und *v. Hippel* I 369ff. Zu erwähnen ist die Begründung des Jugendgefängnisses in Wittlich a. d. Mosel. Vgl. dazu *Freudenthal* 94, der durch eine Denkschrift (abgedruckt bei *Aschaffenburg* **9** 577) die Anregung für die Anlegung dieser Anstalt gegeben hatte, ferner *Ellger* Z **35** 660, **36** 554 und DStrafr. Z **1** 575, *Preiser* Z **39** 328.

[14]) Vorschläge zu einem Entwurf eines Strafvollzugsgesetzes siehe im Band **45**, **47**, **48** der Blätter für Gefängniskunde. Dazu *Klein* Z **33** 643, **35** 816, *v. Jagemann* DStrafr. Z **1** 15. Vgl. RVerf. 1919 Art. 7 Ziff. 3, E 1919 § 62 (sowie die Anmerkung zum gesamten 9. Abschnitt), Begründung 1925, 29ff., Begründung 1927, 36ff.

[15]) Dazu *Frede* Z **48** 306.

I. Das RStGB unterscheidet **vier Arten** der Freiheitsstrafe:

1. Zuchthaus, als schwere, entehrende Strafe mit Arbeitszwang;

2. Gefängnis, als mittelschwere, an sich nicht entehrende Strafe mit Arbeitszwang;

3. Haft, als leichte, nicht entehrende Strafe, regelmäßig ohne Arbeitszwang;

4. Festungshaft, als schwere, nicht entehrende Strafe ohne Arbeitszwang.

II. Nach den Bestimmungen des RStGB **unterscheiden sich** diese vier Arten der Freiheitsstrafe nur in folgenden Punkten:

1. **Art der Verwendung.** Zuchthaus ist die Verbrechensstrafe; Gefängnis die Vergehens-, Haft die Übertretungsstrafe. Doch findet sich Haft ausnahmsweise (StGB §§ 140 Ziff. 2, 185, 186 sowie z. B. in GewerbeO § 147 und in Artt. II und III des G von 1888 betr. die nichtöffentlichen Gerichtsverhandlungen) auch bei Vergehen. Die Festungshaft soll sowohl Zuchthaus als Gefängnis ersetzen und wird wahlweise mit diesen beiden Strafen bei einer Reihe politischer Verbrechen (auch StGB §§ 130a und 345), ausschließlich bei Zweikampf angedroht.

2. **Dauer.** Zuchthaus und Festungshaft sind lebenslange oder zeitige, Gefängnis und Haft immer zeitige Freiheitsstrafen. Das zeitige Höchstmaß beträgt bei den beiden ersten fünfzehn Jahre, bei Gefängnis fünf Jahre, bei Haft sechs Wochen. Der Mindestbetrag ist bei Zuchthaus ein Jahr, so daß Bruchteile eines Jahres in Gefängnis umgewandelt werden müssen; bei den übrigen Freiheitsstrafen ein Tag (StGB §§ 14—18)[1].

3. Die **Bemessung** der Zuchthausstrafe erfolgt nach vollen Monaten, die der übrigen Freiheitsstrafen nach vollen Tagen (StGB § 19). Dabei wird der Tag zu vierundzwanzig Stunden, die Woche zu sieben Tagen, der Monat und das Jahr nach der Kalenderzeit berechnet.

4. **Arbeitszwang** ist mit Zuchthaus notwendig verbunden (StGB § 15), Außenarbeit bei Trennung von freien Arbeitern gestattet. Die zu Gefängnis Verurteilten (StGB § 16) können auf eine ihren Fähigkeiten und Verhältnissen angemessene Weise beschäftigt werden; auf ihr Verlangen sind sie in dieser Weise zu beschäftigen; Außenarbeit ist nur mit ihrer Zustimmung zulässig. Bei Festungshaft (StGB § 17) ist Arbeitszwang ausnahmslos ausgeschlossen. Bei Haft findet er nur ganz ausnahmsweise (StGB §§ 362, 361 Ziff. 3—8 gegen Landstreicher, Bettler, Müßiggänger,

---

[1]) Ausnahmsweise können die Höchstmaße des RStGB überschritten werden bei wirklichem Zusammentreffen mehrerer Verbrechen (unten § 71); bezüglich des Gefängnisses auch bei Jugendlichen (unten § 68 I).

Arbeitsscheue, Lohndirnen, Erwerbslose) statt; der Häftling kann zu Arbeiten, die seinen Fähigkeiten und Verhältnissen angemessen sind, innerhalb und, sofern er von anderen Arbeitern getrennt gehalten wird, auch außerhalb der Strafanstalt angehalten werden.

5. Neben Zuchthaus tritt der **Verlust gewisser Ehrenrechte** von Rechts wegen ein (oben § 56 Note 13); neben Zuchthaus und (unter gewissen Voraussetzungen) neben Gefängnis kann vollständige, neben letzterem und (in gewissen Fällen) neben der Festungshaft teilweise Aberkennung der Ehrenrechte stattfinden (StGB §§ 32ff.); neben Haft ist die Aberkennung ausgeschlossen.

III. **Der Vollzug der Freiheitsstrafen**[2]).

1. Die inhaltliche Ausgestaltung des Vollzuges der Freiheitsstrafen ist durch das Ziel bedingt, das jeweils mit eben diesem Vollzuge erreicht werden soll. Das **RStGB von 1871** erblickte auch in der Freiheitsstrafe, unter Verkennung ihrer historischen Mission, in erster Linie eine Maßnahme repressiver Vergeltung in Gestalt einer Übelszufügung[3]). Daher sagt es so gut wie nichts zu den überkommenen Vollzugsmethoden und begnügt sich damit, außer der schon oben II 4 erwähnten (völlig unzulänglichen) Norm über den Arbeitszwang eine dürftige Bestimmung (§ 22) über die Einzelhaft und ihre Dauer aufzustellen[4]).

Etwas deutlicher ist die Sprache des **JugGG.** Dieses stellt (§ 16) den **Erziehungszweck** in den Mittelpunkt des Strafvollzuges und ordnet die Unterbringung der Jugendlichen, sofern es sich um die Verbüßung von mehr als einmonatigen Freiheitsstrafen handelt, in besonderen Anstalten oder Anstaltsabteilungen an[5]), und zwar unter obligatorischer Absonderung von erwachsenen Gefangenen.

---

[2]) Über die Strafvollstreckung auf Grund militärstrafrechtlicher Erkenntnisse vgl. § 13 des G über die Aufhebung der Militärgerichtsbarkeit vom 17. August 1920, § 15 MilStGB, Strafvollstreckungsvorschrift für das Reichsheer vom 18. Mai 1926, MarinestrafvollstreckungsO vom 28. Dezember 1926, § 195 der Reichsratsgrundsätze vom 7. Juni 1923. Vgl. dazu *Bumke* in seinem Handb. 21 Note 2 und *Dörken* ebenda 465ff. — Vgl. ferner StPO § 423; GVG §§ 162, 163. — Der Vollzug der vom Reichsgericht erkannten Strafen beruht auf vertragsmäßiger Vereinbarung zwischen Preußen und dem Reich.

[3]) Vgl. über die Auswirkungen des Vergeltungsgedankens im Vollzuge der Freiheitsstrafen jetzt insbesondere *Liepmann*, Festgabe für *Aschaffenburg* (bei *Aschaffenburg* Beiheft 1) 56ff.

[4]) Nach § 22 StGB können die Zuchtshaus- und die Gefängnisstrafe sowohl für die ganze Dauer wie für einen Teil der erkannten Strafzeit in der Weise in Einzelhaft vollzogen werden, daß der Gefangene unausgesetzt von anderen Gefangenen gesondert gehalten wird. Doch darf ohne Zustimmung des (Zuchthaus- und Gefängnis-) Gefangenen die Einzelhaft die Dauer von drei Jahren nicht übersteigen. — Bei Festungshaft und bei Haft ist mithin die „unausgesetzte" Einzelhaft ausgeschlossen; ebenso *Allfeld* 252, Note 44, *Frank* § 22, *Lobe* in Lpz. Komm. § 22 Note 1, *Wachenfeld* 231. Über die sog. „Zellenhaft" vgl. unten Note 11.

[5]) Vgl. dazu oben § 59 Note 13. Die notwendige Ergänzung zu § 16 JugGG geben die §§ 196 bis 212 der Reichsratsgrundsätze. Wichtig ist die Mitwirkung des Jugendamts beim Strafvollzuge; vgl. § 16 Abs. 5 JugGG und § 199 der Reichsratsgrundsätze.

Hiervon abgesehen, ist auch heute noch die Ausgestaltung des Vollzuges der Freiheitsstrafen dem **Landesrecht** überlassen. Die Länder haben dafür nunmehr ausführliche Grundsätze vereinbart (die sog. **Reichsratsgrundsätze vom 7. Juni 1923**), zu deren Ausführung **Dienst- und Vollzugsordnungen** (§ 7 der Grunds.)[6]) zu erlassen gewesen sind. So stellen diese Reichsratsgrundsätze heute im wesentlichen die Quelle für die die inhaltliche Ausgestaltung der Freiheitsstrafen regelnden Normen dar.

2. Nur in ganz großen Zügen kann hier auf diese Normen eingegangen und damit zugleich das Allerwichtigste aus dem Bereiche des eigentlichen Strafvollzuges mitgeteilt werden.

Die bedeutendste, in jeder Hinsicht richtungweisende Bestimmung enthält § 48: „Durch den Vollzug der Freiheitsstrafe sollen die Gefangenen, soweit es erforderlich ist, an Ordnung und Arbeit gewöhnt und sittlich so gefestigt werden, daß sie nicht wieder rückfällig werden." Damit ist der Erziehungs- und Besserungsgedanke als beherrschendes Prinzip im Vollzuge der Freiheitsstrafen anerkannt[7]). Ihm werden alle Einzelheiten untergeordnet. Da ihm nur durch möglichst weitgehende Individualisierung genügt werden kann, suchen die Grundsätze einerseits das an der Erreichung jenes Zieles orientierte freie Ermessen der Strafvollzugsorgane möglichst wenig zu beschränken, andererseits durch eine Fülle von Normativbestimmungen bezüglich der Einzelheiten des Vollzuges einem einheitlichen pädagogischen Geist in den Strafanstalten Eingang zu verschaffen.

a) Daß die Erreichung so hochgesteckter Ziele nicht mit dem „Wachtmeister alten Stiles" (*Liepmann*), sondern nur mit einem besonders geschulten und mit der Fähigkeit erzieherischen Wirkens ausgestatteten Beamtenstab

---

[6]) Die wichtigsten sind: Preußische D. u. VO vom 1. August 1923, D u. VO für die bayerischen Strafanstalten und Gerichtsgefängnisse vom 15. März 1924, Strafvollzugsordnung für die sächsischen Justizgefängnisse vom 21. Juni 1924, D u. VO für die thüringischen Landesstrafanstalten vom 24. Mai 1924 (24. September 1929), D u. VO für die badischen Strafanstalten vom 25. April 1925, D u. VO für die württembergischen Gerichtsgefängnisse vom 14. Mai 1924, D u. VO für die württembergischen Landesstrafanstalten vom 4. Januar 1926, D u. VO für die hamburgischen Gefangenenanstalten vom 24. Oktober 1924, D u. VO für die Gefangenenanstalten der freien und Hansestadt Lübeck vom 17. Mai 1924, D u. VO für die Gefangenenanstalten des Freistaates Oldenburg vom 13. Oktober 1924, D u. VO für das Land- und Amtsgerichtsgefängnis in Neustrelitz und für die Amtsgerichtsgefängnisse in Mecklenburg-Strelitz vom 21. August 1924, D u. VO für die mecklenburg-strelitzsche Landesstrafanstalt zu Strelitz vom 9. Juli 1924, D u. VO für die Landesstrafanstalt Dreibergen (Mecklenburg-Schwerin) vom 23. Juni 1924.

[7]) An Verbrecher, deren völlige Unverbesserlichkeit sich herausgestellt hat, werden selbstverständlich Erziehungs- und Besserungsversuche nicht verschwendet werden. Die Reichsratsgrundsätze verlangen dies auch keineswegs. Nur betonen sie mit der deutlichen Herausstellung des Besserungsgedankens, daß die Unverbesserlichkeit nicht als Regel betrachtet wird. Der Pessimismus *Heindls* (Der Berufsverbrecher 1926) wird also nicht geteilt. Ohne einen gewissen optimistischen Wagemut ist aber eine Gefängnisreform auf pädagogischer Grundlage überhaupt nicht durchführbar. Vgl. in dieser Richtung die feinen Arbeiten von *Liepmann, Gentz, Bondy, Herrmann, Grünhut* usw. (Lit. zu § 59). Diese Arbeiten, die zumeist auf praktischer Erfahrung beruhen und von sentimentaler „Humanitätsduselei" wie kritiklosem Optimismus weltenweit entfernt sind, verdienen nachhaltigste Beachtung; ohne ihren Geist muß jede Reform des Gefängniswesens scheitern.

innerhalb der einzelnen Anstalten möglich ist, haben die Grundsätze (§§ 8ff.) anerkannt[8]). Für die Heranbildung eines derartigen Beamtenpersonals Sorge zu tragen, ist eine ganz besonders ernste Aufgabe der Länder. Wenigstens die größeren Anstalten sollten durchweg nur mit besonders ausgebildeten Beamten versehen sein. Die Grundsätze selbst sehen für diese Anstalten die hauptamtlichen Posten eines Vorstehers, eines Arztes, eines oder mehrerer Lehrer vor. Außerdem hat zu jedem (dies wünschenden) Gefangenen der Geistliche seines Bekenntnisses Zutritt. Durch die Bildung sog. „Strafanstaltsbeiräte" (Grundsätze §§ 17ff.)[9]) soll ferner solchen Persönlichkeiten außerhalb des Beamtenkörpers eine Einflußnahme auf den Strafvollzug und seinen Geist ermöglicht werden, von denen Verständnis für das Strafvollzugswesen und Bereitschaft zur Mitarbeit an den mit ihm verbundenen sozialen Aufgaben zu erwarten ist. Zur Aufsicht über die Strafanstalten, die in jedem Lande einheitlich von der Justizverwaltungsbehörde zu ressortieren hat (vgl. oben § 59 Note 10), werden für die Oberlandesgerichtsbezirke „Strafvollzugsämter" gebildet, deren vornehmste Aufgabe in der Sorge für zielbewußtes pädagogisches Arbeiten in den ihnen unterstellten Anstalten zu sehen sein dürfte.

b) Für einen auf erziehliche Beeinflussung eingestellten Strafvollzug spielt die technische Frage des **Haftsystems** naturgemäß eine besonders wichtige Rolle. Trotz einer gewissen (nicht unbedenklichen)[10]) Vorliebe für die Einzelhaft, die sich aus der geschichtlichen Entwicklung (oben § 59) erklärt, lehnen es die Grundsätze mit vollem Recht ab, sich zu einem bestimmten Haftsysteme ausschließlich zu bekennen. Sie stellen demgegenüber nicht nur drei verschiedene Grundhaftsysteme (Einzelhaft, Zellenhaft, Gemeinschaftshaft[11]); §§ 38ff.) zur Auswahl, sondern bahnen vor allem (§§ 130, 131) den diese Einzelsysteme organisch verbindenden **Strafvollzug in Stufen**[12]) („Progressivsystem") an, wobei

---

[8]) Vgl. schon oben § 4 Note 15. Ferner etwa: *Gentz* Z **51** 216, *Eb. Schmidt* bei *Aschaffenburg* **22** 193, *Weißenrieder* in Bumkes Handb. 71ff., *Schwister* in „Strafvollzug in Preußen" 9ff. Beachtenswert die preußische Personalordnung für den oberen Strafvollzugsdienst vom 8. Januar 1931.

[9]) Für Preußen war die Bildung örtlicher Beiräte bei den größeren Strafanstalten bereits durch eine Verfügung des Justizministers vom 22. Februar 1919 angeordnet worden (JustizMinBl. 1919, 54).

[10]) Vgl. hierzu namentlich *Liepmann* 22, 23.

[11]) Einzelhaft: Der Gefangene wird bei Tag und Nacht unausgesetzt von anderen Gefangenen gesondert gehalten (Grundsätze § 39). Zellenhaft: Der Gefangene wird bei Tag und Nacht, besonders auch bei der Arbeit, allein in einer Zelle untergebracht, kommt jedoch bei der Bewegung im Freien, beim Gottesdienst, beim Unterricht oder bei anderen besonderen Anlässen regelmäßig mit anderen Gefangenen zusammen (§ 40). Gemeinschaftshaft: Der Gefangene wird bei Tage, besonders auch bei der Arbeit, regelmäßig mit anderen Gefangenen zusammengebracht. — Ob diese Dreiteilung, insbesondere die Unterscheidung der Zellenhaft von der Einzelhaft mit § 22 StGB rechtlich vereinbar ist, muß sehr bezweifelt werden. Ablehnend *Liepmann* 24. Der Entwurf eines Strafvollzugsgesetzes von 1927 (Reichst.-Vorl.) § 58 kennt als Haftformen nur Einzelhaft und Gemeinschaftshaft, will aber die Einzelhaft im Sinne der Zellenhaft der Reichsratsgrundsätze ausgestaltet wissen (§ 60).

[12]) Das Wesen des progressiven Strafvollzuges besteht darin, daß sich der Gefangene durch eine Reihe verschiedener Strafstufen oder Strafklassen hindurcharbeitet, die sich äußerlich durch eine sich steigernde Lockerung des Strafzwanges unterscheiden, an das Verantwortungsgefühl, die Selbstbeherrschung und die innere Energie des Gefangenen aber ebenfalls gesteigerte Anforderungen stellen. Der Gefangene soll in dieser Art des Strafvollzuges „zweierlei lernen: erstens, daß man ihm helfen will, wieder in die Höhe zu kommen,

freilich vorläufig noch alle Einzelheiten den Ländern überlassen bleiben. Da ein Wechsel der Haftart zulässig ist (§ 43 Abs. 2), der Strafvollzug überdies innerhalb des den einzelnen Strafvollzugsämtern unterstehenden Bezirkes nach einem einheitlichen Strafvollstreckungsplan erfolgt (Grundsätze § 24), so besteht jedenfalls die praktische Möglichkeit, daß der einzelne Gefangene dem in Hinsicht auf seine Persönlichkeit zweckmäßigsten Haftsystem zugeführt wird.

c) Von der Unterbringungsart allein hängt aber die Qualität des Strafvollzuges naturgemäß nicht ab. Ob der Gefangene gebessert wird, ist in erster Linie durch die **Behandlung** bedingt, die ihm in der Anstalt zuteil wird. Nur, wenn diese Behandlung der Persönlichkeit des einzelnen Gefangenen im Hinblick auf seine erziehliche Beeinflussung angepaßt ist, kann der Staat auf einen Erfolg seines Strafvollzuges rechnen.

α) Den alten Regelsatz, den Gefangenen durch sklavische Unterdrückung jeder eigenen Willensregung zu entwöhnen und ihn auf diese Weise gefügig zu machen, haben die Grundsätze aus guten Gründen aufgegeben[13]). In der Regel gehört der Gefangene, an dem eine bessernde Freiheitsstrafe vollzogen werden muß, zur Kategorie derjenigen Menschen, die innere Haltlosigkeit, Willensschwäche, mangelnde Selbstkritik zum Konflikt mit den Strafgesetzen führen. Hier verlangt die Resozialisierung gerade eine Stärkung seiner Willensenergie, eine Anstachelung seines Verantwortungsgefühls, kurzum eine Erweckung und Belebung seiner positiven sozialen Anlagen. Das aber wird nur erreicht, wenn das Ehrgefühl des Gefangenen geschont, wenn im Sinne sittlicher Beeinflussung und Hebung an ihm gearbeitet, wenn Ordnung, Fleiß, Pünktlichkeit, Achtung vor den Anstaltsbeamten und den Normen der Hausordnung ihm nicht nur aufgezwungen werden, er vielmehr zu ihrer inneren Anerkennung hingeleitet wird. In diesem Sinne wollen die §§ 31, 49, 114, 115, 54, 105ff., 62ff. der Grundsätze aufgefaßt werden.

---

und zweitens, daß er nur durch eigene Kraft dazu gelangen kann, erzogen zu werden" (*Liepmann* bei *Aschaffenburg* (Beiheft 1, 68). In den Reichsratsgrundsätzen fehlt es noch an jeder näheren Ausgestaltung dieses Vollzugssystems. Dagegen finden sich ausführliche Bestimmungen in §§ 162 ff. das EStrafvollzG (Reichst.-Vorl.). Auf ihr Inkrafttreten braucht indessen nicht gewartet zu werden; denn die Länder haben inzwischen selbst die Initiative ergriffen. Vorbildlich ist die preuß. VO über den Strafvollzug in Stufen vom 7. Juni 1929; vgl. dazu *Sieverts* Beiheft 3 zu *Aschaffenburg* (1930) 129ff. Bemerkenswert sind die im Zusammenhang mit dem Progressivsystem gemachten erbbiologischen Untersuchungen, die in bayerischen und anderen Strafanstalten vorgenommen werden und denen doch wohl ein größerer Wert zukommt, als man nach *Liepmanns* abfälliger Kritik (Beiheft 1 zu *Aschaffenburg* 66) vermuten möchte. Zu einer zweckentsprechenden Ausgestaltung des Progessivsystems gehört freilich — darin ist *Liepmann* unbedingt zu folgen — die Einführung einer Zwischen- und Übergangsstation nach irischem Muster, ferner eine organische Verbindung der vorläufigen Entlassung mit der Stufenfolge des Progressivsystems. Endlich wird auch das unbestimmte Strafurteil eine selbstverständliche Voraussetzung für eine zielbewußte Durchführung des Stufenstrafvollzuges werden müssen. Vgl. oben § 4 Note 13. So konzentrieren sich in der Problematik des progressiven Strafvollzuges letzten Endes sämtliche mit der Spezialpräventionsidee überhaupt zusammenhängenden Einzelfragen.

[13]) Über den Zusammenhang dieser „naiven Pseudopsychologie" mit dem Vergeltungsgedanken und über ihre fürchterlichen Auswirkungen im Strafvollzuge (und notabene auch in der Kriminalstatistik!) vgl. *Liepmann* bei *Aschaffenburg* Beiheft 1. Sehr wichtig jetzt die psychologischen Untersuchungen von *Sieverts* (Lit. zu § 59).

β) Daß der **Arbeit**[14]) des Gefangenen in diesem Resozialisierungsprozeß eine besondere Bedeutung zukommt, liegt auf der Hand. § 62 der Grundsätze bezeichnet sie als die Grundlage eines geordneten Strafvollzuges. Darum machen die Grundsätze die Anstaltsarbeit im Rahmen des gesetzlich Erlaubten (vgl. oben II 4) nunmehr obligatorisch. So selbstverständlich dies unter kriminalpolitischen Gesichtspunkten heute erscheint, so schwierig ist es, gerade dieser Selbstverständlichkeit gerecht zu werden; denn der Arbeitsbetrieb führt die Anstaltsleitungen fortgesetzt vor die schwierigsten Probleme, die teils auf kriminalpolitischem, teils auf wirtschaftlichem Gebiete liegen. Von der noch dem RStGB zugrunde liegenden Auffassung, daß gerade die Arbeit im wesentlichen das Strafübel auszumachen habe, hat man sich inzwischen selbstverständlich rückhaltlos frei gemacht: die Arbeit ist lediglich das wichtigste Resozialisierungsmittel, muß daher produktiven Nutzen schaffen, nach modernen Methoden erfolgen, zugleich für den Gefangenen möglichst instruktiven[15]) Wert haben. Aber der Verwirklichung dieser Erkenntnisse stellen sich nur zu oft die größten Hindernisse entgegen, namentlich in den Anstalten mit überwiegender Einzelhaft, in der andere als kleinhandwerksmäßige Arbeitsmethoden nicht in Frage kommen. So gehören das Tütenkleben, Mattenflechten, Tau-, Werg- und Roßhaarzupfen, Säckeflicken, Holzzerkleinern mit ihrer trostlos öden Monotonie trotz aller Bemühungen vielfach immer noch zu den unvermeidlichen Verrichtungen, mit denen die Gefangenen in Ermangelung eines Besseren beschäftigt werden müssen, sollen sie nicht gänzlich arbeitslos bleiben.

γ) Das eigentliche Strafübel der Freiheitsstrafe steckt in der fast völligen Aufhebung der Bewegungsfreiheit und des Selbstbestimmungsrechtes, der Herausreißung aus dem bisherigen Lebens- und Berufskreise und der Abschneidung von der Außenwelt mit ihren gewohnten Lebensformen. Dieses Übel wirkt automatisch auf den Gefangenen, es braucht nicht im eigentlichen Sinne „vollzogen" zu werden. Wenn aber der Strafvollzug nicht weit mehr Schaden anrichten als Nutzen schaffen soll, so muß dafür gesorgt werden, daß dem Gefangenen ein möglichst reibungsloses Zurückfinden in die freie Welt und ein gewisses Vertrautbleiben mit ihren Anforderungen und mit ihrer tatsächlichen Weiterentwicklung ermöglicht wird. Dem dient die Erteilung von Unterricht (§ 106), die Möglichkeit, in der arbeitsfreien Zeit Bücher der Anstaltsbibliothek und Zeitungen zu lesen (§§ 107ff.), ein wenn auch naturgemäß stark beschränkter Verkehr mit der Außenwelt (Besuchsempfang, Briefwechsel; §§ 112ff.). Dem gleichen Gedanken dient in einem geordneten Stufenstrafvollzug die allmähliche Überleitung in die Freiheit mit Hilfe einer Übergangsanstalt, gelegentlicher Beurlaubung u. dgl. Hier müßte auch die vorläufige Entlassung, die die §§ 23—26 RStGB[16]) lediglich unter dem Gesichts-

---

[14]) Vgl. über die Gefangenenarbeit und ihre Problematik jetzt insbesondere *Grünhut* im Handwörterbuch der Staatswissenschaften. — Eine besonders schwierige Frage ist auch die bezüglich der Arbeitsbelohnung; hier kreuzen sich wirtschaftliche, kriminalpolitische und juristische Probleme, deren Erörterung hier nicht erfolgen kann.

[15]) Vgl. hierzu insbesondere auch die §§ 203 bis 206 der Grundsätze, die die Arbeit der Jugendlichen in der Strafanstalt betreffen. Ferner etwa §§ 75ff. der thüring. D u. VO.

[16]) Daß die vorläufige Entlassung des StGB in keinerlei organischer Verbindung mit dem Strafvollzuge selbst erscheint, ergibt sich aus ihren Voraussetzungen: Sie ist an die Zustimmung des Sträflings gebunden, steht stets im freien Belieben der Justizaufsichtsbehörde (§ 25) und bildet jedenfalls nach der Auffassung des RStGB nicht den normalen Abschluß der Freiheitsstrafe, die sich ja das RStGB auch nicht progressiv vollstreckt denkt. Weitere Voraus-

punkt eines ausnahmsweisen Gnadenaktes verwenden, ihre organische Eingliederung in den modernen Strafvollzug finden. Endlich hat eine rationelle, jeder Sentimentalität bare Gefangenen- und Entlassenenfürsorge[17]) die Wiedereingliederung des Bestraften durch Arbeitsbeschaffung usw. tunlichst zu befördern.

δ) Zur Wahrung und Sicherung der Anstaltsdisziplin dient eine streng geregelte, aufs pünklichste und genaueste innegehaltene Hausordnung, ferner die Verhängung sog. Hausstrafen im Falle hausordnungswidrigen Verhaltens (vgl. §§ 137ff.). Vgl. dazu oben § 4 Note 2.

§ 61. Die Geldstrafe.

Literatur. Vgl. oben § 4 Note 8. *Goldschmidt* VD Allg. T. **4** 398. *Gutmann* Die Natur der Geldstrafe und ihre Verwendung im heutigen Reichsstrafrecht 1909. *Deumer* GS **75** 276. *Kronecker* GA **27** 81, **28** 9. *Derselbe* Z **44** 578 (über die Gesetzgebung von 1921 bis 1924). *Rauh* Die Vermögensstrafe des Reichsstrafrechts und ihre Reform (Strafr. Abh. Heft 152) 1912. *Träger* GS **78** 241. *Adams* Die geschichtliche Entwicklung der subsidiären Freiheitsstrafe (Strafr. Abh. Heft 162) 1912. *Mohr* Die Bemessung der Geldstrafe (Strafr. Abh. Heft 168) 1913. *Ludwig* GS **84** 305. *Hellwig* Das Geldstrafengesetz. 3. Aufl. 1924. *Oetker* GS **88** 161 (über den E 1919). *Wagner* HdR VI 472. *Pitschel* Die Praxis in der Wahl der Geldstrafe (Krim. Abhdlg. VIII) 1929.

I. Die Geldstrafe ist die einzige **Vermögenshauptstrafe** im Strafensystem der Reichsgesetzgebung. Sie wird bald ausschließlich, bald neben der Freiheitsstrafe verbindungsweise als zweite Hauptstrafe, bald mit der Freiheitsstrafe wahlweise[1]), und zwar bald an erster, bald an zweiter Stelle, angedroht. Die Bedeutung der Geldstrafe in der Strafrechtspflege überhaupt hat von Jahrzehnt zu Jahrzehnt seit dem Beginn unserer Reichskriminalstatistik (oben § 3 Note 2 unter Ziffer 2) zugenommen. Schon im Jahre 1912 machten die wegen Verbrechen und Vergehen erkannten Geldstrafen 51,6% aller wegen solcher Straftaten verhängten Strafen aus[2]); durch die Geldstrafengesetze der Jahre 1921 bis 1924 ist die zahlenmäßige Vorherrschaft der Geldstrafe im heutigen deutschen Strafensystem endgültig besiegelt worden. Im Jahre 1928 wurden 69,4%

---

setzungen sind Verbüßung von drei Vierteilen (mindestens aber einem Jahre) der a u f e r l e g t e n (also nicht notwendig e r k a n n t e n) Strafe und gute Führung während der Strafzeit. Die vorl. Entlassung kann an Bedingungen geknüpft werden (Stellung unter Schutzaufsicht, Aufenthaltsbeschränkungen u. dgl. m.; vgl. dazu *v. Lilienthal* DJZ 1925, 1861 und *Graf zu Dohna* bei *Aschaffenburg* 1926, Beiheft 1, 84, 85); Möglichkeit des Widerrufs gemäß § 24.

[17]) Im 19. Jahrhundert wurde die Gefangenenfürsorge im wesentlichen von Gefängnisgesellschaften oder -vereinen betrieben. Doch ist sie dem Rahmen einer privaten Liebestätigkeit längst entwachsen und heute durchaus „eine Pflicht der Allgemeinheit" (*Freudenthal*). Vgl. in diesem Sinne die Reichsratsgrundsätze §§ 225ff., Entwurf eines Strafvollzugsgesetzes §§ 240ff.

[1]) Nach MilStGB § 29 darf in diesem Falle, wenn durch die strafbare Handlung zugleich eine militärische Dienstpflicht verletzt worden ist, auf Geldstrafe nicht erkannt werden.

[2]) Vgl. Begründung 1925 S. 32; dazu *Hellwig* 1ff.

aller Verbrechen und Vergehen gegen die Reichsgesetze mit Geldstrafe geahndet[3]).

II. Auch die Geldstrafe ist, wie jede Strafe, ein den Verbrecher treffendes Übel. Daraus folgt[4]):

1. Zahlung der Geldstrafe durch einen Dritten an Stelle des Verurteilten ist unzulässig. Sie würde den Verurteilten nicht befreien, dürfte vom Staate nicht angenommen werden und könnte unter den Tatbestand der Begünstigung fallen (unten § 183 III).

2. Aufrechnung mit einer dem Verurteilten zustehenden Forderung ist unzulässig.

3. Jeder in eine Geldstrafe Verurteilte haftet für diese allein und selbständig. Eine solidarische Haftung mehrerer zu Geldstrafen verurteilter Teilnehmer kommt nicht in Betracht. Über die gelegentlich angeordnete Haftung dritter Personen vgl. oben § 56 Note 12.

4. Eine Vollstreckung in den Nachlaß des Verurteilten sollte nicht angängig sein, wird aber durch § 30 StGB zugelassen; vgl. darüber unten § 72 Note 2.

III. Der **Mindestbetrag** der Geldstrafe ist bei Verbrechen und Vergehen drei Reichsmark, bei Übertretungen eine Reichsmark (§ 27 StGB). Auch bei Versuch und Beihilfe darf unter diese Beträge nicht herabgegangen werden. Bei Verurteilung Jugendlicher sind die genannten Mindestbeträge ebenfalls maßgebend[5]). In den Einzelstrafdrohungen kann über die Mindestbeträge hinausgegangen werden.

Der **Höchstbetrag**[6]) der Geldstrafe beläuft sich bei Verbrechen

---

[3]) Vgl. *Exner* (Lit. zu § 66) 31; für die Gesamtentwicklung ist vor allem auf *Pitschel* zu verweisen; vgl. auch *Wagner* 480 und Anlage II S. 44ff. zum E 1927 (Reichst.-Drucks. Nr. 3390).

[4]) Vgl. dazu *Allfeld* 259, *Lobe* in Lpz. Komm. Vorbemerkung 3 zu §§ 27ff., *Rauh* 26, *Olshausen* § 27 1.

[5]) Herrschende Meinung bezüglich Versuch und Beihilfe. Vgl. *Frank* § 27 I 1, *Lobe* in Lpz. Komm. § 27 Note 1, *Wagner* 481, R **18** 125. Bezüglich der Jugendlichen vertritt *Hellwig* Erläuterung Nr. 18 die Meinung, daß gemäß § 9 Abs. 3 JugGG die Mindestgeldstrafe bei Vergehen Jugendlicher e i n e Reichsmark sei, weil die Geldstrafe als „einheitliche Strafart" betrachtet werden müsse. Jedoch steht dieser Auffassung § 27 StGB gerade entgegen. Mit dem Text daher *Lobe* in Lpz. Komm. § 27 Note 1, *Kiesow* JugGG § 9 Note 3d (unter Berücksichtigung der alten Mindestsätze), *Wagner* 481, Olshausen § **27** 9a.

[6]) In § 27 alter Fassung fanden sich keine Angaben über die Höchstbeträge der Geldstrafen, vielmehr wurden diese durch die Strafdrohungen bei den einzelnen Delikten bestimmt. Das Gesetz zur Erweiterung des Anwendungsgebietes der Geldstrafe usw. vom 21. Dezember 1921 führte erstmalig generelle Geldstrafenmaxima ein. Die weiteren Geldstrafengesetze (vgl. oben § 13 VII 2) paßten unter fortgesetzten Veränderungen diese Höchstsätze dem Wechsel der Geldverhältnisse an. Die jetzige Fassung des § 27 StGB beruht auf Art. I der Verordnung über Vermögensstrafen und Bußen vom 6. Februar 1924 in Verbindung mit § 2 der zweiten VO zur Durchführung des Münzgesetzes vom 19. Dezember 1924. Vgl. dazu oben § 27 Note 2.

und Vergehen auf zehntausend Reichsmark, soweit in den Einzelstrafdrohungen nicht darüber hinausgegangen oder „Geldstrafe in unbeschränkter Höhe"[7]) angedroht wird. Bei Übertretungen beträgt das unverrückbare, weil die Deliktskategorie im Sinne des § 1 StGB bestimmende Strafmaximum einhundertfünfzig Reichsmark. Vgl. dazu oben § 27 Note 2. Die Höchstbeträge des § 27 Abs. 2 StGB binden den Richter nicht in den Fällen, wo die angedrohte Strafe im Mehrfachen, Einfachen oder im Bruchteil eines bestimmten Betrages besteht (§ 27 Abs. 3 StGB; vgl. dazu oben § 27 Note 5). Auch im Falle des § 27c Abs. 3 StGB kann das gesetzliche Höchstmaß überschritten werden (unten § 66 III 1c).

IV. Über die **Bemessung** der Geldstrafe vgl. unten § 66 II, III.

V. Mit der Rechtskraft des Urteils tritt die Pflicht zur **Zahlung** der Geldstrafe ein. Die Zahlung ist an die Reichskasse zu bewirken, wenn ein Gericht des Reichs in erster Instanz geurteilt hat; anderenfalls an die Kasse des Landes, dessen Gericht das erstinstanzliche Urteil fällte. Als Regel betrachtet es das Gesetz, daß der Verurteilte die Zahlung in voller Höhe sofort bewirkt. Doch ist dem Gericht die Pflicht[8]) auferlegt (§ 28 Abs. 1 StGB) zu prüfen, ob dem Verurteilten nach seinen wirtschaftlichen Verhältnissen (d. h. im Hinblick auf sein gesamtes wirtschaftliches Können, das nicht nur durch die Höhe seines Einkommens, seines Vermögens, seiner

---

[7]) Geldstrafe in unbeschränkter Höhe findet sich in § 396 RAbgO. Vgl. auch § 9 des alten RepublikschutzG von 1922. Dazu *Frank* § 27 I 1 („eine verkappte Form der grundsätzlich abgelehnten Vermögenskonfiskation und eine Umgehung des § 2"), *Lobe* Die Gesetzgebung des Reiches und der Länder zum Schutze der Republik (1922) 62 („schwere Durchbrechung" des Grundsatzes der Strafbestimmtheit des Art. 116 RVerf. [vgl. dazu oben § 18 Note 3]). In der Tat genügt die Androhung einer der Höhe nach unbegrenzten Strafe dem auch in Art. 116 RVerf. enthaltenen und somit verfassungsmäßig festgelegten Grundsatz der Strafbestimmtheit nicht. (Abw. *Frank* § 27 I 1.) Eine Geldstrafe von unbeschränkter Höhe kann daher nur in einem verfassungsändernden Reichsgesetz (Art. 76 RVerf.), ferner auf Grund des Art. 48 RVerf. angedroht werden. § 27 StGB dagegen enthält dazu keine allgemeine Ermächtigung, sondern nimmt lediglich auf rechtsgültig zustande gekommene Geldstrafendrohungen dieser Art Bezug. Es ist also von Fall zu Fall zu prüfen, ob die Androhung einer Geldstrafe von unbeschränkter Höhe zulässig ist. Vgl. *Olshausen* § 2 7.

[8]) Die Einrichtung der Zahlungsfristen und Teilzahlungen hat es auch schon vor der Geldstrafengesetzgebung 1921/24 gegeben. Ob aber davon Gebrauch gemacht wurde, hing ausschließlich von dem Belieben der Strafvollstreckungsbehörden ab. Durch § 5 des Geldstrafengesetzes von 1921 wurde dem erkennenden Gericht die Möglichkeit gegeben, Zahlungsfristen zu gewähren und Teilzahlung zu gestatten; doch handelte es sich um eine Kann-Vorschrift. In eine Muß-Vorschrift wurde diese durch Art. I Nr. 2 des Reichs-Geldstrafengesetzes vom 27. April 1923 verwandelt; § 28 StGB erhielt damit zugleich seine heutige Gestalt. Art. I der Vermögensstrafenverordnung vom 6. Februar 1924 hat diese beibehalten. — Zur Auslegung des § 28 StGB vgl. R **60** 16, **64** 208.

Schulden, sondern auch durch seine Arbeitsfähigkeit, durch Anforderungen seines Standes usw. bestimmt wird) die sofortige Gesamtzahlung zugemutet werden darf. Ist dies zu verneinen, so muß im Urteil, und zwar in der Urteilsformel[9]), eine Zahlungsfrist bewilligt oder Zahlung in bestimmten Teilbeträgen gestattet werden, selbst wenn ein dahingehender Antrag nicht gestellt worden ist. Auch nach dem Erlaß des Urteils kann durch Beschluß des erstinstanzlichen Gerichts (§ 28 Abs. 3 StGB in Verbindung mit § 462 StPO) Zahlungsfrist und Teilzahlung bewilligt werden. Widerruf der Vergünstigung kann erfolgen, wenn der Verurteilte die Teilzahlungen nicht rechtzeitig leistet oder wenn sich seine wirtschaftlichen Verhältnisse wesentlich bessern. Auch eine nachträgliche Änderung der gerichtlichen Entschließungen ist gemäß § 28 Abs. 3 StGB im Beschlußverfahren des § 462 StPO möglich.

VI. Erfolgt die Zahlung der Geldstrafe nicht freiwillig, so kommt es gemäß § 28a StGB zur **Beitreibung**, für die nach § 463 StPO die Vorschriften der ZPO über die Vollstreckung der zivilgerichtlichen Urteile maßgebend sind. Das gesamte bewegliche und unbewegliche Vermögen kann von der Beitreibung ergriffen werden. Bietet jedoch schon das bewegliche Vermögen mit Sicherheit keine Aussicht auf Deckung der Geldstrafe, so kann jeder Beitreibungsversuch unterbleiben (§ 28a Abs. 2 StGB). In diesem Falle, wie in demjenigen, wo die Beitreibung zur Tilgung der Strafe nicht führt, liegt „**Uneinbringlichkeit**" der Geldstrafe vor, welche die rechtliche Voraussetzung für die Maßregel des § 28b (unten VII) wie für die Umwandlung der Geld- in eine Ersatzfreiheitsstrafe ist (vgl. unten § 69 I).

VII. Um zu vermeiden, daß sich kurzzeitige Freiheitsstrafen allzu häufig an die Stelle uneinbringlicher (oben VI) Geldstrafen setzen, sieht § 28b die **Tilgung der uneinbringlichen Geldstrafe durch freie Arbeit** vor. Vgl. dazu oben S. 20. Freilich liegt es ganz im Ermessen der Vollstreckungsbehörde, ob diese Art der Tilgung zugelassen wird. Auch fehlt es bisher noch an der in Abs. 2 des § 28b in Aussicht genommenen Spezialregelung. Praktischer Bedeutung kann sich die Stelle demgemäß bedauerlicherweise noch nicht erfreuen[10]).

VIII. Die **Verwendung** der eingezahlten oder beigetriebenen Geldstrafen bestimmt sich nach etatsrechtlichen Gesichtspunkten des Reichs oder des Landes, dem die Geldstrafe zufällt. Doch fehlt es nicht an Sonderbestimmungen.

Vgl. z. B. PersonenstandsG 1875 § 70, nach dem die hier angedrohten Geldstrafen jenen Gemeinden zufließen, welche die sachlichen Kosten der

---

[9]) Zutreffend R **60** 16.

[10]) § 14 des Preuß. Forstdiebstahlsgesetzes von 1878 (vgl. oben § 20 Note 6) kennt als Ersatz für die nach § 13 zu verhängende Ersatzfreiheitsstrafe die Anhaltung zu Forst- und Gemeindearbeiten. Vgl. dazu auch § 34 Abs. 2 desselben Gesetzes.

Standesämter zu tragen haben; GewerbeO § 146 in Verbindung mit § 116 (Hilfskasse, andere zum Besten der Arbeiter bestehende Kassen, evtl. Ortsarmenkasse); PostG 1871 § 33 (Postarmen- oder Unterstützungskasse); SeemannsO 1902 § 132 (Seemannskasse, bzw. Ortsarmenkasse des inländischen Heimathafens des Schiffes); WeinG 1909 § 32 (Unkosten, die durch Bestellung von Sachverständigen entstehen); SchiffahrtsabgabenG 1911 Art. IV § 5 (Strombauverbände); nach den VersicherungsGen von 1911 die Versicherungsanstalten; nach RAbgO 1919 § 460 fallen Geldstrafen dem Reiche zu[11]).

§ 62. Nebenstrafen an der Freiheit.

Literatur. *Goldschmidt* VD Allg. T. **4** 274. — Zu I: *Hesse* Die Aufenthaltsbeschränkungen bestrafter Personen in Deutschland. Göttinger Diss. 1905. *Braune* Z **28** 31. *Rießer* Die Aufenthaltsbeschränkungen bestrafter Personen usw. Jenaer Diss. 1910. *Honig* HdR **1** 356. *Stier-Somlo* HdR IV 525. — Zu II: *v. Hippel* Die korrektionelle Nachhaft 1889. *Derselbe* Die strafrechtliche Bekämpfung von Bettel, Landstreicherei und Arbeitsscheu 1895. *Derselbe* Zur Vagabundenfrage 1902. *Derselbe* VD Bes. T. **2** 107. *v. Falken-Plachecki* Z **41** 274. *Grobleben* Die juristische Natur der korrektionellen Nachhaft GS **70** 201 (Würzburger Diss. 1906). *Münzenmaier* Die korrektionelle Nachhaft usw. (mit besonderer Berücksichtigung der Verhältnisse in Württemberg) 1912. *Steigerthal* HdR **1** 272. *Ploß* Das Arbeitshaus (Leipziger rechtswiss. Studien Heft 35) 1928. Ferner: *Ostwald* Die Bekämpfung der Landstreicherei 1903. *Hoegel* bei *Grünhut* **25** 623, **26** 215, **27** 192. *Knoblauch* (*v. Mayr*sche Abh. Heft **6**) 1910 (Bettel und Landstreicherei in Bayern 1893 bis 1899). *Wilmanns* Zur Psychopathologie des Landstreichers 1906. — Zu III: *v. Conta* Die Ausweisung aus dem Deutschen Reich usw. 1904. *Lindenau* Die Ausweisung als kriminalpolitische Maßnahme 1907. *Fleischmann* WV **1** 280. *Stier-Somlo* HdR **1** 496.

I. Das gerichtliche Erkenntnis auf **Zulässigkeit von Polizeiaufsicht** ist neben der Freiheitsstrafe, und zwar regelmäßig neben Zuchthaus, ausnahmsweise neben Gefängnis, in einem Falle neben Festungshaft, aber immer nur in den durch das Gesetz ausdrücklich vorgesehenen Fällen, dem richterlichen Ermessen anheimgegeben[1]).

Die im RStGB ausdrücklich vorgesehenen Fälle, in welchen auf Zulässigkeit der Polizeiaufsicht erkannt werden kann, sind: StGB §§ 115, 116, 122,

---

[11]) Nach § 34 des Preuß. Forstdiebstahlsgesetzes von 1878 fließt die Geldstrafe sogar dem Beschädigten zu. Der Verurteilte hat sie allerdings an die Staatskasse zu zahlen, die sie an den Beschädigten weiterleitet. Vgl. *Wagemann* (oben § 20 Note 6) Note 1 zu § 34 des Gesetzes. Am Strafcharakter ändert sich durch diese Pflicht zur Weiterleitung an den Beschädigten nichts (a. M. *v. Liszt* in den früheren Auflagen). Die Begnadigung kann sich daher auch auf eine solche Geldstrafe beziehen.

[1]) Das Josephinische StGB 1787 (**2** 32) ist wohl das erste, das Polizeiaufsicht (bei Diebstahl) zuläßt. Doch war sie gegen Ausgang des 18. Jahrhunderts in der deutschen Rechtspflege ziemlich allgemein in Gebrauch und findet sich in den meisten LandesStGBüchern dieses Jahrhunderts. Ihre neuere Entwicklung in Preußen (G vom 12. Februar 1850) beruht auf dem Code pénal Art. 44ff. (Senatsbeschluß vom 28. Floréal des Jahres XII: renvoi sous la surveillance de la police). Die außerdeutsche Gesetzgebung hat sich teilweise ablehnend verhalten.

125, 146, 147, 180, 181, 181a, 184, 248, 256, 262, 285a, 294, 325, 49a; ferner der Versuch eines mit Tod oder lebenslangem Zuchthaus[2]) bedrohten Verbrechens und die Beihilfe[3]) zu einem solchen (StGB §§ 44 und 49). Dazu treten verschiedene Nebengesetze; so das SklavenraubG 1895 § 3, SpionageG 1914 § 14.

1. Ist Polizeiaufsicht neben der Strafe des vollendeten Verbrechens oder Vergehens zulässig, so gilt gleiches bei der Versuchsstrafe (StGB § 45) wie bei der Strafe des Gehilfen; ist sie wegen einer von mehreren zusammentreffenden strafbaren Handlungen zulässig, so kann auf sie auch neben der Gesamtstrafe erkannt werden (StGB § 76).

Jugendlichen gegenüber ist Polizeiaufsicht ausgeschlossen (JugGG § 9 Abs. 4).

2. Durch ein solches Erkenntnis erhält die höhere Landespolizeibehörde die Befugnis, nach Anhörung der Gefängnisverwaltung den Verurteilten auf die Zeit von höchstens fünf Jahren unter Polizeiaufsicht zu stellen. — Diese Zeit wird von dem Tage berechnet, an dem die Freiheitsstrafe verbüßt, verjährt oder erlassen ist (StGB § 38).

3. Wirkungen der Polizeiaufsicht (StGB § 39):

a) Dem Verurteilten kann der Aufenthalt an einzelnen bestimmten Orten (Ortschaften oder Räumlichkeiten, wie Wirtschaften, Theatern, Bahnhöfen usw.), insbesondere auch am Heimatsorte[4]), von der Landespolizeibehörde untersagt werden[5]);

b) die höhere Landespolizeibehörde ist befugt, den Ausländer (auf die Dauer von höchstens fünf Jahren) aus dem Reichsgebiet zu verweisen;

c) Haussuchungen unterliegen keiner Beschränkung hinsichtlich der Zeit, zu der sie stattfinden dürfen[5]).

II. Auf **Überweisung an die Landespolizeibehörde** nach verbüßter Strafe kann neben der Verurteilung zur Haft wegen der in § 361 StGB Ziff. 3—8 bedrohten Übertretungen, also gegen Landstreicher, Bettler (hier aber unter einschränkenden Voraussetzungen), Müßiggänger, Dirnen, Arbeitsscheue, Erwerbslose, sowie neben der Verurteilung zu Gefängnis (leider) auch gegen Zuhälter nach § 181a und gegen Glücksspieler nach § 285a erkannt werden. Die Behörde des Verurteilungsortes erhält dadurch die Befugnis, den Verurteilten bis zu zwei Jahren entweder in einem Arbeitshause unterzu-

---

[2]) Ist neben lebenslangem Zuchthaus noch eine andere Strafe wahlweise angedroht, so ist bei Versuch Polizeiaufsicht zulässig, falls der Richter sich für die Anwendung des schwereren Strafrahmens entscheidet.

[3]) Maßgebend ist die vom Gesetze gewollte Gleichstellung von Versuch und Beihilfe. Ebenso *Allfeld* 265 Note 10.

[4]) Herrschende Ansicht. Dagegen *Schwartz* § 39 Note 1, *Wachenfeld* 239.

[5]) Vgl. StGB § 361 Ziff. 1 und StPO §§ 103, 104, 106, 113.

bringen oder zu gemeinnützigen Arbeiten zu verwenden. Gegen Ausländer kann neben oder an Stelle der Unterbringung in einem Arbeitshause Verweisung aus dem Reichsgebiete eintreten (StGB § 362). Man spricht hier auch von „korrektioneller Nachhaft" („Anhang")[6]). Dirnen kann die Polizeibehörde (seit dem G vom 25. Juni 1900) statt in ein Arbeitshaus in eine Besserungs- oder Erziehungsanstalt oder in ein Asyl unterbringen[7]); die Unterbringung in ein Arbeitshaus ist unzulässig, falls die Verurteilte das 18. Lebensjahr (zur Zeit der Verurteilung) noch nicht vollendet hat. Vgl. JugGG § 9 Abs. 4.

III. Die **Ausweisung aus dem Reichsgebiet** ist als Nebenstrafe[8]) gegen Ausländer zulässig:

1. Bei Glücksspiel (StGB § 285a).
2. Bei Verrat militärischer Geheimnisse (§ 14 des G vom 3. Juni 1914).
3. An Stelle der Polizeiaufsicht (StGB § 39 Ziff. 2)[9]).
4. An Stelle oder neben der Unterbringung in einem Arbeitshause (StGB § 362 Abs. 4)[10]).

§ 63. Ehrenstrafen.

Literatur. *Marcuse* Die Ehrenstrafe (Strafr. Abh. Heft 19) 1899. *Kießlich* Die Ehrenstrafen. Heidelberger Diss. 1911. *Goldschmidt* VD Allg. T. **4** 264ff., 411ff. *Köhne* Z **8** 439. *Freisler* Z **42** 438ff. *Eb. Schmidt* Z **45** 10ff. *Grünhut* Z **46** 260ff. *Derselbe* Reform (1926) 177. *Rittler* Schweizer. Z **37** 373ff. *Kahl* DJZ **28** 508ff. *Oetker* JW **53** 254ff. *Graf zu Dohna* bei *Aschaffenburg* **17** 352. *Liepmann* Die Reform des deutschen Strafrechts (Hamburg. Schriften Heft 2)

---

[6]) *v. Hippel* VD Bes. T. **2** 177. Nähere Anordnungen enthalten die Bundesratsbeschlüsse vom 26. Juni 1889 (bei *v. Hippel* 183 und *Ploß* 8). — Die Nachhaft war bereits im 18. Jahrhundert vielfach im Gebrauch, wurde in Preußen durch *Svarez* (*Stölzel* Lit. zu § 11, 245, 301) angeregt, ins ALR aufgenommen, durch die ZirkularVO von 1799 erweitert, geriet aber dann in Vergessenheit. Vgl. *v. Hippel* I 284. Die neuere Entwicklung ruht auf einem dem Code pénal nachgebildeten preußischen G von 1843, umgestaltet 1856. — Die „Nachhaft" hat sich unmittelbar an die Hauptstrafe anzuschließen. Ebenso *Bennecke* Z **10** 339, *Frank* § 362 V, *v. Hippel* 185, *Wachenfeld* 241. Dagegen *Seuffert* WV **2** 258 mit der Übung in Preußen und den süddeutschen Staaten. — Ihre Dauer ist von der tatsächlichen Einziehung, nicht schon von dem Ende der Strafzeit, ab zu berechnen. Ebenso *Mayer* 473, *Rosenberg* in Lpz. Komm. § 362 Note 10; dagegen *Köhler* 608.

[7]) Zu beachten die weitgehende (dem Richter versagte) Befugnis der Polizei.

[8]) Verschieden von der Ausweisung als Maßregel der Fremdenpolizei. Vgl. *v. Liszt-Fleischmann* § 25 III 3. — Die Ausweisung von Inländern aus dem Reichsgebiete fand sich in dem G vom 4. Mai 1874 betr. die unbefugte Ausübung von Kirchenämtern, aufgehoben am 6. Mai 1890.

[9]) Also mit dem für diese aufgestellten Höchstmaße. Ebenso *Frank* § 39 V.

[10]) Also mit dem Höchstmaße von zwei Jahren. Dagegen *v. Hippel* 191, der mit der herrschenden Übung die Ausweisung für eine dauernde hält, desgl. *Rosenberg* in Lpz. Komm. § 362 Note 12. — Vgl. StGB § 361 Ziff. 2.

1921, 123ff. *Ebermayer* HdR II 160. — Über die frühere Ehrenhauptstrafe des Verweises vgl. noch *Ellinger* Der Verweis 1898; *Bocks* Wesen und Vollstreckung des gerichtlichen Verweises. Würzburger Diss. 1906. *Jaritz* GA 57 121. — Zur Geschichte vgl. namentlich *His* (Lit. zu § 8 B) 569ff.

I. **Geschichte.** Die Ehrenstrafen bilden eine dem Untergange geweihte, letzte Reste des mittelalterlichen Strafarsenals in die Gegenwart herüberrettende Strafart des heutigen Strafensystems. Im mittelalterlichen Recht begegnen die Ehrenstrafen in zweierlei Gestalt: einmal als beschimpfende Demütigungsstrafen, wie z. B. der schimpfliche Aufzug und der Pranger, die Schupfe und das Schwemmen, die Abbitte und der Widerruf; sodann als sog. Recht- und Ehrlosigkeit, die eine Minderung namentlich der gerichtlichen Rechte des Verurteilten bedeutete. In beiden Formen waren die Ehrenstrafen weit verbreitet und wurden sie häufig verwendet. Die PGO drohte ebenfalls beide Arten der Ehrenstrafen an, so die Ehrlosigkeit gegen den Meineidigen (Art. 107) und gegen den Verkuppler von Weib oder Kindern (Art. 122), Pranger und Halseisen bei Untreue des Prokurators (Art. 115). Überdies bewirkte das nach freiem Ermessen erfolgende „Strafen auf Grund Ratsuchens" (*v. Hippel* I 198), daß sich in allen Teilen des Reiches die aus dem Mittelalter überkommenen Ehrenstrafen in bunter Fülle im deutschen Rechtsleben erhalten konnten. Erst die Aufklärungszeit erweckt auch diesen Strafen gegenüber kritische Besinnung. Insbesondere mußten die beschimpfenden Demütigungsstrafen als mit der aufkommenden Spezialpräventionsidee unverträglich erscheinen; jedenfalls wurde eine weitgehende Einschränkung der entehrenden Strafen verlangt (*Beccaria*) und durchgeführt. Der eine Zweig der Ehrenstrafen, die Demütigungsstrafen, beginnt seitdem immer mehr abzusterben. Dagegen hat gerade der moderne Staat die aus Recht- und Ehrlosigkeit entstammenden Ehrenstrafen erheblich weiter entwickelt; gab er doch mehr und mehr Gelegenheit zu einem aktiven Mitwirken des Staatsbürgers in öffentlichen Angelegenheiten aller Art, damit zugleich aber auch viel zahlreichere und verschiedenartigere Möglichkeiten zur Ausgestaltung von Rechtsminderungen und -beschränkungen; denn über die von der mittelalterlichen Recht- und Ehrlosigkeit hauptsächlich betroffene Beziehung des Einzelnen zur Rechtspflege hinaus konnte jetzt im Wege der Strafe in das Beamtendienstverhältnis durch Amtsverlust, in die politischen Staatsbürgerrechte durch Wahlrechtsverlust, Titelaberkennung usw. eingegriffen werden.

Im geltenden Recht (vgl. unten II—IV) hat diese Entwicklung ihren deutlichen Niederschlag gefunden: von den echten Demütigungsstrafen sind, nachdem das JugGG die Ehrenhauptstrafe des Verweises beseitigt hat, nur noch einzelne Fälle der Urteilspublikation übrig geblieben. Dagegen sind die die Rechtsstellung und die Statusrechte mindernden Ehrenfolgen in erheblich weiterem Umfange beibehalten worden (vgl. unten II—IV).

An diesem Gebäude der Ehrenstrafen hat die Strafrechtsreform zunächst nicht gerüttelt. Wenn auch GE § 72, KE § 85 und E 1919 § 76 auf alle ins privatrechtliche Gebiet hineinspielenden Rechtsminderungen verzichtet haben, so haben die Entwürfe bis 1919 doch im übrigen das im geltenden Recht herrschende System der Ehrenstrafen beibehalten. Nur suchte man den Grundgedanken stärker zu betonen, indem das strafrechtlich ganz unmögliche, weil individualethische, Merkmal der ehrlosen Gesinnung (vgl. unten § 66 Note 2) grundsätzlich als Voraussetzung wenigstens für die Aberkennung der Ehrenrechte aufgestellt wurde. Als dann aber *Liepmann* seit 1921[1]) mit Energie den

[1]) Vgl. *Liepmann* Mitt. JKV 22 (Jenenser Tagungsbericht S. 22f.); *Derselbe* Die Reform des Deutschen Strafrechts (Hamburger Schriften Heft 2) 1921 S. 123ff.; *Derselbe* Schweizer Juristenzeitung 1922 Heft 22.

Kampf gegen das ganze System der Ehrenstrafen eröffnete, trat alsbald ein Umschwung ein. Die Gegner der Ehrenstrafen wurden immer zahlreicher, und der AE 1925 tat den entscheidenden Schritt, indem er die Ehrenstrafen als solche beseitigte. Freilich behält AE 1925 in den §§ 54ff. den Verlust der Amtsfähigkeit sowie den Verlust des Wahl- und Stimmrechts, in § 59 aber auch die Urteilsbekanntmachung als „sichernde Maßnahmen" bei, und über das Unbefriedigende dieses zaghaften „Etikettenwechsels" vermag auch der die „Wiederverleihung" ermöglichende § 58 nicht hinwegzuhelfen. E 1927 und E 1930 betonen dagegen wieder den Strafcharakter der in Frage kommenden Maßnahmen, indem sie den Verlust der Amtsfähigkeit und des Wahl- und Stimmrechts mit Urteilsbekanntmachung und Einziehung in einen von den sichernden Maßnahmen getrennten, selbständigen Abschnitt (§§ 46ff.) mit der Überschrift „Nebenstrafen und Nebenfolgen" stellen, wobei an der Möglichkeit einer Wiederverleihung (§ 50) festgehalten wird. Kriminalpolitisch ist das letzte Wort mit diesem Regelungsversuch nicht gesprochen. Die Forderung bleibt, daß das zukünftige Strafrecht von allen, den sozialen Wiedereingliederungsprozeß störenden Ehrenfolgen gereinigt werden muß. In Fällen aber, wo eine solche soziale Adaption nicht mehr in Frage kommt, werden äußerst wirksame Mittel der Unschädlichmachung zur Anwendung zu bringen sein. Hat sich dieser Gedanke durchgesetzt, so wird für alles, was mit dem Gedanken der Ehrenminderung zusammenhängt, von selbst der Raum fehlen.

II. Eine **Ehrenhauptstrafe** kennt das **geltende Recht nicht mehr,** nachdem § 57 Ziff. 4 StGB durch das JugGG (§ 47) aufgehoben und damit der **Verweis** aus der Liste der Strafen gestrichen worden ist[2]). Der Verweis steht nunmehr als sog. Verwarnung unter den Erziehungsmaßregeln des § 7 JugGG[3]).

III. **Die Nebenstrafen an der Ehre** bestehen nach der Reichsgesetzgebung nicht etwa in einer Vernichtung und Schmälerung des Rechtsgutes der Ehre, sondern in der gänzlichen oder teilweisen, durch den Strafrichter ausgesprochenen[4]) Aberkennung gewisser vom Gesetze genau bezeichneter „bürgerlicher Ehrenrechte", des jus suffragii et honorum, der droits civiques.

IV. **Die Aberkennung der (sämtlichen) bürgerlichen Ehrenrechte.** Sie umfaßt

1. den dauernden Verlust

a) der aus öffentlichen Wahlen[5]) für den Verurteilten hervorgegangenen Rechte;

---

[2]) Vgl. dazu auch JugGG § 46.

[3]) Die Entwürfe (seit 1925; anders die früheren) haben diese Regelung beibehalten.

[4]) Darin liegt der begriffliche Unterschied der Ehrenstrafe von der Rechtsverwirkung (oben § 56 Note 13).

[5]) Öffentliche Wahlen sind solche in öffentlichen Angelegenheiten (Gegensatz: Angelegenheiten des privaten und Familienlebens), also auch kirchliche oder berufsständische (Ärztekammer-, Handelskammer-) Wahlen.

b) der öffentlichen Ämter (unmittelbare und mittelbare Staatsämter), Würden, Titel, Orden und Ehrenzeichen (StGB § 33)[6]);

2. die zeitlich beschränkte Unfähigkeit, die folgenden Ehrenrechte auszuüben:

a) die Landeskokarde[7]) zu tragen;

b) in die Reichswehr[8]) einzutreten;

c) öffentliche Ämter, Würden, Titel, Orden und Ehrenzeichen zu erlangen;

d) in öffentlichen Angelegenheiten zu stimmen, zu wählen oder gewählt zu werden oder andere politische Rechte auszuüben[9]);

e) Zeuge bei Aufnahme von Urkunden zu sein, soweit die Gültigkeit der Urkunde oder die Rechtsbeständigkeit des beurkundeten Aktes von der Zuziehung abhängt; § 173 Ziff. 2 des G über die freiwillige Gerichtsbarkeit vom 17. Mai 1898 hat die Wirkung dieser „Unfähigkeit" freilich dahin abgeschwächt, daß ein der bürgerlichen Ehrenrechte für verlustig Erklärter bei der Aufnahme von Urkunden nicht mitwirken soll, die Gültigkeit der Urkunde also durch die dennoch erfolgende Mitwirkung einer solchen Person nicht berührt wird; ebenso BGB §§ 1318 und 2237 Ziff. 2 in Verbindung mit §§ 2233, 2249, 2250, 2251;

f) Vormund, Gegenvormund, Pfleger, Beistand der Mutter, Mitglied eines Familienrates oder Kurator zu sein[10]), es sei denn, daß es sich um Verwandte absteigender Linie handle und die obervor-

[6]) Unter den öffentlichen Ämtern sind gemäß StGB § 31 Abs. 2 Advokatur, Anwaltschaft, Notariat, Geschworenen- und Schöffendienst mitbegriffen; auch kirchliche Ämter müssen noch hierher gerechnet werden, soweit sie, wie bei der evangelischen und katholischen Kirche, von Religionsgesellschaften ausgehen, die Körperschaften des öffentlichen Rechts sind (RVerf. Art. 137); in diesem Falle üben sie öffentliche Gewalt aus (vgl. *Anschütz* Die Verfassung 3. Bearb. 1929 Note 8 zu Art. 137). A. M. *Frank* § 31 II 2, *Lobe* Lpz. Komm. § 31 Note 5. — Zu den „Würden" gehören auch die akademischen Grade, soweit diese unter staatlicher Anerkennung verliehen werden. Ebenso *Frank* §§ 33/34 Note II 2 und die gem. Meinung. Verloren gehen nur die vom Inlande (Reich oder Länder) herrührenden Ehrenrechte, einschließlich der vom inländischen Staat verliehenen Befugnis zum Tragen ausländischer Orden oder Führen ausländischer Würden. A. M. *Lobe* Lpz. Komm. § 33 Note 3 (durch besonderen Staatsakt müsse das Tagen und Führen untersagt werden), *Schwartz* § 33 Note 3. Wie hier: *Frank* § 34 II 2, *Olshausen* § 33 8. Vgl. auch *Neumeyer* Z 27 1. — Der Adelsverlust ist schon vom Gesetzgeber von 1871 nicht unter die Ehrenfolgen aufgenommen worden; denn er würde als Schmälerung der familienrechtlichen Stellung des Betroffenen mit dem Grundgedanken der heutigen Ehrenstrafe im Widerspruche stehen. Gemäß RVerf. Art. 109 Abs. 3 kommt der Adelsverlust als Ehrenfolge überhaupt nicht mehr in Frage.

[7]) Völlig unpraktisch. „Geradezu eine Farce" nach *Schwartz* § 31 Note 1. Warum übrigens bloß die Landes- und nicht auch die Reichskokarde?

[8]) Die Reichswehr wird gebildet aus dem Reichsheer und der Reichsmarine: WehrG vom 23. März 1921 § 1.

[9]) Vgl. ReichswahlG vom 27. April 1920 § 2 Abs. 1 Ziff. 2.

[10]) Neue Fassung gemäß EG zum BGB Art. 34. Vgl. auch daselbst Art. 40.

mundschaftliche Behörde oder der Familienrat die Genehmigung erteile (StGB § 34). Gemäß dem BGB §§ 1781 Ziff. 4, 1792 Abs. 4, 1915, 1694, 1866[11]) hat aber auch diese „Unfähigkeit" die gleiche Abschwächung erfahren, wie die unter e) genannte.

Die Dauer der Unfähigkeit beträgt bei zeitiger Zuchthausstrafe mindestens 2 und höchstens 10 Jahre, bei Gefängnisstrafe mindestens 1 und höchstens 5 Jahre (StGB § 32 Abs. 2). Bei Todesstrafe und lebenslanger Zuchthausstrafe wird sie ohne zeitliche Beschränkung ausgesprochen. Die Wirkung der Aberkennung tritt mit der Rechtskraft des Urteils ein; die Zeitdauer der Unfähigkeit wird aber erst von dem Tage berechnet, an dem die Freiheitsstrafe, neben der jene Aberkennung ausgesprochen wurde, verbüßt, verjährt oder erlassen ist (StGB § 36)[12]).

Die Aberkennung der sämtlichen Ehrenrechte ist regelmäßig dem Ermessen des Gerichts überlassen, bindend vorgeschrieben ist sie im RStGB nur in den §§ 161, 181, 302d und e, ferner z. B. in § 48 des AuswanderungsG 1897.

Neben Todes- und neben Zuchthausstrafe kann sie ohne weiteres, neben Gefängnisstrafe aber nur dann ausgesprochen werden (StGB § 32 Abs. 1), wenn die Dauer der erkannten Strafe 3 Monate erreicht und entweder das Gesetz den Verlust der bürgerlichen Ehrenrechte ausdrücklich zuläßt oder die Gefängnisstrafe wegen Annahme mildernder Umstände an Stelle von Zuchthausstrafe ausgesprochen wurde.

Die Fälle, in denen das Gesetz den Verlust ausdrücklich zuläßt, sind die §§ 49a, 108, 109, 133, 142, 143, 150, 160, 161, 164, 168, 173, 175, 180, 181a, 183, 184, 248, 256, 262, 263, 266, 280, 285a, 289, 294, 302a, b, c, 304, 329, 333, 350; weitere Fälle in verschiedenen Nebengesetzen, namentlich in RAbgO § 400 für alle Steuerhinterziehungen. Auch für diese Nebengesetze muß die Voraussetzung einer mindestens dreimonatigen Gefängnisstrafe festgehalten werden, soweit sie sie nicht, wie z. B. § 400 RAbgO, selbst ausdrücklich aufstellen; vgl. z. B. §§ 342, 350 AngestelltenversicherungsG 1911/1924.

Bei Versuch (§ 45) und Beihilfe (§ 49 Abs. 2) ist die Aberkennung zulässig oder geboten, wenn sie es neben der Strafe des vollendeten Verbrechens ist (die Versuchsstrafe muß also bei Gefängnis 3 Monate betragen[13]); ebenso neben der Gesamtstrafe

---

[11]) Den Begriff des „Kurators" kennt das BGB nicht mehr, was in Art. 34 EG zum BGB nicht beachtet worden ist. Vgl. dazu auch R **41** 388.

[12]) Wie wenig sich die Ehrenstrafen mit den modernen Resozialisierungstendenzen schon des geltenden Strafrechts vertragen, zeigt sich dann, wenn nach Verbüßung eines Teiles einer Freiheitsstrafe für den Rest bedingte Strafaussetzung gewährt wird. R **63** 177 läßt hier die Wirksamkeit des Ehrverlustes mit der, wenn auch bedingten, Entlassung aus der Strafhaft eintreten; es sei „unschädlich" (? ?), „daß die Bewährungsfrist (Probezeit) und der Ehrenrechtsverlust dann nebeneinander laufen".

[13]) R **60** 126.

(§ 76), wenn sie auch nur neben einer der verwirkten Einzelstrafen zulässig oder geboten ist. Gegen den jugendlichen Täter darf sie nie ausgesprochen werden (JugGG § 9 Abs. 5). — Nach MilStGB § 46 sind militärische Ehrenstrafen neben der Versuchsstrafe zulässig, wenn sie neben der Strafe des vollendeten Verbrechens oder Vergehens zulässig oder geboten sind.

V. **Die Aberkennung einzelner Ehrenrechte.** Mehrere Fälle sind zu unterscheiden:

1. Neben einer Gefängnisstrafe, mit der die Aberkennung der bürgerlichen Ehrenrechte überhaupt hätte verbunden werden können (aber als zu streng tatsächlich nicht verbunden worden ist), kann auf die Unfähigkeit zur Bekleidung öffentlicher Ämter auf die Dauer von einem bis zu fünf Jahren erkannt werden. Die (Teil-) Aberkennung hat den dauernden Verlust der vom Täter bei Rechtskraft des Urteils bekleideten Ämter von Rechts wegen zur Folge (StGB § 35).

2. Auf den dauernden Verlust der bekleideten öffentlichen Ämter und der aus öffentlichen Wahlen hervorgegangenen Rechte (ohne gleichzeitige Aberkennung der Fähigkeit zur Bekleidung, d. h. zur Erlangung neuer Ämter) kann erkannt werden in den Fällen der §§ 81, 83, 84, 87—91 StGB, des § 14 SpionageG 1914, und zwar nach dem SpionageG neben Gefängnis, in den Fällen des StGB neben der Festungshaft, die demgemäß ausnahmsweise mit einer Minderung der Ehrenrechte verbunden sein kann.

3. Nach den §§ 128, 129, 358 StGB[14]) kann (im Gegensatz zu 1 ohne Rücksicht auf die Dauer der erkannten Gefängnisstrafe) gegen Beamte auf Verlust der Fähigkeit zur Bekleidung öffentlicher Ämter auf die Dauer von einem bis zu fünf Jahren erkannt werden. Auch in diesem Falle findet § 35 Abs. 2 StGB Anwendung.

Für die Berechnung der Dauer der zeitigen Unfähigkeit gilt auch hier das oben zu IV Gesagte.

4. Auf den dauernden Verlust der bekleideten öffentlichen Ämter (nicht aber, wie zu 2, der aus öffentlichen Wahlen hervorgegangenen Rechte und ohne gleichzeitige Aberkennung der Fähigkeit zur Erlangung neuer Ämter) kann nach § 210a (eingefügt durch Novelle vom 30. April 1926) neben jeder wegen eines Zweikampfdeliktes erfolgten Bestrafung erkannt werden; in besonders schweren Fällen ist diese Nebenstrafe obligatorisch. Soldaten gegenüber entspricht ihr die Lösung des Dienstverhältnisses.

---

[14]) Vgl. auch § 6 Abs. 2 RepublikschutzG 1930, wonach dieselbe Nebenstrafe ohne die in den Bestimmungen des StGB vorgesehene zeitliche Begrenzung zulässig ist.

VI. Ist ein Deutscher im Auslande wegen eines Verbrechens oder Vergehens bestraft worden, das nach den Gesetzen des Deutschen Reiches den Verlust der bürgerlichen Ehrenrechte überhaupt oder einzelner bürgerlicher Ehrenrechte zur Folge hat oder zur Folge haben kann, so ist ein neues Strafverfahren zulässig, um gegen den in diesem Verfahren für schuldig Erklärten auf jene Folgen zu erkennen (StGB § 37; oben § 22 IV 1 b)[15]).

VII. **Weitere Ehrennebenstrafen** sind:

1. die Unfähigkeit, als Zeuge oder Sachverständiger eidlich vernommen zu werden (StGB § 161)[16]); vgl. darüber unten § 181 II 4;

2. die Unfähigkeit zu einer Beschäftigung im Eisenbahn- oder Telegraphendienste (StGB § 319)[17]); vgl. darüber unten § 150 III;

3. die Unfähigkeit zum Gewerbebetrieb, die im StGB nicht verwendet wird, aber in verschiedenen Nebengesetzen, namentlich der Kriegs- und Nachkriegszeit, begegnet. Voraussetzung für den Strafcharakter ist hier, daß der Richter im Urteil auf diese Unfähigkeit erkannt hat[18]);

4. die Urteilsbekanntmachung, soweit sie zur Brandmarkung des Täters und nicht (als Genugtuungsmittel) lediglich dem privaten Interesse des Verletzten dienen soll (vgl. oben § 56 B I 2). Hierher gehören § 285a StGB, § 16 LebensmittelG 1927, § 399 RAbgO und andere Fälle in den Nebengesetzen[19]).

---

[15]) StGB § 37 knüpft an § 4 Ziff. 3 und § 5 an und setzt demgemäß voraus, daß der Täter zur Zeit der Tat Deutscher gewesen ist. A. M. *Frank* § 37 I 2. Aus der Beziehung zu § 5 ergibt sich weiter, daß „Bestrafung" im Sinne des § 37 Verbüßung, Vollstreckungsverjährung und Straferlaß umfaßt. Bei Verfolgungsverjährung können die Voraussetzungen des § 37 nicht erfüllt sein.

[16]) Der Strafcharakter ist sehr bestritten: **1.** Mit dem Text: *Allfeld* 273, *Goldschmidt* VD Allg. T. IV 269, *Schwartz* § 161 Note 2. — **2.** Polizeiliche Maßregel nehmen an: *Frank* Vorbemerkung vor § 13 II 5, *Mayer* 474, *Gerland* 198, *Ebermayer* Lpz. Komm. § 161 Note 3, R **60** 285 (unter Bruch mit der bisherigen Rechtsprechung).

[17]) Auch hier herrscht Streit über den Strafcharakter: **1.** Mit dem Text: *Schwartz* § 319 Note 2, *Allfeld* 273, *Goldschmidt* VD Allg. T. IV 269. — **2.** Von einem Sicherungsmittel sprechen: *Gerland* 198, *Mayer* 474, *Frank* Vorbemerkung vor § 13 II 6, *Olshausen* § **319** 1, *Rosenberg* Lpz. Komm. § 319 Note 1.

[18]) Strafe nehmen an, und zwar Ehrennebenstrafe: *Allfeld* 273, *Goldschmidt* VD Allg. T. IV 270; Vermögensnebenstrafe: *Liszt* in den früheren Auflagen dieses Buches. Als Sicherungsmittel wird die Untersagung aufgefaßt von: *Mayer* 474, *Finger* Lehrbuch I 488, *Binding* Handbuch I 328. — Die durch Beschluß des Landesfinanzamts auszusprechende Untersagung des Gewerbebetriebs in RAbgO § 198 (366 alter Zählung) kann nicht als Strafe aufgefaßt werden, weil sie nicht im richterlichen Strafurteil festgesetzt wird. Richtig *Cattien* Reichssteuerstrafrecht 2. Aufl. 1929 S. 77; unrichtig *Hensel* Steuerrecht 2. Aufl. 1927 S. 188.

[19]) Vgl. *Eb. Schmidt* Z **45** 20. *Goldschmidt* VD Allg. T. IV 413 und *Kitzinger* Jurist. Aphorismen (1923) 51 sprechen mit Recht in diesen Fällen von modernisierter Prangerstellung. — Über die Urteilsbekanntmachung als Genugtuungsmittel vgl. oben § 56 B I 2.

III. Die Arten der sichernden Maßnahmen.

§ 64. Die sichernden Maßnahmen des geltenden Rechts.

Literatur. Vgl. die zu § 56 bezeichneten Schriften. Ferner über die Erziehungsmaßregeln gegenüber Jugendlichen insbesondere: *Gerland* in der Festschrift für *Rosenthal* 1923, 69ff.; *Hammerschlag* Die Erziehungsmaßregeln im JugGG (Strafr. Abh. Heft 222) 1927; die Kommentare zum Jugendgerichtsgesetz von *Hellwig, Francke, Kiesow*; die Verhandlungen des 5. und 6. deutschen Jugendgerichtstages; den Bericht über die 3. Tagung über Psychopathenfürsorge Heidelberg 1924; *Freudenthal* MittIKV **22**, 1. Heft, 26ff.; die oben § 4 Note 11 (Schutzaufsicht) und § 38 angegebenen Schriften; dazu *Plaschke* Z **42** 2, *Klee* Z **42** 551, *Doerr* Z **44** 213, *Naegele* Z **44** 420.

I. Überblick.

1. Über Begriff und geschichtliche Entwicklung der sichernden Maßnahmen vgl. oben § 56, über ihre allgemeine kriminalpolitische Bedeutung und ihr Verhältnis zu den Strafen oben §§ 4 III 7, 5 II 3, 16, 56.

2. Das geltende Recht kennt

a) erziehende oder bessernde Maßnahmen, und zwar

α) die sog. „Erziehungsmaßregeln" des JugGG gegenüber Personen, die zur Zeit der Tatbegehung jugendlich gewesen sind; vgl. darüber unten II;

β) die praktisch bedeutungslose Besserungsmaßregel des § 362 Abs. 3 RStGB; vgl. unten III;

γ) die (wegen ihrer eigenartigen juristischen Form erst unten § 74 zu behandelnde) „bedingte Strafaussetzung" mit Bewährungsfrist und Straferlaß.

b) Maßnahmen der Unschädlichmachung, jedoch lediglich in Gestalt der Einziehung oder Unbrauchbarmachung bestimmter, mit der verbrecherischen Tat zusammenhängender Gegenstände; vgl. unten IV.

3. Dagegen fehlt es de lege lata völlig

a) an Besserungsmaßregeln gegenüber besserungsbedürftigen und -fähigen erwachsenen Verbrechern zum Zwecke der Beseitigung von kriminell gefährlichen Veranlagungserscheinungen (Trunksucht, Arbeitsscheu usw.);

b) an Maßregeln zum Zwecke endgültiger Unschädlichmachung unverbesserlicher Gewohnheitsverbrecher.

Über die von den Entwürfen vorgeschlagenen Maßregeln dieser Art vgl. unten § 65.

II. Die Erziehungsmaßregeln des JugGG.

1. Ihre Arten.

Das JugGG hat die Erziehungsmaßregeln, deren Anordnung bei Straftaten Jugendlicher in Betracht kommt, für den Richter erschöpfend[1]) aufgezählt (§ 7 JugGG). Hiernach sind zu unterscheiden:

---

[1]) Die Reichsregierung kann gemäß § 7 Abs. 2 JugGG mit Zustimmung des Reichsrats auch andere Erziehungsmaßregeln für zulässig erklären. Der Entw. JugGG 1920 § 5 stellte den Richter bedeutend freier, indem er „jede Anordnung über die Erziehung oder Unterbringung des Jugendlichen" für statthaft erklärte, also auch die körperliche Züchtigung. Aber gerade diese auszuschließen, ist der Zweck der Enumerationsmethode des geltenden Rechts. Vgl. *Francke* JugGG § 7 I, *Kiesow* § 7 Note 1, *Hellwig* § 7 Note 2, *Gerland* 83, *Hammerschlag* 5.

a) **Die Verwarnung.** Sie ist ein mahnender Appell an die höchste Moralinstanz des zu Verwarnenden, an sein Gewissen, sein Rechts- und Gemeinschaftsgefühl und besteht darin, daß ihm das Unrecht seines Handelns begreiflich gemacht und er selbst an eine sorgfältigere Berücksichtigung seiner ihm der Allgemeinheit gegenüber obliegenden Pflichten gemahnt wird[2]). Form und Inhalt der Verwarnung hängen im einzelnen vom Ermessen des für ihre Ausführung zuständigen Richters ab. Schriftform ist nicht ausgeschlossen, aber wohl nur ausnahmsweise zu empfehlen[3]).

b) **Die Überweisung in die Zucht der Erziehungsberechtigten**[4]) **oder der Schule.** Der Richter hat hier nur die Anordnung auszusprechen, selbst aber nichts auszuführen. Die Erziehungsberechtigten oder die Schule sind es vielmehr, denen nunmehr die erzieherische Einwirkung auf den Jugendlichen mit Hilfe der ihnen rechtlich zustehenden Zuchtmittel[5]) obliegt. Die Anwendung bestimmter Zuchtmittel, etwa der körperlichen Züchtigung, des Stubenarrestes oder dergleichen, vorzuschreiben, ist das Gericht nicht befugt[6]).

c) **Die Auferlegung besonderer Verpflichtungen.** Die Zulassung dieser ganz allgemein gefaßten Maßregel bietet dem Jugendrichter ein ausgedehntes Feld erzieherischer Betätigungsmöglichkeit. Er wird diejenige Verpflichtung auswählen, von der ein möglichst nach-

---

[2]) *Eb. Schmidt* Z **45** 18. Diese Verwarnung ist an die Stelle der früheren Ehrenhauptstrafe des Verweises getreten (§ 57 StGB). Vgl. dazu *Hammerschlag* 40.

[3]) *Hammerschlag* 43. Vollstreckung erst nach Rechtskraft des Urteils! *Kiesow* § 7 Note 9a, *Hellwig* § 18 Note 3 (unter Hinweis auf JugGG § 18 Abs. 2). Wie, wenn der Jugendliche der Ladung zur Entgegennahme der Verwarnung nicht Folge leistet? Vgl. *Kiesow* a. a. O.

[4]) Vgl. BGB §§ 1627, 1634, 1635, 1637, 1685, 1687, 1689, 1696/98, 1699 bis 1704, 1707, 1736, 1738, 1757, 1765, 1793, 1909, 1915; ferner RJugWohlfG §§ 33, 35, 47, 62ff.

[5]) Wozu auch die körperliche Züchtigung gehört.

[6]) Durchaus herrschende Meinung. Auch ist das Gericht, das die Überweisung ausgesprochen hat, nicht zur Überwachung des Erziehungsberechtigten bei Ausführung der Maßregel befugt, vielmehr ist hierfür das Vormundschaftsgericht zuständig: *Francke* § 7 III, *Kiesow* § 7 Note 9b. Der Kreis der dem Erziehungsberechtigten ohnehin zustehenden Zuchtmittel wird durch die Überweisung nicht vergrößert. Da überdies die Kontrolle auch seitens des Vormundschaftsgerichtes sehr schwer durchführbar ist, so hat die Maßregel praktisch geringe Bedeutung. Vgl. *Müller* Verhandlgn. des 6. D. Jug.Gerichtstages (1925) 9, 10, *Hammerschlag* 50. Immerhin wird da, wo sich der Richter auf den Erziehungsberechtigten und seinen ernstlichen Erziehungswillen verlassen darf (Schule!), die Maßregel Erfolg haben können. Sie bedeutet übrigens, wie *Frank* Anm. III zu den §§ 5—8 JugGG ganz richtig hervorhebt, mehr, als die bisher nach § 56 Abs. 2 StGB zulässig gewesene Überweisung an die Familie. Diese besagte lediglich negativ, daß von staatlichen Erziehungsmaßregeln abgesehen werde. Dagegen bedeutet die Erziehungsmaßregel des § 7 Ziff. 2 JugGG positiv, daß von seiten des Erziehungsberechtigten oder der Schule ein Zuchtmittel gegen den Jugendlichen verwendet werden müsse. Dies verkennen *Francke* § 7 III, *Hellwig* § 7 Note 6. Richtig *Hammerschlag* 46.

haltiger Eindruck auf den Jugendlichen zu erwarten ist. Das Gemeinschädliche der Tat kann er dem Jugendlichen dadurch vor Augen führen, daß er ihm die Pflicht zur Abbitte oder zu einer angemessenen Sühneleistung an den Verletzten oder auch zur Zahlung einer Geldbuße an den Staat oder ein gemeinnütziges Unternehmen[7]) auferlegt; eine Kontrolle über die Lebensführung des Jugendlichen kann sich der Richter dadurch verschaffen, daß er ihn zu regelmäßiger Meldung beim Gericht oder Jugendamt verpflichtet; vor Versuchungen kann der Richter den Jugendlichen dadurch zu schützen suchen, daß er ihm die Pflicht auferlegt, sich des Tabaks und Alkohols zu enthalten, Kinos und anderen Vergnügungsstätten fernzubleiben, von seinem Arbeitsverdienst in bestimmter Weise Ersparnisse anzulegen, das Arbeitsverhältnis nicht ohne Erlaubnis zu wechseln, dem einen Verein beizutreten, den anderen zu verlassen[8]). Zur Teilnahme an religiösen Übungen darf der Jugendliche mit Rücksicht auf das absolute Verbot des Art. 136 Abs. 4 RVerf. nicht verpflichtet werden.

d) **Die Unterbringung.** Sie erfolgt, wie auch nach BGB § 1666 (ohne daß aber die Voraussetzungen dieses Paragraphen vorliegen müßten)[9]) in einer geeigneten Familie, Erziehungs- oder Besserungsanstalt und wird vom Jugendrichter angeordnet werden, wenn ein Milieuwechsel im Interesse des Jugendlichen erforderlich ist, ohne daß geradezu Fürsorgeerziehung am Platze wäre[10]).

e) **Die Schutzaufsicht.** Sie bezweckt, den Jugendlichen in schonender Überwachung vor Verwahrlosung in körperlicher, geistiger und sittlicher Hinsicht zu behüten, ihm in einer sittlich gefestigten Persönlichkeit einen steten Rückhalt zu geben und ihn auf diese Weise gegenüber den Anreizen zu krimineller Betätigung charakterlich zu festigen und sozial tauglich zu machen. Mit Polizeiaufsicht (vgl. oben § 62 I) hat diese Erziehungsmaßregel nicht das mindeste

---

[7]) *Gerland* 99 hält die Auferlegung von Geldbußen im Falle des § 12 Abs. 2 JugGG (also wohl auch im Falle des § 7 Ziff. 3) für unzulässig. Doch steht die herrschende Meinung mit Recht auf dem entgegengesetzten Standpunkt. Vgl. *Francke* § 7 V A 2, *Hellwig* § 7 Note 8, *Kiesow* § 7 Note 9c, *Hammerschlag* 61. Die pädagogischen wie politischen Bedenken, die *Francke* § 7 V gegen Geldbußen zugunsten anderer als der Staatskassen äußert, verdienen gewiß Beachtung; aber an der rechtlichen Zulässigkeit auch solcher Geldbußen ist nicht zu zweifeln. Praktisch sind sie häufig. Vgl. *Müller* a. a. O. 10.

[8]) Die Frage ist im Hinblick auf Art. 124 RVerf. zweifelhaft. Vgl. *Kiesow* § 7 Note 9c, *Francke* § 7 V. Gegen den Text *Hammerschlag* 55.

[9]) Insbesondere ist Verschulden des Erziehungsberechtigten nicht erforderlich.

[10]) Die praktische Bedeutung dieser Maßregel (vgl. *Müller* a. a. O. 12, 13) dürfte um so geringer sein, als für ihre Durchführung öffentliche Mittel nicht in Anspruch genommen werden dürfen (vgl. *Francke* § 7 VI). Unterbringung könnte also etwa angeordnet werden, wenn ein Verwandter bereit und fähig ist, den Jugendlichen unentgeltlich aufzunehmen und zu erziehen. *Hammerschlag* 66ff.

zu tun[11]). Die Durchführung der Schutzaufsicht wird der Jugendrichter nur unter besonderen örtlichen Voraussetzungen persönlich in die Hand nehmen; regelmäßig wird sie den Jugendämtern übertragen werden, die hierbei durch ihre Helfer gemäß § 58 des RJugWohlfG (§ 7 Abs. 3 JugGG) tätig werden.

f) **Die Fürsorgeerziehung.** Sie dient der Verhütung oder Beseitigung der Verwahrlosung und wird in einer geeigneten Familie oder Erziehungsanstalt unter öffentlicher Aufsicht und auf öffentliche Kosten durchgeführt (§ 62 RJugWohlfG). Indem sie die schwerste kriminelle Gefährlichkeit durch den vollständigsten Milieuwechsel bekämpft, greift sie am tiefsten in die Erziehungsrechte der Eltern und die persönliche Freiheit des Jugendlichen ein. So ist sie als ultima ratio unter allen Erziehungsmaßregeln zu betrachten. Die Fürsorgeerziehung ist entweder Familien- oder Anstaltserziehung, beide unter öffentlicher Aufsicht seitens der von der Landesgesetzgebung bestimmten Fürsorgeerziehungsbehörden (§§ 69, 70 RJugWohlfG). Geistige Regelwidrigkeiten und schwere ansteckende Erkrankungen eines Zöglings führen zur Einweisung in Sonderanstalten oder wenigstens Sonderabteilungen; Familienerziehung wird sich in solchen Fällen von selbst verbieten.

2. **Voraussetzungen und Anwendungsgebiet.**

a) Sämtliche Erziehungsmaßregeln setzen nach JugGG voraus:

α) Begehung einer mit Strafe bedrohten Handlung durch einen Jugendlichen (§ 1 JugGG). Ob der Jugendliche bei der Tat die Einsichts- und Willensreife im Sinne des § 3 JugGG gehabt hat oder nicht (vgl. oben § 38 B I 1b und § 48 Note 4), ist für die Anwendbarkeit einer Erziehungsmaßregel gleichgültig (§ 5 Abs. 3 JugGG). Dagegen kann das Gericht keinerlei strafrechtliche Unrechtsfolge, also auch keine Erziehungsmaßregel verhängen, wenn der verbrecherische Charakter der Handlung infolge eines Rechtfertigungs- oder eines Schuldausschließungsgrundes anderer als der in § 3 JugGG bezeichneten Art entfällt[12]). In solchen Fällen käme nur ein vormundschaftsgerichtliches Einschreiten dem Täter gegenüber in Betracht.

β) Nichtüberschreitung einer bestimmten Altersgrenze zur Zeit der Anordnung der Erziehungsmaßregel. Hier bestehen folgende Unterscheidungen:

Die Fürsorgeerziehung darf gemäß § 63 Abs. 1 RJugWohlfG nur bis zum vollendeten 18. Lebensjahr, ausnahmsweise, nämlich bei Aussicht auf Erfolg (§ 63 Abs. 2), bis zum vollendeten 20. Lebensjahr angeordnet werden, und zwar stets nur gegenüber einem „Minderjährigen" (§ 63 Abs. 1), würde

[11]) Anderer Meinung, aber durchaus zu Unrecht, *Wachenfeld* GA **69** 356. Man lese die von der Deutschen Zentrale für Jugendfürsorge verfaßten „Grundsätze und Winke für Helfer der Berliner Jugendgerichtshilfe", und man kann den Unterschied von der Polizeiaufsicht mit Händen greifen. Gegen *Wachenfeld* treffend *Freudenthal* Reform (1926) 161 Note 1. Vgl. *Hammerschlag* 71ff.

[12]) Übereinstimmend wohl auch *Kiesow* Vorbemerkung 1 vor §§ 5ff., *Gerland* 80.

also durch eine (freilich kaum denkbare) Volljährigkeitserklärung (§ 3 BGB) unmöglich gemacht werden.

Auch die Schutzaufsicht setzt nach § 7 Abs. 3 JugGG in Verbindung mit § 56 RJugWohlfG „Minderjährigkeit" voraus, kann aber, falls keine Volljährigkeitserklärung erfolgt ist, bis zum vollendeten 21. Lebensjahr angeordnet werden, da zeitliche Einschränkungen, wie bei der Fürsorgeerziehung, hier nicht gemacht sind.

Das gleiche gilt nach § 7 Abs. 2 Satz 2 Halbsatz 2 für alle übrigen Erziehungsmaßregeln[13]).

γ) Erforderlichkeit der Erziehungsmaßregel (§ 5 Abs. 1 JugGG). Sie ist festzustellen auf Grund einer Bewertung der Täterpersönlichkeit unter dem Gesichtspunkt, ob er durch gerichtliche Erziehungsmaßregeln an ein gesetzmäßiges Leben (soziales Verhalten) gewöhnt werden muß. Maßgebend sind mithin sozial-, nicht individualethisch orientierte Erwägungen spezialpräventiven Charakters. Die Erforderlichkeit ist zu verneinen, wenn in sonstiger Weise (z. B. mit Rücksicht auf die häuslichen Erziehungsmöglichkeiten) für die Zukunft soziales Verhalten gesichert erscheint, aber auch dann, wenn ausnahmsweise einmal an jeder Besserungsmöglichkeit des Täters verzweifelt werden muß.

b) Besondere Voraussetzungen bei Schutzaufsicht und Fürsorgeerziehung. Nach § 7 Abs. 3 JugGG sind die Bestimmungen des RJugWohlfG maßgebend. Das bedeutet (abgesehen von den schon zu a β angegebenen Altersgrenzen):

α) Schutzaufsicht setzt die Gefahr einer körperlichen, geistigen oder sittlichen Verwahrlosung voraus und muß zur Verhütung dieser Gefahr geboten und ausreichend erscheinen (§ 56 RJugWohlfG). Im Bereiche der Strafrechtspflege wird die Schutzaufsicht als selbständige Erziehungsmaßregel im Sinne des § 7 JugGG praktisch also nur dann angeordnet werden, wenn die Straftat symptomatische Bedeutung für eine geistige oder sittliche Verwahrlosung hat[14]).

---

[13]) Ob die Erziehungsmaßregeln des § 7 Ziff. 1—4 auch noch nach Vollendung des 18. Lebensjahres angeordnet werden dürfen (§ 7 Abs. 3 JugGG spricht nur davon, daß sie nach diesem Zeitpunkt ausgeführt werden dürfen) ist zweifelhaft. Mit dem Text sind dafür: *Francke* § 5 II a, *Kiesow* § 7 Note 6c, *Gerland* 81, *Hammerschlag* 31. Dagegen will *Hellwig* § 7 Note 13 in Anlehnung an den Wortlaut nach Vollendung des 18. Lebensjahres nur noch die Ausführung, nicht mehr die Anordnung zulassen. Doch widerspricht *Hellwigs* Ansicht namentlich auch dem § 17 Abs. 2 JugGG. Wenn hier eine Aburteilung derjenigen Personen, die bei der Tat jugendlich gewesen sind, zur Zeit der Anklageerhebung aber das 18. Lebensjahr überschritten haben, sofern sie nur jünger als 21 Jahre sind, durch das Jugendgericht ermöglicht wird, so ergibt sich klar der Wille des Gesetzes, daß für solche jüngeren Erwachsenen das Erziehungsgericht mit allen seinen erzieherischen Möglichkeiten tätig werden soll. Wenn diesem gerade die Anordnung der Erziehungsmaßregeln untersagt sein sollte, so ist nicht einzusehen, aus welchem Grunde dann seine Zuständigkeit begründet werden soll. Ob bei einem der Volljährigkeitsgrenze sehr nahen jungen Menschen Erziehungsmaßregeln noch zweckmäßig sind, ist eine andere Frage. Zu beachten ist, daß die Schutzaufsicht, freilich nur die des § 12 Abs. 2 JugGG (vgl. unten Note 14), auch nach der Volljährigkeit noch fortdauern kann: JugGG § 12 Abs. 2.

[14]) Vgl. hierzu insbesondere *Hellwig* § 7 Note 9, der mit Recht die „selbständige Schutzaufsicht des § 7" von der unselbständigen (mit einer Strafe in Verbindung stehenden) des § 12 Abs. 2 unterscheidet; ferner *Francke* § 7 VII, der die „selbständige Schutzaufsicht" von der „Bewährungsaufsicht" trennt. Vgl. dazu unten § 74.

β) Fürsorgeerziehung hat nach § 63 RJugWohlfG zur Voraussetzung:

entweder: daß unter den Voraussetzungen des § 1666 oder des § 1838 BGB ein Milieuwechsel zur Verhütung einer (noch nicht eingetretenen, aber zu befürchtenden) Verwahrlosung erforderlich ist, eine geeignete Unterbringung aber anderweit nicht erfolgen kann;

oder: daß Fürsorgeerziehung zur Beseitigung einer bereits eingetretenen Verwahrlosung wegen Unzulänglichkeit der Erziehung erforderlich ist.

c) Liegen die Voraussetzungen zu a und, soweit erforderlich, auch die zu b vor, so hat das erkennende Gericht

α) entweder selbst die im konkreten Fall erforderliche Erziehungsmaßregel anzuordnen; auf Fürsorgeerziehung soll dabei seine Wahl nur dann fallen, wenn der Jugendrichter, d. h. also der Vorsitzende des Jugendgerichts (§ 19 Abs. 1 JugGG) zugleich der zur vormundschaftsgerichtlichen Anordnung der Fürsorgeerziehung zuständige Vormundschaftsrichter ist (§ 19 Abs. 2 JugGG). Vgl. § 5 Abs. 2 Satz 3 JugGG.

β) oder im Urteil lediglich auszusprechen, daß Erziehungsmaßregeln erforderlich seien, Auswahl und Anordnung aber dem Vormundschaftsgericht überlassen bleiben („unbestimmtes Erziehungsurteil": *Gerland*). Das Vormundschaftsgericht hat alsdann die Pflicht, nach freiem Ermessen eine Erziehungsmaßregel auszuwählen, anzuordnen und auszuführen.

γ) Inwieweit neben Erziehungsmaßregeln Strafe zu verhängen oder von Strafe abzusehen ist, darüber vgl. unten § 66 III 3.

d) § 8 JugGG ermöglicht dem Gericht eine vorläufige Anordnung über Erziehung und Unterbringung vor Fällung des Urteils. Das Urteil hat über das weitere Schicksal dieses Provisoriums Bestimmung zu treffen.

3. **Durchführung.**

a) Aus dem Wesen der Erziehungsmaßregel folgt, daß ihre Durchführung stets dem mit ihr zu erreichenden Zweck anzupassen ist. Soweit nicht die Altersgrenze der Volljährigkeit gemäß § 7 JugGG und §§ 59, 72 RJugWohlfG den Erziehungsmaßregeln zeitlich ein Ziel setzt, werden sie, wenn sie sich nicht in einem einzelnen Akt erschöpfen (wie etwa die Verwarnung), auf unbestimmte Zeit verhängt; sie sind also bis zur Erreichung ihres Zweckes durchzuführen, aber auch mit dieser Erreichung alsbald aufzuheben[15]) (vgl. dazu besonders RJugWohlfG §§ 59 und 72). Stellt sich die Wirkungslosigkeit der angeordneten Maßnahme heraus oder zeigt es sich, daß die angeordnete Maßnahme ohne Gefährdung des Erziehungszwecks eingeschränkt werden kann, so muß eine Anpassung an die veränderte Lage vorgenommen werden. Soweit es sich dabei um eine bloße Einschränkung oder um die Aufhebung der Erziehungsmaßregel handelt, wird von dem die Durchführung überwachenden Organ (vgl. unten b) das Erforderliche angeordnet. Eine Verschärfung kann jedoch nur der Vormundschaftsrichter vornehmen[16]). Schon aus diesem Grunde wird es sich oft empfehlen, daß das erkennende Gericht von der Möglichkeit Gebrauch macht,

---

[15]) *Francke* § 7 IX, *Kiesow* § 5 Note 8.

[16]) So *Francke* § 7 IX; a. M. anscheinend *Kiesow* § 5 Note 8, jedoch führt *Kiesow* § 7 Note 9c richtig aus, daß, wenn der Jugendliche die ihm vom Jugendgericht gemäß § 7 Ziff. 3 auferlegten Verpflichtungen nicht erfüllt, der Vormundschaftsrichter angesichts des fehlgeschlagenen Erziehungsversuchs zu bestimmen habe, welche Maßnahmen nunmehr zu ergreifen seien. Daß also der Jugendrichter von sich aus eine rigorosere Maßnahme verhänge, will offenbar auch *Kiesow* nicht zulassen. Man vergesse aber nicht, daß gemäß § 19 Abs. 2 JugGG Vormundschaftsrichter und Jugendrichter in der Regel identisch sein werden.

dem Vormundschaftsgericht die Auswahl und Anordnung der Maßnahme zu überlassen (oben c *β*).

b) Die Durchführung der Maßnahme liegt ob:

α) dem Vormundschaftsgericht stets, soweit Fürsorgeerziehung oder Schutzaufsicht angeordnet ist; ferner dann, wenn das erkennende Gericht dem Vormundschaftsgericht die Anordnung der Erziehungsmaßregel überlassen hat;

β) dem Jugendrichter, wenn das Jugendgericht selbst im Urteil eine Erziehungsmaßregel des § 7 Ziff. 1—4 JugGG angeordnet hat;

γ) dem Vorsitzenden des erkennenden Gerichts erster Instanz, wenn ausnahmsweise im ordentlichen Strafverfahren die Erziehungsmaßregel angeordnet worden ist (JugGG § 17 Abs. 2)[17]).

III. **Die Unterbringung in einer Besserungs- oder Erziehungsanstalt oder in einem Asyl** sieht § 362 Abs. 3 Satz 2 StGB gegenüber einer gemäß § 361 Ziff. 6 straffällig gewordenen Prostituierten vor. Diese Erziehungsmaßregel tritt an die Stelle des Arbeitshauses (oben § 62 II), hat aber ihre praktische Bedeutung verloren, da gerade der jugendlichen Prostituierten gegenüber, für die sie nach § 362 Abs. 3 Satz 2 vor allem in Frage kommen soll, nunmehr durch JugGG § 9 Abs. 5 die Überweisung an die Landespolizeibehörde ausgeschlossen ist.

IV. Die Kategorie der **unschädlich machenden Sicherungsmittel** wird im Strafrecht heute nur durch zwei, auf Sachen (also nicht auf die Persönlichkeit des Täters) bezügliche Maßnahmen vertreten:

1. Die Einziehung von Gegenständen, soweit diese nicht im Eigentum des Täters oder eines Teilnehmers zu stehen brauchen[18]) (vgl. oben §§ 56 A I 2, 57 II B 2). Sie wird angeordnet in den §§ 152, 295, 296a (obligatorisch), in den §§ 284b Satz 2, 360, 367 (fakultativ); häufiger auch in den Nebengesetzen: vgl. z. B. § 414 RAbgO von 1919.

2. Die Unbrauchbarmachung (§ 41 StGB) von Schriften, Abbildungen und Darstellungen strafbaren Inhaltes, sowie der zu ihrer Herstellung bestimmten Platten und Formen[19]). Sie ist obli-

---

[17]) So zutreffend *Gerland* 107. Das erkennende Gericht, das nicht mit dem Jugendgericht identisch ist, wird aber gerade aus diesem Grunde die Auswahl und Anordnung der Erziehungsmaßregel stets dem Vormundschaftsgericht überlassen.

[18]) Die Rechtsnatur der Einziehung ist sehr bestritten. Folgende Ansichten stehen sich gegenüber: **1.** Die Einziehung ist stets Strafe: So vor allem *Glücksmann* (Lit. zu § 56). **2.** Die Einziehung ist nie Strafe: *Beling* Grundzüge 113/114, *Gerland* 166/167, *Goldschmidt* VD Allg. T. **4** 282, *Mayer* 476. **3.** Mit dem Text stimmen überein: *Allfeld* 267/268, *Frank* § 40 I, *Köhler* 611, *Sauer* Grundlagen 193, R **46** 132, **53** 124, **57** 3.

[19]) Auch über die Rechtsnatur der Unbrauchbarmachung besteht Streit: **1.** Wie der Text: *Allfeld* 269, *Frank* § 41 I, *Gerland* 196, *Goldschmidt* VD Allg. T. **4** 286, *Köhler* 618 Note 2 (zweifelnd), *Mayer* 477. — **2.** Teils als Strafe, teils als Sicherungsmittel behandelt sie *Schoetensack* (Lit. zu § 56), R **17** 311. — Die Unbrauchbarmachung unterscheidet sich von der Einziehung namentlich darin, daß sie nicht zu einem Eigentumserwerb durch den Fiskus führt, vielmehr

gatorisch vorgeschrieben, bezieht sich aber nur auf diejenigen Exemplare, die sich im (unmittelbaren oder mittelbaren) Besitze der in § 41 Abs. 2 bezeichneten Personen befinden oder öffentlich ausgelegt oder öffentlich angeboten sind, und ist gegebenenfalls (Abs. 3) auf einen einzelnen Teil der genannten Gegenstände zu beschränken. Die Anordnung der Unbrauchbarmachung kann auch im sog. „objektiven Verfahren" (§ 42) erfolgen.

§ 65. Die sichernden Maßnahmen im Entwurf von 1930.

Literatur. Vgl. die zu §§ 16 und 56 bezeichneten Schriften; besonders hervorgehoben seien: *Oetker* GS **92** 1; *Rittler, Hagemann, Aschaffenburg* in MittIKV, NF **1** 95, 121, 141; *Freudenthal* Reform (1926) 153; *Grünhut* Reform (1926) 172; *Wachenfeld* GA **69** 353; *Aschaffenburg* bei *Aschaffenburg* **16** 145; *Mezger* bei *Aschaffenburg* **14** 135; *v. Hippel* I §§ 22, 23; *Kohlrausch* Z **44** 21, *Graf zu Dohna* ebenda 39, *Kitzinger* ebenda 554. *Hafter* 370ff. *Foltin* Die chronisch erhöht Gefährlichen 1927. *Derselbe* GS **95** 142, bei *Aschaffenburg* **18** 289. *Mezger* § 76. *v. Lilienthal* Z **48** 300. *Bondy* Z **50** 524 (Arbeitshaus). *Schultze* Arch. f. Psych. **82** 1. *Bell* (Lit. zu § 16) 18. *Lehmann* Deutsche Richterzeitung 1928, 285.

Der E 1930 errichtet, wie alle Entwürfe vor ihm (oben § 16), neben dem Strafensystem ein umfassendes System von „Maßregeln der Besserung und Sicherung" (§§ 55—64)[1]. Verglichen mit dem E 1927 (§§ 55—64) bedeutet E 1930, in dem die Ergebnisse der Ausschußberatungen verwendet worden sind, insofern eine wesentliche Verbesserung, als er die Anwendung gerade auch dieser bessernden und sichernden Maßnahmen wieder in vollem Umfange dem Strafrichter zurückgegeben hat, dem sie E 1927 — von der Sicherungsverwahrung abgesehen — genommen hatte (vgl. oben § 16 VII). In der Ausgestaltung des Dualismus von Strafe und sichernden Maßnahmen sind verschiedene Abstufungen möglich. Je mehr der Unterschied betont, die Verwendung und Vollziehung der beiden Kategorien strafrechtlicher Unrechtsfolgen gesondert wird, desto mehr entfernt sich das System dieser Unrechtsfolgen von den oben § 56 A I und II dargelegten theoretischen Grundlagen. AE 1925 war der Strafrechtsauffassung dieses Lehrbuchs dadurch nahe gekommen, daß er zwar an der Methode der „Zweispurigkeit" des Systems der strafrechtlichen Unrechtsfolgen festhielt, jedoch mit Hilfe des „Vikariierens" von Strafe und sichernden Maßnahmen (AE 1925 §§ 47, 48) zu einer weitgehenden „Einspurigkeit im Vollzuge" (*Freudenthal*) gelangte und damit praktisch die von der modernen Schule geforderte „Sicherungsstrafe" brachte. E 1927 und E 1930 sind in dieser Hinsicht zurückhaltender. In diesen Entwürfen selbst ist vom „Vikariieren" keine Rede. Aber der EStrafvollzugsG 1927 (Reichstagsvorlage) hat in seinen (allerdings nur auf E 1927, nicht auch auf E 1930 zugeschnittenen) §§ 10, 273 jene Bestimmungen des AE 1925 abgeschwächt wiedergebracht.

---

das Eigentum an den (nun allerdings vernichteten) Gegenständen und Substanzresten unberührt läßt.

[1]) *Exner* Schweiz. Z. f. Strafr. **34** 198: „Indiskutabel ist nur eines: Ein modernes Strafgesetzbuch ohne ausgebautes System von bessernden und sichernden Maßnahmen".

Von den Einzelheiten kann hier nur folgendes erwähnt werden:

I. **Besserungsmittel.** Der E 1930 unterscheidet hier:

1. Die Unterbringung in einer öffentlichen Heil- oder Pflegeanstalt (§ 56). Hiermit soll den schweren Übelständen begegnet werden, die sich in der gegenwärtigen Strafrechtspraxis fortgesetzt daraus ergeben, daß Personen, die bei der Tat zurechnungsunfähig gewesen sind, freigesprochen werden müssen, und daß solche, die sich bei der Tat in einem Zustande verminderter Zurechnungsfähigkeit (oben § 38 C) befunden haben, in Anbetracht ihrer angeblich stets verringerten Schuld milder (d. h. bei Freiheitsstrafen: mit kürzerer Freiheitsentziehung) bestraft zu werden pflegen. Dem Strafrichter ist es heute nicht möglich, irgend etwas entscheidend zu veranlassen, um die vielleicht hohe, aus der Tat erkennbare soziale Gefährlichkeit solcher Täter zu bekämpfen. Hier greift § 56 E 1930 ein. Liegt eine Gefahr für die öffentliche Sicherheit vor, ist also der Zustand der Zurechnungsunfähigkeit oder verminderten Zurechnungsfähigkeit ein solcher, daß mit weiteren strafbaren Verletzungen der Rechtsordnung gerechnet werden muß (kriminelle Gefährlichkeit), so ordnet das Gericht die Unterbringung in einer Heil- oder Pflegeanstalt an, und zwar bei dem verurteilten vermindert Zurechnungsfähigen neben der sonst festgesetzten Strafe.

Die Unterbringung ist in erster Linie als Besserungsmaßnahme anzusehen, da vor allem eine „Heilung" des Betroffenen angestrebt werden muß [2]). Durch Beseitigung des die kriminelle Gefährlichkeit erzeugenden krankhaften Zustandes soll die Sicherung der Gesellschaft erreicht werden. Natürlich muß aber gerade hier mit unheilbaren Zuständen gerechnet werden. Insofern dient die Unterbringung dann lediglich der Unschädlichmachung, gehört sie also zugleich auch zu den unter II zu erörternden Maßregeln. Der Zweck der Unterbringung ist mit einer von vornherein festgesetzten zeitlichen Begrenzung schlechterdings unverträglich. Demgemäß dauert nach § 60 die Unterbringung so lange, als es der Zweck der Anordnung erfordert; jedoch länger als 3 Jahre nur, wenn das Gericht vor Ablauf dieser Frist die Unterbringung von neuem anordnet; auch hat das Gericht in Abständen von mindestens drei zu drei Jahren die Notwendigkeit der Fortdauer erneut zu prüfen (§ 60 Abs. 2, 5); es kann die Unterbringung eines vermindert Zurechnungsfähigen nach § 61 auf höchstens 2 Jahre bedingt aussetzen, falls es gleichzeitig Schutzaufsicht anordnet.

2. Die Unterbringung in einer Trinkerheilanstalt [3]) oder einer Entziehungsanstalt [4]). Die ungeheueren, überhaupt gar nicht zu überschätzenden Schäden, die der sozialen Gemeinschaft fortgesetzt durch die ungehinderte

---

[2]) Vgl. Begründung 1925, 39, Begründung 1927, 45/6; 12. und 13. Sitzung des 21. Aussch. Reichst. IV. Wahlper. 1928; dazu etwa *E. Schultze* Psychiatrie und Strafrechtsreform (1922) 18/19, *Aschaffenburg* Verbrechen 358ff., *Derselbe* MittIKV, Neue Folge **1** 150ff. Über den zwischen § 56 des E 1927 und § 56 des E 1930 bestehenden Unterschied vgl. *Lehmann* 286.

[3]) *Aschaffenburg* Verbrechen 362, *Derselbe* MittIKV, Neue Folge **1** 164ff., *Freudenthal* Reform (1926) 167.

[4]) AE 1925 § 52 hatte auch das „Wirtshausverbot" vorgesehen. Daß dies in größeren Städten von sehr fragwürdiger Bedeutung ist, wurde in der Begründung (1925) 40 zugegeben. *Grünhut* Reform (1926) 176 forderte aus beachtlichen Gründen die Streichung dieser Maßregel. Auch *Aschaffenburg* MittIKV Neue Folge **1** 169 nannte das Wirtshausverbot eine „kleinliche und wenig Erfolg versprechende Maßnahme". Mit Recht haben E 1927 und E 1930 von seiner Beibehaltung abgesehen.

Möglichkeit schrankenlosen Alkoholgenusses zugefügt werden[5]), sucht der E 1930 wie seine Vorgänger wenigstens mit einer Reihe mittelbar wirkender Maßregeln zu bekämpfen, indem er für den ,,Trinker sowohl Strafen (§ 367) wie auch Besserungs- und Sicherungsmittel (§§ 57, 60ff.) bereit stellt. Die Unterbringung in einer Trinkerheil- oder Entziehungsanstalt ist nur über eine Person, die ,,gewohnheitsmäßig im Übermaß geistige Getränke oder andere berauschende Mittel zu sich nimmt", zu verhängen; jedoch nur dann, wenn Verurteilung wegen einer Tat erfolgt, die im Rausch begangen ist oder mit der ,,Gewöhnung" des Täters in ursächlichem Zusammenhang steht oder die sich als Delikt der Volltrunkenheit (§ 367 E 1930) darstellt. Die Maßregel dient der Heilung des Süchtigen und bezweckt damit zugleich, ,,ihn an ein gesetzmäßiges und geordnetes Leben zu gewöhnen" (§ 57). Wenn die Unterbringung in einer Trinkerheil- oder Entziehungsanstalt, deren Dauer 2 Jahre nie überschreiten darf (§ 60 Abs. 3), hierzu nicht mehr geeignet erscheint, so wird der Richter regelmäßig in der Lage sein, eine Unterbringung nach § 56 (oben 1) anzuordnen. Auch hier kommt bedingte Aussetzung auf höchstens 2 Jahre, unter Umständen in Verbindung mit Schutzaufsicht oder unter Auferlegung besonderer Pflichten (§ 43 E 1930) in Frage. Zu solchen ,,besonderen Pflichten" kann namentlich der Beitritt zu einem Mäßigkeitsverein gerechnet werden.

3. Die Überweisung an ein Arbeitshaus. Sie findet neben der in den §§ 370—372 vorgesehenen Strafe bei sog. ,,gemeinschädlichem Verhalten"[6]), d. h. bei Betteln, Ausschicken zum Betteln und Landstreichen, statt. Die Unterbringung im Arbeitshaus bezweckt (§ 58), die Verwahrten zur Arbeit anzuhalten und an ein geordnetes Leben zu gewöhnen. Daher eine feste zeitliche Begrenzung nur bei der ersten Unterbringung, bei jeder weiteren dagegen die Möglichkeit, zunächst nach 2 Jahren, dann nach weiteren gerichtlich zu bestimmenden Fristen die Fortdauer zu beschließen. Für bedingte Aussetzung der Unterbringung gilt das zu 2 Gesagte.

4. Die Schutzaufsicht. Vgl. dazu oben § 64 II 1e. AE 1925 § 51 bestimmte ihren Zweck dahin, den ihr Unterstellten vor der Gefahr, neue strafbare Handlungen zu begehen, zu bewahren, ihn an ein gesetzmäßiges Leben zu gewöhnen und ihm das wirtschaftliche Fortkommen zu erleichtern. E 1927 und E 1930 haben das nicht ausdrücklich wiederholt. Der gleiche Satz steht aber in § 315 EStrafvollzugsG 1927. Danach ist also die Schutzaufsicht eine ausgesprochene Fürsorge-, Schutz- und Besserungsmaßnahme, zugleich die schonendste sichernde Maßnahme, da mit ihr in die persönliche Freiheit nur sehr gelinde und jedenfalls ohne Milieuwechsel und Freiheitsentziehung eingegriffen wird. Näheres über ihre Ausführung bestimmt der EStrafvollzugsG §§ 316ff. Die Schutzaufsicht findet Anwendung bei bedingter Aussetzung einer Strafe (§ 43) oder einer Unterbringung (§ 61); eine selbständige sichernde Maßnahme stellt sie also den Erwachsenen gegenüber de lege ferenda nicht dar.

II. Maßregeln der Unschädlichmachung.

1. Die Unterbringung in einer öffentlichen Heil- oder Pflegeanstalt (vgl. oben I 1) kann dann hierher gehören, wenn es sich um die

---

[5]) *Aschaffenburg* Verbrechen 252. Dazu unten § 190 II.

[6]) Vgl. dazu für AE 1925: *Stienen* Z **46** 18, *Klee* Reform (1926) 379, insbesondere 399ff., *Gerland* Der Entwurf 1925, 10ff. Neuerdings (unter Einbeziehung auch des E 1927): *Bondy* Z **50** 524, der das Arbeitshaus scharf ablehnt und für fürsorgebedürftige Bettler die ,,Bewahrungsanstalt", für andere lediglich Strafen fordert, ferner *Lehmann* 286/7, *Steigerthal* HdR I 273/4, 12. und 13. Sitzung des 21. Ausschusses des Reichstages (IV. Wahlper. 1928).

Unterbringung eines unheilbar Geisteskranken im Interesse der öffentlichen Sicherheit handelt.

2. Vor allem aber ist hier die Sicherungsverwahrung (§ 59) zu nennen, die vielumstrittene[7]) Maßregel zur Unschädlichmachung „gefährlicher Gewohnheitsverbrecher". Ein solcher ist nach § 78 E 1930, wer schon zweimal[8]) wegen eines Verbrechens oder eines vorsätzlichen Vergehens zum Tode, zu Zuchthaus oder zu wenigstens sechsmonatiger Gefängnisstrafe verurteilt, durch ein neues Delikt der genannten Art eine Freiheitsstrafe verwirkt, vorausgesetzt, daß aus der neuen Tat in Verbindung mit den früheren Taten hervorgeht, daß der Täter ein für die öffentliche Sicherheit gefährlicher Gewohnheitsverbrecher ist. Der E 1930 begnügt sich diesen Verbrechern gegenüber nicht mit der in § 78 ermöglichten erheblichen Straferhöhung. In der Erkenntnis vielmehr, daß die nach dem E 1930 ja immer noch zeitlich fest begrenzte Strafe häufig doch keinen ausreichenden Schutz der Gesellschaft gewährleistet, wird die Unterbringung dieser gefährlichsten Elemente in einer Sicherungsverwahrungsanstalt für eine im Sinne des § 60 unbestimmte Zeit zugelassen. Für die Durchführung der Maßregel stellt E 1930 genauere Normen nicht auf; diese finden sich vielmehr in den §§ 308ff. des Entwurfs zu einem StrafvollzugsG und zeigen deutlich, daß, wenn auch die Möglichkeit einer Besserung nicht gänzlich außer acht gelassen werden soll, im Vordergrunde der Zweckbestimmung die Unschädlichmachung durch sicherste Verwahrung steht.

3. Die Reichsverweisung gegen Ausländer (§ 64). Sie soll das Reich von lästigen, kriminell gefährlichen Ausländern befreien. Das Gericht „kann" sie „zulassen" neben einer mindestens dreimonatigen Freiheitsstrafe. Die zuständige Verwaltungsbehörde (vgl. § 325 EStrafvollzugsG 1927) hat sodann die Verweisung auszusprechen; sie kann von sich aus die Reichsverweisung auch gegenüber einem Ausländer aussprechen, bezüglich dessen eine Unterbringung gemäß I 1, 2 oder II 2 angeordnet worden ist.

Anhang.

§ 65a. Die Buße.

Literatur. *Graf zu Dohna* VD Allg. T. **1** 235. — *v. Wächter* Die Buße 1874. *Dochow* Die Buße 1875. *Graf zu Dohna* Die Stellung der Buße im reichsrechtlichen System des Immaterialgüterschutzes. Berliner Seminarabh. **1** 4 1902. *Bergmann* Schließt die wegen einer Körperverletzung zuerkannte Buße die Geltendmachung jedes weiteren Entschädigungsanspruches aus? Leipziger Diss. 1908. *Fritsche* Schadenersatz und Buße bei Körperverletzungen und

---

[7]) Hier wird das Problem „Sicherungsstrafe" oder „Vergeltungsstrafe nebst sichernder Maßnahme" vor allen Dingen akut. Die Verhandlungen des deutschen Juristentages in Bamberg (1921) und der deutschen Landesgruppe der IKV in Göttingen (1922) und Innsbruck (1925) legen dafür Zeugnis ab. Vgl. dazu *v. Hippel* I 531/532, 569ff. und die in dem Literaturverzeichnis bezeichneten Arbeiten von *Mezger, Kohlrausch, Graf zu Dohna, Kitzinger*; ferner *Höpfner* DStrafr. Z **9** 229, *Hafter* 375. Wichtig die Protokolle der 12. bis 15. Sitzung des 21. Ausschusses des Reichstages (IV. Wahlper. 1928); dazu *Lehmann* 287, *Bell* 18, *Hegler* (Lit. zu § 16 unter Nr. 5) 138/9, sowie die Verhandlungen der deutschen Landesgruppe der IKV 1931 (Mitt. IKV N. F. **5**) mit Referaten von *Hagemann* und *Exner*. Vgl. dazu oben § 4 Note 13.

[8]) Wesentlich enger die Voraussetzungen des E 1919 §§ 100, 120 für die Sicherungsverwahrung. Gegen AE 1925 insbesondere *Gerland* a. a. O. 93.

Beleidigungen. Leipziger Diss. 1908. *Dreyfuß* Z **31** 636. *Rosenfeld* HdR I 861. *Eb. Schmidt* HdR I 63 (Prozessual). *Hellwig* Das Geldstrafengesetz 3. Aufl. 1924, 134ff. *Exner* Schweizer. Z **43** 19.

I. Anwendungsgebiet. Das geltende deutsche Reichsrecht (anders die Entwürfe bis zum Jahre 1919) hat die Geltendmachung des Schadensersatzes im Strafverfahren, den sog. Adhäsionsprozeß, abgelehnt und den Verletzten auf den Zivilrechtsweg verwiesen[1]). Nur in einzelnen Fällen gewährt es dem Verletzten einen im Strafverfahren zu verfolgenden Anspruch auf Buße. Durch Art. IV der VO über Vermögensstrafen und Bußen vom 6. Februar 1924 ist der Mindestbetrag der Buße einheitlich auf 3 Reichsmark, der Höchstbetrag ebenfalls einheitlich auf 10000 Reichsmark festgesetzt.

Die Fälle, in denen auf Buße erkannt werden „kann"[2]) sind die folgenden: 1. StGB § 188. Üble Nachrede und Verleumdung (StGB §§ 186 und 187), wenn die Beleidigung nachteilige Folgen für die Vermögensverhältnisse, den Erwerb oder das Fortkommen des Beleidigten mit sich bringt. — 2. StGB § 231. Körperverletzung in allen Fällen. — 3. NachdrucksG 1870 § 18; jetzt noch in Kraft für das GeschmacksmusterG vom 11. Januar 1876 § 14. — 4. PatentG 1891 § 37. — 5. GebrauchsmusterG 1891 § 11. — 6. WarenzeichenG 1894 § 18. — 7. G gegen den unlauteren Wettbewerb 1909 § 26. — 8. UrheberrechtsG vom 19. Juni 1901 (Literatur und Tonkunst) § 40. — 9. VerlagsrechtsG vom 19. Juni 1901 § 9. — 10. KunstwerkG vom 9. Januar 1907 § 35. — Auf dem ihr überwiesenen Gebiete kann die Landesgesetzgebung Buße zulassen; vgl. z. B. ForstG für Elsaß-Lothringen vom 9. Juli 1888 § 75.

In allen Fällen gelten die folgenden Rechtssätze: Der Zuspruch der Buße ist durch das im Strafverfahren zu stellende Verlangen des Verletzten (StPO §§ 403—406) bedingt; bei der Entscheidung über das Bestehen und die Größe des für die Zuerkennung der Buße maßgebenden (materiellen oder ideellen) Schadens ist das freie Ermessen des Richters ausschlaggebend; die privatrechtlichen und zivilprozessualen Normen, die der Zivilrichter zu beachten

---

[1]) Über BGB § 847 vgl. *v. Liszt* Deliktsobligationen 64. VE § 57 gestattet die strafprozessuale Verfolgung des Ersatzanspruches, wenn dieser 20000 Mark nicht übersteigt und die Feststellung ohne Verzögerung des Strafverfahrens möglich ist. KE § 94 schließt sich an, desgl. auch E 1919 § 87, der hervorhebt, daß es sich um einen Schaden handeln müsse, den der Täter dem Verletzten nach bürgerlichem Recht durch einmalige Zahlung einer Geldsumme zu ersetzen hat. Der Strafrichter entscheidet nach E 1919 § 87 Abs. 2 endgültig. AE 1925 weicht von seinen Vorgängern völlig ab: Die Regelung der Frage, ob und inwieweit vermögensrechtliche, durch die strafbare Handlung begründete Ansprüche im Strafprozeß verwirklicht werden können, wird der zukünftigen Strafprozeßordnung überlassen, die Einrichtung der Buße daher überhaupt nicht mehr übernommen. (Vgl. Begründung 1925, 5). E 1927 und E 1930 verfahren ebenso. EEinfG 1929 (Reichsratsvorlage) Art. 67 Ziff. 210 hat jedoch die Tendenz der ersten Entwürfe erneut aufgenommen und unter Ersetzung der §§ 403—406 StPO den Adhäsionsprozeß ausführlicher geregelt. Vgl. jetzt EEinfG 1930 (Reichstagsvorlage) Art. 70 Ziff. 220. Kritisches bei *Exner*, der auf Italien als Vorbild für eine weitgehende Berücksichtigung der Interessen des Verletzten hinweist.

[2]) Vgl. hierzu jetzt insbesondere R **60** 12 (mit zahlreichen Hinweisen auf frühere Entscheidungen).

hätte, binden den Strafrichter nicht; sollte aber die Schadensprüfung zu einer ungebührlichen Verzögerung des Strafverfahrens führen, so braucht sich der Strafrichter auf das Bußeverlangen nicht einzulassen. Wird auf Buße erkannt, so ist sie an den Verletzten zu entrichten; die erkannte Buße schließt dann die Geltendmachung eines weiteren Entschädigungsanspruches aus; die zur Buße Verurteilten haften als Gesamtschuldner (obwohl StGB § 188 das nicht ausdrücklich ausspricht); auf einen höheren Betrag der Buße als den beantragten darf nicht erkannt werden (StPO § 405); der Anspruch des Verletzten kann von dessen Rechtsnachfolgern nicht erhoben oder fortgesetzt werden (StPO § 404 Abs. 4); die Eintreibung erfolgt nach den Vorschriften der ZPO (StPO § 463).

II. Das **Wesen der Buße** ist bestritten; bald wird sie als Strafe, bald als Entschädigung, bald als eine aus beiden Elementen zusammengesetzte Einrichtung betrachtet. Da der Begriff der Entschädigung durch den Ersatz vermögensrechtlicher Nachteile nicht erschöpft wird, sondern auch die dem Verletzten gebührende Genugtuung für den von ihm erlittenen Eingriff in seine Rechtssphäre überhaupt in sich schließt, so fällt auch die Buße unter den Begriff der Entschädigung, besser: der Genugtuung[3]). Diese Auffassung schließt nicht aus, daß der Anspruch auf Buße als höchstpersönlicher nur dem Verletzten, nicht aber seinen Erben zusteht. Sie findet unmittelbare Bestätigung in den Nebengesetzen („statt der Entschädigung kann auf Buße erkannt werden"). Von diesem Standpunkte aus können wir die meisten der hier anknüpfenden Streitfragen erledigen. So ist weder der Nachweis eines Vermögensnachteils, noch ein solcher Nachteil überhaupt[4]) Bedingung für das Entstehen des Anspruchs; so ist Buße auch bei scheinbarem Zusammentreffen von Straftaten (StGB § 73) zuzusprechen, wenn auch das sie enthaltende Gesetz als das mildere bei der Bestimmung der Strafe außer Betracht bleibt; so verjährt der Anspruch auf Buße nach den Grundsätzen des Zivilrechts[5]), wenn auch seine Geltendmachung im Strafprozesse durch die strafrechtliche Verjährung des Verbrechens tatsächlich unmöglich gemacht wird; so wird die zuerkannte Buße durch Begnadigung nicht berührt, während die Niederschlagung des Strafverfahrens (unten § 73) allerdings tatsächlich auch die Geltendmachung des Bußanspruchs verhindert.

[3]) Im wesentlichen derselben Meinung (wenn auch meist mit Beschränkung auf Ersatz des Vermögensschadens) die meisten; auch R **12** 224, **15** 352 (Buße bei Verlust der Zeugungsfähigkeit), **17** 190, **24** 398, **55** 188. Vgl. *Graf zu Dohna* **1** 252, *Rosenfeld* 862. Als Privatstrafe wird die Buße aufgefaßt von *Heinze*, während *Hälschner*, *Merkel*, *Stooß*, *v. Wächter* zwei Elemente in der Buße unterscheiden wollen, ein ziviles und ein pönales. *Frank* III 2 vor § 13 zieht den Ausdruck „Entschädigung" vor. — Die in § 18 des SchwerbeschädigtenG vom 12. Januar 1923 (8. Juli 1926) angedrohte „Buße" erklärt R **64** 193 (195) für eine Ordnungsstrafe.

[4]) Teilweise abweichend allerdings StGB § 188.

[5]) Ebenso *Allfeld* 261, *Frank* § 70 III, *Olshausen* § **70** 6, *Wachenfeld* 254; dagegen *Binding* **1** 854, *Löning* VD Allg. T. **1** 449.

IV. Das Strafmaß in Gesetz und Urteil.

§ 66. Die richterliche Strafzumessung.

Literatur. *Rosenfeld* VD Allg. T. **3** 93 (Strafzumessung). *van Calker* ebenda 173 (Gesinnung). *Radbruch* ebenda 189 (Strafänderung). *v. Liszt* Reform **1** 373. *Graf Gleispach* Reform (1926) 186ff. *ME. Mayer* MittIKV **22** (2. Heft) 4. *Rosenfeld, Feisenberger* ebenda (3. Heft) 111. — *Wahlberg* Das Prinzip der Individualisierung in der Strafrechtspflege 1869; Kl. Schriften **3** 101. *Finger* Der objektive Tatbestand als Strafzumessungsgrund 1888. *Derselbe* Gutachten für den 29. d. Juristentag **29** 2 S. 37. *ME. Mayer* bei *Aschaffenburg* **3** 309. *Sturm* daselbst **11** 77. *Körner* Die Frage der Gleichmäßigkeit der Strafzumessung im D. Reich 1907 (Statistische und nationalökonomische Abh. Heft 3). *Hoegel* GS **71** 378. *Derselbe* Verhandlungen des 28. d. Juristentages **28** 1 S. 3. *Storch* daselbst **4** 1. *Aschrott* Z **32** 134. *v. Birkmeyer* GS **77** 353. *Derselbe* Österreich. Z **2** 316. *Exner* (Lit. zu § 39). *Derselbe* Österreich. Z **8** 290. *Derselbe* bei *Aschaffenburg* **17** 365. *Sturm* Z **34** 64. *Stooß* Z **37** 694. *Ueberschaer* GA **59** 295 (über den VE). *Feisenberger* Z **31** 948. *Hafter* §§ 73ff., insbesondere 76. *Guckenheimer* Der Begriff der ehrlosen Gesinnung im Strafrecht (Hamburger Schriften z. ges. StrafrW. Heft 1) 1921. *Reißner* bei *Aschaffenburg* **17** 374. *Mannheim* Z **42** 40. *Rosenberg* Z **42** 453. *Nagler* GS **94** 83. *Seelig* Zentralblatt f. d. jurist. Praxis (Wien), Festschr. f. d. 35. DJT in Salzburg, 1928, 249. *v. Weber* Prager Jurist. Zeitschr. 1931 Heft 10/11. *Ruppel* Die richterl. Strafzumessung nach den StGEntwürfen 1925 und 1927. Bonner Diss. 1929. *Sauer* Z **50** 679. *Gerland* HdR V 796. Wertvoll: *Exner* Studien über die Strafzumessungspraxis der deutschen Gerichte (Krim. Abhdlg. XVI) 1931. — Zu III 3 (Jugendliche) vgl. die oben § 38 zu B I bezeichneten Schriften.

I. In dem Wesen des staatlichen Strafrechts, als der Selbstbeschränkung der an sich unbeschränkten Staatsgewalt (oben § 1 Note 1), liegt, daß durch das Strafgesetz nicht nur die Voraussetzung der Strafe (der Tatbestand des Verbrechens), sondern auch ihr Inhalt (die Rechtsfolge) nach Art und Maß bestimmt wird.

Die Betrachtung der Geschichte lehrt uns, daß diese im älteren Strafrecht ein für allemal (absolut) gegebene Bestimmung erst allmählich im Laufe der Entwicklung einer richterlichen Bemessung der Strafe Platz macht. So kennt sowohl die Gesetzgebung der XII Tafeln als auch die Zeit des Quästionenprozesses nur Verhängung oder Nichtverhängung der unabänderlich vom Gesetze vorgeschriebenen Strafe; und erst die Kaiserzeit verleiht, den Gedanken der extraordinaria cognitio ausdehnend, dem Richter die Befugnis zur Bemessung der Strafe nach den Umständen des Einzelfalles.

Auch im deutschen Mittelalter finden wir, soweit die Herrschaft des gesetzten Rechts reicht, nur absolut bestimmte Strafdrohungen, die aber durch das „Richten nach Gnade" ergänzt werden. Und dasselbe gilt im wesentlichen von der PGO. Erst im späteren gemeinen Rechte, als das Gebiet der willkürlichen Bestrafung immer weiter ausgedehnt wurde und neue Strafarten an Stelle der in der Karolina angedrohten getreten waren, gewann die richterliche Strafzumessung an Bedeutung. Da es an gesetzlichen Vorschriften über die Bestimmung ebenso fehlte wie an wissenschaftlichen Grundsätzen über die Strafzumessung, verfiel die Rechtsprechung schrankenloser Willkür. Den entgegengesetzten Standpunkt vertraten in äußerster Schroffheit, vor keiner Folgerung zurückschreckend, die Schriftsteller der Aufklärungszeit (oben § 11, I, insbesondere Code pénal 1791): Sie wollten den Richter gebunden wissen an den Buchstaben des Gesetzes. Aus diesem Kampfe ging das die Gesetzgebung des

19. Jahrhunderts beherrschende System der relativ bestimmten Strafdrohungen hervor, der zwischen Mindestmaß und Höchstmaß sich spannenden Strafrahmen. Doch fehlt auch heute noch dem Richter der feste Maßstab, um innerhalb des Strafrahmens die im Einzelfalle verwirkte Strafe zu bemessen. **Diesen Maßstab vermag ihm nur der Gedanke der Spezialprävention** (oben § 2 III) **zu geben.** Die von der Vergeltungstheorie geforderte Gleichung zwischen Straftat und Strafe stellt den Richter vor eine völlig unlösbare Aufgabe.

Daran haben auch die deutschen Entwürfe nichts Wesentliches geändert. Insbesondere verlangen auch sie sämtlich, daß der Richter im Urteil die Strafe ein für allemal fest bestimmt, lehnen das unbestimmte Strafurteil also ab. Allerdings bemühen sie sich, dem Richter bei der Bestimmung der Strafgröße innerhalb des gesetzlichen Strafrahmens durch (selbstverständlich allgemein gehaltene) Anweisung hinsichtlich der dabei zu berücksichtigenden Umstände behilflich zu sein. Problematisch ist dabei für die Entwürfe vor allem die Frage gewesen, ob zu den die Strafgröße beeinflussenden Momenten auch die objektiven Folgen der Tat als solche zu rechnen oder ob lediglich subjektive, in der Person des Täters liegende Momente maßgeblich seien. VE § 81, KE § 110 und E 1919 § 106 vertreten den ersteren Standpunkt; AE 1925 § 67 hat dagegen aus triftigen Gründen (vgl. Begründung 1925, 50) die Berücksichtigung der objektiven Tatfolgen beiseite gelassen. E 1927 und E 1930 § 69 lassen die Tatfolgen nur insoweit berücksichtigen, als der Täter sie verschuldet hat. Soll wirkliche Schuldhaftung erzielt und dafür gesorgt werden, daß auf dem Wege der Strafzumessung „die nackte Erfolghaftung hier nicht eindringen kann" (*Rosenfeld* VD Allg. T. **3** 155), dann darf der in den Entwürfen von 1927 und 1930 vorgeschlagene Weg nicht mehr verlassen werden, sofern man es nicht vorzieht, zum AE 1925 zurückzukehren. — Besondere Berücksichtigung lassen ferner sämtliche Entwürfe den „besonders leichten" und den „besonders schweren" Fällen zukommen: bei jenen ein allgemeines weitgehendes Milderungsrecht, ja die Möglichkeit, von Strafe abzusehen (VE § 83, KE § 116, E 1919 § 116, AE 1925 § 75; E 1927, 1930 § 76; bei diesen, deren Bestimmung in VE § 84 durch maßgebliche Einbeziehung der objektiven, auch unverschuldeten Tatfolgen recht bedenklich erscheinen mußte, in den neueren Entwürfen aber auf eine im ganzen einwandsfreie Formel gebracht ist, in den einzelnen, vom Gesetz hervorgehobenen Fällen die Möglichkeit erheblicher Strafschärfung. Wichtig ist ferner, daß die Entwürfe seit E 1919 die Zulassung der mildernden Umstände generell auf sämtliche Straftaten ausdehnen.

II. In der Reichsgesetzgebung finden sich **absolute Strafdrohungen** nur in ganz verschwindender Zahl und Bedeutung: soweit das Gebiet der Todesstrafe reicht (oben § 58 II; anders MilStGB §§ 58, 60, 63, 95, 97, 133, 141), und soweit die Geldstrafe als Bruchteil oder als Vielfaches eines bestimmten Geldbetrages zu berechnen ist[1]).

Die Herrschaft führt auch in der Reichsgesetzgebung das **System der „Strafrahmen"**, d. h. der **relativ bestimmten Strafdrohungen.**

Diese Relativität kann liegen:

1. Darin, daß der Gesetzgeber dem Richter innerhalb derselben Strafart einen Spielraum zwischen einem Mindest- und einem Höchstbetrage

[1]) Vgl. R **60** 389.

läßt. In diesem Falle ist nicht nur der Abstand zwischen der unteren und der oberen Grenze, sondern auch die durch die Art der Berechnung, insbesondere durch die Rechnungseinheit bei den Freiheitsstrafen (oben § 60 II 3), bestimmte Zahl der dazwischen liegenden Strafgrößen zu beachten. So enthält „Zuchthaus bis zu fünfzehn Jahren" 169 Strafgrößen; „Gefängnis bis zu fünf Jahren" deren etwa (Schaltjahre!) 1826; „Festungshaft bis zu fünfzehn Jahren" etwa 5478; „Haft bis zu sechs Wochen" 42 Strafgrößen.

2. Darin, daß der Gesetzgeber dem Richter die Wahl läßt zwischen zwei oder sogar mehreren (wieder durch Mindestmaß und Höchstmaß begrenzten) Strafarten. Vgl. StGB § 185 und neuerdings § 27b. PreßG § 21 läßt sogar dem Richter die Wahl zwischen vier verschiedenen Strafarten (Geldstrafe, Haft, Festungshaft, Gefängnis).

3. Darin, daß es dem Ermessen des Richters überlassen wird, ob er auf eine oder zwei Hauptstrafen, oder auch, ob er neben der Hauptstrafe auf eine Nebenstrafe erkennen will.

III. Innerhalb der gesetzlichen Strafrahmen hat der Richter die Strafe für das einzelne gegebene Verbrechen zu bemessen; im Einzelfalle die Aufgabe zu lösen, die der Gesetzgeber im allgemeinen zu lösen hatte. Diese Bestimmung der Strafe innerhalb des Strafrahmens heißt **Strafzumessung**; die den Richter dabei leitenden Gesichtspunkte nennt man Strafmehrungs- (oder Straferhöhungs-) und Strafminderungsgründe.

1. Der Aufgabe, diese Strafmehrungs- und Strafminderungsgründe dem Richter durch eine Aufzählung im einzelnen vor Augen zu führen und ihm dadurch für die überaus schwierige und verantwortungsvolle Strafzumessung wenigstens Richtlinien zu geben, hat sich das RStGB nur in geringem Maße unterzogen:

a) Für den oben II 2 bezeichneten Fall bestimmt § **20**, falls es sich um eine **Wahl zwischen Zuchthaus und Festungshaft**[2]) handelt, daß der Richter nur bei festgestellter **ehrloser Gesinnung**[3]) des Täters Zuchthaus verhängen dürfe.

---

[2]) So in StGB §§ 81—86, 88, 89, [94, 96, 98, 100], 105, 106; MilStGB §§ 2 und 62.

[3]) Was darunter verstanden werden soll, sagt das Gesetz nicht. *van Calker* bestimmt den Begriff der ehrlosen Gesinnung dahin, „daß die konstante Willensrichtung, aus welcher die strafbar befundene Handlung entsprungen ist, dem Täter die Mißachtung der Rechtsgenossen zuzieht". Vgl. *van Calker* VD Allg. T. **3** 173ff., insbesondere 187; *Derselbe* Strafrecht (1927) 94. Welche unüberwindlichen Schwierigkeiten dieser Begriff in der Rechtspflege hervorruft, schildert namentlich *Guckenheimer*. Vgl. dazu *Liepmann* Die Reform des deutschen Strafrechts (1921) 123ff. Das Bedenkliche des Begriffes der ehrlosen Gesinnung besteht darin, daß er in den Bereich der Individualethik gehört, während das Strafrecht mit sozialethischen Wertmaßstäben zu arbeiten hat. Aus diesem Grunde haben die Verwendung des Begriffs de lege ferenda scharf bekämpft: *v. Liszt* Strafr. Aufs. **2** 385ff., *Allfeld* Der Einfluß der Gesinnung des Verbrechers auf die Bestrafung (1909) 152ff., *Liepmann, Guckenheimer* a. a. O., *Eb. Schmidt* Z **45** 28ff., *Liepmann*Reform (1926) 132, *Grünhut* ebenda 179, *Derselbe* Z **46** 260. Vgl. dazu auch oben § 40 Note 11 („Überzeugungsverbrecher"). Für die Berücksichtigung der „ehrlosen Gesinnung" auch de lege ferenda: *Kahl*

b) Besondere Hervorhebung hat unter den Charaktereigenschaften des Täters in § 27a die **Gewinnsucht** gefunden. Aus § 27a ist zunächst zu entnehmen, daß der Richter bei festgestellter Gewinnsucht des Täters innerhalb des gesetzlichen Rahmens der Geldstrafen hoch greifen soll. Da aber § 27a zugleich und vor allem ein Hinausgehen über den regelmäßigen gesetzlichen Strafrahmen ermöglicht, indem er einen erheblich weiteren Sonderstrafrahmen mit verzehnfachtem Maximum zur Verfügung stellt, so gehört § 27a in erster Linie unter die Strafänderungs-, und zwar unter die Strafschärfungsfälle, weswegen er unten § 67 II eingehender zu erörtern sein wird.

c) Für die Bemessung der Geldstrafen wird in § 27c ganz allgemein[4]) eine Berücksichtigung der wirtschaftlichen Verhältnisse[5]) des Täters vorgeschrieben. Natürlich dürfen sie nicht allein maßgeblich sein; aber ihre Beachtung soll dazu führen, daß die Fühlbarkeit der Geldstrafe auch bei dem reichen Verurteilten gewahrt, beim armen dagegen nicht überspannt wird und daß ein Zustandekommen gewissermaßen fester Taxen für bestimmte Deliktskategorien unter einem schematischen Vergeltungsgesichtspunkt vermieden wird („die Ohrfeige kostet 20 Mark"). Zu einem Hinausgehen über die gesetzlichen Strafmaxima der §§ 27, 27a darf die Berücksichtigung der wirtschaftlichen Verhältnisse für sich allein nicht führen. Wohl

---

DJZ **28** 508, *Oetker* JW **53** 254, *Graf zu Dohna* bei *Aschaffenburg* **17** 352. Über die Entwürfe vgl. *Eb. Schmidt* a. a. O.

[4]) Also auch, wenn Geldstrafen in unbeschränkter Höhe angedroht sind; nicht dagegen, wenn die Geldstrafe in einem bestimmten Mehrfachen eines bestimmten Betrages besteht, also absolut festgesetzt ist; so auch R **60** 389 (391).

[5]) Ob die wirtschaftlichen Verhältnisse als Strafzumessungsgrund anzusehen sind, wird bestritten; dafür die herrschende Lehre (vgl. *Goldschmidt* VD Allg. T. **4** 402/403; vgl. hier auch über den Stand der Frage im Jahre 1908). Neuerdings dagegen: *Stooß* 697. Zweifelnd R **64** 207/8. *Lobe* in Lpz. Komm. § 27c Note 1 hält den Streit für müßig. *Stooß* 696 meint, der Täter könne „deshalb, weil er reich oder arm ist, nicht ein schwereres oder leichteres Strafübel erleiden"; die wirtschaftlichen Verhältnisse kämen also weder als Strafmehrungs- noch als Strafminderungsgrund in Betracht. Schon das ist nicht ganz richtig, weil die wirtschaftliche Lage des Täters in Verbindung mit der Tat sehr wohl geeignet sein kann, Schlüsse auf die Gesinnung in dem oben § 36 V bezeichneten Sinne zuzulassen. Vgl. dazu auch oben § 3 II 1, *Frank* Aufbau des Schuldbegriffs (1907) 4/5, StGB §§ 248a, 264a. Im übrigen hat *Goldschmidt* VD Allg. T. **4** 403 (trotz *Stooß* 695) darin Recht, daß zu den Strafzumessungsgründen (im Hinblick auf die Natur der in Frage kommenden Strafe) auch solche Gesichtspunkte gehören können, die sich nicht sowohl auf die Schuld des Täters, als vielmehr auf die Strafart selbst beziehen; das letztere aber trifft auf die Hervorhebung der wirtschaftlichen Verhältnisse in § 27c gerade insofern zu, als diese Bestimmung dafür sorgen will, daß das, was über den Täter verhängt wird, überhaupt ein Übel für ihn ist. Im allgemeinen braucht bei den im StGB vorgesehenen „Strafen" dieser Gesichtspunkt nicht besonders beachtet zu werden; aber bei der Geldstrafe ist es notwendig, weil die wirtschaftlichen Güter nun einmal ungleich verteilt sind. Vgl. dazu gerade auch *Stooß* 697ff. selbst.

aber kann es zu einem Überschreiten des gesetzlichen Höchstmaßes auf Grund der (zusammengehörigen) Absätze 2, 3 des § 27c kommen. Danach „soll" nämlich die Geldstrafe das für die Tat empfangene Entgelt sowie den aus der Tat gezogenen Gewinn übersteigen.

d) Eine besonders wichtige Strafzumessungsregel stellt der aus dem Kampf gegen die kurzzeitige Freiheitsstrafe hervorgegangene § 27b auf. Im besonderen Teil ist bei einer ganzen Reihe von Vergehen und Übertretungen Geldstrafe an sich überhaupt nicht oder nur in Verbindung mit einer Freiheitsstrafe zugelassen. Vgl. etwa den praktisch allerwichtigsten § 242! Hierdurch erzwang das Gesetz geradezu ein massenhaftes Verhängen kurzzeitiger Freiheitsstrafen. Das GeldstrafenG vom 21. Dezember 1921 § 3[6]) beendete diesen kriminalpolitisch unerfreulichen Rechtszustand durch Einführung der „Ersatzgeldstrafe" (*Frank*). Hierauf beruht die (durch das GeldstrafenG vom 27. April 1923 dem StGB eingefügte) Norm des § 27b. Danach hat der Richter in den genannten Vergehens- und Übertretungsfällen[7]) zunächst nach Maßgabe des besonderen Strafrahmens die hiernach in Frage kommende Freiheitsstrafe zu bemessen[8]). Ergibt sich dabei eine kürzere als dreimonatige Freiheitsstrafe, so ist an ihrer Stelle auf Geldstrafe (innerhalb des durch die §§ 27, 27a gezogenen Rahmens) zu erkennen, wenn der Strafzweck durch eine Geldstrafe erreicht werden kann. Eine nähere Erklärung gibt das Gesetz über den Strafzweck nicht. Aber es sollte nicht verkannt werden, daß gerade hier die Täterpersönlichkeit für die Wahl, vor die der Richter nun gestellt ist, maßgeblich sein muß unter Berücksichtigung der unten zu 2 hervorgehobenen Gesichtspunkte[9]).

---

[6]) Vgl. über dieses Gesetz den Nachtrag III in der 24. Auflage dieses Buches und die dort zitierte Literatur.

[7]) Nicht bei Verbrechen! — Zweifelhaft ist die Anwendbarkeit des § 27b in den Fällen, wo Geldstrafe für sich allein wenigstens bei Vorliegen mildernder Umstände zugelassen ist, wie in §§ 246, 263. Hier wird man nicht umhin können, die Anwendbarkeit der Stelle abzulehnen. Ebenso das Kammergericht Z **43** 457, das OLG Dresden JW **51** 1054, *Hellwig* Anm. 32, *Frank* § 27b I 2 und auch R in einigen von *Hellwig* mitgeteilten Entscheidungen. A. M. aber *Lobe* in Lpz. Komm. § 27b Note 2c in engster Übereinstimmung mit R **58** 106.

[8]) *Lobe* in Lpz. Komm. § 27b Note 2c; R **63** 300.

[9]) Gegen die entscheidende Heranziehung der Spezialprävention, wie sie im Text geschieht, *Lobe* in Lpz. Komm. § 27b Note 1 (der Strafzweck sei Vergeltung; auch die Geldstrafe müsse „als gerechte Sühne der Tat" in den Augen der Volksgenossen erscheinen). R **58** 106 (109) nähert sich zaghaft und schüchtern der Spezialprävention, nicht ohne Vergeltung, Sühne und Abschreckung ausgiebig zu unterstreichen. Vgl. ferner R **61** 417, **64** 110, **65** 229. *Hellwig* Anm. 49 versteht als Strafzweck „die Spezialprävention durch Abschreckung". Aber auch der Besserungszweck kann bei der heutigen Ausgestaltung der Geldstrafe mit dieser durchaus ins Auge gefaßt werden. Immerhin trägt *Hellwig* insofern dem entscheidenden Gesichtspunkt ganz richtig Rechnung, als § 27b in erster Linie den Zweck hat zu verhüten, daß von der Frei-

2. Von den zu 1 bezeichneten Bestimmungen abgesehen, schweigt das StGB über die Strafzumessung innerhalb eines bestimmten gesetzlichen Strafrahmens. Will der Richter sich nicht in einem rein gefühlsmäßig bedingten Tasten nach der „passenden" Strafgröße verlieren, so wird er darauf verzichten müssen, die Tat vergelten oder die Allgemeinheit der Staatsbürger generalprävenierend beeinflussen zu wollen. Dafür hat der Gesetzgeber zu sorgen, indem er dem Richter für die verschiedenen Taten verschiedene Strafrahmen zur Verfügung stellt. Der Richter kann zielbewußte kriminalpolitische Arbeit bei der einzelnen Strafzumessung nur dann leisten, wenn er den Ursachen der konkreten verbrecherischen Tat nachgeht, wenn er die Frage zu beantworten sucht, warum in diesem Täter ein pflichtwidriges Wollen zustande gekommen ist, worin also die „eigenen typischen Wertschätzungen" des Täters bestehen, denen gegenüber sich die sozialen Anforderungen nicht haben durchsetzen können, mit anderen Worten: wenn er die Persönlichkeit des Täters im Sinne der oben § 36 vorgetragenen Schuldlehre sozialethisch wertet. Demgemäß ist die äußere Tat in ihrer symptomatischen Bedeutung für die psychische Eigenart des Täters zu würdigen, sind in der größeren oder geringeren Intensität der asozialen Gesinnung, in dem Vorliegen oder Fehlen der sozialen Anpassungsfähigkeit die Strafmehrungs- und Strafminderungsgründe zu suchen. Hierbei wird dem Richter die oben § 3 II entwickelte Verbrecherlehre, so wenig sie ein starres Schema für die Eingruppierung der einzelnen verbrecherischen Persönlichkeiten abgeben soll, wertvolle Dienste leisten können: sie leitet ihn dazu an, die im Charakter des Täters liegenden Verbrechensursachen von den äußeren Einflüssen zu trennen und insbesondere äußere Momente nie um ihrer selbst willen, sondern ausschließlich unter dem Gesichtspunkt zu berücksichtigen, ob und inwieweit ihnen symptomatische Bedeutung für die psychische Eigenart des Täters zukommt. Ist der Täter zurechnungsfähig — und nur in diesem Falle kommt eine Strafzumessung in Betracht —, so kommt es in erster Linie darauf an festzustellen, ob die Tat dem inneren Wesen des Täters entspricht, der adäquate Ausdruck seiner Persönlichkeit ist, so daß eine Rückfallsgefahr besteht und aus diesem Grunde die Persönlichkeit des Täters als sozialgefährlich erscheint (oben § 3 II 1 b!). In diesem Falle muß der

heitsstrafe, die (oben §§ 59, 60) ihrer historischen Mission und ihrem ganzen Inhalt nach in erster Linie Erziehungs- und Besserungsstrafe sein soll, immer wieder ein durch und durch falscher Gebrauch gemacht wird, indem man sie als Denkzettelstrafe verwendet. Hier ist eben vor allem das Herrschaftsgebiet der Geldstrafe! Nur kann natürlich auch mit der Erteilung eines Denkzettels eine Besserung im Sinne eines Sich-Anpassens an die sozialen Anforderungen erstrebt und erreicht werden. — Vgl. zu § 27b in Einzelfragen noch R **59** 21, 51.

Richter auf eine energische Beeinflussung der Täterpersönlichkeit durch die Strafe bedacht sein; anderenfalls wird er sich mit der Erteilung eines Denkzettels begnügen dürfen. Freilich erfaßt der Richter die Täterpersönlichkeit nie unmittelbar, sondern nur mit Hilfe von Indizien. Sucht man nach den hierbei in erster Linie in Betracht kommenden Erkenntnismitteln, so gibt E 1930 § 69 hierfür einen zwar nicht erschöpfenden, aber im einzelnen wohldurchdachten und schon de lege lata sehr brauchbaren Überblick. Er sei daher wörtlich wiedergegeben:

„Bei Zumessung der Strafe soll das Gericht abwägen, inwieweit die Tat auf einer verwerflichen Gesinnung oder Willensneigung des Täters und inwieweit sie auf Ursachen beruht, die dem Täter nicht zum Vorwurf gereichen. Es soll namentlich berücksichtigen:

die Beweggründe und den Anreiz zur Tat, den Zweck, den der Täter verfolgt hat, die Nachhaltigkeit des zur Tat aufgewendeten Willens und die angewendeten Mittel;

das Maß der Einsicht des Täters und den Einfluß krankhafter oder ähnlicher Störungen auf seinen Willen;

das Vorleben des Täters, seine persönlichen Verhältnisse und wirtschaftlichen Verhältnisse zur Zeit der Tat und der Aburteilung;

die verschuldeten Folgen der Tat;

das Verhalten des Täters nach der Tat[10]), insbesondere ob er sich bemüht hat, den Schaden wieder gutzumachen, der durch die Tat entstanden ist"[11]).

Will man den kriminalpolitischen Gehalt dieser Regel auf eine kurze Formel bringen, so wähle man *ME. Mayers* prägnanten Satz: „Das Motiv entlastet, der Charakter belastet"[12]).

---

[10]) In diesem Zusammenhang verdienen zwei oft falsch gewürdigte Erscheinungen besondere Hervorhebung: 1. das Leugnen des Angeklagten, 2. die Reue. Mancher ist geneigt, das Leugnen ohne weiteres als ein für den Charakter des Täters ungünstiges, Geständnis und Reue ohne weiteres als günstiges Symptom zu werten. Beides ist falsch. Es kommt stets auf den Zusammenhang, auf Grund und Zweck des konkreten Leugnens, der konkreten Reue an. Jede Schematisierung ist von größtem Übel. Vgl. *Rosenfeld* VD Allg. T. **3** 156/157, *ME. Mayer* Z **27** 921, *Hauck* ebenda 926, *v. Hentig* bei *Aschaffenburg* 1926 Beiheft 1, 97ff., *Liepmann* Z **22** 72.

[11]) Die Ansichten darüber, ob § 67 des AE 1925, also nunmehr § 69 des E 1930 Gesetz werden soll, sind sehr geteilt. *Graf Gleispach* Reform (1926) 201 nennt den § 67 AE 1925 „eine der Perlen des E". *Gerland* Der Entwurf 1925, 87 sieht im § 67 nur „Phrasen" und beurteilt (HdR V 799) natürlich auch § 69 E 1930 ungünstig. Wie recht aber *Graf Gleispach* damit hat, daß er die Notwendigkeit einer solchen Regel, wie § 67 (69) sie gibt, anerkennt, beweist die betrübliche Tatsache, daß man immer noch mit der Vergeltung als Strafzumessungsgesichtspunkt auskommen zu können meint (vgl. oben Note 9 und *Exner* Studien [1931] 86). Sehr lehrreich in dieser Beziehung auch die Veröffentlichung der Diskussion auf der Bonner Tagung der IKV (1926). Sie beweist schlagend, daß das zukünftige StGB Richtlinien aufstellen muß, die den Richter in spezialpräventive Gedankengänge hineinzwingen.

[12]) Vgl. *Mayer* 497.

3. Vor eine besondere, mit dem zu 2 Gesagten freilich eng zusammenhängende Aufgabe stellt das **Jugendgerichtsgesetz** den Richter angesichts der von einem **Jugendlichen** begangenen rechtswidrigen und schuldhaften Straftat. Vor dem Inkrafttreten des JugGG kam gemäß § 57 StGB in diesem Falle nur eine Bestrafung in Frage (abgesehen von vormundschaftsgerichtlichen Maßnahmen, die ohne jeden inneren Zusammenhang mit dem Strafverfahren nach Erledigung dieses letzteren etwa ergriffen werden mochten). Die Aufgabe des Strafrichters bestand also auch dem Jugendlichen gegenüber lediglich in einer Strafzumessung innerhalb der besonderen durch § 57 aufgestellten Strafrahmen für Jugendliche. Das JugGG dagegen schaltet eine höchst bedeutsame Vorfrage ein (§ 5 JugGG): Das Gericht hat zuerst stets zu prüfen, ob dem Jugendlichen gegenüber Erziehungsmaßregeln erforderlich sind. Ergibt sich, daß dies der Fall ist und hält das Gericht zugleich Erziehungsmaßregeln für ausreichend, so findet nach § 6 JugGG eine Bestrafung überhaupt nicht statt. Für eine strafzumessende Tätigkeit des Gerichtes ist demgemäß nur dann Raum gegeben, wenn das Gericht zu der Ansicht gelangt, daß Erziehungsmaßregeln allein nicht ausreichen, daß also daneben noch eine Strafe verhängt werden muß, oder wenn sich ergibt, daß Erziehungsmaßregeln überhaupt nicht erforderlich sind oder daß sie — ein ganz seltener Ausnahmefall — nichts mehr auszurichten vermögen, in welch beiden Fällen dann nur noch eine Bestrafung in Betracht kommt[13]). Von entscheidender Bedeutung ist nach dem Gesagten die Frage, welcher Beurteilungsmaßstab zugrunde zu legen ist, wenn die Erforderlichkeit der Erziehungsmaßregeln geprüft wird und wenn es sich dann weiter um die Feststellung handelt, ob Erziehungsmaßregeln ausreichend sind. Die Gesamttendenz dieses Lehrbuchs kann keinen Zweifel über die Antwort lassen: Nur die Persönlichkeit des Täters (unter Beachtung aller oben unter 2 betonten Gesichtspunkte) darf hier für den Richter maßgebend sein. Also haben „Erziehungsmaßregeln dann als ausreichend zu gelten, wenn wir hoffen dürfen, durch sie den jugendlichen Delinquenten wieder zu einem ordentlichen Menschen zu machen“[14]). Dem Geiste des JugGG würde hier jedes Einbeziehen des Vergeltungsgedankens,

[13]) Sofern nicht gemäß § 9 Abs. 4 JugGG von Strafe abgesehen wird. Vgl. dazu unten § 68 Note 6.

[14]) So *Kohlrausch* Verhandlungen des 5. deutschen Jugendgerichtstages 1920, S. 9. Für vorzugsweise Berücksichtigung der Spezialprävention auch *van Dühren* (Schriftenreihe der Vereinigung f. Jugendgerichte usw. Heft 9) 17ff., 22ff. Dagegen findet sich ein Hinneigen zu Vergeltung und Generalprävention bei *Francke* JugGG § 6 II, *Hellwig* JugGG § 6 Note 2, *Haeckel* Jugendgerichtshilfe 1927 (Schriftenreihe Heft 10) 28, besonders stark bei *Kiesow* JugGG § 6 Note 1. Vgl. auch *Wegner* Jugendrecht 190, 191.

jedes generalprävenierende „Exempel-Statuieren" völlig widersprechen. Über das Verfahren bei Anordnung von Erziehungsmaßregeln vgl. oben § 64, über die Besonderheiten der Strafzumessung unten § 68 I.

IV. Wenn auch der Gesetzgeber die Strafrahmen für die einzelne Verbrechensart weit genug bemißt, so daß der verschiedenen Schwere des Einzelfalles nach Maßgabe der Ausführungen unter III Rechnung getragen werden kann, so können doch Ausnahmen vorkommen, denen gegenüber der Regelstrafrahmen sich als zu eng erweist, in welchen also ein Hinaufgehen über das Höchstmaß, ein Herabgehen unter das Mindestmaß als angezeigt erscheint. Für diese Fälle stellt der Gesetzgeber, an die besondere Gestaltung des Tatbestandes anknüpfend, besondere, sei es schwerere, sei es leichtere, Strafrahmen auf. Nicht genau spricht man hier von **Strafänderung** (als ob es sich um eine richterliche und nicht um eine gesetzgeberische Tätigkeit handelte), zerfallend in Strafschärfung und Strafmilderung. Vgl. dazu im einzelnen unten § 67 und § 68.

V. Tatsächliche oder rechtliche Unanwendbarkeit an sich anzuwendender Strafarten führt zur **Strafumwandlung;** das Zusammentreffen früherer mit späteren in derselben Sache notwendig werdenden Entscheidungen oder von der zu erkennenden Strafe mit anderen bereits vom Verbrecher erlittenen Übeln zur **Strafanrechnung.** Endlich sind noch die besonderen Bestimmungen ins Auge zu fassen, die der Gesetzgeber für den Fall des **Zusammentreffens mehrerer Straftaten** gegeben hat.

§ 67. Strafänderung. I. Strafschärfung.

Literatur. Überhaupt: *Gerland* HdR V 733. *Lippmann* Historisch-dogmatische Darstellung der Lehre von der richterlichen Strafänderungsbefugnis 1863. *ME. Mayer* Die allgemeinen Strafschärfungsgründe des deutschen MilStGB 1903. *Aichinger* Strafmilderung und Strafschärfung im VE, verglichen mit dem geltenden Recht. Erlanger Diss. 1912. — Über den Rückfall s. oben § 4 Note 11. Dazu *Honig* Der ungleichartige Rückfall als allgemeiner Strafschärfungsgrund. Erlanger Diss. 1914. *Rosenfeld* HdR V 172.

Die Weite der von der Gesetzgebung verwendeten regelmäßigen Strafrahmen gestattet es, die Aufstellung von besonderen, erhöhten Strafrahmen auf ein verhältnismäßig kleines Gebiet zu beschränken. Das RStGB verfolgt dabei in der Hauptsache die Methode, kasuistisch bei den einzelnen Vergehungen die Gesichtspunkte anzugeben, die strafschärfend ins Gewicht fallen sollen (unten I); nur in § 27a wird mit Wirksamkeit für den ganzen Bereich des Strafrechts die Gewinnsucht als allgemeiner Schärfungsgrund verwendet (unten II).

I. Bezüglich der **einzelnen besonderen Schärfungsgründe** muß an dieser Stelle der Hinweis auf den Besonderen Teil genügen. Nur einzelne Beispiele seien hier zum besseren Verständnis hervorgehoben:

1. Zur Strafschärfung auf Grund besonderer erhöhter Strafrahmen führen insbesondere die gewerbs- oder gewohnheitsmäßige

Begehung (oben § 53 Note 7); Gemeinsamkeit oder Öffentlichkeit der Verübung (z. B. §§ 123 Abs. 2, 186 StGB), Gebrauch einer Waffe (§§ 123 Abs. 2, 223a, 243 Ziff. 5), Verletzung eines Verwandten aufsteigender Linie (§ 215), Beteiligung als Rädelsführer (§ 115 Abs. 2), Eintritt eines schweren Erfolges (oben § 36 Note 17) und andere Umstände mehr.

2. Auch der **Rückfall** (oben § 55 I) wird in Verkennung seiner kriminalpolitischen Bedeutung nur bei einzelnen Verbrechen als Schärfungsgrund verwendet. So im StGB selbst in §§ 244, 245 (Diebstahl), 250 Ziff. 5 (Raub), 261 (Hehlerei), 264 (Betrug); dazu kommen die einzelnen Rückfallsbestimmungen in verschiedenen Nebengesetzen, besonders Zoll- und Steuergesetzen, z. B. RAbgO § 404, endlich noch MilStGB §§ 13, 70, 71, 114, 122. Die Reichsgesetzgebung ist mit dieser Behandlung des Rückfalls ohne hinreichenden Grund von der Linie abgewichen, in die die geschichtliche Entwicklung im 19. Jahrhundert eingebogen war.

Im römischen, im mittelalterlich-deutschen Rechte und ebenso in Art. 161, 162 PGO war der Rückfall nur bei einzelnen Verbrechen, insbesondere beim Diebstahl (der ter furatus steht dem grassator gleich), als Schärfungsgrund anerkannt. Dagegen wurde er im gemeinen Recht, das auf der Lehre der Italiener von der consuetudo delinquendi und der iteratio delicti fußt, wesentlich weitergebildet und verallgemeinert. Insbesondere wurden allmählich die Begriffe Rückfall, Zusammentreffen, Gewohnheit schärfer bestimmt und genauer voneinander geschieden. Die Mehrzahl der deutschen Strafgesetzbücher des 19. Jahrhunderts (so auch Preußen) stellte, mit zahlreichen Abweichungen im einzelnen, den Rückfall als allgemeinen Strafschärfungsgrund auf. Die außerdeutsche Gesetzgebung schwankt.

II. Für den **allgemeinen Strafschärfungsgrund** der **Gewinnsucht** gilt auf Grund des § 27a folgendes:

Beruht[1] ein Verbrechen oder Vergehen auf Gewinnsucht, so kann bei Zumessung einer Geldstrafe das regelmäßige gesetzliche Höchstmaß des § 27 (10000 Reichsmark) überschritten und auf Geldstrafe bis zu hunderttausend Reichsmark erkannt werden. Überdies kann eine solche Geldstrafe neben einer Freiheitsstrafe selbst dann verhängt werden, wenn in dem anzuwendenden Strafgesetz für den Regelfall eine Geldstrafe neben der Freiheitsstrafe nicht vorgesehen ist (vgl. etwa §§ 222, 242 usw.). Im einzelnen ist zu beachten:

1. Gewinnsucht ist eine Charaktereigenschaft des Täters, derzufolge sein Sinn hemmungslos auf Erlangung von Gewinn gerichtet und derzufolge er jederzeit bereit ist, die berechtigten Interessen anderer unter der Befriedigung seines Strebens nach Gewinn leiden zu lassen[2]. Durch dieses Seelisch-Zuständ-

---

[1]) Ein Delikt beruht auf Gewinnsucht, wenn diese die Beweggründe zur Tat wenigstens mit abgegeben hat. Vgl. *Lobe* in Lpz. Komm. § 27a Note 1.

[2]) Im wesentlichen, d. h. in der Betonung des Seelisch-Zuständlichen übereinstimmend *Frank* § 27a, *Lobe* in Lpz. Komm. § 27a Note 1, *Olshausen* § 27a 2, jetzt namentlich auch R **60** 306. Dagegen spricht *Hellwig* Das Geldstrafengesetz 3. Aufl., 1924, Anm. 24 von Gewinnsucht immer schon dann, „wenn der Täter sich durch die Tat Vermögensvorteile verschaffen oder erhalten oder sich Ausgaben ersparen will". Diese Worte sind der Denkschrift 1919, 61, entnommen. Wie diese hat schon Begr. 128 Gewinnsucht mit Bereicherungsabsicht identifiziert. Hiergegen R **60** 306.

liche unterscheidet sich die Gewinnsucht von der (einmaligen) Absicht, sich zu bereichern (vgl. §§ 263, 268). Gehört mithin diese Absicht zum Tatbestande eines Delikts, so ist damit § 27a nicht ohne weiteres ebenfalls anwendbar, vielmehr muß, damit dies der Fall ist, die Bereicherungsabsicht sich in concreto als Ausfluß der Gewinnsucht des Täters darstellen. Wird die Gewinnsucht als solche schon im einzelnen Tatbestand hervorgehoben — sei es als strafbegründender (so §§ 301, 302), sei es als straferhöhender (so § 133 Abs. 2) Umstand —, so kann es zweifelhaft sein, ob der erst durch das GeldstrafenG vom 27. April 1923 eingefügte § 27a auch diese Tatbestände mit ergreift, bei ihrem Gegebensein also stets anwendbar ist, oder ob die Strafdrohungen der §§ 133 Abs. 2, 301, 302 den Charakter als leges speciales gegenüber dem § 27a als lex generalis haben. Die Frage hat nur dann Bedeutung, wenn „gewinnsüchtige Absicht" in den genannten Stellen nicht im Wege der Auslegung der „Absicht, sich einen Vermögensvorteil zu verschaffen" gleichgesetzt, vielmehr als besonderer Anwendungsfall der Gewinnsucht im Sinne des § 27a betrachtet wird. Ist letzteres der Fall — und es wird angenommen werden müssen[3]) —, so wird dem § 27a die Anwendbarkeit nicht abgesprochen werden dürfen, da nicht einzusehen wäre, warum die Gewinnsucht etwa in den §§ 301, 302 milderer Bestrafung als sonst unterliegen sollte[4]). Auch da greift § 27a durch, wo die Geldstrafe zunächst als ein Mehrfaches eines bestimmten Betrages zu bemessen ist, freilich nur dann, wenn die Errechnung dieses Mehrfachen nicht bereits über 100000 Reichsmark hinausführt[5]).

2. § 27a findet auch dann Anwendung, wenn gemäß § 27b (oben § 66 III 1 d) eine an sich verwirkte Freiheitsstrafe durch eine Geldstrafe ersetzt wird.

III. Wesentliche Fortschritte bringen die **Entwürfe**. Der Rückfall wird in weitestem Maße als Strafschärfungsumstand anerkannt. Vgl. VE §§ 87ff., KE §§ 119ff., E 1919 §§ 118ff., AE 1925 § 77, E 1927 § 78, E 1930 § 78. Dabei unterscheidet sich AE 1925 von seinen Vorgängern dadurch, daß er (vgl. Begründung 1925, 54) den Rückfallsgründen größere Beachtung schenkt und demgemäß im Gegensatz zu den anderen Entwürfen jede Bestimmung vermeidet, „wonach der Rückfall als solcher zu einer Schärfung der ordentlichen Strafe berechtigt". Nur als Symptom für die Eigenschaft des Täters als eines für die öffentliche Sicherheit gefährlichen Gewohnheitsverbrechers findet der Rückfall in AE 1925 § 77 Verwendung. Noch weiter gehen E 1927 und 1930, indem sie den § 78 nicht mehr mit „Rückfall", sondern mit „Gewohnheitsverbrechen" überschreiben und dadurch den schon in AE 1925 betonten Gedanken noch unterstreichen. Für die nach § 78 in Frage kommende Strafschärfung dürfen nach E 1930 im Gegensatz zu E 1927 gewisse politische Delikte nicht berücksichtigt werden (Ergebnis der Ausschußberatungen!). Zu beachten ist noch, daß § 59 E 1927 (E 1930) für die Anordnung der Sicherungsverwahrung eine einmalige Vorverurteilung zum Tode oder zu Zuchthaus genügen läßt, daß aber § 78 für den Eintritt der generellen Strafschärfung eine zweimalige Vorverurteilung wegen Verbrechens oder vorsätzlichen Vergehens mit mindestens sechsmonatiger Gefängnisstrafe voraussetzt[6]).

---

[3]) Dies wird freilich zumeist abgelehnt. Siehe dazu den Besonderen Teil.

[4]) Streitig. Wie der Text *Lobe* in Lpz. Komm. § 27a Note 2, *Hellwig* (oben Note 2) Anm. 24, *Olshausen* § **27a** 2; a. M. *Frank* § 27a.

[5]) Ebenso *Olshausen* § **27a** 5, *Lobe* in Lpz. Komm. § 27a Note 2. Abweichend: *Cattien* Reichssteuerstrafrecht 2. Aufl. 1929, 71, *Hellwig* Anm. 25a, wohl auch R **60** 391/2. Wo Geldstrafe in unbeschränkter Höhe zugelassen ist (vgl. oben § 61 Note 7), ist § 27a bedeutungslos. Vgl. R **59** 403. Unklar in dieser Beziehung *Cattien* 190.

[6]) Scharf gegen AE 1925 § 77 *Gerland* Der Entwurf 1925, 93; durchaus

§ 68. Strafänderung. 2. Strafmilderung.

Literatur. Vgl. die oben §§ 38, 64 angegebene Literatur zum Jugendgerichtsgesetz. *Radbruch* VD Allg. T. **3** 197. *Morris* Geschichte und System der mildernden Umstände im deutschen Strafrecht und Prozeß 1887. *Goetze* Die mildernden Umstände. Göttinger Diss. 1893. *Lohsing* bei *Groß* **24** 1, 384; *Hoegel* ebenda **24** 45. *Kahl* DJZ **11** 895. *Aichinger* (Lit. zu § 67). *v. Hippel* bei *Aschaffenburg* 1926 Beiheft 1, 19ff. *Graf Gleispach* Reform (1926) 191.

I. Die **allgemeinen Milderungsgründe** der Reichsgesetzgebung[1]) sind: 1. Jugendliches Alter; 2. Versuch; 3. Beihilfe.

1. Sofern es bei jugendlichem Alter des Täters gemäß dem in § 66 III 3 Ausgeführten überhaupt zu einer Straffestsetzung kommt, bestimmt JugGG § 9[2]):

a) Ist die Handlung mit dem Tode oder mit lebenslänglichem Zuchthaus bedroht, so lautet der herabgesetzte Strafrahmen: Gefängnis von einem bis zu zehn Jahren.

b) Bei lebenslänglicher Festungshaft: Festungshaft von einem bis zu zehn Jahren.

c) In allen übrigen Fällen ist die Strafe zwischen dem gesetzlichen Mindestbetrage der anzuwendenden Strafart und der Hälfte des Höchstbetrages der angedrohten Strafe zu bestimmen[3]). Dies gilt auch für die Fälle, in denen (oben § 61 III) die Geldstrafe dem Erwachsenen gegenüber als Vielfaches eines bestimmten Betrages zu bemessen ist, so daß auch hier die in § 27 StGB angegebenen Mindestbeträge maßgebend sind[4]). An Stelle von Zuchthaus tritt Gefängnisstrafe[5]).

---

dafür aber *Graf Gleispach* Reform (1926) 200. Zu E 1927 vgl. jetzt *Gerland* HdR V 735, *Hegler* Jahreskurse für jurist. Fortbildung (1929) 155, sowie Anm. 16, *Rosenfeld* 173.

[1]) Über das Landesrecht vgl. oben § 20 Note 2. — Nach *Wachenfeld* 263 handelt es sich nur um Modifikationen des gewöhnlichen Strafrahmens; vgl. auch *Mayer* 482.

[2]) Sind für die in Frage stehende strafbare Handlung im Gesetze mildernde Umstände vorgesehen, so ist zuerst über diese zu entscheiden und dann erst die Herabsetzung des Strafrahmens vorzunehmen; R **6** 98, *Frank* § 9 JugGG I. Entgegengesetzter Ansicht *Lobe* in Lpz. Komm. JugGG § 9 Note 2.

[3]) Die Folge davon kann sein, daß es beim Jugendlichen zu den Voraussetzungen des § 27b StGB kommen kann, wo diese beim Erwachsenen infolge gesetzlicher Festlegung des Mindestmaßes der Gefängnisstrafe auf 3 Monate oder mehr unter keinen Umständen gegeben sein können. Vgl. etwa § 216 StGB. Dazu *Frank* § 9 JugGG I 2 (zustimmend).

[4]) Ebenso *Lobe* in Lpz. Komm. § 9 JugGG Note 3c.

[5]) § 57 StGB bestimmte, daß an Stelle von Zuchthaus „Gefängnisstrafe von gleicher Dauer" trete. *Lobe* in Lpz. Komm. § 9 JugGG Note 3c und *Hellwig* JugGG § 9 Note 5 übertragen diese Bestimmung auch auf das JugGG. Wenn also im Gesetz Zuchthausstrafe angedroht ist, so bemessen sie den für Jugendliche anzuwendenden Strafrahmen auf Gefängnis von 1 Jahre bis zur Hälfte der für Erwachsene in Betracht kommenden Zuchthausjahre. Dagegen mit Recht *Frank* § 9 JugGG I 2, *Kiesow* JugGG § 9 Note 3c, die damit der ersichtlichen Abweichung des § 9 JugGG von § 57 StGB zutreffend Rechnung tragen. Nach ihnen ist der Mindestbetrag der an Stelle von Zuchthaus tretenden Gefängnisstrafe ein Tag. Für den Höchstbetrag kommt § 16 StGB nicht in Frage.

d) Bei Vergehen oder Übertretungen kann in besonders leichten Fällen von Strafe abgesehen werden[6]).

e) Auf Verlust sämtlicher oder einzelner Ehrenrechte, auf Überweisung an die Landespolizeibehörde, sowie auf Zulässigkeit von Polizeiaufsicht ist nicht zu erkennen.

2. Für den Fall des Versuches bestimmt StGB § 44:

Ist das vollendete Verbrechen mit dem Tode oder mit lebenslänglichem Zuchthaus bedroht, so tritt Zuchthausstrafe nicht unter drei Jahren ein, neben der (allgemein) auf Zulässigkeit von Polizeiaufsicht erkannt werden kann. Lebenslängliche Festungshaft wird durch zeitige Festungshaft nicht unter drei Jahren ersetzt. In allen übrigen Fällen kann die Strafe bis auf ein Viertel des Mindestbetrages der auf das vollendete Verbrechen oder Vergehen angedrohten Freiheits- oder Geldstrafe ermäßigt werden[7]). Ist hiernach Zuchthausstrafe unter einem Jahr erwirkt, so ist sie nach Maßgabe des § 21 StGB in Gefängnis zu verwandeln.

Wenn jedoch neben der Strafe des vollendeten Verbrechens oder Vergehens die (vollständige oder nach StGB § 35 teilweise) Aberkennung der bürgerlichen Ehrenrechte zulässig oder geboten ist, oder auf Zulässigkeit von Polizeiaufsicht erkannt werden kann, so gilt Gleiches auch bei der Versuchsstrafe (StGB § 45).

Hat ein jugendlicher Verbrecher sich des Versuchs schuldig gemacht, so ist die Herabsetzung zuerst nach § 44 und dann nach § 9 JugGG vorzunehmen[8]).

3. Die Strafe des Gehilfen ist ebenfalls nach den über die Bestrafung des Versuchs aufgestellten Grundsätzen zu ermäßigen (StGB § 49). Liegt Beihilfe zum Versuche vor, so ist die Herabsetzung zweimal vorzunehmen. Beihilfe zur Beihilfe führt dagegen nur zu einmaliger Herabsetzung (oben § 50 Note 11). Einmalige Herabsetzung auch dann, wenn das Gesetz den Versuch mit der Strafe des vollendeten Verbrechens belegt (oben § 49 Note 11).

II. Daneben finden wir bei den einzelnen Vergehungen eine Reihe **besonderer Milderungsgründe.** So die „Anreizung" durch den Gegner beim Totschlag in § 213; die durch den gegnerischen Angriff hervorgerufene Erregung bei Beleidigung und Körperverletzung (StGB §§ 199, 233; unten § 70 III); die Fälle der §§ 157 und 158 beim Meineid usw.[9]). Insbesondere aber hat der Reichsgesetzgeber

---

[6]) Auch ohne daß eine Erziehungsmaßregel angeordnet wird. Dieses Absehen von Strafe kommt insbesondere dann in Frage, wenn eine Erziehungsmaßregel unnötig ist, wenn sich also der Jugendliche in einem Milieu befindet, das in erzieherischer Beziehung einwandsfrei ist. Vgl. dazu oben § 66 bei Note 13 und *Kohlrausch* Verhdlgn. des 5. D. Jugendgerichtstages 1920, S. 9/10.

[7]) Beträgt das Mindestmaß der Vollendungsstrafe einen Monat Gefängnis, so bilden sieben und nicht acht Tage die Mindestgrenze der Versuchsstrafe. So auch *Frank* § 44 I, *Lobe* in Lpz. Komm. § 44 Note 5b, *Olshausen* § **44** 6 gegen R **5** 442, **46** 303, *Köhler* 480.

[8]) Umgekehrt *Lobe* in Lpz. Komm. § 44 Note 3. Mit dem Text aber die herrschende Lehre. — Ein Strafrahmen mit 1 Jahr Zuchthaus als Mindestmaß ergibt nach der Ansicht des Textes 1 Tag Gefängnis als Mindestmaß für Versuch des Jugendlichen. Dasselbe gilt entsprechend für den Fall, daß Beihilfe eines Jugendlichen zu bestrafen ist.

[9]) Darüber Besonderen Teil, vor allem aber auch oben § 42 VII. Wenn dem Jugendlichen die Milderungsgründe der §§ 157, 158 zugute kommen sollen, so ist zuerst der regelmäßige Strafrahmen nach § 9 JugGG herabzusetzen, dann die „an sich verwirkte" Strafe zu bestimmen, und nun erst die Ermäßigung

bei zahlreichen strafbaren Handlungen für den Fall „**mildernder Umstände**" mildere Bestrafung vorgesehen[10]). In den meisten Fällen ist die Milderung bindend vorgeschrieben; in anderen Fällen (so StGB §§ 187, 246, 263, 333, 340 Abs. 1, nicht aber 340 Abs. 2 und 228) dagegen hat der Richter trotz Feststellung des Vorliegens mildernder Umstände die Wahl, ob er die Milderung eintreten lassen will oder nicht. Diese vom Gesetzgeber nicht näher bezeichneten „mildernden Umstände" sind nach den treffenden Worten des § 73 AE 1925 dann anzunehmen, wenn die Tat hauptsächlich auf Ursachen zurückzuführen ist, die dem Täter nicht zum Vorwurf gereichen. Auch hier muß mithin die Strafmilderung in einer Schuldminderung ihren Grund finden, und zwar in einer solchen, daß der Regelstrafrahmen eine passende Strafe nicht mehr zu bieten vermag.

§ 69. Strafumwandlung.

Literatur. *Adams* Die geschichtliche Entwicklung der subsidiären Freiheitsstrafe (Strafr. Abh. Heft 162) 1912. *Gerland* HdR V 787.

Strafumwandlung ist die Umrechnung einer Strafart in eine andere. Sie wird notwendig, sobald die Anwendung der zunächst in Frage kommenden Strafart aus rechtlichen oder tatsächlichen Gründen unmöglich ist[1]). Sie ist in folgenden Fällen vorgeschrieben:

I. Eine **nicht beizutreibende Geldstrafe** ist in **Freiheitsstrafe** umzuwandeln (Ersatzfreiheitsstrafe; StGB §§ 29, 78; StPO §§ 459, 463).

An die Stelle der uneinbringlichen (vgl. oben § 61 VI) Geldstrafe tritt nach § 29 StGB:

1. Regelmäßig Gefängnis.

2. Haft bei Übertretungen, ferner nach richterlichem Ermessen bei Vergehen, wenn die Geldstrafe allein oder an erster Stelle oder wahlweise neben Haft angedroht ist.

3. Zuchthaus bei Verbrechen und Vergehen, wenn neben der Geldstrafe (aus irgendeinem Grunde, z. B. infolge von Realkonkurrenz; vgl. unten § 71) auf Zuchthaus erkannt wird.

Grenze der Freiheitsstrafe. Ihr Mindestbetrag ist bei sämtlichen Freiheitsstrafarten, also auch bei Zuchthaus, ein Tag[2]), der Höchstbetrag bei

---

nach §§ 157, 158 vorzunehmen. Abweichend R **9** 245, sowie *Frank* § 9 JugGG I, *Olshausen* § **157** 4.

[10]) Die Zulassung der „circonstances atténuantes" stammt aus dem französischen Recht (insbesondere G vom 28. April 1832). Das RStGB hat sie folgewidrig nicht bei allen Straftaten vorgesehen. Über die Entwürfe vgl. oben § 66 I.

[1]) Um Strafumwandlung im Sinne dieses Abschnittes handelt es sich nicht in der gemäß § 27b eintretenden Ersetzung einer Freiheits- durch eine Geldstrafe. § 27b enthält eine allgemeine Strafrahmenerweiterung und zugleich eine Anweisung zur Strafzumessung in concreto. Daher ist über § 27b oben in § 66 III 1 d das Nähere ausgeführt.

[2]) § 14 Abs. 2 findet also keine Anwendung.

Haft sechs Wochen, bei Gefängnis und Zuchthaus ein Jahr. Im Falle des Zusammentreffens (unten § 71) erhöht sich der Höchstbetrag auf drei Monate Haft, bzw. zwei Jahre Gefängnis oder Zuchthaus (StGB § 78 Abs. 2). Wenn eine neben der Geldstrafe wahlweise angedrohte Freiheitsstrafe ihrer Dauer nach den vorgedachten Höchstbetrag nicht erreicht, so darf die subsidiäre Freiheitsstrafe den angedrohten Höchstbetrag jener Freiheitsstrafe nicht übersteigen (StGB § 29 Abs. 2 Satz 2). Muß die Ersatzfreiheitsstrafe an die Stelle einer nach § 27b festgesetzten „Ersatzgeldstrafe" (oben § 66 III 1 d) treten, so ist die primär verwirkte Freiheitsstrafe zu vollziehen. Demgemäß ist die Ersatzfreiheitsstrafe hier stets kürzer als 3 Monate[3]). Die subsidiären Freiheitsstrafen sind niemals in eine Gesamtstrafe zu vereinigen.

Maßstab der Umwandlung. Das Maß der Ersatzfreiheitsstrafe richtet sich nach freiem Ermessen des Richters (§ 29 Abs. 3), soweit nicht die Ersatzfreiheitsstrafe durch Abs. 4 (für den Fall des § 27b) von vornherein feststeht (s. oben). Der Richter kann also jeden beliebigen Geldbetrag einem Tage Freiheitsstrafe gleichstellen, hat dabei aber darauf zu achten, daß die Ersatzfreiheitsstrafe nach vollen Tagen bemessen wird (§ 29 Abs. 2 Satz 3). Ist die Ersatzfreiheitsstrafe Zuchthaus, so geht der Satz 3 des § 29 Abs. 2 als lex specialis dem § 19 Abs. 2 vor.

Der Verurteilte kann sich durch Erlegung des Strafbetrags, soweit dieser durch die entstandene Freiheitsstrafe noch nicht getilgt ist, von der letzteren freimachen (StGB § 29 Abs. 5). Auch kommt eine Vollstreckung der Ersatzfreiheitsstrafe so lange nicht in Betracht, als der Verurteilte die uneinbringliche Geldstrafe nach § 28b durch freie Arbeit tilgen darf. Endlich kann das Gericht (vgl. dazu StPO § 462) den Verzicht des Staates auf die Vollstreckung der Ersatzfreiheitsstrafe aussprechen, wenn die Geldstrafe ohne Verschulden des Verurteilten uneinbringlich ist (§ 29 Abs. 6). Vermeidung der kurzzeitigen Freiheitsstrafe!

Vielfach von dem eben Gesagten abweichende Bestimmungen enthalten die Nebengesetze. So schließen sie teilweise die Umwandlung in Freiheitsstrafe überhaupt aus, wie UrheberrechtsG 11. Juni 1870 § 24 Abs. 2, MusterschutzG vom 11. Januar 1876 § 14 u. a.; oder sie bestimmen das Höchstmaß der Freiheitsstrafe abweichend, wie die Steuergesetze von 1909, 1918, 1919. Mehrfach ist auch die Art der Freiheitsstrafe abweichend bestimmt; so in GewerbeO § 146 (stets Gefängnis) und § 147 (stets Haft); VereinsG 1908 § 19 (stets Haft).

II. Die Umwandlung einer **Freiheitsstrafe** in **eine andere** ist aus verschiedenen Gründen notwendig.

1. Da der gesetzliche Mindestbetrag der Zuchthausstrafe ein Jahr beträgt, so ist die Umrechnung in Gefängnis nötig, sobald in den Fällen der §§ 44, 49, 157, 158 StGB nach dem herabgesetzten Strafrahmen Zuchthausstrafe unter einem Jahr verwirkt wäre.

2. Wird bei Zusammentreffen von Zuchthaus mit Festungshaft oder Gefängnis die Gesamtstrafe nach StGB § 74 Abs. 2 gebildet (unten § 71), so sind diese Strafen in Zuchthaus umzurechnen.

Maßstab der Umrechnung in beiden Fällen (StGB § 21): Acht Monate Zuchthaus sind gleich zwölf Monaten Gefängnis: acht Monate Gefängnis gleich zwölf Monaten Festungshaft.

---

[3]) Vgl. dazu R **59** 21.

III. Vereinzelt findet sich auch noch die Umwandlung der Einziehung in eine Geldstrafe. Vgl. z. B. G vom 9. Juni 1895 (österreichisch-ungarische Zollgesetze) § 4[4]).

§ 70. Anrechnung auf die verwirkte Strafe.

Literatur. Zu I: *Kriegsmann* VD Allg. T. **3** 221. *Gottlieb* Z **31** 81. *Oetker* GS **96** 321. — Zu III: *Schoetensack* VD Allg. T. **2** 397. *Beling* Die geschichtliche Entwicklung der Retorsion und Kompensation usw. (Strafr. Abh. Heft 5) 1894. *Steinitz* Die sog. Kompensation im RStGB (Strafr. Abh. Heft 4) 1894. *Lohmann* Die Kompensation bei Retorsion gegen Beleidigungen durch Mitglieder deutscher Parlamente (Strafr. Abh. Heft 170) 1913. *Günther* **3** 1. Hälfte S. 283.

I. Eine vor der Urteilsfällung[1]) erlittene **Untersuchungshaft** kann der Strafverbüßung gleichgestellt und bei Fällung des Urteils auf die erkannte Strafe (die im Urteil ihrem vollen Betrag nach anzugeben ist) ganz oder teilweise angerechnet werden (StGB § 60). Die Anrechnung ist soweit möglich wie die Umrechnung; sie ist also bei zeitiger Freiheits- und Geldstrafe[2]), nicht bei lebenslänglicher Freiheitsstrafe oder Todesstrafe, nie bei den Nebenstrafen gestattet[3]). Das Ergebnis der Anrechnung kann sein, daß der Rest der verwirkten Strafe unter das Mindestmaß der Strafart herabsinkt; eine Umwandlung findet in diesem Falle nicht statt.

II. Eine im **Auslande vollzogene Strafe** ist, wenn wegen derselben Handlung im Gebiete des Deutschen Reichs abermals eine Verurteilung erfolgt, auf die zu erkennende Strafe in Anrechnung zu bringen (StGB § 7 vgl. mit §§ 3 und 4). Auch hier gilt in bezug auf Zulässigkeit und Ergebnis der Umwandlung das zu I Gesagte.

III. Die sog. **Erwiderung** oder **Aufrechnung** (Retorsion oder Kompensation) (StGB §§ 199 und 233). Wenn leichte Körperverletzungen (§ 223 StGB) mit solchen, Beleidigungen (§§ 185—189) mit leichten Körperverletzungen oder letztere mit ersteren auf der

---

[4]) Nicht hierher gehören die Bestimmungen, nach denen (so StGB § 335; PreßG § 16) statt auf Einziehung auf Zahlung des Wertes des einzuziehenden Gegenstandes erkannt werden kann.

[1]) Für eine nach der Urteilsfällung erlittene Untersuchungshaft gilt StPO § 450. Dieser schreibt die Anrechnung unter bestimmten Voraussetzungen bindend vor, während § 60 die Anrechnung ins Ermessen des Richters stellt.

[2]) Vgl. hierzu R **54** 24.

[3]) Ebenso im wesentlichen *Allfeld* 291, *Finger* **1** 523, *Frank* § 60 III, *Lobe* in Lpz. Komm. § 60 Note 4. — Unverschuldet braucht die Untersuchungshaft nicht zu sein (vgl. dazu R **59** 232); abweichend VE § 86. Nach KE § 111 (in E 1919 nicht wiederholt) ist die erlittene Untersuchungshaft auf zeitige Freiheitsstrafe und auf Geldstrafe unverkürzt anzurechnen, doch kann davon „aus besonderen Gründen" ganz oder teilweise abgesehen werden. AE 1925 erwähnt die Anrechnung nicht. EStrafvollzG 1927 (Reichstagsvorlage) behandelt in §§ 43, 44 und 249 eingehend die Anrechnung der Untersuchungshaft, die zu erfolgen hat, „soweit nicht das Gericht anders bestimmt hat".

Stelle (d. h. solange die durch die Kränkung hervorgerufene Gemütsbewegung fortdauert) von dem Verletzten selbst (nicht etwa seinen Angehörigen)[4]) erwidert werden, so kann der Richter für beide Angeschuldigte oder für einen von ihnen eine der Art oder dem Maße nach mildere Strafe eintreten lassen oder den einen oder beide für „straffrei" erklären. Das gleiche gilt sachlich auch für den Fall, daß eine Beleidigung mit einer Beleidigung auf der Stelle erwidert wird (StGB § 199).

Es handelt sich dabei um eine Erweiterung des dem Richter bei Bemessung der Strafe zugewiesenen Spielraumes, die bis zur Gestattung der Strafumwandlung, ja selbst der Verschonung mit aller Strafe reicht. Die beiden geschichtlichen Wurzeln des Instituts[5]), die privatrechtliche Kompensation einerseits, die strafrechtliche Berücksichtigung des justus dolor andererseits, tragen auch heute noch seine Lebenskraft. Dem Richter soll die Gelegenheit geboten werden, einerseits die Aufregung des zuerst Angegriffenen, andererseits die Tatsache, daß dieser bereits selbst sich Sühne genommen, in umfassendster Weise in Betracht zu ziehen. Aufgerechnet mit dem Strafübel wird also, wenn auch aus verschiedenem Grunde, die von jedem der beiden Teile bereits erlittene Verletzung. Ebendarum setzt die Anwendung des durch die §§ 199 und 233 dem Richter eingeräumten Rechts voraus, daß auf seiten beider Teile strafbare Handlungen vorliegen; bei Freisprechung aus irgendeinem Grunde, sei es auch nur des einen der beiden, kann daher von Aufrechnung keine Rede mehr sein. Sie ist daher ausgeschlossen, sobald wegen Mangels der Rechtswidrigkeit oder der Schuld die Strafbarkeit der Handlung des einen der beiden Teile entfällt. Dagegen ist sie an sich möglich, wenn auf seiten des einen der beiden Täter ein persönlicher Strafausschließungsgrund gegeben ist[6]).

§ 71. Zusammentreffen mehrerer Straftaten („reale Konkurrenz").

Literatur. Vergleiche die oben zu § 55 angeführten Abhandlungen. *His* (Lit. zu § 8 B) § 14. *Schreuer* (Lit. zu § 8 A). *Kohler* **3** 392. *Zeiler* Z **33** 669. *Rotermund* Z **46** 31.

I. Liegen mehrere selbständige Straftaten desselben Täters zur strafrechtlichen Beurteilung vor, so wäre die logisch notwendige Folge aus der Selbständigkeit der einzelnen Handlungen die Selbständigkeit der ihnen entsprechenden Einzelstrafen, die mithin sämtlich ungekürzt neben- oder nacheinander zu vollstrecken wären. Aber so wie zur Zeit der Vorherrschaft der Todesstrafe die

[4]) Oder dem Begleiter: R **29** 240. — Auf Körperverletzung im Amte (§ 340) ist § 233 nicht anwendbar: R **61** 192. Ebensowenig auf § 91 MilStGB: R **64** 295.

[5]) Es ist auch dem deutschen Mittelalter nicht fremd gewesen [*Kleinfeller* KVS **38** 132, *His* (Lit. zu § 8 B) 394], aber erst durch die mittelalterliche Wissenschaft Italiens ausgebildet worden. Vgl. *Günther* **1** 214, *Loening* Z **5** 573, insbesondere aber *Beling* und *Steinitz*. Für die neuere Gesetzgebung ist der Einfluß des Antragserfordernisses und der Privatklage unverkennbar.

[6]) Vgl. oben § 24. Ebenso die herrschende Ansicht, z. B. *Graf zu Dohna* (Lit. zu § 24) 442, *Troitzsch* (Lit. zu § 24) 90. Dagegen R **4** 14; *Kleinfeller* VD Allg. T. **1** 332, *Schwartz* § 11 Note 6.

tatsächliche Unmöglichkeit, mehrere Todesstrafen an demselben Täter anders als bildlich zu vollstrecken, so führt in dem heutigen Recht die Eigenartigkeit und das innere Wesen der Freiheitsstrafen zu tiefgehenden Abweichungen von der Häufung (Kumulation) der für die Einzelverbrechen verwirkten Strafen. Mit der Dauer der Freiheitsstrafe wächst deren Schwere: Soll daher die Strafvollstreckung bei zusammentreffenden Straftaten nur die wirkliche Summe der einzelnen Strafübel zufügen, so muß sie diesen an Umfang nehmen, was sie durch die Häufung an Schwere gewinnen. So gelangen wir zu der Forderung einer **Milderung des Grundsatzes der Häufung** bei zusammentreffenden Straftaten; einer Milderung, die im Sinne des StGB eine Wiederherstellung des ursprünglichen Gleichmaßes zwischen Einzelhandlung und Einzelstrafe ist; einer Milderung, die aber nur dort und nur soweit angemessen ist, wo und soweit die Häufung jenes ursprüngliche Gleichmaß stört. Dies ist der Grundgedanke der in den §§ 74ff. RStGB niedergelegten Bestimmungen.

II. Die Milderung der Häufung ist im RStGB zum Ausdrucke gelangt in der Gestalt der **Gesamtstrafe.** Sie findet aber nur dort Anwendung, wo durch mehrere (gleichnamige oder ungleichnamige) Verbrechen oder Vergehen mehrere zeitige Freiheitsstrafen verwirkt worden sind; denn nur hier würde nach Ansicht des Gesetzgebers der unverkürzte Vollzug sämtlicher Einzelstrafen eine von ihm nicht gewollte Schärfung jeder Einzelstrafe bedeuten[1]).

Die Gesamtstrafe besteht in einer Erhöhung der verwirkten schwersten Strafe (Asperationsprinzip). Es werden zunächst die sämtlichen Einzelstrafen ausgeworfen. Die schwerste von ihnen (bei gleichartigen die der Dauer, bei ungleichartigen die der Art nach schwerste) bildet die Einsatzstrafe, die unverkürzt beizubehalten ist; die übrigen Einzelstrafen werden verhältnismäßig gekürzt und dann zu der Einsatzstrafe hinzugerechnet[2]). Die

---

[1]) VE §§ 91 bis 93 hat die Bestimmungen des geltenden Rechts wesentlich vereinfacht. Er dehnt die Gesamtstrafe einerseits auf Übertretungen, andererseits auf alle Arten der Freiheitsstrafe aus. KE §§ 40, 41 hat diesen Standpunkt indessen wieder aufgegeben und ist zu einer Sonderbehandlung der Einschließung und der Haft zurückgekehrt. E 1919 schließt sich hierin dem KE an. AE 1925 §§ 63ff. ist zu einer wesentlich andersartigen Behandlung der Realkonkurrenz gelangt (vgl. oben § 54 Note 6), indem er auch bei dieser das Gesetz maßgebend sein läßt, das die höchste Strafe, bzw. schwerste Strafart androht, wobei das gesetzliche Höchstmaß überschritten werden darf (§ 64). Äußerst bedenklich ist dabei die Bestimmung, daß auf Einschließung (custodia honesta) erkannt werden darf, wenn die Voraussetzungen dafür auch nur bei einer der Taten vorliegen. Vgl. im Zusammenhang damit § 71 AE 1925 und dazu oben § 40 Note 11. E 1927 und E 1930 §§ 65ff. folgen durchaus dem AE 1925, schwächen aber den auf die Einschließung bezüglichen Satz ab (§ 66 Abs. 3!).

[2]) Im Falle des § 79 StGB ist eine Zusatzstrafe auszusprechen. — Wird durch das Revisionsgericht die Feststellung einzelner strafbarer Handlungen aufgehoben, so fällt damit die Gesamtstrafe, die eine aus unselbständigen

Gesamtstrafe darf den Betrag der verwirkten Einzelstrafen nicht erreichen und fünfzehnjähriges Zuchthaus, zehnjähriges Gefängnis[3]) oder fünfzehnjährige Festungshaft nicht übersteigen (StGB § 74). Die Gesamtstrafe ist trotz ihrer Entstehung überhaupt, insbesondere aber in bezug auf die Verjährung, als eine einheitliche Strafe aufzufassen.

III. In allen anderen Fällen tritt grundsätzlich **Häufung der Einzelstrafen** ein. So bei Zusammentreffen von Übertretungen unter sich oder mit Verbrechen oder Vergehen; ferner wenn nicht zeitige Freiheitsstrafen untereinander, sondern solche mit anderen Strafmitteln oder andere Strafmittel untereinander zusammentreffen. Dies gilt insbesondere auch dann, wenn mehrere lebenslange Freiheitsstrafen oder mehrere Todesstrafen untereinander oder eine Todesstrafe mit einer Freiheitsstrafe zusammentreffen. Die genannten Strafen sind dann eben einfach nebeneinander zu erkennen[4]). Doch wird der Grundsatz der Häufung nicht rein durchgeführt.

1. So ist zwar auf Geldstrafen, die wegen mehrerer strafbarer Handlungen allein oder neben einer Freiheitsstrafe verwirkt sind, ihrem vollen Betrage nach zu erkennen; allein bei der Umwandlung in Freiheitsstrafe darf die Freiheitsentziehung die Gesamtdauer von 2 Jahren nicht übersteigen; dabei spielt es keine Rolle, ob die zusammentreffenden Freiheitsstrafen gleichartig oder ungleichartig sind, nur wird für zusammentreffende Haftstrafen die Gesamtdauer auf 3 Monate begrenzt (§ 78 StGB)[5]).

2. Die Aberkennung der Ehrenrechte und die Zulassung von Polizeiaufsicht sind zwar neben der Gesamtstrafe zulässig oder geboten, auch wenn sie nur neben der Verurteilung zu einer der zusammentreffenden Einzelstrafen zulässig oder geboten sind[6]) (StGB § 76); aber das für diese Nebenstrafen an sich vorgezeichnete Höchstmaß darf auch neben der Gesamtstrafe nicht überschritten werden.

Teilen bestehende Einheit bildet, in sich zusammen. Dagegen die ver. Strafsenate **25** 298, sowie *Frank* § 74 IV, *Schwartz* § 74 Note 5. — Ist die Bildung der Gesamtstrafe nicht möglich, so muß die Erhöhung der Einsatzstrafe unterbleiben. Beträgt die eine Einzelstrafe also eine Woche und die andere einen Tag Gefängnis, so darf nicht auf mehr als eine Woche erkannt werden. So R wiederholt, vgl. **30** 141, **63** 243. Ebenso auch *Lobe* in Lpz. Komm. § 74 Note 7a, RMilG **21** 184. Dagegen *Eckstein* GS **80** 428, *Kluckhohn* GS **84** 460.

[3]) Auch bei Jugendlichen darf die Gesamtstrafe diese Höhe erreichen. Die Milderungen des § 9 JugGG finden bei Berechnung der Einzelstrafen statt; die Bildung der Gesamtstrafe unterliegt nur der Vorschrift des § 74; § 9 JugGG bleibt hier außer Betracht: R **54** 202 (für § 57 StGB); **63** 242 (für § 9 JugGG).

[4]) Ebenso die herrschende Ansicht. Vgl. neuerdings R **54** 290.

[5]) § 78 Abs. 1 spricht von Geldstrafen schlechthin, muß daher auch auf die sog. „Ersatzgeldstrafen" des § 27b StGB (oben § 66 III 1 d) bezogen werden. Ferner gilt gemäß § 29 Abs. 4 der 2. Absatz des § 78 für die primär verwirkten und durch „Ersatzgeldstrafen" ersetzten Freiheitsstrafen in dem Falle, wo diese letzteren für jene wieder als Ersatzfreiheitsstrafen dienen müssen. Vgl. *Frank* § 78 und R **59** 21.

[6]) Es kann daher Aberkennung der Ehrenrechte neben Gefängnis nach § 32 StGB nur dann ausgesprochen werden, wenn eine der Einzelstrafen drei Monate erreicht. — Die Dauer der Aberkennung wird auch neben der Gesamtstrafe einheitlich berechnet.

IV. Aber auch innerhalb des Gebietes der zeitigen Freiheitsstrafen erleidet der Grundsatz der Gesamtstrafe wesentliche Einschränkungen.

1. Trifft Haft mit einer anderen Freiheitsstrafe zusammen, so ist auf die erstere gesondert zu erkennen. Auf eine mehrfach verwirkte Haft ist ihrem Gesamtbetrage nach, jedoch nicht über die Dauer von drei Monaten, zu erkennen (StGB § 77).

2. Trifft Festungshaft nur mit Gefängnis zusammen, so ist auf jede dieser Strafarten gesondert zu erkennen. Ist Festungshaft oder Gefängnis mehrfach verwirkt, so ist hinsichtlich der mehreren Strafen gleicher Art so zu verfahren, als wenn sie allein verwirkt wären. Doch darf die Gesamtdauer der Strafen in diesen Fällen fünfzehn Jahre nicht übersteigen (StGB § 75).

V. Abweichende Bestimmungen finden sich vielfach in den **Nebengesetzen.** Ganz eigentümlich das (nicht mehr in Kraft befindliche) SpielkartenstempelG 1878, das in mehreren Strafdrohungen die Strafe nach der Zahl der einzelnen feilgehaltenen, erworbenen, gebrauchten usw. Spiele bemißt, während § 3 ReichsstempelG 1894 die Geldstrafe so bestimmt, daß sie mindestens zwanzig Mark für jedes Wertpapier beträgt. Nach HGB § 318 tritt Geldstrafe von zehn bis dreißig Mark für jede der widerrechtlich zur Ausübung des Stimmrechts benutzten Aktien, jedoch nicht unter eintausend Mark, ein.

V. Der Wegfall des staatlichen Strafanspruchs.

§ 72. Die Strafaufhebungsgründe im allgemeinen.

Literatur. *Binding* **1** 808. — Zu II: *v. Bar* Gesetz **3** 365. *Birkmeyer* Der Tod des Verbrechers in seiner Bedeutung für Strafrecht und Strafprozeß. Erlanger Diss. 1907 (1908). *Weber* Die Vollstreckung von Vermögensstrafen in den Nachlaß (Strafr. Abh. Heft 28) 1900. — Zu III: *Schoetensack* VD Allg. T. **2** 435, 467. *Binding* bei *Grünhut* **2** 686. *Lammasch* Diebstahl und Beleidigung 1893 S. 34. *Liepmann* Z **22** 72. *Thomsen* Kriminalpolitische Bekämpfungsmethoden 1893 S. 63. *Herzog* (Lit. zu § 46). *Oetker* Z **17** 554.

I. **Strafaufhebungsgründe** sind solche nach Begehung der Straftat eintretende Umstände, die den bereits entstandenen Strafanspruch vernichten. Darin liegt ihr Unterschied von den Strafausschließungsgründen, die das Entstehen eines Strafanspruchs hindern (vgl. oben § 26 III). Die Eigenart der Strafaufhebungsgründe tritt am deutlichsten hervor in der Strafverbüßung, die als Leistung und mithin als Tilgung des Anspruchs erscheint. Sie wirken stets nur zugunsten desjenigen, in dessen Person sie eintreten (oben § 46 Note 8), ohne die Strafbarkeit der Tat zu beseitigen (Ausnahme in StGB § 204). Soweit durch prozessualische Handlungen, wie durch Vergleich im Sühneverfahren, durch Rücknahme des Antrages oder der Privatklage, durch rechtskräftige Entscheidung über den Anspruch usw., die Tilgung (Konsumtion) des Strafanspruchs herbeigeführt wird, kommt die Darstellung dieser Strafaufhebungsgründe unzweifelhaft dem Strafprozeßrechte zu. Als dem materiellen Strafrechte angehörige Strafaufhebungsgründe werden regelmäßig angeführt: 1. Der Tod des Schuldigen; 2. die tätige Reue; 3. die Begnadigung; 4. der Straferlaß auf Grund der bedingten Strafaussetzung des JugGG; 5. die Verjährung. Allein nur die drei letzten können als gemeine Strafaufhebungsgründe festgehalten werden, während der tätigen Reue nur ausnahmsweise straftilgende Wirkung von unserer Gesetzgebung verliehen wird, und der Tod des Schuldigen überhaupt nicht zu den Strafaufhebungsgründen, sondern nur zu denjenigen Umständen gerechnet werden kann, durch welche die Verfolgung und Vollstreckung für immer ausgeschlossen wird.

II. Aus den Zwecken der Strafe folgt die höchstpersönliche Natur des Strafanspruchs. Während weder dem spätrömischen noch dem mittelalterlichen oder gemeindeutschen Rechte die Durchführung des Strafverfahrens gegen den Verstorbenen bis zur Vollstreckung der Strafe an dem Leichnam oder bis zur Hinrichtung im Bilde (in effigie) widerstrebte, während noch Wissenschaft und Gesetzgebung der Aufklärungszeit den Namen des Verstorbenen an Galgen oder Schandsäulen anschlagen ließ (Josephinisches StGB 1787 § 17), hemmt nach unserer heutigen Auffassung **der Tod des Schuldigen** nicht nur das Feststellungs-, sondern auch das Vollstreckungsverfahren. Von einem Wegfall des Strafanspruchs infolge des Todes des Schuldigen könnte nur soweit gesprochen werden, als damit die Unmöglichkeit der Vollstreckung gegeben ist. Davon kann aber den rechtskräftig erkannten Vermögensstrafen gegenüber keine Rede sein. Wohl aber ergibt sich aus dem Strafzwecke die höchstpersönliche Natur des Strafanspruchs und damit die Forderung, daß die Strafe die Person des Schuldigen treffe[1]). Da das heutige Recht im allgemeinen diese Auffassung durchaus teilt, ist es eine nicht zu billigende Ausnahme, wenn das StGB, im Anschluß an die deutschen Landesrechte, in § 30 die Vollstreckung von Geldstrafen in den Nachlaß anordnet, sofern das Urteil (dem der Strafbefehl gleichsteht) bei Lebzeiten des Verurteilten rechtskräftig geworden war[2]).

III. Der sog. **tätigen Reue** (d. h. der Abwendung oder dem Ersatz des Deliktsübels), die zur Zeit des gemeinen Rechts (Sachsen

[1]) Deshalb kann auch die Landesgesetzgebung den Erben für die von dem Erblasser verwirkte Strafe strafrechtlich nicht verantwortlich machen. soweit nicht § 30 StGB eingreift. Vgl. aber R **45** 52, **47** 15.

[2]) VE § 35, KE § 69 und E 1919 § 57 schließen die Vollstreckung in den Nachlaß aus. EStrafvollzG 1927 (Reichstagsvorlage) § 254 ist im Gegensatz zur Reichsratsvorlage § 246 zum geltenden Recht zurückgekehrt. Vgl. *Goldschmidt* VD Allg. T. **4** 406.

1572 IV 16, Preußen 1685 u. a.) vielfach die Anwendung der ordentlichen Strafe ausschloß, legt unsere Gesetzgebung nur ausnahmsweise und in durchaus willkürlicher Abgrenzung die Bedeutung eines Strafaufhebungsgrundes bei. Sie will in diesen Fällen dem Verbrecher die Möglichkeit des Rückzuges offen lassen und so das durch ihn bedrohte Rechtsgut vor Verletzung überhaupt oder doch vor größerer Verletzung schützen. Außer dem bereits besprochenen Rücktritte vom Versuche (oben § 46) gehören hierher: 1. Widerruf der fahrlässigen falschen Aussage, StGB § 163; 2. Abstehen vom Zweikampfe, StGB § 204; 3. rechtzeitiges Löschen des bereits ausgebrochenen Brandes, StGB § 310; 4. rechtzeitige Anzeige des geplanten Verbrechens nach § 5 Abs. 2 des SpionageG 1914; 5. Anzeige des Kriegsverrates oder der Meuterei nach §§ 61 und 105 MilStGB; 6. rechtzeitige Anzeige des beabsichtigten Verbrechens nach § 1 Abs. 3 RepublikschutzG 1930.

Die Nebengesetze machen von der tätigen Reue, besonders aus fiskalischen Gründen, häufigeren Gebrauch. Vgl. z. B. SteuerfluchtG 1918 § 25 (nachträgliche Leistung bewirkt Straffreiheit für Täter und Teilnehmer), Gesetz über Steuernachsicht vom 3. Januar 1920 (RGBl. S. 45), RAbgO § 410 (dazu R **61** 10).

§ 73. Die Begnadigung.

Literatur. *Gerland* HdR I 571. *Derselbe* Bemerkungen zum Begnadigungsrecht (Festg. f. *Frank* II 215) 1930. *Stier-Somlo* Reichs- und Landesstaatsrecht I (1924) 617ff. *v. Bar* Gesetz **3** 457. *Heimberger* Das landesherrliche Abolitionsrecht 1901. *Derselbe* HdR I 20. *Mendelssohn Bartholdy* GS **71** 358. *Fleischmann* WV **1** 50 (Abolition). *Delaquis* WV **1** 374 (Begnadigung und Rehabilitation). *v. Hippel* II § 41. *E. v. Hippel* LA NF. **15** 342. *Fricke* JW **57** 390. *Heimann* Die Begnadigung. Heidelberger Diss. 1931. *Grau* und *Schäfer* Das Preußische Gnadenrecht (Stilkes Rechtsbibliothek Nr. 111) 1931. *Bischoff* Das Begnadigungsrecht des Reichs. Jenaer Diss. 1931. *Wernick* Das Begnadigungsrecht im ehrengerichtlichen Verfahren gegen Rechtsanwälte. Jenaer Diss. 1931. *Eb. Schmidt* Begnadigung und Amnestie (Handbuch des Staatsrechts, herausg. von *Anschütz* und *Thoma* § 100). *Hartung* JW **60** 2764. — *Loening* Z **5** 227, *Frauenstädt* Z **17** 88, *His* (Lit. zu § 8 B) S. 384ff. (deutsches Mittelalter). *Sternberg* Die Begnadigung bei den Naturrechtslehrern. Berliner Diss. 1899. *Beyerle* Von der Gnade im deutschen Recht 1910.

I. **Begnadigung** ist ihrem strafrechtlichen Wesen nach Beseitigung der Straffolgen durch Verfügung der Staatsgewalt, also Verzicht des Strafanspruchsberechtigten auf den ihm erwachsenen (Strafvollstreckungs- oder Strafverfolgungs-) Anspruch[1].

---

[1]) Herrschende Lehre: *Anschütz* Verfassung 3. Bearb. 1929, Art. 49 Note 1, 4, *Allfeld* 311, 313, 314, *Delaquis* 375, *Mayer* 529, *W. Jellinek* Verwaltungsrecht 3. Aufl., 215, R **50** 388, **54** 54, **59** 54. Anders früher R **28** 419; vgl. auch R **33** 204, 210. Diese Auffassung rechtfertigt sich durch das oben § 1 Note 1 über den Strafanspruch Gesagte. Es ist nur eine andere Betrachtungsweise, wenn *Gerland* Reichsstrafrecht 219, HdR I 571 in der Begnadigung die Aufhebung der Strafpflicht (sc. der staatlichen Behörde) sieht.

Sie ist als „Begnadigungsakt", staatsrechtlich gesprochen, Erlaß eines individuellen oder generellen Rechtssatzes, durch den zwar nicht in den Bestand der Strafrechtssätze als solche eingegriffen, wohl aber in einer die Behörden und die Untertanen bindenden Weise angeordnet wird, daß bestimmte Verfolgungs- oder Vollstreckungshandlungen zu unterbleiben haben, Handlungen anderer Art (z. B. Entlassung eines Gefangenen) vorgenommen werden müssen, daß erloschene Rechte wiederaufleben, entstandene Pflichten (z. B. die Pflicht der Zahlung einer Strafe) untergehen[2]). Sie soll dazu dienen, den starren Verallgemeinerungen des Rechts gegenüber die Forderungen der Billigkeit (freilich immer nur zugunsten des Verurteilten, nie umgekehrt)[3]) zur Geltung zu bringen; sie kann dazu dienen, einen (wirklichen oder vermeintlichen) Irrtum des Richters zu verbessern oder der Politik auf Kosten des Rechts zum Siege zu verhelfen[4]).

Das Begnadigungsrecht entstammt der römischen Kaiserzeit. Mit der Aufnahme der fremden Rechte dringt es nach Deutschland herüber. Im 16. und 17. Jahrhundert wird es als landesfürstliches Regal von den Landesherren in Anspruch genommen und mehr und mehr nach öffentlichrechtlichen Gesichtspunkten behandelt. Die Schriftsteller der Aufklärungszeit, von *Beccaria* und *Filangieri* (anders *Montesquieu*) bis auf *Kant* und *Feuerbach*, bekämpfen die Begnadigung lebhaft, aber erfolglos. 1791 in Frankreich beseitigt, wird sie 1801 hier wieder eingeführt. Heute wird das Begnadigungsrecht von der deutschen Wissenschaft an sich kaum in Zweifel gezogen, wenn auch eine zweckentsprechendere Regelung seiner Ausübung durch rechtliche Ausgestaltung als möglich und angesichts sonderbarer Nachkriegserscheinungen (vgl. Note 4) als wünschenswert verlangt werden muß.

II. Die Begnadigung ist **Beseitigung der Straffolgen** des Verbrechens, nicht der begangenen Straftat selbst; diese kann daher auch noch später, insbesondere zur Begründung der Rückfallschärfung in Betracht gezogen werden; vgl. oben § 67 I 2. Sie beseitigt nur die Straffolgen, nicht die privatrechtliche Ersatz- und Genugtuungspflicht, läßt also die Buße unberührt. Auch sichernde Maßnahmen, insbesondere also heute die über Jugendliche verhängten Erziehungsmaßregeln (oben § 64), können niemals durch einen Begnadigungsakt aufgehoben werden. Die Begnadigung kann die Straffolgen ganz oder teilweise ausschließen, umfaßt

---

[2]) Sehr strittig. Die herrschende Lehre (auch die vor. Aufl.) spricht von einem Verwaltungsakt. Der Text folgt *v. Hippel* II 579 Note 4, sowie Z **40** 451 ff., sowie *Goldschmidt* Der Prozeß als Rechtslage 412 Note 2159. Vgl. dazu *Eb. Schmidt* in Hdb. des Staatsr. § 100 zu Note 13 ff. — Zustimmung des Begnadigten ist niemals erforderlich.

[3]) Die Badische Verfassung v. 21. März 1919, § 16 Abs. 3, stellt dies ausdrücklich fest.

[4]) Bedenklich die „massenhaften Einzelbegnadigungen" der Nachkriegszeit; vgl. *Kern* Z **43** 588; ferner *Hartung*.

also Erlaß und Milderung der Strafe wie die Strafumwandlung. Durch Begnadigung kann mithin auch an Stelle der verwirkten eine andere (mildere) Strafart treten. Jedoch darf weder das gesetzliche Höchstmaß der Strafart überschritten[5]), noch eine dem Strafensystem des Reichsrechts fremde Strafe (z. B. Prügelstrafe) verwendet werden. Statt der Hauptstrafen kann eine Nebenstrafe (z. B. Polizeiaufsicht) bestimmt werden; aber auch Erlaß der Nebenstrafe ohne Erlaß der Hauptstrafe ist möglich. So kann die Aberkennung der bürgerlichen Ehrenrechte erlassen werden (Restitution oder Rehabilitation); ein kraft §§ 31, 33 StGB verlorenes Amt kann, soweit dies tatsächlich durchführbar ist, begnadigungsweise wiederverliehen, eine nach § 34 StGB eintretende „Unfähigkeit" ganz oder teilweise aufgehoben werden[6]). Verwaltungsmaßregeln, wie die Unterbringung in eine Erziehungs- oder Besserungsanstalt, werden von der Begnadigung nicht berührt.

Die Begnadigung i. e. S. bezieht sich auf einen einzelnen, individuell bestimmten Fall, was nicht hindert, daß der Träger des Begnadigungsrechts in einer Mehrzahl solcher Fälle gleichzeitig den Straferlaß ausspricht. Wird dagegen Straferlaß „für eine generell bezeichnete Vielheit von Fällen" (*Anschütz*) gewährt, so spricht man von Amnestie. Die Begnadigung wird stets durch die Persönlichkeit des Täters, durch seine Eigenart oder die Besonderheit der Handlungssituation in dem konkreten Falle dieses bestimmten Täters, die Amnestie dagegen durch die Eigenart und die soziologische Bedeutung der gesamten in Frage kommenden Fallgruppe entscheidend bestimmt. Beiden Erscheinungen steht die Niederschlagung der Strafverfolgung (Abolition) gegenüber. Diese ist Verzicht auf den noch nicht festgestellten, also möglicherweise gar nicht vorhandenen Anspruch und schon darum verwerflich. Auch sie erfolgt entweder als Einzelabolition oder mit Beziehung auf eine generell bezeichnete Vielheit von Fällen und wird im letzteren Fall ebenfalls als Amnestie bezeichnet.

III. **Träger des Begnadigungsrechtes** (im weitesten, Einzelbegnadigung, Einzelabolition und Amnestie umfassenden Sinn) ist in allen Fällen (auch in dem der Antrags- und Privatklagedelikte) der strafanspruchsberechtigte **Staat**, und zwar bald das Deutsche Reich als solches, bald die einzelnen deutschen Länder. Durch die

---

[5]) Denn das Strafensystem des RStGB bindet unbedingt, und zu ihm gehören auch die gesetzlichen Höchst- und Mindestmaße. Vgl. oben § 20 Note 7. A. M. *Gerland* 572. Mit dem Text die herrsch. Lehre.

[6]) Vgl. hierzu *Gerland* Festg. f. *Frank* II 215ff., *Grau* und *Schäfer* 51ff., *Delaquis* 376, *v. Bar* Ges. 3 471, namentlich auch die Arbeit von *Wernick*.

verfassungsmäßig bestimmten Organe üben sie das Begnadigungsrecht aus [7]).

1. Im **Reich** steht das Recht zu Einzelbegnadigungen dem Reichspräsidenten (Art. 49 Abs. 1), das Recht zum Erlaß von Amnestien den Gesetzgebungsorganen, in erster Linie also dem Reichstag (Art. 49 Abs. 2), das Recht zur Einzelabolition [8]) ebenfalls den Gesetzgebungsorganen zu. Dabei erstreckt sich die Zuständigkeit der genannten Reichsorgane auf folgende Fälle:

a) nach StPO § 452 auf die Sachen, in denen das Reichsgericht in erster und letzter Instanz erkannt hat (GVG § 134). Hierher gehören nicht nur die in GVG § 134 aufgezählten Verbrechensarten, sondern auch die gemäß § 3 StPO mit diesen „zusammenhängenden" Verbrechen; auch Versuch und Teilnahme; nicht aber, abgesehen von dem Falle des Zusammenhanges, Begünstigung und unterlassene Anzeige;

b) auf die Sachen (Verbrechen, Vergehen, Übertretungen), die von den auf Grund des Art. 48 RVerf. eingesetzten Gerichten abgeurteilt sind;

c) auf die durch die Militärgerichte [9]), d. h. die Marinebordgerichte und die zu Kriegszeiten im Feldverfahren urteilenden Gerichte, abgeurteilten Sachen;

d) nach KonsulargerichtsbarkeitsG 1900 § 72 auf die Sachen, in denen der Konsul oder das Konsulargericht in erster Instanz erkannt hat. Dasselbe gilt bezüglich der (zur Zeit fehlenden) Schutzgebietsgerichte nach § 3 des G vom 19. März 1888 in der Fassung vom 10. September 1900;

e) auf die durch Strafverfügungen der Reichsverwaltungsbehörden erledigten Sachen.

2. In allen übrigen Fällen sind die **Länder** Träger des Strafanspruchs und mithin des Begnadigungsrechts. Nur durch verfassungsänderndes Reichsgesetz kann das Reich in dieses Gnadenrecht der Länder eingreifen [10]). Die Niederschlagung ist in den meisten Ländern durch Verfassungsbestimmungen beschränkt oder beseitigt [11]), und die Begnadigung überhaupt darf in manchen

---

[7]) Vgl. RVerf. vom 11. August 1919 Art. 49; Preuß. Verfassung vom 30. November 1920 Art. 54 (Einzelbegnadigung durch das Staatsministerium, Amnestie durch Gesetz); Bayerische Verfassung vom 14. August 1919 § 51 (Einzelbegnadigung durch das Gesamtministerium; Amnestie durch Landtag); Badische Verfassung vom 21. März 1919 § 16 Abs. 3 usw.

[8]) Darüber sagt die Verfassung nichts. Daraus ist mit *v. Hippel* II 575, *Goldschmidt* (oben Note 2) 412 Note 2159, *Lobe* Lpz. Komm. S. 103 und anderen (wohl auch *Heimberger* HdR I 20, *Gerland* HdR I 574) zu folgern, daß ein verfassungsänderndes Reichsgesetz ergehen muß. A. M. *Anschütz* Art. 49 Note 4, *Giese* Art. 49 Note 1, *Poetzsch-Heffter* (Verfassung) Art. 49 Note 6. Unrichtig die Behauptung *Bischoffs* (42), durch Gewohnheitsrecht habe der Reichstag das Recht der Einzelabolition erlangt.

[9]) Auf Grund des Art. 106 der RVerf. ist die Militärgerichtsbarkeit durch G vom 17. August 1920 aufgehoben worden, abgesehen von den Strafverfahren in Kriegszeiten und gegen die an Bord von in Dienst gestellten Kriegsschiffen (insofern also auch im Frieden) eingeschifften Angehörigen der Reichsmarine. Da das gesamte Wehrwesen vom Reich ressortiert, ist auch die noch vorhandene Militär-(Heeres- und Marine-)Gerichtsbarkeit eine Gerichtsbarkeit des Reichs.

[10]) „Föderative Auffassung" im Sinne *E. v. Hippels*. Vgl. dessen ausgezeichnete Kritik der Praxis des Reichs. *Bischoff* 42 beachtet nicht, daß das ReichsG vom 14. Juli 1928 als verfassungsänderndes ergangen ist. Mit dem Text die gem. Meinung in der Literatur.

[11]) Alte Preuß. Verf. Art. 49 Abs. 3 (der König konnte bereits eingeleitete Untersuchungen nur auf Grund eines besonderen Gesetzes niederschlagen). Vgl. die ausführliche Darstellung von *Heimberger* und *v. Bar*. Die Preußische Verfassung vom 30. November 1920 läßt Niederschlagungen nur auf Grund

Fällen, so insbesondere in den Fällen der Ministeranklage nur unter gewissen Voraussetzungen ausgeübt werden.

Der Übertragung des Begnadigungsrechts seiner Ausübung nach steht das RStGB nicht im Wege[12]).

IV. Bei **Zusammentreffen landesrechtlicher Begnadigungsansprüche** untereinander ist davon auszugehen, daß in bezug auf Entstehung und Geltendmachung der Strafansprüche die deutschen Staaten zueinander in demselben Verhältnisse stehen, wie die verschiedenen Gerichte desselben Staates. Dieser Satz ist der Grundgedanke der heutigen Gerichtsverfassung Deutschlands.

1. Liegt ein rechtskräftiges Urteil vor, so hat derjenige Einzelstaat das Begnadigungsrecht, dessen Gericht in erster Instanz erkannt hat.

2. Werden durch eine strafbare Handlung mehrere gleichberechtigte Gerichtsstände in verschiedenen Staaten begründet, so entsteht durch Eröffnung der Untersuchung nach StPO § 12 ein ausschließliches Niederschlagungsrecht für den Staat, dem das eröffnende Gericht angehört[13]). Niederschlagung in einem anderen Staate bleibt von da ab ohne rechtliche Wirkung.

3. Die Verbindung mehrerer zusammenhängender Strafsachen bei demselben Gerichte (StPO §§ 4 und 13) begründet mit dem Augenblicke der Verbindung ein ausschließliches Niederschlagungsrecht bezüglich sämtlicher Strafsachen zugunsten des Staates, dem das betreffende Gericht angehört. Niederschlagung in einem anderen Staate ist ohne rechtliche Wirkung. Bei nachträglicher Trennung

---

eines Gesetzes zu. Auch die Badische Verfassung vom 21. März 1919 verlangt dafür eine besondere gesetzliche Ermächtigung. Die Bayerische Verfassung vom 14. August 1919 aber bestimmt in § 69 Abs. VI, daß anhängige strafrechtliche Untersuchungen weder durch den Landtag noch durch die Ministerien oder sonstigen Verwaltungsbehörden gehemmt werden dürfen. Demnach ist in Bayern eine Abolition ohne verfassungsänderndes Gesetz nicht denkbar. — Die Abolition ist durch die Justizgesetzgebung nicht beseitigt (wie *Finger* **1** 569 u. a. behaupten); so auch die gem. Meinung der staatsrechtlichen wie strafrechtlichen Schriftsteller. — Jedenfalls ist das Niederschlagungsrecht gehemmt, solange eine Strafsache beim Reichsgericht anhängig ist. So R **28** 419, *Wachenfeld* 288. Dagegen R **33** 204, sowie *Fleischmann, Heimberger, Mayer* 552.

[12]) Durchaus herrschende Meinung. Vgl. G vom 4. Juli 1879, durch das der Kaiser ermächtigt war, die Ausübung in Elsaß-Lothringen einem Statthalter zu übertragen. Dazu häufige landesrechtliche Übertragung an die Vorsteher verschiedener Verwaltungszweige (auch in Preußen). Vgl. aus der Revolutionszeit Ziff. VIII der VO vom 5. Dezember 1918 (RGBl S. 1422): „Das Recht der Strafmilderung und des Straferlasses wird von dem Rate der Volksbeauftragten ausgeübt und kann übertragen werden." Das Anschwellen der Gnadensachen (oben Anm. 4) hat zu immer weitergehenden Delegationen geführt. Vgl. *Kern* Z **43** 588 und die von ihm angeführte badische BegnadigungsVO vom 26. April 1922; vgl. auch unten § 74 II 3.

[13]) Selbstverständlich nur unter der Voraussetzung, daß das Landesrecht des eröffnenden Gerichts überhaupt Niederschlagung zuläßt.

leben die Niederschlagungsbefugnisse in den einzelnen Staaten wieder auf [14]).

§ 74. Die „bedingte Begnadigung" („bedingte Strafaussetzung", „bedingte Verurteilung", „bedingter Straferlaß").

Literatur. *v. Liszt* VD Allg. T. **3** 1 (mit umfassenden Literaturangaben für die Zeit bis 1908). *Oetker* Strafe und Lohn 1907. *Klee* WV **1** 384. *Herrnstadt* Das Institut der bedingten Begnadigung 2. Aufl. 1912. *Kriegsmann* (Lit. zu § 59) 87. *Hellwig* Die bedingte Aussetzung der Strafvollstreckung in Preußen 1921. *Derselbe* Die bedingte Aussetzung der Strafvollstreckung in Preußen und im Reich 1922. — Begr. 130. Denkschrift 1919, 64. Begründung 1925, 32. Begründung 1927, 34. *v. Hippel* I 553ff., Z **42** 197. — *Kollmann* Z **40** 342 (Bedingte Begnadigung im Felde). *Weidlich* Z **42** 457. *Hafter* § 72. *Wachenfeld* GA **69** 351. *Graf zu Dohna* bei *Aschaffenburg* Beiheft 1 (1926) 82. *Grünhut* Reform (1926) 142. *Ebermayer* HdR I 554, VII 113. *Gelpke* Schweizer. Z **37** 99. — Zu III vgl. die oben § 38 zu B I angegebene Literatur, insbesondere: *Gerland* in der Festschrift für *Rosenthal* (1923) 97; die Kommentare zum JugGG von *Francke, Hellwig, Kiesow*; *Wegner* Jugendrecht (1929) 194; Verhandlungen des 6. deutschen Jugendgerichtstages in Heidelberg 1924. Ferner: *Grau* und *Schäfer* (Lit. zu § 73) 245ff. *Mezger* 508.

I. Wie schon oben § 4 III 2 kurz gezeigt worden ist, ist in Deutschland von dem Rechtsinstitut der Begnadigung insofern in eigenartiger Weise Gebrauch gemacht worden, als man es dazu benutzt hat, einen kriminalpolitisch bedeutungsvollen Gedanken zu verwirklichen, der in anderen Staaten unter der Bezeichnung „bedingte Verurteilung", „bedingte Strafaussetzung", „bedingter Straferlaß" in der Strafrechtspflege Fuß gefaßt hat; es handelt sich darum, daß dem zu gewissen (nicht allzu schweren) Strafen verurteilten „Augenblicksverbrecher" unter Aussetzung der Strafvollstreckung die Möglichkeit gegeben wird, durch einwandfreies Verhalten während einer längeren Bewährungsfrist den Vollzug der verwirkten Strafe von sich abzuwenden; die Strafe wird also nur im Falle schlechter Führung, die natürlich besonders deutlich durch Rückfall bekundet werden kann, vollzogen, dagegen endgültig erlassen, wenn sich der Verurteilte in der Bewährungszeit rechtlich und sittlich einwandfrei hält. Bei aller Verschiedenartigkeit der juristischen Ausgestaltung, auf die die Vielheit der bereits angeführten Benennungen unmittelbar hinweist, ist der kriminalpolitische Sinn dieses eigenartigen Rechtsinstituts überall der gleiche: Dem Verurteilten soll ein starker Antrieb gegeben werden, sich durch Wohlverhalten Straffreiheit zu verdienen und sich damit zugleich zu einer sozial vollwertigen, ihn vor Rückfall bewahrenden Lebens-

[14]) Die Frage ist bestritten. Für die mehreren deutschen Staaten „gemeinschaftlichen" Gerichte greifen besondere Vereinbarungen der beteiligten Staaten ein.

führung zu zwingen. Und zugleich bewährt sich die Maßregel als besonders geeignetes Mittel zur Vermeidung kurzzeitiger Freiheitsstrafen, deren kriminalpolitischer Unwert namentlich bei erstmalig Straffälligen schon oben § 4 II festgestellt ist.

II. **Geschichtliche Entwicklung**[1]). Der zu I bezeichnete kriminalpolitische Gedanke begegnet zwar schon in der Strafrechtspflege des deutschen und des italienischen Mittelalters, aber erst in der jüngsten Geschichte des Strafrechts ist es auf seiner Grundlage zu einer mit der Strafrechtspflege überhaupt organisch verbundenen, ihren Zielsetzungen in umfassendem Maße dienstbar gemachten Einrichtung gekommen. Ein Überblick über ihre Entwicklung führt zugleich die Verschiedenartigkeit ihrer juristischen Ausgestaltungsmöglichkeit vor Augen und läßt erkennen, welche Vorbilder auf die deutsche Rechtsentwicklung in dieser Beziehung eingewirkt haben.

1. In **England** ging man um die Mitte des 19. Jahrhunderts dazu über, in einzelnen Fällen das Strafverfahren gegen Jugendliche, von denen man zukünftiges Wohlverhalten erwartete, nach dem Schuldspruch der Jury und vor der Straffestsetzung (sentence) des Richters zu unterbrechen, um die letztere erst dann vorzunehmen, wenn der Jugendliche in einer ihm gesetzten Bewährungszeit durch schlechtes Verhalten die Notwendigkeit eines an ihm durchzuführenden Strafvollzuges dargetan hatte. Die erste gesetzliche Regelung dieser zunächst nur auf common law beruhenden Maßregel erfolgte durch den summary jurisdiction act von 1879; die für die ganze Folgezeit entscheidende Ausgestaltung durch den Probation of first offenders act 1887. Nach diesem Gesetz muß die Schuld des Angeklagten festgestellt, seine Verurteilung also ausgesprochen werden; doch wird die Strafzumessung ausgesetzt und gänzlich unterlassen, wenn der Verurteilte sich während der ihm gesetzten Bewährungsfrist einwandfrei geführt hat. Die Maßregel kam Erstverurteilten, insbesondere Jugendlichen zugute, soweit es sich um Diebstahl, Betrug oder um Straftaten handelte, die mit Gefängnis bis zu 2 Jahren bedroht sind. Eine Stellung unter Schutzaufsicht erfolgte nicht, obwohl Sir *Howard Vincent*, der berühmte Vorkämpfer der Institution, gerade dies nach amerikanischem Vorbild (Probationssystem in Massachusetts in Verbindung mit suspension of the sentence seit 1869/70, in Boston seit 1878) angestrebt hatte. Erst der Probation of offenders act vom 21. August 1907 (in Kraft seit 1. Januar 1908) führte die Möglichkeit ein, den Verurteilten unter Schutzaufsicht zu stellen und ihm Verpflichtungen besonderer Art für die Bewährungszeit aufzuerlegen. An der bisherigen juristischen Form der Maßnahme (Ausspruch der Verurteilung, aber Aussetzung der Entscheidung über die Strafe) wurde durch den Act von 1907 nichts geändert.

2. In „schärferer juristischer Durchbildung" (*v. Liszt*) und mit nicht unerheblicher formaljuristischer Abweichung von dem anglo-amerikanischen System faßte die Einrichtung in Belgien und Frankreich Fuß.

a) Die **belgische** loi établissant la libération conditionelle et les condamnations conditionelles dans le système pénal vom 31. Mai 1888 gewährte den Gerichten die Möglichkeit, die Vollstreckung urteilsmäßig erkannter Strafen unter Festsetzung einer Bewährungsfrist auszusetzen, sofern die erkannte Strafe 6 Monate nicht übersteigt und der Verurteilte noch keine Vorstrafe wegen eines Verbrechens oder Vergehens erlitten hat. Erfolgt in der Bewährungsfrist keine erneute Verurteilung (der sonstige Lebenswandel ist

---

[1]) Vgl. hierzu vor allem die eingehende Darstellung bei *v. Liszt* VD Allg. T. 3 6ff., 10ff.; ferner *Kriegsmann* (Lit. zu § 59) 87ff., *Wegner* 195.

belanglos, wird auch nicht im Wege der Schutzaufsicht kontrolliert), so gilt die Verurteilung nunmehr als nicht erfolgt (la condamnation sera considérée comme non avenue). Im Falle erneuter Verurteilung während der Bewährungsfrist wird nicht nur die mit der neuen Verurteilung ausgesprochene Strafe, sondern nunmehr auch die Strafe, deren Vollzug zunächst ausgesetzt worden ist, zur Vollstreckung gebracht.

b) In **Frankreich** wurde nach dem Vorbilde des belgischen Gesetzes den Gerichten durch die loi sur l'atténuation et l'aggravation des peines (sog. loi Bérenger oder loi du sursis) vom 26. März 1891 die Möglichkeit der Strafaussetzung eingeräumt. In Einzelheiten weist das französische Gesetz gegenüber dem belgischen zwar Abweichungen auf; darin aber, daß bei tatsächlich erfolgter Bewährung die Verurteilung als nicht erfolgt gilt, stimmt die loi Bérenger mit dem belgischen Gesetz überein.

3. In **Deutschland** wurde der nach dem franco-belgischen Vorbilde sog. „bedingten Verurteilung" durch die rührige Tätigkeit der IKV der Boden bereitet [2]). Es galt zunächst, eine heftige Gegnerschaft aus den Kreisen der Wissenschaft und Praxis zu überwinden und die aus dem Vergeltungsgedanken hergeleiteten Bedenken aus dem Wege zu räumen. Wie stark aber auch hier das sachliche Bedürfnis nach dieser Institution gewesen ist, zeigt die Tatsache, daß sie sich trotz absoluten Stillschweigens der Gesetzgebung mittels Verwaltungsanordnungen ihren Weg in die deutsche Strafrechtspflege gebahnt hat. Freilich konnte es dabei nicht ausbleiben, daß in Deutschland die Einrichtung in einer ganz anderen juristischen Form entwickelt wurde, als in dem anglo-amerikanischen und franco-belgischen Rechtskreise. Hätte nämlich nach anglo-amerikanischem Muster das Gericht ermächtigt werden sollen, die Strafentscheidung, wenn nicht gar den Schuldspruch, für die Dauer einer Probezeit auszusetzen, um gegebenenfalls gänzlich davon abzusehen, so hätte es dafür in Deutschland eines Reichsgesetzes ebenso bedurft wie für eine Ermächtigung des Gerichts, nach erfolgter Verurteilung zu einer bestimmt festgesetzten Strafe deren Vollstreckung hinauszuschieben und gegebenenfalls gänzlich zu unterlassen. Der Weg der Reichsgesetzgebung aber konnte — dafür war die Zeit nicht reif — zur Erzielung des ersten praktischen Erfolges der modernen Reformbewegung damals nicht beschritten werden, hätte dies doch zu einem Eingriff in gesetzlich festgelegte Grundsätze des materiellen und formellen Strafrechts führen müssen. So behalf man sich in Deutschland mit einem recht bedenklichen Ausweg: man entwickelte das erstrebte Institut auf dem Boden des Gnadenrechts, freilich nicht, ohne Sinn und Bedeutung der Gnade als eines nur in Ausnahmefällen in Wirksamkeit tretenden „Sicherungsventils" des Rechts allmählich immer mehr umzubiegen und zu erschüttern.

So entwickelte sich in Deutschland an Stelle einer vom Richter in unmittelbarem Zusammenhang mit den sonstigen Maßnahmen der Strafrechtspflege gehandhabten „bedingten Verurteilung" die auf dem Gnadenrecht der deutschen Landesherren beruhende **„bedingte Begnadigung"**. Die Ausübung der Gnade wurde den Justizministerien delegiert, die auf Grund der gutachtlichen Äußerungen des Gerichts und der Berichte der Strafvollstreckungsbehörden von Fall zu Fall Bewährungsfristen bewilligten und gegebenenfalls die Begnadigung des Verurteilten aussprachen. In dieser Form fand das Institut von 1895—1903 in allen deutschen Ländern mit Ausnahme von Mecklenburg-Strelitz und den beiden Reuß Eingang [3]).

[2]) Vgl. *v. Liszt* 42ff.

[3]) *v. Liszt* 45. Für Preußen war maßgebend der Allerh. Erlaß vom 23. Oktober 1895 (JustMinBl. 348) nebst justizministerieller AusfVO vom 19. November 1895. Vgl. *Hellwig* (1921) 8.

4. Die ungeahnten sozialen Auswirkungen des Krieges haben auch auf diesem Gebiete eine Weiterentwicklung im Sinne der modernen Reformbewegung erzwungen (vgl. dazu oben §§ 13 VII, 16 V).

a) Einmal erwies es sich als notwendig, das Recht zur Bewilligung von Bewährungsfristen und zum Straferlaß den Gerichten zu delegieren[4]), die damit zur Ausübung des „Gnadenrechts" berufen wurden. Die „bedingte Begnadigung" des deutschen Rechts wurde damit der „bedingten Verurteilung" der ausländischen Rechte formell angenähert. Freilich handelt der deutsche Richter als Delegatar des Gnadenrechts nicht in richterlicher Unabhängigkeit, sondern als Organ der Justizverwaltung nach Maßgabe bindender Anweisungen, die ihm der Träger des Gnadenrechts generell erteilt[5]).

b) Auf dem Gebiete des Jugendstrafrechts, des Schrittmachers der Strafrechtsreform, wurde durch das **JugGG** vom 16. Februar 1923 erstmalig eine **reichsgesetzliche Regelung** des Straferlasses erzielt. Damit wurden die Gnadeninstanzen der einzelnen Länder insoweit ausgeschaltet, als das JugGG die Strafaussetzung nebst nachfolgendem Straferlaß regelt[6]). Zugleich ist das JugGG die erste Etappe zur allgemeinen reichsrechtlichen Regelung der ganzen Institution, für die sich in sämtlichen deutschen Entwürfen eingehende Vorschläge finden.

5. Die **ersten Entwürfe** (VE §§ 38—41, KE §§ 74—78, E 1919 §§ 63 bis 68) haben sich in ihren Vorschlägen für die allgemeine reichsrechtliche Regelung **ebenso wie das JugGG** zu dem belgisch-französischen System bekannt, wonach der Richter die Verurteilung ausspricht und die Strafe festsetzt, den Vollzug der Strafe aber aussetzt, damit der Verurteilte sich während der Bewährungsfrist als des Straferlasses würdig zeigen könne. Nach Ablauf der Bewährungsfrist hat der Richter das Verhalten des Verurteilten zu prüfen und über die Bewährung zu entscheiden. Ist sie zu bejahen, so spricht der Richter den Straferlaß aus, anderenfalls ordnet er den Strafvollzug an. Die Verurteilung als solche wird durch den Straferlaß nicht berührt; der franco-belgische Satz „la condamnation sera considérée comme non avenue" gilt also nicht. Man spricht angesichts dieses deutschen Systems daher auch nicht von „bedingter Verurteilung", sondern regelmäßig von **„bedingter Strafaussetzung".**

Demgegenüber ist **AE 1925** §§ 35—41 einen formell **neuen Weg** gegangen[7]). Sind die persönlichen Voraussetzungen des bei allen Gefängnis- und Geldstrafen zulässigen **„bedingten Straferlasses"** gegeben, so ordnet das Gericht sofort den Straferlaß als solchen an unter der Bedingung, daß sich der Verurteilte während einer Probezeit gut führt. Mit Ablauf der Bewährungsfrist tritt der endgültige Straferlaß automatisch kraft Gesetzes ein, falls nicht zuvor ein Widerruf des Gerichts erfolgt. Ist zu einem Widerruf kein Anlaß gegeben, so bedarf es mithin zum Straferlaß nicht eines erneuten positiven Ausspruchs des Gerichts. E 1927 und E 1930 §§ 40—45 behalten die Methode des AE 1925

---

[4]) So Bayern durch Bekanntmachung des Justizministers vom 11. Juli 1919, Baden durch VO des Staatsministeriums vom 17. Dezember 1919, Hamburg durch SenatsVO vom 11. Juni 1920, Preußen durch Erlaß der Staatsregierung vom 2. August 1920 nebst Allgem. Verf. vom 19. Oktober 1920.

[5]) *Hellwig* (1921) 9, *Francke* JugGG § 10 I.

[6]) A. M. *Gerland* 88, *Grau* und *Schäfer* 256 (dort weitere Literatur). Mit dem Text *Francke* JugGG § 10 I (wohl mit Einschränkung in Anlehnung an die Denkschrift zum E 1919), *Graf zu Dohna* 82/83, *Krall* (Verhdlg. des 6. deutschen JugGTages) 30. Sehr bedenklich die Allgem. Verf. des Preuß. Justizministers vom 20. Juni 1923 (JustMinBl. 450).

[7]) Vgl. Begründung 1925, 32; *Ebermayer* 556; *Gerland* Der Entwurf 1925, 64ff., *Grünhut* 142ff.

bei, verschärfen aber die Voraussetzungen des bedingten Straferlasses, da die erkannte Freiheitsstrafe höchstens eine sechsmonatige Gefängnis- oder Einschließungsstrafe sein darf; auch wird verlangt, daß bei der Bewilligung des Straferlasses auf die öffentlichen Interessen und auf den Verletzten Rücksicht genommen werde (§ 41).

III. Die bedingte Strafaussetzung gemäß §§ 10ff. JugGG 1923.

1. Sie ist an folgende **Voraussetzungen** geknüpft:

a) Es muß Verurteilung wegen einer Straftat erfolgen, die der Verurteilte als Jugendlicher im Sinne des § 1 JugGG begangen hat. Gleichgültig ist, ob zur Zeit der Aburteilung die Altersstufe des § 1 JugGG überschritten ist, gleichgültig ferner, ob die Aburteilung durch das Jugendgericht oder durch das ordentliche Gericht erfolgt[8]). Nur gemäß § 13 Abs. 1 Satz 2 kommt die bedingte Strafaussetzung ausnahmsweise bei einer von einem Erwachsenen begangenen Straftat in Betracht, soweit es sich um eine sog. „Nachverurteilung" handelt und das Aussetzungsverfahren wegen einer von demselben Täter im Stadium der Jugendlichkeit verwirkten Strafe noch nicht abgeschlossen ist.

b) Es muß Verurteilung zu einer Freiheitsstrafe erfolgen, gleichgültig ob Festungshaft, Gefängnis oder Haft. Die Aussetzung einer Geldstrafe ist, wie § 14 JugGG deutlich zeigt, Jugendlichen gegenüber nicht statthaft[9]); doch ist die Ersatzfreiheitsstrafe im Hinblick auf die Aussetzungsmöglichkeit der primär erkannten Freiheitsstrafe gleichgestellt. Nicht bekannt ist dem JugGG die Aussetzung einer Erziehungsmaßregel, obwohl auch sie unter spezialpräventiven Gesichtspunkten sehr zweckmäßig sein kann, auch dem Wesen der Erziehungsmaßregel keineswegs widerspricht[10]).

c) Bezüglich der persönlichen Wertung des Verurteilten stellt das JugGG keine besonderen Voraussetzungen für die Strafaussetzung auf[11]). Überall, wo — mit § 41 E 1927 zu sprechen — die Persönlichkeit des Verurteilten, sein Vorleben und sein Verhalten nach der Tat die Erwartung begründen, daß er künftig ein gesetzmäßiges und geordnetes Leben führen werde, ist die Anwendung der Maßnahme gerechtfertigt und in der Regel auch geboten. Sie soll

---

[8]) *Gerland* 89/90, *Frank* §§ 10—15 JugGG II.

[9]) Ebenso *Francke* JugGG § 14, *Frank* §§ 10—15 JugGG I. A. M. *Gerland* 88, indem er Aussetzung einer Geldstrafe im Wege der echten Begnadigung zulassen will. Vgl. dazu oben Note 6. Bezüglich der Geldstrafenaussetzung kann man von einem qualifizierten Schweigen des JugGG sprechen. Vgl. oben § 20 I.

[10]) So mit guten Gründen *Exner* Die Theorie der Sicherungsmittel (1914) 182ff., *Derselbe* Schweizer. Z **34** 186ff. Dagegen aber *Hafter* 338 Note 1, *Gerland* 90. Der in § 10 Abs. 1 Satz 2 JugGG ausgesprochene Satz wäre mit einer Aussetzungsmöglichkeit bei Sicherungsmitteln durchaus vereinbar. E 1927 (1930) § 61 entspricht dem Text!

[11]) *Frank* §§ 10—15 JugGG II, *Lobe* in Lpz. Komm. JugGG § 10 Note 1.

ja nichts anderes sein, als ein Glied in der Kette der Maßregeln, die die soziale Anpassung des straffällig gewordenen Jugendlichen anstreben; daher ist ausschließlich nach spezialpräventiven Gesichtspunkten über die Zweckmäßigkeit und somit die Anwendbarkeit der bedingten Strafaussetzung zu entscheiden. Vorbestrafungen stehen ihr nicht entgegen, können aber ein Indiz gegen ihre Zweckmäßigkeit sein. § 13 JugGG stellt besondere, reichlich verwickelte Normen für den Fall auf, wo in eine gerichtlich bewilligte Bewährungsfrist eine erneute Bestrafung fällt, zeigt aber durch die auch für diesen Fall vorgesehene Vermeidung aller starren Bindungen des Gerichts, wie sehr das Gesetz eine Anpassung an die durch die Täterpersönlichkeit bedingte Besonderheit des einzelnen Falles wünscht.

2. Die **Entscheidung über die Strafaussetzung** hat das **Gericht** zu treffen, und zwar im Urteil (§ 10 Abs. 1 JugGG), dem gemäß § 31 JugGG sorgfältige Ermittlungen über die Lebensverhältnisse, sowie die körperliche und seelische Eigenart des Täters zugrundezulegen sind. Aber auch hier verbietet der Sinn dieser im Dienste des Erziehungsgedankens zu verwendenden Maßnahme, daß im Urteil eine schlechthin endgültige Stellungnahme zur Frage der Strafaussetzung erfolgt. Ist also im Urteil die Strafaussetzung abgelehnt worden, so kann sie nachträglich bewilligt werden, und zwar selbst dann, wenn die Strafvollstreckung schon begonnen hat. Ebenso kann eine im Urteil bewilligte Strafaussetzung durch Anordnung der Strafvollstreckung alsbald wieder aufgehoben werden, wenn sich nachträglich Umstände herausstellen, bei deren Bekanntsein zur Zeit der Urteilsfällung die Aussetzung hätte unterbleiben müssen (§ 12 Abs. 4).

3. Die **Probezeit** (Bewährungsfrist) beträgt zwei bis fünf Jahre (§ 12 Abs. 1). Für ihre Dauer kann der Verurteilte unter Schutzaufsicht gestellt werden, der selbst der Eintritt der Volljährigkeit nicht entgegensteht[12]); auch dürfen ihm besondere Verpflichtungen für die Dauer der Probezeit auferlegt werden[13]) (vgl. oben § 64 II 1 c). In der Auswahl der Verpflichtungen sind dem Gericht hier so wenig wie im Falle des § 7 Ziff. 3 JugGG (oben § 64 Note 7 u. 8) Schranken auferlegt; doch dürfen verfassungsmäßig garantierte Rechte, die selbst durch den Vollzug einer Freiheitsstrafe keine Einbuße erleiden könnten (z. B. RVerf. Art. 136 Abs. 4) durch die Auferlegung besonderer Pflichten nicht berührt werden[14]). Wenn es nicht möglich ist, bezüglich des Ausmaßes der Probezeit, der Auswahl der Verpflichtungen und der Stellung unter Schutz-

[12]) Gegenüber RJugWohlfG § 59 ist JugGG § 12 lex specialis. Der Vormundschaftsrichter darf mithin, sofern er nicht mit dem Jugendrichter identisch ist, eine Aufhebung der Schutzaufsicht gemäß § 59 Satz 2 RJugWohlfG nicht vornehmen.

[13]) Doch gestattet JugGG nicht, daß der Richter die Bewilligung der bedingten Strafaussetzung davon abhängig macht, daß der Verurteilte zuvor irgendeine Auflage erfüllt, etwa eine Geldbuße zahlt. So zutreffend R 58 201.

[14]) Vgl. *Graf zu Dohna* 84/85: „Man darf die Rechtsstellung des bedingt Entlassenen von vornherein nicht an derjenigen des freien Bürgers messen, sondern muß sie zu der Lage desjenigen in Vergleich setzen, der seine Strafe in der Strafanstalt verbüßt. Nicht die Minderung seiner Freiheit, sondern die Lockerung seiner Gefangenschaft ist das maßgebliche Charakteristikum der Situation." Entsprechendes gilt auch bei der Strafaussetzung.

aufsicht im Urteil sichere Festsetzungen zu treffen, so können die erforderlichen Anordnungen auch nachträglich getroffen, die zunächst getroffenen Anordnungen nachträglich geändert werden.

4. **Über die Bewährung hat das Gericht eine Entscheidung zu fällen.** Sie besteht in Straferlaß, falls die Bewährung anerkannt wird, in Anordnung der Strafvollstreckung, falls von einer Bewährung nicht gesprochen werden kann. Da sich der Verurteilte nach § 10 durch „gute Führung" den Straferlaß „verdienen" soll, so muß die Probezeit positive Anstrengungen des Verurteilten ergeben, durch ein einwandfreies Verhalten den Makel der Straftat auszulöschen[15]). Die Auferlegung besonderer Pflichten (oben Note 14) wird ihm dazu vornehmlich Gelegenheit geben. Hat das Gericht Zweifel, ob es die Bewährung anerkennen soll oder nicht, so hat es gemäß § 12 Abs. 1, 2 die Möglichkeit, innerhalb des Zeitraums von fünf Jahren die Bewährungsfrist unter gleichzeitiger Abänderung der besonders auferlegten Pflichten zu verlängern.

IV. Auf die Frage nach der **rechtlichen Natur** der „bedingten Strafaussetzung" und „bedingten Begnadigung" ist eine einheitliche Antwort bis heute nicht gefunden worden.

1. Faßt man den materiellen Gehalt und zugleich die Zielsetzung der Maßnahme ins Auge, so dürfte es jedenfalls nicht angehen, die eine oder die andere als eine besonders geartete Strafe zu betrachten[16]); denn mit der „Strafaussetzung" erfolgt keine Übelsauferlegung, sondern das gerade Gegenteil; ohne Übel aber keine Strafe. Dagegen weist die ausschließlich aus der Spezialpräventionsidee hergeleitete Zielsetzung auf den Charakter als sichernde Maßnahme[17]) hin. Und in der Tat reiht sich die Strafaussetzung mit Bewilligung einer Bewährungsfrist wesensgleich den Maßnahmen an, die, wie die Erziehungsmaßregeln des § 7 JugGG, die soziale Anpassung bewirken sollen.

2. Aber diese sichernde Maßnahme erscheint in einer eigenartigen juristischen Form. Sie ist ein der Strafvollstreckung entgegenstehendes Hindernis und führt bei festgestellter Bewährung zu einer Vernichtung des Strafanspruchs. Sucht man im Hinblick hierauf die formaljuristische Eigenart sowohl der bedingten Strafaussetzung (JugGG) wie auch der bedingten Begnadigung (landesrechtliche VOen) zu bestimmen, so gelangt man zur Kategorie der Strafaufhebungsgründe in dem oben § 72 I entwickelten Sinn. Und zwar ist der Straferlaß auf Grund bedingter Begnadigung nur als ein echter Gnadenakt[18]) kraft delegierten Gnadenrechts zu recht-

---

[15]) Treffend *Müller* (Verhdlg. des 6. deutschen JugGTages) 15.

[16]) So aber *v. Liszt* VD Allg. T. **3** 89, jedenfalls bezüglich der „bedingten Verurteilung". Gegen diese auch sonst weit verbreitete Ansicht jetzt auch *Hafter* 331, *Grau* und *Schäfer* 254.

[17]) Auch dagegen aber *Hafter* 331, sowie *Grau* und *Schäfer* 255, die jedoch bezüglich der dem Jugendlichen gegenüber anzuwendenden bedingten Strafaussetzung dem Text folgen.

[18]) R **57** 393.

fertigen, so sehr auch bei der massenhaften Verwendung des Gnadenakts das der Gnade eigentümliche Wesen verleugnet wird. Der Straferlaß auf Grund bedingter Strafaussetzung (JugGG) kann dagegen als Begnadigung nicht mehr aufgefaßt werden[19]), da dieser Auffassung die reichsgesetzliche Regelung seiner Voraussetzungen und Anwendungsweise im Wege steht; vielmehr handelt es sich bei ihm um einen Strafaufhebungsgrund eigener Art.

§ 75. Die Verjährung im allgemeinen.

Literatur. *Loening* VD Allg. T. **1** 379. *v. Bar* Gesetz **3** 381. — *Heinze* HH **2** 595. *v. Risch* Z **9** 235. *Binding* **1** 816. *Hälschner* **1** 693. *Treude* Die Verjährung nach Reichsstrafgesetzgebung. Heidelberger Diss. 1908. *Pudor* GA **56** 183. *Lourié* Die Kriminalverjährung (Strafr. Abh. Heft 178) 1914. *Oetker* Reform **1** 279. *Sauer* GS **91** 441 (zum AE 1925). *Graf zu Dohna* Reform (1926) 205. *Lobe* HdR VI 428.

I. Wenn durch den Ablauf einer bestimmten Reihe von Jahren der privatrechtliche Anspruch aufgehoben oder die Rechtsfolgen einer strafbaren Handlung beseitigt werden, so liegt der Grund für diese Erscheinung und zugleich ihre innere Berechtigung nicht in einer mystischen, Recht erzeugenden oder Recht vernichtenden Kraft der Zeit, sondern darin, daß die Rechtsordnung, die nicht die folgerichtige Durchführung allgemeiner Grundsätze, sondern die Verwirklichung praktischer Zwecke zur Aufgabe hat, der Macht der Tatsachen Rechnung trägt. Wohl wäre die Verfolgung und Bestrafung auch der kleinsten Übertretung noch nach einem Menschenalter an sich denkbar; aber die Wirkung, die die Strafe auch in diesem Falle dem Täter, dem Verletzten und allen übrigen gegenüber erzielen könnte, stände außer allem Verhältnisse zu den Schwierigkeiten und Unsicherheiten, welche die Feststellung des Sachverhaltes bietet, zu dem störenden Eingriff in neubegründete, tiefgewurzelte und weitverzweigte Verhältnisse.

Die heutige Strafgesetzgebung räumt demnach der **Verjährung** die Wirkung eines Strafaufhebungsgrundes ein; sie kennt sogar neben der Verjährung der verwirkten, aber noch nicht rechtskräftig festgestellten Strafe („Verfolgungsverjährung“) auch eine Verjährung der rechtskräftig erkannten Strafe („Vollstreckungsverjährung“). Vgl. StGB § 66.

II. In ihren beiden Gestalten ist die Verjährung **Strafaufhebungsgrund.** Sie schließt nicht nur die Verfolgung aus, sondern sie tilgt das staatliche Strafrecht. Als Anspruchsverjährung, nicht Klage-

---

[19]) A. M. *Gerland* 89.

verjährung, gehört sie inhaltlich und ihrer Eigenart nach nicht dem Prozeßrecht an, sondern dem materiellen Recht[1]).

Aber sie tilgt nur die Rechtsfolgen der Tat. Diese selbst vermag sie nicht aus der Welt zu schaffen. Auch die verjährte (wie die begnadigte) Tat kann mithin als Grundlage für die Annahme der Gewerbs- und Gewohnheitsmäßigkeit verwertet werden.

III. Im mittelalterlichen deutschen Recht begegnet die Verjährung als sog. Verschweigung bei den auf Privatklage zu verfolgenden Delikten: Der Kläger geht seines Klagerechts verlustig, wenn er die oft sehr kurze Frist zur Klage ungenutzt verstreichen läßt. Vielfach bezieht sich dieser Grundsatz aber nur auf leichtere Sachen, und bei Delikten, die von Amts wegen verfolgt worden sind, fehlt jeder Gedanke an eine Verjährung (vgl. *His*, Lit zu § 8 B, 403). In der Karolina wird sie mit keiner Silbe erwähnt. — Das römische Recht kennt die Kriminalverjährung (abgesehen von den Privatverbrechen) erst seit der lex Julia de adulteriis (16 v. Christus), die für die von ihr mit Strafe bedrohten Verbrechen eine fünfjährige Verjährungsfrist einführte. Später finden wir (abgesehen von den Fleischesverbrechen) allgemein in bezug auf alle crimina publica die zwanzigjährige Verjährungsfrist ausdrücklich anerkannt. Unverjährbar waren auch nach spätrömischem Recht parricidium, suppositio partus und Apostasie.

Im Laufe des 16. und 17. Jahrhunderts findet die Verjährung in den deutschen Staaten weitergehende Verwendung; so kennt sie Preußen schon 1620, während Baden-Durlach sie 1622 beseitigt; 1656 wird sie in Niederösterreich als eine ganz neue, dem bayerischen Recht von 1616 entlehnte Einrichtung bezeichnet (bei *Bratsch*). Die gemeinrechtliche Wissenschaft erblickt den Rechtsgrund der Verjährung zumeist in der vermuteten Besserung des Verbrechers (Acquisitivverjährung), der sich deshalb weder aus dem Lande geflüchtet noch ein neues Verbrechen begangen, aber auch den Nutzen aus seiner Tat nicht mehr in den Händen haben darf. Vielfach wird bei den schwersten Verbrechen die Verjährung ganz ausgeschlossen. Der Kampf der gesamten Aufklärungsliteratur von *S. v. Cocceji* und *Beccaria* bis auf *Feuerbach* und *Henke* gegen die ihr unerklärliche und auch dem heutigen englischen gemeinen Rechte fremde Kriminalverjährung (Österreich hatte sie 1787 beseitigt, 1803 aber wieder eingeführt) endete damit, daß nicht nur die Verjährung der Straf-

---

[1]) Daher eventuell freisprechendes Urteil. Die Ansichten sind sehr geteilt: **1.** Wie der Text *Allfeld* 303, *v. Bar* Ges. und Schuld **3** 390ff., insbesondere 397/398, *Baumgarten* Aufbau 23, *Beling* Z **39** 663, *Derselbe* Grundzüge 68, *Finger* **1** 575, *Loening* VD Allg. T. **1** 379/380, *Köhler* 29, *Wachenfeld* 290. Nach E 1927 (1930) § 79 erlischt durch Verjährung die Strafbarkeit der Tat. Das bedeutet Anschluß an den Text. Vgl. *Lobe* HdR VI 429. — **2.** In das Prozeßrecht verweisen die Verjährung *Rosenberg* Z **36** 529, *Lourié* 81. — **3.** Einen gemischten Charakter nehmen an *Frank* § 66 II, *Lobe* in Lpz. Komm. § 66 Note 1, HdR VI 429, *Mezger* 496 Note 25, *v. Hippel* II 558, *Risch*, *Mayer* 522 (insofern er Note 4 ein einstellendes Urteil verlangt, obwohl er im Text betont, daß die Verjährung den Strafanspruch betreffe und dem materiellen Recht angehöre), *Gerland* 215 (materiellrechtlicher Charakter, aber einstellendes Urteil); auch *Sauer* Grundlagen des Prozeßrechts (1919) 330ff., sowie GS **91** 441 gehört zu dieser Kategorie von Autoren, legt freilich auf die prozeßrechtliche Seite das Hauptgewicht. — **4.** Unsicher die Rechtsprechung des Reichsgerichts; freisprechendes Urteil verlangen R **12** 434, **40** 88; einstellendes Urteil verlangen dagegen R **41** 167 (hier Behauptung des gemischten Charakters der Verjährung), **46** 274, **59** 197.

klage neuerdings anerkannt, sondern nach dem Beispiele der französischen Gesetzgebung von 1791 und 1808 auch die (schon früher in der Rechtsprechung sich findende) Verjährung der rechtskräftig erkannten Strafe in die neuere deutsche Gesetzgebung (zuerst Sachsen 1838, nicht Preußen 1851 und Österreich 1852) aufgenommen wurde. Doch wurde bei Verbrechen, die mit dem Tode oder mit lebenslanger Freiheitsstrafe bedroht waren, die Verjährung ausgeschlossen (so noch Österreich 1852). Die Reichsgesetzgebung folgt dem französischen Recht. VE §§ 94—99 hält an dem geltenden Recht im wesentlichen fest. KE §§ 125, 129 ersetzt die Unterbrechung durch Zulassung einer Verlängerung der Verjährungsfrist. Hierin folgen dem KE der E 1919 §§ 124, 128, AE 1925 §§ 81, 84, E 1927 (1930) §§ 82, 85.

§ 76. Die Verfolgungsverjährung.

Literatur. *Salomon* Der Beginn der Verfolgungsverjährung. Greifswalder Diss. 1904. *Wahlen* Der Beginn der Strafverfolgungsverjährung. Rostocker Diss. 1904. *Goldmann* Die Unterbrechung der Verjährung der Strafverfolgung. Leipziger Diss. 1909. *Kreß* GS **71** 84. *Bornhak* DJZ **6** 489. *Ball* Die strafprozessuale Behandlung der Verfolgungsverjährung. Würzburger Diss. 1910. *Rund* Die Verjährung der Strafansprüche gegen den Anstifter und Gehilfen. Würzburger Diss. 1911.

I. Die **Verjährungsfrist** der Strafverfolgung beträgt (StGB § 67):

1. Bei Verbrechen zwanzig Jahre, wenn sie mit dem Tode oder mit lebenslänglichem Zuchthaus; fünfzehn Jahre, wenn sie im Höchstbetrage mit einer Freiheitsstrafe von einer längeren als zehnjährigen Dauer (hierher gehört auch die lebenslängliche Festungshaft); zehn Jahre, wenn sie mit einer geringeren Freiheitsstrafe bedroht sind.

2. Bei Vergehen fünf oder drei Jahre, je nachdem sie im Höchstbetrage mit einer längeren als dreimonatigen Gefängnisstrafe oder aber mit einer milderen Strafe bedroht sind. Ist Geldstrafe angedroht, so beträgt die Frist immer nur drei Jahre, mag auch die ihr entsprechende Freiheitsstrafe drei Monate übersteigen.

3. Bei allen Übertretungen drei Monate (nach VE § 94, KE § 402, E 1919 § 415, AE 1925 § 356 Abs. 1, E 1927 § 389: sechs Monate; nach E 1930 § 389: drei Monate, aber sechs Monate, wenn die Übertretung mit mehr als 500 Reichsmark bedroht ist).

Für die Berechnung ist das Höchstmaß des Strafrahmens maßgebend: im einzelnen gelten auch hier die oben § 27 IV aufgestellten Grundsätze. Insbesondere ist für die Verjährung von Straftaten Jugendlicher, von Versuch und Beihilfe der nichtverminderte Strafrahmen entscheidend[1]).

Besondere Verjährungsfristen finden sich in zahlreichen Nebengesetzen, besonders in den Steuergesetzen. Vgl. z. B. RAbgO § 419. PreßG 1874 § 22 (sechs Monate bei Verbrechen und Vergehen)[2]). Vgl .ferner EG zum StGB

---

[1]) Dagegen die gem. Meinung, z. B. *v. Hippel* II 562. Mit dem Text *Schwartz* § 67 Note 1.

[2]) Der durch Verbreitung in der Presse begangene Landesverrat verjährt also nicht nach den Vorschriften des § 67 StGB, sondern nach denen des § 22

§ 7, wonach Zuwiderhandlungen gegen die Vorschriften über die Entrichtung der Branntweinsteuer, der Biersteuer und der Postgefälle in drei Jahren verjähren. Doch ist die Branntweinsteuer durch das Branntweinmonopol ersetzt, für das jetzt das BranntweinmonopolG vom 8. April 1922 gilt, das bezüglich der Verjährung in § 147 auf RAbgO § 419 verweist. Für die Biersteuer gilt das BiersteuerG vom 9. Juli 1923 (Verjährung: § 22 Abs. 4).

II. Der **Fristenlauf beginnt** mit dem Tage, an dem die Handlung begangen ist, ohne Rücksicht auf den Zeitpunkt des eingetretenen Erfolges (StGB § 67 Abs. 4). Maßgebend ist also für den Beginn der Verjährung der Augenblick der Willensbetätigung. Dagegen bleibt nicht nur der Eintritt des Schlußerfolges, sondern auch eines etwaigen „Zwischenerfolges" außer Betracht[3]).

Auch der Eintritt einer Bedingung der Strafbarkeit (oben § 43) ist ohne Einfluß auf den Beginn der Verjährung. Doch kann unter Umständen das Ausstehen einer Bedingung der Strafbarkeit das Ruhen der Verjährung zur Folge haben.

Die Verjährung der Anstifter- oder Gehilfentätigkeit beginnt unabhängig von der Tat des Haupttäters[4]).

Eine Summe von Einzelhandlungen, die das Recht zur Verbrecheneinheit zusammenfaßt (oben § 53), ist auch in bezug auf den Beginn der Verjährung als eine Einheit zu betrachten. So beginnt bei den fortdauernden und ganz ebenso bei dem fortgesetzten Verbrechen die Verjährung erst mit dem Abschlusse der verbrecherischen Tätigkeit (oben § 53 Note 1); dasselbe gilt von dem geschäfts-, gewerbs-, gewohnheitsmäßigen Verbrechen, während bei dem Zustandsverbrechen (z. B. mehrfacher Ehe; vgl. aber StGB § 171) einzig und allein die verbrecherische Handlung selbst, nicht der herbeigeführte Zustand, maßgebend ist.

Die Verjährung der durch den Inhalt einer Druckschrift begangenen Preßdelikte beginnt mit dem Beginn der Verbreitung.

PreßG. Vgl. R **61** 19 (21). Hat aber die Verbreitung nicht stattgefunden, so liegt eine „Preßstraftat" nicht vor, und für die nun etwa übrig bleibende gemeine Straftat (z. B. versuchter Landesverrat) kommen die allgem. Verjährungsbestimmungen in Frage: R **61** 19.

[3]) Bei Brandstiftung durch eine feuergefährliche Anlage beginnt die Verjährung mit dieser zu laufen. — Das Reichsgericht will den Beginn der Verjährung, entgegen dem unzweideutigen Wortlaute des Gesetzes, erst von dem Erfolgseintritt an rechnen und nur den „entfernteren Erfolg" außer Betracht lassen. Vgl. R **21** 228, **26** 261, **42** 171, **62** 418. Ebenso *Binding* Grundriß 305, *v. Hippel* II 560/1, *Olshausen* § 67 Note 9. Richtig *Allfeld* 306, *Finger* **1** 579, *Frank* § 67 II, *Kitzinger* VD Allg. T. **1** 150, *Köhler* 664, *Lobe* in Lpz. Komm. § 67 Note 2, *Salomon* 12, *Schwartz* § 67 Note 2. — VE § 95 hat den Zusatz: „ohne Rücksicht usw." gestrichen; KE § 123 verlangt Eintritt des Erfolgs. Ihm folgen die späteren Entwürfe.

[4]) Ebenso *Allfeld* 307, *Frank* § 67 II, *Kitzinger*, *Lobe* in Lpz. Komm. § 67 Note 2, *Olshausen* § **67** 16, *Rund* 30. Dagegen die meisten, so *Binding* **1** 840, *Schwartz* § 67 Note 4, *Wachenfeld* 294, R **30** 301, **41** 17; u. z. wegen der unselbständigen Natur der Teilnahme, die aber hier, wo der Erfolg einflußlos bleibt, nicht in Betracht kommen kann.

Bei den Unterlassungsverbrechen tritt der Beginn der Verjährung ein, sobald die Verpflichtung zu handeln aufhört.

Besondere Bestimmungen finden sich mehrfach in den Nebengesetzen. Nach § 121 SeemannsO 1902 beginnt die Verjährung mit dem Tage, an dem das Schiff zuerst ein Seemannsamt erreicht. Nach dem UrheberrechtsG 1901 beginnt die Verjährungsfrist bei Nachdruck mit dem Tage, an dem die Verbreitung zuerst stattgefunden hat (§ 50); bei widerrechtlicher Verbreitung, Aufführung, widerrechtlichem Vortrag mit dem Tage, an dem die widerrechtliche Handlung zuletzt stattgefunden hat (§ 51). Ähnlich KunstwerkG 1907 §§ 47, 48. Die Verjährung der Wechselsteuerhinterziehungen beginnt nach § 23 des G vom 18. Juni 1923 mit dem Schlusse des Jahres, in dem der Wechsel fällig geworden ist.

III. Die Verjährung wird **unterbrochen** durch jede Handlung des Richters, die wegen der begangenen Tat gegen den Täter gerichtet ist (StGB § 68). Die StPO hat in den §§ 413 Abs. 4 und 419 Abs. 3 auch der polizeilichen Strafverfügung und dem Strafbescheide der Verwaltungsbehörden, die RAbgO vom 13. Dezember 1919 § 419 Abs. 2 der „Untersuchung" und dem Erlaß eines Strafbescheides seitens des Finanzamts die unterbrechende Wirkung beigelegt. Nur gegen den Täter als Täter einer bestimmten Tat gerichtete Handlungen, nicht Vorerhebungen, die erst auf die Spur des Täters leiten sollen, unterbrechen die Verjährung; es genügt also nicht die Vorladung als Zeuge, selbst wenn der Vorgeladene sich bei dieser Gelegenheit schuldig bekennt und darum nicht beeidet wird. Die Unterbrechung findet nur rücksichtlich des Täters statt, auf den die Handlung sich bezieht. Mit der Unterbrechung beginnt die neue Verjährung.

IV. Die Verjährung **ruht** (StGB § 69 in der Fassung des G vom 26. März 1893) während der Zeit, in der auf Grund gesetzlicher Vorschrift (vgl. RVerf. Artt. 37, 43 Abs. 3) die Strafverfolgung nicht begonnen oder nicht fortgesetzt werden kann[5]). Ist (insbesondere) der Beginn oder die Fortsetzung des Strafverfahrens von einer Vorfrage abhängig, deren Entscheidung nur in einem anderen Verfahren erfolgen kann, so ruht die Verjährung bis zu dessen Beendigung.

Ist zur Strafverfolgung ein Antrag oder eine Ermächtigung erforderlich, so wird der Lauf der Verjährung durch den Mangel des Antrages oder der Ermächtigung nicht gehindert.

V. **Wirkung** der Verjährung ist die Beseitigung des Strafanspruchs, nicht die des Verbrechens. Ebendarum kann die Verjährung gegenüber einem von mehreren Teilnehmern eingetreten sein, während die übrigen noch strafbar sind.

---

[5]) Nicht bei Geisteskrankheit des Angeklagten: R **52** 36. Zustimmend *Lobe* in Lpz. Komm. § 69 Note 3a. Vgl. des näheren *v. Hippel* II 563/4.

§ 77. Die Vollstreckungsverjährung.

I. Die **Vollstreckung rechtskräftig erkannter Strafen** verjährt (StGB § 70):

1. Wenn auf Tod oder lebenslängliches Zuchthaus oder lebenslängliche Festungshaft erkannt ist, in dreißig Jahren;

2. wenn auf Zuchthaus oder Festungshaft von mehr als zehn Jahren erkannt ist, in zwanzig Jahren;

3. wenn auf Zuchthaus bis zu zehn Jahren oder Festungshaft von (mehr als) fünf bis zu zehn Jahren oder Gefängnis von mehr als fünf Jahren erkannt ist, in fünfzehn Jahren;

4. wenn auf Festungshaft oder Gefängnis von (mehr als) zwei bis zu fünf Jahren erkannt ist, in zehn Jahren;

5. wenn auf Festungshaft oder Gefängnis bis zu zwei Jahren oder auf Geldstrafe von mehr als hundertfünfzig Reichsmark erkannt ist, in fünf Jahren;

6. wenn auf Haft oder Geldstrafe bis zu hundertfünfzig Reichsmark erkannt ist, in zwei Jahren.

II. Die Verjährung **beginnt** mit dem Tage, an dem das Urteil rechtskräftig geworden ist (StGB § 70).

III. Im Falle bedingter Strafaussetzung nach Maßgabe der §§ 10ff. JugGG **ruht** die Verjährung während der Probezeit (oben § 74 III): § 12 Abs. 3 JugGG.

IV. Die Verjährung wird **unterbrochen** durch jede auf Vollstreckung der Strafe gerichtete Handlung derjenigen Behörde, der die Vollstreckung obliegt, sowie durch die zum Zwecke der Vollstreckung erfolgende Festnahme des Verurteilten. Nach der Unterbrechung der Vollstreckung der Strafe beginnt eine neue Verjährung (StGB § 72).

V. Die Vollstreckung einer Gesamtstrafe verjährt einheitlich[1]). Die Vollstreckung einer wegen derselben Handlung neben einer Freiheitsstrafe erkannten Geldstrafe verjährt nicht früher (vielleicht aber später) als die Vollstreckung der Freiheitsstrafe (StGB § 71). Ebenso verjähren auch die Nebenstrafen, soweit sie überhaupt zur Vollstreckung gelangen, mit der Hauptstrafe. Eine Ausnahme stellt das Gesetz für die zeitigen Nebenstrafen an der Ehre (StGB § 36) und für die Nebenstrafe der Polizeiaufsicht (StGB § 38) auf. Bei beiden beginnt die Wirkung des gerichtlichen Erkenntnisses gerade mit der Verjährung der Hauptstrafe.

VI. Soweit die Nebengesetze, wie dies insbesondere in den Zoll- und Steuergesetzen der Fall ist, die Verfolgungsverjährung ausdrücklich regeln, ohne die Vollstreckungsverjährung zu erwähnen, muß diese letztere als ausgeschlossen betrachtet werden[2]). Dasselbe gilt im gleichen Falle für die der Landesgesetzgebung überlassenen Gebiete (oben § 20 Note 2).

[1]) Gem. Meinung: Dagegen *Frank* § 74 IV, *Gerland* 219.

VI. Die Rehabilitation.

§ 78. Überblick und Geschichte.

Literatur. *Delaquis* und *Polec* Materialien zur Lehre von der Rehabilitation 1905. *Delaquis* Die Rehabilitation Verurteilter 1906. *Derselbe* Die Rehabilitation im Strafrecht 1907. *Derselbe* Mitteilungen **13** 145, Z **37** 576, Österreich. Z **2** 282, Schweizer. Z **25** 99. *Wachenfeld* GA **54** 161, Lehrb. 298. *Logoz* Schweizer. Z **24** 107. *Derselbe* Essai sur la réhabilitation Genfer These 1911. *Reutenauer* De la réhabilitation en matière pénale et disciplinaire 1900. *Schiller* Die Rehabilitation Verurteilter im Schweizerischen Recht 1905. *Oetker* Z **17** 561, GS **67** 424, **70** 366, **87** 161. *Lindemeyer* Die Wiedereinsetzung (Rehabilitation). Erlanger Diss. 1913. *Aschrott* in Reform **1** 160; *Mayer* 521 Note 3; *Köhler* 655, *Kriegsmann* (Lit. zu § 59) 280. *Hartung* (Lit. zu § 78a). *Hafter* § 90. *Bumke* HdR IV 774. *Weiß* Die Rehabilitation und das Straftilgungsgesetz. Tübinger Diss. 1931.

I. **Grundgedanke.** Mit der Verhängung der Strafe wird ein soziales Unwerturteil über den Täter zum Ausdruck gebracht (vgl. oben § 56 A I 1). Dieses belastet den Bestraften lange über die Verbüßung der Strafe hinaus und bewirkt zusammen mit den mit der Strafe etwa eintretenden Rechtsverwirkungen (oben § 56) und mit etwaigen Nebenstrafen an der Ehre (oben § 63) eine meist nur schwer zu beseitigende Deklassierung des Verurteilten. Angesichts dieser Tatsache steht der Gesetzgeber vor einer Aufgabe von beträchtlicher Schwierigkeit. Muß ihm einerseits an der Erhaltung eines fein empfindenden sozialethischen Gewissens der Gemeinschaft im Interesse der Generalprävention gelegen sein, so darf er sich doch andererseits nicht leichten Herzens über die Ungerechtigkeit hinwegsetzen, die darin liegt, daß gerade jene Minderung an rechtlicher und sittlicher Ehre selbst dann oft genug eine Wiedereingliederung des Bestraften in die staatliche Gemeinschaft verhindert, wenn der Verurteilte sich nach Kräften bemüht, ein sozial nützliches Glied der Gemeinschaft zu werden. Daß der Gesetzgeber dieser Ungerechtigkeit durch Beseitigung namentlich aller Ehrenstrafen wird zu steuern suchen müssen, ist schon oben § 63 betont worden. Solange aber die Rechtsverwirkungen und Ehrenstrafen Bestandteil der Gesetzgebung sind, hat der Gesetzgeber wenigstens die Möglichkeit, unter gewissen Voraussetzungen den Bestraften in die mit der Verurteilung zu Strafe verlorenen oder ihm aberkannten Fähigkeiten und Rechte „wieder einzusetzen". Und außerdem vermag der Staat durch eine Löschung der Strafe in den staatlichen Strafregistern (vgl. unten § 78a zu I) zu verhindern, daß dem Bestraften gegenüber die Strafe immer wieder von neuem zur Sprache gebracht werde. Jene „Wiedereinsetzung" stellt sich genau genommen als eine Beseitigung von Straffolgen dar, als Verzicht des Staates auf einen Teil

---

[2]) Dagegen *Allfeld* 309 Note 49.

seines Strafanspruchs[1]). Die Löschung oder Tilgung im Register dagegen hat selbständigen Charakter[2]). Soweit nur sie noch in Frage kommt, ist der staatliche Strafanspruch bereits durch Verbüßung (Leistung) untergegangen, und der Staat verzichtet nun lediglich darauf, den Verurteilten weiterhin als bestraft zu behandeln. In der geschichtlichen Entwicklung sind „Wiedereinsetzung" und „Tilgung" im Hinblick auf ihr gemeinsames soziales Ziel miteinander verknüpft worden. Daher ist auch eine gemeinsame Bezeichnung gerechtfertigt, und zwar sei dafür nach dem Vorbilde Frankreichs der Ausdruck „Rehabilitation" gewählt[3]). Eine einheitliche Vorstellung ist jedoch heute mit dieser Benennung nicht verbunden. Je nachdem, ob man in der Rehabilitation ein belohnendes Geschenk des Staates für positives Wohlverhalten erblickt und ihren Kern in der „Kompensationskraft der tatkräftigen Besserung gegenüber der Tatsache der erlittenen Bestrafung"[4]) sieht oder ob man mit ihr die „kühle Idee"[5]) einer ethisch farblosen „Strafverbüßungsverjährung"[6]) verbindet, wird man zu ganz verschiedenen Forderungen an den Gesetzgeber und auch zu voneinander stark abweichenden „Begriffs"bestimmungen[7]) gelangen. Ein allein maßgeblicher Idealbegriff aber läßt sich nicht aufstellen[8]). Die Darstellung der geschichtlichen Entwicklung, die in den verschiedenen Staaten zu ungleichen Ergebnissen getrieben hat, wird die Abwandlungsfähigkeit des Instituts erweisen.

---

[1]) Insofern wäre die Rehabilitation im vorhergehenden Abschnitt V zu erörtern gewesen. Vgl. auch die 21./22. Auflage dieses Buches § 75 IV. Aber die andere Komponente der Institution und die geschichtliche Entwicklung gerade in Deutschland zwingen zur Einstellung in einen besonderen Abschnitt. Der E 1919 scheidet die Löschung von Vorstrafen aus seinem Bereich aus, da es nicht Sache des materiellen Strafrechts sei, das Maß der Strafregisteraufzeichnungen richtig zu begrenzen (vgl. Denkschrift zum E 1919 S. 78). Er behandelt daher nur die Wiedereinsetzung (in § 81) im Abschnitt über die Nebenstrafen und Nebenfolgen. Dieses Vorgehen entspricht weder der geschichtlichen Entwicklung noch der Gemeinsamkeit der die beiden Bestandteile der Rehabilitation beherrschenden kriminalpolitischen Grundidee. Dennoch schließen AE 1925 und E 1927 § 50 sich dem E 1919 an. Vgl. Begründ. z. E 1927 S. 40 Note 1. E 1930 wiederholt den § 50 E 1927 nicht, weil die Wiederverleihungsvorschrift in § 263 EStrafvollzG 1927 (Reichstagsvorlage) eingearbeitet werden soll; vgl. Verhandlungen des 21. Aussschusses (Reichst. IV. Wahlper. 1928) vom 25. Oktober 1928.

[2]) Vgl. *Lindemeyer* 24.

[3]) Vgl. dazu *Delaquis* Rehabilitation im Strafrecht 219, Österreich. Z **2** 286, *Schiller* 9 u. a.

[4]) *Oetker* GS **67** 426.

[5]) *Kohlrausch* Z **41** 184.

[6]) *Wachenfeld* 298.

[7]) Über Begriffsbestimmungen vgl. *Delaquis* Rehabilitation im Strafrecht 101, *Schiller* 10, *Lindemeyer* 23.

[8]) A. M. *Delaquis* Österreich. Z **2** 287. Der Streit um den Begriff ist letzten Endes immer ein Kampf um das kriminalpolitische Postulat.

II. Geschichte[9]).

1. Das Ursprungsland für die Rehabilitation ist Frankreich. Hier hat sie sich seit der zweiten Hälfte des 17. Jahrhunderts entwickelt, und zwar auf der Grundlage des landesherrlichen Begnadigungsrechts. Durch königlichen Gnadenakt (**réhabilitation gracieuse**) konnte der Bestrafte nach Verbüßung der Strafe und erfolgter Genugtuung von dem Makel der Infamie oder des bürgerlichen Todes befreit werden (Ordonnance royale vom August 1670). Nach Beseitigung des königlichen Begnadigungsrechtes (vgl. oben § 73 I) übertrug der Code pénal von 1791 den Rehabilitationsausspruch den Gerichten, änderte jedoch an dem Charakter der Rehabilitation als eines Gnadenaktes nichts; denn das Gericht hatte nicht über einen Rehabilitationsanspruch des Bestraften auf Grund bestimmter gesetzlicher Voraussetzungen zu entscheiden, sondern war an den maßgebenden Vorschlag des Gemeinderats gebunden, der nach freiem Ermessen darüber befinden konnte, ob der Bestrafte auf Grund zehnjähriger untadelhafter Führung der Rehabilitation würdig sei. Die Wirkung der Rehabilitation bestand in einer völligen Aufhebung der Verurteilung („la loi et le tribunal effacent la tache de votre crime"). Gerade in dieser Beziehung brachte die Wiederkehr des souveränen landesherrlichen Gnadenrechts einen Rückschritt: im Gesetz von 1808 wurden die Rehabilitationswirkungen wiederum auf eine Beseitigung der Ehrenminderungen beschränkt, und hieran wurde auch noch in der loi sur la réhabilitation des condamnés vom 3. Juli 1852 festgehalten, mit der die erste Entwicklungsperiode der Institution abschloß.

Ihre weitere Ausgestaltung stand unter dem Einflusse *Bérengers*. Er verwarf die Rehabilitation als Ausfluß des Gnadenrechts, wies auf die Härten hin, die den Voraussetzungen der Rehabilitation nach dem Gesetze von 1852 anhafteten, und verlangte als Rehabilitationswirkung im Anschluß an den Code pénal von 1791 völlige Tilgung des Makels der Verurteilung. Das Gesetz vom 14. August 1885 trug den Reformforderungen *Bérengers* Rechnung: „La réhabilitation efface la condamnation et fait cesser pour l'avenir toutes les incapacités qui en résultaient". Und vor allem: Der Bestrafte, der bestimmte Voraussetzungen hinsichtlich seiner Führung, der Leistung von Schadensersatz usw. erfüllte, erhielt ein Recht auf Rehabilitation, und über das Vorhandensein dieses Rechts wurde vom Gericht in einem geheimen Verfahren entschieden (**réhabilitation judiciaire**); auch der von der Rehabilitation bis dahin ausgeschlossene Rückfällige konnte ihrer nunmehr unter gewissen Vorbehalten teilhaftig werden. Der Kreis der zur Rehabilitation geeigneten Fälle wurde durch das G vom 10. März 1898, das die zweite Entwicklungsperiode abschließt, noch erweitert.

Die Weiterbildung der Rehabilitation erfolgte, wiederum unter *Bérengers* Einfluß, im Zusammenhang mit der Regelung des Strafregisterwesens. Durch Gesetz vom 5. August 1899 (vorbereitet schon durch die loi *Bérenger* vom 26. März 1891) wurde der automatische Eintritt der Rehabilitation gegenüber den im Strafregister (casier judiciaire) eingetragenen Strafen an den Ablauf bestimmter, nach der Schwere der Strafen abgestufter Fristen geknüpft, sofern sich der Bestrafte inzwischen im wesentlichen nur straffrei geführt hatte (**réhabilitation de droit**). Das Gesetz von 1899, das durch G vom 11. Juli 1900 in

---

[9]) Vgl. vor allem die eingehende Darstellung bei *Delaquis* Die Reh. im Strafr. 12—100 und die reichhaltigen Materialien dazu bei *Delaquis-Polec*. Die geschichtliche Darstellung bei *Besold* (Lit. zu § 78a) ist, von geringfügigsten Änderungen abgesehen, wörtlich dem Text entlehnt.

einigen Punkten geändert wurde, bildet noch heute die Rechtsgrundlage für die Rehabilitation des französischen Rechts.

2. Andere außerdeutsche Staaten sind der französischen Gesetzgebung in mehr oder weniger enger Anlehnung vielfach nachgefolgt. Während die türkische Strafprozeßordnung von 1879 im Anschluß an das französische Gesetz von 1852 die réhabilitation gracieuse verwendet, haben Belgien (G vom 25. April 1896) und Bulgarien (StG vom 2. Februar 1896) in Nachahmung des französischen Gesetzes von 1885 die réhabilitation judiciaire eingeführt. Dänemark und Italien besitzen die réhabilitation de droit, ersteres seit 1896, letzteres seit 1906. Im englisch-amerikanischen Rechtskreise ist es zur Ausbildung der Rehabilitation nicht gekommen. Mannigfach und großenteils selbständig ist die Entwicklung der Institution in den schweizerischen Kantonalrechten gewesen. Die neuen Entwürfe der Schweiz weisen sehr beachtliche Rehabilitationsnormen auf (§§ 73—78 des Schweiz. Entw. von 1918). In Österreich ist die Rehabilitation, nachdem sie bereits in den Entwürfen Berücksichtigung gefunden hatte, nunmehr durch G vom 21. März 1918 (RGBl S. 271) geregelt worden[10]). Aufgenommen ist in erster Reihe die réhabilitation judiciaire, die aber, da der Nachweis positiver Besserung nicht verlangt, sondern neben Wiedergutmachung des mit der Straftat angerichteten Schadens nur Nichtverurteilung während einer bestimmten Frist gefordert wird, der réhabilitation de droit tatsächlich erheblich angenähert ist. Die Rehabilitation bewirkt, daß der Verurteilte als gerichtlich unbescholten gilt und die getilgte Verurteilung auf Befragen vor Gericht oder einer anderen Behörde nicht anzugeben braucht. Für gewisse Fälle sieht das Gesetz eine mit minderer Wirkung ausgestattete réhabilitation de droit vor.

3. In Deutschland hatte die Rehabilitation während des 19. Jahrhunderts in die Rechte verschiedener Einzelstaaten Einlaß gefunden; jedoch war sie über schwache Ansätze im allgemeinen nicht hinausgelangt. Bemerkenswert ist, daß sie in den größeren Staaten (Preußen, Bayern) in der Form der réhabilitation gracieuse, in kleineren, freiheitlicher gerichteten Staaten dagegen als réhabilitation judiciaire Wurzel gefaßt hatte. Das Reichsstrafgesetzbuch kennt die Rehabilitation nicht. Die Herbeiführung von Rehabilitationswirkungen, sowohl die Wiedereinsetzung in verlorene Ehrenrechte, wie auch die Löschung im Strafregister, ist daher zunächst ausschließlich auf den Gnadenweg gedrängt gewesen.

Im Hinblick auf die außerdeutsche Rechtsentwicklung war es selbstverständlich, daß die deutschen Entwürfe durchweg die Rehabilitation aufnahmen, freilich mit erheblichen Abweichungen voneinander. VE §§ 50—52 verwendet die réhabilitation judiciaire in doppelter Form: 1. Wiedereinsetzung in verlorene Ehrenrechte auf Grund ehrenhafter Führung und besonderer Berücksichtigungswürdigkeit, 2. Löschung der Bestrafung im Strafregister nach guter Führung während eines längeren Zeitraums. In beiden Fällen ist Verbüßung, Erlaß oder Verjährung der verhängten Freiheitsstrafe Voraussetzung. Die Zuchthausstrafen und (bei Erwachsenen) längere als einjährige Gefängnis- oder Haftstrafen sind von der Löschung im Register ausgeschlossen; die Bewährungsfristen sind nach der Schwere der Strafen abgestuft.

GE §§ 110—112 geht mit Recht über die zaghafte Lösung des Rehabilitationsproblems im VE hinaus. Er verwendet die réhabilitation judiciaire nur in der Gestalt der Wiedereinsetzung in verlorene Fähigkeiten oder Rechte,

[10]) Vgl. dazu *Rittler* Z **39** 478, *Gleispach* Österreich. Z **7** 399, *Delaquis* Z **39** 594, *Oetker* GS **87** 161, *Kadečka* Das Gesetz vom 21. März 1918 über die Tilgung der Verurteilung, 1918.

verlangt aber auch dabei, weitherziger als VE, nicht positive Besserung („ehrenhafte Führung" oder dgl.), sondern begnügt sich mit straflosem Verhalten während der (abgestuften) Bewährungsfristen und mit dem Bestreben des Verurteilten, den durch die strafbare Handlung verursachten Schaden wieder gut zu machen. Einen Anspruch auf Wiedereinsetzung erlangt der Verurteilte mit Erfüllung dieser Bedingungen freilich nicht (das Gericht „kann" wieder einsetzen). Die Löschung der Bestrafung im Strafregister stellt sich dagegen als eine réhabilitation de droit dar. Die Löschung führt nach Ablauf bestimmter Fristen zu völliger Tilgung der Verurteilung mit der Wirkung, daß die gelöschte Strafe bei der Erteilung eines Registerauszugs nicht mitgeteilt (Gegensatz: als gelöscht bezeichnet; so VE) wird und der Verurteilte von der Pflicht befreit ist, die Bestrafung auf Befragen des Gerichts oder einer anderen Behörde anzugeben.

KE §§ 130—133 schließt sich im allgemeinen dem VE an, geht aber über manche Engherzigkeit des letzteren hinaus. Die réhabilitation de droit des GE hat für die Löschung im Strafregister zwar keine Verwendung gefunden, aber die vom GE vorgeschlagenen endgültigen Löschungswirkungen sind vom KE übernommen worden (§ 131 Abs. 2). Über den E 1919, dessen § 81 mit KE § 133 sachlich übereinstimmt, vgl. oben Note 1. Der AE 1925 geht (ebenso wie der E 1919) auf die Löschung der Strafregistervermerke nicht ein, sondern behandelt in § 58 nur die „Wiederverleihung" der gemäß §§ 54ff. verlorenen Fähigkeit, öffentliche Ämter zu bekleiden oder in öffentlichen Angelegenheiten zu wählen oder zu stimmen. Diese „Wiederverleihung" bekommt ihre eigentümliche Note dadurch, daß AE 1925 die Ehrenstrafen beseitigt, jene Maßnahmen also nur als „sichernde" gegenüber einer kriminellen Gefährlichkeit des Verurteilten beibehalten hat (vgl. Begründung zum AE S. 45). Sie ist also Aufhebung einer sichernden Maßnahme nach Fortfall der Gefährlichkeit. „Längere gute Führung" ist nach § 58 das Symptom für diesen Fortfall. Daß aber AE 1925 § 58 die Aufhebung der Maßnahme in das Belieben des Gerichts (das Gericht „kann" . . . wiederverleihen) gestellt hat, ist mit ihrem Wesen und Zweck nicht verträglich und widerspricht auch der in der Begründung (S. 45) dargelegten, durchaus zutreffenden Auffassung der Verfasser des AE. E 1927 § 50 schließt sich an AE 1925 an, jedoch mit der selbstverständlichen Maßgabe, die sich aus seiner veränderten Stellung zum Verlust der Amtsfähigkeit und des Wahl- und Stimmrechts ergibt (Nebenstrafen, nicht sichernde Maßnahmen; vgl. oben 63 I). Über E 1930 vgl. oben Note 1.

Das Gesetz über beschränkte Auskunft aus dem Strafregister und die Tilgung von Strafvermerken vom 9. April 1920 (RGBl S. 507) hat die deutsche Rechtsentwicklung auf dem Gebiete der Rehabilitation wenigstens zum Teil abgeschlossen, indem es zwar nicht die Wiedereinsetzung in verlorene Ehrenrechte, wohl aber die Löschung von Strafvermerken im Strafregister in das deutsche Reichsrecht eingeführt hat. Das Gesetz steht daher mit der Regelung des Strafregisterwesens in engem Zusammenhang und soll zusammen mit diesem erörtert werden (unten § 78a). Ziel der weiteren Strafrechtsreform aber wird es sein, auch das Problem der Wiedereinsetzung zu gesetzgeberischer Lösung zu bringen, und zwar am besten dadurch, daß man die Wiedereinsetzung mit Beseitigung der Ehrenstrafen überflüssig macht.

§ 78a. Das geltende deutsche Recht.

Literatur. *Hartung* Das Strafregister (Erläuterung des „Gesetzes über beschränkte Auskunft aus dem Strafregister und die Tilgung von Strafvermerken" sowie der „Strafregisterverordnung") 1926 (Stilkes Rechtsbibliothek Nr. 47). *Schäfer* und *Hellwig* Straftilgungsgesetz und Strafregisterverordnung. 1926. — Zu I: *Marchand* Das Strafregister in Deutschland 1900. *Müller* Vorstrafen und Strafregister (Strafr. Abh. Heft 92) 1908. *Le Poittevin* Le casier judiciaire 1907. *Klein* WV Artikel „Strafregister". *Delaquis* Die Rehabilitation im Strafrecht 1907. *Derselbe* Schweizer. Z **25** 99. *v. Marck, Kloß, Schwedersky* Die Staatsanwaltschaft bei den Land- und Amtsgerichten in Preußen. 3. Aufl. 1913. *Besold* Das Strafregister. Erlanger Diss. 1931. *Bumke* HdR V 778 (Strafregister), 784 (Straftilgung). Zu II: *Kohlrausch* Z **41** 184. *Klee* DStrafrZ **7** 165, *Schäfer* LZ **14** 506.

Über Feststellung der Persönlichkeit durch Körpermessungen (**System Bertillon**) vgl. *Klatt* Die Körpermessung der Verbrecher nach Bertillon 1902. *Windt* und *Kodiček* Daktyloskopie. Verwertung von Fingerabdrücken zu Identifizierungszwecken 1904. *Schneickert* Signalementslehre. Handbuch 1908.

I. Durch eine BundesratsVO vom 16. Juni 1882 wurde im Deutschen Reiche das **Strafregisterwesen,** das bis dahin[1]) an arger Zersplitterung und Systemlosigkeit gelitten hatte, vereinheitlicht. Das Vorbild gab Frankreich ab, wo im Jahre 1850 auf den Vorschlag *Bonneville de Marsangys* das Kartensystem (casiers judiciaires) mit alphabetischer Aufbewahrungsordnung eingeführt worden war. Diesem System schloß sich auch die VO vom 16. Juni 1882 an. Sie wurde mehrfach ergänzt und abgeändert (Novellen von 1896, 1913, 1917, 1918), schließlich aber, um den durch das StraftilgungsG vom 9. April 1920 bewirkten Rechtsänderungen Rechnung zu tragen, durch die von der Reichsregierung mit Zustimmung des Reichsrats auf Grund des Art. 77 RVerf. erlassene **„Strafregisterverordnung" vom 12. Juni 1920** ersetzt. Ein Abschluß der Entwicklung wurde jedoch auch damit nicht erreicht, weil die durch die Inflation bewirkte fortgesetzte Abänderung der Geldstrafengesetzgebung, sowie sonstige Neuerungen des materiellen Strafrechts (z. B. die Bestrafung von juristischen Personen gemäß § 393 RAbgO) ständig auf das Strafregisterwesen einwirkten und Korrekturen an der Strafregister-VO erheischten (VOen vom 2. Juni 1922, 17. Mai und 24. November 1923, 19. Februar 1926). Um die Übersichtlichkeit wiederherzustellen, wurde die StrafregisterVO in **neuer Fassung** am **8. März 1926** (RGBl I 157) bekanntgemacht.

Die StrafregisterVO hat an dem technischen Registersystem, wie es durch die BundesratsVO von 1882 eingeführt worden ist, im wesentlichen nichts geändert. Die Grundzüge dieses Systems bestehen in folgendem: Die durch die Landesregierungen zu bestim-

---

[1]) Vgl. über die Vorgeschichte des Strafregisterwesens die Darstellung von *Hartung* 1—3, *Bumke* 779, *Schäfer-Hellwig* 14ff., *Besold* 11ff.

menden Strafregisterbehörden[2]) führen die Strafregister für die in ihren Bezirken geborenen Personen. Über Personen, deren Geburtsort außerhalb des Reichsgebiets gelegen, zweifelhaft oder nicht zu ermitteln ist, sowie über juristische Personen und Personenvereinigungen wird das Strafregister beim Reichsjustizministerium oder der von diesen bestimmten Behörde geführt. Den Strafregisterbehörden wird alles mitgeteilt, was zur genauen Kenntnis der strafrechtlichen Verhältnisse eines Verurteilten erforderlich ist; hierzu gehören in erster Reihe alle durch Urteile, Strafbefehle, Strafverfügungen oder Strafbescheide ausgesprochenen Verurteilungen; ferner aber auch die Bewilligung, Verlängerung und Widerrufung einer Bewährungsfrist, die vorläufige Entlassung, ein Straferlaß, eine Strafmilderung, eine gnadenweise Wiederverleihung aberkannter Ehrenrechte u. dgl. Eine nur wegen einer Übertretung ausgesprochene Verurteilung zu Geldstrafe wird im Register nicht vermerkt, es sei denn, daß es sich dabei um Verstöße gegen die §§ 361, 363 RStGB handelt. Wird in einer jugendgerichtlichen Entscheidung lediglich auf Erziehungsmaßnahmen erkannt, so findet ein Vermerk im Strafregister ebenfalls nicht statt. Die Mitteilungen erfolgen auf vorgeschriebenen Formularen und werden im Register nach alphabetischer Ordnung gesammelt und unter Verschluß aufbewahrt. Die Erteilung von Auskünften unterliegt genauen Vorschriften. Privatpersonen erhalten ohne Ausnahme keine Auskunft. Auch den Behörden gegenüber besteht die Tendenz, die Auskunfterteilung einzuschränken[3]). Auf die näheren Einzelheiten der Registerführung kann hier nicht eingegangen werden.

II. 1. **Das Straftilgungsgesetz vom 9. April 1920**[4]) **geht von dem Grundgedanken der „Strafverbüßungsverjährung“ aus** (oben § 78 Note 6). Die Bestrafung einer Person kommt für ihre Gesamtbeurteilung und Bewertung immer weniger in Betracht, je weiter die Zeit der Bestrafung zurückliegt. Es erscheint daher gerechtfertigt,

---

[2]) In den meisten Ländern die Staatsanwaltschaften bei den Landgerichten, in Sachsen und Baden die Amtsgerichte; bezüglich weiterer Einzelheiten vgl. die bei *Hartung* 270, *Schäfer-Hellwig* 304 abgedruckte Bekanntmachung des Reichsjustizministers vom 20. März 1925.

[3]) Nach § 32 StrafregVO erhalten Auskunft Gerichte, Strafverfolgungsbehörden, höhere Verwaltungsbehörden und Polizeibehörden; die beiden zuletzt genannten Kategorien werden durch die Landesregierungen, bzw. den Reichsjustizminister des näheren bestimmt. Vgl. die Aufzählung bei *Hartung* 271 und dazu *Hartungs* treffende Bemerkung (238), daß bei der übertriebenen Ausdehnung dieses Behördenkatalogs die Tendenz zur Einschränkung der Auskunftserteilung schon wieder so gut wie ganz paralysiert ist. Man sieht daran, wie schwer es hält, das kriminalpolitische Interesse gegenüber irgendeinem sonstigen durchzusetzen.

[4]) Maßgebend die durch Art. X der VO über Vermögensstrafen und Bußen vom 6. Februar 1924 bedingte Fassung.

nach Verlauf einer gewissen (nicht zu kurzen) Zeit die Bestrafung als durch Zeitablauf ipso jure getilgt zu betrachten. Mit der Annahme dieses Grundsatzes hat sich das Straftilgungsgesetz auf den Boden der réhabilitation de droit gestellt. Der Gedanke der Kompensation des durch die Verurteilung gebrandmarkten schlechten Verhaltens mit längerer ehrenhafter Führung spielt bei dieser Grundauffassung des Gesetzes keine Rolle und ist im Interesse einer unparteiischen Rechtspflege mit Recht beiseite gelassen worden[5]). Die vom VE und KE betretenen Wege hat das StraftilgungsG vom 9. April 1920 also verlassen. Dagegen verwirklicht es Gedanken, die bereits in GE §§ 111, 112 zum Ausdruck gebracht und in der letzten StrafregisterVO des alten Bundesrats vom 16. Mai 1918 wenigstens zum Teil verwertet worden waren[6]).

2. **Die Rehabilitation des Verurteilten vollzieht sich nach dem Straftilgungsgesetze in zwei Abschnitten.**

a) Der Ablauf einer bestimmten Frist führt **zunächst** dazu, daß **über die Verurteilung** nur noch **beschränkt Auskunft** erteilt wird. Dabei sind zu unterscheiden

α) die Verurteilungen, die auf Geldstrafe oder auf Freiheitsstrafe von höchstens drei Monaten (allein oder in Verbindung miteinander oder mit Nebenstrafen) lauten, und

β) alle sonstigen Verurteilungen, zu denen auch die zu *α* treten, sofern sie mit Überweisung an die Landespolizeibehörde oder mit Zulässigkeit von Polizeiaufsicht verbunden sind.

Im Falle *α* beträgt die Frist 5 Jahre, im Falle *β* 10 Jahre, bei Jugendlichen[7]) verkürzt sich die Frist im Falle *α* auf 3 Jahre im Falle *β* auf 6 Jahre.

Die Frist beginnt im Falle *α* mit dem Tage der Verurteilung, im Falle *β* dagegen erst mit dem Tage, an dem die Strafe vollstreckt, verjährt oder erlassen ist und außerdem auch die polizeilichen Maßregeln auf Grund der Überweisung an die Landespolizeibehörde oder der Polizeiaufsicht erledigt sind[8]). Eine erfolgreich bestandene Bewährungszeit im Falle bedingter Strafaussetzung wird auf die zehnjährige Frist zu *β* angerechnet.

b) Mit dem Tage, von dem ab nur noch beschränkt Auskunft zu erteilen ist, beginnt der Lauf einer weiteren Frist, die zur **Tilgung des Strafvermerks** führt. Auch hier tritt eine Staffelung der Fristen ein, und zwar beträgt die Frist

---

[5]) Dem Gesetz pflichten bei: *Kohlrausch, Hartung* 29, wohl auch *Bumke* 785. Gegen die réhabilitation de droit aber *Oetker* GS **91** 336, *Weiß* 28ff.

[6]) Vgl. dazu *Klee* DStrafrZ **7** 165.

[7]) Maßgebend ist die Zeit der Tat.

[8]) Die zur Fristbestimmung erforderlichen Daten sind zum Strafregister mitzuteilen.

α) 5 Jahre (bei Jugendlichen 3 Jahre), wenn (anders als zu a α) auf Geldstrafe oder auf Haft oder auf Gefängnis oder Festungshaft von höchstens einer Woche (allein oder in Verbindung miteinander oder mit Nebenstrafen) erkannt ist;

β) 10 Jahre (bei Jugendlichen 6 Jahre) in allen übrigen Fällen, wozu wieder (wie zu a β) die mit Überweisung an die Landespolizeibehörde oder mit Zulässigkeit von Polizeiaufsicht verbundenen Verurteilungen der Kategorie α treten.

3. Mit dem Fristablauf allein werden die Vergünstigungen des Straftilgungsgesetzes nicht erreicht, vielmehr sind dazu noch folgende **Voraussetzungen** zu erfüllen:

a) Der Verurteilte muß sich während der Frist im wesentlichen straffrei geführt haben. Das drückt § 2 des Gesetzes folgendermaßen aus: „Bei mehreren Verurteilungen einer Person ist über alle Verurteilungen unbeschränkt Auskunft zu erteilen, solange über eine der Verurteilungen unbeschränkt Auskunft erteilt werden muß. Die Tilgung eines Vermerkes im Strafregister darf bei mehreren Verurteilungen einer Person erst erfolgen, wenn für alle Verurteilungen die Voraussetzungen der Tilgung vorliegen." Dieser **Unteilbarkeitsgrundsatz** besagt: Der Fristenablauf wird zwar für die einzelne Verurteilung durch eine in die Frist fallende neue Verurteilung weder gehemmt noch unterbrochen, aber die Wirkung des Fristenablaufs, also der Eintritt des in Frage kommenden Rehabilitationsgrades wird in diesem Falle solange verzögert, bis nunmehr auch die Frist für die zweite Verurteilung ungestört abgelaufen ist. Im Falle weiterer Verurteilungen tritt eine entsprechende weitere Verzögerung ein. Ist die zweite Frist kürzer als der Restbetrag der ersten Frist, so tritt die zweite Frist natürlich gar nicht in die Erscheinung.

Um zu verhindern, daß die Wirkung eines Fristenablaufs infolge von Verurteilungen geringfügiger Art verzögert wird, macht § 2 Abs. 2 für den oben erörterten Unteilbarkeitsgrundsatz eine wichtige Ausnahme für den Fall, daß die Verurteilung, über die noch unbeschränkt Auskunft erteilt werden darf, nur auf Geldstrafe (allein oder in Verbindung mit Nebenstrafen) lautet. Fällt also eine solche geringfügige Verurteilung in den Lauf einer Rehabilitationsfrist, so hindert sie den Eintritt der Rehabilitation bezüglich der voraufgegangenen Verurteilung nach Ablauf der für diese maßgebenden Frist nicht[9]).

---

[9]) **Beispiel:** A wird am 5. Oktober 1920 nach Verbüßung einer viermonatigen Gefängnisstrafe (erlitten wegen Diebstahls) aus der Strafanstalt entlassen. An diesem Tage beginnt die zehnjährige Frist, nach deren Ablauf beschränkt Auskunft zu erteilen ist. Am 3. Oktober 1930 wird er wegen Körperverletzung zu 50 Mark Geldstrafe rechtskräftig verurteilt. Bestände nun die Ausnahme des § 2 Abs. 2 nicht, so würde zwar die Frist für die Verurteilung wegen Dieb-

b) Außer den zu a erörterten Voraussetzungen für den Eintritt der Vergünstigungen nach dem Fristenablauf stellt § 3 noch folgende Voraussetzungen auf:

α) Die Strafvollstreckung muß erledigt sein.

β) Das Strafregister darf keine Steckbriefnachricht über den Verurteilten mehr enthalten.

γ) Verlorene Fähigkeiten und Rechte mußte der Verurteilte wiedererlangt haben.

Solange diese Voraussetzungen nicht erfüllt sind, treten mit Fristablauf die Vergünstigungen für den Verurteilten nicht ein.

4. Die Wirkungen der Vergünstigungen bestehen in folgendem:

a) Sobald über eine Verurteilung nur noch beschränkt Auskunft erteilt werden darf, erhalten eine solche nur noch die Gerichte, die Behörden der Staatsanwaltschaft, sowie die obersten Reichs- und Landesbehörden. Anderen Anfragenden wird so geantwortet, als ob ein Vermerk nicht vorhanden sei (§ 4).

b) Ein Strafvermerk, der zu tilgen ist, wird aus dem Register entfernt und vernichtet. Die Verurteilung kann vom Augenblick der Tilgungsreife an[10]) für eine Rückfallsstrafe oder für sonstige mit Rücksicht auf eine Vorstrafe angedrohte Rechtsnachteile nicht mehr in Betracht kommen (§ 5). Wohl aber könnte sie bei einer späteren Verurteilung als Erkenntnismittel für die Gesamtpersönlichkeit des Täters mit Verwendung finden und etwa zu einem Höhergreifen des Gerichts innerhalb des gesetzlichen Strafrahmens führen[11]). Auch bewirkt die Tilgung des Strafvermerks nicht, daß sich der

---

stahls am 5. Oktober 1930 abgelaufen sein, aber über die Bestrafungen des A könnte einheitlich erst vom 3. Oktober 1935 an beschränkt Auskunft erteilt werden. Mithin würde auch erst an diesem Tage der Lauf der zur völligen Straftilgung führenden Frist für die Diebstahlsverurteilung beginnen. Gemäß § 2 Abs. 2 darf jedoch schon vom 5. Oktober 1930 an über die Verurteilung wegen Diebstahls nur noch beschränkt Auskunft erteilt werden; also läuft trotz der Verurteilung wegen Körperverletzung die zur Straftilgung führende Frist ebenfalls vom 5. Oktober 1930 an. Hinsichtlich der anderen Verurteilung findet die Beschränkung des Rechts zur Auskunftserteilung am 3. Oktober 1935 statt.

[10]) So ist trotz des Wortlauts des § 5 II zu interpretieren. Die Vollziehung der Tilgung nach Ablauf der Tilgungsfrist hängt vom langsameren oder rascheren Funktionieren des Behördenapparates ab, kann also unmöglich maßgebend sein für die Rechtsstellung des Verurteilten. So mit Recht auch *Lobe* Lpz. Komm. Einl. 104 und § 245 Note 4, *Bumke* 786. — Das Reichsgericht hat geschwankt: R **56** 68 ließ die Frage, ob tatsächliche Tilgung oder Tilgungsreife die Voraussetzung des § 5 II begründe, offen; R **56** 75 verlangte tatsächliche Tilgung, gestattete aber dem Richter, gemäß § 155 II StPO die Richtigkeit des Strafregisterinhalts nachzuprüfen; R **57** 390, **64** 146 entscheiden wie der Text. *Hartung* 92 übersieht die Schwankungen des Reichsgerichts, stimmt ebenso wie *Schäfer-Hellwig* 106/7 der hier abgelehnten Entscheidung R **56** 75 zu, widerspricht damit aber seinem eigenen Grundsatz, daß die Tilgungsreife und nicht die tatsächliche Tilgung maßgebend sei.

[11]) Zutreffend R **60** 288.

Verurteilte auf Befragen vor Gericht als unbestraft bezeichnen könnte. In diesem Punkte bleibt das Gesetz hinter GE und KE zurück. (Vgl. oben § 78 II 3). Hierin aber besteht ein erheblicher Fehler des Gesetzes, der durch eine Beschränkung der Vorstrafenerforschung im Prozeß beseitigt werden muß, soll nicht ,,die ganze Rechtswohltat gegenüber taktlosen oder raffinierten Fragen" im Prozeß ,,ein großes Stück ihres Wertes"[12]) verlieren.

5. Von der bisher erörterten réhabilitation de droit sind **Todes- und Zuchthausstrafen ausnahmslos ausgeschlossen.** Um jedoch für diese Fälle sowohl, wie auch für andere Fälle, in denen die geschilderte Regelung zu Härten führt, die Möglichkeit der Rehabilitierung eintreten zu lassen, hat § 8 des Straftilgungsgesetzes aushilfsweise noch eine réhabilitation gracieuse eingeführt. Die Landesjustizverwaltungen können danach, wenn staatliche Interessen nicht gefährdet werden, das Eintreten beider Rehabilitationsgrade im Verwaltungswege anordnen.

6. Das StraftilgungsG ist am 1. Juli 1920 in Kraft getreten. Für die vor diesem Tage ins Strafregister aufgenommenen Verurteilungen werden in § 11 besondere Übergangsvorschriften getroffen.

Hierzu treten nunmehr auch die §§ 45, 46, des JugGG vom 16. Februar 1923. Danach sind Strafregistervermerke über Verurteilungen von Personen, die zur Zeit der Tat noch nicht 14 Jahre alt waren, und ferner alle die Strafe des Verweises betreffenden Vermerke zu tilgen. Auch an diese Tilgung knüpfen sich die oben zu 4b erörterten Wirkungen.

---

[12]) *Kohlrausch* 188. A. M. *Klee* 166, der schon heute einem Zeugen, der nur mit einer „getilgten" Strafe belegt ist, das Recht zubilligt, sich unter seinem Eide als unbestraft zu bezeichnen. Aber das geht aus dem Gesetz keineswegs hervor, und die Begründung spricht direkt dagegen. Wie der Text auch *Bumke* 786, *Schäfer* 510, *Hartung* 95.

Register

Es wird auf die Paragraphen des Lehrbuchs und ihre Untereinteilungen verwiesen. n = Fußnote.

I. Verzeichnis der Gesetze des Reichs.

1. Strafgesetzbuch vom 15. Mai 1871.

2. Einführungsgesetz zum Strafgesetzbuch vom 31. Mai 1870.

3. Gewerbeordnung vom 2. Juni 1869.

4. Vereinszollgesetz vom 1. Juli 1869.

5. Nachdrucksgesetz vom 11. Juni 1870.

6. Gesetz über das Postwesen vom 28. Oktober 1871.

7. Militärstrafgesetzbuch vom 20. Juni 1872.

8. Reichsgesetz über die Presse vom 7. Mai 1874.

9. Strandungsordnung vom 17. Mai 1874.

10. Personenstandsgesetz vom 6. Februar 1875.

11. Geschmacksmusterschutzgesetz vom 11. Januar 1876.

12. Ansteckungsstoffgesetz vom 25. Februar 1876.

13. Robbenfanggesetz vom 4. Dezember 1876.

14. Gerichtsverfassungsgesetz vom 27. Januar 1877.

15. Zivilprozeßordnung vom 30. Januar 1877.

16. Strafprozeßordnung vom 1. Februar 1877/22. März 1924.

17. Konkursordnung vom 10. Februar 1877/20. Mai 1898.

18. Rinderpestgesetz vom 21. Mai 1878.

19. Küstenfrachtfahrtgesetz vom 22. Mai 1881.

20. Gesetz zur Ausführung der internationalen Konvention betr. die Hochseefischerei in der Nordsee vom 30. April 1884.

22 V.

21. Sprengstoffgesetz vom 9. Juni 1884.

§		§	
5	Abs. 2: 36 n 17. Abs. 3: 58 II 2.	9	44 VI 2.
6	47 IV 1.	12	22 IV 1, 2.

22. Gesetz zur Ausführung des Pariser Kabelschutzvertrages vom 21. November 1887.

22 V.

23. Gesetz betr. die unter Ausschluß der Öffentlichkeit stattfindenden Gerichtsverhandlungen vom 5. April 1888.

60 II 1.

24. Gesetz betr. die Erwerbs- und Wirtschaftsgenossenschaften vom 1. Mai 1889/20. Mai 1898.

36 n 13.

25. Patentgesetz vom 7. April 1891/7. Dezember 1923.

53 n 7. 56 n 11. 65a I.

26. Gesetz betr. den Schutz von Gebrauchsmustern vom 1. Juni 1891/7. Dezember 1923.

§		§	
10	56 n 11.	11	65a I.

27. Zollreglement zum Deutsch-Ägyptischen Handelsvertrag vom 19. Juli 1892.

Art.	
36	56 n 12.

28. Gesetz betr. die Ausführung des internationalen Vertrages vom 16. November 1887/14. Februar 1893 zur Unterdrückung des Branntweinhandels unter den Nordseefischern auf hoher See vom 4. März 1894.

22 V.

29. Gesetz zum Schutze der Warenbezeichnungen vom 12. Mai 1894/7. Dezember 1923.

§		§	
18	65a I.	23	22 I.
19	56 n 11.		

30. Gesetz betr. die Ausführung des mit Österreich-Ungarn abgeschlossenen Zollkartells vom 9. Juni 1895.

§		§	
2, 3	18 VI.	4	69 III.

31. Gesetz betr. die Bestrafung des Sklavenraubes und des Sklavenhandels vom 28. Juli 1895.

32. Gesetz betr. die Pflichten der Kaufleute bei Aufbewahrung fremder Wertpapiere vom 5. Juli 1896/21. November 1923.

33. Bürgerliches Gesetzbuch vom 18. August 1896.

34. Einführungsgesetz zum Bürgerlichen Gesetzbuch vom 18. August 1896.

35. Handelsgesetzbuch vom 10. Mai 1897.

36. Gesetz über die Angelegenheiten der freiwilligen Gerichtsbarkeit vom 17. Mai 1898.

§	
173	63 IV 1 a.

37. Gesetz über das Auswanderungswesen vom 9. Juni 1897.

§		§	
43	22 V.	**48**	47 I. 49 n 11. 63 IV 2.
45	47 I.		

38. Gesetz über die Presse in Elsaß-Lothringen vom 8. August 1898.

§	
1	22 II 7.

39. Gesetz betr. das Flaggenrecht der Kauffahrteischiffe vom 22. Juni 1899.

§		§	
23	36 n 13.	**24**	22 V.

40. Gesetz über die Konsulargerichtsbarkeit vom 7. April 1900.

§		§	
19	22 II.	**30**	19 I.
20	22 II.	**72**	73 III 1 d.
26	22 n 7.	**77**	22 II 3, n 20.

41. Schutzgebietsgesetz vom 10. September 1900.

§		§	
3	22 II 3. 73 III 1 d.	**6**	58 III.
4	22 II 3.		

42. Gesetz über die Privatversicherungsunternehmungen vom 12. Mai 1901.

13 V.

43. Gesetz über das Verlagsrecht vom 19. Juni 1901.

§	
9	65a I.

44. Gesetz betr. das Urheberrecht an Werken der Literatur und Tonkunst vom 19. Juni 1901.

§		§	
40	65a I.	**51**	76 II.
50	76 II.		

45. Seemannsordnung vom 2. Juni 1902.

§		§	
34	35 I 3. 42 VIII.	**101**	47 IV 1. 49 I 6.
41	35 I 3. 42 VIII.	**105**	47 IV 1. 49 I 6.
85	35 I 3.	**121**	22 V 1. 76 II.
87	34 B II.	**132**	61 VIII.
88	34 B II.		

46. Bergverordnung für Südwestafrika vom 8. August 1905.

22 n 16.

47. Bergverordnung für die übrigen Schutzgebiete vom 27. Februar 1906.

22 n 16.

48. Gesetz betr. das Urheberrecht an Werken der bildenden Künste und der Photographie vom 9. Januar 1907.

§		§	
35	65a I.	48	76 II.
47	76 II.		

49. Vereinsgesetz vom 19. April 1908.

		§	
Allgemein:	20 I.	19	69 I.

50. Maß- und Gewichtsordnung vom 30. Mai 1908.

13 V.

51. Weingesetz vom 7. April 1909/1. Februar 1923.

§	
32	61 VIII.

52. Gesetz über den Verkehr mit Kraftfahrzeugen vom 3. Mai 1909.

§	
22	Abs. 2: 32 C III 3.

53. Gesetz gegen den unlauteren Wettbewerb vom 7. Juni 1909.

§		§	
14	Abs. 2: 35 II 5.	26	65a I.
23	Abs. 2: 56 n 11.	28	22 I.

54. Gesetz betr. die Schiffsmeldungen bei den Konsulaten des Deutschen Reichs vom 18. Juni 1911.

§	
6	22 V.

55. Versicherungsgesetz für Angestellte vom 20. Dezember 1911/28. Mai 1924.

§		§	
342	63 IV 2.	350	63 IV 2.

56. Gesetz betr. den Ausbau der deutschen Wasserstraßen und die Erhebung von Schiffahrtsabgaben vom 24. Dezember 1911.

Art. IV § 5: 61 VIII.

57. Reichs- und Staatsangehörigkeitsgesetz vom 22. Juli 1913.

22 n 19.

58. Gesetz gegen den Verrat militärischer Geheimnisse vom 3. Juni 1914.

§		§	
5	47 IV 1. 72 III.	**16**	22 IV 1.
14	62 I, III. 63 V 2.		

59. Bekanntmachung über die Verfolgung von Zuwiderhandlungen gegen Vorschriften über wirtschaftliche Maßnahmen vom 18. Januar 1917.

39 II 2.

60. Gesetz gegen die Steuerflucht vom 26. Juli 1918.

§		§	
23, **24**	56 n 13.	**25**	72 III.

61. Übergangsgesetz vom 4. März 1919.

22 n 7.

62. Die Verfassung des Deutschen Reichs vom 11. August 1919.

Art.		Art.	
2	22 II.	**76**	61 n 7.
6	Ziff. 3: 23 II.	**77**	22 n 7.
12	20 I.	**78**	23 II.
13	19 I. 20 I.	**106**	73 n 9.
30	35 IV.	**109**	63 n 6.
36	24 n 2. **24 I.**	**112**	Abs. 3: 23 III 3.
37	76 IV.	**116**	**18** n 3. **18 II.** 19 I, II. 32 C III 3. 44 II 2. 48 n 6. 61 n 7.
43	Abs. 3: 24 n 2. 76 IV.	**118**	25 II 2.
45	Abs. 3: 23 II 1.	**124**	64 n 8.
48	18 n 7. **25.** 58 II 4. 61 n 7. 73 III 1b.	**136**	74 III 3.
49	73 I 1.	**137**	63 n 6.
68ff.	18 IV.	**178**	22 n 7. 23 n 7. 25 n 6.
71	19 I.		

63. Reichsabgabenordnung vom 13. Dezember 1919/22. Mai 1931.

§		§	
2	20 II.	**404**	67 I 2.
198	63 n 18.	**410**	72 III.
393	28 n 4. 78a I.	**413**	36 n 15.
395	39 II 2.	**414**	64 IV 1.
396	61 n 7.	**416**	56 B II.
397	44 n 18. 44 VI 1.	**418**	54 n 6.
398	49 n 11.	**419**	76 I, III.
399	63 VII 4.	**460**	61 VIII.
400	63 IV 2.		

64. Gesetz zur Verfolgung von Kriegsverbrechen und Kriegsvergehen vom 18. Dezember 1919.

§
2 22 V. 23 n 7.

65. Umsatzsteuergesetz vom 24. Dezember 1919.

§	
48	36 n 15.

66. Gesetz über Steuernachsicht vom 3. Januar 1920.

72 III.

67. Straftilgungsgesetz vom 9. April 1920.

4 III 4c. 16 V. 78 II 3. 78a II.

68. Reichswahlgesetz vom 27. April 1920.

§	
2	Abs. 1 Ziff. 2: 63 n 9.

69. Gesetz über die Aufhebung der Militärgerichtsbarkeit vom 17. August 1920.

73 n 9.

§	
13	60 n 2.

70. Wehrgesetz vom 23. März 1921.

§	
1	63 n 8.

71. Gesetz über vorübergehende Rechtspflegemaßnahmen im Saargebiet vom 10. März 1922.

22 n 3.

72. Branntweinmonopolgesetz vom 8. April 1922.

§	
147	76 I.

73. Reichsjugendwohlfahrtsgesetz vom 9. Juli 1922.

§	
33, 35, 47	62 n 4.
56	64 II 2a, b.
58	64 II 1e.
59	64 II 3a. 74 n 12.
62	62 n 4. 64 II 1f.
63	64 II 2a, b.
69, 70	64 II 1f.
72	64 II 3a.

74. Luftverkehrsgesetz vom 1. August 1922.

§	
12	34 B II.

75. Gesetz über die Beschäftigung Schwerbeschädigter vom 12. Januar 1923/8. Juli 1926.

65a n 3.

76. Jugendgerichtsgesetz vom 16. Februar 1923.

16 V. 20 n 2. 56 A II.

§		§	
			62 I 1, II. 63 IV 2. 64 III. 66 n 13. **68 I 1.** 71 n 3.
1	38 B I 1b. 64 II 2a. 74 III 1a.	**10ff.**	4 III 2. 74 III. 77 III.
2	36 IV 3. **38 B I 1a.** 48 n 4.	**12**	64 n 7, n 13, n 14. 74 III 2—4. 77 III.
3	36 IV 3. 37 II. 37 n 9. 38 n 5. **38 B I 1b.** 39 II 2. 48 n 4. 64 II 2a.	**13**	74 III 1a, c.
		14	74 III 1b.
4	38 A I. 38 n 5. 38 B I 1a. 47 I. **48 n 4.** 48 II 1a. 48 n 12. 49 II 4. **50 VI.** 51 I.	**16**	60 III 1.
		17	64 II 3b.
		19	64 II 2c.
5	38 B I 1b. 64 II 2a, c. **66 III 3.**	**31**	74 III 2.
6	38 B I 1b. **66 III 3.**	**32**	4 III 1. 37 n 9.
7	63 II. **64 II.** 74 III 3, IV 1.	**45**	78 II 6.
8	64 II 2d.	**46**	63 n 2. 78a II 6.
9	4 III 1. 27 n 7. 38 B I 1b. 61 n 5.	**47**	63 II.

77. Reichsratsgrundsätze über den Vollzug der Freiheitsstrafen vom 7. Juni 1923.

Allgemein: 4 III 5. 16 VII. 59 II 6. **60 III.**

§		§	
7	60 III 1.	**105, 106, 107, 112, 114, 115**	60 III 2c.
8ff.	60 III 2a.	**130, 131**	60 III 2b.
17ff.	60 III 2a.	**137ff.**	60 III 2c.
24	60 III 2b.	**139**	4 n 2.
31	60 III 2c.	**195**	60 n 2.
38ff.	60 III 2b, n 11.	**196—212**	60 n 5.
43	60 III 2b.	**203—206**	60 n 15.
48	60 III 2.	**225ff.**	60 n 17.
49	60 III 2c.		
54	60 III 2c.		
62	60 III 2c.		

78. Wechselsteuergesetz vom 18. Juni 1923.

§
23 76 II.

79. Biersteuergesetz vom 9. Juli 1923.

§
22 76 I.

80. Gesetz über die Verkündung von Rechtsverordnungen vom 13. Oktober 1923.

25 I 1.

81. Gesetz über die Strafvollstreckung aus Urteilen der Gerichte im Memelgebiet und in Danzig vom 1. Dezember 1923.

22 n 3, n 31.

82. Verordnung über Vermögensstrafen und Bußen vom 6. Febr. 1924.

Art.		Art.	
I	27 n 2. 61 n 6, n 8.	VIII	20 n 7.
IV	65a I.	X	78a n 4.
V	27 n 2.		

83. Privatnotenbankgesetz vom 30. August 1924.

§	
23	28 n 4.

84. Zweite Verordnung zur Durchführung des Münzgesetzes vom 19. Dezember 1924.

§	
2	27 n 2. 61 n 6.

85. Strafregisterverordnung vom 8. März 1926.

28 n 4. 78a I.

86. Disziplinarstrafordnung für das Reichsheer vom 8. Mai 1926.

27 n 3.

87. Strafvollstreckungsvorschrift für das Reichsheer vom 18. Mai 1926.

60 n 2.

88. Gesetz zur Bewahrung der Jugend vor Schund- und Schmutzschriften vom 18. Dezember 1926.

4 III 3.

89. Marine-Strafvollstreckungsordnung vom 28. Dezember 1926.

58 n 8. 60 n 2.

90. Lebensmittelgesetz vom 5. Juli 1927.

§		§	
12	36 n 17.	24	13 VII.
16	56 n 11. 63 VII 4.		

91. Reichsgesetz zur Fortführung der Strafrechtsreform vom 31. März 1928.

16 VII.

92. Auslieferungsgesetz vom 23. Dezember 1929.

§		§	
1	23 III 3.	4	Ziff. 1: 23 III 7. Ziff. 2: 23 III 2.
2	23 III 1 4.	6	23 III 8.
3	23 III 5, 6.	46	23 II 1.

93. Gesetz zum Schutze der Republik vom 25. März 1930.

§		§	
1	47 IV 1. 49 n 1. 72 III.	6	56 n 13. 63 n 4.
3	47 IV 1.	7	22 V.
4	49 n 1.		

94. Gaststättengesetz vom 28. April 1930.

§	
33	Ziff. 1: 13 VII.

95. Dritte Verordnung des Reichspräsidenten zur Sicherung von Wirtschaft und Finanzen und zur Bekämpfung politischer Ausschreitungen vom 6. Oktober 1931.

4 III 1.

II. Verzeichnis der Staatsverträge.

1. Die Auslieferungsverträge des Reiches und der Länder: 23 II 2.
2. Deutsch-belgischer Vertrag vom 29. April 1885 betr. die Bestrafung von Forst- usw. Freveln: 22 III.
3. Versailler Vertrag vom 28. Juni 1919.

Art.		Art.	
36, 37, 53	22 n 19.	135, 141, 148, 149	22 n 6.
84, 91, 105, 112, 113	22 n 19.	228	23 n 7.

4. Rheinlandabkommen vom 28. Juni 1919: 24 n 8.

III. Sachregister.

A.

B.

C.

D.

E.

F.

G.

T.

U.

Lippert & Co. G.m.b.H., Naumburg (Saale)

Lippert & Co. G.m.b.H., Naumburg (Saale)

FSC
www.fsc.org
MIX
Papier | Fördert gute Waldnutzung
FSC® C083411

Kolibri 360 GmbH
Ferdinand-Jühlke-Straße 7
99095 Erfurt, Deutschland
produktsicherheit@kolibri360.de